压力管道设计与施工常用标准规范手册

第五篇　工业管道—GCD类动力管道

中国石油化工集团有限公司配管设计技术中心站　编

中国石化出版社
HTTP://WWW.SINOPEC-PRESS.COM

图书在版编目（CIP）数据

压力管道设计与施工常用标准规范手册．第五篇，工业管道．GCD类动力管道／中国石油化工集团有限公司配管设计技术中心站编．—北京：中国石化出版社，2022.9
ISBN 978-7-5114-6820-8

Ⅰ．①压… Ⅱ．①中… Ⅲ．①压力管道－管线设计－标准－汇编－中国 ②压力管道－管道施工－标准－汇编－中国 Ⅳ．①U17-65

中国版本图书馆CIP数据核字（2022）第146019号

中国石化出版社出版发行

地址：北京市东城区安定门外大街58号
邮编：100011 电话：(010) 57512500
发行部电话：(010) 57512575
http://www.sinopec-press.com
E-mail：press@sinopec.com
北京科信印刷有限公司印刷
全国各地新华书店经销
*
880×1230毫米 16开本 45.25印张 1358千字
2023年6月第1版 2023年6月第1次印刷
定价：278.00元

前　言

为适应压力管道设计新形势的要求，规范压力管道设计、校核和审批人员的培训和考核工作，国家市场监督管理总局委托中国石油化工股份有限公司工程建设管理部负责组织编写了《全国压力管道设计和审批人员培训教材》（以下简称《培训教材》）。《培训教材》出版以来，在石油、石油化工、化工、机械、电力、冶金、市政等行业得到广泛使用，发挥了积极作用，可满足和适应压力管道设计许可（或换证）的设计、校核和审批人员培训、考核的需要。

为深入贯彻《中华人民共和国标准化法》，加强压力管道设计和施工的标准化，并配合《培训教材》的学习和相关设计、校核和审批人员的培训和考核工作，汇集了有关压力管道的法律和法规，以及现行国家标准和行业标准，汇编成《压力管道设计与施工常用标准规范手册》（以下简称《手册》）。

《手册》分为五篇，各篇内容如下：

第一篇　法律法规

第二篇　GA类长输管道

第三篇　GB类公用管道

第四篇　工业管道—GC类工艺管道

第五篇　工业管道—GCD类动力管道

《手册》汇编收集的标准为现行国家标准和行业标准，仅汇编标准正文，条文说明省略，读者在使用这些标准时，其属性以《手册》标明的年版为准（标准正文“引用标准”中标准的属性请读者查对）。条文说明部分请查阅原标准的“条文说明”。

鉴于《手册》收录的标准发布年代不尽相同，汇编时对标准所用计量单位、符号、格式未做改动；标准发布后的有关“修改单”附在标准正文的后面。

《手册》可供石油、石油化工、化工、机械、电力、冶金、市政等行业的压力管道设计单位的设计人员使用。

《手册》编写人员：丘　平　张德姜　许　丹　陈永亮

中国石油化工集团有限公司配管设计技术中心站

目　录

ICS 23.040
J 74

中华人民共和国国家标准

GB/T 32270—2015

压力管道规范　动力管道

Pressure piping code—Power piping

2015-12-10 发布　　　　2016-07-01 实施

中华人民共和国国家质量监督检验检疫总局
中国国家标准化管理委员会　发布

目　次

前　言

本标准按照GB/T 1.1—2009给出的规则起草。

本标准由全国锅炉压力容器标准化技术委员会（SAC/TC 262）提出并归口。

本标准起草单位：中国电力规划设计协会、中国电力工程顾问集团东北电力设计院、西安热工研究院、中国电力工程顾问集团中南电力设计院、中国电力工程顾问集团华东电力设计院、广东省电力设计研究院、河南省电力勘测设计院、江苏省电力设计院、华电重工股份有限公司、江苏电力装备有限公司、河北省电力建设第一工程公司、电力工业管道产品质量检验测试中心、浙江省电力设计院、国核电力规划设计研究院、浙江格洛斯无缝钢管有限公司。

本标准主要起草人：郭晓克、马洪、裴育峰、郭亚莉、叶菲、刘启军、黄涛、周荣灿、康豫军、许玉新、薛家春、林磊、陈娟、邓成刚、潘诚、程祖田、王志斌、孙国模、翁燕殊、李诗玉、浦万生、毛敏、何朋臣、阎平、郭延军、钱海平、徐红波、王成立、陈宝、陈卓、石平。

压力管道规范　动力管道

1　范围

本标准规定了火力发电厂界区内以蒸汽、水和易燃易爆、有毒及腐蚀性液体或气体为介质的管道的材料、设计、制作、安装、检验、试验、安全防护、保温及防腐的基本要求等。其中易燃易爆、有毒及腐蚀性液体或气体为介质的管道参照GB/T 20801。

本标准不适用于下列管道：

a）锅炉本体管道；

b）核电厂管道；

c）采暖通风与空气调节的管道及非圆形截面的管道；

d）各种塔、建筑构架、贮罐、机械设备和仪表用的管道。

本标准不包括非金属管道的材料要求。

本标准规定的管道与锅炉本体范围内的管道分界见图1和图2。

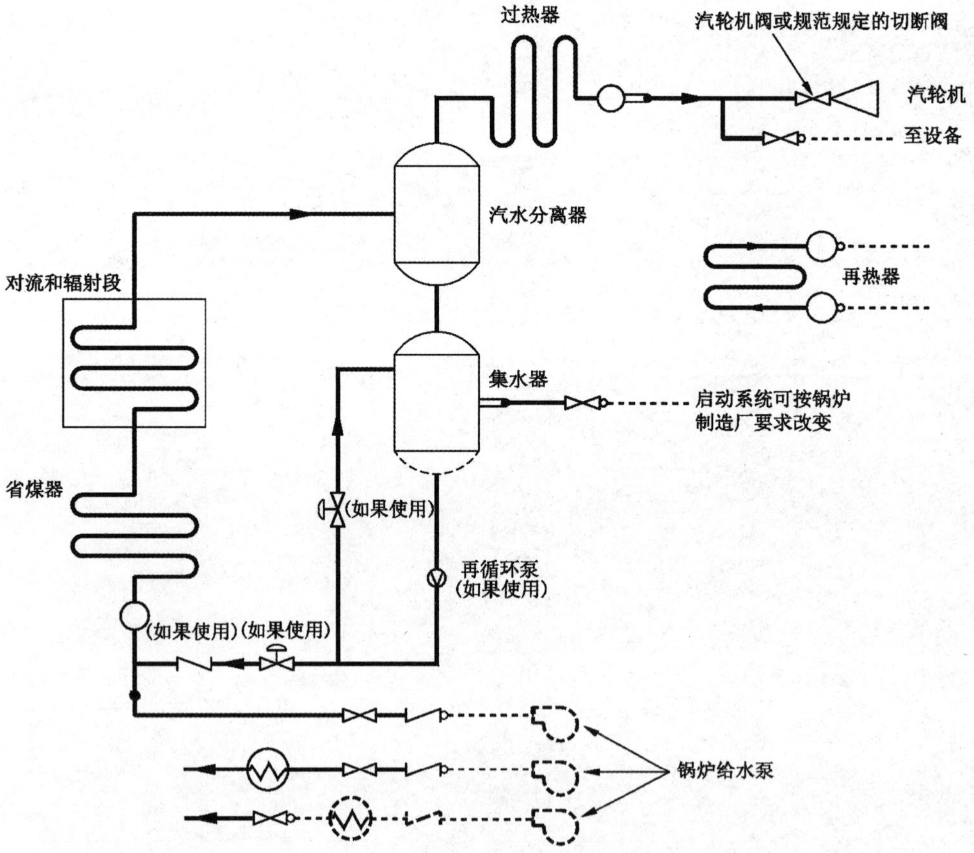

说明：

——锅炉本体管道；

●——锅炉外部管道和接头（第1章中规范的蒸汽、水管道和接头）；

○-----非锅炉外部管道和接头。

图1　与直流锅炉连接的管道界限管理

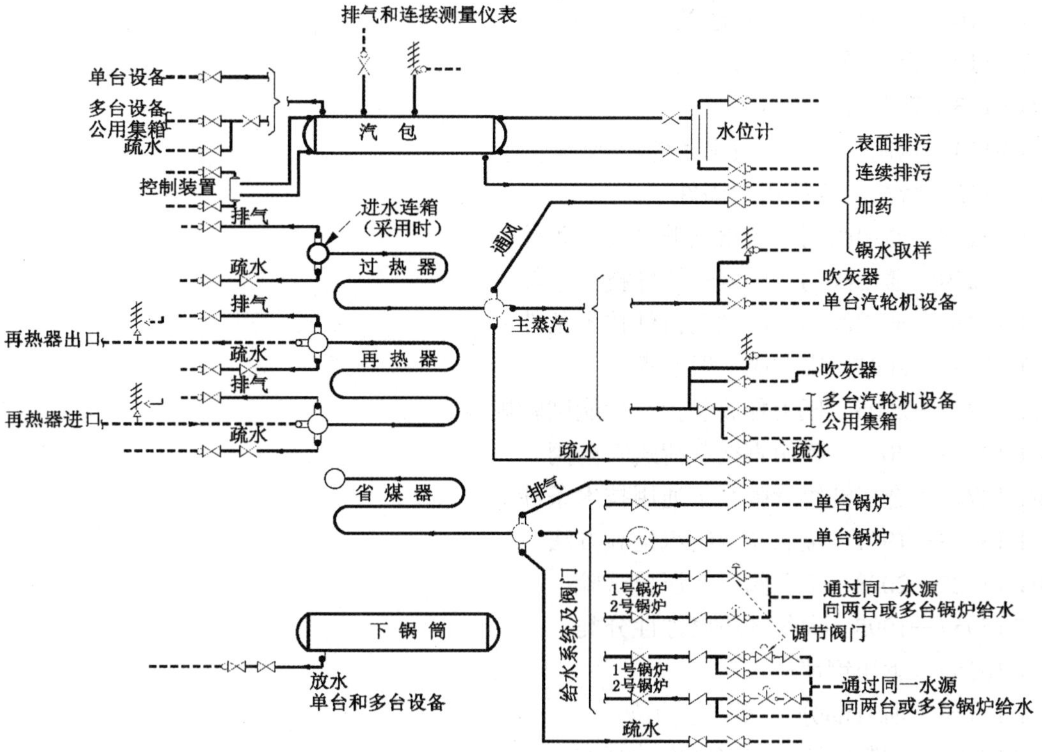

说明：

———锅炉本体管道；

●———锅炉外部管道和接头（第1章中规范的蒸汽、水管道和接头）；

○-----非锅炉外部管道和接头。

图2　与汽包锅炉连接的管道界限管理

2　规范性引用文件

下列文件对于本文件的应用是必不可少的。凡是注日期的引用文件，仅注日期的版本适用于本文件。凡是不注日期的引用文件，其最新版本（包括所有的修改单）适用于本文件。

GB 150—2011（所有部分）　压力容器

GB/T 229　金属材料　夏比摆锤冲击试验方法

GB/T 231.1　金属材料　布氏硬度试验　第1部分：试验方法

GB/T 700—2006　碳素结构钢

GB 713—2014　锅炉和压力容器用钢板

GB/T 1048　管道元件　PN（公称压力）的定义和选用

GB 3087　低中压锅炉用无缝钢管

GB/T 3091　低压流体输送用焊接钢管

GB/T 3274　碳素结构钢和低合金结构钢热轧厚钢板和钢带

GB/T 4622.2—2008　缠绕式垫片　管法兰用垫片尺寸

GB 5310　高压锅炉用无缝钢管

GB/T 7233（所有部分）　铸钢件　超声检测

GB/T 8163　输送流体用无缝钢管

GB 8624　建筑材料及制品燃烧性能分级

GB/T 8923（所有部分）　涂覆涂料前钢材表面处理　表面清洁度的目视评定

GB/T 9115　对焊钢制管法兰

GB/T 9116　带颈平焊钢制管法兰
GB/T 9119　板式平焊钢制管法兰
GB/T 9123　钢制管法兰盖
GB/T 9124　钢制管法兰　技术条件
GB/T 9125　管法兰连接用紧固件
GB/T 12228　通用阀门　碳素钢锻件技术条件
GB/T 12229　通用阀门　碳素钢铸件技术条件
GB/T 12230　通用阀门　不锈钢铸件技术条件
GB/T 12241—2005　安全阀一般要求
GB/T 12242—2005　压力释放装置　性能试验规范
GB/T 12243—2005　弹簧直接载荷式安全阀
GB/T 12777　金属波纹管膨胀节通用技术条件
GB/T 13298—1991　金属显微组织检验方法
GB/T 13927—2008　工业阀门　压力试验
GB/T 15957—1995　大气环境腐蚀性分类
GB/T 16253　承压钢铸件
GB/T 17116（所有部分）　管道支吊架
GB/T 17186　钢制管法兰连接强度计算方法
GB/T 17394　金属里氏硬度试验方法
GB/T 20801—2006（所有部分）　压力管道规范　工业管道
GB 50016　建筑设计防火规范
GB 50021　岩土工程勘察规范
GB 50126　工业设备及管道绝热工程施工规范
GB 50185　工业设备及管道绝热工程施工质量验收规范
GB 50229　火力发电厂与变电站设计防火规范
GB 50264　工业设备及管道绝热工程设计规范
GB 50764—2012　电厂动力管道设计规范
DL/T 438—2009　火力发电厂金属技术监督规程
DL/T 515—2004　电站弯管
DL/T 868—2014　焊接工艺评定规程
DL/T 869—2012　火力发电厂焊接技术规程
DL/T 991—2006　电力设备金属光谱分析技术导则
DL/T 5072—2007　火力发电厂保温油漆设计规程
JB/T 3223　焊接材料质量管理规程
JB/T 4730（所有部分）　承压设备无损检测
JB/T 5263　电站阀门铸钢件技术条件
JB/T 6439　阀门受压件磁粉探伤检验
JB/T 6440　阀门受压铸钢件射线照相检验
JB/T 6902　阀门液体渗透检测
JB/T 7927　阀门铸钢件外观质量要求
JB/T 9625　锅炉管道附件承压铸钢件技术条件
JB/T 9626　锅炉锻件　技术条件
JB/T 10087　汽轮机承压铸钢件技术条件
NB/T 47008　承压设备用碳素钢和合金钢锻件

NB/T 47009　低温承压设备用低合金钢锻件
NB/T 47010　承压设备用不锈钢和耐热钢锻件
NB/T 47014　承压设备焊接工艺评定
SY/T 5037　普通流体输送管道用埋弧焊钢管
SY/T 5038　普通流体输送管道用直缝高频焊钢管
TSG D0001　压力管道安全技术监察规程——工业管道

3　术语和定义

下列术语和定义适用于本文件。

3.1

管道　piping

由管道组成件和管道支吊装置等组成，用以输送、分配、混合、分离、排放、计量或控制流体流动。

3.2

管道系统　piping system

按流体与设计条件划分的单根或多根管道连接成的一组管道，简称管系。

3.3

管道组成件　piping component

用于连接或装配成管道的元件，包括管子、管件、法兰、垫片、紧固件、阀门、滤网及补偿器等。

3.4

管子　pipe or tube

用于输送流体的横截面为圆形的管道组成件。

3.5

管件　pipe fiting

管道组成件的一个类别，包括弯管或弯头、三通、接管座、异径管和封头等。

3.6

管段　piping asembly

按配管设计单独编号的管子、管件、弯管和法兰等组成的组合件。

3.7

制造　manufacture

管道组成件或管道支吊架等产品的生产过程。

3.8

制作　fabrication

管道安装前在工厂或在现场进行的切割、坡口制备、弯曲成形、焊接、热处理等工序，将管件和管子连接成管段的过程。

3.9

安装　erection

按照管道设计的规定，将一个管道系统完整就位的过程。

3.10

试验　test

按照标准或规程，由业主和制造、制作和安装单位共同规定的确认产品质量特性的一种方法。包括水压试验和气密性试验等。

3.11

验证　verification

动力管道制作或安装单位对接收的管道组成件和支吊架进行文件确认的过程。

3.12

验收　receiving aceptance

动力管道制作或安装单位通过验证和（或）检验对接收的管道组成件和支吊架进行确认的过程。

3.13

支管连接　branch connection

从主管引出支管的结构，包括整体加强的三通管件及不带加强的焊接结构的支管连接。

3.14

疏水收集器　liquid colecting pocket（drain leg）

在气体或蒸汽管道的低位点设置收集冷凝水的装置。

3.15

减振装置　sway brace

用以控制管道低频高幅晃动或高频低幅振动的装置。

3.16

阻尼装置　snubber

用以承受管道地震荷载或冲击荷载，控制管系高速振动位移，同时允许管系自由地热胀冷缩装置。

3.17

应力增加系数　stres intensification factor

弯管、弯头、异径管和三通管件在弯矩的作用下，产生的最大弯曲应力与承受相同弯矩的直管产生的最大弯曲应力的比值。或直管的疲劳强度与在相同交变弯矩作用下弯管、弯头、异径管和三通管件的疲劳强度的比值。

3.18

冷紧　cold spring

在安装管道时预先施加于管道的弹性变形，以产生预期的初始位移和应力，达到降低初始热态应力和初始热态管端的作用力和力矩。

3.19

柔性　flexiblity

管道通过自身变形吸收热胀、冷缩和其他位移变形的能力。

3.20

热位移　hot displacement

管道系统支吊点处冷、热状态间的位置变化量。

3.21

冷位移　cold displacement

由管道冷紧产生的位移，当采用热态吊零时，还包括弹簧附加力产生的位移。

3.22

自拉　self spring

由于应变自均衡或高温应力松弛，热态应力下降，管道再由热态到冷态时产生反向应力的现象。

3.23

电阻焊焊管　electric resistance-welded pipe

以管坯本身作为电流回路，利用电阻加热管坯、在压力作用下连续对接焊接的管子。

3.24

电熔焊焊管 electric-fusion-welded steel pipe

采用自动电弧焊或手工电弧焊，在预成形的坯料上纵向对接焊成的管子。

3.25

焊接接头系数 weld joint eficiency factors

焊缝许用应力修正系数的简称，应根据对接接头的焊缝形式及无损检测的长度比例确定。用以反映由于焊接材料、焊接缺陷和焊接残余应力等因素使焊接接头强度被削弱的程度，是焊接接头力学性能的综合反映。

3.26

质量证明书 inspection certificate

材料质量证明（检验文件）的一种形式。由制造厂生产部门以外的独立授权部门或人员，按照标准及合同的规定，按批在交货产品上（或取样）进行检验和试验，并注明结果的检验文件。

制造厂质量证明书由独立于生产部门的制造厂检验部门或第三方检验机构签署并批准生效。法律法规有规定的，由法定检验检测机构出具监督检验证明。

3.27

安全泄放装置 safety relief device

在非正常运行工况下，为防止系统内压力超过预定的安全值，利用进口静压力作用开启，泄放流体的装置。

3.28

安全阀整定压力 set pressure of the safety valve

在运行条件下安全阀阀瓣开始开起的预定压力，又称为开启压力、设定压力或起座压力。

3.29

最大泄放压力 maximum relieving presure

在泄放状态下，安全阀的阀瓣达到规定开启高度时的最大进口压力。

4 管道分级

动力管道（GD类）划分为GD1级和GD2级：

GD1级：设计压力≥6.3MPa，或者设计温度≥400℃；

GD2级：设计压力<6.3MPa，且设计温度<400℃。

5 材料

5.1 一般规定

5.1.1 材料选用

管道材料应根据使用条件选用，并满足本标准规定的材料使用要求和限制。

5.1.2 材料牌号和性能

5.1.2.1 常用管道材料的牌号、许用应力和使用范围等应符合附录A的规定。

5.1.2.2 对符合本标准规定而未列于附录A的材料，如符合GB/T 20801.2—2006可直接取用，许用应力按照GB/T 20801.2—2006中的附录A选取。

5.1.2.3 对符合本标准规定但未列于附录A的国外成熟应用材料，应满足所引用材料标准的要求，其许用应力数值可直接取用。

5.1.2.4　常用钢管材料的弹性模量和线膨胀系数可按附录B选取，未列出的材料的弹性模量和线膨胀系数可按GB/T 20801.2—2006的附录B选取。

5.1.2.5　对符合本标准规定但未列于附录B的国外成熟应用材料，应满足所引用材料标准的要求，其物理性能参数可直接取用。

5.2　材料选用的基本原则

5.2.1　管道材料应按照材料的使用性能、工艺性能和经济性选用。

5.2.2　材料的使用性能应满足管道组成件的设计温度、受力状况、介质特性及工作的长期性和安全性的要求。

5.2.3　材料的工艺性能应满足管道组成件的几何形状、尺寸、制造工艺以及修复方法的要求。

5.2.4　不同的材料组合时不应对材料产生不利的影响。

5.2.5　在管子上直接焊接的零部件宜采用与管子相同的材料。

5.3　材料的使用

5.3.1　管道组成件

5.3.1.1　无缝管子和管件：

a）符合GB/T 8163的无缝钢管，可用于设计压力不大于1.6MPa的管道；符合GB 3087的无缝钢管，可用于设计压力不大于5.3MPa的管道；符合GB 5310的无缝钢管，可用于设计压力大于5.3MPa的管道；

b）采用无缝钢管制作的管件，其压力使用范围应与管子的规定相同。

5.3.1.2　焊接管子和管件：

a）符合ASME SA672和ASME SA691的直缝电熔焊钢管和对应的管件可用于设计压力不大于10MPa且设计温度不在蠕变范围之内的管道；

b）GB/T 3091、SY/T 5037、SY/T 5038电熔焊钢管可用于设计压力不大于1.6MPa且设计温度不大于300℃的管道；

c）电熔焊钢管的纵向焊接接头系数根据表1中的焊接接头型式和检测比例确定；

d）电阻焊碳钢钢管，纵向焊接接头系数按0.85选取，不应采用附加检测的方法增大纵向焊接接头系数；电阻焊碳钢钢管不应用于设计压力大于1.6MPa或设计温度大于200℃管道；不应采用电阻焊碳钢钢管制造对焊管件。

表1　纵向焊接接头系数

序　号	接头型式	检测比例	系　数
1	单面焊（无填充金属）	按产品标准检测	0.85
		100%射线或超声检测[a]	1.00
2	单面焊（有填充金属）	按产品标准检测	0.80
		100%射线或超声检测[a]	1.00
3	双面焊（无填充金属）	按产品标准检测	0.90
		100%射线或超声检测[a]	1.00
4	双面焊（有填充金属）	按产品标准检测	0.90
		100%射线或超声检测[a]	1.00

[a] 射线检测、超声检测应符合8.3或相应的材料标准要求。

5.3.1.3　铸钢件：

符合JB/T 5263、JB/T 10087、JB/T 9625、GB/T 16253、GB/T 12229、GB/T 12230等国内标准的铸

钢件可应用于阀体等管道附件，铸钢件质量系数取0.8。

在满足附加无损检测要求时，铸钢件可取表2中的质量系数。

表2　铸钢件质量系数及附加无损检测要求

序号	附加无损检测要求	铸件质量系数ϕ_C
1	铸件表面加工至R_a6.3，提高目视检查的清晰度，并满足JB/T 7927中B级的要求	0.85
2	铸件表面按JB/T 6902（PT）中的4级或JB/T 6439（MT）进行着色渗透检测或磁粉检测	0.85
3	铸件按GB/T 7233（UT）或JB/T 6440（RT）进行超声或射线照相检测，按GB/T 7233（UT）检测的缺陷的底波反射波高不应大于V5型对比试块所得的底波反射波高	0.95
4	铸件表面加工至R_a6.3，提高目视检查的清晰度，并满足JB/T 7927中B级的要求 铸件表面按JB/T 6902（PT）中的4级或JB/T 6439（MT）进行着色渗透检测或磁粉检测	0.90
5	铸件表面加工至R_a6.3，提高目视检查的清晰度，并满足JB/T 7927中B级的要求 铸件按GB/T 7233（UT）或JB/T 6440（RT）进行超声或射线照相检测，按GB/T 7233（UT）检测的缺陷的底波反射波高不应大于V5型对比试块所得的底波反射波高	1.00
6	铸件表面按JB/T 6902（PT）中的4级或JB/T 6439（MT）进行着色渗透检测或磁粉检测 铸件按GB/T 7233（UT）或JB/T 6440（RT）进行超声或射线照相检测，按GB/T 7233（UT）检测的缺陷的底波反射波高不应大于V5型对比试块所得的底波反射波高	1.00

5.3.1.4　锻钢件：

管道组成件的锻钢件应符合NB/T 47008、NB/T 47009、NB/T 47010、GB/T 12228、JB/T 9626的要求。

5.3.2　管道支吊架

管道支吊架所采用的材料应符合6.5.4和GB/T 17116的要求。

5.3.3　材料的使用限制

5.3.3.1　碳素结构钢或低合金结构钢

碳素结构钢或低合金结构钢的使用应符合下列规定：

a）管道受压元件以及直接焊接于受压元件上的承载构件应采用镇静钢。承压件选用B级和C级镇静钢时，设计温度不应高于300℃，厚度不应大于30mm；

b）除a）外的其他构件可选用沸腾钢和半镇静钢，但厚度不应大于12mm；

c）含碳量大于0.35%的碳素结构钢或低合金结构钢不宜在焊接结构上使用；

d）碳素结构钢或低合金结构钢不应用于毒性程度为极度危害介质、高度危害气体介质和工作温度高于标准沸点的高度危害液体介质的管道。

5.3.3.2　优质碳素钢与低合金耐热钢

优质碳素钢与低合金耐热钢的使用应符合下列规定：

a）用于焊接结构的优质碳素钢、低合金耐热钢，含碳量不应大于0.35%；

b）对低合金耐热钢，当使用温度大于455℃时，焊缝金属的含碳量应大于0.05%；

c）低碳（C≤0.08%）非稳定化不锈钢（如06Cr19Ni10、06Cr17Ni12Mo2）在非固溶状态下（包括固溶后经热加工或焊接）不应用于可能发生晶间腐蚀的环境。奥氏体钢使用温度高于525℃时含碳量不应小于0.04%。

5.3.4　材料的使用温度限制

5.3.4.1　材料使用温度上限：

a）材料的使用温度不应超过附录A中给出许用应力值的最高温度；

b）确定材料的实际使用温度上限应考虑腐蚀介质的影响，高温条件下长期使用的材料，应考虑因组织或性能变化对材料使用可靠性的影响，蠕变温度以上长期使用的材料，应考虑因蠕变引起的过度变形、过大位移、材料组织和性能的劣化以及螺栓的应力松弛；

c）碳钢、碳锰钢不宜在425℃以上的温度下长期使用，碳钼钢不宜在470℃以上的温度下长期使用，但在自限式卸压安全装置的直接对空排放管道中，碳钢可以用于425℃以上；

d）铬钼合金钢长期在400℃~550℃温度下使用时，应根据使用经验和具体工况采取适当的防护措施；

e）在高于454℃温度下使用低合金铬钢（含铬量2.25%）时，母材和焊缝填充金属的含碳量应等于或大于0.05%；

f）铁素体不锈钢及马氏体不锈钢不宜在370℃以上的温度使用；

g）铬镍奥氏体不锈钢在540℃~900℃温度下长期使用时应控制奥氏体钢中的铁素体含量及过度冷变形；

h）双相不锈钢不得在300℃以上的温度使用；

i）奥氏体钢的使用温度高于525℃时，钢中的碳含量应不低于0.04%；

j）GC类管道中的材料高温下使用的限制应符合GB/T 20801.2—2006中第7章的规定。

5.3.4.2　材料的使用温度下限：

a）设计者应考虑材料在低温下试验、使用出现脆性断裂的可能性；

b）GC类管道的材料使用温度下限应符合GB/T 20801.2—2006中第8章的规定。

5.3.5　材料标记和质量证明文件

5.3.5.1　材料标记

5.3.5.1.1　材料标记应符合相应标准的规定和合同约定。

5.3.5.1.2　标记内容至少应包括：制造厂标识、材料牌号（代号），压力管道组成件还应包括规格和材料炉（罐）批号或代号。

5.3.5.1.3　材料应逐件标记，标记应清晰、牢固，公称直径小于或等于*DN*40的材料可采用标签或其他替代方法进行标记。

5.3.5.2　质量证明文件

5.3.5.2.1　材料应具有相应的质量证明文件。

5.3.5.2.2　质量证明文件应包括标准以及合同规定的检验和试验结果，且具有可追溯性。

5.3.5.2.3　进口材料还应提供原产地证明文件和入境货物检验检疫证明。

6　设计与计算

6.1　设计条件和设计准则

6.1.1　设计条件

6.1.1.1　一般要求

管道设计应根据压力、温度及管内介质特性等工艺条件，并结合环境、荷载等综合条件进行。

6.1.1.2　设计压力

6.1.1.2.1　管道组成件的设计压力，不应低于运行中可能出现的最高持续压力；

6.1.1.2.2　GD类管道的设计压力应符合下列规定：

a）超临界及以下参数机组，主蒸汽管道设计压力应取用锅炉最大连续蒸发量时过热器出口的额定工作压力。

b）超超临界参数机组，主蒸汽管道设计压力应取用下列两项的较大值：

1）汽轮机主汽门进口处设计压力的105%；

2）汽轮机主汽门进口处设计压力加主蒸汽管道压降。

c）再热蒸汽管道设计压力应取用汽轮机最大计算出力工况（调节汽门全开，即VWO工况）热平衡中高压缸排汽压力的1.15倍。对于再热器出口联箱到汽轮机的部分，可减至再热器出口安全阀动作的最低整定压力。

d）汽轮机抽汽管道设计压力应符合下列规定：

1）非调整抽汽管道，应取用汽轮机最大计算出力工况下该抽汽压力的1.1倍，且不小于0.1MPa；

2）调整抽汽管道，应取其最高工作压力；

3）背压式汽轮机排汽管道应取其最高工作压力，但不应小于0.1MPa。

e）与直流锅炉启动分离器连接的汽水管道设计压力应取用分离器各种运行工况中可能出现的最高工作压力。

f）高压给水管道设计压力应符合下列规定：

1）非调速给水泵出口管道从前置泵到主给水泵或从主给水泵至锅炉省煤器进口区段，应分别取用前置泵或主给水泵特性曲线最高点对应的压力与该泵进水侧压力之和；

2）调速给水泵出口管道，从给水泵出口至第一个关断阀的管道，设计压力应取用泵在额定转速特性曲线最高点对应的压力与进水侧压力之和；从泵出口关断阀至锅炉省煤器进口区段，应取用泵在额定转速及设计流量下泵提升压力的1.1倍与泵进水侧压力之和；

3）高压给水管道设计压力，应计及水泵进水温度对压力的修正。

g）低压给水管道设计压力应符合下列规定：

1）对于定压除氧系统，应取用除氧器额定压力与最高水位时水柱静压之和；

2）对于滑压除氧系统，应取用汽轮机最大计算出力工况（调节汽门全开，即VWO工况）下除氧器加热抽汽压力的1.1倍与除氧器最高水位时水柱静压之和。

h）凝结水管道设计压力应符合下列规定：

1）凝结水泵进口侧管道，应取用泵吸入口中心线至汽轮机排汽缸接口平面处的水柱静压（此时凝汽器内按大气压力），且不小于0.35MPa；

2）凝结水泵出口侧管道，应取用泵出口阀关断情况下泵的提升压力与进水侧压力（凝汽器热井最高水位与泵吸入口中心线的水柱静压）之和。

i）加热器疏水管道设计压力应取用汽轮机最大计算出力工况（调节汽门全开，即VWO工况）下抽汽压力的1.1倍，且不应小于0.1MPa。当管道中疏水静压引起压力升高值大于抽汽压力的3%时，应计及静压的影响。

j）锅炉排污管道设计压力应符合下列规定：

1）锅炉排污阀前管道，对于定期排污管道，设计压力不应小于汽包上所有安全阀中的最低整定压力与汽包最高水位至管道最低点水柱静压之和；对于连续排污管道，设计压力不应小于汽包上所有安全阀的最低整定压力；

2）锅炉排污阀后管道，当排污阀后的管道装有阀门或堵板等可能引起管内介质压力升高时，其设计压力应按排污阀前管道设计压力的选取原则确定；当锅炉排污阀后的管道上未装有阀门或堵板等不会引起管内介质压力升高时，排污管道（定期排污或连续排污）的设计压力应按表3选取。

表3　锅炉排污阀后管道设计压力

单位为兆帕

项目	锅炉压力			
	1.750~4.150	4.151~6.200	6.201~10.300	≥10.301
管道设计压力	1.750	2.750	4.150	6.200

k）给水再循环管道设计压力应符合下列规定：

1）当采用单元制系统时，进除氧器的最后一道关断阀及其以前的管道，应取用相应的高压给水管道的设计压力，其后的管道，对于定压除氧系统，应取用除氧器额定压力；对于滑压除氧系统，应取用汽轮机最大计算出力工况（调节汽门全开，即VWO工况）下除氧器加热抽汽压力的1.1倍；

2）当采用母管制系统时，节流孔板及其以前的管道，应取用相应的高压给水管道的设计压力；节流孔板后的管道，当未装设阀门或介质出路上的阀门不可能关断时，应取用除氧器的额定压力。

l）安全阀后排汽管道设计压力应根据排汽管道的水力计算结果确定。

m）其他管道的设计压力应符合下列规定：

1）对于输送气化温度低的流体（液化气体）管道组成件，其设计压力不应小于阀被关闭或流体不流动时在最高环境温度下气化所能达到的最高压力；

2）离心泵出口至第一道关断阀之间的管道组成件，对于定速泵，其设计压力不应小于泵额定工作特性曲线最高点对应的压力与泵吸入口压力之和；对于调速泵，其设计压力不应小于泵额定转速特性曲线最高点对应的压力与泵吸入口压力之和；

3）装有安全阀的管道，管道组成件的设计压力不应小于安全阀的最低整定压力；

4）减压装置后没有安全阀且流体可能被关断或堵塞的管道，管道组成件的设计压力不应低于减压装置前流体可能达到的最高压力。

6.1.1.3 设计温度

6.1.1.3.1 管道的设计温度不应低于管内介质持续运行的最高工作温度。

6.1.1.3.2 GD类管道的设计温度应符合下列规定：

a）主蒸汽管道设计温度应取用锅炉过热器出口蒸汽额定工作温度加上锅炉正常运行时允许的温度偏差值，当锅炉制造厂未提供温度偏差时，温度偏差值可取用5℃。

b）再热蒸汽管道设计温度应符合下列规定：

1）高温再热蒸汽管道，应取用锅炉再热器出口蒸汽额定工作温度加上锅炉正常运行时允许的温度偏差，当锅炉制造厂未提供温度偏差时，温度偏差值可取用5℃；

2）低温再热蒸汽管道，应取用汽轮机最大计算出力工况（调节汽门全开，即VWO工况）下高压缸排汽参数，等熵求取在管道设计压力下的相应温度。

c）汽轮机抽汽管道设计温度应符合下列规定：

1）非调整抽汽管道，应取用汽轮机最大计算出力工况（调节汽门全开，即VWO工况）下抽汽参数，等熵求取管道设计压力下的相应温度；

2）调整抽汽管道，应取用抽汽的最高工作温度；

3）背压式汽轮机排汽管道应取用排汽的最高工作温度。

d）减温装置后的蒸汽管道设计温度应取用减温装置出口蒸汽的最高工作温度。

e）与直流锅炉启动分离器连接的汽水管道设计温度应取用分离器各种运行工况中管内介质可能出现的最高工作温度。

f）高压给水管道设计温度应取用高压加热器后高压给水的最高工作温度。

g）低压给水管道设计温度应符合下列规定：

1）定压除氧器系统，应取用除氧器额定压力对应的饱和温度；

2）滑压除氧器系统，应取用汽轮机最大计算出力工况（调节汽门全开，即VWO工况）下1.1倍除氧器加热抽汽压力对应的饱和温度。

h）凝结水管道设计温度应取用低压加热器后凝结水的最高工作温度。

i）加热器疏水管道设计温度应取用该加热器抽汽管道设计压力对应的饱和温度。

j）锅炉排污管道设计温度应符合下列规定：

1）锅炉排污阀前管道（定期排污或连续排污）的设计温度，应取用汽包上所有安全阀中的最低整定压力对应的饱和温度；

2）锅炉排污阀后管道，当排污阀后管道装有阀门或堵板等可能引起管内介质压力升高时，排污管道（定期排污或连续排污）的设计温度应按锅炉排污阀前管道的选取原则确定；当排污阀后未装设阀门或堵板等不会引起管内介质压力升高时，排污管道（定期排污或连续排污）的设计温度应按表4选取。

表4　锅炉排污阀后管道设计温度

项目	锅炉压力/MPa			
	1.750~4.150	4.151~6.200	6.201~10.300	≥10.301
管道设计温度/℃	210	230	255	280

k）给水再循环管道设计温度应符合下列规定：

1）对于定压除氧系统，应取用除氧器额定压力对应的饱和温度；

2）对于滑压除氧系统，应取用汽轮机最大计算出力工况下1.1倍除氧器加热抽汽压力对应的饱和温度。

l）安全阀后排汽管道排汽管道的设计温度，应根据排汽管道水力计算中相应数据选取。

6.1.1.3.3　对于非金属材料衬里的管道，基体管道的设计温度宜按流体的最高温度确定。

6.1.2　设计准则

6.1.2.1　管道组成件的压力-温度等级除用设计压力和设计温度表示外，还可用公称压力表示。

6.1.2.2　管道组成件公称压力的选用应符合GB/T 1048的有关规定。

6.1.2.3　对于只标明公称压力的管件，除另有规定外，在设计温度下的允许工作压力应按式（1）进行计算：

$$P_t = K_{PN} \times PN\frac{[\sigma]^t}{[\sigma]^s} \quad \cdots\cdots（1）$$

式中：

P_t——在设计温度下的允许工作压力，单位为兆帕（MPa）；

K_{PN}——系数，K_{PN}=0.1MPa；

PN——公称压力；

$[\sigma]^t$——在设计温度下材料的许用应力，单位为兆帕（MPa）；

$[\sigma]^s$——公称压力对应的基准应力，是指材料在指定某一温度下的许用应力，单位为兆帕（MPa）。

6.1.3　许用应力

6.1.3.1　管子及管件用钢材的许用应力，应根据钢材的有关强度特性取下列三项中的最小值：

$$\frac{R_m^{20}}{3}，\frac{R_{eL}^t}{1.5}或\frac{R_{p0.2}^t}{1.5}，\frac{\sigma_D^t}{1.5} \quad \cdots\cdots（2）$$

式中：

R_m^{20}——钢材在20℃时的抗拉强度最小值，单位为兆帕（MPa）；

R_{eL}^t——钢材在设计温度下的下屈服强度最小值，单位为兆帕（MPa）；

$R_{p0.2}^t$——钢材在设计温度下0.2%规定非比例延伸强度最小值，单位为兆帕（MPa）；

σ_D^t——钢材在设计温度下10^5 h持久强度平均值，单位为兆帕（MPa）。

6.1.3.2 许用应力的应用应符合下列规定：

a）附录A中材料的许用应力系指许用拉应力，使用时应符合下列规定：

1）焊接管子和焊接管件采用附录A的许用应力时，应另外按表1计入焊接接头系数；

2）对于铸造和锻造管道组成件用材料，应计及铸件和锻件质量系数并符合5.3.1.3的规定。

b）许用剪切应力为附录A许用应力的0.8倍。

c）压缩许用应力应符合结构稳定性的要求，且不大于拉伸许用应力。

6.2 管道组成件的选用

6.2.1 一般规定

6.2.1.1 管道组成件应根据管道系统内介质的性质、各种可能出现的运行工况、外部环境、材料的使用性能和工艺性能以及经济性等综合因素选用。

6.2.1.2 按照本标准中所列的有关标准制造或制作的采用焊接连接、法兰连接的管道组成件均可用于管道系统。但其材料、压力和温度都应符合本规范的规定，弯头、弯管、支管连接、封头和异径管等材料的选用宜与所连接的管子材料一致。

6.2.1.3 对于本标准中所列标准中未包括的管道组成件应同时符合6.3及TSG D0001的有关规定，方可采用。

6.2.1.4 在管道系统中，管道组成件的连接形式宜采用对接焊接。

6.2.1.5 弯头、弯管、支管连接、异径管、封头、法兰盖的强度计算应符合6.3的规定。

6.2.1.6 管道及管件的最小壁厚或厚度应符合6.3的规定。

6.2.2 管子

6.2.2.1 管子材料的选用应符合5.3的规定。

6.2.2.2 高温再热蒸汽管道应采用无缝钢管，300 MW及以上容量机组低温再热蒸汽管道宜采用电熔焊钢管或无缝钢管。

6.2.2.3 低压给水管道应采用无缝钢管。

6.2.2.4 管道系统中汽水两相流的管道宜采用CrMo合金钢材料。

6.2.3 弯头

6.2.3.1 弯头宜采用长半径弯头。

6.2.3.2 公称压力大于*PN*25的管道上均应采用无缝热压弯头，且宜带直管段。低温再热蒸汽管道可采用同质量电熔焊钢管热成型弯头。

6.2.3.3 按本标准规定进行承受内压计算、制造（制作）的斜接弯头，可与制造（制作）斜接弯头的直管一样用于相同的工作条件。工作压力不应超过1.0MPa，工作温度不应超过300℃。

6.2.4 弯管

对于主蒸汽、再热蒸汽和高压给水等主要管道，宜采用较大弯曲半径的弯管，弯管弯曲半径宜为管子外径的3倍~5倍。

6.2.5 支管连接

6.2.5.1 公称压力为*PN*25及以下，在满足补强要求的前提下可采用直管开孔连接；公称压力大于或等于*PN*40、设计温度大于250℃的支管连接应采用成型管件。

6.2.5.2 三通不宜采用带加强元件的辅助加强型式。

6.2.5.3 下列管道的三通型式宜按表5选用。

表5　三通型式

管道类别	机组参数			
	超超临界参数	超临界参数	亚临界参数	亚临界以下参数
主蒸汽管道	锻制　挤压	锻制　挤压	锻制　挤压	挤压
高温再热蒸汽管道	锻制　挤压	锻制　挤压	锻制　挤压	挤压
低温再热蒸汽管道	焊接	焊接	焊接	焊接　挤压
高压给水管道	挤压　焊接	挤压　焊接	挤压　焊接	挤压

6.2.5.4　亚临界及以上参数机组的主蒸汽、再热蒸汽管道的合流或分流三通宜采用斜三通或“Y”型三通。

6.2.6　异径管

6.2.6.1　异径管可采用同心或偏心型式。

6.2.6.2　异径管宜采用钢管模压型式，钢板焊制异径管不应用于*PN*25以上的管道。

6.2.7　封头、法兰盖

6.2.7.1　公称压力不小于*PN*40的管道宜采用椭球形封头等对焊封头，公称压力不大于*PN*25的管道可采用平焊封头。

6.2.7.2　法兰盖的型式选用应符合GB/T 9123的规定，突面法兰盖只能用在不大于*PN*25的管道上，*PN*40和*PN*63的管道上宜采用凸凹面法兰盖，法兰盖附件的选用应符合6.2.9的规定。

6.2.7.3　法兰盖的材料选用应符合附录A中规定的温度范围，并应符合6.2.9的规定。

6.2.8　阀门

6.2.8.1　阀门应根据管道的设计温度、设计压力、介质性质和管道系统对阀门的功能要求选择，并计及外部荷载对阀门操作性能和密封性能的影响。

6.2.8.2　阀门应按相应标准规定的压力温度等级选用。

6.2.8.3　连接不同压力等级管道的阀门、法兰等管道组成件，应按压力等级高的选用。

6.2.8.4　阀门的泄漏等级应符合合同约定及GB/T 13927的规定。

6.2.8.5　除设计另有规定外，对于*PN*40及以上阀门的选用应符合下列规定：

a）阀盖密封不应采用螺纹连接的密封结构，宜采用压力自密封结构；

b）阀门端部宜采用对焊连接。

6.2.8.6　下列阀门应采用钢制阀门：

a）*PN*16及以上的阀门；

b）与高压除氧器或给水箱相连接的阀门；

c）给水泵进口阀门；

d）油系统阀门；

e）仪用压缩空气系统阀门；

f）其他有特殊要求的阀门。

6.2.8.7　易燃或可燃气体的阀门应采用严密性较好的可燃气体专用阀门，不应采用输送普通流体的阀门代替。

6.2.8.8　有毒介质管道的阀门应采用严密型的钢制阀门，阀门本体的密封应有可靠的防泄漏措施。

6.2.8.9　对于双向密封阀门应采取适当的安全措施防止因温度升高导致内部超压。

6.2.8.10　流体为饱和蒸汽和汽水两相流时，阀门的阀座及阀芯应采用耐冲蚀材料。

6.2.8.11　管道系统中至少下列阀门应满足启动时间要求：

a）汽轮机抽汽管道的关断阀；

b）加热器事故疏水阀；

c）高压加热器给水管道进出口阀门和旁路阀；

d）有安全功能要求的汽轮机旁路阀。

6.2.8.12 高压加热器三通阀应以阀门打开或关闭时阀座两侧的最大不平衡压差作为设计压力的基准值，阀座直径不应小于连接管道内径的90%。

6.2.8.13 当开启阀门前需预热主管线或用于平衡阀门两侧压力以便于阀门操作时需设置旁通阀。

6.2.9 法兰及垫片和紧固件

6.2.9.1 法兰的选择应符合下列规定：

a）法兰型式的选用应符合本标准中所列标准：

1）法兰应符合 GB/T 9124 中关于压力－温度等级的规定；

2）连接不同压力等级管道的法兰，应按高等级选用。

b）管道法兰型式的选择除应符合GB/T 9115、GB/T 9116和GB/T 9119等相关标准的规定外，并应满足下列要求：

1）设计温度大于 300℃或公称压力大于等于 *PN*40 的管道，应选用对焊法兰。设计温度在300℃及以下且公称压力小于等于 *PN*25 的管道，宜选用带颈平焊法兰；

2）管道系统中不宜采用承插焊法兰、松套法兰和螺纹法兰；

3）对焊法兰宜采用凸凹面（MF）和突面（RF）型式；

4）带颈平焊法兰应采用突面（RF）型式。

c）法兰的材料选用应采用符合附录A中规定的温度范围。

d）当需要选配特殊法兰时，除应核对接口法兰的尺寸外，还应按6.3.6及相关标准进行计算，保证所选用的法兰厚度不小于连接管道公称压力下国家标准法兰的厚度。

6.2.9.2 垫片的选择应符合下列规定：

a）垫片应根据流体性质、使用温度、压力以及法兰密封面等因素选用，垫片的密封荷载应与法兰的压力等级、密封面型式、表面粗糙度和紧固件相适应。

b）垫片的选用应符合下列要求：

1）管道法兰垫片宜采用柔性石墨金属缠绕式，并应符合 GB/T 4622 等相关标准的规定。对公称压力小于等于 *PN*10，且设计温度小于 150℃情况也可采用非金属垫片。缠绕式垫片内环材料应满足流体介质和管道设计温度的要求，外环材料应满足管道设计温度的要求；

2）对于突面法兰（RF），宜采用带定位环或带内环和定位环型，不应采用基本型或仅带内环型；

3）对凹凸面法兰（MF），应采用带内环型缠绕式垫片；用在突面（RF）型法兰上时宜带外定位环；

4）非金属垫片的外径可超过突面（RF）型法兰密封面的外径，制成“自对中”式的垫片。

6.2.9.3 紧固件的选择应符合下列规定：

a）六角头螺栓、等长双头螺柱、螺母和垫圈等紧固件的选用应符合GB 150和GB/T 9125等相关标准的规定。

b）法兰紧固件选用应符合下列规定：

1）紧固件应符合预紧及设计参数下垫片的密封要求；

2）高温条件下使用的紧固件应与法兰材料具有相近的热膨胀系数。

6.2.10 补偿器

6.2.10.1 补偿器应按照介质种类、运行工况、位移值选用，并符合GB/T 12777的规定。

6.2.10.2　波型补偿器不宜用于受扭转的场合。

6.3　管道组成件的强度设计

6.3.1　一般规定

6.3中所列的管道组成件强度计算方法是内压下的强度计算。

6.3.2　直管的壁厚计算

6.3.2.1　承受内压的直管最小壁厚计算：

对于 $\frac{D_o}{D_i} \leqslant 1.7$ 的管子，在设计压力和设计温度下所需的最小壁厚 S_m，按式（3）~式（4）计算：

按管子外径确定壁厚时：

$$S_m = \frac{PD_o}{2[\sigma]^t \eta + 2YP} + C \quad \cdots\cdots（3）$$

按管子内径确定壁厚时：

$$S_m = \frac{PD_i + 2[\sigma]^t \eta C + 2YPC}{2[\sigma]^t \eta - 2P(1-Y)} \quad \cdots\cdots（4）$$

式中：

S_m——管子最小壁厚，单位为毫米（mm）；

P——设计压力，单位为兆帕（MPa）；

D_o——管子外径，单位为毫米（mm）；

D_i——管子最大内径，单位为毫米（mm）；（包括内径正偏差和加工过盈偏差）；

Y——修正系数，按表6取用；

$[\sigma]^t$——在设计温度下材料的许用应力，单位为兆帕（MPa）；

η——许用应力的修正系数，对于无缝钢管 η=1.0；对于焊接钢管，其 η 值按5.3.1.2取用；

C——腐蚀、磨损和机械强度要求的附加厚度，单位为毫米（mm）；对于存在汽水两相流介质管道及超超临界参数机组的主蒸汽管道和高温再热蒸汽管道，可取1.6mm~2mm；对于腐蚀性介质管道，根据介质的腐蚀特性确定。

表6　系数 *Y* 值

材料	温度/℃					
	≤482	510	538	566	593	621
铁素体钢	0.4	0.5	0.7			
奥氏体钢	0.4				0.5	0.7

注1：介于表列中间温度的 Y 值可用内插法计算。

注2：当管子的 D_o/S_m<6时，对于设计温度小于等于480℃的铁素体和奥氏体钢，其 Y 值应按下式进行计算：$Y=\frac{D_i}{D_i+D_o}$。

6.3.2.2　管子的计算壁厚：

管子的计算壁厚应按式（5）计算：

$$S_c = S_m + c_1 \quad \cdots\cdots（5）$$

式中：

S_c——管子计算壁厚，单位为毫米（mm）；

c_1——管子壁厚负偏差的附加值，单位为毫米（mm）。

6.3.2.3 管子壁厚负偏差附加值：

管子壁厚负偏差附加值应按下列规定选取：

a）对于管子规格以外径×壁厚标示的无缝钢管，可按式（6）确定：

$$c_1=\frac{mS_m}{100-m} \quad \cdots\cdots (6)$$

式中：

m——管子产品技术条件中规定的壁厚允许负偏差，%。

b）对于管子规格以最小内径×最小壁厚标示的无缝钢管，壁厚负偏差值等于零。

c）对于焊接钢管，采用钢板厚度的负偏差值且不应小于0.5mm。

6.3.2.4 管子的取用壁厚：

a）对于以外径标示的管子，应根据管子的计算壁厚，并计及管子直径偏差引起的对口焊接要求，按管子产品规格中公称壁厚系列选取；

b）对于以内径标示的管子，应根据管子的计算壁厚，并计及管子直径偏差引起的对口焊接要求，遵照制造厂产品技术条件中有关规定，按管子壁厚系列选取。

6.3.3 弯管弯头的壁厚计算

6.3.3.1 弯管的弯曲半径宜为外径的3倍~5倍。

6.3.3.2 弯管弯制前直管的最小壁厚可按表11、表12选用，也可根据制造厂的具体加工工艺条件适当调整。

6.3.3.3 弯管和弯头加工完成后的最小壁厚S_m按式（7）或式（8）确定：

按外径确定壁厚时：

$$S_m=\frac{PD_o}{2([\sigma]^t\eta/I+YP)}+C \quad \cdots\cdots (7)$$

按内径确定壁厚时：

$$S_m=\frac{PD_i+2[\sigma]^t\eta C/I+2YPC}{2([\sigma]^t\eta/I+YP-P)} \quad \cdots\cdots (8)$$

弯管和弯头内弧处：

$$I=\frac{4(R/D_o)-1}{4(R/D_o)-2} \quad \cdots\cdots (9)$$

弯管和弯头外弧处：

$$I=\frac{4(R/D)+1}{4(R/D_o)+2} \quad \cdots\cdots (10)$$

弯管和弯头中性线处：

$$I=1.0 \quad \cdots\cdots (11)$$

式中：

R——弯管或弯头弯曲半径，单位为毫米（mm）。

6.3.3.4 6.3.3.3中所有公式计算得出的壁厚为弯管或弯头成型件外侧和内侧允许的最小壁厚，不应包括弯制过程中的工艺减薄量和弯制选用管子负偏差的附加值。

6.3.3.5 弯管或弯头任何一点的壁厚，不应小于弯管（弯头）相应点的计算壁厚，且外弧侧壁厚不应小于相连管子的最小壁厚S_m。

6.3.4 支管连接的补强

6.3.4.1 支管连接的强度计算方法有面积补偿法和压力面积法。

6.3.4.2　采用面积补偿法应符合下列规定：

a）焊接或锻造的直三通支管连接可采用面积补偿法计算。

b）当支管或补强元件材料与主管材料不同时，应符合以下规定：

1）支管或补强元件材料采用与主管焊接性能、热处理要求和热膨胀系数相近的材料；

2）当支管或补强元件的许用应力低于主管材料许用应力时，由支管或补强材料提供的补强面积按材料许用应力之比相应折减；

3）当支管或补强元件的许用应力高于主管材料许用应力时，不计及其增强作用。

c）面积补偿法（见图3），即主管上开孔挖去的纵断面上的金属面积，应由主、支管在有效补强范围内补强的金属面积和焊缝面积之和来补偿，其条件按式（12）计算：

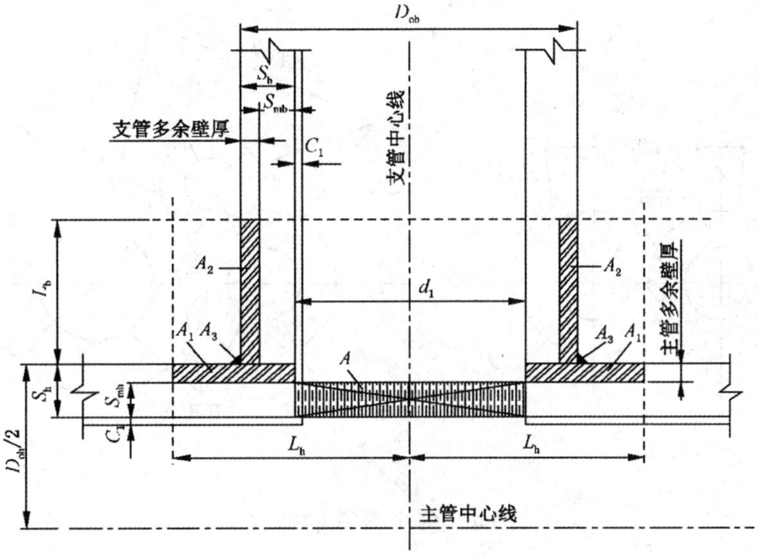

说明：

A——所需补强面积；　　A_1——主管提供的补强面积；

A_2——支管提供的补强面积；　　A_3——焊缝提供的补强面积。

图3　面积补强法计算示意图

$$A_1 + A_2 + A_3 > A \quad (12)$$

式中：

A——需要补强的面积，单位为平方毫米（mm^2）。

$$A = S_{mh} d_1 \quad (13)$$

A_1——补强范围内主管的补强面积，单位为平方毫米（mm^2）。

$$A_1 = (2L_h - d_1)(S_h - S_{mh}) \quad (14)$$

A_2——补强范围内支管的补强面积，单位为平方毫米（mm^2）。

$$A_2 = 2L_b(S_b - S_{mb}) \quad (15)$$

A_3——补强范围内角焊缝面积，单位为平方毫米（mm^2）；

d_1——主管上经加工的支管开孔沿纵向中心线的尺寸，单位为毫米（mm）。

$$d_1 = D_{ob} - 2S_b \quad (16)$$

L_h——主管有效补强范围宽度之半，单位为毫米（mm）；L_h 取 d_1 或 $S_b + S_h + \frac{d_1}{2}$ 两者中的较大者，但任何情况下不大于 D_{oh}。

L_b——支管有效补强高度，单位为毫米（mm）；L_b 取2.5（$S_b - C$）或2.5（$S_h - C$）两者中的较小值；

D_{oh}、D_{ob}——主、支管外径，单位为毫米(mm)；

S_h、S_b——主、支管的公称壁厚，单位为毫米(mm)；

S_{mh}、S_{mb}——主、支管的最小壁厚，单位为毫米(mm)。

d)主管上多开孔的补强应符合以下要求，如图4所示：

1)多个支管的开孔不宜使其有效补强范围相互重叠；

2)当必须紧密布置时，其强度应等于单个开孔所要求的补强的总和。在计算补强面积时，任何部分截面不得重复计入；

3)任意两开孔中心最小距离不应小于1.5倍的开孔平均直径，且在两孔间的补强面积不应小于两个开孔所需补强总面积的50%。

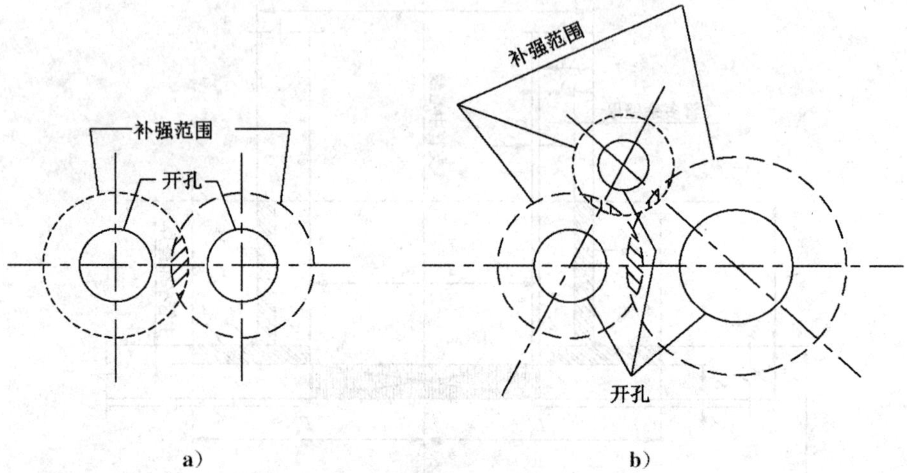

图4　多个开孔的补强

6.3.4.3　压力面积法应符合下列规定：

a)压力面积法的计算示意图见图5，三通纵向断面上主、支管交叉区域内的有效承载断面积和平均应力的乘积，与其相应的有效受压面积和内压的乘积相平衡，并控制此承载面积内的一次膜态应力　不超过钢材的许用应力。

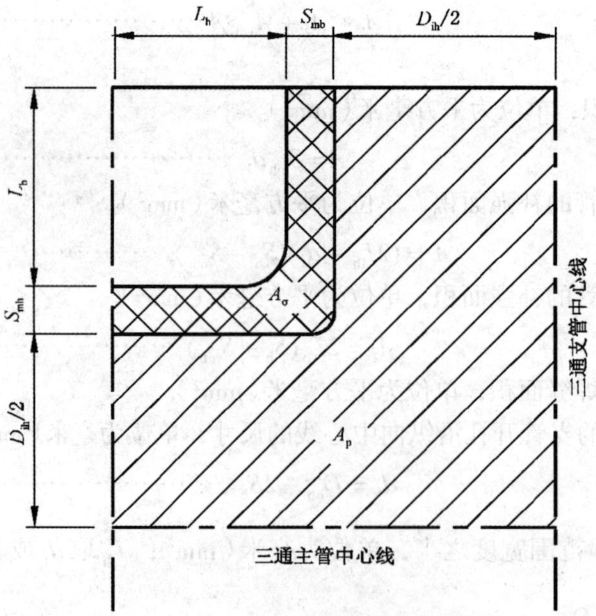

图5　压力面积法计算示意图

b）压力面积法的强度条件：

$$[\sigma]^{t} \geqslant P\left(\frac{A_{P}}{A_{\sigma}}+\frac{1}{2}\right) \qquad (17)$$

c）有效补强长度：

主管：

$$L_{h}=\sqrt{(D_{ih}+S_{mh})S_{mh}} \qquad (18)$$

支管：

$$L_{b}=1.25\sqrt{(D_{ib}+S_{mb})S_{mb}} \qquad (19)$$

d）在计算承载面积A_{σ}时，应计及成型方式造成的面积计算误差。坡口加工段不宜在有效补强范围内，否则有效承载面积应扣除坡口加工减少的面积。

6.3.5 异径管壁厚计算

6.3.5.1 异径管壁厚计算简图见图6。异径管（大端）最小壁厚S_{m}按以式（20）和式（21）计算，取二者中的较大值。

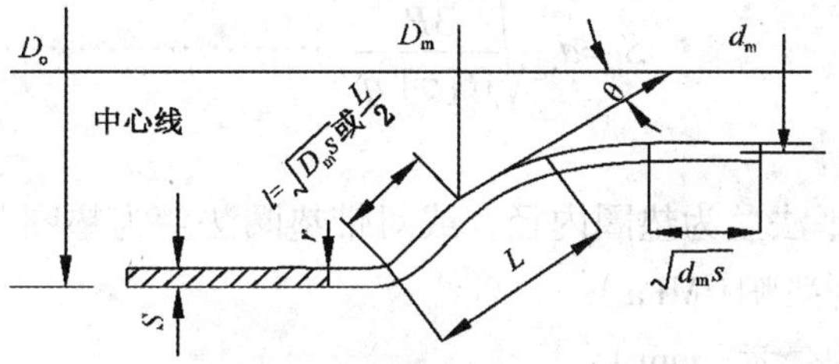

图6 异径管壁厚计算简图

$$S_{m}=\frac{PD_{m}+2[\sigma]^{t}\eta C+2YPC}{[2([\sigma]^{t}\eta-2p(1-Y)\cos\theta)]} \qquad (20)$$

$$S_{m}=\frac{pD_{o}}{2[\sigma]^{t}\eta+2Yp}+C \qquad (21)$$

式中：

D_{m}——异径管平均直径，单位为毫米（mm）；

$$D_{m}=D_{o}-S \qquad (22)$$

θ——半锥角，宜小于15°；

C——壁厚的附加值，单位为毫米（mm）；可按6.3.2.1选取。

6.3.5.2 异径管小端与管道连接处的强度根据图7按式（17）校核。图7中L_{G}、L_{A}按式（23）、式（24）计算：

$$L_{G}=\sqrt{D_{m}}S \qquad (23)$$

$$L_{A}=\sqrt{d_{m}}S \qquad (24)$$

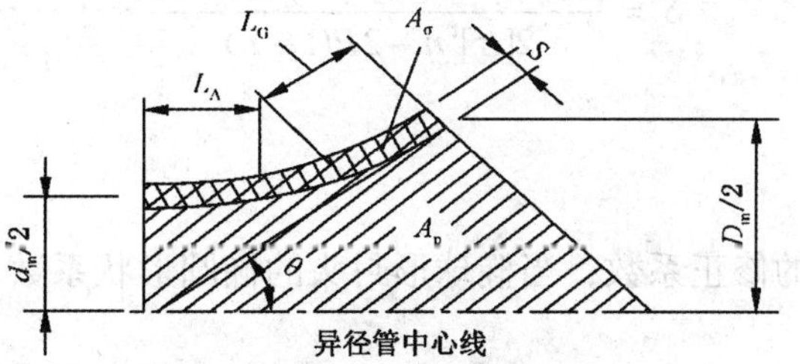

图7 异径管小端计算示意图

6.3.5.3 异径管外侧弯曲半径不宜小于$0.1D_o$。

6.3.6 法兰及法兰附件计算

6.3.6.1 螺栓连接的法兰强度应分别按运行工况及螺栓预紧力进行计算，并计及流体静压力及垫片的压紧力。

6.3.6.2 法兰连接计算应包括下列内容：

a）确定垫片材料，型式及尺寸；

b）确定螺栓材料，规格及数量；

c）确定法兰材料，密封面型式及结构尺寸；

d）进行应力校核，计算中所有尺寸均不包括腐蚀裕量。

6.3.6.3 对于未按标准规定制造的法兰，法兰及法兰连接应按GB/T 17186或GB 150.3—2011中第7章的规定计算。

6.3.6.4 盲板的厚度（见图8）应按式（25）计算：

$$S=S_m+C \qquad (25)$$

式中 S_m为压力作用下的设计厚度，按式（26）计算：

$$S_m=d_G\sqrt{\frac{3P}{16[\sigma]^t\eta}} \qquad (26)$$

式中：

d_G——对于凸型法兰或平法兰为垫圈内径，或对带垫圈法兰为垫圈节径；

P——设计压力，单位为兆帕（MPa）；

C——厚度裕量，单位为毫米（mm）。

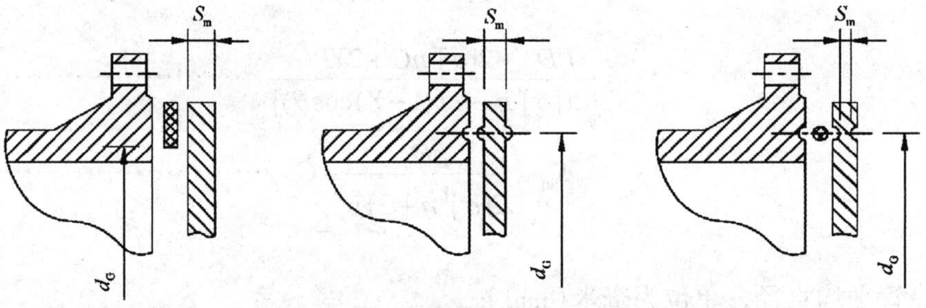

图8 夹在法兰间的盲板

6.3.7 封头及节流孔板的厚度计算

6.3.7.1 椭球型封头最小壁厚计算：

a）最小壁厚S_m应按式（27）、式（28）进行计算，取两者中的较大值。

$$S_m=\frac{KPD_i}{2[\sigma]^t\eta-0.5P}+C \qquad (27)$$

$$S_m=\frac{K(PD_i+2[\sigma]^t\eta C+2YPC)}{2[\sigma]^t\eta-2P(1-Y)} \qquad (28)$$

式中：

D_i——封头内径，mm；

K——与$\frac{p}{[\sigma]^t}$比值有关的修正系数，当椭球形封头的椭圆形状系数$D_o/2h_i=2$（h_i为椭圆半径）时，K值可按图9查取；

Y——修正系数，可按6.3.2.1选取；

η——许用应力修正系数，封头无拼接时，η=1.0；有拼接时，η值按表1取值；当设计温度在所用钢材的蠕变温度以上时，η=0.7；

$[\sigma]^t$——设计温度下材料许用应力，单位为兆帕（MPa）；

P——设计压力，单位为兆帕（MPa）；

C——腐蚀附加厚度，单位为毫米（mm）。

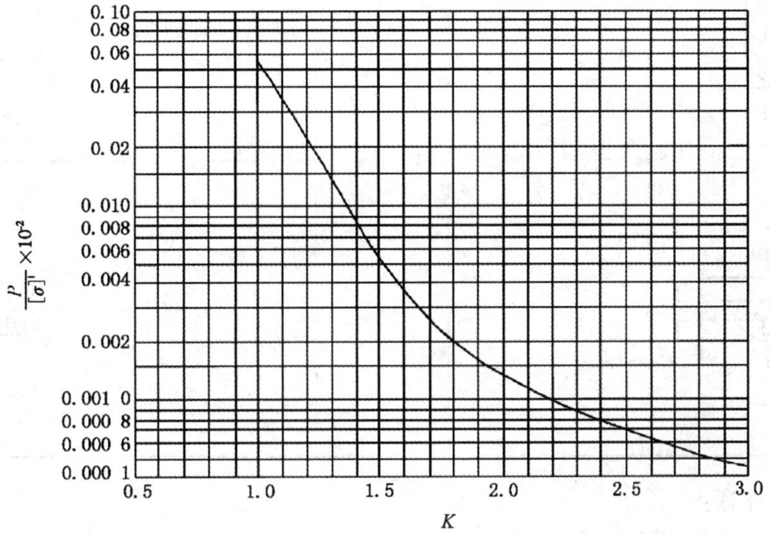

图9　椭球形封头的椭圆形状系数为2时修正系数K

6.3.7.2　对焊封头和平封头壁厚按式（29）计算：

$$S_m=K'D_i\sqrt{\frac{P}{[\sigma]^t\varphi'}} \quad\quad (29)$$

式中：

D_i——封头内径，单位为毫米（mm）（取相连管道的最大内径）；

K'、φ'——与封头结构有关的系数，按表7选取；

$[\sigma]^t$——设计温度下材料许用应力，单位为兆帕（MPa）；

P——设计压力，单位为兆帕（MPa）。

表7　封头结构型式系数

堵头型式	结构要求	K'	φ'		备注
			$l\geqslant 2S_1$	$2S_1>l\geqslant S_1$	
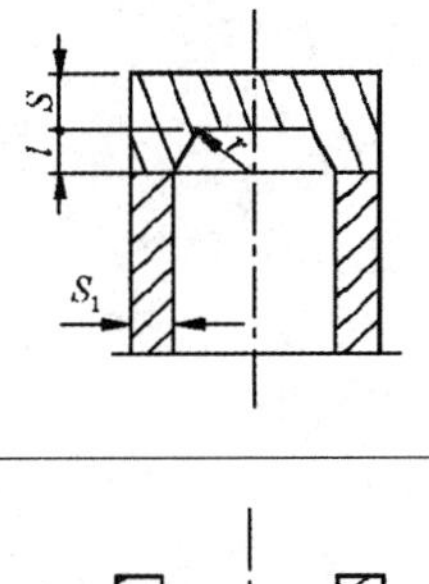	$r\geqslant\frac{2}{3}S_1$ $l\geqslant S_1$	0.4	1.05	1.00	推荐优先采用的结构型式
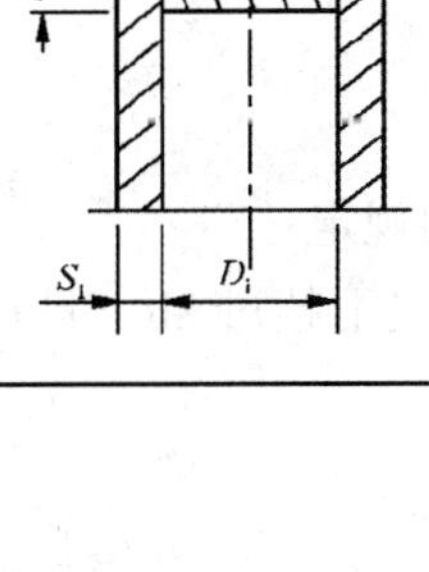		0.6	0.85		用于不大于PN25和不大于DN400的管道
		0.4	1.05		只用于水压试验

表7　封头结构型式系数（续）

堵头型式	结构要求	K'	φ'		备注
			$l \geqslant 2S_1$	$2S_1 > l \geqslant S_1$	
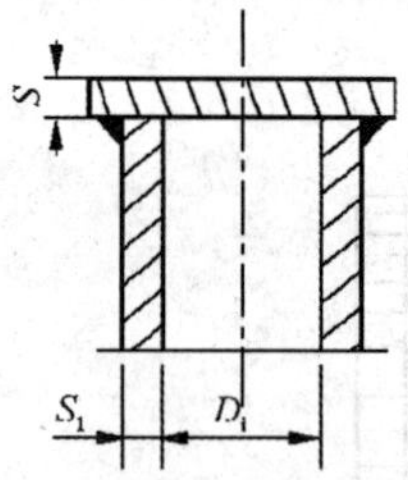 		0.6	0.85		用于小于 $PN2.5$ 和小于 $DN40$ 的管道
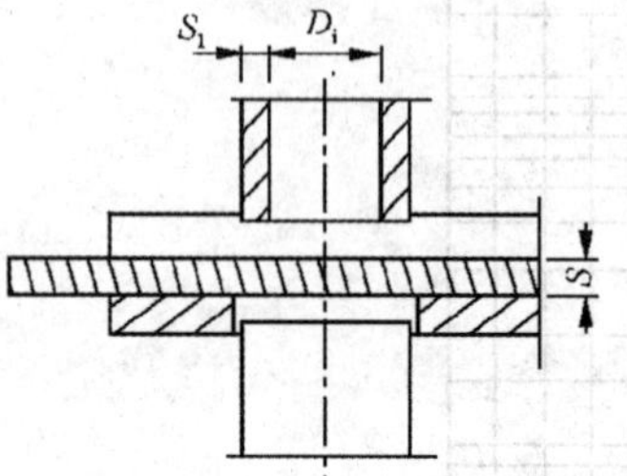 		0.45	0.85		用于回转堵板，中间堵板和法兰式节流孔板

6.3.7.3　孔板厚度计算：

a）夹在法兰之间的节流孔板、中间堵板和回转堵板的厚度计算，可按平封头的厚度计算公式，K' 值取0.45；

b）焊接式节流孔板厚度可按平封头厚度计算公式，其 K' 值取0.6。

6.4　管道应力计算

6.4.1　一般规定

6.4.1.1　本规范应力计算方法适用于利用管子自身的柔性进行补偿的管道。

6.4.1.2　管道应力计算宜按管道系统进行计算，对各种可能工况进行应力校核。

6.4.2　管道应力验算

6.4.2.1　管子在内压作用下的应力验算

a）管子在工作状态下，由内压产生的折算应力，不应大于钢材在设计温度下的许用应力

$$\sigma_{eq} = \frac{P[0.5D_o - Y(S_s - C)]}{\eta(S_s - C)} \leqslant 1.0\,[\sigma]^t \quad \cdots\cdots (30)$$

式中：

σ_{eq}——内压折算应力，单位为兆帕（MPa）；

P——设计压力，单位为兆帕（MPa）；

D_o——管子外径，单位为毫米（mm）；

S_s——管子实测最小壁厚，单位为毫米（mm）；

Y——修正系数，见6.3.2.1；

η——许用应力的修正系数，见6.3.2.1；

C——腐蚀、磨损和机械强度的附加厚度，单位为毫米（mm）；

$[\sigma]^t$——钢材在设计温度下的许用应力，单位为兆帕（MPa）。

b）管道在运行工况下，允许温度和（或）压力超过设计值，但应符合下列规定：

1）所计算的环向应力不超过相应温度下许用应力的1.15倍，允许每次不超过8h，且每年不超过800h；

2）所计算的环向应力不超过相应温度下许用应力的1.2倍，允许每次不超过1h，且每年不超过80h。

6.4.2.2 持续荷载的应力验算

管道在工作状态下，由内压、自重和其他持续荷载作用下，产生的轴向应力之和，应满足式（31）的要求：

$$\sigma_L=\frac{PD_i^2}{D_o^2-D_i^2}+0.75\frac{iM_A}{W}\leqslant 1.0[\sigma]^t \quad (31)$$

式中：

σ_L——管道在工作状态下，由持续荷载产生的轴向应力之和，单位为兆帕（MPa）；

P——设计压力，单位为兆帕（MPa）；

D_o——管子外径，单位为毫米（mm）；

D_i——管子内径，单位为毫米（mm）；

M_A——自重和其他持续荷载作用在管子截面上的合成力矩，单位为牛［顿］毫米（N·mm）；

W——管子截面抗弯矩，单位为立方毫米（mm^3）；

$$W=\frac{\pi}{32D_o}(D_o^4-D_i^4) \quad (32)$$

i——应力增加系数（见附录C），且$0.75i$不得小于1；

$[\sigma]^t$——钢材在设计温度下的许用应力，单位为兆帕（MPa）。

6.4.2.3 持续荷载与偶然荷载组合工况的应力验算

管道在工作状态下，由内压、自重等持续荷载和偶然荷载作用下，产生的轴向应力应满足式（33）的要求：

$$\frac{PD_i^2}{D_o^2-D_i^2}+0.75\frac{iM_A}{W}+0.75\frac{iM_B}{W}\leqslant K[\sigma]^t \quad (33)$$

式中：

M_B——偶然荷载作用在管子截面上的合成力矩，当地震设防烈度为8度及以上时，应计算地震力对管道的影响。在验算时，M_B中的地震力矩只取变化范围的一半，单位为牛［顿］毫米（N·mm）；

K——系数，在任一时期偶然荷载作用时间不超过8h，且全年不超过800h时，取K=1.15，当在任一时期作用时间不超过1h，且全年不超过80h时，取K=1.2。

其他符号的定义同6.4.2.2。

6.4.2.4 管系热胀应力范围验算

管系由热膨胀、端点附加位移等荷载所产生的管系热胀应力范围，应满足式（34）的要求：

$$\sigma_E=\frac{iM_C}{W}\leqslant f\left[1.2[\sigma]^{20}+0.2[\sigma]^t+([\sigma]^t-\sigma_L)\right] \quad (34)$$

式中：

σ_E——热胀应力范围，单位为兆帕（MPa）；

M_C——按热膨胀、端点附加位移等荷载和钢材在20℃的弹性模量计算的热胀合成力矩范围，单位为牛［顿］毫米（N·mm）；

$[\sigma]^{20}$——钢材在20℃时的许用应力，单位为兆帕（MPa）；

f——应力范围的减小系数。

其他符号的定义同6.4.2.2。

预期电厂在运行年限内，系数f与管道全温度周期性的交变次数N有关：

——当$N\leqslant 2500$时，f=1；

——当$N>2500$时，$f=4.78N^{-0.2}$。

如果温度变化幅度有变动，可按式（35）计算当量全温度变化次数：

$$N=N_E+r_1^5N_1+r_2^5N_2+\cdots\cdots+r_n^5N_n \quad (35)$$

式中：

N_E——计算热膨胀应力范围σ_E时，用全温度变化ΔT_E的交变次数；

N_1，N_2，……N_n——温度变化较小ΔT_1，ΔT_2，……，ΔT_n的交变次数；

r_1，r_2，……，r_n——比值$\Delta T_1/\Delta T_E$，$\Delta T_2/\Delta T_E$，……，$\Delta T_n/\Delta T_E$。

6.4.2.5　力矩和截面抗弯矩的计算

a）利用式（31）~式（35）验算直管元件、弯管和弯头时，合成力矩M_j按式（36）计算：

$$M_j=\sqrt{M_{xj}^2+M_{yj}^2+M_{zj}^2} \quad (36)$$

式中：

j——相当于式（31）、式（33）、式（34）中的注脚A、B、C。

b）验算等径三通时，应按式（36）分别计算各分支管的合成力矩，按三通的交叉点取值，见图10。管子截面抗弯矩按式（32）和连接管子尺寸计算。

c）验算不等径三通时，应分别计算主管两侧和支管的合成力矩：

1）计算不等径三通支管的合成力矩

$$M_A（M_B或M_C）=\sqrt{M_{x3}^2+M_{y3}^2+M_{z3}^2} \quad (37)$$

支管的当量截面抗弯矩为：

$$w=\pi r_{mb}^2 S_{b3} \quad (38)$$

式中：

r_{mb}——支管平均半径，单位为毫米（mm）；

S_{b3}——支管当量壁厚，式（34）中取用主管公称壁厚S_{nh}和i倍支管公称壁厚$S_{nb}i$二者中的较小值（mm）；式（31）和式（33）中取用主管公称壁厚S_{nh}和$0.75iS_{nb}$二者中的较小值（mm），其中$0.75i\geqslant1.0$；

M_{x3}，M_{y3}，M_{z3}——与三通支管连接的计算分支作用于三通交叉点的当量力矩。

2）计算主管的合成力矩

$$M_A（M_B或M_C）=\sqrt{M_{x1}^2+M_{y1}^2+M_{z1}^2} \quad (39)$$

$$M_A（M_B或M_C）=\sqrt{M_{x2}^2+M_{y2}^2+M_{z2}^2} \quad (40)$$

式中：

M_{x1}，M_{y1}，M_{z1}，M_{x2}，M_{y2}，M_{z2}——作用在三通交叉点处的当量力矩。

主管的截面抗弯矩按式（32）和连接管子尺寸计算。各合成力矩仍按三通的交叉点取值，见图10。

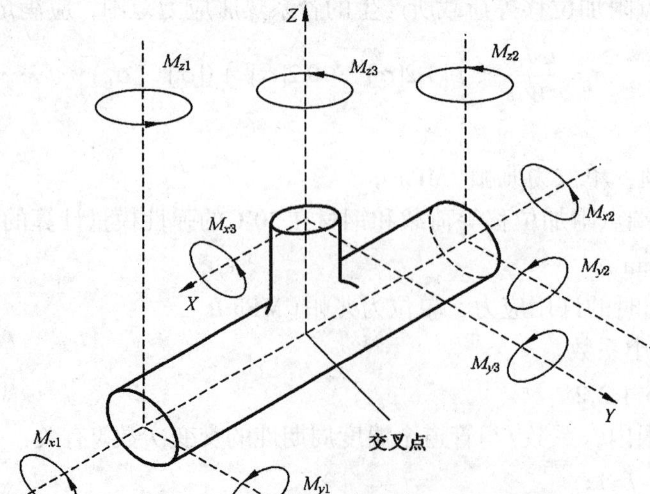

图10　合成力矩示意图

3）计算支管接管座（见附录C中的图C.3）的合成力矩：

$$M_A（M_B或M_C）=\sqrt{M_{x3}^2+M_{y3}^2+M_{z3}^2} \quad\cdots\cdots（41）$$

接管座的截面抗弯矩按式（42）计算：

$$W=\pi（r_{mb}）^2S_b \quad\cdots\cdots（42）$$

如果附录C中图C.3中的a、b、c中$L_1 \geqslant 0.5（r_iS_b）^{0.5}$，那么在计算接管座的截面抗弯矩和应力增加系数时，$r'_{mb}$应计算到$S_b$值的一半，验算点应取接管座中心线与主管外表面的交点。

6.4.3 管道支承反力的计算

6.4.3.1 管道对设备或支承点的推力应按6.4.2中荷载组合工况计算，推力应在设备所能安全承受的范围内。

6.4.3.2 当数根管道与设备相连时，管道在工作状态和冷状态下推力和力矩的最大值，应按设备和各连接管道可能出现的运行工况分别计算和进行组合。

6.5 管道支吊架

6.5.1 一般规定

6.5.1.1 管道支吊架的设置和选型应根据管道布置和对支吊架的功能要求确定。

6.5.1.2 支吊架间距应根据管道荷载的合理分布，并满足管道强度、刚度和防止振动等要求。

6.5.1.3 支吊架应支承在可靠的构筑物上，便于施工，且不影响设备检修及其他管道的安装和扩建。

6.5.1.4 支吊架零部件应有足够的强度和刚度，结构简单，宜采用标准产品。

6.5.1.5 室外管道吊架的拉杆，在穿过保温层处应采取防雨措施。

6.5.2 支吊架允许间距

6.5.2.1 管道支吊架的间距应满足强度和刚度条件的要求。

6.5.2.2 水平直管道支吊架间距应满足下列要求：

a）按强度条件确定的支吊架间距：

$$\sigma_{max}=\frac{(qL+2P_j)L}{8W} \quad\cdots\cdots（43）$$

$$L=\frac{\sqrt{P_j^2+8qW\sigma_{max}}-P_j}{q} \quad\cdots\cdots（44）$$

式中：

σ_{max}——水平直管最大弯曲应力，单位为兆帕（MPa）；一般钢管的自重应力不宜大于16MPa；

q——管道单位长度自重，单位为牛［顿］每米（N/m）；

L——支吊架间距，单位为米（m）；

P_j——跨中集中荷载，单位为牛（N）；

W——管子截面抗弯矩，单位为立方厘米（cm^3）。

b）按刚度条件确定的支吊架间距：

$$\delta_{max}=\frac{L^3}{E_tI}\left(\frac{5}{384}qL+\frac{1}{48}P_j\right)\times 10^5 \quad\cdots\cdots（45）$$

式中：

δ_{max}——最大弯曲挠度，单位为毫米（mm）；一般钢管道的弯曲挠度不宜大于2.5mm；

E_t——管子材料在设计温度下的弹性模量，单位为兆帕（MPa）；

I——管子截面惯性矩，单位为四次方厘米（cm^4）。

c)水平直管支吊架的允许间距，应取强度和刚度确定的间距最小值；在水平管道方向改变处，两支吊点间的管子展开长度不应超过水平直管支吊架允许间距的3/4。

6.5.2.3　垂直管道支吊架的间距可大于水平直管支吊架的允许间距，在最不利荷载作用下不应使管壁应力超过允许值。为防止管道侧向振动，垂直管道宜设置适当数量的管道侧向约束装置。

6.5.3　支吊架荷载及荷载组合

6.5.3.1　支吊架荷载及荷载组合应符合GB/T 17116.1的规定。支吊架应能承受管道和相关设备在可能出现的各种工况下所施加的静荷载和规定的动力荷载。支吊架零部件应按对其结构最不利的组合荷载进行选择和设计。在管道支吊架设计时，应计及的荷载包括(但不限于)下列各项：

a)管道组成件及保温层的重力；

b)支吊架的重力；

c)管道输送介质的重力；

d)对于蒸汽管道，应根据具体情况计及水压试验或管道清洗时的介质重力；

e)管道中柔性管件由于内压力产生的作用力；

f)支吊架约束管道位移所产生的约束反力和力矩；

g)管道位移时在活动支吊架上引起的摩擦力，摩擦系数μ可按6.5.3.3取值；

h)室外管道受到的雪荷载；

i)室外管道受到的风荷载；

j)正常运行时，由于种种原因引起的管道振动力；

k)管内流体动量瞬时突变(如汽锤、水锤、安全阀排汽反力)引起的瞬态作用力；

l)流体排放产生的反力；

m)地震引起的荷载，但不计及地震荷载与风荷载同时出现的工况。

6.5.3.2　支吊架结构荷载应符合GB 50764—2012中10.3.2的规定。支吊架结构荷载计算应根据具体情况计及下述工况：

a)运行初期冷态工况；

b)运行初期热态工况；

c)管道应变自均衡后的冷态工况；

d)管道应变自均衡后的热态工况；

e)水压试验或管路清洗工况；

f)各种瞬态工况。

6.5.3.3　管道位移在活动支吊架上引起的摩擦力，其摩擦系数μ可按表8取值。

表8　摩擦系数

序号	摩擦形式	摩擦系数
1	钢与钢滑动摩擦	0.3
2	钢与聚四氟乙烯板	0.2
3	聚四氟乙烯之间	0.1
4	不锈钢(镜面)薄板之间	≤0.1
5	不锈钢(镜面)与聚四氟乙烯板间	0.05~0.07
6	钢表面的滚动摩擦	0.1

6.5.4　支吊架材料

6.5.4.1　与管道直接接触的支吊架零部件，其材料应按管道设计温度选用。与管道直接焊接的零部件，其材料应与管道材料相同或相容。

6.5.4.2 钢材的使用温度上限应符合附录A的规定。

6.5.4.3 用于承受拉伸荷载的支吊架零部件应采用有冲击功保证值的钢材。当采用没有冲击功保证值的钢材，应按GB 229的要求补做冲击韧性试验，其冲击功值符合有关国家标准的规定。

6.5.4.4 支吊架零部件不应采用沸腾钢或铸铁材料。

6.5.5 支吊架结构及强度

6.5.5.1 支吊架管部结构不应使管道局部过应力。

6.5.5.2 管部结构的设计应符合下列规定：

a）管部结构应能承受功能所要求的力和力矩，保证管部与管道之间在预定约束方向不发生相对位移。管部结构的设计应控制管壁应力，防止管道局部塑性变形；

b）管部结构尺寸应和管道外径相配，且应保证其与支吊架其他连接部件相连接的部位裸露在管道保温层外；

c）垂直管道的管部结构或限制管道轴向位移的双臂管部结构，管部的任一侧应能承受该支吊架点的全部荷载。

6.5.5.3 支吊架的连接件设计应符合以下规定：

a）螺纹拉杆的最大承载力可根据其许用应力和螺纹根部截面计算，螺纹拉杆的许用应力按照附录A的75%取用。用于不大于*DN*50管子上的吊杆直径不应小于10mm，用于大于*DN*50管子上的吊杆直径不应小于12mm。

b）任何状态下吊杆与垂线之间夹角应符合下列规定值：

1）刚性吊架吊杆与垂线之间夹角不应大于3°；

2）弹性吊架吊杆与垂线之间夹角不应大于4°；

3）当不能满足1）、2）的规定时，应采取偏装或加装滚动装置等措施。

c）吊杆应有足够的螺纹长度，并配有调节垂直高度的部件，螺纹连接处应设置锁紧螺母。

d）垂直管道双拉杆刚性吊架的连接件应按单侧承受全部结构荷载选择。

6.5.5.4 支吊架的焊接和根部钢结构设计应符合GB/T 17116的规定。

7 制作与安装

7.1 一般规定

7.1.1 本章规定了管道制作和安装的基本要求，包括原材料验收、弯曲成形、组对、预热、焊接、热处理、安装、清理吹扫和清洗等的规定。

7.1.2 管道制作和安装应建立并妥善保存相关的记录及证明文件。

7.2 制作或安装前材料的验收

7.2.1 一般规定

制作和安装单位应对所接收的材料进行验收，验收项目应按本规范及相应材料产品标准规定外，还应符合合同约定。

7.2.2 材料标记和质量证明文件的验收

7.2.2.1 入厂（场）材料应验证材料标记和质量证明文件，并应符合5.3.5的规定。

7.2.2.2 材料的质量证明文件内容不全、质量证明文件与实物上的标记不符以及标记模糊不清者应拒收。

7.2.3 管子的验收

7.2.3.1 管子应进行材料牌号、外观质量、规格和尺寸偏差检查，对合金钢管子还应进行光谱和硬度检查。

7.2.3.2 按照国内标准制造的管子应按本规范及相应产品标准的规定进行验收。

7.2.3.3 按照境外标准制造的管子或进口管子除合同另有约定外，应符合相应境外标准的规定。

7.2.4 管件、法兰和阀门的验收

7.2.4.1 管件、法兰和阀门的验收应符合相应产品标准的规定及合同约定。

7.2.4.2 管件、法兰和阀门的验收应检查标记、规格、材质、外观和几何尺寸。

7.2.4.3 合金钢件应进行光谱和硬度检查。

7.2.4.4 法兰、螺栓螺母等附件应进行配合性能检查。

7.2.4.5 阀门应按照有关国家或行业标准进行性能和严密性检查。

7.2.5 支吊架的验收

7.2.5.1 支吊架的验收应符合本标准及其产品标准的规定。

7.2.5.2 支吊架应验收产品标识、型号、规格和外观；合金钢件进行光谱和硬度检查；对恒力、变力弹性支吊架、弹簧减振器进行性能试验报告和状态指示检查。

7.2.6 抽样检查数量规定

7.2.6.1 抽样检查数量应按相应材料产品标准规定。

7.2.6.2 加倍抽样检查应符合8.1.3累进检查的规定。

7.2.7 材料的保管

7.2.7.1 管道制作和安装单位对所接收的材料应采取必要的防护措施，防止变形、腐蚀或损伤。

7.2.7.2 存放奥氏体不锈钢材料时，不应与铁素体材料相接触。

7.2.7.3 暂不安装的管子、管件和阀门等，应对端口进行妥善封闭。

7.3 管道制作

7.3.1 一般规定

7.3.1.1 管道的制作应符合本规范及合同约定，可在工厂或施工现场完成。

7.3.1.2 主蒸汽、再热蒸汽和高压给水管道应在工厂内制作。

7.3.2 切割与坡口制备

7.3.2.1 切割应符合下列规定：

a）管子切割宜采用机械加工方法，也可采用等离子或火焰切割等方法；

b）采用等离子或火焰切割时，应用机械加工方法清除淬硬层及过热金属；

c）9%Cr~12%Cr的马氏体耐热钢管应采用机械加工方法切割。

7.3.2.2 坡口制备应符合下列规定：

a）坡口制备宜采用机械方法加工。不锈钢管采用机械方法制备坡口或修磨时，应符合GB/T 20801.4的规定。

b）除设计另有规定外，焊接坡口的基本形式与尺寸可按附录D中D.1的规定。

c）坡口表面质量应符合下列规定：

1）采用等离子或火焰切割下料的坡口修磨后，应经表面无损检测合格；

2）坡口及边缘 20mm 内母材应无裂纹、重皮、破损、毛刺缺陷及污染物；

3）除设计另有规定外，坡口端面偏斜度 Δf 应符合表 9 的规定。

表 9　坡口端面偏斜度偏差

图　例	管子外径 D_o mm	Δf mm
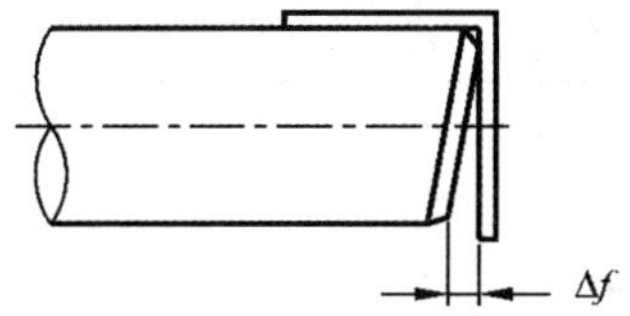	$D_o \leqslant 60$	0.5
	$60 < D_o \leqslant 159$	1
	$159 < D_o \leqslant 219$	1.5
	$D_o > 219$	2

7.3.3　标记移植

7.3.3.1　管子应保存材料的原始标记。当无法保存原始标记时，应采用适当的移植方法进行材料标记。

7.3.3.2　标记方法不应对材料表面构成损伤或污染，并不应降低材料的使用性能。当奥氏体不锈钢和有色金属材料采用色码标记时，印色不应含有硫、铅和氯等对材料有损害的物质。

7.3.3.3　移植后的标记应清晰可追溯。

7.3.4　弯曲成形

7.3.4.1　弯曲可采用冷弯成形或热弯成形两种工艺方法。热弯成形温度不应低于 A_{c1} 减 56℃；冷弯成形温度应低于 A_{c1} 减 56℃。钢管材料的下临界温度 A_{c1} 可按表 10 确定。

表 10　常用钢管材料下临界温度近似值

钢材类别	下临界温度 A_{c1} ℃
碳素钢	725
C–Mo 钢	730
1.15Ni–0.65Cu–Mo–Nb 钢	725
1Cr–0.5Mo 钢	745
1.25Cr–0.5Mo 钢	775
2.25Cr–1Mo 钢	805
9Cr–1Mo–V 钢	800
注：本表仅是钢管材料下临界温度的近似值，当可获得具体材料的该温度时，应取用实际温度。	

7.3.4.2　弯曲成形应符合以下规定：

a）热弯曲成形应按照评定合格的工艺进行弯制；

b）焊接钢管不宜采用冷弯成形方法；

c）直缝焊接钢管热弯曲成形时，焊缝宜布置在中性线处，且不应超出中性线外侧 15°，如图 11 所示；

d）热弯成形宜采用感应加热的弯曲方法；热弯弯管弯制前的直管最小壁厚可按表 11 选取；

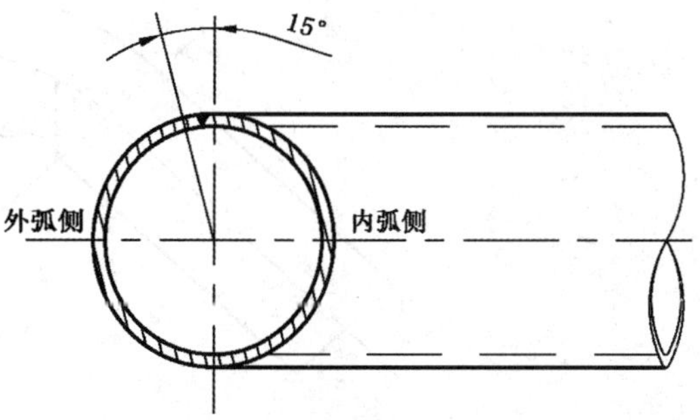

图 11　直焊缝布置位置

表 11　热弯弯管弯制前直管最小壁厚

弯曲半径	弯制前直管最小壁厚
不小于 $6D_o$	$1.06S_m$
$5D_o$	$1.08S_m$
$4D_o$	$1.12S_m$
$3D_o$	$1.16S_m$
注：弯曲半径为中间值的弯管，弯制前直管最小壁厚可采用内插法计算。	

e）冷弯弯管弯制前直管最小壁厚可按表12选取。

表 12　冷弯弯管弯制前直管最小壁厚

弯曲半径	弯制前直管最小壁厚
不小于 $6D_o$	$1.09S_m$
$5D_o$	$1.14S_m$
$4D_o$	$1.20S_m$
$3D_o$	$1.28S_m$
注：弯曲半径为中间值的弯管，弯制前直管最小壁厚可采用内插法计算。	

7.3.4.3　成形后的弯管应符合以下规定：

a）弯管内、外弧上任何一点的实测壁厚不应小于第6章设计计算确定的计算壁厚，且外弧任何一点壁厚不应小于连接管子的最小壁厚。

b）弯管表面不应有裂纹、折叠、重皮、凹陷和尖锐划痕等缺陷，发现缺陷应打磨直至完全消除，缺陷消除后的壁厚应符合a）的规定。

c）弯管的圆度偏差应符合以下规定：

1）弯管的圆度偏差 μ（%）应按式（46）计算：

$$\mu=\frac{D_{max}-D_{min}}{D_{max}}\times 100\% \qquad (46)$$

式中：

D_{max} 和 D_{min}——分别为同一截面实测最大外径和最小外径，单位为毫米（mm）。

2）弯管的圆度偏差不应大于8%；主蒸汽、高温再热蒸汽管道以及设计压力大于8MPa的管道，弯管圆度不应大于5%；弯管两端直管段端部的圆度应符合相应钢管标准要求。

d）弯管的弯曲半径允许偏差为 ±50mm。

e）平面弯管弯曲角度允许偏差为 ±0.5°。

f）热弯弯管的波浪率（波高 h 与外径 D_o 之比）不应大于2%，冷弯弯管的波浪率不应大于3%，且波距 A 与波高 h 之比应大于12，如图12所示。

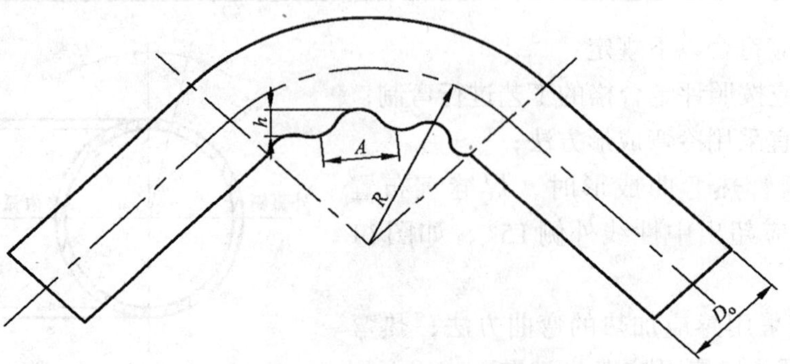

图 12　弯管波浪率示意图

g）弯管不应有过烧组织，不应出现晶间裂纹。

h）合金钢弯管热处理后的硬度、金相组织和晶粒度检验结果应符合相应管材产品标准的规定。

7.3.5 板焊管

7.3.5.1 板焊管制作适用于设计压力不大于1.0MPa且设计温度不高于200℃的管道。

7.3.5.2 用于制作板焊管的钢板，材料性能、外观质量、尺寸偏差、检验方法和验收规则应符合相关标准的规定。

7.3.5.3 板焊管制作应符合以下规定：

a）卷板方向应与钢板的压延方向相同；

b）公称尺寸大于等于DN1000的板焊管，卷板对接焊缝根部宜采用封底焊；

c）板焊管管子内径与壁厚的关系符合表13的要求时，允许冷卷成形；否则应在热卷或冷卷后进行热处理；

表13 允许冷卷的内径与公称壁厚关系

序号	规定非比例延伸率0.02%的强度$R_{p0.2}$ MPa	钢管内径D_i与公称壁厚S_n关系 mm
1	$R_{p0.2}\leqslant 350$	$D_i\geqslant 33S_n$
2	$350<R_{p0.2}\leqslant 450$	$D_i\geqslant 40S_n$
3	$450<R_{p0.2}\leqslant 540$	$D_i\geqslant 48S_n$
4	$540<R_{p0.2}\leqslant 800$	$D_i\geqslant 57S_n$
5	$R_{p0.2}>800$	由试验确定

d）环向拼接焊缝不宜多于2条，相邻筒节纵缝应错开至少100mm；

e）钢管同端管口相互垂直两直径之差的最大值不应大于$3D_o/1000$，且最大不应大于10mm；

f）钢管对圆后，实测周长与设计周长之差的最大值不应超过$\pm 5D_o/1000$，且最大不应超过$\pm$15mm，相邻管节周长偏差应符合表14的要求；

表14 相邻管节周长偏差

板厚S_n mm	最大偏差 mm
$S_n<10$	6
$S_n\geqslant 10$	10

g）板焊管的焊接、焊后热处理和检查检验要求应符合本标准的相关规定。

7.3.6 支吊架

7.3.6.1 管道支吊架的型式、材质、加工尺寸及精度应符合设计文件和GB/T 17116.1的规定。

7.3.6.2 合金钢管道的支吊架与管子直接相焊接的部分宜在工厂内完成。

7.3.7 管道工厂化预制

7.3.7.1 管道宜工厂化预制。工厂化预制包括配管设计、弯曲成形、坡口加工、组对焊接、热处理、检验、清理、防护、标记和包装等。

7.3.7.2 在满足运输和安装等条件下，宜最大限度地进行工厂化预制。

7.3.7.3 配管设计应合理布置焊口位置，充分利用管材。

7.3.7.4 异种钢之间的焊接宜在工厂内完成。

7.3.7.5 配管设计的管段制造图至少应包括以下内容：

a）管子规格和材质；

b）各接管座开孔位置、尺寸和焊接要求；

c）各管件的编号、规格、材质、几何尺寸及详图；

d）工厂和现场焊口的编号及坡口详图；

e）检验和标记要求。

7.3.7.6 管道工厂化预制后，管段尺寸偏差要求应符合附录E及相关标准的规定。

7.3.7.7 管子与支吊架组装焊接应符合以下规定：

a）耳轴中心线应与管子中心线正交，并通过管子中心线；

b）各卡块的承载面应处于垂直于管道轴线的同一平面上，且各对称卡块中心面均应处于管子中心线位置；

c）耳轴、卡块等与管子直接焊接时，应采用全焊透结构。

7.3.8 管道清理、防护、标记与包装

7.3.8.1 管道清理应符合以下规定：

a）管段制作完成后，应清除内外表面的氧化物、铁锈、焊接飞溅、砂粒、油渍以及其他有害物等；

b）管道的清理可采用化学清洗、喷丸处理或喷砂处理等方法，清理方法及清理后的表面质量应符合设计文件和合同约定；

c）任何清理方法均不应影响管道的使用性能。

7.3.8.2 管子清理后的表面应根据具体环境情况及时进行适当防护。防护应符合下列规定：

a）酸洗表面涂装时间不应超过表面处理后的12h；喷丸或喷砂后表面涂装时间应根据环境条件确定，但不应超过表面处理后的24h；

b）不锈钢和有色金属的防护应符合GB/T 20801的规定；

c）防护方法应符合相关标准的规定及合同约定。

7.3.8.3 管道的标记和包装应符合以下规定：

a）管道的标记应符合合同约定，并满足以下要求：

1）永久性标记宜采用低应力字头钢印，标记管段号、焊工号口号、可追溯的材料标记；

2）临时性标记包括工程代号、图号、管段号、重量、流向和制造厂等，标记在管段易于观察部位。

b）管道的包装应符合合同及GB/T 191的规定。

7.4 焊接

7.4.1 一般规定

7.4.1.1 管道焊接应采用经评定合格的焊接工艺，并由具有相应资质的焊工施焊。

7.4.1.2 焊接工艺评定应符合NB/T 47014或DL/T 868的规定。

7.4.2 焊接材料

7.4.2.1 焊接材料应根据钢材的化学成分、力学性能、使用条件和焊接工艺评定的结果选用。

7.4.2.2 焊条、焊丝、焊剂及焊接用气体等焊接材料，使用前应按设计文件和JB/T 3223的规定进行检查和验收。

7.4.2.3 焊接材料的存放管理应符合下列要求：

a）存放焊接材料的库房应保持适宜的温度和湿度，室内温度应在5℃以上，相对湿度不应超过60%；

b）不同品种、型号、牌号和批号的焊接材料宜分类存放，并设置明确的区分标识；

c）库存期超过规定期限的焊接材料，应重新做出鉴定，符合规定要求方可使用。

7.4.2.4 焊条、焊剂在使用前应按照说明书的要求进行烘焙，重复烘焙次数不应超过2次。焊工领用经烘焙过的焊条时，应使用专用的保温筒，随用随取。

7.4.3 焊接环境

7.4.3.1 焊接时，以施焊部位为中心的1m空间范围内，不同钢材的最低焊接环境温度应符合以下规定：

a）含碳量不大于0.35%的碳素钢为-10℃；

b）普通低合金钢和珠光体耐热钢为0℃；

c）贝氏体和马氏体耐热钢为5℃；

d）奥氏体不锈钢不受限制。

7.4.3.2 焊接时，应采取防风措施，以保证焊接不受周围环境风速的影响。

7.4.3.3 焊接区域应有防雨、防雪和防潮湿的措施。

7.4.4 焊前准备

7.4.4.1 焊件在组对前应将坡口表面及附近母材内、外壁的油、漆、垢和锈等清理干净。清理范围应符合以下规定：

a）对接接头：坡口每侧各10mm~15mm；

b）角接接头：宜比焊脚尺寸大10mm；

c）埋弧焊接头：在a）、b）的基础上加5mm。

7.4.4.2 焊口组对应符合以下规定：

a）组对时内壁或根部宜齐平，如有错口，其错口值应符合以下规定：

1）对接单面焊局部错口值不应超过壁厚的10%，且不大于2mm；

2）对接双面焊局部错口值不应超过焊件厚度的10%，且不大于3mm。

b）焊口组对的对口间隙应符合以下规定：

1）对口间隙可参见附录D规定，并应与所采用的焊接方法相适应；

2）公称尺寸大于500的管道，对口间隙局部超差不应超过2mm，且总长度不应超过焊缝总长度的20%。

c）不同厚度焊件组对时，应符合以下规定：

1）内壁（或根部）尺寸不相等而外壁（或表面）要求齐平时，可按图13a）形式进行加工；

2）外壁（或表面）尺寸不相等而内壁（或根部）要求齐平时，可按图13b）形式进行加工；

3）内、外壁尺寸均不相等时，可按图13c）形式进行加工；

4）焊件厚度不相等，且厚度差不超过5mm时，可在不影响强度的条件下，按照图13d）进行加工；

5）在进行上述管道不同厚度焊件组对加工时，尖角部位应圆滑过渡。

7.4.4.3 定位焊应符合以下规定：

a）保留在完工焊缝内的定位焊应按照与根部焊道相同的焊接工艺施焊；

b）坡口根部采用焊缝定位时，焊后应检查各个定位焊点质量，如有缺陷应立即清除，重新进行定位焊；$S_2-S_1 \leq 10$mm；

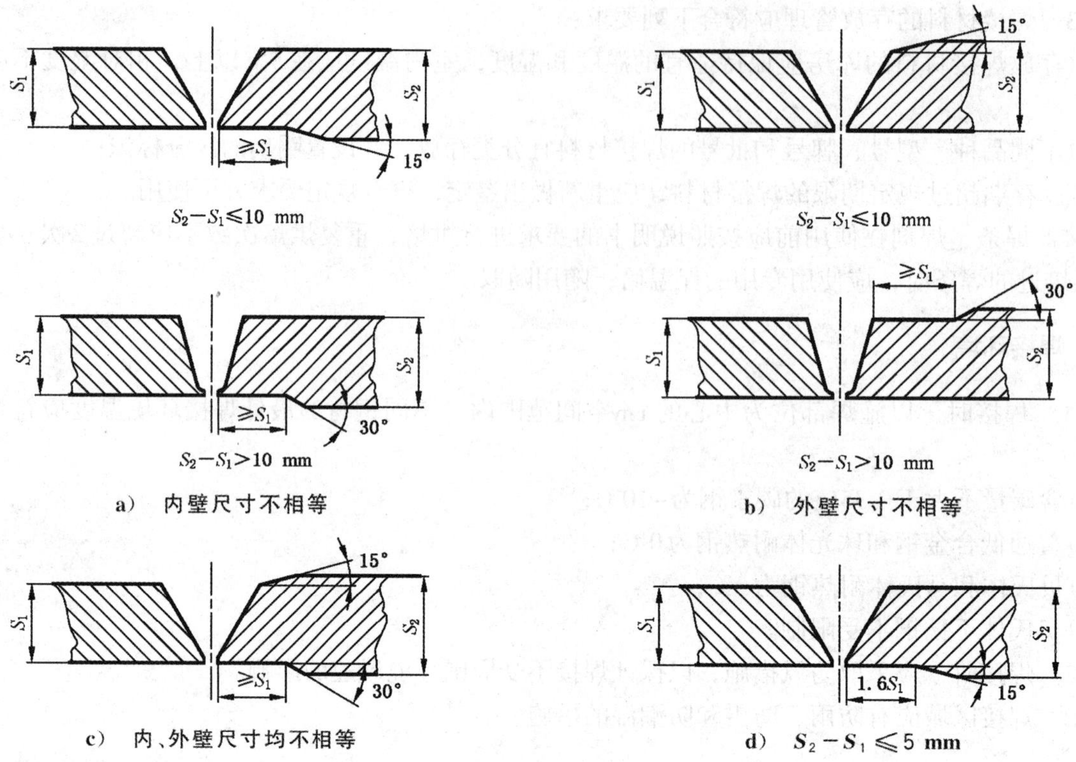

图 13　不同厚度的焊件组对

c）厚壁大口径管采用临时定位焊时，定位焊件宜采用与母材同种材料。采用其他钢材作定位焊件时，应先在定位焊件上堆敷过渡层后再进行定位焊。堆敷材料应与正式焊接材料相同，堆敷厚度不应小于5mm。去除定位件时，不应损伤母材，应将残留焊疤清除干净、打磨修整至与母材平齐；

d）定位焊缝应具有适当的长度、厚度和间距；

e）根部焊接前，应对定位焊缝进行检查；若发现缺陷，处理后方可施焊；

f）焊接到管子上的工卡具材质宜与母材相同。拆除工卡具时，不应损伤母材，拆除后应打磨修整至与母材平齐；必要时进行表面无损检测；

g）含9%Cr~12%Cr的耐热钢表面不应焊接定位对口卡具。

7.4.5　施焊

7.4.5.1　焊接操作

焊接操作应符合以下规定：

a）不应在被焊件表面引弧、试验电流或随意焊接临时支撑物。

b）铬含量大于3%或合金总含量大于5%的耐热钢管道焊接时，内壁或焊缝背面应充氩气或其他混合气体保护。

c）当组合件壁厚大于38mm时，应符合下列规定：

1）采用钨极氩弧焊进行根层焊接的焊层厚度不小于 3mm；

2）焊道的单层厚度不应大于所用焊条直径加 2mm；单焊道宽度不宜大于所用焊条直径的 5 倍。厚壁大直径管道多层多道排列示意参见图 14。

单位为毫米

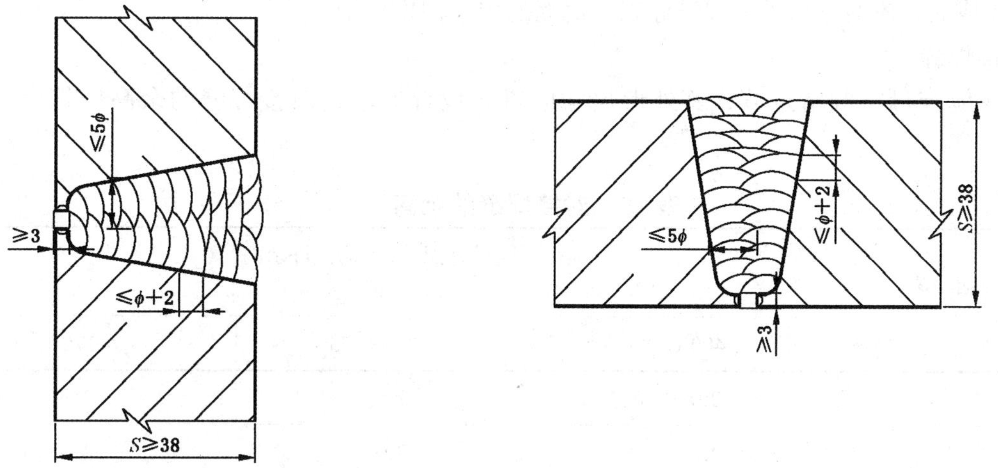

a） 垂直管固定焊　　b） 水平管固定焊

说明：

φ—焊条直径；

S—焊件壁厚。

图14　厚壁管焊道排列示意图

d）含Cr9%~12%的马氏体耐热钢厚壁管的焊接还应符合以下规定：

1）熔敷金属的 A_{c1} 应与被焊母材相当；

2）焊接时应按评定合格的工艺控制层间温度；

——电弧焊时，层间温度不宜超过250℃；

——埋弧焊时，层间温度不宜超过300℃。

3）焊缝单层厚度不宜超过焊条直径、焊道宽度不宜超过焊条直径的4倍，多层多道排列示意参见图15。

单位为毫米

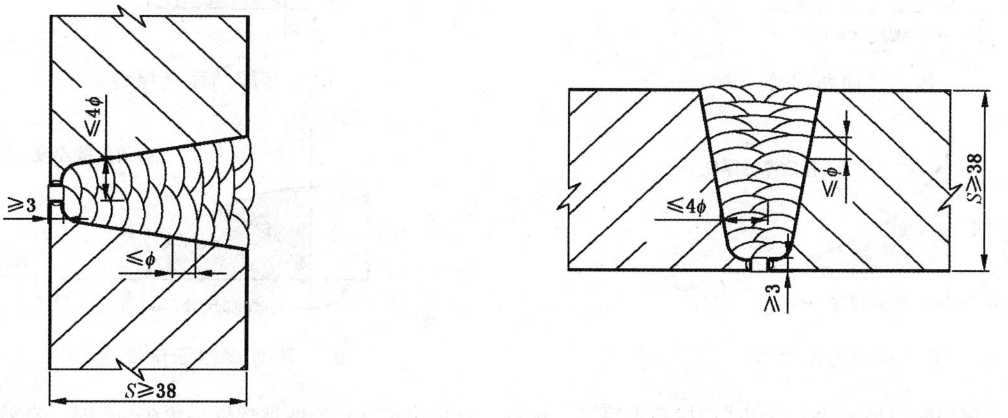

a） 垂直管固定焊　　b） 水平管固定焊

说明：

φ—焊条直径；

S—焊件壁厚。

图15　马氏体耐热钢厚壁管焊道排列示意图

e）奥氏体不锈钢的焊接应符合GB/T 20801.4的规定。

f）焊接完成后，应对管道承压焊缝标识可追溯的焊工识别标记。

7.4.5.2 对接焊缝

焊缝边缘应与母材圆滑过渡，其外形尺寸应符合设计要求，对接焊缝的余高应符合表15的规定。

表15 对接焊缝的余高

母材金属的壁厚S_n mm	不同设计温度t下的允许余高 mm		
	t>400℃	400℃≥t≥175℃	t<175℃
S_n≤3.0	2.0	2.5	3.0
3.0<S_n≤5.0	2.0	3.0	4.0
5.0<S_n≤13.0	2.0	4.0	5.0
13.0<S_n≤25.0	2.5	5.0	5.0
25.0<S_n≤50.0	3.0	6.0	6.0
S_n>50.0	4.0	取6mm或1/8倍焊缝宽度两者中大值	

7.4.5.3 角焊缝

角焊缝应符合以下规定：

a）焊缝金属的熔敷应保证焊缝根部的母材金属充分焊透；

b）承压部件的角焊缝宜采用凹面焊缝；

c）角焊缝的形式和尺寸应符合图16规定。

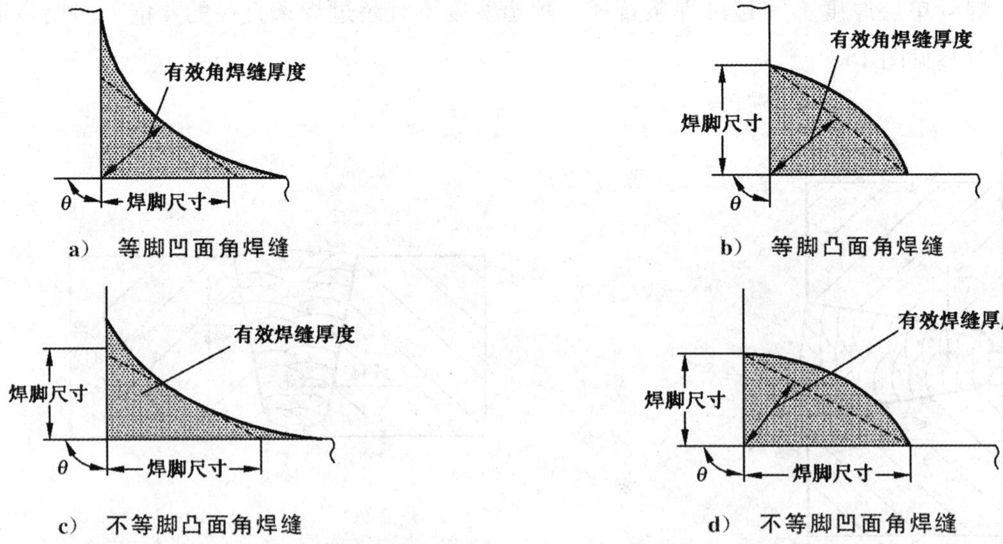

注1：等边角焊缝焊脚尺寸为外切或内接最大等腰三角形的直角边长度；当两被焊件夹角θ=90°时，有效焊缝高度为0.7倍焊脚尺寸。

注2：不等边角焊缝焊脚尺寸分别为最大外切或内接最大直角三角形的短边和长边长度，按图示计算有效焊缝高度。

注3：对于其他角焊缝，有效角焊缝高度用焊脚尺寸和被焊件夹角θ计算。

图16 角焊缝的形式和尺寸

7.4.5.4 焊制支管连接应符合以下规定：

a）焊制支管连接的型式及焊接要求应符合设计规定；

b）支管应采用与主管相同或相近的材料制作，并应符合第5章关于材料的规定；

c）焊制支管内转角宜圆滑过渡，连接型式见图17和图18；

d）带加强板的焊制支管连接应在支管与主管连接焊缝检查合格后，再焊接加强板，该结构不宜用于设计温度大于250℃的组成件以及剧烈循环的场合。

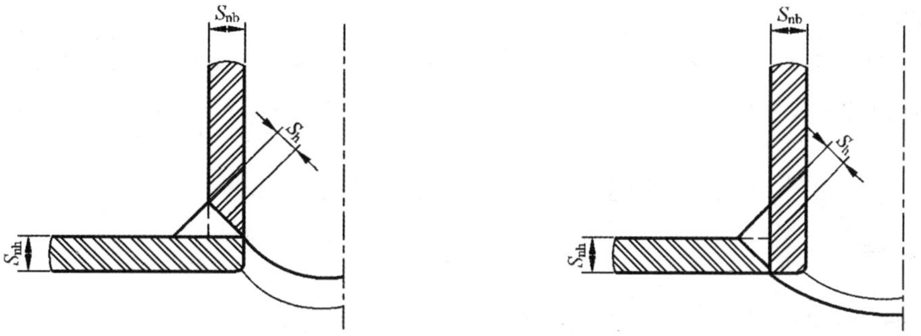

a） 非加强或厚壁加强焊制直管接头

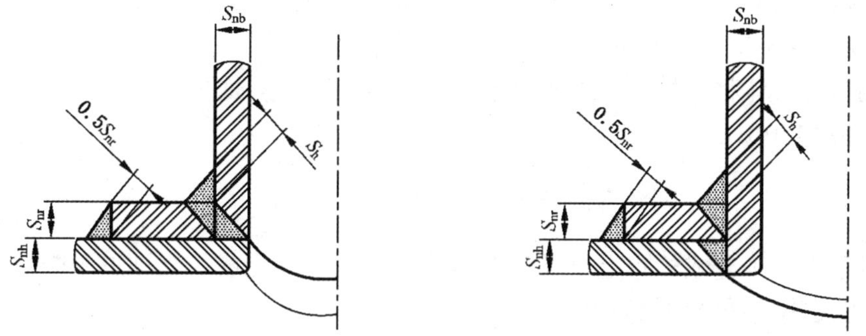

b） 带加强板的焊制直管接头

说明：

S_h不应小于6.0mm与$0.7S_{nb}$中的较小者；

S_{nb}——支管公称壁厚，mm；

S_{nh}——主管公称壁厚，mm；

S_{nr}——加强件公称壁厚，mm。

图17 焊制支管连接

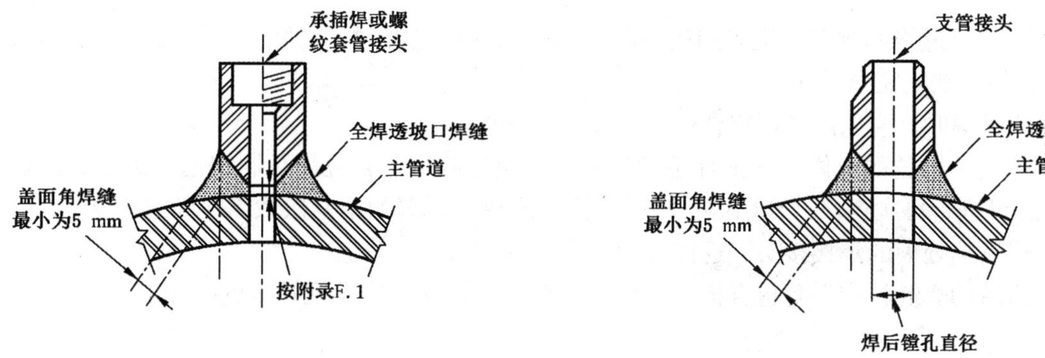

a） 承插焊或螺纹套管支管接头　　b） 焊后镗孔支管接头

图18 小直径支管连接型式

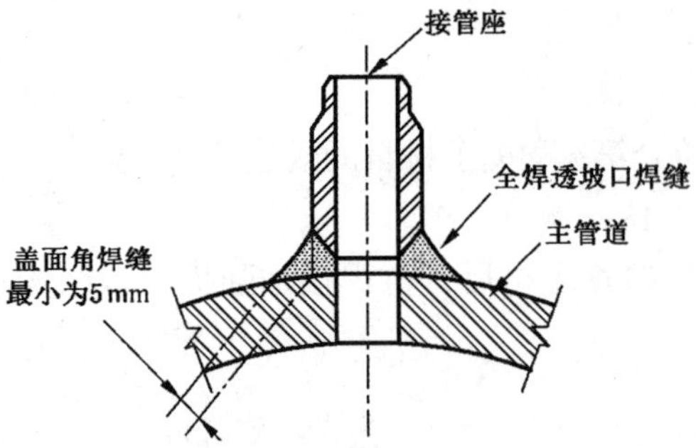

c） 直接焊接的支管接头

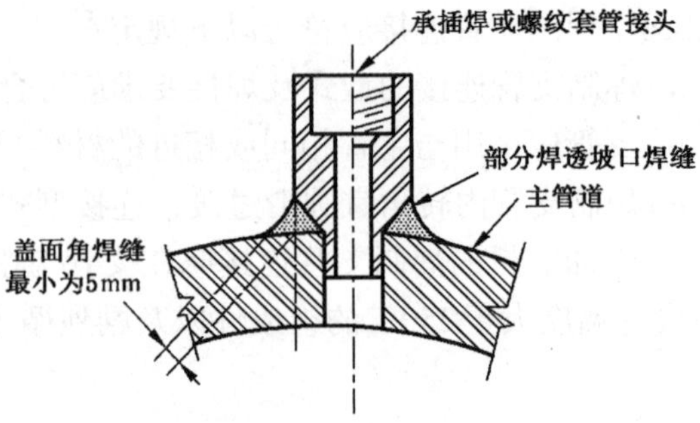

d） 承插焊或螺纹套管支管接头

注：d）只适用于公称尺寸50及以下的支管接头。当设计温度大于400℃或设计压力大于7.1MPa时不应采用这种结构。

图18 小直径支管连接型式（续）

7.4.6 异种钢焊接

7.4.6.1 异种钢的焊接应按照经评定合格的焊接工艺进行操作。

7.4.6.2 当采用奥氏体类型和镍基焊材焊接时，应注意焊接面和焊接材料的洁净度，控制层间温度。

7.4.6.3 异种钢接头两侧材料的合金成分差异较大时，可在低成分侧堆焊一种中间成分的材料，形成过渡层，过渡层厚度不应小于5mm。

7.4.6.4 当一侧为奥氏体材料另一侧为非奥氏体材料焊接时，焊前可只对非奥氏体材料预热，焊接时层间温度不宜超过150℃。

7.4.7 焊接中断

7.4.7.1 施焊过程中除工艺或检查上要求分次焊接外，应连续完成。当被迫中断时，应采取防止裂纹产生的措施，如后热、缓冷和保温等。

7.4.7.2 对要求预热、控制层间温度和有焊后热处理要求的材料，焊接中断应符合以下规定：

a）已焊接焊缝厚度应达到9.5mm以上或已填充25%的坡口高度（取两者中的较小值）时，方可中断焊接；

b）中断焊接的焊件需移动或受载时，应进行必要的保护或支撑；

c）对铬含量不大于3%的材料，中断后允许缓冷至室温；

d）对于含Cr 9%~12%的马氏体耐热钢，只有当焊缝已进行后热或焊后热处理时，方可中断焊接。

7.4.7.3 恢复焊接前，应检查并确认无裂纹后，方可按照工艺要求继续施焊。

7.4.8 焊缝返修

7.4.8.1 对需进行返修的焊缝，宜采用机械方法清除缺陷。必要时，清除后可用磁粉或液体渗透检测方法检查，确认缺陷完全清除。

7.4.8.2 需要补焊时，应采用经评定合格的焊接工艺施焊。

7.4.8.3 焊缝同一部位的返修次数不宜超过三次；当超过两次时，应另行制定返修措施，经技术负责人批准后方可进行再次返修；含Cr9%~12%马氏体耐热钢焊缝的返修次数不应超过两次。

7.4.8.4 需焊后热处理的焊接接头，返修补焊后应重新进行热处理。

7.4.8.5 返修后的焊缝，应经复检合格；复检方法至少应包括原来发现缺陷的检测方法。

7.5 预热

7.5.1 一般规定

7.5.1.1 焊前预热的加热方法、加热宽度和保温要求应符合焊接工艺及焊接作业指导书的规定。

7.5.1.2 预热的方法不应对加热部位造成损伤。

7.5.1.3　承压管道及其返修焊缝宜采用整圈加热的方法，并应采取措施降低周向和径向的温差，并保证焊件在规定的范围内达到要求的预热温度。

7.5.1.4　支管连接的加热宜采用包括主管和支管在内的环形加热方法。

7.5.2　预热温度

7.5.2.1　预热温度应根据钢材的焊接性能、焊件厚度、接头型式、环境温度以及焊接材料的潜在含氢量和结构拘束度等因素确定。管道常用钢材的推荐预热温度见表16。

表16　管道常用钢材推荐焊前预热温度

钢材类别	管　材		板　材	
	壁厚S mm	预热温度 ℃	厚度S mm	预热温度 ℃
碳含量≤0.35% 的碳素钢	S≥26	100~200	S≥34	100~150
C–Mn	S≥15	150~200	S≥30	
1.15Ni–0.65Cu–Mo–Nb	S≥20	150~200	S≥20	150~200
1Cr–0.5Mo 1.25Cr–0.5Mo	S≥15	150~200	S≥15	150~200
1Cr–0.5Mo–V 2.25Cr–1Mo	S≥6	200~300	S≥8	200~300
9Cr–1Mo–V–Nb	任意厚度	200~250	任意厚度	200~250
注：当采用钨极氩弧焊打底时，可比下限温度降低 50℃。				

7.5.2.2　特殊情况下预热温度的选取应符合以下规定：

a）异种钢预热时应符合下列规定：

1）一侧为奥氏体钢时，预热温度应符合 7.4.6 的规定；

2）两侧均为非奥氏体型钢时应按预热温度要求高的选取。

b）支管连接时，应按主管的预热温度选取。

c）非承压件与承压件焊接时，应按承压件预热温度选取。

d）焊接中断后施焊前应按原工艺要求重新预热。

7.5.3　加热方法和范围

7.5.3.1　一般采用柔性陶瓷电阻加热或远红外辐射加热，加热宽度每侧不少于焊件厚度的4倍；采用电磁感应加热时，每侧不少于焊件厚度的3倍，且不得小于100mm；

7.5.3.2　当管子外径大于219mm或壁厚不小于20mm时，宜采用柔性陶瓷电阻加热、远红外辐射加热或电磁感应加热方法进行预热。

7.5.3.3　当待焊接区为类似点状时，加热范围以焊接中心为圆心，以焊缝最大深度尺寸的9倍为半径的近圆形区域。

7.5.4　温度测量

7.5.4.1　测量预热温度并记录宜采用热电偶、测温笔、接触式表面温度仪和其他合适的方法。

7.5.4.2　温度测量仪表应经检定或校准合格。

7.6　热处理

7.6.1　弯曲成形后的热处理

7.6.1.1　公称壁厚大于19mm的碳钢管道，当弯制温度低于900℃时，弯后应进行回火热处理，回火温度可取600℃~650℃。

7.6.1.2 对于公称尺寸不小于100或公称壁厚不小于13mm的铁素体合金钢钢管，弯曲后热处理应符合以下规定：

a）热弯曲成形后的热处理可参照相应钢管标准规定或评定合格的热处理制度执行；

b）冷弯曲成形后的热处理要求可按表17规定。

表17 推荐的冷弯成形后热处理

钢 种	保温温度 ℃	保温时间
C-Mo 钢 0.5Cr-0.5Mo 钢	600~650	按壁厚，2.4min/mm但至少15min
1.15Ni-0.65Cu-Mo-Nb 钢	580~680	
1Cr-0.5Mo 钢 1Cr-0.5Mo-V 钢 1.25Cr-1Mo 钢	700~750	
2.25Cr-1Mo 钢 9Cr1Mo-V-Nb 钢	700~750	

7.6.1.3 其他材料（包括奥氏体不锈钢材料）钢管弯曲成形后的热处理，应按照评定合格的热处理制度执行。

7.6.1.4 钢管弯曲成形后的热处理应采用炉内整体热处理的方式进行。

7.6.2 后热消氢处理

7.6.2.1 对容易产生延迟裂纹的材料，焊后若不能及时进行焊后热处理，应进行后热处理。

7.6.2.2 对含Cr9%~12%的马氏体耐热钢，焊后不宜采用后热。当被迫后热时，应在焊接完成、焊件温度降至80℃~100℃，保温1h~2h后进行，后热处理温度为300℃~350℃，保温时间2h。

7.6.3 焊后热处理

7.6.3.1 当焊接工艺评定或相关标准有规定时，应进行焊后热处理。

7.6.3.2 采用奥氏体焊接材料焊接奥氏体不锈钢材料时，其焊接接头可不进行焊后热处理。

7.6.3.3 对含Cr9%~12%的马氏体耐热钢，焊后热处理应在焊件温度降到80℃~100℃、保温1h~2h后立即进行。

7.6.3.4 焊后热处理恒温温度的选择原则：

a）不应高于焊接材料熔敷金属及两侧母材中最低的A_{c1}值；宜低于该A_{c1}值30℃。

b）异种钢焊接接头应符合以下规定：

1）当一侧为奥氏体型钢时，应避开脆化温度敏感区；

2）当两侧均为非奥氏体型钢时，应按热处理温度较低侧材料的热处理温度上限确定。

7.6.3.5 管道常用钢材焊后热处理温度和恒温时间可按表18规定。

表18 推荐的管道常用钢材焊后热处理

钢 种	焊后恒温温度℃	焊件厚度 *S* mm						
		S≤12.5	12.5<*S*≤25	25<*S*≤37.5	37.5<*S*≤50	50<*S*≤75	75<*S*≤100	100<*S*≤125
		恒温时间 h						
碳含量≤0.35%的碳素钢 C-Mn	580~620	—	—	1.5	2	2.25	2.5	2.75

表18　推荐的管道常用钢材焊后热处理(续)

钢　种	焊后恒温温度℃	焊件厚度 S mm						
		$S\leqslant 12.5$	$12.5<S\leqslant 25$	$25<S\leqslant 37.5$	$37.5<S\leqslant 50$	$50<S\leqslant 75$	$75<S\leqslant 100$	$100<S\leqslant 125$
		恒温时间 h						
1.15Ni-0.65Cu-Mo-Nb	580~620	0.5	1	1.5	2	2.25	2.5	2.75
1Cr-0.5Mo 1.25Cr-0.5Mo	650~700	0.5	1	1.5	2	2.25	2.5	2.75
1Cr-0.5Mo-V 2.25Cr-1Mo	720~750	0.5	1	1.5	2	3	4	5
9Cr-1Mo-V-Nb	750~770	1	2	3	4~5	6~7	8~9	10

注1：不同壁厚部件焊接接头焊后热处理厚度，应取下述两者中的较小值：
　a）焊缝厚度；
　b）焊缝处连接材料的较厚者。
注2：焊缝厚度按照下述方法确定：
　a）坡口焊缝：坡口加工后，包括内倒角加工后，两相接端壁厚较大者；
　b）角焊缝：焊缝厚度；
　c）材料焊补：被修补凹坑的深度；
　d）支管焊缝：是指与纵向轴线相交的平面内尺寸。

7.6.4　炉内热处理

7.6.4.1　管段宜采用炉内整体热处理。

7.6.4.2　分段热处理时，重复加热部分不应少于300mm，且炉内与炉外的过渡部分应适当保温。

7.6.4.3　热处理采用火焰加热时，不应使火焰直接冲刷管段。

7.6.5　局部热处理

7.6.5.1　管道对接接头加热宽度宜根据加热方法及外径(D_o)与壁厚(S_n)的比值确定。加热中心应位于焊缝中心，并采取措施降低周向和径向的温差。

7.6.5.2　接管座焊件的加热，主管侧宜采用整圈加热或环形加热的方法，主管与接管侧的加热宽度从焊缝边缘起，不应小于两者中较大厚度的2倍。

7.6.5.3　异径管和支管连接等异形结构焊件宜采用分区控制的加热装置，并根据焊件的实际情况和温度分布调整加热功率。

7.6.6　热处理过程控制

7.6.6.1　热处理时应控制工件的温度及温差；加热温度范围内任何两点温度差不应超过50℃。

7.6.6.2　热处理的升降温速率(℃/h)不应大于6250与焊缝厚度(按毫米计)之比，且不超过300℃/h。

7.6.6.3　热处理温度应采用检定合格的热电偶或其他合适的方法进行测量；测温设备和记录仪应定期校验。

8 检验与试验

8.1 检查要求

8.1.1 一般规定

8.1.1.1 管道组成件制作和安装的检查及检验应符合本标准的规定。

8.1.1.2 管子、管件、法兰及阀门等制作和安装前的验收应符合7.2的规定。

8.1.1.3 有热处理的管道应在全部热处理结束后进行检查。

8.1.2 超标缺陷的处理

如发现受检件有超过本标准验收标准的缺陷时，应返修或更换。返修件或新件的检查不应低于原件的要求。

8.1.3 累进检查

当局部或抽样检查发现有一件超标缺陷时，处理方法应符合下列规定：

a)另取两个相同件（如为焊接接头，应为同一焊工所焊的同一批焊接接头）进行相同的检查；

b)如a)要求的两个被检件检查合格，则附加检查所代表的批应视为合格，但有缺陷件应予返修或更换并重新进行检查；

c)如a)要求的两个被检件中任何一件发现有超标缺陷，则针对每个缺陷项应再增加两个相同件进行检查；

d)如c)要求的两个被检件检查合格，则附加检查所代表的批应视为合格，但有缺陷件应予返修或更换并进行重新检查；

e)如c)要求的两个被检件中任何一件发现有超标缺陷，则该批应全部进行检查，不合格者应进行返修或更换并进行重新检查。

8.2 检查类型和方法

8.2.1 一般规定

8.2.1.1 本条规定了主要检查方法，检查人员还应根据8.5对相关的文件进行检查。如使用本条规定以外的方法，则应在设计文件中规定其验收标准。

8.2.1.2 检查的比例包括100%检查、抽样检查和局部检查，并应符合以下规定：

a) 100%检查应在指定的一批管道中，对某一具体项目进行全部检查；

b)抽样检查应在指定的一批管道中，对某一百分数的管道做某一具体项目的全部检查；

c)局部检查应在指定的一批管道中，对每一件管道规定的部分做某一具体项目的检查。

8.2.2 目视检查

目视检查是对易于观察或能暴露检查的组成件、连接接头及其他管道元件的部分在其制造、制作、装配、安装、检查或试验之前、进行中或之后进行观察。这种检查包括核实材料、组件、尺寸、接头的制备、组对、焊接、粘接、钎焊、法兰连接、螺纹或其他连接方法、支承件、装配以及安装等的质量是否达到规范和工程设计的要求。

8.2.3 无损检测

无损检测可分为磁粉检测、渗透检测、射线检测和超声波检测，检测方法应按JB/T 4730的规定进行。无损检测应在目视检查合格后进行。

8.2.4 制作过程中的检查

8.2.4.1 制作过程中的检查内容应包括下列内容：

a)焊接坡口的制备和清洗；

b)预热；

c)连接前的预组装、连接间隙以及内侧对准；

d)焊接工艺规定的技术参数，包括填充材料、焊接位置等；

e)焊接清理后的根部焊道（包括外侧和可及内侧）状况，按焊接工艺指导书的规定进行磁粉检测或渗透检测；

f)焊渣的清除和焊道间焊缝情况；

g)完工后接头外观。

8.2.4.2 除设计另有规定外，应按8.3.2进行目视检查。

8.2.5 光谱分析

8.2.5.1 光谱分析方法应符合DL/T 991的规定。

8.2.5.2 高合金部件进行光谱分析后应磨去弧光灼烧点。

8.2.6 硬度检验

硬度检验应符合GB/T 231.1、GB/T 17394或其他硬度检验标准以及所采用的硬度计的技术要求，不同硬度值之间的转换应根据测试材料和硬度范围选择合适的换算表或曲线。

8.2.7 金相检验

金相检验的方法应符合GB/T 13298的规定。

8.3 检查范围

8.3.1 检查等级

碳钢和低合金钢以及高铬马氏体耐热钢汽水管道焊接接头及管道上的角焊缝、支管连接根据管径和工作条件按照表20分为 Ⅰ、Ⅱ、Ⅲ三种焊接接头类别。

其余GC类管道的检查等级按照GB/T 20801.5—2006中6.1划分。

8.3.2 目视检查

8.3.2.1 碳钢和低合金钢以及高铬马氏体耐热钢汽水管道焊接接头的目视自检和检查比例见表19和表20，按照DL/T 869中7.1条的规定验收。

8.3.2.2 其余GC类管道目视检查比例及验收应符合GB/T 20801.5—2006中6.2.1的规定。

8.3.2.3 碳钢和低合金钢以及高铬马氏体耐热钢汽水管道弯管应按表22规定的比例进行目视检查，表面质量以及尺寸应符合DL/T 515的规定。

表19　汽水管道对接接头检查等级、方法及比例

焊接接头类别	范　围	检验方法及比例					
		目视检查		无损检测		光谱	硬度
		自检	检查	射线照相	超声波		
Ⅰ	外径D>159mm，且工作温度T>450℃的蒸汽管道	100%	100%	100%		100%	100%
	工作压力P>8MPa的汽、水管道	100%	100%	50%		100%	100%
	工作温度300℃<T≤450℃的汽水管道及管件	100%	50%	50%		100%	100%
Ⅱ	工作温度150℃<T≤300℃的蒸汽管道及管件	100%	25%	5		—	100%
	工作压力为4MPa≤P≤8MPa的汽、水管道	100%	25%	5		—	100%
	工作压力1.6MPa<P<4MPa的汽、水管道	100%	25%	5		—	—
Ⅲ	工作压力0.1MPa≤P≤1.6MPa的汽、水管道	100%	25%	1		—	—
	外径D<76mm的疏水、放水、排污、取样管子	100%	100%	—		—	—
	烟、风、煤、粉、灰等管道及附件	100%	25%	100%的渗透检查		—	—

8.3.3　无损检测

8.3.3.1　碳钢和低合金钢以及高铬马氏体耐热钢汽水管道焊接接头及其角焊缝和支管连接的无损检测范围、比例应分别符合表19和表20中射线照相、超声波检测、磁粉和渗透检测的规定。厚度不大于20mm的汽、水管道采用超声波检测时，还应进行射线检测，其检测数量为超声波检测数量的20%。厚度大于20mm的管道和焊件，射线检测或超声波检测可任选其中一种。焊接接头质量应满足表21中规定的级别。

8.3.3.2　其余GC类管道焊接接头无损检测范围、比例及验收应符合GB/T 20801.5—2006中6.3的规定。

8.3.3.3　碳钢和低合金钢以及高铬马氏体耐热钢汽水管道弯管的无损检测范围、比例及验收应符合表22的规定。

表20　汽水管道角焊缝及支管连接分类检查的范围、方法及比例

焊接接头类别[b]	检查方法	检查比例	
		角焊缝	支管连接
Ⅰ	目视检查	100%	100%
	磁粉/渗透	100%	100%
	射线照相/超声波	—	100%[a]
Ⅱ	目视检查	100%	100%
	磁粉/渗透	20%	20%
	射线照相/超声波	—	20%[a]
Ⅲ	目视检查	100%	100%
	磁粉/渗透	—	10%
	射线照相/超声波	—	—

[a] 适用于大于或等于DN100的管道。

[b] 焊接接头类别的划分见表19。

表21　各类焊接接头的质量级别规定

检测方法[a]	焊接接头类别[b]		
	Ⅰ	Ⅱ	Ⅲ
射线检测	Ⅱ	Ⅱ	Ⅲ
超声波检测	Ⅰ	Ⅰ	Ⅱ
磁粉检测[a]	Ⅰ	Ⅰ	Ⅱ
渗透检测[a]	Ⅰ	Ⅰ	Ⅱ

注：焊接质量按照JB/T 4730规定分级。

[a] 磁粉、渗透检测结果不应有任何裂纹、成排气孔、分层和长度大于1.5mm的线性缺陷显示（长度与宽度之比大于3的缺陷显示按线性缺陷处理）。

[b] 焊接接头类别见表19。

表22　弯管检查方法及比例

序号	检查与试验项目	检查比例	检查部位	检查方法
1	外观	100%		目测
2	壁厚	100%	弯管受拉侧中心线上至少均匀取5点	测厚仪
3	圆度	100%	弯管弯曲部分至少均匀取5个截面	外卡尺
4	尺寸	100%		放样和测量工具
5	磁粉或渗透检测	100%[a]	弯管弯曲部分的受拉侧中心线上下各45°区域	JB/T 4730.4或JB/T 4730.5[c]
6	硬度	合金钢管：100%	受拉侧和中性侧各检验3~5点	GB/T 231.1或GB/T 17394
7	金相分析	[b]	弯管受拉侧	GB/T 13298

[a] 设计温度大于450℃的主蒸汽管道和高温再热蒸汽管道，以及300MW及以上机组的低温再热蒸汽管道和主给水管道。

[b] 主汽及高温再热蒸汽管道：100%；其他管道：20%且不少于1根。

[c] Ⅰ级合格。

8.3.4 硬度检查

8.3.4.1 碳钢和低合金钢以及高铬马氏体耐热钢汽水管道弯管热处理后的热成型组件硬度检查比例见表21，弯管的硬度范围应符合相应的钢管技术标准以及DL/T 438的规定。

8.3.4.2 碳钢和低合金钢以及高铬马氏体耐热钢汽水管道的焊接接头的硬度检查比例见表20，硬度值应符合DL/T 869和DL/T 438的规定。

8.3.4.3 其余GC类管道焊接接头的检验范围和比例应符合GB/T 20801.5中6.4的规定。

8.3.5 金相检查

8.3.5.1 焊缝金属的金相组织应满足DL/T 438的要求，且无过热组织和淬火马氏体。

8.3.5.2 弯管的金相组织、晶粒度应符合相应的钢管技术标准及DL/T 438的要求，且不应有晶间裂纹。

8.3.6 光谱分析

8.3.6.1 碳钢和低合金钢以及高铬马氏体耐热钢汽水管道光谱分析比例应符合表20的要求。

8.3.6.2 经光谱分析确认材质不符的焊缝应判定为不合格焊缝。

8.4 文件检查

检验人员应审阅制作和安装过程中的记录文件、合格证、质量证明书、标记和其他证明文件。

8.5 压力试验

8.5.1 一般要求

管道安装完毕后应按设计规定进行压力试验检查管道系统的严密性。压力试验包括水压试验和气压试验。

8.5.2 压力试验的替代

不适合使用液体或者气体进行耐压试验的管道，可采用替代试验。替代试验应满足以下要求：

a)管道系统的环焊缝和纵向焊缝经100%射线检测或超声波检测合格；

b)管道系统的角焊缝经100%磁粉检测或渗透检测、100%超声波检测或射线检测合格。

8.5.3 试验前的准备工作

8.5.3.1 管道系统压力试验前应具备以下条件：

a)管道系统应按照设计要求及本标准的规定安装完毕，防腐和绝热工程除外；

b)支吊架(包括临时支吊架及加固装置)安装完毕并处于锁定状态；

c)膨胀节已按制造厂安装文件及设计要求设置了临时约束装置；

d)管道上的安全阀等安全装置及仪表元件已采取隔离措施；

e)试验用压力表经检验、校准正确，压力表不少于两块；

f)管道系统压力试验前组装、焊接、热处理和检验等文件应齐全。

8.5.3.2 管道系统试验时，应与试验范围以外的管道、设备、仪表等隔离。隔离可采用装设盲板的方法，加置盲板的部位应有明显标记和记录。如果以阀门隔绝时，阀门两侧温差不应超过100℃。

8.5.4 水压试验

8.5.4.1 水压试验应使用洁净水。对于奥氏体不锈钢管道水中氯离子含量不超过50×10^{-6}。

8.5.4.2 水压试验时环境温度不应低于5℃；水温不宜高于70℃。水压试验的压力不应小于设计压力的1.5倍，且不小于0.2MPa。

8.5.4.3 管道系统进行水压试验时，管道周向应力及由试验压力与动载荷和静载荷产生的轴向应力均不应大于该管道材料试验温度下屈服强度的90%。

8.5.4.4 水压试验前应确保试验设备连接可靠。

8.5.4.5 管道与设备作为一个系统进行水压试验时，应符合下列规定：

a)管道的试验压力不大于设备的试验压力时，应按照管道的试验压力进行试验；

b)管道的试验压力大于设备的试验压力，且管道与设备无法隔断时，在设备的试验压力不小于管道设计压力的1.25倍条件下，应经建设单位和设计单位同意，按设备的试验压力进行试验；

c)对位差较大的管道系统，应计及水的静压影响，并以试验管道系统最低位置点的压力为准；

d)衬里管道严密性水压试验的压力为额定工作压力，不同额定压力的设备、管道安装在同一系统中，宜按系统中最低额定压力的设备或管道系统水压试验。

8.5.4.6 试验检查：

a)管道系统水压试验时，当压力达到试验压力后应保持10min，然后降至设计压力，保压30 min后对所有接头和连接处进行全面检查。整个管路系统除了泵或阀门填料局部地方外均不应有渗水或泄漏的痕迹，且目测无变形；

b)在管道系统试验过程中，如发现渗漏，应降压消除缺陷后再进行试验，不应带压修理。

8.5.4.7 试验完毕应及时排净系统内的存水，并拆除临时支吊架、盲板及加固装置。

8.5.5 气压试验

8.5.5.1 气压试验时，应将脆性破坏的可能性减小至最少程度，设计者在选材时还应考虑试验温度的影响。

8.5.5.2 试验时应装有压力泄放装置，设定压力不应高于1.1倍的试验压力。

8.5.5.3 试验介质应是空气或其他不易燃、无毒、无腐蚀的气体。

8.5.5.4 承受内压的金属管道，试验压力应为设计压力的1.15倍，真空管道的试验压力应为0.2MPa。

8.5.5.5 试验前应进行预试验，预试验压力宜为0.2MPa。

8.5.5.6 试验时应逐级缓慢增加压力，当压力升至试验压力的50%时，应进行初始检查，如未发现异常或泄漏，继续按试验压力的10%逐级升压并保持足够的时间，直至达到规定的试验压力。然后再降至设计压力，检查有无泄漏。

8.5.5.7 采用气体进行严密性试验的管道设计压力不宜大于0.6MPa。

8.5.6 补焊或增焊后的重新试验

8.5.6.1 试验完成后需要在管道补焊或增焊时应符合按第7章的规定。

8.5.6.2 补焊或增焊的位置在承压管道组成件上时应重新试验。

8.5.6.3 在管道上补焊或增焊吊耳、支架、保温层支承件、铭牌或其他非承压件时，满足下列要求可不重新进行试验：

a)附件角焊缝厚度不大于10mm，或者采用全焊透焊缝时所连接材料不超过承压组成件公称厚度且不大于12mm；

b)焊接按照4.5进行预热；

c)焊接接头按照5.1~5.4进行检查。

8.6 记录

检验与试验应按照本规范及工程设计要求记录，应由管道制作和安装单位分别负责准备和保存。

9 安全防护

9.1 安全泄放装置

9.1.1 一般规定

9.1.1.1 有超压危险的管道系统应设置安全泄放装置。

9.1.1.2 自动控制仪表和事故联锁装置不应代替安全泄放装置。

9.1.1.3 符合下列情况之一者，应设置安全泄放装置：

a)设计压力小于外部压力源的压力，出口可能被关断或堵塞的设备和管道系统；

b)减压装置出口设计压力小于进口压力，排放出口可能被关断或堵塞的设备和管道系统；

c)因两端关断阀关闭，受外界影响而产生热膨胀或汽化的管道系统；

d)背压式汽轮机的排汽管道；

e)汽轮机调整抽汽管道；

f)可能产生超压的其他部位。

9.1.1.4 安全泄放装置相关压力的确定应符合下列规定：

a)当安装一个安全泄放装置时，其整定压力不应大于系统设计压力，且最大泄放压力不宜大于系统设计压力的106%。

b)当安装多个安全泄放装置时，至少有一个安全阀整定压力不应大于系统设计压力，其余安全阀整定压力不宜大于系统设计压力的103%，且安全阀最大泄放压力不宜大于系统设计压力的106%。

9.1.1.5 安全泄放量应符合下列规定：

a)安全泄放量的计算应符合附录F的规定；

b)取各种超压工况安全泄放量的最大值。

9.1.1.6 最小泄放面积应符合下列规定：

a)最小泄放面积应根据安全泄放量、最大泄放压力、泄放流体温度、额定泄放系数以及流体的物理性质等计算，计算方法应符合附录F的规定；

b)安全泄放装置的泄放面积不应小于最小泄放面积。

9.1.1.7 安全泄放装置的进、出口侧不应安装关断阀。

9.1.1.8 安全泄放装置的入口管道管径不应小于安全泄放装置的进口尺寸，入口管道应短捷，压力降应当小于安全阀设定压力的3%。

9.1.1.9 安全泄放装置的出口排放管道应符合下列规定：

a)排放管道及其支承应有足够的强度承受泄放反力。当直接向大气排放时，应避开其他管道、设备及平台或人员可能到达的场所，排放管出口应高出屋面（平台）2200mm；

b)安全泄放装置宜设置单独排放管道，当两个及以上排放装置组合排放时，排放管的流通截面不应小于所有安全泄放装置泄放面积的总和；

c)排放管道的设计应有可靠的疏水；

d)装设消音器时，消音器应有足够的通流面积。

9.1.2 安全泄放装置的选用

9.1.2.1 汽水介质管道安全泄放装置宜选用安全阀，安全阀的选用应符合GB 12241、GB 12242及GB 12243的规定。

9.1.2.2 除汽水介质外，其他介质管道安全泄放装置的选用应符合GB/T 20801.6的规定。

9.2 安全防护设施和措施

9.2.1 一般规定

9.2.1.1 下列条件下应采取安全防护措施：

a)由工作压力、工作温度和介质特性决定的流体危险性；

b)管道发生损坏或泄漏时，流体的泄漏量及其对周围人员和设备造成的危害程度。

9.2.1.2 流体泄漏应采用自动关闭压力源等方法限制。

9.2.2 布置中的安全防护

9.2.2.1 穿越道路、铁路及人行道等架空管道的净空高度，以及管架边缘至建筑物或其他设施的水平距离应符合GB 50229和GB 50016的规定，管道与电力线路间交叉净距应符合相关标准的规定。

9.2.2.2 位于道路和铁路上方的管道不应装设阀门、法兰等可能发生泄漏的管道组成件。

9.2.2.3 介质温度大于60℃人体可能触及的设备及管道应进行防烫伤保温。

9.2.2.4 GD1级管道不应布置在管沟内。

9.2.2.5 紧急放空、事故隔离、消防蒸汽等事故用的阀门，应布置在安全、明显、便于操作的位置。

10　保温及防腐

10.1　管道保温

10.1.1　一般规定

管道在下列条件下应保温：

a）外表面温度高于50℃需要减少散热损失的管道；

b）有防冻、防结露要求的管道；

c）外表面温度高于60℃、工艺不要求保温的管道，但人体可能触及到的部位。

10.1.2　保温材料及主要辅助材料性能

10.1.2.1　保温材料应符合下列规定：

a）保温层平均温度不高于350℃时，导热系数不应大于0.1W/（m·K）；

b）硬质保温制品密度不应大于220kg/m^3，半硬质保温制品密度不大于200kg/m^3，软质保温制品密度不大于150kg/m^3；

c）硬质保温制品的抗压强度不应小于0.3MPa；

d）燃烧性能应符合GB 8624不燃类材料的要求；

e）最高使用温度、吸湿率、收缩率、抗折强度、腐蚀性及耐蚀性等性能应符合相关标准的规定；

f）应对环境无污染，对人体无伤害。

10.1.2.2　防潮层材料应符合下列规定：

a）应具有良好的防水性和防潮性；

b）具有稳定的化学性能，不应对保温层和保护层产生腐蚀或溶解；

c）应具有良好的阻燃性能，火焰离开后能在1s~2s内自熄，其氧指数不小于30%；

d）涂抹型防潮层材料，软化温度不应低于65℃，在20℃时粘结强度不应低于0.15MPa；

e）应对环境无污染，对人体无伤害。

10.1.2.3　保护层材料应符合下列规定：

a）应具有良好的防水性、防湿性及抗大气腐蚀性；

b）具有稳定的化学性能，不易老化变质，不应对保温层或防潮层产生腐蚀或溶解；

c）燃烧性能应符合GB 8624不燃类材料的要求；

d）应对环境无污染，对人体无伤害。

10.1.3　保温设计

10.1.3.1　保温材料应按介质的最高温度选择。

10.1.3.2　保温层厚度计算应符合GB 50264规定。

10.1.3.3　保温结构应符合下列规定：

a）保温结构宜由保温层和保护层组成。地沟内的管道和处在潮湿环境中的管道，应在保温层外增设防潮层；

b）保温结构应有足够的机械强度；

c）保温结构宜为固定式，但需要维修的部位宜采用可拆卸式。

10.1.4　保温施工与验收

10.1.4.1　保温工程应按GB 50126的规定进行施工。

10.1.4.2　保温工程应按GB 50185的规定进行验收。

10.2 管道防腐

10.2.1 一般规定

管道在下列条件下应进行外部防腐：

a）不需要保温的管道；

b）介质温度低于120℃的保温管道；

c）埋地管道。

10.2.2 腐蚀环境类型

10.2.2.1 大气腐蚀性等级应按GB/T 15957的规定划分；

10.2.2.2 土壤腐蚀性等级应按GB 50021的规定划分。

10.2.3 防腐设计

10.2.3.1 防腐涂料的性能应与腐蚀环境相适应。

10.2.3.2 防腐涂料的选择应符合下列规定：

a）不保温的室内管道可选择醇酸涂料、环氧涂料等；室外管道可选择高氯化聚乙烯涂料、聚氨酯涂料等；

b）工艺不要求保温的管道可选择环氧树脂耐热涂料、有机硅耐热涂料等；

c）介质温度低于120℃的保温管道宜选择富锌涂料等；

d）埋地管道可选择环氧煤沥青涂料、硬质聚氨酯泡沫塑料等。

10.2.3.3 防腐涂层体系的设计应符合下列规定：

a）应具有良好的附着力、耐蚀性、抗冲击和抗温度变化的能力；

b）应符合DL/T 5072的规定。

10.2.4 防腐施工与验收

10.2.4.1 防腐涂层施工前应对管道表面进行处理，处理等级宜符合表23的规定：

表23 管道表面除锈等级

底层涂料种类	最低除锈等级
环氧沥青底漆、醇酸树脂底漆	St3或Sa2
其他树脂类底漆	Sa2
各类富锌底漆	Sa2.5
注1：不易维修的重要部件除锈等级不应低于Sa2.5。 注2：除锈等级按GB 8923。	

10.2.4.2 涂层的施工可采用刷涂、滚涂或喷涂方法。

10.2.4.3 涂层厚度应符合设计文件的要求。

10.2.4.4 施工环境应通风良好，并符合下列规定：

a）温度宜为15℃~30℃；

b）钢管表面温度应高于露点温度3℃；

c）相对湿度宜不大于85%；

d）遇雨、雾、雪、强风天气不宜进行室外施工；

e）不宜在强烈日光照射下施工。

10.2.4.5 防腐工程的检查和验收应符合DL/T 5072的规定。

附　录　A
（规范性附录）
材料的许用应力

A.1　钢管材料许用应力

钢管材料许用应力见表A.1。

A.2　钢板材料许用应力

钢板材料许用应力见表A.2。

表 A.1 钢管材料许用应力表

产品形式及标准号	牌号或级别	室温拉伸强度 MPa		在下列温度(℃)下的许用应力 MPa																			
		R_m	R_{eL}或 $R_{p0.2}$	20	200	250	260	270	280	290	300	310	320	330	340	350	360	370	380	390	400	410	420
无缝钢管																							
GB 5310	20G	410~550	245	137	135	125	123	120	118	115	113	111	109	106	102	100	97	95	92	89	87	83	78
	15MoG	450~600	270	150	150	137	133	130	126	123	120	118	117	115	114	113	111	110	109	108	107	106	105
	12CrMoG	410~560	205	137	121	117	116	115	115	114	113	112	112	111	111	110	109	108	108	107	106	105	104
	15CrMoG	440~640	295	147	135	146	146	146	145	144	143	141	140	138	136	135	132	132	131	129	128	127	126
	12Cr2MoG	450~600	280	150	124	124	124	124	124	124	124	124	124	124	124	124	124	124	123	123	123	123	122
	12Cr1MoVG	470~640	255	157	157	156	155	154	153	152	151	149	148	146	144	143	141	140	138	137	135	133	132
	15Ni1MnMoNbCu	620~780	440	207	207	207	207	207	207	207	207	207	207	207	207	207							
	10Cr9Mo1VNbN <75mm	585~830	415	168	167	166	165	165	164	164	164	163	163	162	161	161	159	157	156	154	153	150	148
	10Cr9Mo1VNbN ≥75mm	585~830	415	168	167	166	165	165	164	164	164	163	163	162	161	161	159	157	156	154	153	150	148

表 A.1　钢管材料许用应力表(续)

产品形式及标准号	牌号或级别	室温拉伸强度 MPa		在下列温度(℃)下的许用应力 MPa																						
		R_m	R_{eL}或 $R_{p0.2}$	430	440	450	460	470	480	490	500	510	520	530	540	550	560	570	580	590	600	610	620	630	640	650
无缝钢管																										
GB 5310	20G	410~550	245	72	63	55																				
	15MoG	450~600	270	104	103	103	102	101	95	78	62	49	39													
	12CrMoG	410~560	205	102	101	100	98	97	96	86	75	63	55	47												
	15CrMoG	440~640	295	125	124	123	122	120	119	112	96	82	69	59	49											
	12Cr2MoG	450~600	280	122	121	116	110	103	95	88	81	74	68	61	54	48	42	37								
	12Cr1MoVG	470~640	255	131	130	128	126	125	124	121	118	99	88	79	72	65	58	52	46							
	15Ni1MnMoNbCu	620~780	440																							
	10Cr9Mo1VNbN <75mm	585~830	415	145	143	141	138	135	132	129	126	122	118	115	111	107	99.6	92.2	83.8	74.4	65.0	57.2	49.4	42.0	35.5	28.9
	10Cr9Mo1VNbN ≥75mm	585~830	415	145	143	141	138	135	132	129	126	122	119	115	109	103	94.0	85.0	76.8	69.2	61.6	55.2	48.8	42.3	35.6	28.9

表 A.1　钢管材料许用应力表（续）

产品形式及标准号	牌号或级别	室温拉伸强度 MPa		在下列温度（℃）下的许用应力 MPa																			
		R_m	R_{eL} 或 $R_{p0.2}$	20	200	250	260	270	280	290	300	310	320	330	340	350	360	370	380	390	400	410	420
无缝钢管																							
GB 5310	07Cr19Ni10	≥515	205	137	126	122	120	119	118	117	116	115	114	113	112	111	108	109	108	107	107	106	105
	07Cr18Ni11Nb	≥520	205	138	117	105	103	102	101	100	100	99	98	97	96	96	95	95	94	94	94	94	93
GB 3087	10	335~475	195（205）	111	111	104	101	98	96	93	91	89	87	85	83	80	78	76	75	73	70	68	66
	20	410~550	225（245）	137	135	125	123	120	118	115	113	111	109	106	102	100	97	95	92	89	87	83	78
GB 8163	Q345	470~630	315	156	156	149	146	143	140	137	135	132	131	130	130	129	127	124	122				
	10	335~475	195（205）	111	111	104	101	98	96	93	91	89	87	85	83	80	78	76	75	73	70	68	66
	20	410~550	225（245）	137	135	125	123	120	118	115	113	111	109	106	102	100	97	95	92	89	87	83	78
焊接钢管																							
GB/T 3091	Q235B	≥370	225（235）	123	123	113	111	108	105	103	101	97	93	90	88	85							
	Q345	≥470	325（345）	156	156	149	146	143	140	137	135	132	131	130	130	129	127	124	122				

表 A.1　钢管材料许用应力表（续）

产品形式及标准号	牌号或级别	室温拉伸强度 MPa		在下列温度（℃）下的许用应力 MPa																							
		R_m	R_{eL} 或 $R_{p0.2}$	430	440	450	460	470	480	490	500	510	520	530	540	550	560	570	580	590	600	610	620	630	640	650	660
无缝钢管																											
GB 5310	07Cr19Ni10	≥515	205	104	103	103	102	101	100	99	99	98	98	97	95	93	87	82	76	71	65	59	54	49	45	42	41
	07Cr18Ni11Nb	≥520	205	93	93	93	92	92	92	92	92	92	92	92	92	92	92	92	91	90	89	81	73	66	60	54	48
GB 3087	10	335~475	195（205）	61	55	49																					
	20	410~550	225（245）	72	63	55																					
GB 8163	Q345	470~630	315																								
	10	335~475	195（205）	61	55	49																					
	20	410~550	225（245）	72	63	55																					
焊接钢管																											
GB/T 3091	Q235B	≥370	225（235）																								
	Q345	≥470	325（345）																								

注 1： 相邻金属温度数值之间的许用应力可用算数内插法确定，并舍弃小数点后的数字。

注 2： 粗线右方的许用应力值由长期高温性能决定。

注 3： 焊接钢管的许用应力未考虑纵向焊接接头系数。

表 A.2　钢板材料许用应力表

产品形式及标准号	牌号或级别		室温拉伸强度 MPa		在下列温度(℃)下的许用应力 MPa																			
			R_m	R_{eL}或 $R_{p0.2}$	20	200	250	260	270	280	290	300	310	320	330	340	350	360	370	380	390	400	410	420
GB 713	Q245R	3<*t*≤16	400~520	245	133	124	111	109	107	105	103	102	100	98	96	94	92	91	90	88	87	86	84	81
		16<*t*≤36	400~520	235	133	124	111	109	107	105	103	102	100	98	96	94	92	91	90	88	87	86	84	81
		36<*t*≤60	400~520	225	133	119	107	105	103	101	99	98	96	94	92	90	88	87	86	84	83	82	81	80
	Q345R	≤16	510~640	345	170	166	156	154	151	148	146	143	141	139	137	135	133	132	130	129	128	126		
		t≤36	500~630	325	166	166	156	154	151	148	146	143	141	139	137	135	133	132	130	129	128	126		
		36<*t*≤60	490~620	315	163	160	146	144	141	138	136	133	131	129	127	125	123	122	120	119	118	116		
		60<*t*≤100	490~620	305	163	150	136	134	131	128	126	123	122	120	119	118	116	115	114	112	111	110		
	15CrMoR	6<*t*≤60	450~590	295	150	150	150	148	146	144	142	140	138	137	136	134	133	131	130	128	127	126	124	123
		60<*t*≤100	450~590	275	150	150	140	138	136	134	132	130	129	128	126	125	124	122	121	120	118	117	116	114
	12Cr1MoVR	6<*t*≤60	440~590	245	146	133	126	124	122	121	119	117	116	114	113	112	111	110	108	107	106	104	103	102
		60<*t*≤100	430~580	235	143	133	126	124	122	121	119	117	116	114	113	112	111	110	108	107	106	104	103	102
GB/T 3274	Q235		370~500	225 (235)	123	123	113	111	108	105	103	101	97	93	90	88	85							
	Q345		470~630	325 (345)	156	156	149	146	143	140	137	135	132	131	130	130	129	127	124	122				

表 A.2　钢板材料许用应力表（续）

产品形式及标准号	牌号或级别		室温拉伸强度 MPa		在下列温度（℃）下的许用应力 MPa															
			R_m	R_{eL}或$R_{p0.2}$	430	440	450	460	470	480	490	500	510	520	530	540	550	560	570	580
GB 713	Q245R	3<t≤16	400~520	245	72	63	55													
		16<t≤36	400~520	235	72	63	55													
		36<t≤60	400~520	225	72	63	55													
	Q345R	≤16	510~640	345																
		t≤36	500~630	325																
		36<t≤60	490~620	315																
		60<t≤100	490~620	305																
	15CrMoR	20<t≤60	450~590	295	122	120	119	118	118	117	112	96	82	69	59	49	41			
		60<t≤100	450~590	275	113	112	111	110	110	109	108	96	82	69	59	49	41			
	12Cr1MoVR	6<t≤60	440~590	245	101	100	100	98	97	96	95	94	93	88	79	72	65	58		
		60<t≤100	430~580	235	101	100	100	98	97	96	95	94	93	88	79	72	65	58		
GB/T 3274	Q235		370~500	235																
	Q345		490~665	315																

注 1：相邻金属温度数值之间的许用应力可用算数内插法确定，并舍弃小数点后的数字。

注 2：粗线右方的许用应力值由长期高温性能决定。

注 3：焊接钢管的许用应力未考虑纵向焊接接头系数。

附 录 B
（资料性附录）
常用材料物理性能

B.1 常用钢材的弹性模量

常用钢材的弹性模量见表B.1。

B.2 常用国产钢材的平均热膨胀系数

常用国产钢材的平均热膨胀系数见表B.2。

表 B.1　常用钢材的弹性模量数据表

单位为吉帕

钢号		10	20.20G	15MoG	12CrMoG	15CrMoG	12Cr1MoVG	12Cr2MoG	15Ni1MnMoNbCu	10Cr9Mo1VNbN	Q235	Q345	07Cr19Ni10	07Cr18Ni11Nb
标准号		GB 3087	GB 3087 GB 5310	GB 5310	GB 5310	GB 5310	GB 5310	GB 5310	GB 5310	GB 5310	GB 700	GB 8163	GB 5310	GB 5310
设计温度/℃	20	198	198	210	213	206	208	218	218	218	206	206	197	200
	100	191	183	203	209	199	205	213	213	213	200	200	193	196
	200	181	175	195	202	190	201	206	210	210	192	189	185	188
	250	176	171	—	—	187	197	—	207	207	188	185	—	—
	260	175	170	—	—	186	196	—	—	—	187	184	—	—
	280	173	168	—	—	183	194	—	—	—	186	183	—	—
	300	171	166	185	193	181	192	199	199	199	184	181	178	181
	320	168	165	—	—	179	190	—	—	—	—	179	—	—
	340	166	163	—	—	177	188	—	—	—	—	177	—	—
	350	164	162	—	—	176	187	—	195	195		176	—	—
	360	163	161	—	—	175	186	—	—	—	—	175	—	—
	380	160	159	—	—	173	183	—	—	—	—	173	—	—
	400	157	158	175	185	172	181	191	190	190	—	171	169	172
	410	156	155	—	—	171	180	—	—	—	—	—	—	—
	420	155	153	—	—	170	178	—	—	—	—	—	—	—
	430	155	151	—	—	169	177	—	—	—	—	—	—	—
	440	154	148	—	—	168	175	—	—	—	—	—	—	—
	450	153	146	—	—	167	174	—	186	186	—	—	—	—

表 B.1　常用钢材的弹性模量数据表（续）

单位为吉帕

钢号		10	20.20G	15MoG	12CrMoG	15CrMoG	12Cr1MoVG	12Cr2MoG	15Ni1MnMoNbCu	10Cr9Mo1VNbN	Q235	Q345	07Cr19Ni10	07Cr18Ni11Nb
标准号		GB 3087	GB 3087 GB 5310	GB 5310	GB 5310	GB 5310	GB 5310	GB 5310	GB 5310	GB 5310	GB 700	GB 8163	GB 5310	GB 5310
设计温度/℃	460	—	144	—	—	166	172	—	—	—	—	—	—	—
	470	—	141	—	176	165	170	—	—	—	—	—	—	—
	480	—	129	—	—	164	168	—	—	—	—	—	—	—
	490	—	—	—	—	164	166	—	—	—	—	—	—	—
	500	—	—	165	—	163	165	181	—	181	—	—	161	163
	510	—	—	—	—	162	163	—	—	—	—	—	—	—
	520	—	—	—	—	161	162	—	—	—	—	—	—	—
	530	—	—	—	—	160	160	—	—	—	—	—	—	—
	540	—	—	—	—	159	158	—	—	—	—	—	—	—
	550	—	—	—	—	—	157	—	—	175	—	—	157	160
	560	—	—	—	—	—	153	—	—	—	—	—	—	—
	570	—	—	—	—	—	153	—	—	—	—	—	—	—
	580	—	—	—	—	—	152	170	—	—	—	—	—	—
	590	—	—	—	—	—	—	—	—	—	—	—	—	—
	600	—	—	—	—	—	—	—	—	168	—	—	154	156
	650	—	—	—	—	—	—	—	—	162	—	—	149	151

表 B.2 常用国产钢材的平均热膨胀系数表(从20℃至下列温度)(10^{-6}/℃)

钢号		10	20.20G	15CrMoG	12Cr1MoVG	15MoG	12Cr2MoG	15Ni1MnMoNbCu	12CrMoG[a]	10Cr9Mo1VNbN	07Cr19Ni10	07Cr18Ni11Nb	Q235	Q345
标准号		GB 3087	GB 3087 GB 5310	GB 5310	GB 5310	GB 5310	GB 5310	GB 5310	GB 5310	GB 5310	GB 5310	GB 5310	GB 14980	GB 8163
设计温度/℃	20	—	—	—	—	—	—	—	—	—	—	—	—	—
	50	—	—	—	—	—	—	11.8	—	10.6	—	—	—	—
	100	11.9	11.16	11.9	13.6	12.5	12	12.2	11.2	10.9	17.1	17.3	12.2	8.31
	150	—	—	—	—	—	—	12.5		11.1	—	—	—	—
	200	12.6	12.12	12.6	13.7	13.1	13	12.9	12.5	11.3	17.4	17.5	13	10.99
	250	12.7	12.45	12.9	13.85	—	—	13.2		11.5	—	—	13.23	11.6
	260	12.72	12.52	12.96	13.88	—	—	—	—	—	—	—	13.27	11.78
	280	12.76	12.65	13.08	13.94	—	—	—	—	—	—	—	13.36	12.05
	300	12.8	12.78	13.2	14	13.6	13	13.4	12.7	11.7	17.8	17.7	13.45	12.31
	320	12.84	12.99	13.3	14.04	—	—	—	—	—	—	—	—	12.49
	340	12.88	13.2	13.4	14.08	—	—	—	—	—	—	—	—	12.68
	350	12.9	13.31	13.45	14.1	—	—	13.7	—	11.8	—	—	—	12.77
	360	12.92	13.41	13.5	14.12	—	—	—	—	—	—	—	—	12.86
	380	12.96	13.62	13.6	14.16	—	—	—	—	—	—	—	—	13.04
	400	13	13.83	13.7	14.2	14.0	14	14.0	12.9	12	18.3	18.2		13.22
	410	13.1	13.84	13.73	14.23	—	—	—	—	—	—	—	—	—
	420	13.2	13.85	13.76	14.26	—	—	—	—	—	—	—	—	—
	430	13.3	13.86	13.79	14.29	—	—	—	—	—	—	—	—	—
	440	13.4	13.87	13.82	14.32	—	—	—	—	—	—	—	—	—

表 B.2　常用国产钢材的平均热膨胀系数表（从20℃至下列温度）（10^{-6}/℃）（续）

钢号		10	20.20G	15CrMoG	12Cr1MoVG	15MoG	12Cr2MoG	15Ni1MnMoNbCu	12CrMoG[a]	10Cr9Mo1VNbN	07Cr19Ni10	07Cr18Ni11Nb	Q235	Q345
标准号		GB 3087	GB 3087 GB 5310	GB 5310	GB 5310	GB 5310	GB 5310	GB 5310	GB 5310	GB 5310	GB 5310	GB 5310	GB 14980	GB 8163
设计温度/℃	450	13.5	13.88	13.85	14.35	—	—	14.1	13.2	11.9	—	—	—	—
	460	—	13.89	13.88	14.38	—	—	—	—	—	—	—	—	—
	470	—	13.9	13.91	14.41	—	—	—	—	—	—	—	—	—
	480	—	13.91	13.94	14.44	—	—	—	—	—	—	—	—	—
	490	—	—	13.97	14.47	—	—	—	—	—	—	—	—	—
	500	—	—	14	14.5	14.4	14	—	13.5	12.0	18.8	18.6	—	—
	510	—	—	14.03	14.52	—	—	—	—	—	—	—	—	—
	520	—	—	14.06	14.54	—	—	—	—	—	—	—	—	—
	530	—	—	14.09	14.56	—	—	—	—	—	—	—	—	—
	540	—	—	14.12	14.58	—	—	—	—	—	—	—	—	—
	550	—	—	—	14.6	—	—	—	13.8	12.3	18.9	18.7	—	—
	560	—	—	—	14.62	—	—	—	—	—	—	—	—	—
	570	—	—	—	14.64	—	—	—	—	—	—	—	—	—
	580	—	—	—	14.68	—	—	—	—	—	—	—	—	—
	590	—	—	—	—	—	—	—	—	—	—	—	—	—
	600	—	—	—	—	14.7	—	—	12.6	12.5	—	—	—	—
	650	—	—	—	—	—	—	—	12.7	12.6	19.2	19.1	—	—

[a] 12CrMoG 的线膨胀系数是从 25℃至表中温度。

附 录 C
（规范性附录）
柔性系数和应力增加系数

C.1 柔性系数和应力增加系数

柔性系数和应力增加系数见表C.1。

表C.1 柔性系数和应力增加系数

名　称	尺寸系数h	柔性系数k	应力增加系数i	简　图
弯制弯管和弯头 ［见C.2a)，C.2b)，C.2h)，C.2i)］	$\dfrac{S_n R}{r^2}$	$\dfrac{1.65}{h}$	$\dfrac{0.9}{h^{2/3}}$	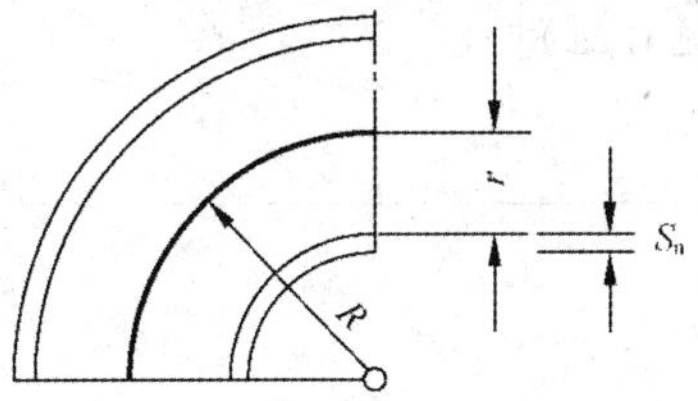
窄间距焊接弯管 ［见C.2a)，C.2b)，C.2l)］ $b<r(1+\tan\theta)$， $B\geqslant 6S_n$ $\theta\leqslant 22.5°$， $R=\dfrac{b\cot\theta}{2}$	$\dfrac{bS_n\cot\theta}{2r^2}$	$\dfrac{1.52}{h^{5/6}}$	$\dfrac{0.9}{h^{2/3}}$	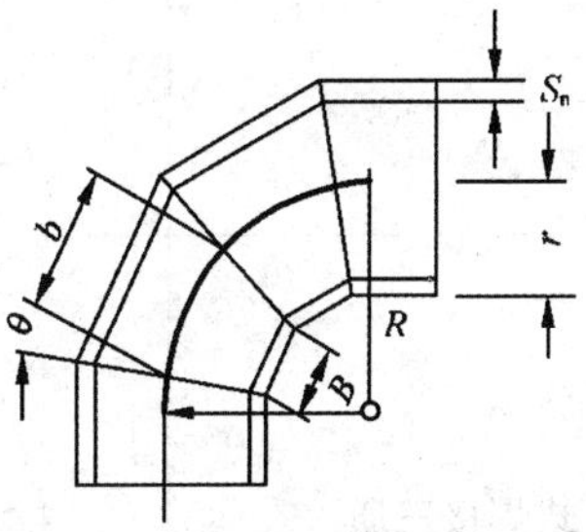
锻制三通按ASME B16.9 ［见C.2a)，C.2i)］	$\dfrac{4.4S_n}{r}$	1	$\dfrac{0.9}{h^{2/3}}$	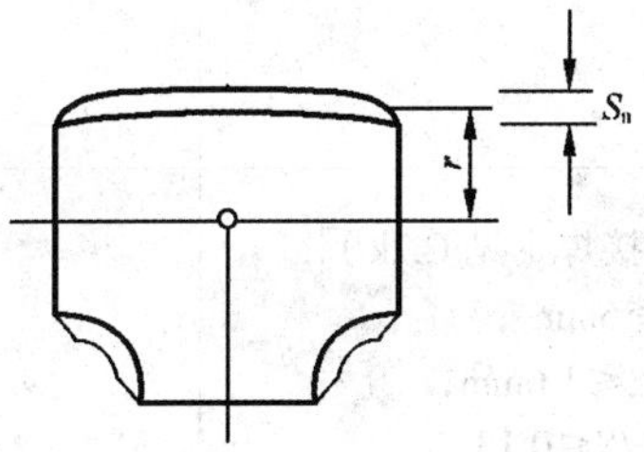
加强三通 ［见C.2a)，C.2d)，C.2i)］	$\dfrac{\left(S_n+\dfrac{S_r}{2}\right)^{5/2}}{r(S_n)^{3/2}}$	1	$\dfrac{0.9}{h^{2/3}}$	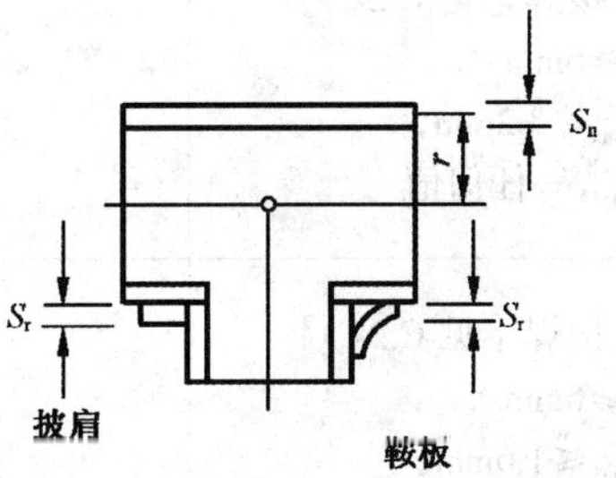

表C.1　柔性系数和应力增加系数(续)

名　称	尺寸系数h	柔性系数k	应力增加系数i	简　图
无加强三通［见C.2a)，C.2i)］	$\frac{S_n}{r}$	1	$\frac{0.9}{h^{2/3}}$	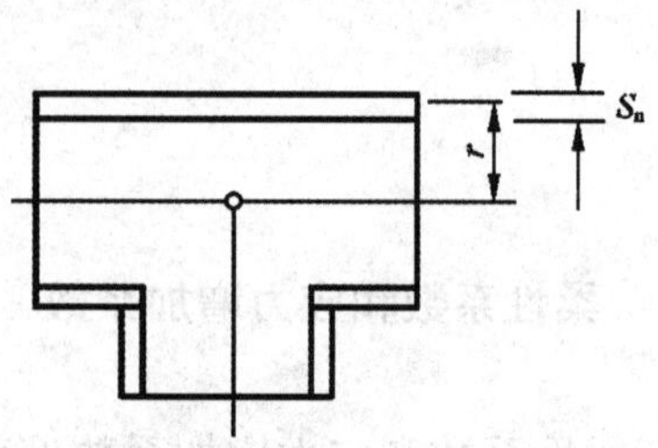
支管焊接管件(整体补强型)按MSSSP-97［见C.2a)］	$\frac{3.3S_n}{r}$	1	$\frac{0.9}{h^{2/3}}$	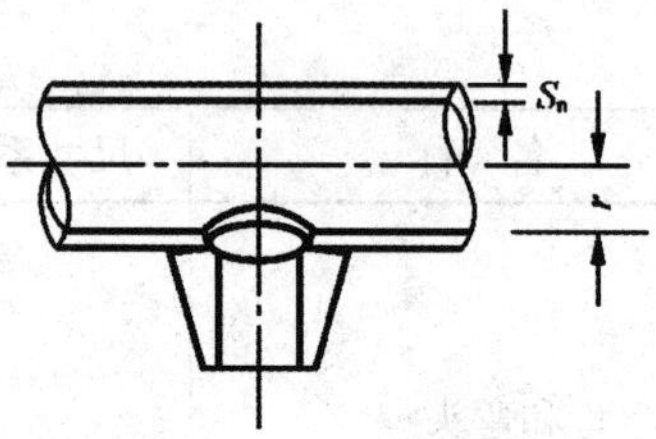
挤压三通［见C.2a)］	$\left(1+\frac{r_x}{r}\right)\frac{S_n}{r}$	1	$\frac{0.9}{h^{2/3}}$	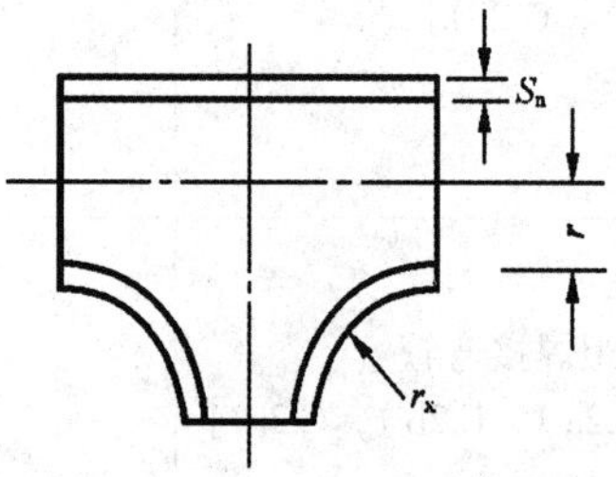
嵌入式焊接三通［见C.2a)］	$\frac{4.4S_n}{r}$	1	$\frac{0.9}{h^{2/3}}$	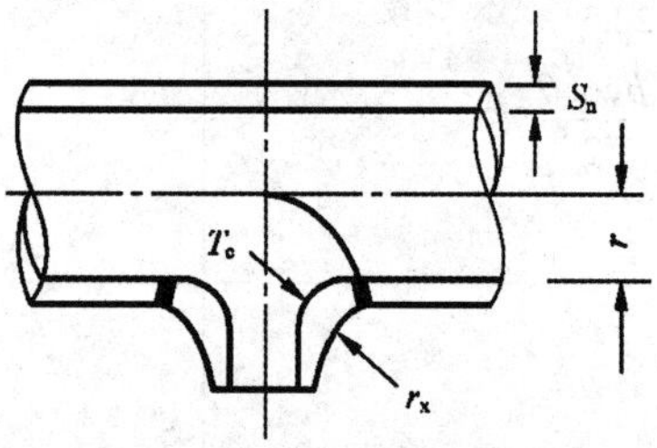
对接焊［见C.2k)］ $S\geqslant6$mm $\delta_{max}\leqslant1.6$mm， $\delta_{avg}/S\leqslant0.13$		1	1.0	
对接焊［见C.2k)］ $S\geqslant6$mm $\delta_{max}\leqslant3.2$mm， $\delta_{avg}/S=$任何值		1	0.9+2.7(δ_{avg}/S) 最小1.0，最大1.9	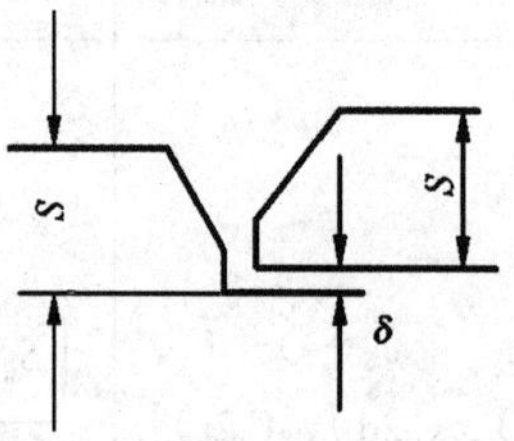
对接焊［见C.2k)］ $S\geqslant6$mm $\delta_{max}\leqslant1.6$mm， $\delta_{avg}/S\leqslant0.33$		1		

表C.1　柔性系数和应力增加系数（续）

名　称	尺寸系数h	柔性系数k	应力增加系数i	简　图
角焊［见C.2j）］		1	2.1或1.3	见图C.4
扩口过渡段		1	$1.3+0.036\frac{D_o}{S_n}+3.6\frac{\delta}{S_n}$ 最大1.9	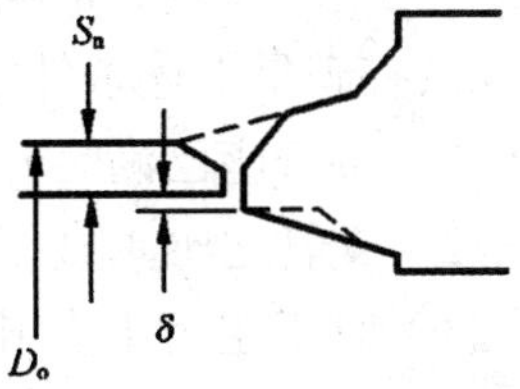
同心大小头 ［见C.2f）］		1	$0.5+0.01\alpha\left(\frac{D_2}{S_2}\right)^{\frac{1}{2}}$ 最大1.9	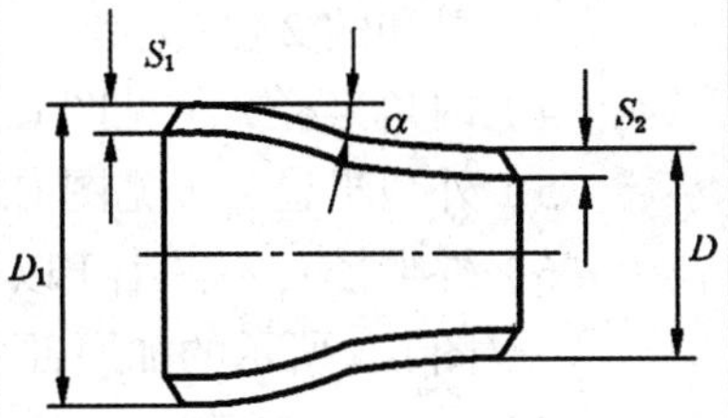
螺纹接管头或螺纹法兰		1	2.3	
波纹直管头或带波纹或皱纹弯管［见C.2g）］		5	2.5	
支管［见C.2e）］		1	校核支管端部： $1.5\left(\frac{r_{mh}}{S_{nh}}\right)^{\frac{2}{3}}\cdot\left(\frac{r'_{mb}}{r_{mh}}\right)^{\frac{1}{2}}\cdot\left(\frac{S_{nb}}{S_{nh}}\right)\cdot\left(\frac{r'_{mb}}{r_p}\right)$ 参数见图C.3说明	见图C.3

注：

B——焊接弯管斜接过渡段内侧的长度，mm；

D_o——管子外径，mm；

D_{ob}——支管外径，mm；

R——弯头或弯管的弯曲半径，mm；

r——管子平均半径（与三通相连接的管子），mm；

r_x——插入式焊接件的外部转角半径，mm；

r_2——外角半径，mm；

b——焊接弯管斜接段在中心线的长度，mm；

T_c——插入式焊接件的背脊厚度，mm；

S_n——直管公称壁厚（与三通相连接的管子），mm；

S_r——披肩加强或鞍板加强元件的厚度，mm；

α——异径接头锥角，(°)；

δ——对接焊口的错边（δ_{avg}为平均值），mm；

θ——焊接弯管斜接轴线夹角的半角，(°)。

C.2　表C.1说明

柔性系数和应力增加系数在表C.1中已经给出，对于一些名称的说明如下：

a）表C.1中的柔性系数k和应力增加系数i适用于部件在任何平面内的弯曲，但在任何情况下都不得小于1。这两个系数对于弯管、弯头和焊接弯管用于有效弧长（详见简图中的粗中心线）；对于三通用于交叉点。k和i值可按由所给公式计算的尺寸系数h直接从图C.1中读得。

b）对于一端或两端装有法兰的管道，其k和i值应乘以c值加以修正。两端装有法兰者，$c=h^{1/3}$；一端装有法兰者，$c=h^{1/6}$。c值也可按计算出的h直接从图C.2中读得。

c）包括单斜角连接。

d）当$S_r>1.5S_n$时，$h=4.05S_n/r$。

e）只有满足下述条件才能适用此公式：

1）接管座已满足开孔补强的要求；

2）支管之轴垂直于主管壁的表面；

3）对于主管上有几个接管座者，相邻两个接管座之间的中心距，沿主管外表面所测得的弧长在轴向上不得小于该两个接管座内半径总和的3倍或沿主管周向不得小于该两个半径总和的2倍；

4）内角半径r_1（见图C.3）在$10\%S_{nh}$和$50\%S_{nh}$之间；

5）外角半径r_2（见图C.3）不得小于$S_b/2$、（$S_{nb}+Y$）/2，（见图C.3）和$S_{nh}/2$中的较大值；

6）外半径r_3不得小于以下两者中的较大值，见图C.3）：$0.002\theta d_o$，$2(\sin\theta)^3$与图C.3中图a）、图b）所示的加厚部分的乘积；

7）$r_{mh}/S_{nh}\leqslant 50$和$r'_{mb}/r_{mh}\leqslant 0.5$。

f）只有满足下列条件才能适用此公式：

1）锥角α不得大于60°，且大小头为同心圆；

2）D_1/S_1和D_2/S_2两者取用较大值，但不超过100；

3）整个大小头的壁厚不得小于S_1，但紧接小头端部除外，该处壁厚不得小于S_2。

g）所示系数适用于弯曲；对于扭转，柔性系数取0.9。

h）对接焊铸造弯头的壁厚有比连接管子的壁厚大得多，设计者应加以注意，并考虑较大壁厚的影响，否则会造成较大的误差。

i）附表中所示的应力增加系数i是由等径三通的试验中得到的，对于异径三通，在没有获得足够数据之前，可采用等径三通的数据。

j）对于套接焊管件，若焊趾与管壁过渡平滑，则应力增加系数i可取用1.3。

k）此应力增加系数用于管子壁厚为$0.875S_n$和$1.1S_n$之间的对接焊口，其轴向距离为$(D_oS_n)^{1/2}$。D_o为管子公称外径，S_n为直管公称壁厚，δ_{avg}为错边的平均值。

l）对大口径薄壁弯头和焊接弯头的柔性系数和应力增加系数，如果要考虑内压的影响，则可按下列方法修正：

1）经内压修正后弯头的柔性系数为：

$$k_p=\frac{k}{1+6\dfrac{p}{E}\left(\dfrac{r}{S_n}\right)^{7/3}\left(\dfrac{R}{r}\right)^{1/3}} \quad\cdots\cdots\text{(C.1)}$$

2）经内压修正后弯头的应力增加系数为：

$$i_p=\frac{i}{1+3025\dfrac{p}{E}\left(\dfrac{r}{S_n}\right)^{5/2}\left(\dfrac{R}{r}\right)^{2/3}} \quad\cdots\cdots\text{(C.2)}$$

式中：

p——设计内压力，单位为兆帕（MPa）；

E——管材的弹性模量，单位为兆帕（MPa）；

r——管子平均半径，单位为毫米（mm）；

S_n——直管公称壁厚，单位为毫米（mm）；

R——弯管的弯曲半径，单位为毫米（mm）。

m）对于单筋或蝶式加强焊接三通，$h=3.25S_n/r$，$i=0.9h^{2/3}$。

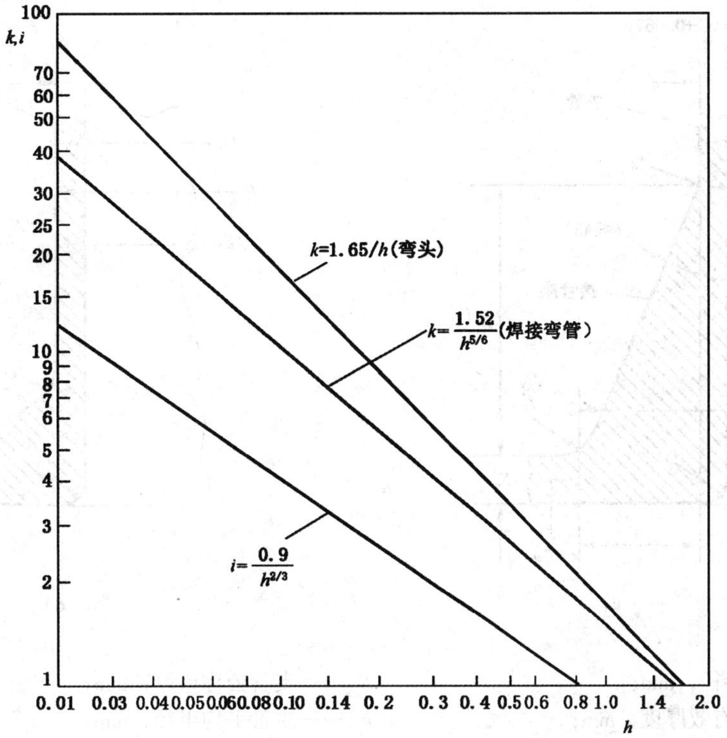

图C.1　尺寸系数h与柔性系数k和应力增加系数i的关系

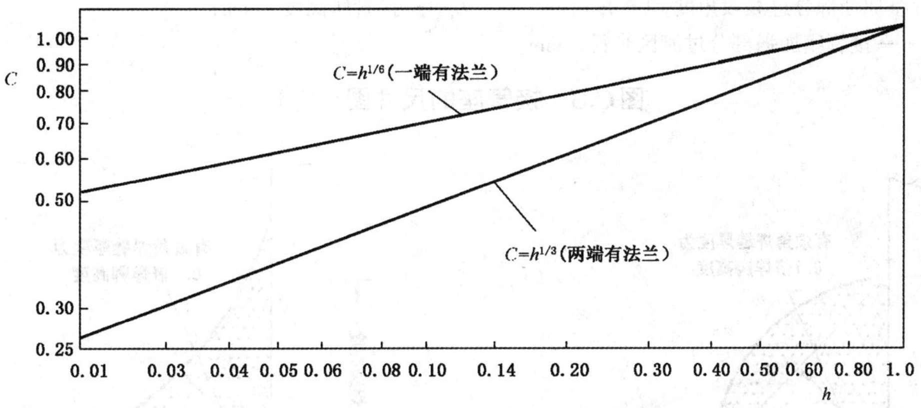

图C.2　尺寸系数h与修正系数C的关系

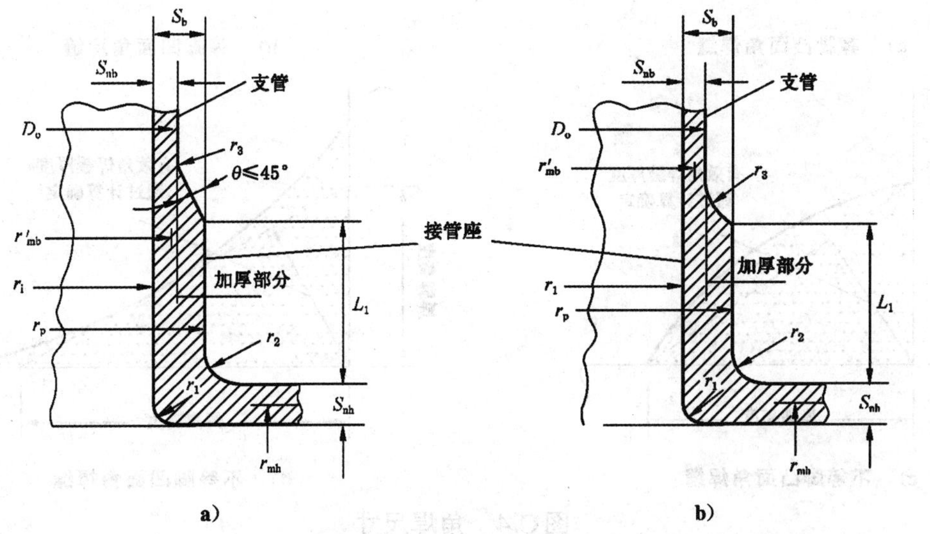

图C.3　接管座的尺寸图

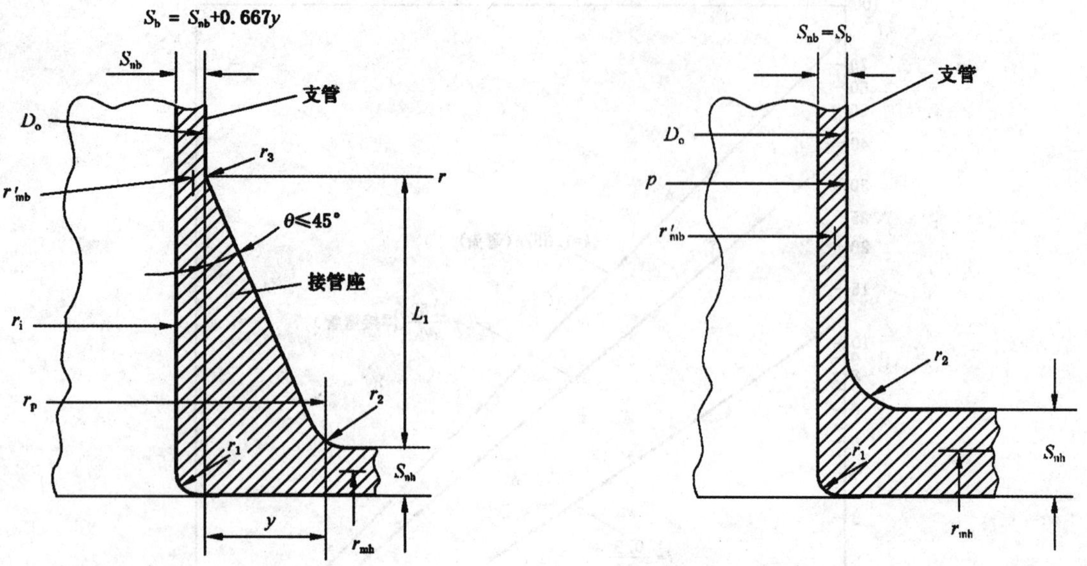

c)　　　　d)

说明：

r'_{mb}——支管平均半径，mm；

S_b——接管座加强有效厚度，mm；

r_i——支管内半径，mm；

S_{nh}——主管公称壁厚，mm；

θ——接管座加强部分过渡段角度，(°)；

r_1，r_2，r_3——接管座加强部分过渡区半径，mm。

S_{nb}——支管公称壁厚，mm；

r_{mh}——主管平均半径，mm；

D_o——支管外径，mm；

r_p——接管座加强部分的外半径，mm；

L_1——接管座高度，mm；

图C.3　接管座的尺寸图(续)

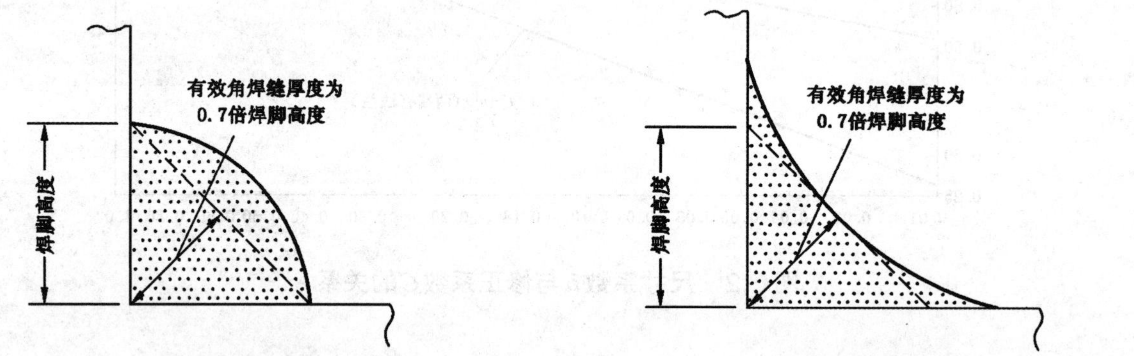

a)　等脚凸面角焊缝　　　　b)　等脚凹面角焊缝

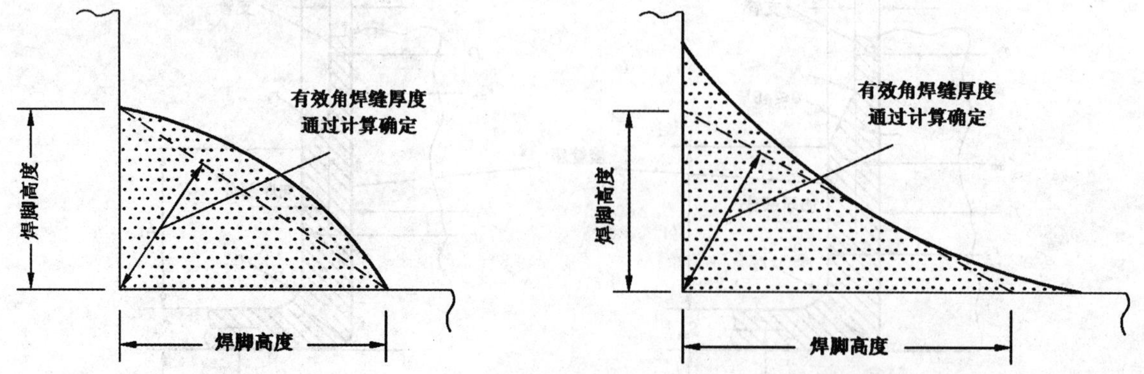

c)　不等脚凸面角焊缝　　　　d)　不等脚凹面角焊缝

图C.4　角焊尺寸

附 录 D
（资料性附录）
制作和安装常用资料

D.1 焊接接头基本形式与尺寸

焊接接头基本形式与尺寸见表D.1。

表D.1 焊接接头基本形式与尺寸

序号	接头类型	坡口形式	图形	焊接方法	焊件厚度 S mm	接头结构尺寸 α	 β	 B mm	 P mm	 R mm	适用范围
1	对接接头	I型	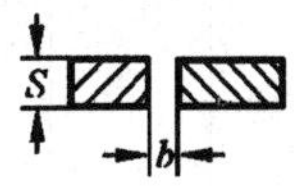	SMAWOFW GMAW/ FCAW SAW	<3 ≤3 ≤3 8~16	—	—	1~2 1~2 0~1 0~1	—	—	容器和一般钢结构
2	对接接头	V型	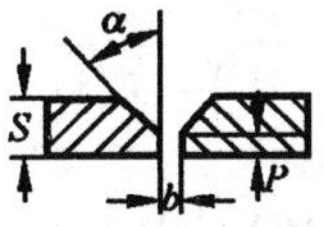	SMAW OFW GMAW/ FCAW SAW	≤6 ≤16 ≤16 >16~20	30°~35°	—	视现场情况在焊接作业指导书中规定	0.5~2 1~2 1~2 7	—	各类承压管道，压力容器和中、薄件承重结构
3	对接接头	U型	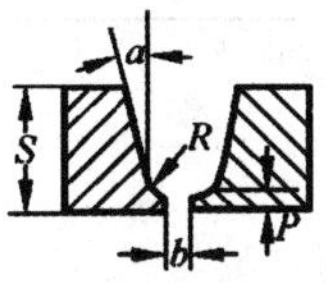	SMAW TIG	≤60	10°~15°	—	2~5	0.5~2	5	中、厚壁汽水管道
4	对接接头	双V形 水平管	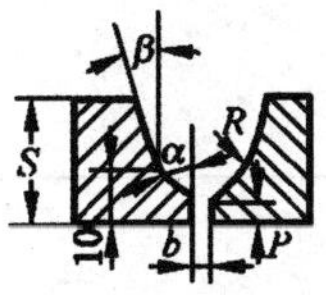	SMAW TIG	>16	30°~40°	8°~12°	2~5	1~2	5	中、厚壁汽水管道
5	对接接头	双V形 垂直管	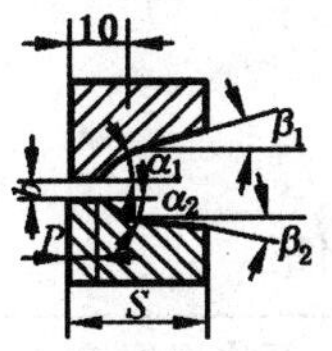	SMAW TIG	>16	α_1= 35°~40° α_2= 20°~25°	β_1= 15°~20° β_2= 5°~10°	1~4	1~2	5	中、厚壁汽水管道
6	对接接头	综合型	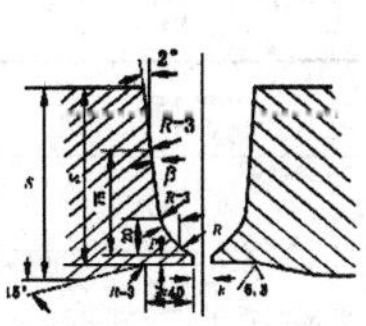	SMAW TIG FCAW SAW	>60	20°~25°	5°	2~5	2	5	厚壁汽水管道

表 D.1　焊接接头基本形式与尺寸(续)

序号	接头类型	坡口形式	图形	焊接方法	焊件厚度 S mm	接头结构尺寸 α	β	B mm	P mm	R mm	适用范围
7	对接接头	封头	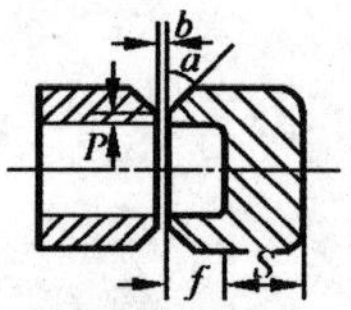	SMAW TIG	管径不限	同厚壁管坡口加工要求					汽水管道或联箱封头
8	对接接头	堵头	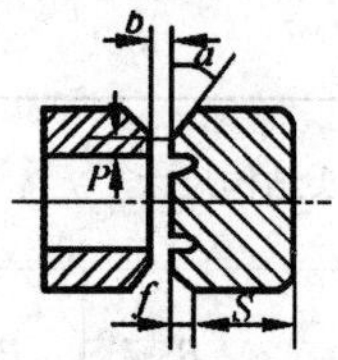	SMAW TIG	直径 $\phi \geq 273$	同厚壁管坡口加工要求					汽水管道或联箱封头
9	T型接头	管座	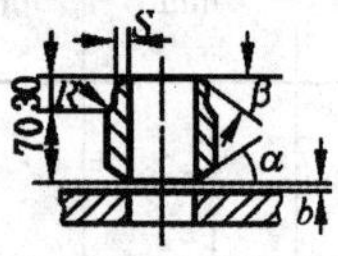	SMAW TIG	直径 $\phi \leq 76$	50°～60°	30°～35°	2～3	1～2	按壁厚差取	汽水、仪表取样等接管座
10	T型接头	管座	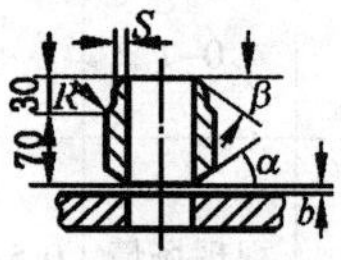	SMAW TIG	直径 76～133	50°～60°	30°～35°	2～3	1～2	—	一般汽水管道或容器的接管座或接头
11	T型接头	K形	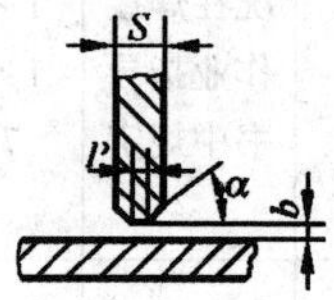	SMAW SAW	>20	50°～60°	—	1～2	1～2	—	要求焊透的大型结构

注：焊接方法：
TIG——极氩弧焊；
SMAW——焊条电弧焊；
SAW——埋弧焊；
GMAW——熔化极实心气体保护焊；
FCAW——熔化极药芯气体保护焊；
OFW——气焊。

D.2　常用钢管材料下临界温度近似值

常用钢管材料下临界温度近似值见表D.2。

表 D.2　常用钢管材料下临界温度近似值

钢　　种	下临界温度 A_{c1} ℃
碳素钢	725
C-Mo 钢	730
1.15Ni-0.65Cu-MoNb 钢	725

表 D.2　常用钢管材料下临界温度近似值(续)

钢　　种	下临界温度 A_{c1} ℃
1Cr–0.5Mo 钢	745
1.25Cr–0.5Mo 钢	775
2.25Cr–1Mo 钢	805
9Cr–1Mo–V 钢	810

D.3　管道常用钢材推荐焊前预热温度

管道常用钢材推荐焊前预热温度见表 D.3。

表 D.3　管道常用钢材推荐焊前预热温度

<table>
<tr><th rowspan="2">钢种</th><th colspan="2">管　材</th><th colspan="2">板　材</th></tr>
<tr><th>壁厚 S
mm</th><th>预热温度
℃</th><th>厚度 S
mm</th><th>预热温度
℃</th></tr>
<tr><td>碳含量≤0.35% 的碳素钢</td><td>S≥26</td><td>100~200</td><td>S≥34</td><td rowspan="2">100~150</td></tr>
<tr><td>C–Mn 钢</td><td>S≥15</td><td>150~200</td><td>S≥30</td></tr>
<tr><td>1.15Ni–0.65Cu–Mo–Nb 钢</td><td>—</td><td>100~200</td><td>—</td><td>—</td></tr>
<tr><td>1Cr–0.5Mo 钢
1.25Cr–0.5Mo 钢</td><td>S≥10</td><td>150~250</td><td>S≥15</td><td>150~200</td></tr>
<tr><td>1Cr–0.5Mo–V 钢</td><td>S≥6</td><td>200~300</td><td>S≥6</td><td>200~300</td></tr>
<tr><td>2.25Cr–1Mo 钢</td><td>S≥6</td><td>250~350</td><td>—</td><td>—</td></tr>
<tr><td>9Cr–1Mo–V–Nb 钢</td><td>—</td><td>200~300</td><td>—</td><td>200~300</td></tr>
<tr><td colspan="5">注：当采用钨极氩弧焊打底时，可按下限温度降低 50℃。</td></tr>
</table>

D.4　推荐冷弯成形后的热处理

推荐冷弯成形后的热处理见表 D.4。

表 D.4　推荐冷弯成形后的热处理

<table>
<tr><th>钢种</th><th>保温温度℃</th><th>保温时间</th></tr>
<tr><td>C–Mo 钢
0.5Cr–0.5Mo 钢</td><td>600~650</td><td rowspan="3">按壁厚，2.4min/mm
但至少 15min</td></tr>
<tr><td>1Cr–0.5Mo 钢
1Cr–0.5Mo–V 钢
1.25Cr–1Mo 钢</td><td>700~750</td></tr>
<tr><td>2.25Cr–1Mo 钢
3Cr–1Mo 钢
9Cr–1Mo 钢
9Cr1Mo–V 钢
9Cr1Mo–V–Nb 钢</td><td>700~750</td></tr>
</table>

D.5 推荐的管道常用钢材焊后热处理

推荐的管道常用钢材焊后热处理见表D.5。

表D.5 推荐的管道常用钢材焊后热处理

钢种	焊后恒温温度℃	焊件厚度S mm						
		S≤12.5	12.5<S≤25	25<S≤37.5	37.5<S≤50	50<S≤75	75<S≤100	100<S≤125
		恒温时间 h						
碳含量≤0.35% C-Mn钢	600~650	—	—	1.5	2	2.25	2.5	2.75
1.15Ni-0.65Cu-Mo-Nb钢	570~620	0.5	1	1.5	2	2.25	2.5	2.75
1Cr-0.5Mo钢 1.25Cr-0.5Mo钢	670~700	0.5	1	1.5	2	2.25	2.5	2.75
2.25Cr-1Mo钢	720~750	0.5	1	1.5	2	3	4	5
9Cr-1Mo-V-Nb钢	750~780	0.5	1	1.5	2	3	4	5

注1：不同壁厚部件焊接接头焊后热处理厚度，应取下述两者中的较小值：
a）焊缝厚度；
b）焊缝处连接材料的较厚者。

注2：焊缝厚度按照下述方法确定：
a）坡口焊缝：坡口加工后，包括内倒角加工后，两相接端壁厚较大者；
b）角焊缝：焊缝厚度；
c）材料焊补：被修补凹坑的深度；
d）支管焊缝：是指与纵向轴线相交的平面内尺寸。

附 录 E
（规范性附录）
管道预制组对偏差

E.1 管道预制组对偏差示意图

管道预制组对偏差示意图见图E.1。

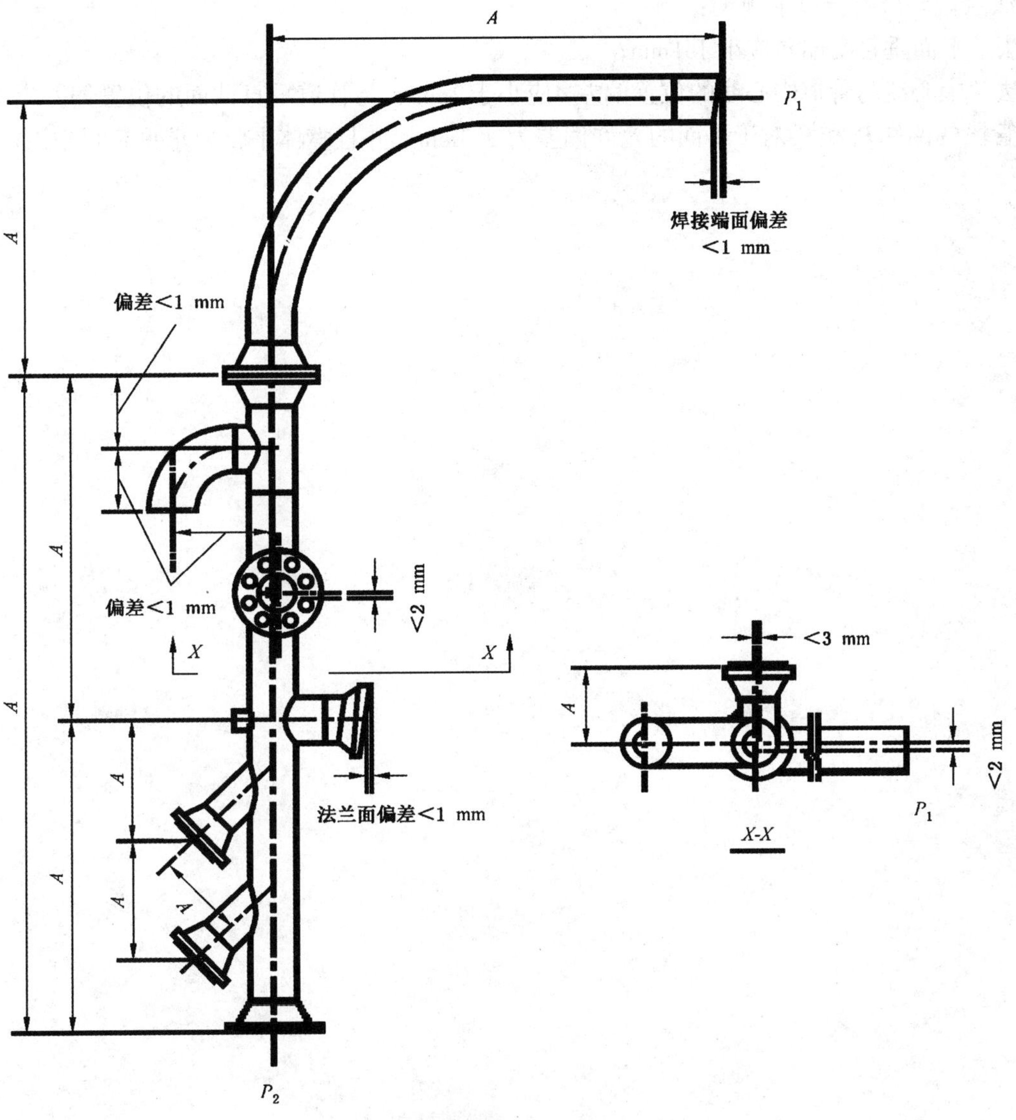

图E.1 管道预制组对偏差示意图

E.2 长度偏差

E.2.1 管道组对尺寸A的偏差ΔA不应大于总长度的千分之一，且满足下述要求：

a）管道公称尺寸250及以下，ΔA为 ± 3mm；

b）管道大于公称尺寸250~600，ΔA为 ± 5mm；

c）管道大于公称尺寸600~900，ΔA为 ± 6mm；

d)管道大于公称尺寸900，每增加300，允许ΔA的绝对值增加2mm，即：$|\Delta A|=6+2+\cdots$。

E.2.2 接管座中心线相对管道中心线的偏差应满足以下要求：

a)当接管座外径大于50mm时，偏差不应超过1mm。

b)当接管座外径小于等于50mm时，偏差不应超过1.5mm。

c)当有两个以上接管座时，其相邻两支管中心距的偏差为：

1）当间距小于等于260mm时，偏差为 ±1.5mm；

2）当间距为大于260mm~500mm时，偏差为 ±2mm；

3）当间距大于500mm~1000mm时，偏差为 ±2.5mm；

4）当间距大于1000mm时，偏差为 ±3mm。

E.2.3 法兰偏差应符合以下规定：

a)法兰平面垂直度偏差应小于1mm;

b)法兰中心线与管道中心线的位置偏差Δ应小于2mm，与管道垂直截面的位置偏差应小于2mm。

E.2.4 管段的两端P_1和P_2对于平面的允许偏差为±3mm，并且整体平整要求见E.1图中X–X剖面。

附 录 F
（规范性附录）
安全泄放装置的计算

F.1 符号

A——安全阀的最小泄放面积，mm^2；

对全启式安全阀，即$h \geqslant \frac{1}{4}d_t$时，$A=\frac{\pi}{4}d_t^2$；

对微启式安全阀，即$h<\frac{1}{20}d_t$时，平面型密封面$A=\pi d_v h$；锥面型密封面$A=\pi d_t h\sin\phi$；

C———气体特性系数，按式（F.1）求取；

$$C=520\sqrt{k\left(\frac{2}{k+1}\right)^{\frac{k+1}{k-1}}} \quad \cdots\cdots\cdots\cdots（F.1）$$

d——入口管内径，mm；

d_t——安全阀最小流道直径（阀座喉部直径），mm；

d_v——安全阀阀座内径，mm；

H——最大输入热量，kJ/h；

h——安全阀的阀瓣开启高度，mm；

K——安全阀的额定泄放系数，K取0.9倍泄放系数（泄放系数与阀的结构有关，应根据实验数据确定，通常由安全阀制造厂提供）；

无参考数据时，可按下列规定选取：

全启式安全阀　K=0.60~0.70；

带调节圈的微启式安全阀　K=0.40~0.50；

不带调节圈的微启式安全阀　K=0.25~0.35；

k——气体绝热指数（过热蒸汽取1.3；饱和蒸汽取1.135）；

M——气体的摩尔质量，kg/kmol；

p_d——安全阀的最大泄放压力，MPa（a）；

p_o——安全阀出口侧压力，MPa（绝压）；

q——在泄放压力下，液体汽化潜热，kJ/kg；

T——泄放的气体温度，K；

W_s——系统的安全泄放量，kg/h；

Z——在泄放压力及温度下，气体的压缩系数，如图F.1所示；

ρ_l——安全阀入口侧温度下的液体密度，kg/m^3；

ϕ——锥型密封面的半锥角，（°）。

F.2 安全泄放量计算

当中间无阀门关断的管道系统与相连接的几个设备（容器）一起作为一个独立的被保护压力系

统，用一个或几个设置在容器上或管道上的安全泄放装置保护时，其安全泄放量采用压力容器安全泄放量的计算方法，但应将管道系统和相连接的容器都包括在内。

单纯的管道系统的超压主要发生在充满液体的封闭管道系统中，液体受热膨胀可能发生超压。

蒸汽发生器等产生蒸汽换热设备的系统及充满水封闭管道系统中水受热汽化的安全泄放量按式(F.2)计算：

$$W_s = H/q \qquad \text{(F.2)}$$

F.3 安全阀的最小泄放面积计算

F.3.1 蒸汽

最小泄放面积计算见式(F.3)、式(F.4)：

a)临界条件：

$$\frac{p_o}{p_d} \leqslant \left(\frac{2}{k+1}\right)^{\frac{k}{k-1}}$$

$$A = \frac{W_s}{0.076CKp_d\sqrt{\frac{M}{ZT}}} \qquad \text{(F.3)}$$

b)亚临界条件：

$$\frac{p_o}{p_d} > \left(\frac{2}{k+1}\right)^{\frac{k}{k-1}}$$

$$A = \frac{W_s}{55.84Kp_d\sqrt{\frac{M}{ZT}}\sqrt{\frac{k}{k-1}\left[\left(\frac{p_o}{p_d}\right)^{\frac{2}{k}} - \left(\frac{p_o}{p_d}\right)^{\frac{k+1}{k}}\right]}} \qquad \text{(F.4)}$$

F.3.2 水

最小泄放面积计算见式(F.5)：

$$A = \frac{W_s}{5.1K\sqrt{\rho_l(p_d - p_o)}} \qquad \text{(F.5)}$$

F.3.3 饱和蒸汽

饱和蒸汽中蒸汽含量不小于98%，最大过热度为10℃。最小泄放面积计算见式(F.6)、式(F.7)：

a)当$p_d \leqslant 10\text{MPa}$时：

$$A = \frac{W_s}{5.25Kp_d} \qquad \text{(F.6)}$$

b)当$10\text{MPa} < p_d \leqslant 22\text{MPa}$时：

$$A = \frac{W_s}{5.25Kp_d\left(\frac{190.6p_d - 6895}{229.2p_d - 7315}\right)} \qquad \text{(F.7)}$$

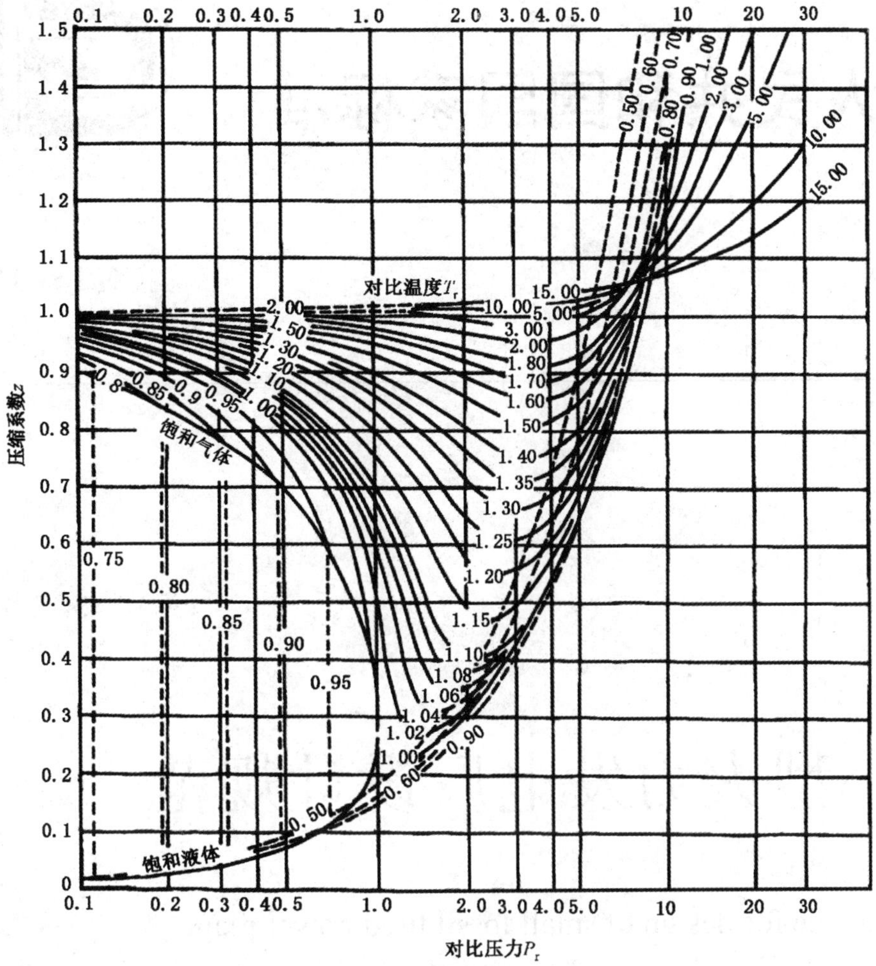

对比温度T_r=泄放介质的温度(K)/介质的临界温度(K)

对比压力P_r=泄放介质的压力(MPa)/介质的临界压力(MPa)　（绝压）

图 F.1　气体压缩系数

UDC

中华人民共和国国家标准

P　　　　　　　　　　　　　　　　　　　　GB 50049—2011

小型火力发电厂设计规范

Code for design of small fossil fired power plant

2010-12-04 发布　　　　　　　　　　　　2011-12-01 实施

中华人民共和国住房和城乡建设部
中华人民共和国国家质量监督检验检疫总局　联合发布

前　言

本规范系根据原建设部《关于印发〈2006年工程建设标准规范制订、修订计划(第二批)〉的通知》(建标〔2006〕136号)的要求，由河南省电力勘测设计院会同有关单位在原《小型火力发电厂设计规范》GB 50049—94的基础上修订完成的。

本规范共分24章和1个附录，主要内容有：总则、术语、基本规定、热(冷)电负荷、厂址选择、总体规划、主厂房布置、运煤系统、锅炉设备及系统、除灰渣系统、脱硫系统、脱硝系统、汽轮机设备及系统、水处理设备及系统、信息系统、仪表与控制、电气设备及系统、水工设施及系统、辅助及附属设施、建筑与结构、采暖通风与空气调节、环境保护和水土保持、劳动安全与职业卫生、消防。

本规范修订的主要技术内容是：

1.适用范围增加为高温高压及以下参数、单机容量小于125MW、采用直接燃烧方式、主要燃用固体化石燃料的火力发电厂设计；

2.增加了脱硫系统、脱硝系统的技术内容；

3.增加了信息系统、水土保持、消防的技术内容。

本规范中以黑体字标志的条文为强制性条文，必须严格执行。

本规范由住房和城乡建设部负责管理和对强制性条文的解释，由中国电力企业联合会负责日常管理，河南省电力勘测设计院负责具体技术内容的解释。在执行过程中如有意见或建议，请寄送河南省电力勘测设计院(地址：河南省郑州市中原西路212号，邮政编码：450007)。

本规范主编单位、参编单位、主要起草人和主要审查人：

主 编 单 位：河南省电力勘测设计院

参 编 单 位：湖南省电力勘测设计院
浙江省电力设计院
山东电力工程咨询院有限公司

主要起草人：娄金旗　庞　可　王成立　钱海平　王　葵　韦迎旭　王宇新　张战涛
宋俊山　张军民　郭红兵　郭西平　陈本柏　刘自力　刘怡君　李柯伟
张卫灵　崔云素　许　伟　楼予嘉　陈　晓　周　建　周志勇　于　昉
王瑞来　张吉栋　唐爱良　何语平

主要审查人：郭晓克　黄宝德　王小京　郭亚丽　刘东亚　苏云勇　王焕瑾　李江波
田蓉荣　黄　文　陈　彬　程　建　胡　蔚　王振彪　蔡发明　何维莎
李　钟　付剑波　金维勤　陈　曦　葛四敏　曹和平　陈丽琳　周献林
林　抒　甘家福　汤莉莉　黄　蓉　徐同社　陈　峥　王洁如　刘明秋
徐正元　王晓军　马团生　尉湘战　胡华强　李向东　张燕生　侯连成
汤东升　张开军　邹效农

目　次

12　脱硝系统
13　汽轮机设备及系统
　13.1　汽轮机设备
　13.2　主蒸汽及供热蒸汽系统
　13.3　给水系统及给水泵
　13.4　除氧器及给水箱
　13.5　凝结水系统及凝结水泵
　13.6　低压加热器疏水泵
　13.7　疏水扩容器、疏水箱、疏水泵与低位水箱、低位水泵
　13.8　工业水系统
　13.9　热网加热器及其系统
　13.10　减温减压装置
　13.11　蒸汽热力网的凝结水回收设备
　13.12　凝汽器及其辅助设施
14　水处理设备及系统（略）
15　信息系统（略）
16　仪表与控制
　16.1　一般规定
　16.2　控制方式及自动化水平
　16.3　控制室和电子设备间布置
　16.4　测量与仪表
　16.5　模拟量控制
　16.6　开关量控制及联锁
　16.7　报警
　16.8　保护
　16.9　控制系统
　16.10　控制电源
　16.11　电缆、仪表导管和就地设备布置
　16.12　仪表与控制实验室
17　电气设备及系统（略）
18　水工设施及系统（略）
19　辅助及附属设施（略）
20　建筑与结构（略）
21　采暖通风与空气调节（略）
22　环境保护和水土保持（略）
23　劳动安全与职业卫生（略）
24　消防（略）
附录A　水质全分析报告
本规范用词说明（略）
引用标准名录
附．条文说明（略）

1 总　　则

1.0.1 为了使小型火力发电厂（以下简称发电厂）在设计方面满足安全可靠、技术先进、经济适用、节约能源、保护环境的要求，制定本规范。

1.0.2 本规范适用于高温高压及以下参数、单机容量在125MW以下、采用直接燃烧方式、主要燃用固体化石燃料的新建、扩建和改建火力发电厂的设计。

1.0.3 小型火力发电厂的设计除应符合本规范外，尚应符合国家现行有关标准的规定。

2 术　　语

2.0.1 热化系数　thermalization coefficient

供热机组的额定供热量（扣除自用汽热量）与最大设计热负荷之比。

2.0.2 同时率　simultaneity factor

同时率为区域（企业）最大热负荷与各用户（各车间）的最大热负荷总和的比。

2.0.3 微滤　micro filtration

系膜式分离技术，过滤精度在0.1μm~1.0μm范围之内。

2.0.4 超滤　ultra filtration

系膜式分离技术，过滤精度在0.01μm~0.1μm范围之内。

2.0.5 在线式UPS　on line UPS

不管交流工作电源正常与否，逆变器一直处于工作状态，当交流工作电源故障时，逆变器能通过直流电源逆变保证负荷的不间断供电，且其输出为交流正弦波的不间断电源装置。

2.0.6 电气监控管理系统　electrical control and management system

基于现场总线技术，采用开放式、分布式的网络结构，对发电厂的发电机变压器组、高低压厂用电源等电气设备进行监控和管理的计算机系统，简称ECMS。

2.0.7 电力网络计算机监控系统　network computerized control system

基于现场总线技术，采用开放式、分布式的网络结构，对升压站的电力网络系统或设备进行监控和管理的计算机系统，简称NCCS。

2.0.8 操作员站　operator station

控制系统中安装在控制室供运行操作人员进行监视和控制的人机接口设备。

2.0.9 并联切换　parallel change-over

发电厂高压工作电源断路器跳闸与备用电源断路器合闸指令同时发出的切换。

2.0.10 快速切换　high speed change-over

发电厂高压厂用电源事故切换时间不大于100ms的厂用电切换。

2.0.11 工程师站　engineer station

控制系统中安装在控制室或其他场所，供编程组态人员进行逻辑、画面、参数修改的人机接口设备。

2.0.12 空冷散热器　air cooled heat exchangers

以空气作为冷却介质，使间接空冷系统循环水被冷却的一种散热设备。

2.0.13 空冷凝汽器　air cooled condensers

以空气作为冷却介质，使汽轮机的排汽直接冷却凝结成水的一种散热设备。

2.0.14 干旱指数　drought exponent

某地区年蒸发能力和年降雨量的比值。

2.0.15 严寒地区 severe cold region

累年最冷月平均温度（即冬季通风室外计算温度）不高于零下10℃的地区

2.0.16 寒冷地区 cold region

累年最冷月平均温度（即冬季通风室外计算温度）不高于0℃但高于零下10℃的地区。

3 基本规定

3.0.1 发电厂的设计必须符合国家法律、法规及节约能源、保护环境等相关政策要求。

3.0.2 发电厂的设计应按照基本建设程序进行，其内容深度应符合国家现行有关标准的要求。

3.0.3 发电厂的类型应符合下列规定：

1 根据城市集中供热规划、热电联产规划，考虑热负荷的特性和大小，在经济合理的供热范围内，建设供热式发电厂（以下简称热电厂）。

2 根据企业热电负荷的需要，建设适当规模的企业自备热电厂。

3 在电网很难到达的地区，应优先建设小水电或可再生能源的发电厂；当不具备小水电和可再生能源条件时，且当地煤炭资源丰富、交通不便的缺电地区或无电地区，根据城镇地区电力规划，因地制宜地建设适当规模的凝汽式发电厂。

4 在有条件的地区，宜推广热、电、冷三联供热电厂。

3.0.4 发电厂机组压力参数的选择，宜近、远期统一考虑，并宜符合下列规定：

1 热电厂单机容量25MW级及以上抽汽机组和12MW背压机组，宜选用高压参数；单机容量为12MW的抽汽机组和6MW背压机组宜选用高压、次高压或中压参数；单机容量为6MW及以下机组宜选用中压参数。

2 凝汽式发电厂单机容量50MW级及以上，宜选用高压参数；单机容量为50MW级以下，宜选用次高压或中压参数。

3 在同一发电厂内的机组宜采用同一种参数。

3.0.5 发电厂的设计应符合国家电力发展和企业发展规划的要求，热电厂的设计应符合城市集中供热规划和热电联产规划的要求，企业自备热电厂的设计应符合企业工艺系统对供热参数的要求。

3.0.6 发电厂的设计应充分合理利用厂址资源条件，按规划容量进行总体规划。

3.0.7 扩建和改建发电厂的设计应结合原有总平面布置、原有生产系统的设备布置、原有建筑结构和运行管理经验等方面的特点统筹考虑。

3.0.8 企业应统筹规划企业自备发电厂的设计，发电厂不应设置重复的系统、设备或设施。

3.0.9 发电厂的工艺系统设计寿命应按照30年设计。

4 热（冷）电负荷

4.1 热（冷）负荷和热（冷）介质

4.1.1 热电厂的热负荷应在城镇地区热力规划的基础上经调查核实后确定。企业自备热电厂的热负荷应按企业规划要求的供热量确定。

4.1.2 热电厂的规划容量和分期建设的规模应根据调查落实的近期和远期的热负荷以及本地区的热电联产规划确定。

4.1.3 热电厂的经济合理供热范围应根据热负荷的特性、分布、热源成本、热网造价和供热介质参数等因素，通过技术经济比较确定。蒸汽管网的输送距离不宜超过8km，热水管网的输送距离不宜超过20km。

4.1.4 确定设计热负荷应调查供热范围内的热源概况、热源分布、供热量和供热参数等，并应符合下列规定：

1 工业用汽热负荷应调查和收集各热用户现状和规划的热负荷的性质、用汽参数、用汽方式、用热方式、回水情况及最近一年内逐月的平均用汽量和用汽小时数，按各热用户不同季节典型日的小时用汽量，确定冬季和夏季的最大、最小和平均的小时用汽量。对主要热用户应绘制出不同季节的典型日的热负荷曲线和年持续热负荷曲线。

2 采暖热负荷应收集供热范围内近期、远期采暖用户类型，分别计算采暖面积及采暖热指标。采暖热负荷应符合下列规定：

1）应根据当地气象资料，计算从起始温度到采暖室外计算温度的各室外温度相应的小时热负荷和采暖期的平均热负荷，绘制采暖年负荷曲线，并应计算出最大热负荷的利用小时数及平均热负荷的利用小时数。

2）当采暖建筑物设有通风、空调热负荷时，应在计算的采暖热负荷中加上该建筑物通风、空调加热新风需要的热负荷。

3）采暖指标应符合现行行业标准《城市热力网设计规范》CJJ 34 的有关规定。

3 生活热水的热负荷应收集住宅和公共建筑的面积、生活热水热指标等，并应计算生活热水的平均热负荷和最大热负荷。

4.1.5 夏季宜发展热力制冷热负荷。制冷热负荷应根据制冷建筑物的面积、热工特性、气象资料以及制冷工艺对热介质的要求确定。

4.1.6 经过调查核实的热用户端的不同季节的最大、最小和平均用汽量及用汽参数，应按焓值和管道的压降及温降折算成发电厂端的供汽参数、供汽流量或供热量。采暖热负荷和生活热水热负荷，当按照指标统计时，不应再计算热水网损失。

4.1.7 对热用户进行热负荷叠加时，同时率的取用应符合下列规定：

1 对有稳定生产热负荷的主要热用户，在取得其不同季节的典型日热负荷曲线的基础上，进行热负荷叠加时，不应计算同时率。

2 对生产热负荷量较小或无稳定生产热负荷的次要热用户，在进行最大热负荷叠加时，应乘以同时率。

3 采暖热负荷及用于生活的空调制冷热负荷和生活热水热负荷进行叠加时，不应计算同时率。

4 同时率数值宜取0.7~0.9。热负荷较平稳的地区取大值，反之取小值。

4.1.8 供热机组的选型和发电厂热经济指标的计算，应根据发电厂端绘制的采暖期和非采暖期蒸汽和热水的典型日负荷曲线，以及总耗热量的年负荷持续曲线确定。

4.1.9 热电厂的供热（冷）介质应按下列原则确定：

1 当用户主要生产工艺需蒸汽供热时，应采用蒸汽供热介质。

2 当多数用户生产工艺需热水介质，少数用户可由热水介质转化为蒸汽介质，经技术经济比较合理时，宜采用热水供热介质。

3 单纯对民用建筑物供采暖通风、空调及生活热水的热负荷，应采用热水供热介质。

4 当用户主要生产工艺必须采用蒸汽供热，同时又供大量的民用建筑采暖通风、空调及生活热水热负荷时，应采用蒸汽和热水两种供热介质。当仅供少量的采暖通风、空调热负荷时，经技术经济比较合理时，可采用蒸汽一种介质供热。

5 用于供冷的介质通常为冷水。

4.1.10 供热（冷）介质参数的选择应符合下列规定：

1 根据热用户端生产工艺需要的蒸汽参数，按焓值和管道的压降及温降折算成热电厂端的供汽参数，应经技术经济比较后选择最佳的汽轮机排汽参数或抽汽参数。

2 热水热力网最佳设计供水温度、回水温度，应根据具体工程条件，综合热电厂、管网、热力站、热用户二次供热系统等方面的因素，进行技术经济比较后确定。当不具备确定最佳供水温度、回水温度的技术经济比较条件时，热水热力网的供水温度、回水温度可按下列原则确定：

1）通过热力站与用户间连接供热的热力网，热电厂供水温度可取110℃～150℃。采用基本加热器的取较小值，采用基本加热器串联尖峰加热器（包括串联尖峰锅炉）的取较大值。回水温度可取60℃～70℃。

2）直接向用户供热水负荷的热力网，热电厂供水温度可取95℃左右，回水温度可取65℃～70℃。

3）供冷冷水的供水温度：5℃～9℃，宜为7℃。供冷冷水的回水温度：10℃～14℃，宜为12℃。

4.1.11 蒸汽热力网的用户端，当采用间接加热时，其凝结水回收率应达80%以上。用户端的凝结水回收方式与回收率应根据水质、水量、输送距离和凝结水管道投资等因素进行综合技术经济比较后确定。

4.2 电负荷

4.2.1 建设单位应向设计单位提供建厂地区近期及远期的逐年电力负荷资料，应详细说明负荷的分布情况。电力负荷资料应包括下列内容：

1 地区逐年总的电力负荷和电量需求。

2 地区第一、第二、第三产业和居民生活逐年用电负荷。

3 现有及新增主要电力用户的生产规模、主要产品及产量、耗电量、用电负荷组成及其性质、最大用电负荷及其利用小时数、一级用电负荷比重等详细情况。

4.2.2 对电力负荷资料应进行复查，对用电负荷较大的用户应分析核实。

4.2.3 根据建厂地区内的电源发展规划和电力负荷资料，作出近期及远期各水平年的地区电力平衡。必要时应作出电量平衡。

5 厂址选择

5.0.1 发电厂的厂址选择应符合下列规定：

1 发电厂的厂址应满足电力规划、城乡规划、土地利用规划、燃料和水源供应、交通运输、接入系统、热电联产与供热管网规划、环境保护与水土保持、机场净空、军事设施、矿产资源、文物保护、风景名胜与生态保护、饮用水源保护等方面的要求。

2 在选址工作中，应从大局出发，正确处理与相邻农业、工矿企业、国防设施、居民生活、热用户以及电网各方面的关系，并对区域经济和社会影响进行分析论证。

3 发电厂的厂址选择应研究电网结构、电力和热力负荷、集中供热规划、燃煤供应、水源、交通、燃料及大件设备的运输、环境保护、灰渣处理、出线走廊、供热管线、地形、地质、地震、水文、气象、用地与拆迁、施工以及周边企业对发电厂的影响等因素，应通过技术经济比较和经济效益分析，对厂址进行综合论证和评价。

4 企业自备热电厂的厂址宜靠近企业的热力和电力负荷中心。应在企业的选厂阶段统一规划。

5 热电厂的厂址宜靠近用户的热力负荷中心。

5.0.2 选择发电厂厂址时，水源应符合下列规定：

1 供水水源必须落实、可靠。在确定水源的给水能力时，应掌握当地农业、工业和居民生活用水情况，以及水利、水电规划对水源变化的影响。

2 采用直流供水的电厂宜靠近水源。并应考虑取排水对水域航运、环境、养殖、生态和城市生活用水等的影响。

3 取水口位置选择的相应要求。当采用江、河水作为供水水源时，其取水口位置必须选择在河床全年稳定的地段，且应避免泥砂、草木、冰凌、漂流杂物、排水回流等的影响。

4 当考虑地下水作为水源时，应进行水文地质勘探，按照国家和电力行业现行的供水水文地质勘察规范的要求，提出水文地质勘探评价报告，并应得到有关水资源主管部门的批准。

5.0.3 选择发电厂厂址时，厂址自然条件应符合下列规定：

1 发电厂的厂址不应设在危岩、滑坡、岩溶发育、泥石流地段、发震断裂地带。当厂址无法避开地质灾害易发区时，在工程选厂阶段应进行地质灾害危险性评价工作，综合评价地质灾害危险性的程度，提出建设场地适宜性的评价意见，并采取相应的防范措施。

2 发电厂的厂址应充分考虑节约集约用地，宜利用非可耕地和劣地，还应注意拆迁房屋，减少人口迁移。

3 山区发电厂的厂址宜选在较平坦的坡地或丘陵地上，还应注意不应破坏原有水系、森林、植被，避免高填深挖，减少土石方和防护工程量。

4 发电厂的厂址宜选择在其附近城市（镇）居民居住区、生活水源地常年最小频率风向的上风侧。

5.0.4 确定发电厂厂址标高和防洪、防涝堤顶标高时，应符合下列规定：

1 厂址标高应高于重现期为50年一遇的洪水位。当低于上述标准时，厂区必须有排洪（涝）沟、防洪（涝）围堤、挡水围墙或其他可靠的防洪（涝）设施，应在初期工程中按规划规模一次建成。

2 主厂房区域的室外地坪设计标高，应高于50年一遇的洪水位以上0.5m。厂区其他区域的场地标高不应低于50年一遇的洪水位。当厂址标高高于设计水位，但低于浪高时可采取以下措施：

1) 厂外布置排泻洪渠道；

2) 厂内加强排水系统的设置；

3) 布置防浪围墙，墙顶标高应按浪高确定。

3 对位于江、河、湖旁的发电厂，其防洪堤的堤顶标高应高于50年一遇的洪水位0.5m。当受风、浪、潮影响较大时，尚应再加重现期为50年的浪爬高。防洪堤的设计应征得当地水利部门的同意。

4 对位于海滨的发电厂，其防洪堤的堤顶标高，应按50年一遇的高水位或潮位，加重现期50年累积频率1%的浪爬高和0.5m的安全超高确定。

5 在以内涝为主的地区建厂时，防涝围堤堤顶标高应按50年一遇的设计内涝水位（当难以确定时，可采用历史最高内涝水位）加0.5m的安全超高确定。如有排涝设施时，应按设计内涝水位加0.5m的安全超高确定。围堤应在初期工程中一次建成。

6 对位于山区的发电厂，应考虑防山洪和排山洪的措施，防排洪设施可按频率为1%的标准设计。

7 企业自备发电厂的防洪标准应与所在企业的防洪标准相协调。

5.0.5 选择发电厂厂址时，应对厂址及其周围区域的地质情况进行调查和勘探，为确定厂址、解决岩土工程问题提供基础资料。当地质条件合适时，建筑物和构筑物宜采用天然基础，应把主厂房及荷载较大的建（构）筑物布置在承载力较高的地段上。

5.0.6 发电厂厂址的抗震设防烈度可采用现行国家标准《中国地震动参数区划图》GB 18306划分的地震基本烈度。对已编制抗震设防区划的城市，应按批准的抗震设防烈度或设计地震动参数进行抗震设防。

5.0.7 选择发电厂厂址时，应结合灰渣综合利用情况选定贮灰场。贮灰场的设计应符合下列规定：

1 贮灰场宜靠近厂区，宜利用厂区附近的山谷、洼地、滩涂、塌陷区、废矿井等建造贮灰场，并宜避免多级输送。

2 贮灰场不应设在当地水源地或规划水源保护区范围内。对大气环境、地表水、地下水的污染必须有防护措施，并应满足当地环保要求。

3 当采用山谷贮灰场时，应选择筑坝工程量小、布置防排洪构筑物有利的地形构筑贮灰场；应避免贮灰场灰水对附近村庄的居民生活带来危害，采取措施防止其泄洪构筑物在泄洪期对下游造成不利的影响，并应充分利用当地现有的防洪设施；应有足够的筑坝材料，尽量考虑利用灰渣分期筑坝的可能条件。

4 当灰渣综合利用不落实时，初期贮灰场总贮量应满足初期容量存放5年的灰渣量。规划的贮灰场总贮量应满足规划容量存放10年的灰渣量。

5 当有部分灰渣综合利用时，应扣除同期综合利用的灰渣量来选定贮灰场。当灰渣全部综合利用时，应按综合利用可能中断的最长持续期间内的灰渣排除量来选定缓冲调节贮灰场。

5.0.8 选择发电厂厂址时，应根据系统规划、输电出线方向、电压等级与回路数、厂址附近地形、地貌和障碍物等条件，按规划容量统一安排，并且避免交叉。高压输电线应避开重要设施，不宜跨越建筑物，当不可避开时，相互间应有足够的防护间距。

5.0.9 供热管线的布置和规划走廊应与厂区总体规划相协调，不应影响厂区的交通运输、扩建和施工等条件。

5.0.10 选择发电厂厂址时，发电厂的燃料运输方式应通过对厂址周围的运输条件进行技术经济比较后确定。

5.0.11 选择发电厂厂址时，应严格遵守国家有关环境保护的法规、法令的规定。应根据气象和地形等因素，减少发电厂排放的粉尘、废气、废水、灰渣对环境的污染。同时，应注意发电厂与其他企业所排出的废气、废水、灰渣之间的相互影响。

5.0.12 确定发电厂厂址时，应取得有关部门同意或认可的文件，主要有土地使用、燃料和水源供应、铁路运输及接轨、公路和码头建设、输电线路及供热管网、环境保护、城市规划部门、机场、军事设施或文物遗迹等相关部门文件。

6 总体规划

6.1 一般规定

6.1.1 发电厂的总体规划，应根据发电厂的生产、施工和生活需要，结合厂址及其附近的自然条件和城乡及土地利用总体规划，对厂区、施工区、生活区、水源地、供排水设施、污水处理设施、灰管线、贮灰场、灰渣综合利用、交通运输、出线走廊、供热管网等，立足本期，考虑远景，统筹规划。自备电厂的厂区总体规划和布置应与企业各分厂车间相协调，并应满足企业的总体规划要求。

6.1.2 发电厂的总体规划应贯彻节约集约用地的方针，通过采用新技术、新工艺和设计优化，严格控制厂区、厂前建筑区和施工区用地面积。发电厂用地范围应根据规划容量和本期建设规模及施工的需要确定。发电厂用地宜统筹规划，分期征用。

6.1.3 发电厂的总体规划应符合下列规定：

1 工艺流程合理。

2 交通运输方便。

3 处理好厂内与厂外、生产与生活、生产与施工之间的关系。

4 与城市（镇）或工业区规划相协调。

5 方便施工，有利扩建。

6 合理利用地形、地质条件。

7 尽量减少场地的开挖工程量。

8 工程造价低，运行费用小，经济效益高。

9 符合环境保护、消防、劳动安全和职业卫生要求。

6.1.4 发电厂的总体规划还应满足下列要求：

1 按功能要求分区，可分为主厂房区、配电装置区、冷却设施区、燃煤设施区、辅助生产区、厂前建筑区、施工区等。

2 各区内建筑物的布置应考虑日照方位和风向，并力求合理紧凑。辅助、附属建筑和行政管理、公共福利建筑宜采用联合布置和多层建筑。

3 注意建筑物空间的组织及建筑群体的协调，从整体出发，与环境协调。

4 因地制宜地进行绿化规划，厂区绿地率宜不大于厂区用地面积的20%，不应为绿化而增加厂区用地面积。

5 屋外配电装置裸露部分的场地可铺设草坪或碎石、卵石。对煤场、灰场、脱硫吸收剂贮存场等会出现粉尘飞扬的区域，除采取防尘措施外，有条件时应植树隔开。对于风沙较大地区的电厂，根据具体情况，可设厂外防护林带。

6.1.5 发电厂的建筑物布置必须符合防火要求，各主要生产和辅助生产及附属建（构）筑物在生产过程中的火灾危险性分类及其耐火等级除应符合现行国家标准《火力发电厂与变电站设计防火规范》GB 50229的规定外，还应符合下列规定：

1 办公楼、食堂、招待所、值班宿舍、警卫传达室按丁类三级。

2 液氨储存处置设施区按乙类二级，尿素贮存处置设施按丙类二级。

6.2 厂区内部规划

6.2.1 发电厂的厂区规划应以工艺流程合理为原则，以主厂区为中心，结合各生产设施及系统的功能，分区明确，紧凑合理，有利扩建，因地制宜地进行布置，并满足防火、防爆、环境保护、劳动安全和职业卫生的要求。厂前建筑设施宜集中布置在主厂房固定端，做到与生产联系方便、生活便利、厂容美观。企业自备电厂的厂区规划应与企业的厂区布置相协调。

6.2.2 厂区主要建筑物和构筑物的布置，除应符合国家现行有关防火标准的规定及其环境保护的原则要求外，还应符合下列规定：

1 发电厂的厂区规划应按规划容量设计。发电厂分期建设时，总体规划应正确处理近期与远期的关系。应近期集中布置，远期预留发展，分期征地，严禁先征待用。

2 主厂房应布置在厂区的适中位置，当采用直流供水时，汽机房宜靠近水源。主厂房和烟囱宜布置在土质均匀、地基承载力较高的地区。主厂房的固定端宜朝向进厂道路引接方向。当采用直接空冷时，应考虑气象条件对空冷机组运行及主厂房方位的影响。

3 屋外配电装置的布置应考虑进出线的方便，尽量避免线路交叉。

4 冷却塔的布置应根据地形、地质、相邻设施的布置条件及常年的风向等因素予以综合考虑。在工程初期，冷却塔不宜布置在扩建端。对采用排烟冷却塔的发电厂，冷却塔宜靠近炉后区域，使烟道顺畅和短捷。对采用机械通风冷却塔的发电厂，单侧进风塔的进风面宜面向夏季主导风向，双侧进风塔的进风面宜平行于夏季主导风向。

5 露天贮煤场、液氨设施宜布置在厂区主要建筑物全年最小频率风向的上风侧，应避免对厂外居民区的污染影响。

6 供油、卸油泵房以及助燃油罐、液氨贮存设施应与其他生产辅助及附属建筑分开，并单独布置形成独立的区域。靠近江、河、湖、泊布置时，应有防止泄漏液体流入水域的措施。

7 生产废水及生活污水经处理合格后的排放口应远离生活用水取水口，并在其下游集中排放，但未经检测，不应将排水接入下水道总干管排出。

8 厂区对外应设置不少于2个出入口，其位置应方便厂内外联系，并使人流和货流分开。厂区的主要出入口宜设在厂区的固定端一侧。在施工期间，宜有施工专用的出入口。发电厂采用汽车运煤或灰渣时，宜设专用的出入口。

9 厂区建（构）筑物的平面布置和空间组合，应紧凑合理，厂区建筑风格简洁协调，建筑造型新颖美观。企业自备电厂的建筑物形式及布置应与所在企业的总体环境相协调。

10 扩建发电厂的厂区规划应结合老厂的生产系统和布置特点进行统筹安排、改造，合理利用现有设施，减少拆迁，并避免扩建施工对正常生产的影响。

11 辅助厂房和附属建筑物宜采用联合建筑和多层建筑。

6.2.3 厂区主要建筑物的方位宜结合日照、自然通风和天然采光等因素确定。

6.2.4 发电厂的各项用地指标应符合国家现行的电力工程项目建设用地指标的有关规定，厂区建筑系数不应低于35%，厂区绿地率不应大于20%。

6.2.5 发电厂各建筑物、构筑物之间的最小间距应符合表6.2.5的规定。

表6.2.5 发电厂各建筑物、构筑物之间的最小间距(m)

<table>
<tr><td colspan="2" rowspan="2">建筑物、构筑物名称</td><td colspan="2">丙、丁、戊类建筑耐火等级</td><td rowspan="2">屋外配电装置</td><td rowspan="2">自然通风冷却塔</td><td rowspan="2">机械通风冷却塔</td><td rowspan="2" colspan="2">露天卸煤装置或煤场</td><td rowspan="2">助燃油罐</td><td colspan="2">厂前建筑</td><td colspan="2">铁路中心线</td><td rowspan="2">厂外道路(路边)</td><td colspan="2">厂内道路(路边)</td><td rowspan="2">围墙</td></tr>
<tr><td>一、二级</td><td>三级</td><td>一、二级</td><td>三级</td><td>厂内</td><td>厂外</td><td>主要</td><td>次要</td></tr>
<tr><td rowspan="2">丙、丁、戊类建筑耐火等级</td><td>一、二级</td><td>10</td><td>12</td><td>10</td><td rowspan="2">15~30①</td><td rowspan="2">15~30</td><td rowspan="2" colspan="2">15</td><td>20</td><td>10</td><td>12</td><td rowspan="2" colspan="2">有出口时为5~6，无出口时为3~5</td><td rowspan="2" colspan="3">无出口时为1.5，有出口无引道时为3，有引道时为6</td><td rowspan="2">5</td></tr>
<tr><td>三级</td><td>12</td><td>14</td><td>12</td><td>25</td><td>12</td><td>14</td></tr>
<tr><td colspan="2">屋外配电装置</td><td>10</td><td>12</td><td rowspan="2">—</td><td rowspan="2">25~40②</td><td rowspan="2">40~60③</td><td rowspan="2" colspan="2">50</td><td>25</td><td>10</td><td>12</td><td>—</td><td>—</td><td colspan="3">1.5</td><td>—</td></tr>
<tr><td colspan="2">主变压器或屋外厂用变压器(油重小于10t/台)</td><td>12</td><td>15</td><td>40</td><td>15</td><td>20</td><td>—</td><td>—</td><td colspan="3">—</td><td>—</td></tr>
<tr><td colspan="2">自然通风冷却塔</td><td colspan="2">15~30</td><td>25~40</td><td>0.4D~0.5D④</td><td>40~50</td><td colspan="2">25~30</td><td>20</td><td colspan="2">30</td><td>25</td><td>15</td><td>25</td><td colspan="2">10</td><td>10</td></tr>
<tr><td colspan="2">机械通风冷却塔</td><td colspan="2">15~30</td><td>40~60③</td><td>40~50</td><td>⑤</td><td colspan="2">40~45</td><td>25</td><td colspan="2">35</td><td>35</td><td>20</td><td>35</td><td colspan="2">15</td><td>15</td></tr>
<tr><td colspan="2" rowspan="2">露天卸煤装置或煤场</td><td colspan="2" rowspan="2">15</td><td rowspan="2">50</td><td rowspan="2">25~30</td><td rowspan="2">40~45</td><td rowspan="2" colspan="2">—</td><td colspan="3">15</td><td rowspan="2">—</td><td rowspan="2">—</td><td rowspan="2">10</td><td rowspan="2">5</td><td rowspan="2">1.5</td><td rowspan="2">5</td></tr>
<tr><td colspan="3">存贮褐煤时为25</td></tr>
<tr><td colspan="2">助燃油罐</td><td>20</td><td>25</td><td>25</td><td>20</td><td>25</td><td rowspan="4">15</td><td rowspan="4">存贮褐煤时为25</td><td></td><td>25</td><td>32</td><td>30</td><td>20</td><td>15</td><td>10</td><td>5</td><td>5</td></tr>
<tr><td colspan="2">液氨罐</td><td>12</td><td>15</td><td>30</td><td>20</td><td>25</td><td>25</td><td colspan="2">30</td><td>35</td><td>25</td><td>20</td><td>15</td><td>10</td><td>10</td></tr>
<tr><td rowspan="2">厂前建筑</td><td>一、二级</td><td>10</td><td>12</td><td>20</td><td rowspan="2">30</td><td rowspan="2">35</td><td>20</td><td>6</td><td>7</td><td rowspan="2" colspan="2">有出口时为5~6，无出口时为3~5</td><td rowspan="2" colspan="3">有出口时为3，无出口时为1.5</td><td rowspan="2">5</td></tr>
<tr><td>三级</td><td>12</td><td>14</td><td>12</td><td>25</td><td>7</td><td>8</td></tr>
<tr><td colspan="2">围墙</td><td>5</td><td>5</td><td>—</td><td>10</td><td>15</td><td colspan="2">5</td><td>5</td><td colspan="2">3.5</td><td colspan="2">3.5</td><td>2.0</td><td colspan="2">1.0</td><td>—</td></tr>
</table>

注：①自然通风冷却塔(机械通风冷却塔)与主控楼、单元控制楼、计算机室等建筑物采用30m，其余建筑物均采用15m~20m(除水工设施等采用15m外，其他均采用20m)，且不小于2倍塔的进风口高度；

②为冷却塔零米(水面)外壁至屋外配电装置构架边净距，当冷却塔位于屋外配电装置冬季盛行风向的上风侧时为40m，位于冬季盛行风向的下风侧时为25m；

③在非严寒地区或全年主导风向下风侧采用40m，严寒地区或全年主导风向上风侧采用60m；

④D为逆流式自然通风冷却塔进出口下缘塔筒直径(人字柱与水面交点处直径)，取相邻较大塔的直径；冷却塔采用非塔群布置时，塔间距宜为$0.45D$，困难情况下可适当缩减，但不应小于4倍标准进风口的高度；冷却塔采用塔群布置时，塔间距宜为$0.5D$，有困难时可适当缩减，但不应小于$0.45D$；当间距小于$0.5D$时，应要求冷却塔采取减小风的负压负荷的措施；

⑤机力通风冷却塔之间的间距应符合现行国家标准《工业循环水冷却设计规范》GB/T 50102的规定；塔排一字形布置时，塔端净距不小于4m；塔排平行错开布置时，塔端净距不小于4倍进风口高度。

6.2.6 厂区围墙的平面布置应在节约用地的前提下规整，除有特殊要求外，宜为实体围墙，高度不应低于2.2m。屋外配电装置区域周围厂内部分应设有1.8m高的围栅，变压器厂地周围应设置1.5m高的围栅。液氨贮存区和助燃油罐区均应单独布置，其四周应设置高度不低于2.0m的非燃烧体实体围墙。当利用厂区围墙时，该段围墙应为高度不低于2.5m高的非燃烧体实体围墙，助燃油罐周围还应设有防火堤或防火墙。

6.2.7 采用空冷机组的发电厂，应根据空冷气象资料，结合地形、地质、铁路专用线引接、冷却塔设施用地等条件，通过技术经济比较，合理确定采用直接空冷或间接空冷系统。空冷设施布置应符合下列规定：

1 直接空冷平台朝向应根据空冷平台区域、蒸汽分配管顶部的全年、夏季、夏季高温大风的主导风向、风速、风频等因素，并兼顾空冷机组运行的安全性和经济性综合确定，应避免夏季高温大风主导风向来自锅炉后部。

2 直接空冷平台宜布置在主厂房A排外侧，此时变压器、电气配电间、贮油箱等宜布置在平台下方，但应保证空冷平台支柱位置不影响变压器的安装、消防和检修运输通道。

3 间接空冷塔除作为排烟冷却塔外，宜靠近汽机房布置，以缩短循环水管线长度。

6.2.8 发电厂专用线的设计标准，应符合现行国家标准《工业企业标准轨距铁路设计规范》GBJ 12的有关规定。铁路专用线的配线应根据发电厂燃煤量、卸煤方式、锅炉点火及低负荷助燃的用油量和施工需要，按规划容量一次规划，分期建设。

6.2.9 以水运为主的发电厂，其码头的建设规模及平面布局应按发电厂的规划容量、厂址和航道的自然条件，以及厂内运煤设施统筹安排，并应符合下列规定：

1 码头的规划设计应符合现行国家标准《河港工程设计规范》GB 50192和现行行业标准《海港总平面设计规范》JTJ 211的有关规定。

2 码头应设在水深适宜、航道稳定、泥砂运动较弱、水流平顺、地质较好的地段，并宜与陆域的地形高程相协调。

3 码头前沿应有足够开阔的水域。对码头与冷却水进水口、排水口之间的距离应考虑两者之间的相互影响，通过模型试验充分论证，合理确定。

6.2.10 发电厂厂内道路的设计应符合现行国家标准《厂矿道路设计规范》GBJ 22的有关规定。

6.2.11 厂内各建筑物之间应根据生产、生活和消防的需要设置行车道路、消防车道和人行道。山区发电厂设置环行消防车道有困难时，可沿长边设置尽端式消防车道，并应设回车道或回车场。主厂房、配电装置、贮煤场、液氨贮存区和助燃油罐区周围应设环形消防车道。

6.2.12 厂区内主要道路宜采用水泥路面或沥青路面。

6.2.13 厂区主干道的行车部分宽度宜为6m~7m，次要道路的宽度可为3.5m~4m。通向建筑物出入口处的人行引道的宽度宜与门宽相适应。

6.2.14 发电厂厂区的竖向布置应综合考虑生产工艺要求、工程地质、水文气象、土石方量及地基处理等因素，并应符合下列规定：

1 在不设防洪大堤或围堤的厂区，主厂房区的室外地坪设计标高应高于设计高水位的0.5m。厂区设有防洪大堤或围堤且满足防洪要求时，厂内场地标高可低于设计洪水位，但必须要有可靠的防内涝措施。

2 所有建（构）筑物、铁路及道路等的标高的确定应满足生产使用和维护方便。地上、地下设施中的基础、管线、管架、管沟、隧道及地下室等的标高和布置应统一安排，以达到合理交叉，维修、扩建便利，排水畅通的目的。

3 应使本期工程和扩建时的土石方工程量最小，地基处理和场地整理措施费等投资最小，并力求使厂区和施工场地范围内的土石方量综合平衡。在填、挖方量不能达到平衡时，应落实取土或弃土地点。

4 厂区场地的最小坡度及坡向应以排除地面水为原则，应与建筑物、道路及场地的雨水窨井、雨水口的设置相适应，并按当地降雨量和场地土质条件等因素来确定。

5 地处山坡地区发电厂的竖向布置应在满足工艺要求的前提下，合理利用地形，节省土石方量并确保边坡、挡土墙稳定。

6.2.15 当厂区自然地形的坡度大于3%时，宜采用阶梯布置。阶梯的划分应考虑生产需要、交通运输的便利和地下设施布置的合理。在两台阶交接处，应根据地质条件充分考虑边坡稳定的措施。

6.2.16 厂区场地排水系统的设计应根据地形、工程地质、地下水位等因素综合考虑，并应符合下列规定：

1　场地的排水系统设计应按规划容量全面考虑，并使每期工程排水畅通。厂区场地排水可根据具体条件，采用雨水口接入城市型道路的下水系统的主干管窨井内的系统，或采用明沟接入公路型道路的雨水排水系统。有条件时，应采用自流排水。对于阶梯布置的发电厂，每个台阶应有排水措施。对山区或丘陵地区的发电厂，在厂区边界处应有防止山洪流入厂区的设施。

2　当室外沟道高于设计地坪标高时，应有过水措施，或在沟道的两侧均设排水措施。

3　煤场周围应设排水设施，使煤场外的雨水不流入煤场内，煤场内的雨水不流出煤场外，煤场内应有澄清池和便于清理煤泥的设施。

6.2.17　建筑物零米标高的确定应考虑建筑功能、交通联络、场地排水、场地地质等因素，宜高出室外地面设计标高0.15m~0.30m。软土地区应考虑室内外沉降差异的影响。

6.2.18　厂区内的主要管架、管线和管沟应按规划容量统一规划，集中布置，并留有足够的管线走廊。

管架、管线和管沟宜沿道路布置。地下管线和管沟宜敷设在道路行车部分之外。

6.2.19　架空管线及地下管线的布置应符合下列规定：

1　流程应合理并便于施工及检修。

2　当管道发生故障时不应发生次生灾害，特别应防止污水渗入生活给水管道和有害、易燃气体渗入其他沟道和地下室内。

3　应避免遭受机械损伤和腐蚀。

4　应避免管道内液体冻结。

5　电缆沟及电缆隧道应防止地面水、地下水及其他管沟内的水渗入，并应防止各类水倒灌入电缆沟及电缆隧道内。

6　电缆沟及电缆隧道在进入建筑物处或在适当的距离及地段应设防火隔墙，电缆隧道的防火隔墙上应设防火门。

6.2.20　管沟、地下管线与建筑物、铁路、道路及其他管线的水平距离以及管线交叉时的垂直距离，应根据地下管线和管沟的埋深、建筑物的基础构造及施工、检修等因素综合确定。高压架空线与道路、铁路或其他管线交叉布置时，应按规定保持必要的安全净空。

6.2.21　厂区管线的敷设方式应符合下列规定：

1　凡有条件集中架空布置的管线宜采用综合管架进行敷设；在地下水位较高，土壤具有腐蚀性或基岩埋深较浅且不利于地下管沟施工的地区，宜优先考虑采用综合管架。

2　生产、生活、消防给水管和雨水、污水排水管等宜地下敷设。

3　灰渣管、石灰石浆液管、石膏浆液管、氢气管、压缩空气管、助燃油管、氨气管、热力管等宜架空敷设。

4　酸液和碱液管可敷设在地沟内，也可架空敷设。有条件时，除灰管宜按低支架或管枕方式敷设。对发生故障时有可能扩大灾害的管道，不宜同沟敷设。

5　根据具体条件，厂区内的电缆可采用直埋、地沟、排管、隧道或架空敷设。电缆不应与其他管道同沟敷设。

6.2.22　地下管线之间的最小水平净距，地下管线与建（构）筑物之间的最小水平净距，架空管架（线）跨越铁路、道路的最小垂直净距及架空管架（线）与建（构）筑物之间的最小水平净距应符合现行行业标准《火力发电厂总图运输设计技术规程》DL/T 5032的有关规定。

6.3　厂区外部规划

6.3.1　发电厂的厂外设施，包括交通运输、供水和排水、灰渣输送和处理、输电线路和供热管线、生活区和施工区等，应在确定厂址和落实厂内各个主要系统的基础上，根据发电厂的规划容量和厂址的自然条件，全面考虑，综合规划。

6.3.2 发电厂的厂外交通运输规划应符合下列规定：

1 铁路专用线应从国家或地方铁路线或其他工业企业的专用线上接轨。专用线不应在区间线上接轨，并应避免切割接轨站正线，且应充分利用既有设施能力，不过多增加接轨站的改建费用。发电厂的燃料及货物运输列车宜优先采用送重取空的货物交接方式。发电厂不宜设置厂前交接站。

2 以水运为主的发电厂，当码头布置在厂区以外或需与其他企业共同使用码头时，应与规划部门及有关企业协调，落实建设的可能性以及建设费用、建成后的运行方式，取得必要的协议，并保证码头与发电厂厂区之间有良好的交通运输通道。

3 发电厂的主要进厂道路应就近与城乡现有公路相连接，其连接宜短捷且方便行车，宜避免与铁路线交叉。当进厂道路与铁路线平交时，应设置有看守的道口及其他安全设施。

4 厂区与厂外供排水建筑、水源地、码头、贮灰场、生活区之间应有道路连接，可利用现有道路或设专用道路。

5 主要进厂道路的宽度宜为7m，可采用水泥混凝土或沥青路面；其他厂外专用道路的宽度可为4m，困难条件下也可为3.5m；专用运灰道路、运煤进厂道路的标准应根据运量及运卸条件等因素合理确定。

6.3.3 发电厂的厂外供排水设施规划应根据规划容量、水源、地形条件、环保要求和本期与扩建的关系等，通过方案比选，合理安排，并应符合下列规定：

1 当采用直流供水系统时，应做好取、排水建筑物和岸边（或中央）水泵房的布置及循环水管（或沟）的路径选择。

2 对于循环供水系统和生活供水系统，应做好厂外水源（或集水池）和补给水泵房的布点及补给水管的路径选择。

3 应考虑水能的回收和水的重复利用。

6.3.4 应结合工程具体条件，做好发电厂的防排洪（涝）规划，充分利用现有防排洪（涝）设施。当必需新建时，可因地制宜地选用防洪（涝）堤、排洪（涝）沟或挡水围墙。

6.3.5 厂外灰渣处理设施的设计应符合下列规定：

1 当采用山谷贮灰场时，应避免贮灰场灰水给附近村庄的居民生活带来危害，并应考虑其泄洪构筑物对下游的影响，设计中应结合当地规划的防洪能力综合研究确定。当贮灰场置于江、河滩地时，应考虑灰堤修筑后对河道产生的影响，并应取得有关部门同意的文件。

2 灰管线宜沿道路及河网边缘敷设，选择高差小、爬坡、跨越及转弯少的地段，并应避免影响农业耕作。

3 当采用汽车或船舶输送灰渣时，应充分研究公路或河道及码头的通行能力和可能对环境产生的污染影响，并采取相应的措施。

6.3.6 发电厂的出线走廊应根据城乡总体规划和电力系统规划、输电线路方向、电压等级和回路数，按发电厂规划容量和本期工程建设规模，统筹规划，避免交叉。

6.3.7 厂外供热管线应合理规划，并与厂区总体规划相协调。

6.3.8 发电厂的施工区应按规划容量统筹规划，合理利用地形，减少场地平整土石方量，并应避免施工区场地表土层的大面积破坏，防止水土流失。

7 主厂房布置

7.1 一般规定

7.1.1 发电厂主厂房的布置应符合热、电生产工艺流程，做到设备布局紧凑、合理，管线连接短捷、整齐，厂房布置简洁、明快。

7.1.2 主厂房的布置应为安全运行和方便操作创造条件，做到巡回检查通道畅通。厂房内的空气质量、通风、采光、照明和噪声等应符合现行国家有关标准的规定。特殊设备应采取相应的防护措施，符合防火、防爆、防腐、防冻、防毒等有关要求。

7.1.3 主厂房布置应根据自然条件、总体规划和主辅设备特点及施工场地、扩建条件等因素，进行技术经济比较后确定。

7.1.4 主厂房布置应根据发电厂的厂区、综合主厂房内各工艺专业设计的布置要求及发电厂的扩建条件确定。扩建厂房宜与原有厂房协调一致。

7.1.5 主厂房内应设置必要的检修起吊设施和检修场地，以及设备和部件检修所需的运输通道。

7.2 主厂房布置

7.2.1 主厂房的布置形式宜按汽机房、除氧间（或合并的除氧煤仓间）、煤仓间、锅炉房的顺序排列。当采用其他的布置形式时，应经技术经济比较后确定。

7.2.2 主厂房的布置应与发电厂出线，循环水管进、排水管位，热网管廊，主控制楼（室）、汽机房毗屋和其周围的环形道路等布置相协调。

7.2.3 主厂房各层标高的确定应符合下列规定：

1 双层布置的锅炉房和汽机房，其运转层宜取同一标高。汽机房的运转层宜采用岛式布置。

2 除氧器层的标高应保证在汽轮机各种运行工况下，给水泵或其前置泵进口不发生汽化。

当气候、布置条件合适、除氧间不与煤仓间合并时，除氧器和给水箱宜采用露天布置。

3 煤仓间给煤机层的标高应符合下列规定：

1）循环流化床锅炉给煤机层的标高应考虑锅炉给煤口标高（包括播煤装置）、所需给煤机级数、给煤距离和给煤机出口阀门布置所需的空间等。

2）煤粉锅炉给煤机层的标高应由磨煤机（风扇磨煤机除外）、送粉管道及其检修起吊装置等所需的空间决定。在有条件时，该层标高宜与锅炉运转层标高一致。风扇磨煤机的给煤机层标高应考虑干燥段的布置。

4 煤仓间煤仓层的标高应根据运煤系统运行班制，每台锅炉原煤仓（包括贮仓式制粉系统的煤粉仓，不包括直吹式制粉系统备用磨煤机对应的原煤仓）有效容积应符合下列规定：

1）运煤系统两班工作制，经技术经济比较后认为合理时，可按满足锅炉额定蒸发量 12h~14h 的耗煤量考虑。

2）运煤系统三班工作制，可按满足锅炉额定蒸发量 10h~12h 的耗煤量考虑。

3）对燃用低热值煤的循环流化床锅炉，可按满足锅炉额定蒸发量 8h~10h 的耗煤量考虑。

4）对燃用褐煤的煤粉锅炉，可按满足锅炉额定蒸发量 6h~8h 的耗煤量考虑。

5）煤粉仓的有效容积可按满足锅炉额定蒸发量 3h~4h 的耗煤量考虑。

7.2.4 当除氧器和给水箱布置在单元控制室上方时，单元控制室的顶板必须采用混凝土整体浇筑，除氧器层楼面必须有可靠的防水措施。

7.2.5 主厂房的柱距和跨度应根据锅炉和汽机的容量及布置形式，结合规划容量确定。

7.2.6 当气象条件适宜时，65t/h 及以上容量的锅炉宜采用露天或半露天布置，并宜采用岛式布置，即锅炉运转层不设置大平台。露天布置的锅炉应采取有效的防冻、防雨、防腐、承受风压和减少热损失等措施。除尘设备应露天布置，干式除尘灰斗应有防结露措施。非严寒地区，锅炉引风机宜露天布置。当锅炉为岛式露天布置时，送风机、一次风机也宜露天布置。露天布置的辅机应有防噪声措施，其电动机宜采用全封闭户外式。

7.2.7 原煤仓、煤粉仓的设计应符合下列规定：

1 锅炉原煤仓形式应结合主厂房布置情况确定。

2 非圆筒仓结构的原煤仓的内壁应光滑耐磨，其相邻两壁交线与水平面夹角不应小于55°，壁面与水平面的交角不应小于60°。对褐煤及黏性大或易燃的烟煤，相邻两壁交线与水平面夹角不应小于65°，壁面与水平面的交角不应小于70°。相邻壁交线内侧应做成圆弧形，圆弧的半径宜为200mm。循环流化床锅炉的原煤仓出口段壁面与水平面的夹角不应小于70°。

3 原煤仓应采用大的出口截面。对煤粉炉，在原煤仓出口下部宜设置圆形双曲线或圆锥形金属小煤斗。对易堵的煤在原煤仓的出口段宜采用不锈钢复合钢板、内衬不锈钢板或其他光滑阻燃型耐磨材料。金属煤斗外壁宜设振动装置或其他防堵装置。

4 在严寒地区，对钢结构的原煤仓，以及靠近厂房外墙或外露的钢筋混凝土原煤仓，其仓壁应设有防冻保温装置。

5 原煤仓应设置煤位测量装置。

6 煤粉仓的设计应符合下列规定：

1）煤粉仓应封闭严密，减少开孔。任何开孔必须有可靠的密封结构。煤粉仓的进粉和出粉装置必须具有锁气功能。

2）煤粉仓内表面应平整、光滑、耐磨和不积粉，其几何形状和结构应使煤粉能够顺畅自流。

3）除无烟煤以外的其他煤种，煤粉仓宜设置自启闭式防爆门。

4）煤粉仓应防止受热和受潮。在严寒地区，金属煤粉仓及靠近厂房外墙或外露的混凝土煤粉仓应有防冻保温措施。

5）煤粉仓相邻两壁间的交线与水平面的夹角不应小于60°，壁面与水平面的交角不应小于65°。相邻两壁交线的内侧应做成圆弧形，圆弧半径宜为200mm。

6）煤粉仓的长径比应小于5：1。矩形煤粉仓以当量直径作基准值。

7）煤粉仓应有测量粉位、温度以及灭火、吸潮和放粉等设施。

7.2.8 汽轮机润滑油系统的设备和管道布置应远离高温蒸汽管道。油系统应设防火措施，并应符合现行国家标准《火力发电厂与变电站设计防火规范》GB 50229的有关规定。

7.2.9 减温减压器和热网加热器宜布置在主厂房内。

7.3 检修设施

7.3.1 汽机房的底层应设置集中安装检修场地。其面积应能满足检修吊装大件和汽轮机翻缸的要求。每2台~4台机组宜设置一个零米检修场地。

7.3.2 汽机房内起重机的设置宜符合下列规定：

1 100MW级机组装机在2台及以上时，宜设置2台电动桥式起重机。

2 50MW级机组装机在4台以上时，宜设置2台电动桥式起重机。

3 50MW级以下容量机组的汽机房内，应设置1台电动桥式起重机。

4 起重量应按检修起吊最重件确定（不包括发电机定子）。

5 起重机的轨顶标高应满足起吊物件最大起吊高度的要求。

6 起重机的起重量和轨顶标高应考虑规划扩建机组的容量。

7.3.3 主厂房的下列各处，应设置必要的检修起吊设施：

1 锅炉房炉顶。电动起吊装置起重量宜为0.5t~1t，提升高度应从零米至炉顶平台。

2 送风机、引风机、磨煤机、排粉风机、一次风机等转动设备的上方。

3 煤仓间煤仓层。电动起吊装置的起重量宜为0.5t~1t，提升高度应从零米或运转层至煤仓层。

4 利用汽机房桥式起重机起吊受到限制的地方：加热器、水泵、凝汽器端盖等设备和部件。

7.3.4 汽机房的运转层应留有利用桥式起重机抽出发电机转子所需要的场地和空间。汽机房的底层应留有抽、装凝汽器冷却管的空间位置。

7.3.5 锅炉房的布置应预留拆装空气预热器、省煤器的检修空间和运输通道。

7.3.6 主厂房电梯台数和布置方式应符合下列规定：

1 对于130t/h~220t/h级锅炉，每3台~4台锅炉宜设1台电梯。

2 对于410t/h级锅炉，每2台锅炉宜设1台电梯。

3 电梯宜采用客货两用形式，起重量为1t~2t，升降速度不宜小于1m/s。

4 电梯宜布置在控制室与锅炉之间靠近炉前位置，且应能在锅炉本体各主要平台层停靠。

5 电梯的井底应设置排水设施，排水井的容量不应小于2m³。

7.4 综合设施

7.4.1 主厂房内管道阀门的布置应方便检查和操作，凡需经常操作维护的阀门而人员难以到达的场所，宜设置平台、楼梯，或设置传动装置引至楼（地）面方便操作。

7.4.2 主厂房内通道和楼梯的设置应符合下列规定：

1 主厂房零米层与运转层应设有贯穿直通的纵向通道。其宽度应满足下列要求：

1）汽机房靠A列柱侧，不宜小于1m。

2）汽机房靠B列柱侧，不宜小于1.4m。

3）锅炉房炉前距离，220t/h级及以下，宜为2m~3m；410t/h级宜不大于4.5m。

2 汽机房与锅炉房之间应设有供运行、检修用的横向通道。

3 每台锅炉应设运转层至零米层的楼梯。

4 每台双层布置的汽轮机运转层至零米层，应设上下联系楼梯。

7.4.3 主厂房的地下沟道、地坑、电缆隧道应有防、排水设施。

7.4.4 煤仓间各楼层地面应设置冲洗水源，并能排水；主厂房主要楼层应有清除垃圾的设施，运转层和零米宜设厕所。

7.4.5 汽机房外适当位置应设置一个事故贮油池。其容量按最大一台变压器的油量与最大一台汽轮机组油系统的油量比较确定，事故贮油池宜设油水分离设施。

7.4.6 机炉电控制室宜集中布置，也可多台机组合用一个集中控制室。控制室应设置2个出入口，当控制室面积小于60m²时可设置1个出入口，其净空高度不应小于3.2m。

7.4.7 控制室和电子设备间，严禁穿行汽、水、油、煤粉等工艺管道。

8 运煤系统

8.1 一般规定

8.1.1 新建发电厂的运煤系统设计应因地制宜，根据发电厂规划容量、燃煤品种、自然条件、来煤方式等因素统筹规划，必要时对分期建设或一次建成应进行技术经济比较。

8.1.2 扩建发电厂的运煤系统设计应结合老厂的生产系统和布置特点进行安排，合理利用原有设施并充分考虑扩建施工对生产的影响。

8.1.3 运煤系统宜采用带式输送机运煤。当总耗煤量小于60t/h，时，可采用单路系统；当总耗煤量在60t/h及以上时，可采用双路系统。

8.1.4 运煤系统昼夜作业时间的确定应符合下列规定：

1 两班工作制运行不宜大于11h。

2 三班工作制运行不宜大于16h。

3 运煤系统的工作班制应与锅炉煤仓的总有效容积协调。

8.1.5 运煤系统的出力应按全厂运行锅炉额定蒸发量每小时总耗煤量（以下简称总耗煤量）确定，应符合下列规定：

1 双路运煤系统宜采用三班工作制运行，每路系统的出力不应小于总耗煤量的135%。

2 单路的运煤系统宜采用两班工作制运行，其出力不应小于总耗煤量的300%。

8.2 卸煤设施及厂外运输

8.2.1 当铁路来煤时，卸煤装置的出力应根据对应机组的铁路最大来煤量和来车条件确定。卸车时间和一次进厂的车辆数量应与铁路部门协商确定。一次进厂的车辆数应与进厂铁路专用线的牵引定数相匹配。当采用单线缝式煤槽卸煤时，煤槽的有效长度宜与一次进厂车辆数分组后的数字相匹配。

8.2.2 在缝式煤槽中，当采用单路带式输送机时，叶轮给煤机应有1台备用。

8.2.3 当水路来煤时，码头的规划设计应符合现行国家标准《河港工程设计规范》GB 50192和现行行业标准《海港总平面设计规范》JTJ 211的有关规定。卸煤机械的总额定出力应按泊位的通过能力，并与航运部门协商确定，不宜小于全厂总耗煤量的300%。全厂装设的卸煤机械的台数不应少于2台。

8.2.4 当汽车来煤时，运输车辆应优先利用社会运力，电厂不宜设自备运煤汽车。

8.2.5 当部分或全部燃煤采用汽车运输时，厂内应根据汽车运输年来煤量设置相应规模的受煤站，应符合下列规定：

1 当发电厂汽车运输年来煤量为30×10^4t及以下时，受煤站宜与煤场合并布置，可将煤场内某一个或几个区域作为受煤站。

2 当发电厂汽车运输年来煤量为30×10^4t~60×10^4t时，受煤站可采用多个受煤斗串联布置方式。

3 当发电厂汽车运输年来煤量为60×10^4t及以上时，受煤站宜采用缝式煤槽卸煤装置。

4 当燃煤以非自卸汽车为主运输时，受煤站宜设置卸车机械。

8.2.6 靠近煤源的发电厂，厂外运输可采用单路带式输送机或其他方式输送，并通过技术经济比较确定。

8.3 带式输送机系统

8.3.1 采用普通胶带的带式输送机的倾斜角，运送碎煤机前的原煤时，不应大于16°，运送碎煤机后的细煤时，不应大于18°。

8.3.2 运煤栈桥宜采用半封闭式或封闭式。气象条件适宜时，可采用露天布置，但输送机胶带应设防护罩。在寒冷与多风沙地区，应采用封闭式，并应有采暖设施。

8.3.3 运煤栈桥及地下隧道的通道尺寸应符合下列规定：

1 运行通道的净宽不应小于1m，检修通道的净宽不应小于0.7m。

2 带宽800mm及以下的运煤栈桥的净高不应小于2.2m，带宽800mm以上的运煤栈桥的净高不应小于2.5m。

3 带式输送机的地下隧道的净高不应小于2.5m。

8.4 贮煤场及其设备

8.4.1 贮煤场的总贮煤量应按交通运输条件和来煤情况确定，并应符合下列规定：

1 经过国家铁路干线来煤的发电厂，贮煤场的容量不应小于15d的耗煤量。

2 不经过国家铁路干线，包括采用公路运输或带式输送机来煤的发电厂（煤源唯一的发电厂除外），贮煤场容量宜为全厂5d~10d的耗煤量。个别地区可结合气象条件的影响适当增大贮煤量。

3 由水路来煤的发电厂，应按水路可能中断运输的最长持续时间确定，贮煤场容量不应小于全厂15d的耗煤量。

4 对于燃烧褐煤的发电厂，在无防止自燃有效措施的情况下，贮煤场的容量不宜大于全厂10d的耗煤量。

5 供热机组的贮煤容量应在上述标准的基础上，增加5d的耗煤量。

8.4.2 发电厂位于多雨地区时，应根据煤的特性、燃烧系统、煤场设备的形式等条件确定设置干煤棚，其容量不宜小于全厂4d的耗煤量；燃用黏性煤质的发电厂，可适当增大干煤棚贮量；采用循环流化床锅炉的发电厂，其干煤棚容量宜为全厂4d~10d的耗煤量。

8.4.3 贮煤场设备的出力和台数，应符合下列规定：

1 贮煤场设备的堆煤能力应与卸煤装置的输出能力相匹配，取煤出力应与锅炉房的运煤系统的出力相匹配。

2 当采用1台堆取料机作为煤场设备时，应有出力不小于进入锅炉房运煤系统出力的备用上煤设施；当采用推煤机、轮式装载机等运载机械作为贮煤场的主要设备时，应设1台备用。

3 作为多种用途的门式或桥式抓煤机，其总额定出力不应小于总耗煤量的250%、卸煤装置出力、运煤系统出力三者中最大值，不另设备用。但可设1台推煤机，供煤场辅助作业。

8.4.4 对于环保要求较高或场地狭窄地区，可采用封闭式贮煤场或半封闭式贮煤场或配置挡风抑尘网的露天贮煤场。

8.4.5 圆筒仓作为混煤或缓冲设施，容量宜为全厂1d的耗煤量。

8.4.6 当煤的物理特性适合发电厂的贮煤设施采用筒仓时，应设置必要的防堵措施。当贮存褐煤或易自燃的高挥发分煤种时，还应设置防爆、通风、温度监测和喷水降温措施，并严格控制存煤时间。

8.5 筛、碎煤设备

8.5.1 当运煤系统内需要设筛碎设备时，煤粉锅炉宜采用单级。碎煤机宜设旁路通道。

8.5.2 筛碎设备的选型应符合下列规定：

1 容易粘结和堵塞筛孔的煤宜选用无箅的高速锤式或环式碎煤机，不宜选用振动筛。

2 煤质坚硬或煤质多变时，宜选用重型环锤式或反击式碎煤机。

8.5.3 经筛碎后的煤块粒度应满足不同形式锅炉或磨煤机的要求：

1 煤粉炉不宜大于30mm。

2 沸腾炉、循环流化床炉不宜大于10mm。

3 当锅炉厂对循环流化床炉入炉煤的颗粒尺寸有具体规定时，筛碎设备应满足锅炉要求。

8.5.4 采用循环流化床锅炉的发电厂破碎系统宜采用两级破碎设备，宜在粗破碎机前设滚轴筛，宜在细碎机前设细煤筛。

8.5.5 当原煤块粒度符合磨煤机或锅炉燃烧要求时，可不设置碎煤设备，但宜预留安装位置。当来煤中大块或杂质较多时，系统中宜设置除大块装置。

8.6 石灰石贮存与制备

8.6.1 石灰石不宜露天存放，贮存量宜为全厂3d~7d的需用量。送入石灰石制粉系统的石灰石应保证其水分在1%以下。

8.6.2 破碎石灰石的设备设置应满足入炉石灰石粉的粒度的要求，石灰石制备及输送系统破碎工艺的选择应根据进厂的石灰石粒度级配比的情况确定。当需要设置单级以上破碎工艺时，终级破碎设备的出料粒度应符合循环流化床锅炉的要求。

8.7 控制方式

8.7.1 运煤系统中各相邻连续运煤设备之间应设置电气联锁、信号和必要的通信设施。

8.7.2 运煤系统的控制方式应根据系统的复杂性及设备对运行操作的要求确定，可采用集中控制、自动程序控制、就地控制方式。对采用自动程序控制或集中控制的运煤系统，可根据控制要求设置就地控制按钮。控制室不应设在振动和煤尘大的地点。

8.8 运煤辅助设施及附属建筑

8.8.1 在每路运煤系统中，宜在卸煤设施后的第一个转运站、煤场带式输送机出口处和碎煤机前各装设一级除铁器。当采用中速磨煤机或高速磨煤机时，应在碎煤机后再增设一级除铁器。

8.8.2 发电厂应装设入厂煤和入炉煤的计量装置，有条件的发电厂宜装设入厂煤和入炉煤的机械取样装置。

8.8.3 运煤系统应采取下列防止堵煤的措施：

1 受煤斗和转运煤斗壁面与水平面的交角不应小于60°，矩形受煤斗相邻两壁的交线与水平面的夹角不应小于55°。

2 落煤管与水平面的倾斜角不宜小于60°。当受条件限制，倾角不能达到60°时，应根据煤的水分、颗粒组成、粘结性等条件，采用消除堵煤的措施，如装设振动器等，但此时落煤管的倾角也不应小于55°。

8.8.4 运煤设备应设检修起吊设施和检修场地。

8.8.5 煤尘的治理应符合下列规定：

1 对表面水分偏低、易起尘的原煤，可进行加湿。加湿水量的控制应不影响运煤、燃烧系统的正常运行和锅炉效率。

2 在运煤设备布置中，应有清扫地面的设施。当采用水力冲洗时，应有煤泥水排出及沉淀处理的设施。

3 运煤点的落差大于4.0m时，落煤管宜加锁气挡板。

4 运煤转运站和碎煤机室应有防止煤尘飞扬的措施。必要时可设置除尘设施。

5 对易扬尘需加湿的原煤，贮煤场应设置喷淋加湿装置。加湿后的原煤水分可根据煤种、煤质、颗粒级配等因素确定，但不宜大于8%。

6 对周围影响较大的贮煤场，宜在居住区的相邻处设隔尘设施。

8.8.6 运煤系统生产车间需设置的办公室、值班室、交接班室、检修间、备品库、棚库、推煤机库、浴室、厕所等设施可合并建设，并可与其他系统设施共用。

9 锅炉设备及系统

9.1 锅炉设备

9.1.1 锅炉的选型应符合下列规定：

1 根据煤质情况、工程条件和热负荷性质等选用循环流化床锅炉、煤粉炉或其他形式的锅炉。

2 容量相同的锅炉宜选用同型设备。

3 气象条件适宜时宜选用露天或半露天锅炉。

9.1.2 热电厂锅炉的台数和容量应根据设计热负荷经技术经济比较后确定。在选择锅炉容量时，应核算在最小热负荷工况下，汽轮机的进汽量不得低于锅炉不投油最低稳燃负荷。

9.1.3 在无其他热源的情况下，热电厂一期工程，机炉配置不宜仅设置单台锅炉。

9.1.4 热电厂当1台容量最大的锅炉停用时，其余锅炉出力应满足下列规定：

1 热用户连续生产所需的生产用汽量。

2 冬季采暖通风和生活用热量的60%~75%，严寒地区取上限。

9.1.5 当发电厂扩建且主蒸汽管道采用母管制系统时，锅炉容量的选择应连同原有锅炉容量统一计算。

9.1.6 凝汽式发电厂锅炉容量和台数的选择应符合下列规定：

1 锅炉的容量应与汽轮机最大工况时的进汽量相匹配。

2 1台汽轮发电机宜配置1台锅炉，不设备用锅炉。

9.2 煤粉制备

9.2.1 磨煤机的形式应根据煤种的煤质特性、可能的煤种变化范围、负荷性质、磨煤机的适用条件，经过技术经济比较后确定，并应符合下列规定：

1 当发电厂燃用无烟煤、低挥发分贫煤、磨损性很强的煤或煤种、煤质难固定时，宜选用钢球磨煤机。当技术经济比较合理时，可选用双进双出钢球磨煤机。

2 燃用磨损性不强、水分较高、灰分较低、挥发分较高的褐煤时，宜选用风扇磨煤机。

3 煤质适宜时，宜优先选用中速磨煤机。

9.2.2 制粉系统形式的选择应符合下列规定：

1 当选用常规钢球磨煤机时，应采用中间贮仓式制粉系统；当采用双进双出钢球磨煤机时，应采用直吹式制粉系统。

2 当选用高、中速磨煤机时，应采用直吹式制粉系统；当采用中速磨煤机时，运煤系统应有较完善的清除铁块、木块、石块和大块煤的设施，并应考虑石子煤的清除设施。

3 当采用中速磨煤机和双进双出钢球磨煤机，且空气预热器能满足要求时，宜采用正压冷一次风机直吹式制粉系统。

4 易燃、易爆的煤种宜采用直吹式制粉系统。

9.2.3 磨煤机的台数和出力的选择应符合下列规定：

1 钢球磨煤机中间贮仓式制粉系统的磨煤机的台数和出力应符合下列规定：

1）220t/h~410t/h 级的锅炉，每台炉应装设 2 台磨煤机，不设备用磨煤机。130t/h 级及以下容量的锅炉，每台炉宜装设 1 台磨煤机。

2）每台锅炉装设的磨煤机在最大钢球装载量下的计算出力，按设计煤种不应小于锅炉额定蒸发量时所需耗煤量的 115%；按校核煤种不应小于锅炉额定蒸发量时所需的耗煤量。

3）每台锅炉装设 2 台及以上磨煤机时，当其中 1 台磨煤机停止运行，其余磨煤机按设计煤种的计算出力，应满足锅炉不投油稳燃的负荷要求。必要时可经输粉机由邻炉来粉。

2 直吹式制粉系统的磨煤机的台数和出力应符合下列规定：

1）当采用双进双出钢球磨煤机直吹式制粉系统时，不设备用磨煤机。220t/h~410t/h 级的锅炉，每炉应装设 2 台磨煤机；130t/h 级及以下容量的锅炉，每台炉宜装设 1 台磨煤机。每台锅炉装设的磨煤机在制造厂推荐的钢球装载量下的计算出力，按设计煤种不应小于锅炉额定蒸发量时所需耗煤量的115%，按校核煤种不应小于锅炉额定蒸发量时所需的耗煤量。

2）当采用高、中速磨煤机直吹式制粉系统时，应设备用磨煤机。220t/h~410t/h 级的锅炉，每炉宜装设 3 台磨煤机，其中 1 台备用；130t/h 级及以下容量的锅炉，每台炉宜装设 2 台磨煤机，其中 1 台备用。磨煤机的计算出力应有备用容量。在磨制设计煤种时，除备用外的磨煤机的总出力不应小于锅炉额定蒸发量时所需耗煤量的 110%。在磨制校核煤种时，全部磨煤机按检修前状态的总出力不应小于锅炉额定蒸发量时所需的耗煤量。

9.2.4 煤粉炉给煤机的形式、台数、出力应符合下列规定：

1 给煤机的形式应根据制粉系统设备的布置、锅炉负荷需要、给煤机调节性能、运行的可靠性并结合计量要求等进行选择。正压直吹式制粉系统的给煤机必须具有良好的密封性及承压能力，贮仓式制粉系统的给煤机也应有较好的密闭性以减少漏风。

2 给煤机的形式应与磨煤机形式匹配，应按下列原则选择：

1）钢球磨煤机中间贮仓式制粉系统，可采用刮板式、皮带式或振动式给煤机。

2）直吹式制粉系统应采用密封、调节性能较好的可计量的皮带式或刮板式给煤机。

3 给煤机的台数应与磨煤机的台数相匹配。对配置双进双出钢球磨煤机的机组，1 台磨煤机应配2台给煤机。

4 刮板式、皮带式给煤机的计算出力不应小于磨煤机计算出力的110%，振动式给煤机的计算出力不应小于磨煤机计算出力的120%。对配双进双出钢球磨煤机的给煤机，其单台计算出力不应小于磨煤机单侧运行时的最大给煤量要求。

9.2.5 循环流化床锅炉等炉型应采用对称给煤，给煤设备不应少于2套，当其中1套给煤设备故障时，其余给煤设备出力应能满足锅炉额定蒸发量时所需的耗煤量。

9.2.6 给粉机的台数、最大出力应符合下列规定：

1 给粉机的台数应与锅炉燃烧器一次风的接口数相同。当锅炉设有预燃室时，应另配置相应数量的给粉机。

2 每台给粉机的最大出力不应小于与其连接的燃烧器最大设计出力的130%。

9.2.7 贮仓式制粉系统根据需要可设置输粉设施。输粉设备可选用螺旋输粉机、刮板输粉机、链式输粉机或质量可靠的其他形式的输粉机，其设置原则和容量应符合下列规定：

1 具备布置条件的两台锅炉的煤粉仓之间可采用输粉机连通方式。

2 输粉机的容量不应小于与其相连磨煤机中最大一台磨煤机的计算出力。

3 当输粉机长度在40m及以下时，宜单端驱动；长度在40m以上时，宜双端驱动。

4 输粉机应具有良好的密封性。

5 对高挥发分烟煤和褐煤不宜设输粉设备。

9.2.8 排粉机的台数、风量和压头的裕量应符合下列规定：

1 排粉机的台数应与磨煤机的台数相同。

2 排粉机的基本风量应按设计煤种的制粉系统热力计算确定。

3 排粉机的风量裕量不应低于5%，压头裕量不应低于10%，风机的最大设计点应能满足磨煤机在最大钢球装载量时所需的通风量。

9.2.9 中速磨煤机和双进双出钢球磨煤机正压直吹式制粉系统应设置密封风机。密封风机的台数、风量和压头的裕量应符合下列规定：

1 每台锅炉设置的密封风机不应少于2台，其中1台备用。当每台磨煤机均设密封风机时，密封风机可不设备用。

2 密封风机的风量裕量不应低于10%（基本风量按全部磨煤机计算），压头裕量不应低于20%。

9.2.10 除无烟煤外，制粉系统应设防爆和灭火措施，其要求应符合现行国家标准《火力发电厂与变电站设计防火规范》GB 50229和现行行业标准《火力发电厂煤和制粉系统防爆设计技术规程》DL/T 5203的有关规定。

9.2.11 煤粉炉如果设置一次风机，其形式、台数、风量和压头宜符合下列规定：

1 对正压直吹式制粉系统，当采用三分仓空气预热器时，冷一次风机宜采用离心式风机。当技术经济比较合理时，也可采用其他调速风机。

2 冷一次风机的台数宜为2台，不设备用。

3 一次风机的风量和压头宜根据空气预热器的特点和不同的制粉系统采用。采用三分仓空气预热器正压直吹式制粉系统的冷一次风机按下列要求选择：

1） 风机的基本风量按设计煤种计算，应包括锅炉在额定蒸发量时所需的一次风量、制造厂保证的空气预热器运行一年后一次风侧的漏风量加上需由一次风机所提供的磨煤机密封风量损失（按全部磨煤机计算）。

2） 风机的风量裕量宜为20%~30%，另加温度裕量，可按“夏季通风室外计算温度”来确定。

3） 风机的压头裕量宜为20%~30%。

9.3 烟风系统

9.3.1 煤粉炉送风机的形式、台数、风量和压头应符合下列规定：

1 送风机宜选用高效离心式风机。当技术经济比较合理时，宜采用调速风机。

2 锅炉容量为130t/h级及以下时，每台锅炉应装设1台送风机，锅炉容量为220t/h级及以上时，每台锅炉宜设置1台~2台送风机，不设备用。

3 送风机的风量和压头应符合下列规定：

1） 送风机的基本风量按锅炉燃用设计煤种计算，应包括锅炉在额定蒸发量时所需的空气量及制造厂保证的空气预热器运行一年后送风侧的净漏风量。

2） 当采用三分仓空气预热器时，送风机的风量裕量不低于5%，另加温度裕量，可按“夏季通风室外计算温度”来确定；送风机的压头裕量不低于15%。

3） 当采用管箱式或两分仓空气预热器时，送风机的风量裕量宜为10%，压头裕量宜为20%。

4） 当采用热风再循环系统时，送风机的风量裕量不应小于冬季运行工况下的热风再循环量。

4 对燃烧低热值煤或低挥发分煤的锅炉，当每台锅炉装有2台送风机时，应验算风机裕量选择，使其在单台送风机运行工况下能满足锅炉最低不投油稳燃负荷时的需要。

9.3.2 引风机的形式、台数、风量和压头裕量应符合下列规定：

1 引风机宜选用高效离心式风机。当技术经济比较合理时，宜采用调速风机。

2 锅炉容量为65t/h级及以下时，每台锅炉应设1台引风机；锅炉容量为130t/h级及以上时，每台锅炉宜设1台~2台引风机，不设备用。

3 引风机的风量和压头应符合下列规定：

1）引风机的基本风量，按锅炉燃用设计煤种和锅炉在额定蒸发量时的烟气量及制造厂保证的空气预热器运行一年后烟气侧漏风量及锅炉烟气系统漏风量之和考虑。

2）引风机的风量裕量不低于10%，另加10℃~15℃的温度裕量。

3）引风机的压头裕量不低于20%。

4 对燃烧低热质煤或低挥发分煤的煤粉炉，当每台锅炉装有2台引风机时，应验算在单台引风机运行工况下能满足锅炉不投油助燃最低稳燃负荷时的需要。

9.3.3 循环流化床锅炉的一、二次风机均宜采用高效离心式风机，当技术经济比较合理时，宜采用调速风机。220t/h级及以下锅炉每炉各1台；410t/h级锅炉应每炉各1台~2台，不应设备用。一、二次风机风量和压头裕量应符合下列规定：

1 基本风量按锅炉燃用设计煤种计算，应包括锅炉在额定蒸发量时需要的风量及制造厂保证的空气预热器运行一年后一次风侧（二次风机对应二次风侧）的净漏风量。

2 风机风量裕量不宜小于20%，另加温度裕量，可按“夏季通风室外计算温度”来确定。

3 风机压头裕量应分段考虑，炉膛背压（床层等阻力）裕量应由锅炉厂提供，从空气预热器进口至一次风喷嘴（二次风机对应二次风喷嘴）出口的阻力裕量应取44%，从风机进口至空气预热器进口间的阻力裕量应取风机选型风量与基本风量比值的平方值。

9.3.4 循环流化床锅炉如需要配置高压流化风机，宜选用离心式或罗茨风机。220t/h级及以下锅炉，每炉宜配2台50%容量；410th级锅炉每炉宜配3台50%容量。风机的风量裕量与压头裕量不应小于20%。

9.3.5 锅炉如需要设置安全监控保护系统的冷却风机，每炉宜选用2台离心风机，其中1台运行，1台备用。风机的风量裕量与压头裕量应满足锅炉安全监控保护系统的冷却要求。

9.3.6 除尘设备的选择应根据建设项目环境影响报告书批复的对烟气排放粉尘量及粉尘浓度的要求、煤灰特性、锅炉燃烧方式、工艺、场地条件和灰渣综合利用的要求等因素，经技术经济比较后确定。除尘器在下列条件下仍应能达到保证的除尘效率：

1 除尘器的烟气量应按燃用设计煤种在锅炉额定蒸发量时的空气预热器出口烟气量计算，应加10%的裕量；烟气温度为燃用设计煤种在锅炉额定蒸发量时的空气预热器出口温度加10℃~15℃。

2 除尘器的烟气量应按燃用校核煤种在锅炉额定蒸发量时的空气预热器出口烟气量计算，烟气温度为燃用校核煤种在锅炉额定蒸发量时的空气预热器出口温度。

9.3.7 在除尘器前、后烟道上应设置必要的采样孔及采样操作平台。

9.3.8 烟囱台数、形式、高度和烟气出口流速应根据建设项目环境影响报告书和烟囱防腐要求、同时建设的锅炉台数、烟囱布置和结构上的经济合理性等综合考虑确定。接入同一座烟囱的锅炉台数宜为2台~4台。

9.4 点火及助燃油系统

9.4.1 循环流化床炉、煤粉炉及其他炉型的点火及助燃燃料可采用轻柴油。发电厂附近有煤气或燃气供应时，也可采用煤气、燃气点火及助燃，此时应参照相关的安全技术规定设计。当重油的供应和油品质量有保证时，也可采用重油点火及助燃。煤粉炉应采用小油枪点火、少油（微油）点火、等离子点火等节油点火方式。

9.4.2 点火及助燃油罐的个数及容量宜符合下列规定：

1 当采用220t/h级以下容量的煤粉炉时，全厂宜设置1个~2个$50m^3$~$100m^3$的油罐。

2 当采用220t/h~410t/h级的煤粉炉时，全厂宜设置2个$200m^3$~$500m^3$的油罐。

3 煤粉炉采用等离子点火、小油枪点火、少油（微油）点火等节油点火方式时，油罐容量可比以上容量减小1个~2个等级。

4 循环流化床锅炉的油罐容量可比相应容量煤粉锅炉减小1个~2个等级。

9.4.3 点火及助燃油宜采用汽车运输。发电厂就近有油源时，可采用管道输送。当采用铁路运输时，应设置卸油站台，其长度可按能容纳1节~2节油槽车设计，并应符合铁路部门的调车要求。当采用水路运输时，卸油码头宜与灰渣码头、运大件码头或煤码头合建。

9.4.4 卸油方式应根据油质特性、输送方式和油罐情况等经技术经济比较后确定。卸油泵形式、台数和流量应符合下列规定：

1 卸油泵形式应根据油质黏度、卸油方式及消防规范要求来确定。

2 如果卸油时间有规定要求，卸油泵台数不宜少于2台，当最大一台泵停用时，其余泵的总流量应满足在规定的卸油时间内卸完车、船的装载量。

3 卸油泵的扬程及其电动机的容量应按输送油达到最大黏度时的工况考虑，扬程裕量宜为30%。

9.4.5 点火及助燃油系统供油泵的形式、出力和台数宜符合下列规定：

1 输（供）油泵形式应根据油质和供油参数要求确定，宜选用离心泵或螺杆泵。

2 供油泵的出力宜按容量最大一台锅炉在额定蒸发量时所需燃料热量的20%~30%选择。

3 供油泵的台数宜为2台，其中1台备用。

4 供油泵的流量裕量不宜小于10%，扬程裕量不宜小于5%，扬程计算中的燃油管道系统总阻力（不含油枪雾化油压及高差）裕量不宜小于30%。

9.4.6 输油泵房宜靠近油库区。燃油泵房内应设置适当的通风、起吊设施和必要的检修场地及值班室，如自动控制及消防设施可满足无人值班要求时，可不设置值班室。油泵房内的电气设备应采用防爆型。

9.4.7 至锅炉房的供油、回油管道设计宜符合下列规定：

1 供油、回油管道宜各采用1条。

2 每台锅炉的供油和回油管道上应装设油量计量装置。供油总管上可装设油量计量装置。

3 各台锅炉的供油管道上应装设快速切断阀和手动关断阀。各台锅炉的回油管道上宜装设快速切断阀。

4 对黏度大、易凝结的燃油，其卸油、贮油及供油系统应有加热、吹扫设施。对于燃油管道可设置蒸汽伴热或其他方式的伴热管，以及蒸汽或压缩空气吹扫管。蒸汽吹扫系统应有防止燃油倒灌的措施。

9.4.8 燃油系统中应设污油、污水收集及有关的含油污水处理设施。

9.4.9 油系统的设计应符合现行国家标准《石油库设计规范》GB 50074的有关规定。燃油罐、输油管道和燃油管道的防爆、防火、防静电和防雷击的设计，应符合现行国家标准《爆炸和火灾危险环境电力装置设计规范》GB 50058和《火力发电厂与变电站设计防火规范》GB 50229的有关规定。

9.4.10 地上或半地下式金属燃油罐宜设置移动式或固定式与移动式相结合的冷却水系统。

9.5 锅炉辅助系统及其设备

9.5.1 锅炉排污系统及其设备应符合下列规定：

1 锅炉排污扩容系统宜2台~4台炉设置1套。

2 锅炉宜采用一级连续排污扩容系统。对高压热电厂的汽包锅炉，根据扩容蒸汽的利用条件，可采用两级连续排污扩容系统；连续排污系统应有切换至定期排污扩容器的旁路。

3　定期排污扩容器的容量应满足锅炉事故放水的需要。

9.5.2　锅炉向空排汽的噪声应符合环境保护的要求。向空排放的锅炉点火排汽管应装设消声器。起跳压力最低的汽包安全阀和过热器安全阀排汽管宜装设消声器。

9.5.3　空气预热器应防止低温腐蚀和堵灰，宜按实际需要情况设置空气预热器入口空气加热系统，根据技术经济比较可选用热风再循环、暖风器或其他空气加热系统。当煤质条件较好、环境温度较高或空气预热器冷端采用耐腐蚀材料，确保空气预热器不被腐蚀、不堵灰时，可不设空气加热系统。对转子转动式三分仓空气预热器，当烟气先加热一次风时，在空气预热器一次风侧可不设空气加热装置，仅在二次风侧设置。

1　对暖风器系统应符合下列规定：

1）暖风器的设置部位应通过技术经济比较确定，对北方严寒地区，暖风器宜设置在风机入口。

2）暖风器在结构和布置上应考虑降低阻力的要求。对年使用小时数不高的暖风器，可采用移动式结构。

3）选择暖风器所用的环境温度，对采暖区宜取冬季采暖室外计算温度，对非采暖区宜取冬季最冷月平均温度，并适当留有加热面积裕量。

2　热风再循环系统宜用于管式空气预热器或较低硫分和灰分的煤种及环境温度较高的地区。回转式空气预热器采用热风再循环系统时，应考虑风机和风道的防磨要求，热风再循环率不宜过大；热风抽出口应布置在烟尘含量低的部位。

9.6　启动锅炉

9.6.1　需要设置启动锅炉的发电厂，其启动锅炉的台数、容量和燃料根据机组容量、启动方式，并结合地区气象条件等具体情况应符合下列规定：

1　启动锅炉容量只考虑启动中必需的蒸汽量，不考虑裕量和主汽轮机冲转调试用汽量、可暂时停用的施工用汽量及非启动用的其他用汽量。

2　启动锅炉最大容量不宜超过1 × 10t/h。

3　启动锅炉宜按燃油快装炉设计。严寒地区的启动锅炉，可与施工用汽锅炉结合考虑，以燃煤为宜，炉型可选用快装炉或常规炉型。

9.6.2　启动锅炉的蒸汽参数宜采用低压（1.27MPa）锅炉，有关系统应简单、可靠和运行操作简便，其配套辅机不设备用。必要时启动锅炉系统可考虑便于今后拆迁的条件。对燃煤启动锅炉房的设计宜简化，但工艺系统设计应满足生产要求和环境保护要求。

9.6.3　对扩建电厂，宜采用原有机组的辅助蒸汽作为启动汽源，可不设启动锅炉。

10　除灰渣系统

10.1　一般规定

10.1.1　除灰渣系统的选择应根据灰渣量、灰渣的化学物理特性，锅炉形式及除尘器和排渣装置的形式，冲灰水水质、水量以及发电厂与贮灰场的距离、高差以及总平面布置、交通运输、地形、地质、可用水源和气象等条件，经过技术经济比较确定。当条件合适时，应采用干除灰方式。

10.1.2　对已落实粉煤灰综合利用条件的电厂，应设计厂内粉煤灰的集中及外运接口。对有灰渣综合利用意向，但其途径和条件都暂不落实时，设计应为灰渣的综合利用预留条件。

10.1.3　除灰渣系统的容量应按锅炉额定蒸发量燃用设计煤种时排出的总灰渣量计算。厂内各分系统的容量可根据具体情况分别留有一定裕度，厂外输送系统的容量宜根据综合利用的落实情况确定。

10.2 水力除灰渣系统

10.2.1 拟定水力除灰系统时，应采用电厂复用水，并经过技术经济比较，合理确定制浆方式和灰水浓度。

10.2.2 厂内灰渣水力输送可采用压力管和灰渣沟两种方式，应根据锅炉排渣装置及除尘器形式、锅炉房和厂区布置以及贮灰场位置等条件确定。

10.2.3 采用离心灰渣泵的水力除灰渣系统，当一级离心泵的扬程不能满足要求时，宜采用离心灰渣泵直接串联的方式。

10.2.4 采用容积式灰浆泵系统输送灰浆液，应采用高浓度输送。

10.2.5 采用浓缩机浓缩灰浆时，浓缩机的选择应符合下列规定：

1 浓缩机直径应根据排灰量及浓缩机的单位出力确定。

2 浓缩机宜采用高位布置。

3 浓缩机排浆管应设有反冲洗水管道，冲洗水源应可靠，水压不应小于0.4MPa。

10.2.6 浓缩机的备用台数应符合下列规定：

1 当全厂除灰系统设有备用或事故排灰条件时，可不设备用。

2 当全厂除灰系统无备用或不具备事故排灰条件时，浓缩机不宜少于2台，而且当其中1台故障时，其余浓缩机的总出力应能承担不低于除灰系统80%的计算灰量。

10.2.7 除灰渣系统的灰渣沟设计应符合下列规定：

1 灰渣沟不设备用，布置应短而直，并应考虑扩建时便于连接，沟底应采用铸石等耐磨镶板衬砌。

2 电厂内其他系统的排水、污水等不宜排入灰渣沟。

3 灰渣沟坡度应符合下列规定：

1）灰沟坡度不应小于1%。

2）固态排渣炉的渣沟坡度不应小于1.5%。

3）液态排渣炉的渣沟坡度不应小于2%。

4）输送高浓度灰渣浆的灰渣沟，其坡度宜适当加大。

10.2.8 在一套水力除灰渣系统中，主要设备的备用台数应符合下列规定：

1 经常运行的清水泵应各有1台（组）备用。

2 在一个泵房内，离心式灰渣（浆）泵和容积式灰浆泵的备用台（组）数应按下列原则确定：

1）当1台（组）运行时，设1台（组）备用。

2）当2台（组）~3台（组）运行时，设2台（组）备用。

3）对于容积式灰浆泵，当只设2台（组）备用时，可以预留第二台（组）备用泵的基础。

10.2.9 当采用沉渣池除渣系统时，沉渣池的几何尺寸应根据渣浆量、渣的颗粒分析、沉降速度及外部输送条件等因素确定。沉渣池宜采用两格，每格有效容积不宜小于该除渣系统24h的排渣量。当采用脱水仓除渣系统时，脱水仓的容积应根据锅炉排渣量、外部输送条件等因素确定。每台脱水仓的有效容积不宜小于该除渣系统24h的排渣量。

10.2.10 当运行的厂外灰渣（浆）管为1条~3条时，应设1条备用管。当灰渣管磨损或结垢严重时，应采取防磨或防结垢、除垢措施。

10.2.11 当采用普通钢管作灰渣管时，除壁厚应满足强度要求外，还应符合下列规定：

1 灰管壁厚不应小于7mm。

2 渣管壁厚不应小于10mm。

3 弯管和管件可采用耐磨管。

4 当灰渣具有严重磨损特性时，对直管段经技术经济比较后，也可采用耐磨管。

10.3 机械除渣系统

10.3.1 锅炉采用机械除渣系统时，应根据渣量、渣的特性、输送距离及渣综合利用的要求等因素，经过技术经济比较，可选用水浸式刮板捞渣机、干式风冷输渣机或埋刮板输送机等设备输送锅炉底渣。当条件允许时，宜优先采用机械方式将渣提升至贮渣仓。

10.3.2 当采用水浸式刮板捞渣机方案时，应符合下列规定：

1 宜采用单级刮板捞渣机输送至渣仓方案，其最大出力不宜小于锅炉额定蒸发量时燃用设计煤种排渣量的400%。与渣接触的刮板捞渣机部件应采用耐磨、耐腐蚀材料制成。

2 刮板捞渣机的水浸槽水深应能保证渣块充分粒化，并大于锅炉炉膛最大正压值。

3 刮板捞渣机的头部倾角不应大于35°，并设有清洗链环的设施。

10.3.3 当采用干式风冷输渣机方案时，设备的最大出力不宜小于锅炉额定蒸发量时的燃用设计煤种排渣量的250%，且不宜小于燃用校核煤种排渣量的150%。

10.3.4 埋刮板输送机应选用电厂专用耐磨、低速输灰渣埋刮板输送机。埋刮板输送机的布置应符合下列规定：

1 埋刮板输送机可采用水平布置和倾斜布置两种形式。当采用倾斜布置时，倾斜角不宜大于10°。

2 埋刮板输送机驱动装置有水平和立式两种形式，设计时可按具体情况选用。当采用高位布置时应设置检修平台。

3 埋刮板输送机宜为单路布置。

10.3.5 贮渣仓应尽量靠近锅炉底渣排放点布置。贮渣仓的容积应按锅炉排渣量、外部运输条件等因素确定，其有效容积宜满足该除渣系统24h~48h的排渣量。当贮渣仓仅作为中转或缓冲渣仓使用时，其有效容积宜满足该除渣系统8h的排渣量。

10.4 干式除灰系统

10.4.1 除灰系统应根据灰量、输送距离、灰的特性、除尘器形式及集灰斗布置等情况，经过技术经济比较，选用负压气力除灰系统、正压气力除灰系统和空气斜槽、埋刮板输送机、螺旋输送机等输送系统，以及由以上方式组合的联合系统。

10.4.2 气力除灰系统的设计出力应根据系统排灰量、系统形式、运行方式等确定。采用连续运行方式的系统出力不应小于锅炉额定蒸发量时的燃用设计煤种排灰量的150%，不应小于燃用校核煤种排灰量的120%；对于采用间断运行方式的系统不应小于锅炉额定蒸发量时的燃用设计煤种排灰量的200%。静电除尘器第一电场灰斗的容积不宜小于8h集灰量。

10.4.3 正压气力除灰系统设置的空气压缩机，当运行的空气压缩机为1台~2台时，应设1台备用；运行3台及以上时，可设2台备用。

10.4.4 负压气力除灰系统应设置专用的抽真空设备。在一个单元系统内，当1台~2台抽真空设备经常运行时，宜设1台备用。

10.4.5 空气斜槽的风源宜由专用风机供气，专用风机可不设备用，有条件时也可由锅炉送风系统供给。空气斜槽的布置应符合下列规定：

1 空气斜槽的斜度不应小于6%。

2 空气斜槽宜考虑防潮保温措施。

3 灰斗与空气斜槽之间应装设插板门和电动锁气器。

4 落灰管与空气斜槽之间，以及鼓风机与风嘴之间宜用软连接。

5 静电除尘器下分路斜槽的输送方向宜从一电场向二（三）电场方向输送。

10.4.6 灰库的总容量宜符合下列规定：

1 当作为中转或缓冲灰库时，宜满足贮存8h的系统排灰量。

2 当作为贮运灰库时，宜满足贮存24h~48h的系统排灰量。

10.4.7 灰库设计为平底库时，在库底应设置气化槽。气化空气应为热空气，气化空气系统应设专用的空气加热器，加热后的气化空气管道应保温。

10.4.8 灰库卸灰设施的配置应符合下列规定：

1 当厂外采用水力输送时，应设干灰制浆装置。

2 当车（船）装卸干灰时，应设防止干灰飞扬的设施。

3 当外运调湿灰时，应设干灰调湿装置，加水量宜为灰质量的15%~30%。

10.5 灰渣外运系统

10.5.1 采用车辆运输灰渣时，宜采用封闭式自卸汽车，并优先利用社会运力解决。

10.5.2 厂外灰渣输送采用带式输送机时，在厂区应具有短期贮存的措施。渣应经过冷却调湿或冷却脱水，灰应加水调湿。带式输送机应按单路设计，其设计出力应根据系统输送量、输送距离和运行方式等确定，不宜小于电厂灰渣最大排放量的300%。除严寒地区外，带式输送机不宜采用封闭栈桥，但应设必要的防护罩或采用管状带式输送机。

10.5.3 采用船舶外运灰渣时，应根据灰渣运输量和船型设置灰码头及装船设施。

10.6 控制及检修设施

10.6.1 除灰渣系统的控制方式应根据系统的复杂性及设备对运行操作的要求确定，可采用集中控制、自动程序控制、就地控制方式。对采用自动程序控制或集中控制的除灰渣系统，可根据控制要求设置调试用就地控制按钮。

10.6.2 在除灰渣设备集中布置处应设置必要的检修场地和起吊设施。

10.7 循环流化床锅炉除灰渣系统

10.7.1 循环流化床锅炉底渣输送系统宜采用机械输送系统，当底渣量较小时，经技术经济比较也可采用气力输送系统，其系统出力不宜小于锅炉额定蒸发量时燃用设计煤种排渣量的250%，且不宜小于燃用校核煤种排渣量的200%。不宜采用水力输送系统。

10.7.2 循环流化床锅炉底渣系统底渣库库顶除尘器的布袋宜选用耐高温滤料。采用机械输送系统时，渣库库顶除尘器宜设排气风机。

10.7.3 当循环流化床锅炉飞灰采用气力输送系统时，其系统输送出力的确定应按本规范第10.4节中气力除灰系统的规定执行。

11 脱硫系统

11.0.1 脱硫工艺的选择应根据锅炉容量及炉型、燃料含硫量、建设项目环境影响报告书批复对脱硫效率的要求、吸收剂资源情况和运输条件、水源情况、脱硫废水、废渣排放条件、脱硫副产品利用条件以及脱硫工艺成熟程度等综合因素，经全面技术经济比较后确定。对于改、扩建电厂，还应考虑现场场地布置条件的影响，因地制宜。脱硫工艺的选择还应符合下列规定：

1 中小容量循环流化床锅炉宜优先采用炉内脱硫的方式。

2 燃煤含硫量大于或等于2%的机组，应优先采用石灰石–石膏湿法烟气脱硫工艺。

3 燃煤含硫量小于2%的机组或对于剩余寿命低于10年的老机组以及在场地条件有限的已建电厂加装脱硫装置时，在环保要求允许的条件下，宜优先采用半干法、干法或其他费用较低的成熟工艺。

4 经全面技术经济比较合理后，可采用氨法烟气脱硫工艺。

5 燃煤含硫量小于或等于1%的海滨电厂，在海水碱度满足工艺要求、海域环境影响评价取得国家有关部门审查通过的情况下，可采用海水法烟气脱硫工艺；燃煤含硫量大于1%的海滨电厂，在满足上述条件且经技术经济比较后，也可采用海水法脱硫工艺。

6 水资源匮乏地区的燃煤电厂宜优先采用节水的干法、半干法烟气脱硫工艺。

7 脱硫装置的可用率应在95%以上。

11.0.2 脱硫吸收剂应符合下列规定：

1 吸收剂应有可靠的来源，并宜由市场直接购买符合要求的成品；当条件许可且方案合理时，可由电厂自建吸收剂制备车间；必须新建吸收剂加工制备厂时，应优先考虑区域性协作，即集中建厂，应根据投资及管理方式、加工工艺、厂址位置、运输条件等进行综合技术经济论证。

2 厂内吸收剂储存容量应根据供货连续性、货源远近及运输条件等因素确定，不宜小于3d的需用量。

3 吸收剂的制备储运系统应有防止二次扬尘、挥发泄漏等污染，保证安全的措施。

4 循环流化床锅炉脱硫石灰石粉储存及输送系统应符合下列规定：

1）成品石灰石粉进厂，可直接采用气力输送至石灰石粉仓（库）内存放备用。在厂内破碎制备后的石灰石粉宜采用气力输送，有条件时也可采用密闭刮板输送机或螺旋输送机输送，宜单路设置。

2）石灰石粉输送宜采用一级输送系统，也可采用二级输送系统。

3）一级输送系统的石灰石粉库容积宜为锅炉额定蒸发量时24h的消耗量，二级输送石灰石粉仓容积宜为锅炉额定蒸发量时3h~4h的消耗量。

4）至锅炉炉膛的石灰石粉宜采用气力输送，各条输送管路宜对称布置。

5）气力输送系统出力设计应根据锅炉所需石灰石粉的消耗量、运行方式等因素确定。当采用连续运行方式时，系统设计出力不应小于石灰石粉的消耗量的150%，当采用间断运行方式时，系统设计出力不应小于石灰石粉的消耗量的200%。

6）若石灰石粉采用二级且风机输送时，宜配置1台~2台定容式输送风机。

11.0.3 烟气脱硫反应吸收装置容量、数量应符合下列规定：

1 反应吸收装置的额定容量宜按锅炉设计或校核煤种额定工况下的烟气条件，取其中较高者，不应增加容量裕量。

2 反应吸收装置的入口SO_2浓度（设计值和校核值）应经调研，考虑燃煤实际采购情况和含硫量变化趋势，选取其变化范围中的较高值。

3 反应吸收装置应能在锅炉最低稳燃负荷工况和额定工况之间的任何负荷持续安全运行。反应吸收装置的负荷变化速度应与锅炉负荷变化率相适应。

4 反应吸收装置入口烟温应按锅炉设计煤种额定工况下从主烟道进入脱硫装置接口处的运行烟气温度加10℃（短期按照加50℃）设计，并应注意在锅炉异常运行条件下采取适当措施，不致造成对设备的损害。

5 反应吸收装置的数量应根据锅炉容量、反应吸收装置的容量及可靠性等确定。当采用湿法工艺时，宜2台炉配1台反应吸收塔；半干法脱硫工艺可1台炉配1台反应吸收塔，根据工艺条件也可2台炉配1台反应吸收塔。

6 反应吸收装置内部应根据工艺特点考虑可靠的防腐措施。

11.0.4 当脱硫系统设增压风机时，其容量应根据处理烟气量选择，风量裕量不宜小于10%，另加不低于10℃~15℃的温度裕量，压头裕量不宜小于20%。当脱硫系统增压风机与引风机合并设置时，锅炉炉膛瞬态防爆压力的选取应考虑风机压头较大的因素。

11.0.5 应根据建设项目环境影响报告书批复要求确定是否设置湿法脱硫工艺的烟气–烟气换热器。

11.0.6 烟气脱硫装置旁路烟道的设置，宜根据脱硫工艺的技术特性和脱硫装置的可靠性确定；在条件允许的情况下，可不设烟气脱硫装置旁路烟道。湿法脱硫装置不设旁路烟道时，脱硫装置的可用率应保证满足整体机组运行可用率的要求。设置旁路烟道的脱硫装置进口、出口和旁路挡板门（或插板门）应有良好的操作和密封性能。旁路挡板门（或插板门）的开启时间应能满足脱硫装置故障不引起锅炉跳闸的要求。

11.0.7 反应吸收装置出口至烟囱的低温烟道，应根据不同的脱硫工艺采取必要的适当的防腐措施。

11.0.8 脱硫工艺设计应为脱硫副产品的综合利用创造条件，经技术经济论证合理时，脱硫副产品可经过适当加工后外运，其加工深度、品种及数量应根据可靠的市场调查结果确定。若脱硫副产品无综合利用条件时，可考虑将其输送至储存场，但宜与灰渣分别堆放，留有今后综合利用的可能性，并应采取防止副产品造成二次污染的措施。厂内脱硫副产品的贮存方式，根据其具体物性，可堆放在贮存间内。贮存的容量应根据副产品的运输方式确定，不宜小于24h。

11.0.9 当吸收剂和脱硫副产品是浆液状态，其输送系统应考虑防堵措施和加装管道清洗装置。

11.0.10 脱硫控制室的设置及控制水平应符合下列规定：

1 脱硫控制室宜与除灰空压机室、除尘配电室等合并布置在脱硫装置附近，也可结合工艺流程和场地条件设独立的脱硫控制室。

2 脱硫系统的控制水平应与机组控制水平相当。

11.0.11 脱硫装置高、低压厂用电电压等级及厂用电系统中性点接地方式应与电厂主体工程一致。脱硫装置的高压负荷直接由主厂房高压段供电，在脱硫区设低压脱硫变压器向脱硫低压负荷供电，其高压电源引至主厂房高压段。

11.0.12 脱硫工艺系统的布置应符合下列规定：

1 脱硫反应吸收装置宜布置于锅炉尾部烟道及烟囱附近。

2 吸收剂制备和脱硫副产品加工场地宜在脱硫反应吸收装置附近集中布置，也可布置于其他适当地点。

3 脱硫反应吸收装置宜露天布置，并应有必要的防护措施。

12 脱硝系统

12.0.1 脱硝工艺的选择应符合下列规定：

1 新建、扩建发电机组的锅炉应根据建设项目环境影响报告书批复要求预留烟气脱硝装置空间或同步建设烟气脱硝装置。循环流化床锅炉不宜设置烟气脱硝装置。煤粉炉在进行炉膛和燃烧器结构选型时宜采取降低氮氧化物排放的措施。

2 煤粉炉烟气脱硝工艺的选择应根据机组容量、煤质情况、锅炉氮氧化物排放浓度、对脱硝效率的要求、反应剂资源情况和运输条件、废水排放条件、脱硝副产品利用条件以及脱硝工艺成熟程度等综合因素，经技术经济比较确定。对于改造机组，还应考虑现场场地布置条件等特点。

3 当条件许可且技术经济比较合理时，可采用同时脱硫脱硝一体化的工艺。

12.0.2 脱硝反应剂应符合下列规定：

1 脱硝反应剂应有可靠的来源。

2 厂内脱硝反应剂储存容量应根据供货连续性、货源远近及运输条件等因素确定。

3 脱硝反应剂的制备储运系统应有防止挥发、泄漏等污染的措施。如果有防火、防爆、防毒等方面的要求，应有相应保证安全的措施。

12.0.3 脱硝工艺如需要采用催化剂，应制定失效催化剂的妥善处理措施，优先选择可再生循环利用的催化剂，应避免二次污染。

12.0.4 脱硝装置不宜设置旁路烟道。

12.0.5 当脱硝装置引起引风机风压增加较大时，锅炉炉膛瞬态防爆压力的选取应考虑相应因素。

12.0.6 如果装设脱硝装置有可能生成腐蚀和堵塞锅炉空气预热器的产物时，空气预热器的设计应采取特殊的措施减轻或消除其影响。

12.0.7 脱硝反应装置容量、台数的选择应符合下列规定：

1 脱硝反应装置的额定容量宜按锅炉相对应的烟气量设计，不增加容量余量。

2 脱硝反应装置应采用单元制，即每台锅炉配1台反应装置。

3 脱硝反应装置入口烟温应按正常运行烟气温度设计，并应注意在锅炉异常运行条件下采取适当措施不致造成对设备的损害。

12.0.8 脱硝反应区控制系统宜纳入机组分散控制系统（DCS），脱硝反应剂制备储运控制系统宜通过可编程控制器（PLC）控制或纳入机组分散控制系统（DCS）。

12.0.9 脱硝工艺系统的布置应符合下列规定：

1 脱硝反应装置宜根据脱硝工艺的流程布置于锅炉本体或尾部烟道及烟囱附近。

2 脱硝反应剂制备储运系统的布置应满足与周边建筑物相应的间距要求，布置于适当地点。必要时，应考虑不利风向的影响，系统设备区域内应设有通畅的道路和疏散通道。

3 脱硝反应装置宜露天布置，但应有必要的防护措施。

13 汽轮机设备及系统

13.1 汽轮机设备

13.1.1 发电厂的机组选择应符合下列规定：

1 供热式汽轮机的容量和台数应根据热负荷的大小和性质，并以热定电的原则合理确定。条件许可时，应优先选择较大容量、较高参数的汽轮机。

2 小型发电厂不宜选用凝汽式汽轮机。在电网覆盖不到的边远地区或无电地区，当不具备小水电和可再生能源资源且煤炭资源丰富而又交通不便，以及电网覆盖不到的小水电供电地区，考虑枯水期补充电力的需要，在有煤炭来源条件时，可因地制宜地选择适当规模容量的凝汽式汽轮机或抽凝式汽轮机。

3 干旱指数大于1.5的缺水地区，宜选用空冷式汽轮机。

13.1.2 供热式汽轮机机型的最佳配置方案应在调查核实热负荷的基础上，根据设计的热负荷曲线特性，经技术经济比较后确定。

13.1.3 供热式汽轮机的选型应符合下列规定：

1 具有常年持续稳定的热负荷的热电厂，应按全年基本热负荷优先选用背压式汽轮机。

2 具有部分持续稳定热负荷和部分变化波动热负荷的热电厂，应选用背压式汽轮机或抽汽背压式汽轮机承担基本稳定的热负荷，再设置抽凝式汽轮机承担其余变化波动的热负荷。

3 新建热电厂的第一台机组不宜设置背压式汽轮机。

13.1.4 热电厂的热化系数可按下列原则选取：

1 热电厂的热化系数宜小于1。

2 热化系数必须因地制宜、综合各种影响因素经技术经济比较后确定，并宜符合下列规定：

1） 单机容量小于或等于100MW级、兼供工业和民用热负荷的热电厂，其热化系数宜小于1。

2） 对以供常年工业用汽热负荷为主的热电厂，其热化系数宜取0.7~0.8。

3） 对于以采暖热负荷为主的成熟区域（即建设规模已接近尾声，每年新投入的建筑面积趋于0），其热化系数宜控制在0.6~0.7之间。

4） 对于以采暖热负荷为主的发展中供热区域（每年均有一定量新建筑投入供暖的），其热化系数可大于0.8，甚至接近1。

5） 在选取热化系数时，应对热负荷的性质进行分析。年供热利用小时数高、日负荷稳定的，取高值；年供热利用小时数低、日负荷波动大的，取低值。

13.1.5 对季节性热负荷差别较大或昼夜热负荷波动较大的地区，为满足尖峰热负荷，可采用下列方式供热：

1 应利用热电厂的锅炉裕量，经减温减压装置补充供热。

2 应采用供热式汽轮机与尖峰锅炉房协调供热。

3 应选留热用户中容量较大、使用时间较短、热效率较高的燃煤锅炉补充供热。

13.1.6 采暖尖峰锅炉房与热电厂采用并联供热系统或串联供热系统，应经技术经济比较后确定，并宜符合下列规定：

1 当采用并联供热时，采暖锅炉房宜建在热电厂或热电厂附近。

2 当采用串联供热时，采暖锅炉房宜建在热负荷中心或热网的远端。

13.2 主蒸汽及供热蒸汽系统

13.2.1 主蒸汽管道宜采用切换母管制系统。

13.2.2 热电厂厂内应设供热集汽联箱。向厂外同一方向输送的供热蒸汽管道宜采用单管制系统；采用双管或多管制系统，应符合下列规定：

1 当同一方向的各用户所需蒸汽参数相差较大，或季节性热负荷占总热负荷比例较大，经技术经济比较合理时，可采用双管或多管制系统。

2 对特别重要而不允许停汽的热用户，需由两个热源供汽时，可设双管输送。每根管道的管径宜按最大流量的60%设计。

3 当热用户按规划分期建设，初期设单管不能满足规划容量参数要求或运行不经济时，可采用双管或多管制系统。

13.3 给水系统及给水泵

13.3.1 给水管道应采用母管制系统，并应符合下列规定：

1 给水泵吸水侧的低压给水母管，宜采用分段单母管制系统。其管径应比给水箱出水管径大1级~2级。给水箱之间的水平衡管的设置可根据机组的台数和给水箱间的距离等因素综合确定。

2 给水泵出口的压力母管，当给水泵的出力与锅炉容量不匹配时，宜采用分段单母管制系统；当给水泵的出力与锅炉容量匹配时，宜采用切换母管制系统。

3 给水泵的出口处应设有给水再循环管和再循环母管。

4 备用给水泵的吸水管宜位于低压给水母管两个分段阀门之间，出口的压力管宜位于分段压力母管两个分段阀门之间或接至切换母管上。

5 高压加热器后的锅炉给水母管，当高加出力与锅炉容量不匹配时，宜采用分段单母管制系统；当高加出力与锅炉容量匹配时，宜采用切换母管制系统。

13.3.2 发电厂的给水泵的台数和容量应符合下列规定：

1 发电厂应设置1台备用给水泵，宜采用液力耦合器调速。

2 给水泵的总容量及台数应保证在任何一台给水泵停用时，其余给水泵的总出力仍能满足所连接的系统的全部锅炉额定蒸发量的110%。

3 每台给水泵的容量宜按其对应的锅炉额定蒸发量的110%给水量来选择。

13.3.3 当采用汽动给水泵时，宜符合下列规定：

1 不与电网连接或电网供电不可靠的发电厂，宜设置1台汽动给水泵。

2.厂用低压蒸汽需常年经减温减压器供给的热电厂，经供热量平衡和技术经济比较后，可采用1台~2台经常运行的汽动给水泵。

3 高压供热机组当有中压抽汽时，可供小背压机带动给水泵，小背压机的排汽再供除氧器用汽或接至供热管网。

13.3.4 给水泵的扬程应为下列各款之和：

1 锅炉额定蒸发量时的给水流量，从除氧给水箱出口至省煤器进口给水流动的总阻力，另加20%的裕量。

2 汽包正常水位与除氧器给水箱正常水位间的水柱静压差。当锅炉本体总阻力中包括其静压差时，应为省煤器进口与除氧器正常水位间的水柱静压差。

3 锅炉额定蒸发量时，省煤器入口的进水压力。

4 除氧器额定工作压力（取负值）。

13.4 除氧器及给水箱

13.4.1 除氧器的总出力应按全部锅炉额定蒸发量的给水量确定。当利用除氧器作热网补水定压设备时，应另加热网补水量。每台机组宜设置1台除氧器。

13.4.2 给水箱的总容量根据热负荷变动的大小，宜符合下列规定：

1 给水箱的总容量，对130t/h及以下的锅炉宜为20min全部锅炉额定蒸发量时的给水消耗量。

2 对130t/h以上、410t/h级及以下锅炉宜为10min~15min全部锅炉额定蒸发量时的给水消耗量。

13.4.3 凝汽式发电厂及补水量少的热电厂，补水应进入凝汽器进行初级真空除氧。对于凝汽器带鼓泡式除氧装置的供热机组也应进入凝汽器进行初级真空除氧。

13.4.4 对补给水量大的热电厂，当有合适的热源时，可在除氧器前装设补给水加热器。当无合适的热源时，可采用允许常温补水的除氧器。

13.4.5 对以供采暖为主的热电厂，热网加热器的疏水有条件时可直接进入除氧器；当无条件时应装设疏水冷却器，降温后再进入除氧器。当采用高温疏水直接进入除氧器，且技术经济比较合理时，可选用0.25MPa~0.412MPa（绝对压力）、120℃~145℃的中压除氧器或0.5MPa（绝对压力）、饱和温度为158℃的高压除氧器。

13.4.6 高压供热机组在保证给水含氧量合格的条件下，可采用一级高压除氧器。否则，补给水应先采用凝汽器鼓泡式除氧装置或另设低压除氧器初级除氧后，再经中继水泵送至高压除氧器。

13.4.7 多台相同参数的除氧器的有关汽、水管道宜采用母管制系统。

13.4.8 除氧器给水箱的最低水位面到给水泵中心线间的水柱所产生的压力，不应小于下列各款之和：

1 给水泵进口处水的汽化压力和除氧器的工作压力之差。

2 给水泵的汽蚀余量。

3 给水泵进水管的流动阻力。

4 给水泵安全运行必需的富裕量3kPa~5kPa。

13.4.9 除氧器及给水箱应设有防止过压爆炸的安全阀及排汽管道，除氧器及其给水箱的设计还应满足现行行业标准《锅炉除氧器技术条件》JB/T 10325的有关要求。

13.5 凝结水系统及凝结水泵

13.5.1 发电厂的凝结水宜采用母管制系统。

13.5.2 凝汽式机组的凝结水泵的台数、容量应符合下列规定：

1 每台凝汽式机组宜装设2台凝结水泵，每台容量为最大凝结水量的110%，宜设置调速装置。

2 最大凝结水量应为下列各项之和：

1）汽轮机最大进汽工况时的凝汽量。

2）进入凝汽器的经常补水量和经常疏水量。

3）当低压加热器疏水泵无备用时，可能进入凝汽器的事故疏水量。

13.5.3 供热式机组的凝结水泵的台数、容量应符合下列规定：

1 工业抽汽式机组或工业、采暖双抽汽式机组，每台机组宜装设2台或3台凝结水泵，并应符合下列规定：

1）当机组投产后即对外供热时，宜装设2台凝结水泵。每台容量宜为设计热负荷工况下的凝结水量，另加10%的裕量。设计热负荷工况下的凝结水量不足最大凝结水量50%的，每台容量按最大凝结水量的 50% 确定。

2）当机组投产后需做较长时间低热负荷工况运行时，宜装设 3 台凝结水泵，每台容量宜为设计热负荷工况下的凝结水量，另加 10% 的裕量。设计热负荷工况下的凝结水量不足最大凝结水量 50% 的，每台容量应按最大凝结水量的 50% 确定。

2 采暖抽汽式机组宜装设3台凝结水泵，每台容量宜为最大凝结水量的55%。

3 设计热负荷工况下的凝结水量应为下列各项之和：

1）机组在设计热负荷工况下运行时的凝汽量。

2）进入凝汽器的经常疏水量。

3）当设有低压加热器疏水泵而不设备用泵时，可能进入凝汽器的事故疏水量。

4 最大的凝结水量应为下列各项之和：

1）抽凝式机组按纯凝汽工况运行时，在最大进汽工况下的凝汽量。

2）进入凝汽器的经常补水量和经常疏水量。

3）当设有低压加热器疏水泵而不设备用泵时，可能进入凝汽器的事故疏水量。

13.5.4 凝结水泵的扬程应为下列各款之和：

1 从凝汽器热井到除氧器凝结水入口的凝结水管道流动阻力，另加20%的裕量。低压加热器的疏水，经疏水泵并入主凝结水管道的，在并入点前应按最大凝结水量计算；在并入点后，应加上低压加热器疏水量计算。

2 除氧器凝结水入口与凝汽器热井最低水位间的水柱静压差。

3 除氧器入口凝结水管喷雾头所需的喷雾压力。

4 除氧器最大工作压力，另加15%的裕量。

5 凝汽器的最高真空。

13.6 低压加热器疏水泵

13.6.1 容量为25MW级及以上的机组，可设低压加热器疏水泵；容量为25MW级以下的机组，可不设低压加热器疏水泵。

13.6.2 低压加热器疏水泵的容量及台数应符合下列规定：

1 低压加热器的疏水泵容量应按汽轮机最大进汽工况时，接入该泵的低压加热器的疏水量，另加10%的裕量确定。

2 低压加热器的疏水泵宜设1台，不设备用。但低压加热器的疏水应设有回流至凝汽器的旁路管路。

13.6.3 低压加热器的疏水泵扬程应为下列各款之和：

1 从低压加热器到除氧器凝结水入口的介质流动阻力，另加20%的裕量。

2 除氧器凝结水入口与低压加热器最低水位间的水柱静压差。

3 除氧器入口喷雾头所需的喷雾压力。

4 除氧器最大工作压力，另加15%的裕量。

5 对应最大凝结水量工况下低压加热器内的真空。加热器为正压力时，应取负值。

13.7 疏水扩容器、疏水箱、疏水泵与低位水箱、低位水泵

13.7.1 疏水扩容器、疏水箱和疏水泵的容量和台数的选择应符合下列规定：

1 疏水扩容器的容量，对25MW级及以下的机组，宜为0.5m^3~1m^3。对50MW级及以上的高压机组宜分别设置高压疏水扩容器和低压疏水扩容器，容量宜分别为1.5m^3。

2 发电厂设置65t/h~130t/h锅炉时，疏水箱可装设2个，其总容量为20m^3。发电厂设置220t/h~410t/h级锅炉时，疏水箱可装设2个，其总容量为30m^3。

3 疏水泵采用2台。每台疏水泵的容量宜按在0.5h内将1个疏水箱的存水打至除氧器给水箱的

要求确定。其扬程应按相应的静压差、流动阻力及除氧器工作压力，另加20%裕量确定。

13.7.2 当低位疏放水量较大、水质好可供利用时，可装设1台容量为5m³的低位水箱和1台低位水泵。低位水泵的容量宜按在0.5h内将低位水箱内的存水打至疏水箱的要求确定。其扬程应按相应的静压差、流动阻力另加20%的裕量确定。当疏水箱低位布置时，可不设低位水箱。

13.8 工业水系统

13.8.1 发电厂应设工业水系统。其供水量应满足主厂房及其邻近区域锅炉、汽轮机辅助机械设备的冷却用水、轴封用水及其他用水量，并应符合下列规定：

1 汽轮机的冷油器和发电机的空气冷却器的冷却用水均应由循环水直接供水。

2 当循环水的压力和水质能满足其他设备冷却供水要求时，应采用循环水直接供水。循环水压力无法达到的用水点，应设置升压泵供水。

13.8.2 发电厂的工业用水应有可靠的水源。工业水应具有独立的供、排水系统，并应结合扩建机组设备的冷却供水要求，统一规划。

13.8.3 工业水系统应符合下列规定：

1 以淡水作冷却水水源，不需要处理即可作为工业用水的，宜采用开式系统；需经处理的，可视具体情况，采用开式或闭式系统，或开式、闭式相结合的系统。

2 以再生水作冷却水水源，不宜用再生水直接冷却的辅机设备，宜采用除盐水闭式循环冷却系统。此时，闭式循环水-水冷却器应采用再生水作为冷却水源。

3 以海水作为凝汽器冷却水水源，工业水可采用淡水闭式或海水开式系统，或淡水闭式、海水开式相结合的系统。

4 50MW级及以上的机组，工业水可采用闭式除盐水系统。

5 在开式工业水系统中，可视具体情况确定设置工业水箱。在闭式工业水系统中，宜设置高位水箱、回水箱(池)、水泵及水-水冷却器或其他冷却设备。

13.8.4 工业水管道宜采用母管制系统。

13.8.5 工业水泵的总容量应满足所连接的工业水系统最大用水量的需要，另加10%的裕量。

13.8.6 母管制工业水系统，当机组为2台~3台时，宜采用2台工业水泵，其中1台备用；当机组为4台及以上时，宜选用3台工业水泵，其中1台备用。

13.8.7 工业水泵的扬程应为下列各款之和：

1 最高工业用水点或高位工业水箱进口与工业水泵中心线或工业水泵吸水池最低水位间的水柱静压差。

2 从工业水泵进水始端到最高用水点出口或高位工业水箱进口间工业水的流动阻力(按最大用水量计算)，另加20%的裕量。

3 工业水泵进口真空(进口为正压力时，取负值)；当从吸水池吸水时，本项不计入。

13.8.8 开式工业水系统的排水应回收利用。

13.8.9 工业水的排水系统可采用自流排水或采用自流排水与压力排水相结合的排水方式，并应符合下列规定：

1 自流排水应通过漏斗接入母管，引至排水沟或回水池。

2 排水漏斗后的管道，其管径应放大1级~2级。

3 连接至同一排水母管上的排水漏斗，应布置在同一标高上。

4 对高位设备的排水，除在设备附近设排水漏斗外，尚应在接入排水母管低端的统一标高处，设缓冲排水漏斗。

5 汽轮机的冷油器和发电机的空气冷却器的开式系统压力排水，宜接至循环水排水系统或工业冷却水压力排水系统。闭式系统的压力排水应直接接入排水母管，引至回水箱。

6 辅助设备轴承的压力排水管道上应装设流动指示器。

13.9 热网加热器及其系统

13.9.1 热水网系统的选择应符合下列规定：

1 采暖的热水网应采用由供水管和回水管组成的闭式双管制系统。

2 同时有生产工艺、采暖、通风、空调、生活热水等多种热负荷的热水网，当生产工艺热负荷和采暖热负荷所需热水参数相差较大，或季节性热负荷占总热负荷比例较大，经技术经济比较后，可采用闭式多管制系统。

13.9.2 热网加热器的容量和台数的选择应符合下列规定：

1 基本热网加热器的容量和台数应根据采暖通风和生活热水的热负荷进行选择，不设备用。但当任何一台加热器停止运行时，其余设备应能满足60%~75%热负荷的需要，严寒地区取上限。

2 热网尖峰加热器的设置应根据热负荷性质、输送距离、气象条件和热网系统等因素，经技术经济比较后确定。

13.9.3 当供热系统采用中央质调节时，热水网循环水泵的容量、扬程及台数应符合下列规定：

1 热网循环水泵不应少于2台，其中1台备用。热网循环水泵的总容量和台数应能保证其中任何一台停用时，其余的水泵应满足向热用户提供热水总流量的110%。

2 热网循环水泵的扬程应符合下列规定：

1）热水在热网加热器的流动阻力。

2）热水在供热管道中的流动阻力。

3）热水在热力站或热用户系统中的压力损失。

4）热水在回水管道中的流动阻力。

5）热水在回水过滤器中的流动阻力。

6）按1项~5项计算的扬程，应另加20%的裕量。

13.9.4 当热水网供热系统采用中央质-量调节时，采用连续改变流量的调节，应选用调速水泵；采用分阶段改变流量的调节，宜选用扬程和流量不等的泵组。

13.9.5 热网凝结水泵的容量、扬程及台数应符合下列规定：

1 热网凝结水泵的容量应按各级热网加热器逐级回流的总凝结水量（包括尖峰加热器投用时的最大凝结水量）的100%选取。

2 热网凝结水泵不应少于2台，其中1台备用。

3 热网凝结水泵的扬程应为下列各项之和：

1）按包括尖峰加热器投用时的最大凝结水量计算，从基本热网加热器到除氧器凝结水入口的介质流动阻力，设有疏水冷却器的，应加疏水冷却器的阻力，并另加10%~20%的裕量。

2）除氧器入口喷雾头所需的喷雾压力。

3）除氧器入口处与基本热网加热器凝结水最低水位间的水柱静压差。

4）除氧器的最大工作压力，另加15%的裕量。

5）基本热网加热器汽侧的工作压力，如为正压力，取负值。

4 热网凝结水泵应采用热水泵。

13.9.6 闭式热水网的正常补水量宜为热网循环水量的1%~2%。补水设备的容量宜为热网循环水量的4%，其中0.5%~1%的水量应采用除过氧的化学软化水以及锅炉排污水，其余所需水量则采用工业水或生活水。当采用工业水或生活水补给时，系统应装设记录式流量计。补入的工业水或生活水应加缓蚀剂。

13.9.7 热水网的补水方式、补给水泵的容量和台数应符合下列规定：

1 应优先利用锅炉连续排污扩容器排污水直接补入热网。利用除氧器水箱补水，当条件许可时，可直接补入热网。这两项直接补水能满足热网的正常补水量时，可按热网循环水量的2%设置事故时补入工业水或生活水的热网补给水泵1台。

2 在除氧器水箱贮水直接补入热网的系统中，热网循环水泵停用，不能维持热网所需静压时，应设热网补给水泵1台，容量可按热网循环水量的2%选取。

3 在热网回水压力较高，除氧器水箱的贮水不能直接补入热网的系统中，应设热网补给水泵2台，其中1台备用。每台泵的容量可按热网循环水量的2%选取。

13.9.8 热水网的定压方式应经技术经济比较后确定。补给水泵可兼作定压之用。定压点即补水点宜设在热网循环水泵的入口处。补给水泵可采用压力开关或无源一次仪表，自动控制补给水泵的启停。备用的热网补给水泵应能自动投入。

13.9.9 兼作定压用的热网补给水泵的扬程，应符合下列规定：

1 热网系统中最高点与系统补水点的高差。

2 高温热水的汽化压力。

3 安全压力裕量30kPa~50kPa。

4 补给水泵吸水管路中的阻力损失，另加20%的裕量。

5 补给水泵出水管路中的阻力损失，另加20%的裕量。

6 补给水箱的压力和补给水箱最低水位高出系统补水点的高度（取负值）。

7 根据本条第1款~第6款计算结果选择的热网补给水泵的扬程，应与热水网水力工况计算的定压点的回水压力相一致。

13.9.10 热网循环水泵和补给水泵均应由两个彼此独立的电源供电。

13.9.11 热网系统应设有除污、放气和防止水击的措施。

13.10 减温减压装置

13.10.1 装有抽汽式汽轮机或背压式汽轮机的热电厂，应按生产抽汽或排汽每种参数各装设1套备用减温减压装置，其容量等于最大一台汽轮机的最大抽汽量或排汽量。

13.10.2 当任何一台汽轮机停用，其余汽轮机如能供给采暖、通风和生活用热的60%~75%（严寒地区取上限）时，可不装设采暖抽汽或排汽的备用减温减压装置。

13.10.3 当供热式机组的抽汽或排汽参数不适合作厂用汽源时，可采用减温减压装置或减压阀，将较高参数的抽汽或排汽降至所需要的参数。

13.10.4 经常运行的减温减压装置或减压阀，应设1套备用。

13.11 蒸汽热力网的凝结水回收设备

13.11.1 当采用间接加热的热用户能返回合格的凝结水，且在技术经济上合理时，发电厂应装设回水收集设备。回水箱的容量和数量应按具体情况确定，回收水箱不应少于2个。

13.11.2 回水泵宜设置2台，其中1台备用。每台泵的容量宜按在1h内将回水箱的存水抽出的要求确定，扬程可按送往除氧器的要求确定。

13.12 凝汽器及其辅助设施

13.12.1 凝汽器的水室、管板、管束材质应根据循环水水质确定。采用海水或受海潮影响含氯根较高的江、河水作循环水的机组，宜采用耐海水腐蚀的材质制造的凝汽器。

13.12.2 汽轮机的凝汽器，除水质好并证明凝汽器管材内壁不结垢，水中悬浮物较少的直流供水系统外，应装设胶球清洗装置。

13.12.3 汽轮机的凝汽器应配置可靠的抽真空设备。25MW级及以下的机组可配置射汽抽汽器或射水抽汽器；50MW~100MW级机组除可配置射水抽汽器外，也可采用水环式真空泵。

13.12.4 空冷机组的汽轮机抽真空系统，每台空冷机组宜设置2台水环式真空泵。每台泵的容量应满足凝汽器正常运行抽真空的需要。

16 仪表与控制

16.1 一般规定

16.1.1 仪表与控制系统的选型应针对机组的特点进行设计，以满足机组安全、经济运行、机组启停控制的要求。

16.1.2 仪表与控制系统应选择技术先进、质量可靠、性价比高的设备和元件。

16.1.3 对于新产品、新技术应在取得成功的应用经验后方可在设计中使用。

16.1.4 对于分散控制系统（DCS）或可编程控制器（PLC）应考虑安全防范措施。

16.2 控制方式及自动化水平

16.2.1 控制方式宜采用集中控制。集中控制方式有机炉电集中控制、机炉集中控制、锅炉集中控制、汽机集中控制方式。运行人员在少量就地操作和巡检人员的配合下，通过设置在集中控制室或控制室的操作员站，实现机组的启动、停止和正常运行工况下的监视和调整，以及异常运行工况下的事故处理和紧急停机。

16.2.2 机组或主厂房控制系统应采用分散控制系统（DCS）或者采用可编程控制器（PLC）构成。控制系统应设置有操作员站、工程师站、历史站、打印机等。自备发电厂控制水平、控制系统、控制设备的选择应与企业整体自动化水平一致或相当。

16.2.3 对于单元制机组，每台机组设置一套控制系统；对于母管制汽水系统，可根据母管制的情况，设置一套或多套控制系统；对于热电厂内的热网系统，宜纳入机组或主厂房控制系统监控。

16.2.4 辅助车间应根据车间相临或性质相近、本着减少控制点的原则，进行合并控制室，以便按区域集中控制。对于工艺流程简单、就地操作方便的辅助车间也可采用就地控制方式。

16.2.5 对于采用集中控制方式的辅助车间，每个区域应设置一套控制系统，其监控系统可采用可编程控制器（PLC）或分散控制系统（DCS）构成。脱硫监控系统宜与主厂房监控系统硬件一致，脱硫系统也可采用远程I/O或硬接线的方式，纳入机组或主厂房控制系统监控。

16.2.6 湿冷机组循环水泵（或空冷机组辅机冷却水泵房）、空冷岛系统、燃油泵房、空压机房、脱硝系统及非湿式脱硫系统、热网等宜采用远程I/O或硬接线的方式，纳入机组或主厂房控制系统监控。

16.3 控制室和电子设备间布置

16.3.1 控制室和电子设备间的布置应按电厂规划容量和机组类型与数量，进行统一考虑。对于分阶段建设的电厂，可按每一阶段工程建设的特点设置控制室和电子设备间。

16.3.2 对于单元制系统，应设置集中控制室。对于母管制汽水系统，根据母管制的情况设置相应的集中控制室。集中控制室的标高应与运行层相同。

16.3.3 仪表与控制电子设备间可与电气电子设备间合并设置，也可单独设置。电子设备间可根据工艺设备的布置情况，确定相对集中设置或分散设置。

16.3.4 辅助车间可设置三个控制点：燃料系统控制点、水系统控制点、灰渣系统控制点。每个控制点设置控制室，电子设备间和控制室宜合并设置。

16.3.5 脱硫控制室可单独设置，当条件许可时应与灰渣系统的控制室合并设置。

16.3.6 控制室和电子设备间布置位置及面积应符合下列规定：

1 控制室和电子设备间宜位于被控设备的适中位置。

2 便于电缆进入电子设备间。

3 避开大型振动设备的影响。

4 不应坐落在厂房伸缩缝和沉降缝上或不同基座的平台上。

5 控制室操作台前的运行维护操作场地应满足运行监控人员工作方便和交接班的需要。

6 控制室和电子设备间的净空应满足安全、安装、检修、维护以及运行监控人员工作需要。

7 盘柜到墙、盘柜两侧的通道和盘柜之间的通道应满足热控设备最小安全距离、维护、检修、调试、通行、散热的要求。

16.3.7 控制室和电子设备间的环境设施应符合下列规定：

1 控制室和电子设备间应有良好的空调、照明、隔热、防火、防尘、防水、防振、防噪声等措施。

2 电子设备间还应满足控制系统、控制设备对环境的要求。

16.4 测量与仪表

16.4.1 测量与仪表的设计应满足机组安全、经济运行的要求，并能准确地测量、显示工艺系统各设备的运行参数和运行状态。

16.4.2 测量与仪表应包括下列内容：

1 锅炉的主要运行参数应包括下列内容：

1）炉膛压力或负压。

2）汽包水位。

3）锅炉金属壁温。

4）烟气含氧量。

5）煤粉锅炉炉膛火焰监视。

6）循环流化床锅炉床温。

7）循环流化床锅炉床压。

8）锅炉出口主蒸汽压力。

9）锅炉出口主蒸汽温度。

10）锅炉母管蒸汽压力。

11）锅炉母管蒸汽温度。

2 汽轮机的主要运行参数应包括下列内容：

1）汽轮机调速级压力（如果有）。

2）各段抽汽压力。

3）各段抽汽温度。

4）汽轮机排汽真空。

5）汽轮机转速。

6）汽轮机轴承金属温度。

7）汽轮机振动。

8）汽轮机轴向位移。

9）汽轮机润滑油压力。

10）汽轮机主汽门前蒸汽压力。

11）汽轮机主汽门前蒸汽温度。

12）主蒸汽流量。

3 热网的主要运行参数应包括下列内容：

1）对外供热温度。

2）对外供热压力。

3）对外供热流量。

4 除氧给水系统的主要运行参数应包括下列内容：

1）除氧器水位。

2）除氧器压力。

3）主给水压力。

4）主给水流量。

5 脱硫系统的主要运行参数。

6 辅助系统的主要运行参数。

7 空冷岛系统的主要运行参数。

8 主要辅机的状态和运行参数。

9 仪表和控制用电源、气源的状态和运行参数。

16.4.3 检测仪表选择应符合下列规定：

1 仪表精度等级应符合以下要求：

1）经济计算和分析的检测仪表0.5级。

2）主要参数的检测仪表1级。

3）其他检测仪表1.5级或2.5级。

2 仪表和控制设备应根据所在区域选择适当的防护等级。

3 测量腐蚀性或黏性介质时，应选用具有防腐性能的仪表、隔离仪表或采用适当的隔离措施。

4 根据危险场所的分类，对于装设在爆炸危险区域的仪表和控制设备，应选择合适的防爆仪表和控制设备。

5 不宜使用含有对人体有害物质的仪器仪表，严禁使用含汞仪表。

16.4.4 主辅机设备和工艺管道应装设供巡检人员进行现场检查和就地操作的就地检测仪表。

16.5 模拟量控制

16.5.1 模拟量控制系统应满足机组正常运行的控制要求。控制回路的设计应按照实用、可靠的原则。应尽可能适应机组在启动过程中以及不同负荷阶段中安全经济运行的需求，还应考虑机组在事故及异常工况下与相应的联锁保护的措施。

16.5.2 模拟量控制宜设置下列项目：

1 锅炉给水调节系统。

2 锅炉燃料量调节系统。

3 锅炉炉膛压力调节系统。

4 锅炉过热蒸汽温度调节系统。

5 锅炉母管蒸汽压力调节系统。

6 除氧器压力调节系统。

7 除氧器水位调节系统。

8 加热器水位调节系统。

9 热网减温减压器温度调节系统。

10 热网减温减压器压力调节系统。

11 循环流化床锅炉床温调节系统。

12 循环流化床锅炉床压调节系统。

16.6 开关量控制及联锁

16.6.1 开关量控制的功能应满足机组的启动、停止及正常运行工况的控制要求，并能实现机组在异常运行工况下的事故处理和紧急停机的控制操作，保证机组安全。

16.6.2 具体功能应满足下列要求：

1 实现风机、泵、阀门、挡板的顺序控制。

2 在发生局部设备故障跳闸时，联锁启动和停止相关的设备。

3 实现状态报警、联锁及保护。

16.6.3 顺序控制应按驱动级、子组级水平进行设计，设计应遵守保护、联锁操作优先的原则。在顺序控制过程中出现保护、联锁指令时，应将控制进程中断，并使工艺系统按照保护、联锁指令执行。

16.7 报警

16.7.1 报警应包括下列内容：

1 工艺系统的主要参数偏离正常范围。

2 保护动作及主要辅助设备故障。

3 控制电源故障。

4 控制气源故障。

5 主要电气设备故障。

6 有毒/有害气体泄漏。

16.7.2 机组或主厂房控制系统的所有模拟量输入、开关量输入、模拟量输出、开关量输出和中间变量的计算值，都可作为数据采集系统的报警信号源。

16.7.3 报警系统应具有自动闪光、音响和人工确认等功能。机组或主厂房控制系统的功能范围内的全部报警项目应能在操作员站显示器上显示和打印机上打印。在机组启停过程中应抑制虚假报警信号。

16.7.4 控制室也可设置少量常规光字牌报警器进行报警，其输入信号不宜取自控制系统的输出，光字牌报警窗应仅限于下列内容：

1 重要参数偏离正常值。

2 主要保护跳闸。

3 重要控制装置电源故障。

16.7.5 当采用机炉集中控制或汽机集中控制方式时，电气主控制室与集中控制室之间应设置机电联系信号。

16.8 保护

16.8.1 保护应符合下列规定：

1 保护系统的设计应有防止误动和拒动的措施，保护系统电源中断和恢复不会误发动作指令。

2 保护系统应遵循独立性的原则，并应符合下列规定：

1）锅炉、汽轮机跳闸保护系统的逻辑控制器应单独冗余设置，或者设置独立的系统。当保护采用独立的系统时，其控制器也应冗余设置。

2）保护系统应有独立的输入 / 输出信号（I/O）通道，并有电隔离措施。

3）冗余的 I/O 信号应通过不同的 I/O 模件引入。

4）触发机组跳闸的保护信号的开关量仪表和变送器应单独设置。

5）用于跳闸、重要的联锁和超驰控制的信号直接采用硬接线，而不应通过数据通信总线发送。

3 在操作台上应设置停止汽轮机和解列发电机的跳闸按钮，跳闸按钮应不通过逻辑直接接至停汽轮机的驱动回路。

4 保护系统输出的操作指令应优先于其他任何指令。

5 停机、停炉保护动作原因应设置事件顺序记录，并具有事故追忆功能。

6 汽轮机跳闸保护宜纳入机组或主厂房控制系统。

16.8.2 锅炉的主要保护项目应包括下列内容：

1 汽包水位保护。

2 主蒸汽压力保护。

3 炉膛压力保护。

4 循环流化床锅炉床温保护。

5 对于220t/h级及以上的煤粉锅炉，设置总燃料跳闸保护。

6 锅炉厂家要求的其他保护。

16.8.3 汽轮机的主要保护项目，应包括下列内容：

1 汽轮机超速保护。

2 汽轮机润滑油压力低保护。

3 汽轮机轴向位移大保护。

4 汽轮机轴承振动大保护。

5 汽轮机厂家要求的其他保护。

16.8.4 发电机的主要保护项目应包括下列内容：

1 发电机断水保护。

2 发电机厂家要求的其他保护。

16.8.5 辅助系统的相关保护。

16.9 控制系统

16.9.1 控制系统的可利用率至少应为99.9%。

16.9.2 控制系统在卡件、端子排等设置时，各种I/O和合计I/O数量应考虑10%~20%的备用量。

16.9.3 控制器的数量应按照控制系统功能的分工或按工艺系统的分类进行设置，控制器的数量应满足保护和控制的要求。

16.9.4 控制器的处理能力应有40%的余量，操作员站处理器能力应有60%的余量。

16.9.5 共享式以太网通信负荷率不大于20%，其他网络通信负荷率不大于40%。

16.9.6 当机组或主厂房控制系统发生全局性或重大故障时，为确保机组紧急安全停机，应设置独立于控制系统的后备硬接线操作手段。

16.9.7 重要模拟量项目的变送器应冗余设置。

16.10 控制电源

16.10.1 机组或主厂房控制系统、汽轮机控制系统、机组保护回路、火焰检测装置等的供电电源应有两路电源供电。其中一路应采用交流不间断电源，一路应采用厂用电。两路电源宜设自动电源切投装置，切投时间应确保不影响控制系统的运行。

16.10.2 每组仪表和控制交流动力电源配电箱、交流电源盘应各有两路电源供电，两路电源分别引自厂用低压母线的不同段。

16.10.3 控制盘应有两路电源供电，两路电源分别引自厂用低压母线的不同段。控制盘需要直流电源时，应有两路电源供电，两路电源均引自电气蓄电池组。

16.11 电缆、仪表导管和就地设备布置

16.11.1 仪表和控制回路用的电缆、电线的线芯材质应为铜芯。电缆的敷设应有防火、防高温、防腐、防水、防震等措施。

16.11.2 敷设在高温区域的电线和补偿导线应选用耐高温型。

16.11.3 仪表和控制回路用的电缆、电线、补偿导线的线芯截面应按回路的最大允许电压降、仪表允许最大的外部电阻、线路的截面流量及机械强度等要求选择。

16.11.4 起、终点相同的电缆应合并电缆。有抗干扰要求的仪表和计算机线路，应采用相应类型的屏蔽电缆。控制系统接地宜接入全厂电气接地网，并满足控制系统对接地的要求。计算机信号电缆屏蔽层必须接地。

16.11.5 电缆主通道路径的选择及电缆敷设的方式宜符合下列规定：

1 电缆主通道宜采用电缆桥架敷设，分支电缆通道可采用电缆槽盒。

2 路径最短。

3 避开吊装孔、防爆门及易受机械损伤和有腐蚀性物质的场所。

4 与各种管道平行或交叉敷设时，其最小间距应符合现行国家有关规范的要求。

16.11.6 测点的定位应满足测量的要求。变送器的布置宜靠近测点，并适当集中，便于维护、检修。

16.11.7 露天布置的热控设备及导管、阀门等部件应有防尘、防雨、防冻、防高温、防震、防腐、防止机械损伤等措施。

16.12 仪表与控制试验室

16.12.1 发电厂应设有仪表与控制试验室，其试验设备应能满足仪表控制设备维修、校验、调试的需要，并应符合国家计量标准的有关规定。

16.12.2 当企业内已设有仪表与控制试验室时，其自备发电厂不应再设置仪表与控制试验室。

16.12.3 试验室的规模应根据发电厂单机容量和规划容量，按不承担检修任务等来确定。

16.12.4 试验室宜布置在主厂房附近，可设置在生产综合办公楼内，也可以单独设置。现场维修间应设置在主厂房合适的位置，用于执行机构和阀门等不易搬动的现场仪表与控制设备的维护。

16.12.5 试验室应按发电厂规划容量一次建成，但试验室设备可分期购置。

16.12.6 试验室应远离振动大、灰尘多、噪声大、潮湿或有强磁场干扰的场所，试验室的地面应避免受振动的影响。

附录A　水质全分析报告

工程名称　　　　　　　　　　　　　　　　　化验编号
取水地点　　　　　　　　　　　　　　　　　取水部位
取水时气温　　　℃　　　　　　　　　　　　取水日期　　　年　　　月　　　日
取水时水温　　　℃　　　　　　　　　　　　分析日期　　　年　　　月　　　日
水样种类

透明度				嗅味			
项目		mg/L	mmol/L	项目		mg/L	mmol/L
阳离子	$K^+ + Na^+$			硬度	总硬度		
	Ca^{2+}				碳酸盐硬度		
	Mg^{2+}				非碳酸盐硬度		
	Fe^{2+}				负硬度		
	Fe^{3+}			酸碱度	全碱度		
	Al^{3+}				酚酞碱度		
	NH_4^+				甲基橙碱度		
	Ba^{2+}				酸度		
	Sr^{2+}				pH值		
	Mn^{2+}			其他	氨氮		
	合计				游离CO_2		
阴离子	Cl^-				COD_{Mn}		
	SO_4^{2-}				BOD_5		
	HCO_3^-				全固形物		
	CO_3^{2-}				溶解固形物		
	NO_3^-				悬浮物		
	NO_2^-				全硅（SiO_2）		
	活性硅（SiO_2）				非活性硅（SiO_2）		
	F^-				TOC		
	OH^-			中水、再生水增加测定项目	COD_{Cr}		
	合计				总磷		
离子分析误差					细菌总数		
溶解固体误差					游离氯		
pH值分析误差							
注：水样采集参见《锅炉用水和冷却水分析方法：水样的采集方法》GB/T 6907的规定。							

化验单位：　　　　　　　负责人：　　　　　　　校核者：　　　　　　　化验者：

引用标准名录

《建筑地基基础设计规范》GB 50007
《室外给水设计规范》GB 50013
《采暖通风与空气调节设计规范》GB 50019
《建筑采光设计标准》GB/T 50033
《建筑照明设计标准》GB 50034
《动力机器基础设计规范》GB 50040
《工业循环冷却水处理设计规范》GB 50050
《烟囱设计规范》GB 50051
《建筑物防雷设计规范》GB 50057
《爆炸和火灾危险环境电力装置设计规范》GB 50058
《3~110kV高压配电装置设计规范》GB 50060
《电力装置的电测量仪表装置设计规范》GB/T 50063
《交流电气装置接地设计规范》GB 50065
《石油库设计规范》GB 50074
《工业循环水冷却设计规范》GB/T 50102
《民用建筑热工设计规范》GB 50176
《河港工程设计规范》GB 50192
《民用闭路监视电视系统工程技术规范》GB 50198
《电力工程电缆设计规范》GB 50217
《建筑内部装修设计防火规范》GB 50222
《建筑工程抗震设防分类标准》GB 50223
《火力发电厂与变电站设计防火规范》GB 50229
《电力设施抗震设计规范》GB 50260
《堤防工程设计规范》GB 50286
《综合布线工程设计规范》GB 50311
《屋面工程技术规范》GB 50345
《开发建设项目水土保持技术规范》GB 50433
《中小型同步电机励磁系统基本技术要求》GB 10585
《工业企业厂界环境噪声排放标准》GB 12348
《火电厂大气污染物排放标准》GB 13223
《锅炉大气污染物排放标准》GB 13271
《继电保护和安全自动装置技术规程》GB/T 14285
《高压架空线路和发电厂、变电所环境污区分级及外绝缘选择标准》GB/T 16434
《中国地震动参数区划图》GB 18306
《一般工业固体废物贮存、处置场污染控制标准》GB 18599
《取水定额》GB/T 18916
《城市污水再生利用　城市杂用水水质》GB/T 18920
《安全色》GB 2893
《安全标志及其使用导则》GB 2894
《声环境质量标准》GB 3096
《起重机设计规范》GB/T 3811

《地表水环境质量标准》GB 3838
《工业自动化仪表气源压力范围和质量》GB 4830
《生活饮用水卫生标准》GB 5749
《锅炉用水和冷却水分析方法：水样的采集方法》GB/T 6907
《隐极同步发电机技术要求》GB/T 7064
《同步电机励磁系统　定义》GB/T 7409.1
《同步电机励磁系统　电力系统研究用模型》GB/T 7409.2
《同步电机励磁系统　大、中型同步发电机励磁系统技术要求》GB/T 7409.3
《污水综合排放标准》GB 8978
《高压输变电设备的绝缘配合》GB 311.1
《绝缘配合　第2部分：高压输变电设备的绝缘配合使用导则》GB/T 311.2
《旋转电机　定额和性能》GB 755
《工业企业标准轨距铁路设计规范》GBJ 12
《厂矿道路设计规范》GBJ 22
《工业企业噪声控制设计规范》GBJ 87
《严寒和寒冷地区居住建筑节能设计标准》JGJ 26
《城市热力网设计规范》CJJ 34
《火力发电厂水汽化学监督导则》DL/T 561
《地区电网调度自动化设计技术规程》DL/T 5002
《电力系统调度自动化设计技术规程》DL/T 5003
《火力发电厂总图运输设计技术规程》DL/T 5032
《火力发电厂灰渣筑坝设计规范》DL/T 5045
《火力发电厂废水治理设计技术规程》DL/T 5046
《电能量计量系统设计技术规程》DL/T 5202
《火力发电厂煤和制粉系统防爆设计技术规程》DL/T 5203
《火力发电厂水汽分析方法　第2部分：水汽样品的采集》DL/T 502.2
《交流电气装置的过电压保护和绝缘配合》DL/T 620
《冷却塔塑料部件技术条件》DL/T 742
《海港总平面设计规范》JTJ 211
《水土保持监测技术规程》SL 277
《锅炉除氧器技术条件》JB/T 10325
《固定污染源烟气排放连续监测技术规范》HJ/T 75

UDC

中华人民共和国国家标准

P

GB 50229—2019

火力发电厂与变电站设计防火标准

Standard for design of fire protection for fossil fuel power plants and substations

2019-02-13 发布　　　　2019-08-01 实施

中华人民共和国住房和城乡建设部
国家市场监督管理总局
联合发布

前 言

根据住房城乡建设部《关于印发〈2011年工程建设国家标准制订、修订计划〉的通知》（建标〔2011〕17号）的要求，标准编制组在深入调查研究，认真总结实践经验，参考有关国际标准和国外先进标准，广泛征求意见的基础上，对原规范进行了修订。

本标准共分11章，主要内容是总则，术语，燃煤电厂建（构）筑物的火灾危险性分类、耐火等级及防火分区，燃煤电厂厂区总平面布置，燃煤电厂建（构）筑物的安全疏散和建筑构造，燃煤电厂工艺系统，燃煤电厂消防给水、灭火设施及火灾自动报警，燃煤电厂供暖、通风和空气调节，燃煤电厂消防供电及照明，燃机电厂，变电站。

本次修订的主要内容是：

1.调整了规范的适用范围；

2.对建（构）筑物的火灾危险性及其耐火等级、主厂房内重点部位的防火措施、运煤系统建筑构件的防火性能、脱硝系统的消防措施、建筑物的安全疏散、煤粉仓的爆炸内压、消防电缆、动力电缆的选型和敷设，各类建筑灭火、探测报警、防排烟、疏散指示标志和应急照明系统的选型、技术参数和选用范围等内容进行了修订完善；

3.对变电站的建筑物种类做了调整与补充，增加了地下变电站、无人值守变电站的防火要求和建筑物内消防水量及火灾自动报警系统的设置要求。

本标准以黑体字标志的条文为强制性条文，必须严格执行。

本标准由住房城乡建设部负责管理和对强制性条文的解释，由公安部消防局和中国电力企业联合会负责日常管理工作，由东北电力设计院有限公司负责具体技术内容的解释。执行过程中如有意见或建议，请寄送东北电力设计院有限公司（地址：长春市人民大街4368号，邮政编码：130021）。

本标准主编单位、参编单位、主要起草人和主要审查人：

主 编 单 位： 东北电力设计院有限公司

参 编 单 位： 华东电力设计院有限公司
西南电力设计院有限公司
广东省电力设计研究院
中国电力工程顾问集团
电力规划设计总院
公安部天津消防研究所
广东省公安消防总队
宁波市公安局消防局
首安工业消防有限公司
西安核设备有限公司
无锡圣敏传感科技有限公司
喜利得（中国）商贸有限公司

主要起草人： 李向东　殷海洋　龙　健　郑培钢　何文洁　钱　序　王立民　张　彬
徐　坤　龙国庆　朱　青　刘庭全　徐海云　王　静　张　斌　赵秀娟
杜继平　马　宁　傅玉祥　李冰茹　姚锐利　刘　星　李　翔

主要审查人： 黄晓家　徐　飙　王宗存　刘　凯　唐艳萍　龙　辉　赵华亮　孙　宇
岳　鹏　沈聪儿　胡华强　王　统　沈　坚　陈　进　刘　勇

目　次

Contents

1 总　　则

1.0.1 为确保火力发电厂和变电站的消防安全，预防火灾或减少火灾危害，保障人身和财产安全，制订本标准。

1.0.2 本标准适用于下列新建、改建和扩建的火力发电厂、变电站：

1 1000MW级机组及以下的燃煤火力发电厂（以下简称“燃煤电厂”）；

2 燃气轮机标准额定出力400MW级及以下的简单循环或燃气-蒸汽联合循环电厂（以下简称为“燃机电厂”）；

3 电压为1000kV级及以下的变电站、换流站。

1.0.3 火力发电厂和变电站的消防设计应结合工程具体情况，积极采用新技术、新工艺、新材料和新设备，做到安全适用、技术先进、经济合理。

1.0.4 火力发电厂与变电站的防火设计除应符合本标准外，尚应符合国家现行有关标准的规定。

2 术　　语

2.0.1 主厂房　main power house

燃煤电厂的主厂房系由汽机房、集中控制楼（机炉控制室）、除氧间、煤仓间、锅炉房等组成的厂房。

燃机电厂的主厂房系由燃气轮机房、汽机房、集中控制室及余热锅炉等组成的厂房。

2.0.2 集中控制楼　central control building

火力发电厂中对两台及以上的机组及辅助系统进行集中控制的厂房。包括集中控制室、电子设备间、电缆夹层、蓄电池室、交接班室及辅助用房等。

2.0.3 主控制楼　electrical control building

火力发电厂中在非单元制控制方式下对主要电气系统进行集中控制的建筑，变电站中对主要电气系统、设备进行集中控制的建筑。一般由主控制室、电子设备间、电缆夹层、蓄电池室、交接班室及辅助用房等组成。

2.0.4 网络控制楼　network control building

火力发电厂中对升压站的电力网络系统或设备单独进行控制的建筑。一般由电子设备间、蓄电池室及辅助用房等组成，通常为无人值守的建筑。

2.0.5 网络继电器室　switchgear control building

火力发电厂中对主开关站、辅助开关站的主要电气设备进行控制的建筑。

2.0.6 配电装置楼　power distribution building

火力发电厂中接受、分配和控制电能的建筑。一般由屋内配电装置室、高低压配电间等组成。

2.0.7 特种材料库　special warehouse

存放润滑油和氢、氧、乙炔等气瓶的库房。

2.0.8 一般材料库　general warehouse

存放精密仪器、钢材、一般器材的库房，包括一般器材库、精密器材库、钢材库及辅助用房等。

2.0.9 室内贮煤场　indoor coal yard

屋顶和外围护结构全部封闭的贮煤建筑，包括圆形煤场、条形煤场。

2.0.10 液氨区　liquid ammonia area

采用液氨作为脱硝还原剂时，液氨卸料、储存及制备氨气的区域，包括配电间、卸氨压缩机、液氨储罐、液氨蒸发器、氨气缓冲罐、氨气稀释罐、废水池及废水输送泵、管路及阀门等。

2.0.11 阀厅　valve hall

设置换流阀的建筑物，通常一个阀厅布置一个极的换流阀和相关设备。

3 燃煤电厂建（构）筑物的火灾危险性分类、耐火等级及防火分区

3.0.1 生产的火灾危险性应根据生产中使用或产生的物质性质及其数量等因素分类，储存物品的火灾危险性应根据储存物品的性质和储存物品中的可燃物数量等因素分类，并均应符合表3.0.1的规定。

表3.0.1 建（构）筑物的火灾危险性分类及其耐火等级

建（构）筑物名称	火灾危险性分类	耐火等级
主厂房（汽机房、除氧间、集中控制楼、煤仓间、锅炉房）	丁	二级
吸风机室	丁	二级
除尘构筑物	丁	二级
烟囱	丁	二级
空冷平台	戊	二级
脱硫工艺楼、石灰石制浆楼、石灰石制粉楼、石膏库	戊	二级
脱硫控制楼	丁	二级
吸收塔	戊	三级
增压风机室	戊	二级
屋内卸煤装置	丙	二级
碎煤机室、运煤转运站及配煤楼	丙	二级
封闭式运煤栈桥、运煤隧道	丙	二级
筒仓、干煤棚、解冻室、室内贮煤场	丙	二级
输送不燃烧材料的转运站	戊	二级
输送不燃烧材料的栈桥	戊	二级
供、卸油泵房及栈台（柴油、重油、渣油）	丙	二级
油处理室	丙	二级
主控制楼、网络控制楼、微波楼、网络继电器室	丙	一级
屋内配电装置楼（内有每台充油量>60kg的设备）	丙	二级
屋内配电装置楼（内有每台充油量≤60kg的设备）	丁	二级
油浸变压器室	丙	一级
岸边水泵房、循环水泵房	戊	二级
灰浆、灰渣泵房	戊	二级
灰库	戊	三级
生活、消防水泵房，综合水泵房	戊	二级
稳定剂室、加药设备室	戊	二级
取水建（构）筑物	戊	二级
冷却塔	戊	三级
化学水处理室、循环水处理室	戊	二级
供氢站、制氢站	甲	二级
启动锅炉房	丁	二级
空气压缩机室（无润滑油或不喷油螺杆式）	戊	二级
空气压缩机室（有润滑油）	丁	二级

表3.0.1 建(构)筑物的火灾危险性分类及其耐火等级(续)

建(构)筑物名称	火灾危险性分类	耐火等级
热工、电气、金属试验室	丁	二级
天桥	戊	二级
变压器检修间	丙	二级
雨水、污(废)水泵房	戊	二级
检修车间	戊	二级
污(废)水处理构筑物	戊	二级
给水处理构筑物	戊	二级
电缆隧道	丙	二级
柴油发电机房	丙	二级
氨区控制室	丁	二级
卸氨压缩机室	乙	二级
液氨气化间	乙	二级
特种材料库	丙	二级
一般材料库	戊	二级
材料棚库	戊	二级
推煤机库	丁	二级

注：当特种材料库储存氢、氧、乙炔等气瓶时，火灾危险性应按储存火灾危险性较大的物品确定。

3.0.2 发电厂建筑物构件的燃烧性能和耐火极限应符合现行国家标准《建筑设计防火规范》GB 50016的有关规定，主厂房的锅炉房可采用无防火保护的金属承重构件。

3.0.3 主厂房地上部分防火分区的最大允许建筑面积应符合下列规定：

1 600MW级及以下机组不应大于6台机组的建筑面积；

2 600MW级以上机组、1000MW级机组不应大于4台机组的建筑面积；

3 其地下部分不应大于1台机组的建筑面积。

3.0.4 当屋内卸煤装置的地下部分与地下转运站或运煤隧道连通时，其防火分区的最大允许建筑面积不应大于3000m^2。

3.0.5 每座室内贮煤场最大允许占地面积不应大于50000m^2。每个防火分区面积不宜大于12000m^2，当防火分区面积大于12000m^2时，防火分区之间应采用宽度不小于10m的通道或高度大于堆煤表面高度3m的防火墙进行分隔。

3.0.6 承重构件为不燃烧体的主厂房及运煤栈桥，其非承重外墙为不燃烧体时，其耐火极限不限；为难燃烧体时，其耐火极限不应小于0.50h。

3.0.7 除氧间与煤仓间或锅炉房之间应设置不燃烧体的隔墙。汽机房与合并的除氧煤仓间或锅炉房之间应设置不燃烧体的隔墙。隔墙的耐火极限不应小于1.00h。

3.0.8 集中控制室、主控制室、网络控制室、汽机控制室、锅炉控制室和计算机房，其顶棚和墙面应采用A级装修材料，其他部位应采用不低于B_1级的装修材料。

3.0.9 发电厂建筑物内电缆夹层的内墙应采用耐火极限不小于1.00h的不燃烧体。

3.0.10 封闭式栈桥、转运站等运煤建筑围护结构应采用不燃性材料，当未设置自动灭火系统时，其钢结构应采取防火保护措施。

3.0.11 室内贮煤场采用钢结构时，应符合下列规定：

1 堆煤表面距离钢结构构件小于或等于3m范围内的钢结构承重构件应采取防火保护措施，且耐火极限不应小于2.50h；

2 堆煤表面下与煤接触的混凝土挡墙应采取隔热措施。

3.0.12 其他厂房的层数和防火分区的最大允许建筑面积应符合现行国家标准《建筑设计防火规范》GB 50016的有关规定。

4 燃煤电厂厂区总平面布置

4.0.1 厂区应划分重点防火区域。重点防火区域的划分及区域内的主要建（构）筑物宜符合表4.0.1的规定。

表4.0.1 重点防火区域及区域内的主要建（构）筑物

重点防火区域	区域内主要建（构）筑物
主厂房区	主厂房、除尘器、吸风机室、烟囱、脱硫装置、靠近汽机房的各类油浸变压器
配电装置区	配电装置的带油电气设备、网络控制楼或继电器室
点火油罐区	供卸油泵房、储油罐、含油污水处理站
贮煤场区	贮煤场、转运站、卸煤装置、运煤隧道、运煤栈桥、筒仓
制氢站、供氢站区	制氢间、氢气罐
液氨区	液氨储罐、配电间
消防水泵房区	消防水泵房、蓄水池
材料库区	一般材料库、特种材料库、材料棚库

4.0.2 重点防火区域之间的电缆沟（电缆隧道）、运煤栈桥、运煤隧道及油管沟应采取防火分隔措施。

4.0.3 主厂房、点火油罐区、液氨区及贮煤场周围应设置环形消防车道，其他重点防火区域周围宜设置消防车道。对单机容量为300MW及以上的机组，在炉后与除尘器之间应设置单车车道。消防车道可利用交通道路。当山区及扩建燃煤电厂的主厂房、点火油罐区、液氨区及贮煤场周围设置环形消防车道有困难时，可沿长边设置尽端式消防车道，并应设回车道或回车场。回车场的面积应不小于12m×12m；供大型消防车使用时，不应小于18m×18m。

4.0.4 主厂房应至少在固定端和扩建端各布置一处消防车登高操作场地，在汽机房长边墙外侧每两台机组之间应布置一处消防车登高操作场地。建筑高度大于24m的厂内其他建筑物应至少沿一个长边，或周边长度的1/4且不小于一个长边长度的底边连续布置消防车登高操作场地。消防车登高操作场地的长度和宽度分别不应小于15m和10m。

4.0.5 消防车道的净宽度不应小于4.0m，坡度不宜大于8%。道路上空遇有管架、栈桥等障碍物时，其净高不宜小于5.0m，在困难地段不应小于4.5m。

4.0.6 厂区的出入口不应少于两个，其位置应便于消防车出入。

4.0.7 厂区围墙内的建（构）筑物与围墙外其他建（构）筑物的间距，应符合现行国家标准《建筑设计防火规范》GB 50016的有关规定。

4.0.8 消防站的布置应符合下列规定：

1 消防站应布置在厂区的适中位置，避开主要人流道路，保证消防车能方便、快速地到达火灾现场；

2 消防站车库正门应朝向厂区道路，距厂区道路边缘不宜小于15.0m。

4.0.9 油浸变压器与汽机房、屋内配电装置楼、主控楼、集中控制楼及网控楼的间距不应小于10m；当符合本标准第5.3.10条的规定时，其间距可适当减小。

4.0.10 厂区采用阶梯式竖向布置时，可燃液体储罐区不宜毗邻布置在高于全厂重要设施或人员集中场所的台阶上。确需毗邻布置在高于上述场所的台阶上时，应采取防止火灾蔓延和可燃液体流散的措施。

4.0.11 点火油罐区的布置应符合下列规定：

1 应单独布置；

2 点火油罐区四周应设置1.8m高的围墙；当利用厂区围墙作为点火油罐区的围墙时，该段厂区围墙应为2.5m高的实体围墙；

3 点火油罐区的设计应符合现行国家标准《石油库设计规范》GB 50074的有关规定。

4.0.12 制氢站、供氢站的布置应符合下列规定：

1 宜布置为独立建（构）筑物；

2 制氢站、供氢站四周应设置不低于2.5m高的不燃烧体实体围墙；

3 制氢站、供氢站的设计应符合现行国家标准《氢气站设计规范》GB 50177的有关规定。

4.0.13 液氨区的布置应符合下列规定：

1 液氨区应单独布置在通风条件良好的厂区边缘地带，避开人员集中活动场所和主要人流出入口，并宜位于厂区全年最小频率风向的上风侧；

2 液氨区应设置不低于2.2m高的不燃烧体实体围墙；当利用厂区围墙作为氨区的围墙时，该段围墙应采用不低于2.5m高的不燃烧体实体围墙；

3 液氨储罐应设置防火堤，防火堤的设置应符合现行国家标准《建筑设计防火规范》GB 50016及《储罐区防火堤设计规范》GB 50351的有关规定。

4.0.14 厂区管线与电力线路的综合布置应符合下列规定：

1 甲、乙、丙类液体管道和可燃气体管道宜架空敷设；沿地面或低支架敷设的管道不应妨碍消防车的通行；

2 甲、乙、丙类液体管道和可燃气体管道不得穿过与其无关的建筑物、构筑物、生产装置及储罐区等；

3 架空电力线路不应跨越用可燃材料建造的屋顶及甲、乙类建（构）筑物；不应跨越甲、乙、丙类液体储罐区及可燃气体储罐区。

4.0.15 厂区内建（构）筑物、设备之间的防火间距不应小于表4.0.15的规定；高层厂房之间及与其他厂房之间的防火间距，应在表4.0.15规定的基础上增加3m。

4.0.16 甲、乙类厂房与重要公共建筑的防火间距不宜小于50m。

4.0.17 当同一座主厂房呈凵形或山形布置时，相邻两翼之间的防火间距，应符合现行国家标准《建筑设计防火规范》GB 50016中厂房的防火间距的有关规定。

5 燃煤电厂建（构）筑物的安全疏散和建筑构造

5.1 主厂房的安全疏散

5.1.1 汽机房、除氧间、煤仓间、锅炉房、集中控制楼的安全出口均不应少于2个。上述安全出口可利用通向相邻车间的乙级防火门作为第二安全出口，但每个车间地面层至少必须有1个直通室外的安全出口。

5.1.2 汽机房、除氧间、煤仓间、锅炉房最远工作地点到直通室外的安全出口或疏散楼梯的距离不应大于75m；集中控制楼最远工作地点到直通室外的安全出口或楼梯间的距离不应大于50m。

5.1.3 主厂房至少应有1个能通至各层和屋面且能直接通向室外的封闭楼梯间，其他疏散楼梯可为敞开式楼梯；集中控制楼至少应设置1个通至各层的封闭楼梯间。

5.1.4 主厂房室外疏散楼梯的净宽不应小于0.9m，楼梯坡度不应大于45°，楼梯栏杆高度不应低于1.1m。主厂房室内疏散楼梯净宽不宜小于1.1m，疏散走道的净宽不宜小于1.4m，疏散门的净宽不宜小于0.9m。

表4.0.15　建（构）筑物之间的防火间距（m）

建（构）筑物、设备名称		乙类建筑耐火等级	丙、丁、戊类建筑耐火等级		屋外配电装置	露天卸煤装置或贮煤场		制氢站或供氢站	氢气罐总容积（m^3）		点火油罐区储油罐罐区总容量V（m^3）		办公、生活建筑（单层或多层）耐火等级		铁路中心线		厂外道路（路边）	厂内道路（路边）	
		一、二级	一、二级	三级					$V\leqslant1000$	$1000<V\leqslant10000$	$V\leqslant1000$	$1000<V\leqslant5000$	一、二级	三级	厂外	厂内		主要	次要
乙类建筑耐火等级	一、二级	10	10	12	25	8		12	12	15	15（20）	20（25）	25	25	—		—		
丙、丁、戊类建筑耐火等级	一、二级	10	10	12	10	8		12	12	15	15（20）	20（25）	10	12	—		—		
	三级	12	12	14	12	10		14	15	20	20（25）	25（30）	12	14					
屋外配电装置		25	10	12	—	15	25（褐煤）	25	25	30	25	25	10	12	—	—	—		
主变压器或屋外厂用变压器单台油量（t）	≥5，≤10	25	12	15	—						28（40）	32（50）	15	20	—	—	—	—	—
	>10，≤50		15	20									20	25	—	—	—	—	—
	>50		20	25									25	30	—	—	—	—	—
露天卸煤装置或贮煤场		8	8	10	15	—		15	20	25	25（30）	30（40）	8	10	—	—	—	—	—
					25（褐煤）			25（褐煤）	25（褐煤）				25（褐煤）						
制氢站或供氢站		12	12	14	25	15	25（褐煤）	12	15	15	20（25）	25（30）	25		30	20	15	10	5
氢气罐总容量（m^3）	$V\leqslant1000$	12	12	15	25	20	25（褐煤）	15	—		20		25		25	20	15	10	5
	$1000<V\leqslant10000$	15	15	20	30	25		15			25		30						
点火油罐区储油罐罐区总容量V（m^3）	$V\leqslant1000$	15（20）	15（20）	20（25）	25	25（30）		20（25）	20	25	—		20（25）	25（32）	30（35）	20（25）	15（20）	10（15）	5（10）
	$1000<V\leqslant5000$	20（25）	20（25）	25（30）		30（40）		25（30）					25（32）	32（38）				15	10

表4.0.15 建（构）筑物之间的防火间距（m）（续）

建（构）筑物、设备名称				乙类建筑耐火等级	丙、丁、戊类建筑耐火等级		屋外配电装置	露天卸煤装置或贮煤场		制氢站或供氢站	氢气罐总容积（m³）		点火油罐区储油罐罐区总容量V（m³）		办公、生活建筑（单层或多层）耐火等级		铁路中心线		厂外道路（路边）	厂内道路（路边）	
				一、二级	一、二级	三级					$V \leq 1000$	$1000<V \leq 10000$	$V \leq 1000$	$1000<V \leq 5000$	一、二级	三级	厂外	厂内		主要	次要
液氨罐总容积 V（m³）	$V \leq 50$	单罐容积 V（m³）	$V \leq 20$	30	24（丙、丁类）		34	25		30	24		24（30）		30		25	20	20	15	10
					14	17															
	$5<V \leq 200$		$V \leq 50$	34	27（丙、丁类）		38	25		34	27		27（34）		34		30	25			
					15	19															
	$200<V \leq 500$		$V \leq 100$	38	30（丙、丁类）		42	27		38	30		30（38）		38		30	25			
					17	21															
	$500<V \leq 1000$		$V \leq 200$	42	34（丙、丁类）		45	30		42	34		34（42）		42		35	30			
					19	23															
办公、生活建筑（单层或多层）耐火等级	一、二级			25	10	12	10	8	25（褐煤）	25	25	30	20（25）	25（32）	6	7	—		—		
	三级			25	12	14	12	10					25（32）	32（38）	7	8					

注：1 防火间距应按相邻建（构）筑物外墙的最近距离计算，当外墙有凸出的燃烧构件时，应从其凸出部分外缘算起；建（构）筑物与屋外配电装置的防火间距应从构架算起；屋外油浸变压器之间的间距由工艺确定；

2 表中油浸变压器外轮廓同丙、丁、戊类建（构）筑物的防火间距，不包括汽机房、屋内配电装置楼、主控制楼、集中控制楼及网络控制楼；

3 氢气罐与氢气罐之间的防火间距，不应小于相邻较大氢气罐的直径；

4 氢气罐总容积应按其水容积（m³）和工作压力（绝对压力）的乘积计算；

5 点火油罐之间、点火油罐与建筑物之间的防火距离应符合现行国家标准《石油库设计规范》GB 50074的规定。点火油罐与建筑物的防火间距按丙类可燃液体储罐总容量不大于5000m³确定；当点火油罐储存乙类可燃液体时，其防火间距应采用括号内数值；

6 液氨储罐与建（构）筑物防火间距应按本表液氨罐总容积和单罐容积较大者确定；

7 液氨储罐与厂外铁路和厂外道路的防火间距，厂外铁路系指企业专用线，厂外道路系指三级、四级公路。

5.1.5 集中控制室的房间疏散门不应少于2个，当房间位于两个安全出口之间，且建筑面积小于或等于120m²时可设置1个。

5.1.6 主厂房的带式输送机层应设置通向汽机房、除氧间屋面或锅炉平台的疏散门。

5.2 其他建（构）筑物的安全疏散

5.2.1 碎煤机室和转运站应至少设置1个通至主要各层的楼梯，该楼梯应采用不燃性隔墙与其他部分隔开，楼梯可采用钢楼梯，但其净宽不应小于0.9m、坡度不应大于45°。运煤栈桥安全出口的间距不应超过150m。

5.2.2 卸煤装置的地下室两端及运煤系统的地下建筑物尽端，应设置通至地面的安全出口。地下室安全出口的间距不应超过60m。

5.2.3 室内煤场的安全出口不应少于2个，矩形煤场的安全出口的数量尚应与防火分区相对应。

5.2.4 主控制楼、配电装置楼各层及电缆夹层的安全出口不应少于2个，其中1个安全出口可通往室外楼梯。配电装置楼内任一点到最近安全出口的最大疏散距离不应超过30m。

5.2.5 配电装置室房间内任一点到房间疏散门的直线距离不应大于15m。

5.2.6 电缆隧道两端均应设通往地面的安全出口；当其长度超过100m时，安全出口的间距不应超过75m。

5.2.7 控制室的房间疏散门不应少于2个，当建筑面积小于120m²时可设1个。

5.2.8 每座空冷平台的室外楼梯不宜少于2个。室外楼梯的设计应符合本标准第5.1.4条规定。

5.3 建筑构造

5.3.1 主厂房电梯应能供消防使用并应符合消防电梯的要求。除锅炉房消防电梯外，消防电梯应设置前室。

5.3.2 主厂房及辅助厂房的室外疏散楼梯应符合下列规定：

1 室外疏散楼梯和平台均应采用不燃性材料制作，其耐火极限不应低于0.25h；

2 除疏散门外，楼梯周围2m内的墙面上不应设置门、窗、洞口；疏散门不应正对梯段；

3 通向室外楼梯的疏散门应采用乙级防火门，并应向室外开启。

5.3.3 变压器室、配电装置室等室内疏散门应为甲级防火门，电子设备间、发电机出线小室、电缆夹层、电缆竖井等室内疏散门应为乙级防火门；上述房间中间隔墙上的门应采用乙级防火门。

5.3.4 主厂房各车间隔墙上的门均应采用乙级防火门。

5.3.5 主厂房煤仓间带式输送机层应采用耐火极限不小于1.00h的防火隔墙与其他部位隔开，隔墙上的门均应采用乙级防火门。

5.3.6 集中控制室应采用耐火极限分别不低于2.00h和1.50h的防火隔墙和楼板与其他部位分隔，隔墙上的门窗应采用乙级防火门窗。

5.3.7 主厂房疏散楼梯间内部不应穿越可燃气体管道，蒸汽管道，甲、乙、丙类液体的管道和电缆或电缆槽盒。

5.3.8 主厂房与天桥连接处的门洞应设置防止火势蔓延的措施，门应采用不燃性材料制作。

5.3.9 蓄电池室、充电机室以及蓄电池室前套间通向走廊的门，均应采用向外开启的乙级防火门。

5.3.10 当汽机房、屋内配电装置楼、主控制楼、集中控制楼及网络控制楼的墙外5m以内布置有变压器时，在变压器外轮廓投影范围外侧各3m内的上述建筑物外墙上不应设置门、窗、洞口和通风孔，且该区域外墙应为防火墙；当建筑物墙外5m~10m范围内布置有变压器时，在上述外墙上可设置甲级防火门，变压器高度以上可设防火窗，其耐火极限不应小于0.90h。

5.3.11 电缆沟及电缆隧道在进出主厂房、主控制楼、配电装置室时，在上述建筑物外墙处应设置防火墙。电缆隧道的防火墙上应采用甲级防火门。

5.3.12 当管道穿过防火墙时，管道与防火墙之间的缝隙应采用防火封堵材料填实。当直径大于或等于32mm的可燃或难燃管道穿过防火墙时，除填塞防火封堵材料外，还应在防火墙两侧的管道上采取阻火措施。

5.3.13 柴油发电机房宜独立设置，柴油储罐或油箱应布置在柴油发电机房外。当柴油发电机房与其他建筑物合建时，应符合下列规定：

1 宜布置在建筑的首层，并应设置单独安全出口；

2 应采用耐火极限不低于2.00h的防火隔墙和1.50h的不燃性楼板与其他部位分隔，门应采用甲级防火门。

5.3.14 丙类特种材料库贴邻一般材料库设置时，应采用耐火极限不低于2.00h的防火隔墙与一般材料库分隔并设置独立的安全出口。

5.3.15 火力发电厂内各类建筑物的室内装修防火设计应按现行国家标准《建筑内部装修设计防火规范》GB 50222执行。

5.3.16 运煤栈桥下方布置丁、戊类场所时，应符合下列规定：

1 应采用耐火极限不低于2.00h的不燃性外墙和耐火极限不低于1.00h的不燃性屋顶；

2 运煤栈桥水平投影范围内的厂房外墙开口部位上方应设置挑出长度不小于1m、耐火极限不低于1.00h的防火挑檐。

5.3.17 空冷平台下方布置变压器时，变压器水平轮廓外2m投影范围内的空冷平台承重构件的耐火极限不应低于1.00h；空冷平台下方布置空冷配电间时，空冷配电间应符合本标准第5.3.16条第1款、第2款的规定。

5.3.18 发电厂建筑物与消防车登高操作场地相对应的范围内，应设置直通室外的楼梯或直通楼梯间的入口。

5.3.19 厂房、仓库的外墙应在每层的适当位置设置可供消防救援人员进入的窗口，且每个防火分区不应少于2个，设置的位置应与消防车登高操作场地相对应。

5.3.20 供消防人员进入的窗口的净高度和净宽度均不应小于1.0m，下沿距室内地面不宜大于1.2m。窗口的玻璃应易于破碎，并应设置在室外易于识别的明显标志。

6 燃煤电厂工艺系统

6.1 运煤系统

6.1.1 不同种类的煤应分类堆放，相邻煤堆底边之间应留有不小于10m的距离。

6.1.2 贮存容易自燃煤种的煤场应符合下列规定：

1 当采用悬臂斗轮堆取料机时，回取率不宜低于70%，煤场的布置及煤场机械的选型应为燃煤先进先出提供条件；

2 贮煤场应定期翻烧，翻烧周期应根据燃煤的种类来确定；

3 条形煤堆堆放时宜分层压实；

4 室内条形煤场应具备处理自燃煤的条件；

5 应设置煤堆喷水降温设施；

6 室内贮煤场应采取通风措施。

6.1.3 贮存容易自燃煤种的筒仓应符合下列规定：

1 不宜设置筒仓旁路系统；

2 宜采用先进先出型式；当不能实现先进先出时，应设置定期清仓措施；

3 应设置防爆、温度监测、烟气监测和可燃气体浓度监测装置；

4 贮存耗煤量7d及以上的褐煤时，宜采取惰化保护措施；

5 贮存耗煤量10d及以上的容易自燃的烟煤时，宜采取惰化保护措施。

6.1.4 设计煤斗、落煤管时应采取防撒和防积煤措施。

6.1.5 用于输送容易自燃煤种的输送带和导料槽的防尘密封条应采用阻燃型。卸煤装置、筒仓、混凝土或金属煤斗、落煤管等的内衬应采用不燃材料。

6.1.6 燃用容易自燃煤种的电厂从贮煤设施取煤的第一条带式输送机上应设置明火煤监测装置。当监测到明火时，应有禁止明火进入后续运煤系统的措施。

6.2 锅炉煤粉系统

6.2.1 原煤仓的设计应符合下列规定：

1 原煤仓内表面应平整、光滑、耐磨和不积煤，几何形状和结构应使煤能够顺畅自流；原煤仓的顶部应消除死角空间，其上部应设置排气装置；原煤仓应采用不燃材料制作；

2 圆筒形原煤斗出口段截面收缩率不应小于0.7，下口直径不宜小于600mm，原煤斗出口段壁面与水平面的交角不应小于60°，对于循环流化床锅炉不应小于70°；非圆筒形结构的原煤斗，其相邻两壁交线与水平面交角不应小于55°，壁面与水平面的交角不应小于60°；对于黏性大、高挥发分或易燃的烟煤和褐煤，相邻两壁交线与水平面交角不应小于65°，壁面与水平面的交角不应小于70°；循环流化床锅炉的非圆筒形结构的原煤斗，相邻两壁交线与水平面交角不应小于70°；相邻两壁交角的内侧应成圆弧形，圆弧的半径不应小于200mm；

3 在严寒地区靠近厂房外墙或外露的原煤仓，应采取防冻保温措施。

6.2.2 煤粉仓的设计应符合下列规定：

1 煤粉仓内表面应平整、光滑、耐磨和不积粉，几何形状和结构应使煤粉能够顺畅自流；煤粉仓的顶部应消除死角空间；煤粉仓应采用不燃材料制作；

2 煤粉仓应封闭严密，任何开孔必须有可靠的密封结构，不应使用敞开式煤粉仓；煤粉仓的进粉和出粉装置必须具有锁气功能；

3 金属煤粉仓的壁面与水平面的交角不应小于65°，相邻两壁间交线与水平面交角不应小于60°，相邻两壁交角的内侧应成圆弧形，圆弧的半径不应小于200mm；

4 应在煤粉仓的上部设置惰性介质引入管的固定接口；

5 煤粉仓应防止受热和受潮，对金属煤粉仓外壁应采取保温措施，在严寒地区靠近厂房外墙或外露的煤粉仓，应采取防冻保温措施；

6 煤粉仓及其顶盖应具有整体坚固性和严密性；煤粉仓上设置防爆门时，煤粉仓应按最大爆炸压力不小于40kPa和30kPa负压设计；

7 煤粉仓应设置测量煤粉温度、粉位和吸潮、放粉等设施；

8 除无烟煤以外的煤粉仓应有防爆设施。

6.2.3 在任何锅炉负荷下，送粉系统管道的布置应符合下列规定：

1 送粉管道满足下列流速条件时允许水平布置，否则与水平面的夹角不应小于45°：

1）热风送粉系统：从一次风箱到燃烧器和从排粉机到乏气燃烧器之间的送粉管道，流速不小于25m/s；

2）干燥剂送粉系统：从排粉机到燃烧器的送粉管道，流速不小于18m/s；

3）直吹式制粉系统：从磨煤机到燃烧器的送粉管道，流速不小于18m/s。

2 除必须用法兰与设备和部件连接外，煤粉系统的管道应采用焊接连接。

6.2.4 煤粉系统的设备保温材料、管道保温材料及在煤仓间穿过的汽、水、油管道保温材料均应采用不燃烧材料。

6.2.5 磨制高挥发分煤种的制粉系统不宜设置系统之间的输送煤粉机械；必须设置系统之间的输粉机械时应布置输粉机械的温度测点、吸潮装置。

6.2.6 锅炉及制粉系统的维护平台和扶梯踏步应采用格栅板平台。位于煤粉系统、炉膛及烟道处的防爆门排出口之上及油喷嘴之下的维护平台应采用花纹钢板制作。

6.2.7 煤粉系统的防爆门设置应符合下列规定：

1 煤粉系统设备和其他部件按小于最大爆炸压力设计时，应设置防爆门；

2 磨制无烟煤的煤粉系统以及在惰性气氛下运行的煤粉系统，可不设置防爆门；

3 防爆门动作时喷出的气流，不应危及附近的电缆、油气管道和经常有人通行的部位；

4 防爆门引出管爆炸喷出物的周围不应有可燃材料；

5 煤粉仓防爆门的引出管应引至室外。

6.2.8 磨煤机出口的气粉混合物温度，应不大于表6.2.8的规定。

表6.2.8 磨煤机出口的气粉混合物温度（℃）

<table>
<tr><th rowspan="2">类别</th><th colspan="2">空气干燥</th><th colspan="2">烟气空气混合干燥</th></tr>
<tr><th>煤种</th><th>温度</th><th>煤种</th><th>温度</th></tr>
<tr><td rowspan="3">风扇磨煤机直吹式系统（分离器后）</td><td>贫煤</td><td>150</td><td rowspan="3" colspan="2">180</td></tr>
<tr><td>烟煤</td><td>130</td></tr>
<tr><td>褐煤、页岩</td><td>100</td></tr>
<tr><td rowspan="3">钢球磨煤机储仓式系统（磨煤机后）</td><td>无烟煤</td><td>不受限制</td><td>褐煤</td><td>90</td></tr>
<tr><td>贫煤</td><td>130</td><td rowspan="2">烟煤</td><td rowspan="2">120</td></tr>
<tr><td>烟煤、褐煤</td><td>70</td></tr>
<tr><td rowspan="3">双进双出钢球磨煤机直吹式系统（分离器后）</td><td>烟煤</td><td>70~75</td><td rowspan="3" colspan="2"></td></tr>
<tr><td>褐煤</td><td>70</td></tr>
<tr><td>V_{daf}≤15%的煤</td><td>100</td></tr>
<tr><td>中速磨煤机直吹式系统（分离器后）</td><td colspan="4">当V_{daf}<40%时，t_{M2}=［（82−V_{daf}）5/3 ± 5］；当V_{daf}≥40%时，t_{M2}<70</td></tr>
<tr><td>RP、HP中速磨煤机直吹式系统（分离器后）</td><td colspan="4">高热值烟煤<82，低热值烟煤<77，次烟煤、褐煤<66</td></tr>
</table>

注：t_{M2}指磨煤机出口气粉混合物温度。

6.2.9 磨制混合品种燃料时，磨煤机出口的气粉混合物的温度，应按其中最易爆的煤种确定。

6.2.10 采用热风送粉时，对干燥无灰基挥发分15%及以上的烟煤及贫煤，热风温度的确定应使燃烧器前的气粉混合物的温度不超过160℃；对无烟煤和干燥无灰基挥发分15%以下的烟煤及贫煤，其热风温度可不受限制。

6.2.11 当制粉系统设置有中间煤粉储仓时，宜设置该系统停止运行后的放粉系统。

6.2.12 对爆炸感度高（挥发分高）和自燃倾向性高的烟煤和褐煤，采用中速磨煤机或双进双出钢球磨煤机直吹式制粉系统时，宜设置一氧化碳监测装置和磨煤机（分离器）后介质温度变化梯度测量装置。

6.3 锅炉烟风系统

6.3.1 空气预热器系统的设计应符合下列规定：

1 在空气预热器进出口烟道和风道上应设温度传感器，温度报警信号应上传到控制室，空气预热器应设火灾自动报警系统；

2 回转式空气预热器应设有停转报警装置、水冲洗系统和灭火系统；

3 锅炉空气预热器的传热元件在出厂和安装保管期间不得采用浸油防腐方式。

6.3.2 除尘器系统的设计应符合下列规定：

1 在除尘器的进出口烟道上，应设置烟温测量和超温报警装置；

2 袋式除尘器进出口烟道的每个流道上宜设置关断门。

6.3.3 脱硫塔其后的烟道应设置人孔。

6.3.4 发电厂液氨系统的设计应符合下列规定：

1 液氨储罐宜布置在敞开式带顶棚的建筑物中；

2 液氨储罐的进料管宜从罐体的下部接入，若必须从上部接入，进料管宜延伸到距罐底200mm处；

3 液氨储罐应设置固定喷淋冷却水系统、高低液位报警系统、压力表、温度计、安全阀；

4 液氨区除液氨储罐以外的其他设备应布置在防火堤外；

5 液氨区应设置氨气泄漏检测器和逃生风向标；

6 液氨系统应配备氮气吹扫装置；

7 所有接触氨的材质不应采用铜质材料；

8 氨管道应采用无缝钢管，除必须用法兰与设备和其他部件相连接外，氨管道管段应采用焊接连接；

9 氨管道应有防静电的接地措施；

10 氨管道宜采用架空布置，不应地沟敷设；氨气管道与其他管道共架敷设时，氨气管道应布置在外侧并在上层；

11 氨的安全阀排气不应直接排空，应处理后排放；

12 氨管道上的阀门和附件应保证其严密性，严禁使用闸阀；阀门的执行机构宜采用气动；采用电动阀时应采用防爆型的电动执行机构；

13 氨气/空气混合器或氨气/烟气混合器出口的氨气浓度应有监测措施。

6.4 点火及助燃油系统

6.4.1 锅炉点火及助燃用油品火灾危险性分类应符合现行国家标准《石油库设计规范》GB 50074的有关规定。

6.4.2 从下部接卸油罐车的卸油系统，应采用密闭式管道系统。甲、乙类油品油罐车的卸油必须采用密闭方式，并采用快速接头连接。

6.4.3 加热燃油、燃油管道伴热、燃油管道蒸汽清扫的蒸汽温度应低于油品的自燃点，且不应超过250℃。

6.4.4 燃油系统在需要加热时，应有控制油品温升的措施。油罐内加热后的燃油温度应低于其闭口闪点10℃以上。

6.4.5 储存甲乙类油品的固定顶油罐和卧式油罐的通气管上应装设呼吸阀和阻火器，储存丙类油品的固定顶油罐和卧式油罐应设置通气管，丙A类油品应装设阻火器。

6.4.6 油罐应有油位测量装置和高油位报警器。油罐还应设置降温措施。

6.4.7 油罐的进油管宜从油罐的下部进入，当工艺布置需要从油罐的顶部接入时，进油管宜延伸到油罐的下部。

6.4.8 油罐区卸油总管和供油总管应布置在油罐防火堤外。油罐的进、出口管道，在靠近油罐处和防火堤外面应分别设置隔离阀。油罐区的排水管在防火堤外应设置隔离阀。

6.4.9 进出油罐防火堤的各类管道宜从防火堤顶跨越。当需要直接穿过防火堤时，管道与防火堤间的缝隙应采用防火封堵材料紧密填塞，当管道周边有可燃物时，还应在堤体两侧1m范围内的管道上采取绝热措施；当直径大于或等于32mm的可燃或难燃管道穿过防火堤时，除填塞防火封堵材料外，还应设置阻火圈或阻火带。

6.4.10 油泵房应设在油罐防火堤之外，并与防火堤有足够的防火间距。油泵房应设置必要的泄压设施，安装通风设备和可燃气体报警器。

6.4.11 容积式油泵出口应设安全阀，安全阀的排出管应接至油罐与油泵之间的回油管道上，回油管道不应装设阀门。

6.4.12 燃油管道宜架空敷设，且应布置在热力管道的下方。当受条件限制时可采用地沟或直埋敷设。采用地沟敷设时，应进行分段封堵；采用直埋时，必须设置检漏设施，并对管道进行防腐处理。当燃油管道穿越铁路或道路时应敷设在管涵或套管内。

6.4.13 燃油管道及阀门应采用钢质材料。除必须用法兰与设备和其他部件相连接外，油管道管段应采用焊接连接。严禁采用填函式补偿器。燃油管道法兰垫片应选用耐油垫片，严禁使用塑料垫、橡皮垫（包括耐油橡皮垫）和石棉垫。

6.4.14 燃油管道阀门的执行机构宜采用气动。采用电动阀时应采用防爆型的电动执行机构。

6.4.15 燃烧器油枪接口与固定油管道之间，宜采用带金属编织网套的波纹管连接。

6.4.16 在每台锅炉的供油总管上，应设置快速关断阀和手动关断阀。当多台锅炉的回油接至一根回油总管时，每台锅炉的回油总管上应设置快速关断阀和手动关断阀。

6.4.17 **油系统的设备及管道的保温材料应采用不燃烧材料。**

6.4.18 在装设波纹管补偿器的燃油管道上宜采取防超压的措施。

6.4.19 油系统的卸油、贮油及输油的防雷、防静电设施，应符合现行国家标准《石油库设计规范》GB 50074的有关规定。

6.5 汽轮发电机

6.5.1 汽轮机油系统的设计应符合下列规定：

1 汽轮机主油箱应设置排油烟机，排油烟管道应引至厂房外无火源处且避开高压电气设施；

2 汽轮机的主油箱、油泵、冷油器及油净化装置等油系统设备，宜集中布置在汽机房零米层机头靠A列柱侧处并远离高温管道；

3 在汽机房外应设密封的事故排油箱（坑），其布置标高和排油管道的设计，应满足事故发生时排油畅通的需要；事故排油箱（坑）的容积，不应小于一台最大机组油系统的油量；

4 润滑油管道应减少法兰连接，除必须用法兰与设备和部件连接外，应采用焊接连接；压力油管道应采用无缝钢管；

5 润滑油系统应采用钢制阀门，并应按比管道设计压力高一级压力等级选用；润滑油管道阀门应选用明杆阀门，不得选用反向阀门，且开关方向应有明确标识；润滑油管道上的阀门门杆应平放或向下布置；

6 200MW及以上容量的机组宜采用组合油箱及套装油管，并宜设单元组装式油净化装置；

7 油管道应避开高温蒸汽管道，不能避开时应将其布置在蒸汽管道的下方；

8 在油管道与汽轮机前轴封箱的法兰连接处，应设置防护槽和将漏油引至安全处的排油管道；

9 油系统管道的阀门、法兰及其他可能漏油处敷设有热管道或其他载热体时，载热体管道外面应包敷严密的保温层，保温材料应采用不燃烧材料，保温层外面应采用镀锌铁皮或铝皮或彩钢板做保护层；

10 油管道法兰接合面应采用质密、耐油和耐热的垫料，不应采用塑料垫、橡皮垫和石棉垫；

11 在油箱的事故排油管上，应设置2个钢制阀门，其操作手轮应设在距油箱外缘5m以外的地方，并应有2个以上的通道；操作手轮不得加锁，并应设置明显的“禁止操作”标志；

12 300MW及以上容量的汽轮机调节油系统，宜采用抗燃油；

13 容积式油泵出口应设安全阀或泄压阀；

14 润滑油区、调节油供油装置应设置防泄漏和防火隔离措施。

6.5.2 发电厂氢系统的设计应符合下列规定：

1 **汽机房内的氢管道应布置在通风良好的区域；**

2 **发电机的排氢阀和气体控制站（氢置换设施），应布置在能使氢气直接排往厂房外部的安全处，排氢管必须接至厂房外安全处；排氢管的排氢能力应与汽轮机破坏真空停机的惰走时间相配合，排氢管管口应设阻火器；**

3　除必须用法兰与设备和其他部件相连接外，氢气管道管段应采用焊接连接；与发电机相接的氢管道，应采用带法兰的短管连接；

4　氢管道应有防静电的接地措施；

5　氢气管道应采用无缝钢管，对氢气纯度高要求的管道宜采用不锈钢管；

6　氢气管道宜采用架空布置，不应地沟敷设；氢气管道与其他管道共架敷设时，氢气管道应布置在外侧并在上层；

7　氢气管道上的阀门和附件应保证其严密性，严禁使用闸阀，不宜采用带铜或铜合金的材料制作阀门部件；

8　发电机氢气管道应设置换气体系统，置换介质应采用惰性气体；

9　发电机氢气管道应设置检漏装置。在发电机工作氢压高于冷却水压时，冷却水侧也应设置氢气监测器和报警器。

6.6　柴油发电机系统

6.6.1　柴油发电机的油箱应设置快速切断阀，油箱不应布置在柴油机的正上方。

6.6.2　柴油机排气管的室内部分，应采用不燃烧材料保温。

6.6.3　柴油机曲轴箱宜采用正压排气或离心排气；当采用负压排气时，连接通风管的导管应设置钢丝网阻火器。

6.7　变压器及其他带油电气设备

6.7.1　户外油浸变压器及户外配电装置与各建（构）筑物的防火间距应符合本标准第4.0.9条及第4.0.15条的规定。

6.7.2　布置在空冷平台下的油浸变压器，应符合本标准第5.3.17条的规定。

6.7.3　油量为2500kg及以上的户外油浸变压器或油浸高压并联电抗器之间的最小间距，应符合表6.7.3的规定。

表6.7.3　户外油浸变压器或油浸高压并联电抗器之间的最小间距

电压等级	最小间距（m）	电压等级	最小间距（m）
35kV 及以下	5	220kV及330kV	10
66kV	6	500kV及以上	15
110kV	8		

6.7.4　当油量为2500kg及以上的户外油浸变压器之间的防火间距不能满足表6.7.3的要求时，应设置防火墙。

防火墙的高度应高于变压器油枕，其长度不应小于变压器的贮油池两侧各1m。

6.7.5　油量为2500kg及以上的户外油浸变压器或电抗器与本回路油量为600kg以上且2500kg以下的带油电气设备之间的防火间距不应小于5m。

6.7.6　35kV及以下户内配电装置当未采用金属封闭开关设备时，其油断路器、油浸电流互感器和电压互感器，应设置在两侧有不燃烧实体墙的间隔内；35kV以上户内配电装置应安装在有不燃烧实体墙的间隔内，不燃烧实体墙的高度不应低于配电装置中带油设备的高度。

总油量超过100kg的户内油浸变压器，应设置单独的变压器室。

6.7.7　户内单台总油量为100kg以上的电气设备，应设置挡油设施及将事故油排至安全处的设施。挡油设施的容积宜按油量的20%设计。当不能满足上述要求时，应设置能容纳全部油量的贮油设施。

6.7.8　户外单台油量为1000kg以上的电气设备，应设置贮油或挡油设施，其容积宜按设备油量的20%设计，并能将事故油排至总事故贮油池。总事故贮油池的容量应按其接入的油量最大的一台设备确定，并设置油水分离装置。当不能满足上述要求时，应设置能容纳相应电气设备全部油量的贮油设施，并设置油水分离装置。

贮油或挡油设施应大于设备外廓每边各1m。

6.7.9 贮油设施内应铺设卵石层，其厚度不应小于250mm，卵石直径宜为50mm~80mm。

6.8 电缆及电缆敷设

6.8.1 容量为300MW及以上机组的主厂房、运煤、燃油及其他易燃易爆场所应选用阻燃电缆，其阻燃性能不应低于C类阻燃。

6.8.2 建（构）筑物中电缆引至电气柜、盘或控制屏、台的开孔部位，电缆贯穿隔墙、楼板的孔洞应采用电缆防火封堵材料进行封堵，其防火封堵组件的耐火极限不应低于被贯穿物的耐火极限，且不应低于1.00h。

6.8.3 当电缆竖井中只敷设阻燃电缆或具有相当阻燃性能的耐火电缆时，宜每隔约7m设置防火封堵，其他电缆应每隔7m设置防火封堵。在电缆隧道或电缆沟中的下列部位，应设置防火墙：

1 穿越汽机房、锅炉房和集中控制楼之间的隔墙处；

2 穿越汽机房、锅炉房和集中控制楼外墙处；

3 穿越建筑物的外墙及隔墙处；

4 架空敷设每间距100m处；

5 两台机组连接处；

6 电缆桥架分支处。

6.8.4 防火墙上的电缆孔洞应采用耐火极限为3.00h的电缆防火封堵材料或防火封堵组件进行封堵。

6.8.5 主厂房到网络控制楼或主控制楼的每条电缆隧道或沟道所容纳的电缆回路，应满足下列规定：

1 单机容量为200MW及以上时，不应超过1台机组的电缆；

2 单机容量为100MW及以上且200MW以下时，不宜超过2台机组的电缆；

3 单机容量为100MW以下时，不宜超过3台机组的电缆。

当不能满足上述要求时，应采取防火分隔措施。

6.8.6 对直流电源、应急照明、双重化保护装置、水泵房、化学水处理及运煤系统公用重要回路的双回路电缆，宜将双回路分别布置在两个相互独立或有防火分隔的通道中。当不能满足上述要求时，应对其中一回路采取防火措施。

6.8.7 对主厂房内易受外部火灾影响的汽轮机头部、汽轮机油系统、锅炉防爆门、煤粉系统防爆门、排渣孔朝向的邻近部位的电缆区段，应采取防火措施。

6.8.8 当电缆明敷时，在电缆中间接头两侧各2m~3m长的区段以及沿该电缆并行敷设的其他电缆同一长度范围内，应采取防火措施。

6.8.9 靠近带油设备的电缆沟盖板应密封。

6.8.10 对明敷的35kV以上的高压电缆，应采取防止着火延燃的措施，并应符合下列规定：

1 单机容量大于200MW时，全部主电源回路的电缆不宜明敷在同一条电缆通道中；当不能满足上述要求时，应对部分主电源回路的电缆采取防火措施；

2 充油电缆的供油系统，宜设置由火灾自动报警系统控制的闭锁装置。

6.8.11 在电缆隧道和电缆沟道中，严禁有可燃气、油管路穿越。

6.8.12 在敷设电缆的电缆夹层内，不得布置热力管道、油气管以及其他可能引起着火的管道和设备。

6.8.13 架空敷设的电缆与热力管路应保持足够的距离，控制电缆、动力电缆与热力管道平行时，两者距离分别不应小于0.5m及1m；控制电缆、动力电缆与热力管道交叉时，两者距离分别不应小于0.25m及0.5m。当不能满足要求时，应采取有效的防火隔热措施。

7 燃煤电厂消防给水、灭火设施及火灾自动报警

7.1 一般规定

7.1.1 消防给水系统应与燃煤电厂的设计同时进行。

7.1.2 单机容量125MW机组及以上的燃煤电厂消防给水应采用独立的消防给水系统。单机容量100MW机组及以下的燃煤电厂消防给水宜采用与生活用水或生产用水合用的给水系统。

7.1.3 消防给水系统应保证任一建筑物的最大消防用水量并保证其最不利点处消防设施的工作压力。消防给水系统可采用具有高位水箱或稳压泵的临时高压给水系统。

7.1.4 厂区内消防给水水量应按同一时间内发生火灾的次数及一次最大灭火用水量计算。建筑物一次灭火用水量应为室外和室内消防用水量之和。

7.1.5 厂区内应设置室内、室外消火栓系统。消火栓系统、自动喷水灭火系统、水喷雾灭火系统、泡沫灭火系统、固定消防炮灭火系统等消防给水系统可合并设置。

7.1.6 机组容量为50MW~150MW的燃煤电厂的消防设施设计应符合下列规定：

1 在电缆夹层、控制室、电缆隧道、电缆竖井及屋内配电装置处应设置火灾自动报警系统。

2 主厂房为钢结构时，应按表7.1.8配置火灾探测器和固定灭火系统；

3 封闭式运煤栈桥为钢结构时，应设置应设置开式水灭火系统及火灾自动报警系统；

4 容量为90MV·A及以上的油浸变压器应设置火灾自动报警系统、水喷雾灭火系统或其他灭火系统。

7.1.7 机组容量为200MW及以上但小于300MW的燃煤电厂的消防设施设计应符合下列规定：

1 主要建（构）物、设置场所和设备应按表7.1.7设置火灾自动报警系统；

2 主厂房为钢结构时，应按表7.1.8配置火灾探测器和固定灭火系统；

3 封闭式运煤栈桥为钢结构时，应设置开式水灭火系统及火灾自动报警系统；

4 容量为90MV·A及以上的油浸变压器应设置火灾自动报警系统、水喷雾灭火系统或其他灭火系统。

表7.1.7 主要建（构）筑物、设置场所和设备的火灾探测器类型

建（构）筑物和设备	火灾探测器类型
集中控制楼（单元控制室）、网络控制楼	
1. 电缆夹层	缆式线型感温
2. 电子设备间	高灵敏型管路采样吸气式感烟（以下简称“吸气”）/点型感烟
3. 控制室	吸气/点型感烟
4. 工程师室	吸气/点型感烟
5. 继电器室	吸气/点型感烟
6. 配电装置室	感烟
微波楼和通信楼	感烟
脱硫控制楼	
1. 控制室	感烟
2. 配电装置室	感烟
3. 电缆夹层	缆式线型感温

表7.1.7　主要建（构）筑物、设置场所和设备的火灾探测器类型（续）

建（构）筑物和设备	火灾探测器类型
汽机房	
1. 汽轮机油箱	缆式线型感温/火焰/光纤/空气管
2. 汽轮机调节油系统（抗燃油除外）	缆式线型感温/火焰/光纤/空气管
3. 氢密封油装置	缆式线型感温/火焰/光纤/空气管
4. 汽机轴承	感温/火焰/空气管
5. 汽机运转层下及中间层油管道	缆式线型感温/光纤/空气管
6. 给水泵油箱	缆式线型感温/光纤/空气管
7. 配电装置室	感烟
8. 氢冷发电机漏氢检测	可燃气体
锅炉房及煤仓间	
1. 锅炉本体燃烧器区	缆式线型感温/光纤/空气管
2. 磨煤机润滑油箱	缆式线型感温/光纤/空气管
3. 原煤仓、煤粉仓（易自燃煤）	缆式线型感温
4. 煤仓间带式输送机层	缆式线型感温
运煤系统	
1. 控制室与配电间	感烟
2. 转运站	缆式线型感温
3. 碎煤机室	缆式线型感温
4. 运煤栈桥	缆式线型感温
5. 室内贮煤场	感温
其他	
1. 柴油发电机室	感烟
2. 点火油罐	光纤/缆式线型感温/空气管/火焰
3. 汽机房架空电缆处	缆式线型感温
4. 锅炉房零米以上架空电缆处	缆式线型感温
5. 汽机房至主控制楼电缆通道	缆式线型感温
6. 电缆竖井	缆式线型感温
7. 主厂房内主蒸汽管道与油管道交叉处	缆式线型感温
8. 液氨区液氨贮罐	氨气泄漏检测器
9. 柴油机驱动消防泵泵组及油箱	感温+火焰
10. 供氢站、制氢站	可燃气体

注：集中控制楼、网络控制楼室内地板下的电缆层宜采用缆式线型感温探测器。

7.1.8　机组容量为300MW及以上的燃煤电厂的主要建（构）物、场所和设备应按表7.1.8设置火灾自动报警系统及固定灭火系统。

表7.1.8 主要建(构)筑物、场所和设备的火灾探测器与固定灭火系统的选型

建(构)筑物、场所和设备	火灾探测器类型	灭火系统类型
集中控制楼、网络控制楼		
1. 电缆夹层	缆式线型感温	水喷雾/细水雾/水喷淋/气体
2. 电子设备间	(吸气+点型感温)/(点型感烟+点型感温)	气体
3. 控制室	吸气/点型感烟	—
4. 工程师室	(吸气+点型感温)/(点型感烟+点型感温)	气体
5. 继电器室	(吸气+点型感温)/(点型感烟+点型感温)	气体
6. 配电装置室	感烟+感温	气体/干粉(灭火装置)
微波楼	感烟/感温	—
汽机房		
1. 汽轮机油箱	(缆式线型感温+火焰)/(点型感烟+火焰)/(光纤+火焰)/(空气管+火焰)	水喷雾/细水雾/水喷淋
2. 汽轮机调节油系统(抗燃油除外)	(缆式线型感温+火焰)/(点型感烟+火焰)/(光纤+火焰)/(空气管+火焰)	水喷雾/细水雾/水喷淋
3. 氢密封油装置	(缆式线型感温+火焰)/(点型感烟+火焰)/(光纤+火焰)/(空气管+火焰)	水喷雾/细水雾/水喷淋
4. 汽机轴承	感温/火焰/空气管	—
5. 汽机运转层下及中间层油管道	缆式线型感温/光纤/空气管	水喷淋/水喷雾
6. 汽动给水泵油箱(抗燃油除外)	(缆式线型感温+火焰)/(点型感烟+火焰)/(光纤+火焰)/(空气管+火焰)	水喷雾/细水雾/水喷淋
7. 配电装置室	感烟	—
8. 电缆夹层	缆式线型感温	水喷雾/细水雾/水喷淋/气体
9. 汽机贮油箱(主厂房内)	(缆式线型感温+火焰)/(点型感烟+火焰)/(光纤+火焰)/(空气管+火焰)	水喷雾/细水雾/水喷淋
10. 电子设备间	(吸气+点型感温)/(点型感烟+点型感温)	气体
11. 汽机房架空电缆处	缆式线型感温	—
锅炉房及煤仓间		
1. 锅炉本体燃烧器	缆式线型感温/空气管	水喷雾/水喷淋
2. 磨煤机润滑油箱	缆式线型感温/空气管	水喷雾/细水雾/水喷淋
3. 回转式空气预热器	温度	水
4. 原煤仓、煤粉仓(易自燃煤)	缆式线型感温+一氧化碳探测器+氧气浓度监测	惰性气体
5. 锅炉房零米以上架空电缆处	缆式线型感温	—
脱硫系统		
1. 脱硫控制楼控制室	感烟	—
2. 脱硫控制楼配电装置室	感烟	—
3. 脱硫控制楼电缆夹层	缆式线型感温	—

表7.1.8　主要建（构）筑物、场所和设备的火灾探测器与固定灭火系统的选型（续）

建（构）筑物、场所和设备	火灾探测器类型	灭火系统类型
变压器		
1. 主变压器	（感温+火焰）/（感温+感温）	水喷雾/其他介质
2. 启动/备用变压器	（感温+火焰）/（感温+感温）	水喷雾/其他介质
3. 联络变压器	（感温+火焰）/（感温+感温）	水喷雾/其他介质
4. 高压厂用变压器	（感温+火焰）/（感温+感温）	水喷雾/其他介质
5. 其他油浸变压器（≥90000kV·A）	（感温+火焰）/（感温+感温）	水喷雾/其他介质
运煤系统		
1. 控制室	感烟或感温	—
2. 配电装置室	感烟或感温	—
3. 电缆夹层	缆式线型感温	—
4. 转运站及筒仓	缆式线型感温	水幕
5. 碎煤机室	缆式线型感温	水幕
6. 易自燃煤种：封闭式运煤栈桥、运煤隧道、皮带头部及尾部	缆式线型感温+火焰	水喷雾/自动喷水
7. 煤仓间或筒仓带式输送机层	缆式线型感温+火焰	（水幕+水喷雾）/（水幕+自动喷水）
8. 室内贮煤场	感温	水炮
其他		
1. 柴油发电机室及油箱	感温+火焰	水喷雾/细水雾/自动喷水
2. 露天柴油发电机集成装置	感温+火焰	气体
3. 屋内高压配电装置	感烟	—
4. 汽机房至主控制楼电缆通道	缆式线型感温	—
5. 主厂房电缆竖井	缆式线型感温	细水雾/自动喷水/干粉（灭火装置）
6. 主厂房内主蒸汽管道与油管道（在蒸汽管道上方）交叉处	感温+火焰	水喷雾/细水雾/水喷淋
7. 电除尘控制室	感烟	—
8. 供氢站、制氢站	可燃气体	—
9. 点火油罐	缆式线型感温/光纤/空气管/火焰	泡沫
10. 油处理室	感温	—
11. 电缆隧道	缆式线型感温	水喷雾/细水雾
12. 柴油机驱动消防泵泵组及油箱	感温+火焰	水喷雾/细水雾/水喷淋
13. 液氨区液氨储罐	氨气泄漏检测器	水喷雾

注：1　集中控制楼、网络控制楼地板下的电缆层，应采用缆式线型感温探测器；
2　筒仓的防火措施尚应符合本标准6.1节的有关规定；
3　需要火灾自动报警系统联动控制的消防设备，其联动触发信号应采用同类型或不同类型两个报警触发装置报警信号的“与”逻辑组合。

7.1.9　运煤栈桥及运煤隧道与转运站、筒仓、碎煤机室、主厂房连接处应设防火分隔水幕。

7.2 室外消防给水

7.2.1 厂区内同一时间内的火灾次数，应符合现行国家标准《消防给水及消火栓系统技术规范》GB 50974的有关规定。

7.2.2 室外消防用水量的计算应符合下列规定：

1 建(构)筑物室外消防一次用水量不应小于表7.2.2的规定；

2 点火油罐区的消防用水量应符合现行国家标准《泡沫灭火系统设计规范》GB 50151、《石油库设计规范》GB 50074及《消防给水及消火栓系统技术规范》GB 50974的有关规定；

3 露天煤场的消防用水量应不少于20L/s；

4 液氨区的消防冷却用水量应按储罐固定式水喷雾冷却水量与移动消防冷却水量之和计算；

5 消防用水与生活用水合并的给水系统，在生活用水达到最大小时用水时，应确保消防用水量(消防时淋浴用水可按计算淋浴用水量的15%计算)。

表7.2.2 建(构)筑物室外消防一次用水量

<table>
<tr><th>耐火等级</th><th colspan="2">一次火灾用水量(L/s) / 建(构)筑物 V (m^3) / 建筑物名称、类别</th><th>≤1500</th><th>1500<V≤3000</th><th>3000<V≤5000</th><th>5000<V≤20000</th><th>20000<V≤50000</th><th>V>50000</th></tr>
<tr><td rowspan="5">二级</td><td colspan="2">主厂房</td><td colspan="5">15</td><td>20</td></tr>
<tr><td colspan="2">特种材料库</td><td>15</td><td>15</td><td>25</td><td>25</td><td>35</td><td>—</td></tr>
<tr><td rowspan="3">其他建筑</td><td>甲、乙</td><td>15</td><td>15</td><td>20</td><td>25</td><td>30</td><td>35</td></tr>
<tr><td>丙</td><td>15</td><td>15</td><td>20</td><td>25</td><td>30</td><td>40</td></tr>
<tr><td>丁、戊</td><td colspan="5">15</td><td>20</td></tr>
<tr><td rowspan="2">三级</td><td rowspan="2">其他建筑</td><td>乙、丙</td><td>15</td><td>20</td><td>30</td><td>40</td><td>45</td><td>—</td></tr>
<tr><td>丁、戊</td><td colspan="3">15</td><td>20</td><td>25</td><td>35</td></tr>
</table>

注：1 成组布置的建筑物应按消火栓设计流量较大的相邻两座建筑体积之和计算；

2 变压器室外消火栓用水量不应小于15L/s；

3 空气预热器的一次灭火用水量不应小于设备内固定灭火系统的用水量。

7.2.3 主厂房、液氨区、露天贮煤场或室内贮煤场、点火油罐区周围的消防给水管网应为环状。

7.2.4 点火油罐宜设移动式冷却水系统。

7.2.5 室外消防给水管道和消火栓的布置应符合现行国家标准《消防给水及消火栓系统技术规范》GB 50974的有关规定；液氨区及露天布置的锅炉区域，消火栓的间距不宜大于60m；液氨区应配置喷雾水枪。

7.2.6 设在道路中并高出路面的室外消火栓与阀门启闭装置，宜设置防撞设施。

7.3 室内消火栓与室内消防给水量

7.3.1 下列建筑物或场所应设置室内消火栓：

1 主厂房(包括汽机房和锅炉房的底层、运转层，煤仓间各层，除氧器层，锅炉燃烧器各层平台，集中控制楼)；

2 主控制楼，网络控制楼，微波楼，屋内高压配电装置(有充油设备)，脱硫控制楼，吸收塔的检修维护平台；

3 屋内卸煤装置、碎煤机室、转运站、筒仓运煤皮带层；

4 柴油发电机房；

5 一般材料库，特殊材料库。

7.3.2 下列建筑物或场所可不设置室内消火栓：

脱硫工艺楼，增压风机室，吸风机室，屋内高压配电装置（无油），除尘构筑物，室内贮煤场、运煤栈桥，运煤隧道，油浸变压器室，油浸变压器检修间，供、卸油泵房，油处理室，循环水泵房，岸边水泵房，灰浆、灰渣泵房，生活、消防水泵房，综合水泵房，稳定剂室、加药设备室，取水建（构）筑物，冷却塔，化学水处理室，循环水处理室，启动锅炉房，推煤机库，供氢站（制氢站），空气压缩机室（有润滑油），热工、电气、金属实验室，天桥，排水、污水泵房，污水处理构筑物，电缆隧道，材料库棚。

7.3.3 室内消火栓的用水量应根据同时使用水枪数量和充实水柱长度由计算确定，但不应小于表7.3.3的规定。

表7.3.3 室内消火栓系统用水量

<table>
<tr><th>建筑物名称</th><th colspan="3">建筑高度H、体积V、火灾危险性</th><th>消火栓用水量（L/s）</th><th>同时使用水枪数量（支）</th><th>每根竖管最小流量（L/s）</th></tr>
<tr><td rowspan="2">主厂房</td><td colspan="3">$H\leqslant 24m$</td><td>10</td><td>2</td><td>10</td></tr>
<tr><td colspan="3">$H>50m$</td><td>20</td><td>4</td><td>15</td></tr>
<tr><td rowspan="7">其他生产类建筑</td><td rowspan="3">$H\leqslant 24m$</td><td colspan="2">甲、乙、丁、戊</td><td>10</td><td>2</td><td>10</td></tr>
<tr><td rowspan="2">丙</td><td>$V\leqslant 5000m^3$</td><td>10</td><td>2</td><td>10</td></tr>
<tr><td>$V>5000m^3$</td><td>20</td><td>4</td><td>15</td></tr>
<tr><td rowspan="2">$24m<H\leqslant 50m$</td><td colspan="2">乙、丁、戊</td><td>15</td><td>3</td><td>15</td></tr>
<tr><td colspan="2">丙</td><td>30</td><td>6</td><td>15</td></tr>
<tr><td rowspan="2">$H>50m$</td><td colspan="2">丁、戊</td><td>20</td><td>4</td><td>15</td></tr>
<tr><td colspan="2">丙</td><td>40</td><td>8</td><td>15</td></tr>
<tr><td rowspan="3">一般材料库、特殊材料库</td><td colspan="3">甲、乙、丁、戊</td><td>10</td><td>2</td><td>10</td></tr>
<tr><td rowspan="2">丙</td><td colspan="2">$V\leqslant 5000m^3$</td><td>15</td><td>3</td><td>15</td></tr>
<tr><td colspan="2">$V>5000m^3$</td><td>25</td><td>5</td><td>15</td></tr>
</table>

7.4 室内消防给水管道、消火栓和消防水箱

7.4.1 室内消防给水管道设计应符合下列规定：

1 室内消防给水管道应为环状管网；室内消火栓不超过10个且室外消防用水量不大于20L/s时，可布置成枝状；室内消防给水环状管网至少应有2条进水管与室外管网连接，每条应按满足全部用水量设计；

2 主厂房内应设置水平环状管网；消防竖管应引自水平环状管网成枝状布置，竖管上装设2个及以上消火栓时，竖管与水平管道连接处应设阀门；

3 室内水平消防给水管道应采用阀门分段，对于单层厂房、库房，当某段损坏时，可关闭不相邻的5个消火栓；非单层建筑可关闭不相邻的5根竖管；

4 消防用水与其他用水合并的室内管道，当其他用水达到最大流量时，应仍能供全部消防用水量；主厂房及超过4层的建筑室内消防管网上应设置水泵接合器，水泵接合器的数量应通过室内消防用水量计算确定；

5 室内消火栓给水管及报警阀组过滤器以前的给水管道可采用经防腐处理的钢管，应根据管道材质、施工条件等因素选择沟槽、螺纹、法兰或焊接等连接方式。

7.4.2 室内消火栓布置应符合下列规定：

1 消火栓的布置应保证有2支水枪的充实水柱同时到达室内任何部位；建筑高度小于或等于24m且体积小于或等于5000m^{3}的材料库，可采用1支水枪充实水柱到达室内任何部位；

2 水枪的充实水柱长度应由计算确定；对于高层建筑、主厂房和材料库，消火栓栓口的动压不应小于0.35MPa，消防水枪的充实水柱长度应按13m计算；对于其他建筑，消火栓栓口的动压不应小于0.25MPa，消防水枪的充实水柱长度应按10m计算；

3 消火栓栓口处静压大于1.0MPa或自动水灭火系统报警阀处的工作压力大于1.6MPa或喷头处的工作压力大于1.20MPa时，应采用分区给水系统；消火栓栓口处的出水压力不应大于0.5MPa，当超过0.7MPa时，应设置减压设施；

4 室内消火栓应设在明显易于取用的地点，栓口距地面高度宜为1.1m，其出水方向宜向下或与设置消火栓的墙面成90°角；

5 室内消火栓的间距应由计算确定，主厂房内消火栓的间距不应超过30m；

6 应采用同一型号的配有消防软管卷盘的消火栓箱，消火栓水带直径宜为65mm，长度不应超过25m，水枪喷嘴口径不应小于19mm；

7 主厂房的煤仓间最高处应设检验用的消火栓和压力显示装置；在室内消防给水管路最高处应设自动排气阀；

8 当室内消火栓设在寒冷地区非供暖的建筑物内时，可采用干式消火栓给水系统，但在进水管上应安装快速启闭阀；

9 带电设施附近的消火栓应配备喷雾水枪。

7.4.3 当设置高位水箱时，高位水箱的设置应符合下列要求：

1 设在主厂房煤仓间最高处，且为重力自流水箱；

2 消防水箱应储存10min的消防用水量；当室内消防用水量不超过25L/s时，经计算消防储水量超过12m^{3}时，可采用12m^3；当室内消防用水量超过25L/s，经计算水箱消防储量超过18m^{3}时，可采用18m^3；

3 消防用水与其他用水合并的水箱，应采取消防用水不作他用的技术措施；

4 火灾发生时由消防水泵供给的消防用水，不应进入消防水箱。

7.5 水喷雾、细水雾、自动喷水及固定水炮灭火系统

7.5.1 水喷雾灭火设施与高压电气设备带电（裸露）部分的最小安全净距应符合国家现行标准《高压配电装置设计技术规程》DL/T 5352的规定。

7.5.2 当在寒冷地区设置室外变压器水喷雾灭火系统、氨区水喷雾灭火系统及油罐固定冷却水系统时，应设置管路放空设施。

7.5.3 设有自动喷水灭火系统或水喷雾灭火系统的建筑物与设备的设计基本参数不应低于表7.5.3的规定。

表7.5.3 自动喷水、作用面积强度及水喷雾强度

火灾类别	建（构）筑物、设备	自动喷水强度（L/min·m^2）/作用面积（m^2）	水喷雾强度（L/min·m^2）
气体	液氨储罐	—	6
电气	电缆夹层，电缆隧道	12/260	13
	油浸变压器	—	20
	油浸变压器的集油坑	—	6

表 7.5.3 自动喷水、作用面积强度及水喷雾强度（续）

火灾类别	建（构）筑物、设备	自动喷水强度（$L/min\cdot m^2$）/ 作用面积（m^2）	水喷雾强度（$L/min\cdot m^2$）
液体	汽轮机油箱及贮油箱、汽轮机调节油系统、氢密封油装置、汽机运转层下及中间层油管道、汽动给水泵油箱、主蒸汽管与油管道（在主蒸汽管上方）交叉处、磨煤机润滑油箱、柴油机驱动消防泵泵组及油箱、柴油发电机室及油箱、锅炉燃烧器	12/260	液体闪点60℃~120℃：20 液体闪点>120℃：13
固体	燃用褐煤或易自燃高挥发分煤的运煤栈桥、运煤隧道、皮带头部及尾部、煤仓间或筒仓的带式输送机层	8/160	10

注：点火油罐的冷却水供给强度应符合现行国家标准《消防给水及消火栓系统技术规范》GB 50974的规定。

7.5.4 运煤系统建筑物设闭式自动喷水灭火系统时，宜采用快速响应喷头。

7.5.5 自动喷水灭火系统、水喷雾灭火系统及细水雾灭火系统的设计应分别符合现行国家标准《自动喷水灭火系统设计规范》GB 50084、《水喷雾灭火系统设计规范》GB 50219及《细水雾灭火系统技术规范》GB 50898的有关规定。

7.5.6 设置在室内贮煤场内的固定灭火水炮，其设计应符合下列规定：

1 应保证至少一门水炮的水柱到达煤场内任意点；

2 每门水炮的流量不宜小于20L/s；

3 应具有直流和水雾两种喷射方式；

4 宜采用就地手动控制；

5 固定水炮的系统设计尚应符合现行国家标准《固定消防炮灭火系统设计规范》GB 50338的规定。

7.6 消防水泵房与消防水池

7.6.1 消防水泵房应设直通室外的安全出口。

7.6.2 一组消防水泵的吸水管不应少于2条；当其中1条损坏时，其余的吸水管应能满足全部用水量。吸水管上应装设检修用阀门。

7.6.3 消防水泵应采用自灌式吸水。

7.6.4 消防水泵房应有不少于2条出水管与环状管网连接，当其中1条出水管检修时，其余的出水管应能满足全部用水量。消防泵组应设试验回水管，并配装检查用的放水阀门、水锤消除、安全泄压及压力、流量测量装置。

7.6.5 消防水泵应设备用泵，备用泵的流量和扬程不应小于最大一台消防泵的流量和扬程。

消防水泵宜采用柴油机驱动消防泵作为备用泵。

7.6.6 稳压泵应设备用泵。稳压泵的设计流量宜为消防给水系统设计流量的1%~3%，稳压泵启泵压力与消防泵自动启泵的压力之差宜为0.02MPa，稳压泵的启泵压力与停泵压力之差不应小于0.05MPa；系统压力控制装置所在处准工作状态时的压力与消防泵自动启泵的压力差宜为0.07MPa~0.10MPa。

气压罐的调节容积应按稳压泵启泵次数不大于15次/h计算确定，气压罐内最低水压应满足任意消防设施最不利点的工作压力需求。

7.6.7 燃煤电厂应设消防水池，当消防用水与其他用水共用时，应采取确保消防用水量不作他用的技术措施。消防水池的容积应能满足全厂同一时间火灾次数条件下、不同场所火灾延续时间内供水的需要。容积大于500m^3的消防水池应分格为两个各自独立使用的水池，二者之间应设满足水泵在最低有效水位取水的连通管。不同场所各种消防给水系统的火灾延续时间应符合表7.6.7的规定。

表7.6.7　不同场所各种消防给水系统的火灾延续时间

消防给水系统类别	保护对象	火灾延续时间（h）
室外消火栓	直径大于20m的点火油罐	6
	直径小于或等于20m的点火油罐	4
	露天煤场	3
	液氨区	6
室内、室外消火栓	甲乙丙类厂房、仓库	3
	丁戊类厂房、仓库	2
固定水炮灭火系统	室内贮煤场	1

注：自动水灭火系统、泡沫灭火系统的火灾延续时间按相应现行国家标准确定。

7.6.8　当湿式冷却塔数量多于一座且供水有保证时，冷却塔贮水池可兼作消防水源且无需分格。

7.6.9　消防水泵房宜与生活水泵房及/或生产水泵房合建，合建后的泵房应为独立建筑。柴油消防水泵的油箱应设置在单独的房间内，泵房内应设置与消防控制室直接联络的通信设备。

7.7　消防排水

7.7.1　消防排水应与电厂排水系统统一设计。

7.7.2　油系统等设施的消防排水应按消防流量设计，在排水管道上或排水设施中宜设置水封或采取油水分隔措施。其他场所的消防排水宜排入室外雨水管道。

7.8　泡沫灭火系统

7.8.1　点火油罐区宜采用低倍数泡沫灭火系统。

7.8.2　点火油罐的泡沫灭火系统的型式应符合下列规定：

1　单罐容量大于200m³的油罐应采用固定式泡沫灭火系统；

2　单罐容量小于或等于200m³的油罐应采用移动式泡沫灭火系统。

7.8.3　泡沫灭火系统的设计应符合现行国家标准《泡沫灭火系统设计规范》GB 50151的有关规定。

7.9　气体灭火系统

7.9.1　气体灭火剂的类型、气体灭火系统型式的选择，应根据被保护对象的特点、重要性、环境要求并结合防护区的布置，经技术经济比较后确定。宜采用组合分配系统。

7.9.2　灭火剂的设计用量应按需要提供保护的最大防护区的体积计算确定。灭火剂宜设100%备用。

7.9.3　采用低压二氧化碳灭火系统时，其贮罐宜布置在零米层。

7.9.4　固定式气体灭火系统的设计应符合现行有关国家标准的规定。

7.10　气体惰化系统

7.10.1　原煤斗应采用惰化系统，并应能确保煤斗内氧气浓度低于最大允许氧浓度，惰化气体系统设计应符合国家有关标准的规定。

7.10.2　原煤斗应采用连续氧浓度监测，氧浓度超过设计值时，控制室应有信号报警。

7.10.3　低压二氧化碳惰化系统应设气化器及稳压装置。喷头入口压力不宜大于0.5MPa（表压），喷头应具有防撞、防堵塞功能。

7.11　灭火器

7.11.1　建（构）筑物及设备应按表7.11.1确定火灾类别及危险等级并配置灭火器。

表 7.11.1 建(构)筑物及设备火灾类别及危险等级

配置场所	火灾类别	危险等级
电缆夹层	E	中
高、低压配电装置室	E	中
电子设备间	E	中
控制室	E	严重
工程师室、DCS 工程师室、SIS 机房、远动工程师室	E	中
继电器室	E	中
蓄电池室	C	中
汽轮机油箱	B	严重
汽轮机调节油系统	B	中
氢密封油装置	B	中
汽机轴承	B	中
汽机运转层下及中间层油管道	B	严重
汽动给水泵油箱	B	严重
汽机贮油箱	B	严重
主厂房内主蒸汽管道与油管道交叉处	B	严重
汽机房架空电缆	E	中
电缆交叉、密集及中间接头部位	E	中
汽机房运转层	A、B	中
锅炉本体燃烧器区	B	中
磨煤机润滑油箱	B	中
磨煤机	A	严重
回转式空气预热器	A	中
煤仓间带式输送机层	A	中
锅炉房零米以上架空电缆	E	中
微波楼	E	中
屋内配电装置楼(内有充油设备)	E	中
直接空冷平台	E、A	轻
室外变压器	B	中
脱硫工艺楼	A	轻
脱硫控制楼	E	中
增压风机室	A	轻
吸风机室	A	轻
除尘构筑物	A	轻
转运站及筒仓带式输送机层	A	中
碎煤机室	A	中
运煤隧道	A	中
屋内卸煤装置	A	中
堆取料机、装卸桥	A	轻
贮煤场、干煤棚的装卸设备	A	中

表 7.11.1　建（构）筑物及设备火灾类别及危险等级（续）

配置场所	火灾类别	危险等级
室内贮煤场的堆取料机	A	中
柴油发电机室及油箱	B	中
点火油罐	B	严重
油处理室	B	中
供、卸油泵房，栈台	B	中
化学水处理室、循环水处理室	A	轻
启动锅炉房	B	中
供氢站、制氢站	C	严重
空气压缩机室（油润滑油）	B	中
热工、电气、金属实验室	A	中
变压器检修间	B	中
检修车间	A、B	轻
生活、消防水泵房	A、B	中
一般材料库	A	中
特种材料库	A\A、B	严重
推煤机库	B	中
消防站	B	中
液氨区	A	轻

注：1　柴油发电机房如采用了闪点低于60℃的柴油，则应按严重危险级考虑；
　　2　严重危险级的场所，应设推车式灭火器。

7.11.2　点火油罐区防火堤内面积每400m²应配置1具8kg手提式干粉灭火器，当计算数量超过6具时，可采用6具。

7.11.3　露天设置的灭火器应设置遮阳棚。

7.11.4　灭火器的配置设计应符合现行国家标准《建筑灭火器配置设计规范》GB 50140的规定。

7.12　消防救援设施

7.12.1　单台机组容量为300MW及以上的大型火电厂应设置企业消防站。对于集中建设的电站群或建在工业园区的电厂，宜采用联合建设原则集中设置消防站。

7.12.2　消防车的配置宜符合下列规定：

1　单机容量为300MW、600MW级机组，应不少于2辆消防车，其中一辆应为水罐或泡沫消防车，另一辆可为干粉或干粉泡沫联用车；

2　单机容量为1000MW级机组，应不少于3辆消防车，其中两辆应为水罐或泡沫消防车，另一辆可为干粉或干粉泡沫联用车。

7.13　火灾自动报警、消防设备控制

7.13.1　单机容量为50MW~150MW的燃煤电厂，应设置集中报警系统。

7.13.2　单机容量为200MW及以上的燃煤电厂，应设置控制中心报警系统。

7.13.3　200MW级机组及以上容量的燃煤电厂，宜按下列规定划分火灾报警区域：

1　每台机组为一个火灾报警区域（包括集中控制室/单元控制室、汽机房、锅炉房、煤仓间以及主变压器、启动变压器、联络变压器、厂用变压器、机组柴油发电机、空冷控制楼、点火油罐）；

2 办公楼、网络控制楼、微波楼和通信楼火灾报警区域（包括控制室、电子计算机房及电缆夹层）；

3 运煤系统火灾报警区域［包括控制室与配电间、转运站、碎煤机室、运煤栈桥（隧道）、室内贮煤场或筒仓］；

4 脱硫系统区域；

5 液氨区。

7.13.4 消防控制室应与集中控制室合并设置。

7.13.5 火灾报警控制器应设置在值长所在的集中控制室内，报警控制器的安装位置应便于操作人员监控。

7.13.6 火灾探测器的选择应符合本标准第7.1.7条、第7.1.8条的规定。

7.13.7 点火油罐区的火灾探测器及相关连接件应符合现行国家标准《爆炸危险环境电力装置设计规范》GB 50058的有关规定。

7.13.8 运煤系统内的火灾探测器及相关连接件的IP防护等级不应低于IP55。

7.13.9 变压器区域宜设置工业电视监视系统，监视画面应能在集中控制室显示。

7.13.10 室内贮煤场的挡煤墙中宜设置测温装置，其信号应能传送至集中控制室发出声光警报。

7.13.11 其他系统的音响应区别于火灾自动报警系统的警报音响。

7.13.12 当火灾确认后，火灾自动报警系统应能将生产广播切换到消防应急广播。

7.13.13 消防设施的就地启动、停止控制设备应具有明显标志，并应有防误操作保护措施。消防水泵的停运应为手动控制。消防水泵可按定期人工巡检方式设计。

7.13.14 可燃气体探测器、液氨区的氨气浓度检测报警的信号应接入火灾自动报警系统。

7.13.15 火灾自动报警系统的设计应符合现行国家标准《火灾自动报警系统设计规范》GB 50116的有关规定。

8 燃煤电厂供暖、通风和空气调节

8.1 供 暖

8.1.1 运煤建筑供暖热媒的供水宜采用温度不高于130℃的热水。严寒地区当采用蒸汽作为热媒时，其散热器入口处蒸汽温度不应超过160℃。应选用表面光洁易清扫的散热设备。

8.1.2 甲、乙类厂房或甲、乙类仓库严禁采用明火和电热散热器供暖；蓄电池室、供（卸）油泵房、油处理室、汽车库及运煤（煤粉）系统等产生易燃易爆气体或物料的建筑物或房间，严禁采用明火取暖。

8.1.3 蓄电池室的供暖散热器应采用耐腐蚀、承压高的散热器；管道应采用焊接，室内不应设置法兰、丝扣接头和阀门；供暖管道不宜穿过蓄电池室楼板；蓄电池室内不应敷设供暖沟道。

8.1.4 供暖管道不应穿过变压器室、配电装置室等电气设备间。

8.1.5 室内供暖系统的管道、管件及保温材料应采用不燃烧材料。

8.1.6 当供暖管道穿越防火墙时应预埋钢套管，管道与套管之间的空隙应采用耐火材料严密封堵，并在穿墙处设置固定支架。

8.2 空气调节

8.2.1 当集中控制室、电子设备间等房间不具备自然排烟条件时，应设置火灾后的机械排风系统，排风量应按房间换气次数不少于每小时6次计算，排风机宜采用钢制轴流风机。

8.2.2 通风、空气调节系统的送、回风管，当符合下列情况之一时，应设置防火阀，防火阀动作温度应为70℃。

1 穿越重要设备或火灾危险性大的房间隔墙和楼板处；

2 穿越通风空调机房的房间隔墙和楼板处；

3 穿越防火分区处；

4 穿越防火分隔处的变形缝两侧；

5 垂直风管与每层水平风管交接处的水平管段上。

8.2.3 穿过墙体或楼板的防火阀两侧各2m范围内的风道保温应采用不燃烧材料，穿过处的空隙应采用防火材料封堵。

8.2.4 集中空气调节系统的送风机、回风机应与消防系统联锁，当出现火警时，应能立即停运。

8.2.5 空气调节系统的新风口应远离废气口和其他火灾危险区的烟气排气口。

8.2.6 空气调节系统的电加热器应与风机联锁，并应设置欠风超温断电保护措施。

8.2.7 通风空调系统的风道及其附件应采用不燃材料制作，挠性接头可采用难燃材料制作。

8.2.8 空气调节系统风道的保温材料、冷水管道的保温材料、消声材料及其粘结剂，应采用不燃烧材料。

8.3 电气设备间通风

8.3.1 油断路器室应设置事故排风系统，通风量应按换气次数不少于每小时12次计算。火灾时，通风系统电源开关应能自动切断。

8.3.2 厂用配电装置室通风系统应符合下列规定：

1 当设有火灾自动报警系统时，通风设备应与其联锁，当出现火警时应能立即停运；

2 当几个屋内配电装置室共设一个通风系统时，应在每个房间的送风支风道上设置防火阀。

8.3.3 变压器室的通风系统应与其他通风系统分开，变压器室之间的通风系统不应合并。具有火灾探测器的变压器室，当发生火灾时，火灾自动报警系统应能自动切断通风机的电源。

8.3.4 蓄电池室通风系统应符合下列规定：

1 室内空气不应再循环，室内应保持负压，排风管的出口应接至室外；

2 排风系统不应与其他通风系统合并设置，排风应引至室外；

3 当蓄电池室的顶棚被梁分隔时，每个分隔处均应设吸风口，吸风口上缘距顶棚平面或屋顶的距离不应大于0.1m；

4 设置在蓄电池室内的通风机及其电机应为防爆型，并应直接连接；

5 当蓄电池室内未设置氢气浓度检测仪时，排风机应连续运行；当蓄电池室内设有带报警功能的氢气浓度检测仪时，排风机应与氢气浓度检测仪联锁自动运行；

6 蓄电池室的送风机和排风机不应布置在同一通风机房内；当送风设备为整体箱式时，可与排风设备布置在同一个房间。

8.3.5 采用机械通风系统的电缆隧道和电缆夹层，当发生火灾时应立即切断通风机电源。通风系统的风机应与火灾自动报警系统联锁。

8.4 油系统通风

8.4.1 油泵房机械通风应符合下列规定：

1 室内空气不应再循环；

2 通风设备应采用防爆型，风机应与电机直接连接；

3 排风管不应设在墙体内，并不宜穿过防火墙；当必须穿过防火墙时，应在穿墙处设置防火阀。

8.4.2 通行和半通行的油管沟应设置通风设施，并应设置可靠的接地装置。

8.4.3 含油污水处理站应设置通风设施。

8.4.4 油系统的通风管道及其部件应采用不燃材料。

8.5 运煤系统通风除尘

8.5.1 运煤系统的卸煤装置、转运站、碎煤机室、筒仓和煤仓间应设通风除尘装置。

8.5.2 运煤建筑采用机械通风除尘时，应符合下列规定：

1 通风除尘设备的电机应采用防爆型，室内通风除尘设备配套电气设施的外壳防护等级应达到IP54级；

2 通风除尘装置应设置导除静电的接地装置；

3 除尘器本体或风管负压段应设置泄压装置；

4 排风管道应引到室外安全处。

8.5.3 静电除尘器应根据电场风速、煤尘浓度及煤尘特性等技术要求选择，且煤尘性质应符合下列规定：

1 煤尘比电阻应为$10^4\Omega\cdot cm$~$10^{12}\Omega\cdot cm$；

2 煤尘干燥无灰基挥发份应小于46%；

3 煤尘初始浓度不应大于$30g/m^3$。

8.5.4 当煤尘干燥无灰基挥发份大于或等于30%，采用静电除尘器或布袋除尘器时，除尘器本体及除尘风道应采取安全可靠的防煤粉自燃措施，在除尘器本体前的除尘管段上应设置防火阀。

8.5.5 运煤系统中通风除尘系统的风管和部件均应采用不燃烧材料制作，风机进出口处的挠性接头可采用难燃烧材料制作。

8.6 其他建筑通风

8.6.1 氢冷式发电机组的汽机房应设置排氢装置；当排氢装置为电动或有电动执行器时，应具有防爆和直联措施。

8.6.2 氨间、制氯电解间、制氢间的电解间及贮氢罐间应设置排风装置。当采用机械排风时，通风设备应采用防爆型，风机应与电机直接连接。

8.6.3 柴油发电机房通风系统的通风机及电机应为防爆型，并应直接连接。

8.6.4 设有柴油发动机消防泵组的消防水泵房应设置机械通风系统。通风系统的通风机和电机应为防爆型，并应直接连接。

8.6.5 配置气体灭火系统的钢瓶间应有良好的通风设施，当不具备自然通风条件时，应设置机械通风装置。

8.7 防烟与排烟

8.7.1 火力发电厂生产建筑和辅助生产建筑内的下列场所应设置排烟设施，其他场所可不设置排烟设施：

1 高度超过32m的厂房内长度大于20m的内走道；

2 集中控制楼、化学试验楼、检修办公楼等建筑内各层长度大于40m的疏散走道；

3 建筑面积大于$50m^2$且无外窗的集中控制室或单元控制室。

8.7.2 火力发电厂下列场所应设置机械加压送风防烟设施：

1 不具备自然排烟条件的防烟楼梯间；

2 不具备自然排烟条件的消防电梯间前室或合用前室；

3 不具备自然通风条件的封闭楼梯间。

8.7.3 配备全淹没气体灭火系统房间的通风、空调系统应符合下列规定：

1 应与消防控制系统联锁，当发生火灾时，在消防系统喷放灭火气体前，通风空调设备的防火阀、防火风口、电动风阀及百叶窗应能自动关闭；

2 应设置灭火后机械通风装置，排风口宜设在防护区的下部并应直通室外，通风换气次数应不少于每小时6次。

8.7.4 防排烟系统中的管道、风口及阀门等应采用不燃材料制作。

8.7.5 当排烟管道布置在吊顶内时，应采用不燃材料隔热，并与可燃物保持不小于150mm的距离。

8.7.6 防排烟系统中的管道，在穿越隔墙、楼板的缝隙处应采用不燃烧材料封堵。

8.7.7 设置感烟探测器区域的防火阀应选用防烟防火阀，并与消防信号连锁。

8.7.8 机械排烟系统与通风、空调系统宜分开设置。当合用时，应符合排烟系统的要求。

9 燃煤电厂消防供电及照明

9.1 消防供电

9.1.1 自动灭火系统、与消防有关的电动阀门及交流控制负荷，应按保安负荷供电。当机组无保安电源时，应按Ⅰ类负荷供电。

9.1.2 单机容量为25MW以上的发电厂，消防水泵及主厂房电梯应按Ⅰ类负荷供电。单机容量为25MW及以下的发电厂，消防水泵及主厂房电梯应按不低于Ⅱ类负荷供电。单台发电机容量为200MW及以上时，主厂房电梯应按保安负荷供电。

9.1.3 发电厂内的火灾自动报警系统，当本身带有不间断电源装置时，应由厂用电源供电。当本身不带有不间断电源装置时，应由厂内不间断电源装置供电。

9.1.4 单机容量为200MW及以上燃煤电厂的主控室或集控室及柴油发电机房的应急照明，应采用蓄电池直流系统供电。当难以从蓄电池或保安电源取得应急照明电源时，主厂房出入口、通道、楼梯间及远离主厂房的重要工作场所的应急照明，应采用自带电源的应急灯。

其他场所的应急照明，应按保安负荷供电。

9.1.5 单机容量为200MW以下燃煤电厂的应急照明，应采用蓄电池直流系统供电。

9.1.6 应急照明与正常照明可同时运行，正常时由厂用电源供电，事故时应能自动切换到蓄电池直流母线供电；主控制室的应急照明，正常时可不运行。远离主厂房的重要工作场所的应急照明，可采用应急灯。

9.1.7 当消防用电设备采用双电源供电时，应在最末一级配电装置或配电箱处切换。

9.1.8 爆炸和火灾危险环境电力装置的设计应按现行国家标准《爆炸危险环境电力装置设计规范》GB 50058的有关规定执行。

9.2 照　　明

9.2.1 当正常照明因故障熄灭时，应按表9.2.1中所列的工作场所装设继续工作或人员疏散用的应急照明。

表9.2.1 发电厂装设应急照明的工作场所

工作场所		应急照明	
		继续工作	人员疏散
锅炉房及其辅助车间	锅炉房运转层	√	
	锅炉房底层的磨煤机、送风机处	√	
	除灰间		√
	引风机室	√	
	燃油泵房	√	
	给粉机平台	√	
	锅炉本体楼梯	√	
	司水平台		√
	回转式空气预热器处	√	
	燃油控制台	√	
	给煤机处	√	
	带式输送机层		√
	除灰控制室	√	

表 9.2.1 发电厂装设应急照明的工作场所(续)

工作场所		应急照明	
		继续工作	人员疏散
汽机房及其辅助车间	汽机房运转层	√	
	汽机房底层的凝汽器、凝结水泵、给水泵、循环水泵、备用励磁机等处	√	
	加热器平台	√	
	发电机出线小室	√	
	除氧间除氧器层	√	
	除氧间管道层	√	
	供氢站	√	
运煤系统	碎煤机室	√	
	转运站		√
	运煤栈桥		√
	运煤隧道		√
	运煤控制室	√	
	筒仓	√	
	室内贮煤场	√	
	翻车机室	√	
供水系统	岸边水泵房、循环水泵房	√	
	生活、消防水泵房	√	
化学水处理室	化学水处理控制室	√	
电气车间	主控制室	√	
	网络控制室	√	
	集中控制室	√	
	单元控制室	√	
	继电器室及电子设备间	√	
	屋内配电装置	√	
	电气配电间	√	
	蓄电池室	√	
	工程师室	√	
	通信转接室、交换机室、载波机室、微波机室、特高频室、电源室	√	
	保安电源、不停电电源、柴油发电机房及其配电室	√	
	直流配电室	√	
脱硫系统	脱硫控制室	√	
通道楼梯及其他	控制楼至主厂房天桥		√
	生产办公楼至主厂房天桥		√
	运行总负责人值班室	√	
	汽车库、消防车库	√	
	主要楼梯间		√
	电缆夹层		√
	空冷平台		√

9.2.2 表9.2.1中所列工作场所的通道出入口应装设应急照明。

9.2.3 锅炉汽包水位计、就地热力控制屏、测量仪表屏及除氧器水位计处应装设局部应急照明。

9.2.4 继续工作用的应急照明，其工作面上的最低照度值，不应低于正常照明照度值的10%~15%；主控制室、集中控制室主环内的应急照明照度，按正常照明照度值的30%选取。

人员疏散用的应急照明，在主要通道地面上的最低照度值，不应低于1.0lx；楼梯间、前室或合用前室、避难走道的最低照度值不应低于5.0lx。

9.2.5 当照明灯具表面的高温部位靠近可燃物时，应采取隔热、散热等防火保护措施。

配有卤钨灯和额定功率为100W及以上的光源的灯具（如吸顶灯、槽灯、嵌入式灯），其引入线应采用瓷管、矿物棉等不燃材料作隔热保护。

9.2.6 超过60W的卤钨灯、高压钠灯、金属卤化物灯和荧光高压汞灯（包括电感镇流器）不应直接设置在可燃装修材料或可燃构件上。

可燃物品库房不应设置卤钨灯等高温照明灯具。

9.2.7 主厂房、生产办公楼、脱硫电气楼、有人员值守的辅助建筑物以及电缆夹层应沿疏散走道及其转角处以及安全出口设置灯光疏散指示标志，标志的设置应满足现行国家标准《建筑设计防火规范》GB 50016的有关规定。

9.2.8 建筑内设置的灯光疏散指示标志和火灾应急照明灯具，除应符合本标准的规定外，还应符合现行国家标准《消防安全标志》GB 13495和国家标准《消防应急灯具》GB 17945的有关规定。

10 燃机电厂

10.1 建（构）筑物的火灾危险性分类及其耐火等级

10.1.1 生产的火灾危险性应根据生产中使用或产生的物质性质及其数量等因素分类，储存物品的火灾危险性应根据储存物品的性质和储存物品中的可燃物数量等因素分类，二者均应符合表10.1.1的规定。

表10.1.1 建（构）筑物的火灾危险性分类及其耐火等级

建（构）筑物名称	火灾危险性分类	耐火等级
主厂房（汽机房、燃机厂房、余热锅炉、集中控制室）	丁	二级
网络控制楼、微波楼、继电器室	丁	二级
屋内配电装置楼（内有每台充油量>60kg 的设备）	丙	二级
屋内配电装置楼（内有每台充油量≤60kg 的设备）	丁	二级
屋内配电装置楼（无油）	丁	二级
屋外配电装置（内有含油设备）	丙	二级
油浸变压器室	丙	一级
柴油发电机房	丙	二级
岸边水泵房、中央水泵房	戊	二级
生活、消防水泵房	戊	二级
冷却塔	戊	三级
稳定剂室、加药设备室	戊	二级
油处理室	丙	二级
化学水处理室、循环水处理室	戊	二级
供氢站	甲	二级

表10.1.1 建（构）筑物的火灾危险性分类及其耐火等级（续）

建（构）筑物名称	火灾危险性分类	耐火等级
天然气调压站	甲	二级
空气压缩机室（无润滑油或不喷油螺杆式）	戊	二级
空气压缩机室（有润滑油）	丁	二级
天桥	戊	二级
天桥（下面设置电缆夹层时）	丙	二级
变压器检修间	丙	二级
排水、污水泵房	戊	二级
检修间	戊	二级
取水建（构）筑物	戊	二级
给水处理构筑物	戊	二级
污水处理构筑物	戊	二级
电缆隧道	丙	二级
特种材料库	丙	二级
一般材料库	戊	二级
材料棚库	戊	三级
消防车库	丁	二级

注：1 除本表规定的建（构）筑物外，其他建（构）筑物的火灾危险性及耐火等级应符合现行国家标准《建筑设计防火规范》GB 50016的有关规定；
2 当油处理室处理重油及柴油时，火灾危险性应为丙类；当处理原油时，火灾危险性应为甲类；
3 当特种材料库储存氢、氧、乙炔等气瓶时，火灾危险性应按储存火灾危险性较大的物品确定。

10.1.2 主厂房防火分区的最大允许建筑面积不应大于6台机组的建筑面积；其他厂房（仓库）的层数和每个防火分区的允许建筑面积应符合现行国家标准《建筑设计防火规范》GB 50016的有关规定。

10.2 厂区总平面布置

10.2.1 天然气调压站、燃油处理室及供氢站应与其他辅助建筑分开布置。

10.2.2 燃气轮机或主厂房、余热锅炉、天然气调压站及燃油处理室与其他建（构）筑物之间的防火间距，应符合表10.2.2的规定。

10.2.3 当油浸变压器与燃气轮机（房）或联合循环发电机组（房）、余热锅炉（房）的间距要求符合本标准第4.0.9条规定时，其间距可适当减小。

10.3 燃料系统

10.3.1 天然气气质应分别符合现行国家标准《输气管道工程设计规范》GB 50251及燃气轮机制造厂对天然气气质各项指标（包括温度）的规定和要求。

10.3.2 天然气管道设计应符合下列规定：

1 厂内天然气管道宜高支架敷设、低支架沿地面敷设或直埋敷设，在跨越道路时应采用套管，不应地沟内敷设；

2 除必须用法兰与设备和阀门连接外，天然气管道管段应采用焊接连接；

3 进厂天然气总管应设置紧急切断阀和手动关断阀，并且在厂内天然气管道上应设置放空管、放空阀及取样管；在两个阀门之间应提供自动放气阀，其设置和布置原则应按现行国家标准《输气管道工程设计规范》GB 50251的有关规定执行；

表 10.2.2　建（构）筑物之间的防火间距（m）

建（构）筑物、设备名称	丙、丁、戊类建筑耐火等级		燃气轮机（房）或联合循环发电机组（房）、余热锅炉（房）	天然气调压站	燃油处理室		主变压器或屋外厂用变压器单台油量（t）			屋外配电装置	制氢站或供氢站	氢气罐总容积（m^3）		办公、生活建筑（单层或多层）耐火等级		铁路中心线		厂外道路（路边）	厂内道路（路边）	
	一、二级	三级			原油	重油	≥5，≤10	>10，≤50	>50			$V \leq 1000$	$1000<V \leq 10000$	一、二级	三级	厂外	厂内		主要	次要
燃气轮机（房）或联合循环发电机组（房）、余热锅炉（房）	10	12	—	30	30	10	10			10	12	12	15	10	12	5	5	—	—	—
天然气调压站	12	14	30	—	12	12	25			25	12	12	15	25		30	20	15	10	5
燃油处理室 原油	12	14	30	12	—	—	25			25	12	12	15	25		30	20	15	10	5
燃油处理室 重油	10	12	10	12	—	—	12	15	20	10	12	12	15	10	12	5	5	—	—	—

注：1　燃油燃机电厂的油罐的防火间距应执行现行国家标准《石油库设计规范》GB 50074；

2　氢气罐的相关规定见本标准表 4.0.15 中注 3、注 4。

4 天然气管道试压前需进行吹扫，吹扫介质宜采用不助燃气体；

5 天然气管道应以水为介质进行强度试验，强度试验压力应为设计压力的1.5倍；强度试验合格后，应以水和空气为介质进行严密性试验，试验压力应为设计压力的1.05倍；再以空气为介质进行气密性试验，试验压力为0.6MPa；

6 天然气管道的低点应设排液管及两道排液阀，排出的液体应排至密闭系统。

10.3.3 燃油系统采用柴油或重油时，应符合本标准6.4节的规定；采用原油时应采取特殊措施。

10.3.4 燃机供油管道应串联2只关断阀门或其他类似关断阀门，并应在两阀之间采取泄放这些阀门之间过剩压力的措施。

10.4 燃气轮机的防火要求

10.4.1 燃气轮机采用的燃料为天然气或其他类型气体燃料时，外壳应装设可燃气体探测器。

10.4.2 当发生熄火时，燃机入口燃料快速关断阀宜在1s内关闭。

10.5 消防给水、固定灭火设施及火灾自动报警

10.5.1 消防给水系统应与燃机电厂的设计同时进行。消防用水应与全厂用水统一规划，水源应有可靠的保证。

10.5.2 燃机电厂的消防给水系统的设计应符合本标准第7.1.2条、第7.1.3条和第7.1.5条的规定。

10.5.3 燃机电厂同一时间的火灾次数应为1次。厂区内消防给水水量应按发生火灾时一次最大灭火用水量计算。建筑物一次灭火用水量应为室外和室内消防用水量之和。

10.5.4 联合循环燃机电厂的燃气轮发电机组设在主厂房外时，全厂火灾自动报警系统、固定灭火系统的设置，应按汽轮发电机组容量对应执行本标准第7.1节的规定；燃气轮发电机组设在主厂房内时，应按单套机组容量对应执行本标准第7.1节的规定。

10.5.5 燃气轮发电机组（包括燃气轮机、齿轮箱、发电机和控制间），宜采用全淹没气体灭火系统，并应设置火灾自动报警系统。

10.5.6 当燃气轮机整体采用全淹没气体灭火系统时，应遵循下列规定：

1 喷放灭火剂前应使燃气轮机停机，关闭箱体门、孔口及自动停止通风机；

2 应有保持气体浓度的足够时间。

10.5.7 燃汽轮发电机组及其附属设备的灭火及火灾自动报警系统宜随主机设备成套供货，其火灾报警控制器可布置在燃机控制间并应将火灾报警信号上传至集中报警控制器。

10.5.8 室内天然气调压站，燃气轮机与联合循环发电机组厂房应设可燃气体泄漏探测装置，其报警信号应引至集中火灾报警控制器。

10.5.9 燃机电厂的油罐区设计应符合现行国家标准《石油库设计规范》GB 50074的有关规定。

10.5.10 燃气轮机标准额定出力为300MW及以上的大型燃机电厂应设置企业消防站，并应符合本标准第7.12.2条的规定。燃油燃机电厂消防车的配备尚应符合现行国家标准《石油库设计规范》GB 50074的有关规定。

10.6 其 他

10.6.1 主厂房的疏散楼梯，不应少于2个，其中应有一个楼梯直接通向室外出入口，当另一个采用室外楼梯时，室外楼梯的设计应符合本标准第5.1.4条规定。

10.6.2 燃机厂房及天然气调压站，应采取通风、防爆措施。燃油和燃气电厂的通风设计应符合下列要求：

1 主厂房全面通风的排风设备的电动机及电动执行机构应为防爆型，并应采取直接连接；

2 主厂房内的电气设备间及其他设有通风的房间，其通风设计应符合现行国家标准《爆炸危险环境电力装置设计规范》GB 50058有关规定的要求；

3 燃气电厂屋内布置的调压站，通风设计应符合现行行业标准《燃气-蒸汽联合循环电厂设计规定》DL/T 5174有关规定；

4 燃气电厂调压站应设置换气次数不少于每小时12次的事故通风系统；事故通风系统应与可燃气体泄漏探测装置连锁，当室内可燃气体浓度大于或等于其爆炸下限浓度25%时，事故通风系统应启动运行；

5 其他建筑的通风、空调系统防火设计应符合本标准第8章有关规定；燃气电厂建筑物的通风、空调系统防火设计同时应满足现行行业标准《燃气-蒸汽联合循环电厂设计规定》DL/T 5174有关规定。

10.6.3 燃机电厂的电缆及电缆敷设设计应符合下列规定：

1 主厂房及输气、输油和其他易燃易爆场所应选用阻燃电缆；

2 燃机附近的电缆沟盖板应密封。

10.6.4 燃机电厂与燃煤电厂相同部分的设计应符合本标准燃煤电厂的相关规定。

11 变电站

11.1 建（构）筑物火灾危险性分类、耐火等级、防火间距及消防道路

11.1.1 建（构）筑物的火灾危险性应根据生产中使用或产生的物质性质及其数量等因素分类，并应符合表11.1.1的规定。

表11.1.1 建（构）筑物的火灾危险性分类及其耐火等级

建（构）筑物名称		火灾危险性分类	耐火等级
主控制楼		丁	二级
继电器室		丁	二级
阀厅		丁	二级
户内直流开关场	单台设备油量60kg以上	丙	二级
	单台设备油量60kg及以下	丁	二级
	无含油电气设备	戊	二级
配电装置楼（室）	单台设备油量60kg以上	丙	二级
	单台设备油量60kg及以下	丁	二级
	无含油电气设备	戊	二级
油浸变压器室		丙	一级
气体或干式变压器室		丁	二级
电容器室（有可燃介质）		丙	二级
干式电容器室		丁	二级
油浸电抗器室		丙	二级
干式电抗器室		丁	二级
柴油发电机室		丙	二级
空冷器室		戊	二级
检修备品仓库	有含油设备	丁	二级
	无含油设备	戊	二级
事故贮油池		丙	一级

表11.1.1　建（构）筑物的火灾危险性分类及其耐火等级（续）

建（构）筑物名称	火灾危险性分类	耐火等级
生活、工业、消防水泵房	戊	二级
水处理室	戊	二级
雨淋阀室、泡沫设备室	戊	二级
污水、雨水泵房	戊	二级

11.1.2　同一建筑物或建筑物的任一防火分区布置有不同火灾危险性的房间时，建筑物或防火分区内的火灾危险性类别应按火灾危险性较大的部分确定，当火灾危险性较大的房间占本层或本防火分区建筑面积的比例小于5%，且发生火灾事故时不足以蔓延至其他部位或火灾危险性较大的部分采取了有效的防火措施时，可按火灾危险性较小的部分确定。

11.1.3　建（构）筑物构件的燃烧性能和耐火极限，应符合现行国家标准《建筑设计防火规范》GB 50016的有关规定。

11.1.4　变电站内的建（构）筑物与变电站外的建（构）筑物之间的防火间距应符合现行国家标准《建筑设计防火规范》GB 50016的有关规定。

11.1.5　变电站内建（构）筑物及设备的防火间距不应小于表11.1.5的规定。

表11.1.5　变电站内建（构）筑物及设备之间的防火间距（m）

建（构）筑物、设备名称		丙、丁、戊类生产建筑耐火等级		屋外配电装置每组断路器油量（t）		可燃介质电容器（棚）	事故贮油池	生活建筑耐火等级	
		一、二级	三级	<1	≥1			一、二级	三级
丙、丁、戊类生产建筑耐火等级	一、二级	10	12	—	10	10	5	10	12
	三级	12	14					12	14
屋外配电装置每组断路器油量（t）	<1	—		—		10	5	10	12
	≥1	10							
油浸变压器、油浸电抗器单台设备油量（t）	≥5，≤10	10		见第11.1.9条		10	5	15	20
	>10，≤50							20	25
	>50							25	30
可燃介质电容器（棚）		10		10		—	5	15	20
事故贮油池		5		5		5	—	10	12
生活建筑耐火等级	一、二级	10	12	10		15	10	6	7
	三级	12	14	12		20	12	7	8

注：1　建（构）筑物防火间距应按相邻建（构）筑物外墙的最近水平距离计算，如外墙有凸出的可燃或难燃构件时，则应从其凸出部分外缘算起；变压器之间的防火间距应为相邻变压器外壁的最近水平距离；变压器与带油电气设备的防火间距应为变压器和带油电气设备外壁的最近水平距离；变压器与建筑物的防火间距应为变压器外壁与建筑外墙的最近水平距离；

2　相邻两座建筑较高一面的外墙如为防火墙时，其防火间距不限；两座一、二级耐火等级的建筑，当相邻较低一面外墙为防火墙且较低一座厂房屋顶无天窗，屋顶耐火极限不低于1h，或相邻较高一面外墙的门、窗等开口部位设置甲级防火门、窗或防火分隔水幕时，其防火间距不应小于4m；

3　符合第11.2.1条规定的生产建筑物与油浸变压器或可燃介质电容器除外；

4　屋外配电装置间距应为设备外壁的最近水平距离。

11.1.6　相邻两座建筑两面的外墙均为不燃烧墙体且无外露的可燃性屋檐，每面外墙上的门、窗、洞口面积之和各不大于外墙面积的5%，且门、窗、洞口不正对开设时，其防火间距可按本标准表11.1.5减少25%。

11.1.7　单台油量为2500kg及以上的屋外油浸变压器之间、屋外油浸电抗器之间的最小间距应符合表11.1.7的规定。

表11.1.7　屋外油浸变压器之间、屋外油浸电抗器之间的最小间距

电压等级	最小间距（m）	电压等级	最小间距（m）
35kV及以下	5	220kV及330kV	10
66kV	6	500kV及750kV	15
110kV	8	1000kV	17

注：换流变压器的电压等级应按交流侧的电压选择。

11.1.8　当油量为2500kg及以上的屋外油浸变压器之间、屋外油浸电抗器之间的防火间距不能满足本标准表11.1.7的要求时，应设置防火墙。

防火墙的高度应高于变压器油枕，其长度超出变压器的贮油池两侧不应小于1m。

11.1.9　油量为2500kg及以上的屋外油浸变压器或高压电抗器与油量为600kg以上的带油电气设备之间的防火间距不应小于5m。

11.1.10　总油量为2500kg及以上的并联电容器组或箱式电容器，相互之间的防火间距不应小于5m，当间距不满足该要求时应设置防火墙。

11.1.11　当变电站内建筑的火灾危险性为丙类且建筑的占地面积超过3000m²时，变电站内的消防车道宜布置成环形；当为尽端式车道时，应设回车道或回车场地。消防车道宽度及回车场的面积应符合现行国家标准《建筑设计防火规范》GB 50016的有关规定。

11.1.12　变电站站区围墙处可设一个供消防车辆进出的出入口。

11.2　建（构）筑物的安全疏散和建筑构造

11.2.1　生产建筑物与油浸变压器或可燃介质电容器的间距不满足11.1.5条的要求时，应符合下列规定：

1　当建筑物与油浸变压器或可燃介质电容器等电气设备间距小于5m时，在设备外轮廓投影范围外侧各3m内的建筑物外墙上不应设置门、窗、洞口和通风孔，且该区域外墙应为防火墙，当设备高于建筑物时，防火墙应高于该设备的高度；当建筑物墙外5m~10m范围内布置有变压器或可燃介质电容器等电气设备时，在上述外墙上可设置甲级防火门，设备高度以上可设防火窗，其耐火极限不应小于0.90h；

2　当工艺需要油浸变压器等电气设备有电气套管穿越防火墙时，防火墙上的电缆孔洞应采用耐火极限为3.00h的电缆防火封堵材料或防火封堵组件进行封堵。

11.2.2　设置带油电气设备的建（构）筑物与贴邻或靠近该建（构）筑物的其他建（构）筑物之间应设置防火墙。

11.2.3　控制室顶棚和墙面应采用A级装修材料，控制室其他部位应采用不低于B1级的装修材料。

11.2.4　地上油浸变压器室的门应直通室外；地下油浸变压器室门应向公共走道方向开启，该门应采用甲级防火门；干式变压器室、电容器室门应向公共走道方向开启，该门应采用乙级防火门；蓄电池室、电缆夹层、继电器室、通信机房、配电装置室的门应向疏散方向开启，当门外为公共走道或其他房间时，该门应采用乙级防火门。配电装置室的中间隔墙上的门可采用分别向不同方向开启且宜相邻的2个乙级防火门。

11.2.5　建筑面积超过250m²的控制室、通信机房、配电装置室、电容器室、阀厅、户内直流场、电缆夹层，其疏散门不宜少于2个。

11.2.6　地下变电站、地上变电站的地下室每个防火分区的建筑面积不应大于1000m²。设置自动灭火系统的防火分区，其防火分区面积可增大1.0倍；当局部设置自动灭火系统时，增加面积可按该局部面积的1.0倍计算。

11.2.7 主控制楼当每层建筑面积小于或等于400m²时，可设置1个安全出口；当每层建筑面积大于400m²时，应设置2个安全出口，其中1个安全出口可通向室外楼梯。其他建筑的安全出口设置应符合现行国家标准《建筑设计防火规范》GB 50016的有关规定。

11.2.8 地下变电站、地上变电站的地下室、半地下室安全出口数量不应少于2个。地下室与地上层不应共用楼梯间，当必须共用楼梯间时，应在地上首层采用耐火极限不低于2h的不燃烧体隔墙和乙级防火门将地下或半地下部分与地上部分的连通部分完全隔开，并应有明显标志。

11.2.9 地下变电站当地下层数为3层及3层以上或地下室内地面与室外出入口地坪高差大于10m时，应设置防烟楼梯间，楼梯间应设乙级防火门，并向疏散方向开启。防烟楼梯间应符合现行国家标准《建筑设计防火规范》GB 50016的有关规定。

11.3 变压器及其他带油电气设备

11.3.1 35kV及以下屋内配电装置当未采用金属封闭开关设备时，其油断路器、油浸电流互感器和电压互感器，应设置在两侧有不燃烧实体墙的间隔内；35kV以上屋内配电装置应安装在有不燃烧实体墙的间隔内，不燃烧实体墙的高度不应低于配电装置中带油设备的高度。

11.3.2 总油量超过100kg的屋内油浸变压器，应设置单独的变压器室。

11.3.3 屋内单台总油量为100kg以上的电气设备，应设置挡油设施及将事故油排至安全处的设施。挡油设施的容积宜按油量的20%设计。

11.3.4 屋外单台油量为1000kg以上的电气设备，应设置贮油或挡油设施并符合本标准第6.7.8条、第6.7.9条的规定。

11.3.5 地下变电站的变压器应设置能贮存最大一台变压器油量的事故贮油池。

11.4 电缆及电缆敷设

11.4.1 长度超过100m的电缆沟或电缆隧道，应采取防止电缆火灾蔓延的阻燃或分隔措施，并应根据变电站的规模及重要性采取下列一种或数种措施：

1 采用耐火极限不低于2.00h的防火墙或隔板，并用电缆防火封堵材料封堵电缆通过的孔洞；

2 电缆局部涂防火涂料或局部采用防火带、防火槽盒。

11.4.2 电缆从室外进入室内的入口处、电缆竖井的出入口处，建（构）筑物中电缆引至电气柜、盘或控制屏、台的开孔部位，电缆贯穿隔墙、楼板的空洞应采用电缆防火封堵材料进行封堵，其防火封堵组件的耐火极限不应低于被贯穿物的耐火极限，且不低于1.00h。

11.4.3 在电缆竖井中，宜每间隔不大于7m采用耐火极限不低于3.00h的不燃烧体或防火封堵材料封堵。

11.4.4 防火墙上的电缆孔洞应采用电缆防火封堵材料或防火封堵组件进行封堵，并应采取防止火焰延燃的措施，其防火封堵组件的耐火极限应为3.00h。

11.4.5 在电缆隧道和电缆沟道中，严禁有可燃气、油管路穿越。

11.4.6 220kV及以上变电站，当电力电缆与控制电缆或通信电缆敷设在同一电缆沟或电缆隧道内时，宜采用防火隔板进行分隔。

11.4.7 地下变电站电缆夹层宜采用低烟无卤阻燃电缆。

11.5 消防给水、灭火设施及火灾自动报警

11.5.1 变电站的规划和设计，应同时设计消防给水系统。消防水源应有可靠的保证。

注： 变电站内建筑物满足耐火等级不低于二级，体积不超过3000m³，且火灾危险性为戊类时，可不设消防给水。

11.5.2 变电站同一时间内的火灾次数宜按一次确定。

11.5.3 变电站建筑室外消防用水量不应小于表11.5.3的规定。

表 11.5.3　室外消火栓用水量（L/s）

建筑物耐火等级	建筑物类别	建筑物体积（m^3）				
		≤1500	1500<V≤3000	3000<V≤5000	5000<V≤20000	20000<V≤50000
一、二级	丙类厂房	15		20	25	30
	丁、戊类厂房	15				
	丁、戊类仓库	15				

注：当变压器采用水喷雾灭火系统时，变压器室外消火栓用水量不应小于15L/s。

11.5.4　单台容量为125MV·A及以上的油浸变压器、200Mvar及以上的油浸电抗器应设置水喷雾灭火系统或其他固定式灭火装置。其他带油电气设备，宜配置干粉灭火器。

地下变电站的油浸变压器、油浸电抗器，宜采用固定式灭火系统。在室外专用贮存场地贮存作为备用的油浸变压器、油浸电抗器，可不设置火灾自动报警系统和固定式灭火系统。

11.5.5　油浸变压器当采用有防火墙隔离的分体式散热器时，布置在户外或半户外的分体式散热器可不设置火灾自动报警系统和固定式灭火系统。

11.5.6　变电站户外配电装置区域（采用水喷雾的油浸变压器、油浸电抗器消火栓除外）可不设消火栓。

11.5.7　下列建筑应设置室内消火栓并配置喷雾水枪：

1　500kV及以上的直流换流站的主控制楼；

2　220kV及以上的高压配电装置楼（有充油设备）；

3　220kV及以上户内直流开关场（有充油设备）；

4　地下变电站。

11.5.8　变电站内下列建筑物可不设室内消火栓：

1　交流变电站的主控制楼；

2　继电器室；

3　高压配电装置楼（无充油设备）；

4　阀厅；

5　户内直流开关场（无充油设备）；

6　空冷器室；

7　生活、工业消防水泵房；

8　生活污水、雨水泵房；

9　水处理室；

10　占地面积不大于300m^2的建筑。

注：上述建筑仅指变电站中独立设置的建筑物，不包含各功能组合的联合建筑物。

11.5.9　变电站建筑室内消防用水量不应小于表11.5.9的规定。

表 11.5.9　室内消火栓用水量

建筑物名称	建筑高度H（m）、体积V（m^3）、火灾危险性			消火栓用水量（L/s）	同时使用消防水枪数（支）	每根竖管最小流量（L/s）
控制楼、配电装置楼及其他生产类建筑	H≤24	丁、戊		10	2	10
		丙	V≤5000	10	2	10
			V>5000	20	4	15
	24<H≤50	丁、戊		25	5	15
		丙		30	6	15
检修备品仓库	H≤24　丁、戊			10	2	10

11.5.10 当地下变电站室内设置水消防系统时，应设置水泵接合器。水泵接合器应设置在便于消防车使用的地点，与供消防车取水的室外消火栓或消防水池取水口距离宜为15m~40m。水泵接合器应有永久性的明显标志。

11.5.11 变电站消防给水量应按火灾时一次最大室内和室外消防用水量之和计算。

11.5.12 具有稳压装置的临时高压给水系统应符合下列规定：

1 消防泵应满足消防给水系统最大压力和流量要求；

2 稳压泵的设计流量宜为消防给水系统设计流量的1%~3%，启泵压力与消防泵自动启泵的压力差宜为0.02MPa，稳压泵的启泵压力与停泵压力之差不应小于0.05MPa，系统压力控制装置所在处准工作状态时的压力与消防泵自动启泵的压力差宜为0.07MPa~0.10MPa；

3 气压罐的调节容积应按稳压泵启泵次数不大于15次/h计算确定，气压罐的最低工作压力应满足任意最不利点的消防设施的压力需求。

11.5.13 500kV及以上的直流换流站宜设置备用柴油机消防泵，其容量应满足直流换流站的全部消防用水要求。

11.5.14 消防水泵房应设直通室外的安全出口，当消防水泵房设置在地下时，其疏散出口应靠近安全出口。

11.5.15 一组消防水泵的吸水管不应少于2条；当其中一条损坏时，其余的吸水管应能满足全部用水量。吸水管上应装设检修用阀门。

11.5.16 消防水泵应采用自灌式吸水。

11.5.17 消防水泵房应有不少于2条出水管与环状管网连接，当其中一条出水管检修时，其余的出水管应能满足全部用水量。消防泵组应设试验回水管，并配装检查用的放水阀门、水锤消除、安全泄压及压力、流量测量装置。

11.5.18 消防水泵应设置备用泵，备用泵的流量和扬程不应小于最大一台消防泵的流量和扬程。

11.5.19 消防管道、消防水池的设计应符合现行国家标准《消防给水及消火栓系统技术规范》GB 50974的有关规定。

11.5.20 水喷雾灭火系统的设计应符合现行国家标准《水喷雾灭火系统设计规范》GB 50219的有关规定。

11.5.21 对于丙类厂房、仓库，消火栓灭火系统的火灾延续时间不应小于3.00h，对于丁、戊类厂房、仓库，消火栓灭火系统的火灾延续时间不应小于2.00h。自动喷水灭火系统、水喷雾灭火系统和泡沫灭火系统火灾延续时间应符合现行国家标准《自动喷水灭火系统设计规范》GB 50084、《水喷雾灭火系统设计规范》GB 50219和《泡沫灭火系统设计规范》GB 50151的有关规定。

11.5.22 变电站应按表11.5.22设置灭火器。

表11.5.22 建筑物火灾危险类别及危险等级

主控制室	E	严重
通信机房	E	中
阀厅	E	中
户内直流开关场（有含油电气设备）	E	中
户内直流开关场（无含油电气设备）	E	轻
配电装置楼（室）（有含油电气设备）	E	中
配电装置楼（室）（无含油电气设备）	E	轻
继电器室	E	中
油浸变压器室	B、E	中

表 11.5.22　建筑物火灾危险类别及危险等级（续）

气体或干式变压器室	E	轻
油浸电抗器室	B、E	中
干式电抗器室	E	轻
电容器室（有可燃介质）	B、E	中
干式电容器室	E	轻
蓄电池室	C	中
电缆夹层	E	中
柴油发电机室及油箱	B	中
检修备品仓库（有含油设备）	B、E	中
检修备品仓库（无含油设备）	A	轻
水处理室	A	轻
空冷器室	A	轻
生活、工业消防水泵房（有柴油发动机）	B	中
生活、工业消防水泵房（无柴油发动机）	A	轻
污水、雨水泵房	A	轻

11.5.23　灭火器的设计应符合现行国家标准《建筑灭火器配置设计规范》GB 50140的有关规定。

11.5.24　设有消防给水的地下变电站，必须设置消防排水设施。消防排水可与生产、生活排水统一设计，排水量按消防流量设计。对油浸变压器、油浸电抗器等设施的消防排水，当未设置能够容纳全部事故排油和消防排水量的事故贮油池时，应采取必要的油水分离措施。

11.5.25　下列场所和设备应设置火灾自动报警系统：

1　控制室、配电装置室、可燃介质电容器室、继电器室、通信机房；

2　地下变电站、无人值班变电站的控制室、配电装置室、可燃介质电容器室、继电器室、通信机房；

3　采用固定灭火系统的油浸变压器、油浸电抗器；

4　地下变电站的油浸变压器、油浸电抗器；

5　敷设具有可延燃绝缘层和外护层电缆的电缆夹层及电缆竖井；

6　地下变电站、户内无人值班的变电站的电缆夹层及电缆竖井。

11.5.26　变电站主要建（构）筑物和设备宜按表11.5.26的规定设置火灾自动报警系统。

表 11.5.26　主要建（构）筑物和设备的火灾探测器类型

建筑物和设备	火灾探测器类型
控制室	点型感烟/吸气
通信机房	点型感烟/吸气
阀厅	点型感烟/吸气
户内直流场	点型感烟
电缆层和电缆竖井	缆式线型感温
继电器室	点型感烟/吸气
电抗器室	点型感烟
电容器室	点型感烟

表11.5.26　主要建（构）筑物和设备的火灾探测器类型（续）

建筑物和设备	火灾探测器类型
配电装置室	点型感烟
室外变压器	缆式线型感温
室内变压器	缆式线型感温/吸气

注：电抗器室如选用含油设备时，宜采用缆式线型感温探测器。

11.5.27　火灾自动报警系统的设计应符合现行国家标准《火灾自动报警系统设计规范》GB 50116的有关规定。

11.5.28　有人值班的变电站的火灾报警控制器应设置在主控制室；无人值班的变电站的火灾报警控制器宜设置在变电站门厅，并应将火警信号传至集控中心。

11.6　供暖、通风和空气调节

11.6.1　地下变电站采暖、通风和空气调节设计应符合下列规定：

1　所有采暖区域严禁采用明火取暖；

2　电气配电装置室应设置火灾后排风设施，其他房间的排烟设计应符合国家标准《建筑设计防火规范》GB 50016的规定；

3　当火灾发生时，送排风系统、空调系统应能自动停止运行。当采用气体灭火系统时，穿过防护区的通风或空调风道上的阻断阀应能立即自动关闭。

11.6.2　阀厅应设置火灾后排风设施。

11.6.3　地下变电站的空气调节，地上变电站的采暖、通风和空气调节，应符合本标准第8章的有关规定。

11.7　消防供电、应急照明

11.7.1　变电站的消防供电应符合下列规定：

1　消防水泵、自动灭火系统、与消防有关的电动阀门及交流控制负荷，户内变电站、地下变电站应按Ⅰ类负荷供电；户外变电站应按Ⅱ类负荷供电；

2　变电站内的火灾自动报警系统和消防联动控制器，当本身带有不停电电源装置时，应由站用电源供电；当本身不带有不停电电源装置时，应由站内不停电电源装置供电；当电源采用站内不停电电源装置供电时，火灾报警控制器和消防联动控制器应采用单独的供电回路，并应保证在系统处于最大负载状态下不影响报警控制器和消防联动控制器的正常工作，不停电电源的输出功率应大于火灾自动报警系统和消防联动控制器全负荷功率的120%，不停电电源的容量应保证火灾自动报警系统和消防联动控制器在火灾状态同时工作负荷条件下连续工作3h以上；

3　消防用电设备采用双电源或双回路供电时，应在最末一级配电箱处自动切换；

4　消防应急照明、疏散指示标志应采用蓄电池直流系统供电，疏散通道应急照明、疏散指示标志的连续供电时间不应少于30min，继续工作应急照明连续供电时间不应少于3h；

5　消防用电设备应采用专用的供电回路，当发生火灾切断生产、生活用电时，仍应保证消防用电，其配电设备应设置明显标志；其配电线路和控制回路宜按防火分区划分；

6　消防用电设备的配电线路应满足火灾时连续供电的需要，当暗敷时应穿管并敷设在不燃烧体结构内，其保护层厚度不应小于30mm；当明敷时（包括附设在吊顶内）应穿金属管或封闭式金属线槽，并采取防火保护措施。当采用阻燃或耐火电缆时，敷设在电缆井、电缆沟内可不穿金属导管或采用封闭式金属槽盒保护；当采用矿物绝缘类等具有耐火、抗过载和抗机械破坏性能的不燃性电缆时，可直接明敷。宜与其他配电线路分开敷设，当敷设在同一井沟内时，宜分别布置在井沟的两侧。

11.7.2　火灾应急照明和疏散标志应符合下列规定：

1 户内变电站、户外变电站的控制室、通信机房、配电装置室、消防水泵房和建筑疏散通道应设置应急照明；

2 地下变电站的控制室、通信机房、配电装置室、变压器室、继电器室、消防水泵房、建筑疏散通道和楼梯间应设置应急照明；

3 地下变电站的疏散通道和安全出口应设灯光疏散指示标志；

4 人员疏散通道应急照明的地面最低水平照度不应低于1.0lx，楼梯间的地面最低水平照度不应低于5.0lx，继续工作应急照明应保证正常照明的照度；

5 疏散通道上灯光疏散指示标志间距不应大于20m，高度宜安装在距地坪1.0m以下处；疏散照明灯具应设置在出入口的顶部或侧边墙面的上部。

引用标准名录

《建筑设计防火规范》GB 50016
《爆炸危险环境电力装置设计规范》GB 50058
《石油库设计规范》GB 50074
《自动喷水灭火系统设计规范》GB 50084
《火灾自动报警系统设计规范》GB 50116
《建筑灭火器配置设计规范》GB 50140
《泡沫灭火系统设计规范》GB 50151
《氢气站设计规范》GB 50177
《水喷雾灭火系统设计规范》GB 50219
《建筑内部装修设计防火规范》GB 50222
《输气管道工程设计规范》GB 50251
《固定消防炮灭火系统设计规范》GB 50338
《储罐区防火堤设计规范》GB 50351
《细水雾灭火系统技术规范》GB 50898
《消防给水及消火栓系统技术规范》GB 50974
《消防安全标志》GB 13495
《消防应急灯具》GB 17945
《燃气-蒸汽联合循环电厂设计规定》DL/T 5174
《高压配电装置设计技术规程》DL/T 5352

UDC

中华人民共和国国家标准

P　　　　GB 50660—2011

大中型火力发电厂设计规范

Code for design of fossil fired power plant

2011-02-18 发布　　　　2012-03-01 实施

中华人民共和国住房和城乡建设部
中华人民共和国国家质量监督检验检疫总局　联合发布

前　言

本规范是根据原建设部《关于印发〈2006年工程建设标准规范制订、修订计划（第二批）〉的通知》（建标〔2006〕136号）的要求，由中国电力工程顾问集团公司会同有关单位共同编制而成。本规范在编制过程中，规范编制组先后完成了规范大纲编制、规范大纲审查、调研报告编制、规范征求意见稿编制、向社会征求意见、规范送审稿编制等各阶段的工作，最后经审查定稿。

本规范共分22章和1个附录。主要技术内容有：总则，术语，电力系统对火力发电厂的要求，总体规划，机组选型，主厂房区域布置，运煤系统，锅炉设备及系统，除灰渣系统，烟气脱硫系统，烟气脱硝系统，汽轮机设备及系统，水处理系统，信息系统，仪表与控制，电气设备及系统，水工设施及系统，辅助及附属设施，建筑与结构，采暖、通风和空气调节，环境保护和水土保持，消防、劳动安全与职业卫生等。

本规范中以黑体字标志的条文为强制性条文，必须严格执行。

本规范由住房和城乡建设部负责管理和对强制性条文的解释，由中国电力企业联合会负责日常管理，由中国电力工程顾问集团公司负责具体技术内容的解释。执行过程中如有意见或建议，请寄送中国电力工程顾问集团公司（地址：北京市西城区安德路65号，邮政编码：100120），以便今后修订时参考。

本规范主编单位、参编单位、主要起草人和主要审查人：

主编单位：中国电力工程顾问集团公司

参编单位：东北电力设计院
华东电力设计院
中南电力设计院
西北电力设计院
西南电力设计院
华北电力设计院工程有限公司
中国电力建设工程咨询公司
国家电网公司
中国南方电网有限责任公司
中国华能集团公司
中国大唐集团公司
中国华电集团公司
中国国电集团公司
中国电力投资集团公司
中国神华国华电力分公司

主要起草人：孙　锐　陆国栋　许继刚　马　安　安永尧　杨祖华　王予英　曹理平
柴靖宇　武一琦　王宏斌　龙　辉　郑慧莉　宋璇坤　曹松涛　周　军
马欣欣　赵　敏　顾越岭　周明清　薛　莉　徐　飙　陈玉虹　王　盾
郑惠民　葛四敏　黄生睿　魏　桓　张建中　谢炎柏　石　诚　杨健祥
戴有信　邓南文　陈德智　康　慧　黄建军　晁　辉　冯树礼　孟祥国
曾广移　崔志强　陈寅彪　钟儒耀

主要审查人： 汤蕴琳 陈祖茂 龙 建 郭亚莉 徐海云 阎欣军 余 熙 袁萍帆
胡 军 谢网度 周献林 宋红军 梁志宏 田晓清 王东升 王忠会
黄宝德 都兴有 祁恩兰 王聪生 张政治 李树辰 杨旭中 周虹光
肖 勇 宁 哲 杨宝红 郭晓克 周自本 魏新光 魏显安 孙显臣
叶勇健 沈 兵 包一鸣 徐剑浩 牛 兵 陈银洲 钟晓春 姚友成
黄从新 王国义 高 元 柏 荣 彭向东 黄安平 曾小超 赵丽琼
杨 栋 李玉峰 葛增茂 王日云 范永春 沈 云 胡华强 王志斌
张 农 童建国 张军民 陶逢春 李润森 乔支昆 王文杰 綦建国
仲卫东

目　次

1 总 则

1.0.1 为了使火力发电厂在设计方面满足安全可靠、技术先进、经济适用的要求，制定本规范。

1.0.2 本规范适用于蒸汽初参数为超高压及以上、单台机组容量在125MW及以上、采用直接燃烧方式、主要燃用固体化石燃料的火力发电厂工程的设计。

1.0.3 火力发电厂的设计应以电网长期购电合同或协议中明确的技术要求、长期燃料供应合同或协议中规定的煤质资料、工程相关的水文、气象、地质等基础资料为设计依据。

1.0.4 火力发电厂设计中所需要的原始资料应真实可靠，并应满足相应的设计需要。

1.0.5 火力发电厂的设计应充分合理利用厂址资源条件，统筹规划本期工程与远期工程。

1.0.6 火力发电厂的设计应积极应用经运行实践或工业试验证明的先进技术、先进工艺、先进材料和先进设备。

1.0.7 火力发电厂的工艺系统设计寿命应按30年设计。

1.0.8 火力发电厂的设计宜采用全厂统一的标识系统。

1.0.9 火力发电厂的设计除应符合本规范外，尚应符合国家现行有关标准的规定。

2 术 语

2.0.1 标识系统 identification system

根据被标注对象的功能、工艺和安装位置等特征，明确标注电厂中的系统和设备及其组件的一种代码系统。

2.0.2 电力系统 power system

由发电、供电（输电、变电、配电）、用电设施和为保证发电、供电、用电设施正常运行所需的继电保护和安全自动装置、计量装置、电力通信设施、自动化设施等构成的整体。

2.0.3 黑启动 black start

当某电力系统因故障停运后，通过该系统中具有自启动能力机组的启动，带动系统内其他无自启动能力机组，逐步恢复系统运行的过程。

2.0.4 厂区 plant area

以火力发电厂生产和辅助、附属设施永久性用地围墙所围成的区域。

2.0.5 主厂房区 main power area

以汽机房、除氧间、煤仓间、锅炉、除尘器、烟囱及脱硫装置等设施环形道路中心线所围成的区域。

2.0.6 厂区土石方挖填综合平衡 balance of cut and fill of earthwork in plant

根据厂区及与厂区密切相关的施工区挖方、填方，建（构）筑物的基础余方，耕植土，不能回填的淤泥或建筑垃圾，以及挖方松散系数等影响因素，使厂区场地区域内的挖方量和填方量最终接近平衡。

2.0.7 危险源 source of danger and risk

指可能导致伤害或疾病、财产损失、工作环境破坏或这些情况组合的根源或状态。

2.0.8 越浪量 overtopping

波浪越过堤顶沿堤长方向的单宽流量。

2.0.9 允许越浪量 permissive overtopping discharge

在设计条件下，允许越过堤顶的单宽流量。

2.0.10 干旱指数 drought exponent

某一地区年蒸发能力和年降雨量的比值。

2.0.11 排烟冷却塔 flue gas discharged cooling tower

替代烟囱排放脱硫后烟气的冷却塔。

2.0.12 海水冷却塔 seawater cooling tower

冷却介质为海水的湿式冷却塔。

2.0.13 空冷散热器 air cooled heat exchanger

以空气作为冷却介质，使间接空冷系统循环水被冷却的散热设备。

2.0.14 空冷凝汽器 air cooled condenser

以空气作为冷却介质，使汽轮机的排汽直接冷却凝结成水的设备。

2.0.15 电除盐 electrodeionization

利用电能，通过电渗析和离子交换相结合的综合方法除去水中离子的除盐技术。

2.0.16 厂级监控信息系统 supervisory information system for plant level（SIS）

采集火力发电厂各控制系统的实时生产过程数据，以全厂生产过程实时/历史数据库为平台，为全厂实时生产过程综合优化服务的监控和管理信息系统。

2.0.17 实时系统 real-time system

能够在限定的时间内识别和处理离散事件，可以动态实时地反映火力发电厂生产过程中参数变化的系统。

2.0.18 集中控制室 central control room

火力发电厂中对两台及以上的机组及辅助系统进行集中控制的场所。

2.0.19 单元控制室 unit control room

火力发电厂中对单元机组的锅炉、汽轮机、发电机及其主要辅助系统或设备进行控制的场所。

2.0.20 高压配电装置 high voltage switchgear

火力发电厂内35kV及以上配电装置的统称。

2.0.21 3/2断路器接线 one-and-a-half breaker configuration

即一个半断路器接线。对双回路而言，三台断路器串联跨接在两组母线之间，且两个回路分别连接到中间断路器两端的双母线接线。

2.0.22 4/3断路器接线 one-and-one-third breaker configuration

对三个回路而言，四台断路器串联跨接在两组母线之间，且三个回路分别连接到中间两个断路器两端及中间的双母线接线。

2.0.23 强电控制 control with strong power source

额定控制电压为110V及以上的控制方式。

2.0.24 空冷凝汽器支撑结构 supporting structure of air cooled condenser

由柱、平台（包括支承风机的梁或桁架、运行检修平台或步道板等）和挡风墙等组成的支撑空冷凝汽器结构的总称。

2.0.25 封闭式圆形煤场 circular closed coal yard

由挡煤墙和半球形网架构成的大直径圆形室内贮煤场。

3 电力系统对火力发电厂的要求

3.1 基本规定

3.1.1 火电机组在电力系统中，可分为基本负荷机组、调峰机组、具有黑启动功能机组、热电联产机组和资源综合利用机组等。

3.1.2 带基本负荷机组应具有较高的可靠性和稳定性，应能较好地参与电网的一次调频和二次调频。

3.1.3 调峰机组应满足启动速度快、负荷变化灵活、能够适应频繁启停等要求。

3.1.4 具有黑启动功能的机组应能够使机组在无任何外部供电的情况下，由自身能力启动机组并网发电。

3.1.5 热电联产机组应兼顾发电和供热功能，在对外供热期间，应具有较高的供热可靠性。

3.1.6 对燃用煤矸石、煤泥、油页岩等低热值燃料发电的资源综合利用机组，不宜在可靠性和灵活性方面要求过严。

3.2 火力发电厂接入系统技术要求

3.2.1 火力发电厂接入系统应根据火力发电厂的规划容量、单机容量、输电方向和送电距离及其在系统中的地位与作用，按简化电网结构及电厂主接线、减少电压等级及出线回路数、降低网损、方便调度运行及事故处理等原则进行设计。

3.2.2 火力发电厂接入系统的电压等级宜符合下列规定：

1 火力发电厂接入系统的电压不宜超过两种。

2 根据火力发电厂在系统中的地位和作用，不同规模的火力发电厂应分别接入相应电压等级的电网；为满足地方负荷所建的电厂，单机容量在600MW及以下的机组宜接入330kV及以下电网。

3 在受端系统内建设的较大容量的主力电厂宜直接接入高一级电压等级的电网。

4 对于向区外送电的电厂，单机容量在600MW及以上的机组宜直接接入高一级电压等级的电网。

3.2.3 火力发电厂电气设备应符合下列规定：

1 断路器开断容量应满足装设点开断远景短路电流的技术要求。

2 大型电厂处于电网结构比较紧密的负荷中心，且出两级电压时，火力发电厂不宜装设构成电磁环网的联络变压器。

3 火力发电厂主接线方式应满足系统解环、解列运行时的有关要求。

4 主变压器应符合下列规定：

1）火力发电厂升压变压器宜选用无励磁调压型。

2）火力发电厂的联络变压器经论证有必要调压时，可选用有载调压型。

3）应根据系统远景发展潮流变化的需要，选择变压器的额定抽头及分抽头。

4）火力发电厂有多台 220kV 及以下升压变压器时，应有 1 台 ~2 台变压器中性点接地。

5）接入每条 110kV 母线的变压器，在运行中至少应有 1 台变压器中性点接地。

5 应根据限制工频过电压、限制潜供电流、防止自励磁、系统并列及无功补偿等要求，确定电厂内是否装设高压并联电抗器。

6 对于长距离送电，有进相运行要求的机组，接入机端的高压厂用变压器的调压方式应满足有关要求。

7 对在直流换流站附近和采用串联补偿装置通道送出的电厂应对次同步振荡和谐振问题进行研究，并应根据研究结果采取抑制措施。

3.3 机组运行调节性能要求

3.3.1 机组运行性能应符合下列规定：

1 发电机组应装设机端电压闭环的自动电压调节器，应有过磁通限制、低励磁限制、过励磁限制、过励磁保护和附加无功调差功能，模型参数应符合系统要求。

2 励磁系统应具备电力系统稳定器功能，模型参数应符合系统要求。

3 机组应装设频率和功率闭环的自动调速器，模型参数应符合系统要求。系统频率在48.5Hz~50.5Hz变化范围内应连续保持恒定的有功功率输出。

4 发电机组正常调节速率每分钟不应小于1%机组额定有功功率；火电机组的调峰能力应满足

所在电网电源结构和负荷特性对调峰的需求，不应小于机组额定有功功率的50%~60%。

5 处于电网送端的发电机功率因数不宜高于0.9（滞后）；处于受端的发电机功率因数，600MW以上机组可为0.85~0.9（滞后）；直流输电系统的送端发电机功率因数可为0.85~0.9（滞后）；发电机应满足电力系统进相运行的要求。

6 黑启动发电机组应能在辅助燃气轮机或备用柴油机启动后的2h内与系统同期并列。

3.3.2 机组调节性能应符合下列规定：

1 并网发电机组均应参与一次调频。机组一次调频的基本性能指标应符合下列规定：

1）电液型汽轮机调节控制系统的发电机组死区应控制在 ±0.033Hz 内，机械、液压调节控制系统的发电机组死区应控制在 ±0.10Hz 内。

2）转速不等率应为 4%~5%。

3）最大负荷限幅应为机组额定出力的 6%~10%。

4）投用范围应为机组核定的出力范围。

5）当电网频率变化超过机组一次调频死区时，机组应在 15s 内根据机组响应目标完全响应。

6）在电网频率变化超过机组一次调频死区的 45s 内，机组实际出力与机组响应目标偏差的平均值应在机组额定有功出力的 ±3% 以内。

2 火电机组应具备自动发电控制功能，并应参与电网闭环自动发电控制。机组自动发电控制基本性能指标应符合下列规定：

1）采用直吹式制粉系统的火电机组，自动发电控制调节速率每分钟不应小于 1% 机组额定有功功率；自动发电控制响应时间不应大于 60s。

2）采用中储式制粉系统的火电机组，自动发电控制调节速率每分钟不应小于 2% 机组额定有功功率；自动发电控制响应时间不应大于 40s。

3）火电机组自动发电控制最大调节范围应为机组额定进气量的 50%~100%。

4）自动发电控制机组应能实现“当地控制 / 远方控制”两种控制方式间的手动和自动无扰动切换。

3 机组应具备执行自动电压控制功能的能力，应能协调控制机组的无功出力。机组自动电压控制装置应具备与能量管理系统实现联合闭环控制的功能。

3.4 机组非正常运行能力要求

3.4.1 异常运行工况时，机组应符合下列规定：

1 电力系统的标准频率为50Hz，在特殊情况下，当系统频率在短时间内上升到51Hz或下降到48Hz时，机组应符合下列规定：

1）在 48.5Hz~50.5Hz 范围应能连续运行。

2）在 48Hz~48.5Hz 范围内，每次连续运行时间不应少于 300s。

3）在 50.5Hz~51Hz 范围内，每次连续运行时间不应少于 180s。

2 当电力系统电压在一定范围内波动时，机组应能保持正常运行和电力的送出。

3.4.2 300MW及以上机组汽轮发电机的低频保护应具备记录和指示累计的频率异常运行时间，并对每个频率分别进行累计的功能。

3.4.3 发电机应符合下列失步运行要求：

1 当引起电力系统振荡，且其振荡中心在发变组外部时，发电机应当能承受5个~20个振荡周期；当振荡中心在发变组内部时，应立即启动失步保护。

2 发电机进入短时失磁异步运行应具备下列条件：

1）电网有足够的无功容量维持合理的电压水平。

2）发电机电流低于三相出口短路电流的 60%~70%。

3）机组能自动迅速减少负荷到允许水平。

4）发电机带的厂用供电系统可以自动切换到另一个电源。

3 在规定的短时运行时间内不能恢复励磁时，机组应与电网解列。

3.4.4 每台发电机应能长期承担规定以内的稳态负序负荷，在突发不对称短路故障时应能承受规定的负序电流冲击。

3.4.5 发电机组在允许寿命期间应能承受至少5次180°误并列。发电机运行不应受高压线路单相重合闸影响。

4 总体规划

4.1 基本规定

4.1.1 火力发电厂的总体规划应根据火力发电厂生产、施工和生活需要，结合厂址及其附近的自然条件和城乡及土地利用总体规划，对厂区、施工区、水源地、取排水管线、灰管线、贮灰场、灰渣综合利用、交通运输、出线走廊、供热管网等进行统筹规划，并应以近期工程为主、兼顾远期工程。

4.1.2 火力发电厂的总体规划应贯彻节约集约用地的方针，并应通过积极采用新技术、新工艺和设计优化，严格控制厂区、厂前建筑区、施工区用地面积，以及严格控制取土和弃土用地，同时应符合下列规定：

1 火力发电厂用地范围应根据规划容量和本期工程建设规模及施工的需要确定。

2 厂区用地应统筹规划、分期征用。

3 设有防洪堤时，厂区及防洪堤用地范围可根据初期防洪堤工程的实施情况确定。

4.1.3 火力发电厂的总体规划应符合城市（镇）或工业区规划，以及环境保护、消防、劳动安全和职业卫生的要求，合理利用地形和地质条件，符合工艺流程的布置要求，有利于交通运输、施工和扩建，并应处理好厂区内外、生产与生活、生产与施工之间的关系。

4.1.4 火力发电厂的总体规划应符合下列规定：

1 应按功能要求分区。

2 各区内建筑物宜根据日照方位和风向进行布置，并应力求合理紧凑。辅助生产和附属建筑宜采用联合布置和多层建筑，并应符合建筑节能的要求。

3 建筑物空间的组织及建筑群体应与周围环境协调。

4 对于煤电合一的坑口电站，宜统一规划其贮煤场、运煤设施及辅助设施等。

5 应因地制宜地进行绿化规划，不应因绿化而增加厂区用地面积。

6 对位于风沙较大地区的火力发电厂，可根据具体情况设置必要的厂外防护林。

4.1.5 火力发电厂厂区应避免其他工业企业所排出的废气、废水、废渣的影响。

4.1.6 火力发电厂厂区位置应避开地质灾害易发区、采空区影响范围，以及岩溶发育、滑坡、泥石流的区域。确实无法避开时，应根据地质灾害危险性评估结论，采取相应的防范措施。

4.1.7 火力发电厂厂区应远离活动断裂，其安全距离应根据活动断裂的等级、规模、产状、性质、覆盖层厚度、地震动峰值加速度等因素综合确定。

4.1.8 火力发电厂建（构）筑物设计应符合防火等级要求，各主要生产和辅助生产及附属建（构）筑物在生产过程中的火灾危险性分类及其耐火等级，应符合现行国家标准《火力发电厂与变电站设计防火规范》GB 50229的规定，并应符合下列规定：

1 办公楼内布置有电气、热工、金属等试验室时，应按丁类三级。

2 液氨贮存处置设施应按液体乙类二级。

3 尿素贮存处置设施应按丙类二级。

4.2 厂区外部规划

4.2.1 火力发电厂包括交通运输、供水和排水、灰渣输送和处理、输电线路和供热管线、施工区等厂外设施，应在确定厂址和落实厂内各个主要工艺系统的基础上，根据火力发电厂的规划容量和厂区自然条件，统筹规划、全面协调。

4.2.2 火力发电厂厂区与附近的核电厂、化工厂、炼油厂、石油或天然气储罐、低中放射性废物处置场、核技术利用放射性废物库等潜在危险源之间的距离，应符合下列规定：

1 与核电厂的距离应符合现行国家标准《核电厂环境辐射防护规定》GB 6249的有关规定。

2 与化工厂、炼油厂的距离应符合现行国家标准《石油化工企业设计防火规范》GB 50160的有关规定。

3 与石油或天然气储罐的距离应符合现行国家标准《石油天然气工程设计防火规范》GB 50183的有关规定。

4 与低、中水平放射性废物处置场的距离不应低于现行行业标准《核设施环境保护管理导则 放射性固体废物浅地层处置环境影响报告书的格式与内容》HJ/T 5.2规定的评价范围的半径。

5 与核技术利用放射性废物库的距离不应低于现行行业标准《辐射环境保护管理导则 核技术应用项目环境影响报告书（表）的内容和格式》HJ/T 10.1规定的评价范围的半径。

4.2.3 火力发电厂供水水源应可靠，并应符合下列规定：

1 火力发电厂取水口位置应选择在岸滩稳定地段，且应避免泥沙、草木、冰凌、漂流杂物、排水回流等影响。

2 当从水库取水时，水库防洪标准不应低于100年一遇设计、1000年一遇校核，当水库防洪标准不能满足电厂取水要求时，应论证采取其他措施保证火力发电厂的取水可靠。

4.2.4 厂外供水管线、灰渣管线、热力管线及其他带状设施的规划应满足城乡规划和土地利用总体规划的要求，宜沿现有公路集中布置，并应减少与公路或铁路的交叉。架空管线宜采用多管共架敷设。

4.2.5 火力发电厂的厂外交通运输规划应符合下列规定：

1 采用铁路运煤的火力发电厂，其铁路专用线除由国家或地方铁路线接轨外，也可从其他工业企业的专用线上接轨。专用线不应在国家铁路区间线路上接轨，并宜避免切割接轨站正线；在繁忙干线和时速200km及以上客货混跑干线上接轨时，铁路专用线宜与正线设置立交疏解。

2 采用铁路运煤的火力发电厂宜采用由装车点至电厂整列直达的运输方式，由铁路部门统一管理，在厂内卸车线应按送重取空方式进行货物交接，火力发电厂不应设置厂前交接场（站）。

3 应充分利用铁路接轨站既有设施及运能等资源，除在铁路接轨站存在折角运输外，不宜在接轨站增加线路股道数量，如需增设时，应充分论证其设置的必要性。

4 采用水路运煤的火力发电厂，当码头布置在厂区以外或需要与其他企业共同使用码头时，应与规划部门及有关企业协调，落实建设的可能性，码头与厂区之间应有良好的交通运输通道。

5 火力发电厂进厂道路与运煤、灰渣及石膏运输道路宜分开布置。运煤和运灰渣及石膏等的道路可合并设置。厂外专用道路宜避免与铁路交叉，当不能避免时宜采用立交方式。进厂道路、运灰渣及石膏道路应按三级厂矿道路标准建设，应采用水泥混凝土或沥青混凝土路面，路面宽度应为6m~7m。

6 坑口电厂燃煤宜采用带式输送，运输方式应通过方案比较后确定。

7 全部采用汽车运煤的火力发电厂根据厂外来煤方向、燃煤汽车运输所经路网情况及厂区受煤装置区域的布置，宜设置两个不同方向的出入口。厂区与厂外公路相连接的运煤专用道路宜采用水泥混凝土或沥青混凝土路面。专用运煤道路标准宜与地方道路标准相协调，并应按表4.2.5的规定执行。

表4.2.5 厂外专用运煤道路设计基本标准

日平均运煤量（万t）	日平均交通量（辆）	小时交通量（辆）	公路等级	路基宽度（m）		路面宽度（m）		最大纵坡（%）	
				平原微丘	山陵重丘	平原微丘	山陵重丘	平原微丘	山陵重丘
>5	>5000	>208	厂矿一级，四车道	23	19	2×7.5	2×7	4	6
2~5	2000~5000	83~208	厂矿二级，两车道	12	8.5	9	7	5	7
<2	<2000	<83	厂矿三级，两车道	8.5	7.5	7	6	6	8

8 厂区至厂外排水设施、水源地、码头、灰场之间，以及沿厂外栈桥或灰渣管线等应设置维护检修道路，维护检修道路可利用现有道路或按四级厂矿道路标准建设，路面宽度宜为4m，困难条件下可为3.5m。

4.2.6 火力发电厂取排水设施规划应根据电厂规划容量和本期工程建设规模、水源、地形与地质条件和环境保护等要求，统筹规划、合理布局，并应符合下列规定：

1 直流供水系统的取排水建（构）筑物布置和循环水管线路径，应工艺顺捷、分期明确。

2 循环供水系统应根据选定的水源，确定补给水泵房的位置及补给水管线的路径，应按规划容量确定补给水泵房的建设规模，并应留出适当的管廊扩建条件。

3 远离厂区的水泵房及其附属设施宜设置必要的通信、交通、生活和卫生设施。

4 直流供水系统可根据排水落差情况，设置水能利用系统。

5 厂外给水、雨水、污水等其他管线的规划应满足电厂和城乡规划的要求。

4.2.7 火力发电厂厂区的防排洪（涝）规划宜结合工程的具体条件，利用现有防排洪（涝）设施。当需新建时，可因地制宜地选用防洪（涝）堤、排洪（涝）沟或挡水围墙。火力发电厂的工艺设施和建（构）筑物至防洪堤的距离应符合有关堤防安全保护距离的规定。

4.2.8 火力发电厂的出线走廊应根据城乡总体规划和电力系统规划、输电线路方向、电压等级和回路数，按火力发电厂规划容量和本期工程建设规模统筹规划，宜避免交叉。

4.2.9 厂外灰渣（含脱硫副产品）处理设施的规划应符合下列规定：

1 贮灰场宜靠近火力发电厂，应按节约集约用地和保护自然生态环境的原则，充分利用附近的塌陷区、废矿坑、山谷、洼地、荒地以及滩涂地等。

2 贮灰场对周围环境的影响应符合现行国家有关环境保护的规定，并应满足当地环保要求。

3 厂外除灰渣管线宜沿道路及河网边缘敷设，宜选择高差小、跨越及转弯少的地段，并应减少对农业耕作的影响。

4 远离厂区的贮灰场管理站及其附属设施宜设置必要的通信、交通、生活和卫生设施。

5 当采用汽车或船舶等输送灰渣时，应充分研究公路或河道及码头的通行能力和可能对环境产生的污染影响，并应采取相应的措施。

4.2.10 火力发电厂的施工区应按规划容量和本期工程建设规模及场地条件统筹规划、合理布局，并应符合下列规定：

1 布置应合理、紧凑，应方便施工和生活，并应节约用地。

2 应按施工流程的要求妥善安排施工临时建筑、材料设备堆场、施工作业场所及施工临时用水、用电线路路径。

3 施工场地各分区排水系统宜单独设置，排水主干道和施工道路宜按永久和临时结合的原则实施。

4 应因地制宜地利用地形、地质条件，减少场地平整土石方量，并应避免施工区场地表土层的大面积破坏。

5 施工场地和通道的布置应减少对生产的干扰，特别是在部分机组投产后，应能有利生产，方便施工。

6 施工临时建筑的布置不应影响火力发电厂扩建。

4.2.11 取、弃土场应根据地形、地质、地震和水文条件确定实施方案，并应采取避免塌方的有效措施。

4.3 厂区规划及总平面布置

4.3.1 厂区规划应以工艺流程合理为原则，应以主厂房为中心，结合各生产设施及工艺系统的功能，分区明确，紧凑合理，有利扩建，因地制宜地进行布置，并应满足防火、防爆、环境保护、劳动安全和职业卫生的要求。厂前建筑设施宜集中布置，并应做到与生产联系方便、生活便利。对扩（改）建火力发电厂宜利用原有厂区场地及可以利用的相关设施。

4.3.2 厂区建（构）筑物的布置应符合现行国家标准《建筑设计防火规范》GB 50016和《火力发电厂与变电站设计防火规范》GB 50229的有关规定，并应符合下列要求：

1 主厂房和烟囱、冷却设施、封闭式圆形煤场等宜布置在地层均匀、地基承载力较高的区域。当采用直流供水时，汽机房宜靠近水源。当采用直接空冷时，应根据气象条件对空冷机组运行的影响情况确定主厂房的方位。

2 屋内外高压配电装置的进出线应顺畅，宜避免线路交叉，并应有利扩建。

3 冷却塔的布置应根据地形、地质、循环水管线的长度、相邻设施的布置条件及常年风向等综合因素确定。对具备扩建条件的工程，冷却塔不宜布置在主厂房扩建端。

4 露天贮煤场、液氨贮存设施宜布置在厂区主要建筑物全年最小频率风向的上风侧，应避免对厂外居民区的污染影响。

5 屋外高压配电装置裸露部分的场地可铺设草坪或碎石、卵石。对煤场、灰库、脱硫吸收剂贮存场地等会出现粉尘飞扬的区域应采取防尘措施。直接空冷平台下的场地宜采用混凝土地坪。

6 制（供）氢站、燃油设施、液氨贮存设施应与其他生产、辅助及附属建筑分开，并应单独布置形成独立区域。

7 燃油设施、液氨贮存设施等靠近江、河、湖泊布置时，应采取防止泄漏液体流入水域的措施。

8 厂区对外出入口不应少于2个，其位置应方便厂内外联系，并应使人流与货流分开。厂区主要出入口宜设置在厂区固定端一侧。

4.3.3 火力发电厂各建（构）筑物之间的间距应符合国家现行标准《火力发电厂与变电站设计防火规范》GB 50229、《火力发电厂总图运输设计技术规程》DL/T 5032、《氢气站设计规范》GB 50177和《石油库设计规范》GB 50074的有关规定，并应符合下列要求：

1 液氨贮存设施布置间距应符合现行国家标准《建筑设计防火规范》GB 50016关于乙类液体贮罐布置的有关规定。

2 机械通风冷却塔之间的间距应符合现行国家标准《工业循环水冷却设计规范》GB/T 50102的有关规定。

3 架空高压电力线边导线在风偏影响后，与丙、丁、戊类建（构）筑物的最小水平距离，110kV应为4m，220kV应为5m，330kV应为6m，500kV应为8.5m，750kV应为11m，1000kV应为21m。高压输电线不宜跨越永久性建筑物，当必须跨越时，应满足其带电距离最小高度的要求，并应对建筑物屋顶采取相应的防火措施。

4.3.4 采用空冷机组的火力发电厂，空冷设施布置应符合下列规定：

1 直接空冷平台朝向应根据全年、夏季、夏季高温大风的主导风向、风速、风频等因素，结合工艺布置要求，并应兼顾空冷机组运行的安全性和经济性综合确定。

2 直接空冷平台宜布置在主厂房A列外侧，变压器、电气配电间、贮油箱等可布置在平台下方，但应保证空冷平台支柱位置不影响变压器的安装、消防和检修运输通道。

3 间接空冷塔除作为排烟冷却塔外，宜靠近汽机房侧布置。

4.3.5 对采用排烟冷却塔的火力发电厂，冷却塔宜靠近炉后区域。

4.3.6 采用机械通风冷却塔的火力发电厂，单侧进风塔的进风面宜面向夏季主导风向；双侧进风塔的进风面宜平行于夏季主导风向。

4.3.7 火力发电厂厂内铁路配线设计标准应符合下列规定：

1 应按整列直达、路企直通的原则，并应根据铁路远期发展规划，对厂内铁路配线规模进行统一规划、分期建设。

2 采用折返式翻车机卸煤，每台翻车机应配设1条重车线、1条空车线，并应合理设置机车走行线。

3 采用缝式煤槽卸煤时，铁路卸车线股道及有效长度应根据日最大来煤列数、列车编挂辆数、缝式煤槽卸车车位数、场地条件确定。线路宜为贯通式，并应合理设置机车走行线。

4 厂内铁路配线的有效长度应满足厂外铁路运输通路牵引质量的要求，且应按品种单一的整列直达煤列在厂内卸煤线进行到发作业的需要进行设置。

5 厂区铁路卸煤重车线和空车线按整列进厂卸煤作业设计时，不应再设置备用重车线和调车线或其他到发线。

4.3.8 火力发电厂煤码头的建设规模及总平面布置应根据火力发电厂的规划容量与本期工程建设规模、厂址和航道的自然条件，以及厂内运煤设施等综合因素进行统一规划、分期建设，并应符合下列规定：

1 码头的规划设计应符合国家现行标准《河港工程设计规范》GB 50192和《海港总平面设计规范》JTJ 211的有关规定。

2 码头应设在水深适宜、航道稳定、泥沙运动较弱、水流平顺、地质较好的地段，并宜与陆域的地形高程相协调。

3 码头前沿应有足够开阔的水域。码头与采用直流供水系统的冷却水进、排水口之间的距离应避免两者之间的相互影响，并应通过模型试验充分论证、合理确定。

4.3.9 当火力发电厂自建大件运输码头时，码头设计在满足大件运输需要的同时，还应满足电厂运行期间其他原材料或副产品的运输需要。

4.3.10 燃煤采用公路运输的火力发电厂，汽车出入口位置应方便与厂外运煤专用道路的连接，重车入口至检斤装置之间宜设置适当的检斤待车场地。卸煤设施区道路的规划应满足空重车流互不干扰的要求，取样装置和检斤装置宜按先检斤后取样布置。

4.3.11 厂区道路设计应符合现行国家标准《厂矿道路设计规范》GBJ 22的有关规定。厂区各建筑物之间应根据生产、运行维护、生活、消防的需要设置行车道路、消防车道和人行道，并应符合下列规定：

1 主厂房、贮煤场、制（供）氢站、液氨贮存区和燃油设施区周围，以及屋外配电装置区域应设环形消防车道。当山区火力发电厂的主厂房区、燃油设施区、液氨贮存区及贮煤场区周围设置环形消防车道有困难时，可沿长边设置尽端式消防车道，并应设回车道或回车场。回车场的面积不应小于12m×12m；供大型消防车使用时，不应小于18m×18m。

2 厂区消防车道的宽度不应小于4m，道路上空遇有管架、栈桥等障碍物时，其净高不应小于4m。

3 厂区主厂房周围环行道路以及运输燃煤、石灰石和灰渣及石膏、助燃油、液氨的主干道行车部分的宽度宜采用7m，困难情况下可采用6m；次要道路的宽度宜为4m，困难情况下可采用3.5m。

4 建有大件运输码头的火力发电厂，码头引桥至主厂房区环形道路之间的道路标准，应根据大件运输需要合理确定，其宽度宜为6m~7m，转弯半径不宜小于12m。

4.3.12 厂区围墙的平面布置应在节约集约用地的前提下力求规整，除有特殊要求外，宜为实体围墙，高度不应低于2.2m。有关功能区域的围墙或围栅设置应符合下列规定：

1 屋外高压配电装置区域的厂内部分应设置1.8m高的围栅，变压器场地周围应设置1.5m高的围栅。

2 制（供）氢站区、液氨贮存区和燃油设施区均应单独布置。制（供）氢站区应设置高度不低于2.5m高的非燃烧体实体围墙，液氨贮存区应设置不低于2.2m高的非燃烧体实体围墙，燃油设施区应设置1.8m高的围栅。当制（供）氢站区、液氨贮存区和燃油设施区的围墙利用厂区围墙时，应采用不低于2.5m高的非燃烧体实体围墙。

4.3.13 厂区用地面积应符合国家现行有关土地使用的规定，厂区建筑系数不应低于35%，厂区绿地率不应大于20%。

4.3.14 火力发电厂厂区场地标高应符合表4.3.14规定的防洪标准的要求。

表4.3.14 火力发电厂厂区防洪标准

火力发电厂等级	规划容量（MW）	厂区防洪标准（重现期）
Ⅰ	>2400	≥100年、200年一遇的高水（潮）位
Ⅱ	400~2400	≥100年一遇的高水（潮）位
Ⅲ	<400	≥50年一遇的高水（潮）位

注：Ⅰ级火力发电厂中对位于广东、广西、福建、浙江、上海、江苏、海南风暴潮严重地区的海滨火力发电厂，取200年一遇；其中江苏省包括长江口至江阴的沿长江江岸电厂。

4.3.15 当厂区受洪（涝）水、风暴潮影响时，应采取防洪（潮）措施，并符合下列规定：

1 当场地标高低于设计高水（潮）位，或场地标高虽高于设计高水（潮）位，但厂址受波浪影响时，厂区应设置防洪堤或采取其他可靠的防洪设施，并应符合下列规定：

1）对位于海滨的火力发电厂，其防洪堤（或防浪墙）的顶标高应按设计高水（潮）位加50年一遇波列、累积频率1%的浪爬高和0.50m的安全超高确定。经论证，在保证越浪水量对防洪堤安全无影响，且堤后越浪水量排泄畅通的前提下，堤顶标高确定时可允许部分越浪，并宜通过物理模型试验确定堤顶标高、堤身断面尺寸、护面结构。

2）对位于江、河、湖旁的火力发电厂，其防洪堤的堤顶标高应高于设计高水位0.50m；当受风、浪、潮影响时，应再加50年一遇的浪爬高。

2 在有内涝的地区建厂时，防涝围堤堤顶标高应按100年一遇内涝水位加0.50m的安全超高确定；当100年一遇内涝水位难以确定时，可采用历史最高内涝水位；如有排涝设施时，应按设计内涝水位加0.50m的安全超高确定。

3 对位于山区的火力发电厂，应按100年一遇设计洪水位采取防排洪措施。

4 火力发电厂位于水库下游且水库的防洪标准低于电厂防洪标准或水库为病险水库时，在水库溃坝形成的洪水对厂区产生影响的情况下，应采取相应的工程措施。

5 防排洪设施宜在初期工程中按规划容量一次建成。

4.3.16 厂区竖向布置设计应根据生产工艺要求、工程地质、水文气象、土石方量及地基处理等综合因素确定，并应符合下列规定：

1 厂区不设防洪堤时，主厂房区的室外地坪设计标高应高于设计高水位0.5m。厂区设有满足防洪要求的防洪堤且有可靠的防内涝措施时，厂内场地标高可适当低于设计洪水位。

2 建（构）筑物、铁路及道路等标高的确定，应满足生产和维护的要求，并应排水畅通。

3 建筑物室内地坪标高应根据建筑功能、交通联络、场地排水、场地地质条件等综合因素确定，宜高出室外地坪设计标高150mm~300mm。软土地区，室内外沉降差异的影响应在设计计算之内。

4 厂区竖向设计宜做到厂区和施工场地范围内的土石方综合平衡，填、挖方量不能达到平衡时，应落实取、弃土场地，并宜与工程所在地区的其他取、弃土工程相结合。

5 厂区场地的最小坡度及坡向应能较快排除地面雨水，应与建筑物、道路及场地的雨水窨井、雨水口的设置相适应，并应按当地降雨量和场地土质条件等因素确定。

4.3.17 当厂区自然地形坡度大于3%时，宜采用阶梯布置。应根据生产需要、交通运输便利、地下设施布置合理、边坡稳定等要求，确定阶梯布置。

4.3.18 厂区场地排水系统的设计应根据地形、工程地质、水文气象、地下水位等综合因素，并结合规划容量确定。

4.3.19 厂区管线的布置应符合下列规定：

1 厂区主要管架、管线和沟道应按规划容量统一规划、集中布置，宜分期建设，并应留有合理的管线走廊。

2 应符合工艺流程的合理布置要求，并应便于施工及检修。

3 当管道发生故障时不应发生次生灾害，特别应防止污水渗入生活给水管道和有害、易燃气体渗入其他沟道和地下室内。

4 应避免遭受机械损伤和腐蚀。

5 地下沟（隧）道应设可靠的集水和排水设施。

6 电缆沟及电缆隧道在进入建筑物处或在适当的距离及地段应设防火隔墙，电缆隧道的防火墙上应设防火门。

7 管架、管线和沟道宜沿道路布置，地下管线和沟道宜敷设在道路行车部分之外。地震烈度为8度及以上地区，雨水管、污水管不应平行布置在道路行车道下部。

4.3.20 厂区管线敷设方式应符合下列规定：

1 凡有条件集中架空布置的管线宜采用综合管架进行敷设；在地下水位较高，土壤具有腐蚀性，基岩埋深较浅且不利于地下管沟施工的地区，宜采用综合管架。

2 生产、生活、消防给水管和雨水、污水排水管等宜采用地下敷设。生产、生活给水管可架空敷设，但在严寒地区应设可靠的防冻保温措施。

3 灰渣管、石灰石浆液管、石膏浆液管、氢气管、压缩空气管、助燃油管、氨气管、热力管等宜架空敷设。

4 酸液和碱液管可采用架空或地沟敷设。对发生故障时有可能扩大灾害的管道，不宜同沟敷设。

5 厂区内的电缆可采用架空、地沟、隧道、排管、直埋敷设。电缆不应与其他管道同沟敷设。

6 氢气管、氨气管与其他管道共架敷设时，应布置在管架外侧并在上层。

7 易燃易爆的管道不应敷设在无关建筑物的屋面或外墙支架上。

4.3.21 管沟、地下管线与建筑物、铁路、道路及其他管线的水平距离，以及管线交叉时的垂直距离应根据地下管线和管沟的埋深、建筑物的基础构造及施工、检修等因素综合确定。

5 机组选型

5.1 机组参数

5.1.1 机组新蒸汽参数宜分为超高压参数、亚临界参数、超临界参数和超超临界参数。

5.1.2 机组新蒸汽参数系列宜符合现行国家标准《发电用汽轮机参数系列》GB/T 754的有关规定。

5.2 主机选型

5.2.1 汽轮机设备选型应符合下列规定：

1 应按电力系统的要求，确定机组承担基本负荷或变动负荷。

2 对有集中供热条件的地区，应根据近期热负荷和规划热负荷的大小和特性选用供热式机组。

3 对干旱指数大于1.5的缺水地区，宜选用空冷式汽轮机组。

5.2.2 锅炉设备选型应符合下列规定：

1 锅炉设备的选型应根据燃用的设计燃料及校核燃料的燃料特性数据确定；锅炉炉膛选型宜符合现行行业标准《大容量煤粉燃烧锅炉炉膛选型导则》DL/T 831的有关规定。

2 当燃用洗煤副产物、煤矸石、石煤、油页岩和石油焦等不能稳定燃烧的燃料时，宜选用循环流化床锅炉；当燃用收到基硫分较高的燃料或燃用灰熔点低、挥发分较低、锅炉易结焦的燃料或燃用低发热量褐煤燃料时，也可选用循环流化床锅炉。

3 当燃用低灰熔点或严重结渣性的煤种，经技术经济比较合理时，可采用液态排渣锅炉。

4 大容量煤粉锅炉布置方式可根据工程具体条件选用Π形炉或塔式炉型。

5.2.3 锅炉的燃烧方式应根据燃用煤种的煤质特性选择，并应符合下列规定：

1 燃用干燥无灰基挥发分V_{daf}≥15%，煤粉气流着火温度指标IT≤700℃的煤种，宜采用切向燃烧或墙式燃烧方式；燃用全水分M_{ar}>30%的褐煤，宜采用风扇磨直吹式制粉系统、多角切向燃烧方式，热一次风温度能够满足磨煤机干燥出力的要求时，也可采用常规切向燃烧方式。

2 燃用煤粉气流着火温度指标IT为700℃~800℃的煤种，宜采用墙式或切向燃烧方式。对于煤粉气流着火温度指标IT>750℃且结渣性较严重的煤种，可采用双拱燃烧方式。

3 燃用干燥无灰基挥发分V_{daf}≤10%，煤粉气流着火温度指标IT>800℃的煤种，宜采用双拱燃烧方式或循环流化床燃烧方式。

5.2.4 发电机的选型应分别符合现行国家标准《隐极同步发电机技术要求》GB/T 7064和《旋转电机定额和性能》GB 755的有关规定。

5.2.5 发电机冷却方式应采用制造厂推荐的、成熟可靠的形式。

5.3 主机容量匹配

5.3.1 锅炉的台数及容量与汽轮机的台数及容量的匹配应符合下列规定：

1 对于纯凝式汽轮机应一机配一炉。锅炉的最大连续蒸发量宜与汽轮机调节阀全开时的进汽量相匹配。

2 对于供热式汽轮机宜一机配一炉。当1台容量最大的蒸汽锅炉停用时，其余锅炉的对外供汽能力若不能满足热力用户连续生产所需的100%生产用汽量和60%~75%（严寒地区取上限）的冬季采暖、通风及生活用热量要求时，可由其他热源供给。

5.3.2 发电机和汽轮机的容量选择条件应相互协调。在额定功率因数和额定氢压（对氢冷发电机）下，发电机的额定容量应与汽轮机的额定出力相匹配，发电机的最大连续容量应与汽轮机的最大连续出力相匹配，其冷却器进水温度宜与汽轮机相应工况下的冷却水温度相一致。

5.4 机组设计性能指标计算

5.4.1 计算机组设计标准煤耗率所用的汽轮机热耗率，宜取用汽轮机供货合同中供方向需方保证的热耗率。

5.4.2 计算机组设计标准煤耗率所用的锅炉效率，宜取用锅炉供货合同中供方向需方保证的效率。

5.4.3 计算机组设计标准煤耗率所用的管道效率宜取用99%。

5.4.4 机组设计发电标准煤耗率和机组设计供电标准煤耗率的计算应采用本规范附录A的计算方法。

5.4.5 机组性能考核工况设计厂用电率计算可采用现行行业标准《火力发电厂厂用电设计技术规定》DL/T 5153的有关规定。对主要高压电动机可采用轴功率法进行计算，电动机的轴功率应为对应性能考核工况下的电动机轴功率。其他负荷计算可采用换算系数法。

6 主厂房区域布置

6.1 基本规定

6.1.1 主厂房区域布置应适应电力生产工艺流程的要求，并应满足安装、运行、检修的需要，宜做到设备布局和空间利用紧凑、合理；管线及电缆连接应短捷、整齐；巡回检查通道应畅通。

6.1.2 主厂房区域布置应根据设备和系统的功能要求，集中、合并布置，并应做到功能分区明确、系统连接简捷。在工艺要求和环境条件许可的情况下，辅助设备宜采用露天或半露天布置。

6.1.3 主厂房的布置可采用汽机房、煤仓间或除氧煤仓间、锅炉房三列式布置，汽机房、除氧间、煤仓间、锅炉房四列式布置，侧煤仓布置等多种布置形式。

6.1.4 主厂房区域布置应为运行检修人员创造良好的工作环境，应符合国家现行有关劳动保护标准的规定；设备布置应符合防火、防爆、防潮、防尘、防腐、防冻等有关要求。

6.1.5 主厂房区域及其内部的设施、表盘、管道和平台扶梯等的色调应协调。平台扶梯及栏杆的规格宜统一。

6.1.6 主厂房柱距宜采用等柱距；在满足主要设备布置要求的前提下，也可采用不等柱距。

6.1.7 主厂房区域布置应根据厂区地形、设备特点和施工条件等因素合理安排。

6.1.8 主厂房区域布置应根据总体规划要求留有扩建条件。

6.1.9 直接空冷系统的布置应与主厂房区域布置相协调，并应符合本规范第17.8.4条的规定。

6.2 汽机房及除氧间布置

6.2.1 对200MW级及以上机组，汽轮发电机组宜采用纵向顺列布置。如条件合适，通过技术经济比较也可采用横向布置。

6.2.2 300MW级及以上机组的汽机房运转层宜采用大平台布置形式，300MW级以下机组宜采用岛式布置。采用大平台布置时，应满足汽机房的通风、排热、排湿及起吊重物的要求。

6.2.3 给水泵的布置应符合下列规定：

1 当驱动汽动给水泵的小汽轮机排汽进入主凝汽器时，汽动给水泵组宜就近布置在汽轮发电机组侧面的运转层或底层。

2 当驱动汽动给水泵的小汽轮机排汽进入独立的凝汽器时，汽动给水泵组宜布置在汽机房及除氧间的运转层或中间层。

3 当汽轮发电机组采用电动给水泵时，给水泵可布置在汽机房或除氧间的底层。

6.2.4 除氧器给水箱的布置应符合下列规定：

1 除氧器给水箱的安装标高应保证在汽轮机甩负荷瞬态工况下，给水泵或其前置泵的进口不发生汽化。

2 在气候、布置条件合适时，除氧器给水箱宜采用露天布置。

3 除氧器和给水箱不宜布置在集中控制室上方。如布置在集中控制室上方时，集中控制室顶板应采用混凝土整体浇灌，除氧器层的楼面应采取防水措施。

6.2.5 汽轮机油系统设备的布置应符合下列规定：

1 汽轮机主油箱、油泵、冷油器及油净化装置等设备宜布置在汽机房机头靠A列柱侧，并应远离高温管道；汽轮机贮油箱宜布置在主厂房外侧。

2 汽轮机主油箱、贮油箱、油净化装置及油系统应采取防火措施。在主厂房外侧的适当位置应设置密封的润滑油事故排油箱（坑），其布置标高和排油管道的设计应满足主油箱、贮油箱、油净化装置等事故排油畅通的需要。润滑油事故排油箱（坑）的容积不应小于一台最大机组油系统的油量。

3 设备事故排油门均应布置在安全及便于操作的位置，其操作手轮应设在距排油设备外缘5m

以外的地方，并应有两条人行通道可以到达。

6.2.6 湿冷机组纵向布置时，循环水泵不宜布置在汽机房内；工程具体条件合适时，循环水泵可靠近汽机房布置。

6.2.7 当采用带混合式凝汽器的间接空冷系统时，循环水泵和水轮机宜毗邻汽机房布置。

6.2.8 凝结水精处理装置宜布置在汽机房内，再生装置宜布置在主厂房内。

6.2.9 供热机组热网首站宜布置在汽机房A列外；通过技术经济比较合理时，也可布置在主厂房固定端或汽机房内。

6.3 煤仓间布置

6.3.1 煤仓间给煤机层标高的确定应符合下列规定：

1 对于煤粉锅炉，给煤机层的标高应由磨煤机（风扇磨煤机除外）、送粉管道及其检修起吊装置等所需的空间确定。在有条件时，该层标高宜与锅炉运转层标高一致。风扇磨煤机的给煤机层标高应满足干燥段的布置要求。

2 对于循环流化床锅炉，给煤机层的标高应根据锅炉给煤口标高（包括播煤装置）、所需给煤机级数、给煤距离和给煤机出口阀门布置等因素确定。

6.3.2 煤仓间皮带层的布置应符合下列规定：

1 皮带层的标高应按原煤仓和煤粉仓的设计要求确定。

2 带式输送机两侧应有必要的运行通道。

3 皮带层内应设置必要的通风除尘装置、清洁地面及排水设施。

4 带式输送机头部应设置检修起吊设施。

6.3.3 侧煤仓形式的煤仓间布置宜与锅炉房的布置统筹设计。

6.3.4 锅炉原煤仓及煤粉仓的储煤量应符合下列规定：

1 对于中速磨直吹式制粉系统，除备用磨煤机所对应的原煤仓外，其余原煤仓的总有效储煤量宜按设计煤种满足锅炉最大连续蒸发量时8h以上的耗煤量设计；对于双进双出钢球磨直吹式制粉系统，原煤仓的总有效储煤量宜按设计煤种满足锅炉最大连续蒸发量时8h以上的耗煤量设计。

2 对于中间贮仓式制粉系统，煤粉仓的有效贮煤粉量宜按设计煤种满足锅炉最大连续蒸发量时2h以上的耗粉量设计。原煤仓和煤粉仓总的有效贮煤量宜按设计煤种满足锅炉最大连续蒸发量时8h以上的耗煤量设计。

3 对于燃用低热值煤的循环流化床锅炉，原煤仓的总有效储煤量宜按设计煤种满足锅炉最大连续蒸发量时6h以上的耗煤量设计。

4 对于燃用褐煤的煤粉锅炉，除备用磨煤机所对应的原煤仓外，其余原煤仓的总有效储煤量宜按设计煤种满足锅炉最大连续蒸发量时6h以上的耗煤量设计。

5 对于输煤系统采用两班制运行的电厂，直吹式制粉系统原煤仓的总有效储煤量或中间贮仓式制粉系统原煤仓和煤粉仓总的有效贮煤量，可按设计煤种满足锅炉最大连续蒸发量时10h以上的耗煤量设计。

6.3.5 原煤仓的设计应符合下列规定：

1 原煤仓宜采用钢结构的圆筒仓型；双曲线型原煤仓出口段截面收缩率不应小于0.7，出口直径不宜小于600mm；锥型原煤仓出口段壁面与水平面的夹角，对于煤粉锅炉不应小于60°，对于循环流化床锅炉不应小于70°。

2 煤粉锅炉采用矩形原煤仓时，相邻两壁的交线与水平面的夹角不应小于55°，壁面与水平面夹角不应小于60°；对于黏性大、高挥发分或易燃的烟煤和褐煤，相邻两壁的交线与水平面的夹角不应小于65°，壁面与水平面的夹角不应小于70°。

3 循环流化床锅炉采用矩形原煤仓时，相邻两壁的交线与水平面的夹角不应小于70°。

4 矩形原煤仓相邻壁交角的内侧应做成圆弧形，圆弧半径不应小于200mm。

5 原煤仓内壁应光滑耐磨。对易堵的煤在原煤仓的出口段宜采用不锈钢复合钢板、内衬不锈钢板或其他光滑阻燃型耐磨材料；原煤仓外壁宜设防堵装置；

6 在严寒地区，对于钢结构的原煤仓、靠近厂房外墙或外露的钢筋混凝土原煤仓，其仓壁应采取防冻保温措施。

6.3.6 煤粉仓的防火、防爆设计应符合国家现行标准《火力发电厂与变电站设计防火规范》GB 50229和《火力发电厂煤和制粉系统防爆设计技术规程》DL/T 5203的有关规定。

6.4 锅炉布置

6.4.1 锅炉宜采用露天或半露天布置，对严寒或风沙大的地区宜采用紧身罩封闭。

6.4.2 采用露天或半露天布置的锅炉，其运转层宜采用岛式布置方式或钢格栅大平台布置方式。对于采用风扇磨煤机制粉系统的给煤机在炉膛周围布置时，给煤机层宜设钢筋混凝土大平台。当锅炉本体下部或布置于锅炉房底层的附属设备不适宜露天布置时，运转层及以下可采用封闭的形式。紧身罩封闭的锅炉，其运转层宜采用钢筋混凝土大平台布置方式。

6.4.3 采用露天或半露天布置的锅炉，当需要在运转层上设置炉前操作区时，可采用炉前低封闭方式。

6.4.4 在满足设备及管道布置、安装、运行和检修要求的条件下，炉前空间宜压缩；在有条件时，可采用炉前柱与煤仓间柱合并的布置方式。

6.4.5 锅炉主要辅助设备的布置应符合下列规定：

1 除尘器采用露天布置，除尘器灰斗应采取防结露措施；对严寒地区，除尘器设备下部应采用封闭布置。

2 对严寒地区，锅炉的引风机、送风机和一次风机应采用室内布置。

3 露天布置的辅机应采取防噪音措施，其电动机宜采用全封闭形式。

6.5 集中控制室和电子设备间

6.5.1 集中控制室宜多台机组联合设置1个，集中控制室和电子设备间内的设备、表盘及活动空间布置宜紧凑合理，并应方便运行和检修。

6.5.2 集中控制室和电子设备间的出入口不应少于2个，其净空高度分别不宜低于3.5m和3.2m。集中控制室及电子设备间应有良好的空调、照明、隔热、防尘、防火、防水、防振和防噪音的措施。集中控制室和电子设备间下面可设电缆夹层，电缆夹层与主厂房相邻部分应封闭。

6.5.3 集中控制室、电子设备间及其电缆夹层内应设消防报警和信号设施，严禁汽水、油及有害气体管道穿越。集中控制室和电子设备间应设整体刚性防水屋顶。

6.5.4 集中控制室与电子设备间集中布置时，可设置集中控制楼；集中控制楼宜2台机组合用1个，宜布置在两炉之间。如条件合适，集中控制楼可伸入除氧煤仓间内。集中控制室和电子设备间也可集中布置在除氧间或煤仓间的运转层。

6.5.5 集中控制室与电子设备间分开布置时，宜2台及以上机组合用1个，宜布置在主厂房固定端或其他合适的位置；电子设备间可分散布置在离控制对象相对近的区域。

6.6 烟气脱硫设施布置

6.6.1 烟气脱硫主要工艺设备布置应符合下列规定：

1 湿法烟气脱硫工艺吸收塔、活性焦干法烟气脱硫工艺吸附塔宜布置在靠近烟囱附近，半干法烟气脱硫工艺脱硫塔宜布置在预除尘器后；在严寒地区，吸收塔应采取防冻措施。

2 石灰石-石膏湿法烟气脱硫装置的浆液循环泵、氧化风机宜紧邻吸收塔布置。

3 对严寒或风沙大的地区，增压风机、循环泵和氧化风机等设备应采用室内布置。其他地区可根据当地气象条件及设备状况等因素研究露天布置的可行性。当露天布置时应加装隔音罩或预留加装隔音罩的位置。

4 石灰石－石膏湿法脱硫装置事故浆液箱的布置位置宜满足多套装置共用的需要。

5 海水法烟气脱硫工艺的海水升压泵宜靠近吸收塔布置。曝气池宜靠近循环水排水侧布置，曝气池的排水布置宜与循环水排水统筹设计。

6.6.2 烟气脱硫工艺吸收剂制备系统和脱硫副产品处置系统设备的布置应符合下列规定：

1 石灰石－石膏湿法脱硫工艺吸收剂制备系统和脱硫副产品处置系统设备宜集中多层布置在同一建筑物内，也可结合工艺流程和场地条件因地制宜布置。

2 半干法烟气脱硫工艺吸收剂制备设施、生石灰粉仓、消石灰仓宜集中布置在脱硫塔附近。

6.7 烟气脱硝设施布置

6.7.1 烟气脱硝装置布置应符合下列规定：

1 选择性催化还原烟气脱硝装置宜布置在锅炉省煤器和空气预热器之间。

2 选择性催化还原烟气脱硝装置的支撑结构宜与锅炉构架形成统一构架体系。

3 当预留选择性催化还原烟气脱硝装置位置时，应结合锅炉构架及炉后布置统筹预留脱硝装置及进出口烟道布置位置，并应将各种荷载纳入相关的设计中。

4 非选择性催化还原烟气脱硝装置应与锅炉的布置统筹设计。

6.7.2 氨气稀释装置和尿素分解装置宜靠近反应器布置。

6.8 维护检修

6.8.1 汽轮机安装检修场地设置应符合下列规定：

1 汽机房检修场地面积宜满足汽机发电机组在汽机房内检修的要求。

2 当汽机房运转层采用大平台布置时，每2台机组宜设置1个零米安装检修场，其大小可按满足大件吊装及汽轮机翻缸的需要确定。

3 当汽轮机采用岛式布置时，每2台至4台机组宜设置1个零米检修场；安装场地的设置宜与设备进入汽机房的位置和零米检修场统筹设计、合并设置。

6.8.2 汽机房内的桥式起重机的设置应符合下列规定：

1 125MW级、200MW级机组装机在4台及以上，300MW级及以上机组装机在2台及以上时，可装设2台超重量相同的桥式起重机。

2 桥式起重机的起重量应根据检修时起吊的最重件（不包括发电机静子）选择。

3 可根据工程具体情况，经技术经济比较，采取加固桥式起重机的方法满足发电机静子起吊的要求。

4 桥式起重机的安装标高应按所需起吊设备的最大起吊高度确定。

6.8.3 主厂房区域检修起吊设施的设置应符合下列规定：

1 起重量为1t及以上的设备、需要检修的管件和阀门应设置检修起吊设施。

2 超重量为3t及以上并经常使用的设备宜设置电动起吊设施。

3 起重量为10t及以上的设备应设置电动起吊设施。

4 主厂房内，在不便设置固定维护检修平台的地方可设置移动升降检修设施。

5 露天布置的设备可根据周围的条件设置移动或固定式起吊设施。

6.8.4 在主厂房区域设置起吊孔及相应的起吊设施应符合下列规定：

1 在锅炉房内，应有将物件从零米提升至炉顶平台的电动起吊装置和起吊孔，其起重量宜为1t~3t。

2 在煤仓间两端应有自底层至煤仓皮带层的起吊孔，并应设置起吊设施。

3 其他需要检修更换设备且无法利用汽机房桥式起重机或本条第1款、第2款规定的起吊设施的区域，应设置起吊孔和相应的起吊设施。

6.8.5 主厂房内各主、辅机应有必要的检修空间、安放场地、运输通道、运行和检修通道。主厂房底层的纵向运输通道宜贯穿直通，并应在其两端设置大门，应在汽机房零米检修场靠A列柱侧设置大门，并应与厂区道路相连通。

6.8.6 电梯台数和布置方式应符合下列规定：

1 125MW级机组，每2台锅炉宜装设1台电梯。

2 200MW级及以上机组，每台锅炉宜装设1台电梯。

3 电梯的形式宜为客货两用，装载量宜为1t~2t，行驶速度应按从首层到顶层的运行时间不超过60s计算确定，且不宜小于1m/s。

4 电梯宜布置在集中控制室和锅炉之间靠近炉前一侧，宜在锅炉本体各主要平台层设置停靠站。

5 运行维护需要时，也可在其他生产建筑物内增设电梯。

6.8.7 主要阀门、挡板及其执行机构应能正常操作和维修方便，必要时应设置操作、维修平台。

6.9 综合设施要求

6.9.1 主厂房内地下设施布置应符合下列规定：

1 主厂房内不宜设地下管沟和地下电缆通道；对于必须设置沟道的地段宜避免交叉，并应防止积水。

2 底层的排水应采用排水管网至集水井的方式，辅机冷却水排水管可采用压力管道架空或直埋的方式。

3 汽机房不宜设置全地下室。当汽机房零米层设备较多、地下水位不高，经过技术经济比较认为合理时，也可设置局部地下室。地下室布置应满足交通、排水、防潮、通风、照明等要求。

6.9.2 主厂房区域电缆敷设及通道布置应符合下列规定：

1 电缆宜敷设在专用的架空托架、电缆隧道或排管内。动力电缆和控制电缆宜分开排列。采用架空托架和电缆隧道敷设时，还应采取防止电缆积聚煤粉和火灾蔓延的措施。

2 架空托架走廊应与主厂房内主要设备和管道的布置统筹设计，并宜避开易遭受火灾的地段。架空托架的路径和布置应使电缆的用量最少，且便于施工和正常维护，并应整齐美观。

3 电缆隧道严禁作为其他管沟的排水通路。当电缆隧道与其他管沟交叉时，应采取防水措施。

6.9.3 电气用的总事故贮油设施和电气设备的贮油或挡油设施的设置应符合下列规定：

1 火力发电厂应设置电气用的总事故贮油池，其容量应按最大1台变压器的油量确定。总事故贮油池应设置油水分离设施。

2 电气设备的贮油或挡油设施应符合现行国家标准《火力发电厂与变电站设计防火规范》GB 50229的有关规定。

6.9.4 热力系统化学加药和水汽取样装置宜相对集中布置在主厂房内。加药装置所需药品的仓库可设置在加药装置附近。

7 运煤系统

7.1 基本规定

7.1.1 新建火力发电厂运煤系统的设计应按本期建设规模并兼顾规划容量、燃煤品种、耗煤量、厂外来煤方式、机组形式，以及当地的气象和环境条件等统筹规划，分期建设或一次建成。

7.1.2 扩建火力发电厂运煤系统的设计应充分利用原有的设施和设备，并与原有系统相协调。

7.2 卸煤设施

7.2.1 当火力发电厂采用两种以上的来煤方式时，每种来煤方式的接卸设施规模应根据其来煤比例确定，宜留有适当的裕度。

7.2.2 铁路卸煤设施设计应符合下列规定：

1 当由铁路来煤时，卸煤装置的出力应根据对应机组的铁路日最大来煤量和来车条件确定。正常情况下，从车辆进厂就位到卸煤完毕的时间不宜超过4h，严寒地区的卸车时间可适当延长。

2 一次进厂的车辆数应与进厂铁路专用线的牵引定数相匹配，大型火力发电厂宜按整列进厂设计。当不能整列进厂时，在获得铁路部门同意的条件下，可解列进厂。

3 铁路卸煤装置应满足接卸60t级和70t级车型的要求；当火力发电厂燃煤运输所经路径的铁路存在80t级车型时，其铁路卸煤装置还应满足接卸80t级车型的要求。

4 铁路卸煤装置的卸煤能力应按60t级车型计算；其输出能力应按70t级车型配置；当火力发电厂燃煤运输所经路径的铁路存在80t级车型时，对于混编车型的列车，其输出能力应按70t级车型配置；对于由80t级车型整编的列车，其输出能力可按80t级车型配置。

5 采用自卸式底开车运输时，应根据对应机组的铁路日最大来煤量、一次进厂的车辆数、场地条件等确定缝式煤槽卸煤装置的形式及规模。

6 采用普通敞车运输时，宜采用翻车机卸煤装置。当铁路日最大来煤量不大于6000t时，可采用螺旋卸车机与缝式煤槽组合的卸煤装置。

7 缝式煤槽的有效长度宜与一次进厂车辆数分组后的数字相匹配。缝式煤槽卸煤装置的调车作业宜采用自备机车；当不具备自备机车调车条件时，应设置调车机械。

8 翻车机卸煤装置的形式、布置方式和台数应根据本期建设规模、规划机组容量、铁路进厂条件、场地条件等确定。当初期只设1台翻车机时，翻车机及其调车系统的关键部件应设置1套备件。

9 严寒地区的火力发电厂，燃煤在冬季装车时，应避免将未冻结的高表面水分的燃煤装入车厢。厂内不宜设置解冻设施。

7.2.3 水路卸煤设施设计应符合下列规定：

1 当由水路来煤时，火力发电厂专用卸煤码头的设计应符合国家现行标准《海港总平面设计规范》JTJ 211和《河港工程设计规范》GB 50192的有关规定。

2 应根据对应机组年耗煤量、航道条件、船型条件、气象条件、燃料特性、船运部门要求的在港时间等因素，确定码头泊位等级，泊位数量，卸船机械的形式、出力、台数及其辅助设备。

3 全厂装设的卸煤机械台数不宜少于2台。

4 大型码头的卸船机械宜采用桥式抓斗绳索牵引式卸船机。

5 当条件许可时，可采用自卸船工艺系统。

7.2.4 公路卸煤设施设计应符合下列规定：

1 当燃煤部分或全部采用汽车运输时，运煤车型及吨位范围应根据当地社会运力与公路运输条件等确定，宜采用自卸汽车运输。

2 应根据汽车运输年来煤量设置适宜规模的厂内受煤站。

3 当汽车运输年来煤量在60×10^4t以下时，受煤站可采用受煤斗或缝式煤槽卸煤装置。

4 当汽车运输年来煤量在60×10^4t及以上时，受煤站宜采用缝式煤槽卸煤装置。

5 当燃煤以非自卸汽车运输时，受煤站应设置汽车卸车机。

7.3 贮煤设施

7.3.1 贮煤设施设计容量应综合厂外运输方式，运距，供煤矿点的数量、煤种及品质，燃煤供需关系，火力发电厂在电力系统中的作用，机组形式等因素确定。贮煤设施设计容量应符合下列规定：

1 运距不大于50km的火力发电厂，贮煤容量不应小于对应机组5d的耗煤量。

2 运距大于50km、不大于100km的火力发电厂，当采用汽车运输时，贮煤容量不应小于对应机组7d的耗煤量；当采用铁路运输时，贮煤容量不应小于对应机组10d的耗煤量。

3 运距大于100km的火力发电厂，贮煤容量不应小于对应机组15d的耗煤量。

4 铁路和水路联运的火力发电厂，贮煤容量不应小于对应机组20d的耗煤量。

5 供热机组的贮煤容量应分别在本条第1款~第4款的基础上，增加5d的耗煤量。

6 对于燃烧褐煤的火力发电厂，在无有效措施防止自燃的情况下，贮煤容量不宜大于对应机组10d的耗煤量，最大不应超过对应机组15d的耗煤量。

7 当存在2种以上的来煤方式或供煤矿点较多时，贮煤容量宜按本条第1款~第6款中较小值取用。

7.3.2 贮煤设施的形式应根据气象条件、厂区地形条件、周边环境的要求、并兼顾造价等因素，可采用封闭式贮煤设施、半封闭式贮煤设施、露天煤场配置挡风抑尘网或露天煤场等形式。

7.3.3 对于多雨地区，应根据煤的物理特性、制粉系统和煤场设备形式等条件，确定是否设置干煤贮存设施，当需设置时，其有效容量不应小于对应机组3d的耗煤量。

7.3.4 贮煤设备的配置应符合下列规定：

1 贮煤设备的堆煤能力应满足卸煤装置输出能力的要求，取煤能力应与进入锅炉房的运煤系统出力一致。

2 当采用1台堆取料机作为大型煤场设备时，应有出力不小于进入锅炉房的运煤系统出力的备用上煤设施。

3 当火力发电厂采用无缓冲能力的翻车机、卸船机等卸煤装置时，对于悬臂式斗轮堆取料机和门式滚轮堆取料机不宜少于2台。

4 采用卸煤、堆煤、取煤和混煤等多种用途的门式（装卸桥）或桥式抓煤机，其总额定出力不应小于对应机组最大连续蒸发量时总耗煤量的250%，可不设备用；当只装有1台抓煤机时，应有备用的上煤设施；当门式（装卸桥）或桥式抓煤机和履带式抓煤机合用时，其总平均出力也不应小于对应机组最大连续蒸发量总耗煤量的250%。

7.3.5 推煤机、装载机等辅助设备应根据辅助堆取作业、煤堆平整、压实，以及处理自燃煤的作业量等因素配置。

7.4 带式输送机

7.4.1 厂外带式输送机的设计应符合下列规定：

1 当供煤矿点集中、运距较短时，厂外的燃煤运输可采用带式输送机。当运距较远、情况复杂时，应通过技术经济比较确定是否采用带式输送机。

2 厂外带式输送机的建设规模宜根据火力发电厂规划容量的耗煤量和机组分期建设的原则确定。

3 当火力发电厂内设有贮煤设施，且贮煤设施的容量不小于对应机组的5d耗煤量时，厂外带式输送机宜单路配置。

4 当火力发电厂内不设贮煤设施时，厂外贮煤设施至火力发电厂的带式输送机应视作进入锅炉房的厂内输送系统的一部分，其出力应与厂内输送系统出力一致，应按一路运行、一路备用设置，并应具备双路同时运行的条件。

7.4.2 厂内运煤系统带式输送机的设计应符合下列规定：

1 由卸煤装置至贮煤设施的卸煤系统带式输送机的出力应与卸煤装置输出能力相匹配，可根据卸煤装置的形式及数量单路或双路设置。

2 由贮煤设施至锅炉房的上煤系统带式输送机的出力不应小于对应机组最大连续蒸发量时燃用设计煤种与校核煤种两个耗煤量较大值的135%。

3 当进入锅炉房的上煤单元独立设置时，上煤系统带式输送机应双路设置、一路运行、一路备用，并应具备双路同时运行的条件。对于两个上煤单元，条件合适时，可共用一路备用系统。

7.4.3 对于向上运输的带式输送机，其斜升倾角宜小于16°，不应大于18°。

7.4.4 带式输送机可采用封闭式、露天式、半封闭式或轻型封闭式，应根据当地的气象条件确定。

采用露天式栈桥时，带式输送机应设防护罩。

7.4.5 当运输距离较远、厂区布置复杂时，可采用管状带式输送机或平面转弯的曲线带式输送机。

7.4.6 由于布置条件限制等原因不能采用普通带式输送机时，可采用垂直提升带式输送机。

7.5 筛、碎设备

7.5.1 运煤系统中应设置筛、碎设备。对于来煤粒度能长期保证磨煤机入料粒度要求的火力发电厂，可不设置筛、碎设备。

7.5.2 筛、碎煤设备宜采用单级。经筛、碎后的燃煤粒度应符合磨煤机入料粒度的要求。

7.6 混煤设施

7.6.1 当设计煤种为多种煤种，且有严格的比例要求时，可设置混煤筒仓。当有混煤需求，但无严格的比例要求时，宜利用卸煤、贮煤设施和原煤仓所兼有的混煤功能。

7.6.2 混煤筒仓的配置应符合下列规定：

1 筒仓数量不宜超过3座。

2 当混煤筒仓兼作卸煤装置的缓冲设施时，筒仓总容量可按对应机组1d的耗煤量设计。

7.7 循环流化床锅炉运煤系统

7.7.1 用于循环流化床锅炉的煤泥处理应符合下列规定：

1 当采用煤泥与其他燃料混合后燃烧的方式时，煤泥宜经干燥处理后进入火力发电厂。

2 当煤泥采用以浆状形态喷烧的方式时，应符合下列规定：

1）采用汽车运输时，应直接卸至炉前煤泥仓或煤泥池。

2）采用带式输送机运输时，宜采用单独的输送系统送至炉前煤泥仓，单路设置，并宜减少转运环节，厂内、外带式输送机的出力应一致。

7.7.2 循环流化床锅炉干煤贮存设施的设置条件及容量应符合下列规定：

1 火力发电厂所在地区年平均降雨量小于500mm时，可不设干煤贮存设施。

2 火力发电厂所在地区年平均降雨量大于或等于500mm，且小于1000mm时，可按对应机组3d~5d的耗煤量设置干煤贮存设施。

3 火力发电厂所在地区年平均降雨量不小于1000mm时，可按对应机组5d~10d的耗煤量设置干煤贮存设施。

4 对有可能发生入厂煤水分较大的火力发电厂，宜设有适当的晾干场地。

7.7.3 循环流化床锅炉筛、碎设备应符合下列规定：

1 进入筛、碎设备的燃煤，其外在水分应控制在12%以内。

2 经筛、碎后的燃煤粒度应符合循环流化床锅炉入料粒度的要求，并宜满足粒度级配的要求。

3 筛、碎设备的级数应根据来煤粒度和系统出力确定。

4 一、二级破碎设备前均宜设置筛分机。

7.8 循环流化床锅炉石灰石及其制粉系统

7.8.1 对于装有多台循环流化床锅炉的火力发电厂，石灰石制粉系统宜作为公用设施布置在主厂房外。

7.8.2 石灰石卸车设施的设置应符合下列规定：

1 当石灰石采用铁路运输时，其卸车设施可与石灰石堆场合并设置。

2 当石灰石采用汽车运输时，应根据汽车年运输量在厂内设置相应设施，并应符合下列规定：

1）宜采用自卸汽车运输石灰石。

2）当石灰石年汽车运输量在30×10^4t及以下时，应设置受卸站。受卸站可与堆场合并布置，可将堆场内某一个或几个区域作为受卸站，可采用抓斗式起重机、装载机和推煤机等作为清理受卸站货位的设备。

3）当石灰石年汽车运输量在 30×10^4t 以上时，受卸站可采用多个受料斗串联布置。

7.8.3 厂内石灰石贮存设施可采用石灰石堆场或石灰石贮料筒仓，其容量不应小于对应机组7d的耗石量。石灰石堆场宜全部做成干石棚，送入石灰石制粉系统的石灰石水分应在1%以下。当采用石灰石贮料筒仓时，其入仓粒度不应大于25mm，水分应在1%以下。

7.8.4 石灰石输送系统的设计出力不应小于对应机组在最大连续蒸发量时燃用设计煤种与校核煤种两个条件下石灰石耗量较大值的200%，宜单路设置。

7.8.5 石灰石破碎（磨制）系统设计应符合下列规定：

1 当石灰石来料粒度大于30mm时，应设置两级破碎设备。第一级设备应采用破碎设备，第二级设备可采用破碎或磨制设备。

2 当石灰石来料粒度不大于30mm时，可设置一级破碎或磨制设备。

7.9 运煤辅助设施

7.9.1 在每路运煤系统中，应在系统前端、煤场带式输送机出口处和碎煤机前与后，各装设一级除铁器。

7.9.2 当需要且有条件时，宜在系统前端设置除大块设施。

7.9.3 火力发电厂应装设入厂煤和入炉煤的计量装置，且应具有校验手段。

7.9.4 火力发电厂应装设入厂煤和入炉煤的机械取样装置。

7.9.5 火力发电厂应设有必要的运煤设备起吊设施和检修场地。

7.9.6 运煤系统的建（构）筑物应设置清扫设施。

7.9.7 在地下缝式煤槽、翻车机室、转运站、碎煤机室和煤仓间带式输送机层的设计中，应采取防止煤尘飞扬的措施。

8 锅炉设备及系统

8.1 锅炉设备

8.1.1 锅炉设备应符合现行行业标准《电力工业锅炉压力容器监察规程》DL 612和《电力工业锅炉压力容器检验规程》DL 647的有关规定。

8.1.2 过热蒸汽及再热蒸汽系统压降及温降应符合下列规定：

1 锅炉过热器出口至汽轮机进口的压降，不宜大于汽轮机额定进汽压力的5%。

2 过热器出口额定蒸汽温度，对于亚临界及以下参数机组，宜高于汽轮机额定进汽温度3℃；对于超（超）临界参数机组，宜高于汽轮机额定进汽温度5℃。

3 再热蒸汽系统总压降，对于亚临界及以下参数机组，宜按汽轮机额定功率工况下高压缸排汽压力的10%取值，其中冷再热蒸汽管道、再热器、热再热蒸汽管道的压力降宜分别为汽轮机额定功率工况下高压缸排汽压力的1.5%~2.0%、5%、3.0%~3.5%；对于超（超）临界参数机组，再热蒸汽系统总压降宜在汽轮机额定功率工况下高压缸排汽压力的7%~9%范围内确定，其中冷再热蒸汽管道、再热器、热再热蒸汽管道的压力降宜分别为汽轮机额定功率工况下高压缸排汽压力的1.3%~1.7%、3.5%~4.5%、2.2%~2.8%。

4 再热器出口额定蒸汽温度宜高于汽轮机中压缸额定进汽温度2℃。

8.1.3 锅炉安全阀配置应符合下列规定：

1 除本条第2款的规定外，锅炉的汽包、过热器出口、再热器系统以及直流锅炉外置式启动分离器（带有隔离阀的）均应装设足够数量的安全阀，其要求应符合现行行业标准《电站锅炉安全阀应用导则》DL/T 959的有关规定。

2 采用100%带安全阀功能的三用阀高压旁路，当高压旁路具有独立的安全保护功能控制回路并符合有关标准的要求时，锅炉过热器系统的安全阀可由高压旁路阀代替。对再热器安全阀可设置跟踪与部分溢流功能。

8.1.4 锅炉制粉系统和烟风系统的设计应满足锅炉整体性能设计的要求，并应符合现行行业标准《火力发电厂制粉系统设计计算技术规定》DL/T 5145和《火力发电厂燃烧系统设计计算技术规程》DL/T 5240的有关规定。

8.2 煤粉制备

8.2.1 磨煤机和制粉系统形式应根据煤种的特性、可能的煤种变化范围、负荷性质、磨煤机的适用条件，并结合锅炉燃烧方式、炉膛结构和燃烧器结构形式，按有利于安全运行、提高燃烧效率、降低NO_x排放的原则，经过技术经济比较后确定，并应符合下列规定：

1 磨煤机形式的选择应符合下列规定：

1） 大容量机组在煤种适宜时，宜选用中速磨煤机。

2） 燃用高水分、磨损性不强的褐煤时，宜选用风扇磨煤机；当制粉系统的干燥能力满足要求并经论证合理时，也可采用中速磨煤机。

3） 燃用低挥发分贫煤、无烟煤、磨损性很强的煤种时，宜选用钢球磨煤机或双进双出钢球磨煤机。

2 制粉系统形式的选择应符合下列规定：

1） 采用中速磨煤机、风扇磨煤机或双进双出钢球磨煤机制粉设备时，宜采用直吹式制粉系统。

2） 当燃用非易燃易爆煤种且采用常规钢球磨煤机制粉设备时，宜采用贮仓式制粉系统。

8.2.2 直吹式制粉系统的磨煤机台数和出力应符合下列规定：

1 当采用中速磨煤机、风扇磨煤机时，应设置备用磨煤机，台数应符合下列规定：

1） 200MW级及以上锅炉装设的中速磨煤机不宜少于4台，其中应1台备用；200MW级以下锅炉装设的中速磨煤机不宜少于3台，其中应1台备用。

2） 燃用褐煤锅炉采用中速磨煤机时，中速磨煤机台数应结合锅炉结构、燃烧器数量、布置形式和磨煤机出力等因素确定。

3） 每台锅炉装设的风扇磨煤机不宜少于4台，其中应1台备用。当每台锅炉正常运行的风扇磨煤机为6台及以上时，可有1台运行备用和1台检修备用。

2 当采用双进双出钢球磨煤机时，不宜设置备用磨煤机，台数应符合下列规定：

1） 每台锅炉装设的磨煤机不宜少于2台，且应结合锅炉结构、燃烧器数量和布置形式确定。

2） 当采用"W"火焰锅炉时，300MW级机组每台炉宜配置4台或3台双进双出钢球磨煤机，600MW级机组每台炉宜配置6台双进双出钢球磨煤机。

3 磨煤机的计算出力应有备用裕量，宜符合下列规定：

1） 对风扇磨煤机和中速磨煤机，在磨制设计煤种时，除备用外的磨煤机总计算出力不应小于锅炉最大连续蒸发量时燃煤消耗量的110%，在磨制校核煤种时，全部磨煤机的总计算出力不应小于锅炉最大连续蒸发量时的燃煤消耗量。

2） 对双进双出钢球磨煤机，磨煤机总计算出力在磨制设计煤种时不应小于锅炉最大连续蒸发量时燃煤消耗量的115%；在磨制校核煤种时，不应小于锅炉最大连续蒸发量时的燃煤消耗量。

3） 磨煤机的计算出力，对中速磨煤机和风扇磨煤机按磨损中后期出力计算；对双进双出钢球磨煤机宜按制造厂推荐的钢球装载量计算。

8.2.3 钢球磨煤机贮仓式制粉系统的磨煤机台数和计算出力应符合下列规定：

1 每台锅炉装设的磨煤机台数不宜少于2台，不应设备用。

2 每台锅炉装设的磨煤机总计算出力（在最佳钢球装载量下）按设计煤种不应小于锅炉最大连续蒸发量时燃煤消耗量的115%，在磨制校核煤种时，不应小于锅炉最大连续蒸发量时的燃煤消耗量。

3 当1台磨煤机停止运行时，其余磨煤机按设计煤种的计算出力应能满足锅炉不投油情况下安全稳定运行的要求。必要时可经输粉机由邻炉输粉。

8.2.4 给煤机的形式、台数和出力应符合下列规定：

1 应根据制粉系统的布置、锅炉负荷需要、给煤量调节性能、运行可靠性并结合计量要求选择给煤机。给煤机应具有良好的密闭性能，正压直吹式制粉系统的给煤机应具有相应的承压能力。给煤机的形式宜符合下列规定：

1）对采用风扇磨煤机的直吹式制粉系统，宜选用可计量的刮板式给煤机。

2）对采用中速磨煤机和双进双出钢球磨煤机的直吹式制粉系统，宜选用耐压称重式皮带给煤机。

3）对采用钢球磨煤机的贮仓式制粉系统，宜选用刮板式给煤机或皮带式给煤机。

2 给煤机的台数应与磨煤机台数相匹配。配置双进双出钢球磨煤机的机组，1台磨煤机应配2台给煤机。

3 给煤机的计算出力应符合下列规定：

1）给煤机的计算出力不宜小于磨煤机在设计煤种和设计煤粉细度下最大出力的110%。

2）对配双进双出钢球磨煤机的给煤机，其单台给煤机计算出力不应小于磨煤机单侧运行时的最大给煤量要求。

8.2.5 给粉机的台数和计算出力应符合下列规定：

1 给粉机的台数应与锅炉燃烧器一次风接口数相同，1台给粉机应连接1根一次风管。

2 每台给粉机的计算出力不应小于与其连接的燃烧器最大设计出力的130%。

8.2.6 贮仓式制粉系统可设置输粉设施，其设置原则和容量应符合下列规定：

1 每台锅炉采用2台磨煤机时，相邻2台锅炉间的煤粉仓可采用输粉机连通。

2 每台锅炉采用4台磨煤机及2个煤粉仓时，可采用输粉机连通同1台炉相邻的2个煤粉仓或2炉间相邻的2个煤粉仓。

3 输粉机的容量不应小于相连磨煤机中最大1台磨煤机的计算出力。

4 当输粉机长度超过40m时，宜采用双端驱动。

5 输粉机应有良好的密封性。

6 当采取合适布置方式，使细粉分离器落粉管能向同1台炉相邻的2个煤粉仓或2炉间相邻的2个煤粉仓直接供粉时，可不设输粉设备。

7 对高挥发分和自燃倾向性高的烟煤和褐煤，不宜设置输粉设备。

8.2.7 制粉系统的防爆和灭火设施应符合国家现行标准《火力发电厂与变电站设计防火规范》GB 50229和《火力发电厂煤和制粉系统防爆设计技术规程》DL/T 5203的有关规定。

8.2.8 一次风机的形式、台数、风量和压头应符合下列规定：

1 对正压直吹式制粉系统或热风送粉贮仓式制粉系统，当采用三分仓空气预热器时，冷一次风机可采用动叶可调轴流式风机或调速离心式风机，对轴流式一次风机应采取预防喘振失速的保护措施。

2 一次风机的台数宜为2台，不应设备用。

3 采用三分仓空气预热器正压直吹式制粉系统的冷一次风机应按下列要求选择：

1）风机的基本风量应按设计煤种计算，应包括锅炉在最大连续蒸发量时所需的一次风量、制造厂保证的空气预热器运行一年后一次风侧的漏风量加上需由一次风机所提供的制粉系统密封风量损失（按全部磨煤机计算）；风机的基本压头应按设计煤种及锅炉最大连续蒸发量工况时与磨煤机投运台数相匹配的运行参数计算，应包括制造厂保证的磨煤机及分离器阻力、锅炉本体一次空气侧阻力（含自生通风）、系统阻力及燃烧器处炉膛静压（为负值）。

2）一次风机的风量裕量宜为20%~30%，宜另加温度裕量，可按夏季通风室外计算温度确定；风机的压头裕量宜为20%~30%。

4 采用三分仓空气预热器贮仓式制粉系统的冷一次风机应按下列要求选择：

1）风机的基本风量应按设计煤种计算，应包括锅炉在最大连续蒸发量时所需的一次风量和制造厂保证的空气预热器运行一年后一次风侧的漏风量。

2）风机的风量裕量宜为20%，宜另加风机的温度裕量；风机的压头裕量宜为25%。

8.2.9 排粉机的台数、风量和压头应符合下列规定：

1 排粉机的台数应与磨煤机台数相同。

2 排粉机的基本风量应按设计煤种的制粉系统热力计算确定。

3 排粉机的风量裕量不宜低于5%，压头裕量不宜低于10%；风机的最大设计点应能满足磨煤机在最大钢球装载量时通风量的需要。

8.2.10 中速磨煤机和双进双出钢球磨煤机正压直吹式制粉系统设置密封风机的台数、风量和压头，应符合下列规定：

1 每台锅炉设置的密封风机不应少于2台，其中应设1台备用；当每台磨煤机均设密封风机时，密封风机可不设备用。

2 密封风机的参数应根据磨煤机厂的配备要求选择，密封风机的基本风量应按全部磨煤机及制粉系统需要的密封风量计算，风量裕量不宜低于10%，宜另加温度裕量，可按夏季通风室外计算温度确定；当与一次风机串联运行时，应加上一次风机的温升；压头裕量不宜低于20%。

8.2.11 当设置节油点火装置的锅炉采用冷炉点火启动方式时，冷炉制粉需要的热风可由下列方式供给：

1 对于直吹式制粉系统可在点火装置对应的磨煤机进口热风道的旁路风道上安装加热装置。

2 经技术论证合理时，也可由邻炉提供冷炉制粉热风。

8.3 烟风系统

8.3.1 送风机的形式、台数、风量和压头应符合下列规定：

1 送风机宜选用动叶可调轴流式风机，也可选用调速离心式风机。

2 每台锅炉宜设置2台送风机，不应设备用。

3 送风机的风量和压头应符合下列规定：

1）送风机的基本风量应按锅炉燃用设计煤种及相应的过量空气系数计算，应包括锅炉在最大连续蒸发量时需要的二次空气量及制造厂保证的空气预热器运行一年后送风侧的净漏风量。送风机的基本压头应按设计煤种及锅炉最大连续蒸发量工况计算，应包括制造厂保证的锅炉本体空气侧阻力（含自生通风）、系统阻力及燃烧器处炉膛静压（为负值）。

2）对于三分仓空气预热器系统，送风机的风量裕量不宜低于5%，宜另加温度裕量，可按夏季通风室外计算温度确定；送风机的压头裕量不宜低于15%。对于引进国外技术的机组可根据工程具体情况，选用相应计算标准确定送风机的风量裕量和压头裕量。

3）当采用两分仓或管箱式空气预热器时，送风机的风量裕量宜为10%，宜另加温度裕量，可按夏季通风室外计算温度确定；压头裕量宜为20%。

4）当采用热风再循环系统时，送风机风量裕量不应小于冬季运行工况下的热风再循环量。

4 对燃烧低热值煤或低挥发分煤的锅炉，当每台锅炉装有2台送风机时，应验算风机裕量选择，在单台送风机运行工况下应能满足锅炉最低不投油稳燃负荷时的需要。

8.3.2 引风机的形式、台数、风量和压头应符合下列规定：

1 300MW级及以上机组的引风机宜选用轴流式风机，300MW级以下机组可选用调速离心式风机，但此时应进行预防锅炉内爆工况的安全性评估。

2 若引风机在环境温度下的试验阻塞点风压高于锅炉炉膛设计瞬态承受压力时，不应选用离心式引风机。

3 每台锅炉宜设置2台引风机，不应设备用。

4 引风机的风量和压头应符合下列规定：

1）引风机的基本风量应按燃用设计煤种锅炉在最大连续蒸发量时的烟气量、制造厂保证的空气预热器运行一年后烟气侧漏风量及锅炉烟气系统漏风量之和确定。引风机的基本压头应按设计煤种锅炉最大连续蒸发量工况计算，应包括制造厂保证的锅炉本体烟气侧阻力（含自生通风及炉膛起始点负压）、烟气脱硝装置、烟气脱硫装置（当与增压风机合并时）、除尘器及系统阻力。

2）引风机的风量裕量不宜低于10%，宜另加10℃~15℃的温度裕量；引风机的压头裕量不宜低于20%。对于引进国外技术的机组，可根据工程具体情况选用相应计算标准确定引风机的风量裕量和压头裕量。

5 对燃烧低热值煤或低挥发分煤的锅炉，当每台锅炉装有2台引风机时，在单台引风机运行工况下，应能满足锅炉最低不投油稳燃负荷时的需要。

8.3.3 空气加热系统应符合下列规定：

1 应根据工程气象及煤质条件设置空气加热系统，通过技术经济比较可选用热风再循环、暖风器或其他空气加热系统。

2 当煤种条件较好、环境温度较高或空气预热器冷端采用耐腐蚀材料，确能保证空气预热器不被腐蚀、不堵灰时，可不设置空气加热系统。

3 对于回转式三分仓空气预热器，当预热器先加热一次风时，在一次风侧可不装设空气加热系统。

4 热风再循环系统宜用于管式空气预热器或较低硫分和灰分的煤种及环境温度较高的地区。回转式空气预热器采用热风再循环系统时，应满足风机和风道的防磨要求，热风再循环风率不宜大于8%；热风抽出口应布置在烟尘含量低的部位。

5 暖风器系统应符合下列规定：

1）应合理确定暖风器的安装位置，对于严寒地区，暖风器宜设置在风机入口。

2）暖风器在结构和布置上应满足降低阻力的要求。对年使用小时数不高的暖风器可采用移动式结构。

3）选择暖风器所用的环境温度，对采暖区宜取用冬季采暖室外计算温度，对非采暖区宜取用冬季最冷月平均温度，并适当留有加热面积裕量。

8.3.4 锅炉火检冷却风机的形式、台数、风量和压头应符合下列规定：

1 锅炉的火检冷却风机宜选用2台离心风机，其中应1台运行、1台备用。

2 风机的风量裕量与压头裕量应满足锅炉火检装置冷却要求。

8.4 烟气除尘及排放系统

8.4.1 除尘设备的形式选择应符合下列规定：

1 除尘设备的形式选择应根据环境影响评价报告对烟气排放粉尘量及粉尘浓度的要求、炉型、煤灰特性、工艺、场地条件及灰渣综合利用的要求等因素确定。

2 在煤种适宜时，宜选用静电除尘器。

3 当燃用煤种飞灰特性不利于静电除尘器收尘或不能满足环保要求时，可选用布袋除尘器或烟气调质系统加静电除尘器或其他形式的除尘设备。

4 有条件时，应采用低温静电除尘器系统。

8.4.2 静电除尘器的台数及除尘效率保证条件应符合下列规定：

1 200MW级及以上机组，每台锅炉设置的静电除尘器台数不宜少于2台，200MW级以下机组可只设1台。

2 所选用的静电除尘器在下列任一条件下，应能达到保证的除尘效率：

1）除尘器的烟气流量应为燃用设计煤种在锅炉最大连续蒸发量工况下的空气预热器出口烟气量，另加10%的裕量；烟气温度应为燃用设计煤种在锅炉最大连续蒸发量工况下的空气预热器出口烟气温度加10℃~15℃；并停用其中一个供电区时。

2）除尘器的烟气流量应为燃用校核煤种在锅炉最大连续蒸发量工况下的空气预热器出口烟气量，烟气温度为燃用校核煤种在锅炉最大连续蒸发量工况下的空气预热器出口烟气温度。

8.4.3 布袋除尘器的台数及除尘效率保证条件应符合下列规定：

1 每台锅炉设置的布袋除尘器台数不宜少于2台。

2 所选用的布袋除尘器在下列任一条件下，应能达到保证的除尘效率：

1）除尘器的烟气流量应为燃用设计煤种在锅炉最大连续蒸发量工况下的空气预热器出口烟气量，另加10%的裕量；烟气温度应为燃用设计煤种在锅炉最大连续蒸发量工况下空气预热器出口烟气温度加10℃~15℃，并停运一个通道或一个进气室的布袋除尘器。

2）除尘器的烟气流量应为燃用校核煤种时锅炉最大连续蒸发量工况下的空气预热器出口烟气量，烟气温度应为燃用校核煤种在锅炉最大连续蒸发量工况下的空气预热器出口烟气温度。

8.4.4 锅炉烟气可通过烟囱或排烟冷却塔排放。当采用排烟冷却塔时，设计要求应符合本规范第17.6.7条的规定；当采用烟囱排放时，烟囱的形式及台数应符合下列规定：

1 烟囱形式、高度和烟气出口流速应根据环境影响评价结果和烟囱防腐要求、同时建设的锅炉台数、烟囱布置和结构上的经济合理性等综合因素确定。

2 接入同一座烟囱的锅炉台数宜按下列范围选用：

1）600MW级及以下机组宜为2台~4台。

2）600MW级以上机组宜为2台。

8.4.5 烟气的腐蚀性等级划分应符合下列规定：

1 循环流化床锅炉和干法烟气脱硫处理后的烟气应按弱腐蚀性等级处理。

2 半干法烟气脱硫处理后的烟气应按中等腐蚀性等级处理。

3 湿法烟气脱硫处理后的湿烟气应按强腐蚀性等级处理。

8.5 直流锅炉启动系统

8.5.1 直流锅炉启动系统的形式选择和设备配置应符合下列规定：

1 直流锅炉启动系统宜选用内置式分离器启动系统。对于启动次数较少的机组，宜采用大气扩容器式锅炉启动系统，也可选用带循环泵的锅炉启动系统；对于机组启停次数较为频繁的机组，宜选用带循环泵的锅炉启动系统。

2 对于空冷机组，宜选择带循环泵的锅炉启动系统。

3 直流锅炉启动系统的容量应与锅炉最低直流负荷相匹配。

4 内置式分离器的数量不宜少于2台。

8.5.2 直流锅炉启动凝结水的回收及排放系统设计应符合下列规定：

1 当分离器采用将部分高压启动疏水回收至除氧器水箱时，应采取必要的保证除氧器及给水箱安全运行的措施。

2 大气扩容器装置下游贮水箱的容量应能满足接收锅炉启动时的清洗水、启动过程中膨胀阶段的溢流水和锅炉本体的疏水及停炉放水的要求。每台锅炉启动排水系统应设置2台排水泵，对大气扩容器式锅炉启动系统宜按2×100%容量配置，对带循环泵的锅炉启动系统宜按2×50%或2×75%容量配置。每台泵的容量应与锅炉厂提供的启动系统排水量相匹配，可不另加裕量，但其总容量应满足汽水膨胀阶段锅炉最大溢水量时，扩容器下游贮水箱不致满水的要求。

3 锅炉配置大气启动扩容器时，可不再设置单独的疏水扩容器。

8.6 点火及助燃燃料系统

8.6.1 点火及助燃燃料应根据燃用煤种、点火方式、油（气）源、油（气）价及运输等条件，通过技术经济比较确定，并应符合下列规定：

1 宜选用轻油作为点火和低负荷助燃的燃料。

2 当重油的供应和油品质量有保证时，也可采用重油作为点火和低负荷助燃的燃料。

3 工程条件合适时，也可采用可燃气体作为点火和低负荷助燃的燃料。

8.6.2 锅炉点火及助燃系统的形式应根据燃用煤种、锅炉形式、制粉系统形式、点火及助燃燃料等条件确定；燃用煤种适宜时，宜采用等离子点火、微油点火和气化小油枪等节油点火系统。节油点火系统设计宜纳入锅炉的总体设计。

8.6.3 全厂点火及助燃燃料系统的设计出力应符合下列规定：

1 燃油（气）系统燃油（气）量不宜小于一台最大容量锅炉最大的点火油（气）量与另一台最大容量锅炉启动助燃油（气）量之和；当锅炉燃用低负荷需油（气）助燃的煤种时，燃油（气）系统的燃油（气）量不宜小于一台锅炉启动助燃、一台锅炉低负荷助燃所需的油（气）量之和。

2 系统回油量应根据燃油喷嘴设计特点、燃烧安全保护要求和燃油参数确定，且不小于系统设计出力的10%。

3 系统设计出力为燃油（气）量与最小回油量之和，其裕量不宜小于10%。

4 当锅炉采用节油点火装置后，系统设计出力可在本条第1款~第3款相关要求的基础上相应减小，并宜与锅炉厂协商减少其所配点火油枪的出力。

8.6.4 油罐的个数和容量宜根据单台锅炉容量、煤种、点火方式、油种、燃油耗量以及来油方式和周期等综合因素确定，并应符合下列规定：

1 轻油宜设2个油罐，重油宜设3个油罐。

2 对新建电厂，采用节油点火系统时，油罐容量宜符合下列规定：

1）200MW级及以下机组为2×200m^3。

2）300MW级机组为2×（200m^3~300m^3）。

3）600MW级机组为2×（300m^3~500m^3）。

4）1000MW级机组为2×（500m^3~800m^3）。

3 对新建电厂，采用常规点火方式时，油罐容量宜符合下列规定：

1）125MW级机组为2×500m^{3}或3×200m^3。

2）200MW级机组为2×1000m^{3}或3×500m^3。

3）300MW级机组为2×（1000m^3~1500m^3）或3×1000m^3。

4）600MW级机组为2×（1500m^3~2000m^3）或3×（1000m^3~1500m^3）。

5）1000MW级机组为2×2000m^{3}或3×1500m^3。

4 对于循环流化床锅炉机组，油罐容量宜符合下列规定：

1）300MW级机组为2×800m^3。

2）200MW及以下机组为2×500m^3。

5 对扩建电厂，应充分利用电厂已有燃油设施，并应根据工程具体条件确定油罐扩建的台数及容量。

6 当锅炉燃用低负荷需油助燃的煤种时，单个油罐的容量不宜小于全厂月平均耗油量。

7 油罐区距主厂房较远或锅炉较多时，可在主厂房附近设日用油罐。日用油罐每炉可设置1

台，其容量宜符合下列规定：

1）200MW级及以下机组为100m^3。

2）300MW级机组为200m^3。

3）600MW级机组为300m^3。

4）1000MW级机组为500m^3。

5）当数台锅炉共设1个日用油罐时，其容量不宜小于所连锅炉油系统3h的总耗油量。

8.6.5 点火和启动助燃用油可采用铁路、公路、水路运输或管道输送，并应符合下列规定：

1 当由铁路来油时，卸油站台的长度宜能容纳4节~10节油槽车同时卸车，油槽车进厂到卸油完毕的时间可按6h~12h确定。

2 当采用汽车运输来油，应设汽车卸油平台，场地应满足倒车要求。

3 当水路来油时，卸油码头宜与灰渣码头、大件码头或煤码头合建。

4 油源较近且具备条件，可采用管道输送。

8.6.6 卸油方式应根据油质特性、输送方式和油罐情况等经技术经济比较后确定。卸油泵形式、台数、流量和扬程应符合下列规定：

1 卸油泵形式应根据油质黏度、卸油方式及消防规范要求确定。

2 卸油泵台数不宜少于2台，当最大1台泵停用时，其余泵的总流量应满足在规定的卸油时间内卸完车、船的装载量。

3 卸油泵的压头及其电动机的容量应按输送燃油最大黏度工况计算，压头裕量不宜小于30%。

8.6.7 输、供油泵的形式、台数、流量和扬程应符合下列规定：

1 输、供油泵形式应根据油质和供油参数要求确定，宜选用离心泵或螺杆泵。

2 输、供油泵的台数宜为3台，单台泵容量宜为50%或35%。

3 输、供油泵的流量裕量不宜小于10%，压头裕量不宜小于5%，压头计算中的燃油管道系统总阻力（不含油枪雾化油压及高差）裕量不宜小于30%。

8.6.8 每台锅炉的供油和回油管道上应装设快速切断阀和油量计量装置。

8.6.9 对黏度大、凝固点高于冬季最低日平均环境温度的燃油，其卸油、贮油及供油系统应有加热、伴热和吹扫设施。蒸汽吹扫系统应有防止燃油倒灌的措施。当油温高于规定要求时，在油罐或回油管路上应采取降温措施。

8.6.10 燃油泵房、燃油加热器布置应符合下列规定：

1 燃油泵房宜靠近油库区，日用油罐的燃油泵房宜靠近锅炉房。

2 燃油泵房内，应设置适当的通风、起吊设施和必要的检修场地及值班室，如自动控制及消防设施可满足无人值班要求时，可不设置值班室。

3 燃油泵房内的电气设备应采用防爆型。

4 罐外置燃油加热器宜采用露天布置。如条件合适，可布置在锅炉房附近。

8.6.11 燃油系统中应设污油、污水收集及有关的含油污水处理设施。

8.6.12 燃油系统的防爆、防火、防静电和防雷击的设计应符合现行国家标准《石油库设计规范》GB 50074、《爆炸和火灾危险环境电力装置设计规范》GB 50058和《火力发电厂与变电站设计防火规范》GB 50229的有关规定。

8.7 锅炉辅助系统

8.7.1 汽包锅炉的连续排污和定期排污系统应符合下列规定：

1 汽包锅炉宜采用一级连续排污扩容系统，连续排污系统应有切换至定期排污扩容器的旁路。

2 每台锅炉宜设1套排污扩容系统。

3 定期排污扩容器的容量应满足锅炉事故放水的需要；当锅炉事故放水量计算值过大时，宜与锅炉厂共同商定采取合适的限流措施。

4 对于亚临界参数汽包锅炉，当条件合适时可不设连续排污系统。

5 定期排污扩容器宜装设排汽管汽水分离装置。

8.7.2 锅炉向空排汽应符合下列规定：

1 锅炉向空排汽的噪声防治应满足环保要求。

2 向空排放的锅炉点火排汽管及压力控制阀排汽管应装设消声器。

3 起跳压力最低的汽包安全阀和过热器安全阀，以及中压缸启动机组的再热器安全阀排汽管应装设消声器。其他安全阀排汽管宜装设消声器。

8.8 启动锅炉

8.8.1 需设置启动锅炉的火力发电厂，其启动锅炉的台数、容量和燃料应根据机组容量、启动方式，结合地区具体情况综合确定，并应符合下列规定：

1 启动锅炉容量应只满足电厂第一台机组启动时热力系统必需的蒸汽量，不应包括主汽轮机冲转调试用汽量，不应另加余量；对于采暖地区应满足必需的采暖用汽量。启动锅炉台数和容量宜符合下列要求，采暖地区宜选用上限：

1）300MW 级以下机组为 1×10t/h~2×20t/h。

2）300MW 级机组为 1×20t/h~2×20t/h。

3）600MW 级机组为 1×35t/h~2×35t/h。

4）1000MW 级机组为 1×50t/h~2×35t/h 或 2×50t/h。

2 启动锅炉宜按燃油整装锅炉设计。严寒地区的启动锅炉可与施工用汽锅炉合并设置，宜采用燃煤锅炉，炉型可选用整装锅炉或常规炉型。

8.8.2 启动锅炉的蒸汽参数宜采用低压锅炉。系统宜简单、可靠，其配套辅机不宜设备用。必要时启动锅炉系统设计可留有便于今后拆卸搬迁的条件。

8.8.3 对燃煤启动锅炉房的设计宜简化，但应满足安全生产、环境保护和劳动保护的要求。

8.8.4 启动锅炉房的排烟宜直接排入就近的发电机组锅炉烟囱，当启动锅炉必须设置单独烟囱时，烟囱高度应符合国家现行有关环境保护标准的要求。

8.8.5 对于扩建电厂，应采用原有机组的辅助蒸汽作为启动汽源，不宜装设启动锅炉。

8.9 循环流化床锅炉系统

8.9.1 点火及助燃油系统应符合下列规定：

1 宜选用轻油点火和助燃，也可采用可燃气体点火和助燃。

2 锅炉点火和助燃的方式及系统出力宜根据锅炉燃料品种和燃烧器类型及锅炉厂要求选择。

8.9.2 给煤系统应符合下列规定：

1 带外置床且采用裤衩腿双布风板形式的循环流化床锅炉机组，宜配置4条50%锅炉最大连续蒸发量所需设计煤种耗煤量的给煤线路。

2 对于其他形式的循环流化床锅炉，当给煤线路为4条及以下时，其炉前给煤系统的设计出力宜为当1条给煤线路设备故障时，其余给煤线路设备应满足锅炉最大连续蒸发量所需设计煤种耗煤量的要求；当给煤线路为4条以上时，其炉前给煤系统的设计出力宜为当2条给煤线路设备故障时，其余给煤线路设备应满足锅炉最大连续蒸发量所需设计煤种耗煤量的要求。

8.9.3 石灰石粉储存及输送系统应符合下列规定：

1 石灰石粉输送宜采用一级输送系统。

2 一级输送系统的石灰石粉库容积宜为锅炉最大连续蒸发量时20h~24h的消耗量，二级输送石灰石粉仓容积宜为锅炉最大连续蒸发量时2h~4h的消耗量。

3 至锅炉炉膛的石灰石粉宜采用气力输送，各条输送管路宜对称布置。

4 当石灰石粉采用二级风机输送系统时，宜配置2台100%容量定容式输送风机。

5 石灰石粉库和粉仓应有防腐、除尘措施，出料口斜壁与水平面夹角不宜小于60°，并应根据当地气象条件和系统布置确定是否设置气化风系统和防冻措施。

8.9.4 烟风系统应符合下列规定：

1 一次风机的形式、台数、风量及压头应符合下列规定：

1）一次风机宜采用调速离心式风机。

2）每炉宜配置2台50%容量的一次风机。

3）一次风机的基本风量应按锅炉燃用设计燃料计算，应包括锅炉在最大连续蒸发量时所需的风量及制造厂保证的空预器运行一年后一次风侧的净漏风量；一次风机的基本压头应为燃用设计燃料且在锅炉最大连续蒸发量时从风机进口至一次风喷嘴出口的阻力与锅炉炉膛阻力之和。

4）一次风机风量裕量不宜低于20%，宜另加温度裕量，可按夏季通风室外计算温度确定；风机选型压头应为基本压头加上压头裕量。压头裕量宜分段选取：炉膛阻力裕量应由锅炉厂提供；从空气预热器进口至一次风喷嘴出口的阻力裕量宜取44%，对于裤衩腿双布风板形式锅炉的系统，空预器后一次风箱前调节风门的阻力不宜另加裕量；从风机进口至空气预热器进口间的阻力裕量宜取风机选型风量与基本风量比值的平方值。

2 二次风机的形式、台数、风量及压头应符合下列规定：

1）二次风机宜采用调速离心式风机。

2）每炉宜配置2台50%容量的二次风机。

3）二次风机的基本风量应按锅炉燃用设计燃料时计算，应包括锅炉在最大连续蒸发量时所需的风量及制造厂保证的空预器运行一年后二次风侧的净漏风量；二次风机的基本压头应为燃用设计燃料且在锅炉最大连续蒸发量时从风机进口至二次风喷嘴出口的阻力与锅炉炉膛阻力之和。

4）二次风机风量裕量不宜低于20%，宜另加温度裕量，可按夏季通风室外计算温度确定；风机选型压头应为基本压头加上压头裕量。压头裕量宜分段选取：炉膛阻力裕量应由锅炉厂提供，从空预器进口至二次风喷嘴出口的阻力裕量宜取44%，从风机进口至空预器进口间的阻力裕量宜取风机选型风量与基本风量比值的平方值。

3 高压流化风机的形式、台数、风量及压头应符合下列规定：

1）高压流化风机可选用离心式或罗茨风机。

2）高压流化风机的数量宜根据技术经济比较后确定，并配置1台同容量的备用风机。

3）高压流化风机的基本风量应按锅炉燃用设计燃料、最大连续蒸发量时所需的流化风量计算。风量裕量不宜低于20%，压头裕量不宜低于20%。

8.9.5 床料系统应符合下列规定：

1 当燃用灰分较低或磨损性很强的燃料时，宜选用固定机械式加床料系统。

2 当燃用锅炉运行中床料可以自平衡的燃料，可设置1套非连续运行的床料临时输送系统。

3 根据床料特性和锅炉加料要求等因素，可选择其他形式的床料输送系统。

8.9.6 锅炉冷渣器应符合下列规定：

1 当燃用燃料的折算灰分较大或燃料成灰特性较差且布置允许时，宜选用滚筒式冷渣器，在条件适宜时也可采用风水联合冷渣器。

2 锅炉冷渣器设备总出力不宜小于锅炉最大连续蒸发量时燃用设计燃料排渣量的150%，且不宜小于燃用校核燃料排渣量的120%。

3 冷渣器正常工况排渣温度应小于150℃。当1台冷渣器短时检修或故障时，其余冷渣器排渣温度应小于200℃。

9 除灰渣系统

9.1 基本规定

9.1.1 除灰渣系统的设计应按干湿分排、灰渣分排和粗细分排的原则拟定。

9.1.2 除灰渣系统的选择应根据锅炉和除尘器形式，排渣装置的形式，灰渣量，灰渣的化学、物理特性，灰场贮灰方式，灰渣综合利用条件，电厂与贮灰场的距离、高差，以及总平面布置、交通运输、地质、地形、可用水源和气象条件等，通过技术经济比较后确定。

9.1.3 除灰渣系统应按锅炉最大连续蒸发量、燃用设计煤种时系统排出的灰渣量设计。厂内各分系统的容量可根据具体情况分别留一定裕度，厂外输送系统的容量宜根据综合利用的落实情况确定。

9.2 除渣系统

9.2.1 煤粉锅炉除渣系统可采用水冷式除渣系统或风冷式除渣系统。水冷式除渣系统的冷却水应采用闭式循环系统。

9.2.2 当采用水浸式刮板捞渣机方案时，宜采用单级刮板捞渣机输送至渣仓方案。刮板捞渣机设备最大出力不宜小于锅炉最大连续蒸发量时燃用设计煤种排渣量的400%。

9.2.3 当采用风冷式排渣机方案时，设备的最大出力不宜小于锅炉最大连续蒸发量时燃用设计煤种排渣量的250%，且不宜小于燃用校核煤种锅炉吹灰时排渣量的110%。风冷式除渣系统正常工况下的排渣温度不宜大于150℃，最大出力时的排渣温度不宜大于200℃。

9.2.4 风冷式排渣机后续输渣设备宜采用机械输渣系统，也可根据工程的具体情况采用气力输渣系统。后续输渣系统的出力宜与风冷式排渣机出力相匹配。

9.2.5 每台炉渣仓的有效容积宜为储存锅炉最大连续蒸发量时燃用设计煤种14h~24h的排渣量。当渣仓仅作为中转或缓冲渣仓时，宜满足储存锅炉最大连续蒸发量时燃用设计煤种8h的排渣量。

9.2.6 当底渣在厂内采用水力除渣，且需用车（船）或其他输送机械外运时，可采用脱水仓方案。每套脱水设备宜设2台脱水仓，运行时，应1台接收渣浆，另1台脱水、卸渣。脱水仓的容积应按锅炉排渣量、外部运输条件等因素确定，每台脱水仓的有效容积不宜小于储存锅炉最大连续蒸发量时燃用设计煤种24h的系统排渣量。

9.2.7 当锅炉采用液态排渣时，可采用水浸式刮板捞渣机或沉渣池方案。沉渣池的几何尺寸应根据渣浆量、渣的颗粒分析、沉降速度以及外部输送条件等因素确定。沉渣池宜采用两格，每格有效容积不宜小于锅炉最大连续蒸发量时燃用设计煤种24h的系统排渣量。

9.2.8 循环流化床锅炉底渣输送系统宜采用机械输送系统；当底渣量较小或采用机械输送系统布置有难度时，经技术经济比较后也可采用气力输送系统，不宜采用水力输送系统。同级底渣输送系统的设备不宜少于2台，系统总出力不宜小于锅炉最大连续蒸发量时燃用设计煤种排渣量的250%，且不宜小于燃用校核煤种排渣量的200%。

9.2.9 石子煤输送系统应根据石子煤量、输送距离、布置和机组台数等条件选用简易机械输送系统或机械输送系统或水力输送系统。

9.3 除灰系统

9.3.1 厂内除灰系统宜采用正压气力输送系统，当条件适宜时，也可采用负压气力输送系统或机械输送系统。

9.3.2 气力输送系统的设计出力不宜小于锅炉最大连续蒸发量时燃用设计煤种排灰量的150%，且不宜小于燃用校核煤种排灰量的120%。

9.3.3 灰库的设置和有效容量应符合下列规定：

1 当作为中转或缓冲灰库时，宜满足储存锅炉最大连续蒸发量时燃用设计煤种8h的系统排灰量。

2 当作为贮运灰库时，不宜小于储存锅炉最大连续蒸发量时燃用设计煤种24h的系统排灰量。

3 灰库的数量应根据机组台数、排灰量和粗细灰分储要求设置。

9.3.4 灰库卸灰设施的配置应符合下列规定：

1 当装卸干灰时，应设防止干灰飞扬的装车（船）设施。

2 当外运灰需调湿时，应设干灰调湿装置。

3 当厂外采用水力输送时，应设干灰制浆装置。

9.3.5 半干法烟气脱硫灰的排除可采用机械输送系统或气力输送系统，其灰库宜单独设置，有效储存容积不宜大于锅炉最大连续蒸发量时燃用设计煤种24h的系统排灰量。

9.3.6 气力输送系统应设置专用气源设备，当1台~2台气源设备经常运行时，宜设1台备用。当3台及以上气源设备经常运行时，可设2台备用。

9.3.7 气力输灰管道的直管段宜采用碳钢管，弯头等管道附件应采用耐磨材料。对于输送介质流速较高、磨损严重的管段，通过技术经济比较也可采用耐磨管道。

9.3.8 当采用机械除灰系统时，系统出力不宜小于锅炉最大连续蒸发量时燃用设计煤种排灰量的200%，且不宜小于锅炉最大连续蒸发量时燃用校核煤种排灰量的150%。

9.3.9 当采用水力除灰系统时，宜采用（中）高浓度水力输送系统，并应合理确定制浆方式和灰水浓度。

9.3.10 干灰分选系统应符合下列规定：

1 当电厂所在区域有较好的粉煤灰综合利用市场需求，且电厂灰渣成分符合综合利用要求时，在设计中可同步设置干灰分选系统。

2 干灰分选系统出力宜与实际综合利用量相匹配。

3 灰库的设置和储存容量宜与分选系统的要求相适应。

9.4 厂外输送系统

9.4.1 当采用干式贮灰场时，灰渣的厂外输送系统宜采用汽车运输方式，当条件适宜时，也可采用带式输送机运输方式或船舶等运输方式，并应符合下列规定：

1 当采用汽车运输方式时，运输车辆的选型宜根据灰渣运输条件、运输量、环保和装车要求选用车厢容积较大的封闭式自卸汽车。选用的汽车载重量应与运输经过的厂内、外道路和桥涵的设计承载能力相匹配。

2 当采用带式输送机运输方式时，带式输送机宜按单路设计，输送出力宜按锅炉最大连续蒸发量时燃用设计煤种灰渣量的300%选取，昼夜运行时间不宜大于8h。除严寒地区外，带式输送机不宜采用封闭栈桥，但应设置必要的防护罩或采用管状带式输送机。

3 当采用船舶运输方式时，应根据灰渣运输量和船型设置灰码头及装船设施。

9.4.2 当采用湿式贮灰场时，灰渣输送系统宜采用水力管道输送，并应符合下列规定：

1 当1台（组）灰渣泵运行时，宜设1台（组）备用；当2台（组）~3台（组）灰渣泵运行时，宜设2台（组）备用。

2 当运行的厂外灰渣管道为1条~3条时，宜设1条备用管道。

3 厂外灰渣管道宜沿路边敷设，并应充分利用原有道路供检修使用。当需要修建局部或全部检修用道路时，应按简易道路修筑，并应注意节约用地和不影响农田耕作；当灰渣管道磨损或结垢不严重时，也可采取直埋方式。

4 厂内灰渣管道宜敷设在地沟内，有条件时，也可沿地面或架空敷设。

5 灰渣管道坡度不宜小于0.1%，并应有便于排空的措施。

6 灰渣管道的直管段宜采用碳钢管，弯头应采用耐磨弯头。当输送介质流速较高、磨损或结垢严重的管段，通过技术经济比较也可采用耐磨或防结垢管道。

7 湿灰场澄清水宜设置灰水回收系统。对于用海水输灰的滩涂灰场，灰水的回收应根据环境保护要求和工程情况确定。灰场回收水应重复用于冲灰系统。

9.4.3 厂外运灰渣汽车的配置宜结合综合利用条件和利用社会运力解决。当灰渣和石膏综合利用及社会运力落实时，运输汽车的数量可适当核减。

9.5 辅助设施

9.5.1 除灰渣系统应设有必要的起吊设施和检修场地。

9.5.2 除灰渣设备集中布置处及除灰渣系统的建（构）筑物应设置清扫设施。

9.5.3 在灰库、渣仓卸料装车处应采取防尘、抑尘措施。

9.6 贮灰场

9.6.1 火力发电厂采用干式贮灰场或湿式贮灰场，应根据节约用水和环境保护要求、厂内除灰系统选型、当地气象条件、灰场条件和灰渣综合利用等因素，进行综合技术经济比较确定。

9.6.2 贮灰场设计应符合下列规定：

1 厂外灰渣处理设施的规划要求应符合本规范第4.2.9条的规定。

2 规划阶段贮灰场的总容积应满足贮存按火力发电厂规划容量、设计煤种计算的20年左右的灰渣量（含脱硫副产品）的要求；贮灰场应分期、分块建设，贮灰场初期征地面积宜按贮存火力发电厂本期设计容量、设计煤种计算的10年灰渣量（含脱硫副产品）确定，当灰渣综合利用条件较好时，宜按贮存火力发电厂本期设计容量、设计煤种计算的5年灰渣量（含脱硫副产品）确定；初期贮灰场宜按贮存火力发电厂本期设计容量、设计煤种计算的3年灰渣量（含脱硫副产品）建设。当灰渣（含脱硫副产品）确能全部利用时，可按贮存1年灰渣量（含脱硫副产品）确定征地面积并建设事故备用贮灰场。

3 建设贮灰场的适宜场地条件宜为容积大、洪水总量少、坝体工程量小、便于布置排水建（构）筑物，场内或附近有足够的筑坝材料。

4 贮灰场的主要建（构）筑物地段宜具有良好的地质条件，灰场区域宜具有良好的水文地质条件，应避免对附近村庄的居民生活和下游带来危害。

5 灰场灰坝（堤）的坝型应根据坝址处地形、地质条件确定。坝体结构宜采用当地建筑材料，并应通过技术经济比较，选择安全、经济、合理的坝型。

9.6.3 湿式贮灰场设计应符合下列规定：

1 湿式贮灰场的设计标准应根据灰场类型、容积、灰坝高度和灰坝失事后对附近和下游的危害程度等综合因素确定。

2 山谷湿式灰场灰坝的设计标准应按表9.6.3-1的规定执行。

表9.6.3-1 山谷湿式灰场灰坝的设计标准

<table>
<tr><th rowspan="3">灰场级别</th><th colspan="2">分级指标</th><th colspan="2">洪水重现期（a）</th><th colspan="2">坝顶安全加高（m）</th><th colspan="3">抗滑稳定安全系数</th></tr>
<tr><th rowspan="2">总容积V（$\times 10^8 m^3$）</th><th rowspan="2">最终坝高H（m）</th><th rowspan="2">设计</th><th rowspan="2">校核</th><th rowspan="2">设计</th><th rowspan="2">校核</th><th colspan="2">外坡</th><th>内坡</th></tr>
<tr><th>正常运行条件</th><th>非常运行条件</th><th>正常运行条件</th></tr>
<tr><td>一</td><td>$V>1$</td><td>$H>70$</td><td>100</td><td>500</td><td>1.0</td><td>0.7</td><td>1.25</td><td>1.05</td><td>1.15</td></tr>
<tr><td>二</td><td>$0.1<V\leqslant 1$</td><td>$50<H\leqslant 70$</td><td>50</td><td>200</td><td>0.7</td><td>0.5</td><td>1.20</td><td>1.05</td><td>1.15</td></tr>
<tr><td>三</td><td>$0.01<V\leqslant 0.1$</td><td>$30<H\leqslant 50$</td><td>30</td><td>100</td><td>0.5</td><td>0.3</td><td>1.15</td><td>1.00</td><td>1.15</td></tr>
</table>

注：1 用灰渣筑坝时，灰场的坝顶安全加高和抗滑稳定安全系数应按现行行业标准《火力发电厂灰渣筑坝设计规范》DL/T 5045的有关规定执行；

2 当灰场下游有重要工矿企业和居民集中区时，应通过论证提高一级设计标准；

3 当坝高与总库容不相应时，应以高者为准；当级差大于一个级别时，应按高者降低一个级别确定；

4 坝顶应至少高于堆灰标高1m~1.5m。

3 滩涂湿式灰场围堤设计标准应与当地堤防工程相协调。围堤设计应按现行国家标准《堤防工程设计规范》GB 50286的有关规定执行，并应符合表9.6.3-2的规定。

表9.6.3-2 滩涂湿式灰场围堤设计标准

灰场级别	总容积V（$\times 10^8 m^3$）	堤内汇水、堤外潮位重现期（a）		堤外风浪重现期（a）	堤顶（防浪墙顶）安全加高（m）				抗滑稳定安全系数		
					堤外侧		堤内侧		外坡		内坡
		设计	校核	设计校核	设计	校核	设计	校核	正常运行条件	非常运行条件	正常运行条件
一	V>0.1	50	200	50	0.4	0.0	0.7	0.5	1.20	1.05	1.15
二	V≤0.1	30	100	50	0.4	0.0	0.5	0.3	1.15	1.00	1.15

注：1 坝顶（或防浪墙顶）应至少高于堆灰标高1m。
2 滩涂湿灰场包括江、河、湖、海的滩涂湿灰场。

4 平原湿式灰场围堤的设计标准宜按表9.6.3-2的规定执行。

5 山谷湿式灰场灰坝的坝轴线应根据坝址区域的地形、地质条件，以及后期子坝加高、排水系统、施工条件和环境影响等因素，通过技术经济比较确定。

6 滩涂及平原湿式灰场灰堤的堤轴线应根据贮灰年限、地形、地质、潮（洪）水位及风浪、占地范围、后期子坝加高、施工条件和环境影响等因素，进行圈围面积与堤高等技术经济比较确定。

7 湿式贮灰场的排水和泄洪建筑物可采用分开或合并设置的方案。对于排洪流量特别大的山谷灰场，排洪设施可根据模型试验确定。

9.6.4 干式贮灰场设计应符合下列规定：

1 干灰场应根据灰场地形条件、贮灰容积等通过技术经济比较确定合理的堆灰方式。

2 山谷干灰场灰坝设计标准应根据各使用期灰场的级别、容积、坝高、使用年限及对下游可能造成的危害等综合因素，按湿式贮灰场设计标准确定。

3 滩涂和平原干灰场围堤设计标准应按湿灰场围堤设计标准确定，并应与当地堤防设计标准相协调。

4 山谷干灰场初期挡灰坝的高度应按贮存一次设计洪水总量，并应预留不小于0.5m安全加高确定，其高度不应小于3m。设计洪水标准应取重现期为30年。

5 平原干灰场初期围堤高度不宜低于1.0m。围堤顶标高不应低于该区域百年一遇洪水位的标高。

6 初期挡灰坝以上的坝体宜由干灰渣碾压填筑，其外坡坡度应根据稳定验算确定。

7 山谷干灰场宜设排水及泄洪设施。排水及泄洪设施的断面尺寸应满足调洪演算确定的最大下泄流量的排洪要求及施工要求。排洪设计标准应按表9.6.3-1的规定确定。

8 经技术经济比较合理时，山谷干灰场周围可设置截洪沟，其排洪标准宜按重现期10年进行设计。

9 滩涂和平原干灰场内可不设置排水设施。但对受客水汇入影响大及降水量大的地区是否设置排水设施应通过技术分析确定。

10 在平原干灰场周围、滩涂干灰场岸坡侧宜植树形成防护林带，宽度可为10m~20m。

11 干灰场应设置管理站并配置整平、碾压灰渣和洒水防尘的施工机具。

9.6.5 灰场设计还应符合下列规定：

1 应采取灰场环境本底观测措施。

2 山谷灰场坝体应根据坝高、坝型、地形、地质等条件及工程运行要求，设置必要的观测项目与观测设施，平原和滩涂灰场围堤可根据具体情况及需要设置观测设施。

3 对贮满灰渣停用的贮灰场应采取保证灰场封场后安全稳定的封场措施。

10 烟气脱硫系统

10.1 基本规定

10.1.1 烟气脱硫工艺应根据国家和地方的环保排放控制标准、环境影响评价批复意见、锅炉特性、燃煤煤质资料、脱硫工艺成熟程度及国内应用水平、脱硫剂的供应条件、脱硫副产品的综合利用条件、废水排放条件、场地布置条件等因素，经全面技术经济比较后确定。

10.1.2 烟气脱硫工艺的选择宜结合工程的具体条件，并应符合下列规定：

1 对燃煤收到基硫分大于1%或单机容量300MW级及以上的机组，宜采用石灰石-石膏湿法脱硫工艺；经技术论证合理时，300MW级及以下机组可采用氨法烟气脱硫工艺。

2 对燃煤收到基硫分不大于1%，单机容量为300MW级及以下的机组时，可采用石灰石-石膏湿法、烟气循环流化床、旋转喷雾半干法烟气脱硫工艺。

3 对燃煤收到基硫分不大于1%的海滨电厂，当海水碱度满足工艺要求时，宜采用海水法烟气脱硫工艺；对燃煤收到基硫分大于1%的海滨电厂，经技术经济比较后，也可采用海水法烟气脱硫工艺。

4 在严重缺水地区，对燃煤收到基硫分不大于1%的机组，宜采用活性焦干法烟气脱硫工艺或烟气循环流化床、旋转喷雾等半干法烟气脱硫工艺。

10.1.3 烟气旁路系统应符合下列规定：

1 当湿法烟气脱硫工艺设置烟气旁路系统时，脱硫装置进、出口和旁路挡板门应有良好的操作和密封性能。

2 当湿法烟气脱硫工艺不设置烟气旁路系统时，应提高脱硫系统设备的可靠性及材料耐腐蚀等级。

10.1.4 烟气脱硫装置应符合下列规定：

1 设计处理烟气量宜按锅炉最大连续蒸发量工况下设计煤种或校核煤种的烟气条件，取大值，可不另加裕量。

2 入口设计二氧化硫浓度的设计值应根据燃煤煤种可能出现的变化情况和硫分变化趋势确定。

3 入口设计烟温宜采用设计煤种锅炉最大连续蒸发量工况下，从主机烟道进入脱硫装置接口处的运行烟气温度加15℃，短期运行温度可加50℃。

4 烟气脱硫装置应能在锅炉的任何负荷工况下持续安全运行。烟气脱硫装置的负荷变化速度应与锅炉负荷变化率相适应。

10.1.5 脱硫装置宜利用主体工程设施的电源、水源、气源和汽源。

10.2 吸收剂制备系统

10.2.1 石灰石-石膏湿法烟气脱硫工艺吸收剂制备系统的选择应符合下列规定：

1 吸收剂制备系统的形式应根据吸收剂来源、投资、运行成本及运输条件等综合因素进行技术经济比较后确定。

2 当资源落实且石灰石粉的细度能满足规定要求时，宜采用直接购买石灰石粉方案。

3 当外购石灰石粉的条件不具备时，可由电厂自建吸收剂湿磨制备系统或吸收剂干磨制备系统。

4 当采用吸收剂干磨制备系统时，宜采取区域性集中建厂。

10.2.2 石灰石-石膏湿法烟气脱硫工艺石灰石贮存系统及容量应符合下列规定：

1 石灰石仓或石灰石粉仓的容量应根据市场运输情况和运输条件确定，不宜小于系统设计工况下3d的石灰石耗量；当采用吸收剂干磨制备系统时，设在火力发电厂厂区的石灰石粉日用仓容量不宜小于1d的石灰石耗量。

2 当来料为石灰石块且采用水路运输或陆路运距较远时，可设置7d及以上储量的石灰石堆场或储仓，并应设置防雨设施。

10.2.3 石灰石–石膏湿法烟气脱硫工艺吸收剂制备系统主要设备配置应符合下列规定：

1 厂内吸收剂制备系统宜多台机组合用1套，但每套系统不宜超过4台机组。

2 当1台机组设1套吸收剂湿磨制备系统时，系统宜设置1台湿式球磨机，设备出力宜按脱硫系统设计工况下石灰石耗量的100%确定。

3 当2台机组合用1套吸收剂湿磨制备系统时，每套系统宜设置2台湿式球磨机，单台设备出力宜按脱硫系统设计工况下石灰石总耗量的75%~100%确定。

4 当3台~4台机组合用1套吸收剂湿磨制备系统时，每套系统宜设置3台湿式球磨机，宜2台运行、1台备用，单台设备出力宜按脱硫系统设计工况下石灰石总耗量的50%确定。

5 每套吸收剂干磨制备系统的容量不宜小于脱硫系统设计工况下石灰石总耗量的150%。干磨机的台数和容量应经技术经济比较后确定。

6 吸收剂湿磨制备系统的石灰石浆液箱总容量不宜小于设计工况下石灰石浆液6h~10h的总耗量，当球磨机没有备用时，宜取大值；每座石灰石浆液箱供应对象不宜超过2台机组。吸收剂干磨制备系统或外购石灰石粉系统的石灰石浆液箱容量不宜小于设计工况下石灰石浆液4h的总耗量。

7 每座吸收塔宜设置2台石灰石浆液泵，宜1台运行、1台备用。

10.2.4 半干法烟气脱硫工艺吸收剂制备系统的选择应综合吸收剂来源、投资、运行成本及运输条件等因素进行技术经济比较后确定。

10.2.5 采用海水脱硫工艺时，对于300MW级及以上机组，宜采用单元制海水供应系统。

10.3 二氧化硫吸收系统

10.3.1 烟气脱硫装置吸收塔形式、容量、数量应符合下列规定：

1 石灰石–石膏湿法烟气脱硫工艺吸收塔形式可采用喷淋塔或鼓泡塔或液柱塔，海水烟气脱硫工艺吸收塔形式宜采用填料塔，半干法烟气脱硫工艺脱硫塔形式宜采用空塔。

2 石灰石–石膏湿法烟气脱硫工艺吸收塔的数量宜根据锅炉容量、吸收塔的处理能力和可靠性等确定；300MW级及以上机组宜1炉配1塔，200MW级及以下机组可2炉配1塔。

3 海水烟气脱硫工艺吸收塔的数量宜采用1炉配1塔。

4 烟气循环流化床或旋转喷雾半干法烟气脱硫工艺脱硫塔的数量宜采用1炉配1塔。

5 活性焦干法烟气脱硫装置吸附塔、解析塔数量及容量选择应根据机组容量确定。

10.3.2 石灰石–石膏湿法烟气脱硫工艺二氧化硫吸收系统主要设备配置应符合下列规定：

1 当采用喷淋塔时，浆液循环泵宜按单元制设置，每台循环泵应对应一层喷嘴；当采用液柱塔时，浆液循环泵也可按母管制设置；浆液循环泵可不设备用。

2 浆液循环泵的数量应能适应锅炉部分负荷运行工况，在吸收塔低负荷运行条件下应有良好的经济性。

3 氧化风机宜选用罗茨型风机。每座吸收塔宜设置2台全容量或3台半容量的氧化风机，其中应1台备用；也可每2座吸收塔设置3台全容量的氧化风机，其中应2台运行、1台备用；氧化风机容量裕量不宜低于10%，压头裕量不宜低于20%。

10.3.3 石灰石–石膏湿法烟气脱硫工艺应设置事故浆液池（箱），其数量应根据各吸收塔脱硫工艺的方式、距离及布置等综合因素确定。当布置条件合适且采用相同的湿法工艺时，宜全厂合用一套。事故浆液池（箱）的容量不宜小于 座吸收塔正常运行液位时的浆池容量。当设有石膏浆液抛弃系统时，事故浆液池（箱）的容量也可按不小于500m^3设置。

10.3.4 海水烟气脱硫工艺二氧化硫吸收系统主要设备配置应符合下列规定：

1 海水升压泵的数量宜按吸收塔的数量和喷淋层数确定，不宜设备用。

2　曝气风机选型应按曝气池设计液位进行选型计算。风机形式宜采用离心风机，可不设备用，数量不宜少于2台。

10.3.5　海水烟气脱硫工艺曝气池应符合下列规定：

1　300MW级及以上机组的曝气池宜采用一炉配一池的方式。

2　曝气池内有效曝气区域的大小应根据脱硫装置入口烟气参数、脱硫效率、海水水质条件、海水排水水质要求和环境温度等因素确定，应有良好的运行经济性。

10.4　烟气系统

10.4.1　脱硫增压风机宜装设在脱硫装置进口处，当不设烟气旁路且工程条件允许时，可与引风机合并设置。

10.4.2　增压风机形式、台数和容量选择应符合下列规定：

1　增压风机宜选用轴流式风机，当设置1台增压风机时，宜选择动叶可调轴流风机。

2　增压风机不应设备用；对不设置烟气旁路系统的机组，增压风机的台数宜与引风机的台数相同。

3　脱硫增压风机的风量和压头应符合下列规定：

1）基本风量应为吸收塔设计工况下的烟气量，风量裕量不宜低于10%，宜另加不低于10℃~15℃的温度裕量。

2）基本压头应为脱硫系统进出口的全压差，压头裕量宜不低于20%。

10.4.3　烟气－烟气加热器选型应符合下列规定：

1　在湿法烟气脱硫装置后宜设置烟气－烟气加热器，可选用回转式或管式烟气－烟气加热器。

2　对于设置烟气－烟气加热器的石灰石－石膏法烟气脱硫工艺系统，在设计工况下，烟气－烟气加热器出口烟气温度不宜小于80℃。

3　当采用回转式烟气－烟气加热器时，应采取预防加热器腐蚀、堵塞的措施。

4　当采用管式烟气－烟气加热器时，换热介质宜采用热媒水。管式烟气－烟气加热器冷端宜布置在静电除尘器前。严寒地区应采取预防加热器冻结的措施。

10.4.4　当吸收塔入口烟气温度不能满足吸收塔要求时，应在吸收塔入口设置喷水降温装置。

10.5　脱硫副产品处置系统

10.5.1　脱硫副产品处置系统设计应为脱硫副产品的综合利用创造条件，并应按符合下列规定：

1　石灰石－石膏湿法烟气脱硫系统宜设置石膏脱水系统；暂无综合利用条件时，经脱水后的石膏可输送至干式贮灰场；在贮灰场内应采取分隔措施，石膏应与灰渣分别堆放。

2　采用活性焦干法烟气脱硫工艺时，应配套设置副产品回收系统。

10.5.2　石膏脱水系统真空皮带脱水机设备台数、出力选择应符合下列规定：

1　石膏脱水系统宜多台机组合用一套，但每套系统不宜超过4台机组。

2　当1台机组配置一套石膏脱水系统时，宜设置1台石膏脱水机，设备出力宜为脱硫系统设计工况下石膏产量的100%，同时应相应增大石膏浆液箱容量。

3　当2台机组合用一套石膏脱水系统时，每套石膏脱水系统宜设置2台石膏脱水机，单台设备出力宜为脱硫系统设计工况下石膏总产量的75%~100%。

4　当3台~4台机组合用一套石膏脱水系统时，每套石膏脱水系统宜设置3台石膏脱水机，宜2台运行、1台备用，单台设备出力宜为脱硫系统设计工况下石膏产量的50%。

10.5.3　石膏仓容量不宜小于12h，石膏库容量不宜小于48h。石膏仓应采取防腐和防堵措施，北方地区还应采取冬季防冻措施。

11 烟气脱硝系统

11.1 基本规定

11.1.1 烟气脱硝工艺应根据国家环保排放控制标准、环境影响评价批复意见的要求、锅炉特性、燃料特性和布置场地条件等因素确定。

11.1.2 烟气脱硝工艺的选择应结合工程的具体情况确定，并应符合下列规定：

1 对要求脱硝效率不小于40%的机组，宜采用选择性催化还原烟气脱硝工艺；经技术经济比较，也可采用非选择性催化还原与选择性催化还原混合的烟气脱硝工艺。

2 600MW级及以下的机组，当要求脱硝效率小于40%时，也可采用非选择性催化还原烟气脱硝工艺。

3 对循环流化床锅炉机组，必要时可采用非选择性催化还原烟气脱硝工艺。

11.1.3 选择性催化还原烟气脱硝系统应能在40%~100%锅炉最大连续蒸发量之间的任何负荷运行，当烟气温度低于最低喷氨温度时，喷氨系统应能自动解除运行。

11.2 还原剂储存和供应系统

11.2.1 脱硝还原剂的选择应按防火、防爆、防毒以及脱硝工艺的要求，根据电厂周围环境条件、运输条件和电厂内部的场地条件，经环境影响评价、安全影响评价和技术经济比较后确定。

11.2.2 脱硝还原剂的选择宜符合下列规定：

1 对于选择性催化还原烟气脱硝工艺，若电厂地处城市远郊或远离城区，且液氨产地距电厂较近，在能保证运输安全、正常供应的情况下，宜选择液氨作为还原剂；位于大中城市及其近郊区的电厂，宜选择尿素作为还原剂。

2 对于非选择性催化还原烟气脱硝工艺，宜选择尿素作为还原剂。

11.2.3 尿素宜采用尿素储仓配合尿素溶液储存罐储存，液氨宜采用液氨储存罐储存。脱硝还原剂的储量应能满足全部脱硝系统不少于5d的正常消耗量。

11.2.4 还原剂储存供应系统主要设备配置应符合下列规定：

1 液氨储存罐的数量不宜少于2台。

2 尿素溶解罐容积应满足全厂1d的尿素溶液用量；液氨蒸发器的容量宜按选择性催化还原烟气脱硝装置全容量设计，并宜设置1台备用。

3 应配置氮气吹扫系统。

11.2.5 液氨储存设备的储存区外沿应设置围堰。

11.2.6 还原剂储存制备区域应设置事故紧急处理设施。

11.3 烟气脱硝反应系统

11.3.1 选择性催化还原烟气脱硝反应系统设计应符合下列规定：

1 系统应按单元制设计。

2 系统设计宜以燃用设计煤种为基准，但在燃用校核煤种时也应能满足排放控制要求，系统应能长期稳定运行。

3 系统应能在烟气粉尘和NO_x排放浓度最小值和最大值之间的任何点运行。

4 应防止大粒径灰进入选择性催化还原烟气脱硝反应器，并应设置清灰设施。

11.3.2 选择性催化还原烟气脱硝催化剂形式应根据机组特点、烟气特性、烟气含尘量、灰特性、阻力要求等各种因素，合理选择蜂窝状、板式及波纹板式催化剂。

11.4 氨/空气混合及喷射系统

11.4.1 氨/空气混合及喷射系统设计宜符合下列规定：

1 氨气稀释空气的来源可为送风机出口二次风、一次风机出口一次风，也可采用专门设置的稀释风机。

2 每台反应器宜配置一套氨气稀释系统，氨加入量宜根据每台反应器的进出口参数进行独立控制。

11.4.2 稀释风机的形式、台数、出力选择宜符合下列规定：

1 稀释风机宜选用离心式风机。

2 对于选择性催化还原烟气脱硝系统采用双反应器时，每台锅炉宜设置3台50%容量的稀释风机；采用单反应器时，每台锅炉宜设置2台100%容量的稀释风机。

3 稀释风机风量裕量不宜小于10%，压头裕量不宜小于20%。

12 汽轮机设备及系统

12.1 汽轮机设备

12.1.1 汽轮机设备的技术要求宜符合现行国家标准《固定式发电用汽轮机规范》GB/T 5578的有关规定，汽轮机及汽水系统的设计应符合现行行业标准《火力发电厂汽轮机防进水和冷蒸汽导则》DL/T 834的有关规定。

12.1.2 汽轮机背压的确定应符合下列规定：

1 汽轮机的额定背压宜对应冷却介质全年平均计算温度，夏季背压宜对应冷却介质最高计算温度。

2 湿冷汽轮机的额定背压应根据本规范第17.3节的有关规定经优化计算后确定。

3 空冷汽轮机的额定背压应根据本规范第17.8.2条的规定经优化计算后确定。

4 600MW级及以上采用二次循环冷却的四排汽汽轮机组，冷端宜配置双背压凝汽器；采用直流冷却的汽轮机组，应经技术经济比较后确定其凝汽器采用单背压或双背压。

12.1.3 汽轮机额定功率及其他功率宜按现行国家标准《固定式发电用汽轮机规范》GB/T 5578的有关规定执行，空冷机组额定功率和最大功率可按下列要求确定：

1 额定功率的确定宜符合下列条件：

1）在额定的主蒸汽和再热蒸汽参数及规定的背压和补给水率条件下。

2）主蒸汽流量为额定进汽量。

3）扣除非同轴励磁、润滑及密封油泵等的功耗。

4）在发电机额定功率因数、额定氢压、额定冷却水温条件下。

5）在寿命期内保证的发电机端输出的连续功率。

6）在该功率下考核机组热耗率。

注：规定的背压应采用额定背压；规定的补给水率亚临界及以下参数机组宜取3%，亚临界以上参数宜取1.5%。当考核机组热耗率时，补给水率应取0。

2 最大功率的确定宜符合下列条件：

1）在额定的主蒸汽和再热蒸汽参数及规定的背压和补给水率条件下。

2）主蒸汽流量为调节阀全开时的进汽量。

3）扣除非同轴励磁、润滑及密封油泵等的功耗。

4）在发电机额定功率因数、额定氢压、额定冷却水温条件下，发电机端输出的功率。

注：规定的背压应采用额定背压，规定的补给水率应取0。

12.2 主蒸汽、再热蒸汽和旁路系统

12.2.1 主蒸汽系统应采用单元制。

12.2.2 主蒸汽、再热蒸汽等管道的管径及管路根数，应经优化计算确定。

12.2.3 汽轮机旁路系统的设置及其功能、形式和容量应根据汽轮机、锅炉的特性和电网对机组运行方式的要求，并结合机炉启动参数匹配后确定。

12.3 给水系统

12.3.1 给水系统应符合下列规定：

1 给水系统应采用单元制系统。

2 正常运行及备用给水泵宜选用调速给水泵，启动用给水泵宜选用定速给水泵。

3 当正常运行给水泵采用调速给水泵时，给水主管路不应设调节阀系统，启动支管应根据给水泵的特性设置调节阀。

12.3.2 给水泵出口的总流量（不包括备用给水泵）应满足供给其所连接锅炉的最大给水消耗量要求。最大给水消耗量计算原则应符合下列规定：

1 汽包锅炉宜为锅炉最大连续蒸发量的110%。

2 直流锅炉宜为锅炉最大连续蒸发量的105%。

3 对具有快速切负荷功能的机组，给水泵出口的总流量还应包括高压旁路减温水流量。

4 给水泵入口的总流量应加上供再热蒸汽调温用的从泵的中间级抽出的流量，以及漏出和注入给水泵轴封的流量差。

5 前置给水泵出口的总流量应为给水泵入口的总流量与从前置泵和给水泵之间的抽出流量之和。

12.3.3 湿冷机组给水泵的配置应符合下列规定：

1 300MW级以下机组宜配置2台，单台容量应为最大给水消耗量100%的调速电动给水泵；或配置3台，单台容量应为最大给水消耗量50%的调速电动给水泵。

2 300MW级及以上机组的给水泵宜配置2台，单台容量应为最大给水消耗量50%的汽动给水泵；或配置1台，容量应为最大给水消耗量100%的汽动给水泵。

3 300MW级及以上机组宜配置1台容量为最大给水消耗量25%~35%的定速电动给水泵作为启动给水泵，也可根据需要配置1台容量为最大给水消耗量25%~35%的调速电动给水泵作为启动与备用给水泵。

4 当机组启动汽源满足给水泵汽轮机启动要求时，也可取消启动用电动泵。

5 300MW级及以上容量供热机组，给水泵驱动方式宜经过技术经济比较确定。

12.3.4 空冷机组给水泵的配置应符合下列规定：

1 300MW级直接空冷机组的给水泵的配置不宜少于2台，单台容量应为最大给水消耗量50%的调速电动给水泵；200MW级及以下机组的给水泵宜配置2台，单台容量应为最大给水消耗量100%的调速电动给水泵。

2 600MW级及以上直接空冷机组的给水泵宜配置调速电动给水泵，亚临界机组的给水泵的配置不宜少于2台，单台容量应为最大给水消耗量50%的调速电动给水泵；超（超）临界机组宜配置3台，单台容量宜为最大给水消耗量35%的调速电动给水泵，不宜设备用。当采用汽动给水泵时，宜配置2台，单台容量应为最大给水消耗量50%的汽动给水泵和1台容量为最大给水消耗量25%~35%的定速或调速电动给水泵。

3 300MW级及以上间接空冷机组的给水泵宜配置2台，单台容量应为最大给水消耗量50%的间接空冷汽动给水泵和1台容量为最大给水消耗量25%~35%的定速或调速电动给水泵；也可配置调速电动给水泵，其数量和容量配置原则应符合本条第1款的规定。

12.3.5 给水泵（包括启动/备用泵）的扬程计算应符合下列规定：

1 总扬程应按下列各项之和计算：

1）从除氧器给水箱出口到省煤器进口的介质流动总阻力（按锅炉最大连续蒸发量时的给水消耗量计算），汽包锅炉另加20%裕量；直流锅炉另加10%裕量。

2）省煤器进口与除氧器给水箱正常水位间的水柱静压差。

3）锅炉最大连续蒸发量时的省煤器入口给水压力（包含了锅炉本体水柱静压差；汽包锅炉为锅炉汽包正常水位与省煤器进口之间的水柱静压差，直流锅炉为锅炉水冷壁炉水汽化始终点标高的平均值与省煤器进口之间的水柱静压差）。

4）除氧器额定工作压力（取负值）。

2 在有前置泵时，前置泵和给水泵扬程之和应大于计算总扬程。

3 前置泵的扬程除应计及前置泵出口至给水泵入口间的介质流动总阻力和静压差以外，还应满足汽轮机甩负荷瞬态工况时为保证给水泵入口不汽化所需的压头要求。

12.3.6 启动给水泵（仅启动用）的扬程应按下列各项之和计算：

1 从除氧器给水箱出口到省煤器进口的介质流动总阻力应按25%~35%锅炉最大连续蒸发量时的给水消耗量计算，对汽包锅炉应另加20%裕量；对直流锅炉应另加10%裕量。

2 省煤器进口与除氧器给水箱正常水位间的水柱静压差。

3 25%~35%锅炉最大连续蒸发量启动工况时，省煤器入口的给水压力。

4 25%~35%锅炉最大连续蒸发量启动工况时，除氧器的工作压力（取负值）。

12.3.7 高压加热器换热面积计算宜以汽轮机最大连续功率工况为设计工况，应留有10%的面积裕量，并应校核在汽轮机阀门全开工况的给水流量。对具有快速切负荷功能的机组，还应加上高压旁路所需的喷水流量，介质流速不应超过标准的规定值。

12.3.8 高压加热器给水旁路宜采用大旁路。

12.3.9 根据锅炉特性与运行要求，当循环流化床锅炉机组确需设置紧急补水系统时，系统设计应符合下列规定：

1 紧急补水系统可采用母管制，宜设置1台紧急补水泵，容量应为系统所连锅炉需要的紧急补水量之和，并应留有裕量。

2 紧急补水泵宜采用定速泵，驱动形式应为柴油机。

3 紧急补水泵的扬程应为从紧急水箱出口至省煤器入口的介质总阻力和锅炉省煤器入口的给水压力。

4 紧急补水箱容量应根据锅炉厂提供的数据计算确定。紧急补水箱也可与凝汽器补水箱或除盐水箱合并使用，其容量应按拟合并水箱中较大者选用。

12.4 除氧器及给水箱

12.4.1 除氧器应采用滑压运行方式。

12.4.2 除氧器的总出力、台数及形式应符合下列规定：

1 总出力应根据最大给水消耗量选择。

2 每台机组宜配1台除氧器。

3 凝汽式机组应采用一级高压除氧器。对供热机组，补给水应采用凝汽器鼓泡除氧装置，也可另设公用低压除氧器，在保证给水含氧量合格的条件下，可采用一级高压除氧器。

12.4.3 给水箱的贮水量宜根据除氧器布置位置，结合瞬态计算结果、机组控制水平和机组功能要求确定，并应符合下列规定：

1 200MW及以下机组宜为10min的锅炉最大连续蒸发量时的给水消耗量。

2 200MW以上机组宜为3min~5min的锅炉最大连续蒸发量时的给水消耗量。

3 当机组具有快速切负荷功能时，给水箱的贮水量宜适当加大。

12.4.4 除氧器的启动汽源及备用汽源应取自厂用辅助蒸汽系统。

12.4.5 除氧器及其有关系统的设计应采取可靠的防止除氧器过压爆炸的措施。

12.4.6 单元制系统除氧器给水箱启动时的加热方式应符合下列规定：

1 根据除氧器形式可采用给水启动循环泵或再沸腾管。

2 给水启动循环泵的容量不宜小于除氧器启动时所用喷嘴额定流量的30%。

3 当用再沸腾管时，所用的蒸汽应经过调压，并应采取防止在运行中可能产生的水击和振动的措施。

12.5 凝结水系统

12.5.1 凝汽式机组的凝结水泵容量和台数应符合下列规定：

1 凝结水泵出口的总容量（不包括备用凝结水泵）应满足输送最大凝结水量的要求，最大凝结水量应为下列各项之和的110%：

1）汽轮机调节阀全开工况时的凝汽量。

2）进入凝汽系统的经常疏水量。

3）进入凝汽系统的正常补给水量。

4）其他杂用水。

2 凝汽式机组宜装设2台凝结水泵，单台容量应为最大凝结水量的100%；也可装设3台凝结水泵，单台容量应为最大凝结水量的50%；其中1台应为备用。

3 当备用凝结水泵短期投入运行时，凝结水泵出口总容量应满足低压加热器可能排入凝汽系统的事故疏水量或旁路系统投入运行时凝结水量输送的要求。

12.5.2 供热式机组的凝结水泵容量和台数应符合下列规定：

1 设计热负荷工况下的凝结水量应为下列各项之和的110%：

1）机组在设计热负荷工况下运行时的凝汽量。

2）进入凝汽系统的经常疏水量。

3）进入凝汽系统的正常补给水量。

2 最大凝结水量应为下列工况凝结水量的110%：

1）当补给水正常不补入凝汽系统时，应按纯凝汽工况计算，其计算方法应符合本规范第12.5.1条的规定。

2）当补给水正常补入凝汽系统时，应分别按最大抽汽工况和纯凝汽工况计算，经比较后，应取较大值。

3 工业抽汽式供热机组或工业、采暖双抽式供热机组，每台机组宜装设2台凝结水泵；每台泵的容量应分别按100%设计热负荷工况下凝结水量和50%最大凝结水量计算，应取较大值。

4 对凝汽采暖两用机组，宜装设3台容量各为最大凝结水量50%的凝结水泵。

12.5.3 凝结水泵的扬程应按下列各项之和计算：

1 从凝汽系统热井到除氧器凝结水入口（包括喷雾头）之间管道的介质流动阻力应按汽轮机调节阀全开工况时的凝结水量计算，并应另加20%裕量。

2 除氧器凝结水入口与凝汽系统热井最低水位间的水柱静压差。

3 除氧器最大工作压力。

4 凝汽系统的最高真空。

5 凝结水系统设备的阻力。

12.5.4 补给水系统应符合下列规定：

1 在进入凝汽系统前，宜按系统的需要装设补给水箱和补给水泵，经技术经济比较合理，也可利用锅炉补给水处理系统的除盐水箱，可不另设补给水箱。

2 300MW级以下机组，凝汽机组补给水箱的容积不宜小于50m^3；300MW级机组，凝汽机组补给水箱的容积不宜小于100m³；600MW级机组，凝汽机组补给水箱的容积不宜小于300m³；1000MW级机组，凝汽机组补给水箱的容积不宜小于500m³。

3 工业抽汽供热机组补给水箱的容积宜根据热负荷情况确定。

4 亚临界及以下参数湿冷机组补给水泵可不设备用，超临界或超超临界参数湿冷机组应根据补给水接入凝汽器的接口位置确定是否设置备用，其总出力应按锅炉启动时的补给水量要求选择。

5 空冷机组正常运行用补给水泵宜设置备用，其中1台应兼作启动用补给水泵。

12.5.5 低压加热器换热面积计算宜以汽轮机最大连续功率工况为设计工况，应留有10%的面积裕量，并应校核在汽轮机阀门全开工况下，介质流速不应超过所采用标准的规定值。

12.5.6 如需配置低压加热器疏水泵，每台加热器宜设置2台疏水泵，其中一台应为备用。疏水泵容量应按在汽轮机调节阀全开工况时接入该泵的低压加热器的疏水量之和计算，并应另加10%裕量。

12.5.7 低压加热器疏水泵的扬程应按下列各项之和计算：

1 从低压加热器到除氧器凝结水入口（包括喷雾头）的介质流动阻力。应按汽轮机最大凝结水量对应工况计算，并应另加10%~20%的裕量。

2 除氧器凝结水入口与低压加热器最低水位间的静压差。

3 除氧器最大工作压力。

4 最大凝结水量对应工况下低压加热器内的真空，如为正压力时，应取负值。

12.6 疏放水系统

12.6.1 火力发电厂宜按压力等级设置高、低压疏放水母管，可不设疏水箱及疏水泵。

12.6.2 疏放水应回收至凝汽系统或其他设备。

12.7 辅机冷却水系统

12.7.1 辅机冷却水系统应根据凝汽器冷却水源、水质情况和设备对冷却水水量、水温和水质的不同要求合理确定，辅机冷却水系统宜采用单元制。

12.7.2 转动机械轴承冷却水中的碳酸盐硬度宜小于250mg/L（以$CaCO_3$计）；pH值不应小于6.5，不宜大于9.5；300MW及以上机组，悬浮物的含量宜小于50mg/L；其他机组，悬浮物的含量应小于100mg/L。

12.7.3 辅机冷却水系统应符合下列规定：

1 以淡水作为辅机冷却水源，且不需进行处理即可作为辅机冷却用水时，宜采用开式循环冷却水系统；以淡水作为辅机冷却水源，但需经处理时，宜采用开式循环和闭式循环相结合的辅机冷却水系统。

2 以海水作为辅机冷却水源时，不宜用海水直接冷却的辅机设备，宜采用闭式循环冷却水系统，闭式循环冷却水热交换器宜由海水作为冷却水源。

3 以再生水作为辅机冷却水源时，不宜用再生水直接冷却的辅机设备，宜采用闭式循环冷却水系统，闭式循环冷却水热交换器宜采用再生水作为冷却水源。

4 湿冷机组开式循环冷却水应取自凝汽器循环冷却水系统，空冷机组开式循环冷却水宜取自辅机冷却塔冷却水系统，闭式循环冷却水宜采用除盐水或凝结水。

12.7.4 闭式循环冷却水热交换器换热面积应按最高计算冷却水温度计算确定。系统宜设置2台65%换热面积的热交换器，热交换器材料宜与凝汽器管材一致。

12.7.5 闭式循环冷却水系统宜设置2台闭式循环冷却水泵。单台水泵的容量不应小于机组最大冷却水量的110%；水泵的扬程不应小于按最大冷却水量计算的系统管道阻力，并应另加20%的裕量。

12.7.6 开式循环冷却水系统应根据系统布置计算确定需要设置升压水泵的供水范围。当需要设置时，宜设2台升压水泵，单台升压水泵的容量不应小于需要升压的冷却水量的110%。升压水泵的扬程应按下列各项之和计算：

1 按最大冷却水量计算的系统管道阻力，并应另加20%的裕量。

2 最高用水点与升压水泵中心线之间的净压差。

3 循环水进出口管道之间的水压差，取负值。

12.7.7 闭式循环冷却水系统应设置膨胀装置和补给水系统，膨胀装置的安装高度不应低于系统中最高冷却设备的标高。

12.7.8 闭式循环冷却水热交换器处的闭式循环水侧的运行压力，应大于开式循环水侧的运行压力。

12.8 供热式机组的辅助系统和设备

12.8.1 基本热网加热器的容量和台数应符合下列规定：

1 基本热网加热器的容量和台数应根据采暖、通风和生活热负荷选择，不宜设台数备用。

2 当任何1台基本热网加热器停止运行时，其余设备应满足60%~75%热负荷的需要，对严寒地区宜取上限。

3 设计时宜根据热负荷增长的可能性及汽轮机采暖抽汽的供汽能力，确定是否预留增装相应基本热网加热器的位置。

12.8.2 热网尖峰加热器应根据热负荷性质、输送距离、当地气候和热网系统等因素综合研究确定是否装设。

12.8.3 热网系统的其他设备应符合下列规定：

1 热网循环水泵不应少于2台，其中1台应为备用。当设置3台以上时，可不设备用，热网循环水泵可根据工程具体条件设置调速装置。

2 热网加热器凝结水泵不应少于2台，其中1台应为备用，凝结水泵宜采用变频调速。

3 补水装置的压力应比补水点管道压力高30kPa~50kPa，当补水装置同时用于维持管网静态压力时，其压力应满足静态压力的要求。

4 当补给水不能直接补入热网时，宜设热网补给水泵2台，其中1台应为备用；当补给水在正常运行工况能直接补入热网，可不设热网补给水泵，但在热网循环水泵停用，不能保证热网所需静压时，宜设热网补给水泵1台；热网补给水泵应采用变频调速。

5 闭式热网正常补给水应采用除过氧的化学软化水以及锅炉排污水，启动或事故时可补充工业水或生活水。闭式热力网补水装置的流量不应小于供热系统循环流量的2%，事故补水量不应小于供热系统循环流量的4%。

12.8.4 减压减温装置的设置应符合下列规定：

1 对于工业抽汽系统应根据各级工业抽汽参数各装设1套减压减温装置作为备用，其容量应等于1台汽轮机的最大抽汽量或排汽量。

2 当任何1台汽轮机停用，其余汽轮机如能供给采暖、通风和生活用热量的60%~75%时（严寒地区取上限），可不装设采暖抽汽的备用减压减温装置。

3 不宜设置经常运行的减压减温装置，当确需设置时应设1套备用。

12.8.5 如热用户能返回凝结水，宜装设回水收集设备。回水中继水泵不宜少于2台，其中1台应为备用。回水箱的数量和容量应按具体情况确定，不宜少于2台。

12.9 凝汽器及其辅助设施

12.9.1 湿冷凝汽器的管板与管材选择应符合现行行业标准《火力发电厂凝汽器管选材导则》DL/T 712的有关规定。

12.9.2 凝汽器清洗装置的设置应符合下列规定：

1 湿冷凝汽器宜装设胶球清洗装置。但对直流供水系统，如水中含沙较多，能证明管子不结垢、也不沉积时，可不设胶球清洗装置。

2 当冷却水含有悬浮杂物，易形成单向堵塞时，宜设反冲洗装置。

3 间接空冷汽轮机的表面式凝汽器不应装设胶球清洗装置。

12.9.3 抽真空系统设备的配置应符合下列规定：

1 300MW级及以下容量的机组宜配置2台水环式真空泵或其他形式的抽真空设备，每台抽真空设备的容量应满足凝汽器正常运行抽干空气量100%的需要。

2 600MW级及以上容量的湿冷和间接空冷机组，宜配置3台水环式真空泵，每台泵的容量应满足凝汽器正常运行抽干空气量50%的需要。

3 600MW级直接空冷机组宜配置3台水环式真空泵，每台泵的容量应满足凝汽器正常运行抽干空气量100%的需要。

4 600MW级以上直接空冷机组宜配置3台100%或4台75%凝汽器正常运行抽干空气量的水环式真空泵。

5 当全部抽真空设备投入运行时，应能满足机组启动时建立真空度的时间要求。

6 当采用直流供水系统时，宜设置1台凝汽器水室抽真空泵。

12.9.4 采用海水冷却的300MW级及以上容量的机组，宜设置凝汽器检漏装置。

15 仪表与控制

15.1 基本规定

15.1.1 火力发电厂仪表与控制系统的设计应满足机组安全、经济、环保运行和启停的要求。

15.1.2 在仪表与控制系统设计中，应选用技术先进、质量可靠的设备和元器件。全厂各控制系统和同类型仪表设备的选型宜统一。随主辅设备本体成套供货的仪表和控制设备应满足机组运行、自动化系统的功能及接口要求。

15.1.3 涉及安全与机组保护的仪表与控制的新产品和新技术，应在取得成功应用经验后再在设计中采用。

15.1.4 火力发电厂各控制系统的时钟应同步。

15.1.5 基于计算机的控制系统应采取抵御黑客、病毒、恶意代码等对系统的破坏、攻击，以及非法操作的安全防护措施。

15.2 自动化水平

15.2.1 火力发电厂的自动化水平应根据机组在电网中的地位、机组的容量和特点，以及预期的电厂运行管理水平等因素确定。

15.2.2 单元机组的自动化水平应根据控制方式、控制系统的配置与功能、主辅机设备可控性、运行组织管理等因素确定。单元机组应能在就地人员的巡回检查和少量操作的配合下，在集中控制室内实现机组启停、运行工况监视和调整、事故处理等。

15.2.3 辅助车间的自动化水平宜与机组自动化水平相协调，并应根据电厂的运行管理模式确定。各辅助车间运行人员应能在就地人员的巡回检查和少量操作的配合下，在集中控制室或辅助车间控制室内，通过操作员站实现辅助车间工艺系统的启停、运行工况监视和调整、事故处理等。

15.3 控制方式及控制室

15.3.1 控制方式及控制室的设计应以本期工程为主、兼顾前期和后期工程，并应与电厂自动化水平、运行管理模式相适应。

15.3.2 单元机组应按炉、机、电全能值班运行模式采用炉、机、电集中控制方式。控制方式宜根据机组的建设规模、自动化水平和电厂实际运行管理模式确定，宜采用多机一控方式。

15.3.3 辅助车间系统宜按物理位置相邻或系统性质相近的原则合并控制系统及控制点，辅助车间就地控制点不宜超过水、煤、灰三个。其余辅助车间就地可设置供系统调试、启动运行初期、故障和巡检时使用的终端。

15.3.4 全厂辅助车间系统可按全能值班运行模式采用集中控制方式，可只设置一个集中控制点。辅助车间系统集中控制点可并入机组集中控制室，也可独立设置。当多台机组合设一个集中控制室且辅助车间集中控制点并入集中控制室时，应采取避免调试、检修时不同运行区域相互干扰的措施。

15.3.5 空冷机组的空冷系统宜在集中控制室进行控制。

15.3.6 脱硫系统应根据脱硫方式和电厂的运行管理模式进行选择，可在集中控制室控制，也可与位置相邻或性质相近的辅助车间合设控制室控制。

15.3.7 脱硝反应系统应在集中控制室进行控制。脱硝还原剂储存和供应系统可在集中控制室控制，也可与位置相邻或性质相近的辅助车间合设控制室控制。

15.3.8 湿冷机组的循环水泵房、空冷机组的辅机冷却水泵房等与机组运行相对密切的辅助车间系统，宜在集中控制室控制。

15.3.9 供应城市采暖和工业用汽的热电联产电厂，热网系统可按需要在机组控制室内控制或设置单独的热网控制室。

15.3.10 海水淡化系统宜在辅助车间集中控制点或水系统控制点控制。

15.3.11 启动锅炉房可就地单独控制。

15.3.12 高压配电装置宜在集中控制室进行控制。

15.4 检测与仪表

15.4.1 火力发电厂的检测应包括下列内容：

1 工艺系统的运行参数。

2 电气系统的运行参数。

3 主机和辅机的运行状态和运行参数。

4 电气设备的运行状态和运行参数。

5 动力关断阀门的开关状态和调节阀门的开度。

6 仪表与控制用电源、气源、水源及其他必要条件的供给状态和运行参数。

7 必要的环境参数。

15.4.2 检测仪表的设置应符合下列规定：

1 在满足安全、经济运行要求的前提下，检测仪表的设置应与各主辅机配套供货的仪表统一协调，并应避免重复设置。

2 应设置检测仪表反映主设备及工艺系统在正常运行、启停、异常及事故工况下安全、经济运行的参数。

3 运行中需要进行监视和控制的参数应设置远传仪表。

4 供运行人员现场检查和就地操作所必需的参数应设置就地仪表。

5 用于经济核算的工艺参数应设置检测仪表。

6 在爆炸危险气体和/或有毒气体可能释放的区域，应根据危险场所的分类，设置爆炸危险气体报警仪和/或有毒气体检测报警仪。

7 保护系统的检测仪表应三重或双重化设置，重要模拟量控制回路的检测仪表宜双重或三重化设置。

8 测量油、水、蒸汽等的一次仪表不应引入控制室。

9 测量爆炸危险气体的一次仪表严禁引入控制室。

15.4.3 检测仪表的选择应符合下列规定：

1 仪表准确度等级应根据仪表的用途、形式和重要性，选择适当的准确度等级。

2 仪表应根据其装设区域的具体情况，选择适当的防护等级。

3 仪表应满足所在环境的防腐、防潮、防爆等要求。

4 测量腐蚀性介质或黏性介质时，应选用具有防腐性能的仪表、隔离仪表或采用适当的隔离措施。

5 不宜使用含有对人体有害物质的仪表。

15.4.4 检测装置的设置应符合下列规定：

1 煤粉锅炉宜设置监视炉膛火焰的工业电视；循环流化床锅炉不宜装设监视炉膛火焰的工业电视。

2 汽轮发电机组以及容量为300MW及以上机组的给水泵汽轮机宜设置振动监测和故障诊断系统。

3 煤粉锅炉宜设置炉管泄漏监测系统，循环流化床锅炉不宜装设炉管泄漏监测系统。

4 煤粉锅炉宜装设飞灰含碳量测量装置。

5 汽包锅炉应设置监视汽包水位的工业电视。

15.5 报警

15.5.1 报警应包括下列内容：

1 工艺系统参数偏离正常运行范围。

2 保护动作及主要辅助设备故障。

3 监控系统故障。

4 电源、气源故障。

5 电气设备故障。

6 火灾探测区域异常。

7 有毒有害气体的泄漏。

15.5.2 报警可分为控制系统报警和常规光字牌报警。报警应具有自动闪光、音响和人工确认等功能。

15.5.3 报警宜由控制系统的报警功能完成，机组不宜配置常规光字牌报警装置，必要时，可按下列项目设置不超过20个光字牌报警窗口：

1 重要参数偏离正常值。

2 单元机组主要保护跳闸。

3 重要控制装置电源故障。

15.5.4 当设置常规光字牌报警时，其输入信号不宜取自控制系统的输出。

15.5.5 控制系统的报警应根据信号的重要性设置报警优先级。

15.5.6 控制系统报警的报警源可来自控制系统的所有模拟量输入、数字量输入、模拟量输出、数字量输出、脉冲量输入及中间变量和计算值。

15.5.7 控制系统功能范围内的全部报警项目应能在显示终端上显示和在打印机上打印，在机组启停过程中应抑制虚假报警信号。

15.5.8 火灾探测与报警设计应符合现行国家标准《火力发电厂与变电站设计防火规范》GB 50229和《火灾自动报警系统设计规范》GB 50116的有关规定。

15.6 机组保护

15.6.1 机组保护系统的设计应符合下列规定：

1 保护系统的设计应采取防止误动和拒动的措施。

2 当机组保护系统采用分散控制系统或可编程控制器时，应符合下列规定：

1）机炉跳闸保护系统的逻辑控制器应单独冗余设置。

2）保护系统应有独立的I/O通道，并有电隔离措施。

3）冗余的I/O信号应通过不同的I/O模件引入。

4）触发机组跳闸保护信号的仪表应单独设置，当无法单独设置需与其他系统合用时，其信号应首先进入保护系统。

5）机组跳闸命令不应通过通信总线传送。

3　300MW及以上容量机组跳闸保护回路在机组运行中，宜在不解除保护功能和不影响机组正常运行的情况下进行动作试验。

4　在控制台上必须设置总燃料跳闸、停止汽轮机和解列发电机的跳闸按钮，并应采用双重按钮或带盖的单按钮；跳闸按钮应直接接至停炉、停机的驱动回路。

5　机组保护动作原因应设事件顺序记录。单元机组还应有事故追忆功能。

6　保护系统输出的操作指令应优先于其他任何指令。

7　保护系统中不应设置供运行人员切、投保护的控制盘、台按钮和操作员站软操作等任何操作手段。

15.6.2　火力发电厂锅炉和汽轮机的跳闸保护系统可采用电子逻辑系统或继电器硬逻辑系统，系统宜采用经认证的、SIL3级的安全相关系统。安全相关系统应符合现行国家标准《电气/电子/可编程电子安全相关系统的功能安全》GB/T 20438和《过程工业领域安全仪表系统的功能安全》GB/T 21109的有关规定。

15.6.3　停止单元机组运行的保护应符合下列规定：

1　锅炉事故停炉，应停止单元机组的运行。

2　单元机组具有快速切负荷功能时，应符合下列规定：

1）外部系统故障引起发电机解列，不应停止单元机组的运行。

2）发电机主保护动作应停止汽轮发电机组的运行，不应停止锅炉的运行。

3）汽轮机事故停机应停止汽轮发电机组的运行，不应停止锅炉的运行。

3　单元机组不具有快速切负荷功能，但汽轮机旁路系统具有快开功能且容量足够时，应符合下列规定：

1）外部系统故障引起发电机解列，应停止汽轮发电机组的运行，可不停止锅炉的运行。

2）发电机主保护动作应停止汽轮发电机组的运行，可不停止锅炉的运行。

3）汽轮机事故停机应停止汽轮发电机组的运行，可不停止锅炉的运行。

4　单元机组不具有快速切负荷功能，且不满足本条第3款的要求时，应符合下列规定：

1）外部系统故障引起发电机解列，应停止单元机组的运行。

2）发电机主保护动作，应停止单元机组的运行。

3）汽轮机事故停机，应停止单元机组的运行。

15.6.4　锅炉保护应符合下列规定：

1　锅炉给水系统应设有下列保护：

1）汽包锅炉的汽包水位保护。

2）直流锅炉的给水流量过低保护。

2　锅炉蒸汽系统应设有下列保护：

1）主蒸汽压力高保护。

2）再热蒸汽压力高保护。

3）再热蒸汽温度高喷水保护。

3　锅炉炉膛安全保护应包括下列功能：

1）锅炉吹扫。

2）油系统检漏试验。

3）灭火保护。

4）炉膛压力保护。

4 在运行中发生下列情况之一时，应能实现总燃料跳闸、紧急停炉保护：

1）手动停炉指令。

2）全炉膛火焰丧失。

3）炉膛压力过高 / 过低。

4）汽包 / 分离器水位过高 / 过低。

5）全部送风机跳闸。

6）全部引风机跳闸。

7）煤粉燃烧器投运时，全部一次风机跳闸。

8）燃料全部中断。

9）总风量过低。

10）锅炉炉膛安全监控系统失电。

11）根据锅炉特点要求的其他停炉保护条件。

5 当炉膛瞬态压力有可能超过炉膛设计压力时，应根据锅炉厂要求设置炉膛压力过高/过低解列送/引风机的保护。

15.6.5 汽轮机保护应符合下列规定：

1 在运行中发生下列情况之一时，应发出汽轮机跳闸指令：

1）汽轮机超速。

2）凝汽器真空过低。

3）润滑油压力过低。

4）控制油压力过低。

5）轴承振动大。

6）轴向位移大。

7）手动停机指令。

8）锅炉总燃料跳闸。

9）发电机事故跳闸。

10）外部系统故障引起发电机解列。

11）汽轮机数字电液控制系统失电。

12）汽轮机制造厂提供的其他保护项目。

2 汽轮机其他保护应包括下列内容：

1）抽汽防逆流保护。

2）低压缸排汽防超温保护。

3）汽机防进水保护。

4）汽机真空低保护等。

15.6.6 发电机保护应符合下列规定：

1 在运行中发生下列情况之一时，应发出发电机跳闸指令：

1）汽机事故停机。

2）发电机冷却系统故障。

3）单元机组未设置快速切负荷功能时，发电机解列。

4）发电机制造厂提供的其他停机条件。

2 其他电量保护应符合本规范第16.7节的规定。

15.6.7 热力系统应设有下列保护：

1 除氧器水位和压力保护。

2 高、低压加热器水位保护。

3 汽轮机旁路系统的减温水压力低和出口温度高保护。

4 空冷机组的背压保护、防冻保护（根据制造厂要求）等。

15.6.8 给水泵、送风机、引风机等重要辅机的保护应满足火力发电厂热力系统和燃烧系统的运行要求，并应根据辅机制造厂的技术要求进行设计。

15.7 开关量控制

15.7.1 开关量控制宜包括锅炉、汽机、发电机变压器组、辅机，阀门、挡板，电气开关、断路器等的单个设备操作，以及相关设备和系统的顺序控制及联锁。

15.7.2 顺序控制应按驱动级、子功能组级、功能组级三级水平设计。600MW及以上容量的机组可根据实际需要设置带断点的机组级顺序控制功能。

15.7.3 顺序控制的设计应符合保护、联锁操作优先的原则。在顺序控制过程中出现保护、联锁指令时，应将控制进程中断，并应使工艺系统按保护、联锁指令执行。

15.7.4 顺序控制在自动运行期间发生任何故障或运行人员中断时，应使正在进行的程序中断，并应使工艺系统处于安全状态。

15.7.5 顺序控制的设计应采取防止误操作的有效措施。

15.7.6 顺序控制的功能应满足机组的启动、停止及正常运行工况的控制要求，并应能实现机组在事故和异常工况下的控制操作。顺序控制应具备下列功能：

1 实现主/辅机、阀门、挡板、电气发电机变压器组厂用电设备等的顺序控制、控制操作及试验操作。

2 辅机及其相关的冷却系统、润滑系统、密封系统等的联锁控制。

3 重要运行设备故障跳闸时，联锁启动备用设备。

4 实现状态报警、联动及单台转机的保护。

15.7.7 下列项目宜纳入机组控制系统的锅炉部分顺序控制：

1 空预器系统。

2 送风机系统。

3 引风机系统。

4 一次风机系统。

5 流化风机系统。

6 磨煤机系统。

7 给煤机系统。

8 锅炉排污、疏水、放气系统。

9 暖风器系统。

10 燃油系统。

11 给水泵系统。

15.7.8 下列项目宜纳入机组控制系统的汽机部分顺序控制：

1 汽机润滑油和控制油系统。

2 凝结水系统。

3 凝汽器抽真空系统。

4 汽机轴封系统。

5 低压加热器系统。

6 高压加热器系统。

7 汽机蒸汽管道疏水系统。

8 辅助蒸汽系统。

9 循环水系统或辅机冷却水系统。

10 开式循环冷却水系统。

11　闭式循环冷却水系统。

15.7.9　下列项目宜纳入机组控制系统的发电机氢、油、水部分顺序控制：

1　发电机氢冷系统。

2　发电机密封油系统。

3　发电机定子冷却水系统。

15.7.10　脱硝反应系统、海水脱硫或不设置烟气旁路的石灰石－石膏湿法脱硫系统、空冷系统、锅炉干式除渣系统等辅助工艺系统的开关量控制，宜纳入机组顺序控制系统控制。

15.7.11　锅炉定期排污系统、凝汽器胶球清洗系统等辅助工艺系统的开关量控制不宜单独设置控制系统，宜纳入机组顺序控制系统。

15.7.12　锅炉吹灰系统可根据实际运行管理模式的要求纳入机组顺序控制系统，也可单独设置控制系统。

15.7.13　煤粉锅炉辅机联锁应包括下列项目：

1　锅炉的引风机、空气预热器和送风机在启停及事故跳闸时的顺序联锁。

2　锅炉的引风机、空气预热器和送风机之间的跳闸顺序，及引风机、空气预热器和送风机与烟、风道中有关挡板的启闭联锁。

3　送风机全部停运时，燃烧系统和制粉系统停止运行的联锁。

4　制粉系统中给煤机、磨煤机、一次风机或排粉机的启停及事故跳闸时的顺序联锁。

5　排粉机送粉系统的排粉机与给粉机之间的联锁。

6　烟气再循环风机启停与出口风门和冷风门的联锁。

7　辅机与其润滑油系统、冷却和密封系统的联锁，以及润滑油系统、冷却和密封系统中工作泵事故跳闸时备用泵的自启动联锁。

15.7.14　循环流化床锅炉辅机联锁应包括下列项目：

1　循环流化床的一次风机、二次风机、流化风机、空预器、除尘器以及引风机在启停及事故跳闸时的顺序联锁。

2　循环流化床的一次风机、二次风机、流化风机、空预器、除尘器以及引风机之间的跳闸顺序及与烟、风道中有关阀门、挡板的启闭联锁。

3　燃料系统投入与切除以及与风道燃烧器、床上燃烧器和床枪之间的启停顺序及联锁。

4　石灰石制备、输送系统中各设备启停顺序以及与阀门、挡板之间的联锁，煤燃料制备、输送系统中各设备启停顺序以及与阀门、挡板之间的联锁。

5　渣循环系统相关的设备（冷渣器、密封回料器）之间，以及相应的烟、风道中有关阀门、挡板之间的启停顺序及联锁。

15.7.15　汽轮机辅机应有下列联锁：

1　润滑油系统中的交流润滑油泵、直流润滑油泵、顶轴油泵和盘车装置与润滑油压之间的联锁。

2　给水泵、凝结水泵、真空泵、循环水泵/辅机冷却水泵、疏水泵以及其他各类水泵与其相应系统的压力之间的联锁。

3　运行泵事故跳闸时备用泵自启动的联锁。

4　各类泵与其进出口阀门间的联锁。

15.8　模拟量控制

15.8.1　机组应有较完善的模拟量控制系统。

15.8.2　模拟量控制系统的控制回路应按实用可靠的原则进行设计，并应适应机组在启动过程及不同负荷阶段中机组安全经济运行的需要，还应具有在机组事故及异常工况下与相关的联锁保护协同控制的措施。

15.8.3 在主辅设备可控性较好的情况下，部分模拟量控制回路宜采用全程控制。

15.8.4 单元机组应具备自动发电控制功能，当自动发电控制功能投入时，应能参与电网闭环自动发电控制。

15.8.5 单元机组模拟量控制系统应能满足滑压运行的要求，在锅炉不投油最低燃煤负荷到100%最大连续负荷变动范围内，应保证被控参数满足机组有关验收标准的要求。

15.8.6 单元机组宜采用机、炉协调控制。

15.8.7 协调控制系统应能协调锅炉和汽轮机，满足机组快速响应负荷命令，平稳控制汽轮机及锅炉的要求，应具有下列供运行选择的控制方式：

1 机炉协调控制。

2 汽轮机跟随控制。

3 锅炉跟随控制。

4 手动控制。

15.8.8 模拟量控制系统中的各控制方式之间应设切换逻辑并具备双向无扰切换功能。

15.8.9 300MW及以上汽轮机数字电液控制系统应至少具有转速控制、负荷控制、汽轮机热应力计算及汽轮机自动启停等功能。

15.8.10 锅炉应设置下列模拟量控制：

1 给水控制。

2 燃料控制。

3 送风控制。

4 炉膛压力控制。

5 主蒸汽温度控制。

6 再热蒸汽温度控制。

7 根据锅炉特点，锅炉厂要求的其他模拟量控制。

15.8.11 汽轮机应设置下列模拟量控制：

1 凝汽器水位控制。

2 加热器水位控制。

3 轴封压力控制。

4 高、低压旁路系统的压力和温度控制。

5 除氧器压力和水位控制。

6 根据汽轮机和热力系统特点设置的其他模拟量控制。

15.9 机组控制系统

15.9.1 单元机组应按由单元值班员统一集中控制的原则进行设计。机组控制系统宜采用分散控制系统。当技术经济论证合理时，也可采用基于现场总线的分散控制系统，可在现场仪表和设备层采用现场总线技术。分散控制系统的功能应包括数据采集与处理、模拟量控制、顺序控制和锅炉炉膛安全监控。

15.9.2 分散控制系统的选择应符合下列规定：

1 系统内所有模件应为标准化、模件化和插入式结构。

2 数据通信系统、处理器模件、操作员站、电源模件应冗余配置。

3 整个控制系统的可利用率应至少为99.9%。

4 每个机柜内每种类型输入/输出测点应有10%～15%的余量，每个机柜内应有10%～15%输入/输出模件插槽余量。

5 控制器站的处理能力应有40%余量，操作员站处理器能力应有60%余量。

6 处理器内部存储器应有50%余量，外部存储器应有60%余量。

7 共享式以太网通信负荷率不应大于20%，其他网络通信负荷率不应大于40%。

15.9.3 汽轮机数字电液控制系统及给水泵汽轮机数字电液控制系统应由汽轮机厂负责，其系统应成熟、可靠。汽轮机数字电液控制系统及给水泵汽轮机数字电液控制系统宜与机组控制系统选型一致，选型不一致时应设置与机组控制系统交换信息的通信接口。

15.9.4 汽轮机数字电液控制系统应包括电子控制装置、液压系统、就地仪表和执行设备。

15.9.5 单元机组的发电机－变压器组和厂用电源系统的顺序控制宜纳入机组控制系统。

发电机励磁系统自动电压调整、自动准同步、继电保护、故障录波及厂用电源自动切换功能应由专用装置实现。

15.9.6 由单元机组值班员控制的公用系统较多时，宜设置公用控制网络。公用系统应能在多套控制系统中进行监视和控制，并应确保任何工况仅有一台机组的操作员站能发出有效操作指令。

15.9.7 单元机组顺序控制系统和模拟量控制系统不宜配置后备操作器。

15.9.8 在控制系统发生电源消失、通信中断、全部操作员站失去功能、重要控制站失去控制和保护功能等全局性或重大故障的情况下，应设置下列确保机组紧急安全停机的独立于控制系统的硬接线后备操作手段：

1 汽机跳闸。

2 总燃料跳闸。

3 发电机或发电机变压器组跳闸。

4 锅炉安全门开（机械式可不装）。

5 汽包事故放水门开。

6 汽轮机真空破坏门开。

7 直流润滑油泵启动。

8 交流润滑油泵启动。

9 发电机灭磁开关跳闸。

10 柴油发电机启动。

11 循环流化床锅炉应设置锅炉跳闸后备硬接线操作手段取代总燃料跳闸后备操作手段。若有紧急补给水系统，则还应设置独立于分散控制系统的紧急补给水系统投入后备操作手段。

15.9.9 控制系统应按分层的原则设计，辅机和阀门（挡板）的驱动级的硬件和软件宜独立于上一级而工作，并应将确保辅机本身安全启停的允许条件和保护信号直接引入驱动级控制模件。

15.9.10 当锅炉采用等离子点火或微油点火时，等离子或微油点火系统的监控宜纳入锅炉炉膛安全监控系统。当等离子或微油点火控制系统与机组控制系统的选型不一致时，应设置与机组控制系统信息交换的硬接线和通信接口。

15.9.11 空冷系统的控制宜纳入机组控制系统。

15.9.12 海水脱硫系统的控制宜纳入机组控制系统。若石灰石－石膏湿法脱硫系统不设置烟气旁路时，其控制宜纳入机组控制系统。

15.9.13 脱硝反应系统的控制宜纳入机组控制系统。脱硝还原剂储存和供应系统的控制可纳入机组控制系统，也可采用独立控制系统或并入其他辅助车间控制系统。

15.9.14 锅炉干式除渣系统的控制宜纳入机组控制系统。

15.9.15 凝结水精处理系统的控制可根据电厂运行管理要求纳入机组控制系统。

15.10 辅助车间控制系统

15.10.1 辅助车间控制系统的设计应符合下列规定：

1 辅助车间控制系统的设计应根据工艺系统的特点及设备对运行操作的要求，采用适当的顺序控制和模拟量控制。

2 辅助车间控制系统宜按车间进行配置。

3 重要辅助车间控制系统的控制器宜冗余配置。

4 被控对象较少、布置比较分散的辅助车间宜采用远程I/O。

15.10.2 辅助车间控制系统的选择应符合下列规定：

1 辅助车间控制系统可采用可编程逻辑控制器系统，也可采用分散控制系统。当技术经济论证合理时，也可采用基于现场总线的可编程逻辑控制器系统或分散控制系统，可在现场仪表和设备层采用现场总线技术。

2 各辅助车间控制系统宜采用同一系列的可编程逻辑控制器或分散控制系统。

3 辅助车间的操作员站宜采用相同系列的应用软件。

15.10.3 设置烟气旁路的石灰石-石膏湿法脱硫系统，其控制系统设计应符合下列规定：

1 当采用一炉一塔时，每台机组可设置一套脱硫控制系统，也可两台机组的操作员站、工程师站、上层通信网络合设一套，相应的脱硫控制系统控制器（站）、I/O柜可按单元机组及公用系统分别设置。

2 当采用两炉一塔时，两台机组宜设置一套脱硫控制系统。

3 当石灰浆液制备或脱硫石膏浆液处理系统供全厂三台机组以上公用时，应结合工程情况进行经济技术论证，确定是否设置公用系统的脱硫控制系统。

15.10.4 除灰控制系统设计应符合下列规定：

1 每台机组除灰系统宜配置独立的控制器，两台机组除灰系统的公用系统，控制器宜冗余配置。

2 除灰系统不宜在单个设备附近设就地控制装置，但可根据控制要求设置就地控制按钮。

3 若除灰系统设置就地控制室，则宜在就地控制室内设置冗余操作员站，其中一台应具有工程师站的功能。

15.10.5 运煤控制系统设计应符合下列规定：

1 新建电厂的运煤系统，宜全厂设置一套运煤控制系统。

2 新建电厂的运煤控制系统设计应根据火力发电厂的规划容量，为后期工程的控制系统预留相应的控制设备位置和控制系统接口。

3 扩建电厂的运煤控制系统宜选用与厂内原有运煤控制系统硬件一致的控制设备，并宜与原有运煤系统合并集中监控。

4 若运煤系统设置就地控制室，则宜在就地控制室内设置冗余操作员站，其中一台应具有工程师站的功能。

5 运煤系统中，各运煤设备之间应有自动联锁和信号。

6 带式输送机的事故拉绳开关应直接接入控制回路。

15.10.6 锅炉补给水处理控制系统设计应符合下列规定：

1 新建电厂的锅炉补给水处理系统宜全厂设置一套锅炉补给水处理控制系统。

2 新建电厂的锅炉补给水处理控制系统设计应根据火力发电厂的规划容量，为后期工程的控制系统预留相应的控制设备位置和控制系统接口。

3 扩建电厂的锅炉补给水处理控制系统宜选用与厂内原有锅炉补给水处理控制系统硬件一致的控制设备，并宜与原有锅炉补给水处理系统合并集中监控。

4 若锅炉补给水处理系统设置就地控制室，则宜在就地控制室内设置冗余操作员站，其中一台应具有工程师站的功能。

15.10.7 火力发电厂宜设置辅助车间集中控制网络。

15.10.8 辅助车间集中控制网络设计应符合下列规定：

1 辅助车间集中控制网络的设置应与电厂的自动化水平和控制方式相适应。

2 规划容量为两台机组及以下的电厂宜全厂设置一个辅助车间集中控制网络。

3 规划容量超过两台机组及以上的电厂，每两台机组宜设置一个辅助车间集中控制网络；全厂公用的辅助车间控制系统宜纳入1、2号机组辅助车间集中控制网络。

4 辅助车间集中控制网络按分层设置的原则，可分别设置水系统控制网络、煤系统控制网络、灰系统控制网络等，然后分别接入上层辅助车间集中控制网络。

5 辅助车间集中控制网络的网络结构、通信速率、应用功能等设计方案，应充分满足辅助车间各系统对监控功能实时性的要求。

6 辅助车间操作员站和工程师站的设置可根据各辅助车间监控功能的要求进行设计。设有全厂辅助车间集中控制网络的电厂，宜在全厂辅助车间集中控制网络层设置2个~3个操作员站、1个工程师站，同时可在水系统控制网络层、灰系统控制网络层、煤系统控制网络层设置操作员站和工程师站。

7 辅助车间集中控制网络应能与信息系统进行通信。

15.11 控制电源

15.11.1 控制柜（盘）进线电源的电压等级不应超过250V。进入控制装置柜（盘）的交、直流电源除停电一段时间不影响安全外，应各有两路，并应互为备用。工作电源故障需及时切换至另一路电源时，宜在控制柜（盘）设自动切投装置，切换时间应满足用电设备安全运行的需要。

15.11.2 每组交流动力电源配电箱应有两路输入电源，并应分别引自厂用低压母线的不同段。在有事故保安电源的火力发电厂中，影响机组安全运行的设备，其电源配电箱的一路输入电源应引自厂用事故保安电源段。两路电源应互为备用，可设置自动切投装置。

15.11.3 分散控制系统、汽轮机数字电液控制系统、锅炉保护系统、汽轮机跳闸保护系统、火检装置等重要系统的供电电源应有两路，并应互为备用。一路应采用交流不间断电源，一路应采用交流不间断电源或厂用保安段电源。

15.11.4 辅助车间集中控制网络应有两路供电电源，宜分别引自不同机组的交流不间断电源，各辅助车间控制系统均应有两路供电电源，供电电源宜引自各辅助车间配电柜。

15.12 仪表导管、电缆及就地设备布置

15.12.1 取源部件应设置在能真实反映被测介质参数的工艺设备（管道）上。一次导压管及一次阀门的材质应按被测介质可能达到的最高压力、温度选择，并应满足焊接工艺要求。二次导管、二次阀门、排污阀、试验阀及管道附件的材质应满足可能达到的最高压力和排污时的最高温度要求。

15.12.2 电缆的设计和选型除应符合现行国家标准《电力工程电缆设计规范》GB 50217的有关规定外，还应符合下列规定：

1 用于仪表与控制系统的电缆和电线的线芯材质应为铜芯，测量、控制用的补偿电缆或补偿导线的线芯材质应与相连的热电偶丝相同或热电特性相匹配。

2 当制造厂对仪表和控制设备的连接电缆、导线的规范有特别要求时，应按设备制造厂的要求进行设计。

3 控制电缆宜敷设在电缆桥架内。桥架通道应避免遭受机械性外力、过热、腐蚀及易燃易爆物等的危害，并应根据防火要求实施阻隔。

15.12.3 现场布置的仪表和控制设备应根据需要采取必要的防护、防冻和防爆措施。

15.12.4 控制用电气设备外壳、不要求浮空的盘台、金属桥架、铠装电缆的铠装层、计算机信号电缆的屏蔽层等应设保护接地，保护接地应牢固可靠，保护接地的电阻值应符合国家现行有关电气保护接地的规定。

15.12.5 各计算机系统内不同性质的接地应分别有稳定可靠的总接地板（箱），总接地板（箱）宜统一与全厂接地网相连，不宜再单设计算机专用独立接地网。当设备厂家对逻辑接地和计算机系统接地的阻值及接地方式有特殊要求时，应按其要求设计。

附录A 机组设计标准煤耗率的计算方法

A.1 纯凝汽式机组

A.1.1 纯凝汽式机组的设计发电标准煤耗率应按下列公式计算：

$$b_{fn}=\frac{0.123}{\eta_{fn}}\times10^{5} \quad\text{(A.1.1-1)}$$

$$\eta_{fn}=\eta_{qn}\eta_{gl}\eta_{gd}\times10^{-4} \quad\text{(A.1.1-2)}$$

$$\eta_{qn}=\frac{3600}{q_{jrn}}\times100 \quad\text{(A.1.1-3)}$$

式中：b_{fn}——纯凝汽机组的设计发电标准煤耗率［g/（kW·h）］；

η_{fn}——纯凝汽机组的设计发电热效率（%）；

η_{gl}——锅炉效率，取用锅炉设备技术协议中明确的锅炉效率保证值（按低位热值效率）（%）；

η_{gd}——管道效率，取99%；

η_{qn}——纯凝汽机组的汽轮发电机组热效率（%）；

q_{jrn}——纯凝汽机组的汽轮发电机组设计热耗率，取用汽轮机设备技术协议中明确的热耗率验收工况所对应的热耗率保证值［kJ/（kW·h）］。

A.1.2 纯凝汽式机组的设计供电标准煤耗率应按下式计算：

$$b_{gn}=\frac{b_{gn}}{1-\frac{e}{100}} \quad\text{(A.1.2)}$$

式中：b_{gn}——纯凝汽机组的设计供电标准煤耗率［g/（kW·h）］；

e——纯凝汽机组的厂用电率（%）。

A.2 供热式机组

A.2.1 供热式机组在纯凝汽工况运行时的设计发电和供电标准煤耗率应按本规范第A.1节对应的公式计算。

A.2.2 供热式机组在额定供热工况运行时的设计发电标准煤耗率应按下列公式计算：

$$b_{fr}=\frac{0.123}{\eta_{fr}}\times10^{5} \quad\text{(A.2.2-1)}$$

$$\eta_{fr}=\eta_{qr}\eta_{gl}\eta_{gd}\times10^{-4} \quad\text{(A.2.2-2)}$$

$$\eta_{qr}=\frac{3600}{q_{jrr}}\times100 \quad\text{(A.2.2-3)}$$

式中：b_{fr}——额定供热工况运行时的设计发电标准煤耗率［g/（kW·h）］；

η_{fr}——供热机组的设计发电热效率（%）；

η_{qr}——额定供热工况运行时的汽轮发电机组热效率（%）；

q_{jrr}——额定供热工况运行时的汽轮发电机组设计热耗率，取用汽轮机设备技术协议中明确的额定供热工况所对应的热耗率保证值［kJ/（kW·h）］；

A.2.3 供热式机组在额定供热工况运行时的设计供电标准煤耗率应按下式计算：

$$b_{gr}=\frac{b_{fr}}{1-\frac{e_d}{100}} \quad\text{(A.2.3)}$$

式中：b_{gr}——额定供热工况运行时的设计供电标准煤耗率［g/（kW·h）］；

e_d——额定供热工况运行时的火力发电厂用电率（%）。

A.2.4 供热式机组的设计供热标准煤耗率应按下式计算：

$$b_r = \frac{34.16}{\eta_{gl}\eta_{gd}\eta_{hs}} \times 10^6 \quad \text{（A.2.4）}$$

式中：b_r——设计供热标准煤耗率（kg/GJ）；

η_{hs}——热网首站的换热效率（%）。

引用标准名录

《建筑地基基础设计规范》GB 50007
《混凝土结构设计规范》GB 50010
《建筑抗震设计规范》GB 50011
《室外给水设计规范》GB 50013
《建筑设计防火规范》GB 50016
《采暖通风与空气调节设计规范》GB 50019
《室外给水排水和燃气热力工程抗震设计规范》GB 50032
《动力机器基础设计规范》GB 50040
《工业建筑防腐蚀设计规范》GB 50046
《工业循环冷却水处理设计规范》GB 50050
《烟囱设计规范》GB 50051
《建筑物防雷设计规范》GB 50057
《爆炸危险环境电力装置设计规范》GB 50058
《3~110kV高压配电装置设计规范》GB 50060
《电力装置的电测量仪表装置设计规范》GB/T 50063
《交流电气装置的接地设计规范》GB/T 50065
《给水排水工程构筑物结构设计规范》GB 50069
《石油库设计规范》GB 50074
《工业循环水冷却设计规范》GB/T 50102
《火灾自动报警系统设计规范》GB 50116
《石油化工企业设计防火规范》GB 50160
《电子信息系统机房设计规范》GB 50174
《氢气站设计规范》GB 50177
《石油天然气工程设计防火规范》GB 50183
《构筑物抗震设计规范》GB 50191
《河港工程设计规范》GB 50192
《民用闭路监视电视系统工程技术规范》GB 50198
《电力工程电缆设计规范》GB 50217
《建筑内部装修设计防火规范》GB 50222
《建筑工程抗震设防分类标准》GB 50223
《火力发电厂与变电站设计防火规范》GB 50229
《电力设施抗震设计规范》GB 50260
《堤防工程设计规范》GB 50286
《出入口控制系统工程设计规范》GB 50396
《开发建设项目水土保持技术规范》GB 50433
《开发建设项目水土流失防治标准》GB 50434
《厂矿道路设计规范》GBJ 22
《工业企业噪声控制设计规范》GBJ 87
《标准电压》GB/T 156
《高压输变电设备的绝缘配合》GB 311.1
《高压输变电设备的绝缘配合使用导则》GB/T 311.2

《发电用汽轮机参数系列》GB/T 754
《旋转电机　定额和性能》GB 755
《电力变压器　第1部分　总则》GB 1094.1
《电力变压器　第2部分　温升》GB 1094.2
《电力变压器　第3部分：绝缘水平、绝缘试验和外绝缘空气间隙》GB 1094.3
《电力变压器　第4部分：电力变压器和电抗器的雷电冲击和操作冲击试验导则》GB 1094.4
《电力变压器　第5部分：承受短路的能力》GB 1094.5
《电力变压器　第7部分：油浸式电力变压器负载导则》GB/T 1094.7
《工作场所职业病危害警示标识》GB 2158
《安全色》GB 2893
《安全标志及其使用导则》GB 2894
《环境空气质量标准》GB 3095
《声环境质量标准》GB 3096
《地面水环境质量标准》GB 3838
《放射卫生防护基本标准》GB 4792
《工业自动化仪表气源压力范围和质量》GB 4830
《生产设备安全卫生设计总则》GB 5083
《固定式发电用汽轮机规范》GB/T 5578
《生活饮用水卫生标准》GB 5749
《核电厂环境辐射防护规定》GB 6249
《三相油浸式电力变压器技术参数和要求》GB/T 6451
《隐极同步发电机技术要求》GB/T 7064
《同步电机励磁系统　定义》GB/T 7409.1
《同步电机励磁系统　电力系统研究用模型》GB/T 7409.2
《同步电机励磁系统　大中型同步发电机励磁系统技术要求》GB/T 7409.3
《机械安全　防护装置　固定式和活动式防护装置设计与制造一般要求》GB/T 8196
《污水综合排放标准》GB 8978
《火力发电机组及蒸汽动力设备水汽质量》GB/T 12145
《工业企业厂界环境噪声排放标准》GB 12348
《建筑施工场界噪声标准》GB 12523
《火电厂大气污染物排放标准》GB 13223
《继电保护和安全自动装置技术规程》GB/T 14285
《会议系统电及音频的性能要求》GB/T 15381
《环境保护图形标志　排放口（源）》GB 15562.1
《大气污染物综合排放标准》GB 16297
《一般工业固体废物贮存、处置场污染控制标准》GB 18599
《室内空气质量标准》GB 18883
《取水定额》GB/T 18916
《城市污水再生利用　城市杂用水水质》GB/T 18920
《电气/电子/可编程电子安全相关系统的功能安全》GB/T 20438
《过程工业领域安全仪表系统的功能安全》GB/T 21109
《变频器供电笼型感应电动机设计和性能导则》GB/T 21209
《火力发电厂试验、修配设备及建筑面积配置导则》DL/T 5004
《火力发电厂总图运输设计技术规程》DL/T 5032

《火力发电厂灰渣筑坝设计规范》DL/T 5045
《火力发电厂劳动安全和工业卫生设计规程》DL 5053
《水工混凝土结构设计规范》DL/T 5057
《火力发电厂化学设计技术规程》DL/T 5068
《火力发电厂保温油漆设计规程》DL/T 5072
《水工建筑物抗震设计规范》DL/T 5073
《火力发电厂制粉系统设计计算技术规定》DL/T 5145
《火力发电厂厂用电设计技术规定》DL/T 5153
《水电枢纽工程等级划分及设计安全标准》DL 5180
《水工隧洞设计规范》DL/T 5195
《火力发电厂煤和制粉系统防爆设计技术规程》DL/T 5203
《火力发电厂燃烧系统设计计算技术规程》DL/T 5240
《高压配电装置设计技术规程》DL/T 5352
《火力发电厂和变电站照明设计技术规定》DL/T 5390
《电力工程地下金属构筑物防腐技术导则》DL/T 5394
《火电厂环境监测技术规范》DL/T 414
《大容量煤粉燃烧锅炉炉膛选型导则》DL/T 831
《电力工业锅炉压力容器监察规程》DL 612
《交流电气装置的过电压保护和绝缘配合》DL/T 620
《远动设备及系统　第5-101部分：传输规约　基本远动任务配套标准》DL/T 634.5101
《远动设备及系统　第5-104部分：传输规约　采用标准传输协议子集的IEC 60870-5-101网络访问》DL/T 634.5104
《电力工业锅炉压力容器检验规程》DL 647
《火力发电厂凝汽器管选材导则》DL/T 712
《火力发电厂汽轮机防进水和冷蒸汽导则》DL/T 834
《火力发电厂停(备)用热力设备防锈蚀导则》DL/T 956
《电站锅炉安全阀应用导则》DL/T 959
《电网运行准则》DL/T 1040
《核设施环境保护管理导则　放射性固体废物浅地层处置环境影响报告书的格式与内容》HJ/T 5.2
《辐射环境保护管理导则　核技术应用项目环境影响报告书(表)的内容和格式》HJ/T 10.1
《固定污染源烟气排放连续监测技术规范》HJ/T 75
《海港总平面设计规范》JTJ 211
《水运工程抗震设计规范》JTJ 225
《海港工程混凝土结构防腐蚀技术规范》JTJ 275
《水土保持监测技术规程》SL 277

UDC

中华人民共和国国家标准

P

GB 50764—2012

电厂动力管道设计规范

Design code of power piping for power plant

2012-05-28 发布　　　　　　2012-10-01 实施

中华人民共和国住房和城乡建设部
中华人民共和国国家质量监督检验检疫总局　联合发布

前　言

本规范是根据原建设部《关于印发〈2006年工程建设标准规范制订、修订计划（第二批）〉的通知》（建标〔2006〕136号）的要求，由中国电力工程顾问集团东北电力设计院会同有关单位编制完成的。

本规范在编制过程中，总结和吸收了我国多年积累的成熟有效经验和科技成果，在广泛征求意见的基础上，最后经审查定稿。

本规范共分14章和6个附录，具体技术内容包括：总则，术语和符号，设计条件和设计基准，材料，管道组成件的选用，管道组成件的强度，管径选择及水力计算，管道布置，管道的应力分析计算，管道支吊架，管道的焊接，管道的检验和试验，保温、隔声、防腐和油漆，管道系统的超压保护。

本规范中以黑体字标志的条文为强制性条文，必须严格执行。

本规范由住房和城乡建设部负责管理和对强制性条文的解释，中国电力企业联合会负责日常管理，中国电力工程顾问集团东北电力设计院负责具体技术内容的解释。在执行过程中，请各单位结合工程或工作实践，认真总结经验，及时将意见和建议反馈中国电力工程顾问集团东北电力设计院（地址：吉林省长春市人民大街4368号，邮政编码：130021，传真：0431—85643157，电子信箱：gbdlgd@nepdi.net）。

本规范主编单位、参编单位、参加单位、主要起草人和主要审查人：

主 编 单 位：中国电力工程顾问集团东北电力设计院

参 编 单 位：西安热工研究院

参 加 单 位：天津金鼎管道有限公司
渤海重工管道有限公司

主要起草人：郭晓克　黄　涛　叶　菲　裴育峰　陈继红　姚宇飞　方　联
石志奎　刘树涛　李太江　曹剑峰　常爱国　朱　焱　王　钟
石　磊　于　畅　李佩举

主要审查人：杨祖华　许玉新　林　磊　文启鼎　林其略　翁燕珠　王旭东
马欣强　刘　利　邓成刚　阎占良　孙即红　张乐川　王志斌
祝洪青　胡友情

目　次

Contents

1 总 则

1.0.1 为在设计中贯彻国家技术经济政策，统一设计标准，提高设计质量，推动技术进步，做到充分利用资源，确保安全生产、环保节能和经济合理，制定本规范。

1.0.2 本规范适用于火力发电厂范围内输送蒸汽、水、气和易燃易爆、有毒及腐蚀性液体或气体等介质的管道设计。不适用于下列管道设计：

1 制造厂成套设计的设备或机器所属的管道；

2 锅炉烟风煤粉系统管道；

3 采暖通风与空气调节的管道及非圆形截面的管道；

4 地下或室内给排水及消防给水管道；

5 泡沫、二氧化碳及其他灭火系统的管道；

6 各种塔、建筑构架、贮罐、机械设备和基础用的管道；

7 核电站管道。

1.0.3 本规范设计压力均为表压。

1.0.4 电厂动力管道设计除应符合本规范外，尚应符合国家现行有关标准的规定。

2 术语和符号

2.1 术 语

2.1.1 管道 piping

由管道组成件和管道支吊装置等组成，用以输送、分配、混合、分离、排放、计量或控制流体流动。

2.1.2 管道系统 piping system

按流体与设计条件划分的多根管道连接成的一组管道，简称管系。

2.1.3 管道组成件 piping components

用于连接或装配成管道的元件，包括管子、管件、法兰、垫片、紧固件、阀门、滤网及补偿器等。

2.1.4 管子 pipe or tube

用于输送流体的横截面为圆形的管道组成件。

2.1.5 管件 pipe fittings

管道组成件的一个类别，包括弯管或弯头、三通、接管座、异径管和封头等。

2.1.6 异径管 reducers

用于改变管道直径而不改变管道走向的管件。

2.1.7 弯头 elbows

具有较小的弯曲半径，用于改变管道走向的管件。

2.1.8 弯管 bends

具有较大的弯曲半径，用于改变管道走向的管件。

2.1.9 焊接弯头 miter elbows

采用管子或钢板焊制成型的弯头，具有与管子纵轴线不相垂直的斜接焊缝的管段拼接而成。

2.1.10 支管连接 branch connections

从主管引出支管的结构，包括整体加强的三通管件及不带加强的焊接结构的支管连接。

2.1.11 疏水收集器 liquid collecting pocket (drip leg)

在气体或蒸汽管道的低位点设置收集冷凝水的装置。

2.1.12 管道支吊架 pipe supports and hangers

用于承受管道荷载、约束管道位移和控制管道振动，并将荷载传递承载结构的各种组件或装置的总称，但不包括土建的结构。

2.1.13 固定支架 anchors

将管系在支吊点处完全约束而不产生任何线位移和角位移的刚性装置。

2.1.14 滑动支架 sliding supports

将管系支撑在滑动底板上，用以承受管道自重荷载并约束管系在支吊点处垂直位移的支架。

2.1.15 刚性吊架 rigid hangers

用以承受管道自重荷载并约束管系在支吊点处垂直位移的吊架。

2.1.16 导向装置 guides

用以引导管道沿预定方向位移而限制其他方向位移的装置。用于水平管道的导向装置也可承受管道的自重荷载。

2.1.17 限位装置 restraints

用以约束或部分限制管系在支吊点处某一个（或几个）方向位移的装置。它通常不承受管道的自重荷载。

2.1.18 恒力支吊架 constant supports and hangers

用以承受管道自重荷载，且其承载力不随支吊点处管道的垂直位移变化而变化，即荷载保持基本恒定的支吊架。

2.1.19 变力弹簧支吊架 variable spring supports and hangers

用以承受管道自重荷载，但其承载力随着支吊点处管道垂直位移的变化而变化的弹性支吊架。

2.1.20 减振装置 sway brace

用以控制管道低频高幅晃动或高频低幅振动，但对管系的热涨或冷缩有一定约束的装置。

2.1.21 阻尼装置 snubbers

用以承受管道地震荷载或冲击荷载，控制管系高速振动位移，同时允许管系自由地热胀冷缩装置。

2.1.22 应力增加系数 stress intensification factor

弯管、弯头、异径管和三通管件在弯矩的作用下，产生的最大弯曲应力与承受相同弯矩的直管产生的最大弯曲应力的比值。或弯管、弯头、异径管和三通管件的疲劳强度与在相同交变弯矩作用下直管的疲劳强度的比值。

2.1.23 冷紧 cold spring

在安装管道时预先施加于管道的弹性变形，以产生预期的初始位移和应力，达到降低初始热态应力和初始热态管端的作用力和力矩。

2.1.24 柔性 flexibility

表示管道通过自身变形吸收热胀、冷缩和其他位移变形的能力。

2.1.25 超临界参数机组 supercritical parameter units

主蒸汽压力为临界压力及以上，温度为600℃以下的机组。

2.1.26 超超临界参数机组 high efficiency supercritical parameter units

主蒸汽压力为临界压力及以上，温度为600℃及以上的机组。

2.2 符 号

a——质量流速比；

A——管道截面积；

A_1——截面1处管道截面积；

A_2——截面2处管道截面积；

A_b——补强范围内支管的补强面积；

A_h——补强范围内主管的补强面积；

A_i——断面i处的流通面积；

A_{i-1}——i-1断面处的流通面积；

A_p——受压面积；
A_r——主管开孔需要补强的面积；
A_σ——补强断面；
A_w——补强范围内角焊缝面积；
B——蒸汽可压缩性的修正系数；
b——管道始端与终端压力比；
c——动静压比；
C——腐蚀、磨损和机械强度要求的附加厚度；
C_1——管子壁厚负偏差的附加值；
C_2——钢板厚度负偏差附加值；
D_i——管子或管件内径；
D_{ib}——支管内径；
D_{ih}——主管内径；
D_m——异径管平均直径；
DN——管子或管件的公称尺寸；
D_o——管子或管件外径；
D_{ob}——支管外径；
D_{oh}——主管外径；
d——安全阀最小通流界面直径；
d_g——垫圈内径；
$\mathrm{d}H$——管道高度变化；
d_k——孔板的孔径；
d_m——离弯曲段L_a处的平均直径，或取用小端连接管的平均直径；
$\mathrm{d}p$——介质压力变化；
d_1——主管上经加工的支管开孔的纵向中心线的尺寸；
d_2——管道内径；
E_c——铸件质量系数；
E^{20}——钢材在20℃时的弹性模量；
E^t——钢材在设计温度下的弹性模量；
E_t——管子材料在设计温度下的弹性模量；
F——每个安全阀流通界面的最小断面积；
f——应力范围的减小系数；
F_k^*——临界流动时，节流孔板孔洞面积；
F_i——断面i处的反力；
F_{ix}——x向分力；
F_{iz}——z向分力；
F_k——亚临界流动时，节流孔板孔洞面积；
G——介质质量流量；
g——重力加速度；
G_i——断面i处的介质流量；
H——管道始端与终端的高程差；
H_1——垂直管段始端的标高；
H_2——垂直管段末端的标高；
h——安全阀阀杆升程；
h_1——介质始端焓；

h_2——压力为p时的饱和水；
h_f——沿程阻力损失；
h_i——封头短轴半径；
h_j——局部阻力损失；
h_n——在压力p_n下饱和水的焓；
h_w——管道内总阻力损失；
I——弯管、弯头壁厚修正系数；
i——应力增加系数；
K——系数；
K'——与封头结构有关的系数；
K''——系数；
K_{PN}——公称压力换算系数；
K_r——管件阻力系数；
k——绝热指数；
L——管道总展开长度；
L_b——支管有效补强范围；
L_{cb}——支管有效承载长度；
L_{ch}——主管有效承载长度之半；
L_e——阀门和管件的当量长度；
L_h——主管有效补强范围宽度之半；
L_w——焊缝高度；
$\sum L_d$——管道中的管件、阀门的当量长度之和；
M_a——由于自重和其他持续外载作用在管子横截面上的合成力矩；
M_b——安全阀或释放阀的反座推力、管道内流量和压力的瞬时变化及地震等产生的偶然荷载作用在管子横截面上的合成力矩；
M_c——按全补偿值和钢材在20℃时的弹性模数计算的，热胀引起的合成力矩；
M_j——合成力矩，其中j为注脚；
M_{xj}、M_{yj}、M_{zj}——计算节点分别沿x、y、z坐标平面的力矩；
m——管子产品技术条件中规定的壁厚允许负偏差；
$\dot{m}$——介质的质量流速；
$\dot{m}_{II}$——局部变换后管道始端的质量流速；
N_e——计算热胀应力范围σ_e时，用全温度变化ΔT_e的交变次数；
n——并联装设的安全阀数量；
P——跨中集中荷载；
P_t——在设计温度下的允许工作压力；
PN——公称压力；
p——设计压力；
p_0——始端滞止压力；
p_{0k}——孔板前的滞止压力；
p_1——始端压力；
p_2——终端压力；
p_{2k}——节流孔板后的压力；
p_I——局部变换前管道末端静压力；
p_{II}——局部变换后管道始端静压力；
p_a——当地大气压；

p_{at}——大气压力；

p_d——管内介质的动压力；

p_{d1}——管道始端动压力；

p_{d2}——管道终端动压力；

$p_{d\,I}$——局部变换前的末端压力；

$p_{d\,II}$——局部变换后的始端压力；

p_c——临界压力；

p_g——工作压力；

p_n——各区间段介质压力；

p_i——断面i处的介质压力；

p_{i-1}——i-1断面处的介质压力；

p'——末端空间压力；

p''——后段管子阻力和管子末端背压所形成的压头；

Q——介质容积流量；

Q_s——基准体积流量（在绝对压力101.3kPa，温度20℃状态下）；

q——管道单位长度自重；

q_b——比流量；

q_c——系数；

R——弯管、弯头弯曲半径；

R_e——计算端点对管道的热胀作用力（或力矩），按全补偿值和钢材在20℃时的弹性模量计算；

Re——雷诺数；

R_n——气体常数；

R_m^{20}——钢材在20℃时的抗拉强度最小值；

R_{eL}^t——钢材在设计温度下的下屈服强度最小值；

$R_{p0.2}^t$——钢材在设计温度下0.2%规定非比例延伸强度最小值；

R^t——管道运行初期在工作状态下对设备（或端点）的推力（或力矩）；

R^{20}——管道运行初期在冷状态下对设备（或端点）的推力（或力矩）；

R_I^{20}——管道应变自均衡后，在冷状态下对设备（或端点）的推力（或力矩）；

r_2——压力为p_c时的汽化潜热；

r'_{mb}——支管平均半径；

r_n——在压力P_n下饱和水的汽化潜热；

S——管子实测最小壁厚；

S_b——三通支管的实际壁厚（实测）或按采购技术条件所允许的最小壁厚；

S_{b3}——支管当量壁厚；

S_c——管子的计算壁厚；

S_h——三通主管的实际壁厚（实测）或按采购技术条件所允许的最小壁厚；

S_k——雪荷载标准值；

S_m——管子的最小壁厚；

S_{mb}——支管所需的最小壁厚；

S_{mh}——主管所需的最小壁厚；

S_t——椭球型封头取用壁厚；

S_{vi}——没有附加值的弯头内侧壁厚；

S_{vo}——没有附加值的弯头外侧壁厚；

s'——压力为p_c时饱和水的熵；

s''——压力为p_c时饱和蒸汽的熵；

s'_Δ——压力为$p_c-\Delta p$时饱和水的熵；

s''_Δ——压力为$p_c-\Delta p$时饱和蒸汽的熵；

T——厚度；

T_o——孔板前的滞止温度；

T_{pd}——压力作用下的计算厚度；

t——工作温度；

t_{amb}——计算安装温度；

W——管子截面抗弯矩；

ω——蠕变条件下纵向焊缝钢管焊接强度降低系数；

x——蒸汽的干度；

x_n——任一点压力下的计算干度；

Y——修正系数；

α——三通角度；

α_c——临界压力比；

α_t——钢材从20℃至工作温度下的线膨胀系数；

α'——管道始端压力与末端压力空间压力比；

β——管道终端与始端介质比容比；

β_c——介质的临界比容与始端比容之比；

σ_D^t——钢材在设计温度下10^5h持久强度平均值；

σ_e——热胀应力范围；

$[\sigma]^s$——对应公称压力的基准应力，是指材料在指定某一温度下的许用应力；

$[\sigma]^t$——钢材在设计温度许用应力；

σ_{eq}——内压折算应力；

σ_l——管道在工作状态下，由持续荷载，即内压、自重和其他持续外载产生的轴向应力之和；

σ_{max}——水平直管最大弯曲应力；

δ_{max}——最大弯曲挠度；

θ——异径管半锥角；

θ_b——斜切角；

ω——管内介质流速；

ω_c——临界流速；

ω_i——断面i处的介质流速；

ω_{i-1}——i-1断面处的介质流速；

ω_m——管道平均流速；

ϕ'——与封头结构有关的系数；

ϕ——气流与管道轴线的偏转角；

γ——介质运动黏度；

γ_C——冷紧比；

η——许用应力的修正系数；

μ——介质动力黏度；

μ_1、μ_2——安全阀流量系数，应由试验确定或按制造厂资料取值；

μ_1——流量系数；

μ_r——管道顶面积雪分布系数，对矩形管道顶面应取μ_r=1，对圆形管道应取μ_r=0.4；

μ_2——摩擦系数；

v——介质的比容；

v_0——始端滞止比容；

v_1——始端比容；

v_2——终端比容；

v_c——临界比容；

v_n——任一点汽水混合物的比容；

v''——压力为p_c时饱和蒸汽的比容；

v'_n——在压力p_n下饱和水的比容；

v''_n——在压力p_n下饱和蒸汽的比容；.

$v_{Ⅱ}$——局部变换后管道始端的蒸汽比容；

ξ——局部阻力系数；

ξ_m——相应于孔板前介质流速的阻力系数；

ξ_t——管道总阻力系数；

$\xi'_{Ⅱ}$——相应于大端的异径管的阻力系数；

$\sum\xi_1$——管道局部阻力系数总和；

$\sum\xi$——管道中各管件、阀门的局部阻力系数之和；

ε——管内壁等值粗糙度；

λ——管道摩擦系数；

λ_y——沿程阻力系数；

ρ——介质密度；

ρ_1——管道入口的介质密度；

ρ_2——管道出口的介质密度；

ρ_e——垂直管末端的介质密度；

ρ_m——垂直管段中沸水的平均密度；

ρ_n——各区间段介质密度；

ΔP_1——直管的摩擦压力损失；

ΔP_2——管道的局部阻力损失；

ΔP——管道总的压力损失

Δp——管道终端压力p_2（p_c）与“水和水蒸气热力学性质图标”中最接近压力级的差值；

$\Delta p_{Ⅰ-Ⅱ}$——局部变换前后的蒸汽阻力；

Δp_f——直管的摩擦压力损失；

Δp_k——局部的摩擦压力损失；

Δp_m——孔板的压降；

Δp_t——管道总的摩擦阻力损失；

X_a，Y_a，Z_a——计算管系的始端a的坐标值；

X_b，Y_b，Z_b——计算管系的末端b的坐标值；

ΔX，ΔY，ΔZ——计算管系沿坐标轴X、Y、Z的线位移全补偿值；

ΔX^{20}，ΔY^{20}，ΔZ^{20}——计算管系（或分支）沿坐标轴X、Y、Z的线位移冷补偿值；

ΔX_a，ΔY_a，ΔZ_a——计算管系的始端a沿坐标轴X、Y、Z的附加线位移；

ΔX_b，ΔY_b，ΔZ_b——计算管系的末端b沿坐标轴X、Y、Z的附加线位移；

ΔX_{ab}^{c5}，ΔY_{ab}^{c5}，ΔZ_{ab}^{c5}——计算管系（或分支）ab沿坐标轴X、Y、Z的冷紧值；

ΔX_{ab}^{t}，ΔY_{ab}^{t}，ΔZ_{ab}^{t}——计算管系ab沿坐标轴X、Y、Z的热伸长量；

Δx——在等熵膨胀条件下蒸汽的干度变量；

Δv——在Δp范围内按等熵膨胀所得的比容增量。

3 设计条件和设计基准

3.1 设计条件

3.1.1 管道设计应根据压力、温度及管内介质特性等工艺条件，并结合环境、荷载等综合条件进行。

3.1.2 管道组成件的设计压力不应低于运行中可能出现的最高持续压力。

3.1.3 对于特殊条件的管道组成件，其设计压力应符合下列规定：

1 对于输送气化温度低的流体管道组成件，其设计压力不应小于阀被关闭或流体不流动时在最高环境温度下气化所能达到的最高压力。

2 离心泵出口的管道组成件，对于定速泵，其设计压力不应小于泵额定工作特性曲线最高点对应的压力与泵吸入口压力之和；对于调速泵，其设计压力不应小于泵额定转速特性曲线最高点对应的压力与泵吸入口压力之和。

3 减压装置后没有安全阀保护且流体可能被关断或堵塞的管道，管道组成件的设计压力不应低于减压装置前流体可能达到的最高压力。

4 装有安全阀的管道，管道组成件的设计压力不应小于安全阀的最低整定压力。

3.1.4 电厂常用管道组成件的设计压力应符合下列规定：

1 超临界及以下参数机组，主蒸汽管道设计压力应取用锅炉最大连续蒸发量时过热器出口的额定工作压力。

2 超超临界参数机组，主蒸汽管道设计压力应取用下列两项的较大值：

1）汽轮机主汽门进口处设计压力的105%。

2）汽轮机主汽门进口处设计压力加主蒸汽管道压降。

3 再热蒸汽管道设计压力应取用汽轮机调节汽门全开工况热平衡中高压缸排汽压力的1.15倍。

4 汽轮机抽汽管道设计压力应符合下列规定：

1）非调整抽汽管道，应取用汽轮机调节汽门全开工况下该抽汽压力的1.1倍，且不应小于0.1MPa。

2）调整抽汽管道，应取其最高工作压力。

3）背压式汽轮机排汽管道应取其最高工作压力，但不得小于0.1MPa。

5 与直流锅炉启动分离器连接的汽水管道设计压力应取用分离器各种运行工况中可能出现的最高工作压力。

6 高压给水管道设计压力应符合下列规定：

1）非调速给水泵出口管道，从前置泵到主给水泵或从主给水泵至锅炉省煤器进口区段，应分别取用前置泵或主给水泵特性曲线最高点对应的压力与该泵进水侧压力之和。

2）调速给水泵出口管道，从给水泵出口至第一个关断阀的管道，设计压力应取用泵在额定转速特性曲线最高点对应的压力与进水侧压力之和；从泵出口第一个关断阀至锅炉省煤器进口区段，应取用泵在额定转速及设计流量下泵提升压力的1.1倍与泵进水侧压力之和。

3）高压给水管道设计压力，应计入水泵进水温度对压力的修正。

7 低压给水管道设计压力应符合下列规定：

1）对于定压除氧系统，应取用除氧器额定压力与最高水位时水柱静压之和。

2）对于滑压除氧系统，应取用汽轮机调节汽门全开工况下除氧器加热抽汽压力的1.1倍与除氧器最高水位时水柱静压之和。

8 凝结水管道设计压力应符合下列规定：

1）凝结水泵进口侧管道，应取用泵吸入口中心线至汽轮机排汽缸接口平面处的水柱静压，且不应小于0.35MPa，此时凝汽器内按大气压力。

2）凝结水泵出口侧管道，应取用泵出口阀关断情况下泵的提升压力与进水侧压力之和，水侧压力取凝汽器热井最高水位与泵吸入口中心线的水柱静压力。

9 加热器疏水管道设计压力应取用汽轮机调节汽门全开工况下抽汽压力的1.1倍，且不应小于

0.1MPa。当管道中疏水静压引起压力升高值大于抽汽压力的3%时，应计及静压的影响。

10 锅炉排污管道设计压力应符合下列规定：

1）锅炉排污阀前管道，对于定期排污管道，设计压力不应小于汽包上所有安全阀中的最低整定压力与汽包最高水位至管道最低点水柱静压之和；对于连续排污管道，设计压力不应小于汽包上所有安全阀的最低整定压力。

2）锅炉排污阀后管道，当排污阀后的管道装有阀门或堵板等可能引起管内介质压力升高时，其设计压力应按排污阀前管道设计压力的选取原则确定；当锅炉排污阀后的管道上未装有阀门或堵板等不会引起管内介质压力升高时，定期排污和连续排污管道的设计压力应按表3.1.4选取。

表3.1.4 锅炉排污阀后管道设计压力（MPa）

锅炉压力	1.750~4.150	4.151~6.200	6.201~10.300	≥10.301
管道设计压力	1.750	2.750	4.150	6.200

11 给水再循环管道设计压力应符合下列规定：

1）当采用单元制系统时，进除氧器的最后一道关断阀及其以前的管道，应取用相应的高压给水管道的设计压力，最后一道关断阀后的管道，对于定压除氧系统，应取用除氧器额定压力；对于滑压除氧系统，应取用汽轮机调节汽门全开工况下除氧器加热抽汽压力的1.1倍。

2）当采用母管制系统时，节流孔板及其以前的管道，应取用相应的高压给水管道的设计压力；节流孔板后的管道，当未装设阀门或介质出路上的阀门不可能关断时，应取用除氧器的额定压力。

12 安全阀后排汽管道设计压力应根据排汽管道的水力计算结果确定。

3.1.5 管道组成件的设计温度不应低于管内介质持续运行的最高工作温度。

3.1.6 对于特殊条件管道，管道组成件的设计温度应符合下列规定：

1 对于与锅炉、各类加热器等换热设备相连接管道的设计温度，应计入换热设备可能出现的温度偏差。

2 对于非金属材料衬里的管道，衬里材料设计温度应取流体的最高工作温度，外层金属的设计温度可通过传热计算或试验确定。

3.1.7 电厂常用管道、管道组成件的设计温度应符合下列规定：

1 主蒸汽管道设计温度应取用锅炉过热器出口蒸汽额定工作温度加上锅炉正常运行时允许的温度偏差值，当锅炉制造厂未提供温度偏差时，温度偏差值可取用5℃。

2 再热蒸汽管道设计温度应符合下列规定：

1）高温再热蒸汽管道应取用锅炉再热器出口蒸汽额定工作温度加上锅炉正常运行时允许的温度偏差，当锅炉制造厂未提供温度偏差时，温度偏差值可取用5℃。

2）低温再热蒸汽管道应取用汽轮机调节汽门全开工况下高压缸排汽参数，等熵求取在管道设计压力下的相应温度。

3 汽轮机抽汽管道设计温度应符合下列规定：

1）非调整抽汽管道应取用汽轮机调节汽门全开工况下抽汽参数，等熵求取管道设计压力下的相应温度。

2）调整抽汽管道应取用抽汽的最高工作温度。

3）背压式汽轮机排汽管道应取用排汽的最高工作温度。

4 减温装置后的蒸汽管道设计温度应取用减温装置出口蒸汽的最高工作温度。

5 与直流锅炉启动分离器连接的汽水管道设计温度应取用分离器各种运行工况中管内介质可能出现的最高工作温度。

6 高压给水管道设计温度应取用高压加热器后高压给水的最高工作温度。

7 低压给水管道设计温度应符合下列规定：

1）定压除氧器系统应取用除氧器额定压力对应的饱和温度。

2）滑压除氧器系统应取用汽轮机调节汽门全开工况下 1.1 倍除氧器加热抽汽压力对应的饱和温度。

8 凝结水管道设计温度应取用低压加热器后凝结水的最高工作温度。

9 加热器疏水管道设计温度应取用该加热器抽汽管道设计压力对应的饱和温度。

10 锅炉排污管道设计温度应符合下列规定：

1）锅炉定期排污或连续排污阀前管道的设计温度，应取用汽包上所有安全阀中的最低整定压力对应的饱和温度。

2）锅炉排污阀后管道，当排污阀后管道装有阀门或堵板等，可能引起管内介质压力升高时，定期排污或连续排污管道的设计温度应按锅炉排污阀前管道的选取原则确定；当排污阀后未装设阀门或堵板等不会引起管内介质压力升高时，定期排污或连续排污管道的设计温度可按表 3.1.7 选取。

表 3.1.7　锅炉排污阀后管道设计温度

锅炉压力（MPa）	1.750~4.150	4.151~6.200	6.201~10.300	≥10.301
管道设计温度（℃）	210	230	255	280

11 给水再循环管道设计温度应符合下列规定：

1）对于定压除氧系统，应取用除氧器额定压力对应的饱和温度。

2）对于滑压除氧系统，应取用汽轮机最大计算出力工况下 1.1 倍除氧器加热抽汽压力对应的饱和温度。

12 安全阀后排汽管道的设计温度，应根据排汽管道水力计算中相应数据选取。

3.2　设计基准

3.2.1 管道组成件的压力－温度等级除用设计压力和设计温度表示外，还可用公称压力表示。

3.2.2 管道组成件公称压力的选用应符合现行国家标准《管道元件PN（公称压力）的定义和选用》GB/T 1048的有关规定。

3.2.3 对于只标明公称压力的管件，除另有规定外，在设计温度下的许用压力应按下式进行计算：

$$P_t = K_{PN} \times PN \frac{[\sigma]^t}{[\sigma]^s} \qquad (3.2.3)$$

式中：P_t——在设计温度下的允许工作压力（MPa）；

K_{PN}——公称压力换算系数，K_{PN}=0.1MPa；

PN——公称压力；

$[\sigma]^t$——在设计温度下材料的许用应力（MPa）；

$[\sigma]^s$——公称压力对应的基准应力，是指材料在指定某一温度下的许用应力（MPa）。

3.2.4 管子及管件用钢材的许用应力，应根据钢材的强度特性取下列三项中的最小值：

$$\frac{R_m^{20}}{3}，\frac{R_{el}^t}{1.5} 或 \frac{R_{p0.2}^t}{1.5}，\frac{\sigma_D^t}{1.5}$$

式中：R_m^{20}——钢材在20℃时的抗拉强度最小值（MPa）；

R_{el}^t——钢材在设计温度下的下屈服强度最小值（MPa）；

$R_{p0.2}^t$——钢材在设计温度下0.2%规定非比例延伸强度最小值（MPa）；

σ_D^t——钢材在设计温度下10^5h持久强度平均值（MPa）。

4 材 料

4.1 一般规定

4.1.1 管道材料选用应依据管道的设计压力、设计温度、工作介质类别等使用条件、经济性、材料的焊接及加工等性能综合确定，同时选用的材料应具有化学性能、物理性能、抗疲劳性能和组织等稳定性，并应符合本规范关于材料的其他规定。

4.1.2 用于管道的材料，其规格与性能应符合国家现行有关标准的规定。

4.1.3 使用本规范未列出的材料，应符合国家现行的相应材料标准，包括化学成分、物理和力学特性、制造工艺方法、热处理、检验等方面的规定。

4.2 金属材料的使用温度

4.2.1 材料使用温度，除应符合本规范附录A的规定外，还需依据工作介质对材料性能的影响等确定。

4.2.2 材料的使用温度应符合下列规定：

1 在使用温度范围内应保证材料的适用性和安全性。

2 在使用温度范围内，材料应具有对流体及外界环境影响的抵抗力。

4.3 金属材料的许用应力

4.3.1 金属材料的许用应力是指钢材许用拉应力，许用应力取值应符合本规范第3.2.4条的规定。

4.3.2 常用钢材的许用应力数据应按本规范附录A选取。

4.3.3 对于焊接钢管的管子及管件用材料采用本规范附录A的许用应力时，应另外按本规范第6.2.1条的要求计入许用应力修正系数和蠕变条件下焊接强度降低系数。

4.3.4 对于铸造管道，管子及管件用材料采用本规范附录A的许用应力时，应计入铸件质量系数，普通铸件质量系数应取0.8，当对铸件进行补充检测时，质量系数可提高至表4.3.4的数值，但在任何情况下，质量系数不应超过1.00。

表4.3.4 铸件增加检测后的质量系数

铸件检测方法	E_c
（1）表面机加工后检查	0.85
（2）磁粉或液渗检测	0.85
（3）超声波或射线检测	0.95
上述（1）+（2）项检测	0.90
上述（1）+（3）项或（2）+（3）项检测	1.00

4.3.5 许用剪切应力应为本规范附录A许用应力的0.8倍；支承面的许用压应力应为许用应力的1.6倍。

4.4 金属材料的使用要求

4.4.1 材料选择应根据其使用性能、工艺性能和经济性综合确定。

4.4.2 材料的使用性能应根据部件的设计工作温度、受力状况、介质特性及工作的长期性和安全性确定。

4.4.3 材料的工艺性能应根据部件的几何形状、尺寸、制造工艺以及部件失效后的修复方法来确定。

4.4.4 材料选用应符合国家现行有关标准的规定。材料制造单位必须保证材料质量，并提供产品合格证及质量证明书，其内容应包括材料牌号、化学成分、力学性能、热处理工艺及其必要的性能检验结果等资料。

4.4.5 高温蒸汽管道用材料应符合下列规定：

1 应具有足够高的蠕变极限、持久强度、持久塑性和抗氧化性能。蒸汽管道应以1×10^5h或2×10^5h的高温持久强度作为强度设计的主要依据，再用蠕变极限进行校核。对于低合金耐热钢，在整个运行期内累积的相对蠕变变形量不应超过1.5%；持久强度和蠕变极限的分散范围不应超过±20%；持久塑性的延伸率不应超出3%~5%。

2 在高温下长期运行过程中，材料的组织性能应稳定。

3 材料应有好的工艺性能，特别是焊接性能。

4 导热性能应好，热膨胀系数应低。

4.4.6 非高温蒸汽的其他介质管道用材料应符合下列规定：

1 应具有较高的室温和高温强度，这些管道通常以钢材的屈服极限和抗拉强度作为强度设计的依据。

2 对所输送流体应具有抗腐蚀能力。

3 应有好的韧性。

4 应具有较小的应变时效敏感性。

5 应具有好的工艺性能，特别是焊接性能。

5 管道组成件的选用

5.1 一般规定

5.1.1 管道组成件应符合本规范承压设计规定，并应符合国家现行有关标准的规定。

5.1.2 管道组成件间的连接，除需经常拆卸的以外，宜采用焊接连接。

5.1.3 管道组成件的检验应符合本规范第12章的规定。

5.1.4 管道组成件用材料应符合本规范第4章的规定。

5.1.5 弯管、弯头、三通和异径管等管道附件的通流面积不应小于相连接管道通流面积的95%。

5.1.6 螺纹连接方式可用于设计压力小于或等于1.6MPa、设计温度小于或等于200℃的输送低压流体用的管道上。

5.2 管子

5.2.1 管子直径选择应符合本规范第7.2节的规定。

5.2.2 管子强度应符合本规范第6.2.1条的规定。

5.2.3 存在汽水两相流的疏水和再循环管道，阀后管道宜采用CrMo合金钢材料，且壁厚宜加厚一级。

5.2.4 符合现行国家标准《输送流体用无缝钢管》GB/T 8163的无缝钢管，可用于设计压力小于或等于1.6MPa的管道；符合现行国家标准《低中压锅炉用无缝钢管》GB 3087的无缝钢管，可用于设计压力小于或等于5.3MPa的管道；符合现行国家标准《高压锅炉用无缝钢管》GB 5310的无缝钢管，可用于设计压力大于5.3MPa的管道。

5.2.5 中温高压或高温高压用直缝电熔焊钢管与管件可用于设计压力小于或等于10MPa，且设计温度不在蠕变范围之内的管道；低压流体用电熔焊钢管可用于设计压力小于或等于1.6MPa且设计温度小于或等于300℃的管道。

5.2.6 低压给水管道不宜采用焊接钢管。

5.3 弯管和弯头

5.3.1 弯管弯头的强度应符合本规范第6.3.1条的规定。

5.3.2 对于主蒸汽、再热蒸汽和高压给水等主要管道，宜采用较大弯曲半径的弯管，弯管弯曲半径宜为管子外径的3倍~5倍。

5.3.3 设计压力为6.3MPa及以上或设计温度为400℃及以上的管道，当采用弯头时，弯头宜带直段。

5.3.4 低温再热蒸汽管道采用电熔焊钢管时，其弯头宜采用同质量的电熔焊钢管进行热加工成型。

5.4 支管连接

5.4.1 公称压力*PN*25及以下压力参数，在满足补强要求的前提下可采用直接连接，公称压力大于*PN*25的支管连接应采用成型三通连接。

5.4.2 三通不宜采用带加强环、加强板及加强筋等辅助加强型式。

5.4.3 主要管道的三通型式可按表5.4.3选用。

表5.4.3 主要管道三通型式

管道类型	超超临界参数	超临界参数	亚临界参数	亚临界以下参数
主蒸汽管道	锻制、挤压	锻制、挤压	锻制、挤压	挤压、焊接
高温再热蒸汽管道	锻制、挤压	锻制、挤压	锻制、挤压、焊接	挤压、焊接
低温再热蒸汽管道	焊接	焊接	焊接	焊接
高压给水管道	挤压、焊接	挤压、焊接	挤压、焊接	挤压、焊接

5.4.4 三通的强度应符合本规范第6.4节的补强规定，接管座、锻制三通和焊制三通强度计算宜采用面积补偿法，热挤压三通强度计算宜采用压力面积法。

5.4.5 亚临界及以上参数机组的主蒸汽、再热蒸汽管道的合流或分流三通宜采用斜三通或“Y”形三通。

5.5 法兰

5.5.1 法兰型式的选用应计及法兰的刚度对法兰接头密封性能的影响，并应符合下列规定：

1 法兰的适用压力和温度应符合现行国家标准《钢制管法兰 技术条件》GB/T 9124中关于压力-温度等级的规定。

2 不同压力等级的法兰相连接时，较低等级的法兰应满足使用条件的要求。

5.5.2 管道法兰型式的选择除应符合现行国家标准《对焊钢制管法兰》GB/T 9115的规定外，还应符合下列规定：

1 设计温度大于300℃或公称压力大于或等于*PN*40的管道，应选用对焊法兰。设计温度在300℃及以下且公称压力小于或等于*PN*25的管道，宜选用带颈平焊法兰。

2 管道系统中不应采用板式平焊法兰、承插焊法兰、松套法兰和螺纹法兰。

5.5.3 法兰连接面型式应采用凹凸面和突面，具体选用应符合下列规定：

1 对焊法兰宜采用凸凹面（MF）和突面（RF）型式。

2 平焊法兰应采用突面（RF）型式。

5.5.4 当需要选配特殊法兰时，除应核对法兰接口的尺寸外，还必须进行耐压强度计算，保证所选用的法兰厚度大于或等于连接管道公称压力下国家标准法兰的厚度。法兰及法兰连接计算应符合本规范第6.6节的规定。

5.6 垫片

5.6.1 垫片的选用应根据流体性质、使用温度、压力以及法兰密封面等因素综合确定。垫片的密封荷载应与法兰的设计压力、设计温度、密封面型式、表面粗糙度、法兰强度和紧固件相适应。垫片的选用应符合现行国家标准《缠绕式垫片 技术条件》GB/T 4622.3等相关标准的规定。

5.6.2 垫片的材料选用应符合本规范所列标准中规定的温度范围，并应采用介质或温度不会引起有害作用的材料制成。

5.6.3 垫片的选用应符合下列规定：

1 管道法兰垫片宜采用柔性石墨金属缠绕式。对公称压力小于或等于*PN*10，设计温度小于150℃的情况也可采用非金属垫片。缠绕式垫片内环材料应满足流体介质和管道设计温度的要求，外环材料应满足管道设计温度的要求。

2 对于突面法兰（RF），宜采用带定位环或带内环和定位环型，不应采用基本型或仅带内环型。

3 对凹凸面法兰（MF），应采用带内环型缠绕式垫片；用在突面（RF）型法兰上时宜带外定位环。

4 非金属垫片的外径可超过突面（RF）型法兰密封面的外径，制成“自对中”式的垫片。

5.6.4 用于不锈钢法兰的非金属垫片，其氯离子的含量不得超过200mg/L。

5.7 紧固件

5.7.1 紧固件应包括六角头螺栓、等长双头螺柱、螺母和垫圈等，紧固件的选用应符合现行国家标准《管法兰连接用紧固件》GB/T 9125等相关标准的规定。

5.7.2 法兰紧固件选用应符合下列规定：

1 紧固件应符合预紧及运行参数下垫片的密封要求。

2 高温条件下使用的紧固件应与法兰材料具有相近的热膨胀系数。

3 公称压力小于或等于*PN*25，工作温度t小于或等于250℃，配用非金属垫片的法兰连接处可采用现行国家标准《等长双头螺柱　B级》GB/T 901或《六角头螺栓　细牙》GB/T 5785规定的六角头螺栓，对应的螺母可采用现行国家标准《I型六角螺母》GB/T 6170或《I型六角螺母　细牙》GB/T 6171规定的I型六角螺母。

4 公称压力小于或等于*PN*40，工作温度t小于或等于250℃的法兰连接处宜采用现行国家标准《等长双头螺柱　B级》GB/T 901或《六角头螺栓　细牙》GB/T 5785规定的双头螺柱，对应的螺母宜采用现行国家标准《I型六角螺母》GB/T 6170或《I型六角螺母　细牙》GB/T 6171规定的I型六角螺母。

5 除上述第3款和第4款外，公称压力小于或等于*PN*100，工作温度t小于或等于500℃的法兰螺栓应采用现行国家标准《管法兰连接用紧固件》GB/T 9125规定的专用双头螺柱，螺母应采用《管法兰连接用紧固件》GB/T 9125规定的六角螺母。

6 配套使用的螺栓、螺母，其螺母的硬度应比螺栓的硬度低。

5.8 异径管

5.8.1 钢板焊制异径管宜用于公称压力小于或等于*PN*25的管道上。

5.8.2 钢管模压异径管可用于各种压力等级的管道上。

5.8.3 异径管的强度计算应符合本规范第6.5节的规定。

5.9 封头

5.9.1 封头宜采用椭球形封头或球形封头，也可采用对焊平封头。

5.9.2 公称压力小于或等于*PN*25的管道可采用平焊封头、带加强筋焊接封头或锥形封头。

5.9.3 封头的强度计算应符合本规范第6.7节的规定。

5.10 阀门

5.10.1 阀门应根据系统的参数、通径、泄漏等级、启闭时间选择，满足系统关断、调节、控制连锁要求和布置设计的需要。阀门的型式、操作方式，应根据阀门的结构、制造特点和安装、运行、检修的要求来选择。

5.10.2 与高压除氧器和给水箱直接相连管道的阀门及给水泵进口阀门，应选用钢制阀门；用于油系统阀门应采用钢制阀门。

5.10.3 易燃或可燃气体的阀门应采用燃气专用阀门，不得采用输送普通流体的阀门代替。

5.10.4 有毒介质管道的阀门应采用严密型的钢制阀门，阀门本体的密封应有可靠的防泄漏的措施。

5.10.5 阀门的选择及布置应符合下列规定：

1 双闸板闸阀宜装于水平管道上，阀杆垂直向上；单闸板闸阀可装于任意位置的管道上。

2 当要求严密性较高时，宜选用截止阀，可装于任意位置的管道上。

3 当要求迅速关断或开启时，可选用球阀，可装于任意位置的管道上，但带传动机构的球阀应使阀杆垂直向上。

4 调节阀应根据使用目的、调节方式和调节范围选用；调节阀不宜作关断阀使用；选择调节阀时应有控制噪声、防止汽蚀的措施。

5 当调节阀的调节幅度较小且不需要经常调节时，在下列管道上可用截止阀或闸阀兼作关断和调节用：

1）设计压力小于或等于 1.6MPa 的水管道。

2）设计压力小于或等于 1.0MPa 的蒸汽管道。

6 止回阀的布置应符合下列规定：

1）立式升降止回阀应装在垂直管道上。

2）直通式升降止回阀应装在水平管道上。

3）水平瓣止回阀应装在水平管道上。

4）旋启式止回阀宜安装于水平管道上，当安装在垂直管道上时，管内介质流向应为由下向上。

5）底阀应装在水泵的垂直吸入管端。

7 疏水阀根据疏水系统的具体要求，可采用自动控制的疏水阀、双金属式疏水阀和浮球式疏水阀等。疏水阀应按疏水量、选用倍率和制造厂提供的不同压差下的最大连续排水量进行选择。单阀容量不足时，可两阀并联使用。疏水阀宜水平安装。

8 蝶阀宜用于全开、全关场合，也可作调节用。

9 安全阀的规格和数量，应根据排放介质的流量和参数，按本规范第7章的方法或制造厂资料进行选择；应根据系统功能和排放量的要求选用全启式或微启式安全阀。压力式除氧器上的安全阀应采用全启式安全阀。布置安全阀时，必须使阀杆垂直向上。

10 制造厂不带旁通阀时，具有下列情况之一的关断阀，宜装设旁通阀：

1）蒸汽管道启动暖管需要先开旁通阀预热时。

2）汽轮机自动主汽阀前的电动主闸阀。

3）对于截止阀，介质作用在阀座上的力超过 50kN 时。

4）公称压力小于或等于 *PN*10，工程尺寸大于或等于 *DN*600 手动闸阀。

5）公称压力等于 *PN*16，工程尺寸大于或等于 *DN*450 手动闸阀。

6）公称压力等于 *FN*25，工程尺寸大于或等于 *DN*350 手动闸阀。

7）公称压力等于 *PN*40，工程尺寸大于或等于 *DN*250 手动闸阀。

8）公称压力等于 *PN*63，工程尺寸大于或等于 *DN*200 手动闸阀。

9）公称压力等于 *PN*100，工程尺寸大于或等于 *DN*150 手动闸阀。

10）公称压力大于或等于 *PN*200，工程尺寸大于或等于 *DN*100 手动闸阀。

11 关断阀的旁通阀公称尺寸，可按表5.10.5选用。

表5.10.5 旁通阀公称尺寸选用表

关断阀公称尺寸 *DN*	100~250	300及以上
旁通阀公称尺寸 *DN*	20~25	25~50

12 汽轮机电动主闸阀的旁通阀通径，应根据汽轮机启动或试验要求选用。

13 在下列情况下工作的阀门，需装设动力驱动装置：

1）工艺系统有控制连锁要求。

2）需要频繁启闭或远方操作。

3）阀门装设在手动操作难以实现的地方，或不得不在两个及以上的地方操作。

4）扭转力矩较大，或开关阀门时间较长。

14 电动或气动驱动方式的选用，应根据系统需要、安装地点、环境条件、热工控制和制造厂要求，以及驱动装置特点进行选择。对于驱动装置失去动力时阀门有“开”或“关”位置要求时，应采用气动驱动装置。

15 电动驱动装置用于有爆炸性气体或物料积聚及高温潮湿雨淋的场所时，应选用相应防护等级的电动驱动装置。采用气动驱动装置时应有可靠的供气系统及气源条件。

5.11 管道特殊件

5.11.1 波纹膨胀节应按其各种形式的性能合理选用。设计中应计及其使用寿命和反力；有冷拉时，应在设计文件中指明；布置上应计及环境温度降低时流体可能冷凝及结冰的影响；波纹膨胀节和金属软管不得用于受扭转的场合。

5.11.2 泵入口管道上应设置永久过滤器，仅在启动期间对转动设备进行安全防护时，可在其入口管道内设置临时过滤器，过滤器筛网的网目应根据工艺要求确定。

5.12 非金属衬里的管道组成件

5.12.1 用于防腐的非金属衬里管道组成件的端部连接结构，应采用金属法兰连接，应使衬里延伸覆盖整个法兰密封面上，且应牢固结合、平整。

5.12.2 所有组管道成件的基层金属部分的选用要求，应符合本规范第4章的规定。

6 管道组成件的强度

6.1 一般规定

6.1.1 本章所列的计算方法应是内压下的强度计算。

6.1.2 管道组成件的取用厚度不得小于直管最小壁厚。

6.2 管子的强度

6.2.1 当$\frac{D_o}{D_i} \leqslant 1.7$时，承受内压的直管最小壁厚计算应符合下列规定：

1 在设计压力和设计温度下所需的最小壁厚S_m应按下列公式计算：

按管子外径确定时：

$$S_m = \frac{pD_o}{2[\sigma]^t \eta + 2Yp} + C \qquad (6.2.1-1)$$

按管子内径确定时：

$$S_m = \frac{pD_i + 2[\sigma]^t \eta C + 2YpC}{2[\sigma]^t \eta - 2p(1-Y)} \qquad (6.2.1-2)$$

2 管子的设计压力不应超过公式（6.2.1–3）和公式（6.2.1–4）的规定：

按管子外径确定时：

$$p=\frac{2[\sigma]^{t}\eta(S_{m}-C)}{D_{o}-2Y(S_{m}-C)} \quad (6.2.1-3)$$

按管子内径确定时：

$$p=\frac{2[\sigma]^{t}\eta(S_{m}-C)}{D_{i}-2Y(S_{m}-C)+2S_{m}} \quad (6.2.1-4)$$

3 在蠕变温度下焊接钢管的直管最小壁厚应按下式计算：

$$S_{m}=\frac{pD_{o}}{2[\sigma]^{t}\eta w+2Yp}+C \quad (6.2.1-5)$$

式中：S_m——管子最小壁厚（mm）；

D_o——管子外径（mm），取用包括管径正偏差的最大外径；

D_i——管子内径（mm），取用包括管径正偏差和加工过盈偏差的最大内径，加工过盈偏差取0.25mm；

Y——修正系数，Y值可按表6.2.1-1取用；

η——许用应力的修正系数，对于无缝钢管η=1.0；对于纵缝焊接钢管，按有关制造技术条件检验合格者，其η值可按表6.2.1-2取用；对于螺旋焊缝钢管，按现行国家标准《低压流体输送用焊接钢管》GB 3091制造和无损检验合格者，η=0.9；对于进口焊接钢管，其许用应力的修正系数按相应的管子产品技术条件中规定的数据选取；

w——蠕变条件下纵向焊缝钢管焊接强度降低系数，其值可按表6.2.1-3选取；

C——腐蚀、磨损和机械强度要求的附加厚度；对于存在汽水两相流介质管道及超超临界参数机组的主蒸汽管道和高温再热蒸汽管道，可取1.6mm~2mm；对于腐蚀性介质管道，根据介质的腐蚀特性确定；离心浇铸件C=3.56mm，静态浇铸件C=4.57mm。

表6.2.1-1 修正系数Y值

材料	温度（℃）					
	≤482	510	538	566	593	621
铁素体钢	0.4	0.5	0.7			
奥氏体钢	0.4				0.5	0.7

注：1 介于表列中间温度的Y值可用内插法计算。

2 当管子的D_o/S_m<6时，对于设计温度小于或等于480℃的铁素体和奥氏体钢，其Y值应按$Y=\frac{D_i}{D_i+D_o}$进行计算。

表6.2.1-2 纵缝焊接钢管许用应力修正系数

序号	接头形式		焊缝类型	检验	系数
1	电阻焊		直缝或螺旋缝	按产品标准检验	0.85
2	电熔焊	单面焊（无填充金属）	直缝或螺旋缝	按产品标准检验	0.85
				附加100%射线或超声检验	1.00
		单面焊（有填充金属）	直缝或螺旋缝	按产品标准检验	0.80
				附加100%射线或超声检验	1.00
		双面焊（无填充金属）	直缝或螺旋缝	按产品标准检验	0.90
				附加100%射线或超声检验	1.00
		双面焊（有填充金属）	直缝或螺旋缝	按产品标准检验	0.90
				附加100%射线或超声检验	1.00

注：1 电阻焊纵缝钢管管子和管件不允许通过增加无损检验提高纵向焊缝系数。

2 射线检验和超声检验应符合本规范第12章或相应的材料标准要求。

表6.2.1-3 蠕变条件下纵向焊缝钢管焊接强度降低系数

材料类型	热处理状态	温度(℃)										
		371	399	427	454	482	510	538	566	593	621	649
碳钢①	正火	1.00	0.95	0.91	NP	NP	NP	NP	NP	NP	NP	NP
	回火	1.00	0.95	0.91	NP	NP	NP	NP	NP	NP	NP	NP
CrMo钢①②	—	—	—	1.00	0.95	0.91	0.86	0.82	0.77	0.73	0.68	0.64
蠕变强化铁素体钢①③	正火+回火	—	—	—	—	—	1.00	0.95	0.91	0.86	0.82	0.77
	回火	—	—	—	—	1.00	0.73	0.68	0.64	0.59	0.55	0.50
奥氏体钢(包括800H与800HT)	—	—	—	—	—	—	1.00	0.95	0.91	0.86	0.82	0.77
自熔焊奥氏体不锈钢	—	—	—	—	—	—	1.00	1.00	1.00	1.00	1.00	1.00

注:1 NP表示不允许。

2 蠕变范围的起始温度为附录A的许用应力表中粗线右边的温度。

3 非表中所列材料的纵向焊缝管子不应在蠕变范围内使用。应用此表时，蠕变范围的起始温度是强制性附录A的许用应力表中粗线右边的温度。

4 此表中的CrMo钢和蠕变强化铁素体钢焊缝金属碳含量不低于0.05%，奥氏体钢的焊缝金属碳含量不低于0.04%。

5 CrMo钢和蠕变强化铁素体钢的纵向焊缝应经过100%的射线或超声检测合格。其余材料如未100%射线或超声检测，同时应按表6.2.1-2计算焊缝系数。

6 纵缝焊接CrMo钢管子和管件不得在蠕变范围内使用。

① 埋弧焊焊剂的碱度不小于1.0。

② CrMo钢包括0.5Cr0.5Mo、1Cr0.5Mo、1.25Cr0.5MoSi、2.25Cr1Mo、3Cr1Mo以及5Cr1Mo。焊缝必须经过正火、正火+回火或者适当的回火热处理。

③ 蠕变强化铁素体钢包括10Cr9Mo1VNbN、10Cr9MoW2VNbBN、10Cr11MoW2VNbCu1BN、11Cr9Mo1W1VNbBN、07Cr2MoW2VNbB、08Cr2Mo1VTiB等。

6.2.2 管子的计算壁厚按下式进行计算:

$$S_c=S_m+C_1 \qquad (6.2.2)$$

式中:S_c——管子的计算壁厚(mm);

C_1——管子壁厚负偏差的附加值(mm)。

6.2.3 管子壁厚负偏差附加值应符合下列规定:

1 对于管子规格以外径×壁厚标识的钢管，可按下式确定。

$$C_1=\frac{m}{100-m}S_m \qquad (6.2.3)$$

式中:m——管子产品技术条件中规定的壁厚允许负偏差，取百分数。

2 对于管子规格以最小内径乘以最小壁厚标识的钢管，壁厚负偏差值应等于零。

6.2.4 管子的取用壁厚，对于以外径乘以壁厚标识的管子，应根据管子的计算壁厚，按管子产品规格中公称壁厚系列选取;对于以最小内径乘以最小壁厚标识的管子，应根据管子的计算壁厚，遵照制造厂产品技术条件中有关规定，按管子壁厚系列选取。管子的取用壁厚应计入对口加工裕量，计入对口加工裕量的取用壁厚应符合下列规定:

1 对于以最小内径乘以最小壁厚标识的管子，取用壁厚不宜小于计算壁厚加0.5倍(0.25加上内径正偏差值)。

2 对于以外径乘以壁厚标识的管子，宜取用壁厚大于或等于计算壁厚加0.5倍外径正偏差值。

6.2.5 管子的管径偏差应取用相应的管子产品技术条件规定值。对于管子规格以最小内径乘以最小壁厚标识的无缝钢管，管径负偏差为零。

6.3 弯管弯头的强度

6.3.1 弯管和弯头的最小壁厚计算应符合下列规定：

1 弯管、弯头加工完成后的最小壁厚S_m应按下列公式进行计算：

1）按外径确定壁厚时：

$$S_m = \frac{pD_o}{2([\sigma]^t \eta / I + Yp)} + C \quad (6.3.1\text{-}1)$$

2）按内径确定壁厚时：

$$S_m = \frac{pD_i + 2[\sigma]^t \eta C / I + 2YpC}{2([\sigma]^t \eta / I + pY - P)} \quad (6.3.1\text{-}2)$$

2 蠕变条件下，纵缝焊接弯管、弯头的最小壁厚应按下列公式进行计算：

$$S_m = \frac{pD_o}{2([\sigma]^t \eta w / I + Yp)} + C \quad (6.3.1\text{-}3)$$

内弧处：$$I = \frac{4(R/D_o) - 1}{4(R/D_o) - 2} \quad (6.3.1\text{-}4)$$

外弧处：$$I = \frac{4(R/D_o) + 1}{4(R/D_o) + 2} \quad (6.3.1\text{-}5)$$

式中：I——弯管、弯头壁厚修正系数，侧壁弯曲中性线I=1；

R——弯管、弯头弯曲半径（mm）。

6.3.2 已成形的弯管和弯头任何一点的实测壁厚，不得小于弯管相应点的计算壁厚，且外侧壁厚不得小于相连管子允许的最小壁厚S_m。

6.3.3 为补偿弯制过程中弯管外侧受拉的减薄量，感应加热弯制弯管用的管子壁厚可按表6.3.3推荐的壁厚。

表6.3.3 感应加热弯管弯制前推荐的直管最小壁厚

弯曲半径	弯管弯制前推荐的直管壁厚
6倍管子外径	$1.06S_m$
5倍管子外径	$1.08S_m$
4倍管子外径	$1.10S_m$
3倍管子外径	$1.14S_m$

注：1 介于上述弯曲半径间的弯头，允许用内插法计算。

2 S_m为公式（6.2.1-1）和公式（6.2.1-2）中计算的直管最小壁厚。

6.3.4 弯管的弯曲半径宜为外径的3倍~5倍，热压弯管的圆度不应大于7%，冷弯弯管的圆度不应大于8%；对于主蒸汽管道、再热蒸汽管道及设计压力大于8MPa的管道弯管圆度不应大于5%。

6.4 支管连接的补强

6.4.1 支管连接的面积补强法按图6.4.1计算时，应符合下列规定：

1 面积补强法适用于支管轴线与主管轴线夹角为45°~90°，承受持续内压荷载的补强计算，其补偿条件应按下式进行计算：

$$A_h + A_b + A_w \geq A_r \quad (6.4.1\text{-}1)$$

式中：A_r——主管开孔需要补强的面积（mm²）；

A_h——补强范围内主管的补强面积（mm²）；

A_b——补强范围内支管的补强面积（mm²）；

A_w——补强范围内角焊缝面积（mm²）。

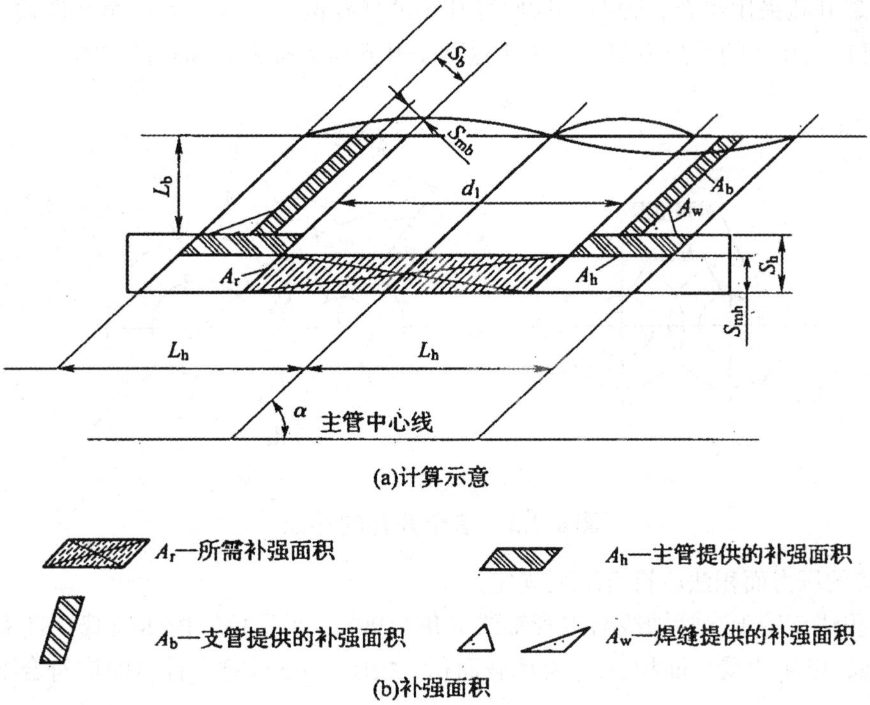

图6.4.1　面积补强法计算图

2　主管开孔需补强的面积A_r应按下式进行计算：

$$A_r=S_{mh}d_1 \quad (6.4.1\text{-}2)$$

3　主、支管补强面积应按下列公式进行计算：

$$A_h=(2L_h-d_1)(S_h-S_{mh}) \quad (6.4.1\text{-}3)$$

$$A_b=\frac{2L_b-(S_b-S_{mb})}{\sin\alpha} \quad (6.4.1\text{-}4)$$

式中：d_1——主管上经加工的支管开孔沿纵向中心线的尺寸（mm）；取［〔D_{ob}−2（S_b−C）〕］/sinα；

L_h——主管有效补强范围宽度之半（mm）；L_h取d_1或（S_b−C）+（S_h−C）+$\frac{d_1}{2}$两者中的较大者，但任何情况下不大于D_{oh}；

L_b——支管有效补强范围（mm）；L_h取2.5（S_b−C）或2.5（S_h−C）两者中的较小值；

D_{oh}、D_{ob}——主、支管外径（mm）；

S_h、S_b——主、支管的实际壁厚（mm）；

S_{mh}、S_{mb}——主、支管的最小壁厚（mm）。

4　补强面积的某些部分可由与主管材料不同的材料组成，但如果补强材料的许用应力小于主管材料的许用应力，则由补强材料提供的补强面积应按材料许用应力之比折算予以相应折减，对于使用高于主管许用应力的材料，不应计及其增强作用。

5　对于焊接的支管连接，除焊接材料外，不宜采用其他辅助材料进行补强。

6　用公式（6.4.1−3）和公式（6.4.1−4）计算主、支管的补强面积时，不得超出主管的有效补强宽度和支管的有效补强高度。

6.4.2　主管上多开孔的补强应符合下列规定：

1　多个支管的开孔最好布置成使其有效补强范围不相互重叠，开孔应按本规范第6.4.1条的规定进行补强；当必须按图6.4.2紧密布置时，应符合本条第2款至第4款的规定。

2　开孔应按本规范第6.4.1条的规定进行组合补强，其补强面积应等于单个开孔所需补强面积的总和。

3　在计算补强面积时，任何重叠部分面积不得重复计入。

4 多个相邻开孔采用组合补强时，这些开孔中的任意两个开孔中心间最小距离不应小于1.5倍的平均直径，且在两孔间的补强面积不应小于这两个开孔所需补强总面积的50%。

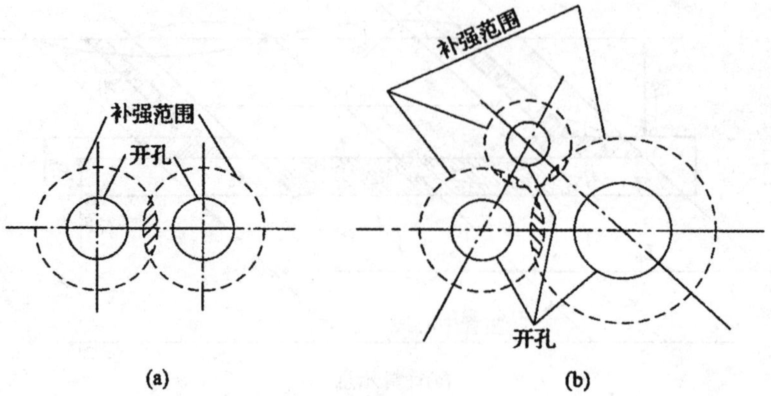

图6.4.2 多个开孔的补强

6.4.3 支管连接的压力面积法应符合下列规定：

1 压力面积法宜用于支管轴线与主管轴线夹角为90°，承受持续内压荷载，且采用挤压型式的支管连接的补强，以A_p为受压面积，A_σ为承载面积。按图6.4.3计算，计算时应符合下列规定：

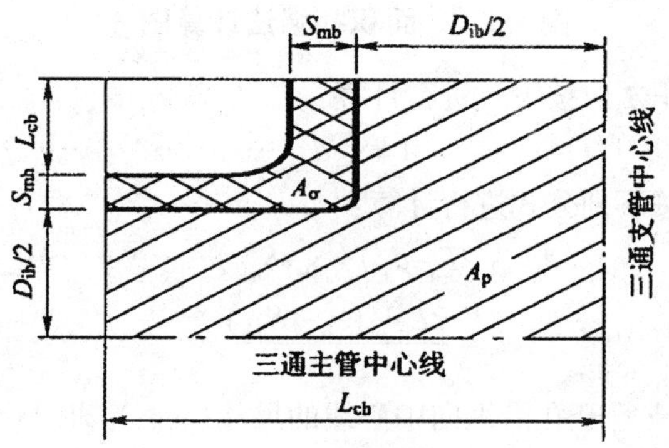

图6.4.3 压力面积法计算图

L_{cb}—支管有效承载长度；L_{ch}—主管有效承载长度之半

1）强度条件应符合下式规定：

$$[\sigma]^t \geqslant p\left(\frac{A_p}{A_\sigma}+\frac{1}{2}\right) \quad (6.4.3\text{-}1)$$

2）有效承载长度应按下列公式进行计算：

对于主管：

$$L_{ch}=\sqrt{(D_{ih}+S_{mh})S_{mh}} \quad (6.4.3\text{-}2)$$

对于支管：

$$L_{cb}=1.25\sqrt{(D_{ib}+S_{mb})S_{mb}} \quad (6.4.3\text{-}3)$$

式中：D_{ih}——主管内径（mm）；

D_{ib}——支管内径（mm）；

S_{mh}——主管所需的最小壁厚（mm）；

S_{mb}——支管所需的最小壁厚（mm）。

2 在计算承载面积A_σ时，应计入通用的成型方式造成的面积计算误差，取0.9的修正系数。

6.5 异径管

6.5.1 异径管成型件允许的最小壁厚S_m按图6.5.1计算时应取公式（6.5.1–1）和（6.5.1–2）的较大值：

$$S_m=\frac{pD_m+2[\sigma]^t\eta C+2YpC}{[2[\sigma]^t\eta-2p(1-Y)]\cos\theta} \qquad (6.5.1\text{–}1)$$

或

$$S_m=\frac{pD_o}{2[\sigma]^t\eta+2Yp}+C \qquad (6.5.1\text{–}2)$$

式中：D_m——异径管平均直径（mm）；为距大端l处的圆锥端平均直径，计算中可取$D_m=D_o-S$，$l=\sqrt{D_mS}$或$l=\frac{L}{2}$，二者取小值；

θ——异径管半锥角（°），计算中取15°；

C——壁厚的附加值，可按本规范6.2.1条的规定选取。

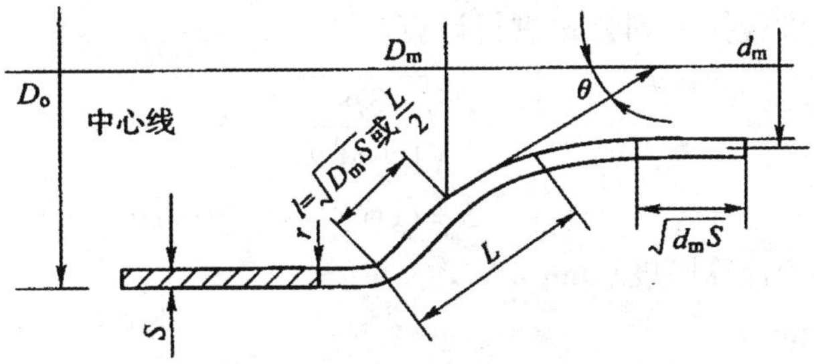

图6.5.1 异径管壁厚计算图

6.5.2 异径管与管道连接处的强度应按下列原则核算：

1 当曲率半径r不小于$0.1D_o$，大端壁厚满足公式（6.5.1–1）和公式（6.5.1–2）时，大端强度不需核算。

2 小端强度应根据图6.5.2，按公式（6.5.2–1）~公式（6.5.2–3）进行强度核算。

$$[\sigma]^t\geqslant P\left(A_p/A_\sigma+1/2\right) \qquad (6.5.2\text{–}1)$$

$$L_g=\sqrt{D'_mS} \qquad (6.5.2\text{–}2)$$

$$L_a=\sqrt{d_mS} \qquad (6.5.2\text{–}3)$$

式中：p——设计压力（MPa）；

$[\sigma]^t$——设计温度下材料的许用应力（MPa）；

A_p——内压承受面积（mm^2）；

A_σ——应力承受面积（mm^2）；

d_m——离弯曲段L_a处的平均直径，或取用小端连接管的平均直径（mm）；

D'_m——离弯曲段L_g处的平均直径，计算时可近似用大端连接管道平均直径D_m来代替（mm）。

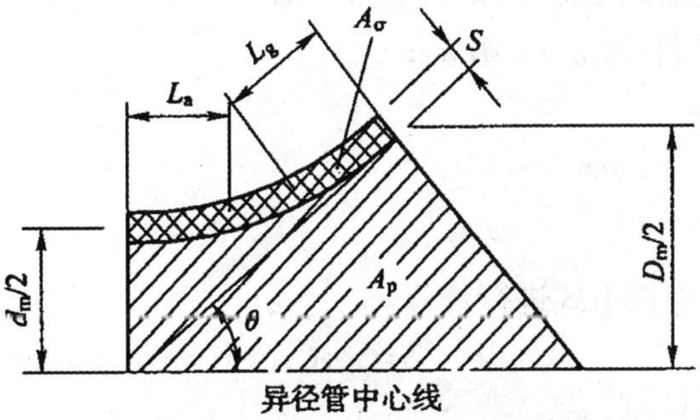

图6.5.2 异径管补强示意图

6.5.3 异径管锥顶角不宜大于30°，外侧曲率半径不宜小于$0.1D_o$。

6.6 法兰及法兰附件

6.6.1 法兰强度应分别按运行工况及螺栓预紧力进行计算，并计及流体静压力及垫片的压紧力。

6.6.2 螺栓法兰连接计算应包括下列各项：

1 垫片材料，型式及尺寸。

2 螺栓材料，规格及数量。

3 法兰材料，密封面型式及结构尺寸。

4 进行应力校核，计算中所有尺寸均不包括腐蚀裕量。

6.6.3 在确定法兰结构及尺寸时，应符合现行国家标准有关的规定，并与所连接阀门及设备接口相一致。

6.6.4 法兰及法兰连接计算应按现行国家标准《钢制管法兰连接强度计算方法》GB/T 17186或《钢制压力容器》GB 150的有关规定计算。

6.6.5 法兰盲板所需的厚度应按下列公式进行计算。

$$T_{pd}=d_g\sqrt{\frac{3p}{16[\sigma]^t\eta}} \qquad (6.6.5\text{-}1)$$

$$S_m=t_{pd}+C \qquad (6.6.5\text{-}2)$$

式中：T_{pd}——压力作用下的计算厚度（mm）；

d_g——垫圈内径（mm）；

S_m——计入腐蚀余量的最小厚度（mm）。

6.7 封头及节流孔板

6.7.1 椭球型封头壁厚计算应符合下列规定：

1 最小壁厚S_m应按下列公式进行计算，取两者中的较大值。

$$S_m=\frac{K'pD_i}{2[\sigma]^t\eta-0.5p}+C \qquad (6.7.1\text{-}1)$$

或

$$S_m=\frac{K'(pD_i+2[\sigma]^t\eta C+2YpC)}{2[\sigma]^t\eta-2p(1-Y)} \qquad (6.7.1\text{-}2)$$

式中：D_i——封头内径（mm）；

K'——与$\frac{p}{[\sigma]^t}$比值有关的修正系数，当椭球形封头的椭圆形状系数$D_o/2h_i=2$时，K'值可按图6.7.1查取，h_i为椭圆短半径；

η——许用应力修正系数，封头无拼接时，$\eta=1.0$；有拼接时，η值按第6.2.1条取值；当设计温度在所用钢材的蠕变温度以上时，$\eta=0.7$；

$[\sigma]^t$——设计温度下材料许用应力（MPa）；

p——设计压力（MPa）；

C——腐蚀裕量附加厚度（mm）。

2 椭球型封头取用壁厚应按下式进行计算。

$$S_t=S_m+C_2 \qquad (6.7.1\text{-}3)$$

式中：S_t——椭球型封头取用壁厚（mm）；

C_2——钢板厚度负偏差附加值（mm），按照钢板产品技术条件中规定的板厚负偏差百分数确定。

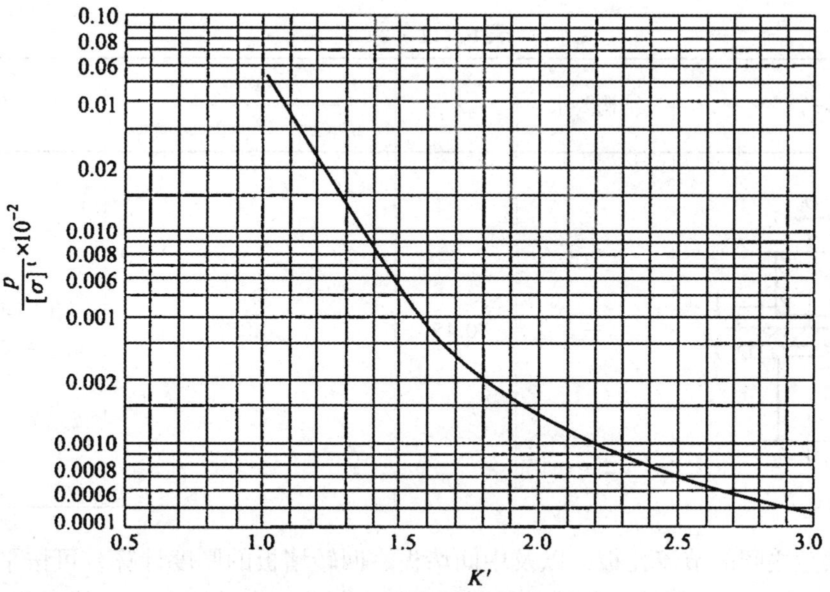

图6.7.1　椭圆形状系数$D_o/2h_i$=2时的椭球形封头K'值

6.7.2　平封头壁厚应按下式进行计算：

$$S_m = K'D_i\sqrt{\frac{p}{[\sigma]^t\phi'}} \quad \cdots\cdots\cdots\cdots\cdots\cdots\cdots\cdots\cdots\cdots\cdots (6.7.2\text{-}1)$$

式中：D_i——封头内径（mm），取相连管道的最大内径；

K'、ϕ'——与封头结构有关的系数，可按表6.7.2选取；

$[\sigma]^t$——设计温度下材料许用应力（MPa）；

p——设计压力（MPa）。

表6.7.2　封头结构形式系数

堵头形式	结构要求	K'	ϕ'		备注
			$l\geqslant 2s_1$	$2s_1>l\geqslant s_1$	
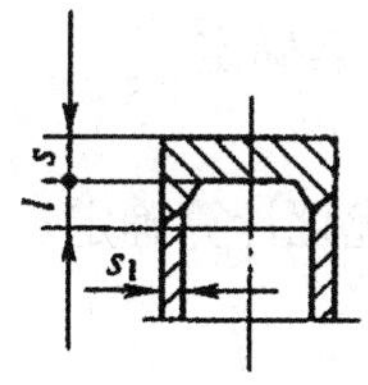	$r\geqslant\frac{2}{s}s_1$ $2\geqslant s_1$	0.4	1.05	1.00	推荐优先采用的结构型式
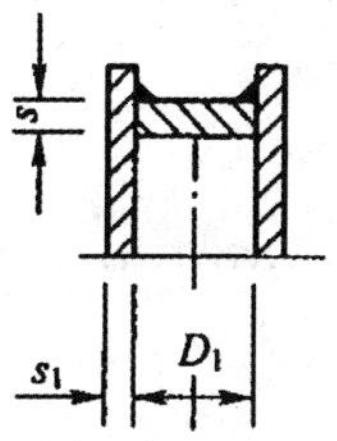	—	0.6	0.85		用于$PN\leqslant25$和$DN\leqslant400$的管道
		0.4	1.05		只用于水压试验
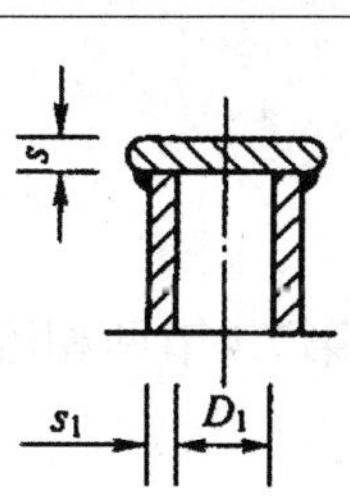	—	0.6	0.85		用于$PN<25$和$DN<40$的管道

表 6.7.2（续表）

堵头形式	结构要求	K'	ϕ'		备注
			$l \geqslant 2s_1$	$2s_1 > l \geqslant s_1$	
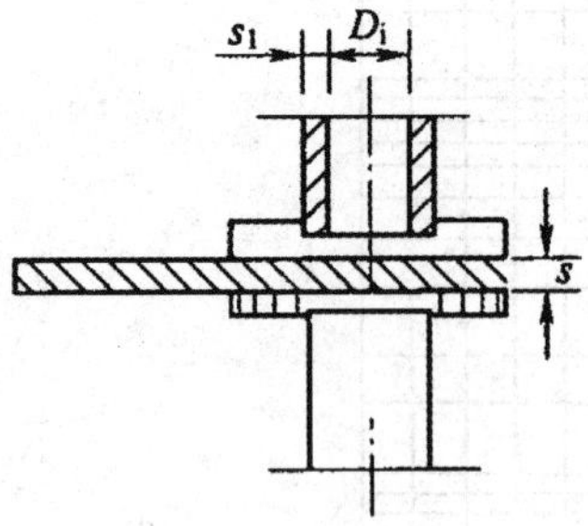	—	0.45	0.85		用于回转堵板，中间堵板和法兰式节流孔板

6.7.3 夹在两法兰之间的节流孔板，以及中间堵板、回转堵板的厚度计算，可按平封头的厚度计算公式计算，其K'值取0.45，焊接式节流孔板厚度可按平封头厚度计算公式，其K'值取0.6。

7 管径选择及水力计算

7.1 一般规定

7.1.1 管径的选择应根据运行中可能出现的最大流量和允许的最大压力损失来计算。

7.1.2 管道的压力损失应根据已确定的管径和介质流量进行计算。

7.1.3 疏水阀后的疏水管道，应按汽水混合物状态计算，选用管径初压不宜大于疏水阀前蒸汽压力的40%。

7.1.4 管道压力损失计算时，应留有5%~10%的裕量。

7.2 管径的选择

7.2.1 管径的选择应根据流体的性质、流量、流速及管道允许的压力损失等因素确定。

7.2.2 汽水管道管径计算应符合下列规定：

1 主蒸汽管道、再热蒸汽管道和高压给水管道等重要管道管径，宜通过优化计算确定。

2 单相流体的管道，应根据推荐的介质流速按下列公式进行计算。

$$D_{\mathrm{i}} = 594.7\sqrt{\frac{Gv}{\omega}} \qquad (7.2.2\text{-}1)$$

或

$$D_i = 18.81\sqrt{\frac{Q}{\omega}} \qquad (7.2.2\text{-}2)$$

式中：D_{i}——管道内径（mm）；

G——介质质量流量（t/h）；

v——介质比容（m^3/kg）

ω——介质流速（m/s）；

Q——介质容积流量（m^3/h）。

3 对于汽水两相流体（如加热器疏水和锅炉排污等）的管道，应按本规范第7.4节两相流体管道的计算方法，求取管径或核算管道的通流能力。

7.2.3 油管道管径计算应符合下列规定：

1　短距离输油管道应按下列公式计算：

1）对单相流体的压力输送的燃油管道：

$$D_i = 18.81\sqrt{\frac{G}{\rho\omega}} \quad \text{（7.2.3-1）}$$

2）对单相流体的自流燃油管道：

$$D_i = 17.25\sqrt{\frac{\lambda_y QL}{H}} \quad \text{（7.2.3-2）}$$

式中：D_i——管道内径（mm）；

Q——体积流量（m^3/h）；

G——介质质量流量（t/h）；

ρ——介质密度（t/m^3）；

ω——介质流速（m/s）；

λ_y——沿程阻力系数；

L——管道总展开长度（m）；

H——管道始端与终端的高程差（m）。

2　压缩空气管道管径应按公式（7.2.2-2）计算，其中Q按公式（7.2.3-3）计算：

$$Q = \frac{Q_s(273+t)p_a}{(273+20)p_g} \quad \text{（7.2.3-3）}$$

式中：Q——工作状态下介质容积流量（m^3/h）；

Q_s——在绝对压力101.3kPa，温度20℃状态下的基准容积流量（m^3/h）；

p_g——工作压力（MPa）；

p_a——大气压力，取101.3kPa；

t——工作温度（℃）。

7.2.4　各类介质流速应符合下列规定：

1　汽水管道介质流速应按表7.2.4-1选取。

表7.2.4-1　推荐的汽水管道介质流速

介质类别	管道名称	推荐流速（m/s）
主蒸汽	主蒸汽管道	40.0~60.0
中间再热蒸汽	高温再热蒸汽	45.0~65.0
	低温再热蒸汽	30.0~45.0
其他蒸汽	抽汽或辅助蒸汽管道： 过热蒸汽 饱和蒸汽 湿蒸汽	 35.0~60.0 30.0~50.0 20.0~35.0
	至高、低压旁路阀和减压减温器的蒸汽管道	60.0~90.0
给水	高压给水管道	2.0~6.0
	中压给水管道	2.0~3.5
	低压给水管道	0.5~3.0
凝结水	凝结水泵入口管道	0.5~1.0
	凝结水泵出口管道	2.0~3.5

表 7.2.4-1　推荐的汽水管道介质流速（续）

介质类别	管道名称	推荐流速（m/s）
加热器疏水	加热器疏水管道： 疏水泵入口 疏水泵出口 调节阀入口 调节阀出口	 0.5~1.0 1.5~3.0 1.0~2.0 20.0~100.0
其他水 （生水、化学水、工业水、其他水管道）	离心泵入口管道 离心泵出口管道及其他压力管道 自流、溢流等无压排水管道	0.5~1.5 1.5~3.0 <1.0

注：对于低压旁路阀出口管道，蒸汽流速可适当提高。

2　油管道介质流速应符合下列规定：

1）润滑油管道的介质流速应满足汽轮机和发电机的要求，可按表 7.2.4–2 选取。

表 7.2.4-2　推荐的汽轮机和发电机的润滑油管道介质流速

介质类别	管道名称	推荐流速（m/s）
润滑油	汽轮机和发电机的润滑油供油管道	1.5~2.0
润滑油	汽轮机和发电机的润滑油回油管道	0.5~1.5

2）锅炉的燃料油管道的介质流速应根据燃油黏度来确定，且最低流速不得小于 0.5m/s，其推荐流速可按表 7.2.4–3 选取。

表 7.2.4-3　推荐的燃料油管道介质流速

恩氏黏度（°E）	运动黏度（mm^2/s）	泵入口管流速（m/s）		泵出口管流速（m/s）	
		范围	推荐值	范围	推荐值
1~2	1.0~11.5	0.5~2.0	1.5	1.0~3.0	2.5
2~4	11.5~27.7	0.5~1.8	1.3	0.8~2.5	2.0
4~10	27.7~72.5	0.5~1.5	1.2	0.5~2.0	1.5
10~20	72.5~145.9	0.5~1.2	1.1	0.5~1.5	1.2
20~60	145.9~438.5	0.5~1.0	1.0	0.5~1.2	1.1
60~120	438.5~877.0	0.5~0.8	0.8	0.5~1.0	1.0

3　压缩空气管道的介质流速应根据工作压力、管道允许压力降和工作场所确定，其推荐流速可按表 7.2.4–4 选取。

表 7.2.4-4　推荐的压缩空气管道的介质流速

介质工作场所	管道名称	推荐流速（m/s）
主厂房、车间	热工控制用压缩空气管道	10~15
	检修用压缩空气管道	8~15
厂区	热工控制用压缩空气管道	10~12
	检修用压缩空气管道	8~10

7.3　单相流体管道系统压力损失

7.3.1　管道系统的压力损失应根据给定的管道布置、管径、介质流量及参数进行计算。

7.3.2　管道系统的压力损失应包括直管的沿程阻力损失和管道组成件的局部阻力损失。对于液体管道的压力损失，应计及终端和始端的高度差引起的压力损失，并应符合下列规定：

1 在两条阻力不同而管径相同的并联管道中，介质流量的分配应按下列公式进行计算。

$$\frac{G_1}{G_2}=\sqrt{\frac{\xi_{t2}}{\xi_{t1}}} \quad \text{(7.3.2-1)}$$

式中：ξ_{t1}、ξ_{t2}——1、2管道的总阻力系数。

2 对于图7.3.2-1的并联管道，已知总流量q_v，求各分管道中的流量可采取下列方法进行计算：

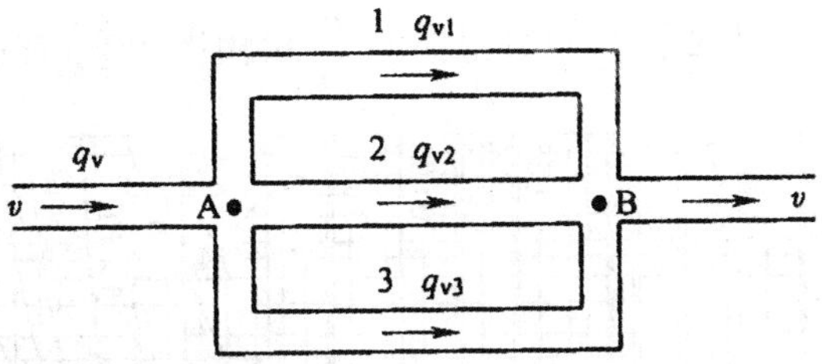

图7.3.2-1 并联管道

1）根据管径、长度和管道粗糙度假设通过管路1的流量q'_{v1}。

2）由q'_{v1}求出管路1的损失h'_{w1}。

3）由h'_{w1}求通过管路2及管路3的流量q'_{v2}和q'_{v3}。

4）假设总量流量q_v按q'_{v1}、q'_{v2}与q'_{v3}的比例分配给各分管道，则各分管道的计算流量应按下列公式计算：

$$q_{v1}=\frac{q'_{v1}}{\sum q'_v}q_v \quad \text{(7.3.2-2)}$$

$$q_{v2}=\frac{q'_{v2}}{\sum q'_v}q_v \quad \text{(7.3.2-3)}$$

$$q_{v3}=\frac{q'_{v3}}{\sum q'_v}q_v \quad \text{(7.3.2-4)}$$

5）用计算流量q_{v1}、q_{v2}、q_{v3}求取h_{f1}、h_{f2}、h_{f3}以核对流量分配的正确性。计算结果应使各分管道的损失差别在允许的误差范围内。

3 对于图7.3.2-2先并联后串联管道的总阻力系数，应按以下公式计算，三通的局部阻力系数按附录C计算：

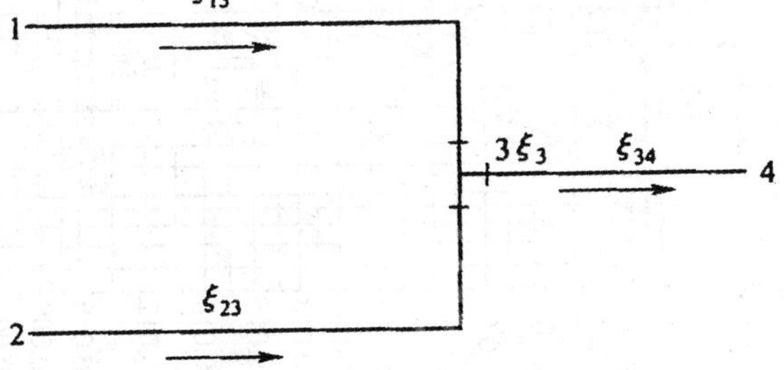

图7.3.2-2 并联后串联的管道

$$\xi_t=\frac{\xi_{13}\cdot\xi_{23}}{\xi_{13}+\xi_{23}}+\xi_3+\xi_{34} \quad \text{(7.3.2-5)}$$

式中：ξ_{13}——1~3段管道总阻力系数；

ξ_{23}——2~3段管道总阻力系数；

ξ_3——3点处的阻力系数；

ξ_{34}——3~4段管道总阻力系数。

4 先串联后并联的管道总阻力系数应按公式（7.3.2-5）计算，三通的局部阻力的阻力系数按附录C计算。

5 当管径不同时，应采用公式（7.3.2-6）折算到计算管径D_{i1}下的阻力系数后才可使用公式（7.3.2-1）和（7.3.2-5）计算：

$$\xi_{t1}=\xi_{t2}\left(\frac{D_{i1}}{D_{i2}}\right)^{4}\times\left(\frac{G_2}{G_1}\right)^{2} \quad \cdots\cdots\cdots\cdots(7.3.2\text{-}6)$$

7.3.3 管子摩擦系数λ可按雷诺数及管壁相对粗糙度$\dfrac{\varepsilon}{D_i}$可由图7.3.3查取，也可按下列方法计算：

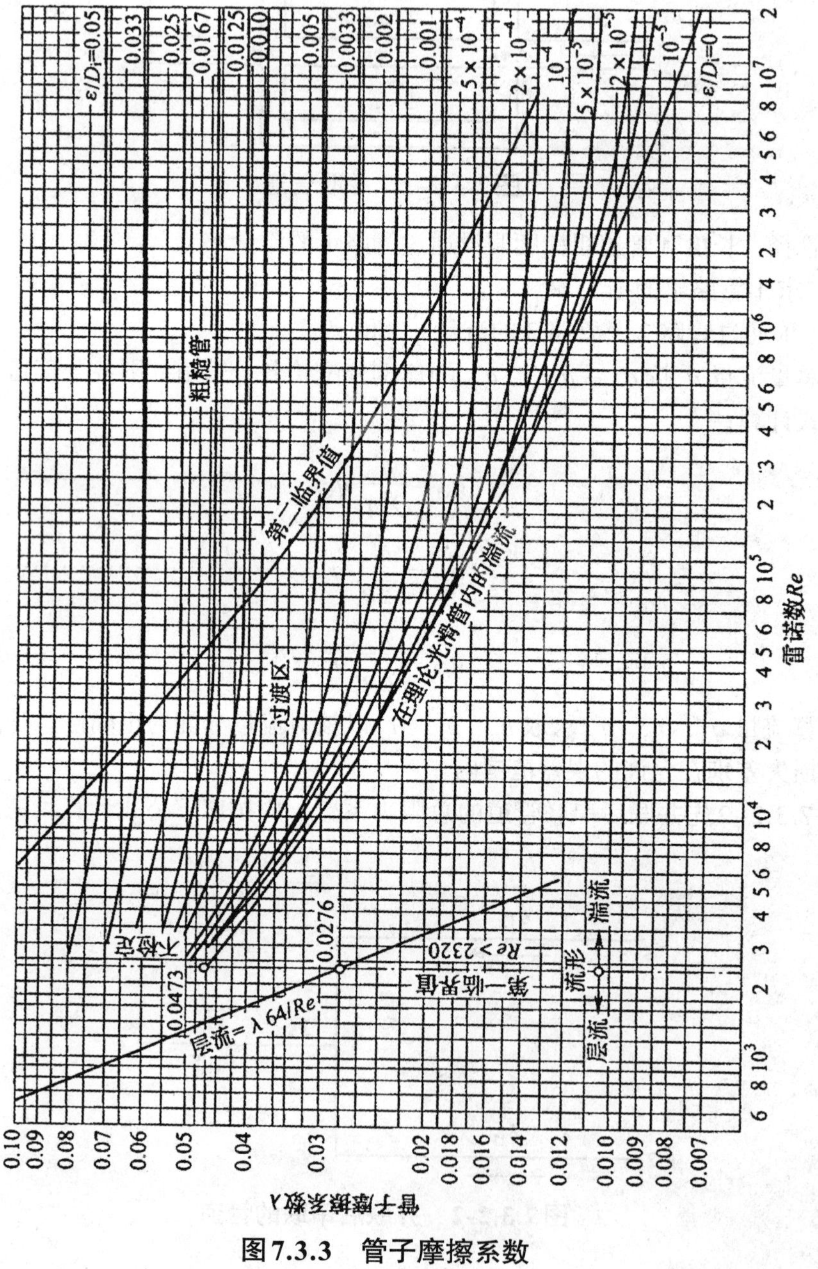

图7.3.3 管子摩擦系数

1 当$Re<2320$为层流区时，可按式（7.3.3-1）计算。

$$\lambda=\frac{64}{Re} \quad \cdots\cdots\cdots\cdots(7.3.3\text{-}1)$$

2 当$2320<Re<4000$为层流向紊流过渡的不稳定区域，可由图7.3.3查取。

3 当$400<Re<26.98\left(\dfrac{d_2}{\varepsilon}\right)^{\frac{8}{7}}$为紊流光滑管区时，可按式（7.3.3-2）计算。

$$\frac{1}{\sqrt{\lambda}}=2\lg\left(Re\sqrt{\lambda}-0.8\right) \quad \text{（7.3.3-2）}$$

4 当$26.98\left(\dfrac{d_2}{\varepsilon}\right)^{\frac{8}{7}}<Re<4160\left(\dfrac{d_2}{2\varepsilon}\right)^{0.85}$为紊流粗糙管过渡区时，可按式（7.3.3-3）计算：

$$\lambda=1.42\left[\lg\left(1.273\frac{q_{\rm v}}{v\varepsilon}\right)\right]^{-2} \quad \text{（7.3.3-3）}$$

式中：d_2——管道内径；

ε——管内壁等值粗糙度；

$q_{\rm v}$——体积流量（m^3/h）

v——介质比容（m^3/kg）

5 当$4160\left(\dfrac{d_2}{2\varepsilon}\right)<Re$为紊流粗糙管平方阻力区时，可按式（7.3.3-4）计算：

$$\lambda=\frac{1}{\left(2\lg\dfrac{d_2}{2\varepsilon}+1.74\right)^2} \quad \text{（7.3.3-4）}$$

7.3.4 雷诺数应按下列公式计算，水和水蒸气黏度值应按本规范附录C的规定选取：

$$Re=\frac{\omega D_{\rm i}}{\gamma}=\frac{\omega D_{\rm i}}{\mu v} \quad \text{（7.3.4）}$$

式中：Re——雷诺数；

ω——管内介质流速（m/s）；

$D_{\rm i}$——管子内径（m）；

γ——介质运动黏度（m^2/s）；

μ——介质动力黏度（Pa·s）；

v——介质的比容（m^3/kg）。

7.3.5 管壁相对粗糙度等于管子等值粗糙度 ε 与管子内径$D_{\rm i}$之比。在管内介质处于层流状态时，各种管子的等值粗糙度应按本规范附录C的规定选取。

7.3.6 管道总阻力系数应按以下公式计算：

$$\xi_{\rm t}=\frac{\lambda}{D_{\rm i}}L+\sum\xi_{\rm l} \quad \text{（7.3.6）}$$

式中：$\xi_{\rm t}$——管道总阻力系数；

λ——管道摩擦系数；

L——管道总展开长度（包括附件长度）（m）；

$\sum\xi_{\rm l}$——管道局部阻力系数总和。

7.3.7 管内介质的流速和质量流速分别按下列公式计算：

$$\omega=0.3537\frac{Gv}{D_{\rm i}^2} \quad \text{（7.3.7-1）}$$

$$\dot{m}=0.3537\frac{G}{D_{\rm i}^2} \quad \text{（7.3.7-2）}$$

式中：$\dot{m}$——管内介质的质量流速［kg/（m^2·s）］。

7.3.8 管内介质的动压力应按下列公式计算：

$$p_d = \frac{1}{2}\frac{\omega^2}{\nu} \quad (7.3.8\text{-}1)$$

或

$$p_d = \frac{1}{2}\dot{m}^2\nu \quad (7.3.8\text{-}2)$$

式中：p_d——管内介质的动压力（Pa）。

7.3.9 整个管道的能量损失将分段计算出的能量损失叠加，应按以下公式计算：

$$h_w = \sum h_f + \sum h_j \quad (7.3.9)$$

式中：h_f——沿程阻力损失（m）；

h_j——局部阻力损失（m）；

h_w——管道内总阻力损失（m）。

7.3.10 液体管道的压力损失应按以下公式计算：

1 直管的摩擦阻力损失应按以下公式计算：

$$\Delta p_f = \frac{\lambda\rho\omega^2}{2g}\cdot\frac{L}{D_i} \quad (7.3.10\text{-}1)$$

式中：Δp_f——直管的摩擦压力损失（MPa）；

g——重力加速度（m/s^2）；

ω——平均流速（m/s）；

ρ——流体密度（kg/m^3）。

2 局部摩擦阻力损失可采用当量长度法或阻力系数法计算，并应按下列公式计算：

1）当量长度法应按以下公式计算：

$$\Delta p_k = \frac{\lambda\rho\omega^2}{2}\cdot\frac{L_e}{D_i} \quad (7.3.10\text{-}2)$$

2）阻力系数法应按以下公式计算：

$$\Delta p_k = \frac{\rho\omega^2}{2}\cdot K_r \quad (7.3.10\text{-}3)$$

式中：Δp_k——局部的摩擦压力损失（Pa）；

L_e——阀门和管件的当量长度（m）；

K_r——管件阻力系数。

3 液体管道总的压力损失应按下列规定进行计算：

1）液体管道的终端和始端不存在高度差时，总的摩擦阻力损失应为直管的摩擦阻力损失和局部摩擦阻力损失之和，应按以下公式计算：

$$\Delta p_t = \Delta p_f + \Delta p_k \quad (7.3.10\text{-}4)$$

式中：Δp_t——管道总的摩擦阻力损失（Pa）。

2）如果液体管道的终端和始端存在高度差，则液体管道的压力损失应按下列公式计算：

$$\Delta p = \Delta p_1 + \frac{g}{\nu}(H_2 - H_1) \quad (7.3.10\text{-}5)$$

$$\Delta p = \xi_t p_d + \frac{g}{\nu}(H_2 - H_1) \quad (7.3.10\text{-}6)$$

7.3.11 管道终端与始端介质比容比不大于1.6或压降不大于初压40%的蒸汽管道压力损失按下列规定计算：

1 管道的压力损失应按下列公式计算：

$$\Delta p = \xi_t \frac{\omega^2}{2\nu} \quad (7.3.11\text{-}1)$$

式中：ξ_t——管道总的阻力系数，包括沿程阻力系数和局部阻力系数之和；

ω——介质流速（m/s）；

v——介质的比容（m^3/kg）；当$\Delta p \leqslant 0.1p_1$时，可取已知的管道始端或终端比容；当$0.1p_1<\Delta p \leqslant 0.4p_1$时，应取管道始端和终端比容的平均值。

2 蒸汽管道终端或始端压力及压降应按下列公式计算：

$$p_2 = p_1\sqrt{1-2\frac{p_{d1}}{p_1}\xi_t\left(1+2.5\frac{p_{d1}}{p_1}\right)} \quad (7.3.11\text{-}2)$$

$$p_1 = p_2\sqrt{1-2\frac{p_{d2}}{p_2}\xi_t\left(1+\frac{p_{d2}}{p_2}\right)} \quad (7.3.11\text{-}3)$$

$$\Delta p=\Delta p_1-p_2 \quad (7.3.11\text{-}4)$$

式中：P_{d1}——管道始端动压力，以始端介质参数按式（7.3.8-1）或式（7.3.8-2）计算（Pa）；

P_{d2}——管道终端动压力，以始端介质参数按式（7.3.8-1）或式（7.3.8-2）计算（Pa）。

3 蒸汽管道终端或始端比容应按下列公式计算：

$$\beta = b-\frac{k-1}{k}b(b^2-1)\frac{p_{d1}}{p_1} \quad (7.3.11\text{-}5)$$

或

$$\beta = b-\frac{k-1}{k}\left(b-\frac{1}{b}\right)\frac{p_{d2}}{p_2} \quad (7.3.11\text{-}6)$$

式中：β——管道终端与始端介质比容比，$\beta=\frac{v_2}{v_1}$；

b——管道始端与终端压力比，$b=\frac{p_1}{p_2}$；

k——绝热指数，按第7.3.12条规定取值。

7.3.12 蒸汽管道终端和始端的介质比容比大于1.6或压降大于初压40%的蒸汽管道，压力损失应按下列规定计算：

1 蒸汽管道压力损失应按以下公式计算：

$$\Delta p=\left[\xi_t+\frac{k+1}{k}\ln\beta+\frac{k-1}{2k}\left(\beta-\frac{1}{\beta}\right)\right]\frac{\beta}{1+\beta}\dot{m}^2v_1 \quad (7.3.12\text{-}1)$$

式中：k——绝热指数，对于过热蒸汽k取1.3，对于饱和温度为225℃的干饱和蒸汽k可取1.135，对于饱和温度为310℃的干饱和蒸汽k可取1.08，其他温度下饱和蒸汽的k值可按图7.3.12-1查取。

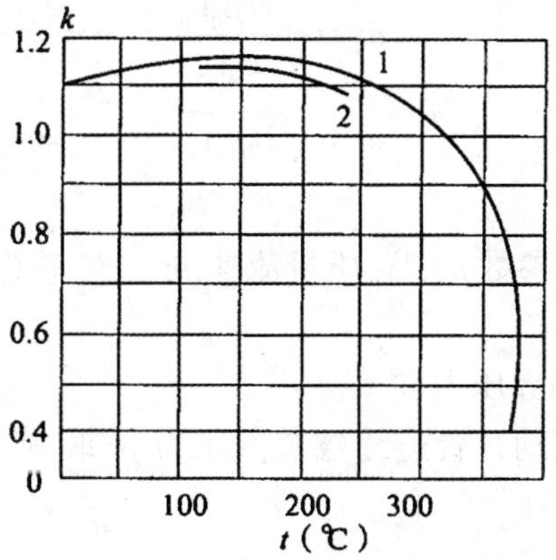

图7.3.12-1 饱和蒸汽的绝热指数

1—干度x=1；2—干度x=0.9

2 计算时首先应按临界压力或临界比容比判别管道内蒸汽的流动特性是亚临界流动还是临界流动，临界压力应按以下公式计算：

$$p_c = \frac{\dot{m}}{k}\sqrt{\frac{2kp_0v_0}{k+1}} \quad (7.3.12\text{–}2)$$

式中：p_c——临界压力（Pa）；

p_0——始端滞止压力（Pa）；

v_0——始端滞止比容（m^3/kg）。

3 滞止参数p_0、v_0根据管道始端介质流速，在焓熵图中求取，也可按下列公式计算，当计算锅炉安全阀排汽管道时，始端滞止参数可取安全阀入口处参数。

$$p_0v_0 = \left(p_1 + \frac{k-1}{k} \times \frac{\dot{m}^2 v_1}{2}\right)v_1 \quad (7.3.12\text{–}3)$$

4 临界比容比应按下列公式计算：

$$\beta_c^{\ 2} = \frac{2k}{k+1}\xi_t + 1 + 2\ln\beta_c \quad (7.3.12\text{–}4)$$

式中：β_c——介质的临界比容与始端比容之比，$\beta_c = \frac{v_c}{v_1}$，也可按图7.3.12-2查取。

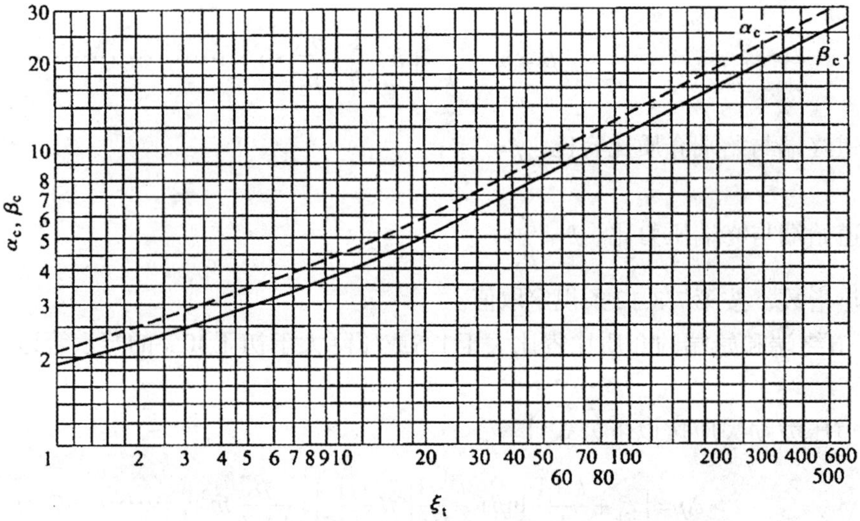

图7.3.12-2 临界压力比α_c和临界比容比β_c与总阻力系数ξ_t的关系曲线

5 蒸汽临界流速应按下列公式计算：

$$\omega_c = \sqrt{\frac{2kp_0v_0}{k+1}} \quad (7.3.12\text{–}5)$$

或

$$\omega_c = \sqrt{2kp_cv_c} \quad (7.3.12\text{–}6)$$

式中：ω_c——临界流速（m/s）。

6 蒸汽管道当已知始端滞止参数p_0、v_0质量流速$\dot{m}$、管道总阻力系数ξ_t和末端空间压力p'时，应按下列方法计算：

1） 按式（7.3.12-2）计算临界压力p_c；

2） 当$p_c<p'$，则为亚临界流动，管道终端蒸汽压力p_2取p'，管道终端蒸汽比容应按以下公式计算：

$$v_2^2 + \frac{2k}{k-1}\frac{p_2}{\dot{m}^2}v_2 - \frac{2k}{k-1}\frac{p_0v_0}{\dot{m}^2} = 0 \quad (7.3.12\text{–}7)$$

介质比容比β按以下公式计算；

$$\left(\frac{p_2}{2p_{d2}}+\frac{k-1}{2k}\right)(\beta^2-1)=\xi_t+\frac{k+1}{k}\ln\beta \quad (7.3.12-8)$$

式中：p_{d2}——管道终端动压力。

管道始端参数按下列公式计算：

$$v_1=\frac{\upsilon_2}{\beta} \quad (7.3.12-9)$$

$$p_1=\beta\cdot p_2+\frac{k-1}{k}\left(\beta-\frac{1}{\beta}\right)p_{d2} \quad (7.3.12-10)$$

3）如$p_c \geqslant p'$，则为临界流动，管道终端蒸汽压力p_2取p_c，管道终端蒸汽比容按下列公式计算：

$$v_2=\frac{2}{k+1}\frac{p_0 v_0}{p_2} \quad (7.3.12-11)$$

介质临界比容比β_c按公式（7.3.12-4）计算或由图7.3.12-2查取。

介质临界压力比α_c按公式（7.3.12-12）计算或由图7.3.12-2查取。

$$\alpha_c=\frac{k+1}{2}\beta_c-\frac{k-1}{2\beta_c} \quad (7.3.12-12)$$

管道始端参数按下列公式计算：

$$v_1=\frac{v_2}{\beta_c} \quad (7.3.12-13)$$

$$p_1=\alpha_c p_c \quad (7.3.12-14)$$

式中：α_c——临界压力比，$\alpha_c=\frac{p_1}{p_c}$，可按公式（7.3.12-12）计算或由图7.3.12-2查取；

β_c——介质临界比容比，按公式（7.3.12-4）计算或由图7.3.12-2查取。

7 当已知始端参数p_1、v_1质量流速$\dot{m}$、管道总阻力系数ξ_t时，终端参数p_2、v_2应按下列方法计算：

1）按公式（7.3.12-15）计算管道终端与始端介质比容比β。

$$\left(\frac{p_1}{2p_{d1}}+\frac{k-1}{2k}\right)\left(1-\frac{1}{\beta^2}\right)=\xi_t+\frac{k+1}{k}\ln\beta \quad (7.3.12-15)$$

式中：p_{d1}——管道始端动压力。

2）按公式（7.3.12-4）计算β_c值。

3）如$\beta<\beta_c$，则为亚临界流动，管道的终端参数按下列公式计算：

$$v_2=\beta v_1 \quad (7.3.12-16)$$

$$p_2=\frac{p_1}{\beta}-\frac{k-1}{k}\left(\beta-\frac{1}{\beta}\right)p_{d1} \quad (7.3.12-17)$$

4）当$\beta=\beta_c$，则为临界流动，按公式（7.3.12-18）计算临界压力比α_c，按下列公式计算管道端参数。

$$p_2=\frac{p_1}{\alpha_c} \quad (7.3.12-18)$$

$$v_2=\beta_c v_1 \quad (7.3.12-19)$$

5）如$\beta>\beta_c$表示给定的条件不成立，即在给定的始端参数和总阻力系数达不到给定的质量流速值。

8 蒸汽管道当已知始端参数为p_1、v_1、管道总阻力系数ξ_t和末端空间压力p'时，质量流速$\dot{m}$应按下列方法计算：

1）计算比值 $\alpha'=\dfrac{p_1}{p'}$；

2）按公式（7.3.12-12）计算出的 α_c；

3）当 $\alpha'<\alpha_c$，则为亚临界流动（$p_2=p'$），管内介质质量流速应按下列公式计算：

$$\dot{m}=\sqrt{\frac{(p_1-p_2)(1+\beta)}{\left[\xi_t+\frac{k+1}{k}\ln\beta+\frac{k-1}{2k}\left(\beta-\frac{1}{\beta}\right)\right]\beta\nu_1}} \quad\cdots\cdots\cdots\cdots(7.3.12\text{-}20)$$

式中：β——末端与始端介质比容比，可按式（7.3.12-21）或（7.3.12-22）进行近似计算，近似的 β 值可按式（7.3.12-22）求出近似的质量流速 m，再按式（7.3.12-8）求出管道终端介质比容 v_2，按 $\beta=v_2/v_1$ 计算出较准确的 β 值后，代入式（7.3.12-22）修正 $\dot{m}$ 值。

$$\beta=\alpha'\left[1-\frac{k-1}{k+1}\left(\frac{\alpha'}{\alpha_c}\right)^2\right] \quad\cdots\cdots\cdots\cdots(7.3.12\text{-}21)$$

或

$$\beta=\alpha'\left[1-\frac{4(k-1)}{(k+1)^3}\left(\frac{\alpha'}{\beta_c}\right)^2\right] \quad\cdots\cdots\cdots\cdots(7.3.12\text{-}22)$$

式中：α'——管道始端压力与末端压力空间压力比。

4）当 $\alpha'\geqslant\alpha_c$，则为临界流动，管内介质质量流速按下式计算。

$$\dot{m}=\frac{p_1}{\left(\frac{k+1}{2k}\beta_c-\frac{k-1}{2k}\frac{1}{\beta_c}\right)\sqrt{\frac{2kp_0v_0}{(k+1)g\times10^4}}} \quad\cdots\cdots\cdots\cdots(7.3.12\text{-}23)$$

9　对于终端为亚临界流动的蒸汽管道，可按图7.3.12-3采用虚拟法计算，即设想将管道按等截面延长，其后必能找到一点“3”，该点在流量不变的条件下为临界状态。

1）图7.3.12-3中“3”点处参数 P_3、v_3 按公式（7.3.12-2）和公式（7.3.12-11）计算；

2）图7.3.12-3中1段~3段的阻力系数 ξ_{13} 按公式（7.3.12-24）计算：

$$\xi_{13}=\frac{k+1}{2k}\left[\left(\frac{v_3}{v_1}\right)^2-2\ln\frac{v_3}{v_1}-1\right] \quad\cdots\cdots\cdots\cdots(7.3.12\text{-}24)$$

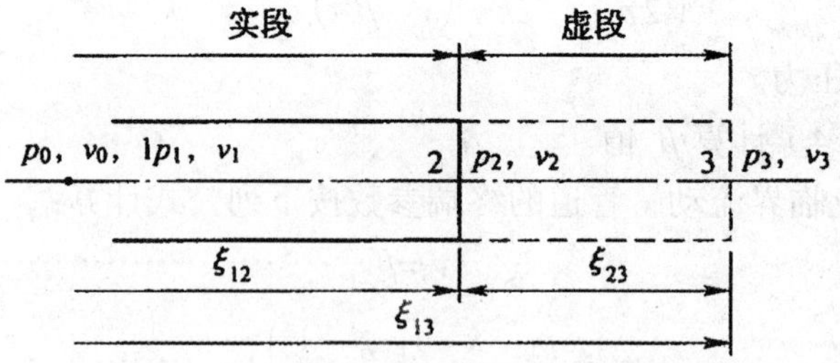

图7.3.12-3　亚临界流动管道虚拟计算图

3）图7.3.12-3中2段~3段的阻力系数 ξ_{23} 按公式（7.3.12-25）或（7.3.12-26）计算：

$$\xi_{23}=\frac{k+1}{2k}\left[\left(\frac{v_3}{v_2}\right)^2-2\ln\frac{v_3}{v_2}-1\right] \quad\cdots\cdots\cdots\cdots(7.3.12\text{-}25)$$

或

$$\xi_{23}=\xi_{13}-\xi_{12} \quad\cdots\cdots\cdots\cdots(7.3.12\text{-}26)$$

4）计算出以上的参数后，根据不同的已知条件采用本条第2~5款中的方法，可求出“2”点或“1”点处的介质参数。

10　上述各式仅适用于介质质量流速以 $\dot{m}$ 不变的情况下，当质量流速不同时，可按不同的质量流速分段顺序计算，每个局部变换后管道的始端压力应计入局部变换处（异径管或三通）动压力的改变。

1）当 $a=\frac{\dot{m}_{\mathrm{II}}}{\dot{m}_{\mathrm{I}}}<1$，$c=\frac{p_{\mathrm{d\,I}}}{p_{\mathrm{d}}}<0.05$ 时，或 $a>1$，$c<0.03$ 时，蒸汽管道局部变换后的始端压力按下式计算：

$$p_{\mathrm{d\,II}}=\frac{a^2 p_{\mathrm{d\,I}} p_1}{(p_1+p_{\mathrm{d\,I}})-p_{\mathrm{d\,II}}} \quad (7.3.12\text{–}27)$$

局部变换后管道始端静压力按下式计算：

$$p_{\mathrm{II}}=p_{\mathrm{I}}+p_{\mathrm{dI}}-p_{\mathrm{d\,II}}-\Delta p_{\mathrm{I-II}} \quad (7.3.12\text{–}28)$$

式中：p_{II}——局部变换后管道始端的蒸汽压力（Pa）；

p_{I}——局部变换前管道末端的蒸汽压力（Pa）；

$p_{\mathrm{d\,I}}$——局部变换前管道末端的蒸汽动压力（Pa）；

$p_{\mathrm{d\,II}}$——局部变换后管道始端的蒸汽动压力（Pa）；

$\Delta p_{\mathrm{I-II}}$——局部变换前后的蒸汽阻力（Pa）。

局部变换后始端蒸汽比容按下式计算：

$$v_{\mathrm{II}}=2\frac{p_{\mathrm{d\,II}}}{\dot{m}_{\mathrm{II}}^2} \quad (7.3.12\text{–}29)$$

式中：v_{II}——局部变换后管道始端的蒸汽比容（m^3/kg）；

$\dot{m}_{\mathrm{II}}$——局部变换后管道始端的质量流速［$kg/(cm^2\cdot s)$］。

2）当 $a<1$，$c\geqslant 0.05$ 或 $a>1$，$c\geqslant 0.03$ 时，可按式（7.3.12–30）计算局部变换后管道始端与局部变换前管道始端的介质比容比，或由图 7.3.12–4 查取 β 值。

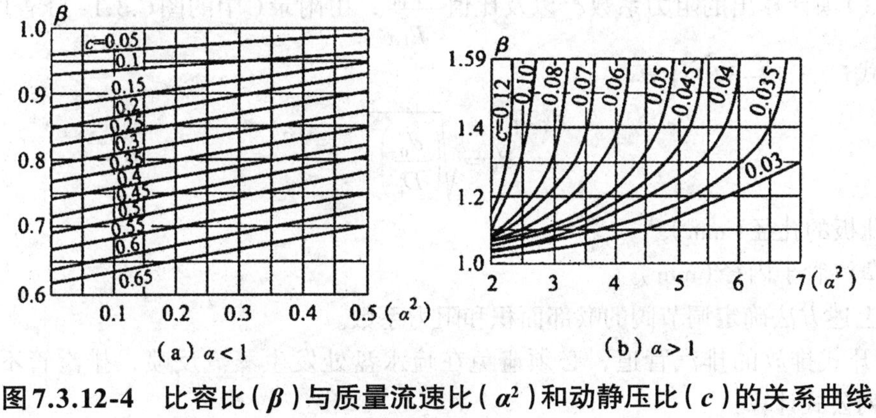

图 7.3.12-4　比容比（β）与质量流速比（α²）和动静压比（c）的关系曲线

$$\alpha^2 c\beta^2+\frac{k}{k+1}(\beta^{1-k}-1)=c \quad (7.3.12\text{–}30)$$

β 值求出后局部变换后管道始端参数按下列公式计算：

$$v_{\mathrm{II}}=\beta\cdot v_1 \quad (7.3.12\text{–}31)$$

$$p_{\mathrm{II}}=p_{\mathrm{I}}\beta^{-k} \quad (7.3.12\text{–}32)$$

$$p_{\mathrm{d\,II}}=\alpha^2\beta\cdot p_{\mathrm{d\,I}} \quad (7.3.12\text{–}33)$$

11　蒸汽在通过异径管向大直径管道流动时，也有达到临界流速的可能。异径管变换后始端的全压应大于或等于后段管子阻力和管子末端背压所形成的压头加上相应于大端的异径管的阻力所形成的压头之和。

$$P_{\mathrm{II}}+P_{\mathrm{d\,II}}\geqslant p_{\mathrm{d\,II}}\xi'_{\mathrm{II}}+p'' \quad (7.3.12\text{–}34)$$

式中：p''——后段管子阻力和管子末端背压所形成的压头（Pa）；

ξ'_{II}——相应于大端的异径管的阻力系数，$\xi'_{II}=\frac{1}{2}\xi_{II}\left(\frac{D_i}{d_i}\right)^4$，其中，$\xi_{II}$可由附录C查取；$d_i$为异径管的小端内径。

12 蒸汽管道上的孔板，可根据图7.3.12-5按下列方法计算：

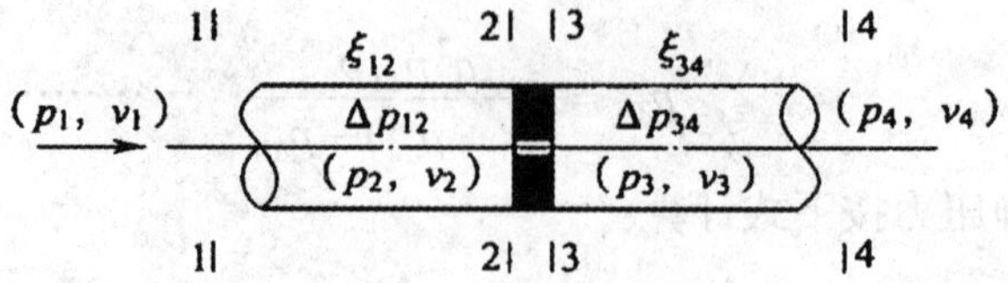

图7.3.12-5 介质经孔洞的流动

1）首先由给定的$\dot{m}$、p_4、v_1、ξ_{12}按本规范第7.3.11条或第7.3.12条的规定，确定孔板前的蒸汽参数p_2、v_2，以及按给定的$\dot{m}$、p_4、v_4、ξ_{34}确定孔板后的蒸汽参数p_3、v_3。

2）孔板的压降按下式计算：

$$\Delta p_m=p_2-p_3 \quad (7.3.12\text{-}35)$$

式中：Δp_m——孔板的压降（Pa）。

3）孔板的阻力系数ξ_m按下式计算：

$$\xi_m=\frac{\Delta p_m}{p_{d2}} \quad (7.3.12\text{-}36)$$

式中：ξ_m——相应于孔板前介质流速的阻力系数。

4）蒸汽管道上孔板孔径按下列规定计算：

按本款第3）项计算出的阻力系数ξ_m以及比值$\frac{\Delta p_m}{p_1}$，由附录C中的图C.3.1-11查取$\left(\frac{d_0}{D_i}\right)^2$值，孔板的孔径按公式（7.3.12-37）计算。

$$d_k=\sqrt{\left(\frac{d_0}{D_i}\right)^2} \quad (7.3.12\text{-}37)$$

式中：d_k——孔板的孔径（mm）；

D_i——蒸汽管子内径（mm）。

也可使用上述方法确定调节阀的喉部面积和阻力系数。

13 对于开式排放的排汽管道，必须避免在疏水盘处发生蒸汽反喷，排汽管不反喷应根据图7.3.12-6按下列公式计算：

$$\frac{G}{3.6}(\omega_1-\omega_2)>(P_2-P_{at})A_2-(P_1-P_{at})A_1 \quad (7.3.12\text{-}38)$$

式中：G——介质质量流量（t/h）；

P_{at}——大气压力（Pa）；

A——管道截面积（m^2）；

A_1——截面1处管道截面积（m^2）；

A_2——截面2处管道截面积（m^2）。

ω_1——1点处介质流速（m/s）；

ω_2——2点处介质流速（m/s）。

1）与管子端面垂直的排气口或管段进出口断面处的排汽反力，应根据图7.3.12-7按下式计算：

$$F_i=\frac{1}{3.6}G_i\omega_i+(p_i-p_g)A_i \quad (7.3.12\text{-}39)$$

式中：F_i——断面i处的反力（N）；

G_i——断面i处的介质流量（t/h）；

ω_i——断面i处的介质流速（m/s）；

p_i——断面i处的介质压力（Pa）；

p_a——当地大气压（Pa）；

A_i——断面i处的流通面积（m^2）。

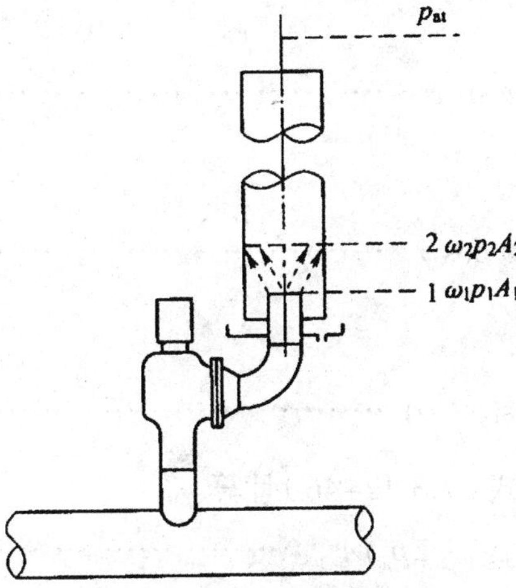

图7.3.12-6　开式排汽管道

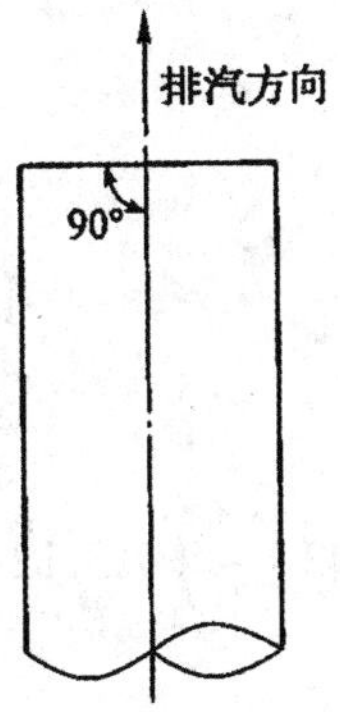

图7.3.12-7　垂直排汽口示意图

2）排汽口为斜切口，斜切部分入口为亚临界流动时，其排汽反力应根据图7.3.12-8按公式（7.3.12-39）计算，若为临界流动时，应按下列公式计算：

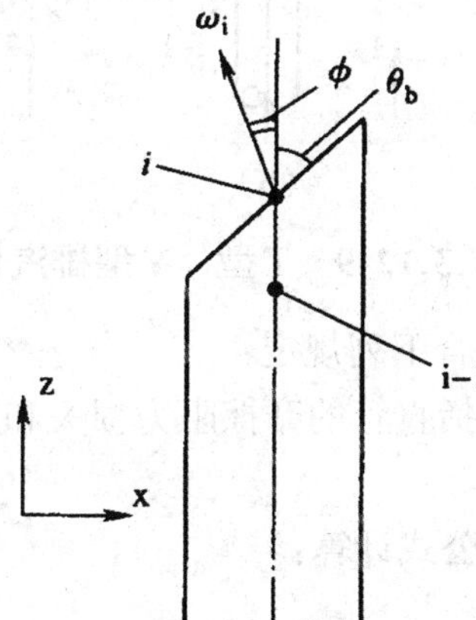

图7.3.12-8　斜切排汽口示意图

$$F_{iz} = -\frac{1}{3.6} G_i \omega_i \cos\phi \quad \cdots\cdots（7.3.12-40）$$

$$F_{ix} = \frac{1}{3.6} G_i \omega_i \sin\phi \quad \cdots\cdots（7.3.12-41）$$

$$G_i \omega_i = G_i \omega_{i-1} + 3.6(P_{i-1} - P_a) A_{i-1} \quad \cdots\cdots（7.3.12-42）$$

式中：F_{iz}——z向分力（N）；

F_{ix}——x向分力（N）；

ϕ——汽流与管道轴线的偏转角，可按表7.3.12-1选取；其中$G_i\omega_i$可按式（7.3.12-42）计算；

ω_{i-1}——i-1断面处的介质流速（m/s）；

p_{i-1}——i-1断面处的介质压力（Pa）；

A_{i-1}——i-1断面处的流通面积（m^2）。

表7.3.12-1　汽流偏转角与斜切角关系表

斜切角 θ_b	30°	45°	60°
汽流偏转角 ϕ	30°	16°	7°

3）T型、Y型排气口的排汽反力，可根据图7.3.12-9按下列方法计算：

T_a型排汽口：

$$F_{iz}=\frac{1}{3.6}G_{i-1}\omega_i\sin\phi \qquad (7.3.12-43)$$

T_b型排汽口：

$$F_{iz}=\frac{1}{3.6}G_{i-1}\omega_i\cos\phi \qquad (7.3.12-44)$$

Y型排汽口：

$$F_{iz}=\frac{1}{-3.6}G_{i-1}\omega\cos(\phi+\theta) \qquad (7.3.12-45)$$

公式（7.3.12-43）~（7.3.12-45）中的$G_{i-1}\omega_i$可按式（7.3.12-46）计算。

$$G_{i-1}\omega_i=G_{i-1}\omega_{i-1}+3.6(p_{i-1}-2p_a)A_{i-1} \qquad (7.3.12-46)$$

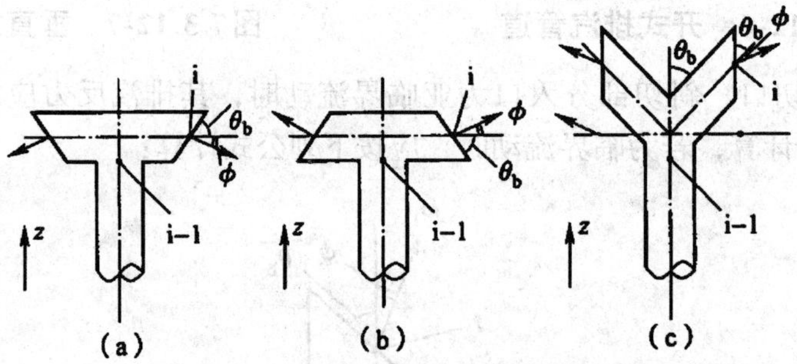

图7.3.12-9　T型、Y型排汽口

7.3.13　压缩空气管道的压力损失应符合下列规定：

1　压缩空气管道的压力损失仅包括直管的摩擦阻力损失和局部摩擦阻力损失，终端和始端的高度差引起的压力损失为零。

2　直管的摩擦阻力损失应按下列公式计算：

$$\Delta P_1=10^{-6}\frac{\lambda\rho\cdot\omega^2}{2}\cdot\frac{L}{D_i} \qquad (7.3.13-1)$$

式中：ΔP_1——直管的摩擦压力损失（MPa）；

L——管道总展开长度（m）；

g——重力加速度（m/s^2）；

D_i——管子内径（m）；

ω——工作状态下的介质流速（m/s）；

ρ——介质密度（kg/m^3）；

λ——管道摩擦系数。

3　局部阻力损失应按下列公式计算：

$$\Delta P_2=10^{-6}\frac{\lambda\rho\cdot\omega^2}{2}\cdot\frac{\sum L_d}{D_i} \qquad (7.3.13-2)$$

或

$$\Delta P_2 = 10^{-6}\frac{\rho \cdot \omega^2}{2}\cdot\sum\xi \quad (7.3.13\text{-}3)$$

式中：$\sum\xi$——管道中各管件、阀门的局部阻力系数之和；

$\sum L_d$——管道中的管件、阀门的当量长度之和。

4 压缩空气管道总的压力损失应按下列公式计算：

$$\Delta P = \Delta P_1 + \Delta P_2 \quad (7.3.13\text{-}4)$$

7.4 两相流体管道系统压力损失

7.4.1 本节适用于介质为饱和水和压力损失较大的高压饱和蒸汽两相流体的管道，主要用于确定管道的通流能力。

7.4.2 管道的通流能力应按下式计算：

$$G = 2.827\,\dot{m}D_i^2 \quad (7.4.2)$$

7.4.3 两相流介质质量流速应按下列规定计算：

1 质量流速应按下式计算：

$$\dot{m} = \sqrt{\frac{2}{\xi_t + 4.6\lg\beta}\left(\int_2^1 \rho\mathrm{d}p + \int_2^1 \Delta\rho\mathrm{d}p + g\int_2^1 \rho^2\mathrm{d}H\right)} \quad (7.4.3\text{-}1)$$

式中：ρ——介质密度（kg/m^3）；

β——管道终端与始端介质比容比；

$\mathrm{d}p$——介质压力变化（Pa）；

$\mathrm{d}H$——管道高度变化（m）；

积分限1——管道始端参数；

积分限2——管道终端参数。

2 $\int_2^1 \rho\mathrm{d}p$ 值按下列规定计算：

1） 假设管道终端压力为 p_2，并将 p_1 和 p_2 压力范围分为相当数量的间隔：p_2-p_{I}、$p_{\mathrm{I}}-p_{\mathrm{II}}$、$p_{\mathrm{II}}-p_{\mathrm{III}}$……$p_n-p_1$。

2） 任一点压力（p_{II}）下的计算干度应按以下公式计算：

$$x_n = \frac{h_1 - h_n}{r_n} \quad (7.4.3\text{-}2)$$

式中：h_1——介质始端焓（kJ/kg）；

h_n、r_n——在压力 p_n 下饱和水的焓和汽化潜热（kJ/kg）。

3） 任一点汽水混合物的比容按公式（7.4.3-3）计算。

$$v_n = x_n(v''_n - v'_n) + v'_n \quad (7.4.3\text{-}3)$$

式中：v''_n、v'_n——在压力 p_n 下饱和蒸汽和饱和水的比容（m^3/kg）。

4） $\int_2^1 \rho\mathrm{d}p$ 值按公式（7.4.3-4）计算。

$$\int_2^1 \rho\mathrm{d}p = \sum_2^1 (p_n - p_{n+1})\left(\frac{\rho_n + \rho_{n+1}}{2}\right) \quad (7.4.3\text{-}4)$$

式中：ρ_n——各区间段介质密度（kg/m^3）；

p_n——各区间段介质压力（Pa）。

3 $\int_2^1 \rho^2\mathrm{d}H$ 应按下列规定计算：

1） 按公式（7.4.3-5）近似计算。

$$\int_2^1 \rho^2\mathrm{d}H = \rho_m^2(H_1 - H_2) \quad (7.4.3\text{-}5)$$

式中：H_1、H_2——垂直管段始、末端的标高（m）；

ρ_m——垂直管段中沸水的平均密度（m³/kg），取值分别如下：

当$p_1 \geqslant 10.0$MPa时，$\rho_m=0.85\rho_1$；

当$p_1=4.5$MPa时，$\rho_m=0.9\rho_1$；

当$p_1 \leqslant 1.0$MPa时，$\rho_m=\rho_1$；

当p_1介于上述压力之间时，可采用内插法求ρ_m。

2）较精确计算。

首先按第7.4.4条规定近似求出$\dot{m}_c$，令$\dot{m}=\dot{m}_c$，再按式（7.4.3-6）计算垂直管末端的介质密度ρ_e值。

$$\frac{\dot{m}^2}{2}\left(\xi_t+4.6\lg\frac{\rho_1}{\rho_2}\right)=\int_2^1\rho \mathrm{d}p+g\int_2^1\rho^2\mathrm{d}H \quad\cdots\cdots\cdots\cdots\cdots\cdots\cdots\cdots\cdots\cdots（7.4.3\text{-}6）$$

式中：ρ_1——管道入口的介质密度（kg/m³）；

ρ_2——管道出口的介质密度（kg/m³）。

假设垂直管段末端压力的变化范围，计算出各压力下所对应的饱和水密度ρ，作辅助曲线$A=\int_e^1\rho\mathrm{d}p$，$B=A+g\int_e^1\rho^2\mathrm{d}H$，$C=\frac{\dot{m}^2}{2}(\xi_t+4.6\lg\beta)$。B和C线交点下的压力即为垂直末端压力$p_m$，如$p_m$在假定的压力范围内，用内插法求出管段末端介质密度$\rho_m$值，代入下式计算。

$$\int_e^1\rho^2\mathrm{d}H=\frac{H_1-H_2}{2}(\rho_1^2+\rho_e^2) \quad\cdots\cdots\cdots\cdots\cdots\cdots\cdots\cdots\cdots\cdots（7.4.3\text{-}7）$$

3）当计算饱和蒸汽管道时，$\int_e^1\rho^2\mathrm{d}H$项可不计入。

4　$\int_2^1\Delta\rho\mathrm{d}p$值应按下列规定计算：

1）$\int_2^1\Delta\rho\mathrm{d}p$可按式（7.4.3-8）计算。

$$\int_2^1\Delta\rho\mathrm{d}p=0.2\times10^{-6}(p_1-p_2)\times\left(\frac{v_2''-v_2'}{r_2}+4\frac{v_m''-v_m'}{r_m}+\frac{v_1''-v_1'}{r_1}\right)\dot{m}^2 \quad\cdots\cdots\cdots\cdots（7.4.3\text{-}8）$$

式中：脚标m——平均压力$\frac{p_1+p_2}{2}$下的介质参数；

脚标1——介质始端的参数；

脚标2——介质末端的参数。

2）$\int_2^1\Delta\rho\mathrm{d}p$的结果为$\dot{m}$的函数，可将$\dot{m}$值作为未知量代入式（7.4.3-1）中解方程求$\dot{m}$值。

3）当管道出口介质排出速度ω_2<120m/s时，$\int_2^1\Delta\rho\mathrm{d}p$项可不计入。

5　lgβ值应按下列规定计算：

1）假定p_2值，按式（7.4.3-9）计算末端比容v_2：

$$v_2=x_2(v_2''-v_2')+v_2' \quad\cdots\cdots\cdots\cdots\cdots\cdots\cdots\cdots\cdots\cdots（7.4.3\text{-}9）$$

式中：x_2——介质末端干度。

2）lgβ值按式（7.4.3-10）计算：

$$\lg\beta=\lg\frac{v_2}{v_1} \quad\cdots\cdots\cdots\cdots\cdots\cdots\cdots\cdots\cdots\cdots（7.4.3\text{-}10）$$

7.4.4　管内介质的临界质量流速应按下列规定计算：

1　按式（7.4.4-1）近似计算：

$$\dot{m}=q_c\frac{p_2}{g}\times10^{-4} \quad\cdots\cdots\cdots\cdots\cdots\cdots\cdots\cdots\cdots\cdots（7.4.4\text{-}1）$$

式中：q_c——系数，可按图7.4.4查取；

p_2——管子终端压力（Pa）。

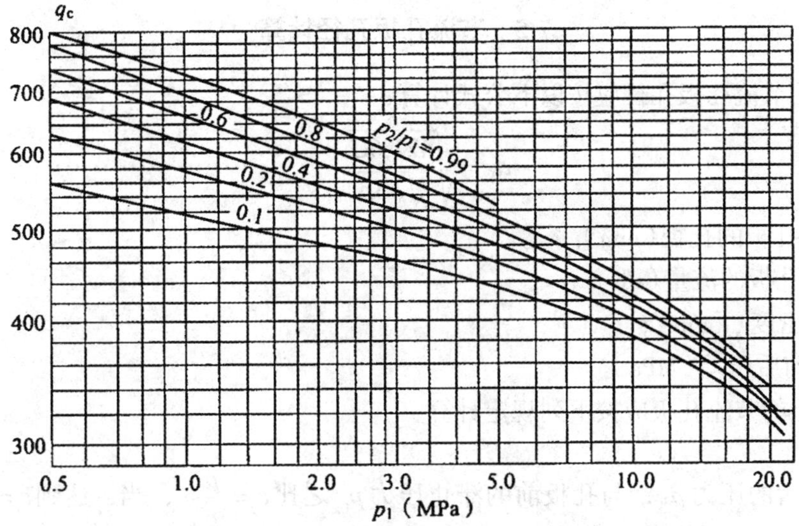

图7.4.4　饱和水的系数q_c值与p_1及p_2/p_1的关系曲线

2　按下列规定进行较精确计算：

1）可按公式（7.4.4-2）计算质量流速：

$$\dot{m}_c=\sqrt{\left(-\frac{\Delta p}{\Delta v}\right)_s} \quad \cdots\cdots (7.4.4\text{-}2)$$

式中：Δp——管道终端压力p_2（p_c）与“水和水蒸气热力学性质图标”中最接近压力级的差值（其值约为p_2的2%~5%）（Pa）；

Δv——在Δp范围内按等熵膨胀所得的比容增量（m^3/kg）；脚标s—等熵。

2）公式（7.4.4-2）中Δv值可按下列规定计算：

首先按公式（7.4.4-3）计算压力为p_c时介质的干度x：

$$\left(\frac{\dot{m}}{44.732}\right)^2(v''-v')^2x^2+\left[r_2+2\left(\frac{\dot{m}}{44.732}\right)^2(v''-v')v'\right]x-(h_1-h_2)=0 \quad \cdots\cdots (7.4.4\text{-}3)$$

式中：$\dot{m}$——质量流速［$kg/(m^2\cdot s)$］，计算时可先按近似计算法估取；

h_1——始端焓值（kJ/kg）；

h_2——压力为p时的饱和水（kJ/kg）；

r_2——压力为p_c时的汽化潜热（kJ/kg）。

然后按公式（7.4.4-4）计算蒸汽的干度变量Δx。

$$\Delta x=\frac{(s''-s')x+s'-s'_\Delta}{s''_\Delta-s'_\Delta}-x \quad \cdots\cdots (7.4.4\text{-}4)$$

式中：x——压力为p_c时蒸汽的干度，按式（7.4.4-3）求值；

s''_Δ、s'_Δ——压力为$p_c-\Delta p$时饱和蒸汽和饱和水的熵［$kJ/(kg\cdot K)$］；

s''、s'——压力为p_c时饱和蒸汽和饱和水的熵［$kJ/(kg\cdot K)$］。比容增量Δv按式（7.4.4-5）计算。

$$\Delta v=(v''_\Delta-v'')x+(v''_\Delta-v'_\Delta)\Delta x-(1-x)(v'-v'_\Delta) \quad \cdots\cdots (7.4.4\text{-}5)$$

式中：v''、v'——压力为p_c时饱和蒸汽和饱和水的比容（m^3/kg）；

v''_Δ、v'_Δ——压力为$p_c-\Delta p$时饱和蒸汽和饱和水的比容（m^3/kg）；

Δx——在等熵膨胀条件下蒸汽的干度变量，按公式（7.4.4-4）求值。

7.4.5　在假定p_2值后，按公式（7.4.3-1）和按公式（7.4.4-1）或按公式（7.4.4-2）计算求出的$\dot{m}$和$\dot{m}_c$值应该相等（或相差很小），当没达到此条件，表明p_2值假定的不合理，重新假定p_c值进行上述计算，直至求出的 $\dot{m}$ 和 $\dot{m}_c$ 值相等（或相差很小）时为止。对于第一次计算结果，如果 $\dot{m}_c<\dot{m}$，表明 p_2 值假定得偏小，如 $\dot{m}_c>\dot{m}$，表明 p_2 值假定得偏大。

7.5 节流孔板孔径计算

7.5.1 水管道上的节流孔板孔径应按以下公式计算：

$$d_k=\sqrt{\frac{421.6G}{\sqrt{\rho\Delta p}}} \qquad (7.5.1)$$

式中：d_k——节流孔板的孔径（mm）；

G——通过孔板的流量（t/h）；

ρ——水的密度（kg/m³）；

Δp——孔板前后压差（MPa）。

7.5.2 蒸汽管道上的节流孔板应按下列规定计算：

1 节流孔板后的压力 p_{2k}，与孔板前的滞止压力 p_{0k} 之比 $\varepsilon_2=\frac{p_{2k}}{p_{0k}}$，当 ε_2 达到 $\varepsilon_c=\left(\frac{2}{k+1}\right)^{\frac{k}{k-1}}$ 时，蒸汽为临界流动。对于过热蒸汽绝热指数 k=1.3，ε_c=0.546；对于欠饱和蒸汽绝热指数 k=1.135，ε_c=0.577。

2 当蒸汽为临界流动时，节流孔板空洞面积 F_k^* 应按以下公式计算：

$$F_k^*=\frac{G\sqrt{T_0}}{0.367K''\mu_1 p_0\sqrt{\frac{g}{R_n}}} \qquad (7.5.2\text{–}1)$$

式中：F_k^*——临界流动时，节流孔板孔洞面积（mm²）；

G——通过孔板的流量（t/h）；

p_0——孔板前的滞止压力（MPa）；

T_0——孔板前的滞止温度（K）；

g——重力加速度，取为9.81（m/s²）；

R_n——气体常数，对于水蒸气取47；

K''——系数，可按绝热指数 k 值计算，也可由表7.5.2–1查取；

μ_1——流量系数，应根据孔形和压差试验确定，可近似按带锐边孔洞由表7.5.2–2查取。

表7.5.2-1 系数 K'' 值

k	1.70	1.50	1.40	1.35	1.30	1.20	1.15	1.135	1.10
K''	0.731	0.701	0.685	0.676	0.667	0.649	0.639	0.636	0.628

表7.5.2-2 流量系数 μ 值

p_{2k}/p_{0k}	0.676	0.641	0.606	0.559	0.529	0.037
μ	0.680	0.700	0.710	0.730	0.740	0.850

3 当蒸汽为亚临界流动时，即 $p_{2k}/p_{0k}>\varepsilon_c$ 时，孔洞面积 F_k 应按以下公式计算：

$$F_k=\frac{F_k^*}{q_b} \qquad (7.5.2\text{–}2)$$

式中：F_k^*——临界流动条件下所需的孔洞面积（mm²）；但在计算中 μ 值应按实际 $\frac{p_{2k}}{p_{0k}}$ 值由表7.5.2–2查取；

q_b——比流量，$q_b=\frac{1}{1-\varepsilon_c}\sqrt{(1-\varepsilon_2)(1-2\varepsilon_c+\varepsilon_2)}$

4 当孔为圆孔时，F_k或F_k^*应按下式计算：

$$F=\frac{\pi}{4}d_k^{\ 2} \qquad (7.5.2\text{-}3)$$

式中：d_k——节流孔板的孔径（mm）；

F——蒸汽临界流动时的F_k^*或亚临界流动的F_k。

7.6 安全阀的选择计算

7.6.1 装设在锅炉汽包、过热器、再热器等处的安全阀，在缺乏制造厂资料时，或者对于设计压力大于1MPa的蒸汽管道或容器上的安全阀，可按公式（7.6.1-1）和（7.6.1-2）计算其流通能力或在给定通流量下确定安全阀个数。

1 排放汽源为过热蒸汽时，安全阀的通流量应按下式计算：

$$G=0.0024\,\mu_1 nF\sqrt{\frac{p_0}{v_0}} \qquad (7.6.1\text{-}1)$$

2 排放汽源为饱和蒸汽，安全阀的通流量应按下式计算：

$$G=0.002288\,\mu_1 nF\sqrt{\frac{p_0}{v_0}} \qquad (7.6.1\text{-}2)$$

式中：G——介质质量流量，这里指安全阀的通流量（t/h）；

p_0——始端滞止压力，这里指蒸汽在安全阀前的滞止绝对压力（MPa）；

v_0——始端滞止比容，这里指蒸汽在安全阀前的滞止比容（m^3/kg）；

n——并联装设的安全阀数量（个）；

μ_1——安全阀流量系数，应由试验确定或按制造厂资料取值；可取$\mu_1=0.9$；

F——每个安全阀流通界面的最小断面积，其值应根据制造厂资料按公式（7.6.2-2）或（7.6.2-3）确定。

7.6.2 排放压力为1MPa及以下的蒸汽管道或压力容器，应按下列规定计算安全阀的通流能力或在给定通流量下确定安全阀个数：

1 安全阀的通流能力或在给定通流量下安全阀数量应按下式计算：

$$G=0.00508\,\mu_2 BnF\sqrt{\frac{p_0-p_2}{v_0}} \qquad (7.6.2\text{-}1)$$

式中：p_2——蒸汽在安全阀后的绝对压力（MPa）；确定p_2时，应计入阀后管道及附件的阻力；

μ_2——安全阀流量系数，应由试验确定或按制造厂资料取值；可取$\mu_2=0.6$；

B——蒸汽可压缩性的修正系数，与绝热指数k，压力比p_2/p_0。阻力等因数有关。对于水，取$B=1$；对于蒸汽，可按表7.6.2查取。

2 对于全启式安全阀，F值应按下式计算：

$$F=\frac{\pi}{4}d^2 \qquad (7.6.2\text{-}2)$$

式中：d——安全阀最小通流界面直径（mm）；

3 对于微启式安全阀，F值应按下式计算：

$$F=\pi dh \qquad (7.6.2\text{-}3)$$

式中：h——安全阀阀杆升程（mm）。

表7.6.2 蒸气可压缩性的修正系数B值

$\frac{p_2}{p_1}$	绝热指数k在下列数值时的B值						
	1.00	1.135	1.24	1.30	1.40	1.66	2.00
0	0.429	0.449	0.464	0.472	0.484	0.513	0.544
0.04	0.438	0.459	0.474	0.482	0.494	0.524	0.556
0.08	0.447	0.469	0.484	0.492	0.505	0.535	0.568
0.12	0.457	0.479	0.495	0.503	0.516	0.547	0.580
0.16	0.468	0.490	0.506	0.515	0.528	0.559	0.594
0.20	0.479	0.502	0.519	0.527	0.541	0.573	0.609
0.24	0.492	0.515	0.546	0.541	0.555	0.588	0.624
0.28	0.505	0.529	0.552	0.556	0.570	0.604	0.641
0.32	0.520	0.545	0.563	0.572	0.587	0.622	0.660
0.36	0.536	0.562	0.580	0.590	0.605	0.641	0.680
0.40	0.553	0.580	0.598	0.609	0.625	0.662	0.702
0.44	0.573	0.600	0.620	0.630	0.647	0.685	0.727
0.48	0.594	0.622	0.643	0.654	0.671	0.711	0.753
0.50	0.606	0.635	0.656	0.567	0.685	0.725	0.765
0.52	0.619	0.648	0.669	0.681	0.699	0.739	0.777
0.54	0.632	0.662	0.684	0.698	0.714	0.752	0.789
0.56	0.646	0.677	0.699	0.711	0.729	0.765	0.800
0.58	0.662	0.693	0.715	0.726	0.743	0.778	0.811
0.60	0.678	0.710	0.730	0.741	0.757	0.790	0.822
0.62	0.695	0.726	0.745	0.756	0.771	0.802	0.833
0.64	0.712	0.742	0.760	0.770	0.785	0.814	0.743
0.66	0.729	0.758	0.775	0.784	0.798	0.826	0.853
0.68	0.748	0.773	0.790	0.798	0.811	0.838	0.863
0.72	0.780	0.803	0.818	0.826	0.837	0.860	0.883
0.76	0.812	0.833	0.846	0.852	0.862	0.882	0.901
0.80	0.845	0.862	0.873	0.878	0.886	0.903	0.919
0.84	0.877	0.891	0.899	0.904	0.910	0.924	0.936
0.88	0.908	0.919	0.925	0.929	0.933	0.944	0.953
0.92	0.939	0.946	0.951	0.953	0.956	0.963	0.969
0.96	0.970	0.973	0.976	0.977	0.978	0.982	0.985
1.00	1.000	1.000	1.000	1.000	1.000	1.000	1.000

8 管道布置

8.1 一般规定

8.1.1 管道的布置应满足工艺流程、安全生产、经济运行和环境保护的要求。

8.1.2 管道的布置应满足总体布置、安装、运行及维修的要求。

8.1.3 管道布置应合理规划，做到整齐有序，可能条件下的美观。

8.1.4 厂房内管道的布置应结合设备布置及建筑结构情况进行，充分利用建筑结构设置管道的支吊装置。

8.1.5 厂房外管道应结合道路、消防和环境等条件合理布置。

8.1.6 小管径与大管径或与刚度较大的管子连接，小管径管子应具有足够的柔性。

8.2 汽水管道

8.2.1 汽水管道布置应符合下列规定：

1 汽水管道宜架空或地上布置，如确有必要可埋地布置或敷设在管沟内，当需要埋地布置时应符合本规范第8.2.8条的有关规定。

2 汽水管道的布置应使管系任何一点的应力值在允许的范围内；应充分利用管系的自补偿能力，在满足管系应力要求的条件下尽量减少补偿管段；应防止出现由于刚度较大或应力较低部分的弹性转移而产生局部区域的应变集中。

3 汽水管道阀门、流量测量装置、蠕变测量截面等的布置应便于操作、维护和检测。

8.2.2 管道布置的净空高度及间距应符合下列规定：

1 当管道横跨人行通道上空时，管子外表面或保温表面与通道地面（或楼面）之间的净空距离，不应小于2000mm。当通道需要运送设备时，其净空距离必须满足设备运送的要求。

2 当图8.2.2中管道横跨扶梯上空时，管子外表面或保温表面至管道正下方踏步的距离H不应小于2200mm，至扶梯倾斜面的垂直距离h，应根据扶梯倾斜角θ的不同，分别不应小于表8.2.2所列数值：

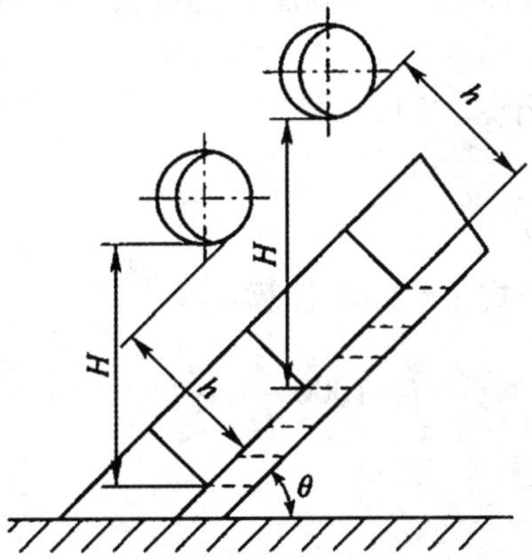

图8.2.2 管道横跨扶梯时的净空要求

表8.2.2 管子或管子保温层表面至扶梯倾斜面的垂直距离表

θ	45°	50°	55°	60°	65°
h（mm）	1800	1700	1600	1500	1400

3 当管道在直爬梯的前方横越时，管子外表面或保温表面与直爬梯垂直面之间净空距离，不应小于750mm。

4 布置在地面、楼面或平台上的管道与地面之间的净空距离，应符合下列规定：

1）不保温的管道，管子外壁与地面的净空距离，不应小于350mm。

2）保温的管道，保温表面与地面的净空距离，除特殊要求外不应小于300mm。

3）管子靠地面侧没有焊接要求时，上述净空距离可适当减小。

5 管道与墙、梁、柱及设备之间的净空距离，宜符合下列规定：

1）不保温的管道：管子外壁与墙之间的净空距离不宜小于200mm。

2）保温的管道：保温表面与墙之间的净空距离不宜小于150mm。

3）管道与梁、柱、设备之间的局部距离，可按管道与墙之间的净空距离减少50mm。

6　对于平行布置的管道，两根管道之间的净空距离，应符合下列规定：

1）不保温的管道，两管外壁之间的净空距离，不应小于200mm。

2）保温的管道，两管保温表面之间的净空距离，不应小于150mm。

7　当管道有冷热位移时，第4款～第6款规定的各项间距，在计入管道位移后不应小于50mm。

8　多层管廊的层间距离应满足管道安装要求。

8.2.3　管道具体布置要求应符合下列规定：

1　介质的主流不宜在三通内变换方向。

2　当主蒸汽管道、再热蒸汽管道或背压机组的排汽管道为偶数时，宜采用对称式布置。

3　对于两相流管道，当介质流动方向由下向上时，宜先水平后垂直布置；当介质流动方向由上向下时，宜先垂直后水平布置。

4　当蒸汽管道或其他热管道布置在油管道的阀门、法兰或其他可能漏油部位的附近时，应将其布置于油管道上方。当必须布置在油管道下方时，油管道与热管道之间，应采取可靠的隔离措施。

5　与水泵连接管道的布置应符合下列规定：

1）管道应有足够的柔性，以减少管道作用在泵接口处的应力和力矩。

2）大型贮罐至水泵管道的布置，应适应贮罐基础与水泵基础沉降的差别。

3）入口管道的布置应满足泵净正吸入压头的要求。

6　水平管道的安装坡度，应根据疏放水和防止汽机进水的要求确定，并计及管道冷、热态位移对坡度的影响，蒸汽管道的坡度方向宜与汽流方向一致。各类管道的坡度，应符合下列规定：

1）蒸汽管道：温度小于430℃时，$i \geqslant 0.002$；温度大于或等于430℃时，$i \geqslant 0.004$；

2）水管道：$i \geqslant 0.002$；

3）疏水、排污管道：$i \geqslant 0.003$。

4）低压给水管道：$i \geqslant 0.15$。

5）各类母管：$i=0.001 \sim 0.002$。

6）自流管道的坡度，应按公式（8.2.3）计算：

$$i \geqslant 1000 \frac{\lambda}{D_i} \cdot \frac{\omega_m^2}{2g} \qquad (8.2.3)$$

式中：λ——管道摩擦系数；

D_i——管子内径（mm）；

ω_m——管道平均流速（m/s）。

7）主蒸汽管道、再热蒸汽管道、抽汽管道、汽轮机汽封蒸汽管道和汽轮机本体疏水管道的疏水坡度方向及坡度应符合本规范8.2.5条第6款的规定。

7　以下区域的管道布置不应妨碍设备的维护及检修：

1）需要进行设备维护的区域。

2）设备检修起吊需要的区域，包括整个起吊高度及需要移动的空间。

3）设备内部组件的抽出及设备法兰拆卸需要的区域。

4）设备吊装孔区域。

8　在水平管道交叉较多的地区，宜按管道的走向划定纵横走向的标高范围，将管道分层布置。

9　管道的布置，应保证支吊架的生根结构、拉杆、弹簧等与管子保温层不相碰撞。

10　沿墙布置的管道，不应妨碍门窗的启闭。

11　管道穿过安全隔离墙时应加套管。在套管内的管段不得有焊缝，管子与套管间的间隙应用阻燃的软质材料封堵严密。

8.2.4　管道组成件布置应符合下列规定：

1　两个成型管件相连接时，宜装设一段直管，其长度可按下列规定选用：

1）对于公称尺寸小于 *DN*150 的管道，大于或等于 150mm；

2）对于公称尺寸小于或等于 *DN*500 且大于或等于 *DN*150 的管道，大于或等于 200mm；

3）对于公称尺寸大于 *DN*500 的管道，大于或等于 500mm；

4）当直管段内有支吊架或疏水管接头时，还应根据需要适当加长。

2　在三通附近装设异径管时，对于汇流三通，异径管应布置在汇流前的管道上；对于分流三通，异径管应布置在分流后的管道上。

3　水泵入口水平管道上的偏心异径管，当泵入口管道由下向上水平接入泵时，应采用偏心向下布置；当泵入口管道由上向下水平接入泵时，应采用偏心向上布置。

4　主蒸汽和再热蒸汽管道上的水压试验阀或其他隔离装置应靠近过热器出口和再热器进、出口侧布置。

5　在介质温度为450℃以上的主蒸汽和高温再热蒸汽管道上，应在适当位置设置三向位移指示器。

6　阀门的布置应符合以下规定：

1）便于操作、维护和检修。

2）应按照阀门的结构、工作原理、介质流向及制造厂的要求确定阀门及阀杆的安装方式。

3）重型阀门和规格较大的焊接式阀门，宜布置在水平管道上，门杆宜垂直向上；当必须装设在垂直管道上时应取得阀门制造厂的认可。

4）法兰连接的阀门或铸铁阀门，应布置在管系弯矩较小处。

5）水平布置的阀门，除有特殊要求外，阀杆不宜朝下。

6）存在两相流动的管系，调节阀或疏水阀的位置宜接近接受介质的容器。如果条件许可，调节阀或疏水阀应直接与接受介质的容器连接。

7）阀门宜布置在管系的热位移较小位置。

8）抽汽管道的动力止回阀及电动隔断阀宜靠近汽轮机抽汽口布置，止回阀的布置位置应取得汽轮机制造厂的认可。

7　阀门手轮的布置应符合以下规定：

1）布置在垂直管段上直接操作的阀门，操作手轮中心距地面（或楼面、平台）的高度，宜为1300mm。

2）对于图 8.2.4 平台外侧直接操作的阀门，呈水平布置的操作手轮中心或呈垂直布置手轮平面离开平台的距离 Δ，不宜大于 300mm。

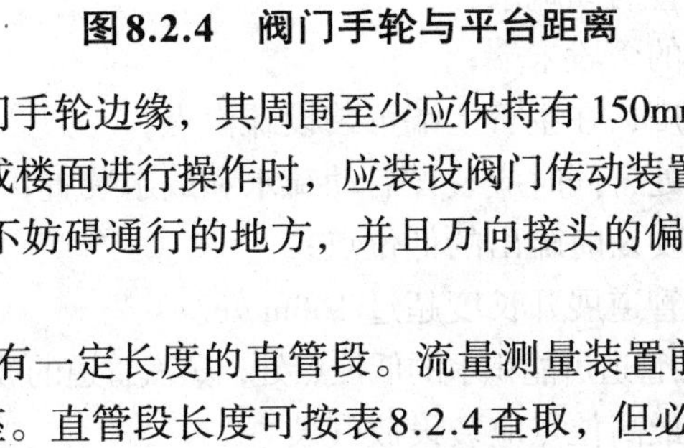

图8.2.4　阀门手轮与平台距离

3）任何直接操作的阀门手轮边缘，其周围至少应保持有 150mm 的净空距离。

4）当阀门不能在地面或楼面进行操作时，应装设阀门传动装置或操作平台。传动装置的操作手轮座，应布置在不妨碍通行的地方，并且万向接头的偏转角不应超过 30% 连杆长度不应超过 4m。

8　流量测量装置前后应有一定长度的直管段。流量测量装置前后允许的最小直管段长度内，不宜装设疏水管或其他接管座。直管段长度可按表8.2.4查取，但必须满足流量测量元件制造厂的要求。

表 8.2.4　流量测量装置前后侧的最小直管段长度

d/D_i	流量测量装置前侧局部阻力件形式和最小直管段长度 L_1						流量测量装置后最小直管段长度 L_2（左面所有的局部阻力件形式）
	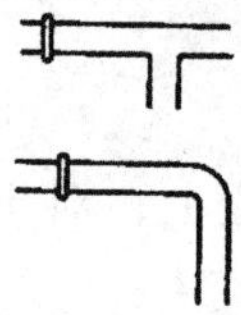	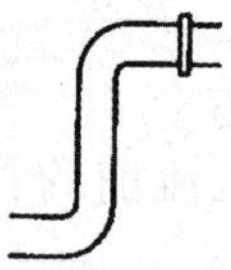	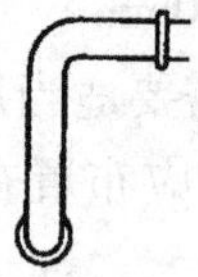	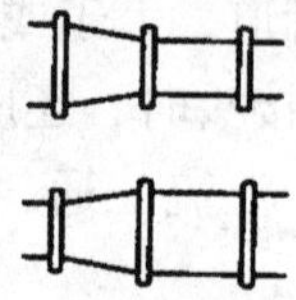			
	一个90°弯头或只有一个支管流动的三通	在同一平面内有多个90°弯头	空间弯头（在不同平面内有多个90°弯头）	异径管（大变小，$2D_i \to D_i$ 长度大于 $3D_i$；小变大，$\frac{1}{2}D_i \to D_i$，长度大于或等于 $1\frac{1}{2}D_i$）	全开截止阀	全开闸阀	
1	2	3	4	5	6	7	8
0.20	10（6）	14（7）	34（17）	16（8）	18（9）	12（6）	4（2）
0.25	10（6）	14（7）	34（17）	16（8）	18（9）	12（6）	4（2）
0.30	10（6）	14（7）	34（17）	16（8）	18（9）	12（6）	5（2.5）
0.35	10（6）	14（7）	36（18）	16（8）	18（9）	12（6）	5（2.5）
0.40	14（7）	18（9）	36（18）	16（8）	20（10）	12（6）	6（3）
0.45	14（7）	18（9）	38（19）	18（9）	20（10）	12（6）	6（3）
0.50	14（7）	20（10）	40（20）	20（10）	22（11）	12（6）	6（3）
0.55	16（8）	22（11）	44（22）	20（10）	24（12）	14（7）	6（3）
0.60	18（9）	26（13）	48（24）	22（11）	26（13）	14（7）	7（3.5）
0.65	22（11）	32（16）	54（27）	24（12）	28（14）	16（8）	7（3.5）
0.70	28（14）	36（18）	62（31）	26（13）	32（16）	20（10）	7（3.5）
0.75	36（18）	42（21）	70（35）	28（14）	36（18）	24（12）	8（4）
0.80	46（23）	50（25）	80（40）	30（15）	44（22）	30（15）	8（4）

注：1　本表所列数字为管子内径 D_i 的倍数。

2　本表括号外的数字为“附加极限相对误差为零”的数值；括号内的数字为“附加极限的相对误差为±0.5%”的数值。

3　表中 d 为喷嘴或孔板孔径；D_i 为管子内径。

9　汽轮机旁路阀宜靠近汽轮机布置，旁路阀前后连接管道的布置应符合制造厂的要求，旁路阀的阀杆宜垂直向上，喷水调节阀应靠近旁路阀的喷水入口。

10　蒸汽管道按疏水坡度方向管径由大变小时，应采用偏心异径管，且异径管的布置应偏心向上。

8.2.5　管道疏水、放水和放气点的设置应符合下列规定：

1　蒸汽管道下列地点应设置经常疏水：

1）经常处于热备用状态的设备进汽管段的低位点。

2）蒸汽不经常流通的管道死端，而且是管道的低位点时。

3）饱和蒸汽管道和蒸汽伴热管道的适当地点。

2　蒸汽管道下列地点应设置启动疏水：

1）按暖管方向分段暖管的管段末端；

2）为了控制管壁升温速度，在主管上端可装设疏汽点；

3）在装设经常疏水装置处，同时应装设启动疏水和放水装置；

4）所有可能积水而又需要及时疏出的低位点；

5）管道上无低位点，但管道展开长度超过 100m 处。

3　管道的放水装置，应设在管道可能积水的低位点处，蒸汽管道的放水装置应与疏水装置联合装设。

4　水管道可能积存空气的最高位点应装设放气装置。

5 需进行水压试验的蒸汽管道，其可能积存空气的最高位点应装设放气装置。

6 对可能造成汽轮机进水的管道疏水设计必须符合下列规定：

1）从锅炉过热器出口至汽轮机主汽门之间的主蒸汽管道，每个低位点都必须设置自动疏水；在靠近汽轮机主汽门前的每段支管上，必须设置自动疏水；疏水管道内径不得小于19mm，疏水应单独接至疏水扩容器或凝汽器，不得采用疏水转注或合并。主蒸汽管道的疏水坡度方向必须顺汽流方向，且坡度木得小于0.005。

2）每根低温再热蒸汽管道的低位点必须设置带水位测点的疏水收集器；如果低温再热蒸汽管道至给水加热器的进汽管道有低位点时，该低位点必须设置带水位测点的疏水收集器，低温再热蒸汽管道疏水管内径不得小于38mm；从再热器出口至汽轮机中压主汽门之间的高温再热蒸汽管道，每个低位点都必须设置自动疏水。疏水应单独接至疏水扩容器或凝汽器，不得采用疏水转注或合并。再热蒸汽管道的疏水坡度方向必须顺汽流方向，且坡度不得小于0.005。

3）汽轮机抽汽管道最靠近汽轮机的动力止回阀或电动关断阀前应设自动疏水，管道上所有低位点应设置自动疏水。抽汽管道疏水应单独接至疏水扩容器或凝汽器，不得采用疏水转注或合并。疏水坡度方向必须顺汽流方向，且坡度不得小于0.005。

4）汽封系统喷水减温器的下游管道上应设置自动疏水。汽轮机与汽封联箱之间的汽封系统管道应使疏水坡向联箱，其坡度不得小于0.02；至汽封系统的外部供汽管道必须坡向供汽汽源，其坡度不得小于0.02，至轴封加热器的轴封漏气管道必须坡向轴封加热器，其坡度不得小于0.02。

7 管道的疏水、放水装置的设计，应符合下列规定：

1）公称压力大于或等于*PN*40的管道放水和放气，应串联装设两个截止阀。

2）蒸汽管道的启动疏水阀门，其中一个应为动力驱动阀。

3）经常疏水的疏水装置，对于公称压力大于或等于*PN*63的管道，宜装设节流装置或疏水阀，节流装置后的第一个阀门，应采用节流阀；对于公称压力小于或等于*PN*40的管道，宜采用疏水阀；当管道内蒸汽压力较低，适合用U型水封装置时，可用U型水封装置代替疏水阀。

4）疏水收集器应由直径大于或等于*DN*150的管子制作，长度应满足安装水位传感器的要求。

5）管道放水应经漏斗接至放水母管或相应排水点。疏水、放水装置的组合形式可按图8.2.5-1~图8.2.5-8选取。

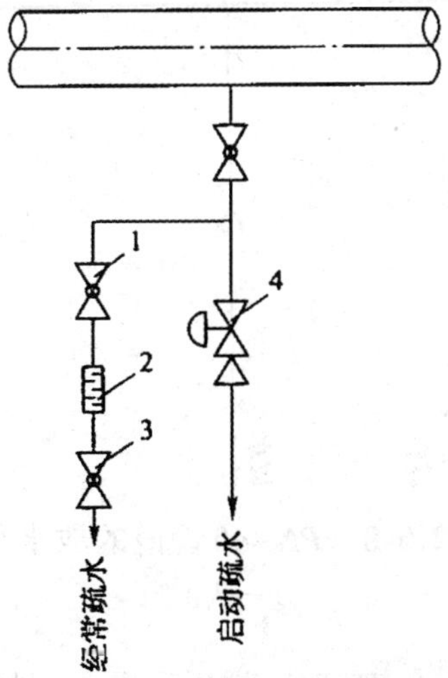

图8.2.5-1 *PN*≥63管道的疏水、放水装置

1—截止阀；2—节流装置；
3—节流阀；4—气动疏水阀

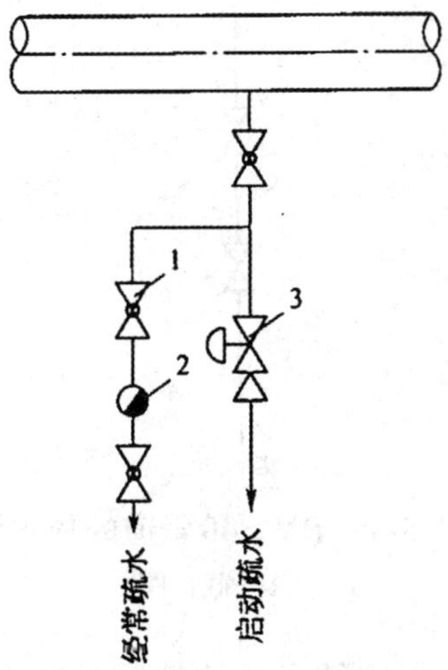

图8.2.5-2 *PN*40管道的疏水、放水装置

1—截止阀；2—疏水器；
3—气动疏水阀

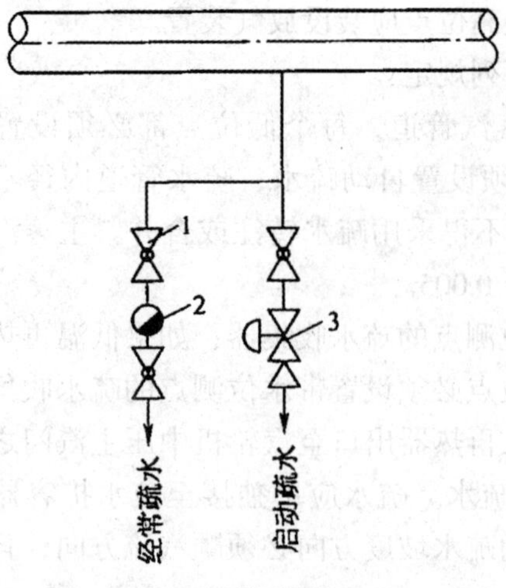

图8.2.5-3　*PN*≤25管道的疏水、放水装置

1—截止阀；2—疏水器；
3—气动疏水阀

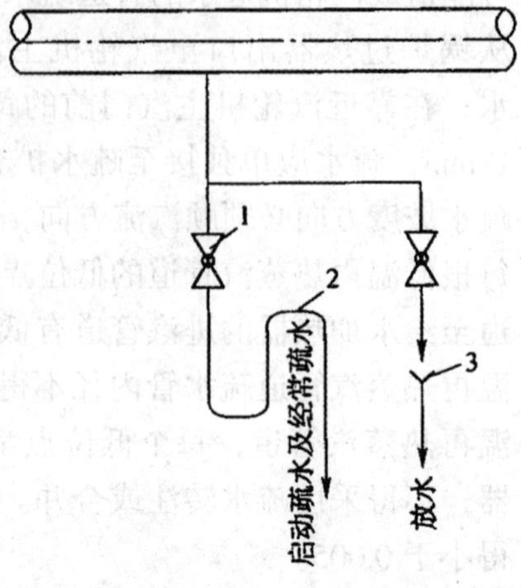

图8.2.5-4　压力很低的U型管疏水、放水装置

1—截止阀；2—水封；3—漏斗

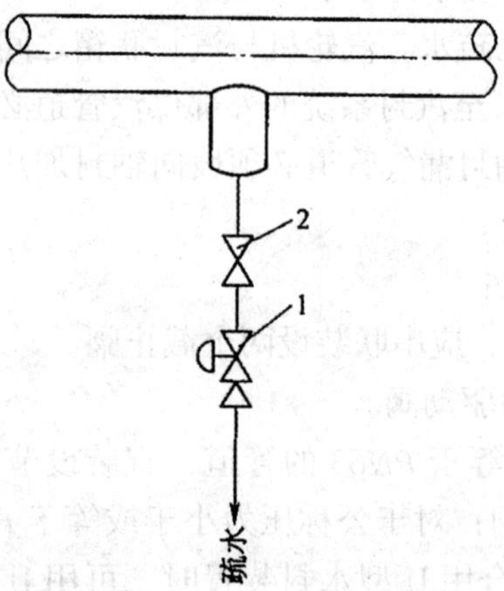

图8.2.5-5　带疏水收集器的疏水

1—气动疏水阀；2—截止阀

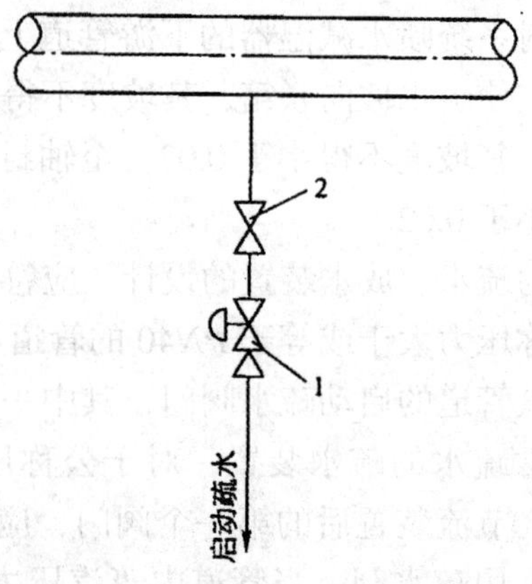

图8.2.5-6　不带疏水收集器的疏水

1—气动疏水阀；2—截止阀

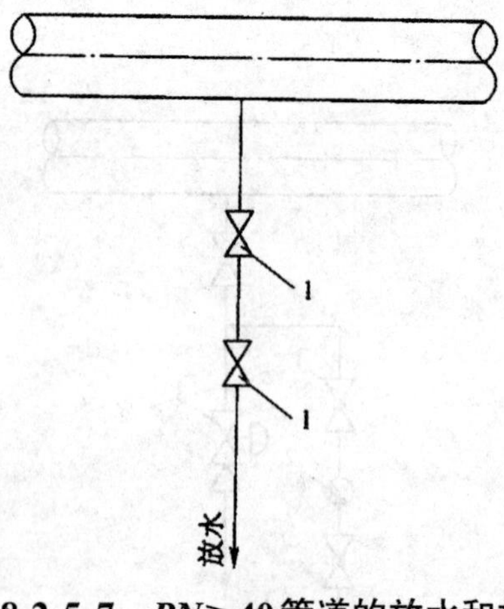

图8.2.5-7　*PN*≥40管道的放水和放气

1—截止阀

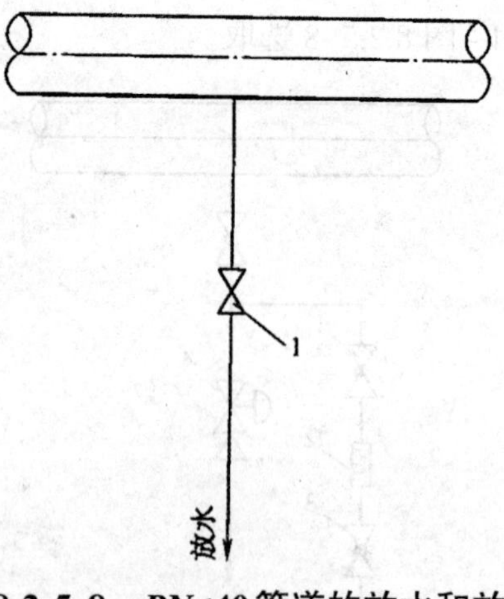

图8.2.5-8　*PN*<40管道的放水和放气

1—截止阀

8　设计中应结合具体情况，减少疏水装置的数量，合理简化疏水系统。可按图8.2.5-9~图8.2.5-12选取。

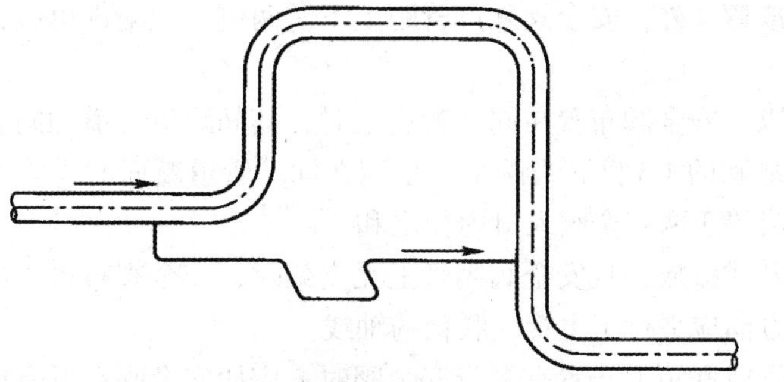

图8.2.5-9　高位至低位的疏水转注

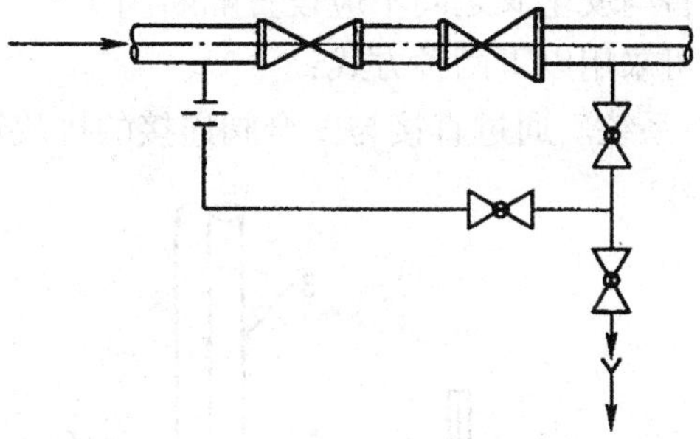

图8.2.5-10　高压至低压的疏水转注

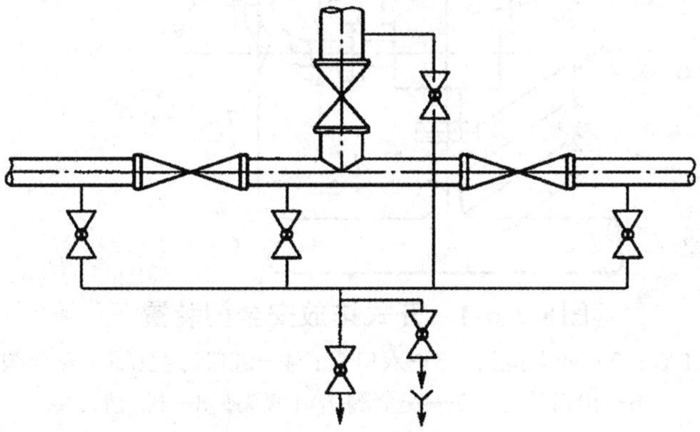

图8.2.5-11　疏水集中处的疏水合并

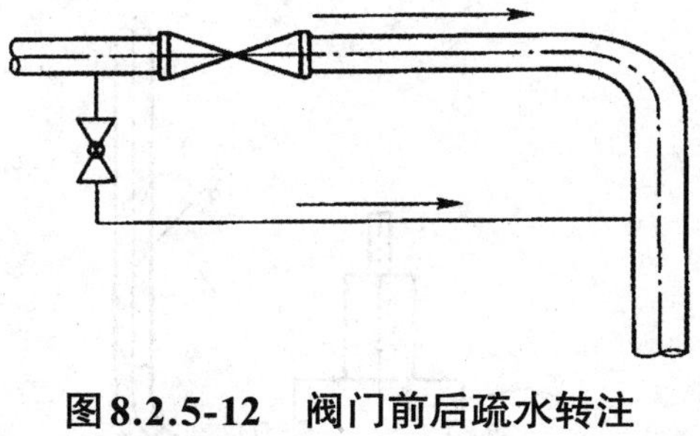

图8.2.5-12　阀门前后疏水转注

9　接至疏水扩容器总管上各疏水管道的布置，应按压力顺序排列，压力低的靠近扩容器侧，并应与总管轴线成45°角，且出口朝向扩容器；当疏水扩容器上有多个疏水总管时，接入不同疏水总管的疏水按压力由高到低的顺序由下到上依次接入疏水总管。

8.2.6　安全阀及排放管道的布置应符合下列规定：

1　安全阀的布置应符合以下规定：

1）主蒸汽和高温再热蒸汽管道上的安全阀，阀门应距上游弯管或弯头起弯点大于或等于8倍管子内径的距离；当弯管或弯头是从垂直向上而转向水平方向时，其距离还应适当加大。

除下游弯管或弯头外，安全阀入口管距上下游两侧其他附件也应大于或等于 8 倍管子内径的距离。

2）两个或两个以上安全阀布置在同一管道上时，其间距沿管道轴向应大于或等于相邻安全阀入口管内径之和的 1.5 倍。当两个安全阀在同一管道断面的周向上引出时，其周向间距的弧长应大于或等于两安全阀入口内径之和。

3）当排汽管为开式排放，且安全阀阀管上无支架时，安全阀布置应尽可能使入口管缩短，安全阀出口的方向应平行于主管或联箱的轴线。

4）在同一根主管或联箱上布置有多只安全阀时，应使安全阀在所有运行方式下，其排放作用力矩对主管的影响达到相互平衡。

5）在被保护的管道和设备与安全阀之间不应设置隔断阀。

2　安全阀排放管道的设置可采用以下两种方式：

1）图 8.2.6–1 的闭式排放系统。通过直接与安全阀连接的排放管把流体排放到大气。

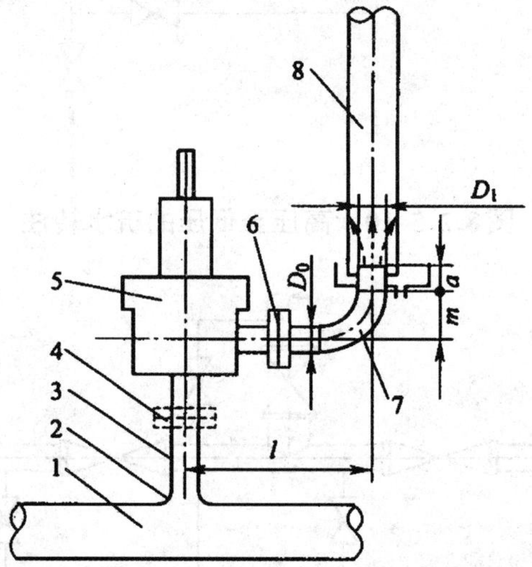

图 8.2.6-1　开式排放安全门装置

1—主管；2—分支接头；3—入口管；4—进口法兰；5—安全阀；6—出口法兰；7—安全阀出口弯头；8—排汽管

2）图 8.2.6–2 的开式排放系统。流体排放到不与安全阀相接的排空管，之后排放到大气。

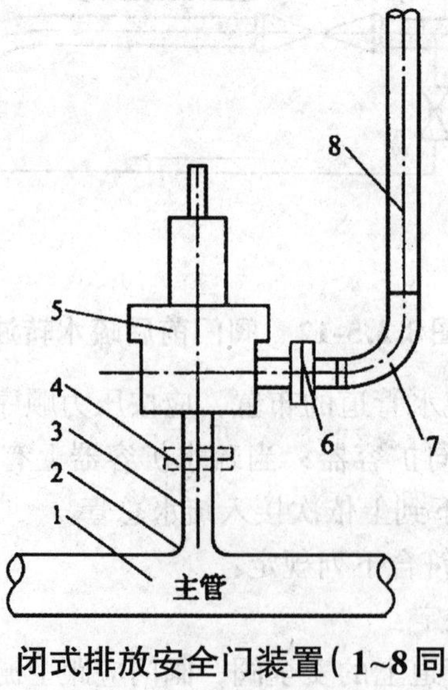

图 8.2.6-2　闭式排放安全门装置（1~8 同图 8.2.6-1）

3　排放管的设置及布置应符合以下规定：

1）排放管应短而直，减少管线方向的变换次数。不宜采用小弯曲半径的弯头。

2）闭式排放的安全阀排放管的布置不应影响安全阀的排放能力；开式排放的安全阀排放管的布置必须避免在疏水盘处发生蒸汽反喷。如果不能满足这些要求应修改排放管的布置或规格。

3）除水管道安全阀外，安全阀的排放管宜引至厂房外，排出口不应对着其他管道、设备、建筑物以及可能有人到达的场所。排出口应高于屋面或平台 2200mm。

4）每个安全阀宜使用单独排放管。若多个安全阀使用一个排放管，则排放管截面积不应小于所有阀的阀出口截面总和，且应符合本款第 2）项的规定。

5）安全阀的排放管应合理设置支吊架装置以承受其排放反力及其他荷载。

6）安全阀出口与第一只出口弯头之间无支架时，两者之间宜直接连接，如有直管段时应尽可能短。若安全阀的接管承受弯矩，必要时需核算安全阀接口处强度。

7）当采用图 8.2.6-1 的开式系统，且阀门和阀管上无支架时，角式安全阀出口弯头的出口端 *a* 段应留有一段大于或等于一倍管道内径的直段。

8）蒸汽安全阀排放管的低点宜设置疏放水管道，管道上不设置阀门。

8.2.7 地沟内管道布置应符合下列规定：

1 厂房内的汽水管道除特殊情况外不宜布置在地沟内。

2 如果汽水管道布置在地沟内应符合下列规定：

1）管道的布置应方便检修及更换管道组成件。

2）宜采用单层布置。当采用多层布置时，可将管径小、压力高、有阀门或法兰连接的管道布置在上面。

3 地沟内布置的管道，按图8.2.7，各种净空应符合下列规定：

1）不保温的管道，管子外壁至沟壁的净空距离 Δ_1=100mm~150mm；管子外壁至沟底的净空距离 Δ_2 不应小于 200mm；相邻两管外壁之间的净空距离，垂直方向 Δ_3 不应小于 150mm，水平方向 Δ_4 不应小于 100mm。

2）保温的管道，在计入冷、热位移条件下，除保证上述净空距离外，且保温后的净空距离不应小于 50mm。

3）多层布置时，上层管道应有一个大于或等于 400mm 的水平间距 Δ_5。

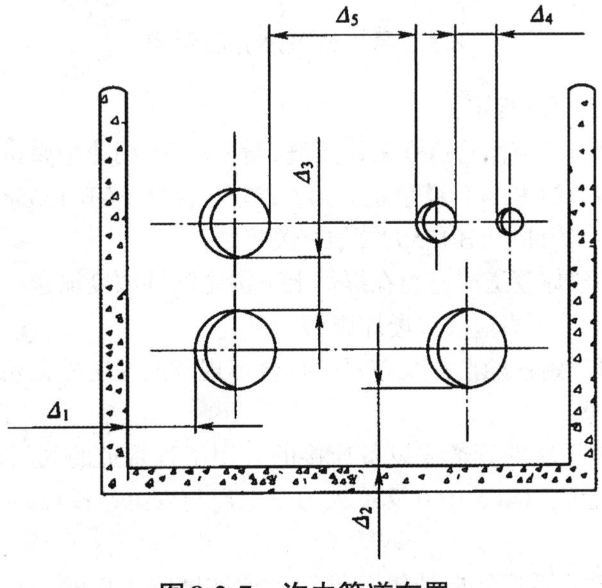

图8.2.7 沟内管道布置

8.2.8 埋地管道布置应符合下列规定：

1 温度小于或等于150℃、压力小于或等于2.35MPa的水管道或无压排水管道在必要时可埋地布置。

2 埋地管道应采取防腐处理。

3 埋地管道不应穿越设备基础。

4 穿越检修通道的埋地管道，根据上部可能发生的荷载确定埋深，顶部至路面的高度不宜小于700mm，必要时应加防护套管。

5 大直径薄壁管道深埋时，应满足在土壤压力下的稳定性及刚度要求。

6 厂房外埋地管道应结合冻土层深度、地下水位和管子自身刚度综合确定；管道埋深应在冰冻线以下，当无法实现时，应有可靠的防冻保护措施。

7 埋地布置管道的阀门或法兰处应设检修井，按图8.2.8，检修井的布置尺寸应符合下列规定：

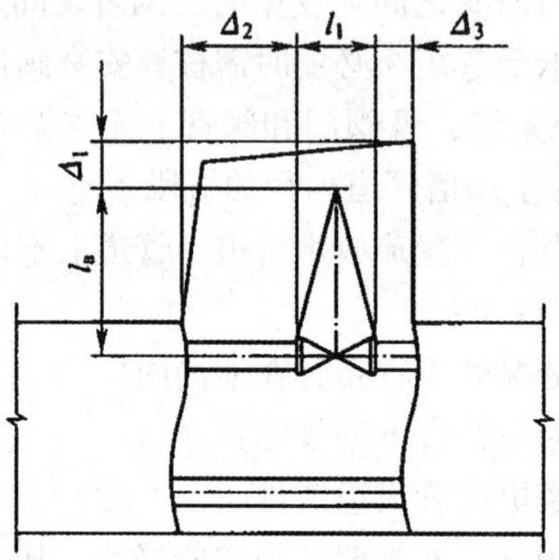

图8.2.8 检修井内阀门布置尺寸

l_1—阀门长度；l_a—阀门中心线至开启后门杆（或手轮顶端）的长度

1）开启后阀杆净空距离 Δ_1 不宜小于100mm。

2）阀门与沟壁检修净空距离 Δ_2 宜为400mm~500mm。

3）阀门与沟壁检修净空距离 Δ_3 宜为200mm。

8 带有隔热层及外护套的管道埋地敷设时，应有足够柔性，在外套内应有内管热胀的余地。

9 埋地管道与铁路、道路及建筑物的最小水平距离应符合国家现行标准《工业企业总平面设计规范》GB 50187和《城镇直埋供热管道工程技术规程》CJJ/T 81的有关规定。

8.3 易燃或可燃介质管道

8.3.1 可燃管道设计应符合下列规定：

1 易燃或可燃气体管道、液体管道宜采用无缝钢管。当采用非金属材料时，其材料应符合现行国家标准《燃气用埋地聚乙烯（PE）管道系统　第1部分：管材》GB 15558.1和《燃气用埋地聚乙烯（PE）管道系统　第2部分：管件》GB 15558.2的有关规定。

2 对于易燃或可燃的气体管道应避免在爆炸上下限之间的浓度输送，当必须输送浓度在爆炸上下限之间的介质，管道的设计压力应大于爆炸压力。

3 易燃或可燃介质管道附件的选择及布置除符合本规范的规定外，还应根据其介质特性符合相关国家和行业标准的规定。

4 对于与易燃或可燃介质的管道或设备连接的公用工程管道的阀门设置应符合现行国家标准《石油化工企业设计防火规范》GB 50160及《火力发电厂与变电站设计防火规范》GB 50229的有关规定。

5 润滑油供油和回油管道应坡向油箱，供油管道坡度宜为0.003~0.005，回油管道坡度宜为0.02~0.03，事故放油管道坡度宜为0.01。

6 事故放油管道及管件的材料、型式以及布置等应符合现行行业标准《火力发电厂油气管道设计规程》DL/T 5204的有关规定。

7 管道的补偿严禁采用填料函式补偿器。

8 为防止静电累积，易燃或可燃介质管道应设计完善的静电接地系统。

9 氢气管道的管道组成件材料、型式以及布置等应符合现行国家标准《氢气站设计规范》GB 50177的规定。

8.3.2 管道的布置应符合下列规定：

1 管道宜架空敷设，管道宜布置在管架的上层，且不宜与输送高温介质的管道相邻，并应位于腐蚀性介质管道的上方。管道间距应符合本规范第8.2.2条的有关规定。

2 易燃或可燃气体管道可埋地敷设，但不宜布置在管沟内。当易燃或可燃液体管道布置在管沟内时，应采取可靠的防止易燃气体聚集及检测措施。

3 管道埋地敷设时，除应符合本规范第8.2.8条的规定外，在穿过道路、铁路、下水管、管沟、地沟、隧道及其他用途的各种沟槽时，应敷设在套管内。套管伸出构筑物外壁、铁路路基、道路路肩长度不应小于1m。套管两端应采用防腐、防水材料密封。在穿越重要位置及地沟、管沟处的套管应安装检漏管。

8.3.3 管道的疏水、放水和放气点的设置应符合下列规定：

1 易燃或可燃介质管道的疏水、放水及放气系统应采取可靠的措施防止泄漏。疏水系统的每一个疏水管道上应设置1只止回阀。在严寒地区还应采取防冻措施。

2 埋地管道的疏水收集器应布置在冻土层以下，其放水管道应有可靠的防冻措施。

8.3.4 管道的安全排放系统应符合下列规定：

1 管道应设置安全排放系统，排放口不得设置在室内。管道排气放散管及安全阀排放管宜单独设置，也可接至同压力等级的放散竖管排向大气，排放系统的设计参数应按照输送介质的有关规范计算后确定。

2 易燃气体管道的排放管宜竖直布置，管口应装设阻火器，不宜在排放口设置弯管或弯头。

3 在寒冷地区的排放管道应有防冻、防堵塞的措施。

4 排放管道出口不应直对其他管道、设备、建筑物以及可能有人到达的场所。排出口高于屋面或平台的高度应符合相关标准规定。

8.3.5 管道应设置清扫系统、检修置换系统。

8.3.6 严寒地区的易燃或可燃液体管道应根据介质特性设置管道伴热系统。伴热系统宜采用电伴热或热水伴热。

8.4 有毒气体或液体管道

8.4.1 管道的设计应符合下列规定：

1 管道材料应采用无缝钢管，管道组成件的壁厚选择应按照本规范第6章的要求选取，腐蚀裕量应取上限值。

2 管道的连接应采用焊接或焊接带颈法兰连接。当必须采用螺纹连接时，应根据介质特性及运行条件采用可靠的密封材料及密封措施。

3 管道的支管连接应采用成型件。

4 在工艺管道上引出的仪表管道，应在靠近工艺管道处设置一只便于操作的隔离阀门。

5 管道的补偿严禁采用填料函式补偿器。

8.4.2 管道的布置应符合下列规定：

1 管道宜架空敷设，且宜布置在管架的上层，对有腐蚀性的有毒介质管道应布置在管架的下层。管道不应埋地敷设。

2 管道的应力分析计算应符合本规范第9章的规定，不得采用简化计算，管系的设计应尽量减少冲击和振动荷载。

8.4.3 管道系统的疏水、放水和放气点的设置应符合本规范第8.2节的有关规定，所有的排放介质应进行妥善的回收并接入无害化处理系统。

8.4.4 有毒介质在装置区内严禁设置对空排放管道。气体的安全排放管道应接入火炬排放系统，在厂外管架部分的安全排放管道宜接入火炬系统，如果排放量少且通过环评批准后可以对空排放，排放口应设置在空旷无人地带，排放口应高出管架最高处至少3m。液体的安全排放管道应有可靠的回收措施。

8.4.5 管道应设置置换系统。

8.5 腐蚀性介质管道

8.5.1 管道材料必须根据其介质特性选用。当采用非金属材料时，其材料应符合现行国家标准的有关规定。

8.5.2 腐蚀性介质管道应采用严密型阀门，阀门本体的密封应有可靠的防泄漏措施。

8.5.3 管道宜布置在所有管道的下层。

8.5.4 管道系统疏水、放水和放气点及安全排放管道的设置应符合本规范第8.2.5条的有关规定。所有的排放介质应进行妥善的回收并接入无害化处理系统。

8.5.5 管道不宜布置在经常有人通行处的上方，必须架空敷设时，法兰、接头处应采取防护措施。

8.6 其他气体管道

8.6.1 输送压缩空气、氮气、氧气、二氧化碳管道的管道组成件材料、型式及布置等应符合现行行业标准《火力发电厂油气管道设计规程》DL/T 5204的有关规定。

8.6.2 压缩空气管道顺气流方向时，管道坡度不应小于0.003，逆气流方向时，管道坡度不应小于0.005。

8.7 厂区管道的布置

8.7.1 管道敷设方式应根据厂区规划布局以及介质的特性进行选择。厂区管道可采用架空、地沟或埋地敷设。

8.7.2 汽水管道宜采用架空敷设，也可采用地沟或埋地敷设。

8.7.3 有伴热的管道不应直接埋地。

8.7.4 共沟敷设管道的要求应符合现行国家标准《工业企业总平面设计规范》GB 50187的有关规定。

8.7.5 地沟敷设的管道设有补偿器、阀门及其他需维修的管道附件时，应将其布置在符合安全要求的井室中，井内应有宽度大于或等于0.5m的维修空间。

8.7.6 在道路、铁路上方的管道不应安装阀门、法兰、螺纹接头及带有填料的补偿器等可能泄露的管道附件。

8.7.7 管道与管道及电缆间的最小水平间距应符合现行国家标准《工业企业总平面设计规范》GB 50187的有关规定。

8.7.8 厂区管道的布置应符合本规范第8.1节~第8.6节的有关规定。

9 管道的应力分析计算

9.1 一般规定

9.1.1 管道系统应力分析计算的内容应包括计算管道在内压、自重和其他外部荷载作用下所产生的一次应力和在热胀、冷缩及端点附加位移等荷载所产生的二次应力，还应包括计算管道对设备和固定装置的作用力及力矩。

9.1.2 管道对所连接设备的作用力和力矩应在制造厂设备安全承受的范围内。管道对压力容器管口上的作用力和力矩应作为校核容器强度的依据条件。

9.1.3 根据需要及工程约定，应力分析计算时应计入以下偶然荷载的作用：

1 室外露天布置的管道应计入风荷载的作用；在有雪和冰冻的地区应计入雪荷载和冰荷载的作用。

2 除有特殊要求外地震烈度大于8度的地区应计入地震荷载的作用，但可不计入地震荷载与风荷载同时出现的工况。

3 其他可能发生的偶然荷载的作用。

9.1.4 进行管道系统的应力分析计算时，假定整个管道系统为弹性体。

9.1.5 适当的冷紧可减少管道运行初期的热态应力和管道对端点的热态推力，并可减少管道系统的局部过应变，与冷紧和验算的应力范围无关。

9.2 管道应力分析计算的范围及方法

9.2.1 管道应力分析计算的范围应符合下列规定：

1 主蒸汽管道、低温再热蒸汽管道、高温再热蒸汽管道及汽轮机旁路系统管道、给水管道、汽轮机各级抽汽管道以及辅助蒸汽管道等必须进行应力分析计算。

2 进行应力分析计算的管道公称尺寸范围应按设计温度、管道布置以及机组容量大小等具体情况确定。

9.2.2 管道应力分析计算的方法可采用：

1 用经过实际工程验证的并经过鉴定的计算软件进行应力分析计算。

2 对于低参数及简单的管道，可采用近似分析方法，包括表格法、图解法、经验公式法等进行简化分析计算。

9.3 管道应力分析计算的基本要求

9.3.1 在进行管道应力分析时宜按以下原则划分管道系统：

1 以设备连接点或固定点之间连接的各管段（包括分支管段）构成一个独立的计算管系，每一计算管系中应包括其所有管件和各种约束。

2 如果分支管段的刚度与主管的刚度相差较大时才可将分支管段划为另一计算管道系统，但应计入主管在分界点处附加给分支管段的准确线位移和角位移。

9.3.2 管道应力分析应符合下列规定：

1 在进行作用力和力矩计算时，应采用右旋直角坐标系作为基本坐标系。基本坐标系的原点可任意选择，并宜按计算机程序确定，Z轴宜为向上的垂直轴，X轴宜为沿主厂房纵向的水平轴，Y轴宜为沿主厂房横向的水平轴。

2 管道与设备相连接时，应计入管道端点处的附加位移，包括线位移和角位移。

3 进行分析和计算的管件，应按本规范附录D计入柔性系数和应力增加系数。

4 应计入各种类型支吊装置的作用。

5 管道运行中可能出现多种工况时，应按各工况的条件分别分析计算。

6 分析计算中的任何假设与简化，不应对分析计算结果的作用力、应力等产生不利或不安全的影响。

7 支吊架生根在有位移的设备或管道上时，分析计算时应计入其附加矢量热位移。

9.4 管道应力验算

9.4.1 管道在内压作用下的应力验算应符合下列规定：

1 管道在工作状态下，由内压产生的折算应力不得大于钢材在设计温度下的许用应力应按下式计算：

$$\sigma_{eq}=\frac{p[0.5D_o-Y(S-C)]}{\eta(S-C)}\leqslant[\sigma]^t \qquad (9.4.1)$$

式中：σ_{eq}——内压折算应力（MPa）；

p——设计压力（MPa）；

D_o——管子外径（mm）；

S——管子实测最小壁厚（mm）；

Y——温度对计算管子壁厚公式的修正系数，按第6.2节规定确定；

η——许用应力的修正系数，按第6.2节规定确定；.

C——腐蚀、磨损和机械强度的附加厚度（mm）；

$[\sigma]^t$——钢材在设计温度下的许用应力（MPa）。

2 当管道在运行中有压力和/或温度波动，且超过设计压力和/或设计温度时，计算压力产生环向应力不应超过相应温度下许用应力的下列百分比值：

1）15%，任何一次不超过8h，全年不超过800h。

2）20%，任何一次不超过1h，全年不超过80h。

9.4.2 管道在工作状态下，由内压、自重和其他持续外载产生的轴向应力之和，必须符合下式的规定：

$$\sigma_1=\frac{pD_i^2}{D_o^2-D_i^2}+0.75\frac{iM_a}{W}\leqslant1.0[\sigma]^t \qquad (9.4.2)$$

式中：p——设计压力（MPa）；

D_o——管子外径（mm）；

D_i——管子内径（mm）；

M_a——由于自重和其他持续外载作用在管子横截面上的合成力矩（N·mm）；

W——管子截面抗弯矩（mm^3）；

$[\sigma]^t$——钢材在设计温度下的许用应力（MPa）；

i——应力增加系数，按附录D选取，$0.75i$不得小于1；

σ_1——管道在工作状态下，由持续荷载，即内压、自重和其他持续外载产生的轴向应力之和（MPa）。

9.4.3 管道在工作状态下由内压、自重、其他持续外载和地震等偶然荷载的作用下，所产生的应力之和应符合下式的规定：

$$\frac{pD_i^2}{D_o^2-D_1^2}+0.75\frac{iM_a}{W}+0.75\frac{iM_b}{W}\leqslant K[\sigma]^t \qquad (9.4.3)$$

式中：K——系数，当任何一次偶然荷载作用时间不大于8h，全年不超过800h时，K=1.15；当任何一次偶然荷载作用时间不大于1h，全年不超过80h时，K=1.20；

M_b——安全阀或释放阀的反作用力、管道内流量和压力的瞬时变化及地震等产生的偶然荷载作用在管子横截面上的合成力矩（N·mm）；当地震设防烈度为8度及以上时，应计入地震对管道的影响。在验算时，M_b中的地震力矩只取用变化范围的一半。地震引起管道端点位移，如果已在式（9.4.4-1）中计及，则在式（9.4.3）中不再计入。

9.4.4 管道系统热胀应力范围应符合以下规定：

1 当钢材的许用应力值按本规范确定时，管道系统热胀应力范围必须符合下式的规定：

$$\sigma_e=\frac{iM_c}{W}\leqslant f\left[1.2[\sigma]^{20}+0.2[\sigma]^t+([\sigma]^t-\sigma_1)\right] \qquad (9.4.4\text{-}1)$$

式中：$[\sigma]^{20}$——钢材在20℃时的许用应力（MPa）；

M_c——按全补偿值和钢材在20℃时的弹性模数计算的，热胀引起的合成力矩（N·mm）；

W——管子截面抗弯矩（mm^3）；

σ_e——热胀应力范围（MPa）；

f——应力范围的减小系数。

2 预期电厂在运行年限内，系数f与管道全温度周期性的交变次数N有关，可按以下规定选取：

1）当$N \leqslant 2500$时，$f=1$。

2）当$N>2500$时，$f=4.78N^{-0.2}$。

3）如果温度变化的幅度有变动，可按下式计算当量全温度交变次数。

$$N=N_e+r_1^5 N_1+r_2^5 N_2+\cdots+r_n^5 N_n \quad \text{(9.4.4-2)}$$

式中：N_e——计算热胀应力范围σ_e时，用全温度变化ΔT_e的交变次数。

N_1，N_2，…，N_n——分别为温度变化较小ΔT_1，ΔT_2，…，ΔT_n的交变次数；

r_1，r_2，…，r_n——分别为比值$\Delta T_1/\Delta T_e$，$\Delta T_2/\Delta T_e$，…，$\Delta T_n/\Delta T_e$，交变次数N与应力范围减小系数f应符合表9.4.4的规定；

表9.4.4 交变次数N与应力范围减小系数f

交变次数	应力范围减小系数
$N \leqslant 2500$	f=1.0
N=4000	f=0.9
N=7500	f=0.8
N=15000	f=0.7

4）如果公式（9.4.3）中M_b未计入地震引起的端点位移，公式（9.4.4-1）的M_c应计入地震引起的端点位移的力矩。

9.4.5 管道系统的当量合成力矩、管子及管件的截面抗弯矩计算应符合以下规定：

1 用公式（9.4.2）、（9.4.3）、（9.4.4-1）验算直管元件、弯管和弯头时，合成力矩M_j应按以下公式计算：

$$M_j=\sqrt{M_{xj}^2+M_{yj}^2+M_{zj}^2} \quad \text{(9.4.5-1)}$$

式中：M_j——合成力矩（N·mm），其中注脚j相当于式（9.4.2）、（9.4.3）、（9.4.4-1）中的注脚a、b和c；

M_{xj}、M_{yj}、M_{zj}——计算节点分别沿x、y、z坐标平面的力矩。

2 直管、弯管、弯头的截面抗弯矩，应按以下公式计算。

$$W=\frac{\pi}{32D_o}\left(D_o^4-D_i^4\right) \quad \text{(9.4.5-2)}$$

式中：W——截面抗弯矩（mm^3）；

D_o——管子外径（mm）；

D_i——管子内径（mm）。

3 按图9.4.5验算等径三通时，应按公式（9.4.5-1）分别计算各分支管的合成力矩，按三通的交叉点取值，管子截面抗弯矩按公式（9.4.5-2）和连接管子尺寸计算。

4 验算不等径三通时，应按下列规定分别计算主管两侧和支管的合成力矩：

1）三通支管的合成力矩应按以下公式计算：

$$M_a\left(M_b\text{或}M_c\right)=\sqrt{M_{x3}^2+M_{y3}^2+M_{z3}^2} \quad \text{(9.4.5-3)}$$

式中：M_a、M_b、M_c——合成力矩（N·mm）。

2）三通支管的当量截面抗弯矩应按以下公式计算：

$$W=\pi\ (r_{mb})^2 S_{b3} \quad \cdots\cdots (9.4.5\text{-}4)$$

式中：W——截面抗弯矩（mm^3）；

r_{mb}——支管平均半径（mm）；

S_{b3}——支管当量壁厚（mm）；公式（9.4.4-1）中取用主管公称壁厚S_{nh}和i倍支管公称壁厚iS_{nb}二者中的较小值。公式（9.4.2）、（9.4.3）中取用主管公称壁厚S_{nh}和$0.75iS_{nb}$二者中的较小值，其中$0.75i$大于或等于1.0。

3）主管的合成力矩应按下列公式计算：

$$M_a\ (M_b\text{或}M_c) = \sqrt{M_{x1}^2 + M_{y1}^2 + M_{z1}^2} \quad \cdots\cdots (9.4.5\text{-}5)$$

$$M_a\ (M_b\text{或}M_c) = \sqrt{M_{x2}^2 + M_{y2}^2 + M_{z2}^2} \quad \cdots\cdots (9.4.5\text{-}6)$$

式中：M_a、M_b、M_c——合成力矩（N·mm）。

4）主管的截面抗弯矩图应根据9.4.5按公式（9.4.5-2）计算，各合成力矩应按三通的交叉点取值。

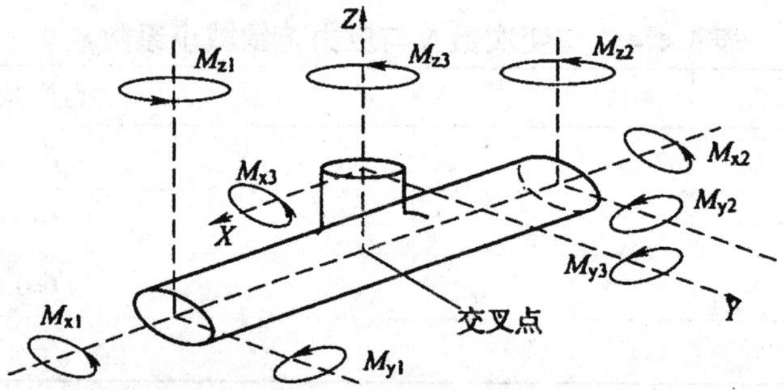

图9.4.5　三通力矩验算

5　支管接管座的合成力矩应按式（9.4.5-7）计算：

$$M_a\ (M_b\text{或}M_c) = \sqrt{M_{x3}^2 + M_{y3}^2 + M_{z3}^2} \quad \cdots\cdots (9.4.5\text{-}7)$$

式中：M_a、M_b、M_c——合成力矩（N·mm）。

6　接管座的截面抗弯矩应按式（9.4.5-8）计算：

$$W=\pi\ (r'_{mb})^2\ S_b \quad \cdots\cdots (9.4.5\text{-}8)$$

式中：W——截面抗弯矩（mm^3）；

r'_{mb}——支管平均半径（mm）；

S_b——三通支管的实际壁厚（实测）或按采购技术条件所允许的最小壁厚（mm）。

9.5　管系补偿值计算及冷紧

9.5.1　管系的全补偿值计算应符合以下规定：

1　当端点无附加角位移时，计算管系或分支的线位移全补偿值可按下列公式计算：

$$\Delta X=\Delta X_b-\Delta X_a-\Delta X_{ab}^t \quad \cdots\cdots (9.5.1\text{-}1)$$

$$\Delta Y=\Delta Y_b-\Delta Y_a-\Delta Y_{ab}^t \quad \cdots\cdots (9.5.1\text{-}2)$$

$$\Delta Z=\Delta Z_b-\Delta Z_a-\Delta Z_{ab}^t \quad \cdots\cdots (9.5.1\text{-}3)$$

$$\Delta Xt_{ab}=\alpha_t\ (X_b-X_a)\ (t-t_{amb}) \quad \cdots\cdots (9.5.1\text{-}4)$$

$$\Delta Yt_{ab}=\alpha_t\ (Y_b-Y_a)\ (t-t_{amb}) \quad \cdots\cdots (9.5.1\text{-}5)$$

$$\Delta Zt_{ab}=\alpha_t\ (Z_b-Z_a)\ (t-t_{amb}) \quad \cdots\cdots (9.5.1\text{-}6)$$

式中：ΔX，ΔY，ΔZ——计算管系沿坐标轴X、Y、Z的线位移全补偿值（mm）；

ΔX_a，ΔY_a，ΔZ_a——计算管系的始端a沿坐标轴X、Y、Z的附加线位移（mm）；

ΔX_b，ΔY_b，ΔZ_b——计算管系的末端b沿坐标轴X、Y、Z的附加线位移（mm）；

ΔX_{ab}^t，ΔY_{ab}^t，ΔZ_{ab}^t——计算管系ab沿坐标轴X、Y、Z的热伸长量（mm）；

α_t——钢材从20℃至工作温度下的线膨胀系数（10^{-6}/℃），常用钢材的线膨胀系数列于附录A；

X_a，Y_a，Z_a——计算管系的始端a的坐标值（mm）；

X_b，Y_b，Z_b——计算管系的末端b的坐标值（mm）；

t——工作温度（℃）；

t_{amb}——计算安装温度（℃）；可取用20℃。

2 当管道沿坐标轴X、Y、Z方向采用不同冷紧比时，沿坐标轴X、Y、Z的线位移冷补偿值应按下列公式计算：

$$\Delta X^{20}=\Delta X_{ab}^{cs} \qquad (9.5.1\text{-}7)$$

$$\Delta Y^{20}=\Delta Y_{ab}^{cs} \qquad (9.5.1\text{-}8)$$

$$\Delta Z^{20}=\Delta Z_{ab}^{cs} \qquad (9.5.1\text{-}9)$$

式中：ΔX^{20}，ΔY^{20}，ΔZ^{20}——计算管系或分支沿坐标轴X、Y、Z的线位移冷补偿值（mm）；

ΔX_{ab}^{cs}，ΔY_{ab}^{cs}，ΔZ_{ab}^{cs}——计算管系或分支ab沿坐标轴X、Y、Z的冷紧值（mm）。

9.5.2 管系的冷紧宜符合下列规定：

1 设计温度在430℃及以上的管道宜进行冷紧，冷紧比不宜小于0.7。

2 当需要减小管道在工作状态下对设备的推力和力矩时，可进行冷紧。冷紧有效系数，对工作状态取2/3，对冷状态取1。

9.6 管道对设备或端点的作用力

9.6.1 管道对设备或端点的推力和力矩可按下列规定计算：

1 按热胀、端点附加位移、有效冷紧、自重和其他持续外载及支吊架反力作用的条件，计算管道运行初期工作状态下的力和力矩。

2 按冷紧、自重和其他持续外载及支吊架反力作用的条件，计算管道运行初期冷状态下的力和力矩。

3 按应变自均衡的目标，自重和其他持续外载及支吊架反力作用的条件，计算管道应变自均衡后在冷状态下的力和力矩。

4 按高温松弛后的自拉、自重和其他持续外载及支吊架反力作用的条件，计算工作温度大于或等于430℃的管道，高温松弛后冷状态下的力和力矩。

9.6.2 根据工程实际需要计算出的工作状态和冷状态下推力和力矩的最大值，应能满足设备安全承受的要求。当数根管道同设备相连时，管道在工作状态和冷状态下推力和力矩的最大值，应按设备和各连接管道可能出现的运行工况分别计算和进行组合。

9.6.3 当管道无冷紧或各方向采用相同的冷紧比时，在不计及持续外载的条件下，管道对设备或端点的推力或力矩，可按公式（9.6.3-1）~（9.6.3-3）计算。

在工作状态下：

$$R^t=-\left(1-\frac{2}{3}\gamma_c\right)\frac{E^t}{E^{20}}R_e \qquad (9.6.3\text{-}1)$$

在冷状态下：

$$R^{20}=\gamma_c R_e \qquad (9.6.3\text{-}2)$$

或

$$R_1^{20}=\left(1-\frac{[\sigma]^t}{\sigma_e}\cdot\frac{E^{20}}{E^t}\right)R_e \qquad (9.6.3\text{-}3)$$

式中：R^t——管道运行初期在工作状态下对设备或端点的推力或力矩（N）或（N·mm）；

R^{20}——管道运行初期在冷状态下对设备或端点的推力或力矩（N）或（N·mm）；

R_1^{20}——管道应变自均衡后，在冷状态下对设备或端点的推力或力矩（N）或（N·mm）；

R_e——计算端点对管道的热胀作用力或力矩（N）或（N·mm）；按全补偿值和钢材在20℃时的弹性模量计算；

γ_c——冷紧比；

$[\sigma]^t$——钢材在设计温度下的许用应力（MPa）；

σ_e——热胀应力范围（MPa）；

E^t——钢材在设计温度下的弹性模量（kN/mn²）；

E^{20}——钢材在20℃时的弹性模量（kN/mm²）。

当$\frac{[\sigma]^t}{\sigma_e}\cdot\frac{E^{20}}{E^t}<1$时，冷状态下管道对设备的推力或力矩应取公式（9.6.3-2）和（9.6.3-3）计算结果的较大值；当$\frac{[\sigma]^t}{\sigma_e}\cdot\frac{E^{20}}{E^t}\geqslant 1$时，应取$R^{20}$作为管道在冷状态下对设备或端点的推力或力矩。

9.6.4 当管道沿坐标轴X、Y、Z方向采用不同的冷紧比时，在不计及持续外载的条件下，管道对设备或端点的推力或力矩可按下列方法计算：

1 按冷补偿值和钢材在20℃时的弹性模量计算的冷紧作用力或力矩，若取其相同的数值、相反的方向，即为管道运行初期在冷状态下对设备或端点的推力或力矩。然后再同公式（9.6.3-3）计算出的管道应变自均衡后在冷状态下对设备或端点的推力或力矩相比较，取大者作为管道在冷状态下对设备或端点的推力或力矩。

2 管道在工作状态下对设备或端点的推力或力矩应按公式（9.6.4）计算。

$$R^t=-\left(R_e-\frac{2}{3}R^{20}\right)\frac{E^t}{E^{20}} \quad\quad (9.6.4)$$

10 管道支吊架

10.1 一般规定

10.1.1 管道支吊架的设置和选型应根据管道系统设计对支吊架的功能要求和管道系统的总体布置综合分析确定。

10.1.2 支吊架间距应使管道荷载合理分布，满足管道强度、刚度和防止振动等要求。

10.1.3 支吊架必须支承在可靠的构筑物上，应便于施工，且不影响设备检修及其他管道的安装和扩建。

10.1.4 支吊架零部件应有足够的强度和刚度，结构简单，应采用典型的支吊架标准产品，否则需对其强度和刚度进行计算。支吊架零部件应按其结构最不利的组合荷载进行选择和设计。

10.1.5 对于吊点处有水平位移的吊架，吊杆配件的选择应使吊杆能自由摆动而不妨碍管道水平位移。

10.1.6 室外管道吊架的拉杆，在穿过保温层处应采取防雨措施。

10.1.7 不锈钢管道不应直接与碳钢管部焊接或接触，宜在不锈钢管道与管部之间设不锈钢垫板或非金属材料隔垫。

10.2 支吊架间距

10.2.1 水平管道支吊架间距，应满足强度条件和刚度条件的要求。

10.2.2 水平直管支吊架间距应符合下列规定：

1 按强度条件确定的支吊架间距应按以下公式计算：

$$L=\frac{\sqrt{P^2+8qW\sigma_{\max}}-P}{q} \quad (10.2.2-1)$$

式中：$\sigma_{\max}$——水平直管最大弯曲应力（MPa），$\sigma_{\max}\leqslant 16.00$MPa；

q——管道单位长度自重（N/m）；

L——支吊架间距（m）；

P——跨中集中荷载（N）；

W——管子截面抗弯矩（cm^3）。

2 按刚度条件确定的支吊架间距应按以下公式计算：

$$\delta_{\max}=\frac{L^3}{E_t I}\left(\frac{5}{384}qL+\frac{1}{48}P\right)\times 10^5 \quad (10.2.2-2)$$

式中：$\delta_{\max}$——最大弯曲挠度（mm），钢管道的弯曲挠度不宜大于2.5mm；

E_t——管子材料在设计温度下的弹性模量（MPa）；

I——管子截面惯性矩（cm^4）；

10.2.3 水平直管支吊架的允许间距应符合下列规定：

1 水平直管支吊架的允许间距，应按强度刚度条件确定的间距最小值取值。

2 在水平管道方向改变处，两支吊点间的管子展开长度不应超过水平直管支吊架允许间距的3/4，其中一个支吊点宜靠近弯管或弯头的起弯点。

10.2.4 垂直管道支吊架的间距可大于水平直管支吊架的允许间距，但管壁应力在最不利荷载作用下不应超过允许值。为防止管道侧向振动，垂直管道宜设置适当数量的管道侧向约束装置。

10.3 支吊架荷载

10.3.1 管道支吊架设计应计入下列荷载：

1 管道组成件及保温层的重力。

2 支吊架的重力。

3 管道输送介质的重力。

4 对于蒸汽管道，应根据具体情况计入水压试验或管道清洗时的介质重力。

5 管道中柔性管件由于内压力产生的作用力。

6 支吊架约束管道位移所产生的约束反力和力矩。

7 管道位移时在活动支吊架上引起的摩擦力，摩擦系数μ可按表10.3.1取值。

表10.3.1 不同摩擦形式的摩擦系数

序号	摩擦形式	摩擦系数μ
1	钢与钢滑动摩擦	μ_z=0.3
2	钢与聚四氟乙烯板	μ_z=0.2
3	聚四氟乙烯之间	μ_z=0.1
4	不锈钢（镜面）薄板之间	$\mu_z\leqslant$0.1
5	不锈钢（镜面）与聚四氟乙烯板间	μ_z=0.05~0.07
6	吊架	μ_z=0.1
7	钢表面的滚动摩擦	μ_z=0.1

8 室外管道受到的雪荷载。

9 室外管道受到的风荷载。

10 正常运行时，由于种种原因引起的管道振动力。

11 管内流体动量瞬时突变引起的瞬态作用力。

12 流体排放产生的反力。

13 地震引起的荷载，但不计入地震荷载与风荷载同时出现的工况。

10.3.2 支吊架结构荷载确定应符合下列规定：

1 支吊架应按照使用过程中的各种工况分别计算，并组合同时作用于支吊架上的所有荷载，取其中对支吊架结构最不利的组合，并计及支吊架自身和临近活动支吊架上摩擦力的作用作为结构荷载。

2 支吊架结构荷载计算应根据具体情况计及下述工况：

1）运行初期冷态工况。

2）运行初期热态工况。

3）管道应变自均衡后的冷态工况。

4）管道应变自均衡后的热态工况。

5）水压试验或管路清洗工况。

6）各种暂态工况。

3 自重荷载应乘以荷载修正系数，荷载修正系数可取1.4。此时，修正后的荷载已包括支吊架零部件自重。

4 在荷载效应组合时，当永久荷载对结构有利时，永久荷载可取计算值；当永久荷载对结构不利时，永久荷载应取计算值的1.2倍。

5 动力荷载应根据荷载的动力特性采用有关瞬态计算确定，并乘以相应的动荷载系数，安全阀排汽管道排汽反力的动载系数可取1.1~1.2，其他动载系数可取1.2。

6 当计及荷载长期效应组合时，雪荷载：对东北地区可取0.2倍计算值，对新疆北部地区可取0.15倍计算值，对其他地区可不计及。

7 风荷载和地震荷载可按本规范附录E的规定选取。

8 作用于露天管道上的雪荷载应按现行国家标准《建筑结构荷载规范》GB 50009有关规定采用，雪荷载的标准值应按下列公式计算：

$$S_k=\mu_r S_o \qquad (10.3.2)$$

式中：S_k——雪荷载标准值（kN/m²）；

μ_r——管道顶面积雪分布系数，对圆形管道取μ_r=0.4；

S_o——基本雪压（kN/m²）；基本雪压应由当地气象部门提供，但不应小于现行国家标准《建筑结构荷载规范》GB 50009全国基本雪压分布图所规定的数值。

10.4 支吊架型式选择

10.4.1 弹性支吊架的选择应符合下列规定：

1 弹簧支吊架的选择应符合下列规定：

1）弹簧支吊架应选用整定式弹簧支吊架。

2）由管道垂直位移引起变力弹簧支吊架荷载的荷载变化系数应按以下公式计算，且不应大于25%。

$$\text{荷载变化系数}=\frac{\text{管道垂直位移(mm)}\times\text{弹簧刚度(N/mm)}}{\text{工作荷载(N)}}\times 100\% \qquad (10.4.1)$$

3）并联弹簧应有相同的刚度。

2 选用恒力支吊架时，其公称位移量应在计算位移量的基础上留有20%裕量，且裕量最小为20mm。计算位移量应计及由于水平位移引起垂直位移的变化。

10.4.2 刚性支吊架的选择应符合下列规定：

1 刚性支吊架包括刚性吊架、滑动支架和固定支架。

2 支吊架装置选型时，应优先采用合适的刚性支吊架。

3 在需要控制管道振动、限制管道各方向位移或管道较长时，宜在适当位置设置固定支架；固定支架的水平力应计入其他支架的摩擦力、承受管道的热胀冷缩作用力和弹性支吊架的转移荷载对水平力的影响。

4 采用柔性补偿装置的管道，应设置固定支架和导向装置。

5 滑动支架应允许管道水平方向自由位移，滚动支架应允许水平管道沿轴线方向自由位移，只承受垂直方向的各种荷载。

10.4.3 限位支吊架的选择应符合下列规定：

1 限位支吊架应选用限位支架和导向支架。

2 限位支架和导向支架在预定约束方向上的冷态间隙应计及管道径向热膨胀量，不宜超过2mm。

10.4.4 减振装置的选择应符合下列规定：

1 减振装置应选用弹簧减振装置和液压阻尼装置。

2 弹簧减振装置的选择应符合下列规定：

1）弹簧减振装置用以限制管道振动或晃动位移。根据具体情况需控制管道不同方向的振动时，可装设几个不同方位的弹簧减振装置。

2）弹簧减振装的最大工作行程，应在减振器防振力调节量与管道位移引起减振装置轴向位移量之和的基础上留20%的裕量，且裕量最小为15mm。如果无法确定减振装置防振力调节量时，弹簧减振装置的最大工作行程应在管道位移引起减振轴向位移量的基础上留40%裕量，且裕量最小为25mm。

3 阻尼装置的选择应符合下列规定：

1）根据需要，阻尼装置可选用抗振动阻尼装置和承受瞬态力阻尼装置。

2）对于控制管道轴向振动的阻尼装置，当沿管道轴向平行安装两台阻尼器装置时，单台阻尼装置的荷载应按该点工作荷载的70%进行选用。

3）阻尼装置的行程应大于管道热位移引起的阻尼装置轴向位移量，且单侧应至少留有10mm的裕量。

10.5 支吊架的材料选择

10.5.1 与管道直接接触的支吊架零部件，其材料应按管道设计温度选用。与管道直接焊接的零部件，其材料应与管道材料相同或相容。

10.5.2 材料的使用温度应符合现行国家标准《管道支吊架　第1部分：技术规范》GB/T 17116.1中规定的材料使用上限温度。

10.5.3 用于承受拉伸荷载的支吊架零部件应采用有冲击功值的材料。若采用没有冲击功值的钢材，应按现行国家标准进行低温冲击试验。

10.5.4 使用温度等于或低于-20℃时，支吊架材料必须进行相应温度等级的低温冲击试验。

10.5.5 支吊架零部件不得采用沸腾钢或铸铁材料。

10.6 支吊架结构设计及强度计算

10.6.1 支吊架零部件的强度应按结构荷载设计。

10.6.2 支吊架零部件材料许用应力的选取应符合下列规定：

1 支吊架零部件材料的许用拉伸应力按本规范附录A选取。

2 各种类型的许用应力应在许用拉伸应力的基础上乘以表10.6.2中规定的系数。

表10.6.2 应力许用值系数表

应力类型		系数
拉伸	总面积	1.0
	销孔净面积	0.9
弯曲		1.0
剪切		0.8
接触		1.5
压缩		≤1.0

3 许用压缩应力应根据结构稳定性和压杆纵弯曲而降低。

4 铸件的许用应力应在材料许用应力的基础上乘以0.8的质量系数。

10.6.3 管部结构应符合下列规定：

1 管部结构应能承受功能所要求的力和力矩，保证管部与管道之间在预定约束方向不发生相对位移。管部结构的设计应控制管壁应力，防止管道局部塑性变形。

2 管部结构尺寸应和管道外径相匹配，且应保证其与支吊架其他连接部件相连接的部位裸露在管道保温层外。

3 用于垂直管道的管部结构或限制管道轴向位移的双臂管部结构，其设计应计及由于管道和（或）支吊架的位移引起偏心受载，因而在管部的任一悬臂上应能承受该支吊架的全部荷载。

10.6.4 支吊架的连接件应符合下列规定：

1 螺纹拉杆的最大承载力可根据其许用应力和螺纹根部截面计算，吊杆的最小直径为10mm，且限于公称尺寸不大于*DN*50的管子上使用，对于公称尺寸不小于*DN*65的管子，吊杆直径不得小于12mm。

2 任何状态下吊杆与垂线之间夹角不超过下列规定值：

1）刚性吊架吊杆与垂线之间夹角不超过3°。

2）弹性吊架吊杆与垂线之间夹角不超过4°。

3）如果不能满足上述规定，应采取措施，如偏装或加装滚动装置等。

3 吊杆应有足够的螺纹长度，并配有调节垂直高度的部件，以满足必要的安装调节量；螺纹连接处应设置锁紧螺母。

4 垂直管道双拉杆刚性吊架的连接件应按单侧承受全部结构荷载选择。

11 管道的焊接

11.1 焊接材料

11.1.1 设计文件中应标明管道和管道附件母材、焊接材料、焊缝系数、焊缝及焊接接头形式，对焊接方法、焊前预热、焊后热处理及焊接检验等均应提出明确要求。对设计选用的新材料，设计文件应提供该材料的焊接性资料。常用焊接材料的选用应符合本规范附录F的规定。

11.1.2 焊接材料的选用及对焊接用气体、焊接设备、焊接人员的要求应符合现行行业标准《火力发电厂焊接技术规程》DL/T 869的有关规定。

11.2 焊接接头设计

11.2.1 管道应采用全焊透结构，焊接接头位置应避开应力集中区，且便于施焊及焊后热处理。焊接接头的设置应符合现行行业标准《火力发电厂焊接技术规程》DL/T 869的有关规定。

11.2.2 焊接接头形式和焊缝的坡口尺寸应按照能保证焊接质量、填充金属量少、减小焊接应力和变形、改善劳动条件、便于操作、适应无损探伤要求等原则选用。

11.2.3 管道的焊接结构应符合本规范附录F的规定。

12 管道的检验和试验

12.1 一般规定

12.1.1 用于输送蒸汽、水、油、气、有毒和腐蚀性等介质管道的施工及验收，除应符合本规范规定外，还应符合国家现行有关标准的规定。

12.1.2 管道组成件的制造和检验应符合国家现行有关标准的规定。

12.2 检验

12.2.1 除有特殊要求外，管道无损检测应按本规范附录B的规定执行。

12.2.2 管道焊接质量的检验应符合现行行业标准《火力发电厂焊接技术规程》DL/T 869的有关规定。

12.3 试验

12.3.1 各类管道安装完毕后，应按照设计规定对管道系统进行严密性试验，以检查管道系统及各连接部位的质量。

12.3.2 管道系统的严密性试验宜采用水压试验，其水质应洁净。充水应保证能将系统内空气排尽。试验压力应按设计图纸的规定，其试验压力不应小于设计压力的1.5倍。

12.3.3 大口径蒸汽管道的严密性试验可按本规范附录B的规定采用100%无损检测。

12.3.4 对于气体管道，当整体试水压条件不具备时，可采用安装前的分段液压强度试验及安装后进行100%无损检测合格，可替代水压试验，但应进行气密性试验。

13 保温、隔声、防腐和油漆

13.1 保温

13.1.1 管道保温设计应符合现行行业标准《火力发电厂保温油漆设计规程》DL/T 5072的有关规定。

13.1.2 直埋供热管道的保温结构由保温层与保护壳组成，保温结构必须有足够的强度并与钢管粘成一体。保温结构设计应符合现行行业标准《火力发电厂保温油漆设计规程》DL/T 5072、《城镇供热管网设计规范》CJJ 34和《城镇直埋供热管道工程技术规程》CJJ/T 81的有关规定。

13.2 隔声和消声

13.2.1 管道防噪声设计应符合现行国家标准《工业企业噪声控制设计规范》GBJ 87的有关规定。

13.2.2 噪声超标时应采取隔声措施降低噪声，噪声值必须符合现行国家标准《工业企业厂界环境噪声排放标准》GB 12348的有关规定。

13.2.3 与金属管道相接触的隔声材料成分应满足金属使用要求。

13.3 防腐和油漆

13.3.1 管道防腐设计应符合现行行业标准《火力发电厂保温油漆设计规程》DL/T 5072的有关规定。

13.3.2 管道油漆设计应符合现行行业标准《火力发电厂保温油漆设计规程》DL/T 5072的有关规定。

14 管道系统的超压保护

14.1 超压保护

14.1.1 管道系统中的超压保护设计要求除应按本章的规定执行外，还应符合国家现行有关安全规程的规定。

14.1.2 在运行中可能超压的管道系统均应设置超压保护装置。

14.1.3 符合下列情况之一者，应装设超压保护装置：

1 设计压力小于外部压力源的压力，出口可能被关断或堵塞的设备和管道系统。

2 减压装置出口设计压力小于进口压力，排放出口可能被关断或堵塞的设备和管道系统。

3 因两端切断阀关闭，受外界影响而产生热膨胀或汽化的管道系统。

4 背压式汽轮机的排汽管道。

14.1.4 安全阀的开启压力除工艺有特殊要求外，应为正常最大工作压力的1.1倍，最低为1.05倍。

14.1.5 安全阀入口管道的压力损失宜小于开启压力的3%，安全阀出口管道压力损失不宜超过开启压力的10%。

14.1.6 安全阀的入口管道和出口管道上不宜设置切断阀。

14.2 超压保护装置

14.2.1 超压保护装置宜采用安全阀。

14.2.2 安全阀的选用应符合以下规定：

1 安全阀应按泄放介质选用，并计及背压的影响。

2 安全阀的选用应符合现行国家标准《安全阀 一般要求》GB 12241、《压力释放装置 性能试验规范》GB 12242和《弹簧直接载荷式安全阀》GB 12243的规定。

3 安全阀不应采用静重式或重力杠杆式的安全阀。

14.2.3 爆破片装置的选用应符合现行国家标准《爆破片和爆破片装置》GB 567的有关规定。

14.2.4 安全阀出口排放管道的设计应符合下列规定：

1 排放管道及其支承应有足够的强度承受排放反力。当直接向大气排放时，不应对着其他管道或设备进行排放，且不应对着平台或人员可能到达的场所进行排放。

2 宜采用单独排放管道，但如果两个或更多个排放装置组合在一起，排放管的设计应具有足够的流通截面，排放管截面积不应小于由此处排放的阀门出口的总截面，且排放管道应尽最短而直，其布置应避免在阀门处产生过大的应力。

3 排放管道的设计应易于疏水。

4 当装设消音器时，消音器应有足够的通流面积，防止其产生的背压影响安全阀的正常运行和排放。

附录 A　常用材料性能

表A.0.1　钢管材料许用应力表

产品型式	标准号	牌号或级别	室温拉伸强度（MPa）		在下列温度（℃）下的许用应力（MPa）																								
			R_m	R_{el}或$R_{p0.2}$	20	200	250	260	270	280	290	300	310	320	330	340	350	360	370	380	390	400	410	420	430	440	450	460	470
无缝钢管	GB 5310	20G	410~550	245	137	135	125	123	120	118	115	113	111	109	106	102	100	97	95	92	89	87	83	78	72	63	55	—	—
		15MoG	450~600	270	150	150	137	133	130	126	123	120	118	117	115	114	113	111	110	109	108	107	106	105	104	103	103	102	101
		12CrMoG	410~560	205	137	121	117	116	115	115	114	113	112	112	111	111	110	109	108	108	107	106	105	104	102	101	100	98	97
		15CrMoG	440~640	295	147	135	146	146	146	145	144	143	141	140	138	136	135	132	132	131	129	128	127	126	125	124	123	122	120
		12Cr2MoG	450~600	280	150	124	124	124	124	124	124	124	124	124	124	124	124	124	124	123	123	123	123	122	122	121	116	110	103
		12Cr1MoVG	470~640	255	157	157	156	155	154	153	152	151	149	148	146	144	143	141	140	138	137	135	133	132	131	130	128	126	125
		15Ni1MnMoNbCu	620~780	440	207	207	207	207	207	207	207	207	207	207	207	207	207	—	—	—	—	—	—	—	—	—	—	—	—
		10Cr9Mo1VNbN<75mm	585~830	415	168	167	166	165	165	164	164	164	163	163	162	161	161	159	157	156	154	153	150	148	145	143	141	138	135
		10Cr9Mo1VNbN≥75mm	585~830	415	168	167	166	165	165	164	164	164	163	163	162	161	161	159	157	156	154	153	150	148	145	143	141	138	135
		07Cr19Ni10	≥515	205	137		90	89	88	87.8	86.8	86.0	85.2	84.4	83.6	82.8	82.0	81.4	80.9	80.4	79.8	79.3	78.6	78.0	77.3	76.6	76.0	75.4	74.9
		07Cr18Ni11Nb	≥520	205	137		105	104	103	102	101	100	99.3	98.6	98.0	97.3	96.6	96.1	95.6	95.0	94.5	94.0	93.7	93.4	93.2	92.9	92.6	92.4	92.1
	GB 3087	10	335~475	195（205）	111		104	101	98	96	93	91	89	87	85	83	80	78	76	75	73	70	68	66	61	55	49	—	—
		20	410~550	225（245）	137		125	123	120	118	115	113	111	109	106	102	100	97	95	92	89	87	83	78	72	63	55	—	—
	GB 8163	Q345	490~665	315	156		149	146	143	140	137	135	132	131	130	130	129	127	124	122	—	—	—	—	—	—	—	—	—
		10	335~475	195（205）	111		104	101	98	96	93	91	89	87	85	83	80	78	76	75	73	70	68	66	61	55	49	—	—
		20	410~550	225（245）	137		125	123	120	118	115	113	111	109	106	102	100	97	95	92	89	87	83	78	72	63	55	—	—
焊接钢管	GB/T 3091	Q235B	≥370	225（235）	123		113	111	108	105	103	101	97	93	90	88	85	—	—	—	—	—	—	—	—	—	—	—	—
		Q345	≥470	325（345）	157		149	146	143	140	137	135	132	131	130	130	129	127	124	122	—	—	—	—	—	—	—	—	—

表A.0.1　钢管材料许用应力表（续）

产品型式	标准号	牌号或级别	室温拉伸强度（MPa）		在下列温度（℃）下的许用应力（MPa）																			推荐使用范围	牌号或级别
			R_m	R_{el}或$R_{p0.2}$	480	490	500	510	520	530	540	550	560	570	580	590	600	610	620	630	640	650	660		
无缝钢管	GB 5310	20G	410~550	245	—	—	—	—	—	—	—	—	—	—	—	—	—	—	—	—	—	—		≤425℃	20G
		15MoG	450~600	270	95	78	62	49	39	—	—	—	—	—	—	—	—	—	—	—	—	—		≤470℃	15MoG
		12CrMoG	410~560	205	96	86	75	63	55	47	—	—	—	—	—	—	—	—	—	—	—	—		≤510℃	12CrMoG
		15CrMoG	440~640	295	119	112	96	82	69	59	49	—	—	—	—	—	—	—	—	—	—	—		≤510℃	15CrMoG
		12Cr2MoG	450~600	280	95	88	81	74	68	61	54	48	42	37	—	—	—	—	—	—	—	—		≤565℃	12Cr2MoG
		12Cr1MoVG	470~640	255	124	121	118	99	88	79	72	65	58	52	46	—	—	—	—	—	—	—		≤555℃	12Cr1MoVG
		15Ni1MnMoNbCu	620~780	440	—	—	—	—	—	—	—	—	—	—	—	—	—	—	—	—	—	—		≤350℃	15Ni1MnMoNbCu
		10Cr9Mo1VNbN <75mm	585~830	415	132	129	126	122	118	115	111	107	99.6	92.2	83.8	74.4	65.0	57.2	49.4	42.0	35.5	28.9		≤600℃	10Cr9Mo1VNbN <75mm
		10Cr9Mo1VNbN ≥75mm	585~830	415	132	129	126	122	119	115	109	103	94.0	85.0	76.8	69.2	61.6	55.2	48.8	42.3	35.6	28.9		≤600℃	10Cr9Mo1VNbN ≥75mm
		07Cr19Ni10	≥515	205	74.4	73.8	73.3	72.6	72.0	71.3	70.6	70.0	69.2	68.4	67.6	66.8	64.0	58.6	54.0	49.3	45.3	42.0	38.0	≤650℃	07Cr19Ni10
		07Cr18Ni11Nb	≥520	205	91.8	91.6	91.3	90.5	89.7	88.9	88.1	87.3	85.0	82.8	80.5	78.2	76.0	73.7	71.4	66.7	60.6	54.6	49.3	≤650℃	07Cr18Ni11Nb
	GB 3087	10	335~475	195（205）	—	—	—	—	—	—	—	—	—	—	—	—	—	—	—	—	—	—	—	≤425℃(1)	10
		20	410~550	225（245）	—	—	—	—	—	—	—	—	—	—	—	—	—	—	—	—	—	—	—	≤425℃(1)	20
	GB 8163	Q345	490~665	315	—	—	—	—	—	—	—	—	—	—	—	—	—	—	—	—	—	—	—	≤350℃(1)	Q345
		10	335~475	195（205）	—	—	—	—	—	—	—	—	—	—	—	—	—	—	—	—	—	—	—	≤425℃(1)	10
		20	410~550	225（245）	—	—	—	—	—	—	—	—	—	—	—	—	—	—	—	—	—	—	—	≤425℃(1)	20
焊接钢管	GB/T 3091	Q235B	≥370	225（235）	—	—	—	—	—	—	—	—	—	—	—	—	—	—	—	—	—	—	—	≤300℃	Q235
		Q345	≥470	325（345）	—	—	—	—	—	—	—	—	—	—	—	—	—	—	—	—	—	—	—	≤300℃	Q345

注：1　相邻金属温度数值之间的许用应力可用算数内插法确定，并舍弃小数点后的数字。

2　粗线右方的许用应力值由蠕变性能决定。

3　焊接钢管的许用应力未考虑焊缝质量系数。

表A.0.2　钢板材料许用应力表

标准号	牌号或级别		室温拉伸强度（MPa）		在下列温度（C）下的许用应力（MPa）																		推荐使用范围
			R_m	R_{el}或$R_{p0.2}$	20	250	260	270	280	290	300	310	320	330	340	350	360	370	380	390	400	410	
GB 713	Q245R	3<t≤16	400~520	245	133	111	109	107	105	103	102	100	98	96	94	92	91	90	88	87	86	84	≤425℃
		16<t≤6	400~520	235	133	111	109	107	105	103	102	100	98	96	94	92	91	90	88	87	86	84	
		36<t≤60	400~520	225	133	107	105	103	101	99	98	96	94	92	90	88	87	86	84	83	82	81	
	Q345R	t≤16	510~640	345	170	156	154	151	148	146	143	141	139	137	135	133	132	130	129	128	126	—	
		t≤36	500~630	325	166	156	154	151	148	146	143	141	139	137	135	133	132	130	129	128	126	—	
		36<t≤60	490~620	315	163	146	144	141	138	136	133	131	129	127	125	123	122	120	119	118	116	—	≤425℃
		60<t≤100	490~620	305	163	136	134	131	128	126	123	122	120	119	118	116	115	114	112	111	110	—	
	15CrMoR	6<t≤60	450~590	295	150	150	148	146	144	142	140	138	137	136	134	133	131	130	128	127	126	124	≤510℃
		60<t≤100	450~590	275	150	140	138	136	134	132	130	129	128	126	125	124	122	121	120	118	117	116	
	12Cr1MoVR	6<t≤60	440~590	245	146	126	124	122	121	119	117	116	114	113	112	111	110	108	107	106	104	103	≤555℃
		60<t≤100	430~580	235	143	126	124	122	121	119	117	116	114	113	112	111	110	108	107	106	104	103	
GB 3274	Q235		370~500	235	125	113	111	108	105	103	101	97	93	90	88	85	—	—	—	—	—	—	≤425℃
	Q345		490~665	315	156	149	146	143	140	137	135	132	131	130	130	129	127	124	122	—	—	—	≤425℃

表A.0.2 钢板材料许用应力表(续)

标准号	牌号或级别		室温拉伸强度(MPa)		在下列温度(C)下的许用应力(MPa)																	推荐使用范围
			R_m	R_{el}或$R_{p0.2}$	420	430	440	450	460	470	480	490	500	510	520	530	540	550	560	570	580	
GB 713	Q245R	3<t≤16	400~520	245	81	72	63	55	—	—	—	—	—	—	—	—	—	—	—	—	—	≤425℃
		16<t≤36	400~520	235	81	72	63	55	—	—	—	—	—	—	—	—	—	—	—	—	—	
		36<t≤60	400~520	225	80	72	63	55	—	—	—	—	—	—	—	—	—	—	—	—	—	
	Q345R	t≤16	510~640	345	—	—	—	—	—	—	—	—	—	—	—	—	—	—	—	—	—	
		t≤36	500~630	325	—	—	—	—	—	—	—	—	—	—	—	—	—	—	—	—	—	
		36<t≤60	490~620	315	—	—	—	—	—	—	—	—	—	—	—	—	—	—	—	—	—	≤425℃
		60<t≤100	490~620	305	—	—	—	—	—	—	—	—	—	—	—	—	—	—	—	—	—	
	15CrMoR	6<t≤60	450~590	295	123	122	120	119	118	118	117	112	96	82	69	59	49	41	—	—	—	≤510℃
		60<t≤100	450~590	275	114	113	112	111	110	110	109	108	96	82	69	59	49	41	—	—	—	
	12Cr1MoVR	6<t≤60	440~590	245	102	101	100	100	98	97	96	95	94	93	88	79	72	65	58	—	—	≤555℃
		60<t≤100	430~580	235	102	101	100	100	98	97	96	95	94	93	88	79	72	65	58	—	—	
GB 3274	Q235		370~500	235	—	—	—	—	—	—	—	—	—	—	—	—	—	—	—	—	—	≤425℃
	Q345		490~665	315	—	—	—	—	—	—	—	—	—	—	—	—	—	—	—	—	—	≤425℃

表A.0.3 常用国产钢材的弹性模量数据表（GPa）

钢号		10	20、20G	15CrMo	12Cr1MoV	12Cr2Mo WVTiB	12Cr2MoG	15Ni1Mn MoNbCu	10Cr9Mo 1VNbN	10Cr9Mo W2VNbBN	11Cr9Mo 1W1VNbBN	Q235	Q345
标准号		GB 3087	GB 3087 GB 5310	GB 5310	GB 5310	GB 5310	GB 5310	GB 5310	GB 5310	GB 5310	GB 5310	GB 700	GB/T 8163
工作温度（℃）	20	198	198	206	208	213	218	211	218	217	208	206	206
	100	191	183	199	205	208	213	210（50℃）	213	214	203	200	200
	200	181	175	190	201	204	206	206（100℃）	210	207	196	192	189
	250	176	171	187	197	201	—	203（150℃）	207	—	—	188	185
	260	175	170	186	196	200	—	200（200℃）	—	—	192	187	184
	280	173	168	183	194	199	—	196（250℃）	—	—	—	186	183
	300	171	166	181	192	198	199	192	199	200	189	184	181
	320	168	165	179	190	196	—	—	—	—	—	—	179
	340	166	163	177	188	194	—	—	—	—	—	—	177
	350	164	162	176	187	192	—	188	195	196	185	—	176
	360	163	161	175	186	190	—	—	—	—	—	—	175
	380	160	159	173	183	188	—	—	—	—	—	—	173
	400	157	158	172	181	186	191	184	190	192	181	—	171
	410	156	155	171	180	185	—	—	—	—	—	—	—
	420	155	153	170	178	184	—	—	—	—	—	—	—
	430	155	151	169	177	184	—	—	—	—	—	—	—
	440	154	148	168	175	183	—	—	—	—	—	—	—

表A.0.3 常用国产钢材的弹性模量数据表（GPa）（续）

钢号		10	20、20G	15CrMo	12Cr1MoV	12Cr2Mo WVTiB	12Cr2MoG	15Ni1Mn MoNbCu	10Cr9Mo 1VNbN	10Cr9Mo W2VNbBN	11Cr9Mo 1W1VNbBN	Q235	Q345
标准号		GB 3087	GB 3087 GB 5310	GB 5310	GB 5310	GB 5310	GB 5310	GB 5310	GB 5310	GB 5310	GB 5310	GB 700	GB/T 8163
工作温度（℃）	450	153	146	167	174	183	—	179	186	187	176	—	—
	460	—	144	166	172	182	—	—	—	—	—	—	—
	470	—	141	165	170	182	—	—	—	—	—	—	—
	480	—	129	164	168	181	—	—	—	—	—	—	—
	490	—	—	164	166	180	—	—	—	—	—	—	—
	500	—	—	163	165	179	181	—	181	182	171	—	—
	510	—	—	162	163	—	—	—	—	—	—	—	—
	520	—	—	161	162	—	—	—	—	—	—	—	—
	530	—	—	160	160	—	—	—	—	—	—	—	—
	540	—	—	159	158	—	—	—	—	—	—	—	—
	550	—	—	—	157	—	—	—	175	176	166	—	—
	560	—	—	—	153	—	—	—	—	—	—	—	—
	570	—	—	—	153	—	—	—	—	—	—	—	—
	580	—	—	—	152	—	170	—	—	—	—	—	—
	590	—	—	—	—	—	—	—	—	—	—	—	—
	600	—	—	—	—	—	—	—	168	170	160	—	—
	650	—	—	—	—	—	—	—	162	164	154	—	—

注：表中引用的国家标准具体书名见本规范引用标准名录。

表A.0.4　常用钢材类型的弹性模量近似数据表（GPa）

钢种		工作温度（℃）					
		21	93	149	204	260	316
碳钢	含碳量≤0.30%	203	199	195	191	188	184
	含碳量>0.30%	202	197	194	190	187	183
铬钢	1/2Cr至2Cr	204	200	196	192	190	185
	2.25Cr至3Cr	211	205	203	199	195	191
	5Cr至9Cr	213	207	204	200	197	193

钢种		工作温度（℃）				
		371	427	482	538	593
碳钢	含碳量≤0.30%	176	167	154	141	124
	含碳量>0.30%	174	165	154	139	123
铬钢	1/2Cr至2Cr	181	176	171	165	159
	2.25Cr至3Cr	187	181	177	170	163
	5Cr至9Cr	188	180	170	157	141

表A.0.5 常用国产钢材的平均热膨胀系数表

（从20℃至下列温度）（10^{-6}/℃）

钢号		10	20、20G	15CrMo	12Cr1MoV	12Cr2MoWVTiB	12Cr2MoG	15Ni1MnMoNbCu	10Cr9Mo1VNbN	10Cr9MoW2VNbBN	11Cr9Mo1W1VNbBN	Q235	Q345
标准号		GB 3087	GB 3087 GB 5310	GB 5310	GB 5310	GB 5310	GB 5310	GB 5310	GB 5310	GB 5310	GB 5310	GB/T 3091	GB/T 8163
工作温度（℃）	20	—	—	—	—	—	—	—	—	—	—	—	—
	50	—	—	—	—	—	—	11.8	10.6	10.6	10.5	—	—
	100	11.9	11.16	11.9	13.6	11	12	12.2	10.9	10.7	10.7	12.2	8.31
	150	—	—	—	—	—	—	12.5	11.1	10.9	10.9	—	—
	200	12.6	12.12	12.6	13.7	11.9	13	12.9	11.3	11.1	11.1	13	10.99
	250	12.7	12.45	12.9	13.85	12.4	—	13.2	11.5	11.2	11.3	13.23	11.6
	260	12.72	12.52	12.96	13.88	12.5	—	—	—	—	—	13.27	11.78
	280	12.76	12.65	13.08	13.94	12.7	—	—	—	—	—	13.36	12.05
	300	12.8	12.78	13.2	14	12.9	13	13.4	11.7	11.5	11.5	13.45	12.31
	320	12.84	12.99	13.3	14.04	12.96	—	—	—	—	—	—	12.49
	340	12.88	13.2	13.4	14.08	13.02	—	—	—	—	—	—	12.68
	350	12.9	13.31	13.45	14.1	13.05	—	13.7	11.8	—	—	—	12.77

表A.0.5　常用国产钢材的平均热膨胀系数表（续）

（从20℃至下列温度）（10^{-6}/℃）

钢号		10	20、20G	15CrMo	12Cr1MoV	12Cr2MoWVTiB	12Cr2MoG	15Ni1MnMoNbCu	10Cr9Mo1VNbN	10Cr9MoW2VNbBN	11Cr9Mo1W1VNbBN	Q235	Q345
标准号		GB 3087	GB 3087 GB 5310	GB 5310	GB 5310	GB 5310	GB 5310	GB 5310	GB 5310	GB 5310	GB 5310	GB/T 3091	GB/T 8163
工作温度（℃）	360	12.92	13.41	13.5	14.12	13.08	—	—	—	—	—	—	12.86
	380	12.96	13.62	13.6	14.16	13.14	—	—	—	—	—	—	13.04
	400	13	13.83	13.7	14.2	13.2	14	14.0	12	11.7	11.7	—	13.22
	410	13.1	13.84	13.73	14.23	13.23	—	—	—	—	—	—	—
	420	13.2	13.85	13.76	14.26	13.26	—	—	—	—	—	—	—
	430	13.3	13.86	13.79	14.29	13.29	—	—	—	—	—	—	—
	440	13.4	13.87	13.82	14.32	13.32	—	—	—	—	—	—	—
	450	13.5	13.88	13.85	14.35	13.35	—	14.1	12.1	11.9	11.9	—	—
	460	—	13.89	13.88	14.38	13.38	—	—	—	—	—	—	—
	470	—	13.9	13.91	14.41	13.41	—	—	—	—	—	—	—
	480	—	13.91	13.94	14.44	13.44	—	—	—	—	—	—	—

表A.0.5　常用国产钢材的平均热膨胀系数表（续）

（从20℃至下列温度）（10^{-6}/℃）

钢号		10	20、20G	15CrMo	12Cr1MoV	12Cr2MoWVTiB	12Cr2MoG	15Ni1MnMoNbCu	10Cr9Mo1VNbN	10Cr9MoW2VNbBN	11Cr9Mo1W1VNbBN	Q235	Q345
标准号		GB 3087	GB 3087 GB 5310	GB 5310	GB 5310	GB 5310	GB 5310	GB 5310	GB 5310	GB 5310	GB 5310	GB/T 3091	GB/T 8163
工作温度（℃）	490	—	—	13.97	14.47	13.47	—	—	—	—	—	—	—
	500	—	—	14	14.5	13.5	14	—	12.3	12.0	12.1	—	—
	510	—	—	14.03	14.52	—	—	—	—	—	—	—	—
	520	—	—	14.06	14.54	—	—	—	—	—	—	—	—
	530	—	—	14.09	14.56	—	—	—	—	—	—	—	—
	540	—	—	14.12	14.58	—	—	—	—	—	—	—	—
	550	—	—	—	14.6	—	—	—	12.4	12.3	13.7	—	—
	560	—	—	—	14.62	—	—	—	—	—	—	—	—
	570	—	—	—	14.64	—	—	—	—	—	—	—	—
	580	—	—	—	14.68	—	—	—	—	—	—	—	—
	590	—	—	—	—	—	—	—	—	—	—	—	—
	600	—	—	—	—	—	—	—	12.6	12.5	13.9	—	—
	650	—	—	—	—	—	—	—	12.7	12.6	14.0	—	—

注：表中引用的国家标准具体书名见本规范引用标准名录。

表A.0.6　常用钢材类型的平均热膨胀系数近似数据表

钢种	工作温度（从20℃起至下列温度）（10^{-6}/℃）																
	-200	-100	-50	20	50	75	100	125	150	175	200	225	250	275	300	325	350
第1类碳钢和低合金钢	-2.2	-1.3	-0.8	0	0.4	0.7	1.0	1.3	1.6	1.9	2.3	2.6	3.0	3.4	3.7	4.1	4.5
第2类碳钢和低合金钢	-2.4	-1.4	-0.8	0	0.4	0.7	1.0	1.4	1.7	2.1	2.5	2.8	3.2	3.6	3.9	4.3	4.7
5Cr-1Mo	-2.2	-1.3	-0.8	0	0.4	0.7	1.0	1.3	1.6	1.9	2.3	2.6	2.9	3.3	3.6	3.9	4.3
9Cr-1Mo	-2.0	-1.2	-0.7	0	0.3	0.6	0.9	1.1	1.4	1.7	2.0	2.3	2.6	3.0	3.3	3.6	3.9
钢种	工作温度（从20℃起至下列温度）（10^{-6}/℃）																
	375	400	425	450	475	500	525	550	575	600	625	650	675	700	725	750	775
第1类碳钢和低合金钢	4.1	4.5	4.9	5.2	5.6	6.1	6.5	6.9	7.3	7.7	8.1	8.6	9.0	9.4	9.8	—	—
第2类碳钢和低合金钢	5.1	5.5	5.9	6.3	6.7	7.1	7.5	7.9	8.3	8.7	9.1	9.5	9.9	10.3	—	—	—
5Cr-1Mo	4.6	5.0	5.3	5.7	6.1	6.4	6.8	7.2	7.5	1.9	8.3	8.7	9.1	9.4	—	—	—
9Cr-1Mo	4.2	4.6	4.9	5.2	5.6	5.9	6.3	6.6	7.0	7.3	7.7	8.1	8.4	8.8	—	—	—

注：1　这些数据仅作为资料提供，并不意味着材料适用于所有的温度范围。

2　第1类合金（按公称化学成分）：

碳钢（C，C-Si，C-Mn，and C-Mn-Si）

C-1/2Mo	1/2Ni-1/2Mo-V
1/2Cr-1/5Mo-V	1/2Ni-1/2Cr-1/4Mo-V
1/2Cr-1/4Mo-Si	1/2Cr-1/2Mo
1/2Cr-1/2Ni-1/4Mo	3/4Cr-1/2Ni-Cu
3/4Cr-3/4Ni-Cu-Al	1Cr-1/5Mo
1Cr-1/5Mo-Si	1Cr-1/2Mo
1Cr-1/2Mo-V	11/4Cr-1/2Mo
11/4Cr-1/2Mo-Si	13/4Cr-1/2Mo-Cu
2Cr-1/2Mo	21/4Cr-1Mo
3Cr-1Mo	

3　第1类合金（按公称化学成分）：

Mn-V

Mn-1/4Mo

Mn-1/2Mo

Mn-1/2Mo-1/4Ni

Mn-1/2Mo-1/2Ni

Mn-1/2Mo-3/4Ni

表A.0.7　符合美国机械工程师协会标准《Power piping》ASME B31.1—2010标准材料的许用应力表

标准号	材料		δ_b^{20}（MPa）	δ_s^{20}（MPa）	在下列温度（℃）下的许用应力（MPa）								
					−29~37	93	149	204	260	315	343	371	399
SA 106	B		413	241	117.08	117.8	117.8	117.8	117.8	117.8	117.8	107.4	89.5
	C		482	275	137.8	137.8	137.8	137.8	137.8	137.8	136.4	126.0	101.9
SA 335	P11		413	206	117.8	117.8	117.8	115.7	111.6	108.1	106.1	104.0	101.9
	P12		413	220	117.8	115.7	113.6	113.6	113.6	112.3	110.2	108.8	106.8
	P22		413	206	117.8	117.8	114.3	114.3	114.3	114.3	114.3	114.3	114.3
	P91T≤76mm		585	413	167.4	167.4	167.4	166.7	166.0	163.2	161.2	157.7	152.9
	P91T>76mm		585	413	167.4	167.4	167.4	166.7	166.0	163.2	161.2	157.7	152.9
SA 672	B70CL32		482	261	137.8	137.8	137.8	137.8	137.8	133.6	129.5	124.7	101.9
SA 691	1CrCL32		427	275	128.1	125.4	123.3	123.3	123.3	123.3	123.3	123.3	123.3
	1-1/4CrCL32		516	310	147.4	147.4	147.4	147.4	147.8	147.4	147.4	147.4	147.4
	2-1/4CrCL32		516	310	147.4	147.4	144.0	141.9	141.2	140.5	139.1	137.8	135.7
SA 213[注]	TP304H		516	206	137.8	115.0	103.3	95.0	88.8	84.7	82.6	80.6	79.2
					137.8	137.8	130.2	126.0	120.5	114.3	111.6	108.8	106.8
	TP316L		482	172	115.0	97.1	87.5	80.6	75.1	71.6	70.2	68.9	67.5
					115.0	115.0	110.2	107.4	101.9	96.4	95.0	93.0	90.9
	TP316H		516	206	137.8	119.1	107.4	98.5	91.6	86.8	84.7	83.3	81.9
					137.8	137.8	137.8	132.9	124.0	117.1	114.3	112.3	110.9
	TP347H		516	206	137.8	126.7	117.8	110.2	103.3	98.5	96.4	95.0	94.3
					137.8	137.8	129.5	122.6	117.8	116.4	115.7	115.7	115.7
SA 387	11	1类	413	241	117.8	117.8	117.8	117.8	117.8	117.8	117.8	117.8	117.8
	11	2类	516	310	147.4	147.4	147.4	147.4	147.4	147.4	147.4	147.4	147.4
	12	1类	379	227	108.1	106.1	104.0	104.4	104.4	104.4	104.0	104.0	104.4
	12	2类	448	275	128.1	125.3	123.3	123.3	123.3	123.3	123.3	123.3	123.3
	22	1类	413	206	117.8	117.8	114.3	114.3	114.3	114.3	114.3	114.3	114.3
	22	2类	516	310	147.4	147.4	144.0	141.9	141.2	140.5	139.1	137.8	135.7
	91	T<76mm	585	413	167.4	167.4	167.4	166.7	166.0	163.2	161.2	157.7	152.9
	91	T≥76mm			167.4	167.4	167.4	166.7	166.0	163.2	161.2	157.7	152.9
SA 182	F22CL1		413	206	117.8	117.8	114.3	114.3	114.3	114.3	114.3	114.3	114.3
	F22CL3		516	310	147.4	147.4	144	141.9	141.2	140.5	139.1	137.8	135.7
	F91		585	413	167.4	167.4	167.4	166.7	166.0	163.2	161.2	157.7	152.9

表A.0.7　符合美国机械工程师协会标准《Power piping》ASME B31.1—2010标准材料的许用应力表（续）

标准号	材料	δ_b^{20}（MPa）	δ_b^{20}（MPa）	在下列温度（℃）下的许用应力（MPa）								
				427	454	482	510	538	566	593	621	649
SA 106	B	413	241	74.4	—	—	—	—	—	—	—	—
	C	482	275	82.6	—	—	—	—	—	—	—	—
SA 335	P11	413	206	99.2	96.4	93.7	64.0	43.4	28.9	19.2	—	—
	P12	413	220	105.4	102.6	99.9	77.8	49.6	31.0	19.2	—	—
	P22	413	206	114.3	114.3	93.7	74.4	55.1	39.2	26.1	—	—
	P91$T\leqslant$76mm	585	413	146.7	139.8	131.6	122.6	112.3	96.4	70.9	48.2	29.6
	P91T>76mm	585	413	146.7	139.8	131.6	122.6	112.3	88.8	66.1	48.2	29.6
SA 672	B70CL32	482	261	82.6	—	—	—	—	—	—	—	—
SA 691	1CrCL32	427	275	123.3	123.3	119.8	77.8	49.6	31.0	19.2	—	—
	1-1/4CrCL32	516	310	147.4	139.1	94.3	64.0	43.4	28.9	19.2	—	—
	2-1/4CrCL32	516	310	132.9	128.8	108.8	78.5	53.7	35.1	22.0	—	—
SA 213[注]	TP304H	516	206	77.1	75.7	74.4	73.0	71.6	69.5	67.5	53.0	42.0
				104.7	102.6	100.5	98.5	96.4	85.4	67.5	53.0	42.0
	TP316L	482	172	66.1	64.7	63.3	61.3	60.6	55.1	54.4	44.7	44.1
				89.5	87.5	85.4	82.6	81.9	74.4	70.2	60.6	44.1
	TP316H	516	206	81.3	79.9	79.2	78.5	77.8	77.1	76.4	67.5	50.9
				109.5	108.1	107.4	106.1	105.4	104.0	85.4	67.5	50.9
	TP347H	516	206	93.7	93.0	92.3	92.3	92.3	92.3	91.6	72.3	54.4
				115.7	115.7	115.0	114.3	113.0	111.6	97.1	72.3	54.4
SA 387	11　1类	413	241	115.7	113.0	94.3	64.0	43.4	28.9	19.2	—	—
	11　2类	516	310	147.4	139.1	94.3	64.0	43.4	28.9	19.2	—	—
	12　1类	379	227	104.0	104.0	101.2	77.8	49.6	31.0	19.2	—	—
	12　2类	448	275	123.3	123.3	119.8	77.8	49.6	31.0	19.2	—	—
	22　1类	413	206	114.3	114.3	93.7	74.4	55.1	39.2	26.1	—	—
	22　2类	516	310	132.9	128.8	108.8	78.5	53.7	35.1	22.0	—	—
	91　T<76mm	585	413	146.7	139.8	131.6	122.6	112.3	96.4	70.9	48.2	29.6
	91　$T\geqslant$76mm			146.7	139.8	131.6	122.6	112.3	88.8	66.1	48.2	29.6
SA 182	F22CL1	413	206	114.3	114.3	93.7	74.4	55.1	39.2	26.1	—	—
	F22CL3	516	310	132.9	128.8	108.8	78.5	53.7	35.1	22.0	—	—
	F91	585	413	146.7	139.8	131.6	122.6	112.3	96.4	70.9	48.2	29.6

注：对于每种材料均给出两种许用应力，对于较大的许用应力值允许用于许可有较大变形的场合，这些许用应力值大于相应温度下屈服强度值的67%，但不大于屈服强度值的90%，采用这些应力值可能会产生永久应变引起的尺寸变化，这些应力值不应该用于法兰垫片或其他有微小变形会导致泄漏或功能不正常的部件上。

表A.0.8　符合欧盟标准《Seamless steel tubes for pressure purposes-technical delivery conditions-part 2：Non alloy and alloy steel tubes with specified elevated temperature properties》EN10216-2：2004—07标准材料的许用应力表

钢号	壁厚S（mm）	$R_{p0.2}$（MPa）	R_m（MPa）	在下列温度（℃）下的许用应力值（MPa）																													
				20	250	300	350	400	410	420	430	440	450	460	470	480	490	500	510	520	530	540	550	560	570	580	590	600	610	620	630	640	650
P235GH	T≤16	235		120	120	120	120																										
	16<T≤40	225	360~500	120	120	120	120	94.0	85.3	76.0	66.6	58.6	53.1	44.0	37.3	31.3	26.0	21.3	—	—	—	—	—	—	—	—	—	—	—	—	—	—	—
	40<T≤60	215		120	120	120	120																										
P265GH	T≤16	265		136	123	111	101	94.0																									
	16<T≤40	255	410~570	136	118	106	97.8	92.9	85.3	76.0	66.6	58.6	51.3	44.0	37.3	31.3	26.0	21.3	—	—	—	—	—	—	—	—	—	—	—	—	—	—	—
	40<T≤50	245		136	114	103	94	89.3																									
13CrMo4-5	T≤40	290				132	125	120	119	118	117	116	116	115	115	115	113																
	40<T≤60	280	440~590	146	146	128	121	116	115	114	113	112	112	111	111	111	110	96.6	80.6	66.6	53.3	43.3	35.3	29.3	25.3	20.6	17.3	13.3	—	—	—	—	—
	60<T≤80	270				123	116	111	111	110	109	108	108	107	107	107	106																
10CrMo9-10	T≤40	280			154	151	146	143	141	139	137	135	133	131	129																		
	40<T≤60	270	480~630	160	149	146	138	138	136	134	132	130	128	126	125	118	106	94.0	82.6	70	63.3	54.0	46.6	40.6	35.3	30.6	26.6	23.3	—	—	—	—	—
	60<T≤80	260			143	143	136	132	131	129	127	125	123	122	120																		
14MoV6-3	T≤40	320	460~610	153	153	150	144	139	138	137	136	136	135	134	134	134	133	118	103	90.0	78.0	68.0	58.0	50.0	43.3	38.6	32.0	27.3	—	—	—	—	—
	40<T≤60	310		153	146	145	139	134	134	133	132	131	131	130	130	129	129																
15NiCuMoNb5-6-4	T≤80	440	610~780	203	203	203	203	203	203	203	203	203	203	202	—	—	—	—	—	—	—	—	—	—	—	—	—	—	—	—	—	—	—
X10CrMoVNb9-1	T≤100	450	630~830	210	210	210	210	210	210	210	210	210	210	210	208	196	184	172	159	146	134	122	110	100	89.3	80	70.6	62.6	55.3	48.6	43.3	37.3	32.6
X10CrWMoVNb9-2	T≤100	440	620~850	206	206	206	206	206	206	206	206	206	206	206	206	206	193	180	158	156	145	134	124	114	104	94.6	84.6	75.3	66.6	58.0	50	43.3	37.3
X11CrMoWVNb9-1-1	T≤100	450	620~850	206	206	206	206	206	206	206	206	206	206	206	206	200	188	178	167	146	136	125	115	104	94.6	84.0	74.0	65.3	56.6	43.3	37.3	—	—

附录B　管道的无损检验

B.0.1　管道组成件制造的无损检验应按其相关标准要求执行。

B.0.2　现场管道施工中对于环焊缝、斜接弯管或弯头焊缝及嵌入式支管的对接焊缝应按表B.0.2的要求进行无损检测。工程设计另有不同检测的要求时，应按工程设计文件的规定执行。

表B.0.2　管道施工中的无损检测

无损检测比例	需要检测的管道
100%	外径大于159mm或壁厚大于20mm，工作压力大于9.81MPa的锅炉本体范围内的管道
	外径大于159mm，工作温度高于450℃的蒸汽管道
50%	工作压力大于8MPa的汽、水、油、气管道
	工作温度高于300℃且不高于450℃的蒸汽管道
5%	工作温度高于150℃且不高于300℃的蒸汽管道
	工作压力大于1.6MPa到8MPa的汽、水、油气管道
1%	工作压力为0.1MPa到1.6MPa的汽、水、油、气管道
不做无损检测	除上述规定外的其他管道

B.0.3　无损检测方法的选择应符合下列规定：

1　厚度不大于20mm的汽、水管道采用超声波检验时，还应进行射线检验，其检验数量为超声波检验数量的20%。

2　厚度大于20mm，且小于70mm的管道，射线检验或超声波检验可任选其中一种。

3　厚度不小于70mm的管子在焊到20mm左右时做100%的射线检验，焊接完成后做100%的超声波检验。

4　经射线检验对不能确认的面积型缺陷，应采用超声波检验方法进行确认。

5　需进行无损检验的角焊缝可采用磁粉检验或渗透检验。或按工程设计文件的规定进行检验。

B.0.4　对同一焊接接头同时采用射线和超声波两种方法进行检验时，均应合格。

B.0.5　除非合同和设计文件另有规定，焊接接头无损检验的工艺质量、焊接接头质量分级应根据部件类型特征，分别按国家现行标准《钢制承压管道对接焊接接头射线检验技术规范》DL/T 821、《管道焊接接头超声波检验技术规程》DL/T 820、《金属熔化焊焊接接头射线照相》GB/T 3323、《钢焊缝手工超声波探伤方法和探伤结果分级》GB 11345、《承压设备无损检测》JB/T 4730的有关规定执行。

B.0.6　对于局部无损检验的管道，无损检验结果若有不合格时，应对该焊工当日的同一批焊接接头中按不合格焊口数加倍检验，加倍检验中仍有不合格时，则应进行100%的检验。

B.0.7　对修复后的焊接接头，应采用原无损检验方法进行100%的无损检验。

附录C 水力计算

C.0.1 水和水蒸气的黏度应按表C.0.1选取。

表C.0.1 水和水蒸气的黏度

t（℃）	P（1×10^5Pa）																		
	1	10	25	50	100	150	200	250	300	350	400	450	500	550	600	650	700	750	800
0	1750	1750	1750	1750	1750	1740	1740	1740	1740	1730	1730	1730	1720	1720	1720	1720	1710	1710	1710
10	1300	1300	1300	1300	1300	1300	1300	1290	1290	1290	1290	1290	1280	1280	1280	1280	1280	1280	1280
20	1000	1000	1000	1000	1000	1000	999	990	998	997	997	996	996	995	994	994	993	992	992
30	797	797	797	797	797	797	797	797	797	797	797	797	796	796	796	796	796	796	796
40	651	651	652	652	652	652	653	653	653	653	654	654	654	654	655	655	655	655	655
50	544	544	544	545	545	546	546	547	547	548	548	549	549	550	550	551	551	552	552
60	463	463	463	464	464	465	466	467	467	468	469	469	470	471	471	472	473	473	474
70	400	401	401	401	402	403	404	404	405	406	407	408	408	409	410	411	412	412	413
80	351	351	351	352	353	354	355	355	356	357	358	359	360	361	362	362	363	364	364
90	311	311	312	312	313	314	315	316	317	318	319	320	321	322	323	324	325	326	326
100	12.11	279	280	281	282	283	284	285	286	286	287	288	289	290	291	292	293	294	295
110	12.52	252	253	253	254	255	256	257	258	259	260	262	263	264	265	266	267	268	269
120	12.92	230	230	231	232	233	234	235	236	237	238	239	241	242	243	244	245	246	247
130	13.33	211	212	212	213	214	215	216	218	219	220	221	222	223	224	225	226	227	228
140	13.74	195	195	196	197	198	199	200	201	203	204	205	206	207	208	209	210	211	213
150	14.15	181	182	182	183	184	185	187	188	189	190	191	192	193	194	196	197	198	199
160	14.55	169	169	170	171	172	173	175	176	177	178	179	180	181	183	184	185	186	187
170	14.96	159	159	160	161	162	163	164	165	166	168	169	170	171	172	173	174	176	177
180	15.37	14.96	150	150	151	153	154	155	156	157	158	159	161	162	163	164	165	166	168
190	15.77	15.40	141	142	143	144	145	147	148	149	150	151	153	154	155	156	157	158	160
200	16.18	15.58	134	135	136	137	138	139	141	142	143	144	145	146	148	149	150	151	152

表 C.0.1　水和水蒸气的黏度（续）

t（℃）	P（1×10⁵Pa）																		
	1	10	25	50	100	150	200	250	300	350	400	450	500	550	600	650	700	750	800
210	16.59	16.29	127	128	129	130	132	133	134	135	136	138	139	140	141	142	143	145	146
220	16.99	16.74	122	122	123	124	126	127	128	129	130	132	133	134	135	136	138	139	140
230	17.40	17.18	16.79	117	118	119	120	122	123	124	125	126	128	129	130	131	132	134	134
240	17.81	17.61	17.28	112	113	114	115	117	118	119	120	121	123	124	125	126	128	129	130
250	18.22	18.05	17.77	107	109	110	111	112	113	115	116	117	118	119	121	122	123	124	126
260	18.62	18.49	18.26	103	104	106	107	108	109	111	112	113	114	115	117	118	119	120	122
270	19.03	18.92	18.74	18.38	101	102	103	104	105	107	108	109	110	112	113	114	115	117	118
280	19.44	19.35	19.22	18.95	97.0	98.2	99.4	101	102	103	104	106	107	108	109	111	112	113	114
290	19.84	19.78	19.69	19.51	93.6	94.9	96.1	97.4	98.6	99.9	101	102	104	105	106	107	109	110	111
300	20.25	20.22	20.16	20.06	90.5	91.7	93.0	94.3	95.5	96.8	98.1	99.3	101	102	103	104	106	407	108
310	20.7	20.7	20.6	20.6	86.6	88.3	89.4	91.1	92.4	93.8	94.9	96.1	97.5	98.4	99.7	101	102	103	105
320	21.1	21.1	21.1	21.1	21.6	84.5	85.9	87.7	89.2	90.6	92.0	92.9	94.3	95.5	96.6	97.8	99.0	400	102
330	21.4	21.5	21.6	21.7	22.4	80.4	82.1	84.1	85.8	87.5	88.8	90.0	91.1	92.4	93.5	94.8	95.0	97.2	98.3
340	21.9	21.9	22.0	22.2	23.0	76.0	78.2	80.2	82.1	84.0	85.5	86.9	88.0	89.2.	90.6	91.8	93.1	94.3	95.5
350	22.3	22.3	22.4	22.7	23.6	25.4	73.0	75.9	78.5	80.2	82.1	83.6	84.8	86.2	87.5	88.9	90.2	91.4	92.6
360	22.7	22.8	22.9	23.2	24.1	25.7	66.8	70.6	73.7	76.3	78.3	80.3	81.5	83.2	84.7	86.2	87.4	88.7	90.0
370	23.1	23.2	23.4	23.7	24.6	26.0	29.6	64.3	68.5	72.0	74.2	76.7	78.3	80.2	81.9	83.3	84.9	86.2	87.5
380	23.5	23.6	23.8	24.2	25.0	26.3	28.8	53.7	63.2	67.5	70.6	73.0	75.4	77.3	79.1	80.9	82.3	83.7	84.9
390	23.9	24.0	24.2	24.6	25.4	26.6	28.6	34.9	56.1	63.0	67.0	69.9	72.3	74.3	76.3	78.2	79.7	81.2	82.6
400	24.3	24.4	24.6	25.0	25.8	26.9	28.6	32.1	45.7	57.3	62.8	66.5	69.3	71.7	73.7	75.5	77.3	79.0	80.3
410	24.7	24.8	25.0	25.34	26.1	27.2	28.7	31.3	38.1	50.4	58.1	62.8	66.2	68.9	71.1	73.1	74.9	76.4	77.9
420	25.1	25.3	25.4	25.7	26.5	27.5	28.8	31.0	35.2	44.1	52.8	58.7	62.8	65.9	68.5	70.7	72.6	74.3	75.9
430	25.5	25.7	25.8	26.1	26.9	27.8	29.1	30.9	32.2	39.4	47.8	54.4	59.2	62.8	65.7	68.2	70.3	72.1	73.8
440	26.0	26.1	26.2	26.5	27.2	28.1	29.3	30.9	32.0	37.4	43.9	50.3	55.5	59.6	62.9	65.6	67.9	69.9	71.8
450	26.4	26.5	26.6	26.9	27.6	28.5	29.6	31.0	32.0	36.3	41.2	46.9	52.1	56.4	60.0	63.0	65.5	67.7	69.7
460	26.8	26.9	27.0	27.3	28.0	28.8	29.8	31.2	32.0	35.6	39.4	44.2	49.1	53.5	57.5	60.4	63.1	65.5	67.6

表 C.0.1 水和水蒸气的黏度（续）

t（℃）	P（1×10^5Pa）																		
	1	10	25	50	100	150	200	250	300	350	400	450	500	550	600	650	700	750	800
470	27.2	27.3	27.4	27.7	28.4	29.2	30.1	31.4	32.1	35.2	38.3	42.3	46.6	50.8	54.6	57.9	60.8	63.3	65.4
480	27.6	27.7	27.8	28.1	28.8	29.5	30.5	31.6	32.3	35.0	37.6	40.9	44.4	48.6	52.2	55.6	58.5	61.1	63.4
490	28.0	28.1	28.2	28.5	29.2	29.9	30.8	31.9	32.5	34.9	37.1	39.9	43.3	46.8	50.2	53.4	56.4	59.1	61.5
500	28.4	28.5	28.7	28.9	29.5	30.3	31.1	32.1	32.7	34.9	36.9	39.3	42.2	45.1	48.5	51.6	54.5	57.2	59.6
510	28.8	28.9	29.1	29.3	29.9	30.6	31.4	32.4	33.0	35.0	36.7	38.9	41.4	44.2	47.1	50.0	52.8	55.5	57.9
520	29.2	29.3	29.5	29.7	30.3	31.0	31.8	32.7	33.2	35.1	36.7	38.6	40.8	43.3	46.0	48.7	51.4	53.9	56.3
530	29.6	29.7	29.9	30.1	30.7	31.4	32.1	33.0	33.5	35.3	36.7	38.4	40.4	42.7	45.1	47.6	50.1	52.5	54.9
540	30.0	30.1	30.3	30.5	31.1	31.7	32.5	33.3	33.8	35.4	36.8	38.4	40.2	42.2	44.4	46.7	49.1	51.4	53.6
550	30.4	30.5	30.7	30.9	31.5	32.1	32.8	33.6	34.1	35.7	36.9	38.3	40.0	41.9	43.9	46.0	48.2	50.4	52.5
560	30.8	30.9	31.1	31.3	31.9	32.5	33.2	34.0	34.4	35.9	37.1	38.4	39.9	41.5	43.5	45.5	47.5	49.6	51.6
570	31.2	31.3	31.5	31.7	32.3	32.9	33.5	34.3	34.7	36.1	37.2	38.5	39.9	41.5	43.2	45.0	46.0	48.9	50.8
580	31.7	31.7	31.9	32.1	32.6	33.2	33.9	34.6	35.0	36.4	37.4	38.6	39.9	41.4	43.0	44.7	46.5	48.3	50.1
590	32.1	32.1	32.3	32.5	33.0	33.6	34.2	35.0	35.3	36.7	37.6	38.8	40.0	41.3	42.8	44.4	46.1	47.8	49.6
600	32.5	32.6	32.7	32.9	33.4	34.0	34.6	35.3	35.7	36.9	37.9	38.9	40.1	41.4	42.8	44.2	45.8	47.4	49.1
610	32.9	33.0	33.1	33.3	33.8	34.4	35.0	35.7	36.0	37.2	38.1	39.1	40.2	41.4	42.7	44.1	45.6	47.1	48.7
620	33.3	33.4	33.5	33.7	34.2	34.8	35.4	36.0	36.4	37.5	38.4	39.4	40.4	41.5	42.8	44.1	45.4	46.9	48.4
630	33.7	33.8	33.9	34.1	34.6	35.1	35.7	36.4	36.7	37.8	38.7	39.6	40.6	41.7	42.8	44.0	45.4	46.7	48.1
640	34.1	34.2	34.3	34.5	35.0	35.5	36.1	36.7	37.0	38.1	38.9	39.8	40.8	41.8	42.9	44.1	45.3	46.6	48.0
650	34.5	34.6	34.7	34.9	35.4	35.9	36.5	37.1	37.4	38.5	39.2	40.1	41.0	42.0	43.0	44.1	45.3	46.5	47.8
660	34.9	35.0	35.1	35.3	35.8	36.3	36.8	37.4	37.8	38.8	39.5	40.4	41.2	42.2	43.2	44.2	45.4	46.5	47.7
670	35.3	35.4	35.5	35.7	36.2	36.7	37.2	37.8	38.1	39.1	39.8	40.6	41.5	42.4	43.3	44.3	45.4	46.5	47.7
680	35.7	35.8	35.9	36.1	36.6	37.1	37.6	38.2	38.5	39.4	40.2	40.9	41.7	42.6	43.5	44.5	45.6	46.6	47.7
690	35.1	36.2	36.6	36.5	37.0	37.5	38.0	38.5	38.8	39.8	40.5	41.2	42.0	42.8	43.7	44.7	45.6	46.7	47.7
700	36.5	36.6	36.7	36.9	37.4	37.9	38.4	38.9	39.2	40.1	40.8	41.5	42.3	43.1	43.9	44.8	45.8	46.8	47.8

C.0.2 各种管子的等值粗糙度应按表C.0.2选取。

表C.0.2 各种管子的等值粗糙度

管子类型	等值粗糙度ε（mm）
冷拔钢管（新的、洁净的）	0.0015
普通钢管或熟铁管	0.0457
涂沥青铸铁管	0.1220
镀锌铸铁管	0.1524
普通铸铁管	0.2591
混凝土管	0.3050~3.0500
铆接钢管	0.9150~9.1500

C.0.3 各种管道附件的局部阻力系数可按下列规定选取：

1 弯管和弯头的局部阻力系数可按表C.0.3-1选取。

表C.0.3-1 弯管和弯头的局部阻力系数表

弯管弯头型式	DN	$\frac{R}{DN}$	不同弯曲角度弯管（弯头）的局部阻力系数				
			90°	60°	45°	30°	22.5°
弯管	—	>3.0	0.20	0.15	0.12	0.09	0.07
热压弯头	—	1.5	0.25	0.20	0.16	—	—
锻造弯头	—	1.0	0.60	—	—	—	—
焊接弯头	100	1.5	0.55	0.43	0.28	0.25	0.16
	125	1.5	0.48	0.37	0.24	0.22	0.14
	150	1.5	0.41	0.32	0.21	0.19	0.12
	200	1.5	0.35	0.27	0.18	0.16	0.10
	250~450	1.5	0.30	0.24	6.16	0.14	0.09
	500~1400	1.0	0.40	0.31	0.19	0.18	0.11

2 三通的局部阻力系数可按下列规定选取：

1） 侧向汇流三通的阻力系数根据图C.0.3-1可按表C.0.3-2选取，也可按下列公式计算：

$$\xi_b = A\left[1+\left(\frac{q}{a}\right)^2+2(1-q)^2\right] \qquad (C.0.3-1)$$

$$\xi_n = q(1.55-q) \qquad (C.0.3-2)$$

式中：ξ_b——为b—c截面间的阻力系数；

A——系数，可按表C.0.3-3取值；

ξ_n——为n—c截面间的阻力系数；

a——侧向流通内径D_{bi}与主流通流内径D_{ci}比的平方，$a=\left(\frac{D_{bi}}{D_{ci}}\right)^2$；

q——分流流量G_b的主流流量G_c之比，$q=\frac{G_b}{G_c}$。

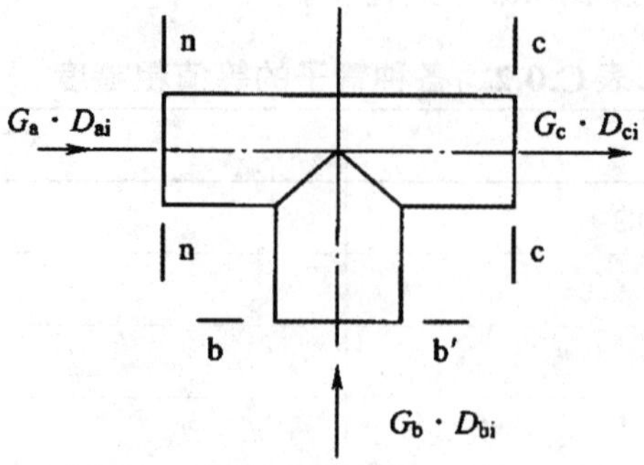

图C.0.3-1　侧向汇流三通

表C.0.3-2　侧向汇流三通的阻力系数

q	当数值为a时的ξ_b							ξ_n
	0.20	0.30	0.40	0.50	0.60	0.80	1.00	
0.2	0.70	0.10	0	−0.10	−0.10	−0.10	−0.20	0.27
0.3	2.30	0.70	0.40	0.30	0.20	0.10	0.07	0.38
0.4	4.30	1.50	1.00	0.70	0.50	0.40	0.26	0.46
0.5	6.70	2.40	1.50	1.10	0.80	0.60	0.46	0.53
0.6	9.70	3.50	2.20	1.50	1.20	0.80	0.62	0.57
0.7	13.00	4.70	2.90	2.00	1.50	1.00	0.78	0.59
0.8	17.00	5.90	3.70	2.50	1.90	1.20	0.94	0.60
0.9	21.20	7.30	4.60	3.10	2.20	1.50	1.08	0.59
1.0	26.00	8.90	5.40	3.60	2.70	1.70	1.20	0.55

表C.0.3-3　系数A

a	0~0.2	0.3~0.4	0.6	0.8	1.0
A	1.00	0.80	0.70	0.65	0.60

2）对向汇流三通的阻力系数根据图C.0.3–2可按下式计算：

$$\xi_b = 1 + \frac{1}{a^2} + \frac{3}{a^2}\left(q^2 - q\right) \quad \text{(C.0.3–3)}$$

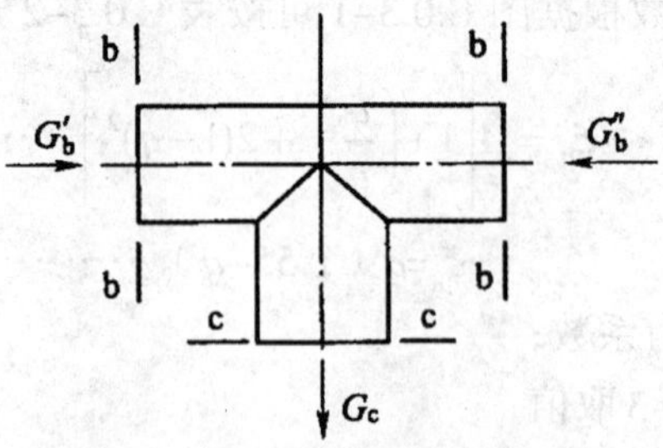

图C.0.3-2　对向汇流三通

当a=1时，ξ_b可由表C.0.3–4查取。

表C.0.3-4　对向回流三通的阻力系数

q	0.5	0.6	0.7	0.8	0.9	1.0
ξ_b	1.25	1.28	1.37	1.52	1.73	2.00

3）侧向分流三通的阻力系数根据图 C.0.3–3 可按表 C.0.3–5 选取，也可按下列公式计算：

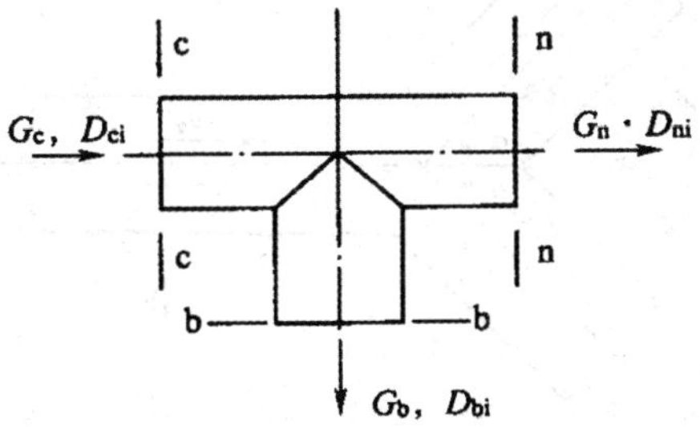

图 C.0.3-3　侧向分流三通

$$\xi_b = A'\left[1+\left(\frac{q}{a}\right)^2\right] \qquad (C.0.3\text{–}4)$$

$$\xi_n = 0.4q^2 \qquad (C.0.3\text{–}5)$$

式中：A'——系数，当 $\frac{q}{a} \leqslant 0.8$ 时，$A'=1$；当 $\frac{q}{a} > 0.8$ 时，$A'=0.9$。

表 C.0.3-5　侧向分流三通的阻力系数

q	ξ_b 在 a 为下值时的数值							ξ_n
	0.20	0.30	0.40	0.50	0.60	0.80	1.00	
0.2	1.80	1.40	1.30	1.20	1.10	1.05	1.04	0.02
0.3	2.90	1.80	1.60	1.40	1.20	1.14	1.09	0.04
0.4	4.50	2.50	1.80	1.60	1.40	1.25	1.16	0.06
0.5	6.50	3.40	2.30	1.80	1.50	1.40	1.25	0.10
0.6	9.00	4.50	2.90	2.20	1.80	1.60	1.36	0.14
0.7	—	5.80	3.70	2.70	2.10	1.60	1.49	0.20
0.8	—	7.30	4.50	3.20	2.50	1.80	1.64	0.26
0.9	—	9.00	5.50	3.80	2.90	2.00	1.62	0.32
1.00	—	—	6.50	4.50	3.40	2.30	1.80	0.40

4）背向分流三通的阻力系数根据图 C.0.3–4 可按下式计算：

$$\xi_b = 1+0.3\left(\frac{q}{a}\right)^2 \qquad (C.0.3\text{–}6)$$

5）会流叉形三通按图 C.0.3–5，当 $\alpha=45°$ 时，阻力系数可按下式计算：

$$\xi_b = 5.6q+0.5\left[q^4+(1-q)^4\right]-2q^2-1.8 \qquad (C.0.3\text{–}7)$$

6）会流叉形三通按图 C.0.3–5，α 为不同角度时的阻力系数可由表 C.0.3–6 查取。

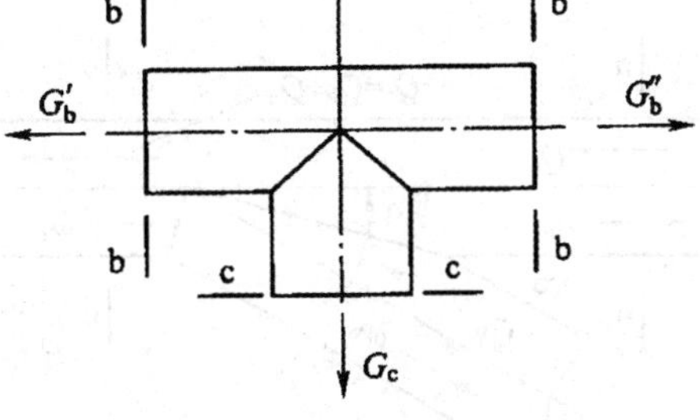

图 C.0.3-4　背向分流三通

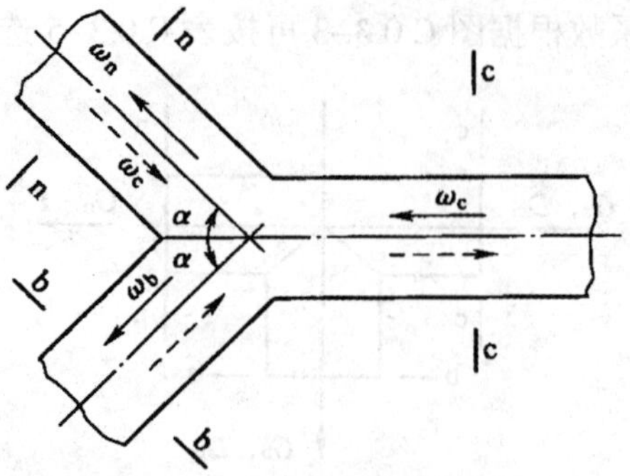

图C.0.3-5　合流或分流式叉形三通

表C.0.3-6　合流叉形三通的阻力系数ξ_b值

α(°)	q										
	0	0.10	0.20	0.30	0.40	0.50	0.60	0.70	0.80	0.90	1.00
15	2.56	1.89	1.30	0.77	0.30	0.10	0.41	0.67	0.85	0.97	1.04
30	2.05	1.51	1.00	0.53	0.10	0.28	0.69	0.91	1.09	1.37	1.55
45	1.30	0.93	0.55	0.16	0.20	0.56	0.92	1.26	1.61	1.95	2.30

7）分流叉形三通阻力系数ξ_b可按表C.0.3-7选取，也可按下式计算：

$$\xi_b=1+\left(\frac{\omega_b}{\omega_c}\right)^2-2\frac{\omega_b}{\omega_c}\cos\alpha-\xi_b'\left(\frac{\omega_b}{\omega_c}\right)^2 \quad\cdots\cdots\cdots\cdots\cdots\cdots\text{（C.0.3-8）}$$

式中：ω_b——截面b处介质流速（m/s）；

ω_c——截面c处介质流速（m/s）；

ξ_b'——系数，当α=15°时，ξ_b'=0.04；当α=30°时，ξ_b'=0.16；当α=45°时，ξ_b'=0.36。

表C.0.3-7　分流叉形三通阻力系数K_b值

α(°)	ω_b/ω_c												
	0.10	0.20	0.30	0.40	0.50	0.60	0.80	1.00	1.20	1.40	1.60	1.80	2.00
15	0.81	0.65	0.51	0.38	0.28	0.19	0.06	0.03	0.06	0.13	0.35	0.63	0.98
30	0.84	0.69	0.56	0.44	0.34	0.26	0.16	0.11	0.13	0.23	0.37	0.60	0.89
45	0.87	0.74	0.63	0.54	0.45	0.38	0.28	0.23	0.22	0.28	0.38	0.53	0.73

8）斜三通的阻力系数按图C.0.3-6，当为汇流三通时，阻力系数可按下式计算：

$$\xi_n=1-1(1-q)^2-(2q^2/a)\cos\alpha \quad\cdots\cdots\cdots\cdots\cdots\cdots\text{（C.0.3-9）}$$

ξ_b值也可由表C.0.3-8查取。

$$\xi_b=1+\left(\frac{q}{a}\right)^2-2(1-q)^2-\left(\frac{2a^2}{a}\right)\cos\alpha \quad\cdots\cdots\cdots\cdots\cdots\cdots\text{（C.0.3-10）}$$

ξ_b值也可由表C.0.3-9查取。

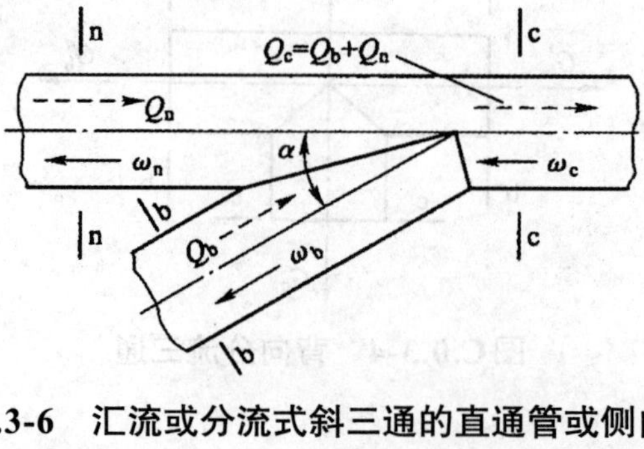

图C.0.3-6　汇流或分流式斜三通的直通管或侧向支管

表C.0.3-8 汇流式斜三通的直通管的阻力系数ξ_b值

q	当α为下列数值时ξ_n值						
	0.1	0.2	0.3	0.4	0.6	0.8	1.0
α=30°							
0	0	0	0	0	0	0	0
0.1	0.02	0.11	0.13	0.15	0.16	0.17	0.17
0.2	0.33	0.01	0.13	0.19	0.24	0.27	0.29
0.3	1.10	0.25	0.01	0.10	0.22	0.30	0.35
0.4	2.15	0.75	0.30	0.05	0.17	0.26	0.36
0.5	3.60	1.43	0.70	0.36	0.00	0.21	0.32
0.6	5.40	2.35	1.25	0.70	0.20	0.06	0.25
0.7	7.60	3.40	1.95	1.20	0.50	0.15	0.10
0.8	10.10	4.61	2.74	1.82	0.90	0.43	0.15
0.9	13.00	6.02	3.70	2.55	1.40	0.80	0.45
1.0	16.30	7.70	4.75	3.35	1.19	1.17	0.75
α=45°							
0	0	0	0	0	0	0	0
0.1	0.50	0.12	0.14	0.16	0.17	0.17	0.17
0.2	0.20	0.17	0.22	0.27	0.27	0.29	0.31
0.3	0.76	0.13	0.08	0.20	0.28	0.32	0.40
0.4	1.65	0.50	0.12	0.80	0.26	0.36	0.41
0.5	2.77	1.00	0.49	0.13	0.15	0.30	0.40
0.6	4.30	1.70	0.87	0.45	0.40	0.20	0.33
0.7	6.05	2.60	1.40	0.85	0.25	0.08	0.25
0.8	8.10	3.56	2.10	1.30	0.55	0.17	0.06
0.9	10.00	4.75	2.80	1.90	0.88	0.40	0.18
1.0	13.20	6.10	3.70	2.55	1.35	0.77	0.42
α=60°							
0	0	0	0	0	0	0	0
0.1	0.09	0.14	0.16	0.17	0.17	0.18	0.18
0.2	0.00	0.16	0.23	0.26	0.29	0.31	0.32
0.3	0.40	0.06	0.22	0.30	0.32	0.41	0.42
0.4	1.00	0.16	0.11	0.24	0.37	0.44	0.48
0.5	1.75	0.50	0.08	0.13	0.33	0.44	0.50
0.6	2.80	0.95	0.35	0.10	0.25	0.40	0.48
0.7	4.00	1.55	0.70	0.30	0.08	0.28	0.42
0.8	5.44	2.24	1.17	0.64	0.11	0.16	0.32
0.9	7.20	3.08	1.70	1.02	0.38	0.08	0.18
1.0	9.00	4.00	2.30	1.50	0.68	0.28	0.00

表C.0.3-9　汇流式斜三通侧向支管的阻力系数ξ_b值

q	当a为下列数值时ξ_b值						
	0.1	0.2	0.3	0.4	0.6	0.8	1.0
α=30°							
0	1.00	1.00	1.00	1.00	1.00	1.00	1.00
0.1	0.21	0.46	0.57	0.60	0.62	0.63	0.63
0.2	3.10	0.37	0.06	0.20	0.28	0.30	0.35
0.3	7.60	1.50	0.50	0.20	0.005	0.08	0.10
0.4	13.50	2.95	1.15	0.59	0.26	0.18	0.16
0.5	21.20	4.58	1.78	0.97	0.44	0.35	0.27
0.6	30.40	6.42	2.60	1.37	0.64	0.46	0.31
0.7	41.30	8.50	3.40	1.77	0.76	0.50	0.40
0.8	53.80	11.50	4.22	2.14	0.85	0.53	0.45
0.9	58.00	14.20	5.30	2.58	0.89	0.52	0.40
1.0	83.70	17.30	6.33	2.92	0.89	0.39	0.27
α=45°							
0	1.00	1.00	1.00	1.00	1.00	1.00	1.00
0.1	0.24	0.45	0.56	0.59	0.61	0.62	0.62
0.2	3.15	0.54	0.02	0.17	0.26	0.28	0.29
0.3	8.00	1.64	0.60	0.60	0.08	0.00	0.03
0.4	14.00	3.15	1.30	0.72	0.35	0.25	0.21
0.5	21.90	5.00	2.10	1.18	0.60	0.45	0.40
0.6	31.60	6.90	2.97	1.65	0.85	0.60	0.53
0.7	42.90	9.20	3.90	2.15	1.02	0.70	0.60
0.8	55.90	12.40	4.90	2.66	1.20	0.79	0.66
0.9	70.60	15.40	6.20	3.20	1.30	0.80	0.64
1.0	86.90	18.90	7.40	3.71	1.42	0.80	0.59
α=60°							
0	1.00	1.00	1.00	1.00	1.00	1.00	1.00
0.1	0.26	0.42	0.54	0.58	0.61	0.62	0.62
0.2	3.35	0.55	0.03	0.13	0.23	0.26	0.26
0.3	8.20	1.85	0.75	0.40	0.10	0.00	0.01
0.4	14.70	3.50	1.55	0.92	0.45	0.35	0.28
0.5	23.00	5.50	2.40	1.44	0.78	0.58	0.50
0.6	33.10	7.90	3.50	2.05	1.08	0.80	0.68
0.7	44.90	10.00	4.60	2.70	1.40	0.98	0.84
0.8	58.50	13.70	5.80	3.32	1.64	1.12	0.92
0.9	73.00	17.20	7.65	4.05	1.92	1.20	0.99
1.0	91.00	21.00	9.70	4.70	2.11	1.35	1.00

9）斜三通的阻力系数按图C.0.3-6所示的，当为分流三通时，阻力系数可按下式计算：

$$\xi_n = 0.4\left(1-\frac{\omega_n}{\omega_c}\right)^2 \quad \cdots\cdots (C.0.3\text{–}11)$$

ξ_n值也可由表C.0.3–10查取。

$$\xi_b = A'\left[1+\left(\frac{q}{a}\right)^2-\left(\frac{2q}{a}\right)\cos\alpha\right] \quad \cdots\cdots (C.0.3\text{–}12)$$

式中：A'——系数，当$\frac{q}{a}\leqslant 0.8$时，$A'=1$；当$\frac{q}{a}>0.8$时，$A'=0.9$。ξ_b值也可由表C.0.3–11查取。

表C.0.3-10　分流式斜三通的直通管阻力系数ξ_n（α=15°~90°）

α	ω_n/ω_c								
	0	0.1	0.2	0.3	0.4	0.5	0.6	0.8	1.0
0~1.0	0.40	0.32	0.26	0.20	0.15	0.10	0.06	0.02	0.00

表C.0.3-11　分流式斜插三通的侧向支管阻力系数ξ_b

ω_b/ω_c	角度α		
	30°	45°	60°
0	1.00	1.00	1.00
0.1	0.94	0.97	0.98
0.2	0.70	0.75	0.84
0.4	0.46	0.60	0.76
0.6	0.31	0.50	0.65
0.8	0.25	0.51	0.80
1.0	0.27	0.58	1.00
1.2	0.36	0.74	1.23
1.4	0.70	0.98	1.54
1.6	0.80	1.30	1.98
2.0	1.52	2.16	3.00
2.6	3.23	4.10	5.15
3.0	7.40	7.80	8.10
4.0	14.20	14.80	15.00
5.0	23.50	23.80	24.00
6.0	34.50	35.00	35.00
8.0	62.70	63.00	63.00
10.0	98.30	98.60	99.00

3　异径管的局部阻力系数可按下列规定选取：

1）异径管阻力系数按图C.0.3–7可按表C.0.3–12确定，表中的ϕ为半锥角。

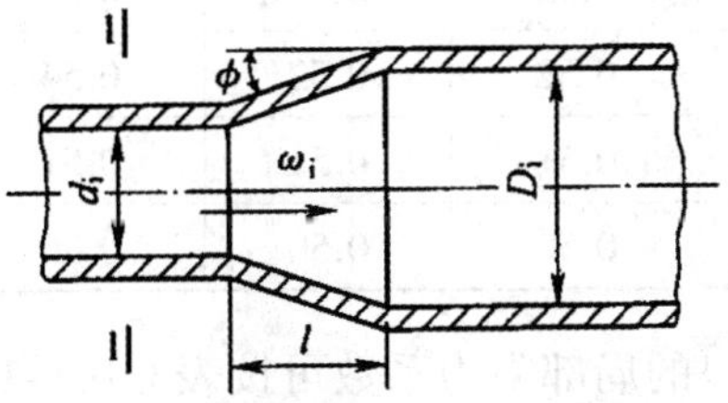

图C.0.3-7　直径变小或变大的异径管

表C.0.3-12　异径管阻力系数

$\left(\frac{d_1}{D_2}\right)^2$	直径由大变小		直径由小变大	
	ϕ=12°	ϕ=15°	ϕ=12°	ϕ=15°
0.80	0.050	0.040	0.030	0.040
0.75	0.057	0.045	0.035	0.045
0.70	0.065	0.050	0.040	0.050
0.65	0.072	0.055	0.045	0.055
0.60	0.080	0.060	0.050	0.070
0.55	0.087	0.065	0.060	0.080
0.50	0.095	0.070	0.070	0.090

2）突然变径的阻力系数按图 C.0.3–8，当为突然缩小时，可按下式计算：

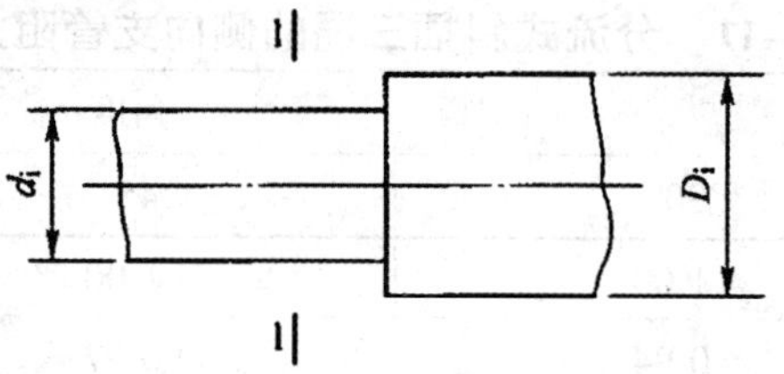

图C.0.3-8　突然变径

$$\xi=0.5(1-a) \tag{C.0.3-13}$$

3）突然变径的阻力系数按图 C.0.3–8，当为突然扩大时，可按下式计算：

$$\xi=(1-a)^2 \tag{C.0.3-14}$$

4　管道入口与出口的局部阻力系数可按下列规定选取：

1）嵌进壁内的管子入口局部阻力系数按图 C.0.3–9，ξ 值可按表 C.0.3–13 选取。

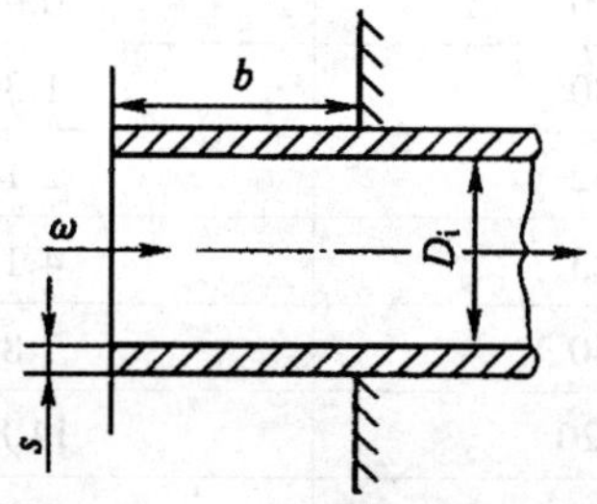

图C.0.3-9　嵌进壁内的管子入口

表C.0.3-13　管子嵌进壁内时入口的局部阻力系数ξ值

s/D_4	b/D_i							
	0	0.01	0.02	0.05	0.10	0.20	0.50	∞
0	0.50	0.68	0.73	0.80	0.86	0.92	1.00	1.00
0.02	0.50	0.52	0.53	0.55	0.60	0.66	0.72	0.72
0.03	0.50	0.51	0.52	0.52	0.54	0.57	0.61	0.61
0.04	0.50	0.51	0.51	0.51	0.51	0.52	0.54	0.54
∞	0.50	0.50	0.50	0.50	0.50	0.50	0.50	0.50

2）其他型式管子入口或出口的局部阻力系数可按表 C.0.3–14 选取。

表C.0.3-14　管道入口或出口的局部阻力系数ξ值

带锐角的入口	带圆角的入口	从管内自由流出
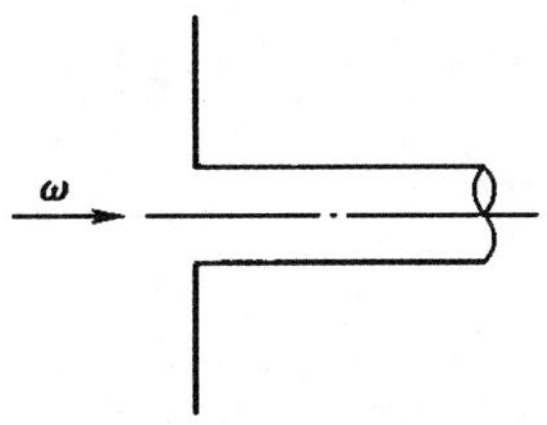	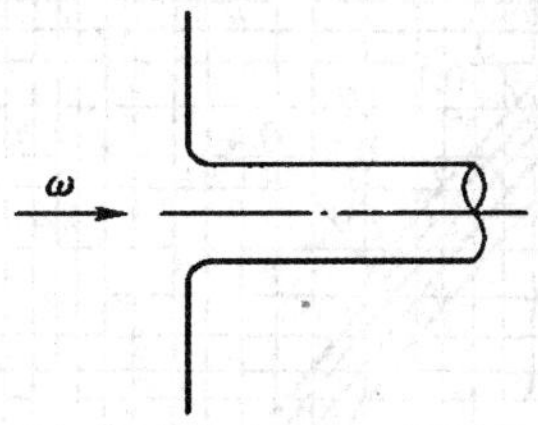	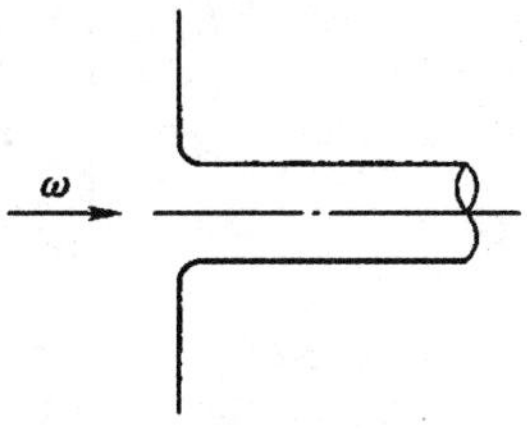
ξ=0.5	ξ=0.05~0.25	ξ=0.05~0.25

5　节流孔板的局部阻力系数可按下列规定选取：

1）节流孔板的局部阻力系数按图C.0.3-10，与管内介质的状态有关，当管内介质为水时，节流孔板的阻力系数可按下式计算：

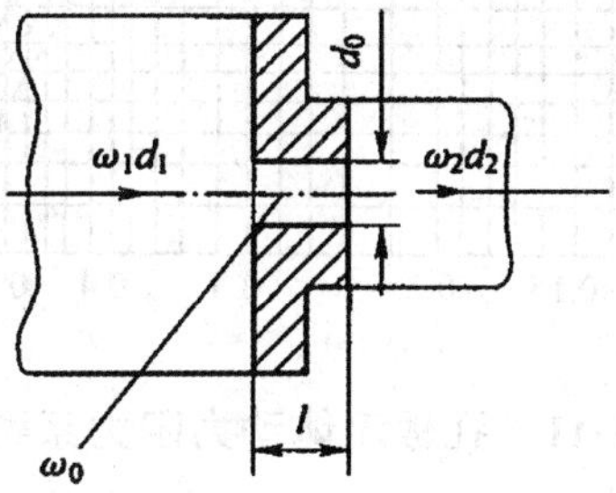

图C.0.3-10　节流孔板

$$\xi_0 = 0.5a + \tau\sqrt{ac} + c^2 \quad \cdots\cdots（C.0.3-15）$$

式中：ξ_0——相应于管径d_0的阻力系数；

a——系数，$a=1-\left(\dfrac{d_0}{d_1}\right)^2$；

c——系数，$c=1-\left(\dfrac{d_0}{d_2}\right)^2$；

τ——系数，可根据$1/d_0$，按表C.0.3-15查取。

当$d_1=d_2$时，$a=c$，上式可简化为：

$$\xi_0 = 0.5a + \tau\sqrt{a} + a^2 \quad \cdots\cdots（C.0.3-16）$$

表C.0.3-15　系数τ值表

$1/d_c$	0.10	0.15	0.20	0.25	0.30	0.40	0.60	0.80	1.00	1.20	1.60	2.00	2.40
τ	1.30	1.25	1.22	1.20	1.18	1.10	0.84	0.42	0.24	0.16	0.07	0.02	0

2）当管内介质为蒸汽时，k=1.3，节流孔板的阻力系数ξ可按图C.0.3-11查取，图中阻力系数是相应于孔板前内径和蒸汽参数；图中的线族为相应于各孔板处压降Δp_m与孔板之前压力p_1之比为0.4、0.3、0.2、0.1和0。该曲线只有当直管长度在节流孔板之前不小于$5D_i$及孔板之后不小于$10D_i$时才有效。

6　阀门的局部阻力系数可按下列规定选取：

1）闸阀的局部阻力系数ξ可按表C.0.3-16确定。

2）截止阀的局部阻力系数ξ可按表C.0.3-17确定。

3）调节阀的局部阻力系数ξ可按表C.0.3-18确定。

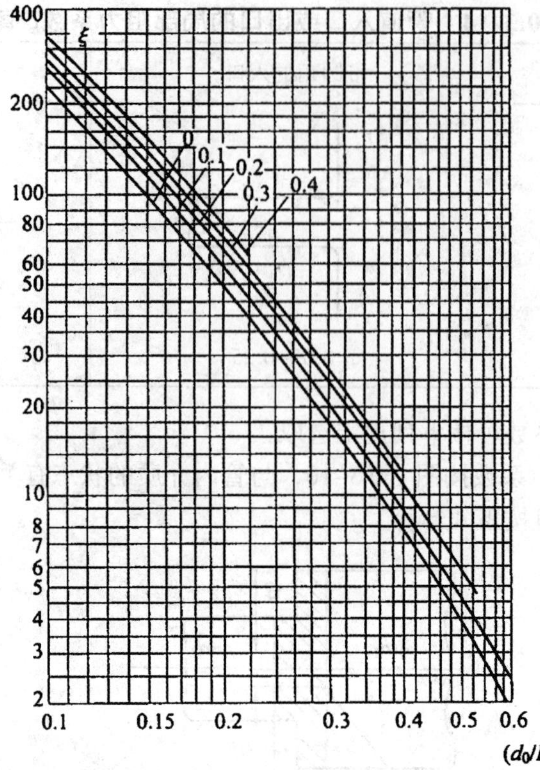

图C.0.3-11 孔板流体动力阻力系数的曲线

表C.0.3-16 闸阀的局部阻力系数

序号	公称尺寸 DN	公称压力PN或工作参数 （MPa/℃）	ε	备注
1	100	14.0/170 18.5/215；23.0/230 25.5/565 38.0/280 10.0/540	0.6 1.07 0.2 0.6 1.07	—
2	125	10.0/540	0.2	—
3	150	10.0/540 18.5/215；23.0/230 24.0/570 25.5/565 38.0/280	0.7 0.7 0.3 0.48 1.5	—
4	175	10.0/540 18.5/215；23.0/230 14.0/570	0.48 0.42 0.24	—
5	200	25.5/565 38.0/280 14.0/570	0.4 0.46 0.38	—
6	225	20.0/510 10.0/540 18.5/215；23.0/230	0.28 0.9 0.75	—

表C.0.3-16 闸阀的局部阻力系数（续）

序号	公称尺寸 *DN*	公称压力*PN*或工作参数 （MPa/℃）	ε	备注
7	250	10.0/540 14.0/570；23/230 18.5/215 4.0/570 38/280 29/510	0.5 0.24 1.85 0.46 0.9 1.16	—
8	300	23/230 38/280 14.0/570	2.8 2.5 0.65	—
9	400	4.0/570	0.3	—
10	450 500	4.0/570 4.0/570 4.4/340	0.3 0.3 0.3	—
11	600	4.4/340 4.0/570	0.25 0.25	—
12	100 175 225 250	*PN*=40.0	0.6 0.66 0.4 0.75	—
13	100 175 225 250 300	*PN*=25.0	0.9 1.1 0.6 1.4 2.3	—
14	150 200 250 300 350 450 550	*PN*=100	0.36 1.2 0.54 1.22 1.6 1.05 0.83	—
15	150 200 250 300 350	*PN*=100	0.47 1.63 0.55 1.63 1.6	—

表C.0.3-17 截止阀的局部阻力系数

序号	公称尺寸 *DN*	公称压力*PN*或工作参数 （MPa/℃）	ε	备注
1	20	25.5/565 18.5/215 23.0/230 38.0/280 *PN*=6.4~100	7.8	—

表C.0.3-17 截止阀的局部阻力系数(续)

序号	公称尺寸 *DN*	公称压力*PN*或工作参数 (MPa/℃)	ε	备注
2	40~80	3.5/225 3.2/300	5.5~7.0 5.5~7.0	—
3	40~200	38.5/225 2.3/425	5.5~6.0 5.5~6.0	—
4	80~100	15.5/225 1.0/425	1.35~2.5 1.35~2.5	—
5	100	0.3/50	1.22	—
6	50 100 150	*PN*=100	5.5 5.2 5.0	—
7	15~40	*PN*=63	4.8~7.2	—
8	25~50 70~200	*PN*=16	4.5~5.0 5.2	—

表C.0.3-18 调节阀的局部阻力系数

序号	公称尺寸*DN*	公称压力*PN*或工作参数 (MPa/℃)	ε	备注
1	20	18.4/250	71.4	—
2	50	18.4/250	18.1	—
3	50	23.0/230	41.6	—
4	50	14.0/555	58.4	—
5	100	18.4/250	57.6	—
6	100	23.0/230	101.5	—
7	100	36.0/280	104.7	—
8	100	14.0/555	106.0	—
9	150	10.0/540	79.2	—
10	150	36.0/280	104.0	—
11	175	18.4/250	310.0	—
12	175	14.0/555	84.5	—
13	200	36.0/280	173.4	—
14	225	23.0/230	200.0	—
15	250	23.0/230	390.0	—
16	250	36.0/280	154.0	—
17	100	*PN*=63	57.0	—
18	150	*PN*=63	36.8	—
19	200	*PN*=63	72.0	—
20	250	*PN*=63	46.8	—
21	300	*PN*=63	66.6	—
22	80	*PN*=100	72.5	—
23	100	*PN*=100	53.5	—

表C.0.3-18　调节阀的局部阻力系数（续）

序号	公称尺寸*DN*	公称压力*PN*或工作参数（MPa/℃）	ε	备注
24	150	*PN*=100	35.1	—
25	200	*PN*=100	66.5	—
26	250	*PN*=63	44.5	—

4）其他阀门的局部阻力系数可按表C.0.3-19确定。

表C.0.3-19　其他阀门的局部阻力系数

名称	公称尺寸*DN*	公称压力*PN*（MPa）	ε
鞋型闸阀	50	63	0.7
平型闸阀	50~400	10	0.2~0.25
法兰式关闭截止阀	15~40	63	4.8~7.2
	25~50	16	4.5~5.0
	70~200	16	5.2
带内衬直流关闭截止阀	25~200	6	2.0~2.5
直流关闭截止阀	80~100	16	1.35~2.5
衬胶隔膜关闭截止阀	25~100	6	1.5~2.0
止回阀	50~600	10~16	0.8~9.4
多瓣止回阀	800~100	10	1.8~1.9
升降式止回阀	100	10~16	5.4

7　补偿器的局部阻力系数可按表C.0.3-20确定。

表C.0.3-20　补偿器的局部阻力系数

名称	ε
填料式补偿器	0.2
多波纹的波纹式补偿器（无套管）	0.2
多波纹的波纹式补偿器（有套管）	0.1

附录D　柔性系数和应力增加系数

D.1　柔性系数

D.1.1　光滑弯管的柔性系数可按下列公式计算：

$$k=\frac{1.65}{h} \quad\cdots\cdots（D.1.1-1）$$

$$h=\frac{S_n R}{r^2}\ (0.02\leqslant h\leqslant 1.65) \quad\cdots\cdots（D.1.1-2）$$

式中：k——柔性系数，当$h>1.65$时，$k=1$；

h——尺寸系数，见附表D.2.3；

S_n——连接管的公称壁厚（mm）；

R——弯管或弯头的弯曲半径（mm）；

r——连接管的平均半径（mm）。

D.1.2　焊接弯管的柔性系数，根据Markl的试验，焊接弯管柔性系数可按下式计算：

$$k=\frac{1.52}{h^{5/6}} \quad\cdots\cdots（D.1.2）$$

D.1.3　三通、接管座、大小头的柔性系数与连接管的柔性相同，其柔性系数取用k=1。

D.2　应力增加系数

D.2.1　弯制弯管、弯头、焊接弯管和三通管件应力增加系数应按下式计算：

$$i=\frac{0.9}{h^{2/3}} \quad\cdots\cdots（D.2.1）$$

D.2.2　对于接管座应用下式计算i值：

$$i=1.5\left(\frac{r_{mh}}{S_{nh}}\right)^{2/3}\left(\frac{r'_{mb}}{r_{mh}}\right)^{1/2}\left(\frac{S_{nb}}{S_{nh}}\right)\left(\frac{r'_{mb}}{r_p}\right) \quad\cdots\cdots（D.2.2）$$

式中：r_{mh}——主管平均半径（mm）；

S_{nh}——主管公称壁厚（mm）；

r'_{mb}——支管平均半径（mm）；

S_{nh}——支管公称壁厚（mm）；

r_p——接管座加强段的外半径（mm）；

i——应力增加系数。

D.2.3　各种管件的柔性系数和应力增加系数可按表D.2.3选取。

表 D.2.3　柔性系数和应力增加系数

名称	尺寸系数h	柔性系数k	应力增加系数i	简　图
弯制弯管和弯头	$\frac{S_n R}{r^2}$	$\frac{1.65}{h}$	$\frac{0.9}{h^{2/3}}$	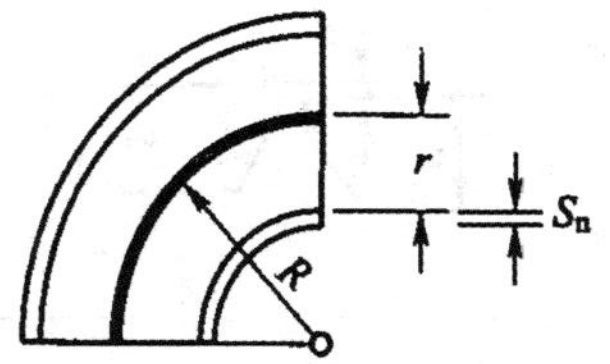
窄间距焊接弯管 $b<r(1+\tan\theta)B\geqslant 6S_n$ $\theta\leqslant 22.5°$ $R=\frac{b\cot\theta}{2}$	$\frac{bS_n\cot\theta}{2r^2}$	$\frac{1.52}{h^{5/6}}$	$\frac{0.9}{h^{2/3}}$	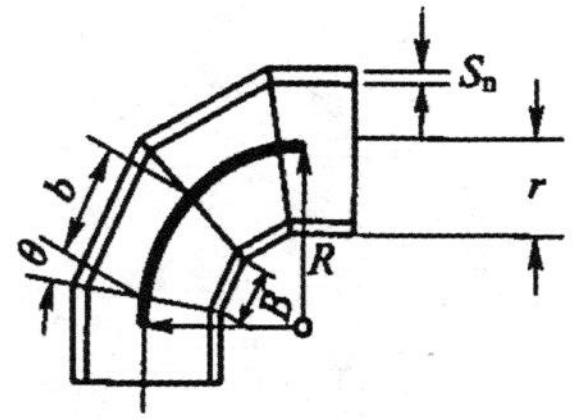
宽间距焊接弯管 $b\geqslant r(1+\tan\theta)$ $\theta\leqslant 22.5°$ $R=r(1+\cot\theta)/2$	$\frac{S_n(1+\cot\theta)}{2r}$	$\frac{1.52}{h^{5/6}}$	$\frac{0.9}{h^{2/3}}$	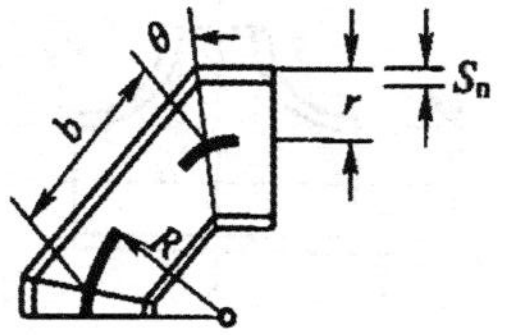
无辅助加强三通	$\frac{S_n}{r}$	1	$\frac{0.9}{h^{2/3}}$	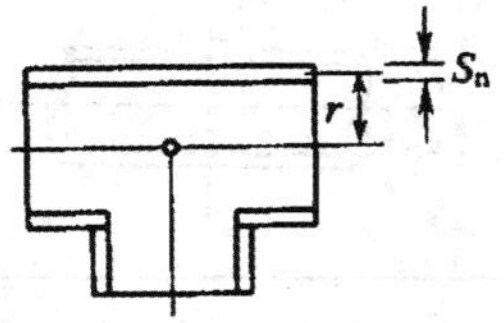

表 D.2.3　柔性系数和应力增加系数（续）

名称	尺寸系数h	柔性系数k	应力增加系数i	简　图
支管焊接管件（整体补强型）	$\frac{3.3S_n}{r}$	1	$\frac{0.9}{h^{2/3}}$	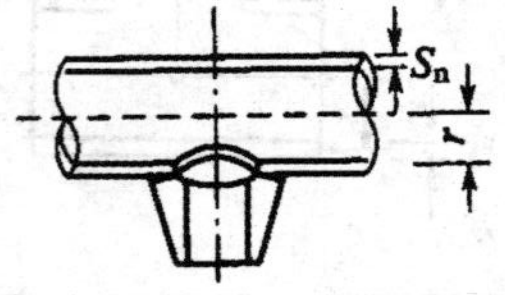
挤压三通	$\frac{S_n}{r}$	1	$\frac{0.9}{h^{2/3}}$	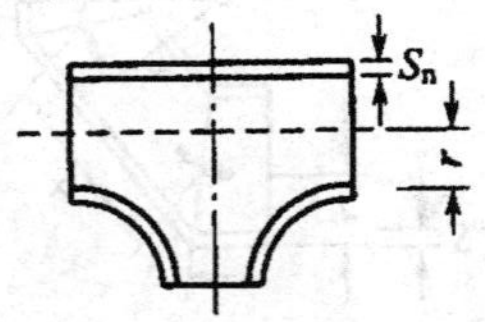
对接焊 $S \geqslant 6mm$，$\delta_{max} \leqslant 1.6mm$， $\delta_{avg}/S \leqslant 0.13$	—	1	1.0	—
对接焊 $S \geqslant 6mm$，$\delta_{max} \leqslant 3.2mm$， $\delta_{avg}/S=$ 任何值	—	1	$0.9+2.7(\delta_{avg}/S)$ 最小1.0， 最大1.9	
对接焊 $S \geqslant 6mm$，$\delta_{max} \leqslant 1.6mm$， $\delta_{avg}/S \leqslant 0.13$	—	1	—	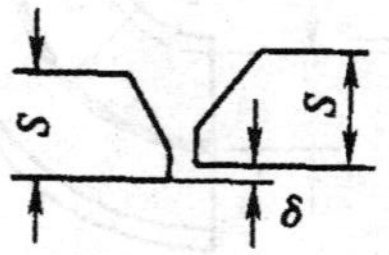
角焊	—	1	2.1或1.3	—

表 D.2.3　柔性系数和应力增加系数（续）

名称	尺寸系数 h	柔性系数 k	应力增加系数 i	简　图
扩口过渡段	—	1	$1.3+0.036\frac{D_0}{S_n}+3.6\frac{\delta}{S_n}$ 最大1.9	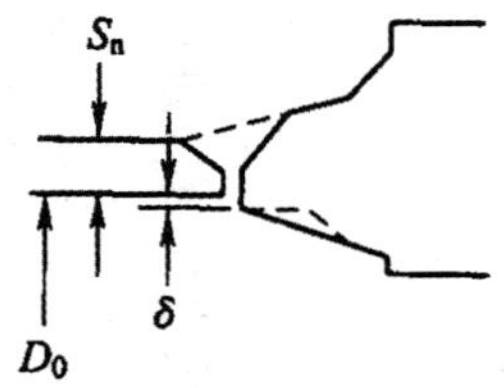
同心大小头	—	1	$0.5+0.01\alpha\left(\frac{D_2}{S_2}\right)^{1/2}$ 最大2.0	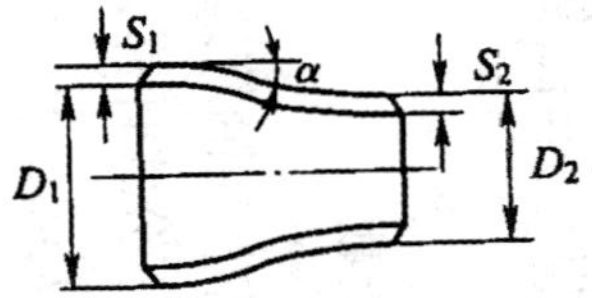
螺纹接管头或螺纹法兰	—	1	2.3	—
波纹直管头或带波纹弯管	—	5	2.5	—

注：B——焊接弯管斜接过渡段内侧的长度（mm）；
D_0——管子外径（mm）；
R——弯头或弯管的弯曲半径（mm）；
r——管子平均半径（与三通相连接的管子）（mm）；
b——焊接弯管斜接段在中心线的长度（mm）；
S_n——管子公称壁厚（与三通相连接的管子）（mm）；
α——异径接头锥角（°）；
δ——对接焊口的错边（δ_{avg}为平均值）（mm）；
θ——焊接弯管斜接轴线夹角的半角（°）。

附录E 风荷载和地震荷载的计算

E.1 风荷载

E.1.1 作用于管道上的风荷载为均布荷载，对于不等直径的管道，应按直径分段进行均布荷载的计算。垂直于露天管道表面上的风荷载标准值，应按以下公式计算，即：

$$w_k=\beta_z\mu_s\mu_z w_0 \tag{E.1.1}$$

式中：w_k——风荷载标准值（kN/m^2）；

β_z——高度z处的风振系数；

μ_z——风荷载高度变化系数，按E.1.3的规定确定；

μ_s——风荷载体型系数，按E.1.4的规定确定；

w_0——基本风荷载（kN/m^2）；按E.1.2的规定确定。

E.1.2 基本风荷载为当地空旷平坦地面上离地10m高处，统计所得的50年一遇10min内的平均最大风速v_0，按公式E.1.2确定的风荷载值。工程中的基本风荷载可按表E.1.2或现行国家标准《建筑结构荷载规范》GB 50009中给出的风荷载采用，但不得小于0.3kN/m²。

$$w_0=v_0^2/1600 \tag{E.1.2}$$

表E.1.2 全国主要城市的基本风荷载数据w_0（kN/m^2）

城市名	风荷载	城市名	风荷载	城市名	风荷载	城市名	风荷载
北京市	0.45	本溪市	0.45	宁波市	0.50	新乡市	0.40
天津市	0.50	抚顺市	0.45	衢州市	0.35	洛阳市	0.40
塘沽区	0.55	营口市	0.60	温州市	0.60	许昌市	0.40
上海市	0.55	丹东市	0.55	合肥市	0.35	开封市	0.45
重庆市	0.40	大连市	0.65	宿州市	0.40	武汉市	0.35
石家庄市	0.35	长春市	0.65	蚌埠市	0.35	宜昌市	0.30
邢台市	0.30	四平市	0.55	安庆市	0.40	黄石市	0.35
张家口市	0.55	吉林市	0.50	南昌市	0.45	长沙市	0.35
承德市	0.40	通化市	0.50	赣州市	0.30	岳阳市	0.40
秦皇岛市	0.45	哈尔滨市	0.55	景德镇市	0.35	邵阳市	0.30
唐山市	0.40	齐齐哈尔市	0.45	福州市	0.70	衡阳市	0.40
保定市	0.40	绥化市	0.55	厦门市	0.80	广州市	0.50
沧州市	0.40	安达市	0.55	西安市	0.35	深圳市	0.75
太原市	0.40	牡丹江市	0.50	榆林市	0.40	汕头市	0.80
大同市	0.55	济南市	0.45	宝鸡市	0.35	湛江市	0.80
阳泉市	0.55	德州市	0.45	兰州市	0.30	南宁市	0.35
临汾市	0.40	烟台市	0.55	张掖市	0.50	桂林市	0.30
长治市	0.50	威海市	0.65	酒泉市	0.55	柳州市	0.30
呼和浩特市	0.55	淄博市	0.40	武威市	0.55	梧州市	0.30
满洲里市	0.65	青岛市	0.60	天水市	0.35	北海市	0.75
海拉尔市	0.65	兖州市	0.40	银川市	0.65	海口市	0.75

表E.1.2　全国主要城市的基本风荷载数据w_0（kN/m²）（续）

城市名	风荷载	城市名	风荷载	城市名	风荷载	城市名	风荷载
乌兰浩特市	0.55	南京市	0.40	中卫市	0.45	三亚市	0.85
包头市	0.55	徐州市	0.35	西宁市	0.35	成都市	0.30
集宁市	0.60	镇江市	0.40	格尔木市	0.40	宜宾市	0.30
通辽市	0.55	无锡市	0.45	乌鲁木齐市	0.60	西昌市	0.30
赤峰市	0.55	泰州市	0.40	克拉玛依市	0.90	内江市	0.40
沈阳市	0.55	连云港市	0.55	库尔勒市	0.45	泸州市	0.30
阜新市	0.60	常州市	0.40	喀什市	0.55	贵阳市	0.30
锦州市	0.60	杭州市	0.45	哈密市	0.60	遵义市	0.30
鞍山市	0.50	金华市	0.35	郑州市	0.45	昆明市	0.30

E.1.3　对于平坦或稍有起伏的地形，风荷载高度变化系数μ_z应根据地面粗糙度类别按表E.1.3-1或现行国家标准《建筑结构荷载规范》GB 50009中给出的风荷载高度变化系数确定。

表E.1.3-1　风荷载高度变化系数μ_z

离地面或海平面高度（m）	地面粗糙度类别			
	A	B	C	D
5	1.17	1.00	0.74	0.62
10	1.38	1.00	0.74	0.62
15	1.52	1.14	0.74	0.62
20	1.63	1.25	0.84	0.62
30	1.80	1.42	1.00	0.62
40	1.92	1.56	1.13	0.73
50	2.03	1.67	1.25	0.84
60	2.12	1.77	1.35	0.93
70	2.20	1.86	1.45	1.02
80	2.27	1.95	1.54	1.11
90	2.34	2.02	1.62	1.19
100	2.40	2.09	1.70	1.27
150	2.64	2.38	2.03	1.61
200	2.83	2.61	2.30	1.92

1　地面粗糙度可分为A、B、C、D四类：

1） A类指近海海面和海岛、海岸、湖岸及沙漠地区；

2） B类指田野、乡村、丛林、丘陵以及房屋比较稀疏的乡村和城市郊区；

3） C类指有密集建筑群的城市市区；

4） D类指有密集建筑群且房屋较高的城市市区。

2　由于地形差别的影响，风荷载高度变化系数还应乘以系数η进行修正，即：

$$\mu_{z0}=\eta\mu_z \qquad \text{(E.1.3)}$$

η按下述规定采用：

1） 山间盆地、谷地等闭塞地形：η=0.75~0.85；

2） 与大风方向一致的谷口、山口：η=1.20~1.50；

3）当远离海面或在海岛上时，按表E.1.3-2确定修正系数。

表E.1.3-2 远海海面和海岛的修正系数

距海岸距离（km）	η
<40	1.0
40~60	1.0~1.1
60~100	1.1~1.2

E.1.4 风荷载体型系数μ_s为风作用在管道表面上所引起的实际压力（或吸力）与来流风速度压的比值，可按表E.1.4选取。

表E.1.4 风荷载体型系数μ_s

<table>
<tr><th>序号</th><th>简图</th><th colspan="9">μ_s</th></tr>
<tr><td>1</td><td>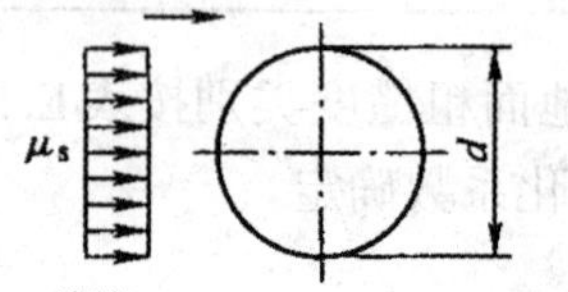单管</td><td colspan="9">$\mu_z w_0 D^2 \geqslant 0.015$时，$\mu_s=+1.2$；
$\mu_z w_0 D^2 \leqslant 0.002$时，$\mu_s=+0.7$
中间值按插值法计算；D为管道外径</td></tr>
<tr><td rowspan="2">2</td><td rowspan="2">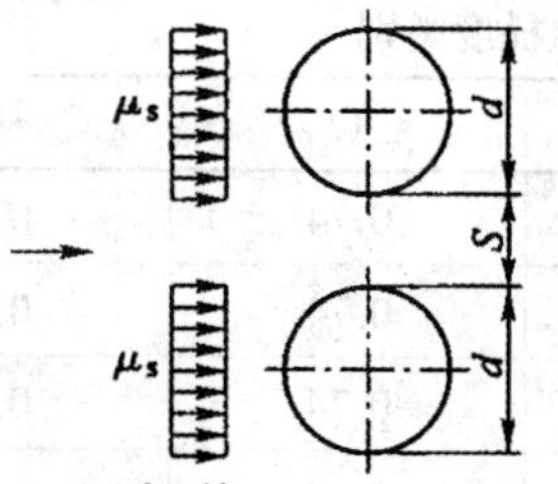上下双管</td><td>s/D</td><td>≤0.25</td><td>0.5</td><td>0.75</td><td>1.0</td><td>1.5</td><td>2.0</td><td colspan="2">≥3.0</td></tr>
<tr><td>μ_s</td><td>+1.4</td><td>+1.05</td><td>+0.88</td><td>+0.82</td><td>+0.76</td><td>+0.73</td><td colspan="2">+0.7</td></tr>
<tr><td rowspan="3">3</td><td rowspan="3">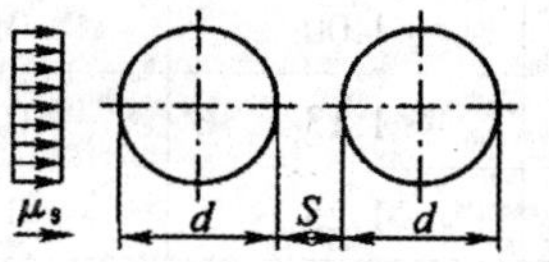前后双管</td><td>s/D</td><td>≤0.5</td><td>1.0</td><td>1.5</td><td>3.0</td><td>4.0</td><td>6.0</td><td>8.0</td><td>≥10.0</td></tr>
<tr><td>μ_s</td><td>+0.79</td><td>+1</td><td>+1.1</td><td>+1.15</td><td>+1.26</td><td>+1.30</td><td>+1.33</td><td>1.40</td></tr>
<tr><td colspan="9">μ_s值为前后两管之和，其中前管为+0.7</td></tr>
<tr><td>4</td><td>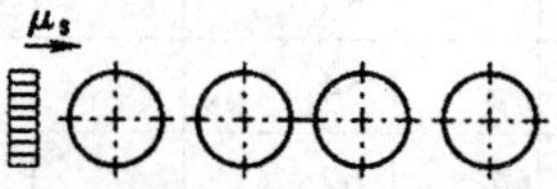前后密排多管</td><td colspan="9">$\mu_s=+1.65$，μ_s为各管之总和，其中前管为+0.7</td></tr>
</table>

注：1 图表中符号→表示风向，+表示向管道中心，-表示向管道外部；

2 序号2，3中，当两根管径不等时，取$D=(D_1+D_2)/2$，查表求μ_s值；

3 序号4中，当管径不等时，按$D=\sum D_i/m$查表求μ_s值（$\sum D_i$为各管径总和，m为管道根数）。

E.2 地震荷载

E.2.1 管道设计中，通常不计入地震荷载，除非当地法令规定或厂址位于震级高的地区，或在合同中已有明确规定，才需要进行管道的地震验算。

E.2.2 抗震设计的基本要求应符合下列规定：

1 管道的设计分析应能反映出设计范围内预期地震发生时，随建筑结构的地震响应，管道内产生的最大应力和力矩，但不需要包括对地震所引起建筑结构间相互作用的分析。设计中抗震设防烈度可采用中国地震动参数区划图的地震基本烈度，对已编制抗震设防区划的地区，可按批准的抗震设防烈度或设计地震动参数进行计算。

2 地震时地面的水平和垂直运动时同时存在，但认为水平地震力对管道的破坏起决定性作用，水平地震力的方向应取为使管道中应力水平最大的方向。对于地震烈度为8、9度的大跨度管道及9度时的高层管道，应计算竖向地震作用，竖向设计加速度峰值可采用水平向设计加速度峰值的2/3。

3 抗震设计的计算模型应计入管道内液体以及附属部件等的质量，当附属部件的重心与管道中心线的距离大于管道直径1.5倍时应计入偏心的影响。

E.2.3 地震荷载的计算方法应符合下列规定：

1 管道地震荷载可采用静力法计算地震的动力学影响，当需要进行比较详细的分析时，可采用反应谱法或时程分析法。

2 静力法忽略了地震中管道支承结构各部分响应的不同频率和阻尼，在地震运动的振动方向上使用单一的静力加速度值计算管道的受力和位移。静力加速度按下式计算；

$$a_{eq}=k_f \cdot S_a \qquad (E.2.3)$$

式中：k_f——频率修正系数，将管道近似为单自由系统处理时，k_f=1；当管道为多自由度系统时，k_f=1.5；

S_a——为地震时计算楼层高度上质点运动的最大加速度，当没有地震时各楼层质点运动最大加速度资料时，取为地震时地面的最大水平加速度。地震时地面的最大水平加速度与重力加速度的比值称为地震系数k_a，按表E.2.3确定：

表E.2.3 地震系数k_a与地震烈度I的关系

烈度 I	6	7	8	9
地震系数 k_a	0.064	0.128	0.255	0.51

3 通过振型分解的方法，由单质点体系的反应谱曲线得到质点在各震型下的地震荷载，再按均方根法对其进行组合，可以计算出管道的地震响应最大值。从工程应用的角度，地震反应不超过10%的管道高阶振型影响可略去不计，仅需计入自振频率较低的前2个~3个振型。在求得管道上的分布惯性力后，应对管道和管道原件进行强度校核。

4 对于罕遇地震，不能采用弹性加速度反应谱法设计，采用管道进入弹塑性阶段后的非线性时程分析方法。时程分析法首先选定地面运动加速度曲线，通过数值积分求解基本动力方程，计算出每一时间分段处管道的位移、速度和加速度，从而描述出强震作用下，管道在弹性和非弹性阶段的地震响应。

附录 F　焊接结构及焊接材料

F.0.1　常用焊接接头形式及尺寸应符合表F.0.1的规定。

表F.0.1　常用焊接接头基本形式及尺寸

序号	接口类型	坡口形式		图形	焊接方法	焊件厚度 δ（mm）	接头结构尺寸					适用范围
							α	β	b（mm）	p（mm）	R（mm）	
1	对接	I型		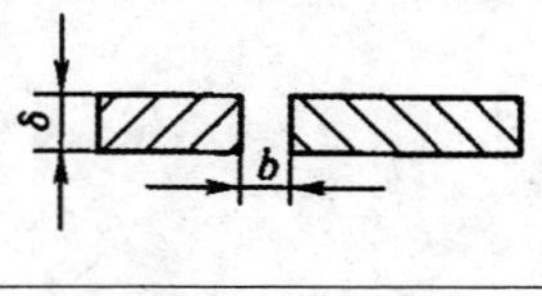	D_S Q_S R_b M_Z	<3 <3 8~16 8~16	—	—	1~2 1~2 0~1 0~1	—	—	容器和钢结构
2	对接	V形		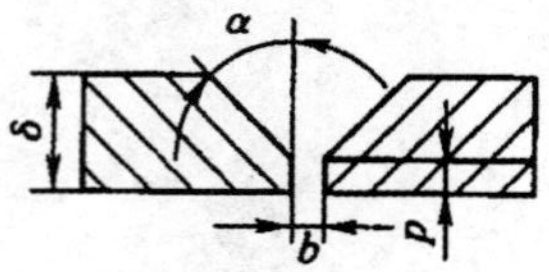	D_S Q_S R_b M_Z	≤6 ≤16 16~20 16~20	30°~35°	—	不限制	0.5~2 1~2 7 7	—	各类承压管子，压力容器和中、薄件承重结构
3	对接	U形		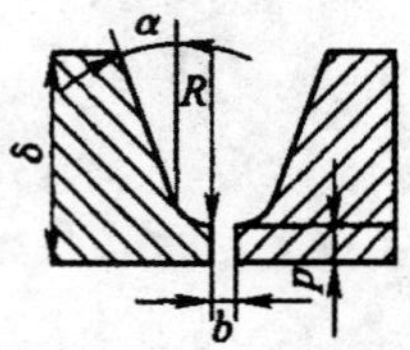	D_S W_S	≤60	10°~15°	—	2~5	0.5~2	5	中、厚壁汽水管道
4	对接	双V形	水平管	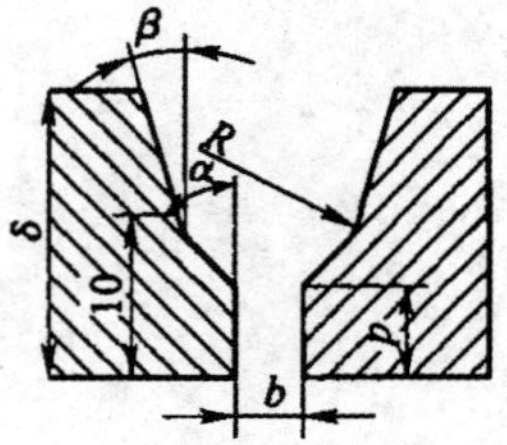	D_S W_S	>16	30°~40°	8°~12°	2~5	1~2	5	中、厚壁汽水管道

表F.0.1　常用焊接接头基本形式及尺寸（续）

序号	接口类型	坡口形式		图　形	焊接方法	焊件厚度 δ（mm）	接头结构尺寸					适用范围
							α	β	b（mm）	p（mm）	R（mm）	
5	对接	双V形	垂直管	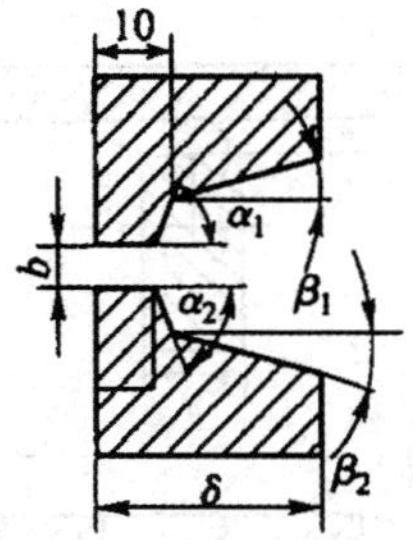	D_S W_S	>16	α_1= 35°~40° α_2= 20°~25°	β_1= 15°~20° β_2= 5°~10°	1~4	1~2	5	中、厚壁汽水管道
6	对接	综合形		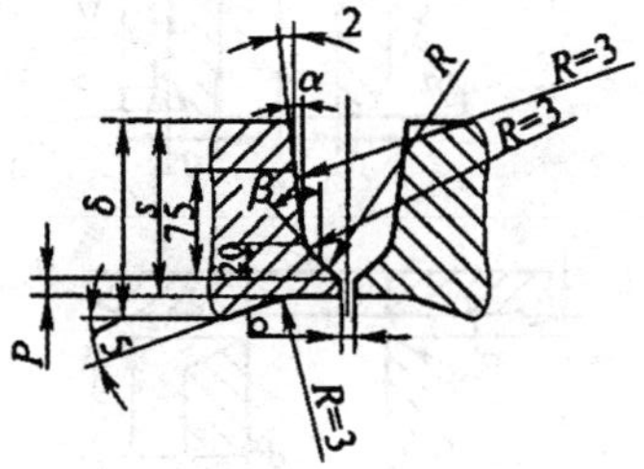	D_S W_S	>60	20°~25°	5°	2~5	2	5	厚壁汽水管道
7	对接	X形		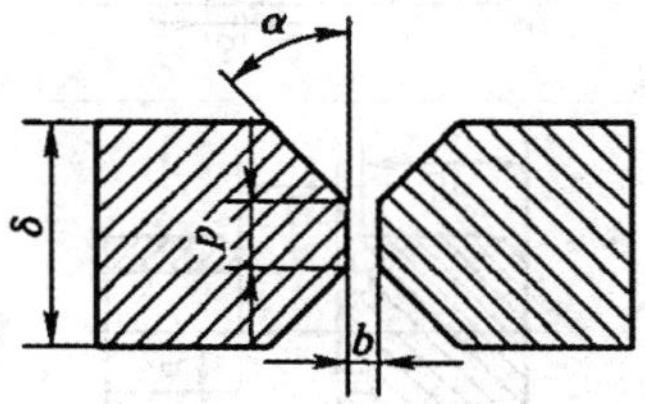	D_S M_Z	>16 >20	30°~35°	—	2~3 0~1	2~4 7	—	双面焊接的大型容器和结构
8	对接	封头		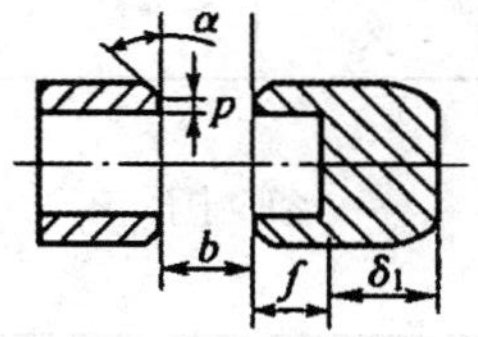	D_S W_S	管径不限	同厚壁管坡口加工要求					汽水管道或联箱封头

表F.0.1　常用焊接接头基本形式及尺寸（续）

序号	接口类型	坡口形式	图　形	焊接方法	焊件厚度 δ（mm）	接头结构尺寸					适用范围
						α	β	b（mm）	p（mm）	R（mm）	
9	对接	封头	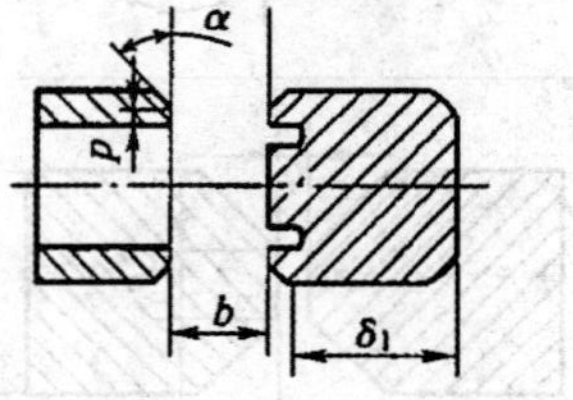	D_S W_S	直径φ≥23	同厚壁管坡口加工要求					汽水管道或联箱封头
10	T型接	管座	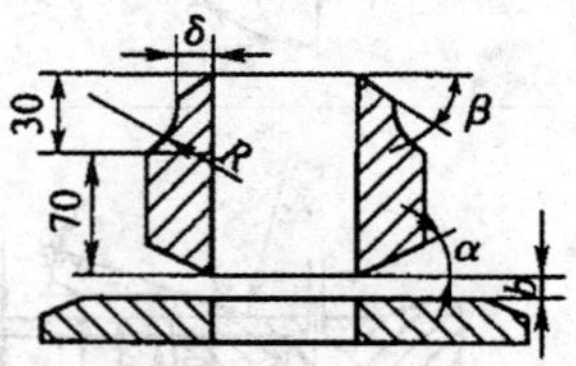	D_S W_S	管径φ≤76	50°~60°	30°~35°	2~3	1~2	按壁厚差取	汽水、仪表取样等接管座
11	T型接	管座	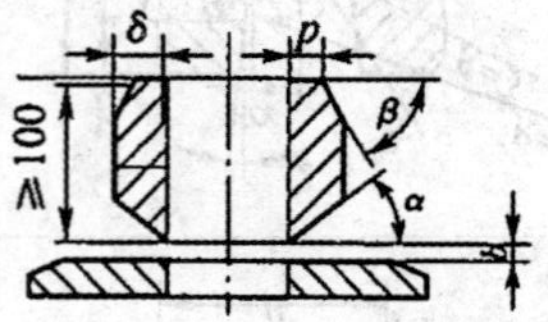	D_S W_S	管径 76~133	50°~60°	30°~35°	2~3	1~2	—	汽水管道或容器的接管座或接头
12	T型接	单V形	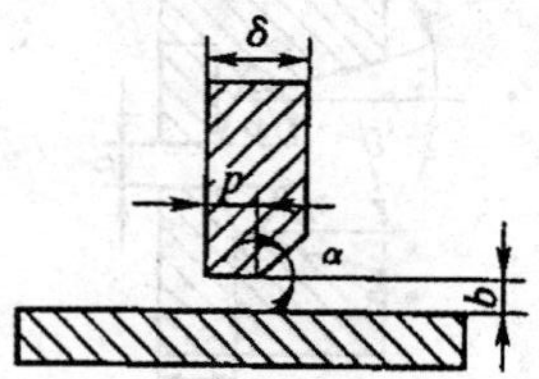	D_S M_Z	≤20	50°~60°	—	1~2	1~2	—	要求焊透的结构
13	T型接	K形	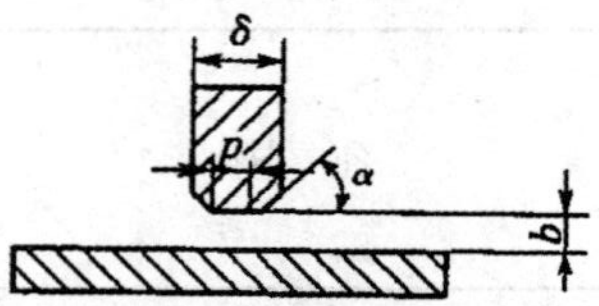	D_S M_Z	>20	50°~60°	—	1~2	1~2	—	要求焊透的结构

F.0.2 不同厚度管道对口时的处理方法应符合图F.0.2的规定。

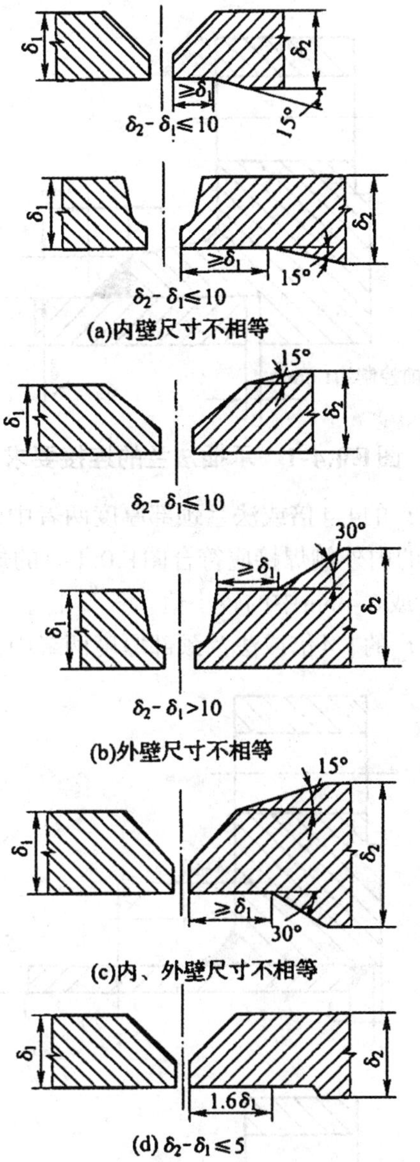

图F.0.2　不同厚度对口时的处理方法

F.0.3 承插焊管件与管子的焊接应符合图F.0.3的规定。

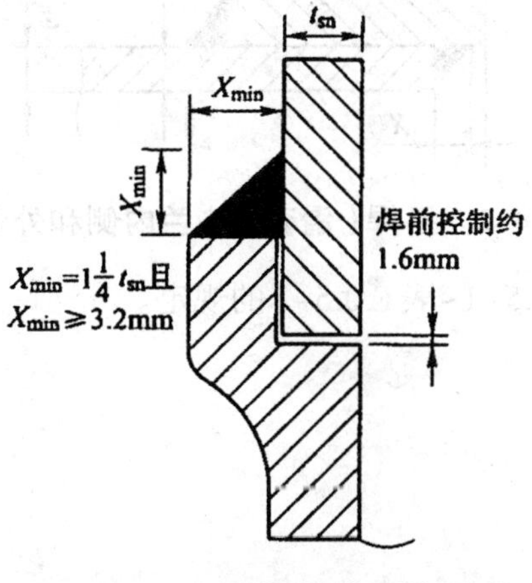

图F.0.3　承插焊管件连接要求

F.0.4 承插焊法兰与管子的连接应符合下列规定：

1 承插焊法兰的焊缝应符合图F.0.4–1的规定。

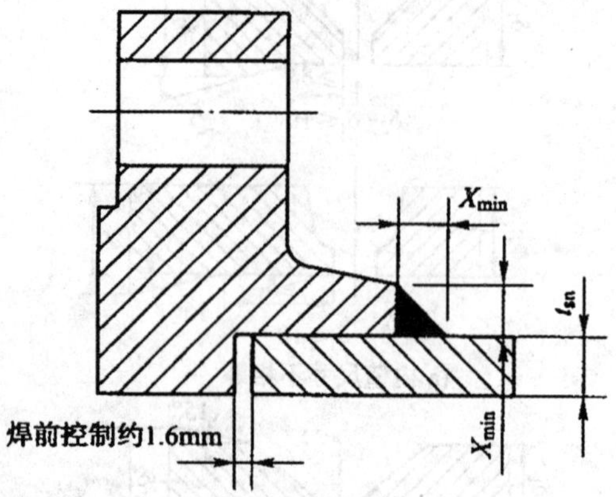

图F.0.4-1 承插法兰的连接要求

2 尺寸X_{min}为直管名义厚度t_{sn}的1.4倍或法兰颈部厚度两者中的较小值。

3 平焊（滑套）法兰与管子的内外侧焊接应符合图F.0.4–2的规定。

4 尺寸X为直管名义厚度t_{sn}或6.4mm中的较小值。

5 尺寸X_{min}为直管名义厚度t_{sn}的1.4倍或法兰颈部厚度两者中的较小值。

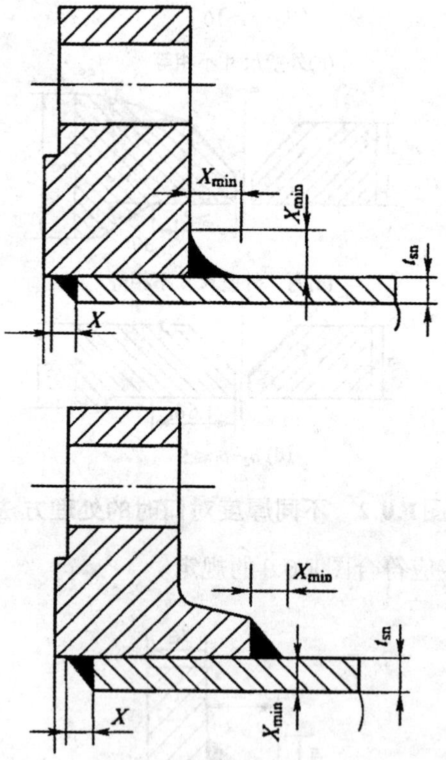

图F.0.4-2 平焊（滑套）法兰内侧和外侧焊缝

F.0.5 常用焊接材料应符合表F.0.5–1~表F.0.5–3的规定。

表 F.0.5-1　常用国产钢材所适用的焊条和焊丝型号

钢材		电焊条			焊丝	
种类	代号（类型）	原牌号	国标型号	相对应的国外型号	原牌号	国标或相对应的国外型号
碳素钢	（C≤0.3%）	J421 J420G J422 J423 J424 J426 J427	E4313 E4300 E4303 E4301 E4320 E4316 E4315	AWS E6013/ JIS D4313 — JIS D4303 4301 AWS E6020 AWS E6016 AWS E6015	焊08锰高	H08MnA
普通低合金钢	16MnV、16Mng 15MnR、15Mng （适用中、厚板） 15CrMo（1Cr-1/2Mo）	J506 J507 J557 R307	E5016 E5015 E5515-G $E5515-B_2$	AWS E7016/ JIS D5016 AWS E7015 AWS E8015G AWS E8015-B2 JIS DT2315	焊08锰高	H08MnA H08CrMoA H13CrMo
耐热钢	12Cr1MoV （1Cr-1/2Mo-V）	R317 R337	E5515-B2-V E5515-B2-VNb	—	—	H08CrMoV
	12Cr2MoWVTiB （2Cr-1/2Mo-VW）	R347 R417	E5515-B3-VW E5515-B3-VNb-7	—	焊08铬2钼高	H08Cr2MoVNb
	12Cr3MoVSiTiB（钢Ⅱ11） （3Cr-1Mo-VTi）	R417	E5515-B3-VNb-7	—	焊08铬2钼高	H08Cr2MoVNb H05Cr2Mo1TiRe
	12MoVWBSiRe （无铬8号）	R347 R417	E5515-R3-VW E5515-B3-VNb-7	—	焊08铬2钼1焊 08铬2 钼钒铌	H08Cr2Mo1 H08Cr2MoVNb H08CrMoV

表 F.0.5-1 常用国产钢材所适用的焊条和焊丝型号（续）

钢材		电焊条			焊丝	
种类	代号（类型）	原牌号	国标型号	相对应的国外型号	原牌号	国标或相对应的国外型号
耐热钢	15Cr1Mo1V	R327 R337	E5515-B2-VW E5515-B2-VNb	—	—	H08CrMoV
	12Cr2MoG	R407	E6015-B3	AWS E9015-B3	—	ER62-B3
	15Ni1MnMoNbCu	R107	—	AWS E9018G	—	GB ER62-G AWS ER90S-G
	10Cr9Mo1VNbN	R717	E6015-G	AWS E9015-B9	—	AWS ER90S-B9 GB ER62-B9
	10Cr9MoW2VNbN （SA335 P92）	R727	E6015-G	—	—	AWS ER90S-B9（mod.） EN WZCrMoWVNb9 0.5 2
	11Cr9Mo1W1VNbBN （SA335 P911）	—	—	AWS E9015-G EN EZCrMoWV Nb 911 B 42 H5	—	AWS ER90S-B9（mod.） EN WZCrMoWVNb911
	10Cr11MoW2VNbCu1BN （SA335 P122）	—	—	—	—	—
不锈钢	0Cr18Ni11Ti 1Cr18Ni9Ti 1Cr9Ni9 1Cr19Ni11Nb	A132 A137	E347-16 E347-15	AWS E347-16 AWS E347-15	焊1铬19 镍9钛 焊1铬19 镍10铌	H1Cr19Ni1Ti H1Cr19Ni10Nb

表F.0.5-2　符合欧盟标准《Seamless steel tubes for pressure purpose-technical delivery conditions-part 2: Non alloy and alloy steel tubes with specified elevated temperature properties》EN 10216-2：2004-07标准材料所适用的焊条和焊丝型号

钢材			电焊条			焊丝	
种类	代号	材质类型	原牌号	国标型号	相对应的国外型号	牌号	国标型号或相对应的国外型号
碳素钢	P280GH	0.25	J426 J422	E4316 E4303	AWS E6016 JIS D4303	焊08锰高	H08MnA
耐热钢	16Mo3	0.3Mo	—	E5015-A1	AWS E7015-A1 JIS DT1215	焊08铬钼	H08CrMo
	13CrMo4-5	1Cr- 1/2Mo	R307	E5515-B2	AWS E8015-B2 JIS DT2315	焊13铬钼	H13CrMoj
	10CrMo9-10	2 1/4Cr- 1Mo	R407	E6015-B3	AWS E9015-B3	—	H08Cr2MoVNb
	14MoV63	1/2Cr- 1/2Mo-V	R317	E5515-B2-V	—	—	H08CrMoV
	X20CrMoV121	12Cr- 1Mo-V	R817	E2-11MoVNiW-15	—	—	H16Cr10MoNiV
	15NiCuMoNb 5-6-4	1Mn-1Ni -0.5Cu	R107	—	AWS E9018G	—	GB ER62-G AWS ER90S-G
	7CrWVMoNb9- 6（ASTM A335 P23）	21/4Cr-1 1/2WMo	—	—	EN：E ZCr2 WV B 42 H5 AWS：E9015-G	—	ER90s-G
	X11CrMo9-1 （A335 P9）	9Cr-1Mo	R707	—	AWS E8018-B8	—	AWS ER80S-B8
	X10Cr MoVNb9-1	9Cr-1Mo	R717	E6015-G	AWS E9015-B9 EN E CrMo91 B 42 H5	—	AWS ER90S-B9 GB ER62-B9

表F.0.5-2　符合欧盟标准《Seamless steel tubes for pressure purpose-technical delivery conditions-part 2: Non alloy and alloy steel tubes with specified elevated temperature properties》EN 10216-2：2004-07标准材料所适用的焊条和焊丝型号（续）

钢材			电焊条			焊丝	
种类	代号	材质类型	原牌号	国标型号	相对应的国外型号	牌号	国标型号或相对应的国外型号
耐热钢	X10CrW MoVNb9-2	9Cr-0.5 Mo-1.8W	R727	E6015-G	AWS E9015-G（E9015-B9 mod.）EN E MoWVNb90, 52 B 42 H5	—	AWS ER90S- B9（mod.）EN W ZCrMo WVNb90.52
	X11CrMo WVNb9-1-1	9Cr-1Mo-1W	—	—	AWS E9015-G（E9015-B9 mod.）	—	AWS ER90S-B9（mod.）EN W ZCrMoWVNb911
	X20Cr MoV121	12Cr-1Mo-V	R817	E11MoVNiW-15	—	—	H16Cr10MoNiV AWS ER505（mod.）EN W CrMoWV12Si

表F.0.5-3　符合美国机械工程师协会标准《Power piping》ASME B31.1-2010标准材料所适用的焊条和焊丝型号

种类	代号	材质类型	原牌号	国标型号	相对应的国外型号	原牌号	国标型号或相对应的国外型号
碳钢	SA106Gr.A（管）SA106Gr.B（管）SA106Gr.C（管）A515Gr.60（板）A515Gr.65（板）A515Gr.70（板）	C	J507 J427	E5015 E4315	AWS E7018	焊08锰高	H08MnA
碳钼钢	SA335-P1、SA369-EP1（管）	1/2Mo	R107	E5015-A1	AWS E7015-A1 JIS DT1215	焊08铬钼	H08CrMo
	A204 Gr.A板	—	R107	E5015-A1	AWS 7015-A1 JIS DT1215	焊08铬钼	H08CrMo

表 F.0.5-3 符合美国机械工程师协会标准《Power piping》ASME B31.1-2010 标准材料所适用的焊条和焊丝型号（续）

种类	代号	材质类型	原牌号	国标型号	相对应的国外型号	原牌号	国标型号或相对应的国外型号
耐热钢	SA335-P12	1Cr-1/2Mo	R307	E5515-B2	AWS E8015-B2 JIS DT2315	焊13铬钼	H13CrMo
	SA335-P11	11/4Cr-1/2Mo	R307	E5515-B2	AWS E8015-B2 JIS DT2315	焊13铬钼	H13CrMo
	SA335-P22	21/4Cr-1Mo	R407	E6015-B3	AWS E9015-B3	—	H08Cr2MoVNb
	SA335-P5 管子	5Cr-1/2Mo	R507	E5MoV-15	AWS E8015-B6	—	ER55-B6
	SA335-P9	9Cr-1Mo	R707	E9MoV-15	—	—	ER55-B8
	A387-Gr.12	1Cr-1/2Mo	R307	—	—	—	—
	A387-Gr.11 板	11/4Cr-1/2Mo	R307	—	—	—	—
	A387-Gr.22	21/4Cr-1Mo	R407	—	—	—	—
	A387-Gr.5	5Cr-1/2Mo	R507	—	—	—	—
	A387-Gr.9	9Cr-1Mo	R707	—	AWS E8018-B8	—	—
	SA335 P23	21/4Cr-1 1/2WMo	—	—	EN W/G2CrWV2	—	ER90s-G
	SA335-P91	9Cr-1MoVNbN	R717	E6015-G	AWS E9015-B9	—	AWS ER90S-B9 GB ER62-B9

表F.0.5-3 符合美国机械工程师协会标准《Power piping》ASME B31.1-2010标准材料所适用的焊条和焊丝型号（续）

种类	代号	材质类型	原牌号	国标型号	相对应的国外型号	原牌号	国标型号或相对应的国外型号
耐热钢	SA335–P92	9Cr–0.5Mo–1.8W	R727	E6015–G	AWS E9015–G（E9015–B9mod.）	—	AWS ER90S–B9（mod.） EN WZCrMoWV Nb90.52
	A335 P911	9Cr–1Mo–1W	—	—	AWS E9015–G（E9015–B9mod.） EN E CrMoWV Nb911B42	—	AWS ER90S–B9（mod.） EN WZCrMoWVNb911
	SA335P122	12Cr–0.5Mo–2W–1.5Cu	—	—	—	—	—
不锈钢	SA312 TP304L SA409 TP304L	18Cr–8Ni–0.035O	A132	E347–16	AWS E347–16	焊1铬19镍9钛	H1Cr19Ni1Ti
	SA312 TP321 SA409 TP321	18Cr–8Ni–Ti	A137	E347–15	AWS E347–15	焊1铬19镍10铌	H1Cr19Ni10Nb

引用标准名录

《爆破片和爆破片装置》GB 567
《碳素钢结构》GB 700
《等长双头螺柱　B级》GB/T 901
《管道元件PN（公称压力）的定义和选用》GB/T 1048
《低中压锅炉用无缝钢管》GB 3087
《低压流体输送用焊接钢管》GB/T 3091
《金属熔化焊焊接接头射线照相》GB/T 3323
《缠绕式垫片　技术条件》GB/T 4622.3
《高压锅炉用无缝钢管》GB 5310
《六角头螺栓　细牙》GB/T 5785
《I型六角螺母》GB/T 6170
《I型六角螺母　细牙》GB/T 6171
《输送流体用无缝钢管》GB/T 8163
《对焊钢制管法兰》GB/T 9115
《钢制管法兰　技术条件》GB/T 9124
《管法兰连接用紧固件》GB/T 9125
《钢焊缝手工超声波探伤方法和探伤结果分级》GB 11345
《安全阀　一般要求》GB 12241
《压力释放装置　性能试验规范》GB 12242
《弹簧直接载荷式安全阀》GB 12243
《工业企业厂界环境噪声排放标准》GB 12348
《燃气用埋地聚乙烯（PE）管道系统　第1部分：管材》GB 15558.1
《燃气用埋地聚乙烯（PE）管道系统　第2部分：管件》GB 15558.2
《管道支吊架　第1部分：技术规范》GB/T 17116.1
《钢制管法兰连接强度计算方法》GB/T 17186
《建筑结构荷载规范》GB 50009
《石油化工企业设计防火规范》GB 50160
《氢气站设计规范》GB 50177
《工业企业总平面设计规范》GB 50187
《火力发电厂与变电站设计防火规范》GB 50229
《工业企业噪声控制设计规范》GBJ 87
《管道焊接头超声波检验技术规程》DL/T 820
《钢制承压管道对接焊接接头射线检验技术规范》DL/T 821
《火力发电厂焊接技术规程》DL/T 869
《火力发电厂保温油漆设计规程》DL/T 5072
《火力发电厂油气管道设计规程》DL/T 5204
《城镇供热管网设计规范》CJJ 34
《城镇直埋供热管道工程技术规程》CJJ/T 81
《承压设备无损检测》JB/T 4730

ICS 27.100
P 61

DL

中华人民共和国电力行业标准

P

DL 5190.5—2019
代替 DL 5190.5—2012

电力建设施工技术规范
第 5 部分：管道及系统

Technical specification for thermal power erection and construction—Part 5：Piping and system

2019-06-04 发布 2019-10-01 实施

国家能源局 发布

前 言

本部分根据《国家能源局综合司关于印发2017年能源领域行业标准制（修）订计划及英文版翻译出版计划的通知》（国能综通科技〔2017〕52号）的要求，在《电力建设施工技术规范 第5部分：管道及系统》DL 5190.5—2012的基础上修订。

DL 5190《电力建设施工技术规范》分为如下部分：

——第1部分：土建结构工程；

——第2部分：锅炉机组；

——第3部分：汽轮发电机组；

——第4部分：热工仪表及控制装置；

——第5部分：管道及系统；

——第6部分：水处理和制（供）氢设备及系统；

……

——第8部分：加工配制；

——第9部分：水工结构工程。

本部分是DL 5190的第5部分。

本部分共分7章，主要技术内容包括基本规定、管道组成件和支吊架检验、管道安装、管道系统压力试验和清洗、管道安装技术文件等。

本部分修订的主要内容如下：

——增加和修改部分术语；

——增加中低压管道工厂化加工配制的技术规定；

——增加主蒸汽、再热蒸汽、辅助蒸汽吹扫临时管道系统施工技术规定；

——增加滤网及补偿器检验的技术规定；

——附录增加电厂管道介质流向标识的相关规定；

——删除氧气、乙炔气管道的安装规定。

本部分以黑体字标识的5.8.1、6.3.7为强制性条文，必须严格执行。

本部分由中国电力企业联合会提出。

本部分由电力行业火电建设标准化技术委员会（DL/TC 44）归口。

本部分主编单位：中国能源建设集团安徽电力建设第一工程有限公司
中国能源建设集团广东火电工程有限公司

本部分参编单位：中国电建集团核电工程有限公司
国核电力规划设计研究院有限公司
中国电建集团河北省电力勘测设计研究院有限公司

本部分主要起草人：陈 虎 曾 飞 张青年 李爱香 白金德 王子杰 童文军 郑九德
郑庆弟 张少敏 贾广明 岳增智 刘 杨 饶崇辉 杨立辉 吕少胜

本部分主要审查人：李润林 赵 宁 赵祝人 乐嘉然 吕建国 李益民 王东昕 张文胜
孙需战 刘中川 贾志勇 柳光亭 杨铁荣 刘文近 郅小军

本部分自实施之日起代替《电力建设施工技术规范 第5部分：管道及系统》DL 5190.5—2012。

本部分在执行过程中的意见或建议反馈至中国电力企业联合会标准化管理中心（北京市白广路二条一号，100761）。

目　次

Contents

1 总　则

1.0.1 为了加强电力建设管道工程施工技术管理，进一步提高工程施工质量，修订本部分。

1.0.2 本部分适用于新建、扩建或改建的火力发电机组和核电常规岛金属管道的施工。

1.0.3 电力建设管道施工除应符合本部分规定外，尚应符合国家现行有关标准的规定。

2 术　语

2.0.1 公称尺寸　nominal size

管道系统元件采用字母和数字组合的尺寸标识。由字母*DN*和整数数字组成，数字与端部连接件的孔径或外径（用mm表示）等特征尺寸直接相关。

2.0.2 公称压力　nominal pressure

与管道系统元件的力学性能和尺寸特性相关，用于参考的字母和数字组合的标识。由字母*PN*和数字组成。

2.0.3 管道　piping

由管道组成件和管道支吊架等组成，用于输送、分配、混合、分离、排放、计量或控制流体流动。

2.0.4 管道组成件　piping components

用于连接或装配成管道的元件，包括管子、管件、法兰、垫片、紧固件、阀门、滤网及补偿器等。

2.0.5 管子　pipe or tube

用于输送流体的横截面为圆形的管道组成件。

2.0.6 管件　pipe fittings

管道组成件的一个类别，包括弯管或弯头、三通、接管座、异径管和封头等。

2.0.7 管道支吊架

用于承受管道荷载、约束管道位移和控制管道振动，并将荷载传递承载结构的各种组件或装置的总称，但不包括土建的结构。

2.0.8 阀门　valves

用于控制管道内介质的，具有可动机构的机械产品的总体。

2.0.9 管道补偿器　pipe compensators

与管道连接，吸收、补偿管道热胀、冷缩和其他位移的装置。

2.0.10 弯管　bent pipes bends

具有较大的弯曲半径，用于改变管道走向的管件。

2.0.11 弯头　elbows

具有较小的弯曲半径，用于改变管道走向的管件。

2.0.12 焊接弯头　welding elbows miter elbows

采用管子或钢板焊制成型的弯头，具有与管子纵轴线不相垂直的斜接焊缝的管段拼接而成。

2.0.13 监督段　supervision section of pipe

蒸汽管道上用于金相组织和硬度跟踪检验的区段。

2.0.14 蠕胀测点　creeping inflation measuring point

设置在监督段上，对管道进行蠕变变形测量的装置或标记。

2.0.15 圆度　roundness

弯管弯曲部分同一圆截面上最大外径与最小外径之差与公称外径之比。

2.0.16 波浪率 wave degree wave rate

波高与外径之比。

2.0.17 四大管道 the four piping

主蒸汽管道、高温再热蒸汽管道、低温再热蒸汽管道、高压给水管道。

2.0.18 阀门压力分级 valve pressure grade

电厂阀门按照公称压力PN进行分级，$PN≤16$的阀门为低压阀门，$16<PN≤100$的阀门为中压阀门，$100<PN≤1000$的阀门为高压阀门，$PN>1000$的阀门为超高压阀门。

3 基本规定

3.0.1 管道施工前应具备下列条件：

1 设计及相关技术资料齐全，设计技术交底完成、施工图纸已会检；

2 专业施工组织设计和施工方案已审批并已进行安全和技术交底；

3 施工人员已按相关规定考核合格；

4 用于管道施工的机械、工器具应安全可靠，计量器具应检定合格并在有效期内；

5 施工环境及施工用水、电、气等满足施工要求。

3.0.2 管道组成件及支吊架的保管应符合下列规定：

1 裸装管道组成件及支吊架按照钢号、规格、供货商分类存放；

2 直管叠置时采取稳定可靠支垫措施，支撑点距离根据管径大小决定，叠放时各层间支点宜位于同一垂直平面内；

3 有防腐层的管子应涂层完好、无浮锈、无积水、无尘土，管口封堵；

4 工厂化加工的四大管道管口封堵严密；

5 管子保管应根据现场存放条件、存放时间、管材等因素采取相应的防腐蚀措施；

6 易受潮变质的垫片、填料等，存放在干燥的封闭库内；

7 阀门存放于干燥库棚内，阀门腔内无积水，两端封堵，阀门宜门杆朝上竖立垫放，特殊阀门按制造商要求存放。

3.0.3 管道组成件及支吊架的加工、制造质量应符合国家现行产品标准相关规定。

3.0.4 属于特种设备的压力管道及管道组成件施工应符合国家现行管理规定。

3.0.5 管道施工应符合设计要求。需修改设计或材料代用时，应经设计单位确认。

3.0.6 管道安装全过程应实施洁净化施工。

3.0.7 管道漆色及介质标识见本部分附录A。

4 管道组成件和支吊架检验

4.1 一般规定

4.1.1 管道组成件及支吊架应有厂家的产品质量证明文件。

4.1.2 管道组成件及支吊架使用前检查应符合下列规定：

1 按设计文件要求核对其型号、规格、材质、数量和标识；

2 几何尺寸符合相应产品标准的规定，材料标识清晰完整；

3 表面无裂纹、无缩孔、无夹渣、无粘砂、无折叠、无漏焊、无重皮等缺陷；

4 凹陷深度不应超过公称壁厚的负偏差，处理后的实际壁厚不小于设计最小壁厚。

4.1.3 合金钢材质管道组成件及合金钢材质支吊架应逐件光谱复查，并做材质标记。相关材质成分见本标准附录B。

4.2 管子检验

4.2.1 工作压力不小于5.9MPa或工作温度不小于400℃的管道施工前，应对照厂家提供的质量证明文件确认下列项目符合规定：

1 抗拉强度、屈服强度、延伸率等力学性能试验结果；

2 冲击韧性试验结果；

3 合金钢管金相分析结果。

4.2.2 采购单位应在进口管材索赔期内，按合同规定进行质量验收。除应符合合同规定的技术条件外，还应有报关单、商检合格证明书。

4.2.3 主蒸汽管道和再热蒸汽管道及导汽管检验应符合下列规定：

1 钢管表面上的钢印或漆记等出厂标记应与该制造商产品标记相符。

2 钢管内外表面不应有裂纹、折叠、轧折、结疤、离层等缺陷；钢管表面的裂纹、清除机械划痕、擦伤和凹陷深度大于1.5mm的缺陷，清除处的实际壁厚应大于设计最小壁厚。

3 热轧（挤）钢管内表面不应有深度大于壁厚5%，且最大深度大于0.4mm的直道缺陷。

4 钢管的壁厚符合设计要求。

5 合金钢管按同规格根数抽取30%进行硬度检验，每种规格至少抽查1根。

6 合金钢管按同规格根数的10%进行金相组织检验，每炉批至少抽查1根。

7 钢管按同规格根数的20%进行超声波无损检测。

8 对带纵焊缝的低温再热蒸汽管道，根据焊缝的外观质量按同规格根数抽取20%检验（至少抽取1根）。

4.3 管件检验

4.3.1 弯头、弯管检验应符合下列规定：

1 表面无裂纹、无折叠、无重皮、无凹陷和尖锐划痕等缺陷。

2 弯头、弯管几何尺寸校核应符合下列规定：

1） 热弯弯管圆度小于7%；冷弯弯管圆度小于8%；工作压力大于8MPa的弯管，圆度小于5%。

2） 弯头工作压力不小于10MPa时，圆度小于3%；工作压力小于10MPa时，圆度小于5%。

3） 合金钢弯头、弯管逐件进行光谱检验。

4） 合金钢弯头、弯管进行硬度检验。

5） 对合金钢弯头、弯管按同规格抽取数量的10%进行金相组织检验，同一规格不少于1件。

6） 弯头、弯管的外弧面按同规格抽取数量的10%进行无损检测抽查。

4.3.2 锻制、热压和焊制三通以及异径管检验应符合下列规定：

1 表面无裂纹，无折叠，无重皮，无凹陷和尖锐划痕等缺陷；

2 合金钢三通及异径管应进行壁厚测量；

3 合金钢三通、异径管逐件进行光谱检验；

4 合金钢三通、异径管应进行硬度检验；

5 合金钢三通、异径管按10%进行金相组织检验，且同一规格不少于1件；

6 三通、异径管按10%应进行表面无损检测和超声波抽查，且同一规格不少于1件。

4.4 法兰、垫片、紧固件检验

4.4.1 法兰检验应符合下列规定：

1 密封面光洁、平整，无气孔、无裂纹、无毛刺，不应有贯通沟槽。

2 带有凹凸面或凹凸环的法兰配合良好，凸面的高度应大于凹槽的深度。

3 法兰端面上连接螺栓的支承面与法兰接合面平行。

4 校核法兰与设备上待连接法兰各部尺寸，其中法兰厚度公差符合表4.4.1的规定。

表4.4.1 法兰厚度公差（mm）

法兰厚度 C	C≤18	18<C≤50	C>50
法兰公差	0~2	0~3	0~4

5 法兰的垫片材料符合设计要求；设计无要求时，按本部分附录C的规定选用。

4.4.2 垫片检验应符合下列规定：

1 金属垫片表面无裂纹、无毛刺、无贯通划痕、无锈蚀等，其硬度低于法兰硬度；

2 金属垫片、缠绕式垫片不应有径向划痕、松散等缺陷；

3 大口径垫片需要拼接时，采用斜口搭接或迷宫式嵌接，不应平口对接；

4 垫片内径比法兰内径大2mm~3mm；

5 合金钢垫片做光谱检验；

6 非金属垫片表面应平整，无翘曲变形、无夹渣、无气泡、无杂质等缺陷，边缘切割应整齐，贮存期间应放置在常温及通风的干燥的仓库内，防止直接照射，避免挤压、弯曲和靠近热源。

4.4.3 紧固件检验应符合下列规定：

1 螺纹表面光滑，不应有凹痕、裂纹、锈蚀、毛刺和其他缺陷。

2 螺栓与螺母配合良好，无松动，无卡涩。

3 合金钢紧固件根据产品标准的规定应检查产品的标识、数量和质量检验单，包括化学成分、低倍和高倍组织、力学性能。

4 合金钢、高温合金螺栓、螺母应进行光谱检验，光谱检查斑点打磨消除。

5 工作温度400℃以上，且规格不小于M32的螺栓，逐根进行下列检验：

1）螺栓超声波检测；

2）合金钢螺栓、螺母光谱检验；

3）螺栓、螺母硬度检验。

6 工作温度400℃以上，且规格大于M32的螺栓应进行金相组织抽查，每种材料、规格的螺栓抽检数量不应少于1件。

7 垫圈检验应符合下列规定：

1）表面光洁，无锈蚀、无积尘、无油污、无水渍；

2）垫圈无披锋毛刺和机械性缺损；

3）镀层牢固、光滑致密，无针孔；

4）合金钢垫圈进行光谱检验；

5）硬度检测参照本部分第 4.4.3 条第 5 款。

4.5 阀门检验

4.5.1 阀门检验应符合下列规定：

1 阀门的型号规格及材质符合设计规定；

2 铸造阀壳外表面光洁，无裂纹、无缩孔、无毛刺、无夹砂及尖锐划痕等缺陷；

3 锻件表面无裂纹、无折叠、无锻伤、无斑痕、无重皮、无凹陷和尖锐划痕等缺陷；

4 焊缝表面光滑，无裂纹、无气孔、无咬边、无漏焊、无焊瘤等缺陷；

5 阀腔内部清洁，阀门密封面及法兰结合面完好，无毛刺、无贯通沟槽；

6 阀门的手柄或手轮操作灵活轻便、无卡涩，止回阀的阀瓣或阀芯动作灵活正确，无偏心、移位或歪斜；

7 主要零部件如阀杆、阀杆螺母、连接螺母的螺纹光洁，无毛刺、无凹疤、无裂纹等缺陷；

8 操作机构和传动装置按设计要求检查调整，动作灵活，指示正确；

9 阀壳上有介质流向箭头标识；

10 合金钢阀壳逐件进行光谱检验；

11 工作温度不小于400℃的同规格阀壳按20%进行无损检测，每一规格至少抽查1件；

12 对低合金钢、10%Cr钢制阀壳分别按数量的10%、50%进行硬度检测。

4.5.2 阀门密封试验应符合下列规定：

1 安装前应对截断阀、止回阀进行密封试验。

2 密封试验应符合技术要求。厂家无要求时，密封试验压力应符合下列规定：

1）PN 系列阀门为公称压力的 1.1 倍；

2）当介质温度超过 425℃时，为工作压力的 1.25 倍；

3）PN 系列蝶阀、止回阀为公称压力的 1.0 倍；

4）CLASS 系列的蝶阀、止回阀为 30℃时最大允许工作压力的 1.0 倍。

3 具有上密封性能的阀门进行上密封试验，试验时应关闭上密封面，并应松开填料压盖，上密封试验合格后压紧填料压盖，然后进行阀壳的密封试验。

4 阀门密封试验介质为洁净水，水温应为5℃~50℃。

5 密封试验的方法应符合下列规定：

1）对单向密封并标有介质流动方向标志的阀门，在进口端加压。止回阀，在出口端加压；

2）双向密封的阀门，先后在关闭阀门的每一端加压，以检查出口端密封面的密封；

3）多道密封的阀门，试验介质依次从被密封的通道口引入加压；

4）工作压力小于 2.0MPa 的中线衬里对称蝶阀，可在一个方向进行密封试验；其他连接形式的弹性密封座蝶阀，进行双向密封试验；有流向标志的阀门，反向试验时，按最大允许工作压力进行密封试验。

6 试验时间不少于5min，试验时的环境温度不低于5℃，低于5℃时，采取防冻措施。

7 公称尺寸不小于*DN*600的阀门，密封性试验可采用油或水进行渗漏检查。

8 安全阀冷态试验报告由厂家提供，安装前应由有资质的检定单位进行安全阀的整定并提供报告。

9 阀门密封性试验前，结合面应清理干净，阀盖与阀杆之间的密封填料应符合本部分附录D的要求。

10 阀门密封性试验合格后，应将积水排净，并做出明显标识，端口临时封堵严密，分类妥善存放。

11 高压阀及超高压阀应100%进行密封性试验；中低压阀应从每批（同厂家、同规格、同型号）中按不少于10%（至少一个）的比例进行密封性试验。

4.6 滤网、补偿器检验

4.6.1 滤网检验应符合下列规定：

1 外观检查无破损，材质符合设计要求；

2 过滤网的几何尺寸和目数符合设计要求；

3 筒壳体上直接焊接的滤网，应无虚焊、漏焊；

4 合金钢部件进行光谱复查，材质符合设计要求。

4.6.2 补偿器检验应符合下列规定：

1 型号、规格符合设计要求；

2 表面无裂缝、无夹渣、无折叠、无过烧等缺陷，不应有超过壁厚负公差的蚀坑；

3 几何尺寸符合设计要求；

4 合金钢部件应进行光谱复查，材质符合设计要求。

4.7 支吊架检验

4.7.1 支吊架外观与涂层检验应符合下列规定：

1 支吊架元件表面无锈蚀、无涂层剥落及破损。

2 支吊架除铭牌、刻度牌、指示器、锁定装置及不适用涂层防护的零部件外，其余零部件表面涂层均匀，无气泡、无夹渣、无起皮、无剥落等缺陷。

3 滑动支架的滑动面平整光滑，无卡涩现象。固定聚四氟乙烯板或不锈钢滑动板的螺钉不高于滑动板平面。

4 液压阻尼器应无渗油现象。

5 螺纹吊杆的螺纹应完整，表面无锈蚀、无弯曲、无伤痕、无毛刺等缺陷。螺栓与螺母配合良好，无松动或卡涩现象。

4.7.2 支吊架状态指示检验应符合下列规定：

1 恒力弹簧支吊架有荷载和位移指示牌以及“冷”“热”态位置标记，并有锁定装置及防止过行程或脱载的限位装置。恒力支吊架的荷载指示牌有显示荷载调节量的刻度。

2 变力弹簧支吊架有荷载位移指示牌以及“冷”“热”态位置标记，并有可靠的锁定装置。

3 弹簧减震器的位移荷载标牌标定荷载值，其弹簧端部的压板内侧指向标牌最小位移位置。

4.7.3 核对支吊架及其零部件的型号、规格、整定值、材料等，并符合设计要求。

4.7.4 恒力支吊架及变力弹簧支吊架的整定荷载、热位移量和位移方向符合设计要求。

4.7.5 合金钢材料的管夹、承载块和连接螺栓、螺母进行光谱复查，材质符合设计要求。

5 管道安装

5.1 一般规定

5.1.1 管道安装前应具备下列条件：

1 混凝土柱、梁、墙、楼板上预埋件埋设及预留孔洞符合设计要求；

2 与管道有关的钢结构符合设计要求；

3 与管道连接的设备找正合格，固定完毕；

4 管道组成件检验合格；

5 预埋管道套管规格及接口的位置符合设计要求；

6 地沟管道的管沟预埋件符合设计要求；

7 埋地管道的沟道开挖满足安装需要，标高、坐标、放坡角度、管道垫层等符合设计要求，必要时应有排水措施；

8 埋地管道的支承地基或基础经检验合格；

9 在遇有地下水的情况下铺设管道时，支承地基或基础施工、安装管道、管道严密性试验、回填土等均在排除地下水后进行；

10 管道安装前完成的有关工序，如喷砂、内外部防腐、管内清洗、脱脂等已完毕。

5.1.2 管道安装若采用组合件方式时，组合件应具备足够刚性，吊装后不应产生永久变形，临时固定应牢固可靠。

5.1.3 管道组合前或组合件安装前，应将管道内部清理干净。

5.1.4 管道的坡度应符合设计要求，无设计时应符合下列规定：

1 蒸汽管道的坡度宜顺汽流方向，当温度小于430℃时，其坡度不小于0.002；当温度不小于430℃时，其坡度不小于0.004。

2 水管道坡度应大于0.002。

3 疏水、排污管道坡度不小于0.003。

4 低压给水管道坡度不小于0.15。

5 主蒸汽管道、再热蒸汽管道和抽汽管道的疏水坡度方向应顺汽流方向，且坡度不小于0.005。

6 汽轮机本体疏水管道按水流方向的坡度不小于0.005。

5.1.5 管道的焊缝位置应符合设计要求，无设计时应符合下列规定：

1 管道对接焊缝位置距离弯管的弯曲起点不小于管道外径且不小于100mm，定型管道除外。

2 管道公称尺寸不大于*DN*500时，管道相邻焊缝中心线间距大于管道直径且不小于150mm；管道公称尺寸大于*DN*500时，同管道上相邻焊缝中心线间距不小于500mm。

3 焊缝距离支吊架边缘大于50mm，焊后需热处理的焊口，该距离大于100mm。

4 疏、放水及仪表管等开孔边缘距管道焊缝大于50mm，且不小于孔径。

5.1.6 除设计中有冷拉的要求外，管道连接时，不应采用强制对口或加偏垫、多层垫等方法消除接口端面的间隙、偏斜、错口等缺陷。

5.1.7 管子的坡口形式和尺寸应符合设计要求；无设计时，应符合附录E的规定。

5.1.8 管子或管件的对口质量要求，应符合下列规定：

1 组对前将坡口表面及附近母材清理干净，露出金属光泽，清理范围符合下列规定：

1）对接接头：坡口每侧各20mm。

2）角接接头：大于焊脚尺寸值10mm。

3）埋弧焊及气体保护焊接头：以上清理范围增加5mm。

2 组对时应做到内壁齐平，错口值符合下列规定：

1）对接单面焊的局部错口值不应超过壁厚的10%，且小于1mm。

2）对接双面焊的局部错口值不应超过焊件厚度的10%，且小于3mm。

3 对口时，管组件上有接管座或孔、卡块的，其方向、位置符合设计要求。

4 管道表面上不应引弧、试电流。

5 系统安装完成后合金钢管道应进行光谱复查并标识，剩余的合金管段及时进行材质标识。

6 不锈钢管道的坡口加工采用砂轮切割机和角向磨光机时，砂轮片采用不锈钢专用砂轮片。

5.1.9 插套管组对的要求，应符合下列规定：

1 在焊接以前，插管端部与管套底部之间的间隙为1.5mm~5mm。插管套组对示意如图5.1.9所示，插管外径*Φ*、插管端部与管套底部间隙*X*应符合表5.1.9的规定。

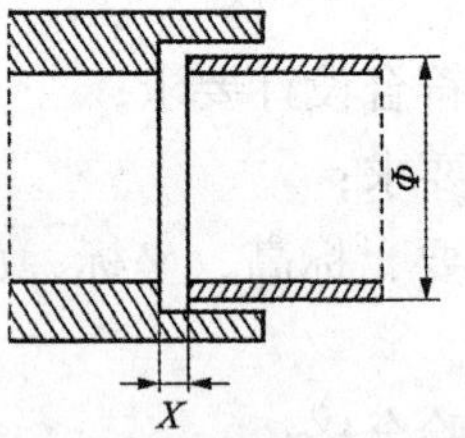

图5.1.9 插套管组对示意图

表5.1.9 插管端部与管套底部间隙（mm）

插管外径 *Φ*	*Φ*≤25	25<*Φ*≤50
插管端部与管套底部间隙 *X*	1.5~3	1.5~5

2 插管管端应垂直。

3 安装前打磨清理插管管端时，不应打磨成锥形或腰形。

5.1.10 管道对口应平直，焊接角变形除特殊要求外，在距离焊口中心200mm处测量，折口允许偏差*a*如图5.1.10所示：管道公称尺寸小于*DN*100时，*a*为2mm；管道公称尺寸大于*DN*100时，*a*为3mm。

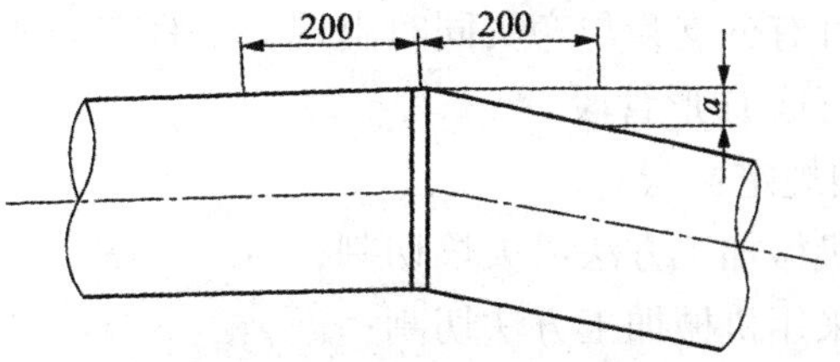

图 5.1.10　管道焊接角变形折口偏差示意图

5.1.11　管道对口符合要求后，避免焊接或热处理过程中移动管道。

5.1.12　管道冷拉应符合下列规定：

1　冷拉区域各固定支架安装牢固，除冷拉口外，各固定支架间的所有焊口焊接完毕，并经检验合格，需热处理的焊口应完成热处理；

2　所有支吊架已安装完毕，冷拉口附近吊架的吊杆应预留调整裕量；

3　管道坡度方向、坡度、冷拉值符合设计要求；

4　法兰与阀门的连接螺栓已拧紧。管道冷拉后，焊口经检验合格；

5　安装管道冷拉口使用的加载工具需待整个对口焊接和热处理完毕后，方可卸载。

5.1.13　管道安装的允许偏差值应符合表5.1.13的规定。

表 5.1.13　管道安装的允许偏差值（mm）

项目	允许偏差		
标高	架空	室内	10
		室外	15
	地沟	室内	15
		室外	15
	埋地		20
水平管道弯曲度	$DN\leqslant100$	1/1000，且≤20	
	$DN>100$	1.5/1000，且≤20	
立管垂直度	2/1000，且≤15		
交叉管间距偏差	≤10		

5.1.14　管道开孔应在管道安装前完成，开孔后应将内部清理干净，不应遗留钻屑或其他杂物。孔径小于30mm时，应采用机械开孔。

5.2　管道工厂化加工配制

5.2.1　管道工厂化加工前，应根据设计图纸绘制加工图，图中表述内容应包括以下内容：

1　管段的加工尺寸及加工精度；

2　工厂加工焊口的坡口形式详图，并明确焊接方式；

3　支管、温度测点、压力测点、焊接在管段上的开孔和支吊架管部位等相对于该管段的位置和方向；

4　该管段各元素的材料、零件。

5.2.2　管道代用材料应符合设计要求。

5.2.3　管道工厂化加工应按照配管图下料组合，在组合件上标记图纸号、管道材质、规格和管段号。

5.2.4　管道工厂化加工的分段设计应符合下列规定：

1　分段尺寸结合运输条件、现场安装条件以及工厂和现场的贮存条件等因素确定；

2　对于需要穿楼面（墙）的管道，其长度不超过楼层间的高度；

3 同时在一个管段上不宜有分支管与弯头同时出现，不宜有立体管段；

4 分段时不宜有立体转弯或Π形管段。

5.2.5 管道的切割应符合下列规定：

1 碳钢、碳锰钢可采用机械加工方法或火焰切割；

2 低温镍钢和合金钢宜采用机械加工方法切割；

3 不锈钢、有色金属采用机械加工或等离子切割；

4 管孔、管接头、插座等不宜在焊缝或热影响区内；

5 钢管、钢板等切断后及时移植原有标识。

5.2.6 弯管每端应有直管段，直管段长度不宜小于管子的外径。

5.2.7 弯管内外表面应清理干净，表面无裂纹、无分层、无过烧等。

5.2.8 高压管道弯制后，应进行无损检测。

5.2.9 锻造管件和管道附件的过渡区表面应圆滑。机械加工后，表面不应有裂纹等影响强度和严密性的缺陷。

5.2.10 合金钢管弯制、热处理后应进行金相组织和硬度检验，应符合下列规定：

1 按同规格数量的10%进行金相组织检验，且每种规格至少检验1件；

2 按100%进行硬度检测，在0°、45°、90°截面，每一截面至少在外弧侧和中性面测3个部位，每个部位至少测5个点；

3 在硬度异常点附近扩大检查，硬度测量点的平均值应在标准规定范围内。

5.2.11 坡口制备宜采用机械加工，其端口内径、外径和坡口形式应符合要求。

5.2.12 工厂化配制管道的检验应符合下列规定：

1 依据加工配管图逐件核对管道组合件编号，复查内径、外径、壁厚、材质、长度、坡口、接管座位置及孔径、卡块等，并做记录。

2 检查弯头及弯管角度、弯弧半径、管端垂直度、背弧减薄率、壁厚、圆度、长度，符合下列规定：

1）管端面垂直度偏差 Δf 见图5.2.12-1，弯头的几何偏差 Q 见图5.2.12-2，弯头的平面偏差见图5.2.12-3，允许偏差应符合表5.2.12-1的规定。

2）Π形弯管的平面度偏差 P 见图5.2.12-4，允许偏差 $\varDelta$ 符合表5.2.12-2的规定。

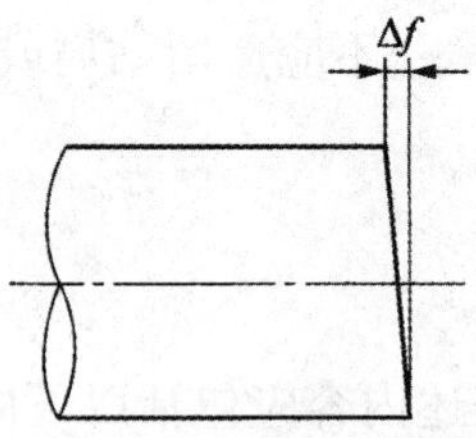

图5.2.12-1 管端面垂直度偏差示意图

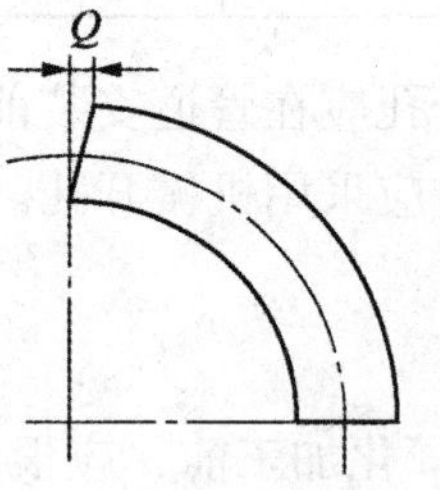

图5.2.12-2 弯头几何偏差示意图

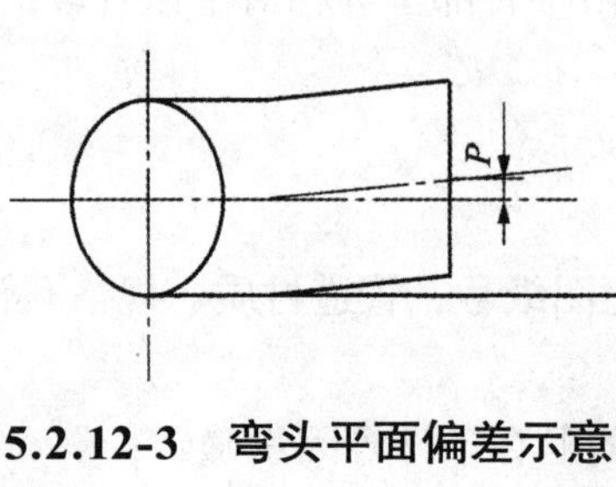

图5.2.12-3 弯头平面偏差示意图

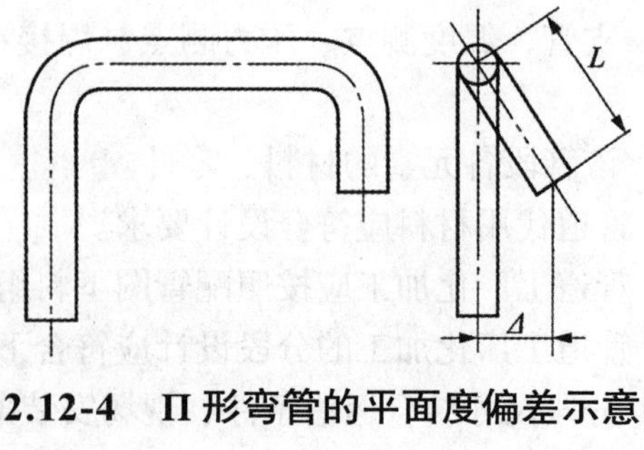

图5.2.12-4 Π形弯管的平面度偏差示意图

表 5.2.12-1　管端面垂直度偏差、弯头几何偏差和平面偏差允许值（mm）

管道外径 D_o	Δf 或 Q	弯头平面偏差 P
$D_o \leqslant 133$	1	2
$133 < D_o \leqslant 219$	2	4
$219 < D_o \leqslant 426$	3	5
$426 < D_o \leqslant 610$	4	8
$D_o > 610$	5	10

表 5.2.12-2　Π 形弯管的平面度允许偏差（mm）

长度	$L \leqslant 500$	$500 < L \leqslant 1000$	$1000 < L \leqslant 1500$	$L > 1500$
平面度 Δ	≤3	≤4	≤6	≤10

3）热弯弯管的波浪度小于 2%，冷弯弯管的波浪度应小于 3%，且波距 A 与波高 h 之比应大于 12，见图 5.2.12–5。

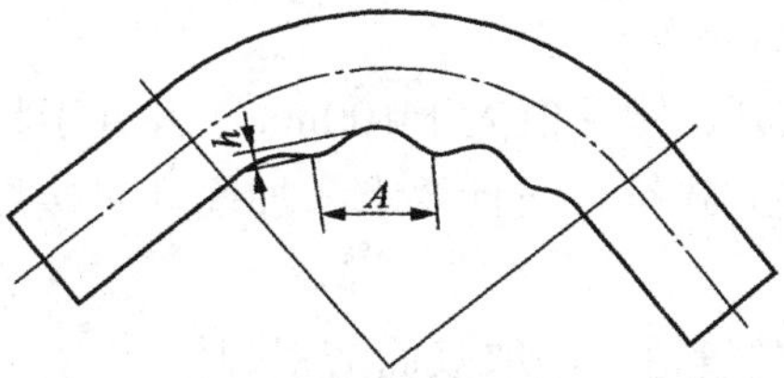

图 5.2.12-5　弯管波浪度示意图

4）热弯弯管的圆度应小于 7%；冷弯弯管的圆度应小于 8%；对于主蒸汽管道、再热蒸汽管道及设计压力大于 8MPa 的管道，弯管圆度应小于 5%；弯管两端直管段端部的圆度应符合相应钢管产品标准的规定。

注：除另有说明外，本部分管道组成件的设计压力均指表压。

5）弯制后平面角度允许偏差为 0.5°，空间角度允许偏差为 1.0°。

6）弯管外弧部分实测壁厚应大于直管理论设计的最小壁厚。

3　三通的几何尺寸应符合下列规定：

1）支管垂直度偏差 Δf 小于支管高度 H 的 1%，且应小于 3mm，见图 5.2.12–6 a）。

2）各端面垂直度偏差 Δf 见图 5.2.12–6 b），应符合表 5.2.12–1 的规定。

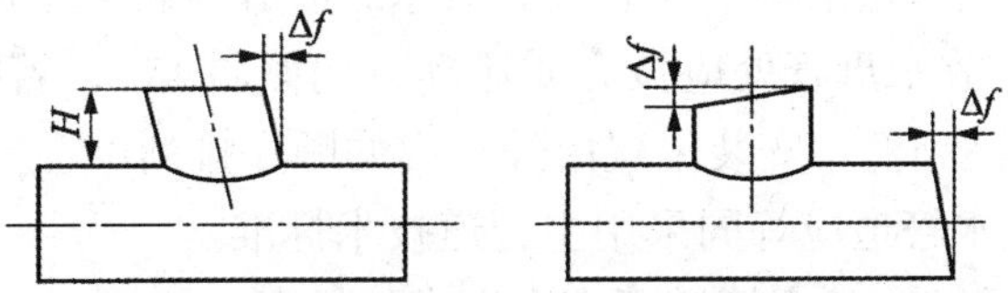

a）三通支管垂直度偏差　　b）端面垂直度偏差

图 5.2.12-6　三通支管、端面垂直度偏差示意图

5.2.13　管道加工完成后应及时进行标识，并将内部清理干净，管端进行封堵，外表面进行防护。

5.2.14　管道工厂化加工配置应符合下列绿色建造要求：

1　焊接作业设置围挡并可采用专用通风设备排风；

2　打磨作业安排在相对封闭的区域，并设置必要的通风措施，烟尘排放符合环保规定；

3　管道表面处理应安排在有良好除尘、降噪的节能抛丸设备或封闭的打砂区域内进行，应采用钢丸或钢丝切段的打砂消耗材料；

4　油漆施工应在通风良好的室内进行，排放、安全防爆设施齐全，个人防护符合要求。

5.3 四大管道安装

5.3.1 主蒸汽管道、高温再热蒸汽管道、低温再热蒸汽管道、高压给水管道的安装应符合下列规定：

1 对口质量符合本部分第5.1.10条的规定：

2 管组件上的接管座、孔、卡块的方向、位置符合设计要求。

5.3.2 未参与蒸汽吹扫的导汽管、高低压旁路等管道安装时应确认管道内壁露出金属光泽且内部无杂物。

5.3.3 膨胀指示器、监督段及蠕胀测点安装应符合以下规定：

1 管道膨胀指示器安装符合设计要求，在管道冲洗前冷态调整指示为零位；

2 蠕胀测点按设计要求在管道冲洗前安装；

3 同一公称尺寸管道的各对称蠕胀测点的径向距离一致，其误差值小于0.1mm；

4 膨胀指示器、监督段及蠕胀测点的安装符合设计要求，单线立体管道系统图标有测量截面位置及编号。

5.4 中、低压管道安装

5.4.1 焊接钢管的安装工作应符合下列规定：

1 管段对口纵向焊缝相互错开，错开值大于100mm，并处于易检的部位；

2 钢管加固环的位置和焊接方式符合设计要求，加固环对接焊缝应与管子纵向焊缝错开，错开值大于100mm；

3 公称尺寸不小于*DN*1000的管道，采取双面清根焊接。

5.4.2 管道穿过隔墙、楼板时应符合下列规定：

1 隔墙、楼板内有套管；

2 隔墙、楼板内的管段不应有焊口；

3 穿墙套管长度应大于墙厚，穿楼板套管宜高出楼面或地面25mm~30mm；

4 管道与套管的空隙采用不燃软质材料填塞。

5.4.3 不锈钢管子及管件的储存、搬运、安装不应与铁素体材料直接接触，不锈钢管道与支吊架之间应垫入不锈钢垫片或氯离子含量不超过50mg/kg的非金属材料。

5.4.4 地下埋设的管道应经严密性试验合格、防腐蚀处理、隐蔽工程验收合格后，方可回填。

5.5 *DN*65及以下管道安装

5.5.1 安装疏、放水管时，接管座安装应符合设计要求，开孔应符合本部分第5.1.14条的规定。

5.5.2 疏、放水管接入疏、放水母管处应按介质流动方向倾斜45°；若将不同压力的疏水管接入同一母管内，应按压力等级由高到低、安装位置由外至内的顺序排列。

5.5.3 运行中闭路的疏、放水管道应等同采用主管道技术标准。

5.5.4 工作温度大于100℃的疏、放水管道不宜直埋在地坪下。

5.5.5 放水管的中心应与漏斗中心稍有偏心，漏斗后的放水管径应比来水管径大，操作时能看见工质的流动情况。

5.5.6 疏、放水管及母管的布线应简捷，有热膨胀的管道应采取补偿措施并预留保温层及膨胀空间，且不影响运行通道和其他设备及阀门的操作和检修。

5.5.7 疏水管道安装时不应垂直方向U形布置。

5.5.8 不回收的疏、放水，应接入疏、放水总管或排水沟中，不应随意排放。

5.5.9 露天布置的管道和阀门应有防冻措施。

5.5.10 *DN*65及以下的管道无布置图时，厂房各层管道宜集中布置，水平管道交叉较多的区域，宜按管道走向划定标高范围，分层布置。

5.6 阀门及其他管道组成件安装

5.6.1 安装和搬运阀门时，不应以手轮作为起吊点，且不应随意转动手轮。

5.6.2 阀门安装前应清理干净，法兰或螺纹连接的阀门安装时应处于关闭状态，除隔膜阀外，焊接阀门应保持微开状态。

5.6.3 阀门不应强制对接，法兰间隙应均匀，法兰连接螺栓安装方向应统一，对称紧固且紧力均匀。

5.6.4 阀门传动装置安装应符合下列规定：

1 万向接头转动应灵活；

2 传动杆与阀杆轴线的夹角不宜大于30°；

3 有热位移的阀门，传动装置采取补偿措施。

5.6.5 焊接阀门与管道连接应在相邻焊口热处理后进行。

5.6.6 法兰平面应与管道轴线垂直，平焊法兰内、外侧应双面焊接，焊接后应清除氧化物等杂质。

5.6.7 垫片宜为整圆，大口径垫片拼接应采用迷宫式嵌接，不应平口对接；垫片的内径应比法兰内径略大。

5.6.8 阀门与法兰的连接螺栓，末端应露出螺母，露出长度宜为2个~3个螺距，螺母宜位于法兰的同一侧并便于拆卸。

5.6.9 合金钢螺栓热紧不应采用火焰加热的方法。

5.6.10 工作温度在250℃以上的管道法兰、螺栓和垫片应涂抹耐高温防咬剂。

5.6.11 自密封结构的阀门，在管道通入介质时，应进行过程检查和复紧。

5.6.12 滤网规格及安装方向应符合设计要求。

5.6.13 管道补偿器安装应符合下列规定：

1 管道补偿器安装后与管道同轴，不应偏斜；

2 松开或拉紧限位装置在管道安装结束后进行；

3 当管道补偿器内部带有套管时，套管的固定端位于介质的入口侧；

4 与设备相连的管道补偿器，在设备最终定位后方可连接。

5.6.14 流量测量装置的安装应符合下列规定：

1 流量测量装置前后直管段长度符合表5.6.14的规定；

2 当流量测量装置的孔径未知，流量测量装置前后直管段长度可分别取不小于管子内径的20倍和6倍；

3 流量测量装置前后允许的最小直管段长度内不宜装设疏水管、测量元件或其他接管座。

表5.6.14 流量测量装置前后的直管段

d/D_i	流量测量装置前侧局部阻力件形式和最小直管段长度M						流量测量装置后最小直管段长度L_2（左面所有的局部阻力件形式）
	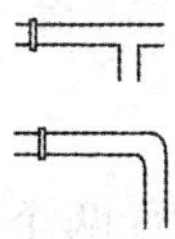	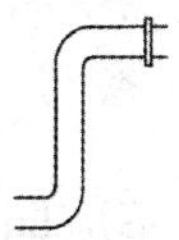	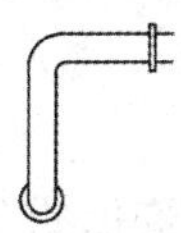	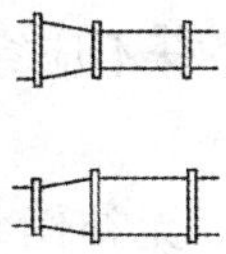	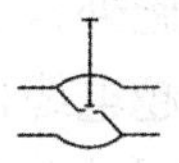	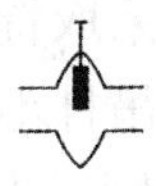	
	一个90°弯头或只有一个支管流动的三通	在同一平面内有多个90°弯头	空间弯头（在不同平面内有多个90°弯头）	异径管（大变小，$2D_i \to D_i$，长度大于$3D_i$；小变大，$\frac{1}{2}D_i$，$\to D_i$，长度不小于$1^1/_2 D_i$）	全开截止阀	全开闸阀	
1	2	3	4	5	6	7	8
0.20	10（6）	14（7）	34（17）	16（8）	18（9）	12（6）	4（2）
0.25	10（6）	14（7）	34（17）	16（8）	18（9）	12（6）	4（2）

表 5.6.14　流量测量装置前后的直管段（续）

d/D_i	流量测量装置前侧局部阻力件形式和最小直管段长度M						流量测量装置后最小直管段长度L_2（左面所有的局部阻力件形式）
	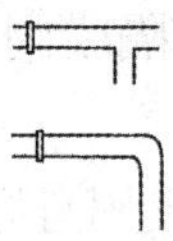	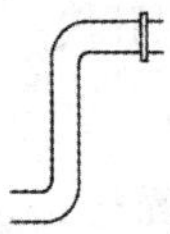	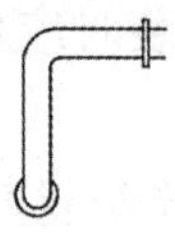	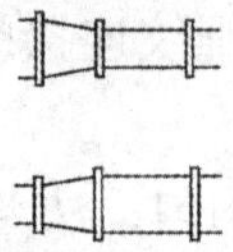	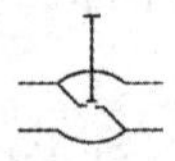	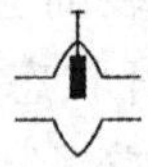	
	一个90°弯头或只有一个支管流动的三通	在同一平面内有多个90°弯头	空间弯头（在不同平面内有多个90°弯头）	异径管（大变小，$2D_i \to D_i$，长度大于$3D_i$；小变大，$\frac{1}{2}D_i$，$\to D_i$，长度不小于$1^1/_2 D_i$）	全开截止阀	全开闸阀	
1	2	3	4	5	6	7	8
0.30	10（6）	14（7）	34（17）	16（8）	18（9）	12（6）	5（2.5）
0.35	10（6）	14（7）	36（18）	16（8）	18（9）	12（6）	5（2.5）
0.40	14（7）	18（9）	36（18）	16（8）	20（10）	12（6）	6（3）
0.45	14（7）	18（9）	38（19）	18（9）	20（10）	12（6）	6（3）
0.50	14（7）	20（10）	40（20）	20（10）	22（11）	12（6）	6（3）
0.55	16（8）	22（11）	44（22）	20（10）	24（12）	14（7）	6（3）
0.60	18（9）	26（13）	48（24）	22（11）	26（13）	14（7）	7（3.5）
0.65	22（11）	32（16）	54（27）	24（12）	28（14）	16（8）	7（3.5）
0.70	28（14）	36（18）	62（31）	26（13）	32（16）	20（10）	7（3.5）
0.75	36（18）	42（21）	70（35）	28（14）	36（18）	24（12）	8（4）
0.80	46（23）	50（25）	80（40）	30（15）	44（22）	30（15）	8（4）

注： 1　本表所列数字为管子内径A的倍数。

2　本表括号外的数字为附加极限相对误差为零的数值，括号内的数字为附加极限相对误差为±0.5%的数值。

3　d为喷嘴或孔板孔径；D_i为管子内径。

5.7　支吊架安装

5.7.1　支吊架应与管道同步安装。管道安装时，应及时进行支吊架的固定和调整。支吊架位置应正确，安装应平整、牢固，接触良好。

5.7.2　为避免焊接高温影响混凝土强度，与混凝土埋件的焊接应缩短焊接时间，必要时，可采用间断性焊接。

5.7.3　除设计采取特殊措施外，支吊架吊杆不应穿过保温层。

5.7.4　支吊架吊杆不应穿越电缆桥架。

5.7.5　管道的固定支架应符合设计要求。无补偿装置的热管道直管段上不应同时安置两个及以上的固定支架。

5.7.6　数条平行管道的敷设，托架可共用，但吊杆不应吊装位移方向相反或位移值不等的任何两条管道。

5.7.7　管道安装使用临时支吊架时，应有明显标记，在管道安装及水压试验完毕后应予拆除。

5.7.8　混凝土结构上的支吊架生根件不宜使用膨胀螺栓，如有特殊需要，应经设计单位确认。在混凝土基础上，用膨胀螺栓固定支吊架时，膨胀螺栓的深度应符合设计要求。

5.7.9　导向支架和滑动支架的滑动面应洁净、平整，活动件应安装聚四氟乙烯板且活动面相对固定，固定螺钉应低于滑动面，与支承件应接触良好，管道应自由膨胀。

5.7.10 活动支架的活动部分均应外露，不应被混凝土及保温层覆盖。

5.7.11 不锈钢管道不应直接与碳钢支吊架焊接。

5.7.12 不锈钢管道与碳钢管部之间应设不锈钢垫板或非金属材料隔离垫。

5.7.13 支吊架应在管道严密性试验、保温结束后进行调整，并将弹性支吊架固定销全部自然抽出。

5.7.14 支吊架吊杆与花篮螺母连接时应留有调整余量，调整后，螺杆应露出连接件15mm以上，支吊架的生根螺栓、吊杆连接螺母和花篮螺母等连接件应用锁紧螺母锁紧，不应采用点焊或其他破坏螺纹的方法锁紧连接件。

5.7.15 刚性吊架吊杆在冷、热态条件下与垂线之间夹角均不应超过3°，变力弹簧吊架和恒力吊架的吊杆在冷、热态条件下与垂线之间夹角均不应超过4°。

5.7.16 有热位移的管道，在受热膨胀时，支吊架应进行下列检查与调整：

1 活动支架的位移方向、位移量及导向性能符合设计要求；

2 管部无脱落现象；

3 固定支架牢固可靠；

4 弹性支吊架的指示符合设计要求；

5 在额定工况下，对管道支吊架的偏斜度、受力状况应进行检查并记录。

5.7.17 支吊架间距应符合设计要求；设计无要求时，可按表5.7.17的规定执行。

表5.7.17 支吊架间距参考值

管道外径（mm）	最大间距（m）	
	保温	不保温
25	1.1~1.5	2.6
32	1.3~1.6	3
38	1.4~1.8	3.4
45	1.6~2.0	3.7
57	1.8~2.5	4.2
76	2.2~2.8	4.9

5.7.18 支吊架冷态、热态状态下的弹簧位置宜分别做出标记。

5.7.19 管道阻尼器的安装应在管道冷紧后进行。阻尼器的装配定位应装在冷态位置，并应不影响管道自由胀缩。阻尼器在安装过程和安装完成后，不应进行焊接作业。

5.7.20 受纯剪荷载的螺栓，其承载部分不应有螺纹。

5.7.21 在机组移交前应对管道支吊架进行检查和调整，安装质量符合设计规定。

5.8 主蒸汽、再热蒸汽吹扫临时系统安装

5.8.1 吹管临时系统应由有设计资质的单位设计。

5.8.2 吹管临时系统的压力容器制造、安装单位应有资质。

5.8.3 临时系统管道安装应符合下列规定：

1 管道的规格、材质，符合设计要求，合金钢部件进行光谱分析并做标识；

2 管道内部清洁、无杂物，靶板前的临时管道在安装前宜进行喷砂处理；

3 施工安装应符合设计要求，如需修改应经原设计单位确认；

4 管道安装时，不应靠近电缆、仪表、油管路等，如无法避免时应做好有效的隔离措施；

5 管道有足够的膨胀间隙，长距离临时管道有0.002的坡度，并在最低点设置疏水，主蒸汽、再热蒸汽管道疏水分别接出、排放，引入到安全位置；

6 焊口100%无损检测，靶板前焊口采用氩弧焊打底；

7 排放管固定在室外，排空区域应安全；

8 排汽口方向宜远离周围设备和建筑物架空线等，受空间影响时，采取隔离措施；

9 固定支架安装应符合设计要求，滑动支架应满足膨胀要求，并经验收合格；

10 在正式及临时吹扫系统的每个最低点加装疏水管道，疏水排至安全处，疏水管道的支吊架安装应牢固可靠。

5.8.4 吹扫控制阀、临时堵板、临时短管、法兰安装应符合下列要求：

1 吹扫临时控制阀检查合格；

2 高、中压主汽门临时培板、临时短管和法兰由厂家提供；

3 高、中压主汽门的临时封堵装置应安装牢固、严密，并经隐蔽验收合格；

4 汽轮机高压缸排汽止回阀断开；

5 在分段吹扫的第一阶段，再热器入口安装堵阀（堵板）或作隔离并验收合格；

6 吹扫临时控制阀应靠近正式管道并垂直安装在水平管段，并搭设操作平台，实现远方操作，且具有中停功能。

5.8.5 集粒器应靠近再热器水平安装并搭设操作平台，排渣管道应畅通且便于清理；布置在汽机房时，再热器冷段管道应进行清理，并验收合格。

5.8.6 靶板器制作安装应符合下列规定：

1 靶板器宜采用法兰或串轴式结构，强度应满足吹扫要求，操作灵活，周围搭设临时平台围栏。

2 靶板器安装位置靠近正式管道，前直管段长度宜为管道直径的4倍~5倍，靶板器后直管段长度宜为管道直径的2倍~3倍。

3 靶板材质符合厂家要求，无要求时可用铝板。靶板宽度为靶板安装处管道内径的8%且不小于25mm，厚度不小于5mm，长度贯穿管道内径；靶板表面粗糙度应达到R_a6.3。

5.8.7 消声器制作安装应符合下列规定：

1 消声器经有资质的设计单位设计；

2 厂界消声器排汽噪声符合《工业企业厂界环境噪声排放标准》GB 12348的规定；

3 消声器安装前，检查焊缝、密封部件、通流孔等符合要求；安装后检查固定、膨胀方向、疏水满足设计要求。

5.9 辅助蒸汽吹扫临时系统安装

5.9.1 辅助蒸汽吹扫临时系统的安装应符合下列规定：

1 管道的规格、材质与正式管道应相匹配；

2 临时系统管道施工应符合正式系统管道安装的技术要求；

3 管道内部洁净，焊口采用氩弧焊打底；

4 管道安装时，不应靠近电缆、仪表、油管路等，如难以避免时做好隔离措施；

5 管道有足够的膨胀间隙，长距离临时管道有0.002的坡度，并在最低点设置疏水；

6 排放管固定在室外，管口朝上倾斜30°。

5.9.2 辅汽吹管控制阀、临时堵板等的安装应符合下列要求：

1 辅助蒸汽至各系统的控制阀经检查合格；

2 调节阀不参加吹扫，无旁路的调节阀暂不安装；

3 吹扫控制阀易于操作，且能实现远方操作；

4 吹扫系统的安全阀进口加装经核算的临时堵板；

5 止回阀阀芯应抽除；

6 流量测量孔板拆除，并用临时管道连通。

6 管道系统压力试验和清洗

6.1 汽水管道系统严密性试验

6.1.1 管道安装完毕后，应按设计要求对管道系统进行严密性试验。

6.1.2 管道系统的严密性试验宜采用水压试验，水质应洁净。充水时系统内的空气应排净。试验压力应符合设计要求，试验压力应大于1.5倍的设计压力，且应大于0.2MPa。

6.1.3 主蒸汽管道和再热蒸汽管道可采用焊缝100%无损检验代替严密性试验。

6.1.4 排汽管道或关断阀门后最后一道疏水管道等通向大气的管道可不做严密性试验。

6.1.5 管道系统严密性试验前应具备下列条件：

1 试验范围内的管道按设计要求全部完成。

2 水压试验的管道系统，管道支吊架经设计单位核算并满足强度要求。

3 试验用压力表经检验、并在检定周期内，精度不应低于1.6级，表的最大量程应为试验压力的1.5倍~2倍，压力表不应少于2块。

4 水质符合要求，水量充足。

5 管道系统膨胀装置完善，指示正确，管道补偿器按要求临时锁紧。

6 弹簧支吊架用固定销或其他方式锁定。

7 管道已按试验的要求加固。

8 参与水压试验的临时管道及管件满足压力试验强度要求；需要热处理、无损检验的临时焊口检验合格。管道临时封头的选用经计算，计算方法符合附录F的规定。

9 管道上的安全阀、爆破片及仪表元件等已经拆下或隔离。

6.1.6 严密性试验前管道系统的焊口及法兰位置不应保温，焊口部位不应涂漆。

6.1.7 管道试验系统应与试验范围以外的管道、设备、仪表等隔离。

6.1.8 参与水压试验的临时堵板应有明显标记和记录。

6.1.9 进行水压试验时，应有警戒标识，无关人员不应进入水压试验区域。

6.1.10 不锈钢管道试验用水氯离子含量不应超过25mg/L。

6.1.11 水压试验用水温度应在5℃~70℃范围内；试验环境温度低于5℃时，应采取防冻措施。

6.1.12 管道系统最高点应设置排气阀。

6.1.13 管道系统水压试验时，试验升降压速度应小于0.3MPa/min，当达到试验压力的10%左右时，应进行检查，无泄漏后升至工作压力，无漏水和异常后继续升至试验压力，超压阶段升降压速度应小于0.1MPa/min，稳压时间不应少于10min，然后降至工作压力，对系统进行全面检查，以无压降、无渗漏为合格。

6.1.14 管道与容器作为整体进行水压试验时，应符合下列规定：

1 管道的试验压力不大于容器的试验压力时，管道可与容器一起按管道的试验压力进行试验；

2 管道的试验压力超过容器的试验压力，且管道与容器无法隔断时，按容器的试验压力进行试验。

6.1.15 试验过程中发现泄漏时，不应带压处理。消除缺陷后重新进行试验。

6.1.16 试验结束后，应及时排净系统内的全部存水，并拆除所有临时支吊架、堵板及加固装置。

6.1.17 压力试验完毕，不应在管道上进行修补或增添物件。

6.2 压缩空气管道系统压力试验

6.2.1 气压试验应符合下列规定：

1 试验所用的气体为干燥洁净的空气、氮气或者其他不易燃和无毒的气体；

2 试验温度不应接近金属的脆性转变温度；

3 安装的超压泄放装置，其设定压力不得高于1.1倍试验压力或者试验压力加0.34MPa（取其较低值）；

4 承受内压管道的试验压力为设计压力的1.15倍；

5 试验前用试验气体进行预试验，试验压力为0.2MPa；

6 试验时，缓慢升压，压力升至试验压力的50%时，进行检查，无泄漏后继续按试验压力的10%逐级升压，每级稳压3min直至试验压力，在试验压力下稳压10min，再将压力降至工作压力，以发泡剂检验无泄漏为合格。

6.2.2 压缩空气管道安装完毕后应采用清水做介质进行强度试验，试验压力宜为设计压力的1.5倍，水温宜为16℃~40℃。仪表与控制用压缩空气管道宜在强度试验合格后进行严密性试验，试验压力宜为设计压力。

6.2.3 当整体试压条件不具备时，压缩气体管道可采用安装前的分段液压强度试验和安装后的100%无损检测替代试验，并进行气密性试验。

6.3 管道系统清洗

6.3.1 管道在严密性试验合格后，系统调试前，应进行吹扫或冲洗。

6.3.2 管道吹扫或冲洗方法，应根据管道的使用要求、工作介质、系统回路、现场条件及管道内表面的清洁程度确定，并应符合下列规定：

1 介质为水的管道宜采用水冲洗，锅炉给水、凝结水和锅炉补给水的冲洗水应符合锅炉水质规定；

2 主蒸汽管道、再热蒸汽管道、汽轮机轴封高压汽源管道、汽动给水泵等辅机高低压汽源管道、汽轮机高压旁路系统管道、辅助蒸汽系统等蒸汽管道应进行蒸汽吹扫；

3 空气管道宜采用压缩空气吹扫；

4 有特殊要求的管道，清洗方法应符合设计要求；

5 现场通道畅通，照明充足，通信便利；

6 蒸汽吹扫时，管道及其附近不应放置易燃、易爆物品及其他杂物。吹扫期间应有可靠的防火措施；

7 重要设备应派专人监护；

8 清洗系统中不需开启的阀门应关闭，并悬挂“严禁操作”标识牌；

9 吹扫排放方位拉设警戒绳并有专人监督，防止无关人员进入；

10 高温部位应有保温措施，并应有安全警示标志，横跨临时管道的地方设置平台过道；

11 蒸汽吹扫在暖管、试吹扫及正式吹扫过程中，吹扫系统、临时系统的膨胀及受力情况如发现异常，停止吹扫并进行处理；

12 蒸汽吹扫结束后，各临时系统在冷却后拆除。

6.3.3 不允许清洗的设备及管道应与清洗系统隔离，待管道清洗合格后再连接。

6.3.4 系统内对清洗有影响的仪表、孔板、喷嘴滤网、节流阀、调节阀、电磁阀、止回阀或止回阀阀芯、安全阀等部件在管道清洗前应拆除或隔离。

6.3.5 清洗的顺序应按主管、支管、疏放水管依次进行，已清洗合格的管道应防止杂物进入。

6.3.6 管道清洗合格标准应符合下列规定：

1 水冲洗管道以出口水质和入口水质目测透明度一致；

2 主蒸汽、再热蒸汽装于排汽管内的靶板检查合格；

3 辅助蒸汽吹扫目测排汽颜色呈白色；

4 空气吹扫目测排气无烟尘。

6.3.7 化学清洗废液应经处理达标排放。

6.3.8 管道清洗合格，系统恢复后，应不再进行影响管内清洁的作业。

6.3.9 管道系统采用水冲洗时，应符合下列要求：

1 管道冲洗使用洁净水，冲洗不锈钢管道时，水中氯离子含量不应超过25mg/L；

2 冲洗流量达到系统内可能的最大流量，流速大于1.5m/s，冲洗时系统的最高压力不应超过管道的设计压力；

3 放水管通流面积大于被冲洗管道的60%，排水时不应形成负压；

4 水冲洗作业连续进行，当管道经水冲洗合格后暂不运行时，将水排净。

6.3.10 管道系统采用气体吹扫时，应符合下列要求：

1 空气吹扫可利用压缩空气系统设备进行间断性的吹扫，吹扫压力不应超过容器和管道的设计压力，流速宜大于20m/s；

2 吹扫忌油管道，使用无油压缩空气；

3 空气吹扫，在排气口设置贴白布或涂白漆的木质靶板，吹扫5min后靶板上应无铁锈、尘土、水分及其他杂物。

6.3.11 主蒸汽管道、再热蒸汽管道吹扫时应符合下列规定：

1 吹扫时蒸汽对管壁的冲刷力大于额定工况下蒸汽对管壁的冲刷力。

2 吹扫宜分段进行，相邻阶段吹扫时间间隔宜大于12h。

3 蒸汽管道吹扫前，对参加吹扫的管道系统先行暖管并及时疏水。在升压至0.3MPa~0.5MPa时，对蒸汽系统的所有螺栓连接部位进行热态检查。

4 正式吹扫前，进行三次试吹扫，试吹扫压力可按正式吹管压力的30%、50%、70%选定。

5 试吹时对正式系统及临时系统进行检查，合格后进行正式吹扫。

6 吹扫效果用靶板进行检查，连续两次，靶板上冲击斑痕的粒度不大于0.8mm，且0.2mm~0.8mm的斑痕不多于8点，即为吹扫合格。

7 噪声排放符合环保规定。

8 最终验收的靶板做好标识移交建设单位保管。

6.3.12 辅助蒸汽吹扫时应符合下列规定：

1 吹扫宜分段进行。

2 各阶段吹扫前，对吹扫的管道系统先行暖管并及时疏水，暖管时，对吹扫的正式系统及临时系统进行验收，合格后进行正式吹扫。

3 暖管结束后，在升压至0.3MPa~0.5MPa时，对蒸汽系统的所有螺栓连接部位进行热态检查。在蒸汽压力达到吹扫压力的30%、60%时，宜进行试吹扫，试吹扫后检查临时管道的安装质量，无异常后进行正式吹扫。

7 管道安装技术文件

7.0.1 检查签证应包括下列内容：

1 管道试压前检查签证单。

2 管道隐蔽工程签证单：

1）埋地管道；

2）导汽管；

3）管路清洗完成后的系统恢复。

3 管道严密性试验签证单。

4 管道系统吹扫（冲洗）签证单。

7.0.2 施工记录包括下列内容：

1 四大管道安装的施工记录：

1）管道、管件检查记录；

2）管道安装追溯记录；

3）管道冷拉记录；

4）管道蠕变测量记录；

5）位移指示器安装记录；

6）支吊架安装调整记录；

7）阀门检查、试验验收记录；

8）流量测量装置的安装记录；

9）合金钢管的测厚检验记录。

2 中低压管道安装的施工记录：

1）流量测量装置的安装记录；

2）支吊架安装调整记录；

3）阀门检查、试验验收记录。

7.0.3 试验及检测报告包括下列内容：

1 安全门的整定、检定；

2 光谱、硬度复查。

7.0.4 需提交的项目文件：

1 单位工程开工报告；

2 检查签证；

3 施工记录；

4 试验及检测报告；

5 设计变更闭环文件；

6 代用材料技术文件；

7 管道组成件的出厂产品质量证明文件；

8 设备缺陷报告及处理单；

9 工厂化配管项目文件；

10 安全阀整定报告。

附录A 电厂管道漆色及介质标识

A.0.1 电厂管道漆色见表A.0.1。

表A.0.1 电厂管道漆色

序号	管道、设备名称	面漆颜色	序号	管道、设备名称	面漆颜色
1	凝结水管道（不保温）	浅绿色	14	乙炔气管道	白色
2	除盐水、化学补充水管道	浅绿色	15	硫酸亚铁和硫酸铝管道	褐色
3	循环水、工业水、射水、吹灰水管道	黑色	16	盐水管道	白色
4	消防水管道	红色	17	氯气管道	浅绿色
5	油管道	黄色	18	氨气管道	黄色
6	冷风道	浅灰色	19	联氨	橙黄色
7	原煤管道	天蓝色	20	酸液	红色
8	送粉管道（不保温）	浅灰色	21	碱液	黄色
9	天然气、高炉煤气管道	黄色	22	磷酸三钠溶液	绿色
10	空气管道	天蓝色	23	石灰浆	浅灰色
11	氧气管道	蓝色	24	过滤水	浅蓝色
12	氮气、二氧化碳管道	浅灰色	25	埋地管道	黑色
13	氢气管道	橙色	26	支吊架	银灰色

A.0.2 管道的介质名称及介质流向箭头应符合下列规定：

1 管道弯头、穿墙处及管道密集、难以辨别的部位，应标识介质名称及流向。介质名称可用文字或化学符号标识。

2 管道的介质名称和介质流向箭头的位置和性质如图A.0.2所示，图中的尺寸数值见表A.0.2，介质流向箭头的尖角为60°。

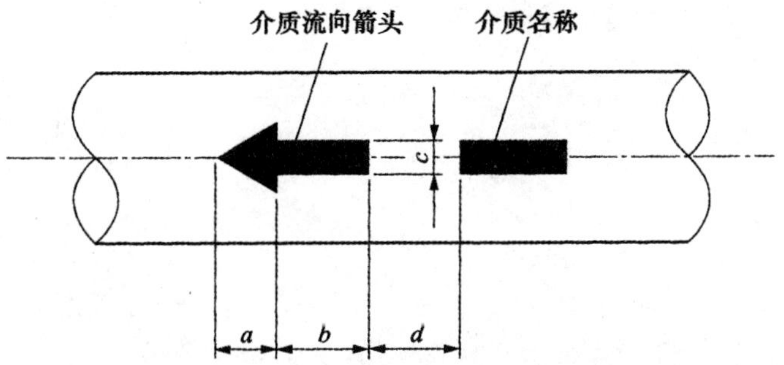

图A.0.2 管道的介质名称和介质流向箭头的位置和形状

表A.0.2 管道的介质名称和介质流向箭头尺寸（mm）

管道外径或保温层外径	*a*	*b*	*c*	*d*
≤100	40	60	30	100
101~200	60	90	45	100
201~300	80	120	60	150
301~500	100	150	75	150
>500	120	180	90	200

3 当介质流向有两种可能时，应标出两个方向的流向箭头。

4 介质名称和流向箭头可用黑色或白色油漆涂刷。

5 对于外径不大于76mm的管道，当在管道上直接涂刷介质名称及介质流向箭头不易识别时，可在需要识别的部位挂设标牌。标牌上应标明介质名称，并使标牌的指向尖角指向介质流向。

附录 B　电站管道常用钢材数据

B.0.1　常用钢材的使用参数，见表B.0.1-1~表B.0.1-3。

表B.0.1-1　管子、管件常用材料及推荐使用参数

材料牌号	标准号	工作压力（MPa）	工作温度（℃）
Q235B、Q345B	GB/T 3091	—	≤300
Q345B、10，20	GB/T 8163	—	≤350
15Ni1MnMoNbCu	GB/T 5310	—	≤350
15NiCuMoNb5-6-4	EN 10216	—	≤350
A672B70Cl32	ASTM A672	≤10	≤371
10、20	GB 3087	≤5.3	≤425
20G	GB/T 5310	—	≤425
A691 $1^{1}/_{4}$CrCl22	ASTM A691	≤10	≤425
A691 $2^{1}/_{4}$CrCl22	ASTM A691	≤10	≤454
12CrMoG、15CrMoG	GB/T 5310	—	≤510
12Cr1MoVG	GB/T 5310	—	≤555
12Cr2MoG	GB/T 5310	—	≤565
P91	ASTM A335	—	≤576
10Cr9Mo1VNbN	GB/T 5310	—	≤620
10Cr9MoW2VNbN	GB/T 5310	—	≤630
06Cr19Ni10、022Cr17Ni12Mo2	GB/T 14976	—	≤650

表B.0.1-2　阀门阀壳常用材料及最高使用参数

材料牌号	标准号	工作温度（℃）
WCB	ASTM A216	427
20	NB/T 47008	
A105	ASTM A105	
WC6	ASTM A217	540
15CrMo	NB/T 47008	
F11	ASTM A182	
WC9	ASTM A217	570
12Cr2Mo1	NB/T 47008	
F22	ASTM A182	

表B.0.1-2　阀门阀壳常用材料及最高使用参数（续）

材料牌号	标准号	工作温度（℃）
C12A	ASTM A217	650
10Cr9Mo1VNb	NB/T 47008	
F91	ASTM A182	
F92	ASTM A182	650
15NiCuMoNb5	NB/T 47008	500
F36	ASTM A182	
CF8	ASTM A351	650
S30408	NB/T 47010	
CF8M	ASTMA351	
S31608	NB/T 47010	

表B.0.1-3　螺栓（柱）、螺母常用材料及最高使用参数

螺栓（柱）牌号	标准号	工作温度（℃）
Q235B	GB/T 700	≤350
20（用于螺母）	GB/T 699	≤350
25（用于螺母）	GB/T 699	≤350
35（用于螺母）	GB/T 699	≤425
45	GB/T 699	≤400
40Cr	GB/T 3077	≤400
20Cr13	GB/T 1220	≤400
42CrMo（*d*≤65）	DL/T 439	≤415
30Cr13	GB/T 1220	≤450
30CrMoA	GB/T 3077	≤500
35CrMoA（*d*≤50）	GB/T 3077	≤500
25Cr2MoVA	DL/T 439	≤510
25Cr2Mo1VA	DL/T 439	≤550
20Cr1Mo1VNiTiB	DL/T 439	≤570
20Cr1Mo1VTiB	DL/T 439	≤570
12Cr18Ni9	GB/T 1220	≤610
06Cr19Ni10	GB/T 1220	≤610

注：Q235B用作紧固件仅限于工作压力不大于1.6MPa的工况。

B.0.2 常用钢材的化学成分、力学性能及硬度值数据，见表B.0.2。

表B.0.2 常用钢材的化学成分、力学性能及硬度值数据

序号	牌号		化学成分（质量分数，%）								
	钢号或级别号	标准号	C	Mn	Si	Cr	Mo	V	Ni	Ti	B
1	Q235B	GB/T 700	≤0.20	≤1.40	≤0.35	—	—	—	—	—	—
2	0345R	GB 713	≤0.20	1.20~1.70	≤0.55	≤0.30	≤0.08	≤0.05	—	≤0.03	—
3	18MnMoNbR	GB 713	≤0.21	1.20~1.60	0.15~0.50	—	—	—	—	—	—
4	10	GB 3087	0.07~0.13	0.35~0.65	0.17~0.37	≤0.15	—	—	≤0.30	—	—
5	20	GB 3087	0.17~0.23	0.35~0.65	0.17~0.37	≤0.25	—	—	≤0.30	—	—
6	20G	GB/T 5310	0.17~0.23	0.35~0.65	0.17~0.37	—	—	—	—	—	—
7	12CrMoG	GB/T 5310	0.08~0.15	0.40~0.70	0.17~0.37	0.40~0.70	0.40~0.55	—	—	—	—
8	15CrMoG	GB/T 5310	0.12~0.18	0.40~0.70	0.17~0.37	0.80~1.10	0.40~0.55	—	—	—	—
9	12Cr2MoG	GB/T 5310	0.08~0.15	0.40~0.60	≤0.50	2.00~2.50	0.90~1.13	—	—	—	—
10	12Cr1MoVG	GB/T 5310	0.08~0.15	0.40~0.70	0.17~0.37	0.90~1.20	0.25~0.35	0.15~0.30	—	—	—
11	12Cr2MoWVTiB	GB/T 5310	0.08~0.15	0.45~0.75	0.45~0.75	1.60~2.10	0.50~0.65	0.28~0.42	—	0.08~0.18	0.002~0.008
12	12Cr3MoVSiTiB	GB/T 5310	0.09~0.15	0.50~0.80	0.60~0.90	2.50~3.00	1.00~1.20	0.25~0.35	—	0.22~0.38	0.005~0.011
13	15Ni1MnMoNbCu	GB/T 5310	0.10~0.17	0.80~1.20	0.25~0.50	—	0.25~0.50	—	1.00~1.30	—	—
14	10Cr9Mo1VNbN	GB/T 5310	0.08~0.12	0.30~0.60	0.20~0.50	8.00~9.50	0.85~1.05	0.18~0.25	≤0.40	—	—
15	10Cr9MoW2VNbBN	GB 5310	0.07~0.13	0.30~0.60	≤0.50	8.50~9.50	0.30~0.60	0.15~0.25	<0.40	—	0.001~0.006
16	12Cr13	GB/T 1220	0.08~0.15	≤1.00	≤1.00	11.5~13.5	—	—	0.60	—	—
17	12Cr18Ni9	GB/T 1220	≤0.15	≤2.00	≤1.00	17.0~19.0	—	—	8.0~10.0	—	—

表B.0.2 常用钢材的化学成分、力学性能及硬度值数据（续）

序号	牌号		化学成分（质量分数，%）								
	钢号或级别号	标准号	C	Mn	Si	Cr	Mo	V	Ni	Ti	B
18	06Cr13Al	GB/T 1220	≤0.08	≤1.00	≤1.00	11.5~14.5	—	—	0.60	—	—
19	12Cr5Mo	GB/T 1221	0.15	0.60	0.50	4.00~6.00	0.40~0.60	—	≤0.60	—	—
20	ZG15Cr1MoV	JB/T 9625	0.08~0.15	0.40~0.70	0.17~0.37	0.90~1.20	1.00~1.20	0.20~0.40	—	—	—
21	ZG20CrMoV	JB/T 9625	0.14~0.20	0.40~0.70	0.17~0.37	1.20~1.70	0.50~0.70	0.20~0.30	—	—	—
22	HD265	GB 24512	≤0.22	≤1.44	≤0.44	≤0.30	≤0.08	≤0.03	≤0.30	≤0.04	—
23	HD280	GB 24512	≤0.22	0.08~1.60	0.10~0.40	≤0.25	≤0.10	—	≤0.50	—	—
24	HD12Cr2Mo	GB 24512	0.07~0.16	0.37~0.70	≤0 54	1.90~2.60	0.85~1.26	≤0.08	≤0.30	—	—
25	P235GH	EN 10216	≤0.16	≤1.20	≤0.35	≤0.30	≤0.08	≤0.02	≤0.30	≤0.04	—
26	P265GH	EN 10216	≤0.20	≤1.40	≤0.40	≤0.30	≤0.08	≤0.02	≤0.30	≤0.04	—
27	10CrMo9-10	EN 10216	0.08~0.14	0.30~0.70	≤0.50	2.00~2.50	0.90~1.10	—	≤0.30	—	—
28	16Mo3	EN 10216	0.12~0.20	0.40~0.90	≤0.35	≤0.30	0.25~0.35	—	≤0.30	—	—
29	X20CrMoV111	EN 10216	0.17~0.23	≤1.00	0.15~0.50	10~12.5	0.80~1.20	0.25~0.35	0.30~0.80	—	—
30	15NiCuMoNb5-6-4	EN 10216	≤0.17	0.80~1.20	0.25~0.50	≤0.30	0.25~0.50	—	1.00~1.30	—	—
31	X10CrMoVNb9-1	EN 10216	0.08~0.12	0.30~0.60	0.20~0.50	8.0~9.5	0.85~1.05	0.18~0.25	≤0.40	≤0.01	—
32	X10CrWMoVNb9-2	EN 10216	0.07~0.13	0.30~0.60	≤0.50	8.5~9.5	0.30~0.60	0.15~0.25	≤0.40	≤0.01	0.001~0.006
33	B	ASTMA106	≤0.30	0.29~1.26	≥0.10	≤0.40	≤0.15	≤0.08	≤0.40	—	—
34	C	ASTMA106	≤0.35	0.29~1.26	≥0.10	≤0.40	≤0.15	≤0.08	≤0.40	—	—
35	T12	ASTM A213	0.05~0.15	0.30~0.61	≤0.50	0.80~1.25	0.44~0.65	—	—	—	—

表 B.0.2　常用钢材的化学成分、力学性能及硬度值数据（续）

序号	牌号		化学成分（质量分数，%）								
	钢号或级别号	标准号	C	Mn	Si	Cr	Mo	V	Ni	Ti	B
36	T23	ASTMA213	0.04~0.10	0.10~0.60	≤0.50	1.90~2.60	0.05~0.30	0.20~0.30	—	0.005~0.06	0.0005~0.006
37	T91	ASTMA213	0.07~0.14	0.30~0.60	0.20~0.50	8 00~9 50	0.85~1.05	0.18~0.25	0.06~0.10	≤0.01	—
38	T92	ASTMA213	0.07~0.13	0.30~0.60	≤0.50	8.50~9.50	0.30~0.60	0.15~0.25	0.04~0.09	≤0.01	0.001~0.006
39	TP347H	ASTM A213	0.04~0.10	≤2.00	≤1.00	17.0~19.0	—	—	9.0~13.0	—	—
40	Super304H	ASTMA213	0.07~0.13	≤1.00	≤0.30	17.0~19.0	—	—	7.5~10.5	—	0.001~0.10
41	TP310HCbN	ASTMA213	0.04~0.10	≤2.00	≤1.00	24.0~26.0	—	—	19.0~22.0	—	—
42	P5	ASTMA335	≤0.15	0.30~0.60	≤0.50	4.00~6.00	0.45~0.65	—	—	—	—
43	P9	ASTMA335	≤0.15	0.30~0.60	0.25~1.00	8.00~10.00	0.90~1.10	—	—	—	—
44	P11	ASTMA335	0.05~0.15	0.30~0.60	0.50~1.00	1.00~1.50	0.44~0.65	—	—	—	—
45	P12	ASTMA335	0.05~0.15	0.30~0.61	≤0.50	0.80~1.25	0.44~0.65	—	—	—	—
46	P22	ASTMA335	0.05~0.15	0.30~0.60	≤0.50	1.90~2.60	0.87~1.13	—	—	—	—
47	P91	ASTMA335	0.08~0.12	0.30~0.60	0.20~0.50	8.00~9.50	0.85~1.05	0.18~0.25	≤0.40	—	—
48	P92	ASTMA335	0.07~0.13	0.30~0.60	≤0.50	8.50~9.50	0.30~0.60	0.15~0.25	≤0.40	—	0.001~0.006
49	P122	ASTMA335	0.07~0.14	≤0.70	≤0.50	10.0~12.5	0.25~0.60	0.15~0.30	≤0.50	—	0.0005~0.005
50	P911	ASTMA335	0.09~0.13	0.30~0.60	0.10~0.50	8.5~9.5	0.9~1.1	0.18~0.25	≤0.40	—	0.003~0.006
51	A672B70CL32	ASTMA672	≤0.33	≤1.20	0.15~0.40	—	—	—	—	—	—
52	A691 $1^1/_4$CrCL22	ASTMA691	0.05~0.17	0.4~0.65	0.5~0.8	1~1.5	0.45~0.65	—	—	—	—

表B.0.2 常用钢材的化学成分、力学性能及硬度值数据（续）

序号	牌号		化学成分（质量分数，%）							常温力学性能z				
	钢号或级别号	标准号	W	Nb	Cu	S	P	Alt	N	R_m^{20}	$R_{eL}^{20}/R_{p0.2}^{20}$	A（%，≥）	A_{KV}（J）	HBW
1	Q235B	GB/T 700	—	—	—	0.045	0.045	—	—	370~500	185~235	21~26	≥27	—
2	Q345R	GB 713	—	≤0.05	≤0.30	≤0.01	≤0.025	—	—	470~640	265~345	20~21	≥34	—
3	18MnMoNbR	GB 713	—	0.025~0.05	≤0.30	≤0.01	≤0.02	—	—	570~720	390~400	17	41	—
4	10	GB 3087	—	—	≤0.25	—	—	—	—	335~475	195~205	24	—	—
5	20	GB 3087	—	—	≤0.25	—	—	—	—	410~550	235~245	20	—	—
6	20G	GB 5310	—	—	—	≤0.015	≤0.025	—	—	410~550	245	24	40	—
7	12CrMoG	GB 5310	—	—	—	≤0.015	≤0.025	—	—	410~560	205	22	40	—
8	15CrMoG	GB 5310	—	—	—	≤0.015	≤0.025	—	—	440~640	295	21	40	—
9	12Cr2MoG	GB 5310	—	—	—	≤0.015	≤0.025	—	—	450~600	280	22	40	—
10	12Cr1MoVG	GB 5310	—	—	—	≤0.01	≤0.025	—	—	470~640	255	21	40	—
11	12Cr2MoWVTiB	GB 5310	0.30~0.55	—	—	≤0.015	≤0.025	—	—	540~735	345	18	40	—
12	12Cr3MoVSiTiB	GB 5310	—	—	—	≤0.015	≤0.025	—	—	610~805	440	16	40	—
13	15Ni1MnMoNbCu	GB 5310	—	0.015~0.045	0.50~0.80	≤0.015	≤0.025	≤0.05	≤0.02	620~780	440	19	40	—
14	10Cr9Mo1VNbN	GB 5310	—	0.06~0.10	—	≤0.01	≤0.02	≤0.02	0.03~0.07	≥585	415	20	40	250
15	10Cr9MoW2VNbBN	GB 5310	1.50~2.00	0.04~0.09	—	≤0.01	≤0.02	≤0.02	0.03~0.07	≥620	440	20	40	250
16	12Cr13	GB/T 1220	—	—	—	≤0.03	≤0.040	—	—	≥345	≥540	22	78	≤159
17	12Cr18Ni9	GB/T 1220	—	—	—	≤0.03	≤0.045	—	0.10	≥205	≥520	40	—	≤187
18	06Cr13Al	GB/T 1220	—	—	—	≤0.03	≤0.04	0.10~0.30	—	≥175	≥410	20	78	≤183
19	12Cr5Mo	GB/T 1221	—	—	—	≤0.03	≤0.04	—	—	590	390	18	—	200

表 B.0.2　常用钢材的化学成分、力学性能及硬度值数据（续）

序号	牌号		化学成分（质量分数，%）							常温力学性能z				
	钢号或级别号	标准号	W	Nb	Cu	S	P	Alt	N	R_m^{20}	$R_{eL}^{20}/R_{p0.2}^{20}$	A（%，≥）	A_{KV}（J）	HBW
20	ZG15Cr1MoV	JB/T 9625	—	—	—	≤0.03	≤0.03	—	—	490	343	14	29	—
21	ZG20CrMoV	JB/T 9625	—	—	—	≤0.03	≤0.03	—	—	490	313	14	29	—
22	HD265	GB 24512	—	≤0.015	≤0.02	≤0.02	<0.025	0.02~0.05	—	410~570	≥265	23	—	—
23	HD280	GB 24512	—	—	≤0.02	≤0.02	≤0.025	0.02~0.05	—	470~590	≥275	21	—	—
24	HD12Cr2Mo	GB 24512	—	—	≤0.02	≤0.02	≤0.03	—	—	450~600	≥280	22	—	—
25	P235GH	EN 10216	—	≤0.02	≤0.30	≤0.01	≤0.025	≥0.02	—	360~500	215~235	25	28	—
26	P265GH	EN 10216	—	≤0.02	≤0.30	≤0.01	≤0.025	≥0.02	—	410~570	245~265	23	28	—
27	10CrMo9-10	EN 10216	—	—	≤0.30	≤0.01	≤0.020	≤0.04	—	480~630	270~280	22	40	—
28	16Mo3	EN 10216	—	—	≤0.30	≤0.01	≤0.025	—	—	450~600	260~280	22	40	—
29	X20CrMoV111	EN 10216	—	—	≤0.30	≤0.01	≤0.025	—	—	690~840	490	19	40	—
30	15NiCuMoNb5-6-4	EN 10216	—	0.015~0.045	0.50~0.80	≤0.01	≤0.025	≤0.05	—	610~780	440	19	40	—
31	X10CrMoVNb9-1	EN 10216	—	0.06~0.10	≤0.30	≤0.005	≤0.02	≤0.02	0.03~0.07	630~830	450	19	40	—
32	X10CrWMoVNb9-2	EN 10216	1.50~2.00	0.04~0.09	—	≤0.01	≤0.02	≤0.02	0.03~0.07	620~850	440	19	40	—
33	B	ASTM A106	—	—	≤0.40	≤0.035	≤0.035	—	—	≥415	≥240	22	—	—
34	C	ASTM A106	—	—	≤0.40	≤0.035	≤0.035	—	—	≥485	≥275	20	—	—
35	T12	ASTM A213	—	—	—	≤0.025	≤0.025	—	—	415	220	30	—	163
36	T23	ASTM A213	1.45~1.75	0.02~0.08	—	≤0.010	≤0.030	≤0.03	≤0.015	510	400	20	—	220

表B.0.2 常用钢材的化学成分、力学性能及硬度值数据（续）

序号	牌号		化学成分（质量分数，%）							常温力学性能z				
	钢号或级别号	标准号	W	Nb	Cu	S	P	Alt	N	R_m^{20}	$R_{eL}^{20}/R_{p0.2}^{20}$	A（%，≥）	A_{KV}（J）	HBW
37	T91	ASTM A213	—	0.06~0.10	—	≤0.010	≤0.020	≤0.02	0.03~0.07	585	415	20	—	195
38	T92	ASTM A213	1.5~2.0	0.04~0.09	—	≤0.010	≤0.020	≤0.02	0.03~0.07	620	440	20	—	250
39	TP347H	ASTM A213	—	8xC−1.10	—	≤0.030	≤0.045	—	—	515	205	35	—	192
40	Super304H	ASTM A213	—	0.30~0.60	2.5~3.5	≤0.010	≤0.040	0.003~0.03	0.05~0.12	590	235	35	—	219
41	TP310HCbN	ASTM A213	—	0.20~0.60	—	≤0.030	≤0.045	—	0.15~0.35	655	295	30	—	256
42	P5	ASTM A335	—	—	—	≤0.025	≤0.025			415	205	22	—	—
43	P9	ASTM A335	—	—	—	≤0.025	≤0.025			415	205	22	—	—
44	P11	ASTM A335	—	—	—	≤0.025	≤0.025	—	—	415	205	22	—	—
45	P12	ASTM A335	—	—	—	≤0.025	≤0.025	—	—	415	220	22	—	—
46	P22	ASTM A335	—	—	—	≤0.025	≤0.025	—	—	415	205	22	—	—
47	P91	ASTM A335	—	—	—	≤0.010	≤0.020	≤0.04	0.03~0.07	≥585	≥415	20	—	—
48	P92	ASTM A335	1.5~2.0	—	—	≤0.010	≤0.020	≤0.04	0.03~0.07	≥620	≥440	20	—	—
49	P122	ASTM A335	1.5~2.5	≤0.05	0.3~1.7	≤0.010	≤0.020	≤0.04	0.04~0.10	≥620	≥400	20	—	—
50	P911	ASTM A335	0.90~1.10	—	—	≤0.010	≤0.020	≤0.04	0.04~0.09	≥620	≥440	20	—	—
51	A672B70CL32	ASTM A672	—	—	—	≤0.035	≤0.035	—	—	485~620	≥260	≥17		
52	A691$1^1/_4$CrCL22	ASTM A691	—	—	—	≤0.035	≤0.035	—	—	415~585	≥240	≥19		≤201

B.0.3 常用紧固件的化学成分、力学性能及硬度值数据，见表B.0.3。

表B.0.3 常用紧固件的化学成分、力学性能及硬度值数据

序号	牌号		化学成分（质量分数，%）								
	钢号	标准号	C	Mn	Si	Cr	Mo	V	Ni	Ti	B
1	20	GB/T 699	0.17~0.23	0.35~0.65	0.17~0.37	≤0.25	—	—	≤0.30	—	—
2	25	GB/T 699	0.22~0.29	0.50~0.80	0.17~0.37	≤0.25	—	—	≤0.30	—	—
3	35	GB/T 699	0.32~0.39	0.50~0.80	0.17~0.37	≤0.25	—	—	≤0.30	—	—
4	40Mn	GB/T 699	0.37~0.44	0.70~1.00	0.17~0.37	≤0.25	—	—	≤0.30	—	—
5	30CrMo	GB/T 3077	0.26~0.34	0.40~0.70	0.17~0.37	0.80~1.10	0.15~0.25	—	≤0.30	—	—
6	35CrMo	GB/T 3077	0.32~0.40	0.40~0.70	0.17~0.37	0.80~1.10	0.15~0.25	—	≤0.30	—	—
7	25Cr2MoVA	GB/T 3077	0.22~0.29	0.40~0.70	0.17~0.37	1.50~1.80	0.25~0.35	0.15~0.30	≤0.30	—	—
8	25Cr2Mo1VA	GB/T 3077	0.22~0.29	0.50~0.80	0.17~0.37	2.10~2.50	0.90~1.10	0.30~0.50	≤0.30	—	—
9	20CrMo1TiB	YB/T 158	0.17~0.23	0.40~0.65	0.40~0.60	0.90~1.30	0.75~1.00	0.45~0.65	≤0.30	0.16~0.28	0.005
10	20CrMo1VNbTiB	YB/T 158	0.17~0.23	0.40~0.65	0.40~0.60	0.90~1.30	0.75~1.00	0.50~0.70	≤0.30	0.05~0.14	0.005
11	20CrMo1V	YB/T 158	0.15~0.23	0.45~0.85	0.20~0.60	1.00~1.50	0.90~1.20	0.15~0.30	≤0.50	—	Al：≤0.015
12	40CrMoV	YB/T 158	0.36~0.44	0.45~0.77	0.15~0.35	0.80~1.15	0.50~0.65	0.25~0.35	≤0.30	—	—
13	05Cr19Ni10	GB/T 1221	0.08	2.00	1.00	18.00~20.00	—	—	8.00~11.00	—	—
14	06Cr17Ni12Mo2	GB/T 1221	0.08	2.00	1.00	16.00~18.00	2.00~3.00	—	10.00~14.00	—	—
15	1Cr5Mo	GB/T 1221	0.15	0.60	0.50	4.00~6.00	0.40~0.60	—	0.60	—	—

表B.0.3　常用紧固件的化学成分、力学性能及硬度值数据（续）

序号	牌号		化学成分（质量成分，%）					常温力学性能				
	钢号	标准号	W	Nb	Cu	S	P	R_m^{20}	$R_{eL}^{20}/R_{p0.2}^{20}$	A（%，≥）	A_{KV}（J）	HBW
1	20	GB/T 699	—	—	≤0.25	≤0.035	≤0.035	410	245	24	—	≤156
2	25	GB/T 699	—	—	≤0.25	≤0.035	≤0.035	450	275	23	71	≤170
3	35	GB/T 699	—	—	≤0.25	≤0.035	≤0.035	530	315	20	55	≤197
4	40Mn	GB/T 699	—	—	≤0.25	≤0.035	≤0.035	590	355	17	47	207~229
5	30CrMo	GB/T 3077	—	—	≤0.30	≤0.035	≤0.035	930	785	12	63	≤229
6	35CrMo	GB/T 3077	—	—	≤0.30	≤0.035	≤0.035	980	835	12	63	≤229
7	25Cr2MoVA	GB/T 3077	—	—	≤0.25	≤0.025	≤0.025	930	785	14	63	≤241
8	25Cr2Mo1VA	GB/T 3077	—	—	≤0.25	≤0.025	≤0.025	735	590	16	47	≤241
9	20CrMo1TiB	YB/T 158	—	—	≤0.30	≤0.025	≤0.025	785	690	14	39	269
10	20CrMo1VNbTiB	YB/T 158	—	0.11~0.22	≤0.30	≤0.025	≤0.025	780	680	14	39	269
11	20CrMo1V	YB/T 158	—	—	≤0.35	≤0.025	≤0.025	622	413	15	—	241
12	40CrMoV	YB/T 158	—	0.025~0.050	≤0.30	≤0.025	≤0.025	860	720	18	—	≤269
13	06Cr19Ni10	GB/T 1221	—	—	—	≤0.030	≤0.045	520	205	40	60	≤187
14	06Cr17Ni12Mo2	GB/T 1221	—	—	—	≤0.030	≤0.045	520	205	40	60	≤187
15	1Cr5Mo	GB/T 1221	—	—	—	≤0.030	≤0.040	590	390	18	—	≤200

注：R_m^{20}—钢材在20℃时的抗拉强度最小值（MPa）；R_{eL}^{20}—钢材在设计温度下的下屈服强度最小值（MPa）；$R_{p0.2}^{20}$—钢材在设计温度下0.2%规定非比例延伸强度最小值（MPa）；A—断后纵向伸长率（%）；A_{KV}—纵向冲击吸收能量（J）。

B.0.4 常用中外钢材对照见表B.0.4。

表B.0.4 常用中外钢材对照表

序号	中国	美国	日本	欧盟
1	20G	A-1、B	STB 410	P235GH
2	20MnG	A-1、B	STB 410	P235GH
3	25MnG	C	STB 510	P265GH
4	15MoG	—	STBA 12	16Mo3
5	20MoG	Tla	STBA 13	—
6	12CrMoG	T2/P2	STBA 20	—
7	15CrMoG	T12/P12	STBA 22	10CrMo5-5、13CrMo4-5
8	12Cr2MoG	T22/P22	STBA 24	10CrMo9-10
9	12Cr1MoVG	—	—	—
10	15Ni1MnMoNbCu	T36/P36	—	15NiCuMoNb5-6-4
11	10Cr9Mo1VNbN	T91/P91	STBA 26	X10CrMoVNb9-1
12	10Cr9MoW2VNbBN	T92/P92	STBA 29	X10CrWMoVNb9-2
13	10Cr11MoW2VNbCu1BN	T122/P122	—	—
14	11Cr9Mo1W1VNbBN	T911/P911	—	E911
15	12Cr18Ni9	TP302	SUS 302	X10CrNi18-8
16	06Cr19Ni10	TP304	SUS 304	X5CrNi18-9
17	022Cr19Ni10	TP304L	SUS 304L	X2CrNi19-11
18	07Cr19Ni10	TP304H	SUS 304H	X6CrNi18-10
19	06Cr17Ni12Mo2	TP316	SUS 316	X5CrNiMo17-12-2
20	022Cr17Ni12Mo2	TP316L	SUS 316L	X2CrNiMo17-12-2
21	06Cr19Ni13Mo3	TP317	SUS 317	—
22	022Cr19Ni13Mo3	TP317L	SUS 317L	X2CrNiMo18-15-4
23	06Cr18Ni11Ti	TP321	SUS 321	X6CrNiTi18-10
24	07Cr19Ni11Ti	TP321H	—	—
25	06Cr18Ni11Nb	TP347	SUS 347	X6CrNiNb18-10
26	07Cr18Ni11Nb	TP347H	SUS 347H	X7CrNiNb18-10

附录C 法兰垫片材料选用

C.0.1 电站管道法兰垫片材料的选择应根据法兰的压力等级、温度确定，且严禁使用含石棉成分的材料。

C.0.2 *PN*6及以下压力等级的法兰，如果设计温度小于150℃，可以选择非石棉纤维橡胶垫片；如果设计温度不小于150℃，则应选择柔性石墨金属缠绕垫片。

C.0.3 *PN*10及以上压力等级的法兰，应选择柔性石墨金属缠绕垫片。

附录 D 阀门密封填料选用

表 D 阀门密封填料的选用

序号	填料名称	适用温度（℃）	适用压力（MPa）	适用介质
1	PTFE纤维编织填料	≤260	≤4	腐蚀介质、气体
2	浸PTFE用润滑油处理的碳素纤维编织填料	≤300	≤1.6	水、油、酸、碱
3	膨胀石墨填料环	≤580	≤35	水、蒸汽
4	增强膨胀石墨填料环	≤600	≤35	水、蒸汽
5	膨胀石墨编织填料	≤650	≤45	水、蒸汽

附录 E 常用焊接接头形式及对口处理方法

E.0.1 常用焊接接头形式及尺寸规定见表E.0.1。

表 E.0.1 常用焊接接头基本形式及尺寸

序号	接头形式	坡口形式	图形	焊接方法	焊件厚度 δ（mm）	接头结构尺寸 α	β	b（mm）	P（mm）	R（mm）	适用范围
1	对接	I型	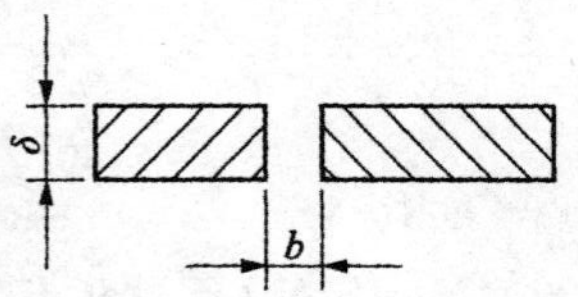	SMAW OFW GMAW/ FCAW SAW	<3 ≤3 8~16 8~16	—	—	1~2 1~2 0~1 0~1	—	—	容器和一般钢结构
2	对接	V型	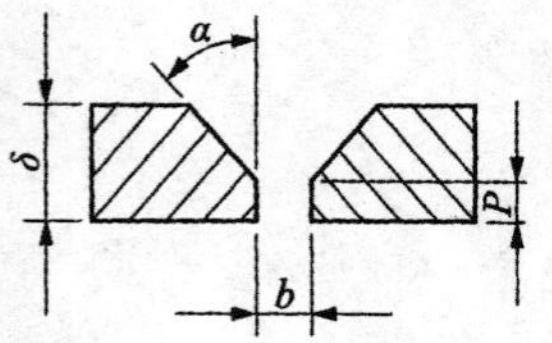	SMAW OFW GMAW/ FCAW SAW	≤6 ≤16 >16~20 >16~20	30°~35°	—	视现场情况在焊接作业指导书中规定	0.5~2 1~2 7 7	—	各类承压管道，压力容器和中、薄件承重结构
3	对接	U型	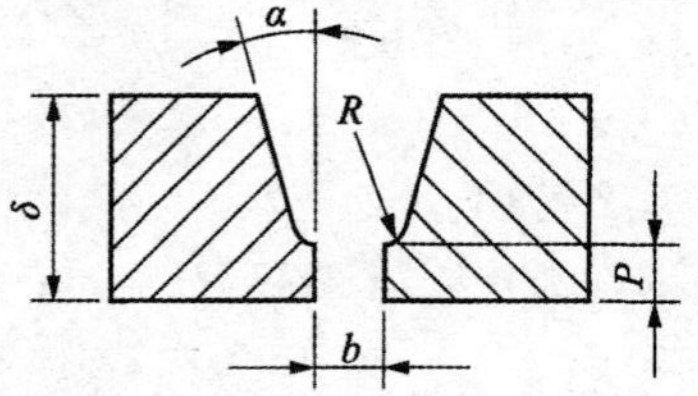	SMAW TIG	≤60	10°~15°	—	2~5	0.5~2	5	中、厚壁汽水管道
4	对接	双V形 水平管	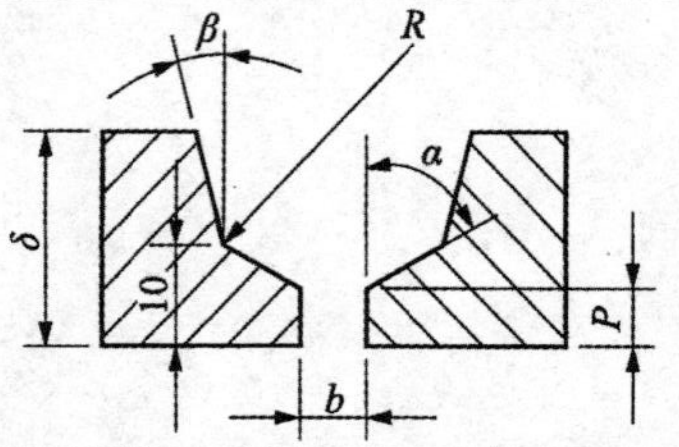	SMAW TIG	>16	30°~40°	8°~12°	2~5	1~2	5	中、厚壁汽水管道

表E.0.1　常用焊接接头基本形式及尺寸（续）

序号	接头形式	坡口形式	图形	焊接方法	焊件厚度 δ（mm）	接头结构尺寸 α	β	b（mm）	P（mm）	R（mm）	适用范围
5	对接	双V形 垂直管	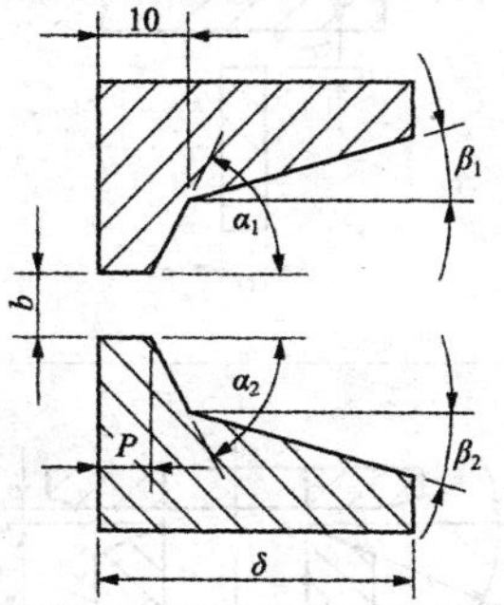	SMAW TIG	>16	α_1=35°~40° α_2=20°~25°	β_1= 15°~20° β_2= 5°~10°	1~4	1~2	5	中、厚壁汽水管道
6	对接	综合形	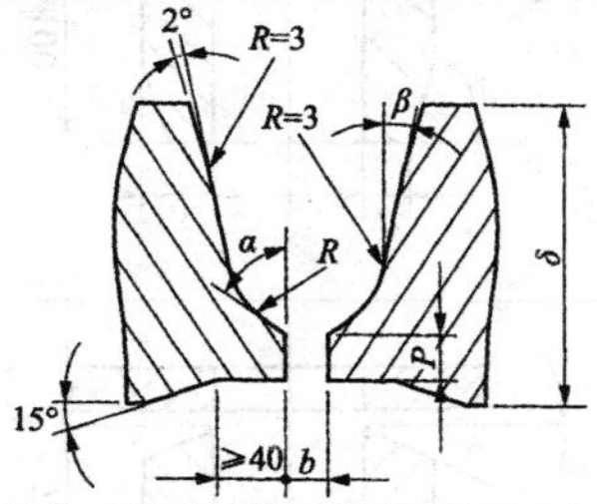	SMAW TIG FCAW SAW	>60	20°~25°	5°	2~5	2	5	厚壁汽水管道
7	对接	X形	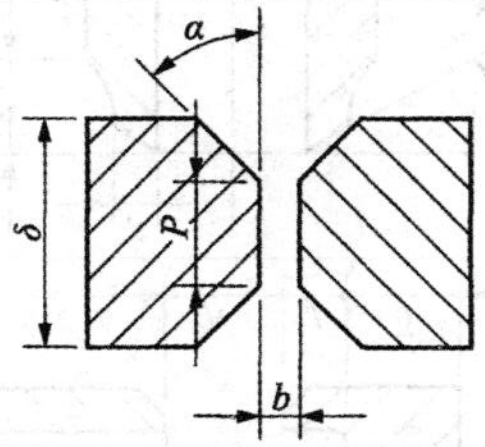	SMAW SAW	>16 >20	30°~35°	—	2~3 0~1	2~4 7	—	双面焊接的大型容器和结构
8	对接	封头	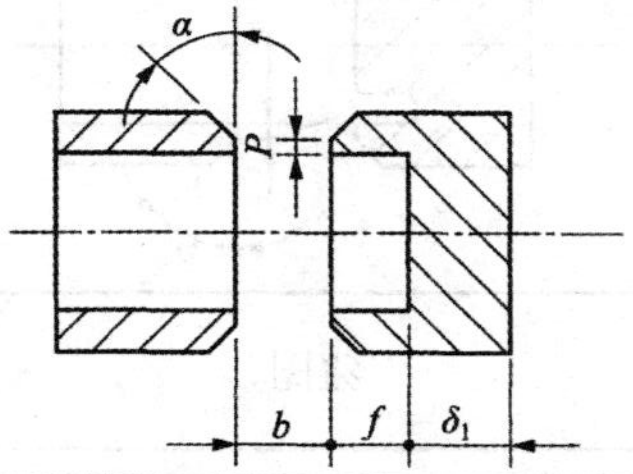	SMAW TIG	管径不限	同厚管壁坡口加工要求					汽水管道或联箱封头

表E.0.1 常用焊接接头基本形式及尺寸（续）

序号	接头形式	坡口形式	图形	焊接方法	焊件厚度 δ（mm）	接头结构尺寸					适用范围
						α	β	b（mm）	P（mm）	R（mm）	
9	对接	封头	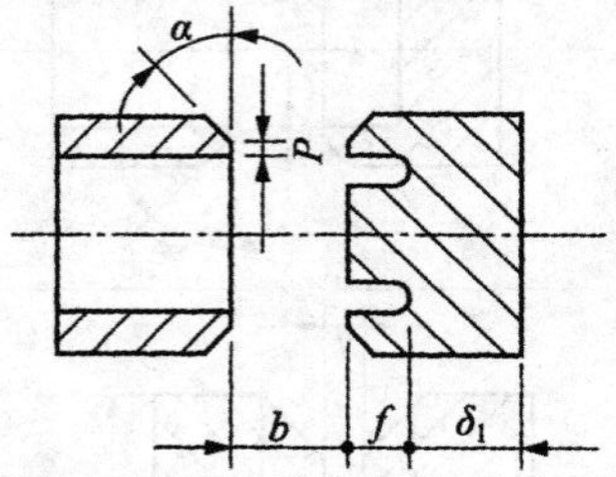	SMAW TIG	直径 $\phi \geqslant 273$	同厚管壁坡口加工要求					汽水管道或联箱封头
10	T形接	管座	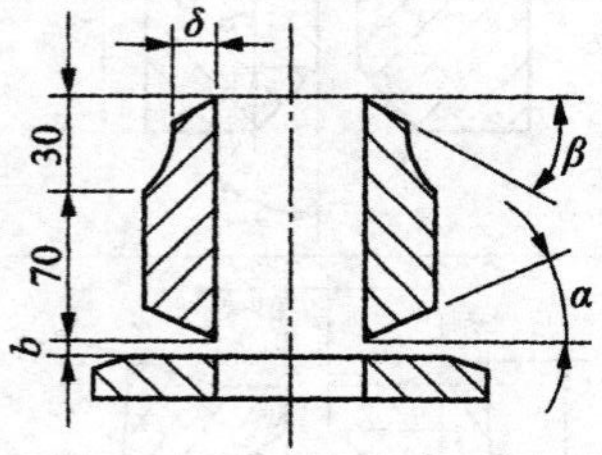	SMAW TIG	管径 $\phi \leqslant 76$	50°~60°	30°~35°	2~3	—	按壁厚差取	汽水、仪表取样等接管座
11	T形接	管座	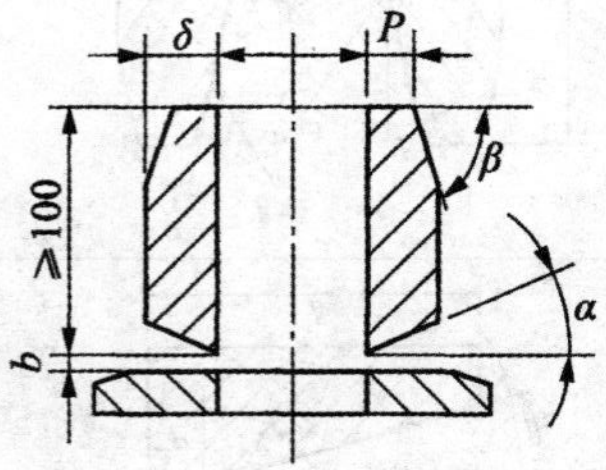	SMAW TIG	管径 76~133	50°~60°	30°~35°	2~3	1~2	—	一般汽水管道或容器的接管座或接头
12	T形接	无坡口	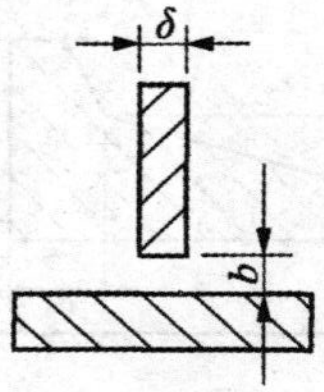	SMAW SAW	≤20 >8	—	—	0~2	—	—	不要求全焊透的结构

表 E.0.1　常用焊接接头基本形式及尺寸（续）

序号	接头形式	坡口形式	图形	焊接方法	焊件厚度 δ（mm）	接头结构尺寸					适用范围
						α	β	b（mm）	P（mm）	R（mm）	
13	T形接	单V形	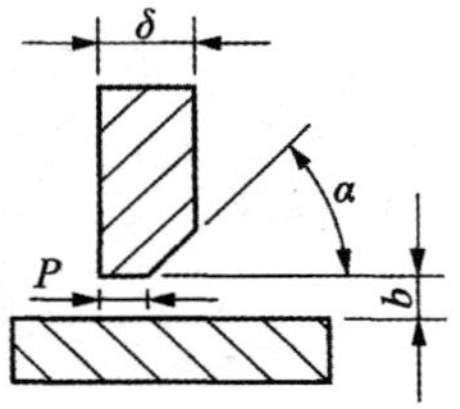	SMAW SAW	>20	50°~60°	—	0~2	≤2/3δ	—	不要求焊透的结构
					≤20	50°~60°	—	1~2	1~2	—	要求焊透的结构
14	T形接	K形	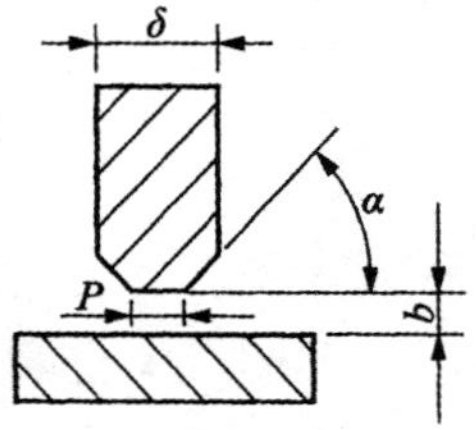	SMAW SAW	>20	50°~60°	—	1~2	1~2	—	要求焊透的结构
15	搭接	无坡口	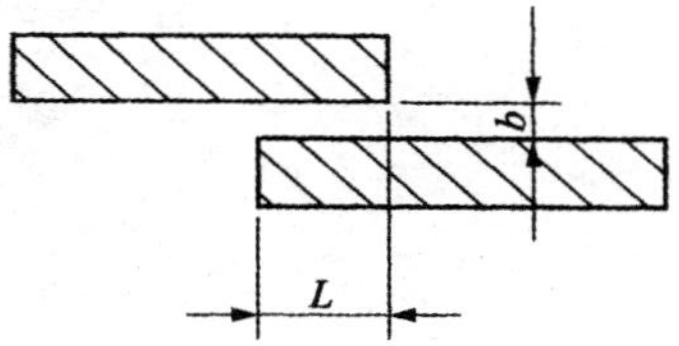	OFW SMAW SAW	≤4 ≥4 >8	—	—	0~1	—	—	容器和结构

注：1　当不采用全钨极氩弧焊时，表中TIG用于根层焊接，SMAW用于填充和/或盖面焊接。

2　SMAW—焊条电弧焊；OFW—气焊；GMAW—熔化极实心气体保护焊；TIG—钨极氩弧焊；SAW—埋弧焊；FCAW—熔化极药芯焊丝气体保护焊。

E.0.2 不同厚度管道对口时的处理方法见图E.0.2。

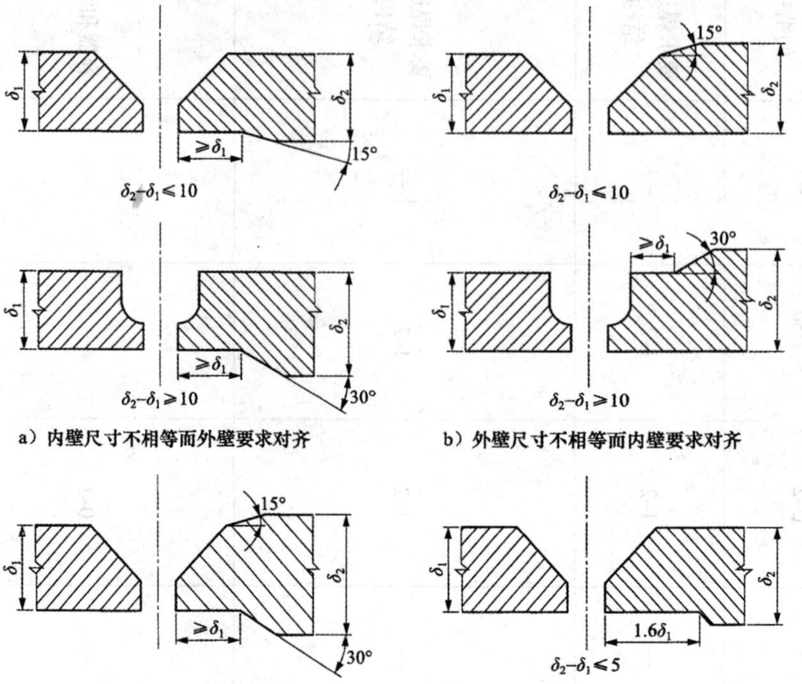

a）内壁尺寸不相等而外壁要求对齐　b）外壁尺寸不相等而内壁要求对齐

c）内外壁尺寸不相等　d）壁厚不相等，且$\delta_2-\delta_1\leqslant5$mm

图E.0.2　不同厚度管道对口时的处理方法

附录 F 管道封头厚度计算

F.0.1 椭圆形封头壁厚计算应符合下列规定：

1 如图F.0.1所示，最小壁厚计算时，可按式（F.0.1-1）或式（F.0.1-2）计算：

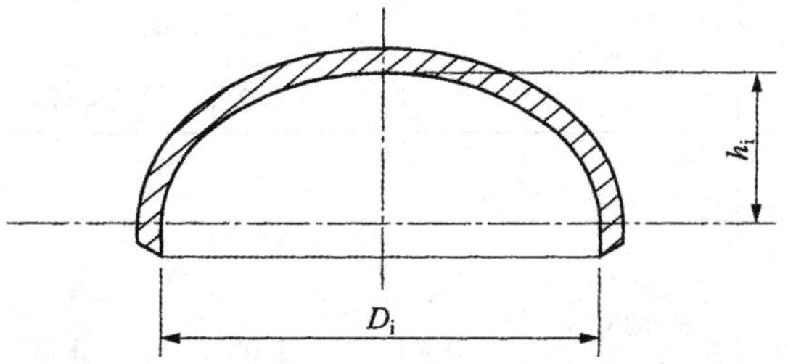

图F.0.1 椭圆形封头

$$S_m = \frac{K'pD_i}{2[\sigma]^t\eta - 0.5p} \quad \text{(F.0.1-1)}$$

$$S_m = \frac{K'pD_o}{2[\sigma]^t\eta - (2K-0.5)p} \quad \text{(F.0.1-2)}$$

$$K' = \frac{1}{6}\left[2+\left(\frac{D_i}{2h_i}\right)^2\right] \quad \text{(F.0.1-3)}$$

式中：

D_i——封头内径，取相连管道的最大内径（mm）；

D_o——封头外径，取相连管道的最大外径（mm）；

K'——椭圆形封头的椭圆形状系数；

h_i——封头内曲面深度；

$[\sigma]^t$——设计温度下材料的许用应力；

p——设计压力（MPa）；

η——焊接接头系数，可根据对焊焊缝形式及无损检测的长度比例确定，可按表F.0.1的规定确定。

表F.0.1 焊接接头系数表

项目	双面焊		单面焊	
	全部无损检测	局部无损检测	全部无损检测	局部无损检测
77	1.0	0.85	0.9	0.8

2 椭圆形封头取用壁厚应按下式进行计算：

$$S=S_m+C_1 \quad \text{(F.0.1-4)}$$

式中：

S——椭圆形封头计算壁厚（mm）；

C_1——钢板壁厚负偏差附加值（mm），按照钢板产品技术条件中规定的板厚负偏差百分数确定，应考虑钢板加工减薄量。

F.0.2 平封头壁厚应按下式进行计算：

$$S_m = KD_i\sqrt{\frac{p}{[\sigma]^t\varphi'}} \quad \text{(F.0.2)}$$

式中：

D_i——封头内径，取相连管道的最大内径（mm）；

K'、φ'——与封头结构有关的系数，可按表F.0.2的规定选取；

$[\sigma]^t$——设计温度下材料的许用应力；

p——设计压力（MPa）。

表F.0.2　封头结构形式系数

封头形式	结构要求	K'	φ'		备注
			$L \geqslant 2S_1$	$2S_1 > L \geqslant S_1$	
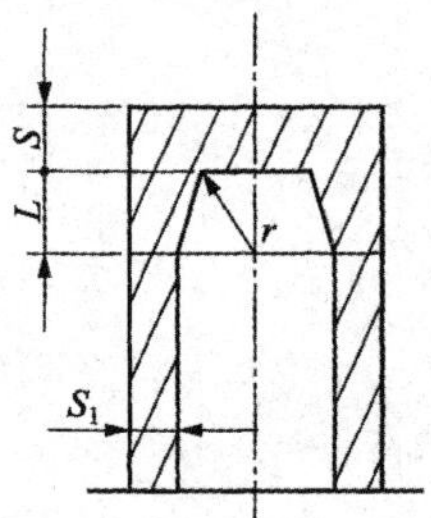	$R \geqslant 2S_1/S$ $L \geqslant S_1$	0.4	1.05	1.00	推荐优先采用的结构形式
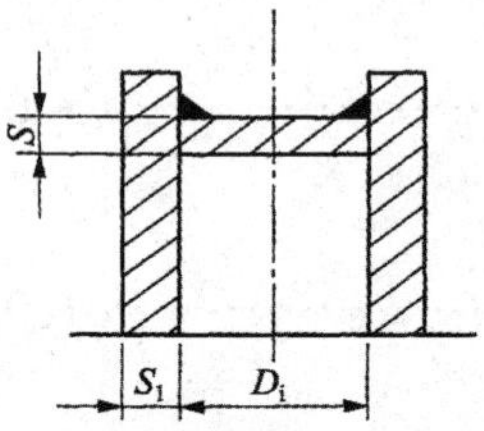		0.6	0.85		用于$PN \leqslant 25$和$DN \leqslant 400$的管道
		0.4	1.05		只用于水压试验
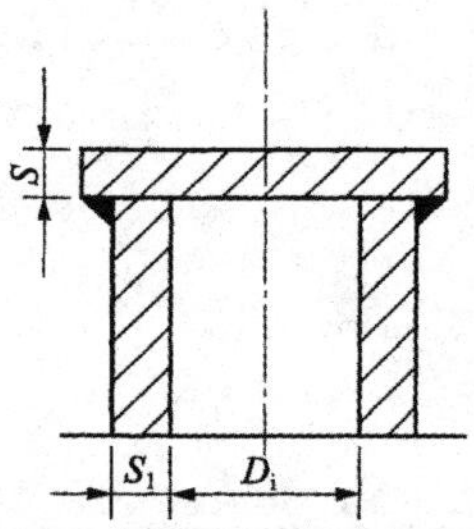		0.6	0.85		用于$PN<25$和$DN<400$的管道
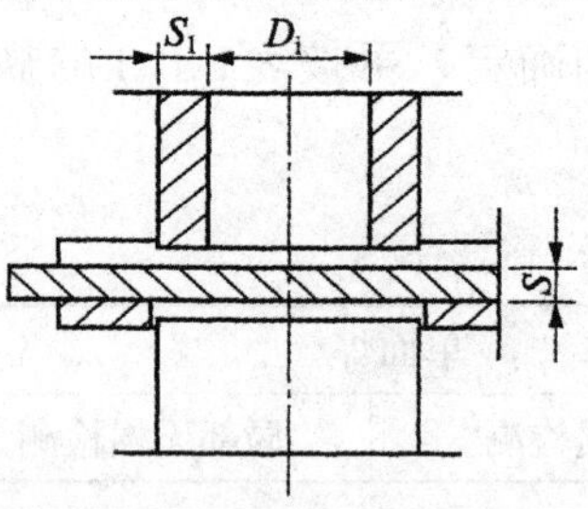		0.45	0.85		用于回转堵板，中间堵板和法兰式节流孔板

F.0.3　夹在两法兰之间的节流孔板及中间堵板、回转堵板的厚度计算可按平封头的厚度计算公式计算，其K'值取0.45，焊接式节流孔板厚度也可按平封头厚度计算公式计算，其K'值取0.6。

引用标准名录

《工业企业厂界环境噪声排放标准》GB 12348

ICS 23.040.01
P 61
备案号：50039—2015

DL

中华人民共和国电力行业标准

DL/T 715—2015
代替 DL/T 715—2000

火力发电厂金属材料选用导则

Selection guide for the metallic material of fossil power plants

2015-04-02 发布　　2015-09-01 实施

国家能源局　发 布

目　次

前　言

本标准按照GB/T 1.1—2009《标准化工作导则　第1部分：标准的结构和编写》给出的规则起草。

本标准与DL/T 715—2000比较，主要技术变化如下：

——增加了超（超）临界锅炉高温蒸汽管道、联箱和高温受热面用9%~12%Cr系列钢、S30432/10Cr18Ni9NbCu3BN/Super304H/DMV304HCu、TP347HFG/08Cr18Ni11NbFG、TP310HCbN/07Cr25Ni21NbN/HR3C/DMV310N；超（超）临界机组高中压转子、高温铸钢件用10%Cr系列钢的选用。

——删除了附录A中高温管道及受热面管、锅筒、汽轮机主轴、叶轮、叶片及发电机转子选材中19种不常用的钢号。

——删除了关于部件用金属材料的具体检验项目表。

——将“4.1 蒸汽管道、联箱及锅炉受热面管子用金属材料”改为“4.1 高温蒸汽管道、高温联箱及高温管件用钢”“4.2 锅炉受热面管用钢”和“4.3 给水管道、低温蒸汽管道和低温联箱用钢”，区分了蒸汽管道与受热面管用钢选用的差异和高温蒸汽管道、高温联箱与给水管道、低温蒸汽管道和低温联箱用钢选用的差异。

——凝汽器用管材中增加了不锈钢管的选用。

本标准附录A为资料性附录。

本标准由中国电力企业联合会提出。

本标准由电力行业电站金属标准化技术委员会归口。

本标准起草单位：西安热工研究院有限公司、苏州热工研究院有限公司、华北电力科学研究院、国网江西省电力科学研究院、中国神华国华电力分公司、陕西电力科学研究院、东方锅炉股份有限公司。

本标准主要起草人：杨百勋、李益民、赵彦芬、蔡文河、唐囡、赵慧传、刘树涛、张兵、杨华春、史志刚、田晓。

本标准实施后代替DL/T 715—2000。

DL/T 715—2000的历次版本发布情况为：

——DL/T 715—2000

本标准在执行过程中的意见或建议反馈至中国电力企业联合会标准化管理中心（北京市白广路二条一号，100761）。

火力发电厂金属材料选用导则

1 范围

本标准规定了火力发电设备金属材料选用的原则，重要部件金属材料的主要验收标准和质量要求。

本标准适用于火力发电厂新建机组重要部件金属材料的选用和替代，在役机组更换部件金属材料的选用和替代。

2 规范性引用文件

下列文件对于本文件的应用是必不可少的。凡是注日期的引用文件，仅注日期的版本适用于本文件。凡是不注日期的引用文件，其最新版本（包括所有的修改单）适用于本文件。

GB 713 锅炉和压力容器用钢板
GB/T 1220 不锈钢棒
GB/T 1221 耐热钢棒
GB/T 3620.1 钛及钛合金牌号和化学成分
GB/T 3625 换热器及冷凝器用钛及钛合金管
GB 5310 高压锅炉用无缝钢管
GB/T 5313 厚度方向性能钢板
GB/T 8732 汽轮机叶片用钢
GB/T 8890 热交换器用铜合金无缝管
GB/T 16507.2 水管锅炉 第2部分：材料
GB/T 12229 通用阀门 碳素钢铸件技术条件
GB 13296 锅炉、热交换器用不锈钢无缝钢管
GB/T 20410 涡轮机高温螺栓用钢
GB/T 20878 不锈钢和耐热钢牌号及化学成分
GB/T 28559 超临界及超超临界汽轮机 叶片
DL/T 438 火力发电厂金属技术监督规程
DL/T 439 火力发电厂高温紧固件技术导则
DL 473 大直径三通锻件技术条件
DL/T 515 电站弯管
DL/T 695 电站钢制对焊管件
DL/T 712 发电厂凝汽器及辅机冷却器管选材导则
JB/T 1265 25MW~200MW汽轮机转子体和主轴锻件 技术条件
JB/T 1266 25MW~200MW汽轮机轮盘及叶轮锻件 技术条件
JB/T 1267 50MW~200MW汽轮发电机转子锻件 技术条件
JB/T 1268 汽轮发电机Mn18Cr5系无磁性护环锻件 技术条件
JB/T 5263 电站阀门铸钢件技术条件
JB/T 7024 300MW及以上汽轮机缸体铸钢件 技术条件

JB/T 7026　50MW以下汽轮发电机转子锻件　技术条件

JB/T 7027　300MW及以上汽轮机转子体锻件　技术条件

JB/T 7030　汽轮发电机Mn18Cr18N无磁性护环锻件　技术条件

JB/T 8705　50MW以下汽轮发电机无中心孔转子锻件　技术条件

JB/T 8706　50MW~200MW汽轮发电机无中心孔转子锻件　技术条件

JB/T 8707　300MW及以上汽轮机无中心孔转子锻件　技术条件

JB/T 8708　300MW~600MW汽轮发电机无中心孔转子锻件　技术条件

JB/T 9625　锅炉管道附件承压铸钢件　技术条件

JB/T 10087　汽轮机铸钢件　技术条件

JB/T 11017　1000MW及以上汽轮发电机转子锻件　技术条件

JB/T 11018　超临界及超超临界机组汽轮机用Cr10型不锈钢铸件　技术条件

JB/T 11019　超临界及超超临界机组汽轮机高中压转子体锻件　技术条件

JB/T 11020　超临界及超超临界机组汽轮机用超纯净钢低压转子锻件　技术条件

JB/T 11030　汽轮机高低压复合转子锻件　技术条件

NB/T 47008　承压设备用碳素钢和合金钢锻件

NB/T 47010　承压设备用不锈钢和耐热钢锻件

NB/T 47019.3　锅炉、热交换器用管材订货技术条件　第3部分：规定高温性能的非合金钢和合金钢

YB/T 4173　高温用锻造镗孔厚壁无缝钢管

ASME SA-105　管道用碳钢锻件　技术条件（Specification for carbon steel forgings，for piping applications）

ASME SA-106　高温用碳钢无缝钢管　技术条件（Specification for seamless carbon steel pipe for high-temperature service）

ASME SA-178　电阻焊碳钢管和锅炉、过热器用碳-锰钢　技术条件（Specification for electricresistance-welded carbon steel and carbon-manganese steel boiler and superheater tubes）

ASME SA-181　管道用碳钢锻件通用技术条件（Specification for carbon steel forgings，for general-purpose piping）

ASME SA-182　高温用锻制或轧制合金钢和不锈钢管道法兰、锻制管件、阀门和部件　技术条件（Specification for forged or rolled alloy and stainless steel pipe flanges，forged fittings，and valves and pats for high-temperature service）

ASME SA-210　中碳钢制锅炉和过热器用无缝钢管　技术条件（Specification for seamless medium-carbon steel boiler and superheater tubes）

ASME SA-213　高温用铁素体、奥氏体钢制锅炉、过热器和热交换器无缝钢管　技术条件（Specification for seamless ferritic and austenitic alloy-steel boiler，superheater，and heat-exchanger tubes）

ASME SA-234　中高温用锻制碳钢、合金钢管件　技术条件（Specification for piping fittings of wrought carbon steel and alloy steel for moderate and high-temperature service）

ASME SA-299　压力容器用碳钢、锰-硅钢板　技术条件（Specification for pressure vessel plates，carbon steel，manganese-silicon）

ASME SA-302　压力容器用合金钢、锰-钼和锰-钼-镍钢板　技术条件（Specification for pressure vessel plates，alloy steel，manganese-molybdenum and manganese-molybdenum-nickel）

ASME SA-335　高温用铁素体合金钢制无缝钢管　技术条件（Specification for seamless ferriitic alloy-steel pipe for high-temperature service）

ASME SA-387　压力容器用合金钢板、铬-钼钢板　技术条件（Specification for pressure vessel plates，alloy steel，chromium-molybdenum）

ASME SA-672　中温高压用电熔焊管技术条件（Specification for electric-fusion-welded steel pipe for high-pressure service at moderate temperatures）

ASME SA-691　高温高压用碳钢和合金钢制电熔焊管　技术条件（Specification for carbon and alloy steel pipe，electric-fusion-welded for high-pressure service at high temperatures）

ASME SA-960　锻制钢管管件通用技术条件（Specification for common requirements for wrought steel piping fittings）

ASME SB-338　冷凝器、热交换器用无缝钛管、焊接钛管及钛合金管　技术条件（Specification for seamless and welded titanium and titanium alloy tubes for condensers and heat exchangers）

DIN EN 10216-2　承压无缝钢管技术条件　第2部分：高温用碳钢和合金钢管（Seamless steel tubes for pressure purposes-technical delivery　conditions-Part 2：Non alloy and alloy steel tubes with specified elevated temperature properties）

DIN EN 10216-5　承压无缝钢管技术条件　第5部分：不锈钢管（Seamless steel tubes for pressure purposes-technical delivery　conditions-Part 5：Stainless steel tubes）

DIN EN 10222　承压用钢制锻件（Steel forgings for pressure purposes）

DIN EN 10028　压力容器用钢板（Flat products made of steel for pressure purposes）

3　选材和材料质量控制原则

3.1　火电机组选材的原则应基于部件的受力状态、服役温度、服役环境（如腐蚀性介质等）和预期的安全服役寿命，综合考虑材料的物理性能、化学性能、力学性能、工艺性能、组织稳定性和经济性。

3.2　本标准中给出的部件选材为推荐性材料牌号，也可选其他标准中的类似牌号。

3.3　火电机组选用的各种金属材料应符合国家有关标准、行业标准、企业标准或国外相关标准及订货技术条件。

3.3.1　火电机组选用中国牌号的金属材料，应符合相应牌号材料的中国国家标准、行业标准或企业标准及订货技术条件。

3.3.2　火电机组选用国外牌号的金属材料，应符合相应牌号材料的国外技术标准及订货技术条件，同时应参照中国相应的国家标准、行业标准或企业标准。

3.3.3　火电机组选用国内制造商生产的国外牌号金属材料或制品的首批产品时，应查阅该产品的技术评审资料，按照该牌号材料国外标准验收，并参照国内相应牌号材料标准。

3.4　金属产品合格证及质量证明书应齐全，宜包括金属产品的基本信息、制作工艺信息和性能检验信息：

a）基本信息：制造商、材料牌号、检验签字和合格章；

b）制作工艺信息：冶炼方法、热加工工艺、热处理工艺；

c）成分和性能检验信息：化学成分、力学性能、金相组织、无损检测结果等资料。

检验人员应对材料产品合格证、质量证明书及产品标记确认。

3.5　进口金属产品应有报关单、商检报告、原产地证书，检验人员应对报关单、商检报告、原产地证书和产品标记进行确认。

3.6　金属产品质量证明书中若性能检验信息缺项或数据不全，应补做所缺项目检验。检验范围、数量和检验方法应符合相关标准，合格后才能使用。

3.7　选用代用材料时，应选化学成分、设计性能和工艺性能相当或略优者：若代用材料工艺性能不同于设计材料，应经工艺评定验证后方可使用。

3.8　制造、安装中使用代用材料，应得到设计单位和使用单位的许可，并由设计单位出具修改通知单。检修中使用代用材料应征得金属技术监督专职工程师的同意，并经总工程师批准。

3.9　代用前和组装后，应对代用材料进行材质复查，确认无误后，方可投入运行。

4 金属材料的选用

4.1 高温蒸汽管道、高温联箱及高温管件用钢

4.1.1 高温蒸汽管道和高温联箱包括服役温度高于或等于400℃的管道、联箱、导汽管和管件（弯头、三通、异径管）。

4.1.2 高温蒸汽管道、高温联箱及高温管件用钢应具有以下性能：

a）合适的常规力学性能，包括室温、高温拉伸性能、冲击吸收能量。

b）优异的蠕变强度、持久强度、持久塑性、抗氧化性能和抗高温腐蚀性能。

c）在高温下长期运行中，组织稳定性好。

d）良好的工艺性能，特别是焊接性能。

4.1.3 亚临界300MW级、600MW级机组的主蒸汽管道可选P91，再热蒸汽管道可选P91、P22；超临界机组主蒸汽管道、高温蒸汽管道可选P91：超超临界机组主蒸汽管道可选P92，高温再热蒸汽管道可选P92或P91。具有相同温度的高温联箱、高温管件及导汽管的选材可参考主蒸汽管道、高温蒸汽管道的选材。

4.1.4 壁温小于或等于520℃/550℃的导汽管、联箱可选用P12/15CrMoG；500℃~560℃间的蒸汽管道、导汽管、联箱可选用P22/12Cr2MoG、12Cr1MoVG。

4.1.5 高温蒸汽管道、高温联箱及高温管件的材质验收，应满足以下规定：

a）国产钢管的技术要求及质量检验应满足GB 5310、GB/T 16507.2的规定，锻造钢管应满足YB/T 4173的规定。

b）国产管道锻件的技术要求及质量检验应满足NB/T 47008 NB/T 47010的规定。

c）进口钢管的技术要求及质量检验应符合相应牌号的国外标准及订货技术条件，重要的钢管技术标准有美国的ASME SA335、欧盟的DIN EN 10216-2，同时应满足GB 5310的规定。

d）弯管按DL/T 515的规定，钢制对焊管件按DL/T 695的规定，大直径三通按DL473的规定。

e）9%~12%Cr钢制高温蒸汽管道、高温再热蒸汽管道、高温联箱及导汽管用无缝钢管的硬度应符合DL/T 438的规定。

f）进口锻制弯管、大直径三通锻件的技术要求及质量检验可按ASME SA-234、ASME SA-182、ASME SA-960和DIN EN 10222执行。

4.1.6 高温蒸汽管道、高温再热蒸汽管道、高温联箱、高温管件及导汽管常用钢牌号、特性及其主要应用范围见附录A中表A.1。

4.2 锅炉受热面管用钢

4.2.1 锅炉水冷壁/省煤器管用钢应具有以下性能：

a）合适的室温、中温拉伸强度。

b）良好的抗烟气腐蚀性能，合适的抗汽水腐蚀性能。

c）良好的抗热疲劳性能。

d）良好的冷、热加工工艺性能和焊接性能。

4.2.2 亚临界锅炉水冷壁可选用20G、SA-210C；超临界锅炉水冷壁可选用15CrMoG/T12/T22；超超临界锅炉水冷壁低温段可选用15CrMoG/T12，较高温度区段可选12Cr1MoVG。

4.2.3 亚临界以下锅炉省煤器可选用20G、SA-178C：超（超）临界锅炉省煤器可选用SA-210C。

4.2.4 锅炉过热器/再热器管用钢相对于高温蒸汽管道、高温联箱用钢，还应具有以下更高的要求：

a）优异的高温强度，特别是持久强度，良好的组织稳定性。

b）优异的抗高温氧化性能，良好的抗腐蚀性能。

c）良好的冷、热加工工艺性能和焊接性能。

d）对同一牌号的钢材，用于高温受热面管的允许最高服役温度一般可适当高于主蒸汽管道、高温再热蒸汽管道、高温联箱、高温管件及导汽管等部件的最高服役温度，但要在材料抗氧化温度允许范围内。

4.2.5 超超临界锅炉高温过热器、再热器管可选TP310HCbN/07Cr25Ni21NbN/HR3C/DMV310N、内壁喷丸的S30432/10Cr18Ni9NbCu3BN/Super304H/DMV304HCu；屏式过热器可选上述两种材料以及TP347HFG、内壁喷丸18-8奥氏体耐热钢；620℃高效超超临界锅炉高温过热器、再热器管可选TP310HCbN/07Cr25Ni21NbN/HR3C/DMV310N、内壁喷丸的S30432/10Cr18Ni9NbCu3BN/Super304H/DMV304HCu、Sanicro25/S31035、NF709R；低温过热器、再热器根据不同的温度区域，可选T92、T91、12Cr1MoVG、12Cr2MoG/T22、15CrMoG/T12、SA-210C、20G。

4.2.6 超临界锅炉高温过热器、再热器、屏式过热器温度较高的区段可选TP347HFG、内壁喷丸的18-8奥氏体耐热钢，温度较低的区段选TP304H、TP347H、TP347HFG、TP321H、TP316H、T92、T91；低温过热器、再热器根据不同的温度区域，可选12Cr1MoVG、12Cr2MoG/T22、15CrMoG/T12、SA-210C、20G。

4.2.7 亚临界锅炉高温过热器、再热器管根据不同的温度区段，可选TP347H、TP304H、TP321H、TP316H、T91、12Cr1MoVG、12Cr2MoWVTiB；低温过热器、再热器根据不同的温度区域，可选15CrMoG/T12、12Cr2MoG/T22、12Cr1MoVG、SA-210C、20G。

4.2.8 锅炉受热面用钢的材质验收，应满足以下规定：

a）国产锅炉受热面用无缝钢管的技术要求及质量检验应符合GB 5310、GB/T 16507.2的规定，同时参照NB/T 47019.3的规定。

b）进口钢管的技术要求及质量检验应符合相应牌号的国外标准及订货技术条件，重要的钢管技术标准有美国的ASME SA213、ASME SA210、ASME SA178、欧盟的DIN EN 10216-5，同时应满足GB 5310的规定。

4.2.9 锅炉受热面常用钢牌号、特性及其主要应用范围见附录A中表A.1。

4.3 给水管道、低温蒸汽管道和低温联箱用钢

4.3.1 低温蒸汽管道和低温联箱包括服役温度低于400℃的蒸汽管道、联箱和管件（弯头、三通、异径管）。

4.3.2 给水管道、低温蒸汽管道和低温联箱用钢应具有以下性能：

a）合适的室温、中温拉伸强度和塑性。

b）良好的冲击吸收能量和断裂韧度。

c）低的断口形貌韧脆转变温度（$FATT_{50}$）和时效缺口敏感性。

d）良好的冷、热加工工艺性能和焊接性能。

4.3.3 超（超）临界及亚临界机组给水管道可选用15NiCuMoNb5-6-4/15NiCuMoNb5/15Ni1MnMoNbCu/P36/WB36、SA-106C。

4.3.4 超超临界机组再热蒸汽冷段管道可选用SA-691 1-1/4CrCL22、12Cr1MoVG、SA-672B70CL32、SA-106C：620℃超超临界机组再热蒸汽冷段管道可选15CrMoG、12Cr1MoVG无缝钢管或SA-6911-1/4CrCL22；亚临界、超临界机组再热蒸汽冷段管道可选SA-672B70CL32、SA-672B70CL22、SA-106C、20G；低温联箱可选用SA-106C、20G、SA-106B。所有再热蒸汽冷段管道均可选用成分、性能满足服役要求的无缝钢管。

4.3.5 给水管道、低温蒸汽管道和低温联箱用钢的验收，应满足以下规定：

a）国产给水管道、低温蒸汽管道和低温联箱用无缝钢管的技术要求及质量检验应符合CB 5310、GB/T 16507.2的规定。

b）国产管道锻件的技术要求及质量检验应满足NB/T 47008和NB/T 47010的规定。

c）进口钢管的技术要求及质量检验应符合相应牌号的国外标准及订货技术条件，SA-

672B70CL32和SA-6911-1/4CrCL22钢管的技术要求及质量检验应符合ASME SA-672和ASME SA-691的规定，SA-106C应符合ASME SA-106的规定，同时应满足GB 5310的规定。

d）进口管道锻件的技术要求及质量检验可按ASME SA-105、ASME SA-181、ASME SA-182、ASME SA-960和DIN EN 10222执行。

4.3.6 给水管道、低温蒸汽管道和低温联箱用钢牌号、特性及其主要应用范围见附录A中表A.1。

4.4 锅炉锅筒和汽水分离器用钢

4.4.1 锅炉锅筒和汽水分离器用钢应具有以下性能：

a）合适的室温、中温拉伸强度、塑性和低周疲劳强度。

b）良好的冲击吸收能量和断裂韧度。

c）低的断口形貌韧脆转变温度（$FATT_{50}$）、缺口敏感性和时效缺口敏感性。

d）良好的抗汽水腐蚀能力。

e）良好的冷、热加工工艺性能和焊接性能。

4.4.2 亚临界及以下锅炉锅筒可选用SA-299、SB49、Q245R、Q345R、P355GH、SA-302或13MnNiMoR/DIWA353/13MnNiMo5-4、18MnMoNbR等；超（超）临界锅炉汽水分离器可选用P91、SA-336F12、15CrMoG、12Cr1MoVG、SA-182F12CL2、15NiCuMoNb5-6-4/WB36或SA-302C，储水罐可选用SA-387Gr.11CL2钢板制造。

注：Q245R是GB 713—2008中的牌号，代替GB 713—1997中的20g和GB 6654—1996中的20R。

4.4.3 锅炉锅筒和汽水分离器用钢的验收，应满足以下规定：

a）国产锅炉锅筒用碳素钢、低合金钢钢板和汽水分离器用低合金钢钢板的技术要求和质量检验应符合GB 713、GB/T 5313的规定。

b）进口锅炉锅筒和汽水分离器钢板的技术要求及质量检验应符合相应牌号的国外标准及订货技术条件，重要的钢板技术标准有ASME SA-299、ASME SA-302、ASME SA-387，P355GH钢应满足DIN EN 10028，所有国外的钢板同时应满足GB 713的规定。

4.4.4 锅炉锅筒和汽水分离器用钢牌号、特性及其主要应用范围见附录A中表A.2。

4.5 锅炉受热面固定件及吹灰器用钢

4.5.1 锅炉受热面固定件及吹灰器用钢应具有以下性能：

a）锅炉受热面固定件用钢应具有良好的抗氧化性，并具有合适的热强性能和良好的耐蚀性、工艺性能。

b）吹灰器用钢应具有优异的抗氧化性能、良好的抗腐蚀性能和良好的高温强度。

4.5.2 锅炉受热面固定件及吹灰器可选用高铬马氏体、奥氏体或双相耐热钢。

4.5.3 锅炉受热面固定件和吹灰器的材料验收，应满足以下规定：

a）国产锅炉受热面固定件和吹灰器用不锈钢棒和耐热钢棒材质的技术要求和质量检验应符合GB/T 1220和GB/T 1221的规定。

b）进口锅炉受热面固定件和吹灰器用钢的技术要求及质量检验应符合相应牌号的国外标准及订货技术条件。

4.5.4 锅炉受热面固定件和吹灰器常用钢牌号、特性及其主要应用范围见附录A中表A.3。

4.6 汽轮机转子体、轮盘和叶轮用钢

4.6.1 汽轮机高中压转子、轮盘及叶轮用钢应具有以下性能：

a）汽轮机转子、轮盘及叶轮用钢应具有良好的韧性和塑性；高中压转子用钢应具有良好的室温和高温拉伸强度，高的疲劳强度、持久强度，良好的组织稳定性：低压转子、轮盘及叶轮用钢应具有高的室温和中温拉伸强度。

b）高中压转子用钢应具有良好的抗高温蒸汽氧化、抗腐蚀能力。

c）汽轮机转子、轮盘及叶轮用钢应具有较高的断裂韧度，低的韧脆转变温度。

d）汽轮机转子应具有低的残余应力。

e）汽轮机转子用钢应具有良好的冶炼、锻造和热处理性能。

4.6.2 高温高压机组、亚临界机组根据容量可选34CrMo1A、30Cr1Mo1V；超临界机组可选30Cr1Mo1V；超超临界机组可选用10Cr系列钢的12Cr10NiMoWVNbN/X12CrMoWVNbN10-1-1、13Cr10NiMoVNbN/TMK-1、14Cr10NiMoWVNbN/TOS107、15Cr10NiMoWVNbN/KT5916；620℃超超临界机组可选用FB2、TOS110。

4.6.3 高温高压机组、亚临界机组根据容量，低压转子、轮盘及叶轮可选34CrNi3Mo、25CrNiMoV、30Cr2Ni4MoV或制造企业自行设计并选用的相近材料：超（超）临界机组低压转子、轮盘及叶轮可选用30Cr2Ni4MoV。

4.6.4 汽轮机高低压复合转子体锻件可选用25Cr2NiMo1V、25Cr2Ni1Mo1V。

4.6.5 汽轮机转子体、轮盘及叶轮用钢的验收，应满足以下规定：

a）超临界及超超临界机组汽轮机高中压转子体锻件技术要求和质量检验，应符合JB/T 11019的要求。

b）300MW及以上汽轮机转子体锻件技术要求和质量检验，应符合JB/T 7027的规定。

c）300MW及以上汽轮机无中心孔转子锻件技术要求和质量检验，应符合JB/T 8707的规定。

d）25MW~200MW汽轮机转子体和主轴锻件技术要求和质量检验，应符合JB/T 1265的规定。

e）25MW~200MW汽轮机轮盘及叶轮锻件的技术要求和质量检验，应符合JB/T 1266的规定。

f）超临界及超超临界机组汽轮机低压转子体锻件技术要求和质量检验，应符合JB/T 11020的规定。

g）汽轮机高低压复合转子体锻件技术要求和质量检验，应符合JB/T 11030或制造企业的相关标准。

h）进口汽轮机转子锻件的技术要求和质量检验，应符合相应牌号的国外标准及订货技术条件。

4.6.6 汽轮机转子体、轮盘及叶轮常用钢牌号、特性及其主要应用范围见附录A中表A.4。

4.7 汽轮发电机转子和无磁性护环用钢

4.7.1 汽轮发电机转子和无磁性护环应具有以下性能：

a）合适的室温拉伸强度（特别是屈服强度）、塑性。

b）优异的冲击吸收能量和断裂韧度，低的韧脆转变温度。

c）良好的高周疲劳强度，低的残余应力。

d）汽轮发电机转子应具有良好的磁性能。

e）发电机护环锻件应具有良好的磁性能和良好的抗应力腐蚀性能。

4.7.2 200MW以下机组，根据容量发电机转子可选用34CrMo1A、34CrNi1Mo、34CrNi3Mo、25CrNi1MoV、25Cr2Ni4MoV；300MW~600MW以及超（超）临界机组发电机转子可选用25Cr2Ni4MoV。

4.7.3 亚临界及以下机组，根据容量，发电机无磁性护环可选用50Mn18Cr5、50Mn18Cr5N和1Mn18Cr18N；超（超）临界机组发电机无磁性护环可选用1Mn18Cr18N。

4.7.4 汽轮发电机转子用钢的验收，应满足以下规定：

a）1000MW及以上汽轮发电机转子锻件技术要求和质量检验，应符合JB/T 11017的规定。

b）300MW~600MW汽轮发电机转子锻件技术要求和质量检验，应符合JB/T 8708的规定。

c）50MW~200MW汽轮发电机转子锻件技术要求和质量检验，应符合JB/T 1267的规定。

d）50MW~200MW汽轮发电机无中心孔转子锻件技术要求和质量检验，应符合JB/T 8706的规定。

e）50MW以下汽轮发电机转子锻件技术要求和质量检验，应符合JB/T 7026的规定。

f）50MW以下汽轮发电机无中心孔转子锻件技术要求和质量检验，应符合JB/T 8705的规定。

g）进口汽轮发电机转子的技术要求和质量检验，应符合相应牌号的国外标准及订货技术协议。

4.7.5 汽轮发电机无磁性护环用钢的材质检验，应满足以下规定：

a）采用Mn18Cr18N制作汽轮发电机无磁性护环锻件的技术要求和质量检验，应符合JB/T 7030的规定。

b）50MW~200MW汽轮发电机无磁性护环锻件技术要求和质量检验，应符合JB/T 1268的规定。

c）进口汽轮发电机无磁性护环的技术要求和质量检验，应符合供货国标准或订货技术条件。

4.7.6 汽轮发电机转子和无磁性护环常用钢牌号、特性及其主要应用范围见附录A中表A.4。

4.8 汽轮机叶片用金属材料

4.8.1 汽轮机叶片金属材料应具有以下性能：

a）优异的强度、塑性和热强性能。对于服役温度小于400℃的叶片，主要考虑室温和中温拉伸性能；对于服役温度大于或等于400℃的叶片，除室温拉伸性能外，还应具有高的持久强度和持久塑性，且组织稳定性好。

b）优异的冲击吸收能量，低的缺口敏感性。

c）良好的减振性。

d）良好的抗腐蚀性。处于湿蒸汽区服役的低压叶片宜采用耐蚀性好的不锈钢制造，或采用非不锈钢而予以适当的表面保护处理。

e）优异的抗疲劳性能，特别是抗腐蚀疲劳性能。

f）良好的耐磨性能，特别是承受水滴冲刷磨损的低压末三级叶片。

g）良好的冷、热加工工艺性能。

4.8.2 汽轮机高中压区段的叶片选材主要基于材料的室温及高温拉伸性能、持久强度、抗热疲劳性能、冲击吸收能量、缺口敏感性、减振性及组织稳定性；低压区段的叶片选材主要基于材料的室温拉伸性能、冲击吸收能量、缺口敏感性、减振性和抗腐蚀性。

4.8.3 汽轮机叶片用金属材料的验收，应满足以下规定：

a）国产汽轮机叶片用钢的技术要求和质量检验应符合GB/T 8732、GB/T 28559或订货合同要求。

b）进口汽轮机叶片的技术要求和质量检验，应符合相应牌号的国外标准或制造企业标准及订货技术条件。

4.8.4 汽轮机叶片常用材料牌号、特性及其主要应用范围见附录A中表A.5。

4.9 紧固件用金属材料

4.9.1 紧固件用金属材料应具有以下性能：

a）高温紧固件用金属材料应具有良好的室温、高温拉伸强度和塑性。

b）优异的冲击吸收能量、低的缺口敏感性。

c）高温（碳钢工作温度超过300℃~350℃，合金钢超过350℃~400℃）紧固件用钢应具有良好的抗松弛性能。

d）高温紧固件用钢应具有良好的持久强度和蠕变强度，低的蠕变脆化倾向及蠕变缺口敏感性，且具有良好的持久塑性。一般要求螺栓材料8000h~10000h以上光滑试样的持久塑性为：新材料大于5%；已运行材料不低于3%。

e）高温紧固件用钢应具有高的组织稳定性，回火脆性和热脆性倾向小。

f）良好的抗氧化性能。

g）在汽缸内部服役的螺栓，还应具有合适的抗蚀性。

h）对于承受疲劳载荷的螺栓（如联轴器螺栓），还应具有良好的抗疲劳和抗剪切能力。

i）良好的冷、热加工工艺性能。

j）原则上，螺母材料强度宜比螺栓低一级（低20HB~50HB），同一法兰的紧固件应采用相同的钢号、强度等级和结构形式。当在同一法兰上要安装不同材料和强度等级的紧固件时，应考虑计算由不同线膨胀系数和抗松弛性能引起的影响。

4.9.2 高温紧固件金属材料的选用主要基于材料的抗松弛性能、高温强度、持久强度、缺口敏感性、组织稳定性，回火脆性、热脆性以及抗氧化性能、抗热疲劳性能、冲击吸收能量、缺口敏感性和组织稳定性；室温服役的紧固件主要基于室温拉伸强度、抗疲劳和抗剪切能力。

4.9.3 紧固件材料的验收，应满足以下规定：

a）紧固件用金属材料的技术要求和质量检验应符合DL/T 439、GB/T 20410及订货技术条件。

b）进口紧固件金属材料的技术要求和质量检验，应符合相应牌号的国外标准及订货技术条件。

4.9.4 紧固件常用金属材料牌号、特性及其主要应用范围见附录A中表A.6。

4.10 汽轮机、锅炉铸钢件用钢

4.10.1 汽轮机、锅炉铸钢件材料应具有以下性能：

a）良好的室温、高温拉伸强度、塑性和冲击吸收能量。

b）在高温及高应力下长期工作的铸钢件用钢，应具有较高的持久强度和塑性，并具有良好的组织性能稳定性。

c）承受热疲劳载荷的铸钢件（如汽轮机汽缸和蒸汽室）用钢，应具有良好的抗疲劳性能。

d）承受高温蒸汽冲蚀的铸钢件用钢，应具有一定的抗氧化性能和耐磨性能。

e）需要焊接的铸钢应具有良好的可焊性。

4.10.2 汽轮机、锅炉铸钢件材料的选用主要基于铸钢件的服役温度和压力，以及材料的高温拉伸强度和持久强度。碳素铸钢宜用于温度小于或等于430℃、压力小于或等于5.3MPa的部件；合金铸钢宜用于温度大于430℃的部件。

4.10.3 铸钢件的验收，应满足以下规定：

a）汽轮机承压铸钢件的技术要求和质量应符合JB/T 10087的规定。

b）超临界及超超临界机组汽轮机用10Cr钢铸件技术要求和质量检验，应符合JB/T 11018的要求。

c）300MW及以上汽轮机缸体铸钢件的技术要求和质量应符合JB/T 7024的规定。

d）锅炉管道附件承压铸钢件的技术要求和质量检验，应符合JB/T 9625的规定。

e）凝汽器进出口蝶阀的技术要求和质量检验，应符合GB/T 12229的规定。

f）电站阀门铸钢件的技术要求和质量检验，应符合JB/T 5263的规定。

g）进口汽轮机、锅炉铸钢件的技术要求和质量检验，应符合相应牌号的国外标准及订货技术条件。

4.10.4 铸钢件常用材料牌号、特性及其主要应用范围见附录A中表A.7。

4.11 凝汽器用管材

4.11.1 凝汽器管材应具有以下性能：

a）合适的室温拉伸强度。

b）良好的抗腐蚀、抗磨损性能。

c）良好的冷、热加工工艺性能。

4.11.2 凝汽器管材的选用原则参照DL/T 712执行或由制造厂根据使用状况选材，按以下原则选材：

a）凝汽器铜管的选用基于水质中的溶解固体、氯离子浓度、悬浮物和沙含量以及允许的流速选择管材牌号，具体按DL/T 712中表6执行。

b）滨海电厂或有季节性海水倒灌的电厂，凝汽器及辅机冷却器管应选用钛管。使用严重污染淡水水源的，也可选用钛管。

c）同牌号不锈钢管的选用以不锈钢管在冷却水中不发生点蚀为主要依据，并应通过试验验证。在具有代表性的冷却水或在设计时选取的冷却水工况条件下测定不锈钢的点蚀电位与（析）氧平衡电位。如果点蚀电位大于或等于氧平衡电位，则该型号的不锈钢管在该冷却水中不会发生点蚀，可以选用。

4.11.3 凝汽器管材的验收，应满足以下规定：

a）凝汽器用黄铜管和白铜管的技术要求及质量检验，应符合GB/T 8890的规定。

b）凝汽器用钛合金管的技术要求及质量检验，应符合GB/T 3625和GB/T 3620.1的规定。

c）国产不锈钢管的技术要求及质量检验，应符合GB/T 20878或GB 13296的规定。

d）进口凝汽器管材的技术要求和质量检验，应符合相应牌号的国外标准及订货技术条件，进口钛管可按ASME SB-338的规定。

4.11.4 凝汽器管材常用材料牌号、特性及其主要应用范围见附录A中表A.8。

4.12 压力容器用钢

4.12.1 压力容器用钢应具有以下性能：

a）合适的室温拉伸强度、塑性和屈强比。

b）良好的韧性，低的断口形貌韧脆转变温度（$FATT_{50}$）和无塑性转变温度（NDT），良好的时效抗力。

c）对于承受腐蚀介质作用的容器，应根据使用环境和受力状态，选用耐腐蚀性高的材料。

d）良好的冷、热加工工艺性能和焊接性能。

4.12.2 超（超）临界机组除氧器水箱、封头采用Q345R；亚临界及以下机组的除氧器水箱、封头采用Q245R或Q345R。

4.12.3 超（超）临界机组高压加热器水室可选用13MnNiMoR，管板可选20MnMo或20MnMoNb；壳体可选用Q345R、15CrMoR、SA387Cr11CL2、12Cr1MoVR、12Cr2Mo1R、SA387Cr91；封头可选用Q345R、15CrMoR、13MnNiMoR或SA387Cr11CL2、SA387Cr91。

4.12.4 压力容器用钢的验收，应满足以下规定：

a）压力容器用钢板的技术要求和质量检验，应符合GB 713的规定。

b）国产压力容器钢制锻件的技术要求及质量检验，应满足NB/T 47008和NB/T 47010的规定。

c）进口压力容器用钢板的技术要求和质量检验，应符合相应牌号的国外标准及订货技术条件，SA387Cr11CL2、SA387Cr91应满足ASME SA387的规定，同时应满足GB 713的规定。

d）进口压力容器钢制锻件的技术要求及质量检验，可按照进口压力容器钢制锻件的技术要求及质量检验，可按照ASME SA-105、ASME SA-182、ASME SA-960或DIN EN 10222执行。

4.12.5 压力容器用钢常用材料牌号、特性及其主要应用范围见附录A中表A.9。

附录A
（资料性附录）
电站常用钢牌号、特性及主要应用范围

电站常用钢牌号、特性及主要应用范围见表A.1~表A.9。

表A.1　汽水管道、联箱和锅炉受热面钢管常用钢钢号、特性及其主要应用范围

钢号与技术条件	特　性	主要应用范围	类似钢号
20G GB 5310—2008 NB/T 47019.3—2011	在450℃以下具有满意的强度和抗氧化性能，但在470℃~480℃高温下长期运行过程中，会发生珠光体球化和石墨化。冷热加工性能和焊接性能良好	壁温≤430℃的蒸汽管道、联箱； 壁温≤460℃的受热面管子及省煤器管等	SA-210A-1、SA-106B（ASME） STB410（JIS） P235GH（EN）、 PH26（ISO） C22、CK22、 St45.8/Ⅲ（DIN） TU 48 C、XC18（NF）、 N2024（ČSN）、 CT20（ГОСТ）
15MoG、20MoG GB 5310—2008 NB/T 47019.3—2011	成分最简单的低合金热强钢，正火后的组织为铁素体+珠光体，有时有少量贝氏体。其热强性和腐蚀稳定性优于碳素钢，工艺性能与碳素钢差异不大。焊接性能良好，厚壁管件焊前需预热，焊后需热处理。在500℃~550℃长期运行会产生珠光体球化和石墨化，导致钢的蠕变强度和持久强度降低，甚至引起钢管的脆性断裂	壁温≤450℃的蒸汽管道、联箱； 壁温≤480℃锅炉受热面管	T1、P1/T1a（ASME） STBA12/STPA13（JIS） 16Mo3（ISO、EN） 15Mo3（DIN）、 15020（ČSN）、 16M（чMTY）
20MnG、25MnG GB 5310—2008 NB/T 47019.3—2011	在室温与中温具有较高的强度。450℃以下的强度明显高于20G，略高于15MoG/20MoG。抗氧化性能与20G相当，450℃以上的持久强度低于15MoG/20MoG。工艺性能良好，但锰含量过高时，钢的韧性下降，焊接性能变差	壁温≤430℃的蒸汽管道、联箱； 壁温≤460℃的受热面管子及省煤器管等	SA-210A-1、SA-106B（ASME） SA-210C、SA-106C（ASME） STB410/STB510（JIS） P235GH/P265GH（EN）、 PH26/PH29（ISO）
SA-672B70CL32 SA-672B70CL22 ASME SA672	材料为中温和高温压力容器用碳钢中厚板，抗拉强度为485MPa级。钢板经950℃正火，性能和质量应符合SA-515技术规范。焊制钢管的工艺、性能和质量应符合SA-672技术规范	超临界机组冷再管道	
12CrMoG、15CrMoG GB 5310—2008 NB/T 47019.3—2011	正火+回火后的组织为铁素体+珠光体，有时有少量贝氏体。在520℃下具有足够的热强性和组织稳定性，综合性能良好，无热脆性现象，无石墨化倾向。冷热加工性能和焊接性能良好。在520℃以下，具有较高的持久强度和良好的抗氧化性能，但长期在500℃~550℃运行会发生珠光体球化，使强度下降	壁温≤520℃的蒸汽管道、联箱； 壁温≤550℃的受热面管子	T2/P2、T12/P12（ASME） STBA20/STBA22（JIS） 13CrMo4-5（ISO） 13CrMo4-5、13CrMo5-5（EN） 12MX/15XM（ГОСТ） 13CrMo44（DIN） 15CD2（法国）

表A.1 汽水管道、联箱和锅炉受热面钢管常用钢钢号、特性及其主要应用范围（续）

钢号与技术条件	特 性	主要应用范围	类似钢号
12Cr1MoVG GB 5310—2008 NB/T 47019.3—2011	钢中加入少量的钒，可降低铬、钼元素由铁素体向碳化物中转移的速度，提高钢的组织稳定性和热强性，弥散分布的钒的碳化物可以强化铁素体基体。正火+回火后的组织为铁素体+贝氏体，或铁素体+珠光体，或铁素体+贝氏体+珠光体；淬火+回火后的组织为贝氏体，或铁素体+贝氏体，或铁素体+贝氏体+珠光体，或铁素体+珠光体。在580℃时仍具有高的热强性和抗氧化性能，并具有高的持久塑性。冷热加工性能和焊接性能较好，但对热处理规范敏感性较大，常出现冲击吸收能量不均匀现象。在500℃~700℃回火时具有回火脆性现象；长期在高温下运行，会出现珠光体球化以及合金元素向碳化物转移，使热强性能下降	壁温≤560℃的蒸汽管道、联箱； 壁温≤580℃的受热面管子	12X1MΦ（ΓOCT4543） 13CrMoV42（DIN） 15225（ČSN）
15Cr1Mo1V	俄罗斯钢号。与12Cr1MoV钢相比，含钼量有所提高，故热强性能稍高。在450℃~550℃下，其持久强度比12Cr1MoV钢高19.6MPa，570℃时高9.8MPa，但持久塑性稍低于12Cr1MoV钢。在570℃以下长期使用时，组织稳定，且具有良好的抗氧化性能。焊接性能与12Cr1MoV钢相当。存在的问题是有些炉号钢的冲击吸收能量较低，焊缝易出现裂纹，且钢中含有0.013%~0.08%的残铝，对钢的韧性不利	壁温≤580℃的蒸汽管道和联箱	15X1M1Φ（ΓOCT4543）
12Cr2MoG GB 5310—2008 NB/T 47019.3—2011	非常成熟的低合金热强钢。正火+回火后的组织为铁素体+贝氏体，或铁素体+珠光体，或铁素体+贝氏体+珠光体；淬火+回火后的组织为贝氏体，或铁素体+贝氏体，或铁素体+贝氏体+珠光体，或铁素体+珠光体。若进行等温退火，则组织为铁素体+珠光体。具有良好的冷热加工性能和焊接性能。长期在540C℃以上运行，会出现碳化物从铁素体基体中析出并聚集长大的现象，导致钢的蠕变强度和持久强度降低	壁温≤580℃的过热器管、再热器管； 壁温≤570℃的蒸汽管道、联箱	T22、P22（ASME、ASTM） STBA24、STPA24（JIS） 10CrMo9-10（ISO、EN） HT8（SA-NDVIK）
SA-691 1-1/4 Cr CL22	为高温高压用带纵焊缝低合金焊接钢管。钢板经正火+回火，性能和质量应符合SA-387技术规范。焊制钢管的工艺、性能和质量应符合SA-691技术规范	超超临界机组冷再管道	
12Cr2MoWVTiB （钢102） GB 5310—2008 NB/T 47019.3—2011	属贝氏体低合金热强钢。正火+回火后的组织为贝氏体，具有良好的综合力学性能、工艺性能和相当高的持久强度，组织稳定性高，于620℃经5000h时效后，力学性能无明显变化。但易出现混晶组织，且蒸汽侧氧化较严重（即使用于亚临界锅炉的高温再热器管）	壁温≤575℃的过热器管和再热器管	

表A.1　汽水管道、联箱和锅炉受热面钢管常用钢钢号、特性及其主要应用范围（续）

钢号与技术条件	特　性	主要应用范围	类似钢号
07Cr2MoW2VNbB GB 5310—2008 NB/T 47019.3—2011	属贝氏体低合金热强钢。正火+回火后的组织为贝氏体，具有良好的综合力学性能、工艺性能和相当高的持久强度，组织稳定性高，在580℃下长期服役具有良好的综合力学性能、相当高的持久强度（580℃/10^5h持久强度大于或等于101MPa），高温烟气腐蚀与抗蒸汽氧化性能与T22钢相近。该钢焊接时产生再热裂纹敏感性较高，因此焊接前应预热，焊后热处理。形状复杂的水冷壁系统建议不采用	壁温≤575℃过热器和再热器管； 壁温≤570℃集箱、管道	T/P23（ASME） STBA23（JIS） 7CrWVMoNb9-6（EN） HCM2S（日本住友金属）
15Ni1MnMoNbCu GB 5310—2008 NB/T 47019.3—2011	通常将15Ni1MnMoNbCu称为WB36，为VOLLOREC&MANNESMANN，（V&M，瓦卢瑞克·曼内斯曼钢管公司）生产的Ni-Cu-Mo低合金钢。该钢具有较高的室温、中温强度，用于锅炉给水管道可使管壁厚度减薄，从而有利于加工、制造、安装和运行。由于钢中含有Cu，因此提高了钢的抗腐蚀性能，但通常含Cu钢具有红脆性，为了避免在热成型过程中的脆性，将Cu/Ni比控制在0.5左右。焊接性能良好	壁温≤450℃的联箱、锅筒、压力容器等	WB36（V&M） T/P36、F36（ASME） 15NiCuMoNb5-6-4（EN） 15NiCuMoNb5（VdTUV） 591（BS）
10Cr9Mo1VNbN GB 5310—2008 NB/T 47019.3—2011	马氏体型热强钢。T/P91高的Cr量大大提高了钢的抗氧化、抗腐蚀性，Cr、Mo、Mn元素的加入保证了钢的基体强度，少量的N与V、Nb在钢中可形成氮化物或复合碳/氮化物Nb（C、N）产生沉淀强化效应。低的含C量增强了钢的组织稳定性，Mo可提高钢的再结晶温度，延缓高温运行下马氏体的分解。具有良好的高温强度和抗氧化、抗蒸汽腐蚀性能。焊接时应采用低的线能量，严格执行焊接工艺	炉内壁温≤610℃，炉外壁温≤630℃的过热器管、再热器管； 壁温≤610℃的蒸汽管道、联箱	T91/P91、F91（ASME） X10CrMoVNb9-1（EN） X10CrMoVNb9-1（ISO） STBA26（JIS） TUZ10CDVNb09.01 （NFA-49213）
10Cr9MoW2VNbBN GB 5310—2008 NB/T 47019.3—2011	马氏体型热强钢，是在T/P91钢的基础上，添加2%W，降低Mo含量，W、Mo同时添加可有效提高钢的持久强度，微量的B可增加钢的晶界强度。该钢具有良好的高温强度和抗氧化、抗蒸汽腐蚀性能。C含量的降低可提高组织稳定性和焊接性能。与T/P91一样，焊接时应采用低的线能量，严格执行焊接工艺，焊后需尽快热处理	炉内壁温≤620℃，炉外壁温≤650℃的过热器管、再热器管； 壁温≤630℃的蒸汽管道、联箱	T/P92、F92（ASME） NF616（日本新日铁公司） STPA29（JIS） X10CrWMoVNb9-2（EN）
10Cr11MoW2VNbCu 1BN GB 5310—2008	马氏体型耐热钢，与T/P92钢相比，提高了Cr含量、添加了Cu、提高了W、降低了Mo含量，其余元素的含量与T/P92几乎相同。正火+回火后为回火马氏体，持久强度高于T/P91低于T/P92，抗蒸汽氧化及高温烟气腐蚀性能与T/P92钢相当，但明显优于T/P91。焊接时应采用低的线能量，严格执行焊接工艺，焊后需尽快热处理	壁温≤650℃的过热器和再热器管； 壁温≤621℃的蒸汽管道和联箱	T/P122、F122（ASME） HCM12A（日本住友公司） SUS410J3TB（单相钢） （METI-日本通产经济省） SUS410J3DTB（双相钢） （METI-日本通产经济省）

表A.1　汽水管道、联箱和锅炉受热面钢管常用钢钢号、特性及其主要应用范围（续）

钢号与技术条件	特　性	主要应用范围	类似钢号
11Cr9Mo1W1NbBN GB 5310—2008	马氏体型耐热钢，成分与T/P92非常相近，仅有W、Mo含量有微小差异。正火+回火后为回火马氏体，610℃下持久强度高于T/P91低于T/P92，抗蒸汽氧化及高温烟气腐蚀性能与T/P92钢相当。焊接性能与T/P92相同	炉内壁温≤620℃，炉外壁温≤650℃的过热器管、再热器管；壁温≤630℃的蒸汽管道、联箱	T/P911、F911（ASME） X11CrMoWVNb 9-1-1（EN） E911（欧洲煤炭钢铁协会）
07Cr19Ni10 GB 5310—2008 NB/T 47019.3—2011	18Cr-8Ni型奥氏体耐热钢。600℃以上的持久强度高于TP321H低于TP347H，抗蒸汽氧化及高温烟气腐蚀性能与TP321H、TP347H相当，冷变形能力、焊接性能良好，但对晶间腐蚀比较敏感。晶粒度不粗于3级	烟气侧壁温≤670℃的过热器和再热器管	TP304H（ASME） X6CrNi18-10（EN） SUS304H TB（JIS） X7CrNi18-9（ISO）
07Cr19Ni11Ti GB 5310—2008 NB/T 47019.3—2011	用钛稳定的18Cr-8Ni型奥氏体耐热钢。600℃以上的持久强度低于TP304H与TP347H，抗蒸汽氧化及高温烟气腐蚀性能与TP304H、TP347H相当，冷变形能力、焊接性能良好。晶粒度不粗于3级	烟气侧壁温≤670℃的过热器和再热器管	TP321H（ASME） X6CrNiTi18-10（EN） SUS321H TB（JIS） X7CrNiTi18-10（ISO） 12X18H12T（ГОСТ）
07Cr18Ni11Nb GB 5310—2008 NB/T 47019.3—2011	用铌稳定的18Cr-8Ni型奥氏体耐热钢。持久强度高于TP304H与TP321H，抗蒸汽氧化及高温烟气腐蚀性能与TP304H、TP347H相当，冷变形能力、焊接性能良好。晶粒度不粗于3级。经内壁喷丸的管子抗氧化性能优异，适宜于超临界环境下工作	烟气侧壁温≤670℃的过热器和再热器管	TP347H（ASME） X7CrNiNb18-10（EN） SUS347H TB（JIS） X7CrNiNb18-10（ISO） 08X18H12Б（ГОСТ）
08Cr18Ni11NbFG GB 5310—2008 NB/T 47019.3—2011	相对于07Cr18Ni11Nb.碳含量下限由0.04%提高到0.06%，其余元素成分完全相同。主要在钢管制作中采用了细化晶粒工艺，钢的晶粒度7级~10级，增强了钢的蒸汽氧化抗力，但不如内壁喷丸的TP347H	烟气侧壁温≤700℃的过热器和再热器管	TP347HFG（ASME）
0Cr17Ni12Mo2 GB 13296—2007	含2%~3%钼的奥氏体热强钢。600℃以上的持久强度低于TP347H，高于TP304H、TP321H。由于含Mo，提高了钢的抗点腐蚀能力。晶粒度不粗于3级	烟气侧壁温≤670℃的过热器和再热器管	TP316H（ASME） SUS316H TB（JIS）
10Cr18Ni9NbCu3BN GB 5310—2008 NB/T 47019.3—2011	奥氏体耐热钢。在TP304H的基础上，略微增加C量，降了Mn、Si量，添加约3%Cu、0.45%Nb和一定量的N。适量的Cu使钢产生微细弥散富铜的金属间化合物ε相沉淀于奥氏体内，以提高钢的强度、抗腐蚀性和抗蒸汽氧化性能，Nb、N形成的氮化物产生沉淀强化以提高钢的强度、塑性和韧性，降低Si、Cr含量有利于防止σ相的析出。持久强度远高于TP347H、TP304H、TP321H，细的晶粒（7级~10级）有利于提高钢的抗蒸汽氧化能力，抗蒸汽氧化性能大大优于TP321H和TP347H，抗腐蚀性能优于TP304H、略低于TP347H，焊接热裂纹敏感性低于TP347H	烟气侧壁温≤705℃的过热器和再热器管	S30432（ASME SA-213） Super304H（日本住友公司） SUS304JIHTB（JIS） DMV304HCu（德国SMST公司）

表A.1 汽水管道、联箱和锅炉受热面钢管常用钢钢号、特性及其主要应用范围（续）

钢号与技术条件	特 性	主要应用范围	类似钢号
07Cr25Ni21NbN GB 5310—2008 NB/T 47019.3—2011	25Cr-20Ni型奥氏体耐热钢，钢中铬量为25%时氮可达到最大溶解度，所以，该钢的N含量明显高于S30432，增加N含量有利于增加NbCrN以提高钢的高温强度，同时可稳定奥氏体相。钢的持久强度高于TP347H、TP304H，具有优异的抗蒸汽氧化与抗烟气腐蚀能力	烟气侧壁温≤730℃的过热器和再热器管	TP310HCbN（ASME） HR3C（日本住友公司） SUS310JITB（JIS） DMV310N（DMV公司）
S31035 （ASME SA213）	奥氏体耐热钢。在低碳、低硫、磷的20Cr-25Ni钢基础上添加3%W、1.5%Co、2.8%Cu以及微量的Nb、B、N。高的Cr含量有利于提高钢的抗蒸汽氧化及高温抗腐蚀性，高的Ni含量增强了钢的奥氏体稳定性，同时析出Nb（C，N）、NbCrN、$M_{23}C_6$和富Cu沉淀相。具有优异的高温持久强度、抗氧化及抗腐蚀性能。该钢热导率优于HR3C，线膨胀系数低于HR3C，抗腐蚀性能优于NF709，抗蒸汽氧化性能优于HR3C和NF709。600℃~700℃间的持久强度比HR3C高45%以上	烟气侧壁温≤730℃的过热器和再热器管	Sanicro 25（瑞典山特维克公司Sandvik Materials Co.）
NF709 （20Cr25NiMoNbTiN） NF709R （0.03C22Cr25NiMoNb） ASME Code case2581	奥氏体耐热钢。在低碳、低硫、磷的20Cr-25Ni钢基础上添加1.5%Mo、0.3%Nb、0.1%Ti以及微量的B、N，高的Cr含量提高了钢的抗蒸汽氧化及高温抗腐蚀性，高的Ni含量增强了钢的奥氏体稳定性，同时阻止或减少了σ相的形成，添加Mo增强了钢的抗点蚀能力，Nb、Ti同时在钢中形成复合Nb-Ti碳氮化物产生弥散沉淀强化，另一方面可避免$Cr_{23}C_6$在晶界上析出引起的晶间腐蚀。NF709R钢管具有优异的高温强度和抗腐蚀性能，热膨胀系数也较低。与HR3C相比，NF709R钢管在650℃~730℃间的强度比HR3C高约30%~50%，抗腐蚀性能接近	烟气侧壁温≤730℃的过热器和再热器管	SUS310J2TB（JIS）

表A.2 锅炉锅筒、分离器常用钢牌号、特性及其主要应用范围

钢号与技术条件	特 性	主要应用范围	类似钢号
Q245R GB 713—2008	相当于GB 713—1997中的20g和GB 6654—1996中的20R。该钢的塑性、韧性及焊接性能良好，但对应变时效较为敏感，强度较低，用这种钢制造的锅筒壁厚较厚。该钢板以热轧、控轧或正火状态交货，必要时在890℃~920℃正火处理	低、中、高压锅炉锅筒：亚临界以下机组除氧器筒体、封头	20K、22K（ГОСТ） SB42、SB46（JIS） HII（DIN）11474.1（ČSN）

表A.2 锅炉锅筒、分离器常用钢牌号、特性及其主要应用范围（续）

钢号与技术条件	特　性	主要应用范围	类似钢号
Q345R GB 713—2008	相当于GB 713—1997中的16Mng、19Mng和GB 6654—1996中的16MnR。该钢具有良好的综合力学性能、工艺性能和焊接性能。缺口敏感性比碳钢大，疲劳强度较低。一般情况下，钢板以热轧、控轧或正火状态交货，正火温度900℃~920℃。经正火处理后可显著提高韧性，并降低韧脆转变温度	中、高压锅炉锅筒；超（超）临界机组的除氧器筒体、封头，氢储罐等	SB49（JIS） SA-299（ASME） 17Mn4（DIN） 16ГС（ГОСТ）
P355GH EN10028	欧洲标准钢号，属屈服强度为300MPa级别的碳锰钢，冶炼、热加工性能及焊接性能均良好，断裂韧度和低循环疲劳性能也较好，有利于降低低应力脆断的风险。钢板的正火温度为890℃~950℃，消除应力退火温度为520℃~580℃	中、高压锅炉锅筒	19Mn5、19Mn6（DIN）
SA-299	美国钢号。该钢的化学成分和屈服强度级别与16Mng和19Mn5钢相近，但钢中含碳量更高，其低循环疲劳性能略低于19Mn5。力学性能比较稳定。厚度方向的力学性能较均匀，高温抗拉强度较高，冲击吸收能量较高，如不含有太多的MnS夹杂，层状撕裂敏感性亦不高，韧脆转变温度低于-30℃，无塑性转变温度NDT约为-15℃。焊接性能良好	高压、超高压亚临界锅炉锅筒。由美国引进的300、600MW机组锅炉锅筒均使用该种钢	SA-299（ASME） SB49（日本）
13MnNiMo5-4	德国钢号。属屈服强度为392MPa级别的含锰、镍、钼强韧性配合良好的低合金钢。钢的组织稳定，具有良好的综合力学性能和工艺性能。该钢在正火加高温回火（或最终成品部件可在淬火+回火）状态下使用，正火+回火组织为回火贝氏体加铁素体，淬火+回火可为全贝氏体组织，故该钢又可称为低合金贝氏体钢。DIWA353是德国迪林根公司在对BHW35的优化后的牌号，其各项性能指标优于BHW35	高压、超高压及亚临界锅炉锅筒	BHW35（德国蒂森公司） DIWA353（德国迪林根公司）
15CrMoG GB 5310—2008	正火+回火后的组织为铁素体+珠光体，有时有少量贝氏体。在520℃下具有足够的热强性和组织稳定性，综合性能良好，无热脆性现象，无石墨化倾向。冷热加工性能和焊接性能良好。在520℃以下，具有较高的持久强度和良好的抗氧化性能，但长期在500℃~550℃运行会发生珠光体球化，使强度下降	用于超（超）临界锅炉汽水分离器	SA-336 F12（ASME） SA-182 F12 CL2（ASME）

表A.2 锅炉锅筒、分离器常用钢牌号、特性及其主要应用范围（续）

钢号与技术条件	特 性	主要应用范围	类似钢号
15Ni1MnMoNbCu GB 5310—2008	通常将15Ni1MnMoNbCu称为WB36，为VOLLOREC&MANNESMANN，（V&M，瓦卢瑞克·曼内斯曼钢管公司）生产的Ni-Cu-Mo低合金钢。该钢具有较高的室温、中温强度，用于锅炉给水管道可使管壁厚度减薄，从而有利于加工、制造、安装和运行。由于钢中含有Cu，因此提高了钢的抗腐蚀性能，但通常含Cu钢具有红脆性，为了避免在热成型过程中的脆性，将Cu/Ni比控制在0.5左右。焊接性能良好	用于超临界锅炉汽水分离器	WB36（V&M） T/P36、F36（ASME） 15NiCuMoNb5-6-4（EN） 15NiCuMoNb5（VdTUV） 591（BS）
10Cr9Mo1VNbN GB 5310—2008	马氏体型热强钢。T/P91高的Cr量大大提高了钢的抗氧化、抗腐蚀性，Cr、Mo、Mn元素的加入保证了钢的基体强度，少量的N与V、Nb在钢中可形成氮化物或复合碳/氮化物Nb（C、N）产生沉淀强化效应。低的含C量增强了钢的组织稳定性，Mo可提高钢的再结晶温度，延缓高温运行下马氏体的分解。具有良好的高温强度和抗氧化、抗蒸汽腐蚀性能。焊接时应采用低的线能量，严格执行焊接工艺	用于超超临界锅炉汽水分离器	T91/P91、F91（ASME） X10CrMoVNb9-1（EN） X10CrMoVNb9-1（ISO） STBA26（JIS） TUZ10CDVNb09.01 （NFA-49213）
SA-302B SA-302C SA-302D	抗拉强度550MPa~690MPa级的低合金钢。三者成分略有差异，302B是Mn-Mo低合金钢；302C、302D是Mn-Ni-Mo低合金钢；302D的Ni含量略高于302C，所以塑性略高。厚度小于或等于50mm的钢板供货状态一般为热轧；厚度大于50mm的钢板供货状态一般为正火+回火；但作为部件产品的热处理，为保证性能，可能需要加速冷却（如淬火）+回火	用于超临界锅炉汽水分离器，或高压、超高压及亚临界锅炉锅筒	SA-302C（ASME） SA-302B（ASME） SA-302D（ASME）

表A.3 锅炉受热面固定件和吹灰器常用钢牌号、特性及其主要应用范围

钢号与技术条件	特 性	主要应用范围	类似钢号
12Cr5Mo GB/T 1221—2007	属马氏体型耐热钢，热强性能不高。在550℃以下，在含硫的氧化性气氛中和热石油介质中，具有良好的耐热性和耐蚀性。该钢可焊性差，焊后应缓冷，并经850℃高温回火，用以改善焊缝性能。此钢在650℃以上开始剧烈氧化，但仍有一定的热强性。该牌号在GB/T 1221—1992中为1Cr5Mo	工作温度≤650℃的锅炉吊架	12CrMo195（WNr1.7362） STBA25（JIS G3462） 15XSM（ГОСТ 20072-74） 502（ASTM、AISI）

表A.3 锅炉受热面固定件和吹灰器常用钢牌号、特性及其主要应用范围（续）

钢号与技术条件	特　性	主要应用范围	类似钢号
42Cr9Si2 GB/T 1221—2007	属马氏体型耐热钢。在800℃以下有良好的抗氧化性；低于650℃有较高的热稳定性和热强性。该钢可焊性差，小截面零件经较高温度预热后可进行焊接，焊后需进行退火或调质处理。该钢铸造工艺性能良好。该牌号在GB/T 1221—1992中为4Cr9Si2	工作温度≤800℃的锅炉吊架	SUH1（JIS G4311—1988） 40X9C2（ГОСТ 5632-71） Z45CS9（NFA35）
16Cr20Ni14Si2 16Cr25Ni20Si2 GB/T 1221—2007	属Cr-Ni奥氏体型耐热钢。16Cr20Ni14Si2钢的最高抗氧化温度为1000℃，其氧化腐蚀率：900℃时为0.1mm/a，1100℃时为1.1mm/a。16Cr25Ni20Si2钢的Cr、Ni含量比16Cr20Ni14Si2钢高，故抗氧化性更好，最高抗氧化使用温度达1100℃，且抗疲劳性能较好，组织稳定。16Cr20Ni14Si2钢在600℃~800℃有析出σ相倾向，可焊性较好。这两个牌号钢在GB/T 1221—1992中为1Cr20Ni14Si2、1Cr25Ni20Si2	工作温度为1000℃~1100℃的锅炉吊架、夹马	X20CrNiSi2012 （W-Nr1.4828） 20X20H14C2 （ГОСТ563272）
26Cr18Mn12Si2N GB/T 1221—2007	属Cr-Mn-N系奥氏体型耐热钢。具有较好的抗氧化性、抗硫腐蚀和抗渗碳性。该钢有时效脆性倾向，但时效后，在高温下仍有较高的韧性。室温和高温性能优于16Cr20Ni14Si2钢。该钢在GB/T 1221—1992中为3Cr18Mn12Si2N	工作温度≤950℃的锅炉吊架和夹马	
22Cr20Mn10Ni2Si2N GB/T 1221—2007	属Cr-Mn-Ni-N系奥氏体型耐热钢。该钢具有较好的高温强度和高温塑性、良好的抗氧化性、抗渗碳性和耐急冷急热的热疲劳性能。在融盐中也有较好的耐蚀性。可焊性好，焊接裂纹敏感性小，可用各种焊接方法焊接。该钢有冷加工硬化倾向，在700℃~800℃时，由于析出碳化物和σ相，会使冲击吸收能量明显下降。该钢在GB/T 1221—1992中为2Cr20Mn9Ni2Si2N	工作温度≤1000℃的锅炉吊架	

表A.4 汽轮机主轴、转子体、轮盘和叶轮及汽轮发电机转子和无磁性护环常用钢牌号、特性及其主要应用范围

钢号与技术条件	特　性	主要应用范围	类似钢号
35、40、45 GB/T 699—1999	强度较低。可调质处理，但淬透性低。优质钢的硫、磷含量低，脱氧好，有良好的塑性和韧性。焊接性尚可	用于中压以下、强度级别为280MPa、温度≤400℃的汽轮机主轴或汽轮发电机转子	
35SiMn GB/T 3077—1999	具有较好的淬透性、良好的韧性、较高的强度，疲劳强度也较好，但有一定的过热敏感性及回火脆性倾向，并有白点敏感性。冶炼时易污染非金属夹杂物，造成热加工工艺上的困难。与40Cr钢相比，除低温冲击吸收能量稍差、缺口敏感性较高外，其他力学性能相当	用于工作温度≤400℃的汽轮机主轴，轮毂厚度为170mm以下的叶轮，汽轮发电机中心环等	

表A.4 汽轮机主轴、转子体、轮盘和叶轮及汽轮发电机转子和无磁性护环常用钢牌号、特性及其主要应用范围（续）

钢号与技术条件	特　性	主要应用范围	类似钢号
35CrMo GB/T 3077—1999 34CrMo1 34CrMo1A JB/T 1265—2014 JB/T 1266—2014 JB/T 1267—2014	34CrMo1是JB/T 1265—2002中的牌号，34CrMo1A是JB/T 1266—2002和JB/T 1267—2002中的牌号。属Cr-Mo合金结构钢。强度较高、韧性好，有较好的淬透性，冷变形性中等，切削性能尚可。具有高的蠕变强度和持久强度，长期使用组织比较稳定。焊接时需预热，预热温度为150℃~400℃。34CrMo1钢由于提高了Mo含量，更适于生产大型锻件	35CrMo用于工作温度480℃以下的汽轮机主轴和叶轮。 34CrMo1用于294MPa强度级别的汽轮发电机转子和50MW以下汽轮机主轴、轮盘	
24CrMoV JB/T 1266—2014 35CrMoV GB/T 3077—1999 JB/T 1266—2014	两种钢的强度均较高，淬透性也较好，冲击吸收能量较高。24CrMoV钢的工艺性能不如35CrMoV钢。35CrMoV钢有时会出现冲击吸收能量不稳定的现象，热处理时如果采用水油淬火，对提高冲击韧性有较好的效果，该钢在550℃时的蠕变强度和持久强度均超过34CrMo，但经5000h时效后，其力学性能急剧下降，因此使用温度不得超过500℃~520℃。该钢的焊接性能差，焊前预热温度为300℃以上	24CrMoV钢用于直径小于500mm、在450℃~500℃下工作的叶轮、转子主轴。 35CrMoV钢用于在500℃~520℃以下工作的转子及叶轮	
30Cr1Mo1V JB/T 1265—2014 JB/T 7027—2014	300MW和600MW亚临界汽轮机组中应用最广泛的高、中压转子钢。该钢具有较好的热强性和淬透性，良好的综合力学性能，切削加工性良好，锻造工艺性能也较好，抗腐蚀性和抗氧化性尚可	用于工作温度在560℃以下的汽轮机高中压转子	ASTM A470 Class8
28CrNiMoV JB/T 1265—2014	具有较高的蠕变强度和持久强度、一定的持久塑性和组织稳定性、良好的室温力学性能及均匀的组织、较好的工艺性能及抗脆性破坏能力。高温性能稍低于27Cr2MoV钢	用于蒸汽参数为500℃~540℃、9.8MPa~15.7MPa的汽轮机高、中压转子	
25CrNiMoV JB/T 1266—2014 25CrNi1MoV JB/T 1267—2014 JB/T 8706—2014	属贝氏体类型钢。用于汽轮机轮盘、叶轮的25CrNiMoV与用于发电机转子的25CrNi1MoV的Cr、Ni含量完全一致，Mo、V含量略有差异，25CrNi1MoV的S、P含量低于25CrNiMoV。用于发电机转子时，其强度要求低于汽轮机叶轮、轮盘规定的强度。该钢有较好的焊接性能，冶炼、锻造及热处理工艺性能良好，但对回火温度及回火时间较敏感	用于200MW以下汽轮机低压转子、低压轮盘、压气机转子和200MW以下发电机转子	
34CrNi1Mo 34CrNi3Mo JB/T 1265—2014 JB/T 1266—2014 JB/T 1267—2014 JB/T 8706—2014	是大截面高强度钢，淬透性高，综合性能良好。回火稳定性好，回火温度范围较宽（540℃~660℃），有利于调整强度和韧性。冷热加工工艺性能良好。该钢限制在400℃以下使用，当温度达到400℃~450℃时，力学性能急剧下降，超过450℃时持久强度和蠕变强度都很低。由于含碳量较高，钢的裂纹敏感性和白点敏感性大	用于200MW以下汽轮机低压转子、低压轮盘和200MW以下发电机转子	

表A.4　汽轮机主轴、转子体、轮盘和叶轮及汽轮发电机转子和无磁性护环常用钢牌号、特性及其主要应用范围（续）

钢号与技术条件	特　性	主要应用范围	类似钢号
25Cr2NiMo1V 25Cr2Ni1Mo1V JB/T 11030—2010	高低压复合转子锻件材料。采用分区热处理，高压侧鼓风喷雾冷却，低压侧喷水淬火。两种材料除Mn、Ni含量有差异外，其余元素含量基本相同。其拉伸强度与30Cr1Mo1V相当，但塑性、韧性和韧脆转变温度高于30Cr1Mo1V	汽轮机高低压复合转子锻件	
25Cr2Ni4MoV 30Cr2Ni4MoV JB/T 1265—2014 JB/T 1266—2014 JB/T 7027—2014 JB/T 8706—2014	与34CrNi3Mo钢相比，C含量低，合金元素含量增加，并严格控制杂质元素，提高了导磁性能，增加了淬透性，综合性能好，韧脆转变温度低。但具有回火脆性。这主要与杂质元素P、Sn、As等含量有关，脆化温度范围大致为350℃~575℃	用于制造300MW及以上汽轮机低压转子、低压轮盘和发电机转子	
12Cr10NiMoWVNbN JB/T 11019—2010 TLV9258—2004	欧洲COST501研发的含W的马氏体耐热钢，其元素含量与E911钢的成分基本相同。转子锻件经真空除气或电渣重熔后整体锻造。锻后进行预备热处理和性能热处理。性能热处理需行两次回火，第二次回火温度要高于第一次，且尽量提高第二次回火温度。具有高的持久强度，若热加工工艺控制不佳，冲击吸收能量较低	用于制造600℃左右的超超临界汽轮机高中压转子	12CrMoWVNbN10-1-1 （西门子公司）
13Cr10NiMoVNbN JB/T 11019—2010	日本神户制钢所研发的改良的不含W的10%Cr马氏体耐热钢，具有高的持久强度，但冲击吸收能量较低，性能热处理需两次回火，第二次回火温度要高于第一次，且尽量提高第二次回火温度	用于制造600℃左右的超超临界汽轮机高中压转子	TMK-1（日本神户） Cr10.5Mo1.5NiVNbN （哈尔滨汽轮机有限公司）
14Cr10NiMoWVNbN JB/T 11019—2010	20世纪80年代日本研发的10%Cr-1%Mo-1%W-V-Nb-N马氏体耐热钢，Cr、Mo和V存在于析出相和基体中，而大部分W则存在于基体中。由于W的固溶强化效应，使该钢的持久强度得到显著改善，但冲击吸收能量较低。性能热处理需两次回火，第二次回火温度要高于第一次，且尽量提高第二次回火温度	用于制造600℃左右的超超临界汽轮机高中压转子	TOS107（日本） Cr10.5Mo1W1NiVNbN （哈尔滨汽轮机有限公司）
15Cr10NiMoWVNbN JB/T 11019—2010	日立公司研发的马氏体耐热钢，W含量低于TOS107，其余元素含量相近。具有高的持久强度，抗拉强度略低于14Cr10NiMoWVNbN（TOS107），冲击吸收能量较低。性能热处理需两次回火，第二次回火温度要高于第一次，且尽量提高第二次回火温度	用于制造600℃左右的超超临界汽轮机高中压转子	KT5916（日立） 1Cr10Mo1NiWVNbN （东方汽轮机有限公司）

表A.4 汽轮机主轴、转子体、轮盘和叶轮及汽轮发电机转子和无磁性护环常用钢牌号、特性及其主要应用范围（续）

钢号与技术条件	特性	主要应用范围	类似钢号
FB2 COST 522	FB2是欧洲COST 522项目中研发的9Cr-2Mo-1Co-NiV-Nb-N-B马氏体耐热钢，设定的目标为锻件的屈服强度≥700MPa，620℃下10^5h的持久强度≥100MPa，持久塑性大于10%，比改良型12Cr的10^5h持久强度高30MPa~40MPa。相对于600℃左右的超超临界汽轮机高中压机转子，添加微量的B并降低N量。Co可防止钢中δ铁素体的形成，改善钢的淬透性和组织稳定性。B可提高（Nb，V）C及V（C，N）的高温稳定性和钢的淬火加热温度，低的N、Al含量可避免形成AlN夹杂。该钢的冲击吸收能量低。目前该钢尚无相应的国家标准或行业标准，或国外学术团体技术规范，各汽轮机制造商有相应的企业标准	用于制造630℃左右的超超临界汽轮机高中压转子	X13CrMoCoNiVNbNB9-2-1（EN）
TOS110	日本研制的10Cr-3Co-1.8W-0.7Mo-V-Nb-B马氏体耐热钢，具有较高的W、Co含量，添加微量的B并降低N量，改善了钢的淬透性和组织稳定性。持久强度明显高于TOS107，但冲击吸收能量低。目前该钢尚无相应的国家标准或行业标准，或国外学术团体技术规范，各汽轮机制造商有相应的企业标准	用于制造630℃左右的超超临界汽轮机高中压转子	新12Cr钢
50Mn18Cr5 50Mn18Cr5N 50Mn18Cr4WN 1Mn18Cr18N JB/T 1268—2002	均为锰铬系无磁性奥氏体钢，屈服强度较高。钢中W、N起强化作用，加N能扩大和稳定奥氏体，加W可使碳化物沉淀较慢。整锻后进行去应力处理，随后固溶处理，粗加工后形变强化，强化方法有半热锻、冷锻、冷扩孔或爆炸等加工硬化方法	用作50MW~200MW汽轮发电机无磁性护环	
1Mn18Cr18N JB/T 1268—2002 JB/T 7030—2014	该钢与18Mn-5Cr护环钢相比，具有更高的抗应力腐蚀能力和强度。其主要缺点是高的屈强比	用作300MW~1000MW汽轮发电机无磁性护环	

表A.5 汽轮机叶片常用钢牌号、特性及其主要应用范围

钢号与技术条件	特性	主要应用范围	类似钢号
20CrMo GB/T 3077—1999	广泛应用的铬钼合金结构钢，具有良好的力学性能和工艺性能。在520℃以下具有良好的高温持久性能。焊接性能尚好，作为叶片使用时，表面采取适当的防护措施	用作中压125MW以下汽轮机压力级叶片	

表A.5　汽轮机叶片常用钢牌号、特性及其主要应用范围（续）

钢号与技术条件	特　性	主要应用范围	类似钢号
1Cr13 GB 8732—2004 12Cr13 GB/T 1221—2007	属马氏体型耐热钢。碳含量较低，淬透性好，有较高的耐蚀性、热强性、韧性和冷变形性能。能在湿蒸汽及一些酸碱溶液中长期运行。该钢的减振性是已知钢中最好的。应严格控制该钢的热加工始锻温度和终锻温度，否则钢易过热而导致晶粒粗大，并析出大量的δ铁素体，使钢的韧性降低。避免在370℃~560℃回火，高温回火在保证良好的耐蚀性的同时，可获得优良的综合力学性能。焊接性能尚可	用于工作温度<450℃的汽轮机变速级叶片及其他几级动、静叶片	SUS410（JIS） 410（AISI，ASTM） 410S 21（BS） X10Cr13（DIN） Z12C13（NFA） 12X13（ГОСТ 5632）
2Cr13 GB 8732—2004 20Cr13 GB/T 1221—2007	属马氏体耐热钢。在700℃以下具有足够高的强度、热稳定性和很好的减振性能，并具有较高的韧性和冷变形能力。与1Cr13钢相比，含碳量稍高，故强度也稍高，但塑性和韧性稍低。在淡水、海水、蒸汽及湿气等条件下耐蚀性较好。抗磨蚀性能可通过表面强化方法来提高	用于工作温度<450℃的截面较大、要求强度较高的后几级叶片及低温段长叶片	SUS 420J1（JIS） 420 S42000（AISI，ASTM） 420 S37（BS） X20Cr13（DIN） Z20C13（NFA）
1Cr12Mo GB 8732—2004 12Cr12Mo GB/T 1221—2007	属马氏体型耐热钢。与2Cr13钢相比，含碳量稍低，但强度、塑性、韧性均高于2Cr13。Mo的加入有利于提高钢的抗点蚀能力。在淡水、海水、蒸汽及湿气等条件下耐蚀性较好	用于工作温度<450℃的截面较大、要求强度较高的后几级叶片及低温段长叶片，例如1000MW汽轮机低压动叶片	
1Cr11MoV GB/T 8732—2004 14Cr11MoV GB/T 1221—2007	属马氏体耐热钢，是改型的12%铬钢的典型钢种之一。由于钢中加入了钼和钒，其热强性和组织稳定性均比13%铬钢高。具有良好的减振性和小的线膨胀系数，工艺性能较好，焊接性能尚可。可通过氮化提高钢表面的耐磨性。对回火脆性不敏感	用于工作温度<540℃的汽轮机变速级及高温区动、静叶片	15X11MΦ（ГОСТ 5632）
2Cr12MoV GB 8732—2004	属马氏体耐热钢。与1Cr11MoV钢相比，C、Mn、Cr、Mo含量均有所提高，强度明显高于1Cr11MoV，但塑性、韧性相对稍低。钢的热强性和组织稳定性均比13%铬钢高。具有良好的减振性和小的线膨胀系数，工艺性能较好，焊接性能尚可	用于工作温度<540℃的汽轮机变速级及高温区动、静叶片	
1Cr12W1MoV GB/T 8732—2004 15Cr12WMoV GB/T 1221—2007	12%铬钢的改型钢种之一。由于钢中加入了钨、钼、钒等元素，提高了钢的热强性。在580℃具有较高的持久强度、持久塑性和组织稳定性，减振性能良好。由于钢的屈服强度较高，耐蚀性能较好。钢中因加入了相当数量的铁素体形成元素钨、钼和钒，故组织中含有一定数量的δ铁素体，其工艺性能尚好，可以锻轧和模锻加工。为提高钢的表面耐磨性，可进行氮化	用于工作温度<580℃的汽轮机变速级及高温区动、静叶片	15X12BHMΦ（ЭИ802）（前苏联）

表A.5　汽轮机叶片常用钢牌号、特性及其主要应用范围（续）

钢号与技术条件	特　性	主要应用范围	类似钢号
2Cr11NiMoNbVN GB/T 8732—2004 18Cr11NiMoNbVN GB/T 1221—2007	12%铬型马氏体耐热钢。由于钢中加入了铌、钒、氮等元素，增强了钢的沉淀强化效应，具有较高的强度，一定量的镍增加了钢的韧性。580℃左右具有较高的持久强度、持久塑性和组织稳定性，减振性能良好。由于钢的屈服强度较高，耐蚀性能较好。钢的工艺性能尚好，可以锻轧和模锻加工。为提高钢的表面耐磨性，可进行氮化	用于工作温度<580℃的汽轮机变速级及高温区动、静叶片	
1Cr11Mo1NiWVNbN（东方汽轮机有限公司） 2Cr11Mo1VNbN（东方汽轮机有限公司） 1Cr11MoNiW2VNbN（哈尔滨汽轮机有限公司） 1C9Mo1VNbN（哈尔滨汽轮机有限公司）	12%铬型马氏体耐热钢。由于钢中加入了铌、钒、氮等元素，增强了钢的沉淀强化效应，具有较高的强度。600℃左右具有较高的持久强度、持久塑性和组织稳定性，减振性能良好。1Cr9Mo1VNbN由于铬含量较低，所以强度和抗氧化性能稍低	用于工作温度<600℃的汽轮机变速级及高温区动、静叶片	1Cr11MoNiW2VNbN与日本的10705MBU和10725MBU相同
2Cr12NiMo1W1V GB/T 8732—2004 22Cr12NiWMoV GB/T 1221—2007	两个钢成分几近相同，22Cr12NiWMoV的S、P含量低于2Cr12NiMo1W1V，Cr、Mo、W、V的上限略有差异。是12%铬型马氏体耐热钢。与1Cr12W1MoV钢相比，由于钢中碳、钼和钨含量均有所增加，并加入少量镍元素，因此钢的热强性能得到提高，此外，钢的缺口敏感性小，并具有良好的减振性、抗松弛性能和工艺性能	用于工作温度<550℃的汽轮机动叶片和围带	C-422（美国） SUH 616（JIS） 616（ASTM）
2Cr12Ni2W1Mo1V 1Cr12Ni2W1Mo1V	在12%铬钢基础上加入较多量的镍、钨、钼、钒等强化元素改进而成的高强度马氏体耐热钢，与GB/T 1221—2007中的13Cr11Ni2W2MoV成分相近。具有高的强度及良好的韧性，屈服强度大于735MPa，硬度为293HB~331HB，冲击值大于59J/cm²，且抗蚀性和冷热加工性能良好。高温形变处理工艺简单，成品率高。与调质处理叶片相比，形变处理叶片晶粒细化且分布较为均匀，其力学性能和断裂韧度均较高。抗回火能力强，因此，叶片进汽边硬质合金片的焊后热影响区性能不受影响	用作1000MW汽轮机低压末级和次末级动叶片	
1Cr12Ni3Mo2VNbN	在12%铬钢基础上加入较多量的镍、钼、钒等强化元素改进而成的高强度马氏体耐热钢。具有高的强度及良好的韧性，抗蚀性和冷热加工性能良好。抗回火能力强，因此，叶片进汽边硬质合金片的焊后热影响区性能不受影响	用作1000MW汽轮机低压末级和次末级动叶片	

表A.5 汽轮机叶片常用钢牌号、特性及其主要应用范围（续）

钢号与技术条件	特 性	主要应用范围	类似钢号
14Cr17Ni2 GB/T 1221—2007	属马氏体钢。在GB/T 1221—1992中为1Cr17Ni2。经淬火加低温回火后，具有高的强度、韧性和耐蚀性。为避免钢中因α相增多而引起力学性能降低，钢中的镍控制在1.5%~2.5%，铬控制在16%~18%。热加工时，停锻温度应高一些，以改善塑性和表面质量，还应控制较大的加工比，以得到均匀的组织	用于工作温度<450℃、要求高耐蚀性和高强度的叶片	SUS431（JIS） 431，S43100（AISI，ASTM） X22 CrNi17（DIN） Z15CN16 02（NFA） 14X17H2（ГОСТ 5632）
0Cr17Ni4Cu4Nb （17-4PH） GB/T 8732—2004 05Cr17Ni4Cu4Nb GB/T 1221—2007	属典型的马氏体沉淀硬化不锈钢。既保持了不锈钢的耐蚀性，又通过马氏体中金属间化合物的沉淀强化提高了强度。该钢的衰减性能好，抗腐蚀疲劳性能及抗水滴冲蚀的能力优于12%Cr钢。固溶后，可根据不同的强度要求选用不同的回火温度。经过热处理的锻件，应具有均匀的回火马氏体组织，晶粒度为ASTM 6号或更细，纤维状或块状δ铁素体平均量不超过5%，以保证锻件性能	用作既要求耐蚀性、又要求较高强度的汽轮机低压末级动叶片	SUS630（JIS） 630，S17400（AISI、ASTM） Z6CNU 17.04（NFA）
Refractoloy-26 （R-26）	R-26是美国钢号，是18%Cr-36%Ni-20%Co型叶片材料，属于Ni-Cr-Co-Fe混合基沉淀硬化型高温合金，具有高的持久强度和抗松弛性能，使用温度高达650℃。R-26通常在（1024±13）℃下进行固溶处理，保温时间多于30min，油或水冷却。沉淀硬化处理（816±8）℃，保温20h，待冷却到（732±8）℃时保温20h，空冷	用于工作温度<660℃、要求高抗氧化性和高强度的1000MW机组的叶片	15106FE （日本三菱公司）
1Cr11Co3W3NiMoV NbNB	在12%铬钢基础上加入较多量的钨、钴元素。试验表明，在高温下，钨的强化效应是钼的2倍，复合添加钨/钼可获得更加的强化效应；钴可抑制钢中δ铁素体的形成，650℃时，3%的钴具有最高的持久强度；铌、钒、氮、硼增加了沉淀强化。所以，该钢具有高的持久强度和抗氧化性	用于工作温度<650℃、要求高抗氧化性和高强度的1000MW机组动/静叶片	
NiCr20TiAl （上海汽轮机有限公司）	具有较高的铬含量，大大提高了其抗氧化性能，钛的添加可提高钢的强度，细化晶粒，同时可提高钢的抗氧化、抗腐蚀性能	用于制造600℃左右的超超临界汽轮机高中压1级~3级叶片	NiCr20TiAl （西门子公司）
X12CrMoWVNbN 10-1-1 （上海汽轮机有限公司）	欧洲COST501研发的含W的马氏体耐热钢，其元素含量与E911钢的成分基本相同。转子锻件经真空除气或电渣重熔后整体锻造。锻后进行预备热处理和性能热处理。性能热处理需行两次回火，第二次回火温度要高于第一次，且尽量提高第二次回火温度。具有高的持久强度，但冲击吸收能量较低	用于制造600℃左右的超超临界汽轮机高中压3级~5级叶片	12CrMoWVNbN10-1-1 （西门子公司）

表A.5 汽轮机叶片常用钢牌号、特性及其主要应用范围（续）

钢号与技术条件	特 性	主要应用范围	类似钢号
X19CrMoNbVN11-1（上海汽轮机有限公司）	马氏体型热强钢。高的Cr量提高了钢的抗氧化、抗腐蚀性，Cr、Mo元素的加入保证了钢的基体强度，少量的N与V、Nb在钢中可形成氮化物或复合碳/氮化物Nb（C、N）产生沉淀强化效应。低的含C量增强了钢的组织稳定性，Mo可提高钢的再结晶温度，延缓高温运行下马氏体的分解。具有良好的高温强度和抗氧化性能	用于制造600℃左右的超超临界汽轮机高中压6级~13级叶片	X19CrMoNbVN11-1（西门子公司）
X5CrNiCuNb16-4	属15%Cr型沉淀硬化马氏体耐热钢，含4.5%Ni、3.5%Cu。经1020℃~1050℃固溶处理、820℃~850℃中间回火、530℃~560℃沉淀硬化处理。屈服强度可达950MPa。通常采用激光硬化	用于1000MW机组低压动叶片	X5CrNiCuNb16-4（西门子公司）

表A.6 紧固件常用钢牌号、特性及其最高使用温度

钢号与技术条件	特 性	用作螺栓时的最高使用温度/℃	类似钢号
35、45 GB/T 699—1999	强度较低。可调质处理，但淬透性低。优质钢的硫、磷含量低，脱氧好，有良好的塑性和韧性，焊接性尚可	400	
35SiMn GB/T 3077—1999	具有较好的淬透性、良好的韧性、较高的强度，疲劳强度也较好，但有一定的过热敏感性及回火脆性倾向，并有白点敏感性。冶炼时易于污染非金属夹杂物，造成热加工工艺上的困难。与40Cr钢相比，除低温冲击韧性稍差，缺口敏感性较高外，其他力学性能相当	400	
35CrMo GB/T 3077—1999 35CrMoA/42CrMoA GB/T 20410—2006	两种钢强度较高、韧性好，有较好的淬透性，冷变形性中等，切削性能尚可。高温下有高的蠕变强度和持久强度，长期使用组织较稳定。焊接时需预热，预热温度为150℃~400℃。相对于35CrMoA，42CrMoA的碳、锰、铬含量略高，故强度略高	480	
25Cr2MoVA GB/T 3077—1999 GB/T 20410—2006	珠光体型耐热钢。室温强度高，韧性好，淬透性好。500℃下具有良好的高温性能和高的抗松弛性能，无热脆倾向。热处理后有回火脆性，并且对回火温度敏感。调质处理时，回火温度宜高于工作温度100℃~200℃。亦可在正火及高温回火后使用。焊接性能差	510	ЭИ10（苏联）

表A.6 紧固件常用钢牌号、特性及其最高使用温度（续）

钢号与技术条件	特 性	用作螺栓时的最高使用温度/℃	类似钢号
25Cr2Mo1VA GB/T 3077—1999 GB/T 20410—2006	珠光体型耐热钢。相对于25Cr2MoVA，钢中铬、钼、钒、锰含量均有所提高，因而具有较高的高温强度和抗氧化性，较好的抗松弛性能。冷、热加工性能良好，但对热处理较为敏感，有回火脆性倾向，长期运行后容易脆化，即硬度增高，韧性降低。持久塑性较差，缺口敏感性也较大。多在调质或正火加回火后使用	550	ЭИ723（苏联）
45Cr1MoVA GB/T 20410—2006	中碳耐热钢。相对于42CrMoA，碳、钼含量略高，钢中添加钒，因而具有较高的高温强度。根据不同的使用条件，可通过不同的热处理工艺获得不同的强度。多在调质或正火加回火后使用	500	
20Cr1Mo1V1A GB/T 20410—2006	性能优于25Cr2Mo1V，在565℃~570℃有较高的热强性能和抗松弛性能，经过运行（540℃，9.81MPa，运行约6.4万h）后，钢的强度和塑性略有降低，室温冲击吸收能量下降较多，但水平仍很高，未出现明显的脆化	550	ЭИ909（苏联）
20Cr1Mo1VNbTiB GB/T 20410—2006	我国自行研制的低合金高强度钢。具有高的持久强度和持久塑性，抗松弛性能好，热脆倾向小，缺口敏感性低。当工作断面尺寸较大时，心部冲击吸收能量往往有较大的波动。该钢经常出现晶粒粗大现象，以致影响力学性能。为防止产生粗晶，应尽量采用较低的锻造加热温度，严格控制终锻温度，并保证有足够的锻造比。该钢材硬度大于260HB时，晶粒越粗大，冲击吸收能量越低。在相同晶粒级别下，硬度越高，冲击吸收能量越低	570	
20Cr1Mo1VTiB GB/T 20410—2006	与20Cr1Mo1VNbTiB钢相类似的高温螺栓钢。具有高的抗松弛性能、热强性能和良好的持久塑性，缺口敏感性低。淬透性好，沿截面有较均匀的力学性能	570	
2Cr12WMoVNbB	12%铬钢的改型钢种之一。由于钢中加入钨、钼、钒、铌、硼多种强化元素，因此，热强性能较高，抗松弛性能较好，可长期在590℃以下使用	590	ЭИ993（苏联）

表A.6 紧固件常用钢牌号、特性及其最高使用温度（续）

钢号与技术条件	特 性	用作螺栓时的最高使用温度/℃	类似钢号
1Cr15Ni36W3Ti	沉淀硬化型奥氏体热强钢，在固溶状态，高温时有强烈的沉淀硬化倾向，经时效处理后，组织趋于稳定。650℃以下具有较好的抗松弛性能、持久强度和蠕变强度，组织稳定。长期时效后冲击值仍能保持较高水平。持久塑性好，1万h的持久延伸率仍可达5%~8%。在700℃时开始软化，强度性能将显著下降	650	ЭМ612（苏联）
2Cr12NiMo1W1V GB/T 8732—2004 GB/T 20410—2006 22Cr12NiWMoV GB/T 1221—2007	两种钢成分几近相同，22Cr12NiWMoV的S、P含量低于2Cr12NiMo1W1V，Cr、Mo、W、V元素含量略有差异；是12%铬型马氏体耐热钢。与1Cr12W1MoV钢相比，由于钢中碳、钼和钨含量均有所增加，并加入少量镍元素，因此钢的热强性能得到提高。此外，钢的缺口敏感性小，并具有良好的减振性、抗松弛性能和工艺性能	570	C-422（美国） SUH 616（JIS） 616（ASTM）
1Cr11MoNiW1VNbN 2Cr11Mo1NiWVNbN	12%铬型马氏体耐热钢。由于钢中加入了铌、钒、氮等元素，增强了钢的沉淀强化效应，具有较高的强度。600℃左右具有较高的持久强度、持久塑性和组织稳定性，减振性能良好	650	
Refractoloy-26 （R-26）	R-26是美国钢号，是18%Cr-36%Ni-20%Co型叶片材料，属于Ni-Cr-Co-Fe混合基沉淀硬化型高温合金，具有高的持久强度和抗松弛性能，使用温度高达650℃。R-26通常在（1024±13）℃下进行固溶处理，保温时间多于30min，油或水冷却。沉淀硬化处理（816±8）℃，保温20h，待冷却到（732±8）℃时保温20h，空冷	677	
1Cr10Co3MoWVNbNB	在12%铬钢基础上加入较多量的钴、钨，添加其他元素的多元复合强化耐热钢。高温下钨的强化效应是钼的2倍，复合添加钨/钼可获得更加的强化效应；钴可抑制钢中δ铁素体的形成，650℃时，3%的钴具有最高的持久强度；铌、钒、氮、硼增加了沉淀强化。具有高的持久强度和抗氧化性	650	

表A.6 紧固件常用钢牌号、特性及其最高使用温度（续）

钢号与技术条件	特 性	用作螺栓时的最高使用温度/℃	类似钢号
1Cr11Co3W3NiMoVNbNB	在12%铬钢基础上加入较多量的钨、钴元素。试验表明，在高温下，钨的强化效应是钼的2倍，复合添加钨/钼可获得更加强化的效应；钴可抑制钢中δ铁素体的形成，650℃时，3%的钴具有最高的持久强度；铌、钒、氮、硼增加了沉淀强化。所以，该钢具有高的持久强度和抗氧化性	650	
GH4145（Ni-Cr合金）	含镍高于70%、铬15%的镍基合金，具有高的高温强度和抗氧化性	677	
IN783	IN783合金为Ni-Fe-Co低膨胀高温合金，该合金以一定比例的Ni、Fe和Co为基体，加入3%Cr以提高抗氧化能力，并添加一定的Nb和Ti，以及5.4%的Al，从而形成基体为γ的γ-γ′-β三相共存组织。合金经固溶处理+时效处理。β相又分两类，一次β（NiAl）相尺寸较大，在低于1150℃的热加工过程中已大量存在；二次β相则形成于845℃的时效过程中。γ′相在时效过程中析出。合金中含5%左右的铝，促使合金中析出β相，使合金应力加速晶界氧化（SAGBO）抗力提高；少量的铬与铝一起使合金的抗氧化性能提高，在800℃下仍具有完全抗氧化能力。IN783合金有高的抗拉强度，但拉伸强度对晶粒尺寸比较敏感，固溶处理或时效处理不当易导致韧性低，引起螺栓的早期开裂	用于1000MW机组中压主汽门、中压调门螺栓	
注：用作螺母时，最高使用温度可比表列温度高30℃~50℃，硬度可比用作螺栓时低20HB~50HB。			

表A.7 汽轮机与锅炉铸钢件常用钢牌号、特性及其主要应用范围

钢号与技术条件	特 性	主要应用范围	类似钢号
ZG 230-450 JB/T 10087—2001 JB/T 9625—1999	碳素铸钢。有一定的中温（400℃~450℃）强度和较好的塑性、韧性，且铸造性能良好。焊接性能良好，焊前不需要预热，若缺陷较大，焊后需进行去应力退火	用于工作温度≤430℃的汽缸、阀门、隔板和锅炉管道承压铸钢件等	25Л（苏联）
WCB GB/T 12229—2005	普通碳钢阀门，为ASME SA-216中的牌号强度级别为250MPa~485MPa（250MPa为屈服强度，485MPa为抗拉强度）。对应的有WCA/ZG205-415和WCC/ZG275-485。均为碳钢，随着锰含量的增加强度增高，WCA、WCB、WCC的锰含量分别为0.7%、1.0%和1.2%	用于汽轮机凝汽器进出口蝶阀	WCB（ASME）

表A.7　汽轮机与锅炉铸钢件常用钢牌号、特性及其主要应用范围(续)

钢号与技术条件	特　性	主要应用范围	类似钢号
WC1 JB/T 5263—2005	为ASME SA-217中的牌号，相当于ZG15Mo。性能特点见表A.1中15MoG	壁温≤450℃的阀门	WC1（ASME）
ZG20CrMo JB/T 10087—2001 JB/T 9625—1999	珠光体型合金铸钢。500℃以下可保持稳定的热强性能，组织稳定且具有较满意的铸造性能。高于500℃时使用，热强性能会急剧下降。20℃的冲击性能不稳定，波动较大。焊接性能尚可。预热温度为200℃~300℃，焊后缓冷并进行去应力退火	用于工作温度≤510℃的铸件，如汽轮机汽缸、隔板、蒸汽室和锅炉管道承压铸钢件等	20XMл（苏联）
ZG20CrMoV JB/T 10087—2001 JB/T 9625—1999	珠光体型合金铸钢。具有较高的热强性能，组织稳定性好，可在540℃以下长期服役，高于600℃时热强性能显著下降，在525℃~600℃长期保温后对20℃的冲击性能影响不大。该钢铸造时容易热裂和产生皮下气孔，对热处理冷却速度比较敏感，易在铸件内造成力学性能不均匀。焊接性能尚可，需预热250℃~350℃及层间保温，焊后缓冷并尽快去应力退火	用于工作温度≤540℃的铸件，如汽轮机蒸汽室、汽缸和锅炉管道承压铸钢件等	20XMФЛ（苏联）
ZG15Cr1Mo JB/T 10087—2001 WC6 JB/T 5263—2005	珠光体型合金铸钢。热强性能稍低于Cr-Mo-V铸钢，塑性和韧性良好，铸造裂纹倾向较低，其强度和热强性能可以满足在538℃以下长期工作。焊接性能尚可。根据补焊金属的厚度不同，焊前预热温度为100℃~150℃。WC6是美国ASME SA-217中高温阀门用钢的专用牌号	用于工作温度≤450℃的汽轮机铸件，如内外汽缸，阀门等；WC6用于壁温≤450℃的抽气电动闸阀的阀盖、阀板、阀头	WC6（ASTM）
ZG15Cr1Mo1V JB/T 10087—2001 JB/T 9625—1999 ZG13Cr1Mo1V （东方汽轮机有限公司）	综合性能良好的热强铸钢。铸造性能较ZG20CrMoV稍差，易产生裂纹。对热处理冷却速度敏感，易在铸件中造成不均匀的组织和性能。焊接性能尚可，需预热到300℃~350℃及层间保温，焊后缓冷并尽快去应力退火	用于工作温度≤570℃的铸件，如汽轮机高中压缸、喷嘴室、主汽阀和锅炉管道承压铸钢件等	15X1M1ФЛ（苏联） KT5100BS17（日立） KT5102ES21（日立）
ZG15Cr2Mo1 JB/T 10087—2001 WC9 JB/T 5263—2005	具有良好的综合性能，铸造性能较ZG15Cr1Mo1V钢好，抗腐蚀和抗高温氧化性能优于ZG15Cr1Mo钢。焊接性能尚可。根据焊补金属厚度，焊前预热温度≥150℃或≥250℃。WC9是美国ASME SA-217中高温阀门用钢的专用牌号	用于工作温度≤566℃的汽轮机内缸、阀壳、喷嘴室等	WC9（ASME）
ZG10Cr9Mo1VNbN JB/T 11018—2010 C12A JB/T 5263—2005	其成分相当于T/P91的马氏体耐热铸钢。铸件须经退火进行预备热处理，然后经正火+回火(一次或二次)的性能热处理。常规力学性能与T/P91基本相同。C12A是美国ASMESA-217中高温阀门用钢的专用牌号	用于超(超)临界机组汽轮机高温区段的静叶片、隔板、隔板套以及主蒸汽、高温再热蒸汽管道系统的阀门	KA SFVAF28 （日本三菱） C12A（ASME）

表A.7 汽轮机与锅炉铸钢件常用钢牌号、特性及其主要应用范围（续）

钢号与技术条件	特性	主要应用范围	类似钢号
F92 ASME SA-182	化学成分、拉伸性能与10Cr9MoW2VNbBN（T/P92）相同，属马氏体型热强钢，差异在于该钢是锻件。T/P92管材在T/P91钢的基础上，添加2%W，降低Mo含量，W、Mo同时添加可有效提高钢的持久强度，微量的B可增加钢的晶界强度。该钢具有良好的高温强度和抗氧化、抗蒸汽腐蚀性能。C含量的降低可提高组织稳定性和焊接性能。与T/P91一样，焊接时应采用低的线能量，严格执行焊接工艺，焊后需尽快热处理	用于超（超）临界机组汽轮机主汽暖管闸阀、高温、高压截止阀	
ZG12Cr9Mo1VNbN JB/T 11018—2010	这几种铸钢为（9%~11%）Cr-1Mo系列的马氏体耐热铸钢。相对于ZG10Cr9Mo1VNbN，碳、铬、镍含量略有提高，相应的常规力学性能和抗氧化温度有所提高。铸件也需经退火进行预备热处理，然后经正火+回火（一次或二次）的性能热处理	用于超（超）临界机组汽轮机高温区段的静叶片、隔板、隔板套、内外缸以及主蒸汽、高温再热蒸汽管道系统的阀门	GX12CrMoVNbN9-1 （西门子公司）
ZG11Cr10MoVNbN JB/T 11018—2010			ZG1Cr10MoVNbN （欧洲）
ZG13Cr11MoVNbN JB/T 11018—2010			
ZG14Cr10MoVNbN JB/T 11018—2010			
ZG11Cr10Mo1NiWVNbN JB/T 11018—2010	为添加了镍、钨的10Cr-1Mo马氏体耐热铸钢。相对于ZG10Cr9Mo1VNbN，铬含量明显提高，相应的抗氧化温度有所提高，少量的钨可提高高温持久强度。铸件也需经退火进行预备热处理，然后经正火+回火（一次或二次）的性能热处理	用于超（超）临界机组汽轮机高温区段的静叶片、隔板、隔板套、内外缸以及主蒸汽、高温再热蒸汽管道系统的阀门	ZG1Cr10Mo1NiWVNbN-5 （欧洲） KT5917 S0（日立） KT5330 AS0（日立） DIN EN 10204/3.1
ZG12Cr10Mo1W1VNbN-1 JB/T 11018—2010	三种铸钢的化学成分基本相同，添加了1%钨有助于提高其高温持久强度。-1、-2、-3在于区别成分的微小差异。铸件也需经退火进行预备热处理，然后经正火+回火（一次或二次）的性能热处理	用于超（超）临界机组汽轮机高温区段的静叶片、隔板、隔板套、内/外缸以及主蒸汽、高温再热蒸汽管道系统的阀门	GX12CrMoWVNbN10-1-1 （西门子公司）
ZG12Cr10Mo1W1VNbN-2 JB/T 11018—2010			
ZG12Cr10Mo1W1VNbN-3 JB/T 11018—2010			
CB2 COST 522	欧洲COST 522项目中研发的9Cr-2Mo-1Co-NiV-Nb-N-B马氏体耐热钢，与FB2的成分相同，差异在于CB2是铸件，FB2是锻件。添加微量的B并降低N量。Co可防止钢中δ铁素体的形成，改善钢的淬透性和组织稳定性。B可提高（Nb，V）C及V（C，N）的高温稳定性和钢的淬火加热温度，低的N、Al含量可避免形成Al、N夹杂。目前该钢尚无相应的国家标准或行业标准，或国外学术团体技术规范，各汽轮机制造商有相应的企业标准	用于制造630℃左右的超超临界汽轮机高中压内缸、自动主汽阀门、高温再热蒸汽阀门等	GX13Cr9Mo2Co1NiVNbNB（西门子公司） GX13CrMoCoNiVNbNB 9-2-1（EN）

表A.8　凝汽器常用管材牌号、特性和主要应用范围

钢号与技术条件	特　性	主要应用范围	类似钢号
H68A GB/T 8890—2007	H68A黄铜具有很好的塑性和较高的强度，切削加工性好，易于焊接。由于黄铜中含有微量砷，故能有效地拟制黄铜的脱锌腐蚀。在大气及淡水中有较高的耐蚀性，但在轻度污染的冷却水中会出现层状脱锌与溃蚀。用于凝汽器管时，冷却水中允许的悬浮物和含砂量不超过100mg/L，在采用硫酸亚铁处理时，悬浮物的允许含量可提高到500mg/L~1000mg/L	用于制造热交换器铜管，如低压加热器、凝汽器铜管，使用在溶解固形物<300mg/L、氯离子<50mg/L的冷却水中	70/30 Brass（CZ105）（英国）、 JIMЩ-68-0.06（苏联）
HSn70-1A GB/T 8890—2007	HSn70-1A称为锡黄铜，具有良好的力学性能，在热态和冷态下加工性能好，切削性能尚可，易于焊接和钎焊。在大气和淡水中有较高的耐腐蚀性，但在管子表面有沉积物或碳膜时易发生点蚀。由于锡黄铜中含有微量砷，故有一定的抗脱锌能力，用于凝汽器管时，冷却水中允许的悬浮物和含砂量不超过300mg/L，在采用硫酸亚铁处理时，悬浮物含量可提高到500mg/L~1000mg/L	用于制造凝汽器管，使用在溶解固形物<1000mg/L、氯离子<150mg/L的冷却水中	Admiralty brass（CZ111）（英国）、 CuZn28Sn（SOMS71）（德国）、 JIMЩ-70-1-0.06（苏联）、 BSTF（日本）、 CuZn29Sn1（法国）、 Alloy 433（美国）
HAl77-2A GB/T 8890—2007	HAl77-2A称铝黄铜。由于加入少量铍，使其具有高的强度、硬度和良好的塑性。可在热态及冷态下进行压力加工。又由于铝黄铜中含有微量砷和锑，故对海水及盐水有良好的耐蚀性。HAl77-2A管耐砂蚀性能差，用于凝汽器管时，冷却水中允许的悬浮物和含砂量不超过50mg/L，在悬浮物及含砂量较高的海水或淡水中，会使冷却水入口处管端产生严重的冲刷和腐蚀，腐蚀表面呈金黄色，腐蚀坑呈马蹄形，并有方向性。采用硫酸亚铁成膜处理，能有效地减缓管子的冲击腐蚀。当管子表面附有有害膜时，往往会在短期内出现腐蚀；当管子安装不当或有振动时，易在淡水中发生应力腐蚀和腐蚀疲劳损坏。在污染的淡水中也不耐腐蚀，因此，一般不推荐在淡水中使用，也不宜在浓淡交变的冷却水中应用	用于制造凝汽器管，使用在溶解固形物>1500mg/L或海水的冷却水中。冷却水中允许的悬浮物和含砂量不超过50mg/L	Aluminum brass（CZ110）（英国）、 CuZn20A1（SOMS76）（德国）、 JIMЩ-77-2-0.06（苏联）、 BSTF2（日本）、 BSTF3（日本） BSTF4（日本）、 Alloy 687（美国）、 CuZn22Al2（法国）

表A.8　凝汽器常用管材牌号、特性和主要应用范围（续）

钢号与技术条件	特　性	主要应用范围	类似钢号
BFe30-1-1 （B30） GB 8890—2007	BFe30-1-1（B30）称结构铜镍白铜，且有高的力学性能，耐砂蚀和耐氨蚀性能良好，并具有耐热性和耐寒性，在热态和冷态下压力加工性良好。这种管子在污染的冷却水中会发生点蚀或孔蚀	用于制造凝汽器管，使用在悬浮物和含砂量较高、流速较高且含氧充足的海水冷却水中。冷却水中允许的悬浮物和含砂量可达500mg/L~1000mg/L，短期可大于1000mg/L	CN107（英国）、 CuNi30Fe（德国）、 MH-70-30（苏联）、 CNTF3（日本）、 Alloy 715（美国）、 CuNi30Mn1Fe（法国）
TA1 TA2 TA3 GB/T 3620.1—2007 GB/T 3625—2007	TA1、TA2、TA3均为工业纯钛，具有较高的力学性能、优良的冲压性能，并可进行各种形式的焊接，焊接接头强度可达基体金属强度的90%，且切削加工性能良好。钛管对氯化物、硫化物和氨具有较高的耐蚀性能。钛在海水中的耐蚀性比铝合金、不锈钢、镍基合金还高。钛耐水冲击性能也较强	用于制造凝汽器管子，可在受污染的海水、悬浮物含量高的水中，及在较高的流速下使用	ASTM B338
06Cr19Ni10 GB/T 20878—2007	Cr-Ni奥氏体不锈钢。两种钢的铬含量相同，022Cr19Ni10的镍含量上限略高于06Cr19Ni10，主要差异022Cr19Ni10为超低碳不锈钢（C≤0.03），故022Cr19Ni10的抗腐蚀性稍高于06Cr19Ni10	适用于冷却水中Cl^-<200 mg/L	S30400，304（ASTM）、 SUS304（JIS）、 X5CrNi18-10（ISO）、 X5CrNi18-10（欧洲）
022Cr19Ni10 GB/T 20878—2007			S30403，304L（ASTM）、 SUS304L（JIS）、 X2CrNi19-11（ISO）、 X2CrNi19-11（欧洲）
06Cr18Ni11Ti GB/T 20878—2007	含钛的Cr-Ni奥氏体不锈钢。碳含量0.08%，添加钛可在钢中形成TiC减少$Cr_{23}C_6$的量，有助于提高钢的抗晶间腐蚀能力和韧性，改善焊接性能		S32100，321（ASTM）、 SUS321（JIS）、 X6CrNiTi18-10（ISO）、 X6CrNiTi18-10（欧洲）
06Cr17Ni12Mo2 GB/T 20878—2007	含钼的Cr-Ni奥氏体不锈钢。Mo可增强不锈钢的钝化作用和耐蚀性，阻止点腐蚀倾向。在18-8不锈钢中加入1.5%~5.0%的Mo，可提高在各种有机酸（如蚁酸、醋酸、草酸等以及氧化氢、硫酸盐、酸性染料、漂白粉等）中的耐蚀性。由于Mo是形成铁素体元素，为了得到奥氏体组织，要相应的增加Ni含量，一般要增至12%以上	适用于冷却水中Cl^-<1000 mg/L	S31600，316（ASTM）、 SUS316（JIS）、 X5CrNiMo17-12-2（ISO）、 X5CtNiMo17-12-2（欧洲）
022Cr17Ni12Mo2 GB/T 20878—2007			S31603，316L（ASTM） SUS316L（JIS） X2CrNiMo17-12-2（ISO） X2CrNiMo17-12-2（欧洲）
06Cr19Ni13Mo3 GB/T 20878—2007		当冷却水中Cl^-<2000mg/L时，可用于再生水； 当冷却水中Cl^-<5000mg/L时，适用于无污染的咸水	S31700，317（ASTM） SUS317（JIS）
022Cr19Ni13Mo3 GB/T 20878—2007			S31703，317（ASTM） SUS317L（JIS） X2CrNiMo19-14-4（ISO）

表A.9　压力容器常用钢牌号、特性及其主要应用范围

钢号与技术条件	特　性	主要应用范围	类似钢号
Q245R GB 713—2008	相当于GB 713—1997中的20g和GB 6654—1996中的20R。该钢的塑性、韧性及焊接性能良好，但对应变时效较为敏感，强度较低，用这种钢制造的锅筒壁厚较厚。该钢板以热轧、控轧或正火状态交货，必要时在890℃~920℃正火处理	工作压力较低的容器，300MW机组如低压加热器	20K、22K（ГОСТ） SB42、SB46（JIS） HII（DIN） 11474.1（ČSN）
Q345R GB 713—2008	相当于GB 713—1997中的16Mng、19Mng和GB 6654—1996中的16MnR。该钢具有良好的综合力学性能、工艺性能和焊接性能。缺口敏感性比碳钢大，疲劳强度较低。一般情况下，钢板以热轧、控轧或正火状态交货，正火温度900℃~920℃。经正火处理后可显著提高韧性，并降低韧脆转变温度	超（超）临界机组的除氧器筒体、封头，氢储罐等	SB49（JIS） SA-299（ASME） 17Mn4（DIN） 16ГС（ГОСТ）
15CrMoR GB 713—2008	15CrMoR的Si、Cr、Mo、S含量和抗拉强度、冲击吸收能量与15CrMoG钢略有差异，两者特性相近	超（超）临界机组的高压加热器壳体、封头	
13MnNiMoR GB 713—2008	为屈服强度390MPa级别的锰、镍、钼强韧性配合良好的低合金钢，正火+回火组织为回火贝氏体加铁素体。化学成分、常规力学性能与DIWA353差异很小，两者特性相近	超（超）临界机组的高压加热器的水室、壳体和封头	
SA387Cr11CL1 ASME SA387	Si、Cr含量高于15CrMoR，C、Mn、Mo含量和拉伸强度、延伸率与15CrMoR钢差异很小，与15CrMoR特性相近	超（超）临界机组的高压加热器的壳体和封头	

ICS 27.100
F 20

DL

中华人民共和国电力行业标准

DL/T 819—2019
代替 DL/T 819—2010

火力发电厂焊接热处理技术规程

The code of the welding heat treatment for power plant

2019-06-04 发布　　2019-10-01 实施

国家能源局　发布

目　次

前　言

本标准依据GB/T 1.1—2009《标准化工作导则　第1部分：标准的结构和编写》给出的规则编写。

本标准是对DL/T 819—2010《火力发电厂焊接热处理技术规程》进行的修订，与DL/T 819—2010相比，除编辑性修改外，主要技术变化如下：

——增加了热处理设备的自动记录和热电偶的计量检验及精度要求；

——补充了热电偶的测试要求和热电偶丝的技术要求；

——完善了焊接热处理作业指导书或工艺卡首件确认要求；

——细化了感应加热的相关工艺；

——调整了柔性陶瓷电阻、远红外辐射加热大径薄壁管加热宽度；

——增加了小径薄壁管马氏体耐热钢的后热和焊后热处理的工艺要求；

——将部分马氏体耐热钢的焊后热处理恒温温度调整为740℃~760℃；

——调整了高合金钢焊后热处理分区控温要求；

——调整了标准章节结构。

本标准由中国电力企业联合会提出。

本标准由电力行业电站焊接标准化技术委员会（DL/TC18）归口。

本标准起草单位：中国电力科学研究院有限公司、北京国网富达科技发展有限责任公司、苏州热工研究院有限公司、中国能建集团天津电力建设有限公司、中国能建集团山西电力建设有限公司、武汉大学、山东电力建设第三工程公司、中国电建集团河南工程有限公司、中国能建集团江苏电力建设第三工程有限公司、江苏方天电力科技有限公司、中国能建集团北京电力建设有限公司。

本标准主要起草人：郭军、乔亚霞、常建伟、陈忠兵、张永生、雷鸣、王学、宋同乐、孙松涛、杨庆旭、庄海青、任永宁、杨超、张浩。

本标准自实施之日起代替DL/T 819—2010。

本标准在执行过程中的意见或建议反馈至中国电力企业联合会标准化管理中心（北京市白广路二条一号，100761）。

火力发电厂焊接热处理技术规程

1 范围

本标准规定了火力发电设备在安装、检修以及工厂化配制中对钢制焊件进行焊接热处理的技术要求。

本标准适用于对焊件进行的预热、后热和焊后热处理。

2 规范性引用文件

下列文件对于本文件的应用是必不可少的。凡是注日期的引用文件，仅注日期的版本适用于本文件。凡是不注日期的引用文件，其最新版本（包括所有的修改单）适用于本文件。

GB/T 1234 高电阻电热合金

GB/T 2614 镍铬-镍硅热电偶丝

GB/T 3375 焊接术语

GB/T 4654 非金属基体红外辐射加热器通用技术条件

GB/T 4989 热电偶用补偿导线

GB/T 9452 热处理炉有效加热区测定方法

GB/T 16839.1 热电偶 第1部分：分度表

GB/T 16839.2 热电偶 第2部分：允差

GB/T 18404 铠装热电偶电缆及铠装热电偶

GB/T 34035 热电偶现场试验方法

DL/T 752 火力发电厂异种钢焊接技术规程

DL/T 868 焊接工艺评定规程

DL/T 869 火力发电厂焊接技术规程

DLT 1719 采用便携式布氏硬度计检验金属部件技术导则

3 术语和定义

GB/T 3375及下列术语适用于本文件。

3.1

焊接热处理 welding heat treatment

在焊接之前、焊接过程中或焊接之后，将焊件全部或局部加热、保温、冷却，以改善工件的焊接工艺性能、焊接接头的金相组织、力学性能和应力状态的一种工艺。焊接热处理包括预热、后热和焊后热处理。

3.2

均温范围 range of soak band

加热恒温过程中，焊接接头全厚度方向上温差小于或等于规定要求的、被加热金属的范围。

3.3

加热宽度 width of heating

加热过程中，为获得所需要的均温范围，所施加的加热热源的最小宽度。例如，电加热时加热装置的宽度、火焰加热时的火焰加热范围等。

4 一般规定

4.1 人员

4.1.1 焊接热处理人员包括热处理技术人员和热处理操作人员（又称“热处理工”）。焊接热处理人员应经过专门的培训，取得证书。未取得证书的人员只能从事焊接热处理的辅助工作。

注：本标准“热处理工”与国家职业标准《热处理工》中的“工程热处理工”相对应，热处理技术人员可由焊接技术人员或具有国家职业标准《热处理工》中具有高级及以上的工程热处理工担任，并应经过专门的焊接热处理技术培训，考核合格。

4.1.2 热处理技术人员的职责如下：

a）负责编制或审核焊接热处理施工方案、作业指导书、工艺卡等技术文件，进行技术交底。

b）指导、监督热处理操作人员的工作，对焊后热处理过程及结果进行评价。

c）收集、汇总、整理焊接热处理资料。

4.1.3 热处理操作人员的职责如下：

a）按焊接热处理施工方案、作业指导书、工艺卡进行施工。

b）记录焊接热处理操作过程。

c）焊后热处理应进行自检。

4.2 仪器设备

4.2.1 焊接热处理仪器设备应满足工艺要求，安全、可靠。

4.2.2 焊接热处理所使用的测控温仪表、热电偶、热电偶丝等需要计量的器具应经过校验，并在有效期内使用。

4.2.3 设备应具有全过程温度自动测量和控制功能，并配备具有冷端温度自动补偿功能的温度自动记录装置：自动记录仪应定期进行检定。

4.2.4 设备的控温精度应在 ±5℃以内。对计算机温度控制系统，其显示装置应有冷端温度自动补偿装置，且其显示温度应以自动记录仪的显示温度为准进行调整。

4.2.5 焊接热处理过程的数据存储设备应具有数据加密功能，数据文件名称宜自动生成且不可更改。

4.3 保温材料

4.3.1 焊接热处理用保温材料应满足下列要求：

a）保温材料的热阻R值不小于0.35℃·m²/W。

b）柔性陶瓷电阻加热或远红外加热用保温材料的熔融温度高于1150℃。

c）感应加热用保温材料对电磁场无屏蔽作用。

d）火焰加热用保温材料应干燥。

4.3.2 宜选用硅酸铝耐火纤维制品、玻璃纤维布、高硅氧布等。

4.4 安全要求

4.4.1 焊接热处理作业中除应符合相关的安全作业要求之外，还应符合下列要求：

a）焊接热处理人员穿戴必要的劳动防护用品，并防止烫伤。

b）至少两人同时参与作业。

c）采用电加热时，防止加热装置导体与焊件接触。

4.4.2 采用红外测温仪时，应避免激光直接或间接射入人眼。

4.4.3 采用感应加热应符合相应的安全防护要求。

5 加热方法与使用条件

5.1 加热方法

5.1.1 加热炉加热应满足下列要求：

a）热处理炉有效加热区的测量方法和测定周期应符合GB/T 9452的要求，测定周期为6个月。热处理炉有效加热区的标志（有效加热区检测合格证）应悬挂于该炉的明显位置处。

b）炉内有效加热区的温度均匀性应达到 ±10℃，控温仪表、记录仪表的精度级别应达到0.5级。

c）加热炉可使用电加热或火焰加热。

5.1.2 柔性陶瓷电阻加热和远红外辐射加热应满足下列要求：

a）柔性陶瓷电阻加热器的技术条件符合附录A的规定。

b）远红外辐射加热器符合GB/T 4654的规定。

c）当同炉使用多根（片）加热器时，各加热器电阻值的偏差不超过5%。

5.1.3 感应加热应满足下列要求：

a）设备的输出功率和频率应能自动响应，并满足工艺要求。

b）设备应能够自动进行温度巡检，宜具有自动选择最高测温点进行温度控制的功能。

5.1.4 火焰加热应满足下列要求：

a）可选择氧－乙炔气体或其他可燃性液体、气体相适应的设备进行加热。

b）可采用瓶（罐）或管道提供液体、气体，并应采取措施，防止回火。

c）应根据焊件的大小、拟定的加热范围选择适宜的火焰燃烧装置。

d）应配备温度测量仪器，监测焊件的温度。

5.2 使用条件

5.2.1 加热炉加热适用于对焊件进行预热、后热和焊后热处理。当对焊件分段加热或采用火焰加热炉时，应满足下列要求：

a）分段加热进行焊后热处理时，其重叠的加热长度不小于300mm。

b）采用火焰加热炉时，应使火焰不直接冲刷被加热焊件。

5.2.2 柔性陶瓷电阻加热、远红外辐射加热适用于对焊件进行预热、后热和焊后热处理。

5.2.3 感应加热适用于对焊件进行预热、后热和焊后热处理。对具有明显尖角效应影响的焊件，不宜采用中频感应加热。

5.2.4 火焰加热使用条件应符合下列要求：

a）在难以采用其他加热方式的场合，可采用火焰加热对焊件进行预热和后热处理。

b）如采用火焰加热方法进行焊后热处理，应编制详尽的作业方案，保证加热相对均匀，并具有有效的温度控制措施。

c）不宜采用火焰加热方法对高合金钢焊件进行焊后热处理。

6 焊接热处理工艺

6.1 工艺文件的确定

6.1.1 焊接热处理工艺应按照DL/T 868的规定，在进行焊接工艺评定时一并评定。

6.1.2 编制焊接热处理作业指导书或工艺卡（格式见附录B中表B.1）时，应结合焊件实际的材料、规格、施工条件和焊接工艺评定报告，并应在首件焊接热处理实施的结果中确认。

6.1.3 首件确认应确认焊接热处理作业指导书中的加热范围、升温速率、恒温时间、降温速度等能够实现并达到预定的效果。

6.1.4 经首件（炉）确认并经硬度检测合格的焊接热处理作业指导书或工艺卡应在后续的工作中得到执行。

6.2 预热

6.2.1 预热温度满足下列要求：

a）焊件的预热温度应符合作业指导书或工艺卡的要求，常用钢的预热温度参见附录C。

b）异种钢焊接预热温度可按照DL/T 752的规定确定。

6.2.2 预热时的加热方法及加热宽度满足下列要求：

a）当管子外径大于133mm或壁厚不小于20mm时，宜采用柔性陶瓷电阻加热、远红外辐射加热或感应加热。

b）当监测焊件坡口外热电偶达到预热温度时，应保持一定时间，使坡口待焊接部位的温度达到要求。

c）当加热器在坡口两侧分别布置或全覆盖布置时，加热宽度自坡口边沿开始计算，且符合下列要求：

1）采用柔性陶瓷电阻加热或远红外辐射加热时，每侧加热宽度不小于焊件厚度的4倍，且不小于100mm；

2）采用感应加热或火焰加热时，每侧加热宽度不小于焊件厚度的3倍，且不小于100mm。

d）当待焊接区为类似点状时，加热范围是以焊接中心为圆心、以焊缝最大深度尺寸的9倍为半径的近圆形区域。

6.2.3 重新预热时，应符合下列要求：

a）焊接中断后，重新焊接前应再次预热。

b）再次预热的工艺与原预热工艺一致。

6.3 后热

6.3.1 有冷裂纹倾向的焊件，当焊接工作停止后，若不能及时进行焊后热处理，应立即进行后热。后热工艺是：加热温度为300℃~400℃；保温时间为2h~4h。

6.3.2 马氏体型耐热钢焊接接头焊后不宜采用后热。若后热，应符合下列要求：

a）待焊件温度降至80℃~100℃、保温1h~2h后立即进行。

b）管子外径不大于63.5mm且壁厚不大于10mm的马氏体型耐热钢焊接接头，可缓冷至室温，并在24h内进行后热或焊后热处理。

6.3.3 后热时的加热宽度不小于预热时的加热宽度。

6.4 焊后热处理

6.4.1 应按照DL/T 869、DL/T 752的规定，或其他技术文件要求进行焊后热处理。若焊缝任一侧为马氏体型耐热钢，应在其完成马氏体转变结束后立即进行焊后热处理，否则，应按6.3的要求进行后热。

6.4.2 焊后热处理恒温温度的选择原则：

a）不应超过焊接材料熔敷金属及两侧母材中最低的下转变温度（A_{c1}），宜在A_{c1}温度以下30℃。

b）对调质结构钢焊接接头，应低于调质处理时的回火温度。

c）对异种钢焊接接头，可按照DL/T 752的相关规定执行。

6.4.3 管道对接接头加热宽度应根据加热方法及外径（D）与壁厚（δ）的比值来选取，但最小不小于100mm。加热中心应位于焊缝中心，并应采取措施降低周向和径向的温差，且应符合下列规定：

a）当采用感应加热时，应按下述方式确定加热宽度；

1）当$D/\delta \leqslant 15$时，加热宽度从焊缝中心起，每侧不小于管子壁厚的5倍；

2）当$D/\delta > 15$时，加热宽度从焊缝中心起，每侧不小于管子壁厚的6倍。

b）当采用柔性陶瓷电阻加热、远红外辐射加热时，应按下述方式确定加热宽度：

1）当 $D/\delta \leqslant 10$ 时，加热宽度从焊缝中心起，每侧不小于管子壁厚的6倍；

2）当 $10<D/\delta \leqslant 20$ 时，加热宽度从焊缝中心起，每侧不小于管子壁厚的7倍；

3）当 $20<D/\delta \leqslant 40$ 时，加热宽度从焊缝中心起，每侧不小于管子壁厚的9倍；

4）当 $40<D/\delta \leqslant 70$ 时，加热宽度从焊缝中心起，每侧不小于管子壁厚的12倍；

5）当 $D/\delta>70$ 时，加热宽度从焊缝中心起，每侧不小于管子壁厚的15倍。

c）管座焊件的加热，主管侧宜采用整圈加热或环形加热的方法，主管与接管侧的加热宽度按主管与接管厚度分别确定。

6.4.4 焊后热处理恒温时间的确定：

a）焊后热处理恒温时间应根据材料类别、加热方法和焊件厚度综合确定。

b）宜按照焊件厚度确定恒温时间。对中低合金钢，恒温时间宜按2min/mm~3min/mm计算，最少30min；对高合金钢，恒温时间宜按3min/mm~5min/mm计算，最少60min。采用感应加热时取值宜偏于以上计算的下限；采用柔性陶瓷电阻加热、远红外辐射加热时取值宜偏于以上计算的上限。

c）管座或返修焊件，其恒温时间也可按焊件的名义厚度 δ' 替代焊件厚度 δ 来确定，但应不少于30min。焊件的名义厚度 δ' 可根据具体的焊缝结构计算：

1）返修件及非熔透型管座，见图1a）、1b）：

$h<5$mm时，　　$\delta'=3h+5$mm

$h=5$mm~10mm时，　　$\delta'=2h+10$mm

$h>10$mm时，　　$\delta'=h+20$mm

式中：

h——返修焊缝厚度，mm。

2）全熔透型骑座式管座，见图1c）：

$$\delta'=h+t_b$$

3）全熔透型插入式管座，见图1d）：

$$\delta'=h+t_h$$

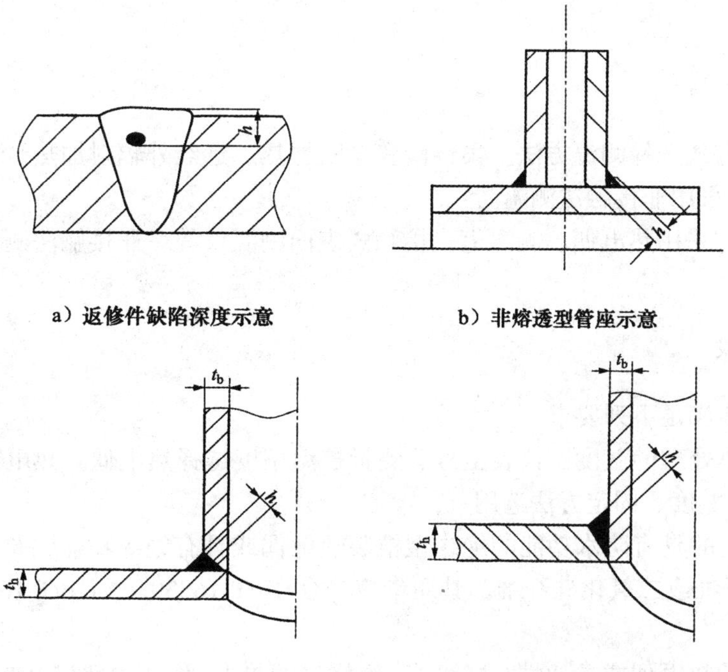

a）返修件缺陷深度示意　　b）非熔透型管座示意

c）全熔透型骑座式管座示意　　d）全熔透型插入式管座示意

图1　名义厚度计算图示

6.4.5 常用钢的焊后热处理恒温温度与恒温时间参见附录D。

6.4.6 升温速率、降温速率的控制要求如下：

a）采用柔性陶瓷电加热或远红外辐射加热时，焊接热处理升温速率、降温速率为6250/δ（单位为℃/h，其中δ为坡口处焊件厚度，单位为mm），采用中频感应加热时，焊接热处理升温速率为8000/δ（单位为℃/h），降温速率为6250/δ（单位为℃/h）。升温、降温速率最大不大于300℃/h。当壁厚大于100mm时，升温速率、降温速率按60℃/h进行控制；300℃以下不控制升温和降温速率。

b）当管子外径不大于108mm且厚度不大于10mm时，若采用感应加热或火焰加热，可不控制升温速度。

c）对管座或返修焊件，应按主管的壁厚计算焊接热处理的升温速率、降温速率。

d）加热炉进行焊后热处理时，加热过程焊件应随炉升温；冷却过程焊件应随炉降温，直到300℃以下方可出炉冷却。

6.4.7 焊后热处理恒温过程中，任意两热电偶显示数据的差值应符合规定的温度范围，且不超过50℃。

6.4.8 在制定焊后热处理工艺措施时，应考虑下列可能出现的因素并采取相应的措施：

a）对于有再热裂纹倾向的钢种，焊后热处理恒温温度应避开敏感温度区间；升温、降温时，应尽快通过敏感温度区间。

b）对于有第二类回火脆性的钢种，焊后热处理采用快速冷却的方式。

c）冷拉焊接接头所用的加载工具，待焊接热处理完毕后，方可拆除。

d）对已运行过的管道焊接接头，在热处理前、后对焊缝及母材硬度进行检验，必要时，进行金相组织检验。

e）阀体和管道形成的焊接接头，焊后热处理时，确保阀体部位的恒温温度不超过阀体的运行温度。

f）对于壁厚大于100mm的焊接接头，应采取措施控制壁厚方向的温差，满足加热温度要求。

7 温度测量

7.1 测温方法选择

7.1.1 应根据加热方式选择测温方法。柔性陶瓷电阻加热、远红外辐射加热、感应加热宜采用接触法测温；火焰加热宜采用非接触法测温。

7.1.2 接触法测温宜采用热电偶、测温笔、接触式表面测温仪等。非接触法测温宜采用便携式红外测温仪等。

7.2 热电偶测温要求

7.2.1 热电偶选择应满足下列要求：

a）应根据焊接热处理的温度、仪表型号、测量控温精度选择热电偶。热电偶的直径与长度应根据焊件的大小、加热宽度、固定方法选用。

b）宜选用K分度的具有防水功能的绝缘型铠装热电偶或具有绝缘功能的K分度热电偶丝，绝缘材料推荐使用玻璃纤维或二氧化硅纤维。其质量应符合GB/T 16839.1、GB/T 16839.2、GB/T 18404、GB/T 2614的要求。

c）对首次使用的热电偶或参比端（接线端）维修过的热电偶，应参照GB/T 34035进行热电偶的极性测试和电阻检测。

7.2.2 热电偶安装应满足下列要求：

a）热电偶的安装位置与数量，应以保证测温和控温准确可靠、有代表性为原则。

b）预热时，控温热电偶应布置在加热区以内，监测热电偶应尽可能靠近待焊坡口。必要时，应使用其他测温方法检测待焊坡口处的温度，见图2。

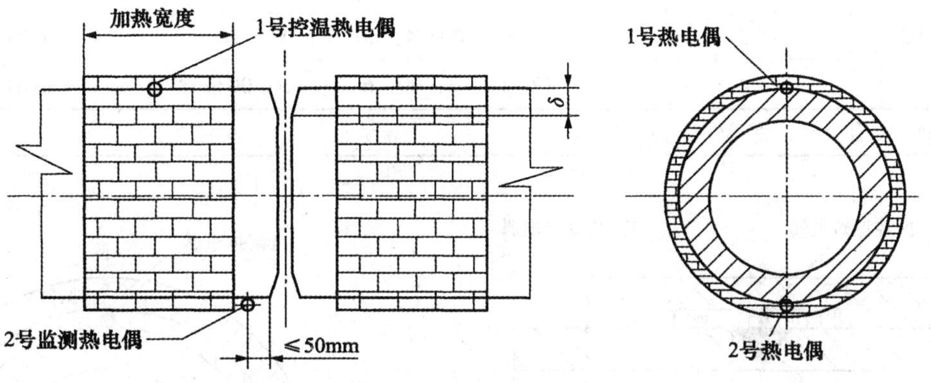

图2 预热时加热宽度与测温点布置示意

c）后热时，应在焊缝上部安装1支热电偶作为控温热电偶，图2所示的监测热电偶不变，也可参照焊后热处理的要求，分区布置热电偶。

d）垂直位置的管道焊接接头进行焊后热处理时，应使用不少于2支~3支热电偶，沿圆周均匀布置。其中，1支控温热电偶布置于焊缝中心，其他监测热电偶布置于距焊缝边缘1倍壁厚处，且不小于50mm，见图3。

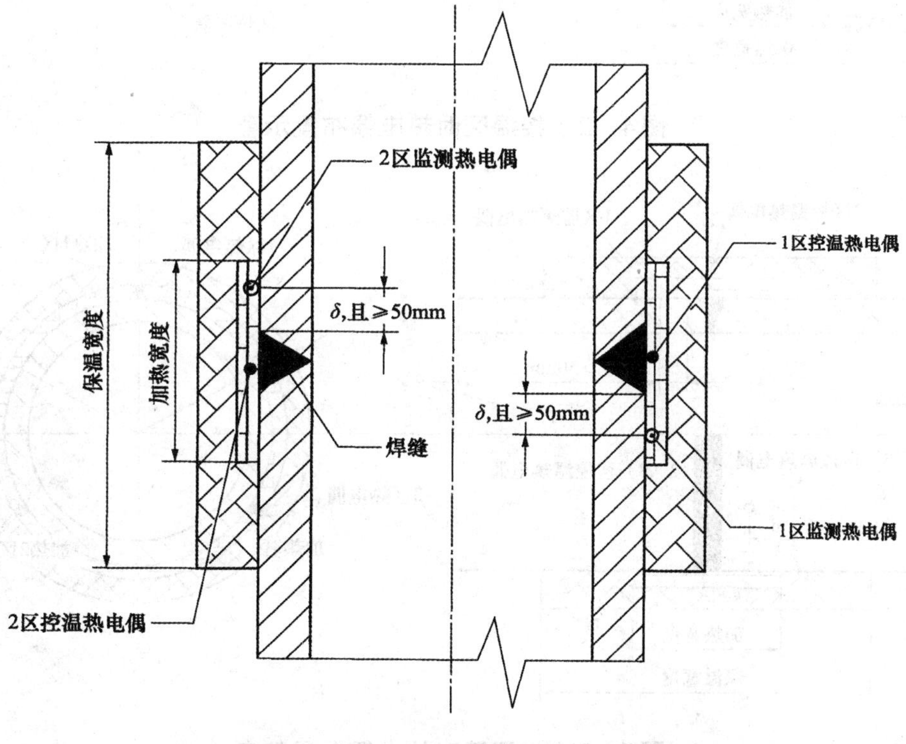

图3 垂直位置管道焊接接头热电偶布置示意

e）水平位置管道焊接接头进行焊后热处理时，宜根据管道外径采取与分区加热相应的测温、控温方式安装热电偶，分区数量与热电偶的安装要求见表1。每个加热区应布置不少于2支热电偶，1支控温热电偶布置于焊缝中心，另1支监测热电偶应布置于距焊缝边缘1倍壁厚处，且不小于50mm，见图4、图5。

表1　水平位置管道焊后热处理时分区数量与控温热电偶的安装要求

管道外径D mm	分区控温数量	周向上控温热电偶位置	说明
$D\leqslant273$	1	12：00位置	适用于所有钢材
$273<D\leqslant508$[a]	2	12：00和6：00位置	适用于所有钢材
$508<D\leqslant762$	3	12：00、4：00、8：00位置	适用于高合金钢
$D>762$	4	12：00、3：00、6：00、9：00位置	适用于高合金钢

[a] 对于碳钢、低合金钢，管道外径上限不限。

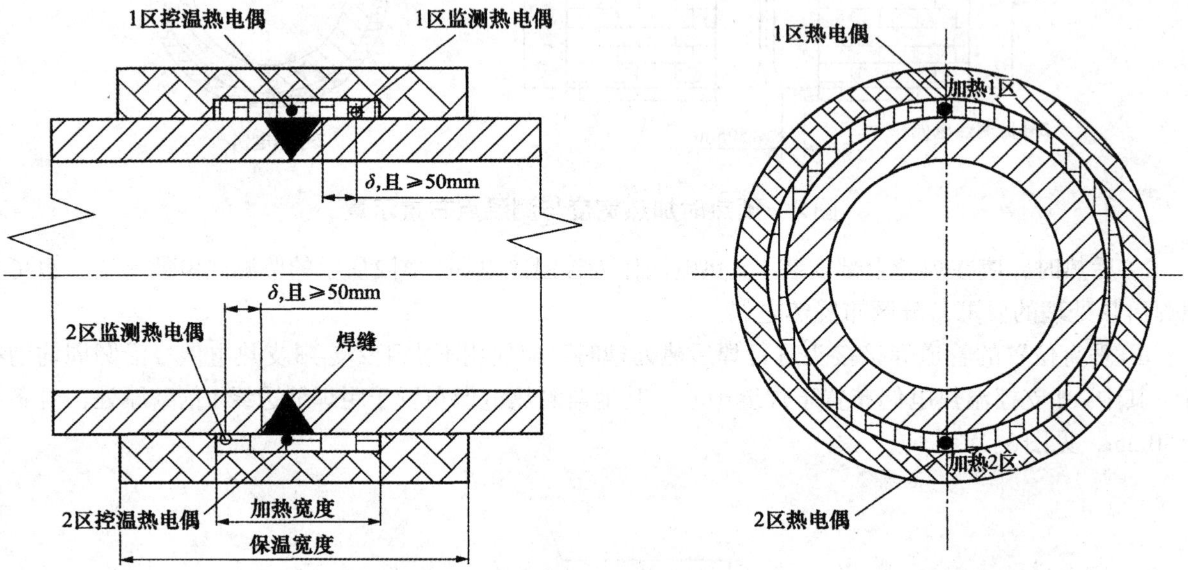

图4　2个控温区时热电偶布置示意

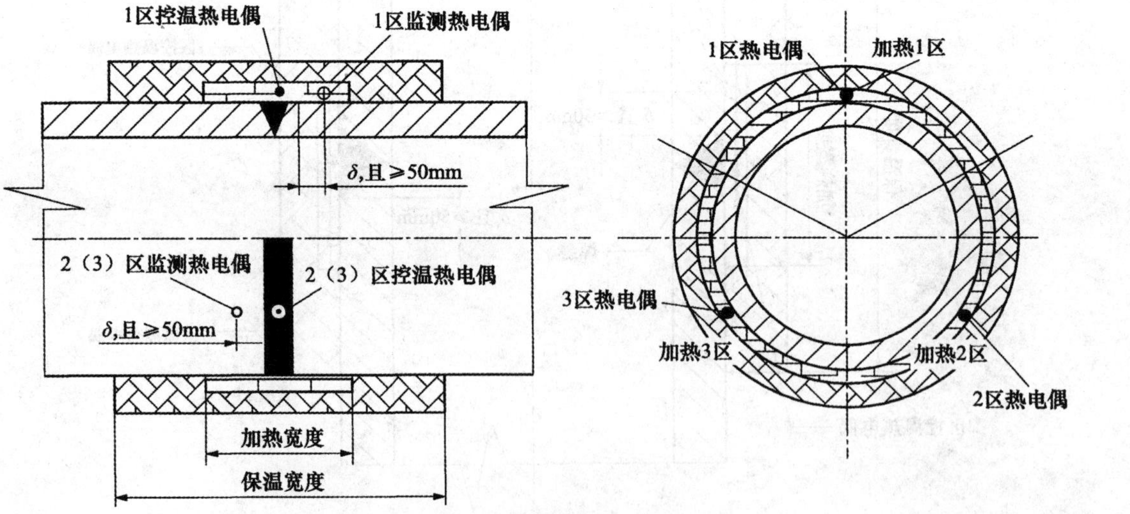

图5　3个控温区时热电偶布置示意

f）异形焊接接头（如三通、管座等）进行后热、焊后热处理时，应采取措施使得焊件实际被加热的最高温度位于被热处理焊缝上。焊后热处理时，其热电偶应至少有3支，其中1支位于焊缝（控温用），其他热电偶（监测温度用）分别位于距焊缝边缘1倍壁厚，且不小于50mm的主管与支管上，见图6。

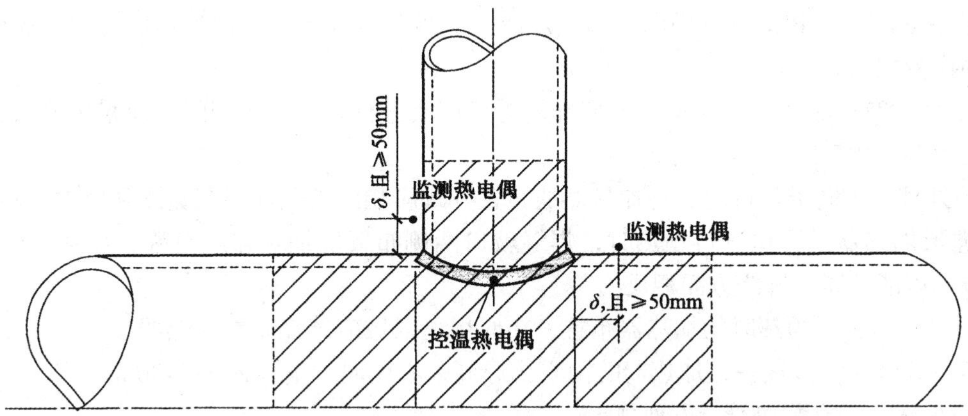

图6 管座焊件热电偶布置示意

7.2.3 热电偶固定应满足下列要求：

a）宜采用储能焊机焊接固定热电偶的方法，或其他能够保证热电偶的热端与焊件接触良好的方法。

b）采用焊接方式固定热电偶时，焊接时焊点处的温度应不低于预热温度，焊接热处理结束后应将热电偶焊点打磨干净。

7.2.4 安装热电偶的注意事项如下：

a）当同炉处理多个焊接接头形式、材质、规格相同的焊接接头时，控温热电偶布置在温度最高的焊接接头上，并在其他焊接接头上至少布置1个监测热电偶。

b）采用储能焊机焊接热电偶丝时，两根热电偶丝焊点间距应不大于6mm，两个热电极之间及其与焊件间应绝缘。

c）采用感应加热时，热电偶的引出方向与感应线圈相垂直。

d）热电偶使用补偿导线引出。

e）热电偶、补偿导线、测量控温仪表的型号、极性、精度相匹配。

7.2.5 补偿导线的使用要求：

a）宜使用与K分度热电偶相匹配的KCA、KCB型补偿导线，其质量应符合GB/T 4989的要求。

b）补偿导线与热电偶连接时，同极性应相接并连接牢固。

c）使用补偿导线后，若冷端温度仍不稳定，应采取冷端温度补偿措施。

7.3 其他测温方法要求

7.3.1 划痕测温笔的使用应满足下列要求：

a）根据加热温度、测温精度的要求，选择合适组合的划痕测温笔。

b）使用划痕测温笔时，及时观测划痕颜色的变化情况，避免温度超过规定的范围。

7.3.2 便携式红外测温仪的使用应满足下列要求：

a）根据测量温度范围选择便携式红外测温仪。

b）根据仪器说明书进行温度测量。

7.3.3 接触式表面测温仪的使用宜满足下列要求：

a）宜选用K分度的热电偶探头及配套的数字式表面测温仪。

b）测温仪具有冷端温度自动补偿功能。

8 加热装置的安装与保温

8.1 加热装置的安装

8.1.1 柔性陶瓷电阻加热器、远红外辐射加热器的安装应符合下列规定：

a）安装加热器时，将焊件表面的焊瘤、焊渣、飞溅物清理干净，使加热器与焊件表面贴紧，必要时，应制作专用的夹具。

b）直径大于273mm的水平管道或大型部件焊接接头进行焊后热处理时，应采用分区加热，分区数量应满足表1的规定。

c）同炉处理多个同类焊件时，各加热器的布置方式应相同，且保温层宽度和厚度也尽可能相同。

d）用绳形加热器对管道进行预热时，焊缝坡口两侧布置的加热器应对称，加热器的缠绕圈数、缠绕密度应尽可能相同，缠绕方向相反。

e）后热时，若采用预热时的加热器布置，在原焊缝区域应补充布置加热器。

f）垂直位置管道焊接接头，加热器的中心比焊缝中心应向下偏移20mm~30mm。

8.1.2　感应加热器的安装应符合下列规定：

a）感应线圈的匝间距离应根据焊件的形状、壁厚、拟定的加热宽度确定。

b）工频感应加热时感应线圈与工件的间隙为10mm~50mm；中频感应加热时感应线圈与工件的间隙为10mm~80mm。

c）感应线圈安装时，应避免匝间短路。

d）应避免在焊件上留下剩磁。

8.1.3　火焰加热符合以下要求：

a）当使用多个喷嘴或焊炬进行加热时，宜对称布置，均匀加热。

b）火焰焰心至工件的距离应在10mm以上；喷嘴的移动速度要稳定，不得在一个位置长期停留。

c）应注意控制火焰的燃烧状况，防止金属的氧化或增碳。

d）以焊缝为中心，加热宽度应为焊缝两侧各外延不少于50mm。

e）火焰加热的恒温时间应按1min/mm计算。

f）加热完毕，应立即使用干燥的保温材料进行保温。

8.1.4　对变径管、管座、三通和阀门连接管等部件异形焊接接头，宜在金属材料体积较大侧布置较多的加热装置，通过分区控温、功率控制或其他措施，使加热区域最高温度位于被热处理的焊缝上。

8.2　保温

8.2.1　焊接热处理的保温宽度从焊缝中心算起，每侧应比加热宽度增加至少2倍壁厚，且不小于150mm。

8.2.2　焊后热处理的保温厚度不超过80mm，保温层外表面温度以不高于60℃为宜。感应加热时，可适当减小保温厚度。可以通过改变保温层厚度来调整管道加热部分的温差。

9　质量检查

9.1　质量检查项目

9.1.1　热处理工在升温前应进行下列内容的检查，确认其符合作业指导书或工艺卡的要求：

a）加热及测温设备、器具及接线、热处理炉有效加热区检测合格证的有效期。

b）加热装置的布置、温度控制分区。

c）加热范围符合标准或规范要求，保温层的宽度、厚度合适。

d）温度测点的安装方法、位置和数量。

e）设定的加热温度、恒温时间、升温速度、降温速度等。

f）现场安全要求。

9.1.2　热处理工在焊接热处理工作中应进行现场工作记录（格式参见附录B中表B.2），工作完成后应自检，并经热处理技术人员确认，符合下列要求：

a）工艺参数在控制范围以内，并有自动记录曲线。

b）热电偶无损坏、无位移。

c）热处理记录曲线与工艺卡吻合。

9.1.3 焊接热处理技术人员或焊接工程师应在热处理工自检合格的基础上，对同类焊件进行不少于20%（马氏体型耐热钢焊件应不少于50%）的抽查。检查相关记录、察看经焊后热处理的焊件外观，进行质量评价，其内容符合附录E的规定。评价项目包含该表中所有检查项目。

9.2 焊后热处理质量要求

9.2.1 焊后热处理质量应由其过程控制予以保证。按照9.1.1、9.1.2的规定完成检查且符合要求，则焊后热处理工作质量确定为合格，否则确定为不合格。

9.2.2 热处理工按9.1.1检查有不符合项时，应立即改进并使其合格；按9.1.2检查有不符合项或按9.1.3进行抽查有疑问时，应由焊接热处理技术人员或焊接工程师与质量检查人员联合组织评价，查找并分析原因，制定进一步的质量保证措施。同时应进行该焊缝硬度检测或进行现场金相组织检验。

9.2.3 硬度检测可采用便携式布氏硬度计按照DL/T 1719的要求检测，或采用便携式里氏硬度计按照GB/T 17394的规定进行检测。对于有争议的硬度检测值宜采用便携式布氏硬度计进行复核，硬度值应满足DL/T 869的规定。

9.3 焊后热处理质量不合格处理

9.3.1 当焊缝硬度值偏低或偏高时，应对不合格原因进行分析。

9.3.2 焊后热处理温度或时间不够而导致焊缝硬度值高于规定值时，应重新进行焊后热处理，且不超过3次。

9.3.3 当焊缝硬度值低于规定值，或金相组织检验判定超过相变温度出现异常组织的焊缝时，除非可以现场实施正火+回火热处理，否则应割掉该焊接接头，重新焊接。

9.3.4 焊后热处理恒温时间超过焊后热处理作业指导书规定值±30%，且硬度检查合格的焊缝，应作记录。

10 技术文件

10.1.1 焊接热处理施工应具有与焊接工艺评定参数相适应的现场热处理作业指导书或工艺卡，应具有现场焊接热处理操作记录、焊接热处理工作统计表（格式参见附录B中表B.3）、焊后热处理质量评价表（格式见附录E）。

10.1.2 工程竣工后移交的焊接技术资料中焊接热处理技术资料包括：

a）焊接热处理自动记录曲线。

b）焊接热处理工作统计表。

c）焊后热处理质量评价表。

d）相应的试验、检测报告。

附 录 A
（规范性附录）
柔性陶瓷电阻加热器技术条件

A.1 柔性陶瓷电阻加热器一般由电阻丝、陶瓷套管（片）、引出线及附件组成，可以是绳形加热器、履带式片状加热器、指状加热器、抱合式加热器，其工作温度不超过1000℃。

A.2 电阻丝应采用Cr20Ni80合金材料，单股直径以0.35mm~0.40mm为宜，质量符合GB/T 1234的要求。绞制股数以37股~42股为宜，在绞制电阻丝时，不允许有接头、断丝。

A.3 陶瓷套管（片）应使用氧化物和复合氧化物陶瓷制作，要求有高的热发射率。其软化点温度应大于1200℃，绝缘强度应大于20kV/mm。抗热震性要求为在750℃时淬入25℃水中3次不开裂。

A.4 加热器引出线与电阻丝的连接，宜采用不锈钢导管连接压制，压接前应检查不锈钢导管有无毛刺；也可采用低电阻合金焊接材料进行焊接来保证接头的质量。每根镍铬电阻丝引出线的长度应不小于400mm，钢丝引出线的长度应不小于200mm，铜丝截面面积不小于$10mm^2$。加热器接插件应采用承插式。

A.5 加热器的耐压性能应在2000V交流电下1min无击穿，绝缘电阻不小于100MQ（400℃以下），高温泄漏值应不超过0.5mA/kW（750℃时）。

A.6 有效发热部分的尺寸误差：绳形加热器、指状加热器不大于1%；片状加热器不大于3%。

A.7 验收时，应采用冷态电阻计算加热器的功率。其计算功率与额定功率误差应不大于5%。

A.8 对绳形加热器，在750℃、3h的工作条件下，使用3次后电阻丝的伸长量不大于0.5%。对履带式加热器，应根据加热器的规格选择合适大小的瓷板；加热器的两端，应根据加热器的宽度放置适当数量的带连接孔的陶瓷件，且两端位置应一致。抱合式加热器的两端与加热件应有良好的密封，能够按要求实现分区控温要求。

A.9 加热器应有产品合格证明和质量证明书，质量证明书至少应包含但不限于下列内容：

a）电阻丝的单丝直径、股数和质量证明。

b）加热器的有效尺寸。

c）额定工作电压。

d）额定功率。

e）设计冷态电阻。

附　录　B
（资料性附录）
焊接热处理工艺卡、焊接热处理操作记录、焊接热处理工作统计表

焊接热处理工艺卡、焊接热处理操作记录、焊接热处理工作统计表见表B.1~表B.3。

表B.1　焊接热处理工艺卡

<table>
<tr><td>工程名称</td><td colspan="3"></td><td>编　号</td><td colspan="3"></td></tr>
<tr><td>部件名称</td><td colspan="3"></td><td>材　质</td><td colspan="3"></td></tr>
<tr><td>规　　格</td><td colspan="3"></td><td>焊口数</td><td colspan="3"></td></tr>
<tr><td colspan="8">预　热</td></tr>
<tr><td>加热方法</td><td colspan="3"></td><td>升温速率</td><td colspan="3">℃/h</td></tr>
<tr><td>预热温度</td><td colspan="3">打底：　℃；预热：　℃</td><td>层间温度</td><td colspan="3">℃</td></tr>
<tr><td>测温方法</td><td colspan="7"></td></tr>
<tr><td>加热措施</td><td colspan="7"></td></tr>
<tr><td>保温措施</td><td colspan="7"></td></tr>
<tr><td colspan="8">后　热</td></tr>
<tr><td>加热温度</td><td colspan="3">℃</td><td>恒温时间</td><td colspan="3">h</td></tr>
<tr><td>其他要求</td><td colspan="7"></td></tr>
<tr><td colspan="8">焊后热处理</td></tr>
<tr><td>加热方法</td><td colspan="2"></td><td>升温速率</td><td>℃/h</td><td colspan="2">降温速率</td><td>℃/h</td></tr>
<tr><td>加热宽度</td><td colspan="3">mm</td><td>保温层宽度</td><td colspan="3">mm</td></tr>
<tr><td>恒温温度</td><td colspan="3">℃</td><td>恒温时间</td><td colspan="3">h</td></tr>
<tr><td>热电偶型号</td><td colspan="3"></td><td>数　　量</td><td colspan="3"></td></tr>
<tr><td colspan="4">工艺曲线图：</td><td colspan="4">注意事项：</td></tr>
<tr><td>编制</td><td></td><td>日期</td><td></td><td>审核</td><td></td><td>日期</td><td></td></tr>
</table>

表B.2　焊接热处理操作记录

工程名称：　　　　　　　　　日期：　　　　　　　　天气：　　　　　　　　环境温度：

部件名称		接头编号		材质		规格		加热方法	
升降温速率 ℃/h		恒温温度 ℃		恒温时间 h		工艺卡号			

时间 h															
温度 ℃															
时间 h															
温度 ℃															

记录要求：	交接班记录		异常情况记录：
1）严格按照热处理作业指导书或热处理工艺卡作业。	记录人		
2）认真记录，填写清晰、完整。	接班人		
3）每 0.5h 记录一次。 4）至少每 0.5h 到热处理现场巡查一次。	开始时间		
5）当连续工作时间较长时，应每隔 3h 记录一次环境温度。	结束时间		

表B.3　焊接热处理工作统计表　　　　第　页

工程名称				部件名称				
序号	焊接接头编号	材质	规格	加热方法	热处理日期	自动记录号	热处理类别	备注

说明：

1）本表按部件，以热处理日期顺序进行统计。

2）加热方法以代号表示：DR—电加热；GR—感应加热；HR—火焰加热；LR—炉内加热。

3）热处理类别以代号表示：PWHT—焊后热处理；POH—后热；PRH—预热。

审核人：　　　　　　　　　　　　　　　　　　　　统计人：

年　月　日　　　　　　　　　　　　　　　　　　　年　月　日

附 录 C
（资料性附录）
常用钢的预热温度

常用钢的预热温度见表C.1。

表C.1 常用钢的预热温度

<table>
<tr><th rowspan="2">钢 种</th><th colspan="2">管 材</th><th colspan="2">板 材</th></tr>
<tr><th>厚度
mm</th><th>预热温度
℃</th><th>厚度
mm</th><th>预热温度
℃</th></tr>
<tr><td>含碳量不大于0.35%的碳素钢及其铸件</td><td>≥26</td><td>100~200</td><td>≥34</td><td rowspan="3">100~150</td></tr>
<tr><td>C-Mn （Q345）</td><td rowspan="2">≥28</td><td rowspan="2">100~150</td><td>≥30</td></tr>
<tr><td>Mn-V （Q390、Q420）</td><td>≥28</td></tr>
<tr><td>15NiCuMoNb5（WB36）、13MnNbMoR</td><td>≥20</td><td>150~200</td><td>≥20</td><td>150~200</td></tr>
<tr><td>18MnMoNbR</td><td rowspan="2">≥15</td><td rowspan="2">150~200</td><td rowspan="2">≥15</td><td rowspan="2">150~200</td></tr>
<tr><td>0.5Cr-0.5Mo （12CrMo）
1Cr-0.5Mo （15CrMo、ZG20CrMo）</td></tr>
<tr><td>1Cr-0.5Mo-V （12Cr1MoV）
1.5Cr-1Mo-V （15Cr1Mo1V、ZG15Cr1Mo1V）
2Cr-0.5Mo-W-V （12Cr2MoWVB）
1.75Cr-0.5Mo-V、2.25Cr-1Mo （12Cr2Mo）
3Cr-1Mo-V-Ti （12Cr3MoVSiTiB）、10CrMo910</td><td>≥6</td><td>200~300</td><td>≥8</td><td>200~300</td></tr>
<tr><td>07Cr2MoW2VNbB（T/P23）</td><td>任意</td><td>150~200</td><td>任意</td><td>150~200</td></tr>
<tr><td>1Cr5Mo、12Cr13（1Cr13）</td><td>任意</td><td>250~300</td><td>任意</td><td>250~300</td></tr>
<tr><td>9Cr-1Mo（T/P9）、12Cr-1Mo（F12）</td><td>任意</td><td>300~350</td><td>任意</td><td>300~350</td></tr>
<tr><td>10Cr9Mo1VNbN（T/P91）</td><td>任意</td><td>200~250</td><td>任意</td><td>200~250</td></tr>
<tr><td>10Cr9MoW2VNbBN（T/P92）</td><td>任意</td><td>200~250</td><td>任意</td><td>200~250</td></tr>
<tr><td>10Cr11MoW2VNbCu1BN（T/P122）</td><td>任意</td><td>200~250</td><td>任意</td><td>200~250</td></tr>
<tr><td colspan="5">注1：表中的温度为根据壁厚确定的最低预热温度。当采用钨极氩弧焊打底时，可按下限温度降低50℃预热。
注2：壁厚不小于6mm的合金钢管子或管件，大厚度板件在负温下焊接时，应比最低的预热温度高20℃~40℃。壁厚小于6mm的低合金钢管子及壁厚大于15mm的碳素钢管子在负温下焊接，也应适当预热。
注3：承压件与非承压件焊接时，应按承压件进行预热。接管座与主管焊接时，应按主管进行预热。</td></tr>
</table>

附　录　D
（规范性附录）
常用钢的焊后热处理温度与恒温时间

常用钢的焊后热处理温度与恒温时间见表D.1。

表D.1　常用钢的焊后热处理温度与恒温时间

<table>
<tr><th rowspan="3">钢　种</th><th rowspan="3">温度
℃</th><th colspan="7">焊　件　厚　度
mm</th></tr>
<tr><th>≤12.5</th><th>12.5~25</th><th>25~37.5</th><th>37.5~50</th><th>50~75</th><th>75~100</th><th>100~125</th></tr>
<tr><th colspan="7">恒　温　时　间
h</th></tr>
<tr><td>C≤0.35（20、ZG25）
C–Mn（Q345、Q420）</td><td>580~620</td><td colspan="2">不必热处理</td><td>1.5</td><td>2</td><td>2.25</td><td>2.5</td><td>2.75</td></tr>
<tr><td>15NiCuMoNb5（WB36）
15MnNiMoR</td><td>580~600</td><td>1</td><td>2</td><td>2.5</td><td>3</td><td>4</td><td>5</td><td>—</td></tr>
<tr><td>0.5Cr–0.5Mo（12CrMo）</td><td>650~700</td><td>0.5</td><td>1</td><td>1.5</td><td>2</td><td>2.25</td><td>2.5</td><td>2.75</td></tr>
<tr><td>1Cr–0.5Mo（15CrMo、
ZG20CrMo）</td><td>670~700</td><td>0.5</td><td>1</td><td>1.5</td><td>2</td><td>2.25</td><td>2.5</td><td>2.75</td></tr>
<tr><td>07Cr2MoW2VNbB（T/P23）</td><td>720~740</td><td>0.5</td><td>1</td><td>1.5</td><td>2</td><td>3</td><td>4</td><td>5</td></tr>
<tr><td>1Cr–0.5Mo–V（12Cr1MoV、
ZG20CrMoV）
1.5Cr–1Mo–V（ZG15Cr1Mo1V）
1.75Cr–0.5Mo–V
2.25Cr–1Mo（10CrMo910）</td><td>720~750</td><td>0.5</td><td>1</td><td>1.5</td><td>2</td><td>3</td><td>4</td><td>5</td></tr>
<tr><td>1Cr5Mo、12Cr13</td><td>720~750</td><td>1</td><td>2</td><td>3</td><td>4</td><td>—</td><td>—</td><td>—</td></tr>
<tr><td>2Cr–0.5Mo–WV
（12Cr2MoWVTiB）
3Cr–1Mo–V–Ti
（12Cr3MoVSiTiB）</td><td rowspan="2">750~770</td><td>0.75</td><td>1.25</td><td>2.5</td><td>4</td><td>—</td><td>—</td><td>—</td></tr>
<tr><td>9Cr–1Mo（T/P9）、
12Cr–1Mo（F12）</td><td>1</td><td>2</td><td>3</td><td>4</td><td>5</td><td>—</td><td>—</td></tr>
<tr><td>10Cr9Mo1VNbN（T/P91）</td><td>740~760</td><td>1</td><td>2</td><td>3</td><td>4~5</td><td>5~6</td><td>6~7</td><td>8</td></tr>
<tr><td>10Cr9MoW2VNbBN（T/P92）</td><td>750~770</td><td>1.5</td><td>2</td><td>4</td><td>5~6</td><td>6~7</td><td>8~9</td><td>10</td></tr>
<tr><td>10Cr11MoW2VNbCu1BN
（T/P122）</td><td>740~760</td><td colspan="2">2</td><td>4</td><td>5~6</td><td>6~7</td><td>8~9</td><td>10</td></tr>
<tr><td colspan="9">注1：表内的恒温时间是推荐值，当合同或其他技术文件有要求时按照其规定执行；经技术验证并获得建设单位批准时，可以按照批准的技术文件执行。
注2：如采用中频感应加热，恒温时间可按6.4.4规定的计算方法计算。
注3：对已运行过的管道焊接接头，宜选用较低的温度或较短的恒温时间。
注4：“—”表示不规定。</td></tr>
</table>

附　录　E
（规范性附录）
焊后热处理质量评价表

焊后热处理质量评价表见表E.1。

表E.1　焊后热处理质量评价表

工程名称		评价表编号	
部件名称		材　　质	
规　　格		焊口编号	
序号	评　价　项　目		单项评价结论
1	测量、控温仪表、记录仪表的计量是否有效		
2	实际安装热电偶______支，安装位置：__________________		
3	实际安装热电偶固定方法：__________________________		
4	是否使用补偿导线：______________________________		
5	实际加热宽度：________mm；是否分区控温：____________		
6	实际的保温宽度：________mm；厚度：________mm		
7	实际的升温速率：__________℃/h，降温速率：________℃/h		
8	实际的焊后热处理恒温温度：__________℃，恒温时间：____h		
9	是否有自动记录		
10	记录曲线是否符合（指曲线无中断，无非正常的波动、乱打点）		
11	焊件表面无异常（指无氧化皮严重、裂纹等）		
12	其他		
评价结论： 符合作业指导书：□　　不符合作业指导书：□			
进一步检测意见： 是否硬度检测：□　　是否金相检验：□			
处理建议： 重新焊后热处理：□　　割管返修：□　　其他方式：____________________			
说明： 1）焊后热处理质量评价由热处理技术人员或其与质量检查人员联合进行。 2）单项评价结论分符合、不符合分别用Y、N表示。			

评价人：__________________　　　　　　　　日期：____________________

ICS 25.160.10
CCS J 33

DL

中华人民共和国电力行业标准

DL/T 869—2021
代替 DL/T 869—2012

火力发电厂焊接技术规程

The welding code of practice for power plant

2021-12-22 发布

2022-03-22 实施

国家能源局 发布

目　次

前　言

本文件按照GB/T 1.1—2020《标准化工作导则　第1部分：标准化文件的结构和起草规则》的规定起草。

本文件代替DL/T 869—2012《火力发电厂焊接技术规程》，与DL/T 869—2012相比，除结构调整和编辑性改动外，主要技术变化如下：

——增加焊接工程监理人员的职责（见4.2.3.6）；

——修订了管子/道焊口两边内外径尺寸均不同时［图1c）］焊件组对方法（见附录B）；

——修订了9%~12%Cr马氏体型耐热钢施焊预热温度和相应的层/道间温度，修订了焊后热处理恒温温度（见5.3.4）；

——增加了超超临界参数锅炉的水冷壁地面水平位置组合的密封焊接要求（见6.3.18、附录G）；

——修订了部件应进行焊后热处理和有条件不进行焊后热处理的规定（见6.4.3、6.4.4）；

——删除了对07Cr2MoW2VNbB（T23）钢壁厚不大于8mm可以免除焊后热处理的规定（见2012年版的6.4）；

——增加了无损检测应用方法及相关技术要求，根据增加的无损检测方法及标准变化修改了管道各类焊接接头的质量级别规定（见7.3、8.2）；

——修改现场焊缝硬度检测方法为宜采用布氏硬度检测方法（见7.5.2、8.4）；

——对重要部件的焊接修复、焊接接头金相检验、布氏硬度检验等与相关标准进行了衔接（见4.1.5、4.3.2）；

——根据本文件涉及的材料变化增加并完善了附录A、附录C和附录D相关内容。

本文件由中国电力企业联合会提出。

本文件由电力行业电站焊接标准化技术委员会（DL/TC 18）归口。

本文件起草单位：中国电力科学研究院有限公司、中国能源建设集团安徽电力建设第一工程有限公司、苏州热工研究院有限公司、陕西化建工程有限责任公司、江苏方天电力技术有限公司、南京龙迦工程科技有限公司、上海电力安装第一工程有限公司、江苏电力装备有限公司、电力行业电力锅炉压力容器安全监督管理委员会、中国能源建设集团安徽电力建设第二工程有限公司。

本文件主要起草人：郭军、乔亚霞、傅求华、赵建仓、马君鹏、张国光、张学诚、任永宁、王淦刚、李长辉、毛敏、赵军、朱顺聚、张浩。

本文件及其所代替文件的历次版本发布情况为：

——1962年首次发布为焊规—101—62，1977年第一次修订，1982年第二次修订，1992年第三次修订，2004年第四次修订，2012年第五次修订；

——本次为第六次修订。

本文件在执行过程中的意见或建议反馈至中国电力企业联合会标准化管理中心（北京市白广路二条一号，100761）。

引　言

根据《国家能源局综合司关于下达2019年能源领域行业标准制修订计划及英文版翻译出版计划的通知》（国能综通科技〔2019〕58号）的要求，对DL/T 869—2012《火力发电厂焊接技术规程》进行了修订。

本文件和DL/T 678共同构成电力行业焊接工作的主干标准。

本文件修订过程中，吸收了近年来电站焊接技术发展的成果，参照了有关国际标准、国家标准和国内有关标准及规定。

本文件可以作为火力发电厂工程所涉及的建设、设计、施工、监理单位等各方均认可的焊接技术要求使用。

本文件最初版本：焊规—101—62《碳素钢和低合金钢的电弧焊接暂行技术规程》，由中华人民共和国水利电力部批准颁发。此后，历次版本情况：SDJ 51—77《电力建设施工及验收技术规范（火力发电厂承压管道焊接篇）》，由水利电力部批准颁发；SDJ 51—82《电力建设施工及验收技术规范（火力发电厂焊接篇）》，由水利电力部批准颁发；DL 5007—92《电力建设施工及验收技术规范（火力发电厂焊接篇）》，由能源部批准颁发；DL/T 869—2004《火力发电厂焊接技术规程》，由国家发展改革委批准颁发；DL/T 869—2012《火力发电厂焊接技术规程》，由国家能源局批准颁发。

火力发电厂焊接技术规程

1 范围

本文件规定了火力发电厂设计、安装、维修、改造工程及其配套加工制造的锅炉、压力容器、压力管道、钢结构和在受压元件上焊接非受压元件的焊接工作，以及主、辅机部件的焊接修复工作的技术要求。

本文件适用于焊条电弧焊（SMAW）、钨极氩弧焊（GTAW）、熔化极（实心和药芯焊丝）气体保护焊（GMAW、FCAW）、气焊（OFW）、埋弧焊（SAW）等焊接方法。

本文件也适用于非承压结构、密封及一般支撑结构的焊接。

2 规范性引用文件

下列文件中的内容通过文中的规范性引用而构成本文件必不可少的条款。其中，注日期的引用文件，仅该日期对应的版本适用于本文件；不注日期的引用文件，其最新版本（包括所有的修改单）适用于本文件。

GB/T 983　不锈钢焊条

GB/T 985.1　气焊、焊条电弧焊、气体保护焊和高能束焊的推荐坡口

GB/T 985.2　埋弧焊的推荐坡口

GB/T 5117　非合金钢及细晶粒钢焊条

GB/T 5118　热强钢焊条

GB/T 5293　埋弧焊用非合金钢及细晶粒钢实心焊丝、药芯焊丝和焊丝-焊剂组合分类要求

GB/T 5310　高压锅炉用无缝钢管

GB/T 8110　熔化极气体保护焊用非合金及细晶粒钢实心焊丝、低合金钢焊丝

GB/T 10045　非合金钢及细晶粒钢药芯焊丝

GB/T 11345　焊缝无损检测　超声检测　技术、检测等级和评定

GB/T 12470　埋弧焊用热强钢实心焊丝、药芯焊丝和焊丝-焊剂组合分类要求

GB/T 17394　金属材料　里氏硬度试验

GB/T 17493　热强钢药芯焊丝

GB/T 29713　不锈钢焊丝和焊带

GB/T 32532　焊接与切割用钨极

GB/T 39255　焊接用切割用保护气体

GB/T 39279　气体保护电弧焊用热强钢实心焊丝

GB/T 39280　钨极惰性气体保护电弧焊用非合金钢及细晶粒钢实心焊丝

DL/T 675　电力行业无损检测人员资格考核规则

DL/T 678　电力钢结构焊接通用技术条件

DL/T 679　焊工技术考核规程

DL/T 734　火力发电厂锅炉汽包焊接修复技术导则

DL/T 752　火力发电厂异种钢焊接技术规程

DL/T 753　汽轮机铸钢件补焊技术导则

DL/T 754　母线焊接技术规程

DL/T 819　火力发电厂焊接热处理技术规程

DL/T 820（所有部分）　管道焊接接头超声波检测技术规程

DL/T 821　金属熔化焊对接接头射线检测技术和质量分级

DL/T 868　焊接工艺评定规程

DL/T 905　汽轮机叶片、水轮机转轮焊接修复技术规程

DL/T 931　电力行业理化检验人员考核规程

DL/T 991　电力设备金属光谱分析技术导则

DL/T 1097　火电厂凝汽器管板焊接技术规程

DL/T 1105.2　电站锅炉集箱小口径接管座角焊缝无损检测技术导则　第2部分：超声检测

DL/T 1621　发电厂轴瓦巴氏合金焊接技术导则

DL/T 1718　火力发电厂焊接接头相控阵超声检测技术规程

DL/T 1719　采用便携式布氏硬度计检验金属部件技术导则

DL/T 1927　发电机、汽轮机轴颈焊接修复技术导则

DL/T 2054　电力建设焊接接头金相检验与评定技术导则

DL/T 2360　阀门密封面焊接修复技术导则

DL/T 5210.5　电力建设施工质量验收规程　第5部分：焊接

JB/T 3223　焊接材料质量管理规程

NB/T 47013　承压设备无损检测

NB/T 47018.2　承压设备用焊接材料订货技术条件　第2部分：钢焊条

NB/T 47018.3　承压设备用焊接材料订货技术条件　第3部分：气体保护电弧焊丝和填充丝

NB/T 47018.4　承压设备用焊接材料订货技术条件　第4部分：埋弧焊用钢焊丝和焊剂

YB/T 5092　焊接用不锈钢丝

3　术语和定义

本文件没有需要界定的术语和定义。

4　一般规定

4.1　总的要求

4.1.1　焊接工程应按DL/T 868进行焊接工艺评定，编制焊接工艺、作业指导书，必要时应编制焊接施工措施文件。

4.1.2　焊接接头质量检验应根据部件工况条件和质量要求分类。

4.1.3　焊接人员考核应符合有关规程的规定。

4.1.4　焊接工程质量验收，应符合DL/T 5210.5的规定。

4.1.5　汽包、汽轮机铸钢件、汽轮机叶片、轴颈、轴瓦巴氏合金、阀门等重要部件焊接或焊接修复应分别符合DL/T 734、DL/T 753、DL/T 905、DL/T 1927、DL/T 1621、DL/T 2360的规定。

4.1.6　电力钢结构、母线、凝汽器管板焊接应分别符合DL/T 678、DL/T 754、DL/T 1097的规定。

4.1.7　焊接工作应遵守国家和行业的安全、环保规定和其他专项规定。

4.2　企业及焊接人员

4.2.1　承担火力发电厂焊接工程的施工、监理、检修和相关工作的单位应具备的条件

承担火力发电厂焊接工程的施工、监理、检修和相关工作的单位应具备下列条件：

a）具有国家认可的与承担工程相适应的单位资质，具备相应的质量管理体系；

b）企业质量体系中应对焊接工程管理有明确的规定，焊接工程中，质量体系应有效运行，确保焊接工程的质量；

c）指定焊接专业负责人，负责本专业的技术、质量及安全工作；

d）具备与工程规模相适应的焊接施工、检验装备和人力资源条件；

e）施工和监理企业应经常组织焊接人员参加专业技术培训。

4.2.2 承担火力发电厂焊接工程的焊接人员应具备的条件

4.2.2.1 焊接技术人员应具备下列条件：

a）应经过专业技术培训，且有不少于1年的专业技术实践；

b）焊接工程中担任管理或技术负责人的焊接技术人员应取得相应专业中级或以上专业技术资格。

4.2.2.2 焊接质量检查人员应具备下列条件：

a）应具有初中及以上的文化程度，具有3年及以上实践经验；

b）应经过专门技术培训，具备相应的质量管理知识，并取得相应的证书。

4.2.2.3 焊接检验、检测人员应具备下列条件：

a）无损检测人员应按照DL/T 675的规定参加考核并取得相应的技术资格；

b）从事金相、光谱、力学性能检测的人员，应按照DL/T 931的相关的规定取得相应的资格；

c）焊接检验、检测人员的证书应在有效期内；

d）评定检测结果，签署检测报告的人员应具备中级及以上资格。

4.2.2.4 焊工和焊机操作工应按照DL/T 679的规定参加焊工技术考核，并取得相应证书。

4.2.2.5 焊接热处理人员应具备下列条件：

a）焊接热处理操作人员应具备初中及以上文化程度，经专门培训考核并取得证书；

b）焊接热处理技术人员应具备中专及以上文化程度，经专门培训考核并取得证书。

4.2.2.6 焊接工程监理人员应具备下列条件：

a）应有不少于五年的焊接专业技术实践；

b）应经过焊接专业技术培训。

4.2.3 焊接人员的基本职责

4.2.3.1 焊接技术人员应履行下列职责：

a）贯彻工程质量方针，掌握工程概况，组织并编制焊接专业施工组织设计；

b）组织并参与焊接工艺评定，编制焊接作业指导书、拟定焊接技术措施，组织现场焊接练习，确认焊工能力；

c）在施工前向有关人员进行技术交底，在工程中实施技术指导和监督；

d）参与焊接质量验收；

e）记录、检查和整理工程技术资料，办理本专业工程竣工技术文件的移交，组织进行焊接工程专业技术总结。

4.2.3.2 焊接质量检查人员应履行下列职责：

a）编制焊接质量验收项目和实施计划；

b）参与焊接技术措施的审定，确认有关技术措施的实施，及时制止违章作业并报告有关部门；

c）确定受检焊缝或检验部位，检验外观质量，负责工程质量统计，并按照DL/T 5210.5的要求开展工程质量验收；

d）掌握焊工技术状况，检查焊工合格证件。对作业质量不稳定的焊工有权停止其焊接工作；

e）有权建议焊工技术考核委员会吊销焊工合格证书；

f）及时收集和汇总焊接质量检查资料，整理焊工质量档案，配合整理工程竣工技术文件并移交。

4.2.3.3 焊接检验、检测人员应履行下列职责：

a）按照指定部位和委托内容，根据本文件进行检验、检测，做到检验及时、结论准确、及时反馈；

b）填写、整理、签发和保管全部检验记录，配合有关人员整理、移交专业工程竣工技术资料；

c）对外观不合格或不符合无损检测要求的焊缝，可拒绝进行无损检测。

4.2.3.4 焊工与焊机操作工应履行下列职责：

a）按照DL/T 679规定的合格项目适用范围从事焊接工作。

b）熟悉并执行焊接工艺、作业指导书和焊接技术措施的有关规定。

c）按照本文件的要求进行质量自检，及时填写自检记录。

d）当作业条件与焊接工艺、作业指导书规定不符时，应停止或拒绝施焊。在作业过程中发现重大质量问题时，应停止施焊并及时报告有关人员，不得自行处理。

4.2.3.5 焊接热处理人员应按照DL/T 819的规定履行职责。

4.2.3.6 焊接工程监理人员应履行下列职责：

a）编制焊接工程监理规划；

b）根据合同、标准和质量目标审查施工单位的焊接专业施工组织设计、焊接施工方案、措施等；

c）确认施工单位焊接人员均持有效证件上岗，监督施工单位的焊接人员的履职情况；

d）确认现场设备的完好率；

e）确认现场焊接过程、焊接工艺，焊接材料对标准和技术文件的符合性；

f）组织焊接工程质量验收，监督不符合项的整改；

g）审查施工单位所移交焊接资料的完整性。

4.3 材料

4.3.1 钢材

4.3.1.1 钢材材质应符合设计规定，进口钢材应符合合同规定。钢材应附有质量证明书。首次使用的钢材，焊接工艺评定前应收集其焊接性资料和焊接、焊接热处理以及其他热加工方法指导性工艺资料。

4.3.1.2 工程代用材料应经过设计批准。工程中使用的临时材料应符合4.3.1.1的规定，并应经过工程技术负责人的批准。

4.3.1.3 钢材的化学成分和力学性能应符合相应的国家标准、国内外行业标准和订货技术条件。电厂常用钢材的化学成分和力学性能见附录A。

4.3.1.4 对钢材质量有疑问时，应按照该钢材生产批号进行化学成分、金相组织和力学性能检验。

4.3.2 焊接材料

4.3.2.1 焊接材料应根据钢材化学成分、力学性能、使用工况条件和焊接工艺评定结果选用。

4.3.2.2 同种钢焊接材料的选用应符合下列条件：

a）熔敷金属化学成分、力学性能应与母材相当；

b）焊接工艺性能良好。

4.3.2.3 异种钢焊接材料选用应符合DL/T 752的规定，选用时也可参照焊接异种钢的焊条（焊丝）及焊后热处理温度速查表，见附录B。

4.3.2.4 碳钢和非合金钢、热强钢、奥氏体不锈钢及承压设备用钢焊条的质量应符合GB/T 5117、GB/T 5118、GB/T 983、NB/T 47018.2等相关标准的规定。常用焊条熔敷金属的化学成分、常温力学性能见附录C。

4.3.2.5 气体保护焊用实心焊丝质量应符合GB/T 8110、GB/T 39279、GB/T 39280、GB/T 29713、YB/T 5092、NB/T 47018.3等标准的规定，药芯焊丝应符合GB/T 10045、GB/T 17493的规定。常用焊丝的化学成分见附录D。

4.3.2.6 埋弧焊焊丝、焊剂的型号和熔敷金属力学性能应符合GB/T 5293、GB/T 12470、NB/T 47018.4等相关标准的规定。

4.3.2.7 钨极氩弧焊使用的钨电极应符合GB/T 32532的规定。

4.3.2.8 首次使用的新型焊接材料应由供应商提供该材料熔敷金属化学成分、力学性能（含常温、高温）、下临界温度转变点A_{C1}、指导性焊接工艺参数等技术资料，经过焊接工艺评定合格后方可使用。

4.3.2.9 焊接工程中使用的进口焊接材料应在使用前通过复验确认其符合设计使用要求。

4.3.2.10 焊接材料的验收、存放、管理应符合JB/T 3223的规定。焊条在施工现场二级库存放不宜超过半年。对焊接材料质量产生怀疑时，应重新做出鉴定，符合质量要求时方可使用。

4.3.2.11 焊条、焊剂在使用前应按说明书的要求烘焙，重复烘焙不应超过两次。焊接受监部件的焊条，使用时应装入温度为80℃~110℃的专用保温筒内，随用随取。

4.3.2.12 焊丝在使用前应清除锈、垢、油污。

4.3.2.13 焊接与切割用保护气体应符合GB/T 39255的规定。

4.4 设备

4.4.1 焊接、热处理、检验检测设备及仪表应定期检查，计量校验部分应在校验有效期内使用。

4.4.2 焊接设备、仪器、仪表在使用前应确认与承担的焊接工作相适应。

5 坡口制备及组对要求

5.1 一般要求

5.1.1 焊口位置应避开应力集中区，且应便于焊接施工及焊后热处理。焊缝的布置应符合下列规定：

a）锅炉受热面管子焊口，中心线距离管子弯曲起点或联箱外壁或支吊架边缘至少70mm，同根管子两个对接焊口间距离不应小于150mm。

b）管道对接焊口，除定型管件外，中心线距离管道弯曲起点不小于管道外径，且不小于100mm，距支吊架边缘不小于50mm。同管道两个对接焊口间距离应大于管道直径且不小于150mm，当管道公称直径大于500mm时，同管道两个对接焊口间距离不小于500mm。

c）管接头和仪表插座不可设置在焊缝或焊接热影响区。

d）容器筒体的对接焊缝，中心线距离封头弯曲起点不应小于容器壁厚加15mm，且不小于25mm。相互平行的两相邻焊缝之间的距离应大于容器壁厚的3倍，且不小于100mm。不得布置十字焊缝。

e）管孔不宜布置在焊缝上，并避免管孔接管焊缝与相邻焊缝的热影响区重合。当无法避免在焊缝或焊缝附近开孔时，应满足下列条件：

1）管孔周围大于孔径且不小于60mm范围内的焊缝及母材应经无损检测合格；

2）孔边不在焊缝缺陷上；

3）管接头需经过焊后消应力热处理。

5.1.2 焊接接头形式和焊缝坡口尺寸应按照能保证焊接质量、减少填充金属量、降低焊接应力和变形、改善劳动条件、便于操作、适应无损检测要求等原则选用。

5.1.3 搭接接头的搭接长度不应小于5倍较薄母材厚度，且不小于25mm。

5.1.4 焊件组对的局部间隙过大时，应设法修整到规定尺寸，不应在间隙内加填塞物。

5.1.5 焊件组对时应采取措施减小在焊接和热处理过程中产生变形和附加应力。

5.1.6 除设计规定的冷拉焊口外，其余焊口不应强力组对，不应采用热膨胀法组对。

5.2 坡口制备

5.2.1 焊接接头形式应按照设计文件规定选用，焊缝坡口应按照设计图纸加工，无规定时可按照表1制备，或参照GB/T 985.1和GB/T 985.2的规定制备。

表1 焊件组对时推荐的坡口形式及尺寸

序号	接头形式	坡口形式	图形	焊接方法	焊件厚度δ mm	接头结构尺寸					适用范围
						坡口角度α	坡口面角β	间隙b mm	钝边p 搭接尺寸L mm	圆弧 半径R mm	
1	对接接头	I形	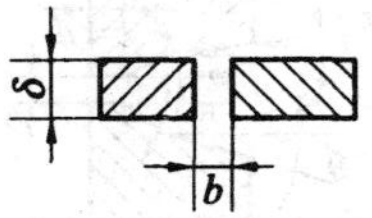	SMAW OFW GMAW/FCAW	≤4	—	—	1~2	—	—	容器和一般钢结构
				SAW	3~12			0~2			
2	对接接头	V形	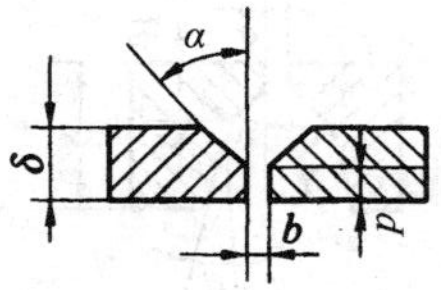	SMAW GTAW GMAW/FCAW	≤6	30°~35°	—	1~4	0.5~2	—	各类承压管道，压力容器和中、薄件承重结构
					≤16				1~2		
				SAW	>16~20				7		
3	对接接头	U形	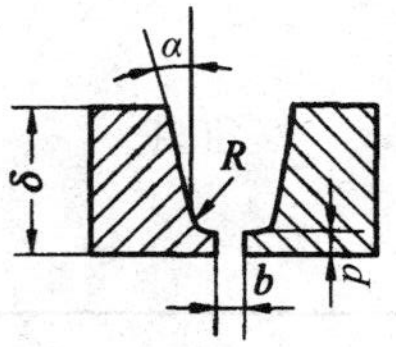	SMAW、GTAW	≤60	10°~15°	—	2~5	0.5~3	5	中、厚壁汽水管道

表1　焊件组对时推荐的坡口形式及尺寸（续）

序号	接头形式	坡口形式		图形	焊接方法	焊件厚度δ mm	接头结构尺寸					适用范围
							坡口角度α	坡口面角β	间隙b mm	钝边p 搭接尺寸L mm	圆弧半径R mm	
4	对接接头	双V形	水平管	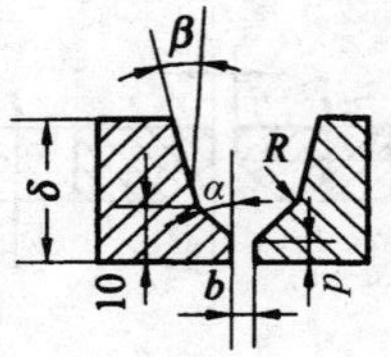	SMAW GTAW	>16	30°~40°	8°~12°	2~5	1~2	5	中、厚壁汽水管道
5	对接接头	双V形	垂直管	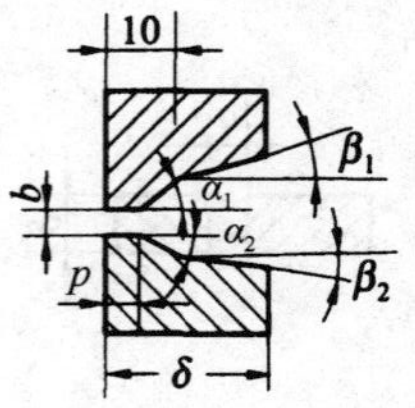	SMAW GTAW	>16	α_1=35°~40°；α_2=20°~25°	β_1＝15°~20°；β_2＝5°~10°	1~4	1~2	5	中、厚壁汽水管道
6	对接接头	综合形		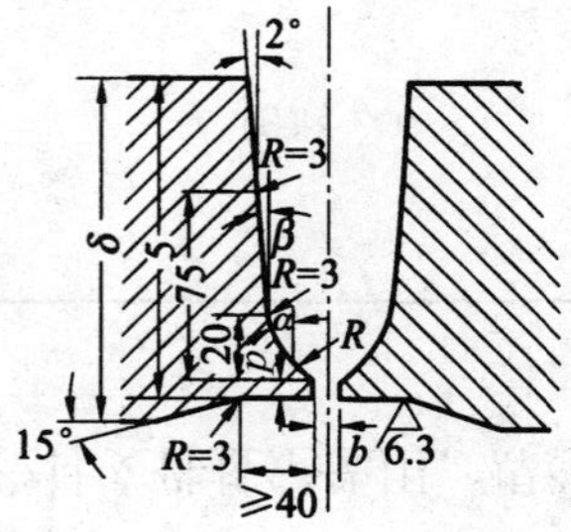	SMAW GTAW FCAW SAW	>60	20°~25°	5°	2~5	2	5	厚壁汽水管道
7	对接接头	带钝边的双V形		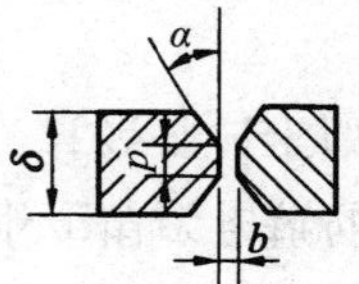	SMAW	>16	30°~35°	—	2~3	2~4	—	双面焊接的大型容器和结构
					SAW	>20			≤4	7		

表 1　焊件组对时推荐的坡口形式及尺寸（续）

序号	接头形式	坡口形式	图形	焊接方法	焊件厚度δ mm	接头结构尺寸					适用范围
						坡口角度α	坡口面角β	间隙b mm	钝边p 搭接尺寸L mm	圆弧半径R mm	
8	对接接头	封头	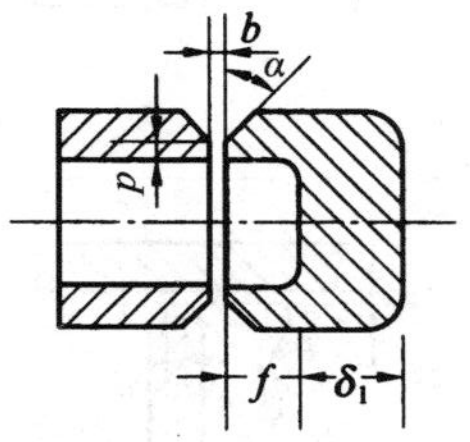	SMAW GTAW	管径 不限	同厚壁管坡口加工要求					汽水管道或联箱封头
9	对接接头	堵头	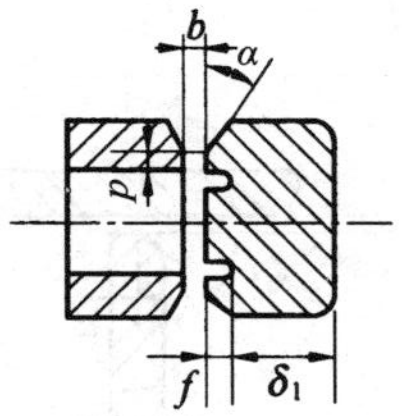	SMAW GTAW	直径 $\phi \geqslant 273$	同厚壁管坡口加工要求					汽水管道或联箱堵头
10	T形接头	管座	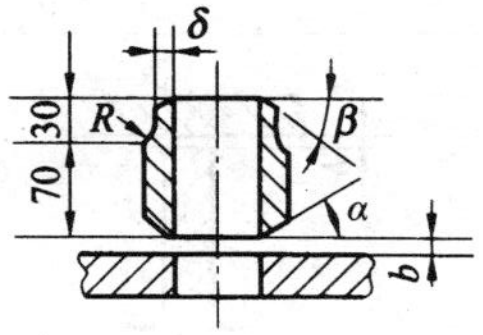	SMAW GTAW	管径 $\phi \leqslant 76$	50°～60°	30°～35°	2～3	1～2	按壁厚差取	汽水、仪表取样等接管座
11	T形接头	管座	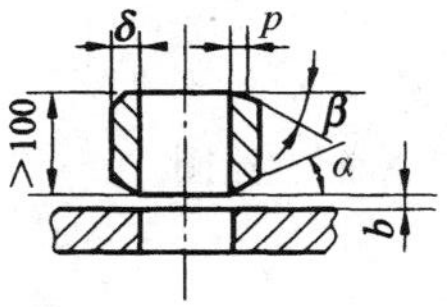	SMAW GTAW	管径ϕ 76～133	50°～60°	30°～35°	2～3	1～2	—	一般汽水管道或容器的接管座或接头

表1　焊件组对时推荐的坡口形式及尺寸（续）

序号	接头形式	坡口形式	图形	焊接方法	焊件厚度δ mm	接头结构尺寸 坡口角度α	坡口面角β	间隙b mm	钝边p 搭接尺寸L mm	圆弧半径R mm	适用范围
12	T形接头	无坡口	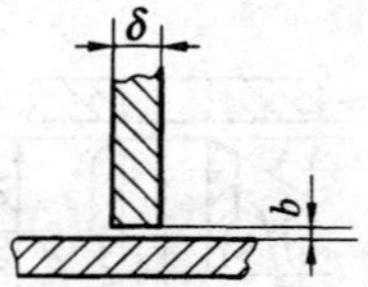	SMAW SAW	≤20 >8	—	—	0~2	—	—	不要求全焊透的结构
13	T形接头	单V形	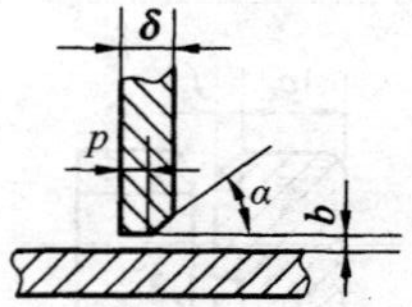	SMAW SAM	>20	50°~60°	—	0~2	≤2δ/3	—	不要求焊透的结构
					≤20	50°~60°	—	1~2	1~2	—	要求焊透的结构
14	T形接头	K形	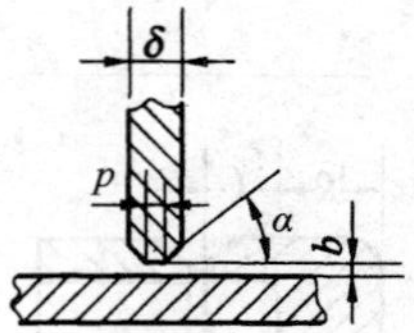	SMAW SAW	>20	50°~60°	—	0~1	1~2	—	要求焊透的大型结构
15	搭接	无坡口	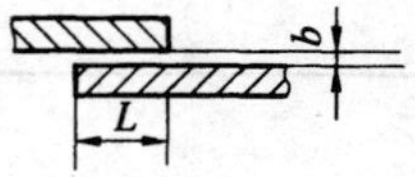	OFW SMAW GMAW/FCAW	>2	—	—	≤2	搭接尺寸$L \geqslant 5\delta$（薄板），且不小于25mm	—	容器和结构
				SAW	>8						

注：当不采用全GTAW时，表中GTAW用于根层焊接，SMAW用于填充和/或盖面焊接。

5.2.2 焊件下料与坡口加工应符合下列要求：

a）焊件下料与坡口制备宜采用机械加工方法；

b）采用火焰切割、等离子切割、碳弧气刨等热加工方法下料，切口部分应留有不小于5mm的机械加工余量。

5.2.3 焊件经下料和坡口加工后应按照下列要求检查，合格后方可组对：

a）淬硬倾向较大的钢材，经热加工方法下料，坡口加工后应经表面无损检测合格；

b）坡口内及边缘20mm内母材应无裂纹、重皮、坡口破损及毛刺等缺陷；

c）坡口尺寸应符合图纸要求。

5.2.4 管口端面应与管道中心线垂直，偏斜度Δf不应超过表2的规定。

表2 管子端面与管中心线的偏斜度要求

图　　例	管子外径ϕ mm	偏斜度Δf mm
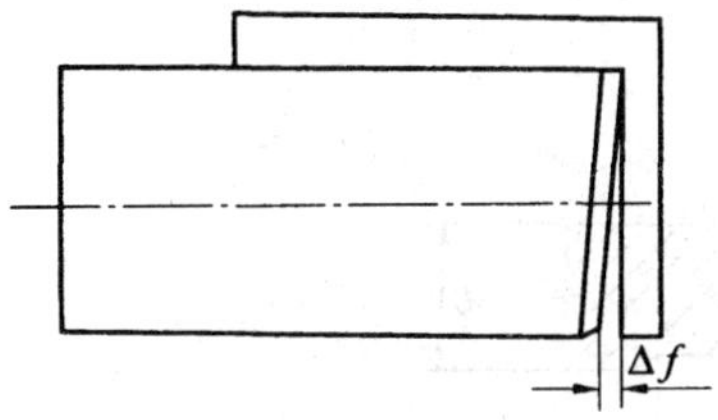	$\phi\leqslant60$ $60<\phi\leqslant159$ $159<\phi\leqslant219$ $\phi>219$	0.5 1 1.5 2

5.3 焊件组对

5.3.1 焊件在组对前应将坡口表面及附近母材内外壁或正反面的漆垢、锈等清理干净，直至露出金属光泽。清理范围如下：

a）对接焊缝：坡口每侧各为10mm~15mm；

b）角焊缝：（焊脚尺寸K值+10）mm；

c）埋弧焊焊缝：上述a）或b）的清理范围+5mm。

5.3.2 焊件组对时应做到内壁（根部）齐平，如有错口，其错口值不应超过下列限值：

a）对接单面焊的局部错口值不应超过壁厚的10%，且不大于1mm；

b）对接双面焊的局部错口值不应超过焊件厚度的10%，且不大于3mm。

5.3.3 焊件组对时，坡口形式及尺寸宜符合表1的规定，公称直径大于500mm的管道组对间隙局部超差不应超过2mm，且总长度不应超过焊缝总长度的20%。

5.3.4 不同厚度焊件组对时，厚度差应按照下列方法处理：

a）内壁或根部尺寸不相等而外壁或表面要求齐平时，可按图1a）形式加工；

b）外壁或表面尺寸不相等而内壁或根部要求齐平时，可按图1b）形式加工；

c）内、外壁尺寸均不相等时，可按图1c）形式加工；

d）焊件壁厚不相等，且厚度差不超过5mm时，可在不影响焊缝强度下，按照图1d）形式加工。

6 焊接工艺

6.1 环境要求

6.1.1 不同类钢材允许焊接操作的最低环境温度应符合下列要求：

a）A-Ⅰ类为-10℃，A-Ⅱ、A-Ⅲ、B-Ⅰ类为0℃，B-Ⅱ、B-Ⅲ为5℃，C类不做规定。

b）最低环境温度可在施焊部位为中心，半径1m的空间范围内测量。

注：钢材的分类方法见DL/T 868。

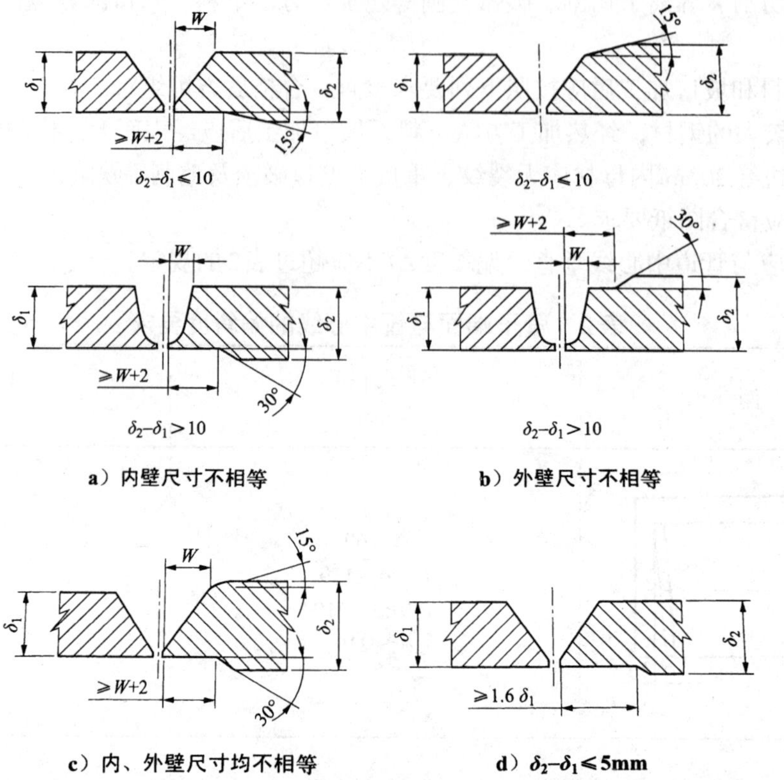

图1　不同厚度焊件组对时的处理方法

6.1.2　钢材施焊部位1m范围内的相对湿度不得大于90%。

6.1.3　焊接环境风速应符合下列规定：

a）采用气体保护焊，环境风速不应大于2m/s；

b）采用其他焊接方法，环境风速不应大于8m/s。

6.1.4　焊接现场应采取防风、防潮、防雨、防雪措施。

6.2　预热及层（道）间温度

6.2.1　焊前预热的加热方法、加热宽度、保温要求、测温要求等应符合DL/T 819的相关规定。

6.2.2　钢材施焊预热及层（道）间温度宜符合表3的规定。

表3　常用钢材焊前预热及层间温度

<table>
<tr><th rowspan="2">钢　种</th><th colspan="2">管材</th><th colspan="2">板材</th><th rowspan="2">层（道）间温度℃</th></tr>
<tr><th>厚度mm</th><th>预热温度℃</th><th>厚度mm</th><th>预热温度℃</th></tr>
<tr><td>含碳量 $C\leq0.35\%$ 的碳素钢及其铸件</td><td>≥26</td><td>100~200</td><td>≥34</td><td rowspan="3">100~150</td><td rowspan="3">100~400</td></tr>
<tr><td>C-Mn（Q345、Q345R）</td><td rowspan="2">≥15</td><td rowspan="2">150~200</td><td>≥30</td></tr>
<tr><td>Mn-V（Q390、Q370R）</td><td>≥28</td></tr>
<tr><td>1.5Mn-0.5Mo-V（14MnMoV）</td><td rowspan="2">≥15</td><td rowspan="2">150~200</td><td rowspan="2">≥15</td><td rowspan="2">150~200</td><td rowspan="2">150~400</td></tr>
<tr><td>0.5Cr-0.5Mo（12CrMoG）
1Cr-0.5Mo（15CrMoG、ZG20CrMo）</td></tr>
</table>

表3 常用钢材焊前预热及层间温度（续）

钢 种	管材		板材		层（道）间温度 ℃
	厚度 mm	预热温度℃	厚度mm	预热温度℃	
1Cr–0.5Mo–V（12Cr1MoVG） 1.5Cr–1Mo–V（ZG15Cr1Mo1V） 2Cr–0.5Mo–W–V（12Cr2MoWVTiB） 1.75Cr–0.5Mo–V、2.25Cr–1Mo（12Cr2MoG） 3Cr–1Mo–V–Ti（12Cr3MoVSiTiB）	≥6	200~300	≥8	200~300	200~300
15Ni1MnMoNbCu、15NiCuMoNb5（WB36）、18MnMoNbR、13MnNiMoR	≥20	150~200	≥20	150~200	150~300
07Cr2MoW2VNbB（T/P23）	任意厚度	150~200	任意厚度	150~200	150~300
1Cr5Mo、12Cr13	任意厚度	250~300	任意厚度	250~300	250~300
9Cr–1Mo（T/P9）、12Cr–1Mo–V	任意厚度	300~350	任意厚度	300~350	300~350
10Cr9Mo1VNbN（T/P91）、10Cr9MoW2VNbBN（T/P92）、11Cr9Mo1W1VNbBN（T/P911）、10Cr11MoW2VNbCu1BN（T/P122）	任意厚度	180~250	任意厚度	180~250	按照附录E的要求执行

注1： 当采用GTAW打底时，按下限温度降低50℃。
注2： 当管道外径大于219mm或壁厚不小于20mm时，采用电加热法预热。
注3： 环境温度低于6.1.1规定时，在原预热温度基础上提高30℃~50℃；对于待焊接部件厚度小于表中规定板材、管材需预热厚度时，按表中规定温度预热。

6.2.3 特殊情况下的焊前预热温度应符合下列规定：

a）异种钢焊接时，预热温度应符合DL/T 752的要求；

b）接管座与主管焊接时，预热温度应按主管选择；

c）非承压件与承压件焊接时，预热温度应按承压件选择。

6.2.4 9%~12%Cr马氏体型耐热钢、奥氏体不锈钢及镍基合金的层间温度应符合附录E和附录F的规定。

6.3 焊接方法和工艺

6.3.1 要求单面焊双面成形的承压部件焊接时，根层焊道宜采用钨极氩弧焊。

6.3.2 除非采取防止根部焊道氧化措施，含铬量大于3%或合金总含量大于5%等耐热钢管子和管道焊口焊接时，内壁或焊缝背面应充氩气或其混合气体保护，并确认保护有效。

6.3.3 不应在被焊工件表面引燃电弧、试验电流或随意焊接临时支承；高合金钢材料表面不应焊接组对用卡具。

6.3.4 焊接时，管子或管道内不应有穿堂风。

6.3.5 定位焊时，除焊工、焊接材料、预热温度和焊接工艺等应与正式施焊时相同外，还应满足下列要求：

a）在坡口根部采用焊缝定位时，焊后应检查各个定位焊点质量，有缺陷应立即清除，重新定位焊。

b）厚壁大口径管采用临时定位焊件定位时，定位焊件应采用同种材料；采用其他钢材作定位焊件时，应堆敷过渡层，堆敷材料应与正式焊接相同且堆敷厚度不应小于5mm。当去除定位焊件时，不应损伤母材，并应将残留焊疤清除干净、打磨修整。

6.3.6 采用钨极氩弧焊的根层焊缝应经检查合格，并及时进行次层焊缝焊接。多层多道焊缝焊接时，应逐道/层检查，经自检合格后方可焊接次道/层焊缝。

6.3.7 厚壁大径管的焊接应采用多层多道焊，当壁厚大于38mm时，还应符合下列规定：

a）采用钨极氩弧焊的根层焊壁厚度不应小于3mm。

b）焊道单层增厚不应大于焊条直径加2mm；单焊道宽度不应大于焊条直径的5倍。厚壁管多道排列可参照图2进行。

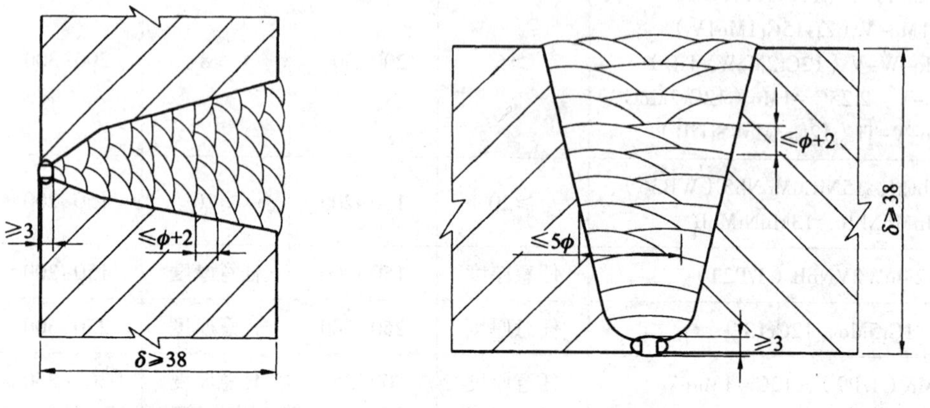

a）2G位置　　b）5G位置

说明：

φ——焊条直径；

δ——焊件厚度。

注：2G表示管子的垂直固定位置，5G表示管子的水平固定位置。

图2 厚壁管焊道排列示意图

6.3.8 外经大于194mm的管子和管子间不大于30mm锅炉密集排管的对接接头宜采取两人对称焊。

6.3.9 焊道收弧时应将熔池填满，多层多道焊的接头应错开。

6.3.10 施焊过程除工艺和检验要求分次焊接外，应连续完成。被迫中断时，应采取防止裂纹产生的后热、缓冷、保温等措施。再焊时，应检查并确认无裂纹后，方可按照工艺要求继续施焊。

6.3.11 公称直径不小于1000mm的管道或容器对接接头，双面焊接时应采取清根措施。清根后应按5.3.1的要求将坡口清理干净。

6.3.12 对需检验的隐蔽焊缝，应经检验合格后，方可允许隐蔽。

6.3.13 承压焊缝焊接完成后应经焊工自检合格后做出永久性标记或可追溯性记录。

6.3.14 安装管道冷拉口使用的加载工具，应待焊接和热处理完毕并经检验合格后方可卸载。

6.3.15 焊接接头变形不应加热校正。

6.3.16 9%~12%Cr马氏体型耐热钢的焊接特殊要求，应符合附录E的规定。

6.3.17 奥氏体不锈钢及镍基合金的焊接特殊要求，应符合附录F的规定。

6.3.18 超临界以上参数锅炉的水冷壁在地面水平位置组合焊接时，应在施工前编制针对防止膜式水冷壁焊接变形及减小残余应力的专门焊接措施，其焊接要求见附录G。

6.4 后热和焊后热处理

6.4.1 后热和焊后热处理的加热方法、加热范围、保温、测温等要求应符合DL/T 819的相应要求。

6.4.2 对容易产生延迟裂纹的钢材，焊后应立即进行焊后热处理，否则应立即进行后热。

6.4.3 下列部件焊接接头应进行焊后热处理：

a）壁厚大于30mm的碳钢、碳锰钢管道、管件（A-Ⅰ类钢）；

b）壁厚大于20mm的普通低合金钢管道、管件（A-Ⅱ、A-Ⅲ类钢）；

c）马氏体不锈钢管道、管件；

d）其他经焊接工艺评定需要焊后热处理的管道、管件；

e）壁厚大于32mm的碳素钢容器；

f）壁厚大于28mm的普通低合金钢容器（A-Ⅱ类钢）；

g）壁厚大于20mm的普通低合金钢容器（A-Ⅲ类钢）；

h）采用热处理强化的材料。

6.4.4 下列部件采用氩弧焊或低氢型焊条，以不低于150℃的温度焊前预热和焊后适当缓慢冷却的焊接接头可不进行焊后热处理：

a）壁厚不大于16mm且管径不大于133mm，材料为C-Mo、Mn-Mo、0.5Cr-0.5Mo、1Cr-0.5Mo类钢的管子。

b）壁厚不大于10mm且管径不大于133mm，材料为1Cr-0.5Mo-V、1.5Cr-1Mo-V、2.25Cr-1Mo类钢的管子。

c）壁厚不大于6mm，材料为12Cr2MoWVTiB的管子。

6.4.5 07Cr2MoW2VNbB与奥氏体不锈钢管子焊接，采用奥氏体焊接材料焊接，焊接接头不宜进行焊后热处理。

6.4.6 异种钢焊接接头焊后热处理应按照DL/T 752的规定执行。

6.4.7 部分常见耐热钢焊后热处理恒温温度及恒温时间宜符合表4的规定。

6.4.8 9%~12%Cr马氏体型耐热钢的焊后热处理要求见附录E的规定。

表4　部分常见耐热钢焊后热处理的保温温度及恒温时间

钢种	恒温温度 ℃	焊件厚度mm							
		$\delta \le 12.5$	$12.5<\delta \le 25$	$25<\delta \le 37.5$	$37.5<\delta \le 50$	$50<\delta \le 75$	$75<\delta \le 100$	$100<\delta \le 125$	$\delta>125$
		恒温时间h							
$C \le 0.35$ （20、ZG25）、 C-Mn（Q345）	580~620	不必焊后热处理[a]		1.5	2	2.25	2.5	2.75	—
15NiCuMoNb5 （WB36）、 13MnNiMoR	580~600	1	2	2.5	3	4	5	—	—
0.5Cr-0.5Mo （12CrMoG）	650~700	0.5	1	1.5	2	2.25	2.5	2.75	—
1Cr-0.5Mo （15CrMoG、 ZG20CrMo）	670~700	0.5	1	1.5	2	2.25	2.5	2.75	以5h为起点，再按超过125mm的部分，每25mm增加15min
07Cr2MoW 2VNbB（T/P23）	720~740	0.5	1	1.5	2	3	4	5	—
1Cr-0.5Mo-V （12Cr1MoVG、 ZG20CrMoV）、 1.5Cr-1Mo-V （ZG15Cr1Mo1V）、 1.75Cr-0.5Mo- V、2.25Cr-1Mo	720~750	0.5	1	1.5	2	3	4	5	以5h为起点，再按超过125mm的部分，每25mm增加15min
1Cr5Mo、12Cr13	720~750	1	2	3	4	—	—	—	—

表4　部分常见耐热钢焊后热处理的保温温度及恒温时间（续）

钢种	恒温温度 ℃	焊件厚度mm							
		$\delta\leqslant12.5$	$12.5<\delta\leqslant25$	$25<\delta\leqslant37.5$	$37.5<\delta\leqslant50$	$50<\delta\leqslant75$	$75<\delta\leqslant100$	$100<\delta\leqslant125$	$\delta>125$
		恒温时间h							
2Cr-0.5Mo-WV（12Cr2MoWVTiB）、3Cr-1Mo-V-Ti（12Cr3MoVSiTiB）	750~770	0.75	1.25	2.5	4	—	—	—	—
注：不同壁厚部件焊接时的焊接接头壁厚计算取值参照DL/T 819执行。									
[a] 符合6.4.3规定时，按6.4.3执行。									

7　质量检验

7.1　一般规定

7.1.1　焊接质量检查和验收，应实行三级质量检查，采用自检与专业检验相结合的方法。焊接工程质量验收应符合DL/T 5210.5的要求。需要进行焊接接头无损检测一次合格率统计的见附录H。

7.1.2　焊接质量检查应包括焊接前、焊接过程中和焊接结束后三个阶段。质量检查项目应按本文件执行。焊接接头质量检查应按照先外观检查后内部检查原则。对重要部件，必要时可安排焊接全过程的旁站监督。

7.1.2.1　焊接前检查应符合下列规定：

a）焊件表面的清理符合本文件的规定；

b）坡口加工符合图纸或本文件要求；

c）组对尺寸符合本文件的规定；

d）焊接预热符合本文件的规定。

7.1.2.2　焊接过程中的检查应符合下列规定：

a）层/道间温度应符合工艺、作业指导书要求；

b）焊接工艺参数应符合工艺指导书要求；

c）焊道表露缺陷已消除。

7.1.2.3　焊接后的检查应符合下列规定：

a）焊接接头质量分类检查方法、范围及比例，应按表5的规定执行；

b）外观检查不合格的焊缝，不允许采用其他项目检验；

c）对容易产生延迟裂纹钢材的焊接接头应当在焊接完成24h后进行无损检测，有再热裂纹倾向的钢材的焊接接头应在焊接热处理后进行无损检测。

7.1.3　焊接修复后的检验，除有专门规定，应按本文件规定执行。

7.1.4　使用本文件规定以外的检验方法或超过规定方法的有效范围，应采用有效性评价，并经供需双方同意后方可进行。

7.2　焊接接头外观检查

7.2.1　焊工应对其所焊接的焊接接头外观进行检查。

7.2.2　焊接质量检查人员应按表5规定比例对焊接接头进行外观检查，必要时应使用焊缝检验尺或5倍放大镜，应记录可经打磨消除的外观超标缺陷。

表5　焊接接头分类检验范围、方法及比例

焊接接头类别	范　围	检验方法及比例 %					
		外观		无损检测		光谱[a]	硬度[b]
		自检	专检	射线	超声		
Ⅰ	工作压力$p \geqslant 22.13$MPa的锅炉的受热面管子	100	100	50	50	10	5
	9.81MPa$\leqslant p<22.13$MPa的锅炉的受热面管子	100	100	25	25	10	5
	外径$D>159$mm或壁厚$\delta>20$mm，工作压力$p>9.81$MPa的锅炉本体范围内的管子及管道	100	100	100		100	100
	外径$D>159$mm，且工作温度$t>450$℃的热汽管道	100	100	100		100	100
	工作压力$p>8$MPa的汽、水、油、气管道	100	100	50		100	100
	工作温度t满足300℃$<t\leqslant 450$℃的汽水管道及管件	100	50	50		100	100
	工作压力p满足0.1MPa$\leqslant p\leqslant 1.6$MPa的压力容器	100	50	50		100	100
Ⅱ	工作压力$p<9.81$MPa的锅炉的受热面管子	100	25	25		不规定	5
	工作温度t满足150℃$<t\leqslant 300$℃的蒸汽管道及管件	100	25	5		10	100
	工作压力p满足4MPa$\leqslant p\leqslant 8$MPa的汽、水、油、气管道	100	25	5		10	100
	工作压力p满足1.6MPa$<p<4$MPa的汽、水、油、气管道	100	25	5		10	不规定
	承受静载荷的钢结构	100	25	按设计要求		不规定	—
Ⅲ	工作压力p满足0.1MPa$\leqslant p\leqslant 1.6$MPa的汽水、油、气管道	100	25	1		10	不规定
	烟、风、煤、粉、灰等管道及附件	100	25	100%的渗油检查		10	不规定
	非承压结构及密封结构	100	10	不规定		不规定	不规定
	一般支撑结构（设备支撑、梯子、平台、拉杆等）	100	10	不规定		不规定	不规定
	外径$D<76$mm的锅炉水压范围外的疏水、放水、排污、取样管子	100	100	不规定		不规定	不规定

注1：在符合国家监督管理条件下，可采用PA代替RT。

注2：超声检测包括PE、PA和TOFD，当采用PE时按7.3.3的要求进行附加检测。

[a] 涉及AⅢ、B、C类钢材的焊接接头按比例做光谱分析，其余材质免除光谱分析。

[b] 经焊接工艺评定及首件硬度检验合格，按照DL/T 819的要求确定焊接热处理工作质量合格的同批焊接接头，以及A类钢焊接接头可免除硬度检验。

7.2.3 焊接质量检查人员应根据图纸要求对焊接部件进行外形尺寸检验。对重要部件应在焊接过程中监测焊接变形，并在焊接及焊后热处理完成之后进行最终尺寸检查。

7.3 焊接接头无损检测

7.3.1 焊接接头无损检测工艺质量、焊接接头质量分级应根据部件类型特征，按DL/T 821、DL/T 820、GB/T 11345、NB/T 47013、DL/T 1718等规定执行。

7.3.2 经射线检测怀疑为面积型缺陷时，应采用超声检测方法确认。

7.3.3 焊接接头无损检测应符合下列规定：

a）厚度不大于20mm的管道、焊件和压力容器，采用脉冲反射法超声检测（PE）时，还应采用射线检测（RT）、相控阵超声检测（PA）或衍射时差法超声检测（TOFD）三种方法之一进行附加检测，检测数量为PE检测数量的20%。

b）厚度大于20mm的管道、焊件和压力容器，RT或超声检测可任选其中一种。当采用PE检测时，还应采用PA、TOFD或RT进行附加检测，其检测数量总和为PE检测数量的20%，附加检测的重点应是PE检测有记录缺陷的焊缝。

c）主蒸汽、再热蒸汽、主给水管道上的仪表管管座角焊缝应进行磁粉检测（MT）或渗透检测（PT），全焊透仪表管座焊缝（对接焊缝加角焊缝的组合焊缝）应进行内部质量无损检测。

d）弯头、三通等管件相接或其与直管相接的异形结构焊缝，无法采用PE时应进行PA或RT。

7.3.4 对于壁厚与外径之比大于0.25的受热面管子，宜优先采用PA。

7.3.5 同一焊接接头同时采用不同检测方法检测时，均应合格。

7.3.6 无损检测结果有不合格时，应按下列规定处理：

a）应对该焊工当日同批焊接接头中按不合格焊口数加倍检验，加倍检验中仍有不合格时，该批焊接接头应进行100%无损检测。

b）容器纵、环焊缝局部检验不合格时，应在缺陷两端延伸部位增加检验长度，增加的检验长度应为该焊缝长度的10%且不少于250mm；仍不合格，该焊缝应100%检验。

7.3.7 修复后的焊接接头，应按原检测方法进行100%无损检测。

7.4 焊缝金属光谱分析

7.4.1 应按照表5的规定对部件焊缝金属进行光谱分析复检，检测方法按DL/T 991规定执行，复检比例应符合下列要求：

a）受热面管子的焊缝不少于10%，发现材质不符，应对该批焊缝进行100%复查并追溯。

b）其他管子及管道的Ⅰ类焊缝100%

c）其他管子及管道的Ⅱ、Ⅲ类焊缝应做光谱分析的出例不少于10%，发现材质不符，应对该批焊缝进行100%复查。

7.4.2 高合金部件及焊缝金属进行光谱分析后应磨去弧光灼烧点。

7.4.3 经光谱分析确认材质不符的焊缝应判定为不合格焊缝。

7.5 焊接热处理质量评价以及硬度检验和金相检验

7.5.1 焊接接头焊后热处理质量均应按照DL/T 819的规定进行评价，否则，应在焊接热处理后按表5的比例，进行现场布氏硬度检测。

7.5.2 当合同、设计文件规定或验证需要进行硬度检验或微观金相检验时，应符合下列要求：

a）硬度检测宜采用便携式布氏硬度计按照DL/T 1719的要求检测，若采用便携式里氏硬度计检测应符合GB/T 17394的规定。对于有争议的硬度检测值应采用布氏硬度计进行复核。

b）现场微观金相检验应符合DL/T 2054的规定，微观金相照片应显示比例标尺，放大倍数宜选用100倍~400倍。如焊接接头需进行宏观金相检验，应按照DL/T 868的规定取样。

7.6 不合格焊接接头处理

7.6.1 不合格焊接接头应查明原因。对于重大的不合格应进行原因分析，同时提出返修措施。返修后还应按原检验方法重新检验。

7.6.2 表露缺陷消除应采取机械方式。

7.6.3 超过标准规定，需要补焊消除缺陷时，可采取挖补方式返修。但同一位置上的挖补次数不宜超过3次，耐热钢不应超过2次。挖补时应符合下列规定：

a）彻底清除缺陷；

b）制定具体的补焊措施并经专业技术负责人审定，按照工艺要求实施；

c）需进行焊后热处理的焊接接头，返修后应重做热处理。

7.6.4 经评价为焊接热处理温度或时间欠缺的焊口，应重新热处理；因温度过高的焊口，应进行正火+回火热处理，或割掉重新焊接。

7.6.5 经光谱分析确认不合格的焊缝应进行返工。

8 质量标准

8.1 焊缝外观检查质量标准

8.1.1 焊缝边缘应圆滑过渡到母材，焊缝外形尺寸应符合设计要求，无设计要求的焊缝外形允许尺寸应符合表6的规定。焊缝表面不允许有深度大于1mm的尖锐凹槽，且不允许低于母材表面。

8.1.2 焊接角变形应符合表7规定。

8.1.3 焊缝表露缺陷应符合表8的规定。

8.1.4 管子、管道的外壁错口值不应超过下列规定：

a）锅炉受热面管子：外壁错口值不大于10%δ，且不大于1mm；

b）其他管道：外壁错口值不大于10%δ，且不大于4mm。

表6 焊缝外形允许尺寸

单位：mm

焊缝类型	检查项目		焊接接头类别		
			Ⅰ	Ⅱ	Ⅲ
对接焊缝	焊缝余高	$\delta \leqslant 10$	0~2	0~3	0~4
		$\delta > 10$	0~3	0~4	0~5
	焊缝余高差	平焊位置	≤2	≤2	≤3
		其他位置	≤2	<3	<4
	焊缝宽度	比坡口增宽	<4	≤4	≤5
	焊缝宽窄差	$\delta \leqslant 10$	≤3	≤3	≤4
		$\delta > 10$	≤4	≤4	≤5
角焊缝	焊脚尺寸h_f	$\delta \leqslant 10$	δ+（1.5~2）	δ+（2~3）	δ+（2~4）
		$\delta > 10$	δ+（2~3）	δ+（2~4）	δ+（2~5）
	焊脚尺寸差	$h_f \leqslant 10$	0~1.5	0~2	0~3
		$h_f > 10$	0~2	0~3	0~4

表6 焊缝外形允许尺寸（续）

焊缝类型	检查项目			焊接接头类别		
				Ⅰ	Ⅱ	Ⅲ
组合焊缝	全融透、部分熔透	焊脚尺寸	$\delta \leqslant 20$	$\delta \pm 1.5$	$\delta \pm 2$	$\delta \pm 2.5$
			$\delta > 20$	$\delta \pm 2$	$\delta \pm 2.5$	$\delta \pm 3$
		焊脚尺寸差	$\delta \leqslant 20$	<2	≤2	≤3
			$\delta > 20$	<3	<3	<4
注：δ为较薄部件的板厚；h_f为最小焊脚尺寸。						

表7 焊接角变形允许范围

焊　件	偏差值		
	θ °	α mm	示意图
板件	≤3	—	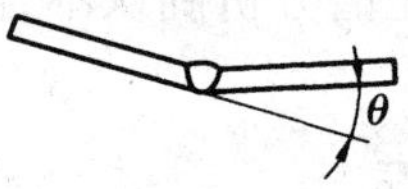
管径 D<100mm	—	≤2	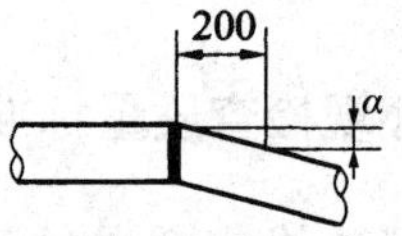
管径 D≥100mm	—	≤3	

表8 焊缝表漏缺陷允许范围

缺陷名称		焊接接头类别		
		Ⅰ	Ⅱ	Ⅲ
裂纹、未熔合		不允许		
根部未焊透		不允许	深度不大于10%焊缝厚度，且不大于1.5mm。总长度不大于焊缝全长的10%。氩弧焊打底焊缝不允许	深度不大于15%焊缝厚度，且≤2mm，总长度不大于焊缝全长的15%
气孔、夹渣		不允许		
咬边	不要求修磨的焊缝	深度不大于0.5mm；焊缝两侧总长度：管件不大于焊缝全长的10%，且不大于40mm；板件不大于焊缝全长的10%	深度不大于0.5mm；焊缝两侧总长度：管件不大于焊缝全长的20%；板件不大于焊缝全长的15%	深度不大于0.5mm；焊缝两侧总长度：管件不大于焊缝全长的20%；板件不大于焊缝全长的20%
	要求修磨的焊缝	不允许		
根部凸出		≤2mm	板件和外径D≥108mm的管件：≤3mm。 管件直径D<108mm时以通球为准，D≥32mm时，为管内径的85%；D<32mm时，为管内径的75%	
内凹		≤1.5mm	≤2mm	≤2.5mm

8.2 焊接接头的无损检测标准

8.2.1 钢制承压管子和管道焊接接头的无损检测标准、技术等级及质量级别规定应符合表9的规定。

8.2.2 钢结构焊接接头的无损检测标准、技术等级及质量级别应符合DL/T 5210.5的规定。

8.2.3 压力容器焊接接头无损检测标准应符合NB/T 47013的规定，射线检测技术等级不应低于AB级，质量级别应为Ⅱ级合格；PE检测技术等级不应低于B级，质量级别应为Ⅰ级合格；TOFD质量级别应为Ⅱ级合格；PA检测技术等级不应低于B级，质量级别应为Ⅰ级合格；磁粉检测和渗透检测质量级别应为Ⅰ级合格。

8.2.4 主蒸汽管道、再热蒸汽管道、主给水管道上仪表管座角焊缝表面无损检测应按照NB/T 47013行检测及质量分级，质量级别应为Ⅰ级合格；全焊透结构角焊缝内部缺陷无损检测应按照DL/T 1105.2的规定执行。

表9 管道各类焊接接头的质量级别规定

检测方法	检测标准	技术等级[a]	焊接接头类别及相应质量级别要求			
			Ⅰ	Ⅱ	Ⅲ	
					锅炉范围内	锅炉范围外
射线检测	DL/T 821	AB级	Ⅱ	Ⅱ	Ⅱ	Ⅲ
脉冲反射法超声检测	DL/T 820.2	B级	Ⅰ	Ⅰ	Ⅰ	Ⅱ
TOFD	DL/T 820.3	—	Ⅱ	Ⅱ	—	—
相控阵超声检测	DL/T 1718	B级	Ⅰ	Ⅰ	—	—
磁粉检测	NB/T 47013.4	—	Ⅰ	Ⅰ	Ⅰ	Ⅱ
渗透检测	NB/T 47013.5	—	Ⅰ	Ⅰ	Ⅰ	Ⅱ
[a] 本表所规定技术等级为最低要求						

8.3 焊缝布氏硬度合格标准

8.3.1 同种钢焊接接头热处理后焊缝硬度，不应超过母材布氏硬度值加HBW100，且不超过以下规定：合金总含量小于3%，布氏硬度值不应大于HBW 270；合金总含量小于10%，且不小于3%，布氏硬度值不应大于HBW 300。

8.3.2 9%Cr~12%Cr马氏体型耐热钢焊接接头焊后热处理后布氏硬度合格要求见附录E的规定。

8.3.3 异种钢焊接接头焊缝硬度检验应符合DL/T 752的规定。

8.3.4 焊缝硬度不应低于母材标准硬度下限值的90%。

8.4 焊缝金相组织标准

焊缝金相组织应符合DL/T 2054的规定。

9 焊接修复

9.1 一般规定

9.1.1 焊接修复按紧迫性可分为临时性修复和永久性修复。永久性修复应按照本文件规定的焊接工作程序进行。

9.1.2 焊接修复应查明修复对象遵循的规程、标准并遵照执行。

9.1.3 焊接修复所涉及人员，应符合本文件的规定。

9.1.4 永久性修复工作开始前，应查明缺陷位置、尺寸，并对缺陷产生的原因进行分析，必要时进行失效分析以及安全性评估。比较重大事故和缺陷的修复，应进行技术、经济的可行性分析。

9.1.5 采用临时性修复的，应及早更改为永久性修复。

9.2 修复前准备

9.2.1 修复前应查明待修复部件钢材牌号，收集该钢材的焊接性资料。

9.2.2 焊接材料应根据待修复部件选用。对难以预热和热处理的焊接修复，应采用高塑韧性的焊接材料。

9.2.3 拟定的焊接工艺应得到评定或验证。

9.2.4 焊工应进行培训和施工前练习。

9.2.5 对于需要进行变形控制的部件应装设测量器具并完成初始值测量。在修复中应跟踪并记录过程中和终了时的变形量。

9.3 焊接修复

9.3.1 清除缺陷宜采用机械方式。对于厚大部件的裂纹类缺陷，在清除缺陷前，应采取防止裂纹的继续扩展措施。在预热情况下，可采用碳弧气刨清除缺陷。

9.3.2 坡口制备应采用机械方式。坡口应方便焊接、确认无表面裂纹、无污染层。

9.3.3 受压原件的焊接修复不应采用搭接结构。

9.3.4 焊接应采用多层多道焊接方法，必要时可采用分段退焊等减小变形的方法施焊。

9.3.5 当缺陷部件不宜焊后热处理且满足回火焊道使用条件时，可采用回火焊道修复缺陷。

9.3.6 其他工艺参数应按照第6章的规定执行。

9.4 检验和质量标准

9.4.1 质量检验及其标准应按第7章、8章的规定执行。

9.4.2 对于经焊接修复引起结构尺寸变化，或对应力水平有怀疑时，应进行残余应力测试或结构应力分析。

10 焊接技术文件

10.1 焊接技术文件应由焊接技术人员编制，其他焊接人员应积极配合。

10.2 施工单位应移交下列技术资料：

a）焊接工程一览表；

b）受监部件使用的焊接材料质量证件；

c）焊工技术考核一览表：

d）焊接工艺评定项目及应用范围统计表；

e）主蒸汽、再热蒸汽、汽轮机导汽、主给水管道和锅炉一次门内的本体管道、管子的焊接、热处理、焊接检验记录、射线检测底片、检验报告；

f）受监焊口焊接的质量检验、焊接热处理的质量评价报告和焊接热处理过程记录曲线。

10.3 施工单位应将下列资料在工程竣工后归档：

a）根据10.2规定内容移交资料的副本；

b）焊接施工组织设计、重大技术措施；

c）锅炉受热面管子焊接、热处理、检验记录图表；

d）焊接工程质量验评资料；

e）焊接工艺评定报告；

f）焊接作业指导文件；

g）焊接工程技术总结和专题技术总结。

10.4 火力发电厂检修、改造工程焊接技术文件等可按10.2的规定移交。

附 录 A
（资料性）
电厂常用钢材的化学成分和力学性能

电厂常用钢材的化学成分和力学性能见表A.1。

表A.1 电厂常用钢材的化学成分和力学性能

序号	牌号		化学成分（质量分数）%								
	钢号或级别号	标准号	C	Mn	Si	Cr	Mo	V	Ni	Ti	B
1	20	GB/T 3087	0.17~0.23	0.35~0.65	0.17~0.37	≤0.25	—	—	≤0.30	—	—
2	20G	GB/T 5310	0.17~0.23	0.35~0.65	0.17~0.37	—	—	—	—	—	—
3	25Mn	GB/T 699	0.22~0.29	0.70~1.00	0.17~0.37	≤0.25	—	—	≤0.30	—	—
4	35	GB/T 699	0.32~0.39	0.50~0.80	0.17~0.37	≤0.25	—	—	≤0.30	—	—
5	STPT480（STPT49）	JIS G3456	≤0.33	0.30~1.00	0.10~0.35	—	—	—	—	—	—
6	65 级	ASTMA515	0.28~0.33	≤0.98	0.13~0.45	—	—	—	—	—	—
7	A672B70	ASTMA672	≤0.31	≤1.30	0.13~0.45	—	—	—	—	—	—
8	C级	ASTMA106	≤0.35	0.29~1.06	≥0.10	≤0.40	≤0.15	≤0.08	≤0.40	—	—
9	WCB	ASTMA216	≤0.30	≤1.00	≤0.60	≤0.50	≤0.20	≤0.03	≤0.50	—	—
10	Q345R	GB/T 713	≤0.20	1.2~1.7	≤0.55	≤0.30	≤0.08	≤0.05	≤0.30	≤0.03	—
11	19Mn5	DIN EN 10216-2	0.17~0.22	1.00~1.30	0.30~0.60	≤0.30	—	—	—	—	—
12	WPC	ASTM A234	≤0.35	0.29~1.06	≥0.10	≤0.40	≤0.15	≤0.08	≤0.40	—	—
13	18MnMoNbR	GB/T 713	≤0.21	1.20~1.60	0.15~0.50	≤0.30	0.45~0.65	—	≤0.30	—	—
14	15Ni1MnMoNbCu（WB36）	GB/T 5310	0.10~0.17	0.80~1.20	0.25~0.50	—	0.25~0.50	—	1.00~1.30	—	Al≤0.05
15	15NiCuMoNb5-6-4（WB36）	DIN EN 10216-2	≤0.17	0.80~1.20	0.25~0.50	≤0.30	0.25~0.50	—	1.00~1.30	—	Al≤0.05
16	16Mo3	DIN EN 10216-2	0.12~0.20	0.40~0.90	≤0.35	≤0.30	0.25~0.35	—	≤0.30	—	—

表A.1　电厂常用钢材的化学成分和力学性能（续）

序号	牌号		化学成分（质量分数）%					常温力学性能					分类号 DL/T 868
	钢号或级别号	标准号	W	Nb	Cu	S	P	下屈服强度 R_{eL} MPa	抗拉强度 R_m MPa	断后伸长率 A %	冲击吸收能量 A_{KV} J	硬度 HBW	
1	20	GB/T 3087	—	—	≤0.25	≤0.035	≤0.035	≥245	410~550	≥20	—	—	A-Ⅰ
2	20G	GB/T 5310	—	—	—	≤0.015	≤0.025	≥245	410~550	≥24	≥40	120~160	A-Ⅰ
3	25Mn	GB/T 699	—	—	≤0.25	≤0.035	≤0.035	≥295	≥490	≥22	≥71（V）	—	A-Ⅰ
4	35	GB/T 699	—	—	≤0.25	≤0.035	≤0.035	≥315	≥530	≥20	—	≤197	A-Ⅰ
5	STPT480（STPT49）	JIS G3456	—	—	—	≤0.035	≤0.035	≥275	≥480	≥20	—	—	A-Ⅰ
6	65 级	ASTM A515	—	—	—	≤0.025	≤0.025	≥240	450~585	≥23	—	—	A-Ⅰ
7	A672B70	ASTM A672	—	—	—	≤0.025	≤0.025	≥260	485~620	≥17	—	—	A-Ⅰ
8	C级	ASTM A106	—	—	≤0.40	≤0.035	≤0.035	≥275	≥485	≥20	—	—	A-Ⅰ
9	WCB	ASTM A216	—	—	≤0.30	≤0.045	≤0.040	≥250	485~655	≥22	—	—	A-Ⅰ
10	Q345R	GB/T 713	—	≤0.05	≤0.30	≤0.010	≤0.025	≥345	510~640	≥21	≥41	—	A-Ⅱ
11	19Mn5	DIN 17175	—	—	—	≤0.040	≤0.040	≥315	510~610	≥19	≥34	—	A-Ⅱ
12	WPC	ASTM A234	—	≤0.08	≤0.40	≤0.058	≤0.050	≥275	≥485	≥22	—	≤197	A-Ⅱ
13	18MnMoNbR	GB/T 713	—	0.025~0.050	≤0.30	≤0.010	≤0.020	≥400	570~720	≥18	≥41	—	A-Ⅲ
14	15Ni1MnMoNbCu（WB36）	GB/T 5310	N≤0.02	0.015~0.045	0.50~0.80	≤0.015	≤0.025	≥440	620~780	≥19	≥40	185~270	A-Ⅲ
15	15NiCuMoNb5-6-4	DIN EN 10216-2	—	0.015~0.045	0.50~0.80	≤0.010	≤0.025	≥440	610~780	≥19	≥40	—	A-Ⅲ
16	16Mo3	DIN EN 10216-2	—	—	≤0.30	≤0.010	≤0.025	≥280	450~600	≥22	≥40	—	B-Ⅰ

表A.1 电厂常用钢材的化学成分和力学性能（续）

序号	牌号		化学成分（质量分数）%								
	钢号或级别号	标准号	C	Mn	Si	Cr	Mo	V	Ni	Ti	B
17	T1	ASTM A209	0.10~0.20	0.30~0.80	0.10~0.50	—	0.44~0.65	—	—	—	—
18	P1	ASTM A335	0.10~0.20	0.30~0.80	0.10~0.50	—	0.44~0.65	—	—	—	—
19	P2	ASTM A335	0.10~0.20	0.30~0.61	0.10~0.30	0.50~0.81	0.44~0.65	—	—	—	—
20	P11	ASTM A335	0.05~0.15	0.30~0.60	0.50~1.00	1.00~1.50	0.44~0.65	—	—	—	—
21	P12	ASTM A335	0.05~0.15	0.30~0.61	≤0.50	0.80~1.25	0.44~0.65	—	—	—	—
22	F1	ASTM A182	≤0.28	0.60~0.90	0.15~0.35	—	0.44~0.65	—	—	—	—
23	SB450M	JIS G3103	≤0.18	≤0.90	0.15~0.40	—	0.45~0.60	—	—	—	—
24	20MoG	GB/T 5310	0.15~0.25	0.40~0.80	0.17~0.37	—	0.44~0.65	—	—	—	—
25	12CrMoG	GB/T 5310	0.08~0.15	0.40~0.70	0.17~0.37	0.40~0.70	0.40~0.55	—	—	—	—
26	15CrMoG	GB/T 5310	0.12~0.18	0.40~0.70	0.17~0.37	0.80~1.10	0.40~0.55	—	—	—	—
27	12CrMoV	GB/T 3077	0.08~0.15	0.40~0.70	0.17~0.37	0.30~0.60	0.25~0.35	0.15~0.30	—	—	—
28	WP11 1类	ASTM A234	0.05~0.15	0.30~0.60	0.50~1.00	1.00~1.50	0.44~0.65	—	—	—	—
29	WP12 1类	ASTM A234	0.05~0.20	0.30~0.80	≤0.60	0.80~1.25	0.44~0.65	—	—	—	—
30	12Cr1MoVG	GB/T 5310	0.08~0.15	0.40~0.70	0.17~0.37	0.90~1.20	0.25~0.35	0.15~0.30	—	—	—
31	ZG15Cr1Mo1V	JB/T 9625	0.14~0.20	0.40~0.70	0.17~0.37	1.20~1.70	1.00~1.20	0.20~0.40	—	—	—
32	ZG20CrMoV	JB/T 9625	0.18~0.25	0.40~0.70	0.17~0.37	0.90~1.20	0.50~0.70	0.20~0.30	—	—	—
33	WC6	ASTM A217	0.05~0.20	0.50~0.80	≤0.60	1.00~1.50	0.45~0.65	—	≤0.50	—	—
34	SCPH21	JIS G5151	≤0.20	0.50~0.80	≤0.60	1.00~1.50	0.45~0.65	—	≤0.50	—	—
35	STBA 12	JIS G3462	0.10~0.20	0.30~0.80	0.10~0.50	—	0.45~0.65	—	—	—	—
36	STBA 13	JIS G3462	0.15~0.25	0.30~0.80	0.10~0.50	—	0.45~0.65	—	—	—	—
37	STBA 20	JIS G3462	0.10~0.20	0.30~0.60	0.10~0.50	0.50~0.80	0.40~0.65	—	—	—	—
38	STBA 22	JIS G3462	≤0.15	0.30~0.60	≤0.50	0.80~1.25	0.45~0.65	—	—	—	—

表A.1　电厂常用钢材的化学成分和力学性能（续）

序号	牌号		化学成分（质量分数）%					常温力学性能					分类号 DL/T 868
	钢号或级别号	标准号	W	Nb	Cu	S	P	下屈服强度 R_{eL} MPa	抗拉强度 R_m MPa	断后伸长率 A %	冲击吸收能量 A_{KV} J	硬度 HBW	
17	T1	ASTM A209	—	—	—	≤0.025	≤0.025	≥205	≥380	≥30	—	≤146	B–I
18	P1	ASTM A335	—	—	—	≤0.025	≤0.025	≥205	≥380	≥22	—	—	B–I
19	P2	ASTMA335	—	—	—	≤0.025	≤0.025	≥205	≥380	≥22	—	—	B–I
20	P11	ASTMA335	—	—	—	≤0.025	≤0.025	≥205	≥415	≥22	—	—	B–I
21	P12	ASTM A335	—	—	—	≤0.025	≤0.025	≥220	≥415	≥22	—	—	B–I
22	F1	ASTM A182	—	—	—	≤0.045	≤0.045	≥275	≥485	≥20	—	143~192	B–I
23	SB450M	JIS G3103	—	—	—	≤0.030	≤0.030	≥255	450~590	≥19	—	—	B–I
24	20MoG	GB/T 5310	—	—	—	≤0.015	≤0.025	≥220	415~665	≥22	≥40	125~180	B–I
25	12CrMoG	GB/T 5310	—	—	—	≤0.015	≤0.025	≥205	410~560	≥21	≥40	125~170	B–I
26	15CrMoG	GB/T 5310	—	—	—	≤0.015	≤0.025	≥295	440~640	≥21	≥40	125~170	B–I
27	12CrMoV	GB/T 3077	—	—	—	≤0.030	≤0.030	≥225	≥440	22	≥78（V）	241	B–I
28	WP11 1类	ASTM A234	—	—	—	≤0.030	≤0.030	≥205	415~585	≥22	—	≤197	B–I
29	WP12 1类	ASTM A234	—	—	—	≤0.045	<0.045	≥220	415~585	≥22	—	≤197	B–I
30	12Cr1MoVG	GB/T 5310	—	—	—	≤0.010	≤0.025	≥255	470~640	≥21	≥40	135~195	B–I
31	ZG15Cr1Mo1V	JB/T 9625	—	—	—	≤0.030	≤0.030	≥343	≥490	≥14	≥29	—	B–I
32	ZG20CrMoV	JB/T 9625	—	—	—	≤0.030	≤0.030	≥314	≥490	≥14	≥29	—	B–I
33	WC6	ASTM A217	≤0.10	—	≤0.50	≤0.045	≤0.040	≥345	550~725	≥18	—	—	B–I
34	SCPH21	JIS G5151	≤0.10	—	≤0.50	≤0.040	≤0.040	≥275	≥480	≥17	—	—	B–I
35	STBA 12	JIS G3462	—	—	—	≤0.035	≤0.035	≥205	≥380	D_0≥20mm时，A≥30%；10≤D_0<20mm时，A≥25%；D_0<10mm时，A≥22%	—	—	B–I
36	STBA 13	JIS G3462	—	—	—	≤0.035	≤0.035	≥205	≥410		—	—	B–I
37	STBA20	JIS G3462	—	—	—	≤0.035	≤0.035	≥205	≥410		—	—	B–I
38	STBA22	JIS G3462	—	—	—	≤0.035	≤0.035	≥205	≥410		—	—	B–I

表A.1　电厂常用钢材的化学成分和力学性能（续）

序号	牌号		化学成分（质量分数）%								
	钢号或级别号	标准号	C	Mn	Si	Cr	Mo	V	Ni	Ti	B
39	STBA23	JIS G3462	≤0.15	0.30~0.60	0.50~1.00	1.00~1.50	0.45~0.65	—	—	—	—
40	STPA12	JIS G3458	0.10~0.20	0.30~0.80	0.10~0.50	—	0.45~0.65	—	—	—	—
41	STPA20	JIS G3458	0.10~0.20	0.30~0.60	0.10~0.50	0.50~0.80	0.40~0.65	—	—	—	—
42	STPA22	JIS G3458	≤0.15	0.30~0.60	≤0.50	0.80~1.25	0.45~0.65	—	—	—	—
43	STPA23	JIS G3458	≤0.15	0.30~0.60	0.50~1.00	1.00~1.50	0.45~0.65	—	—	—	—
44	13CrMo4-5	DIN EN 10216	0.10~0.17	0.40~0.70	≤0.35	0.70~1.15	0.40~0.60	—	≤0.30	Al≤0.04	—
45	11	ASTM A691	0.05~0.17	0.40~0.65	0.50~0.80	1.00~1.50	0.45~0.65	—	—	—	—
46	T2	ASTM A213	0.10~0.20	0.30~0.61	0.10~0.30	0.50~0.81	0.44~0.65	—	—	—	—
47	F2	ASTM A182	0.05~0.21	0 30~0.80	0.10~0.60	0.50~0.81	0.44~0.65	—	—	—	—
48	F12	ASTM A182	0.05~0.15	0.30~0.60	≤0.50	0.80~1.25	0.44~0.65	—	—	—	—
49	T11	ASTM A213	0.05~0.15	0.30~0.60	0.50~1.00	1.00~1 50	0.44~0 65	—	—	—	—
50	F11	ASTM A336	0.05~0.15	0.30~0.60	0.50~1.00	1.00~1.50	0.44~0.65	—	—	—	—
51	T12	ASTM A213	0.05~0.15	0.30~0.61	≤0.50	0.80~1.25	0.44~0.65	—	—	—	—
52	F12	ASTM A336	0.10~0.20	0.30~0.80	0.10~0.60	0.80~1.10	0.45~0.65	—	—	—	—
53	12Cr2MoWVTiB	GB/T 5310	0.08~0.15	0.45~0.65	0.45~0.75	1.60~2.10	0.50~0.65	0.28~0.42	—	0.08~0.18	0.002~0.008
54	12Cr3MoVSiTiB	GB/T 5310	0.09~0.15	0.50~0.80	0.60~0.90	2.50~3.00	1.00~1.20	0.25~0.35	—	0.22~0.38	0.005~0.011
55	12Cr2MoG	GB/T 5310	0.08~0.15	0.40~0.60	≤0.50	2.00~2.50	0.90~1.13	—	—	—	—
56	T23	ASTM A213	0.04~0.10	0.10~0.60	≤0.50	1.90~2.60	0.05~0.30	0.20~0.30	0.40	N≤0.015	0.0005~0.0060
57	P22	ASTM A335	0.05~0.15	0.30~0.60	≤0.50	1.90~2.60	0.87~1.13	—	—	—	—
58	F22	ASTM A182	0.05~0.15	0.30~0.60	≤0.50	2.00~2.50	0.87~1.13	—	—	—	—
59	STPA24	JIS G3458	≤0.15	0.30~0.60	≤0.50	1.90~2.60	0.87~1.13	—	—	—	—
60	10CrMo910	DIN EN 10216	0.08~0.14	0.30~0.70	≤0.50	2.00~2.50	0.90~1.10	—	≤0.30	Al≤0.04	—

表A.1 电厂常用钢材的化学成分和力学性能（续）

序号	牌号		化学成分（质量分数）%					常温力学性能					分类号 DL/T 868
	钢号或级别号	标准号	W	Nb	Cu	S	P	下屈服强度 R_{eL} MPa	抗拉强度 R_m MPa	断后伸长率 A %	冲击吸收能量 A_{KV} J	硬度 HBW	
39	STBA23	JIS G3462	—	—	—	≤0.030	≤0.030	≥205	≥410	—	—	—	B-Ⅰ
40	STPA12	JIS G3458	—	—	—	≤0.035	≤0.035	≥205	≥380	≥24	—	—	B-Ⅰ
41	STPA20	JIS G3458	—	—	—	≤0.035	≤0.035	≥205	≥410	≥24	—	—	B-Ⅰ
42	STPA22	JIS G3458	—	—	—	≤0.035	≤0.035	≥205	≥410	≥24	—	—	B-Ⅰ
43	STPA23	JIS G3458	—	—	—	≤0.030	≤0.030	≥205	≥410	≥24	—	—	B-Ⅰ
44	13CrMo4-5	DIN EN 10216	—	—	≤0.30	≤0.010	≤0.025	≥290	440~590	≥22	—	—	B-Ⅰ
45	11	ASTM A691	—	—	—	≤0.025	≤0.025	≥240	415~585	≥19	—	≤201	B-Ⅰ
46	T2	ASTMA213	—	—	—	≤0.025	≤0.025	≥205	≥415	≥30	—	≤163	B-Ⅰ
47	F2	ASTM A182	—	—	—	≤0.040	≤0.040	≥275	≥485	≥20	—	143~192	B-Ⅰ
48	F12	ASTM A182	—	—	—	≤0.045	≤0.045	≥205	≥415	≥20	—	121~174	B-Ⅰ
49	T11	ASTM A213	—	—	—	≤0.025	≤0.025	≥205	≥415	≥30	—	≤163	B-Ⅰ
50	F11	ASTM A336	—	—	—	≤0.025	≤0.025	≥205	415~585	≥20	—	—	B-Ⅰ
51	T12	ASTM A213	—	—	—	≤0.025	≤0.025	≥220	≥415	≥30	—	≤163	B-Ⅰ
52	F12	ASTM A336	—	—	—	≤0.025	≤0.025	≥275	485~660	≥20	—	—	B-Ⅰ
53	12Cr2MoWVTiB	GB/T 5310	0.30~0.55	—	—	≤0.015	≤0.025	≥345	540~735	≥18	≥40	160~220	B-Ⅱ
54	12Cr3MoVSiTiB	GB/T 5310	—	—	—	≤0.015	≤0.025	≥440	610~805	≥16	≥40	180~250	B-Ⅱ
55	12Cr2MoG	GB/T 5310	—	—	—	≤0.015	≤0.025	≥280	450~600	≥22	≥40	125~180	B-Ⅱ
56	T23	ASTM A213	1.45~1.75	0.02~0.08	Al≤0.030	≤0.010	≤0.030	≥400	≥510	≥20	—	≤220	B-Ⅱ
57	P22	ASTM A335	—	—	—	≤0.025	≤0.025	≥205	≥415	≥22	—	—	B-Ⅱ
58	F22	ASTM A182	—	—	—	≤0.040	≤0.040	≥205	≥2415	≥20	—	≤170	B-Ⅱ
59	STPA24	JIS G3458	—	—	—	≤0.030	≤0.030	≥205	≥410	≥24	—	—	B-Ⅱ
60	10CrMo910	DIN EN 10216	—	—	≤0.30	≤0.010	≤0.020	≥280	480~630	≥22	≥40	—	B-Ⅱ

表A.1　电厂常用钢材的化学成分和力学性能（续）

序号	牌号		化学成分（质量分数）%								
	钢号或级别号	标准号	C	Mn	Si	Cr	Mo	V	Ni	Ti	B
61	WC9	ASTM A217	0.05~0.18	0.40~0.70	≤0.60	2.00~2.75	0.90~1.20	—	≤0.50	—	—
62	10Cr9Mo1VNbN	GB 5310	0.08~0.12	0.30~0.60	0.20~0.50	8.00~9.50	0.85~1.05	0.18~0.25	≤0.4	N：0.03~0.07	—
63	T91	ASTM A213	0.07~0.14	0.30~0.60	0.20~0.50	8.00~9.50	0.85~1.05	0.18~0.25	≤0.4	N：0.03~0.07	—
64	T92	ASTM A213	0.07~0.13	0.30~0.60	≤0.50	8.50~9.50	0.30~0.60	0.15~0.25	≤0.4	N：0.03~0.07	0.001~0.006
65	P9	ASTM A335	≤0.15	0.30~0.60	0.25~1.00	8.00~10.00	0.90~1.10	—	—	—	—
66	P91	ASTM A335	0.08~0.12	0.30~0.60	0.20~0.50	8.00~9.50	0.85~1.05	0.18~0.25	≤0.40	N：0.03~0.07	—
67	10Cr9MoW2VNbBN	GB/T 5310	0.07~0.13	0.30~0.60	≤0.50	8.50~9.50	0.30~0.60	0.15~0.25	≤0.4	N：0.03~0.07	0.001~0.006
68	P92	ASTM A335	0.07~0.13	0.30~0.60	≤0.50	8.50~9.50	0.30~0.60	0.15~0.25	≤0.4	N：0.03~0.07	0.001~0.006
69	F91	ASTM A336	0.08~0.12	0.30~0.60	0.20~0.50	8.00~9.50	0.85~1.05	0.18~0.25	≤0.4	N：0.03~0.07	—
70	F92	ASTM A336	0.07~0.13	0.30~0.60	≤0.50	8.50~9.50	0.30~0.60	0.15~0.25	≤0.4	N：0.03~0.07	0.001~0.006
71	11Cr9Mo1W1VNbBN	GB/T 5310	0.09~0.13	0.30~0.60	0.10~0.50	8.50~9.50	0.90~1.10	0.18~0.25	≤0.4	N：0.04~0.09	0.003~0.006
72	P911	ASTM A335	0.09~0.13	0.30~0.60	0.10~0.50	8.50~9.50	0.90~1.10	0.18~0.25	≤0.4	N：0.04~0.09	0.003~0.006
73	T122	ASTM A213	0.07~0.14	≤0.70	≤0.50	10.00~11.50	0.25~0.60	0.15~0.30	≤0.5	N：0.04~0.1	0.0005~0.005
74	P122	ASTM A335	0.07~0.14	≤0.70	≤0.50	10.00~11.50	0.25~0.60	0.15~0.30	≤0.5	N：0.04~0.1	0.0005~0.005
75	X20CrMoV11-1	DIN EN 10216-2	0.17~0.23	≤1.00	0.15~0.50	10.00~12.50	0.80~1.20	0.25~0.35	0.30~0.80	Al≤0.04	—
76	X20CrMoWV121	DIN EN 10216-2	0.17~0.25	0.30~0.80	0.10~0.50	11.0~12.50	0.80~1.20	0.25~0.35	0.30~0.8	—	—
77	10Cr11MoW2VNbCu1BN	GB/T 5310	0.07~0.14	≤0.70	≤0.50	10.00~11.50	0.25~0.60	0.15~0.30	≤0.50	Al≤0.02 N：0.04~0.10	0.0005~0.005
78	12Cr13（1Cr13）	GB/T 20878	≤0.15	≤1.00	≤1.00	11.50~13.50	—	—	≤0.60	—	—
79	06Cr13（0Cr13）	GB/T 20878	≤0.08	≤1.00	≤1.00	11.50~13.50	—	—	≤0.60	—	—
80	10Cr15（1Cr15）	GB/T 20878	≤0.12	≤1.00	≤1.00	11.00~16.00	—	—	≤0.60	—	—

表A.1 电厂常用钢材的化学成分和力学性能（续）

序号	牌号		化学成分（质量分数）%					常温力学性能					分类号 DL/T 868
	钢号或级别号	标准号	W	Nb	Cu	S	P	下屈服强度 R_{eL} MPa	抗拉强度 R_m MPa	断后伸长率 A %	冲击吸收能量 A_{KV} J	硬度 HBW	
61	WC9	ASTM A217	≤0.10	—	≤0.50	≤0.045	≤0.040	≥275	485~655	≥20	—	—	B–Ⅱ
62	10Cr9Mo1VNbN	GB/T 5310	—	0.06~0.10	Al≤0.02	≤0.010	≤0.020	≥415	≥585	≥20	≥40	185~250	B–Ⅲ
63	T91	ASTM A213	—	0.06~0.10	Al≤0.02	≤0.010	≤0.020	≥415	≥585	≥20	—	190~250	B–Ⅲ
64	T92	ASTM A213	1.50~2.00	0.04~0.09	Al≤0.02	≤0.010	≤0.020	≥440	≥620	≥20	—	≤250	B–Ⅲ
65	P9	ASTM A335	—	—	—	≤0.025	≤0.025	≥205	≥415	≥22	—	—	B–Ⅲ
66	P91	ASTM A335	—	Cb: 0.06~0.10	Al≤0.02	≤0.010	≤0.020	≥415	≥585	≥20	—	190~250	B–Ⅲ
67	10Cr9MoW2VNbBN	GB/T 5310	1.5~2.0	0.04~0.09	Al≤0.02	≤0.010	≤0.020	≥440	≥620	≥20	≥40	185~250	B–Ⅲ
68	P92	ASTM A335	1.5~2.0	Cb: 0.04~0.09	Al≤0.02	≤0.010	≤0.020	≥440	≥620	≥20	—	≤250	B–Ⅲ
69	F91	ASTM A336	—	0.06~0.10	Al≤0.02	≤0.025	≤0.025	≥415	585~760	≥20	—	—	B–Ⅲ
70	F92	ASTM A336	1.5~2.0	Cb: 0.04~0.09	Al≤0.02	≤0.010	≤0.020	≥440	620 ~830	≥20	—	—	B–Ⅲ
71	11Cr9Mo1W1VNbBN	GB/T 5310	0.09~1.10	0.06~0.10	Al≤0.02	≤0.010	≤0.020	≥440	≥620	≥20	≥40	185~250	B–Ⅲ
72	P911	ASTM A335	0.09~1.10	Cb: 0.06~0.10	Al≤0.02	≤0.010	≤0.020	≥440	≥620	≥20	—	≤250	B–Ⅲ
73	P122	ASTM A213	1.5~2.5	0.04~0.10	0.30~1.70	≤0.010	≤0.020	≥400	≥620	≥20	—	≤250	B–Ⅲ
74	P122	ASTM A335	1.5~2.5	Cb: 0.04~0.10	0.30~1.70	≤0.010	≤0.020	≥400	≥620	≥20	—	≤250	B–Ⅲ
75	X20CrMoV11–1	DIN EN 10216	—	—	≤0.30	≤0.010	≤0.025	≥490	690~840	≥17	≥40	—	B–Ⅲ
76	X20CrMoWV121	DIN EN 10216	0.40~0.60	—	—	≤0.030	≤0.045	—	—	—	—	—	B–Ⅲ
77	10Cr11MoW2VNbCu1BN	GB/T 5310	1.5~2.5	0.04~0.10	0.3~1.7	≤0.010	≤0.020	≥400	≥620	≥20	≥40	185~250	B–Ⅲ
78	12Cr13（1Cr13）	GB/T 20878	—	—	—	≤0.030	≤0.040	—	—	—	—	—	C–Ⅰ
79	06Cr13（0Cr13）	GB/T 20878	—	—	—	≤0.030	≤0.040	—	—	—	—	—	C–Ⅰ
80	10Cr15（1Cr15）	GB/T 20878	—	—	—	≤0.030	≤0.040	—	—	—	—	—	C–Ⅱ

表 A.1　电厂常用钢材的化学成分和力学性能（续）

序号	牌号		化学成分（质量分数） %								
	钢号或级别号	标准号	C	Mn	Si	Cr	Mo	V	Ni	Ti	B
81	07Cr19Ni10	GB/T 5310	0.04~0.10	≤2.00	≤0.75	18.00~20.00	—	—	8.0~11.00	—	—
82	TP321H	ASTM A213	0.04~0.10	≤2.00	≤1.00	17.00~19.00	2.00~3.00	—	9.00~12.00	—	Ti：5（C+N）~0.70
83	SUS304	JIS G3459	≤0.08	≤2.00	≤1.00	18.00~20.00	—	—	8.00~11.00	—	—
84	TP304	ASME A213	≤0.08	≤2.00	≤1.00	18.00~20.00	—	—	8.00~11.00	—	—
85	TP316	ASME A213	≤0.08	≤2.00	≤1.00	16.00~18.00	2.00~3.00	—	10.00~14.00	—	—
86	TP347H	ASME A213	0.04~0.10	≤2.00	≤1.00	17.00~19.00	—	—	9.00~13.00	—	—
87	F304	ASME A182	≤0.08	≤2.00	≤1.00	18.00~20.00	—	—	8.00~11.00	N≤0.10	—
88	TP347HFG	ASME A213	0.06~0.10	≤2.00	≤1.00	17.00~19.00	—	—	9.00~13.00	—	—
89	A213 S30432（Super 304H）	ASTM A213	0.07~0.13	≤1.00	≤0.30	17.00~19.00	—	—	7.50~10.50	N：0.05~0.12	0.001~0.010
90	A213 TP310HCbN（HR3C）	ASME A213	0.04~0.10	≤2.00	≤1.00	24.00~26.00	—	—	19.00~22.00	N：0.15~0.35	—
91	07Cr18Ni11Nb	GB/T 5310	0.04~0.10	≤2.00	≤0.75	17.00~19.00	—	—	9.00~13.00	—	—
92	07Cr19Ni11Ti	GB/T 5310	0.04~0.10	≤2.00	≤0.75	17.00~20.0	—	—	9.00~13.00	—	Ti：4C~0.60
93	10Cr18Ni9NbCu3BN	GB/T 5310	0.07~0.13	≤1.00	≤0.30	17.00~19.00	—	—	7.50~10.50	N：0.05~0.12	0.001~0.010
94	07Cr25Ni21NbN	GB/T 5310	0.04~0.10	≤2.00	≤0.75	24.00~26.00	—	—	19.00~22.00	N：0.15~0.35	—
95	08Cr18Ni11NbFG	GB/T 5310	0.06~0.10	≤2.00	≤0.75	17.00~19.00	—	—	10.00~12.00	—	—

表 A.1　电厂常用钢材的化学成分和力学性能（续）

序号	牌号		化学成分（质量分数）%					常温力学性能					分类号 DL/T 868
	钢号或级别号	标准号	W	Nb	Cu	S	P	下屈服强度 R_{eL} MPa	抗拉强度 R_m MPa	断后伸长率 A %	冲击吸收能量 A_{KV} J	硬度 HBW	
81	07Cr19Ni10	GB/T 5310	—	—	—	≤0.015	≤0.030	≥205	≥515	≥35	—	140~192	C–Ⅲ
82	TP321H	ASTMA213	—	—	—	≤0.030	≤0.045	≥205	≥515	≥35	—	≤192	C–Ⅲ
83	SUS304	JIS G 3459	—	—	—	≤0.030	≤0.045	≥205	>520	≥30	—	—	C–Ⅲ
84	TP304	ASME SA 213	—	—	—	≤0.030	≤0.045	≥205	≥515	≥35	—	≤192	C–Ⅲ
85	TP316	ASME SA213	—	—	—	≤0.030	≤0.045	≥205	≥515	≥35	—	≤192	C–Ⅲ
86	TP347H	ASME SA213	—	8×C~1.10	—	≤0.030	≤0.045	≥205	≥515	≥35	—	≤192	C–Ⅲ
87	F304	ASME A182	—	—	—	≤0.030	≤0.045	≥205	≥515	≥30	—	—	C–Ⅲ
88	TP347HFG	ASME A213	—	8×C~1.10	—	≤0.030	≤0.045	≥205	≥550	≥35	—	≤192	C–Ⅲ
89	S30432（Super 304H）	ASTM A213	Al0.003~0.03	0.3~0.6	2 5~3.5	≤0.010	≤0.040	≥235	≥590	≥35	—	≤219	C–Ⅲ
90	TP310HCbN（HR3C）	ASME A213	—	0.2~0.6	—	≤0.030	≤0.045	≥295	≥655	≥30	—	≤256	C–Ⅲ
91	07Cr18Ni11Nb	GB/T 5310	—	8×C~1.10	—	≤0.015	≤0.030	≥205	≥520	≥35	—	140~192	C–Ⅲ
92	07Cr19Ni11Ti	GB/T 5310	—	—	—	≤0.015	≤0.030	≥205	≥515	≥35	—	140~192	C–Ⅲ
93	10Cr18Ni9NbCu3BN	GB/T 5310	Al0.003~0.03	0.3~0.6	25~3.5	≤0.010	≤0.030	≥235	≥590	≥35	—	150~219	C–Ⅲ
94	07Cr25Ni21NbN	GB/T 5310	—	0.2~0.6	—	≤0.015	≤0.030	≥295	≥655	≥30	—	175~256	C–Ⅲ
95	08Cr18Ni11NbFG	GB/T 5310	—	8×C~1.10	—	≤0.015	≤0.030	≥205	≥550	≥35	—	140~192	C–Ⅲ

注 1：对于钢材的 C 含量随着厚度变化的钢种，本表取最小厚度的 C 含量。

注 2：屈服强度按照 GB/T 228 规定方法获取，屈服强度取 R_{eH}、R_{eL} 或者 $R_{p0.2}$ 应按相关标准执行。碳素结构钢和低合金结构钢通常取 R_{eH}，当屈服发生不明显时，测定规定塑形延伸强度 $R_{p0.2}$。

注 3：合金结构钢 GB/T 3077 的冲击试验试样取 KU2 缺口。

注 4：对于屈服强度随着厚度减小的钢种，表中取最小厚度钢材的屈服强度。

附　录　B
（资料性）
焊接异种钢的焊条（焊丝）及焊后热处理温度速查表

焊接异种钢的焊条（焊丝）及焊后热处理温度速查表见表B.1。

表B.1　焊接异种钢的焊条（焊丝）及焊后热处理温度速查表

C	1 a A																
C–Mo	1 a B	2 b B															
0.5Cr–0.5Mo	1 a B	2 b C	3 c C														
1Cr–0.5Mo	1 a C	3 b C	3 c C	3 c C													
0.5Cr–0.5Mo–V	1 a C	4 c C	4 c D	4 c D	4 c E												
1Cr–0.5Mo–V	1 a C	4 c D	4 c D	4 c D	4 c E	4 d E											
1.5Cr–1Mo–V	4 b C	4 c D	4 c D	4 c D	4 d E	4 d E	4 d E										
2Cr–0.5Mo	3 c C	3 c D	3 c D	3 c D	4 d E	4 d E	5 e E	5 e E									
2.25Cr–1Mo	3 c C	3 c D	4 d D	4 d D	4 d E	4 d E	5 e E	5 e E	5 e E								
2Cr–0.5Mo–WV	4 d C	4 d D	4 d D	4 d D	4 d E	4 d E	5 e E	5 e E	5 e E	6 f F							
2Cr–0.5Mo–2WV	4 d C	4 d D	4 d D	4 d D	4 d E	4 d E	5 e E	5 e E	5 e E	6 f F	6 f E						
3Cr–1Mo–VTi	4 d C	4 d D	4 d D	4 d D	4 d E	4 d E	5 e E	5 e E	5 e E	6 f F	6 f E	7 f F					
5Cr–0.5Mo	5 e D	5 e D	5 e D	5 e D	5 e E	4 d E	5 e E	5 e E	5 e E	6 f F	6 f E	7 f F	8 g E				
9Cr–1Mo–VNb	5 e D	5 e D	5 e D	5 e D	5 e E	4 d E	10 h F	10 h F	10 h F	10 h F	10 h F	7 f F	9 h F	9 h F			
9Cr–0.5Mo–1.5W	5 e D	5 e D	5 e D	5 e D	5 e E	4 d E	10 h F	10 h F	10 h F	10 h F	10 h F	7 f F	9 h F	9 h F	10 i F		
18–8 型	13 m A	13 m A	13 m A	13 m A	13 m A	13 m A	13 j A	13 j A	13 j A	13 j A	13 j A	13 j A	13 j E	11 j F	11 j F	121 A	
25–20 型	14 m A	14 m A	14 m A	14 m A	14 m A	14 m A	14 j A	14 j A	14 j A	14 j A	14 j A	14 j A	14 j E	11 j F	11 j F	14 n A	14 n A
钢种	C	C–Mo	0.5Cr–0.5Mo	1Cr–0.5Mo	0.5Cr–0.5Mo–V	1Cr–0.5Mo–V	1.5Cr–1Mo–V	2Cr–0.5Mo	2.25Cr–1Mo	2Cr–0.5Mo–WV	2Cr–0.5Mo–2WV	3Cr–1Mo–VTi	5Cr–0.5Mo	9Cr–1Mo–VNb	9Cr–0.5Mo–1.5W	18–8型	25–20型

注1：表中推荐的是介于两者之间的焊材，应用时可向下直到“低匹配”应用。

注2：表中“×××”第一位表示焊条、第二位表示焊丝（氩弧焊为x，其他熔化焊x′）、第三位表示焊后热处理恒温温度。

注3：当两侧钢材之一为奥氏体不锈钢，且工作温度低于425℃时，可选用焊条13、14和相应焊丝；对工作温度大于425℃的耐热合金钢管子、管件焊接，或在承压部件进行补焊或在其上焊接管接头限于条件焊后无法进行热处理时，推荐选用焊条11和相应焊丝。

注4：表中的推荐性焊材，使用时可根据实际情况和焊接工艺的要求选择相近成分、性能的其他型号焊材。

注5：表内推荐的焊后热处理恒温温度是参考值，请注意对照钢材说明书和焊接材料制造商的说明书及本文件之免于热处理的规定。

表B.1的代号说明见表B.2。

表B.2　表B.1的代号说明

焊条	氩弧焊丝（电力牌号）	焊丝	热处理温度℃
1——E50XX	a——W ER50 6（TIG–J50）	a′——G ER50–6	A——一般不进行热处理
2——E55XX–1M3	b——W ER50 1M3（TIG–R10）	b′——G ER49–1M3	B——620~670
3——E55XX–1CM	c——W ER55 1CM（TIG–R30）	c′——G ER55–1CM	C——650~700
4——E55XX–1CM–V	d——W ER55 1CM4V（TIG–R31）	d′——G ER55–1CM4V	D——670~720
5——E62XX–2C1M	e——W ER62 2C1M（TIG–R40）	e′——G ER62–2C1M	E——720~750
6——E55XX–2CMWVB	f——W ER55 2C1MV（TIG–R34）	f′——G ER55–2C1MV	F——740~760
7——E62XX–3C1MV	g——W ER55 3C1MV（—）	g′——G ER55–3C1MV	
8——E55XX–5CM	h——W ER55 5CM（TIG–R50）	h′——G ER55–5CM	
9——E62XX–9C1MV（SFA–5.5M E62XX–B91）	i——W ER62 9C1MV（TIG–R71）	i′——ER62 9C1MV（SFA–5.28M ER62S–B9）	
10——SFA–5.5M E62XX–B92	j——W ER62 10CMWV–Co（TIG–R72）	j′——ER62 10CMWV–Co（SFA–5.28M ER62S–G）	
11——ENi6182（SFA–5.11–ENiCrFe–3）	k——ENi6182（—）	k′——SNi6082（SFA–5.14 ERNiCr–3）	
12——E308–XX	l——E308（TIG308）	l′——H06Cr21Ni10（S308）	
13——E309–XX	m——E309（TIG309）	m′——H10Cr24Ni13（S309）	
14——E310–XX	n——E310（TIG310）	n′——H11Cr26Ni21（S310）	

附 录 C
（资料性）
常用焊条熔敷金属的化学成分和常温力学性能

常用焊条熔敷金属的化学成分和常温力学性能见表C.1。

表C.1 常用焊条熔敷金属的化学成分和常温力学性能

序号	焊条型号			化学成分 %													常温力学性能			
	型号	标准号	原牌号	C	Mn	Si	P	S	Ni	Cr	Mo	V	Nb	B	W	其他	抗拉强度 R_m MPa	下屈服强度 R_{eL} MPa	断后伸长率 A %	冲击吸收能量 A_{KV} J
1	E4303	GB/T 5117	J422	0.20	1.20	1.00	0.040	0.035	0.30	0.20	0.30	0.08	—	—	—	—	≥430	≥330	≥20	27（0℃）
2	E4315	GB/T 5117	J427	0.20	1.20	1.00	0.040	0.035	0.30	0.20	0.30	0.08	—	—	—	—	≥430	≥330	≥20	27（-30℃）
3	E4316	GB/T 5117	J426	0.20	1.20	1.00	0.040	0.035	0.30	0.20	0.30	0.08	—	—	—	—	≥430	≥330	≥20	27（-30℃）
4	E4320	GB/T 5117	J424	0.20	1.20	1.00	0.040	0.035	0.30	0.20	0.30	0.08	—	—	—	—	≥430	≥330	≥20	—
5	E5003	GB/T 5117	J502	0.15	1.25	0.90	0.040	0.035	0.30	0.20	0.30	0.08	—	—	—	—	≥490	≥400	≥20	27（0℃）
6	E5015	GB/T 5117	J507	0.15	1.60	0.75	0.035	0.035	0.30	0.20	0.30	0.08	—	—	—	—	≥490	≥400	≥22	27（-30℃）
7	E5016	GB/T 5117	J506	0.15	1.60	0.75	0.035	0.035	0.30	0.20	0.30	0.08	—	—	—	—	≥490	≥400	≥20	27（-30℃）
8	E5015-1M3	GB/T 5118	R107	0.12	1.00	0.80	0.030	0.030	—	—	0.40~0.65	—	—	—	—	—	≥490	≥390	≥22	—
9	E5016-1M3	GB/T 5118	R106	0.12	1.00	0.80	0.030	0.030	—	—	0.40~0.65	—	—	—	—	—	≥490	≥390	≥22	—

表C.1 常用焊条熔敷金属的化学成分和常温力学性能（续）

序号	焊条型号			化学成分 %													常温力学性能			
	型号	标准号	原牌号	C	Mn	Si	P	S	Ni	Cr	Mo	V	Nb	B	W	其他	抗拉强度R_m MPa	下屈服强度R_{eL} MPa	断后伸长率A %	冲击吸收能量 A_{KV} J
10	E5018–1M3	GB/T 5118	R106Fe	0.12	1.00	0.80	0.030	0.030	—	—	0.40~0.65	—	—	—	—	—	≥490	≥390	≥22	—
11	E5503–CM	GB/T 5118	R202	0.05~0.12	0.90	0.80	0.030	0.030	—	0.40~0.65	0.40~0.65	—	—	—	—	—	≥550	≥460	≥14	—
12	E5515–CM	GB/T 5118	R207	0.05~0.12	0.90	0.80	0.030	0.030	—	0.40~0.65	0.40~0.65	—	—	—	—	—	≥550	≥460	≥17	—
13	E5516–CM	GB/T 5118	R206	0.05~0.12	0.90	0.80	0.030	0.030	—	0.40~0.65	0.40~0.65	—	—	—	—	—	≥550	≥460	≥17	—
14	F5518–CM	GB/T 5118	R206Fe	0.05~0.12	0.90	0.80	0.030	0.030	—	0.40~0.65	0.40~0.65	—	—	—	—	—	≥550	≥460	≥17	—
15	E5515–1CM	GB/T 5118	R307	0.05~0.12	0.90	0.80	0.030	0.030	—	1.00~1.50	0.40~0.65	—	—	—	—	—	≥550	≥460	≥17	—
16	F5516–1CM	GB/T 5118	R306	0.05~0.12	0.90	0.80	0.030	0.030	—	1.00~1.50	0.40~0.65	—	—	—	—	—	≥550	≥460	≥17	—
17	E5518–1CM	GB/T 5118	R306Fe	0.05~0.12	0.90	0.80	0.030	0.030	—	1.00~1.50	0.40~0.65	—	—	—	—	—	≥550	≥460	≥17	—
18	E5215–1CML	GB/T 5118	—	0.05	0.90	1.00	0.030	0.030	—	1.00~1.50	0.40~0.65	—	—	—	—	—	≥520	≥390	≥17	—
19	E5216–1CML	GB/T 5118	—	0.05	0.90	1.00	0.030	0.030	—	1.00~1.50	0.40~0.65	—	—	—	—	—	≥520	≥390	≥17	—
20	E5218–1CML	GB/T 5118	—	0.05	0.90	1.00	0.030	0.030	—	1.00~1.50	0.40~0.65	—	—	—	—	—	≥520	≥390	≥17	—
21	E5515–1CMV	GB/T 5118	R317	0.05~0.12	0.90	0.60	0.030	0.030	—	0.80~1.50	0.40~0.65	0.10~0.35	—	—	—	—	≥550	≥460	≥15	—

表C.1　常用焊条熔敷金属的化学成分和常温力学性能（续）

序号	焊条型号			化学成分 %													常温力学性能			
	型号	标准号	原牌号	C	Mn	Si	P	S	Ni	Cr	Mo	V	Nb	B	W	其他	抗拉强度 R_m MPa	下屈服强度 R_{eL} MPa	断后伸长率 A %	冲击吸收能量 A_{KV} J
22	E5515–1CMWV	GB/T 5118	R327	0.05~0.12	0.70~1.00	0.60	0.030	0.030	—	0.80~1.50	0.70~1.00	0.20~0.35	—	—	0.25~0.50	—	≥550	≥460	≥15	—
23	E5515–1CMVNb	GB/T 5118	R337	0.05~0.12	0.90	0.60	0.030	0.030	—	0.80~1.50	0.70~1.00	0.15~0.40	0.10~0.25	—	—	—	≥550	≥460	≥15	—
24	E5515–2CMWVB	GB/T 5118	R347	0.05~0.12	1.00	0.60	0.030	0.030	—	1.50~2.50	0.30~0.80	0.20~0.60	—	0.001~0.003	0.20~0.60	—	≥550	≥460	≥15	—
25	E6215–2C1M	GB/T 5118	R407	0.05~0.12	0.90	1.00	0.030	0.030	—	2.00~2.50	0.90~1.20	—	—	—	—	—	≥620	≥530	≥15	—
26	E6216–2C1M	GB/T 5118	R406	0.05~0.12	0.90	1.00	0.030	0.030	—	2.00~2.50	0.90~1.20	—	—	—	—	—	≥620	≥530	≥15	—
27	E6218–2C1M	GB/T 5118	R406Fe	0.05~0.12	0.90	1.00	0.030	0.030	—	2.00~2.50	0.90~1.20	—	—	—	—	—	≥620	≥530	≥15	—
28	E5515–2C1ML	GB/T 5118	—	0.05	0.90	1.00	0.030	0.030	—	2.00~2.50	0.90~1.20	—	—	—	—	—	≥550	≥460	≥15	—
29	E5516–2C1ML	GB/T 5118	—	0.05	0.90	1.00	0.030	0.030	—	2.00~2.50	0.90~1.20	—	—	—	—	—	≥550	≥460	≥15	—
30	E5518–2C1ML	GB/T 5118	—	0.05	0.90	1.00	0.030	0.030	—	2.00~2.50	0.90~1.20	—	—	—	—	—	≥550	≥460	≥15	—
31	E5515–2CMVNb	GB/T 5118	R417	0.05~0.12	1.00	0.60	0.030	0.030	—	2.40~3.00	0.70~1.00	0.25~0.50	0.35~0.65	—	—	—	≥550	≥460	≥15	—
32	E6215–2C1MV	GB/T 5118	—	0.05~0.12	0.40~1.50	0.60	0.030	0.030	—	2.00~2.60	0.90~1.20	0.20~0.40	0.010~0.050	—	—	—	≥620	≥530	≥15	—

表C.1　常用焊条熔敷金属的化学成分和常温力学性能（续）

序号	焊条型号			化学成分 %												常温力学性能			
	型号	标准号	原牌号	C	Mn	Si	P	S	Ni	Cr	Mo	V	Nb	B	W	其他	抗拉强度 R_m MPa	下屈服强度 R_{eL} MPa	断后伸长率 A %	冲击吸收能量 A_{KV} J
33	E6216–2C1MV	GB/T 5118	—	0.05~0.12	0.40~1.50	0.60	0.030	0.030	—	2.00~2.60	0.90~1.20	0.20~0.40	0.010~0.050	—	—	—	≥620	≥530	≥15	—
34	E6218–2C1MV	GB/T 5118	—	0.05~0.12	0.40~1.50	0.60	0.030	0.030	—	2.00~2.60	0.90~1.20	0.20~0.40	0.010~0.050	—	—	—	≥620	≥530	≥15	—
35	E6215–3C1MV	GB/T 5118	—	0.05~0.12	0.40~1.50	0.60	0.030	0.030	—	2.60~3.40	0.90~1.20	0.20~0.40	0.010~0.050	—	—	—	≥620	≥530	≥15	—
36	E6216–3C1MV	GB/T 5118	—	0.05~0.15	0.40~1.50	0.60	0.030	0.030	—	2.60~3.40	0.90~1.20	0.20~0.40	0.010~0.050	—	—	—	≥620	≥530	≥15	—
37	E6218–3C1MV	GB/T 5118	—	0.05~0.15	0.40~1.50	0.60	0.030	0.030	—	2.60~3.40	0.90~1.20	0.20~0.40	0.010~0.050	—	—	—	≥620	≥530	≥15	—
38	E5515–5CM	GB/T 5118	—	0.05~0.10	1.00	0.90	0.030	0.030	0.40	4.00~6.00	0.45~0.65	—	—	—	—	—	≥550	≥460	≥17	—
39	E5516–5CM	GB/T 5118	—	0.05~0.10	1.00	0.90	0.030	0.030	0.40	4.00~6.00	0.45~0.65	—	—	—	—	—	≥550	≥460	≥17	—
40	E5518–5CM	GB/T 5118	—	0.05~0.10	1.00	0.90	0.030	0.030	0.40	4.00~6.00	0.45~0.65	—	—	—	—	—	≥550	≥460	≥17	—
41	E5515–5CML	GB/T 5118	—	0.05	1.00	0.90	0.030	0.030	0.40	4.00~6.00	0.45~0.65	—	—	—	—	—	≥550	≥460	≥17	—
42	E5516–5CML	GB/T 5118	—	0.05	1.00	0.90	0.030	0.030	0.40	4.00~6.00	0.45~0.65	—	—	—	—	—	≥550	≥460	≥17	—
43	E5518–5CML	GB/T 5118	—	0.05	1.00	0.90	0.030	0.030	0.40	4.00~6.00	0.45~0.65	—	—	—	—	—	≥550	≥460	≥17	—

表C.1 常用焊条熔敷金属的化学成分和常温力学性能（续）

序号	焊条型号			化学成分 %													常温力学性能			
	型号	标准号	原牌号	C	Mn	Si	P	S	Ni	Cr	Mo	V	Nb	B	W	其他	抗拉强度 R_m MPa	下屈服强度 R_{eL} MPa	断后伸长率 A %	冲击吸收能量 A_{KV} J
44	E5515-5CMV	GB/T 5118	—	0.12	0.5~0.90	0.50	0.030	0.030	—	4.00~6.00	0.40~0.70	0.10~0.35	—	—	—	Cu：0.5	≥550	≥460	≥14	—
45	E5516-5CMV	GB/T 5118	—	0.12	0.5~0.90	0.50	0.030	0.030	—	4.00~6.00	0.40~0.70	0.10~0.35	—	—	—	Cu：0.5	≥550	≥460	≥14	—
46	E5518-5CMV	GB/T 5118	—	0.12	0.5~0.90	0.50	0.030	0.030	—	4.00~6.00	0.40~0.70	0.10~0.35	—	—	—	Cu：0.5	≥550	≥460	≥14	—
47	E5515-7CM	GB/T 5118	—	0.05~0.10	1.00	0.90	0.030	0.030	0.40	6.00~8.00	0.45~0.65	—	—	—	—	—	≥550	≥460	≥17	—
48	E5516-7CM	GB/T 5118	—	0.05~0.10	1.00	0.90	0.030	0.030	0.40	6.00~8.00	0.45~0.65	—	—	—	—	—	≥550	≥460	≥17	—
49	E5518-7CM	GB/T 5118	—	0.05~0.10	1.00	0.90	0.030	0.030	0.40	6.00~8.00	0.45~0.65	—	—	—	—	—	≥550	≥460	≥17	—
50	E5515-7CML	GB/T 5118	—	0.05	1.00	0.90	0.030	0.030	0.40	6.00~8.00	0.45~0.65	—	—	—	—	—	≥550	≥460	≥17	—
51	E5516-7CML	GB/T 5118	—	0.05	1.00	0.90	0.030	0.030	0.40	6.00~8.00	0.45~0.65	—	—	—	—	—	≥550	≥460	≥17	—
52	E5518-7CML	GB/T 5118	—	0.05	1.00	0.90	0.030	0.030	0.40	6.00~8.00	0.45~0.65	—	—	—	—	—	≥550	≥460	≥17	—
53	E6215-9C1M	GB/T 5118	—	0.05~0.10	1.00	0.90	0.030	0.030	0.40	8.00~10.50	0.85~1.20	—	—	—	—	—	≥620	≥530	≥15	—
54	E6216-9C1M	GB/T 5118	—	0.05~0.10	1.00	0.90	0.030	0.030	0.40	8.00~10.50	0.85~1.20	—	—	—	—	—	≥620	≥530	≥15	—
55	E6218-9C1M	GB/T 5118	—	0.05~0.10	1.00	0.90	0.030	0.030	0.40	8.00~10.50	0.85~1.20	—	—	—	—	—	≥620	≥530	≥15	—

表C.1 常用焊条熔敷金属的化学成分和常温力学性能(续)

序号	焊条型号			化学成分 %													常温力学性能			
	型号	标准号	原牌号	C	Mn	Si	P	S	Ni	Cr	Mo	V	Nb	B	W	其他	抗拉强度 R_m MPa	下屈服强度 R_{eL} MPa	断后伸长率 A %	冲击吸收能量 A_{KV} J
56	E6215–9C1ML	GB/T 5118	—	0.05	1.00	0.90	0.030	0.030	0.40	8.00~10.50	0.85~1.20	—	—	—	—	—	≥620	≥530	≥15	—
57	E6216–9C1ML	GB/T 5118	—	0.05	1.00	0.90	0.030	0.030	0.40	8.00~10.50	0.85~1.20	—	—	—	—	—	≥620	≥530	≥15	—
58	E6218–9C1ML	GB/T 5118	—	0.05	1.00	0.90	0.030	0.030	0.40	8.00~10.50	0.85~1.20	—	—	—	—	—	≥620	≥530	≥15	—
59	E6215–9C1MV	GB/T 5118	—	0.08~0.13	1.25	0.30	0.010	0.01	0.01	8.00~10.50	0.85~1.20	0.15~0.30	0.02~0.10	—	—	Mn+Ni ≤1.5 Cu：0.25 Al：0.04 N：0.02~0.07	≥620	≥530	≥15	—
60	E6216–9C1MV	GB/T 5118	—	0.08~0.13	1.25	0.30	0.010	0.01	0.01	8.00~10.50	0.85~1.20	0.15~0.30	0.02~0.10	—	—	Mn+Ni ≤1.5 Cu：0.25 Al：0.04 N：0.02~0.07	≥620	≥530	≥15	—
61	E6218–9C1MV	GB/T 5118	—	0.08~0.13	1.25	0.30	0.010	0.01	0.01	8.00~10.50	0.85~1.20	0.15~0.30	0.02~0.10	—	—	Mn+Ni ≤1.5 Cu：0.25 Al：0.04 N：0.02~0.07	≥620	≥530	≥15	—

表C.1　常用焊条熔敷金属的化学成分和常温力学性能（续）

序号	焊条型号			化学成分 %													常温力学性能			
	型号	标准号	原牌号	C	Mn	Si	P	S	Ni	Cr	Mo	V	Nb	B	W	其他	抗拉强度 R_m MPa	下屈服强度 R_{eL} MPa	断后伸长率 A %	冲击吸收能量 A_{KV} J
62	E6215–9C1MV1	GB/T 5118	—	0.08～0.12	1.00～1.80	0.60	0.025	0.025	1.0	8.00～10.50	0.80～1.20	0.15～0.30	0.02～0.10	—	—	Cu：0.25 Al：0.04 N：0.02～0.07	≥620	≥530	≥15	—
63	E6216–9C1MV1	GB/T 5118	—	0.08～0.12	1.00～1.80	0.60	0.025	0.025	1.0	8.00～10.50	0.80～1.20	0.15～0.30	0.02～0.10	—	—	Cu：0.25 Al：0.04 N：0.02～0.07	≥620	≥530	≥15	—
64	E6218–9C1MV1	GB/T 5118	—	0.08～0.12	1.00～1.80	0.60	0.025	0.025	1.0	8.00～10.50	0.80～1.20	0.15～0.30	0.02～0.10	—	—	Cu：0.25 Al：0.04 N：0.02～0.07	≥620	≥530	≥15	—
65	E308–15	GB/T 983	A107	0.08	0.5～2.5	1.00	0.04	0.03	9.0～11.0	18.0～21.0	0.75	—	—	—	—	Cu：0.75	≥550	—	≥30	—
66	E308–16	GB/T 983	A102	0.08	0.5～2.5	1.00	0.04	0.03	9.0～11.0	18.0～21.0	0.75	—	—	—	—	Cu：0.75	≥550	—	≥30	—
67	E308L–15	GB/T 983	A007	0.04	0.5～2.5	1.00	0.04	0.03	9.0～11.0	18.0～21.0	0.75	—	—	—	—	Cu：0.75	≥510	—	≥30	—
68	E308L–16	GB/T 983	A002	0.04	0.5～2.5	1.00	0.04	0.03	9.0～12.0	18.0～21.0	0.75	—	—	—	—	Cu：0.75	≥510	—	≥30	—
69	E308H–15	GB/T 983	—	0.04～0.08	0.5～2.5	1.00	0.04	0.03	9.0～11.0	18.0～21.0	0.75	—	—	—	—	Cu：0.75	≥550	—	≥30	—

表C.1　常用焊条熔敷金属的化学成分和常温力学性能（续）

序号	焊条型号			化学成分 %													常温力学性能			
	型号	标准号	原牌号	C	Mn	Si	P	S	Ni	Cr	Mo	V	Nb	B	W	其他	抗拉强度R_m MPa	下屈服强度R_{eL} MPa	断后伸长率A %	冲击吸收能量A_{KV} J
70	E308H-15	GB/T 983	—	0.04~0.08	0.5~2.5	1.00	0.04	0.03	9.0~11.0	18.0~21.0	0.75	—	—	—	—	Cu：0.75	≥550	—	≥30	—
71	E309-15	GB/T 983	A307	0.15	0.5~2.5	1.00	0.04	0.03	12.0~14.0	22.0~25.0	0.75	—	—	—	—	Cu：0.75	≥550	—	≥25	—
72	E309-16	GB/T 983	A302	0.15	0.5~2.5	1.00	0.04	0.03	12.0~14.0	22.0~25.0	0.75	—	—	—	—	Cu：0.75	≥550	—	≥25	—
73	E309L-15	GB/T 983	A067	0.04	0.5~2.5	1.00	0.04	0.03	12.0~14.0	22.0~25.0	0.75	—	—	—	—	Cu：0.75	≥510	—	≥25	—
74	E309L-16	GB/T 983	A062	0.04	0.5~2.5	1.00	0.04	0.03	12.0~14.0	22.0~25.0	0.75	—	—	—	—	Cu：0.75	≥510	—	≥25	—
75	E309H-15	GB/T 983	—	0.04~0.15	0.5~2.5	1.00	0.04	0.03	12.0~14.0	22.0~25.0	0.75	—	—	—	—	Cu：0.75	≥550	—	≥25	—
76	E309H-15	GB/T 983	—	0.04~0.15	0.5~2.5	1.00	0.04	0.03	12.0~14.0	22.0~25.0	0.75	—	—	—	—	Cu：0.75	≥550	—	≥25	—
77	E310-15	GB/T 983	A407	0.08~0.20	1.0~2.5	0.75	0.03	0.03	20.0~22.5	25.0~28.0	0.75	—	—	—	—	Cu：0.75	≥550	—	≥25	—
78	E310-16	GB/T 983	A402	0.08~0.20	1.0~2.5	0.75	0.03	0.03	20.0~22.5	25.0~28.0	0.75	—	—	—	—	Cu：0.75	≥550	—	≥25	—
79	E310H-15	GB/T 983	—	0.35~0.45	1.0~2.5	0.75	0.03	0.03	20.0~22.5	25.0~28.0	0.75	—	—	—	—	Cu：0.75	≥620	—	≥8	—
80	E310H-16	GB/T 983	—	0.35~0.45	1.0~2.5	0.75	0.03	0.03	20.0~22.5	25.0~28.0	0.75	—	—	—	—	Cu：0.75	≥620	—	≥8	—

表C.1　常用焊条熔敷金属的化学成分和常温力学性能（续）

序号	焊条型号			化学成分 %													常温力学性能			
	型号	标准号	原牌号	C	Mn	Si	P	S	Ni	Cr	Mo	V	Nb	B	W	其他	抗拉强度R_m MPa	下屈服强度R_{eL} MPa	断后伸长率A %	冲击吸收能量A_{KV} J
81	E316-15	GB/T 983	A207	0.08	0.5~2.5	1.00	0.04	0.03	11.0~14.0	17.0~20.0	2.0~3.0	—	—	—	—	Cu：0.75	≥520	—	≥25	—
82	E316-16	GB/T 983	A202	0.08	0.5~2.5	1.00	0.04	0.03	11.0~14.0	17.0~20.0	2.0~3.0	—	—	—	—	Cu：0.75	≥520	—	≥25	—
83	E316L-15	GB/T 983	A027	0.04	0.5~2.5	1.00	0.04	0.03	11.0~14.0	17.0~20.0	2.0~3.0	—	—	—	—	Cu：0.75	≥490	—	≥25	—
84	E316L-16	GB/T 983	A022	0.04	0.5~2.5	1.00	0.04	0.03	11.0~14.0	17.0~20.0	2.0~3.0	—	—	—	—	Cu：0.75	≥490	—	≥25	—
85	E316H-15	GB/T 983		0.04~0.08	0.5~2.5	1.00	0.04	0.03	11.0~14.0	17.0~20.0	2.0~3.0	—	—	—	—	Cu：0.75	≥520	—	≥25	—
86	E316H-16	GB/T 983		0.04~0.08	0.5~2.5	1.00	0.04	0.03	11.0~14.0	17.0~20.0	2.0~3.0	—	—	—	—	Cu：0.75	≥520	—	≥25	—
87	E347-15	GB/T 983	A137	0.08	0.5~2.5	1.00	0.04	0.03	9.0~11.0	18.0~21.0	0.75	—	—	—	—	Cu：0.75 Nb+Ta：8×C~1.00	≥520	—	≥25	—
88	E347-16	GB/T 983	A132	0.08	0.5~2.5	1.00	0.04	0.03	9.0~11.0	18.0~21.0	0.75	—	—	—	—	Cu：0.75 Nb+Ta：8×C~1.00	≥520	—	≥25	—
89	E347L-15	GB/T 983	A137	0.04	0.5~2.5	1.00	0.04	0.03	9.0~11.0	18.0~21.0	0.75	—	—	—	—	Cu：0.75 Nb+Ta：8×C~1.00	≥510	—	≥25	—

表C.1　常用焊条熔敷金属的化学成分和常温力学性能（续）

序号	焊条型号			化学成分 %													常温力学性能			
	型号	标准号	原牌号	C	Mn	Si	P	S	Ni	Cr	Mo	V	Nb	B	W	其他	抗拉强度 R_m MPa	下屈服强度 R_{eL} MPa	断后伸长率 A %	冲击吸收能量 A_{KV} J
90	E347L–16	GB/T 983	A132	0.04	0.5~2.5	1.00	0.04	0.03	9.0~11.0	18.0~21.0	0.75	—	—	—	—	Cu：0.75 Nb+Ta：8×C~1.00	≥510	—	≥25	—
91	E410–15	GB/T 983	G207	0.12	1.0	0.90	0.04	0.03	0.70	11.0~14.0	0.75	—	—	—	—	—	≥450	—	≥15	—
92	E410–16	GB/T 983	G202	0.12	1.0	0.90	0.04	0.03	0.70	11.0~14.0	0.75	—	—	—	—	—	≥450	—	≥15	—
93	E2209–15	GB/T 983	—	0.04	0.5~2.0	1.00	0.04	0.03	7.5~10.5	21.5~23.5	2.5~3.5	—	—	—	—	Cu：0.75 N：0.08~0.20	≥690	—	≥15	—
94	E2209–16	GB/T 983	—	0.04	0.5~2.0	1.00	0.04	0.03	7.5~10.5	21.5~23.5	2.5~3.5	—	—	—	—	Cu：0.75 N：0.08~0.20	≥690	—	≥15	—

附　录　D
（资料性）
常用焊丝的化学成分

常用焊丝的化学成分见表D.1。

表D.1　常用焊丝的化学成分

序号	牌号	标准号	化学成分 %											
			C	Mn	Si	Cr	Mo	V	Ti	Nb	N	其他	S	P
1	W ER50 6（TIG–J50）	GB/T 39280	0.06~ 0.15	1.40~ 1.85	0.80~ 1.15	0.2	0.15	0.03	—	—	—	Cu：0.50	0.025	0.025
2	W ER50（TIG–R10）	GB/T 39279	0.12	1.30	0.30~ 0.70	—	0.40~ 0.60	—	—	—	0.20	Cu：0.35	0.025	0.025
3	W ER55 1CM （TIG–R30）	GB/T 39279	0.07~ 0.12	0.40~ 0.70	0.20~ 0.50	1.20~ 1.50	0.40~ 0.60	—	—	—	0.20	Cu：0.35	0.025	0.025
4	W ER55 1CM4V （TIG–R31）	GB/T 39279	0.06~ 0.10	1.20~ 1.60	0.60~ 0.90	1.00~ 1.30	0.50~ 0.70	0.20~ 0.40	—	—	0.25	Cu：0.35	0.025	0.030
5	W ER62 2C1MV （TIG–R40）	GB/T 39279	0.07~ 0.12	0.40~ 0.70	0 40~ 0.70	2.30~ 2.70	0.90~ 1.20	—	—	—	0.20	Cu：0.35	0.025	0.025
6	W ER55 2CMWV–Ni （TIG–R34）	GB/T 39279	0.12	0.80~ 1.60	0.10~ 0.70	2.00~ 2.60	0.05~ 0.30	0.10~ 0.50	—	0.01~ 0.08	0.30~ 1.00	Cu：0.40 W：1.00~2.00	0.025	0.025
7	W ER55 3C1MV（—）	GB/T 39279	0.05~ 0.15	0.20~ 1.00	0.50	2.75~ 3.75	0.90~ 1.20	0.15~ 0.50	—	—	—	Cu：0.40	0.025	0.025
8	W ER55 5CM （TIG–R50）	GB/T 39279	0.10	0.40~ 0.70	0.50	4.50~ 6.00	0.45~ 0.65	—	—	—	0.60	Cu：0.35	0.025	0.025
9	WER62 9C1MV （TIG–R71）	GB/T 39279	0.12	1.20~ 1.90	0.10~ 0.60	8.00 10.50	0.80~ 1.20	0.15~ 0.50	—	0.01~ 0.12	0.20~ 1.00	Cu：0.40 N：0.01~0.05	0.025	0.025

表 D.1　常用焊丝的化学成分（续）

序号	牌号	标准号	化学成分 %											
			C	Mn	Si	Cr	Mo	V	Ti	Nb	N	其他	S	P
10	W ER62 10CMWV–Co（TIG–R72）	GB/T 39279	0.12	0.80~1.50	0.10~0.70	9.00~11.50	0.25~0.55	0.10~0.50	—	0.01~1.00	0.30~1.00	Cu：1.00~2.00 W：1.00~2.00 N：0.02~0.07	0.025	0.025
11	S308（H06Cr21Ni10）	GB/T 29713（YB/T 5092）	0.08	1.0~2.5	0.65	19.5~22.0	0.75	—	—	—	9.0~11.0	Cu：0.75	0.03	0.03
12	S309（H10Cr24Ni13）	GB/T 29713（YB/T 5092）	0.12	1.0~2.5	0.65	23.0~25.0	0.75	—	—	—	12.0~14.0	Cu：0.75	0.03	0.03
13	S310（H11Cr26Ni21）	GB/T 29713（YB/T 5092）	0.08~0.15	1.0~2.5	0.65	25.0~28.0	0.75	—	—	—	20.0~22.5	Cu：0.75	0.03	0.03
14	S316（H06Cr19Ni12Mo2）	GB/T 29713（YB/T 5092）	0.08	1.0~2.5	0.65	18.0~20.0	2.0~3.0	—	—	—	11.0~14.0	Cu：0.75	0.03	0.03
15	S347（H06Cr20Ni10Nb）	GB/T 29713（YB/T 5092）	0.08	1.0~2.5	0.65	19.0~21.5	0.75	—	—	10 × C~1.0	9.00~11.0	Cu：0.75	0.03	0.03
16	S410（H10Cr13）	GB/T 29713（YB/T 5092）	0.12	0.60	0.50	11.5~13.5	0.75	—	—	—	0.60	Cu：0.75	0.03	0.03
17	S430（H08Cr17）	GB/T 29713（YB/T 5092）	0.10	0.60	0.50	15.5~17.0	0.75	—	—	—	0.60	Cu：0.75	0.03	0.03
18	S2209（H022Cr22Ni9Mo3N）	GB/T 29713（YB/T 5092）	0.03	0.5~2.0	0.90	21.5~23.5	2.5~3.5	—	—	—	7.0~9.5	Cu：0.75 N：0.08~0.20	0.03	0.03

注：表中“W”为 GB/T 39279 和 GB/T 39280 规定的氩弧焊丝，若采用气体保护焊则为“G”，应用时应按照电弧气氛的氧化性选择相近焊丝；表中未标明范围的单值为最大百分比。

附 录 E
（规范性）
9%Cr~12%Cr马氏体型耐热钢焊接技术特殊要求

E.1 一般规定

E.1.1 本文件所称9%Cr~12%Cr马氏体型耐热钢包括符合GB/T 5310规定的10Cr9Mo1VNbN、10Cr9MoW2VNbBN、11Cr9Mo1W1VNbBN、10Cr11MoW2VNbCu1BN等钢。

注：符合ASME规定的T/P91、T/P92、T/P911、T/P122钢等同执行。

E.1.2 当采用等离子切割方法加工坡口时，应预留不少于5mm的加工余量。切割后须用机械方法去除污染层（不应对管子进行退火处理），并对坡口表面进行渗透或磁粉检测。

E.1.3 所采用焊接材料的熔敷金属的下转变点（A_{C1}）不应低于790℃。

E.2 工艺的特殊要求

E.2.1 焊条电弧焊时，层/道间温度不宜超过250℃；工厂化配置管道，焊件热处理工艺为炉内正火+回火的，层间温度不受限，否则，层间温度不宜超过300℃。

E.2.2 焊条电弧焊进行填充和盖面时，宜采用直径不大于3.2mm的焊条焊接，每根完整的焊条所焊接的焊道长度与该焊条的熔化长度之比应大于50%，焊缝其单层增厚不超过焊条直径，厚壁大径管多道排列要求见图E.1。

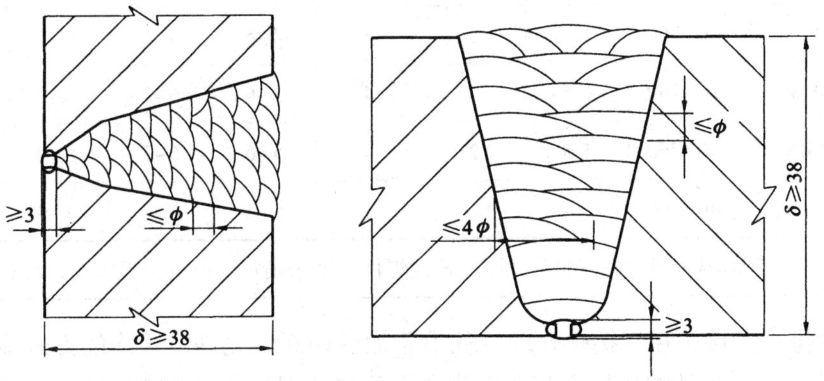

a）2G位置　　b）5G位置

说明：

φ——焊条直径；

δ——焊件厚度。

图E.1 厚壁管焊道排列示意图

E.2.3 埋弧焊宜采用直径不大于3.2mm的焊丝，焊接时应合理调整焊丝偏移量，优化焊层形状。

E.2.4 焊接前应编制应急预案，防止意外断电导致焊接或焊接热处理中断。若发生中断，应尽快恢复作业。

E.2.5 特殊情况下，当同时具备下列条件时，方可中断焊接：

a）至少已焊接9mm厚的焊缝或25%焊接坡口已填满，两者中取较小值（如焊件需移动或受载，焊件应有足够支撑）；

b）焊缝已进行后热或焊后热处理。

E.2.6 重新焊接时，应对表面进行检查确认无裂纹，并按规定进行预热。

E.2.7 焊后非必要不应采用后热。当被迫后热时，后热应在焊接完成，焊件温度降至80℃~100℃，保温1h~2h后立即进行。后热温度300℃~350℃，保温时间为2h。

E.2.8 焊后热处理应在焊接完成后，焊件温度降至80℃~100℃，保温1h~2h后立即进行。焊后热处理除执行DL/T 819的规定外，还应执行下列规定：

a）采用柔性陶瓷电加热器对小直径管排进行焊后热处理时，除每炉安装一支控温热电偶外，对每组加热装置还应至少安装1支热电偶，用于监测温度。

b）对直径大于或等于273mm的水平管道加热时，应采用分区控温的方法进行加热，加热装置与热电偶的布置要求应符合DL/T 819的规定。

c）采用炉内热处理时，恒温时间以4min/mm（壁厚）计算。

d）管径不小于76mm采用SMAW填充盖面的焊接接头，焊后热处理的恒温时间不应小于2h。采用柔性陶瓷电加热时，推荐的焊后热处理工艺见表E.1。

表E.1 9%Cr~12%Cr马氏体型耐热钢的焊后热处理工艺

钢 种	恒温温度 ℃	焊件厚度δ[a] mm							
		≤12.5	12.5<δ ≤25	25<δ ≤37.5	37.5<δ ≤50	50<δ ≤75	75<δ ≤100	100<δ ≤125	>125
		恒温时间 h							
9Cr–1Mo（T/P9）	750~770	1	2	3	4	5	—	—	—
12Cr–1Mo（X20）	750~770	1	2	3	4	5	—	—	—
10Cr9Mo1VNbN	740~760	1	2	3	4~5	5~6	6~7	8	10
10Cr9MoW2VNbBN	740~760	1.5	2	4	5~6	6~7	8~9	10	12
11Cr9Mo1W1VNbBN	740~760	1.5	2	4	5~6	6~7	8~9	10	12
10Cr11MoW2VNbCu1BN	740~760	2		4	5~6	6~7	8~9	10	12

[a] 管座或返修焊件，其恒温时间按焊件的名义厚度替代焊件厚度来确定，但不少于0.5h，计算方法见DL/T 819。

E.2.9 受热面管排焊接接头在焊接热处理过程中若加热中断，允许以缓冷的方式冷却到室温，并在24h内进行焊后热处理。其他焊接接头若在后热和焊后热处理过程中加热中断，应启动备用电源，完成后热过程，并缓冷到室温，待供电恢复，立即进行焊后热处理。

E.3 质量控制的特殊要求

E.3.1 对焊接接头进行超声波检测时，应按照DL/T 820制作同种材质的对比试块。

E.3.2 焊缝金相微观组织应为回火马氏体/回火索氏体。

E.3.3 焊缝布氏硬度合格指标为HBW180~HBW 270。

E.3.4 焊缝金相组织应符合DL/T 2054的规定。

附 录 F
（规范性）
奥氏体不锈钢及镍基合金焊接特殊技术要求

F.1 焊接奥氏体不锈钢及镍基合金宜采用钨极氩弧焊、焊条电弧焊、熔化极气保焊、埋孤焊等方法。

F.2 坡口加工宜采用机械方式。当采用等离子切割进行下料和坡口加工时，应预留不少于5mm的加工余量。

F.3 奥氏体不锈钢和镍基合金应单独存放，不应与碳钢或其他合金钢混放接触，以防止铁离子污染。测量坡口和焊缝尺寸应采用不锈钢材料或其他防止铁离子污染的专用焊口检测工具。

F.4 坡口清理、修整接头、清理焊渣和飞溅用的电动或手动打磨工具，宜选用无氯铝基无铁材料制成的砂布、砂轮片、电磨头，或选用不锈钢材料制成的錾头、钢丝刷或其他专用材料制成的器具。

F.5 钨极氩弧焊焊接时，焊机应具有高频引弧及保护气体提前和滞后功能。

F.6 焊接前宜采用酒精或丙酮等溶剂对焊接坡口及其有热影响的相邻区域进行清洗。

F.7 当可以进行双面焊接时，最后一层焊缝宜安排在介质侧。

F.8 钨极氩弧焊时宜选用直径不大于2.5mm的焊丝，焊条电孤焊时宜选用直径为2.5mm~3.2mm的焊条。压力管道和耐腐蚀部件异种材料焊接时宜选用镍基等焊丝。

F.9 压力管道和耐强腐蚀介质部件焊接时，应采取小线能量焊接，焊层厚度不宜大于焊条（丝）直径。焊接宜采用多层多道焊，焊接过程中采用红外测温仪或其他测量器具测量层间温度，层间温度应控制在150℃以下。当用水冷却时，宜采用纯净水。

F.10 钨极氩弧焊封底及次层的填充焊接，应采取背面充惰性保护气体或其他防止焊接区域与空气直接接触的措施。当焊接小径管采用充惰性气体保护时，宜采用整根管子内部充气的方式。

F.11 不锈钢焊缝表面色泽不应出现灰色和黑色。

附 录 G
（资料性）
超（超）临界参数锅炉的水冷壁地面水平位置组合的密封焊接方案要点

G.1 超（超）临界锅炉水冷壁12Cr1MoV、ASHEA213-T23等钢的小径管，在进行地面水平位置组合焊接鳍片时，应防止产生下列问题：

a）焊接过程控制不当造成边部向上或向下的变形，产生较大面积的弯曲变形；

b）焊接工艺不当及接头结构的刚性固定，产生过高的焊接残余应力。

G.2 问题产生的主要原因及危害：

a）弯曲变形超（超）临界锅炉水冷壁采用鳍片管地面组合而成，焊接接头预留的鳍片焊缝（组对用）常在管子对接焊缝焊接完成后方可进行鳍片密封焊缝焊接。

鳍片焊缝数量为$n-1$条（n为管子数量），即使采取变形控制措施，每条焊缝的收缩量达1.0mm~1.5mm，$n-1$条焊缝焊接后横向收缩量的累积，导致水冷壁管弯曲变形。这种变形虽可释放水冷壁结构的焊接残余应力，但若超过设备尺寸公差范围，将可能导致返工。

b）残余应力采用分散热输入量且频繁间断跳焊低效率的施焊工艺，可降低水冷壁的焊接变形，但可能会引起较大的焊接残余应力，造成锅炉运行中水冷壁鳍片的开裂，甚至会导致大面积爆管。

G.3 水冷壁鳍片地面水平位置组合密封焊应对措施

G.3.1 鳍片密封焊接由鳍片密封焊缝（双面焊接）和梳形板焊缝（单面焊接）组成，焊接变形和焊接残余应力主要产生在鳍片密封焊接过程。

G.3.2 焊接顺序宜先焊接鳍片密封焊缝的双面焊缝，后焊接梳形板焊缝。当焊缝长度不低于300mm时，宜采用分段退焊。

G.3.3 焊接时宜采用CO_2气体保护焊，采用焊条电弧焊时在保证焊透及熔合良好的前提下，应采用较小的焊接规范。

G.3.4 鳍片密封焊接应将上下两面焊缝完成，其焊接顺序见表G.1。当完成3轮焊接后，保留顺序号8的倍数焊缝。对焊缝顺序号为8的倍数焊缝，当间隙增加到8mm~12mm，可采用同质合适尺寸的钢条填塞减小间隙完成其焊缝的焊接。

表G.1 鳍片密封焊缝的焊接顺序

顺序	中心管向边部的焊缝顺序号																						
第1轮	1		3		5		7		9		11		13		15		17		19		21		…
第2轮		2				6				10				14				18				22	…
第3轮				4								12								20			…
剩余								8								16							…

G.3.5 完成鳍片密封焊缝（不包括顺序号为8底倍数焊缝）后，定位梳形板并焊接。

附　录　H
（资料性）
焊接接头无损检测一次合格率

焊接检验后，可按部件和整体分别统计出焊接接头无损检测一次合格率η，其计算方法见公式（H.1）。

$$\eta=(A-B)/A\times100\% \qquad (H.1)$$

式中：A—— 一次被检验焊接接头的射线检测、超声检测当量数（不包括复检及重复加倍当量数）；

B——A中的不合格焊接接头当量数。

当量数计算规定如下：

a）外径不大于63.5mm的管焊接接头，每个焊接接头计为当量数1。

b）外径大于63.5mm的管子、容器焊接接头，同焊口的每300mm被检焊缝长度计为当量数1。

c）使用射线检测时，相邻底片上的超标缺陷实际间隔小于300mm时可计入一个当量。

ICS 27.020
P 60
备案号：J2166—2016

DL

中华人民共和国电力行业标准

P

DL/T 5054—2016
代替 DL/T 5054—1996

火力发电厂汽水管道设计规范

Code for design of stream/water piping of fossil-fired power plant

2016-01-07 发布　　2016-06-01 实施

国家能源局　发布

前　言

根据《国家能源局关于下达2011年第二批能源领域行业标准制（修）订计划的通知》（国能科技〔2011〕252号）的要求，标准编制组经调查研究，认真总结火力发电厂汽水管道方面设计工作经验，参考有关国际和国内先进标准，并在广泛征求意见的基础上，对原《火力发电厂汽水管道设计技术规定》DL/T 5054—1996进行了修订。

本规范共分12章和6个附录，主要技术内容有：总则，术语和符号，基本规定，管道组成件的选择，管道组成件的计算，管道布置，水力计算，支吊架的设计，疏水、放水、放气和锅炉排污系统设计，辅机冷却水系统设计，管道系统的超压保护设计，蒸汽吹管系统设计等。

本次修订的主要内容是；

1.修改了标准适用范围；

2.增加符号及术语章节；

3.修改了部分管道的设计参数取用规定；

4.修改了公称压力表示方式；

5.修改部分国产钢材牌号及温度适用范围；

6.修改符合不同管道标准的管道的压力、温度适用范围；

7.修改了法兰的材料选用、不同参数机组主要管道的三通选用形式等；

8.修改了管道壁厚计算、支管连接的补强等有关规定；

9.增加对厂区直埋管道和架空管道的布置要求；

10.修改了变力弹簧支吊架的荷载变化系数、支吊架间距计算、支吊架材质选用及许用应力取值等规定；

11.将“原规程”工业水系统设计”章节改为“辅机冷却水系统设计”；

12.将“原规程”各章中对安全阀及排放管道的设计要求移除，增加“管道系统的超压保护设计”章节；

13.修改附录中部分钢材特性数据、管道尺寸偏差数据等；

14.将“原规程”附录C中相关计算项目移入正文。

本规范自实施之日起，替代《火力发电厂汽水管道设计技术规定》DL/T 5054—1996。

本规范由国家能源局负责管理，由电力规划设计总院提出，由能源行业发电设计标准化技术委员会负责日常管理，由中国电力工程顾问集团东北电力设计院有限公司负责具体技术内容的解释。执行过程中如有意见或建议，请寄送电力规划设计总院（地址：北京市西城区安德路65号；邮政编码；100120）。

本规范主编单位、主要起草人和主要审查人：

主 编 单 位： 中国电力工程顾问集团东北电力设计院有限公司

主要起草人： 郭晓克　孙　丰　吕安龙　方　联　何文洁　赵连冬　姚宇飞　陈继红　于凤新　于　畅　赵宏鹏　常爱国　裴育峰

主要审查人： 文启鼎　赵　敏　林　磊　王　盾　杨祖华　杨晓杰　翁燕珠　王　坚　马欣强　唐茂平　刘　利　黄　涛　卢婉珍　徐　蕾　吴　萍　阎占良　张桂英

目　次

Contents

1 总 则

1.0.1 为了规范火力发电厂汽水管道的设计，保证火力发电厂安全、满发、经济、连续运行，制定本规范。

1.0.2 本规范适用于火力发电厂范围内汽水金属管道设计，不适用于给排水管道、消防水管道和直接空冷机组大口径薄壁排汽管道的设计。

1.0.3 火力发电厂汽水管道设计除应符合本规范外，尚应符合国家现行有关标准的规定。

2 术语和符号

2.1 术 语

2.1.1 管道 piping

由管道组成件和管道支吊架等组成，用以输送、分配、混合、分离、排放、计量或控制流体流动。

2.1.2 管道组成件 piping components

用于连接或装配成管道的元件，包括管子、管件、法兰、垫片、紧固件、阀门、滤网及补偿器等。

2.1.3 管子 pipe or tube

用于输送流体的横截面为圆形的管道组成件。

2.1.4 管件 pipe fittings

管道组成件的一个类别，包括弯管或弯头、三通、接管座、异径管和封头等。

2.1.5 管道支吊架 pipe supports and hangers

用于承受管道荷载、约束管道位移和控制管道振动，并将荷载传递承载结构的各种组件或装置的总称，但不包括土建的结构。

2.1.6 导向装置 guides

用以引导管道沿预定方向位移而限制其他方向位移的装置。用于水平管道的导向装置也可承受管道的自重荷载。

2.1.7 限位装置 restraints

用以约束或部分限制管系在支吊点处某一个或几个方向位移的装置。它通常不承受管道的自重荷载。

2.1.8 减振装置 vibration reducing device brace

用以控制管道低频高幅晃动或高频低幅振动，但对管系的热胀或冷缩有一定约束的装置。

2.1.9 阻尼装置 snubbers

用以承受管道地震荷载或冲击荷载，控制管系高速振动位移，同时允许管系自由地热胀冷缩装置。

2.1.10 整定压力 set pressure

安全阀在运行条件下开始开起的预订压力，是在阀门进口处测量的表压力，在该压力下，在规定的运行条件下由介质压力产生的使阀门开启的力同使阀瓣保持在阀座上力相互平衡。

2.1.11 排放压力 relieving pressure

安全阀阀瓣达到规定的开启高度时，安全阀入口处的静压力，又称全开压力。为整定压力加超过整定压力的压力增量，通常用整定压力的百分数表示。

2.1.12 回座压力 reseating pressure

安全阀排放后随着系统压力的降低，阀瓣与阀座重新接触，阀门开启高度为零，介质停止连续流出时安全阀入口处的静压力。

2.1.13 启闭压差 blowdown

安全阀整定压力与回座压力的差值，通常用整定压力的百分数表示。

2.1.14 爆破片装置 rupture disk device

由爆破片或爆破片组件和夹持器或支承圈等装配组成的压力泄放装置。当爆破片两侧压力差达到预定温度下的预定值时，爆破片即刻动作、破裂或脱落，泄放出压力介质。

2.1.15 稳压吹管 steady pressure pipe blowing scheme of boiler

吹管过程维持锅炉蒸发系统压力不变进行的锅炉吹管方式。它对于锅炉系统是个相对稳态过程，在此过程中锅炉维持输入能量和输出能量之间的能量平衡以及给水量和蒸发量之间的质量平衡。

2.1.16 降压吹管 energy storage reduced pressure pipe blowing scheme of boiler

降压吹管方式是利用锅炉的蓄热量，凭借锅炉快速降压过程产生的附加蒸发量，短时获得较大蒸汽流量，依靠吹管过程中吹管系数大于1的有效吹管时间和积累来达到吹管目的的一种吹管方式。

2.1.17 靶板及靶板器 target and target holder assembly

靶板是按照相关标准规定的材质和尺寸制作的、用于检验被吹扫管道清洁度的试验金属板。靶板器是用于固定靶板的装置。

2.1.18 集粒器 collector

集粒器也叫集渣器，是在吹管过程中收集其之前蒸汽管道吹扫带来的较大杂物，以避免杂物被吹进再热器的装置。

2.1.19 吹管控制阀 blowing control valve

用于控制吹扫蒸汽的主要阀门，是影响吹洗工序正常进行的重要部件。

2.1.20 临时部件 temporary parts

用于代替主汽阀门、中压汽阀临时阀、高压旁路阀等阀芯和管道临时堵板等部件的总称。

2.1.21 临时管道 temporary pipe

包括原有系统之间的临时连接管道和吹洗蒸汽排至大气的临时管道。

2.2 符 号

A——管道截面积；

DN——管子或管件的公称尺寸；

D_0——管子或管件外径；

E_{20}——钢材在20℃时的弹性模量；

E^t——钢材在设计温度下的弹性模量；

G——质量流量；

I——管子截面惯性矩；

K_{PN}——公称压力换算系数；

k——绝热指数；

$\dot{m}$——介质的质量流速；

PN——公称压力；

P——设计压力；

Q——介质容积流量；

Re——雷诺数；

R_m^{20}——钢材在20℃时的抗拉强度最小值（MPa）；

R_{eL}^t——钢材在设计温度下的下屈服强度最小值（MPa）；

$R_{p0.2}^t$——钢材在设计温度下0.2%规定非比例延伸强度最小值（MPa）；

R_D^t——钢材在设计温度下10^5小时持久强度平均值；

S——管子实测最小壁厚；

S_m——管子的最小壁厚；

t——工作温度；

W——管子截面抗弯矩；

$[\sigma]^{20}$——钢材在20℃时的许用应力；

$[\sigma]^s$——对应公称压力的基准应力，是指材料在指定某一温度下的许用应力；

$[\sigma]^t$——钢材在设计温度时的许用应力；

v——介质的比容；

ξ_1——局部阻力系数；

ξ_t——管道总阻力系数；

$\sum\xi_1$——局部阻力系数总和；

λ——管道摩擦系数；

ρ——介质密度。

3 基本规定

3.1 设计条件

3.1.1 设计压力的确定应符合下列规定：

1 除另有说明外，本规范中管道组成件的设计压力均指表压；

2 管道设计压力不应低于运行中可能出现的最高持续压力。对于水管道，设计压力还应包括水柱静压，当其低于额定压力的3%时，可不计入；

3 除本规范另有规定外，装有安全阀的管道的设计压力不应小于安全阀的最低整定压力；

4 真空管道应按承受外压设计，当装有真空泄放阀等安全控制装置时，设计压力应取1.25倍最大内外压力差或0.1MPa两者中的低值；无安全控制装置时，设计压力应取0.1MPa。

3.1.2 设计温度的确定应符合下列规定：

1 管道设计温度不应低于管道运行中内部介质的最高持续工作温度；

2 从锅炉的过热器、再热器等引出的蒸汽管道，设计温度应计入设备制造厂所保证的最大温度偏差；

3 加热器出口管道的设计温度应取用加热器各种工况下的被加热介质的最高温度。

3.1.3 封闭管道设计应计及管道内静态流体受热膨胀产生的压力升高，可设置超压保护装置。

3.1.4 管道应能承受下列偶然载荷；

1 管道系统流体动量突变所产生的瞬态力，如水锤力及汽锤力；

2 露天布置的管道所承受的风载荷；

3 地震地区管道所承受的地震力，但地震力与风载荷不需同时考虑；

4 流体排放时产生的排放反力。

3.1.5 管道应能承受下列重力载荷：

1 管道组成件、保温结构、支吊架零部件以及由管道支承的其他永久性荷载；

2 管道所输送介质的重力载荷及寒冷地区的冰、雪载荷；

3 蒸汽管道水压试验或管路清洗时的流体重力载荷。

3.1.6 管道应能承受下列管道热膨胀和收缩的载荷：

1 管道热胀、冷缩、冷紧、端点附加位移受设备及支吊架约束而产生的载荷；

2 管道柔性管件内、外压差产生的推力载荷。

3.1.7 管子与管件用钢材的许用应力取值应按下列规定：

1 除延伸率大于等于30%的奥氏体不锈钢和镍基合金外，管子与管件用钢材的许用应力应根据钢材的强度特性取下列三项中的最小值：

$$\frac{R_m^{20}}{3},\quad \frac{R_{eL}^t}{1.5}\text{或}\frac{R_{p0.2}^t}{1.5},\quad \frac{R_D^t}{1.5}$$

式中：R_m^{20}——钢材在20℃时的抗拉强度最小值（MPa）；

R_{eL}^t——钢材在设计温度下的下屈服强度最小值（MPa）；

$R_{p0.2}^t$——钢材在设计温度下0.2%规定非比例延伸强度最小值（MPa）；

R_D^t——钢材在设计温度下10^5小时持久强度平均值（MPa）。

2 常用国产钢材的许用应力数据应符合本规范附录A表A.0.1的规定；

3 对于焊接钢管，管子及管件用材料采用本规范附录A表A.0.1的许用应力时，应按本规范第5.2.1条的规定计入许用应力修正系数和蠕变条件下焊接强度降低系数；

4 对于铸造管道，管子及管件用材料采用本规范附录A表A.0.1的许用应力时，应计入铸件质量系数，普通铸件质量系数应取0.8，当对铸件进行补充检测时，质量系数应按表3.1.7的规定确定，但质量系数不应超过1.0；

表3.1.7 铸件增加检测后的质量系数

序号	铸件检测方法	铸件质量系数E_c
1	铸件表面加工至R_a6.3，提高目视检查的清晰度，并满足《阀门铸钢件 外观质量要求》JB/T 7927中B级的要求	0.85
2	磁粉或液渗检测	0.85
3	超声波或射线检测	0.95
4	上述序号1+序号2	0.90
5	上述序号1+序号3	1.00
6	上述序号2+序号3	1.00

5 常用国产管材的许用剪切应力应为本规范附录A表 A.0.1规定的许用应力的0.8倍；支承面的许用压应力应为许用应力的1.6倍；

6 常用EN 10216-2标准材料的许用应力数据应符合本规范附录A表A.0.4的规定；

7 常用ASME B31.1标准材料的许用应力数据应符合本规范附录A表A.0.7的规定。

3.2 设计参数

3.2.1 主蒸汽管道的设计压力及设计温度的取用应符合下列规定：

1 超临界及以下参数机组，设计压力应取用锅炉最大连续蒸发量时过热器出口的额定工作压力。超超临界参数机组，设计压力应取用下列两项的较大值：

1）汽轮机主气门进口处设计压力的105%；

2）汽轮机主气门进口处设计压力加主蒸汽管道压降。

2 设计温度应取用锅炉过热器出口蒸汽额定工作温度加上锅炉正常运行时允许的温度偏差值，当锅炉制造厂未提供温度偏差时，温度偏差值可取用5℃。

3.2.2 再热蒸汽管道的设计压力及设计温度的取用应符合下列规定：

1 设计压力应取用汽轮机调节气门全开工况热平衡中对应汽机缸体排汽压力的1.15倍。

2 设计温度的取用应符合下列规定：

1）高温再热蒸汽管道应取用锅炉再热器出口蒸汽额定工作温度加上锅炉正常运行时允许的温度偏差，当锅炉制造厂未提供温度偏差时，温度偏差值可取用5℃；

2）低温再热蒸汽管道应取用汽轮机调节气门全开工况下对应汽机缸体排汽参数等熵求取在管道设计压力下的相应温度。如制造厂有特殊要求时，该设计温度应取用可能出现的最高工作温度。

3.2.3 汽轮机抽汽管道的设计压力及设计温度的取用应符合下列规定：

1 设计压力的取用应符合下列规定：

1）非调整抽汽管道应取用汽轮机调节气门全开工况下该抽汽压力的1.1倍，且不应小于0.1MPa。当抽汽气源来自汽轮机高压缸排汽时，应取用低温再热蒸汽管道的设计压力；

2）调整抽汽管道应取该抽汽最高工作压力。

2 设计温度的取用应符合下列规定：

1）非调整抽汽管道应取用汽轮机调节气门全开工况下抽汽参数，等熵求取管道设计压力下的相应温度。当抽汽气源来自汽轮机高压缸排汽时，应取用低温再热蒸汽管道的设计压力；

2）调整抽汽管道应取用该抽汽的最高工作温度。

3.2.4 背压式汽轮机排汽管道设计压力应取其最高工作压力，且不应小于0.1MPa；设计温度应取用排汽的最高工作温度。

3.2.5 减温减压装置后的蒸汽管道的设计压力及设计温度的取用应符合下列规定：

1 设计压力的取用应符合下列规定：

1）减压装置后没有安全阀保护且流体可能被关断或堵塞的管道，其设计压力不应低于减压装置前流体可能达到的最高压力；

2）减压装置后装有安全阀的管道，其设计压力不应小于安全阀的最低整定压力。

2 设计温度应取用减温装置出口蒸汽的最高工作温度。

3.2.6 与直流锅炉启动分离器连接的汽水管道设计压力应取用分离器各种运行工况中可能出现的最高工作压力；设计温度应取用分离器各种运行工况中管内介质可能出现的最高工作温度。

3.2.7 高压给水管道的设计压力及设计温度的取用应符合下列规定：

1 设计压力的取用应符合下列规定：

1）非调速给水泵出口管道，从前置泵到主给水泵或从主给水泵至锅炉省煤器进口区段，应分别取用前置泵或主给水泵特性曲线最高点对应的压力与该泵进水侧压力之和；

2）调速给水泵出口管道，从给水泵出口至第一个关断阀的管道，设计压力应取用泵在额定转速特性曲线最高点对应的压力与进水侧压力之和；从泵出口第一个关断阀至锅炉省煤器进口区段，应取用泵在额定转速及设计流量下泵提升压力的1.1倍与泵进水侧压力之和；

3）以上高压给水管道设计压力应计入水泵进水温度对压力的修正。

2 设计温度应取用高压加热器后高压给水的最高工作温度。

3.2.8 低压给水管道的设计压力及设计温度的取用应符合下列规定：

1 设计压力的取用应符合下列规定：

1）对于定压除氧系统，应取用除氧器额定压力与除氧器最高水位至泵中心线的水柱静压之和；

2）对于滑压除氧系统，应取用汽轮机调节气门全开工况下除氧器加热抽汽压力的1.1倍与除氧器最高水位时至泵中心线的水柱静压之和。

2 设计温度的取用应符合下列规定：

1）对于定压除氧器系统，应取用除氧器额定压力对应的饱和温度；

2）对于滑压除氧器系统，应取用汽轮机调节气门全开工况下1.1倍除氧器加热抽汽压力对应的饱和温度。

3.2.9 凝结水管道的设计压力及设计温度的取用应符合下列规定：

1 设计压力的取用应符合下列规定：

1）凝结水泵进口侧管道应取用汽轮机排汽缸接口平面处至泵吸入口中心线的水柱静压，且不应小于0.35MPa，此时凝汽器内按大气压力；

2）凝结水泵出口侧管道应取用泵出口阀关断情况下泵的提升压力与进水侧压力之和，进水侧压力取凝汽器热井最高水位与泵吸入口中心线的水柱静压力；

3）当凝结水系统设有升压泵，并与凝结水泵串联运行时，升压泵出口侧管道的设计压力应取凝结水泵和凝结水升压泵出口阀关断情况下泵的提升压力之和；

2 设计温度应取用低压加热器后凝结水的最高工作温度。

3.2.10 加热器疏水管道的设计压力及设计温度的取用应符合下列规定：

1 设计压力应取用汽轮机调节气门全开工况下抽汽压力的1.1倍，且不应小于0.1MPa。当管道中疏水静压引起压力升高值大于抽汽压力的3%时，应计及静压的影响；

2 设计温度应取用该加热器抽汽管道设计压力对应的饱和温度。

3.2.11 锅炉排污管道的设计压力及设计温度的取用应符合下列规定：

1 设计压力的取用应符合下列规定；

1）锅炉排污阀前管道，对于定期排污管道，设计压力不应小于汽包上所有安全阀中的最低整定压力与汽包最高水位至管道最低点水柱静压之和；对于连续排污管道，设计压力不应小于汽包上所有安全阀的最低整定压力；

2）锅炉排污阀后管道，当排污阀后的管道装有阀门或堵板等可能引起管内介质压力升高时，其设计压力应按排污阀前管道设计压力的选取原则确定；当锅炉排污阀后不会引起管内介质压力升高时，管道的设计压力应按表3.2.11-1的规定选取。

表3.2.11-1 锅炉排污阀后管道设计压力

锅炉压力（MPa）	1.750~4.150	4.151~6.200	6.201~10.300	≥10.301
管道设计压力（MPa）	1.750	2.750	4.150	6.200

2 设计温度的取用应符合下列规定：

1）锅炉定期排污或连续排污阀前管道的设计温度应取用汽包上所有安全阀中的最低整定压力对应的饱和温度：

2）锅炉排污阀后管道，当排污阀后管道装有阀门或堵板等可能引起管内介质压力升高时，定期排污或连续排污管道的设计温度应按锅炉排污阀前管道的选取原则确定；

当锅炉排污阀后不会引起管内介质压力升高时，定期排污或连续排污管道的设计温度应按表3.2.11-2的规定选取。

表3.2.11-2 锅炉排污阀后管道设计温度

锅炉压力（MPa）	1.750~4.150	4.151~6.200	6.201~10.300	≥10.301
管道设计温度（℃）	210	230	255	280

3.2.12 给水再循环管道的设计压力及设计温度的取用应符合下列规定：

1 设计压力的取用应符合下列规定：

1）当采用单元制系统时，进除氧器的最后一道关断阀及其以前的管道应取用相应的高压给水管道的设计压力，其后的管道，对于定压除氧系统，应取用除氧器额定压力；对于滑压除氧系统，应取用汽轮机调节气门全开工况下除氧器加热抽汽压力的1.1倍；

2）当采用母管制系统时，节流孔板及其以前的管道应取用相应的高压给水管道的设计压力；节流孔板后的管道，当未装设阀门或介质出路上的阀门不可能关断时，应取用除氧器的额定压力。

2 设计温度的取用应符合下列规定：

1）对于定压除氧系统，应取用除氧器额定压力对应的饱和温度；

2）对于滑压除氧系统，应取用汽轮机调节气门全开工况下 1.1 倍除氧器加热抽汽压力对应的饱和温度。

3.2.13 安全阀后排汽管道的设计压力和设计温度应根据排汽管道的水力计算结果确定。

3.2.14 除本规范另有规定外，离心泵出口管道的设计压力及设计温度的取用应符合下列规定：

1 设计压力的取用应符合下列规定：

1）对于定速泵，其设计压力不应小于泵工作特性曲线最高点对应的压力与泵进水侧压力之和；

2）对于调速泵，其设计压力不应小于泵额定转速特性曲线最高点对应的压力与泵进水侧压力之和。

2 设计温度应取用介质的最高工作温度。

3.2.15 设计安装温度可取用20℃。

3.2.16 管道组成件的公称压力和公称尺寸应符合下列规定：

1 管道组成件的参数等级可用标注压力和温度的方法来表示，还可用公称压力表示；

2 管道组成件的公称压力用符号PN表示，公称压力的选用应符合现行国家标准《管道元件PN（公称压力）的定义和选用》GB/T 1048的规定；

3 管道组成件的公称尺寸用符号DN表示，公称尺寸选用应符合现行国家标准《管道元件DN（公称尺寸）的定义和选用》GB/T 1047的规定；

4 管道组成件在设计温度下的允许工作压力和公称压力可按下式进行换算：

$$P_t=K_{PN}\times PN\frac{[\sigma]^t}{[\sigma]^s} \qquad (3.2.16)$$

式中：P_t——在设计温度下的允许工作压力（MPa）；

K_{PN}——换算系数，K_{PN}取0.1MPa；

PN——公称压力；

$[\sigma]^t$、——在设计温度下材料的许用应力（MPa）；

$[\sigma]^s$——公称压力对应的基准应力，是指材料在指定某一温度下的许用应力（MPa）。

5 常用国产管子及附件的公称压力、试验压力和允许工作压力应符合本规范附录A表A.0.10~A.0.15的规定；

6 阀门的适用压力和温度应符合现行国家标准《钢制阀门一般要求》GB/T 12224中关于压力–温度等级的规定；

7 与阀门连接的法兰应与阀门的公称压力一致。

3.3 水压试验

3.3.1 水压实验可用于检验管道组成件的强度及管系的严密性。

3.3.2 管道系统严密性试验除应满足本规范要求外，还应符合现行行业标准《电力建设施工技术规范　第5部分：管道及系统》DL/T 5190.5的相关要求。

3.3.3 管道组成件的强度试验应符合下列规定；

1 管道组成件的强度试验压力（表压）应按下列公式计算：

$$P_T=1.25P\frac{[\sigma]^T}{[\sigma]^t}\text{或}1.5P \qquad (3.3.3-1)$$

$$P_T=0.1+P \qquad (3.3.3-2)$$

取两者中的较大者。

式中：P_T——试验压力（MPa）；

P——设计压力（MPa）；

$[\sigma]^{T}$——钢材在试验温度下的许用应力（MPa）；

$[\sigma]^{t}$——钢材在设计温度下的许用应力（MPa）。

2 水压试验下，试件内周向应力值不应大于材料在试验温度下屈服极限的90%，周向应力应按下式计算：

$$\sigma_t = \frac{P_T[D_i + (S - C - C_1)]}{2(S - C - C_1)\eta} \quad (3.3.3\text{-}3)$$

式中：σ_t——试验压力下管道组成件的周向应力（MPa）；

P_T——试验压力（MPa）；

D_i——管道内径（mm）；

S——管道壁厚（mm）；

C——计及腐蚀、磨损的附加厚度（mm）；

C_1——壁厚负偏差的附加值（mm）；

η——许用应力的修正系数，按本规范第5.2.1条的规定选取。

3.3.4 管道系统的严密性试验应符合下列规定：

1 管道安装完毕后，应对管道系统进行严密性检验；

2 水压试验的压力为表压，不应小于1.5倍设计压力，且不应小于0.2MPa；

3 水压试验下管道的周向应力以及试压时的内压力、活荷载和恒荷载引起的轴向应力都不应大于试验温度下材料屈服极限的90%。轴向应力按下式计算：

$$\sigma_L = \frac{P_T D_i^2}{D_o^2 - D_i^2} + \frac{M_A}{W} \quad (3.3.4)$$

式中：σ_L——试验压力、自重和其他持续外载产生的轴向应力之和（MPa）；

D_o——管子外径（mm）；

M_A——由于自重和其他持续外载作用在管子横截面上的合成力矩（N·mm）；

W——管子截面抗弯矩（mm^3）。

4 水压试验用水温度，不应低于5℃，也不应大于70℃。试验环境温度不应低于5℃，否则应采用防止冻结和冷脆破裂的措施；

5 水压试验用水水质应清洁且对管道系统材料的腐蚀性要小。对于奥氏体不锈钢管道，应采用饮用水，且氯离子含量不应超过25mg/L；

6 亚临界及以上参数机组的主蒸汽管道和再热蒸汽管道及其他大直径管道的所有焊缝也可采用无损检测代替水压试验进行严密性试验，无损检测的具体要求应符合现行电力行业标准《火力发电厂焊接技术规程》DL/T 869的规定；

7 对排汽管道或最后一道关断阀门后的疏水管道等通向大气的管道可不需要作严密性试验。

3.4 材　　料

3.4.1 汽水管道的材料选择应符合下列规定：

1 管道组成件所选用钢材应符合现行国家标准或电力行业标准的规定；

2 选用本规范未列出的国内材料应符合国家或电力行业现行的相应材料标准。选用本规范未列出的国外材料应根据国外相关的最新材料标准经分析确认适合使用条件时才能采用；

3 钢材的许用应力是指钢材许用拉应力，许用应力取值应符合本规范第3.1.7条的规定。

3.4.2 常用国产钢材及其推荐使用温度范围应符合表3.4.2的规定。

表3.4.2 常用国产钢材及其推荐使用温度范围

钢材类别	钢号	推荐使用温度范围	备注
碳素结构钢	Q235A	0℃~300℃	GB/T 3091
	Q235B	0℃~300℃	
	Q235C	0℃~300℃	
	Q235D	−20℃~300℃	
优质碳素结构钢	10	−20℃~425℃	GB/T 3087
	20	−20℃~425℃	
	20G	−20℃~425℃	GB 5310
锅炉和压力容器用钢板	Q245R	−20℃~425℃	GB 713
	Q345R	0℃~425℃	
低合金高强度结构钢	Q345A	0℃~350℃	GB/T 8163
	Q345B	0℃~350℃	
	Q345C	0℃~350℃	
	Q345D	−20℃~350℃	
	Q345E	−40℃~350℃	
合金结构钢	15CrMoG	不大于510℃	GB 5310
	12Cr1MoVG	不大于555℃	
	15Ni1MnMoNbCu	不大于350℃	
	10Cr9Mo1VNbN	不大于600℃	
	10Cr9MoW2VNbN	不大于621℃	

3.5 焊 接

3.5.1 焊接材料的选用应符合下列规定；

1 焊条、焊丝和焊剂应根据母材的化学成分、力学性能和焊接接头的抗裂性、碳扩散、焊前预热、焊后热处理、焊接工艺评定结果以及使用条件等选用；

2 焊接材料的选用及相关的技术要求应符合现行行业标准《火力发电厂焊接技术规程》DL/T 869及《火力发电厂异种钢焊接技术规程》DL/T 752的有关规定。

3.5.2 同种钢材焊接时，焊条及焊丝的选用应符合下列规定：

1 焊缝金属性能和化学成分与母材相当；

2 工艺性能良好。

3.5.3 异种钢材焊接时，焊条及焊丝的选用应符合下列规定；

1 两侧钢材均非奥氏体不锈钢时，可选用成分介于两者之间或与合金含量低的一侧相配的焊条或焊丝；

2 两侧之一为奥氏体不锈钢时，可选用铬镍不锈钢或镍基合金焊条或焊丝。

3.5.4 常用钢材焊条的型号及性能应符合下列规定：

1 碳钢焊条的型号可按照本规范附录A中表A.0.16选择；

2 低合金钢焊条的型号可按照本规范附录A中表A.0.17选择；

3 常用焊丝的型号及化学成分可按照本规范附录A中表A.0.18 选择；

4 常用焊条熔数金属的化学成分和常温力学性能可按照本规范附录A中表A.0.19选择；

5 焊接异种钢的焊条（焊丝）及焊后热处理温度推荐值可按照本规范附录A中表A.0.20选择；

6 常用国产钢材所适用的焊条和焊丝型号可按照本规范附录A中表A.0.21选择；

7 常用EN 10216-2标准材料所适用的焊条和焊丝型号可按照本规范附录A中表A.0.22选择；

8 常用ASME B31.1标准材料所适用的焊条和焊丝型号可按照本规范附录A中表A.0.23选择。

3.5.5 常用焊接接头基本形式及尺寸应符合本规范附录A中A.0.24的规定。

3.5.6 不同厚度对口时的处理方法应符合本规范附录A中A.0.25的规定。

4 管道组成件的选择

4.1 一般规定

4.1.1 管道组成件应根据系统和布置的要求，按公称尺寸、设计参数、介质种类及所采用的标准进行选择。管道组成件应是符合国家标准或行业标准的成熟产品。重要的、新型结构的管道组成件需另行设计制造时，应经鉴定合格。管道组成件的计算应符合本规范第5章的要求，选择管道组成件时，还应注意减少品种和规格。

4.1.2 管道组成件的连接，除需经常拆卸的以外，应采用焊接连接。对于采用衬胶或衬塑的管道，应采用法兰连接。

4.1.3 设计压力大于1.6MPa或设计温度大于200℃的低压流体输送用焊接钢管不应采用螺纹连接方式。

4.1.4 弯管、弯头、三通和异径管等管道附件的通流面积不应小于相连接管道通流面积的95%。

4.1.5 弯管、弯头、异径管、三通、封头的材料宜与所连接的管子材料一致。

4.2 管子

4.2.1 管子应根据管内介质的性质、参数及在各种工况下运行的安全性和经济性进行选择。

4.2.2 无缝钢管适用于各类参数的管道。符合现行国家标准《输送流体用无缝钢管》GB/T 8163标准的无缝钢管可用于设计压力小于或等于1.6MPa的管道；符合现行国家标准《低中压锅炉用无缝钢管》GB 3087标准的无缝钢管可用于设计压力小于等于5.3MPa的管道；符合现行国家标准《高压锅炉用无缝钢管》GB 5310标准的无缝钢管可用于设计压力大于5.3MPa的管道。

4.2.3 中温高压或高温高压用直缝电熔焊钢管可用于设计压力不高于10MPa，且不宜持续使用在蠕变范围内。

4.2.4 低压流体用焊接钢管应符合现行国家标准《低压流体输送用焊接钢管》GB/T 3091标准，电熔焊钢管可用于设计压力不高于1.6MPa且设计温度不高于300℃的管道，电阻焊碳钢钢管不应用于设计压力大于1.6MPa或设计温度大于200℃管道。

4.2.5 不锈钢管的选用应符合现行国家标准《流体输送用不锈钢无缝钢管》GB/T 14976的规定。

4.2.6 存在汽水两相流的疏水和再循环管道，调节阀后管道宜采用CrMo合金钢材料，且壁厚宜加厚一级。

4.2.7 低压给水管道不宜采用焊接钢管。

4.2.8 用于输送海水介质的管道，可选用衬胶或衬塑的碳钢管或采取其他防腐措施。

4.2.9 化学加药、取样管道的选用应满足下列规定；

1 化学加药系统的管道药液管及低压氧气管、配药用水管道应采用不锈钢管，压力大于9.8MPa的高压氧气管道应采用铜管道，并应符合现行行业标准《火力发电厂油气管道设计规程》DL/T 5024相关要求；

2 所有取样管材、冷却水管道应采用不锈钢管道，且管材及壁厚应与水汽样品的参数相适应。

4.3 弯管和弯头

4.3.1 主蒸汽、再热蒸汽等主要管道宜采用弯管，弯管弯曲半径宜为管子外径的3倍~5倍。根据布置情况也可采用符合国家标准或行业标准的热压弯头。

4.3.2 公称压力PN10以下、公称尺寸DN50以下的管道可采用冷弯弯管。

4.3.3 弯头宜采用长半径弯头。短半径弯头仅在布置特殊需要时使用。

4.3.4 公称压力大于PN16的管道上应采用无缝热压弯头，且宜带直管段。低温再热蒸汽管道可采用与管子同质量电熔焊钢管热成型弯头。

4.3.5 焊接弯头的工作压力不应超过1.0MPa，工作温度不应超过300℃。

4.4 法兰及附件

4.4.1 法兰及附件的适用压力和温度应符合现行国家标准《钢制管法兰》GB/T 9124中关于压力–温度等级的规定。不同压力等级的法兰相连接时，法兰及附件的使用条件应以较低等级法兰为准。

4.4.2 法兰的选择应符合下列规定：

1 管道法兰形式的选择应符合现行国家标准《对焊钢制管法兰》GB/T 9115、《带颈平焊钢制管法兰》GB/T 9116和《板式平焊钢制管法兰》GB/T 9119的规定；

2 设计温度大于300℃或公称压力PN40及以上的管道应选用对焊法兰；设计温度在300℃及以下且公称压力PN25及以下的管道宜选用带颈平焊法兰。对焊法兰宜采用凸凹面（MF）和突面（RF）形式，平焊法兰应采用突面（RF）形式；

3 管道系统中不应采用平面板式平焊法兰、承插焊法兰、松套法兰和螺纹法兰；

4 法兰材料的选用应符合本规范附录A中规定的温度范围，并应符合表4.4.2的规定；

表4.4.2 法兰材料的选用

公称压力*PN*	介质温度（℃）						
	0~200	300	350	400	425	510	555
≤16	Q235B，20		20，Q345B		Q345B	—	
25，40，63，100	20，Q345B				Q345B	12CrMo 15CrMoA	—
压力不限	—					12Cr1MoVR	

5 当需要选配特殊法兰时，除应核对法兰接口的尺寸外，还应进行耐压强度计算，保证所选用的法兰厚度不小于连接管道公称压力下国家标准法兰的厚度。法兰及法兰连接计算应符合本规范第5.7节的规定。

4.4.3 垫片的选择应符合下列规定：

1 垫片应根据流体性质、使用温度、压力以及法兰密封面等因素选用。垫片的密封荷载应与法兰的设计压力、设计温度、密封面形式、表面粗糙度、法兰强度和紧固件相适应；

2 管道法兰垫片宜采用柔性石墨金属缠绕式，并应符合现行国家标准《缠绕式垫片》GB/T 4622等相关标准的规定。对公称压力小于PN10且设计温度小于150℃的情况也可采用非金属垫片。缠绕式垫片内环材料应满足流体介质和管道设计温度的要求，外环材料应满足管道设计温度的要求；

3 突面法兰（RF）宜采用带定位环或带内环和定位环型，不应采用基本型或仅带内环型；

4 凹凸面法兰（MF）应采用带内环型缠绕式垫片；

5 非金属垫片的外径可超过突面（RF）型法兰密封面的外径，制成“自对中”式的垫片；

6 用于不锈钢法兰的非金属垫片，其氯离子的含量不得超过200mg/L。

4.4.4 紧固件包括六角头螺栓、等长双头螺柱、螺母和垫圈等，紧固件的选择应符合下列规定：

1 紧固件的选用应符合现行国家标准《压力容器》GB 150或《管法兰连接用紧固件》GB/T 9125等相关标准的规定；

2 紧固件应符合预紧及运行参数下垫片的密封要求；

3 高温条件下使用的紧固件应与法兰材料具有相近的热膨胀系数；

4 公称压力不大于PN25，工作温度不大于250℃，配用非金属垫片的法兰连接处可采用现行国家标准《六角头螺栓　细牙》GB/T 5785规定的六角头螺栓，对应的螺母可采用现行国家标准《I型六角螺母》GB/T 6170或《I型六角螺母　细牙》GB/T 6171规定的I型六角螺母；

5 公称压力不大于PN40，工作温度不大于250℃的法兰连接处宜采用现行国家标准《等长双头螺柱》GB/T 901规定的双头螺柱，对应的螺母宜采用现行国家标准《I型六角螺母》GB/T 6170或《I型六角螺母　细牙》GB/T 6171规定的I型六角螺母；

6 除本规范第4.4.4条第4款和第5款规定外，公称压力不大于PN100、工作温度不大于500℃的法兰螺栓应采用现行国家　标准《管法兰连接用紧固件》GB/T 9125规定的专用双头螺柱，螺母应采用现行国家标准《管法兰连接用紧固件》GB/T 9125规定的六角螺母；

7 配套使用的螺栓、螺母，其螺母的材料硬度应比螺栓的材料硬度低一个等级。

4.5 异径管

4.5.1 钢管模压异径管可用于各种压力等级的管道上。

4.5.2 钢板焊制异径管宜用于公称压力不大于PN16的管道上。

4.5.3 异径管可采用同心或偏心形式。

4.6 支管连接

4.6.1 公称压力*PN*25及以下压力参数，在满足补强要求的前提下可采用直接连接，公称压力*PN*25以上的支管连接应采用成型管件。

4.6.2 三通不宜采用带加强环、加强板及加强筋等辅助元件加强的形式。

4.6.3 主要管道的三通形式宜按表4.6.3的规定选用。

表4.6.3　主要管道三通形式

管道类别	机组参数			
	超超临界参数	超临界参数	亚临界参数	亚临界以下参数
主蒸汽管道	锻制　热压	锻制　热压	锻制　热压	热压
高温再热蒸汽管道	锻制　热压	锻制　热压	锻制　热压	热压
低温再热蒸汽管道	焊接	焊接	焊接	焊接　热压
高压给水管道	热压	热压	热压	热压

4.6.4 三通的强度应符合本规范第5.4节的规定，接管座、锻制三通和焊制三通强度计算宜采用面积补偿法，热挤压三通强度计算宜采用压力面积法。

4.6.5 亚临界及以上参数机组的主蒸汽、再热蒸汽管道的合流或分流三通宜采用斜三通或“Y”形三通等。

4.7 封头

4.7.1 公称压力PN25以上的管道宜采用椭圆形封头，也可采用对焊平封头。

4.7.2 公称压力PN25及以下的管道可采用平焊封头。

4.8 阀门

4.8.1 阀门应根据系统的参数、通径、泄漏等级、启闭时间等进行选择，并应满足系统关断、调节、运行要求和布置设计的需要。阀门的形式、操作方式应根据阀门的结构和安装、运行、检修的要求来选择。

4.8.2 除设计另有规定外，对于公称压力PN40及以上阀门的选用应符合下列规定；

1 阀盖密封不应采用螺纹连接的密封结构，宜采用压力自密封结构；

2 阀门端部应采用对焊连接。

4.8.3 下列阀门应采用钢制阀门：

1 公称压力PN16及以上的阀门；

2 与高压除氧器或给水箱直接相连管道的阀门；

3 给水泵进口阀门。

4.8.4 对于双向密封阀门应采取适当的安全措施防止因温度升高导致内部超压。

4.8.5 流体为饱和蒸汽和汽水两相流时，阀门的阀座及阀芯应采用耐冲蚀材料。

4.8.6 管道系统中阀门动作时间应满足相应系统功能的要求。

4.8.7 高压加热器三通阀应以阀门打开或关闭时阀座两侧的最大不平衡压差作为设计压力的基准值，阀座直径不应小于连接管道内径的90%。

4.8.8 阀门的选择应符合下列规定：

1 当要求流动阻力较小或介质需两个方向流动时宜选用闸阀，闸阀不宜做调节用。双闸板闸阀宜装于水平管道上，阀杆垂直向上，单闸板闸阀可装于任意位置的管道上；

2 当要求严密性较高时宜选用截止阀，截止阀可装于任意位置的管道上；

3 当要求迅速关断或开启时可选用球阀。球阀可装于任意位置的管道上，但带传动机构的球阀阀杆应垂直向上；

4 调节阀的选择应符合下列规定；

1）调节阀应根据介质、管系布置、使用目的、调节方式、调节范围及调节阀的等百分比、线性、平方根、抛物线等流量特性来选用，并应满足在任何工况下对流量、压降及噪声的要求；

2）调节阀不宜作关断阀使用；

3）调节阀应有控制噪声，防止闪蒸及汽蚀的措施；

4）调节阀的选择应根据现行国家标准《电站调节阀》GB/T 10869和《气动调节阀》GB/T 4213的规定进行，但当采用国内外不同制造厂的调节阀时，所取的流量系数和相应的计算应与制造厂的要求相符合。

5 当调节幅度小且不需要经常调节时，对调节精度要求不高的下列管道可用截止阀兼作关断和调节用：

1）设计压力不大于1.6MPa的水管道；

2）设计压力不大于1.0MPa的蒸汽管道。

6 止回阀使流体单向流动。止回阀的选用应符合下列规定：

1）立式升降止回阀应装在垂直管道上，且介质自下而上流动；

2）直通式升降止回阀应装在水平管道上；

3）旋启式止回阀宜安装于水平管道上，当安装在垂直管道上时，管内介质流向应为由下向上；

4）底阀应装在水泵的垂直吸入管端。

7 疏水器可分为机械型、热静力型和热动力型。机械型疏水器有自由浮球式、自由半浮球式、杠杆浮球式、倒吊桶式等；热静力型疏水器有膜盒式、波纹管式、双金属片式等；热动力型疏水器有圆盘式、脉冲式、孔板式等。疏水器应水平安装。根据疏水系统的要求也可采用自动控制的疏水器。疏水器应按疏水量、选用倍率和制造厂提供的不同压差下的最大连续排水量进行选择。单个疏水器容量不足时，可两个并联使用。疏水器宜带有过滤器，或在疏水器前安装过滤器；

8 蝶阀宜用于全开、全关的大口径管道上，也可作调节用；

9 装于管道上的安全阀，其规格和数量应根据排放介质的流量和参数，按本规范第11章的规定或制造厂资料进行选择。

4.8.9 旁通阀设置应符合下列规定：

1 具有下列情况之一的关断阀，制造厂如不带旁通阀时，宜装设旁通阀：

1) 蒸汽管道启动暖管需要先开旁通阀预热时；

2) 汽轮机自动主汽阀前的电动主闸阀；

3) 对于截止阀，介质作用在阀座上的力超过 50kN 时；

4) 公称压力不大于 PN10，公称尺寸不小于 DN600 手动闸阀；

5) 公称压力等于 PN16，公称尺寸不小于 DN450 手动闸阀；

6) 公称压力等于 PN25，公称尺寸不小于 DN350 手动闸阀；

7) 公称压力等于 PN40，公称尺寸不小于 DN250 手动闸阀；

8) 公称压力等于 PN63，公称尺寸不小于 DN200 手动闸阀；

9) 公称压力等于 PN100，公称尺寸不小于 DN150 手动闸阀；

10) 公称压力不小于 PN200，公称尺寸不小于 DN100 手动闸阀。

2 关断阀的旁通阀公称尺寸可按表4.8.9的规定选用：

表4.8.9 旁通阀公称尺寸选用表

关断阀公称尺寸 *DN*	100~250	300及以上
旁通阀公称尺寸 *DN*	20~25	25~50

3 汽轮机电动主闸阀的旁通阀通径应根据汽轮机启动或试验要求选用。

4.8.10 阀门的动力驱动装置应符合下列规定：

1 在下列情况下工作的阀门，应装设动力驱动装置：

1) 按生产过程的控制要求，需要频繁启闭、远方操作或由连锁控制要求时；

2) 阀门装设在手动难以实现的地方或必须在两个及以上的地方操作时。

2 电动、气动或液动驱动方式的选用应根据系统需要、安装地点、环境条件、热工控制和制造厂要求，以及驱动装置特点进行选择；

3 电动驱动装置用于有爆炸性气体或物料积聚及高温潮湿雨淋的场所时，应选用相应防护等级的电动驱动装置。采用气动驱动装置时应有可靠的供气系统及气源设施；

4 对于驱动装置失去动力时阀门有“开”或“关”位置要求时，应采用气动或液动驱动装置。

4.8.11 化学加药和取样管道阀门应采用不锈钢材质。

4.9 阀门传动装置

4.9.1 阀门传动装置各组件应根据阀门和操作器的布置、阀门的扭矩，按典型设计选用。阀门手轮上的启闭扭矩应以制造厂提供的数据为准。当缺乏数据时，可按照本规范第5.10节的要求进行选择。

4.9.2 传动装置的连杆应符合下列规定：

1 传动装置的连杆宜采用低压流体输送用焊接钢管制成，并应具有足够的刚度，其扭转角不应超过0.05弧度。所需连杆横断面的轴惯性矩应满足下列条件：

$$J \geqslant 0.013 M_{max} L \qquad (4.9.2)$$

式中：J——连杆横断面的轴惯性矩（cm^4）；

M_{max}——连杆承受的最大扭矩（N·m）；

L——一根连杆的长度（不超过4m）（m）。

2 为满足被传动阀门手轮的升降和万向接头转动灵活，以及吸收管道（设备）与传动装置接头处的位移，应在传动连杆上装设补偿器。

4.9.3 在下列情况下应使用换向器：

1 当由操作部件至被操作阀门或至第二个部件的距离较远，且不能用一根连杆时；

2 当传动部件沿直线连接有困难而必须转向时。

4.9.4 万向接头最大变换方向不宜大于30°，齿轮（蜗轮）换向器允许的变换方向不宜大于90°。

4.9.5 拉链传动只用在操作较少且难以装设连杆传动装置的公称压力PN25以下且公称尺寸DN200以下的阀门上。当采用拉链传动时，在阀门手轮上应有防止拉链脱落的装置。

4.10 堵板和孔板

4.10.1 孔板可应用于以下几个方面：

1 工艺系统需要降压且精度要求不高时；

2 在管道中阀门上、下游需要有较大压降时，为减少流体对阀门的冲蚀，可在阀门下游串联孔板；

3 需要小流量且连续流通的地方；

4 需要降压以减少噪声或磨损的地方。

4.10.2 节流孔板可采用法兰或焊接连接。

4.10.3 单级孔板和多级孔板选用时应符合下列规定：

1 对于蒸汽，孔板后压力P_2不应小于孔板前压力P_1的55%；当P_2小于$0.55P_1$时，不宜用单级孔板，应选用多级孔板，其级数应保证每级孔板后的压力大于该级孔板前压力的55%；

2 当液体压降不大于2.5MPa时，应选用单级孔板；当液体压降大于2.5MPa时，应选用多级孔板，且使每级孔板的压降小于2.5MPa；

3 公称尺寸不大于DN150的管路宜采用单孔孔板；公称尺寸大于DN150的管路，宜采用多孔孔板。

4.10.4 夹在两个法兰之间的堵板应采用回转堵板或中间堵板。

4.10.5 亚临界及以上参数机组的主蒸汽管道、再热蒸汽管道采用无损检验代替水压试验时，应在锅炉过热器出口和再热器进、出口处的蒸汽管道上安装水压试验堵阀或堵板。水压试验堵阀应采用对焊连接，直通道且通流面积应与管道一致。

4.11 补偿器

4.11.1 补偿器应按照介质种类、参数、补偿位移方向和大小选用，并应符合现行国家标准《金属波纹管膨胀节通用技术条件》GB/T 12777的规定。

4.11.2 热力系统宜选用金属波纹管补偿器，材料宜选用奥氏体不锈钢材料；循环水和冷却水管道可选用非金属补偿器，材料可选用橡胶材质。管道的补偿不应采用填料函式补偿器和焊制波型补偿器。

4.11.3 管道设计中应计及补偿器的弹性力和内压推力。

4.11.4 补偿器和金属软管不应用于受扭转的场合。

5 管道组成件的计算

5.1 管径选择

5.1.1 单相流体的管道直径应按下列公式计算：

$$D_i=594.7\sqrt{\frac{Gv}{w}} \quad (5.1.1\text{-}1)$$

或

$$D_i=18.81\sqrt{\frac{Q}{w}} \quad (5.1.1\text{-}2)$$

式中：D_i——管子内径（mm）；

G——介质质量流量（t/h）；

v——介质比容（m^3/kg）；

w——介质流速（m/s）；

Q——介质容积流量（m^3/h）。

5.1.2 汽水两相流体的管道应按本规范第7章两相流体管道的计算方法确定管径或核算通流能力。

5.1.3 汽水管道的介质流速宜按表5.1.3的规定选取。

表5.1.3 推荐的管道介质流速

介质类别	管道名称	推荐流速（m/s）
主蒸汽	主蒸汽管道	40~60
中间再热蒸汽	高温再热蒸汽	45~65
	低温再热蒸汽	30~45
其他蒸汽	抽汽或辅助蒸汽管道：过热蒸汽 饱和蒸汽 湿蒸汽	35~60 30~50 20~35
	至高、低压旁路阀和减压减温器的蒸汽管道	60~90
给水	高压给水管道	2~6
	中压给水管道	2.0~3.5
	低压给水管道	0.5~3.0
凝结水	凝结水泵入口管道	0.5~1.0
	凝结水泵出口管道	2.0~3.5
加热器疏水	加热器疏水管道： 疏水泵入口 疏水泵出口 调节阀入口 调节阀出口	 0.5~1.0 1.5~3.0 1~2 20~100
其他水（生水、化学水、工业水、其他水管道）	离心泵入口管道 离心泵出口管道及其他压力管道 自流、溢流等无压排水管道	0.5~1.5 1.5~3.0 小于1.0

注：1 对于低压旁路阀出口管道，蒸汽流速可适当提高。

2 在推荐的介质流速范围内选择具体流速时，应注意管径大小、参数高度的影响，对于直径小、介质参数低的管道，宜采用较低值。

5.1.4 主蒸汽管道、再热蒸汽管道和高压给水管道等主要管道的管径宜通过优化计算确定。

5.2 直管壁厚计算

5.2.1 当$\frac{D_o}{D_i}$小于等于1.7时，承受内压的直管最小壁厚计算应符合下列规定：

1 在设计压力和设计温度下所需的最小壁厚应按下列公式计算：

1）按管子外径确定时应按下式进行计算：

$$S_m=\frac{pD_o}{2[\sigma]^t\eta+2Yp}+C \quad \text{（5.2.1-1）}$$

2）按管子内径确定时应按下式进行计算：

$$S_m=\frac{pD_i+2[\sigma]^t\eta C+2YpC}{2[\sigma]^t\eta-2p(1-Y)} \quad \text{（5.2.1-2）}$$

2 管子的设计压力不应超过下列规定：

1）按管子外径确定时应按下式进行计算：

$$p=\frac{2[\sigma]^{t}\eta(S_{m}-C)}{D_{o}-2Y(S_{m}-C)} \quad \cdots\cdots（5.2.1-3）$$

2）按管子内径确定时应按下式进行计算：

$$p=\frac{2[\sigma]^{t}\eta(S_{m}-C)}{D_{i}-2Y(S_{m}-C)+2S_{m}} \quad \cdots\cdots（5.2.1-4）$$

3 在蠕变温度下焊接钢管的直管最小壁厚应按下式计算：

$$S_{m}=\frac{pD_{o}}{2[\sigma]^{t}\eta\omega+2Yp}+C \quad \cdots\cdots（5.2.1-5）$$

式中：S_m——管子最小壁厚（mm）；

D_o——管子外径（mm），取用包括管径正偏差的最大外径；

D_i——管子内径（mm），取用包括管径正偏差和加工过盈偏差的最大内径，加工过盈偏差取0.25mm；

Y——修正系数，Y值可按表5.2.1–1取用；

η——许用应力的修正系数，对于无缝钢管取1.0；对于焊接钢管，按有关制造技术条件检验合格者，其η值可按表5.2.1–2取用；对于进口焊接钢管，其许用应力的修正系数按相应的管子产品技术条件中规定的数据选取；

ω——蠕变条件下纵向焊缝钢管焊接强度降低系数，其值可按表5.2.1–3选取；

C——腐蚀、磨损和机械强度要求的附加厚度。对于一般的蒸汽管道和水管道，可不计及腐蚀和磨损的影响；对于加热器疏水阀后管道、给水再循环阀后管道和排污阀后管道等具有两相流的管道，都应计及附加厚度，腐蚀和磨损裕度可取用2mm；对于设计温度在600℃及以上的主蒸汽管道和高温再热蒸汽管道，不宜小于1.6mm；对于腐蚀性介质管道，根据介质的腐蚀特性确定；离心浇铸件C取3.56mm，静态浇铸件C取4.57mm。

表5.2.1-1 修正系数

材料	温度（℃）					
	≤482	510	538	566	593	621
铁素体钢	0.4	0.5	0.7			
奥氏体钢	0.4				0.5	0.7

注：1 介于表列中间温度的Y值可用内插法计算。

2 当管子的$\frac{D_o}{S_m}$小于6时，对于设计温度小于等于480℃的铁素体和奥氏体钢，Y值应按式（5.2.1–6）计算。

$$Y=\frac{D_{i}}{D_{i}+D_{o}} \quad \cdots\cdots（5.2.1-6）$$

表5.2.1-2 焊接钢管许用应力修正系数

接头形式		焊缝类型	检验	系数
电阻焊		直缝或螺旋缝	按产品标准检验	0.85
电熔焊	单面焊（无填充金属）	直缝或螺旋缝	按产品标准检验	0.85
			附加100%射线或超声检验	1.00
	单面焊（有填充金属）	直缝或螺旋缝	按产品标准检验	0.80
			附加100%射线或超声检验	1.00

表 5.2.1-2 焊接钢管许用应力修正系数（续）

接头形式		焊缝类型	检验	系数
电熔焊	双面焊（无填充金属）	直缝或螺旋缝	按产品标准检验	0.90
			附加100%射线或超声检验	1.00
	（d）双面焊（有填充金属）	直缝或螺旋缝	按产品标准检验	0.90
			附加100%射线或超声检验	1.00

注：电阻焊纵缝钢管管子和管件不允许通过增加无损检验提高纵向焊缝系数。

表 5.2.1-3 蠕变条件下纵向焊缝钢管焊接强度降低系数

材料类型	热处理状态	温度（℃）										
		371	399	427	454	482	510	538	566	593	621	649
碳钢[7]	正火	1.00	0.95	0.91	NP	NP	NP	NP	NP	NP	NP	NP
	回火	1.00	0.95	0.91	NP	NP	NP	NP	NP	NP	NP	NP
CrMo 钢[7、8]	—			1.00	0.95	0.91	0.86	0.82	0.77	0.73	0.68	0.64
蠕变强化铁素体钢[7、9]	正火+回火						1.00	0.95	0.91	0.86	0.82	0.77
	回火					1.00	0.73	0.68	0.64	0.59	0.55	0.50
奥氏体钢（包括800H与800HT）							1.00	0.95	0.91	0.86	0.82	0.77
自熔焊奥氏体不锈钢							1.00	1.00	1.00	1.00	1.00	1.00

注：1 NP，表示不允许。

2 蠕变范围的起始温度为附录A的许用应力表中粗线右边的温度。

3 非表中所列材料的纵向焊缝管子不应在蠕变范围内使用。应用此表时，蠕变范围的起始温度是规范性附录A的许用应力表中粗线右边的温度。

4 此表中的CrMo钢和蠕变强化铁素体钢焊缝金属碳含量不低于0.05%，奥氏体钢的焊缝金属碳含量不低于0.04%。

5 CrMo钢和蠕变强化铁素体钢的纵向焊缝应经过100%的射线或超声检测合格。其余材料如未100%射线或超声检测，同时应按表5.2.1-2计及焊缝系数。

6 纵缝焊接C-Mo钢管子和管件不得在蠕变范围内使用。

7 埋弧焊焊剂的碱度不小于1.0。

8 CrMo钢包括0.5Cr0.5Mo、1Cr0.5Mo、1.25Cr0.5MoSi、2.25Cr1Mo、3Cr1Mo以及5Cr1Mo。焊缝必须经过正火、正火+回火或者适当的回火热处理。

9 蠕变强化铁素体钢包括10Cr9Mo1VNbN、10Cr9MoW2VNbBN、10Cr11MoW2VNbCu1BN、11Cr9Mo1WlVNbBN、07Cr2MoW2VNbB等。

5.2.2 管子的计算壁厚应按下式进行计算：

$$S_c = S_m + C_1 \qquad (5.2.2)$$

式中：S_c——管子的计算壁厚（mm）；

C_1——管子壁厚负偏差的附加值（mm）。

5.2.3 管子壁厚负偏差附加值应符合下列规定：

1 对于管子规格以外径×壁厚标识的钢管可按下式确定：

$$C_1 = \frac{m}{100 - m} S_m \qquad (5.2.3)$$

式中：m——管子产品技术条件中规定的壁厚允许负偏差，取百分数。管道壁厚允许的负偏差值应符合本规范附录B的规定。

2 对于管子规格以“最小内径 × 最小壁厚”标识的钢管壁厚负偏差值应等于零。

5.2.4 管子的取用壁厚，对于以“外径 × 壁厚”标识的管子，应根据管子的计算壁厚，按管子产品规格中公称壁厚系列选取；对于以“最小内径 × 最小壁厚”标识的管子，应根据管子的计算壁厚，遵照制造厂产品技术条件中有关规定，按管子壁厚系列选取。任何情况下，管子的取用壁厚均不得小于管子的计算壁厚。管子的取用壁厚应计入对口加工裕量，计入对口加工裕量的取用壁厚应符合下列规定：

1 对于主蒸汽管道及再热热蒸汽管道等采用内径控制的管子，其取用壁厚宜按下式确定：

$$S_q=S_c+0.5(A+0.25) \qquad (5.2.4)$$

式中：S_q——管子的取用壁厚（mm）；

A——管子的内径正偏差（mm）。

2 对于采用外径控制的管子，取用壁厚宜大于或等于计算壁厚加0.5倍外径正偏差值。

5.2.5 管子的管径偏差应取用相应的管子产品技术条件规定值。

5.2.6 确定承受外压的管子壁厚和加强要求应符合现行国家标准《压力容器》GB 150的有关规定。

5.3 弯管弯头最小壁厚计算

5.3.1 弯管和弯头的最小壁厚计算应符合下列规定：

1 弯管、弯头加工完成后的最小壁厚应按下列公式进行计算：

1）按外径确定壁厚时应按下式进行计算：

$$S_m=\frac{pD_o}{2([\sigma]^t\eta/I+Yp)}+C \qquad (5.3.1-1)$$

2）按内径确定壁厚时应按下式进行计算：

$$S_m=\frac{pD_i+2[\sigma]^t\eta C/I+2YpC}{2\left(\dfrac{[\sigma]^t\eta}{I}+pY-P\right)} \qquad (5.3.1-2)$$

2 蠕变条件下，纵缝焊接弯管、弯头的最小壁厚应按下列公式进行计算：

$$S_m=\frac{pD_o}{2([\sigma]^t\eta w/I+Yp)}+C \qquad (5.3.1-3)$$

$$\text{内弧处}\ I=\frac{4(R/D_o)-1}{4(R/D_o)-2} \qquad (5.3.1-4)$$

$$\text{外弧处}\ I=\frac{4(R/D_o)+1}{4(R/D_o)+2} \qquad (5.3.1-5)$$

式中：I——弯管、弯头壁厚修正系数，侧壁弯曲中性线I取1.0。

R——弯管、弯头弯曲半径（mm）。

5.3.2 弯管和弯头任何一点的实测壁厚不得小于弯管和弯头相应点的计算壁厚，且外弧侧壁厚不得小于相连管子允许的最小壁厚。

5.3.3 感应加热弯制弯管用的管子壁厚可按表5.3.3推荐的壁厚值取用。

表5.3.3 感应加热弯管弯制前推荐的直管最小壁厚

弯曲半径	弯管弯制前的直管最小壁厚	
	$D_o/S_m\leq 20$	$D_o/S_m>20$
6倍管子外径	$1.06S_m$	$1.07S_m$
5倍管子外径	$1.08S_m$	$1.09S_m$

表5.3.3　感应加热弯管弯制前推荐的直管最小壁厚（续）

弯曲半径	弯管弯制前的直管最小壁厚	
	$D_o/S_m \leqslant 20$	$D_o/S_m > 20$
4倍管子外径	$1.10S_m$	$1.12S_m$
3倍管子外径	$1.14S_m$	$1.16S_m$

注：1　介于上述弯曲半径间的弯头，允许用内插法计算。

2　S_m为本章5.2.1中计算的直管最小壁厚。

5.3.4　当采用以“最小内径×最小壁厚”标示的直管弯制弯管时，宜采用加大直管壁厚的管子。当采用以“外径×壁厚”标示的直管弯制弯管时，宜采用挑选正偏差壁厚的管子进行弯制。

5.3.5　弯管弯曲半径宜为管子外径的3倍~5倍，弯制后的圆度不得大于5%。弯管圆度指弯管弯曲部分同一截面上最大外径与最小外径之差与最大外径之比。

5.4　支管连接的补强

5.4.1　支管连接的面积补强法计算（图5.4.1）应符合下列规定：

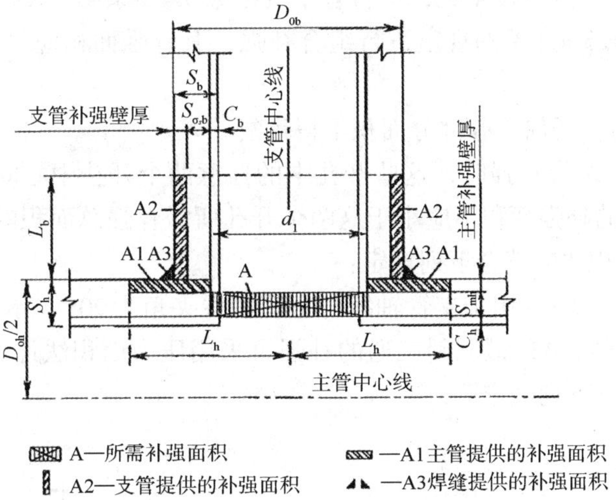

图5.4.1　面积补强法计算图

1　面积补强法宜用于支管轴线与主管轴线夹角为90°，承受持续内压荷载的补强计算，其补偿条件应按下式进行计算：

$$A_1+A_2+A_3 \geqslant A \quad (5.4.1\text{-}1)$$

式中：A——主管开孔需要补强的面积（mm²）；

A_1——补强范围内主管的补强面积（mm²）；

A_2——补强范围内支管的补强面积（mm²）；

A_3——补强范围内角焊缝面积（mm²）。

2　主管开孔需补强的面积应按下式进行计算：

$$A=S_{mh}d_1 \quad (5.4.1\text{-}2)$$

3　主、支管补强面积应按下列公式进行计算：

$$A_1=(2L_h-d_1)(S_h-S_{mh}-C_h) \quad (5.4.1\text{-}3)$$

$$A_2=2L_b(S_b-S_{mb}-C_b) \quad (5.4.1\text{-}4)$$

$$d_1=[D_{ob}-2(S_b-C_b)] \quad (5.4.1\text{-}5)$$

式中：d_1——主管上经加工的支管开孔沿纵向中心线的尺寸（mm）；

L_h——主管有效补强范围宽度之半（mm）；L_h取d_1或（S_b–C_b）+（S_h–C_h）+$\frac{d_1}{2}$两者中的较大者，但任何情况下不大于D_{oh}；

L_b——支管有效补强高度（mm）；L_b取2.5（S_b–C_b）或2.5（S_h–C_h）两者中的较小值；

D_{oh}、D_{ob}——主、支管外径（mm）；

S_h、S_b——主、支管的实际壁厚（mm）；

S_{mh}、S_{mb}——主、支管的最小壁厚（mm）；

C_h、C_b——主、支管的附加壁厚（mm）。

4 补强面积的某些部分可由与主管材料不同的材料组成，若补强材料的许用应力小于主管材料许用应力，则由补强材料提供的补强面积应按材料许用应力之比折算予以相应折减；若补强材料许用应力高于主管材料的许用应力，则不应计及其增强作用；

5 对于焊接的支管连接，除焊接材料外，不宜采用其他辅助材料进行补强；

6 用式（5.4.1–3）和式（5.4.1–4）计算主、支管的补强面积时，不得超出主管的有效补强宽度和支管的有效补强高度。

5.4.2 主管上多开孔的补强应符合下列规定：

1 多个支管的开孔宜布置成使其有效补强范围不相互重叠，开孔应按本规范第5.4.1条的规定进行补强；当必须紧密布置时（图5.4.2），应符合本规范第5.4.2条第2款~第4款的规定。

2 开孔应按本规范第5.4.1条的规定进行组合补强，其补强面积应等于单各开孔所需补强面积的总和。

3 在计算补强面积时，任何重叠部分面积不得重复计入。

4 多个相邻开孔采用组合补强时，这些开孔中的任意两个开孔中心间最小距离不应小于1.5倍的平均直径，且在两孔间的补强面积不应小于这两个开孔所需补强总面积的50%。

5.4.3 支管连接的压力面积法应符合下列规定：

1 压力面积法（图5.4.3）宜用于支管轴线与主管轴线夹角为90°，承受持续内压荷载，且采用挤压形式的支管连接的补强，45°锻制斜三通的补强可采用压力面积法计算，以A_p为承压面积，$A_σ$为承载面积。计算时应符合下列规定；

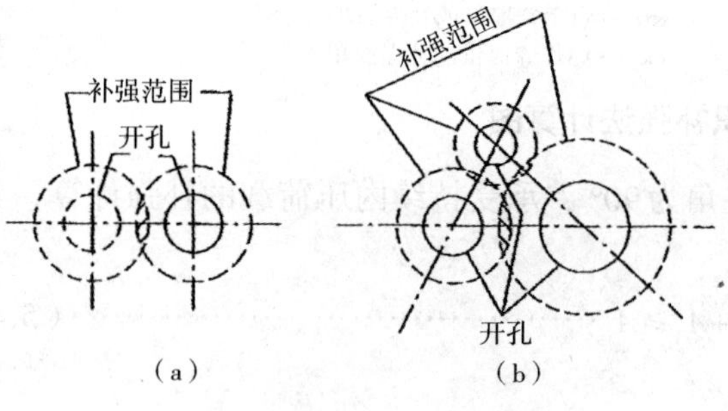

图5.4.2 多个开孔的补强

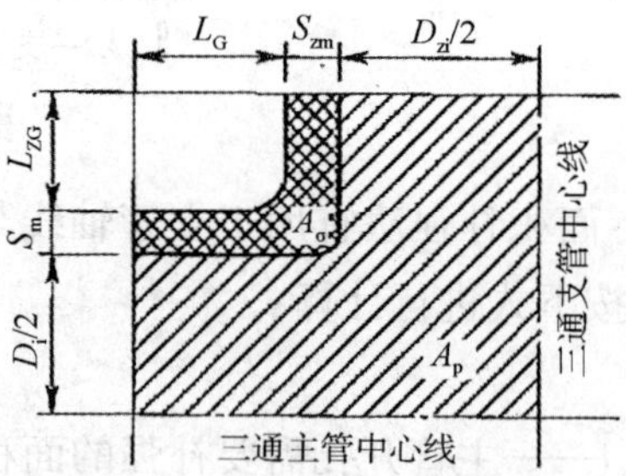

图5.4.3 压力面积法计算图

1）强度条件应符合下式规定：

$$[\sigma]^t \geqslant p\left(\frac{A_p}{A_\sigma}+\frac{1}{2}\right) \qquad (5.4.3\text{–}1)$$

2）最大的补强长度应按下列公式进行计算：

$$\text{主管}\ L_G=\sqrt{(D_i+S_m)S_m} \qquad (5.4.3\text{–}2)$$

$$\text{支管}\ L_{ZG}=\sqrt{(D_{zi}+S_{zm})S_{zm}} \qquad (5.4.3\text{–}3)$$

2 A_p和$A_σ$按压力面积法计算图（图5.4.3）作图求得，承载面积$A_σ$应计入通用的成型方式造成的面积计算误差，取0.9的修正系数。

5.5 异径管

5.5.1 异径管成型件允许的最小壁厚计算时(图5.5.1)应取式(5.5.1-1)和式(5.5.1-2)的较大值。

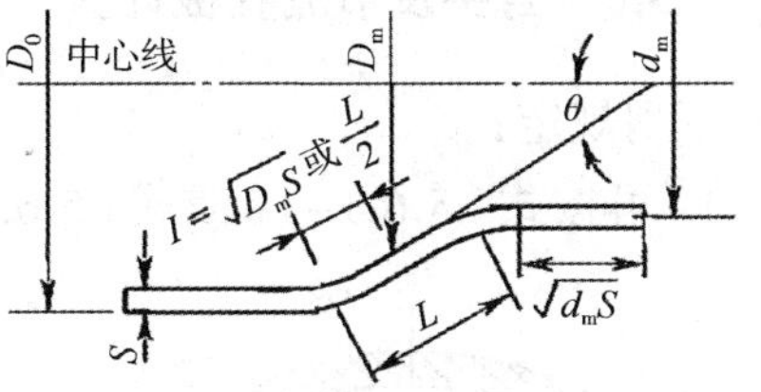

图5.5.1 异径管壁厚计算图

$$S_m=\frac{pD_m+2[\sigma]^t\eta C+2YpC}{[2[\sigma]^t\eta-2p(1-Y)]\cos\theta} \quad \text{(5.5.1-1)}$$

或

$$S_m=\frac{pD_0}{2[\sigma]^t\eta+2Yp}+C \quad \text{(5.5.1-2)}$$

$$D_m=D_0-S \quad \text{(5.5.1-3)}$$

$$l=\sqrt{D_mS} \quad \text{(5.5.1-4)}$$

$$l=\frac{L}{2} \quad \text{(5.5.1-5)}$$

式中：D_m——异径管平均直径(mm)；为距大端l处的圆锥端平均直径，计算中D_m可按式(5.5.1-3)取值，l按式(5.5.1-4)、式(5.5.1-5)计算取小值；

θ——半锥角(°)；计算中取15°；

η——许用应力的修正系数，可按本规范第5.2.1条的规定选取。

C——壁厚的附加值，可按本规范第5.2.1条的规定选取。

5.5.2 异径管与管道连接处的强度应按下列原则核算：

1 当曲率半径r不小于$0.1D_0$，大端壁厚满足公式(5.5.1-1)和式(5.5.1-2)时，大端强度可不核算；

2 小端强度(图5.5.2)应按式(5.5.2-1)~式(5.5.2-3)进行强度核算。

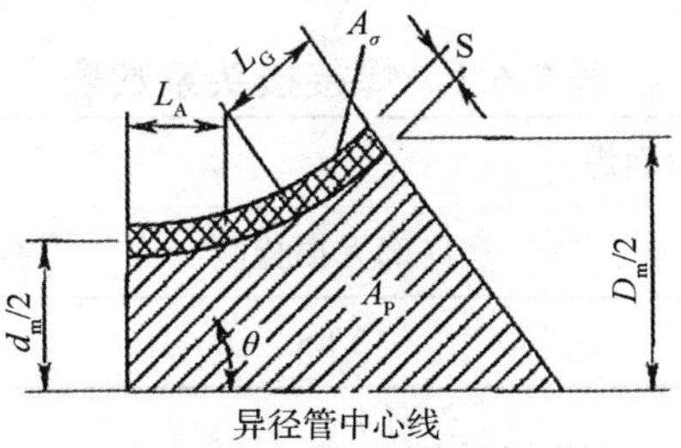

图5.5.2 异径管补强示意图

$$[\sigma]^t\geq P\,(A_p/A_\sigma+1/2) \quad \text{(5.5.2-1)}$$

式中：P——设计压力(MPa)。

$[\sigma]^t$——设计温度下材料的许用应力(MPa)。

A_p——承压面积(mm^2)；

A_σ——承载面积(mm^2)。

$$L_G=\sqrt{D_m'S} \quad \text{(5.5.2-2)}$$

$$L_A=\sqrt{d_mS} \quad \text{(5.5.2-3)}$$

式中：d_m——离弯曲段L_A处的平均直径或取用小端连接管的平均直径(mm)；

D_m'——离弯曲段L_G处的平均直径，计算时可近似用大端连接管道平均直径D_m来代替（mm）。

5.5.3 异径管锥顶角不宜大于30°，外侧曲率半径不宜小于$0.1D_o$。

5.6 封头及节流孔板计算

5.6.1 椭圆形封头壁厚计算应符合下列规定：

1 最小壁厚计算时（图5.6.1-1）可按式（5.6.1-1）或式（5.6.1-2）计算。

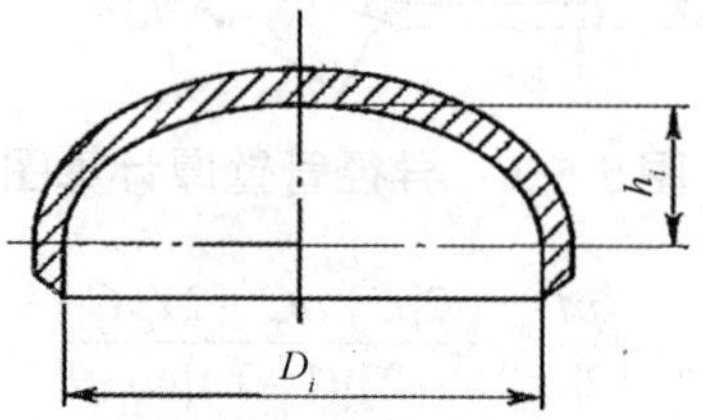

图5.6.1-1 椭圆形封头

$$S_m=\frac{K'pD_i}{2[\sigma]^t\eta-0.5p} \quad (5.6.1-1)$$

$$S_m=\frac{K'pD_0}{2[\sigma]^t\eta-(2K-0.5)p} \quad (5.6.1-2)$$

$$K'=\frac{1}{6}\left[2+\left(\frac{D_i}{2h_i}\right)^2\right] \quad (5.6.1-3)$$

式中：D_i——封头内径，取相连管道的最大内径（mm）；

D_o——封头外径，取相连管道的最大外径（mm）；

K'——椭圆形封头的椭圆形状系数；

h_i——封头内曲面深度；

$[\sigma]^t$——设计温度下材料许用应力（MPa）；

p——设计压力（MPa）；

η——焊接接头系数，可根据对接焊缝形式及无损检测的长度比例确定，可按表5.6.1的规定确定。

表5.6.1 焊接接头系数表

项目	双面焊		单面焊	
	全部无损检测	局部无损检测	全部无损检测	局部无损检测
ϕ	1.0	0.85	0.9	0.8

2 椭圆形封头取用壁厚应按下式进行计算：

$$S=S_m+C_1 \quad (5.6.1-4)$$

式中：S——椭圆型封头计算壁厚（mm）；

C_1——钢板厚度负偏差附加值（mm）；按照钢板产品技术条件中规定的板厚负偏差百分数确定，应考虑钢板加工减薄量。

5.6.2 平封头壁厚应按下式进行计算：

$$S_m=K'D_i\sqrt{\frac{p}{[\sigma]^t\varphi'}} \quad (5.6.2-1)$$

式中：D_i——封头内径，取相连管道的最大内径（mm）；

K'、φ'——与封头结构有关的系数，可按表5.6.2的规定选取；

$[\sigma]^t$——设计温度下材料许用应力（MPa）；

p——设计压力（MPa）。

表 5.6.2　封头结构形式系数

封头形式	结构要求	K'	φ'		备注
			$l \geq 2s_1$	$2s_1 > l \geq s_1$	
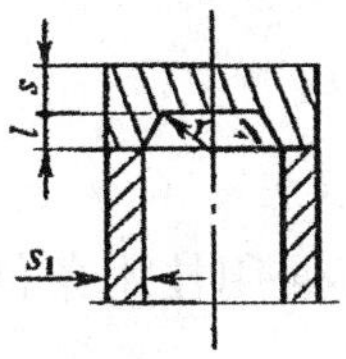	$r \geq \frac{2}{s} s_1$ $l \geq s_1$	0.4	1.05	1.00	推荐优先采用的结构形式
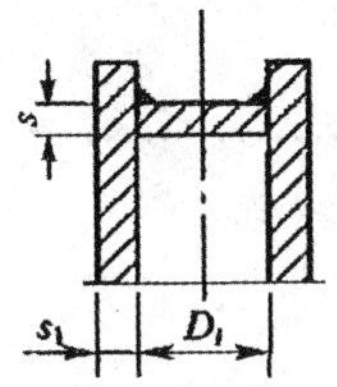		0.6	0.85		用于 $PN \leq 25$ 和 $DN \leq 400$ 的管道
		0.4	1.05		只用于水压试验
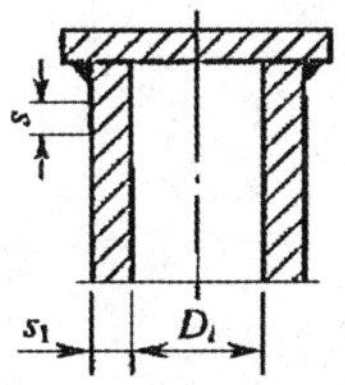		0.6	0.85		用于 $PN<25$ 和 $DN<40$ 的管道
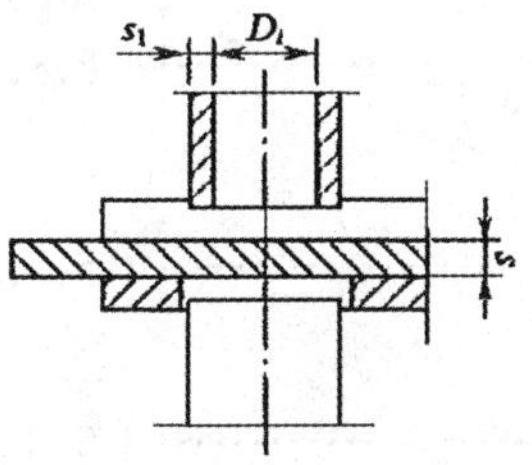		0.45	0.85		用于回转堵板，中间堵板和法兰式节流孔板

5.6.3　夹在两法兰之间的节流孔板以及中间堵板、回转堵板的厚度计算可按平封头的厚度计算公式（5.6.2-1）计算，其 K' 值取 0.45，焊接式节流孔板厚度可按平封头厚度计算公式（5.6.2-1）计算，其 K' 值取 0.6。

5.7　法兰及法兰附件

5.7.1　法兰强度应分别按运行工况及螺栓预紧力进行计算，并应计及流体静压力及垫片的压紧力。

5.7.2　螺栓法兰连接计算应包括下列各项：

1　垫片材料，形式及尺寸；

2　螺栓材料，规格及数量；

3　法兰材料，密封面形式及结构尺寸；

4　进行应力校核，计算中所有尺寸均不包括腐蚀裕量。

5.7.3　在确定法兰结构及尺寸时，应符合现行国家标准有关的规定，并与所连接阀门及设备接口相一致。

5.7.4　法兰及法兰连接计算应按现行国家标准《钢制管法兰连接强度计算方法》GB/T 17186 或《压力容器》GB 150 的有关规定计算。

5.7.5 法兰盲板所需的厚度应按下列公式进行计算：

$$t_{pd}=d_G\sqrt{\frac{3p}{16[\sigma]^t\eta}} \quad\cdots\cdots(5.7.5\text{-}1)$$

$$S_m=t_{pd}+C \quad\cdots\cdots(5.7.5\text{-}2)$$

式中：t_{pd}——压力作用下的计算厚度（mm）；

d_G——垫圈内径（mm）；

S_m——计入腐蚀余量的最小厚度（mm）。

5.8 金属波纹补偿器

5.8.1 波纹管补偿器选择及应力计算应按现行国家标准《金属波纹管膨胀节通用技术条件》GB/T 12777执行。

5.8.2 无加强U形金属波纹管（图5.8.2）应力计算及其校核应按下列公式进行：

$$\sigma_1=\frac{p(D_b+n\delta)^2L_tE_b^tk}{2\left[n\delta E_b^tL_t(D_b+n\delta)+\delta_ckE_c^tL_cD_c\right]^t}\leqslant C_{wb}[\sigma]_b^t \quad\cdots\cdots(5.8.2\text{-}1)$$

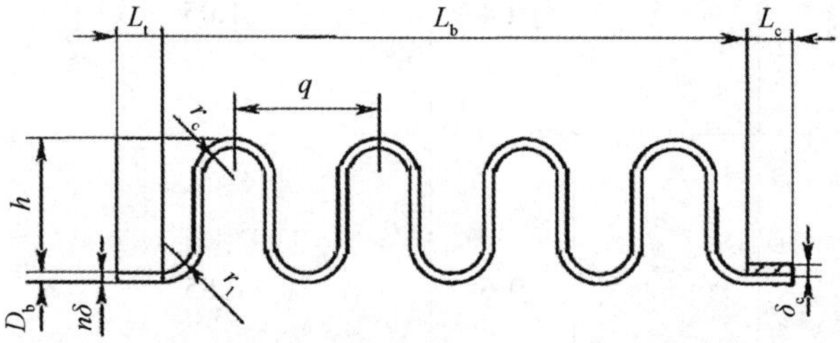

图5.8.2 无加强U形波纹管

$$\sigma'_1=\frac{pD_c^2L_tE_c^tk}{2\left[n\delta E_b^tL_t(D_b+n\delta)+\delta_ckE_c^tL_cD_c\right]^t}\leqslant C_{wb}[\sigma]_b^t \quad\cdots\cdots(5.8.2\text{-}2)$$

$$\sigma_2=\frac{K_tqpD_m}{2A_{cu}}\leqslant C_{wb}[\sigma]_b^t \quad\cdots\cdots(5.8.2\text{-}3)$$

$$\sigma_3=\frac{ph}{2n\delta_m} \quad\cdots\cdots(5.8.2\text{-}4)$$

$$\sigma_4=\frac{ph^2C_p}{2n\delta_m^2} \quad\cdots\cdots(5.8.2\text{-}5)$$

蠕变温度以下：$\sigma_3+\sigma_4\leqslant C_m[\sigma]_b^t$ ……(5.8.2-6)

蠕变温度范围内：$\sigma_3+\dfrac{\sigma_4}{1.25}\leqslant[\sigma]_b^t$ ……(5.8.2-7)

式中：A_{cu}——单个U形波纹的金属横截面积（mm²），A_{cu}可按式（5.8.2-8）计算；

$$A_{cu}=n\delta_m(0.571q+2h) \quad\cdots\cdots(5.8.2\text{-}8)$$

C_w——纵向焊接接头有效系数，下标b、c、f和p分别表示波纹管、套箍、紧固件和管子；其中，当波纹管管坯纵向焊接接头经100%渗透检测或射线检测合格且焊接接头内外表面都齐平时C_{wb}取1.0；

C_p——U形波纹管σ_t的计算系数，可按照表5.8.2的规定选取；

C_m——低于蠕变温度的材料强度系数；热处理态波纹管C_m可取1.5；成形态波纹管C_m可取$1.5Y_{sm}$，$1.5\leqslant C_m\leqslant3.0$；

Y_{sm}——屈服强度系数；对于奥氏体不锈钢可按式（5.8.2-9）计算；对于镍基合金可按式（5.8.2-10）计算；对于其他材料Y_{sm}可取1；

Y_{sm}=1+0.094K_fF_s−7.59×10^{-4}（K_fF_s）^{2}−2.4×10^{-6}（K_fF_s）^{3}+2.21×10^{-8}（K_fF_s）^{4} ……（5.8.2-9）

Y_{sm}=1+0.068K_fF_s−9.11×10^{-4}（K_fF_s）^{2}+9.73×10^{-6}（K_fF_s）^{3}−6.43×10^{-8}（K_fF_s）^{4} …（5.8.2-10）

D_b——波纹管直边段内径（mm）；

D_c——波纹管直边段加强套环平均直径（mm），D_c可按式（5.8.2-11）计算；

$$D_c=D_b+2n\delta+\delta_c \quad (5.8.2\text{-}11)$$

D_m——波纹管平均直径（mm），D_m可按式（5.8.2-12）计算；

$$D_m=D_b+h+n\delta \quad (5.8.2\text{-}12)$$

E——室温下的弹性模量的数值；下标b、c、f、p分别表示波纹管、加强套环、紧固件、管子（MPa）；

E^t——设计温度下的弹性模量的数值；下标b、c、f、p分别表示波纹管、加强套环、紧固件及管子（MPa）；

F_s——波纹管变形率（%），F_s可按式（5.8.2-13）计算；

$$F_s=\sqrt{\left[\ln\left(1+\frac{2h}{D_b}\right)\right]^2+\ln\left(1+\frac{n\delta_m}{2r_m}\right)} \quad (5.8.2\text{-}13)$$

h——波纹管波高（mm）；

k——σ_1、σ'_1计算系数，k可按式（5.8.2-14）计算且应小于等于1；

$$k=\frac{L_t}{1.5\sqrt{D_b\delta}} \quad (5.8.2\text{-}14)$$

K_f——成型方法系数，对于滚压成型或胀压成型K_f为1，对于液压成型K_f为0.6；

L_b——波纹管的波纹长度（mm），L_b应等于N_q；

L_c——波纹管直边段套箍的长度（mm）；

L_d——U形波纹管单波展开长度的数值（mm），L_d可按式（5.8.2-15）计算；

$$L_d=0.571+2h \quad (5.8.2\text{-}15)$$

L_t——波纹管直边段长度（mm）；

N——一个波纹管的波数；

n——厚度为“δ”波纹管层数；

p——设计压力（MPa）；

q——波距（mm）；

r_c——U形波纹管波峰内壁曲率半径（mm）；

r_m——U形波纹管波峰（波谷）平均曲率半径（mm）；

r_r——U形波纹管波谷外壁曲率半径（mm）；

δ——波纹管一层材料的名义厚度（mm）；

δ_c——直边段加强套环材料的名义厚度（mm）；

δ_m——波纹管成形后一层材料的名义厚度（mm），δ_m可按式（5.8.2-16）计算；

$$\delta_m=\delta\sqrt{\frac{D_b}{D_m}} \quad (5.8.2\text{-}16)$$

σ_1——压力引起的波纹管直边段周向薄膜应力（MPa）；

σ'_1——压力引起的加强套环轴向薄膜应力（MPa）；

σ_2——压力引起的波纹管直边段周向薄膜应力（MPa）；

σ_3——压力引起的波纹管子午向薄膜应力（MPa）；

σ_4——压力引起的波纹管子午向弯曲应力（MPa）；

$[\sigma]^t$——设计温度下材料的许用应力，下标b、c、f、p分别表示波纹管、加强套环、紧固件及管子（MPa）。

表5.8.2　U形波纹管σ_4的计算修正系数C_p

$\frac{2r_m}{h}$	$\frac{1.82r_m}{\sqrt{D_m\delta_m}}$												
	0.2	0.4	0.6	0.8	1.0	1.2	1.4	1.6	2.0	2.5	3.0	3.5	4.0
0.0	1.000	0.999	0.961	0.949	0.950	0.950	0.950	0.950	0.950	0.950	0.950	0.950	0.950
0.05	0.976	0.962	0.910	0.842	0.841	0.841	0.840	0.841	0.841	0.840	0.840	0.840	0.840
0.10	0.946	0.926	0.870	0.770	0.744	0.744	0.744	0.731	0.731	0.732	0.732	0.732	0.732
0.15	0.912	0.890	0.836	0.722	0.657	0.657	0.651	0.632	0.632	0.630	0.630	0.630	0.630
0.20	0.875	0.854	0.806	0.691	0.592	0.579	0.564	0.549	0.549	0.550	0.550	0.550	0.550
0.25	0.840	0.819	0.777	0.669	0.559	0.518	0.495	0.481	0.481	0.480	0.480	0.480	0.480
0.30	0.803	0.784	0.750	0.653	0.536	0.501	0.462	0.432	0.421	0.421	0.421	0.421	0.421
0.35	0.767	0.751	0.722	0.640	0.541	0.502	0.460	0.426	0.388	0.367	0.367	0.367	0.367
0.40	0.733	0.720	0.696	0.627	0.548	0.503	0.458	0.420	0.369	0.332	0.328	0.322	0.312
0.45	0.702	0.691	0.670	0.615	0.551	0.503	0.455	0.414	0.354	0.315	0.299	0.287	0.275
0.50	0.674	0.665	0.646	0.602	0.551	0.503	0.453	0.408	0.342	0.300	0.275	0.262	0.248
0.55	0.649	0.642	0.624	0.590	0.550	0.502	0.450	0.403	0.332	0.285	0.258	0.241	0.225
0.60	0.627	0.622	0.605	0.579	0.547	0.500	0.447	0.398	0.323	0.272	0.242	0.222	0.205
0.65	0.610	0.606	0.590	0.570	0.544	0.497	0.444	0.394	0.316	0.260	0.228	0.208	0.190
0.70	0.596	0.593	0.580	0.563	0.540	0.494	0.442	0.391	0.309	0.251	0.215	0.194	0.176
0.75	0.585	0.583	0.573	0.559	0.536	0.491	0.439	0.388	0.304	0.242	0.203	0.182	0.163
0.80	0.577	0.576	0.569	0.557	0.531	0.488	0.437	0.385	0.299	0.236	0.195	0.171	0.152
0.85	0.571	0.571	0.566	0.556	0.526	0.485	0.435	0.384	0.296	0.230	0.188	0.161	0.142
0.90	0.566	0.566	0.563	0.554	0.521	0.482	0.433	0.382	0.294	0.224	0.180	0.152	0.134
0.95	0.560	0.560	0.556	0.547	0.515	0.479	0.432	0.381	0.293	0.219	0.175	0.146	0.126
1.0	0.552	0.550	0.540	0.529	0.510	0.476	0.431	0.380	0.292	0.215	0.171	0.140	0.119

5.8.3　设计疲劳寿命［N_c］在100~10000之间，设计温度低于425℃的成形态奥氏体不锈钢和耐腐蚀合金波纹管的疲劳寿命应按式（5.8.3-1）计算。

$$[N_c]=\left(\frac{12820}{\sigma_t-370}\right)^{3.4}\Big/n_f \qquad (5.8.3\text{-}1)$$

$$\sigma_t=0.7(\sigma_3+\sigma_4)+\sigma_5+\sigma_6 \qquad (5.8.3\text{-}2)$$

$$\sigma_5=\frac{E_b\delta_m^2 e}{2h^3C_f} \qquad (5.8.3\text{-}3)$$

$$\sigma_6=\frac{5E_b\delta_m e}{3h^3C_d} \qquad (5.8.3\text{-}4)$$

式中：e——计算单波总当量轴向位移（mm）；

C_f——U形波纹管σ_5算修正系数，可按表5.8.3-1的规定选取；

C_d——U形波纹管σ_6的计算修正系数，可按表5.8.3-2的规定选取；

n_f——设计疲劳寿命安全系数，n_f大于等于10；

σ_5——位移引起的波纹管子午向薄膜应力（MPa）；

σ_6——位移引起的波纹管子午向弯曲应力（MPa）。

表5.8.3-1　U形波纹管σ_5、f_{iu}的计算修正系数C_f

$\frac{2r_m}{h}$	$\frac{1.82r_m}{\sqrt{D_m\delta_m}}$												
	0.2	0.4	0.6	0.8	1.0	1.2	1.4	1.6	2.0	2.5	3.0	3.5	4.0
0.0	1.000	1.000	1.000	1.000	1.000	1.000	1.000	1.000	1.000	1.000	1.000	1.000	1.000
0.05	1.116	1.094	1.092	1.066	1.026	1.002	0.983	0.972	0.948	0.930	0.920	0.900	0.900
0.10	1.211	1.174	1.163	1.122	1.052	1.000	0.962	0.937	0.892	0.867	0.850	0.830	0.820
0.15	1.297	1.248	1.225	1.171	1.077	0.995	0.938	0.899	0.836	0.800	0.780	0.750	0.735
0.20	1.376	1.319	1.281	1.217	1.100	0.989	0.915	0.860	0.782	0.730	0.705	0.680	0.655
0.25	1.451	1.386	1.336	1.260	1.124	0.983	0.892	0.821	0.730	0.665	0.640	0.610	0.590
0.30	1.524	1.452	1.392	1.300	1.147	0.979	1.870	0.784	0.681	0.610	0.580	0.550	0.525
0.35	1.597	1.517	1.449	1.340	1.171	0.975	0.851	0.750	0.636	0.560	0.525	0.495	0.470
0.40	1.669	1.582	1.508	1.380	1.195	0.975	0.834	0.719	0.595	0.510	0.470	0.445	0.420
0.45	1.740	1.646	1.568	1.422	1.220	0.976	0.820	0.691	0.557	0.470	0.425	0.395	0.370
0.50	1.812	1.710	1.630	1.465	1.246	0.980	1.809	0.667	0.523	0.430	0.380	0.350	0.325
0.55	1.882	1.775	1.692	1.511	1.271	0.987	0.799	0.646	0.492	0.392	0.342	0.303	0.285
0.60	1.952	1.841	1.753	1.560	1.298	0.996	0.792	0.627	0.464	0.360	0.300	0.270	0.252
0.65	2.020	1.908	1.813	1.611	1.325	1.008	0.787	0.611	0.439	0.330	0.271	0.233	0.213
0.70	2.087	1.975	1.871	1.665	1.353	1.022	0.783	0.598	0.416	0.300	0.242	0.200	0.182
0.75	2.153	2.045	1.929	1.721	1.382	1.038	0.780	0.586	0.394	0.275	0.212	0.174	0.152
0.80	2.217	2.116	1.987	1.779	1.415	1.056	0.779	0.576	0.373	0.253	0.188	0.150	0.130
0.85	2.282	2.189	2.049	1.838	1.451	1.076	0.780	0.569	0.354	0.230	0.167	0.130	0.109
0.90	2.349	2.265	2.119	1.896	1.492	1.099	0.781	0.563	0.336	0.206	0.146	0.112	0.090
0.95	2.421	2.345	2.201	1.951	1.541	1.125	0.785	0.560	0.319	0.188	0.130	0.092	0.074
1.0	2.501	2.430	2.305	2.002	1.600	1.154	0.792	0.561	0.303	0.170	0.115	0.081	0.061

表5.8.3-2　U形波纹管σ_6的计算修正系数C_d

$\frac{2r_m}{h}$	$\frac{1.82r_m}{\sqrt{D_m\delta_m}}$												
	0.2	0.4	0.6	0.8	1.0	1.2	1.4	1.6	2.0	2.5	3.0	3.5	4.0
0.0	1.000	1.000	1.000	1.000	1.000	1.000	1.000	1.000	1.000	1.000	1.000	1.000	1.000
0.05	1.061	1.066	1.105	1.079	1.057	1.037	1.016	1.006	0.992	0.980	0.970	0.965	0.955
0.10	1.128	1.137	1.195	1.171	1.128	1.080	1.039	1.015	0.984	0.960	0.945	0.930	0.910
0.15	1.198	1.209	1.277	1.271	1.208	1.130	1.067	1.025	0.974	0.935	0.910	0.890	0.870
0.20	1.269	1.282	1.352	1.374	1.294	1.185	1.099	1.037	0.966	0.915	0.885	0.860	0.830
0.25	1.340	1.354	1.424	1.476	1.384	1.246	1.135	1.052	0.958	0.895	0.855	0.825	0.790
0.30	1.411	1.426	1.492	1.575	1.476	1.311	1.175	1.070	0.952	0.875	0.825	0.790	0.755

表5.8.3-2　U形波纹管σ_6的计算修正系数C_d（续）

$\frac{2r_m}{h}$	$\frac{1.82r_m}{\sqrt{D_m\delta_m}}$												
	0.2	0.4	0.6	0.8	1.0	1.2	1.4	1.6	2.0	2.5	3.0	3.5	4.0
0.35	1.480	1.496	1.559	1.667	1.571	1.381	1.220	1.091	0.947	0.840	0.800	0.760	0.720
0.40	1.547	1.565	1.626	1.753	1.667	1.457	1.269	1.116	0.945	0.833	0.775	0.730	0.685
0.45	1.614	1.633	1.691	1.832	1.766	1.539	1.324	1.145	0.946	0.825	0.750	0.700	0.655
0.50	1.679	1.700	1.757	1.905	1.866	1.628	1.385	1.181	0.950	0.815	0.730	0.670	0.625
0.55	1.743	1.766	1.822	1.973	1.969	1.725	1.452	1.223	0.958	0.800	0.810	0.645	0.595
0.60	1.807	1.832	1.886	2.037	2.075	1.830	1.529	1.273	0.970	0.790	0.688	0.620	0.567
0.65	1.872	1.897	1.950	2.099	2.182	1.943	1.614	1.333	0.988	0.785	0.670	0.597	0.538
0.70	1.937	1.963	2.014	2.160	2.291	2.066	1.710	1.402	1.011	0.780	0.657	0.575	0.510
0.75	2.003	2.029	2.077	2.221	2.399	2.197	1.819	1.484	1.042	0.780	0.642	0.555	0.489
0.80	2.070	2.096	2.141	2.283	2.505	2.336	1.941	1.578	1.081	0.785	0.635	0.538	0.470
0.85	2.138	2.164	2.206	2.345	2.603	2.483	2.080	1.688	1.130	0.795	0.628	0.522	0.452
0.90	2.206	2.234	2.273	2.407	2.690	2.634	2.236	1.813	1.191	0.815	0.625	0.510	0.438
0.95	2.274	2.305	2.344	2.467	2.758	2.789	2.412	1.957	1.267	0.845	0.630	0.502	0.428
1.0	2.341	2.375	2.422	2.521	2.800	2.943	2.611	2.121	1.359	0.890	0.640	0.500	0.420

5.8.4　单波轴向的弹性刚度应按下式计算：

$$f_{iu}=\frac{1.7D_m E_b^t \delta_m^3 n}{h^3 C_f} \qquad (5.8.4)$$

5.8.5　稳定性应按下列公式计算：

1　波纹管两端为固支时，柱失稳的极限设计内压应按下式计算：

$$p_{sc}=\frac{0.34\pi f_{iu} C_\theta}{N^2 q} \qquad (5.8.5\text{-}1)$$

对于复式膨胀节，计算p_{sc}时，N为两个波纹管波数总和。

对于弯管压力平衡型膨胀节的平衡波纹管，柱失稳极限设计内压应按下式计算：

$$p'_{sc}=0.25p_{sc} \qquad (5.8.5\text{-}2)$$

式中：p_{sc}——波纹管两端固支时柱失稳的极限设计内压得数值（MPa）；

p'_{sc}——波纹管端部支撑条件变化时柱失稳的极限设计内压的数值（MPa）。

2　波纹管两端为固支时，平面失稳的极限设计压力应按下式计算：

$$p_{si}=\frac{1.3A_c\sigma_{0.2y}}{k_r D_m q\sqrt{a}} \qquad (5.8.5\text{-}3)$$

式中：p_{si}——波纹管两端固支时平面失稳的极限设计压力的数值；

$\sigma_{0.2y}$——成形态或热处理态的波纹管材料在设计温度下的屈服强度，可按式（5.8.5-4）计算（MPa）；

$$\sigma_{0.2y}=\frac{0.67C_m\sigma_{0.2m}\sigma_{0.2}^t}{\sigma_{0.2}} \qquad (5.8.5\text{-}4)$$

$\sigma_{0.2}$——室温下的波纹管材料的屈服强度（MPa）；

$\sigma_{0.2}^t$——设计温度下的波纹管材料的屈服强度（MPa）；

$\sigma_{0.2m}$——波纹管材料质保书中的屈服强度（MPa）。

5.9 调节阀

5.9.1 调节阀的计算应符合现行国家标准《电站调节阀》GB/T 10869以及《气动调节阀》GB/T 4213的规定。

5.9.2 调节阀的流量系数C_V值与K_V值应符合下列规定：

1 C_V值与K_V值的关系可由下式确定：

$$C_V=1.16K_V \qquad (5.9.2-1)$$

式中：C_V——在调节阀某给定行程，阀两端压差为ΔP为1lb/in²，介质为40℉~100℉清水时，每分钟流经调节阀的体积数（USgal/min）；

K_V——在调节阀某给定行程，阀两端压差为ΔP为100kPa，介质为5℃~40℃清水时，每小时流经调节阀的体积数（m³/h）。

2 额定流量系数K_{Vmax}或C_{Vmax}为调节阀在全开状态时的流量系数，应根据调节阀型式在该阀型的流量系数标准系列中选择适当的K_{Vmax}，其选择条件应符合下列规定：

$$40\% \leqslant \frac{K_V}{K_{Vmax}} \leqslant 85\% \qquad (5.9.2-2)$$

在选择K_{Vmax}时，宜使$\frac{K_V}{K_{Vmax}}$小于或等于85%。

5.9.3 调节阀流量和流量系数的计算应符合下列规定：

1 液体非阻塞紊流时，即调节阀两端压差ΔP小于ΔP_S时，调节阀流量应按下式计算：

$$Q_L=\sqrt{10}K_V\sqrt{\frac{\Delta P}{\gamma}} \qquad (5.9.3-1)$$

$$\Delta P_S=F_L^2(P_1-F_F P_V) \qquad (5.9.3-2)$$

$$F_F=0.96-0.28\sqrt{\frac{P_V}{P_C}} \qquad (5.9.3-3)$$

式中：Q_L——调节阀液体流量（m³/h）；

ΔP——调节阀前后压差（MPa）；

ΔP_S——调节阀阻塞流压差（MPa）；

γ——相对密度，规定温度范围内的水可取值1；

F_L——流体压力恢复系数，阀门厂通过试验获得，按照表5.9.3的规定选取；

F_F——流体临界压力比系数；

P_V——介质在入口温度下得饱和蒸汽压力（MPa）；

P_C——热力学临界压力，对于水P_C取22.5MPa。

表5.9.3 调节阀特性数据表

阀型	单座阀	双座阀	套筒阀	角型阀	蝶式阀	偏心旋转阀	多级高压阀	迷宫阀
F_L	0.9	0.85	0.9	0.9	0.68	0.85	0.9	1
K_C	0.65	0.7	0.65	0.64	0.32	0.6	0.64	0.9

注：F_L值在阀全开时测得。F_L与阀的阀芯形状、阀体结构、阀内波流流向有关。
F_L值越大的阀，允许承受的压差越大，抗闪蒸、汽蚀的能力也越强。

2 液体阻塞紊流时，即当调节阀两端压差ΔP大于等于ΔP_S时，调节阀流量应按下式计算：

$$Q_L=\sqrt{10}K_V\sqrt{\frac{\Delta P_S}{\gamma}} \qquad (5.9.3-4)$$

3 蒸汽为亚临界流动，即当ΔP小于$0.5F_L^2P_1$时，调节阀流量应按下式计算：

$$Q_s=\frac{136.7K_V\sqrt{\Delta P(P_1+P_2)}}{K} \quad (5.9.3\text{-}5)$$

$$K=1+0.0013T_{sh} \quad (5.9.3\text{-}6)$$

式中：Q_s——调节阀蒸汽流量（kg/h）；

P_1——调节阀前绝对压力（MPa）；

P_2——调节阀后绝对压力（MPa）；

T_{sh}——蒸汽过热温度（℃）。

4 蒸汽为临界流动，即当ΔP大于或等于$0.5F_L^2P_1$时，调节阀流量应按下式计算：

$$Q_L=\frac{119P_1K_V}{K} \quad (5.9.3\text{-}7)$$

5.9.4 调节阀管路系统中的闪蒸与汽蚀应按以下方法判定：

1 当调节阀两端压差ΔP小于Δp_C时，不会发生闪蒸和汽蚀，初始闪蒸压差应按下式计算：

$$\Delta p_C=K_C(P_1-P_V) \quad (5.9.4)$$

式中：Δp_C——初始闪蒸压差；

K_C——初始闪蒸系数，阀门厂通过试验获得，可按表5.9.3的规定选择。

2 当调节阀两端压差ΔP大于或等于Δp_C时，且小于Δp_s时，开始逐步产生闪蒸现象；

3 当调节阀两端压差ΔP大于或等于Δp_s时，且P_2小于或等于Pv，闪蒸现象加剧严重，但不产生汽蚀现象；

4 当调节阀两端压差ΔP大于或等于Δp_s时，且P_2大于P_V，将产生汽蚀现象。

5.9.5 调节阀前后压差ΔP的计算应符合下列规定：

1 宜选择调节阀前、后最接近的两个压力基本稳定的装置或设备作为系统的计算范围；

2 可按最大工况流量和式（5.9.5-1）计算系统中除调节阀外的各局部阻力而引起压力损失的总和$\sum\Delta P_f$，即管道、弯头、节流装置、热交换器、手动阀等局部阻力上的压力损失之和，但不包括设备间的位差和静压差。

$$\sum\Delta P_f=0.001\xi_f\frac{V^2}{2g}\gamma \quad (5.9.5\text{-}1)$$

式中：$\sum\Delta P_f$——系统中除调节阀外的各局部阻力而引起压力损失的总和（MPa）；

ξ_f——管道总阻力系数；

V——管内介质流速（m/s）；

γ——管内介质重度（N/m³）；

g——重力加速度（m/s²）。

3 若管路系统中介质的动力源由调节阀两端压差确定后再确定，则按系统具体情况和调节要求选定调的压降分配比S，S值选定范围为0.3~0.6，宜选0.5左右，则调节阀全开时两端压差ΔP应按下列公式计算：

$$S=\frac{\Delta P}{\Delta P+\sum\Delta P_f} \quad (5.9.5\text{-}2)$$

$$\Delta P=\frac{S\sum\Delta P_f}{1-S} \quad (5.9.5\text{-}3)$$

4 对于系统设备中背压有波动的场合，考虑到背压的波动会影响阀上压差的变化，计算压差时还应增加系统设备中背压的5%~10%，并应按下式计算：

$$\Delta P=\frac{S\sum\Delta P_f}{1-S}+(0.05\sim0.1)P_b \quad (5.9.5\text{-}4)$$

式中：P_b——系统背压（MPa）。

5 如系统总阻力损失按$\sum \Delta P_f$与调节阀两端压差ΔP确定，则系统动力源总扬程应按下式计算：

$$H=(P_b-P_q)+\sum \Delta P_f+\Delta P-P_H \quad (5.9.5\text{-}5)$$

式中：H——系统动力源总扬程（MPa）；

P_q——系统前绝对压力（MPa）；

P_H——系统前、后高程压差（MPa）。

6 若系统动力源总扬程已确定，则调节阀两端压差按下式计算：

$$\Delta P=H-(P_b-P_q)-\sum \Delta P_f+P_H \quad (5.9.5\text{-}6)$$

7 若系统动中无动力源时，系统的总压差只与系统的起始压力和终点压力有关，则调节阀两端压差应按下式计算：

$$\Delta P=(P_q-P_b)-\sum \Delta P_f+P_H \quad (5.9.5\text{-}7)$$

5.9.6 调节阀可调比验算应符合下列规定：

1 调节阀的K_{Vmax}值选定后，调节阀的实际可调比R_0应按式（5.9.6-1）计算，实际可调比R_0大于3即满足要求；

$$R_0=10\sqrt{S} \quad (5.9.6\text{-}1)$$

2 调节阀压降分配比在调节阀K_{Vmax}值选定后，应按下式进行修正：

$$S=\frac{\dfrac{\Delta P}{\Delta P_{总}}}{\left(\dfrac{K_{Vmax}^{2}}{K_V}\right)-\left[\left(\dfrac{K_{Vmax}}{K_V}\right)^2-1\right]\dfrac{\Delta P}{\Delta P_{总}}} \quad (5.9.6\text{-}2)$$

式中：S——实际调节阀压降分配比；

$P_{总}$——系统总压差（MPa）；

K_{Vmax}——调节阀额定流量系数；

K_V——调节阀计算流量系数。

5.9.7 调节阀开度验算应符合下列规定：

1 调节阀开度应根据计算得K_V值及已被选定的额定K_{Vmax}和调节阀流量特性进行验证；

2 最大流量时阀开度不应超过90%，调节阀相对开度应按下列公式计算：

1）固有直线流量特性调节阀应按下式计算：

$$\frac{l}{L_{max}}=\left[1.03\sqrt{\frac{S}{S+\left(\dfrac{K_{Vmax}}{K_V}\right)^2-1}}-0.03\right]\times 100\% \quad (5.9.7\text{-}1)$$

2）固有等百分比流量特性调节阀应按下式计算：

$$\frac{l}{L_{max}}=\left[0.6771g\sqrt{\frac{S}{S+\left(\dfrac{K_{Vmax}}{K_V}\right)^2-1}}+1\right]\times 100\% \quad (5.9.7\text{-}2)$$

式中：l——调节阀的行程（mm）；

L_{max}——调节阀的最大行程（mm）。

5.10 阀门传动装置扭矩

5.10.1 闸阀的传动装置的许用最大扭矩与配用闸阀参数、通径的关系可按表5.10.1选用。

表5.10.1 闸阀传动装置许用最大扭矩选用表

传动装置许用最大扭矩（N·m）	对应下列PN所适用的闸阀 DN（mm）									
	≤10	≤16	≤25	≤40	≤63	≤100	≤160	≤200	≤250	≤320
≤80	≤150	≤125	≤80	≤65	—	—	—	—	—	—
≤300	≤350	≤300	≤300	≤200	≤100	<100	<80			
≤600	≤600	≤400	≤350	≤300	≤200	≤150	≤125			
≤1200	≤800	≤450	≤400	≤350	≤250	≤200	≤150	≤125	≤100	≤100
≤2500	≤1000	≤800	≤600	≤500	≤400	≤300	≤250	≤225	≤200	≤200

5.10.2 截止阀的传动装置的许用最大扭矩与配用截止阀参数、通径的关系可按表5.10.2选用。

表5.10.2 截止阀传动装置许用最大扭矩选用表

传动装置许用最大扭矩（N·m）	对应下列PN所适用的闸阀 DN（mm）						
	≤40	≤63	≤100	≤160	≤200	≤250	≤320
≤80	≤50	—	—	—	—	—	—
≤300	≤100	≤80	≤65	≤50	≤25	≤20	≤20
≤600	≤125	≤100	≤80	≤65	≤50	≤40	≤40
≤1200	≤150	≤125	≤100	≤80	≤65	≤65	≤65
≤2500	≤200	≤150	≤150	≤125	≤100	≤80	≤80

6 管道布置

6.1 管道的布置

6.1.1 管道布置应结合主厂房设备布置及建筑结构情况进行，管道走向宜与厂房轴线一致。在水平管道交叉较多的地区，宜按管道的走向划定纵横走向的标高范围，将管道分层布置。管道布置不宜使介质的主流在三通内变换方向。

6.1.2 管道系统中应防止出现由于刚度较大或应力较低部分的弹性转移而产生局部区域的应变集中。当管道中有阀门时，应注意阀门关闭工况下两侧管道温度差别对管段刚性的影响。管道布置中应避免下述情况：

1 小管与大管或与刚度较大的管子连接，而此小管具有较高的应力；

2 局部缩小管道断面尺寸或局部采用性能较差的材料；管系中应力分布不均匀性大，小部分管段的应力值显著大于其余部分。

当本规范第6.1.2条第1款和第2款的情况不能避免时，应采用合理的限位装置或冷紧等措施，以缓和弹性转移现象。

6.1.3 大容量机组的主蒸汽管道和再热蒸汽管道宜采用单管或具有混温措施的管道布置，当主蒸汽管道、再热蒸汽管道或背压机组的排汽管道为偶数时，宜采用对称式布置。

6.1.4 存在两相流的管道，当介质流动方向由下向上时，宜先水平后垂直布置；当介质流动方向由上向下时，宜先垂直后水平布置。

6.1.5 汽轮机旁路阀前后应有一定的直管段，其尺寸和布置要求应与制造厂协商确定。

6.1.6 当蒸汽管道或其他热管道布置在油管道的阀门、法兰或其他可能漏油部位的附近时，应将其布置于油管道上方。当必须布置在油管道下方时，油管道与热管道之间应采取可靠的隔离措施。

6.1.7 除氧器安装高度和下水管管径选择及布置应进行计算，以满足给水泵或前置泵所需汽蚀余量的要求。

6.1.8 管道与墙、梁、柱及设备之间的净空距离应符合下列规定：

1 对于不保温的管道，管子外壁与墙之间的净空距离不应小于200mm；

2 对于保温的管道，保温表面与墙之间的净空距离不应小于150mm；

3 管道与梁、柱、设备之间的局部距离可按管道与墙之间的净空距离减少50mm。

6.1.9 布置在地面、楼面、平台上的管道与地面之间的净空距离应符合下列规定：

1 对于不保温的管道，管子外壁与地面的净空距离不应小于350mm；

2 对于保温的管道，保温表面与地面的净空距离不应小于300mm；

3 管子靠地面侧没有焊接要求时，上述净空距离可适当减小。

6.1.10 对于平行布置的管道，两根管道之间的净空距离应符合下列规定：

1 对于不保温的管道，两管外壁之间的净空距离不应小于200mm；

2 对于保温的管道，两管保温表面之间的净空距离不应小于150mm。

6.1.11 当管道有冷热位移时，本规范第6.1.8条~第6.1.10条规定的各项间距，在考虑管道位移后不应小于50mm。

6.1.12 管道的布置应保证支吊架的生根结构、拉杆与管子保温层不致相碰。

6.1.13 管道跨越各类通道的净空距离应考虑管道位移的影响，并必须符合下列规定：

1 当管道横跨人行通道上空时，管子外表面或保温表面与通道地面或楼面之间的净空距离不应小于2000mm。当通道需要运送设备时，其净空距离必须满足设备运送的要求；

2 当管道横跨扶梯上空时（图6.1.13），管子外表面或保温表面至扶梯倾斜面的垂直距离h不应小于表6.1.13规定的数值。当布置有困难时，管子外表面或保温表面至管道正下方踏步的距离H不应小于2200mm；

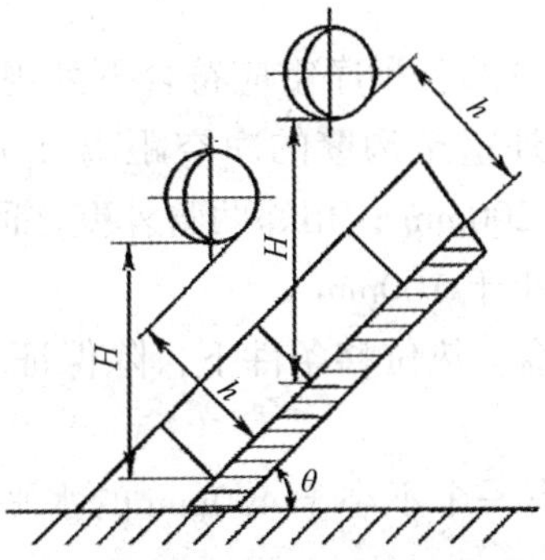

图6.1.13 管道横跨扶梯时的净空要求

表6.1.13 管子或管子保温层表面至扶梯倾斜面的垂直距离表

θ	45°	50°	55°	60°	65°
h（mm）	1800	1700	1600	1500	1400

3 当管道在直爬梯的前方横越时，管子外表面或保温表面与直爬梯垂直面之间的净空距离不应小于750mm。

6.1.14 水平管道的安装坡度应根据疏放水和防止汽机进水的要求确定，并应计及管道冷、热态位移对坡度的影响，蒸汽管道的坡度方向宜与气流方向一致。管道的位移可按设计压力下的饱和温度计算。各类管道的坡度应符合下列规定：

1 对于顺气流蒸汽管道，当温度小于430℃时，其坡度不应小于0.002；当温度大于或等于430℃时，其坡度不应小于0.004；

2 对于水管道，其坡度不应小于0.002；

3 对于疏水、排污管道，其坡度不应小于0.003；

4 对于低压给水管道，其坡度不应小于0.15；

5 对于各类母管，其坡度宜取值0.001~0.002；

6 自流管道的坡度应按照下式计算：

$$i \geqslant 1000\frac{\lambda}{D_i}\cdot\frac{\omega_m^2}{2g} \qquad (6.1.14)$$

式中：λ——管道摩擦系数；

D_i——管子内径（mm）；

ω_m——管道平均流速（m/s）。

7 主蒸汽管道、再热蒸气管道和抽汽管道的疏水坡度方向应顺气流方向，且坡度不应小于0.005；

8 汽机本体疏水管道按水流方向的坡度不应小于0.005；

9 汽封系统喷水减温器的下游管道上应设置自动疏水。汽轮机与汽封联箱之间的汽封系统管道应使疏水坡向联箱，其坡度不得小于0.02；至汽封系统的外部供汽管道应坡向供汽汽源，其坡度不得小于0.02，至轴封加热器的轴封漏气管道应坡向轴封加热器，其坡度不应小于0.02。

6.1.15 弯管两端应有直管段。连续弯管两弯管中间应有直管段。其长度应符合弯管标准。垂直管道穿过各层楼板和屋顶时，在孔洞周围应有防水措施；穿过屋顶的管道应装设防雨罩。

6.1.16 地沟内管道布置应符合下列规定：

1 厂房内的汽水管道除特殊情况外不宜布置在地沟内。

2 如果汽水管道布置在地沟内应符合下列规定：

1）管道的布置应方便检修及更换管道组成件；

2）宜采用单层布置。当采用多层布置时，可将管径小、压力高、有阀门或法兰连接的管道布置在上面。

3 地沟内布置的管道（图6.1.16）的各种净空应符合下列规定：

1）对于不保温的管道，管子外壁至沟壁的净空距离 Δ_1 应为 100mm~150mm；管子外壁至沟底的净空距离 Δ_2 不应小于 200mm；相邻两管外壁之间的净空距离，垂直方向 Δ_3 不应小于 150mm，水平方向 Δ_4 不应小于 100mm；

2）对于保温的管道，在计入冷、热位移条件下，除保证上述净空距离外，且保温后的净空距离不应小于 50mm；

3）多层布置时，上层管道应有一个不小于 400mm 的水平间距 Δ_5。

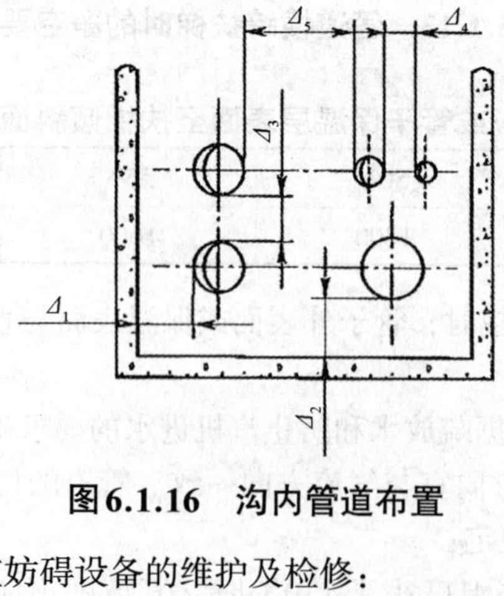

图6.1.16 沟内管道布置

6.1.17 以下区域的管道布置不应妨碍设备的维护及检修：

1 需要进行设备维护的区域；

2 设备检修起吊需要的区域，包括整个起吊高度及需要移动的空间；

3 设备内部组件的抽出及设备法兰拆卸需要的区域；

4 设备吊装孔区域。

6.1.18 不出图管道现场布置时，除应符合本规范第6章的相关要求外，还应符合下列规定：

1 各层不出图管道布置宜集中。在水平管道交叉较多的地区，宜按管道的走向划定纵横走向的标高范围，将管道分层布置。从上层穿至下层时应集中布置垂直管廊；

2 管道布置应有足够的自补偿能力，以满足管道热胀冷缩的要求。

6.1.19 厂区直埋管道的布置应符合下列规定：

1 温度小于或等于150℃、压力小于或等于2.35MPa的水管道或无压排水管道在必要时可埋地布置，有伴热的管道不应直接埋地；

2 直埋管道应按现行行业标准《火力发电厂保温油漆设计规程》DL/T 5072和《电力工程地下金属构筑物防腐技术导则》DL/T 5394的规定采取相应防腐措施。

3 地下管线交叉布置时应符合下列要求：

1）热力管道应在其他管道之上；

2）供、排水应在电力电缆、可燃气体管道、氧气管道的下面；

3）供水管道应在排水管道上面；

4）供、排水管道应在有腐蚀性介质的管道及碱性、酸性介质的排水管道的上面。

4 直埋管道不应布置在建、构筑物的基础压力影响范围内，且不应穿越设备基础；

5 直埋管道与铁路、道路及建筑物等关设施的相互水平或垂直净距应符合表6.1.19-1规定：

表6.1.19-1 直埋管道与其他设施的最小净距

设施、管道		最小水平净距（m）	最小垂直净距（m）
厂区给排水管道		1.5	0.15
燃气管道	压力<400kPa	1.2	0.15
	压力<800kPa	1.5	0.15
	压力>800kPa	2.0	0.15
压缩空气、二氧化碳管道		1.2	0.15
乙炔、氧气管道		1.5	0.25
易燃、可燃液体管道		1.5	0.30
管架基础边缘		1.5	—
排水盲沟沟边		1.5	0.5
道路、铁路边坡底脚		1	0.7（路面）
铁路		3.0（钢轨）	1.2（轨底）
栈桥支座基础		2.0	—
照明、通信电杆中心		1.0	—
建筑物基础边缘		3.0	—
围墙基础边缘		1.0	—
乔木、灌木中心		3.0	—
电缆	通信电缆管块	1.0	0.3
	电力电缆<35kV	2.0	0.5
	电力电缆<110kV	2.0	1.0
架空输电线杆基础	<1kV	1.0	—
	35kV~220kV	3.0	—
	330kV~500kV	5.0	—

6 直埋管道的最小覆土深度应考虑土壤和地面活载荷对管道强度的影响，并保证管道不发生纵向失稳。其最小覆土深度应符合表6.1.19-2的规定：

表6.1.19-2 直埋管道最小覆土深度

管径（mm）	50~100	125~200	250~450	500~700
车行道下（m）	0.8	1.0	1.2	1.3
非车行道下（m）	0.7	0.7	0.9	1.0

7 厂房外埋地管道应考虑防冻。埋深应结合冻土层深度、地下水位和管子自身刚度综合确定，管道埋深应在冰冻线以下，当无法实现时，应有可靠的防冻保护措施；

8 管道埋地敷设时，在穿过道路、铁路及其他用途的各种沟槽时，如不能满足本规范第6.1.19条第5款的规定时，应加防护套管。防护套管伸出构筑物外壁、铁路路基、道路路肩长度不应小于1m。套管两端应采用防腐、防水材料密封。在穿越重要位置及地沟、管沟处的套管应安装检漏管；

9 带有隔热层及外护套的管道埋地敷设时，应有足够柔性，在外套内应有内管热胀的余地；

10 直埋管道的坡度不小于0.002时，高处宜设放气阀，低处宜设放水阀。

6.1.20 厂区架空管道的布置应符合下列规定：

1 架空管道穿过道路、铁路及人行道等的净空高度应符合表6.1.20-1的规定：

表6.1.20-1 架空管道穿过道路、铁路及人行道等的净空高度

序号	项目	取值
1	电力机车的铁路，轨顶以上	≥6.6m
2	铁路轨顶以上	≥5.5m
3	道路	推荐值≥5.0m；最小值4.5m
4	管廊横梁的底面	≥4.0m
5	管廊下面的管道，在通道上方	≥3.2m
6	人行过道，在道路旁	≥2.2m
7	管道与高压电力线路间交叉净距	应符合架空电力线路现行国家标准的规定

2 在管架上敷设管道时，管架边缘至建筑物或其他设施的水平距离除按以下要求外，还应符合现行国家标准《石油化工企业设计防火规范》GB 50160、《工业企业总平面设计规范》GB 50187及《建筑设计防火规范》GB 50016的规定。管架边缘与相关设施的水平最小距离应符合表6.1.20-2的规定：

表6.1.20-2 管架边缘与相关设施的水平最小距离

序号	项目	最小水平距离
1	至铁路轨外侧	3.0m
2	至道路边缘	1.0m
3	至人行道边缘	0.5m
4	至厂区围墙中心	1.0m
5	至有门窗的建筑物外墙	3.0m
6	至无门窗的建筑物外墙	1.5m

3 多层管廊的层间距离应满足管道安装要求。油管道应布置在管廊下层。高温管道不应布置在对电缆有热影响的下方位置。

4 沿墙布置的管道不应影响门窗的开闭。

6.1.21 化学加药取样管道的布置应满足下列规定：

1 高温样品管道应保温；在寒冷地区，室外管道应有防冻措施；

2 化学加药和取样管道不得穿过控制室、电气配电间等房间。

6.2 管道组成件的布置

6.2.1 两个成型附件相连接时，宜装设一段直管，其长度应按下列规定选用：

1）对于公称尺寸小于 DN150 的管道，不应小于管道直径且不应小于 150mm；

2）对于公称尺寸不大于 DN500 且不小于 DN150 的管道，不应小于管道直径且不应小于 200mm；

3）对于公称尺寸大于 DN500 的管道，不应小于 500mm；

4）当直管段内有支吊架或疏水管接头时，管道对接焊口距支、吊架边缘不应小于 50mm，管道对接焊口距疏水管孔距离为大于孔径且不应小于 60mm。

6.2.2 在三通附近装设异径管时，对于汇流三通，异径管应布置在汇流前的管道上；对于分流三通，异径管应布置在分流后的管道上。

6.2.3 水泵入口水平管道上的偏心异径管，当泵入口管道由下向上水平接入泵时，应采用偏心向下布置；当泵入口管道由上向下水平接入泵时，应采用偏心向上布置。

6.2.4 亚临界及以上参数机组的主蒸汽、再热蒸汽管道的合（分）流处宜采用斜插连接。

6.2.5 水压试验堵阀或堵板应布置在主蒸汽和再热蒸汽管道上靠近过热器出口和再热器进、出口侧。

6.2.6 阀门的布置应符合以下规定：

1 便于操作、维护和检修；

2 应按照阀门的结构、工作原理、介质流向及制造厂的要求确定阀门及阀杆的安装方式；

3 重型阀门和规格较大的焊接式阀门宜布置在水平管道上，门杆宜垂直向上；当必须装设在垂直管道上时应取得阀门制造厂的认可；

4 法兰连接的阀门或铸铁阀门应布置在管系弯矩较小处；

5 水平布置的阀门，除有特殊要求外，阀杆不宜朝下；

6 地沟内的阀门，当不妨碍地面通行时，阀杆可露出地面，操作手轮宜高出地面 150mm 以上。否则，应考虑简便的操作措施；

7 阀门宜布置在管系的热位移较小位置；

8 抽汽管道的动力止回阀及电动隔断阀宜靠近汽轮机抽汽口布置，止回阀的布置位置应取得汽轮机制造厂的认可。

6.2.7 阀门手轮的布置应符合以下规定：

1 布置在垂直管段上直接操作的阀门，操作手轮中心距地面、楼面、平台的高度宜为 1300mm；

2 对于平台外侧直接操作的阀门（图 6.2.8），呈水平布置的操作手轮中心或呈垂直布置手轮平面离开平台的距离 Δ 不宜大于 300mm；

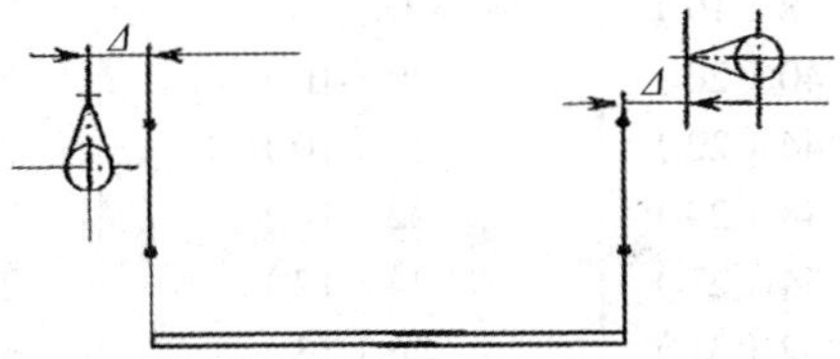

图 6.2.8 阀门手轮与平台距离

3 任何直接操作的阀门手轮边缘，其周围至少应保持有 150mm 的净空距离。

6.2.8 当阀门不能在地面或楼面进行操作时，应装设阀门传动装置或操作平台。传动装置的操作手轮座应布置在不妨碍通行的地方，并且万向接头的偏转角不应超过 30°，连杆长度不应超过 4m。

6.2.9 存在两相流动的管系，调节阀的位置宜接近接受介质的设备。如果条件许可，调节阀应直接与接受介质的容器连接。调节阀后出现的第一个转向弯头应改用三通连接，三通直通的一端应加设封头。

6.2.10 汽轮机旁路阀的布置应符合下列规定；

1 旁路阀宜靠近汽轮机布置；

2 旁路阀的阀杆宜垂直向上，并应设置操作、维护平台及检修起吊措施；

3 喷水调节阀应靠近旁路阀的喷水入口。喷水调节阀及阀后管道的布置应符合制造厂的要求。

6.2.11 高温金属管道的金属技术监督应按照现行行业标准《火力发电厂金属技术监督规程》DL/T 438执行，并应符合下列规定：

1 介质温度为450℃及以上的主蒸汽和高温再热蒸汽管道应在直管段上设置监督段，监督段应选择该管系中实际壁厚最薄的同规格钢管，其长度宜为1000mm；监督段应包括锅炉出口第一道焊口后的管段和汽轮机入口前第一道焊缝前的管段；

2 对于新建机组蒸汽管道，可不安装蠕变变形测点；对已安装了蠕变变形测点的蒸汽管道，应按照现行行业标准《火力发电厂高温高压蒸汽管道蠕变监督规程》DL/T 441的要求进行检验。

6.2.12 流量测量装置的设置应符合下列规定：

1 流量测量装置前后应有一定长度的直管段。其直管段长度可按表6.2.12的规定查取。

表6.2.12 流量测量装置前后侧的最小直管段长度

d/D_i	流量测量装置前侧局部阻力件形式和最小直管段长度L_1						流最测量装置后最小直管段长度L_2（左面所有的局部阻力件形式）
	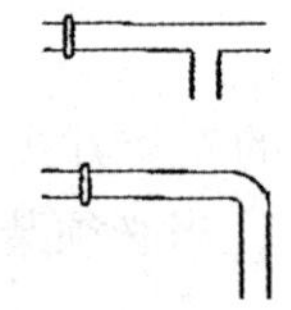	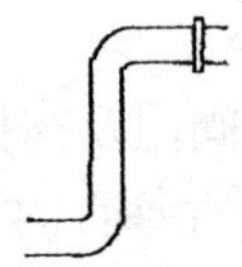	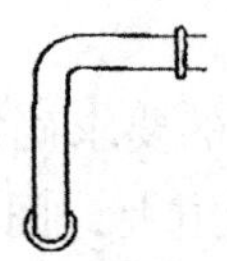	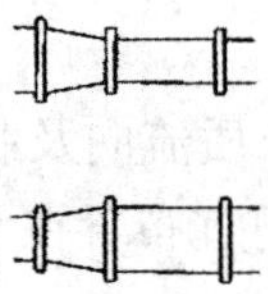	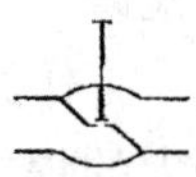	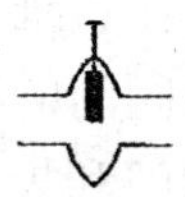	
	一个90°弯头或只有一个支管流动的三通	在同一平面内有多个90°弯头	空间弯头（在不同平面内有多个90°弯头）	异径管（大变小，$2D_i \to D_i$长度大于$3D_i$，小变大$\frac{1}{2}D_i \to D_i$，长度大于或等于$1\frac{1}{2}D_i$）	全开截止阀	全开闸阀	
1	2	3	4	5	6	7	8
0.20	10（6）	14（7）	34（17）	16（8）	18（9）	12（6）	4（2）
0.25	10（6）	14（7）	34（17）	16（8）	18（9）	12（6）	4（2）
0.30	10（6）	14（7）	34（17）	16（8）	18（9）	12（6）	5（2.5）
0.35	10（6）	14（7）	36（18）	16（8）	18（9）	12（6）	5（2.5）
0.40	14（7）	18（9）	36（18）	16（8）	20（10）	12（6）	6（3）
0.45	14（7）	18（9）	38（19）	18（9）	20（10）	12（6）	6（3）
0.50	14（7）	20（10）	40（20）	20（10）	22（11）	12（6）	6（3）
0.55	16（8）	22（11）	44（22）	20（10）	24（12）	14（7）	6（3）
0.60	18（9）	26（13）	48（24）	22（11）	26（13）	14（7）	7（3.5）
0.65	22（11）	32（16）	54（27）	24（12）	28（14）	16（8）	7（3.5）
0.70	28（14）	36（18）	62（31）	26（13）	32（16）	20（10）	7（3.5）
0.75	36（18）	42（21）	70（35）	28（14）	36（18）	24（12）	8（4）
0.80	46（23）	50（25）	80（40）	30（15）	44（22）	30（15）	8（4）

注：1 本表所列数字为管子内径D_i的倍数。

2 本表括号外的数字为“附加极限相对误差为零”的数值；括号内的数字为“附加极限相对误差为±0.5%”的数值。

3 表中d—喷嘴或孔板孔径；D_i—管子内径。

2 当流量测量装置的孔径未知，且预计该孔径与管子内径之比值在0.3~0.5之间时，流量测量装置前后直管段长度可分别取不小于管子内径的20倍和6倍；

3 流量测量装置前后允许的最小直管段长度内不宜装设疏水管、测量元件或其他接管座。

6.2.13 介质温度为450℃以上的主蒸汽和高温再热蒸汽管道宜设置三向位移指示器。

6.2.14 不出图管道的组成件布置应符合下列规定：

1 阀门应集中布置在方便操作地方；

2 疏水门应靠近疏水扩容器布置。

6.2.15 直埋管道的组成件布置应符合下列规定：

1 直埋的阀门或法兰处应设检修井（图6.2.15），检修井的布置尺寸应符合下列规定：

1）开启后阀杆净空距离 Δ_1 不宜小于 100mm；

2）阀门与沟壁检修净空距离 Δ_2 宜为 400mm~500mm；

3）阀门与沟壁检修净空距离 Δ_3 宜为 200mm。

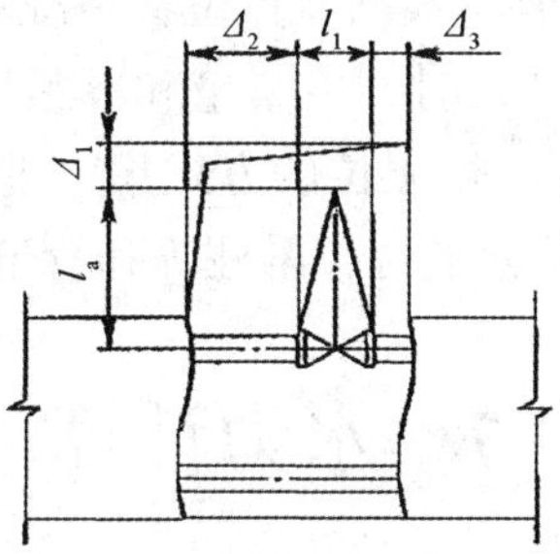

图6.2.15 检修井内阀门布置尺寸

l_1—阀门长度；l_a—阀门中心线至开启后门杆或手轮顶端的长度

2 直埋供热管道上的阀门应能承受管道的轴向荷载，宜采用钢制阀门及焊接连接。

6.2.16 架空管道的组成件布置应符合下列规定；

1 在道路、铁路上方的管道不应安装阀门、法兰、螺纹接头及带有填料的补偿器等可能泄漏的管道附件；

2 补偿器布置时应避免环境温度降低时流体冷凝及结冰的影响。

6.2.17 化学加药和取样管道的组成件布置应符合下列规定：

1 化学加药应在加药点附近设置一次阀门，阀门位置宜靠近加药点，并应布置在便于操作的地方；

2 汽水取样管道在汽水取样点附近设置一次阀门，对于高温高压管道应设置双阀门，阀门位置宜靠近取样点，并应布置在便于操作的地方。

6.3 管道的补偿

6.3.1 应充分利用管道本身柔性的自补偿来补偿管道的热膨胀，60° 以下的弯头不宜用做自然补偿。当自补偿不能满足要求时，必须增设补偿器。

6.3.2 两点间无限位支吊点的无分支的管道，其自补偿能力是否满足要求，可按本规范附录C.1的规定判别。

6.3.3 当采用波纹管补偿器时，可利用补偿器的轴向变形来吸收直管段的热膨胀，也可利用补偿器的弯曲变形组成单式或复式补偿器来吸收管道横向的热膨胀。有关补偿能力的判别可按本规范附录C.2的规定。在使用波纹管时，必须在支吊系统中保证不使其失稳。在锅炉安全阀排汽管上，可采用套筒式补偿器或疏水盘。

6.3.4 纹管补偿器应根据波纹管的类型考虑其推力和力矩对设备接口或管道固定点的影响。有关推力的计算应符合本规范附录C.2的规定。

6.3.5 直埋管道的补偿器设置应符合下列规定：

1 直埋管道采用补偿器时，应保证在管道可能出现的最高温度下，补偿器应留有不小于20mm的补偿余量；

2 轴向补偿器和管道轴线应一致，距补偿器12m范围内管道不应有变坡和转角；

3 设有补偿器的直埋管道应将其布置在符合安全要求的井室中，井内应有宽度大于或等于0.5m的维修空间；

4 直埋管道采用补偿器时应设置固定墩；

5 直埋管道采用波纹管补偿器时，设计应考虑安装时的冷紧。冷紧系数可取0.5。

6.4 管道的冷紧

6.4.1 设计温度在430℃及以上的管道宜进行冷紧，冷紧比不宜小于0.7；对于其他管道，当需要减小工作状态下对设备的推力和力矩时，也可进行冷紧。冷紧有效系数，对工作状态取2/3，对冷状态取1。对于多分支管道，各分支的冷紧值应根据节点位移情况和各分支的柔度决定。

6.4.2 当管道上有限位支吊架及刚性吊架时，冷紧量和冷紧口应以限位支吊点为分隔点进行分段计算和设置。实际施工时，可通过放拉杆、松限位的方式集中进行冷紧。

6.4.3 冷紧口宜选在便于施工处，如靠近平台、梁柱等和管道弯矩较小处。

7 水力计算

7.1 一般规定

7.1.1 管道水力计算应根据给定的管道布置、管径、介质流量及其参数计算管道的压降和通流能力。

7.1.2 计算管道压降应考虑一定的裕量，可取计算压降的5%~10%。

7.1.3 管子摩擦系数可按雷诺数Re及管壁相对粗糙度ε/D_i查取（图7.1.3），也可按下列规定确定：

1 雷诺数可按下式计算：

$$Re=\frac{\omega D_i}{\gamma}=\frac{\omega D_i}{\mu v} \qquad (7.1.3\text{-}1)$$

式中：Re——雷诺数；

ω——管内介质流速（m/s）；

D_i——管子内径（m）；

γ——介质运动黏度（m^2/s）；

μ——介质动力黏度（Pa·s）；

v——介质的比容（m^3/kg）。

水和水蒸气黏度值应按本规范附录D的规定选取。

2 管壁相对粗糙度等于管子等值粗糙度ε与管子内径D_i之比。在管内介质处于层流状态时，各种管子的等值粗糙度可按本规范附录D的规定选取。

3 管子摩擦系数也可按下列方法计算：

1）当Re小于2320为层流区时，可按下式计算：

$$\lambda=\frac{64}{Re} \qquad (7.1.3\text{-}2)$$

2）当Re小于4000且大于2300为层流向紊流过渡的不稳定区域时，可查取管子摩擦系数（图7.1.3）。

3）当Re小于$26.98\left(\frac{d}{\varepsilon}\right)^{1/7}$且大于400为紊流光滑管区时，可按下式计算：

$$\frac{1}{\sqrt{\lambda}}=2\lg\left(Re\sqrt{\lambda}-0.8\right) \quad \cdots\cdots\cdots\cdots\cdots\cdots\cdots\cdots\cdots\cdots\cdots\cdots\cdots\cdots\cdots\cdots\cdots\cdots\cdots\cdots\cdots\cdots\cdots\cdots\cdots\cdots\cdots\cdots\cdots\cdots \quad (7.1.3\text{-}3)$$

4）当 Re 小于 $4160\left(\frac{d}{2\varepsilon}\right)^{0.85}$ 且大于 $26.98\left(\frac{d}{\varepsilon}\right)^{\frac{8}{7}}$ 为紊流粗糙管过度区时，可按下式计算：

$$\lambda=1.42\left[\lg\left(1.273\frac{q_v}{v\varepsilon}\right)\right]^{-2} \quad \cdots\cdots\cdots\cdots\cdots\cdots\cdots\cdots\cdots\cdots\cdots\cdots\cdots\cdots\cdots\cdots\cdots\cdots\cdots\cdots\cdots\cdots\cdots\cdots\cdots\cdots\cdots\cdots\cdots\cdots \quad (7.1.3\text{-}4)$$

5）当 Re 大于 $4160\left(\frac{d}{2\varepsilon}\right)$ 为紊流粗糙管平方阻力区时，可按下式计算：

$$\lambda=\frac{1}{\left(2\lg\frac{d}{2\varepsilon}+1.74^2\right)^2} \quad \cdots\cdots\cdots\cdots\cdots\cdots\cdots\cdots\cdots\cdots\cdots\cdots\cdots\cdots\cdots\cdots\cdots\cdots\cdots\cdots\cdots\cdots\cdots\cdots\cdots\cdots\cdots\cdots\cdots\cdots \quad (7.1.3\text{-}5)$$

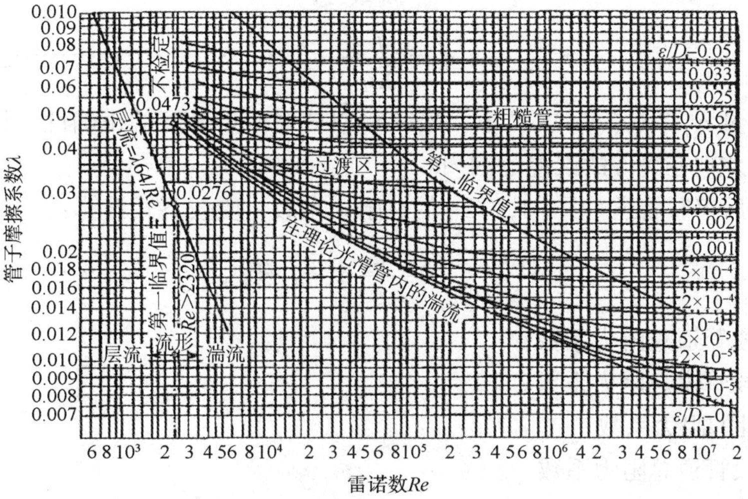

图 7.1.3　管子摩擦系数

7.1.4　管道总阻力系数应按下式计算。

$$\xi_t=\frac{\lambda}{D_i}L+\sum\xi_1 \quad \cdots\cdots\cdots\cdots\cdots\cdots\cdots\cdots\cdots\cdots\cdots\cdots\cdots\cdots\cdots\cdots\cdots\cdots\cdots\cdots\cdots\cdots\cdots\cdots\cdots\cdots\cdots\cdots\cdots\cdots \quad (7.1.4)$$

式中：ξ_t——管道总阻力系数；

　　λ——管道摩擦系数；

　　L——管道总展开长度，包括附件长度（m）；

$\sum\xi_1$——管道附件的局部阻力系数总和。

管道附件的局部阻力系数可按本规范附录D的规定选取，计算时应根据所用管件的具体情况选用。

7.1.5　管道系统的压力损失应包括直管的沿程阻力损失和管道组成件的局部阻力损失。对于管道的压力损失，应计及终端和始端的高度差引起的压力损失，并应符合下列规定：

1　在两条阻力不同而管径相同的并联管道中，介质流量的分配应按下式进行计算：

$$\frac{G_1}{G_2}=\sqrt{\frac{\xi_{t2}}{\xi_{t1}}} \quad \cdots\cdots\cdots\cdots\cdots\cdots\cdots\cdots\cdots\cdots\cdots\cdots\cdots\cdots\cdots\cdots\cdots\cdots\cdots\cdots\cdots\cdots\cdots\cdots\cdots\cdots\cdots\cdots\cdots\cdots \quad (7.1.5\text{-}1)$$

2　对于并联管道（图7.1.5-1），已知总流量q_v，求各分管道中的流量可采取下列方法进行计算：

1）根据管径、长度和管道粗糙度假设通过管路 1 的流量 q'_{v1}；

2）由 q'_{v1} 求出管路 1 的损失 h'_{w1}；

3）由 h'_{w1} 求通过管路 2 及管路 3 的流量 q'_{v2} 和 q'_{v3}；

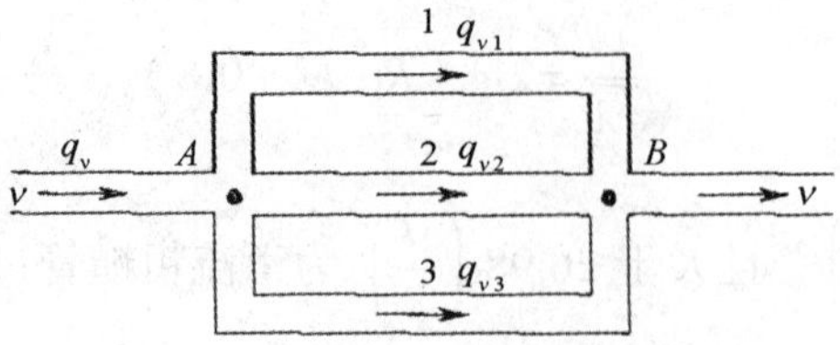

图7.1.5-1　并联管道

4）假设总量流量 q_v 按 q'_{v1}、q'_{v2} 与 q'_{v3} 的比例分配给各分管道，则各分管道的计算流量可按下列公式计算：

$$q_{v1}=\frac{q'_{v1}}{\sum q'_v}q_v \quad (7.1.5-2)$$

$$q_{v2}=\frac{q'_{v2}}{\sum q'_v}q_v \quad (7.1.5-3)$$

$$q_{v3}=\frac{q'_{v3}}{\sum q'_v}q_v \quad (7.1.5-4)$$

5）用计算流量 q_{v1}、q_{v2}、q_{v3} 求取 h_{f1}、h_{f2}、h_{f3} 以核对流量分配的正确性。计算结果应使各分管道的损失差别在允许的误差范围内。

3　对于先并联后串联管道（图7.1.5-2）的总阻力系数，应按下式计算：

$$\xi_t=\frac{2(\xi_{1\sim3}\cdot\xi_{2\sim3})}{\xi_{1\sim3}+\xi_{2\sim3}}+\xi_3+\xi_{3\sim4} \quad (7.1.5-5)$$

式中：$\xi_{1\sim3}$——1~3段管道总阻力系数；

$\xi_{2\sim3}$——2~3段管道总阻力系数；

ξ_3——3点处的阻力系数；

$\xi_{3\sim4}$——3~4段管道总阻力系数。

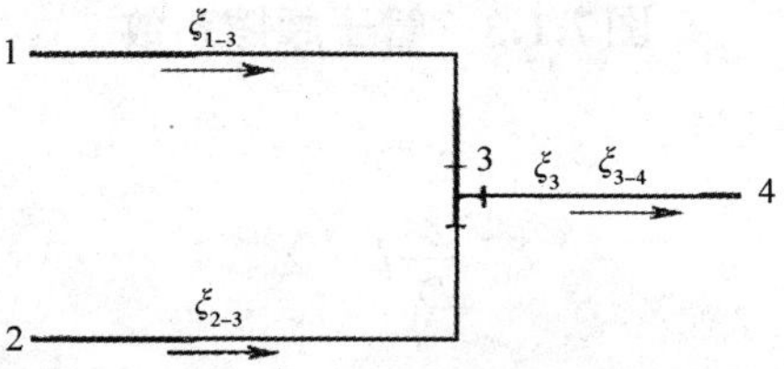

图7.1.5-2　并联后串联的管道

4　先串联后并联的管道总阻力系数应按式（7.1.5-5）计算，其中三通阻力计算与流动方式和支流与主流流量比有关，三通支流侧的阻力系数应按下式计算：

$$\xi_b=\xi_h\left(\frac{D_{ib}}{D_{ih}}\right)^4\left(\frac{G_b}{G_h}\right)^2 \quad (7.1.5-6)$$

式中：ξ_b——支流侧的阻力系数；

ξ_h——主流侧的阻力系数。

5　当管径不同时，应采用式（7.1.5-7）折算到计算管径 D_{i1} 下的阻力系数后才可使用式（7.1.5-1）和式（7.1.5-5）计算。

$$\xi_{t1}=\xi_{t2}\left(\frac{D_{i1}}{D_{i2}}\right)^4\times\left(\frac{G_2}{G_1}\right)^2 \quad (7.1.5-7)$$

7.1.6　管内介质的流速和质量流速应分别按下列公式计算：

$$\omega=0.3537\frac{Gv}{D_i^2} \quad (7.1.6-1)$$

$$\dot{m}=0.3537\frac{G}{D_i^2} \quad\cdots\cdots(7.1.6\text{-}2)$$

式中：$\dot{m}$——管内介质的质量流速［kg/（m²·s）］。

7.1.7 管内介质的动压力应按下列公式计算：

$$p_d=\frac{1}{2}\frac{\omega^2}{\nu} \quad\cdots\cdots(7.1.7\text{-}1)$$

或

$$p_d=\frac{1}{2}\dot{m}^2\nu \quad\cdots\cdots(7.1.7\text{-}2)$$

式中：p_d——管内介质的动压力（Pa）。

7.2 水管道的压力损失

7.2.1 水管道总的压力损失应按下列规定进行计算：

1 水管道的终端和始端不存在高度差时，总的摩擦阻力损失应为直管的摩擦阻力损失和局部摩擦阻力损失之和，应按下式计算：

$$\Delta p_t=\Delta p_t+\Delta p_k \quad\cdots\cdots(7.2.1\text{-}1)$$

式中：Δp_t——管道总的摩擦阻力损失（Pa）。

2 如果液体管道的终端和始端存在高度差，则液体管道的压力损失应按下列公式计算：

$$\Delta p=\Delta p_t+\frac{g}{\nu}(H_2-H_1) \quad\cdots\cdots(7.2.1\text{-}2)$$

或

$$\Delta p=\xi_t p_d+\frac{g}{\nu}(H_2-H_1) \quad\cdots\cdots(7.2.1\text{-}3)$$

式中：ε_t——管道总阻力系数；

p_d——管内介质的动压力（Pa）。

7.2.2 水管道的沿程摩擦阻力与局部摩擦阻力损失应按下列公式计算：

1 沿程摩擦阻力损失应按下式计算：

$$\Delta p_f=\frac{\lambda\rho w^2}{2g}\cdot\frac{L}{D_i} \quad\cdots\cdots(7.2.2\text{-}1)$$

式中：Δp_f——直管的摩擦压力损失（Pa）；

g——重力加速度（m/s²）；

ω——平均流速（m/s）；

ρ——流体密度（kg/m³）。

2 局部摩擦阻力损失可采用当量长度法或阻力系数法计算，并应按下列公式计算：

1） 当量长度法应按下式计算：

$$\Delta p_k=\frac{\lambda\rho w^2}{2}\cdot\frac{L_e}{D_i} \quad\cdots\cdots(7.2.2\text{-}2)$$

2） 阻力系数法应按下式计算：

$$\Delta p_k=\frac{\rho w^2}{2}\cdot K_t \quad\cdots\cdots(7.2.2\text{-}3)$$

式中：Δp_k——局部的摩擦压力损失（Pa）；

L_e——阀门和管件的当量长度（m）；

K_t——管件阻力系数。

7.3 介质比容变化不大的蒸汽管道压力损失

7.3.1 本节适用于管道终端与始端介质比容比不大于1.6或压降不大于初压40%的蒸汽管道。

7.3.2 蒸汽管道的压降可按下式计算：

$$\Delta P=\xi_t \frac{\omega^2}{2\nu} \quad \cdots\cdots (7.3.2)$$

式中：ξ_t——管道总的阻力系数，包括沿程阻力系数和局部阻力系数之和；

ω——介质流速（m/s）；

ν——介质的比容（m^3/kg）；当ΔP小于或等于$0.1P_1$时，可取已知的管道始端或终端比容；当ΔP大于$0.1P_1$且小于或等于$0.4P_1$时，应取管道始端和终端比容的平均值。

7.3.3 蒸汽管道终端或始端压力及压降应按下列公式计算：

$$P_2=P_1\sqrt{1-2\frac{P_{d1}}{P_1}\xi_t\left(1+2.5\frac{P_{d1}}{P_1}\right)} \quad \cdots\cdots (7.3.3\text{-}1)$$

$$P_1=P_2\sqrt{1+2\frac{P_{d2}}{P_2}\xi_t\left(1+\frac{P_{d2}}{P_2}\right)} \quad \cdots\cdots (7.3.3\text{-}2)$$

$$\Delta p=p_1-p_2 \quad \cdots\cdots (7.3.3\text{-}3)$$

式中：P_{d1}——管道始端动压力，以始端介质参数按式（7.1.7-1）或式（7.1.7-2）计算（Pa）；

P_{d2}——管道终端动压力，以始端介质参数按式（7.1.7-1）或式（7.1.7-2）计算（Pa）。

7.3.4 蒸汽管道终端或始端比容应按下列公式计算：

$$\beta=b-\frac{k-1}{k}b\,(b^2-1)\frac{P_{d1}}{P_1} \quad \cdots\cdots (7.3.4\text{-}1)$$

或

$$\beta=b-\frac{k-1}{k}\left(b-\frac{1}{b}\right)\frac{P_{d2}}{P_2} \quad \cdots\cdots (7.3.4\text{-}2)$$

式中：β——管道终端与始端介质比容比，$\beta=\frac{\nu_2}{\nu_1}$；

b——管道始端与终端压力比，$b=\frac{P_1}{P_2}$；

k——绝热指数（图7.4.2），对于过热蒸汽k取1.3，对于饱和温度为225℃的干饱和蒸汽k可取1.135，对于饱和温度为310℃的干饱和蒸汽k可取1.08，其他温度下饱和蒸汽的k值可查图取值（图7.4.2）。

7.4 介质比容变化大的蒸汽管道压力损失

7.4.1 本节适用于蒸汽管道终端和始端的介质比容比大于1.6或压降大于初压40%的蒸汽管道的管道压降计算。

7.4.2 管道的压降应按下式计算：

$$\Delta p=\left[\xi_t+\frac{k+1}{k}\ln\beta+\frac{k-1}{2k}\left(\beta-\frac{1}{\beta}\right)\right]\frac{\beta}{1+\beta}\dot{m}^2\nu_1 \quad \cdots\cdots (7.4.1)$$

式中：k——绝热指数，对于过热蒸汽k取1.3，对于饱和温度为225℃的干饱和蒸汽k可取1.135，对于饱和温度为310℃的干饱和蒸汽k可取1.08，其他温度下饱和蒸汽的k值可查图取值（图7.4.2）：

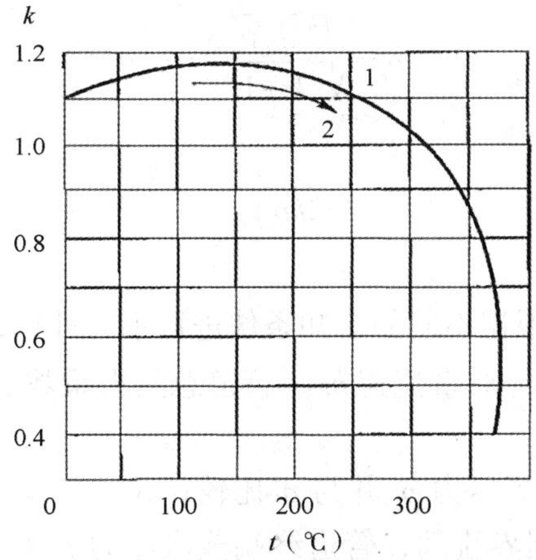

图7.4.2　饱和蒸汽的绝热指数

1—度 x=1；2—干度；x=0.9

7.4.3　计算时首先应按临界压力或临界比容比判别管道内蒸汽的流动特性是亚临界流动还是临界流动，计算应符合下列规定：

1　临界压力应按下列公式计算：

$$p_c=\frac{\dot{m}}{k}\sqrt{\frac{2kP_0v_0}{k+1}} \qquad (7.4.3\text{-}1)$$

式中：p_c——临界压力（Pa）；

P_0——始端滞止压力（Pa）；

v_0——始端滞止比容（m^3/kg）。

滞止参数P_0、v_0根据管道始端介质流速，在焓熵图中求取，也可按式（7.4.3-2）计算，当计算锅炉安全阀排汽管道时，始端滞止参数可取安全阀入口处参数。

$$P_0v_0=\left(P_1+\frac{k-1}{k}\times\frac{\dot{m}^2v_1}{2}\right)v_1 \qquad (7.4.3\text{-}2)$$

2　临界比容比应按下列公式计算：

$$\beta_c^2=\frac{2k}{k+1}\xi_t+1+2\ln\beta_c \qquad (7.4.3\text{-}3)$$

$$\beta_c=\frac{v_c}{v_1} \qquad (7.4.3\text{-}4)$$

式中：β_c——介质的临界比容与始端比容之比，也可查图取值（图7.4.3）。

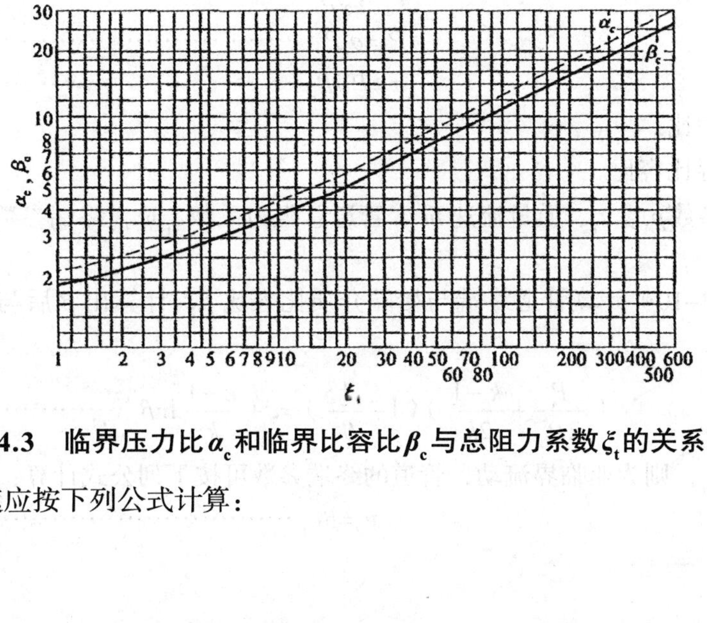

图7.4.3　临界压力比α_c和临界比容比β_c与总阻力系数ξ_t的关系曲线

3　蒸汽临界流速应按下列公式计算：

$$\omega_c=\sqrt{\frac{2kp_0v_o}{k+1}} \quad (7.4.3\text{-}5)$$

或

$$\omega_c=\sqrt{2kp_cv_c} \quad (7.4.3\text{-}6)$$

式中：ω_c——临界流速（m/s）。

7.4.4 介质比容变化大的管道应根据不同的已知条件进行水力计算，水力计算可采用以下方法：

1 当已知始端滞止参数p_0、v_0质量流速$\dot{m}$、管道总阻力系数ξ_t和末端空间压力p'时，应按下列方法计算：

1） 按式（7.4.3-1）计算临界压力p_c并与p'比较；

2） 当p_c小于p'，则为亚临界流动，管道终端蒸汽压力P_2取p'，管道终端蒸汽比容应按下列公式计算：

$$v_2^2+\frac{2k}{k-1}\frac{p_2}{\dot{m}^2}v_2-\frac{2k}{k-1}\frac{p_0v_0}{\dot{m}^2}=0 \quad (7.4.4\text{-}1)$$

介质比容比β应按下式计算：

$$\left(\frac{p_2}{2p_{d2}}+\frac{k-1}{2k}\right)(\beta^2-1)=\xi_t+\frac{k+1}{k}\ln\beta \quad (7.4.4\text{-}2)$$

管道始端参数应按下列公式计算：

$$v_1=\frac{v_2}{\beta} \quad (7.4.4\text{-}3)$$

$$p_1=\beta\cdot p_2+\frac{k-1}{k}\left(\beta-\frac{1}{\beta}\right)p_{d2} \quad (7.4.4\text{-}4)$$

3） 如p_c大于或等于p'，则为临界流动，管道终端蒸汽压力P_2取P_c，管道终端蒸汽比容按下列公式计算：

$$v_2=\frac{2}{k+1}\frac{p_0v_0}{p_2} \quad (7.4.4\text{-}5)$$

介质临界比容比β_c应按式（7.4.3-3）计算或查图取值（图7.4.3）。

介质临界压力比α_c应按下式计算，或查图取值（图7.4.3）。

$$\alpha_c=\frac{k+1}{2}\beta_c-\frac{k-1}{2\beta_c} \quad (7.4.4\text{-}6)$$

管道始端参数应按下列公式计算：

$$v_1=v_2/\beta_c \quad (7.4.4\text{-}7)$$

$$P_1=\alpha_cP_c \quad (7.4.4\text{-}8)$$

$$\alpha_c=P_1/P_c \quad (7.4.4\text{-}9)$$

式中：α_c——临界压力比；

β_c——介质临界比容比。

2 当已知始端参数p_1、v_1、质量流速$\dot{m}$、管道总阻力系数ξ_t时，终端参数p_2、v_2应按下列方法计算：

1） 按式（7.4.4-10）计算管道终端与始端介质比容比β，计算出β后与按式（7.4.3-3）计算β_c值比较：

$$\left(\frac{P_1}{2P_{d1}}+\frac{k-1}{2k}\right)\left(1-\frac{1}{\beta^2}\right)=\xi_t+\frac{k+1}{k}\ln\beta \quad (7.4.4\text{-}10)$$

2） 如β小于β_c，则为亚临界流动，管道的终端参数可按下列公式计算：

$$v_2=\beta v_1 \quad (7.4.4\text{-}11)$$

$$P_2=\frac{P_1}{\beta}-\frac{k-1}{k}\left(\beta-\frac{1}{\beta}\right)p_{d1} \quad\cdots\cdots\quad (7.4.4\text{-}12)$$

3）当β等于β_c，则为临界流动，按式（7.4.4–6）计算临界压力比α_c，管道终端参数可按下列公式计算：

$$P_2=P_1/\alpha_c \quad\cdots\cdots\quad (7.4.4\text{-}13)$$

$$v_2=\beta_c v_1 \quad\cdots\cdots\quad (7.4.4\text{-}14)$$

4）如β大于β_c，表示给定的条件不成立，即在给定的始端参数和总阻力系数达不到给定的质量流速值。

3　当已知始端参数P_1、v_1管道总阻力系数ξ_t和末端空间压力p'时，质量流速$\dot{m}$应按下列方法计算：

1）按式（7.4.4–15）计算比值α'并与按式（7.4.4–6）计算出的α_c比较；

$$\alpha'=P_1/P' \quad\cdots\cdots\quad (7.4.4\text{-}15)$$

2）当α'小于α_c，则为亚临界流动，管内介质质量流速$\dot{m}$的近似值可按式（7.4.4–17）计算，其中近似的β值可按式（7.4.4–18）或式（7.4.4–19）计算，按式（7.4.4–1）求出管道终端介质比容v_2，再按式（7.4.4–16）计算出较准确的β值后，代入式（7.4.4–17）修正$\dot{m}$值。

$$\beta=v_2/v_1 \quad\cdots\cdots\quad (7.4.4\text{-}16)$$

$$\dot{m}=\sqrt{\frac{(P_1-P_2)(1+\beta)}{\left[\xi_t+\frac{k+1}{k}\ln\beta+\frac{k-1}{2k}\left(\beta-\frac{1}{\beta}\right)\right]\beta v_1}} \quad\cdots\cdots\quad (7.4.4\text{-}17)$$

$$\beta=\alpha'\left[1-\frac{k-1}{k+1}\left(\frac{\alpha'}{\alpha_c}\right)^2\right] \quad\cdots\cdots\quad (7.4.4\text{-}18)$$

或

$$\beta=\alpha'\left[1-\frac{4(k-1)}{(k+1)^3}\left(\frac{\alpha'}{\beta_c}\right)^2\right] \quad\cdots\cdots\quad (7.4.4\text{-}19)$$

式中：α'——管道始端压力与末端压力空间压力比。

3）当α'大于或等于α_c，则为临界流动，管内介质质量流速应按下式计算。

$$\dot{m}=\frac{P_1}{\left(\frac{k+1}{2k}\beta_c-\frac{k-1}{2k}\frac{1}{\beta_c}\right)\sqrt{\frac{2kP_0v_0}{(k+1)g\times10^4}}} \quad\cdots\cdots\quad (7.4.4\text{-}20)$$

7.4.5　对于终端为亚临界流动的蒸汽管道可采用虚拟法计算（图7.4.5），假设将管道按等截面延长到点“3”，该点在流量不变的条件下为临界状态，相关计算宜符合下列规定：

1　“3”点处参数P_3、v_3（图7.4.5）可按式（7.4.3–1）和式（7.4.4–5）计算；

2　1段~3段的阻力系数ξ_{13}（图7.4.5）可按下式计算：

$$\xi_{13}=\frac{k+1}{2k}\left[\left(\frac{v_3}{v_1}\right)^2-2\ln\frac{v_3}{v_1}-1\right] \quad\cdots\cdots\quad (7.4.5\text{-}1)$$

3　2段~3段的阻力系数ξ_{23}（图7.4.5）可按下列公式计算：

$$\xi_{23}=\frac{k+1}{2k}\left[\left(\frac{v_3}{v_2}\right)^2-2\ln\frac{v_3}{v_2}-1\right] \quad\cdots\cdots\quad (7.4.5\text{-}2)$$

或

$$\xi_{23}=\xi_{13}-\xi_{12} \quad\cdots\cdots\quad (7.4.5\text{-}3)$$

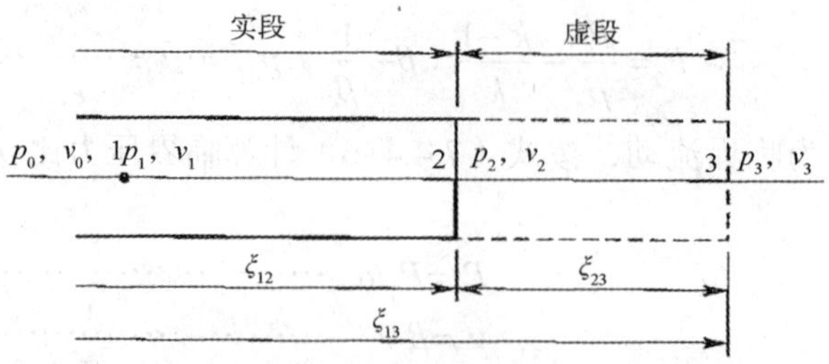

图7.4.5 亚临界流动管道虚拟计算图

4 计算出以上的参数后，根据不同的已知条件采用本规范第7.4.5条第2款~5款中的方法，可求出“2”点或“1”点处的介质参数。

7.4.6 本规范第7.4.1条至第7.4.5条的规定仅适用于介质质量流速$\dot{m}$不变的情况。当质量流速$\dot{m}$不同时，可按不同的质量流速分段顺序计算，每个局部变换后管道的始端压力应计入异径管或三通等局部变换处动压力的改变，相关参数计算可按下列规定：

1 当a等于$\dot{m}_{\text{II}}/\dot{m}_{\text{I}}$且小于1，$c$等于$p_{\text{dI}}/p_{\text{d}}$且小于0.05时，或$\alpha$大于1，$c$小于0.03时，蒸汽管道局部变换后的始端压力可按下式计算：

$$P_{\text{dII}}=\frac{a^2P_{\text{dI}}P_1}{\left(P_1+P_{\text{dI}}\right)-p_{\text{dII}}} \quad\cdots\cdots(7.4.6\text{-}1)$$

局部变换后管道始端静压力可按下式计算：

$$P_{\text{II}}=P_{\text{I}}+P_{\text{dI}}-P_{\text{dII}}-\Delta P_{\text{I-II}} \quad\cdots\cdots(7.4.6\text{-}2)$$

局部变换后始端蒸汽比容可按下式计算：

$$v_{\text{II}}=2\frac{P_{\text{dII}}}{\dot{m}_{\text{II}}^2} \quad\cdots\cdots(7.4.6\text{-}3)$$

式中：v_{II}——局部变换后管道始端的蒸汽比容（m^3/kg）；

$\dot{m}_{\text{II}}$——局部变换后管道始端的质量流速［kg/（cm²·s）］。

2 当a小于1、c大于或等于0.05或a大于1、c大于或等于0.03时，可按式（7.4.6-4）计算局部变换后管道始端与局部变换前管道始端的介质比容比，或查图取β值（图7.4.6-1）。

$$a^2c\beta^2+\frac{k}{k+1}\left(\beta^{1-k}-1\right)=c \quad\cdots\cdots(7.4.6\text{-}4)$$

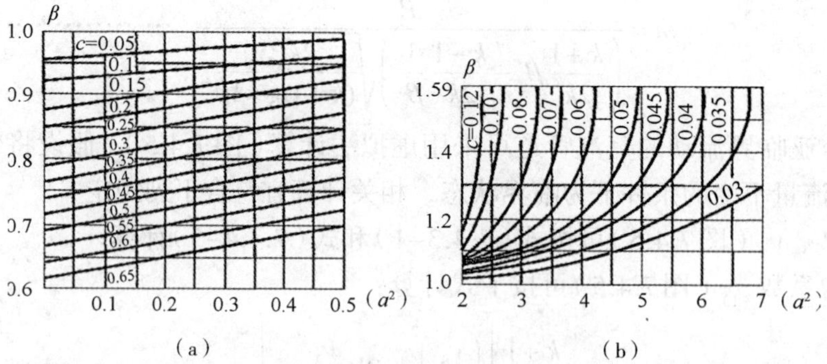

（a） （b）

图7.4.6-1 比容比β与质量流速比a^2和动静压比c的关系曲线

（a）$a<1$；（b）$a>1$

β值求出后局部变换后管道始端参数可按下列公式计算：

$$v_{\text{II}}=\beta\cdot v_{\text{I}} \quad\cdots\cdots(7.4.6\text{-}5)$$

$$P_{\text{II}}=P_{\text{I}}\beta^{-k} \quad\cdots\cdots(7.4.6\text{-}6)$$

$$P_{\text{dII}}=a^2\beta\cdot P_{\text{dI}} \quad\cdots\cdots(7.4.6\text{-}7)$$

7.4.7 蒸汽在通过异径管向大直径管道流动时，也有达到临界流速的可能。异径管变换后始端的全压应大于或等于后段管子阻力和管子末端背压所形成的压头加上相应于大端的异径管的阻力所形成的压头之和，其相对关系可按下式计算：

$$P_{\text{Ⅱ}}+P_{\text{d Ⅱ}}\geqslant P_{\text{d Ⅱ}}\xi'_{\text{Ⅱ}}+P'' \qquad (7.4.7\text{-}1)$$

$$\xi'_{\text{Ⅱ}}=\frac{1}{2}\xi_{\text{Ⅱ}}\left(\frac{D_i}{d_i}\right)^4 \qquad (7.4.7\text{-}2)$$

式中：P''——后段管子阻力和管子末端背压所形成的压头（Pa）；

$\xi'_{\text{Ⅱ}}$——相应于大端的异径管的阻力系数；

$\xi_{\text{Ⅱ}}$——可由本规范附录D查取；

d_i——异径管的小端内径（mm）。

7.5 孔板的压力损失与孔径计算

7.5.1 单级蒸汽管道上的孔板压降（图7.5.1）可按下列方法计算：

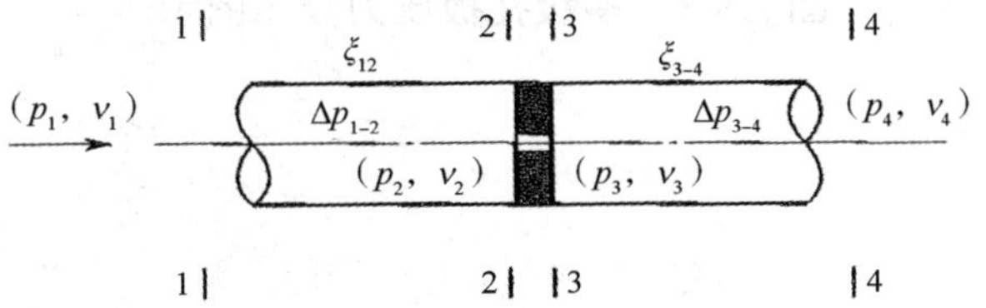

图7.5.1 介质经孔洞的流动

1 应按本规范第7.2节~7.4节的有关规定给出的 $\dot{m}$、P_1、v_1、ξ_{12}，确定孔板前的蒸汽参数P_2、v_2，按给定的 $\dot{m}$、P_4、v_4、ξ_{34}确定孔板后的蒸汽参数P_3、v_3；

2 孔板的压降可按下式计算：

$$\Delta P_m=P_2-P_3 \qquad (7.5.1\text{-}1)$$

式中：ΔP_m——孔板的压降（Pa）。

3 孔板的阻力系数ξ_m可按下式计算：

$$\xi_m=\frac{\Delta P_m}{P_{d2}} \qquad (7.5.1\text{-}2)$$

式中：P_{d2}——孔板前介质动压力（Pa）；

ξ_m——相应于孔板前介质流速的阻力系数。

7.5.2 当管内介质的状态为水或其他不可压缩液体时，单级孔板（图7.5.2）的阻力系数可按下列公式计算：

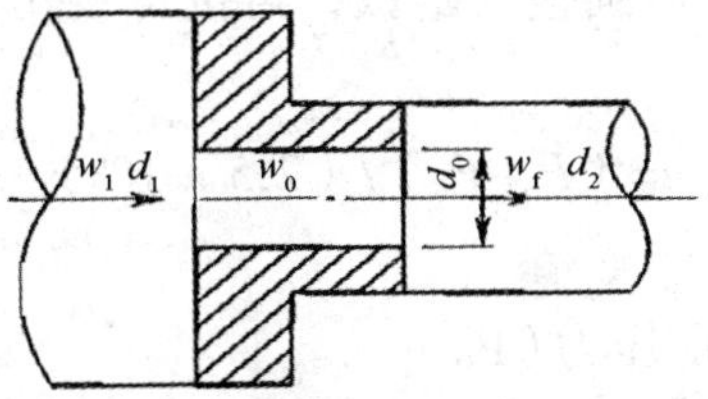

图7.5.2 水管道节流孔板示意图

$$\xi_0=0.5a+\tau\sqrt{ac}+c^2 \qquad (7.5.2\text{-}1)$$

$$a=1-\left(\frac{d_0}{d_1}\right)^2 \qquad (7.5.2\text{-}2)$$

$$c=1-\left(\frac{d_0}{d_2}\right)^2 \qquad (7.5.2\text{-}3)$$

式中：ξ_0——相对应管径d_0的阻力系数；

a——系数；

c——系数；

τ——系数，可按表7.5.2的规定查取。

表7.5.2　系数τ值

$1/d_0$	0.10	0.15	0.20	0.25	0.30	0.40	0.60	0.80	1.00	1.20	1.60	2.00	2.40
τ	1.30	1.25	1.22	1.20	1.18	1.10	0.84	0.42	0.24	0.16	0.07	0.02	0.00

7.5.3　多级蒸汽孔板级数的选择可按下列方法计算：

1　先计算出孔板总数及每块孔板前后的压力（图7.5.3）；

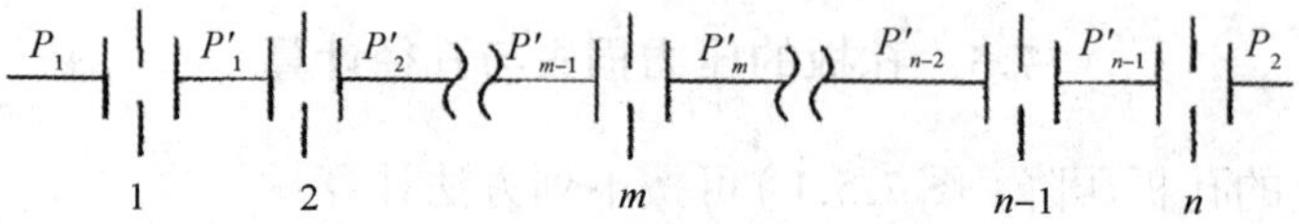

图7.5.3　多级孔板压力分布图示

$P'_1=0.55P_1$

$P'_2=0.55P'_1$

……

$P_2=0.55P'_{n-1}$

$P_2=(0.55)^nP_1$

$$n=\lg(P_2/P_1)/\lg0.55=-3.85\lg(P_2/P_1) \quad\cdots\cdots（7.5.3-1）$$

2　把n圆整为整数后重新分配各级孔板前后压力，按公式（7.5.3-2）求取某一级孔板后压力；

$$P'_{\mathrm{m}}=(P_2/P_1)^{\frac{1}{n}}\cdot P'_{\mathrm{m-1}} \quad\cdots\cdots（7.5.3-2）$$

式中：n——总级数；

P_1——多级孔板第一级孔板板前压力（Pa）；

P_2——多级孔板最后一级孔板板后压力（Pa）；

P_{m}——多级孔板中第m级孔板板后压力（Pa）。

3　根据每级孔板前后压力，计算出每级孔板孔径，计算方法同单级孔板。同样n圆整为整数后，重新分配每级孔板前后压力。

7.5.4　多级液体孔板级数的选择可按下列方法计算：

1　先计算孔板总级数n及每级孔板前后的压力；

2　按公式（7.5.4）计算出n，然后圆整为整数，再按每级孔板上压降相等，以整数n来平均分配每级前后压。

$$n=(P_1-P_2)/(2.5\times10^6) \quad\cdots\cdots（7.5.4）$$

式中：n——总级数；

P_1——多级孔板第一级孔板板前压力（Pa）；

P_2——多级孔板最后一级孔板板后压力（Pa）。

计算每级孔板孔径，计算方法同单级孔板计算法。

7.5.5　节流孔板孔径计算应按符合下列规定：

1　蒸汽管道上的节流孔板应按下列公式计算：

1）当ε_2不大于ε_{c}为临界流动，可按下列公式计算：

$$\varepsilon_2=\frac{P_{2\mathrm{k}}}{P_{0\mathrm{k}}} \quad\cdots\cdots（7.5.5-1）$$

$$\varepsilon_{\mathrm{c}}=\left(\frac{2}{k+1}\right)^{\frac{k}{k-1}} \quad\cdots\cdots（7.5.5-2）$$

式中：p_{2k}——节流孔板后的压力（Pa）；

k——对于过热蒸汽取1.3，对于欠饱和蒸汽取1.135。

2）当蒸汽为临界流动时，节流孔板空洞面积应按下式计算：

$$F_k^* = \frac{G\sqrt{T_0}}{0.367K''\mu P_0\sqrt{\frac{g}{R}}} \quad \cdots\cdots (7.5.5\text{-}3)$$

式中：F_k^*——临界流动时节流孔板孔洞面积（mm^2）；

G——通过孔板的流量（t/h）；

P_0、T_0——孔板前的滞止压力和滞止温度（MPa）（K）；

g——重力加速度，取为9.81m/s^2；

R——气体常数，对于水蒸气取47；

K''——系数，可按绝热指数k值计算，也可由表7.5.5-1查取；

μ——流量系数，应根据孔形和压差试验确定，也可近似按带锐边孔洞由表7.5.5-2查取。

表7.5.5-1　系数K''值

k	1.70	1.50	1.40	1.35	1.30	1.20	1.15	1.135	1.1
K''	0.731	0.701	0.685	0.676	0.667	0.649	0.639	0.636	0.628

表7.5.5-2　流量系数μ值

P_{2k}/P_{0k}	0.676	0.641	0.606	0.559	0.529	0.037
μ	0.680	0.700	0.710	0.730	0.740	0.850

3）当蒸汽为亚临界流动时，孔洞面积应按下式计算：

$$F_k = \frac{F_k^*}{q} \quad \cdots\cdots (7.5.5\text{-}4)$$

$$q = \frac{1}{1-\varepsilon_c}\sqrt{(1-\varepsilon_2)(1-2\varepsilon_c+\varepsilon_2)} \quad \cdots\cdots (7.5.5\text{-}5)$$

式中：F_k^*——临界流动条件下所需的孔洞面积（mm^2）；但在计算中μ值应按实际$\frac{P_{2k}}{P_{0k}}$值由表7.5.5-2查取；

q——比流量。

4）当孔为圆孔时，F_k或F_k^*应按下式计算：

$$F = \frac{\pi}{4}d_k^2 \quad \cdots\cdots (7.5.5\text{-}6)$$

式中：d_k——孔径（mm）。

也可使用上述方法确定调节阀的喉部面积和阻力系数。

2　水管道上的节流孔板孔径应按下式计算：

$$d_k = \sqrt{\frac{421.6G}{\sqrt{\rho\Delta p}}} \quad \cdots\cdots (7.5.5\text{-}7)$$

式中：d_k——节流孔板的孔径（mm）；

G——通过孔板的流量（t/h）；

ρ——水的密度（kg/m^3）；

Δp——孔板前后压差（MPa）。

7.6 两相流体管道水力计算

7.6.1 管道的通流能力应按下式计算：

$$G=2.827\,\dot{m}\,D_i^2 \quad\cdots\cdots(7.6.1)$$

7.6.2 两相流介质质量流速应按下列规定计算：

1 质量流速应按下式计算：

$$\dot{m}=\sqrt{\frac{2}{\xi_t+4.6\lg\beta}\left(\int_2^1\rho\mathrm{d}P+\int_2^1\Delta\rho\mathrm{d}P+g\int_2^1\rho^2\mathrm{d}H\right)} \quad\cdots\cdots(7.6.2\text{-}1)$$

式中：ρ——介质密度（kg/m³）；

$\mathrm{d}P$——介质压力变化（Pa）；

$\mathrm{d}H$——管道高度变化（m）；

积分限1——管道始端参数；

积分限2——管道终端参数。

2 $\int_2^1\rho\mathrm{d}P$ 值应按下列规定计算：

1）假设管道终端压力为 P_2，并将 P_1 和 P_2 压力范围分为相当数量的间隔；P_2–P_{I}、P_{I}–P_{II}、P_{II}–P_{III}…P_n–P_1。

2）任一点压力 P_{II} 下的计算干度应按下式计算：

$$x_n=\frac{h_1-h_n}{r_n} \quad\cdots\cdots(7.6.2\text{-}2)$$

式中：h_1——介质始端焓（kJ/kg）；

h_n、r_n——在压力 P_n 下饱和水的焓和汽化潜热（kJ/kg）。

3）任一点汽水混合物的比容应按下式计算：

$$v_n=x_n\left(v''_n-v'_n\right)+v'_n \quad\cdots\cdots(7.6.2\text{-}3)$$

式中：v_n''、v'_n——在压力 P_n 下饱和蒸汽和饱和水的比容（m³/kg）。

4）$\int_2^1\rho\mathrm{d}P$ 值应按下式计算：

$$\int_2^1\rho\mathrm{d}P=\sum_2^1\left(P_n-P_{n+1}\right)\left(\frac{P_n+\rho_{n+1}}{2}\right) \quad\cdots\cdots(7.6.2\text{-}4)$$

3 $\int_2^1\rho^2\mathrm{d}H$ 应按下列规定计算：

1）近似计算可按下式计算：

$$\int_2^1\rho^2 dH=\rho_{\mathrm{m}}^2\left(H_1-H_2\right) \quad\cdots\cdots(7.6.2\text{-}5)$$

式中：H_1、H_2——垂直管段始、末端的标高（m）；

ρ_{m}——垂直管段中沸水的平均密度（m³/kg），取值分别如下：

当 P_1 大于或等于10.0MPa时，ρ_{m} 取 $0.85\rho_1$；

当 P_1 等于4.5MPa时，ρ_{m} 取 $0.9\rho_1$；

当 P_1 小于或等于1.0MPa时，ρ_{m} 取 ρ_1；

当 P_1 介于上述压力之间时，可采用内插法求 ρ_{m}。

2）较精确计算可按照下列方式进行：

按本规范第7.6.4条规定近似求出 $\dot{m}_c$，令 $\dot{m}_c=\dot{m}_c$，再按式（7.6.2–6）计算垂直管末端的介质密度 ρ_e 值。

$$\frac{\dot{m}^2}{2}\left(\xi_t+4.6\lg\frac{\rho_1}{\rho_2}\right)=\int_2^1\rho\mathrm{d}P+g\int_2^1\rho^2\mathrm{d}H \quad\cdots\cdots(7.6.2\text{-}6)$$

假设垂直管段末端压力的变化范围，计算出各压力下所对应的饱和水密度 ρ，作辅助曲线

$A=\int_e^1 \rho \mathrm{d}p$，$B=A+g\int_e^1 \rho^2 \mathrm{d}H$，$C=\frac{\dot{m}^2}{2}(\xi_t+4.61\lg\beta)$。$B$和$C$线交点下的压力即为垂直末端压力$P_m$，如$P_m$在假定的压力范围内，用内插法求出管段末端介质密度$\rho_m$值，代入式（7.6.2-7）计算。

$$\int_e^1 \rho^2 \mathrm{d}H=\frac{H_1-H_2}{2}(\rho_1^2+\rho_e^2) \quad \cdots\cdots (7.6.2\text{-}7)$$

3）当计算饱和蒸汽管道时，$\int_e^1 \rho^2 \mathrm{d}H$项可不计入。

4 $\int_2^1 \Delta\rho \mathrm{d}p$值应按下列规定计算：

1）$\int_2^1 \Delta\rho \mathrm{d}p$可按下式计算：

$$\int_2^1 \Delta\rho \mathrm{d}p=0.2\times10^{-6}(P_1-P_2)\times\left(\frac{v''_2-v'_2}{r_2}+4\frac{v''_m-v'_m}{r_m}+\frac{v''_1-v'_1}{r_1}\right)\dot{m}^2 \quad \cdots\cdots (7.6.2\text{-}8)$$

式中：脚标m——平均压力$\frac{P_1+P_2}{2}$下的介质参数。

2）$\int_2^1 \Delta\rho \mathrm{d}P$的结果为$\dot{m}$的函数，可将$\dot{m}$值作为未知量代入式（7.6.3-1）中解方程求$\dot{m}$值。

3）当管道出口介质排出速度ω_2小于120m/s时，$\int_2^1 \Delta\rho \mathrm{d}P$项可不计入。

5 $\lg\beta$值应按下列规定计算：

1）假定P_2值，可按式（7.6.2-9）计算末端比容v_2。

$$v_2=x_2(v''_2-v'_2)+v'_2 \quad \cdots\cdots (7.6.2\text{-}9)$$

2）$\lg\beta$值可按下式计算：

$$\lg\beta=\lg\frac{v_2}{v_1} \quad \cdots\cdots (7.6.2\text{-}10)$$

7.6.3 管内介质的临界质量流速应按下列公式计算：

1 近似计算可按下式计算：

$$\dot{m}_c=q_c\frac{P_2}{g}\times10^{-4} \quad \cdots\cdots (7.6.3\text{-}1)$$

式中：q_c——系数，可图查取值（图7.6.3）；

P_2——管子终端压力（Pa）。

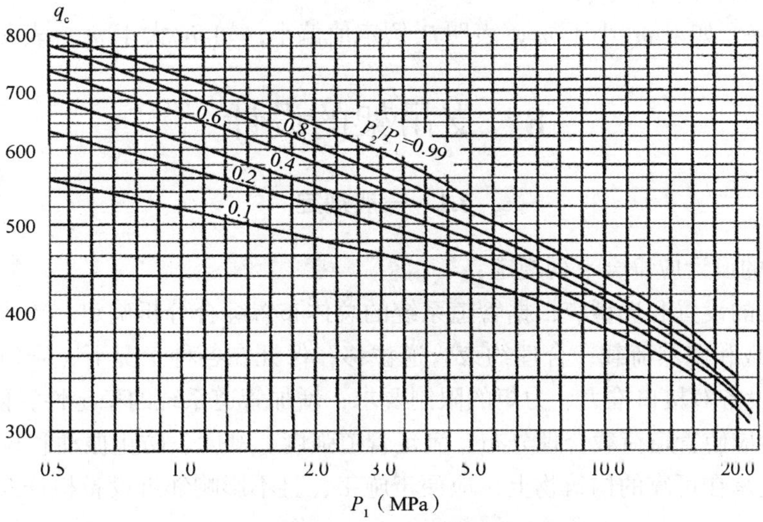

图7.6.3 饱和水q与P_1及P_2/P_1的关系曲线

2 较精确计算可按下列规定进行：

1）质量流速可按下式计算：

$$\dot{m}_c=\sqrt{\left(-\frac{\Delta P}{\Delta v}\right)_s} \quad \cdots\cdots\cdots\cdots (7.6.3\text{-}2)$$

式中：ΔP——管道终端压力P_2（P_c）与“水和水蒸气热力学性质图标”中最接近压力级的差值，其值约为p_2的2%~5%（Pa）；

Δv——在ΔP范围内按等熵膨胀所得的比容增量（m^3/kg）；

s——等熵。

2）本规范计算公式（7.6.3-2）中 Δv 值可按下列公式计算：

按式（7.6.3-3）计算压力为p_c时介质的干度x；

$$\left(\frac{\dot{m}}{44.732}\right)^2(v''-v')^2x^2+\left[r_2+2\left(\frac{\dot{m}}{44.732}\right)^2(v''-v')v'\right]x-(h_1-h_2)=0 \quad \cdots\cdots (7.6.3\text{-}3)$$

式中：$\dot{m}$——质量流速［kg/（m^2·s）］，计算时可先按近似计算法估取；

h_1——始端焓值（kJ/kg）；

h_2——压力为P时的饱和水（kJ/kg）；

r_2——压力为P_c时的汽化潜热（kJ/kg）。

按式（7.6.3-4）计算蒸汽的干度变量Δx；

$$\Delta x=\frac{(s''-s')x+s'-s'_\Delta}{s''_\Delta-s'_\Delta}-x \quad \cdots\cdots\cdots\cdots (7.6.3\text{-}4)$$

式中：s''_Δ、s'_Δ——压力为$P_c-\Delta P$时饱和蒸汽和饱和水的熵［kJ/（kg·K）］；

s''、s'——压力为P_c时饱和蒸汽和饱和水的熵［kJ/（kg·K）］。

比容增量Δv可按下式计算：

$$\Delta v=(v''_\Delta-v'')x+(v''_\Delta-v'_\Delta)\Delta x-(1-x)(v'-v'_\Delta) \quad \cdots\cdots\cdots\cdots (7.6.3\text{-}5)$$

式中：v''、v'——压力为P_c时饱和蒸汽和饱和水的比容（m^3/kg）；

v''_Δ、v'_Δ——压力为$P_c-\Delta P$时饱和蒸汽和饱和水的比容（m^3/kg）；

x——压力为P_c时蒸汽的干度，按本规范式（7.4.3-3）求值；

Δx——在等熵膨胀条件下蒸汽的干度变量，按本规范式（7.4.3-4）求值。

7.6.4 按本规范第7.6.2条的规定，按P_2假定值计算求出的$\dot{m}$和$\dot{m}_c$值应相等或相差很小，否则表明P_2假定值不合理，可重新假定P_c值进行相关计算，直至求出的$\dot{m}$和$\dot{m}_c$值相等或相差很小时为止。对于第一次计算结果，如果$\dot{m}_c$小于$\dot{m}$，表明P_2假定值偏小；如$\dot{m}_c$大于$\dot{m}$，表明P_2假定值偏大。

8 支吊架的设计

8.1 一般规定

8.1.1 管道支吊架的设计应符合下列规定：

1 管道支吊架的设置和选型应根据管道系统的总体布置综合分析确定。支吊系统应合理承受管道的动荷载、静荷载和偶然荷载；合理约束管道位移；保证在各种工况下，管道应力均在允许范围内；满足管道所连设备对接口推力、力矩的限制要求；增加管道系统的稳定性，防止管道振动；

2 支吊架间距应使管道荷载合理分布，满足管道强度、刚度、防止振动和疏放水的要求；

3 支吊架应支承在可靠的构筑物上，应便于施工，且不影响邻近设备检修及其他管道的安装和扩建；

4 支吊架零部件应有足够的强度和刚度，结构简单，应采用典型的支吊架标准产品，否则需对其强度和刚度进行计算。支吊架零部件应按对其结构最不利的组合荷载进行选择和设计；

5 管道吊架的螺纹拉杆应有足够的调整长度，具有在承载条件下直接调节管道垂直高度的能力。当吊架上下端均不能调整拉杆长度时，可采用花篮螺丝在中间调整；

6 对于吊点处有水平位移的吊架，吊杆配件的选择应使吊杆能自由摆动而不妨碍管道水平位移。在任何工况下管道吊架拉杆可活动部分与垂线的夹角，刚性吊架不得大于3°，弹性吊架不得大于4°，当上述要求不能满足时，应偏装或装设滚动装置。根部相对管部在水平面内的计算偏装值为：冷位移（矢量）+1/2热位移（矢量）；

7 位移或位移方向不同的吊点，不得合用同一套吊架中间连接件；

8 不锈钢管道不应直接与碳钢支吊架管部焊接或接触，应在不锈钢管道与碳钢管部之间设不锈钢垫板或非金属材料隔垫；

9 支吊架部件不应用于设计以外的用途，也不应作为吊物或安装使用。

8.1.2 支吊架形式选择应符合下列规定：

1 弹性支吊架的选择应符合下列规定：

1）变力弹簧支吊架应选用整定式弹簧支吊架。并联弹簧应有相同的刚度；

2）由管道垂直位移引起变力弹簧支吊架的荷载变化系数应按式（8.1.2）计算，且不应大于25%；

$$荷载变化系数=\frac{管道垂直位移(mm)\times 弹簧刚度(N/mm)}{工作荷载(N)}\times 100\% \qquad (8.1.2)$$

3）选用恒力支吊架时，其公称位移量应在计算位移量的基础上留有20%裕量，且裕量最小为20mm。计算位移量应计及由于水平位移引起垂直位移的变化；

4）当有水平位移时，弹簧支架宜加装滚柱、滚珠盘或聚四氟乙烯板；当水平位移较大时，不宜设置弹簧支架。

2 刚性支吊架的选择应符合下列规定：

1）刚性支吊架包括刚性吊架、滑动支架和固定支架；

2）支吊架装置选型时，宜采用合适的刚性支吊架；

3）在需要控制管道振动、限制管道各方向位移或管道较长时，宜在适当位置设置固定支架；固定支架的水平力应计入其他支架的摩擦力、承受管道的热胀冷缩作用力和弹性支吊架的转移荷载对水平力的影响；

4）采用柔性补偿装置的管道应设置固定支架和导向支架；

5）滑动支架应允许管道水平方向自由位移，滚动支架应允许水平管道沿轴线方向自由位移，只承受垂直方向的各种荷载。

3 限位支吊架的选择应符合下列规定：

1）限位支吊架应选用限位支架和导向支架；

2）限位支架和导向支架在预定约束方向上的冷态间隙应计及管道径向热膨胀量，不宜超过2mm。

4 减振装置的选择应符合下列规定：

1）减振装置应选用弹簧减振装置和液压阻尼装置；

2）弹簧减振装置用以限制管道振动或晃动位移，根据具体情况需控制管道不同方向的振动时，可装设几个不同方位的弹簧减振装置；

3）弹簧减振装的最大工作行程应在减振器防振力调节量与管道位移引起减振装置轴向位移量之和的基础上留20%的裕量，且裕量最小为15mm；如果无法确定减振装置防振力调节量时，弹簧减振装置的最大工作行程应在管道位移引起减振轴向位移量的基础上留40%裕量，且裕量最小为25mm。

5 阻尼装置的选择应符合下列规定：

1）根据需要，阻尼装置可选用抗振动阻尼装置和承受瞬态力阻尼装置；

2）对于控制管道轴向振动的阻尼装置，当沿管道轴向平行安装两台阻尼器装置时，单台阻尼装置的荷载应按该点工作荷载的75%进行选用；

3）阻尼装置的行程应大于管道热位移引起的阻尼装置轴向位移量，且单侧应至少留有10mm的裕量。

8.1.3 支吊架布置应符合下列规定：

1 设备接口附近的支吊架间距和形式，除符合管道的强度、刚度和防振要求外，还应使设备接口所承受的管道最大推力和力矩在允许范围内，且不应限制设备接口位移；

2 在靠近阀门、三通等集中荷载处宜布置支吊架；

3 装设波纹管补偿器或套筒补偿器的管道应根据管道补偿需要和补偿器性能，设置固定支架和导向装置，将管道热位移正确地引导到补偿器处，并应满足补偿器制造厂的要求；

4 安全阀排汽管道的自重和排汽反力应由支吊架承受；对于开式排放系统，当阀管上不设支吊架时，应对安全阀进出口接管和法兰进行强度核算；

5 在Π形补偿器两侧适当位置宜设置导向装置；

6 当设备接口承受过大的管道推力或力矩时，如装设限位装置，其位置及限位方向应通过计算确定；

7 对于室外管道吊架的拉杆，在穿过保温层处应装设防雨罩；

8 主蒸汽及再热蒸汽管道的汽锤力宜设置限位支架承受，限位支架布置困难时可设置阻尼装置，限位支架及阻尼器装置宜沿管道的轴向约束；

9 支吊架的布置应使支管连接点和法兰接头处承受的弯矩值，控制在安全的范围内；

10 为防止管道侧向振动，垂直管道宜设置适当数量的管道侧向约束装置。

8.2 支吊架间距

8.2.1 水平布置的管道应控制一定的支吊架间距，以保证管道不产生过大的挠度、弯曲应力和剪切应力。

8.2.2 水平直管的支吊架允许间距应按管道强度条件及刚度条件来确定，取两个条件确定的支吊架间距的较小值。

8.2.3 水平直管道上的支吊架间距应满足下列刚度要求：

1 刚度条件应按单跨管道简支梁计算，其最大挠度值不应大于2.5mm；

2 按刚度条件，除考虑管道自重均布荷载，另有集中外载的水平管道支吊架间距应按下式计算：

$$\delta_{max}=\frac{L^3}{E_t I}\left(\frac{5}{384}qL+\frac{1}{48}P\right)\times 10^5 \quad \cdots\cdots\cdots (8.2.3\text{-}1)$$

式中：δ_{max}——最大弯曲挠度（mm）；

E_t——管子材料在设计温度下的弹性模量（MPa）；

I——管子截面惯性矩（cm^4）；

L——支吊架间距（m）；

q——管道单位长度自重（N/m）；

P——跨中集中荷载（N）。

3 按照刚度条件，只考虑管道自重均布荷载的水平直管道的支吊架允许最大间距应按下式计算：

$$L_{max}=0.2093\sqrt[4]{\frac{E_t I}{q}} \quad \cdots\cdots\cdots (8.2.3\text{-}2)$$

式中：L_{max}——支吊架的最大允许间距（m）。

8.2.4 水平直管道上的支吊架间距应满足下列强度要求：

1 管道强度应按现行行业标准《发电厂汽水管道应力分析技术规程》DL/T 5366有关外载应力验算的规定计算，使管道的持续外载当量应力在允许范围内；并且单跨管道按简支梁计算，管道自重引起的最大弯曲应力不应大于16MPa。

2 按强度条件，除考虑管道自重均布荷载，另有集中外载的水平管道支吊架间距应按下式计算：

$$L=\frac{\sqrt{P^2+8qW_{\sigma_{\max}}}-P}{q} \qquad (8.2.4\text{-}1)$$

式中：$\sigma_{\max}$——水平直管最大弯曲应力（MPa）；

q——管道单位长度自重（N/m）；

L——支吊架间距（m）；

P——跨中集中荷载（N）；

W——管子截面系数（cm^3）。

3 按照强度条件，只考虑管道自重均布荷载的水平直管道的允许支吊架间距应按下式计算：

$$L_{\max}=0.3578\sqrt{\frac{W}{q}} \qquad (8.2.4\text{-}2)$$

8.2.5 在水平管道方向改变处，两支吊点间的管子展开长度不应超过水平直管支吊架允许间距的0.73倍，其中一个支吊点宜靠近弯管或弯头的起弯点。

8.2.6 垂直管道支吊架的间距可大于水平直管支吊架的允许间距，但也应控制间距，管壁应力在最不利荷载作用下不应超过允许值。

8.3 支吊架荷载

8.3.1 支吊架设计应考虑，但不限于下列各项荷载：

1 管道组成件和保温结构的重力；

2 支吊架零部件重力；

3 管道所输送介质的重力；

4 蒸汽管道水压试验或管路清洗时的介质重力；

5 管道上柔性管件，如波纹管补偿器、滑动伸缩节、柔性金属软管等由于内部压力产生的作用力；

6 支吊架约束管道位移包括热胀、冷缩、冷紧和端点附加位移所承受的约束反力、力矩和弹簧支吊架转移荷载；

7 管道位移时在活动支吊架上引起的摩擦力，摩擦系数可按表8.3.1的规定取值：

表8.3.1 不同摩擦形式的摩擦系数

序号	摩擦形式	摩擦系数
1	钢与钢滑动摩擦	0.3
2	钢与聚四氟乙烯板	0.2
3	聚四氟乙烯之间	0.1
4	不锈钢（镜面）薄板之间	≤0.1
5	不锈钢（镜面）与聚四氟乙烯板间	0.05~0.07
6	吊架	0.1
7	钢表面的滚动摩擦	0.1

8 室外管道受到的雪荷载；

9 室外管道受到的风荷载；

10 正常运行时，由于种种原因引起的管道振动力；

11 管内流体动量瞬时突变，如汽锤、水锤引起的瞬态作用力；

12 流体排放产生的排放反力；

13 管道装在有地震地区产生的地震力。但不考虑地震与风荷载同时出现的工况。

8.3.2 支吊架结构荷载的确定应符合下列规定；

1 支吊架应按照使用过程中的各种工况分别计算，并组合同时作用于支吊架上的所有荷载，取其中对支吊架结构最不利的组合，并应计及支吊架自身和临近活动支吊架上摩擦力的作用作为结构荷载；

2 支吊架结构荷载计算可考虑下述工况；

1）运行初期冷态工况；

2）运行初期热态工况；

3）管道应变自均衡后的冷态工况；

4）各种暂态工况；

5）水压试验或管路清洗工况。

3 管道各工况载荷效应组合应符合下列规定：

1）运行初期冷态工况应考虑本规范第 8.3.1 条中第 1、2、6、8 款的荷载效应组合，其中第 6 款中仅考虑管道冷紧位移的约束力和弹簧支吊架转移荷载；

2）运行初期热态工况应考虑本规范第 8.3.1 条中第 1、2、3、5、6、7、8、10 款的荷载效应组合，其中第 6 款中的冷紧位移应乘以冷紧有效系数；

3）管道应变自均衡冷态工况应考虑本规范第 8.3.1 条中第 1、2、6、8 款的荷载的效应组合，其中第 6 款按管道自均衡的位移约束反力组合；

4）暂态工况应按下列规定将各种暂态情况与运行初期热态工况分别进行组合；

管道系统阀门瞬间启闭时，应考虑本规范第8.3.1条中第11款和运行初期热态工况的荷载效应组合；

锅炉、压力容器或管道的安全阀或释放阀动作时，应考虑本规范第8.3.1中第12项和运行初期热态工况的荷载效应组合；

风载荷应考虑本规范第8.3.1中第9项和运行初期热态工况的荷载效应组合；

地震时，应考虑本规范第8.3.1中第13项和运行初期热态工况的荷载效应组合。

4 水压试验或管路清洗时，应考虑本规范第8.3.1中第1、2、4、5、6、8项的荷载效应组合，其中第5项应取水压试验或管路清洗时的介质压力，第6项中仅考虑管道冷紧位移的约束力；

5 对于装有变力弹簧支吊架的管系，各个支吊架所承受的管系重力荷载应考虑到变力弹簧支吊架在冷状态和热状态下承载力的变化，并由此引起荷载向邻近刚性支吊架的转移；

6 计算本规范第8.3.1条第1款规定的荷载时，应乘以荷载修正系数，荷载修正系数可取1.4。此时，修正后的荷载已包括支吊架零部件自重；

7 动力荷载应根据荷载的动力特性采用有关瞬态计算确定，并乘以相应的动荷载系数，安全阀排汽管道排汽反力的动载系数可取1.1~1.2，其他动载系数可取1.2；

8 当计及荷载长期效应组合时，对东北地区雪荷载可取0.2倍计算值，对新疆北部地区雪荷载可取0.15倍计算值，对其他地区可不计及；

9 风荷载和地震荷载可按本规范附录F的规定计算；

10 作用于露天管道上的雪荷载应按现行国家标准《建筑结构荷载规范》GB 50009有关规定采用，雪荷载的标准值应按下式计算：

$$S_k=m_r S_o \qquad (8.3.2)$$

式中：S_k——雪荷载标准值（kN/m^2）；

μ_r——管道顶面积雪分布系数，对圆形管道取0.4；

S_o——基本雪压（kN/m²）；基本雪压应由当地气象部门提供，但不应小于现行国家标准《建筑结构荷载规范》GB 50009全国基本雪压分布图所规定的数值。

11 600MW及以上容量机组的主蒸汽管道及再热蒸汽管道汽锤力计算应采用经审定的流体计算软件计算；对于300MW及以下容量机组可采用相应的简化算法计算。

8.3.3 支吊架荷载应使用经审定的计算程序，利用计算机计算。次要管道也可使用本规范附录E的计算方法近似计算。

8.3.4 弹簧支吊架或恒力支吊架的分配荷载，包括分配给该支吊架的管子、阀门、管件、保温结构和所输送介质的重力，在必要时，可考虑支吊架管部和连接件的重力。当管道为热态吊零时，工作荷载等于分配荷载；当管道为冷态吊零时，安装荷载等于分配荷载。

8.4 弹簧选择

8.4.1 管道支吊点的热位移值应使用程序计算；设计温度低于300℃的次要管道也可使用近似方法计算。计算热位移时应考虑管道端点附加位移的影响。

8.4.2 弹簧支吊架的弹簧选择应符合下列要求：

1 管道由冷态到运行工况，弹簧的荷载变化系数不应大于25%；

2 弹簧的安装荷载和工作荷载，即本规范第8.3.2条第2款第2项工况荷载，均不应大于其最大允许荷载。

8.4.3 弹簧串联安装时，应选用最大允许荷载相同的弹簧，此时热位移值应按弹簧的刚度分配；并联安装时，支吊架两侧应选用相同型号的弹簧，其荷载由两侧弹簧承担。

8.4.4 弹簧的选择计算应符合下列规定：

1 支吊架的弹簧选择应根据管道工作温度，既本规范第8.3.2条第2项第2款工况下温度所产生的位移进行，并有热态吊零和冷态吊零两种荷载分配方式；

2 对于热态吊零管道的弹簧，应按支吊点垂直方向的热位移和工作荷载计算；对于冷态吊零管道的弹簧，应按支吊点垂直方向的热位移和安装荷载计算；

3 单个弹簧吸收的最大热位移计算应符合下列规定：

1） 热位移向下时应按下式计算：

$$\Delta Z' = \frac{C'}{C'+1}\lambda_{max} \quad (8.4.4\text{-}1)$$

式中：$\Delta Z'$——单个弹簧吸收的最大热位移（mm）；

C'——初选的荷载变化系数；

λ_{max}——弹簧最大允许荷载下的变形量（mm）。

2） 热位移向下时应按下式计算：

$$\Delta Z' = C'\lambda_{max} \quad (8.4.4\text{-}2)$$

4 弹簧串联数应按下式计算：

$$n = \frac{\Delta Z_t}{\Delta Z'} \quad (8.4.4\text{-}3)$$

式中：n——弹簧串联数，计算结果进位取整数；

ΔZ_t——支吊点垂直热位移（mm）。

5 热态吊零管道的支吊架弹簧选择计算应符合下列规定：

1） 弹簧型号选择计算应符合下列规定：

当热位移向上时，弹簧的工作载荷和最大允许载荷应满足下式条件：

$$P_{op}\frac{\lambda_{max}}{\lambda_{max}'-\Delta Z'} \leqslant P_{max} \quad (8.4.4\text{-}4)$$

当热位移向下时，弹簧的工作载荷和最大允许载荷应满足下式条件：

$$P_{op} \leqslant P_{max} \quad \cdots\cdots (8.4.4\text{-}5)$$

式中：P_{op}——弹簧的工作荷载（N）；

P_{max}——弹簧的最大允许荷载（N）。

2）弹簧荷载变化系数核算应按下列公式计算：

$$C = \frac{\Delta Z_t}{nKP_{op}} \leqslant [C] \quad \cdots\cdots (8.4.4\text{-}6)$$

或

$$C = \frac{\left|P_{er} - P_{op}\right|}{P_{op}} \leqslant [C] \quad \cdots\cdots (8.4.4\text{-}7)$$

式中：C——实际荷载变化系数；

$[C]$——允许荷载变化系数；

P_{er}——弹簧的安装荷载（N）；

K——弹簧系数（mm/N）。

6 冷态吊零管道的支吊架弹簧选择计算应符合下列规定：

1）弹簧型号选择计算应符合下列规定：

当热位移向上时，弹簧的工作载荷和最大允许载荷应满足下式条件：

$$P_{er} \leqslant P_{max} \quad \cdots\cdots (8.4.4\text{-}8)$$

当热位移向下时，弹簧的工作载荷和最大允许载荷应满足下式条件：

$$P_{er} \frac{\lambda_{max}}{\lambda_{max}' - \Delta Z'} \leqslant P_{max} \quad \cdots\cdots (8.4.4\text{-}9)$$

2）弹簧荷载变化系数核算应按下式计算：

$$C = \frac{\Delta Z_t}{nKP_{op} \pm \Delta Z_t} \leqslant [C] \quad \cdots\cdots (8.4.4\text{-}10)$$

热位移向上时取“-”号；热位移向下时取“+”号。

8.4.5 弹簧的工作高度、安装高度、工作荷载和安装荷载分别按下列公式计算：

1 热态吊零管道的计算应按下列公式计算：

1）工作高度应按下式计算：

$$H_{op} = H_0 - KP_{op} \quad \cdots\cdots (8.4.5\text{-}1)$$

式中：H_{op}——弹簧的工作高度（mm）；

H_0——弹簧的自由高度（mm）。

2）安装高度应按下式计算：

$$H_{er} = H_{op} \pm \frac{\Delta Z_t}{n} \quad \cdots\cdots (8.4.5\text{-}2)$$

式中：H_{er}——弹簧的安装高度（mm）。

热位移向上时取“-”号；热位移向下时取“+”号。

3）安装荷载应按下式计算：

$$P_{er} = P_{op} \pm \frac{\Delta Z_t}{nK} \quad \cdots\cdots (8.4.5\text{-}3)$$

热位移向上时取“+”号；热位移向下时取“-”号。

2 冷态吊零管道的计算应按下列公式计算：

1）安装高度应按下式计算：

$$H_{er} = H_o - KP_{er} \quad \cdots\cdots (8.4.5\text{-}4)$$

2）工作高度应按下式计算：

$$H_{op}=H_{er}\pm\frac{\Delta Z_{t}}{n} \quad\cdots\cdots(8.4.5\text{-}5)$$

热位移向上时取“+”号；热位移向下时取“-”号。

3）工作荷载应按下式计算：

$$P_{op}=P_{er}\pm\frac{\Delta Z_{t}}{nK} \quad\cdots\cdots(8.4.5\text{-}6)$$

热位移向上时取“-”号；热位移向下时取“+”号。

8.5 支吊架结构强度计算

8.5.1 支吊架零部件的强度应按结构荷载计算。材料选择和许用应力应分别按本规范第8.5.2条和第8.5.3条确定。

8.5.2 支吊架零部件材料的选用应符合下列规定：

1 与管道直接接触的支吊架零部件，其材料应按管道设计温度选用。与管道直接焊接的零部件，其材料应与管道材料相同或相容；

2 用于承受拉伸荷载的支吊架零部件应采用有冲击功值的材料。若采用没有冲击功值的钢材，应按现行国家标准进行冲击韧性试验，其冲击功值符合国家标准的相关规定方可使用；

3 支吊架零部件不应采用沸腾钢或铸铁材料；

4 螺纹吊杆材料应为Q235B级、C级、D级或Q345B级、C级、D级、E级或20优质碳素钢，其中直径大于等于48mm的吊杆应采用20优质碳素钢或Q345B及以上级别低合金钢；

5 管道保温层以外支吊架零件的材料宜采用Q235B；环境计算温度低于0℃且大于-20℃的管道宜采用Q235C或Q345C；环境计算温度低于-20℃且大于-40℃的管道宜采用Q235D或Q345D；环境计算温度低于-40℃的管道宜采用Q345E；

环境计算温度应按现行国家标准《民用建筑供暖通风与空气调节设计规范》GB 50736中规定的冬季空气调节室外计算温度确定。

8.5.3 支吊架零部件材料许用应力的选取应符合下列规定：

1 支吊架零部件材料的抗拉、抗压许用应力按本规范附录A的规定选取，许用剪切应力应为本规范附录A所列数值的0.8倍；

2 对于Q235B材料的许用应力应乘0.9的质量系数；

3 许用压缩应力应根据结构稳定性和压杆纵弯曲而降低；

4 螺纹拉杆的抗拉许用应力应为本规范附录A所列数值的0.75倍，拉杆截面积应按螺纹根部直径计算；

5 支吊架零部件组装焊缝的许用剪切应力为本规范附录A确定的较弱被焊件许用应力的0.8倍，支吊架零部件组装焊缝的抗拉、抗压许用应力为本规范附录A确定的较弱被焊件的许用应力；

6 水压试验时，支吊架材料的许用应力可提高到不大于其在室温下屈服强度最小值的80%；

7 在运行期间短时超载时，支吊架材料的许用应力可提高20%。

8.5.4 公称尺寸小于等于DN50的管道，拉杆直径不应小于10mm；公称尺寸大于或等于DN65的管道，拉杆直径不应小于12mm。

8.5.5 支吊架管部的设计应保证管道局部应力在允许范围内。

8.5.6 垂直管道采用两臂刚性支吊架时，应注意由于管道位移可能引起单侧脱载，支吊架管部单侧、单边拉杆、刚性支撑部件和根部应能承受该支吊点的全部荷载，卡块选用时应考虑管道的壁厚，以免对管道造成破坏；对于两臂同时带有弹簧支吊架的结构，单边可承受该支吊架全部荷载的一半；对于液压阻尼器部件，由于阻尼器抗震工况的特殊性，在阻尼器、动载管部、根部选型时，单边应能承受该支吊点全部荷载的75%。

8.5.7 生根结构除满足强度条件外，尚应满足下述刚度条件：

1 固定支架、限位装置和阻尼装置生根结构的最大挠度不应大于其计算长度的0.2%；

2 其他支吊架生根结构的最大挠度不应大于其计算长度的0.4%。

8.5.8 生根结构采用焊接或梁箍固定的双支点梁形式时，可按简支梁计算其强度和刚度。

梁式生根结构在其承受较大弯矩处开孔时应进行补强。

当作用力不通过非对称型钢的弯曲中心时应考虑偏心扭转因素。

8.5.9 支吊架结构的焊缝应按下列要求确定焊缝结构尺寸和验算焊缝的强度：

1 受拉、受压或受剪的直角角焊缝强度应按下式计算：

$$\tau = \frac{F}{0.7h_f l} \quad (8.5.9\text{–}1)$$

式中：τ——剪应力（MPa）；

F——作用在连接处的轴向力（N）；

h_f——焊缝高度，取截面的较小直角边（mm）；

l——焊缝的计算长度（mm）；

$[\tau]^t$——焊缝抗剪许用应力（MPa）。

2 承受弯矩和剪力共同作用的直角角焊缝强度应按下式计算：

$$\tau = \sqrt{\tau_m^2 + \tau_g^2} \leqslant [\tau]^t \quad (8.5.9\text{–}2)$$

式中：τ_m——角焊缝由弯矩产生的剪应力（MPa）；

τ_g——角焊缝由剪力产生的剪应力（MPa）。

3 圆钢与钢板或型钢、圆钢与圆钢之间的角焊缝强度应按下式计算：

$$\tau = \frac{F}{h_u l} \quad (8.5.9\text{–}3)$$

式中：h_u——焊缝有效厚度（mm）。

1）对于圆钢与钢板或型钢（图 8.5.9–1）应按下式计算：

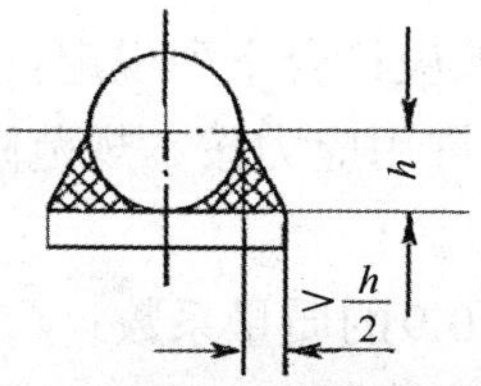

图8.5.9-1 圆钢与钢板之间的焊缝

$$h_u = 0.7h \quad (8.5.9\text{–}4)$$

2）对于圆钢与圆钢（图 8.5.9–2）应按下式计算：

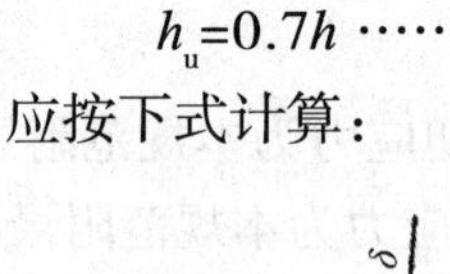

图8.5.9-2 圆钢与圆钢焊接

$$h_u = 0.1(D+2d) - \delta \quad (8.5.9\text{–}5)$$

式中：D——大圆钢直径（mm）；

d——小圆钢直径（mm）；

δ——焊缝表面至两圆钢公切线的距离（mm）。

4 角焊缝应符合下列要求：

1）直角角焊缝两焊脚边的夹角宜呈 90°。夹角大于 120° 或小于 60° 的斜角角焊缝不宜用作受力焊缝，钢管结构除外；

2）角焊缝（图 8.5.9–3）的焊脚尺寸 h_f 不应小于 1.5 $\sqrt{S}$，S 为较厚被焊件厚度。但对自动焊，最小焊角尺寸可减小 1mm；对 T 形连接的单面角焊缝，应增加 1mm；当焊件厚度等于或小于于 4mm 时，最小焊脚尺寸应与焊件厚度相同；

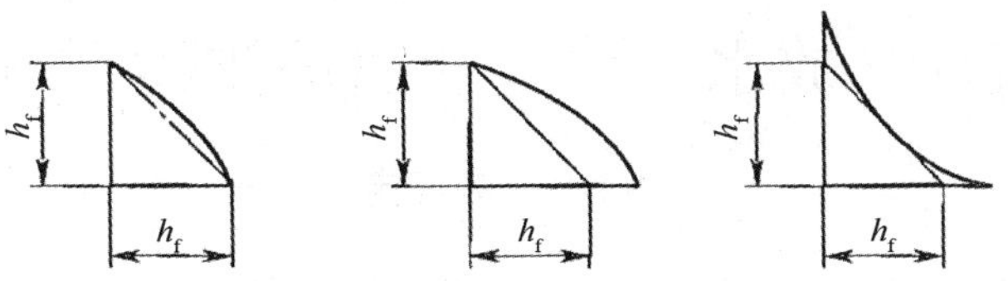

图 8.5.9-3　直角角焊缝示意图

3）除钢管结构外，角焊缝的焊角尺寸不宜大于较薄焊件厚度的 1.2 倍，但厚度为 s 的板件边缘的角焊缝最大焊角尺寸，尚应满足下列要求：

当 s 不大于 6mm 时，h_f 不应大于 s；

当 s 大于 6mm 时，h_f 不应大于 s 减去 1mm~2mm。

4）角焊缝的两焊脚尺寸宜相等。当焊件的厚度相差较大，且等焊脚尺寸不能满足本规范第 8.5.9 条第 4 款第 2、3 项的规定时，可采用不等焊脚尺寸，与较厚焊件接触的焊角边应满足本规范第 8.5.9 条第 4 款第 2 项的规定，与较薄焊件接触的焊脚边应满足本规范第 8.5.9 条第 4 款第 3 项的规定；

5）侧面角焊缝或正面角焊缝的计算长度不应小于 $8h_f$ 且不应小于 40mm；

6）侧面角焊缝的计算长度在承受静力荷载或间接承受动力荷载时不宜大于 $60h_f$，或在承受动力荷载时不宜大于 $40h_f$；当大于上述数值时，其超过部分在计算中不应计及。若内力沿侧面角焊缝全长分布，其计算长度不受此限；

7）在直接承受动力荷载的结构中，角焊缝表面应做成直线形或凹形。焊脚尺寸的比例在长边顺内力方向上正面角焊缝宜为 1∶1.5；侧面角焊缝可为 1∶1；

8）在次要构件或次要焊缝连接中，可采用断续角焊缝。对于受压构件的断续角焊缝之间的净距不应大于 15s，对于受拉构件的断续角焊缝之间的净距不应大于 30s，s 为较薄焊件的厚度；

9）当板件的端部仅有两侧面角焊缝连接时，每条侧面角焊缝的长度不宜小于两侧面角焊缝之间的距离；当 s 大于 12mm 时两侧面角焊缝之间的距离不宜大于 15s 当 s 不大于 12mm 时不宜大于 200mm，s 为较薄焊件的厚度；

10）杆件与节点板的连续焊缝（图 8.5.9–4）宜采用两面侧焊，也可采用三面围焊，对角钢杆件可采用 L 形围焊，所有围焊的转角处应连续施焊；

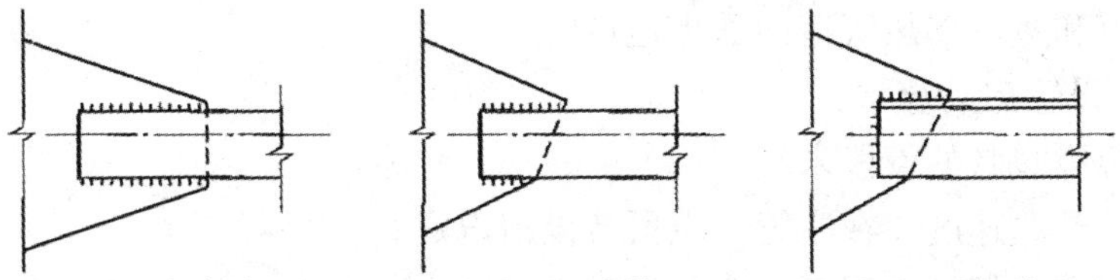

（a）两面侧焊　（b）三面围焊　（c）L形围焊

图 8.5.9-4　杆件与节点板的焊缝连接

11）当角焊缝的端部在构件转角处作长度为 $2h_f$ 的绕角焊时，转角处应连续施焊；

12）在搭接连接中，搭接长度不应小于较薄焊件厚度的 5 倍，并不应小于 25mm；

13）圆钢与圆钢、圆钢与钢板或型钢的焊缝有效厚度 S_m 不应小于 0.2 倍圆钢直径或 0.2 倍直径不同的两圆钢的平均直径，且不小于 3mm，且不应大于 1.2 倍平板厚度，焊缝计算长度不应小于20mm；

14）管道与卡块的角焊缝［图8.5.9-3（c）］应采用相应的形式。

5 对于有端头的焊缝，计算长度应按实际长度减少10mm计算。应按本规范第8.5.9条第4款第6项的规定，对实际长度超出规定者，不考虑本款规定的减少值。

9 疏水、放水、放气和锅炉排污系统设计

9.1 一般规定

9.1.1 疏水、放水、放气和锅炉排污系统的设计应从全厂整体出发，对机组安全经济运行、快速启动、事故处理、减少汽水损失、回收介质和热量，以及实现自动化等进行全面规划，统筹安排，力求系统简单可靠，布置合理，便于维修和扩建。

9.1.2 疏水、放水、放气和锅炉排污系统的设计应包括下列各项：

1 厂内管道的疏水、放水和放气系统；

2 热力设备的疏水、放水和放气系统；

3 锅炉排污、疏水、放水、上水和反冲洗系统；

4 防止汽轮机进水的疏水系统；

5 对于锅炉、汽轮发电机组本体范围内的设备和管道，其疏水、放水、放气和排污系统应按与制造厂商定的本体汽水系统进行设计。

9.2 管道和设备的疏水、放水、放气系统

9.2.1 管道疏水、放水系统的设计应符合下列要求：

1 蒸汽管道为母管制系统时，疏水系统宜采用母管制。不同压力的蒸汽管道，经常疏水应分别设置相应的母管，压力相差不大者，可共用一根母管。启动疏水，全厂只设一根母管。各疏水母管应分别引入疏水扩容器，并考虑有旁路措施。当疏水压力较低而进入疏水扩容器有困难时可引入疏水箱。为便于检修，可将每台机组的启动疏水管接成分疏水母管，再汇入总疏水母管。接入一根总疏水母管的机组台数不宜超过4台；

2 蒸汽管道为单元制系统时，疏水系统应按单元或扩大单元设计；

3 对于启动过程中可能出现负压的蒸汽管道，其疏水应接至汽机本体疏水扩容器或凝汽器；

4 给水加热器、射汽抽汽冷却器、轴封蒸汽冷却器等连续疏水不应接入疏水总管；

5 管道的放水宜接入放水母管。

9.2.2 在下列地点应设置经常疏水：

1 如减压减温器装置等经常处于热备用状态的设备进气管段的低位点；

2 蒸汽不经常流通的管道死端，而且是管道的低位点时；

3 饱和蒸汽管道和蒸汽伴热管道的适当地点。

9.2.3 在下列地点应设置启动疏水：

1 按暖管方向分段暖管的管段末端；

2 为了控制管壁升温速度，在主管上端可装设疏汽点；

3 管道上无低位点，但管道展开长度超过100m处；

4 在装设经常疏水装置处，同时应装设启动疏水和放水装置；

5 所有可能积水而又需要及时疏出的低位点。

9.2.4 管道的放水装置应设在管道可能积水的低位点处。蒸汽管道的放水装置应与疏水装置联合装设。

9.2.5 管道的疏水、放水装置的设计应符合下列要求：

1 公称压力大于或等于PN40的管道疏水和放水应串联装设两个截止阀；公称压力小于或等于PN25的管道疏水和放水宜装设一个截止阀。对于防止汽轮机进水的疏水系统管道及亚临界及以上参

数机组的主要管道上的疏水阀门，其中一个应为动力驱动阀；

2 经常疏水的疏水装置，对于公称压力不小于PN63的管道，宜装设节流装置或疏水阀，节流装置后的第一个阀门，应采用节流阀；对于公称压力不大于PN40的管道，宜采用疏水阀；当管道内蒸汽压力很低时，可采用U型水封装置；

3 疏水收集器应由公称尺寸不小于DN150的管子制作，长度应满足安装水位传感器的要求。疏水收集器下方引出管公称尺寸不小于DN50，应装设一个动力驱动的疏水阀；

4 管道放水应经漏斗接至放水母管或相应排水点。疏水、放水装置根据设计参数的不同可采用相应的组合形式（图9.2.5-1~图9.2.5-6），包括带动力驱动疏水阀的疏水形式（图9.2.5-5~图9.2.5-6）。经常疏水与放水装置可按需要装设。

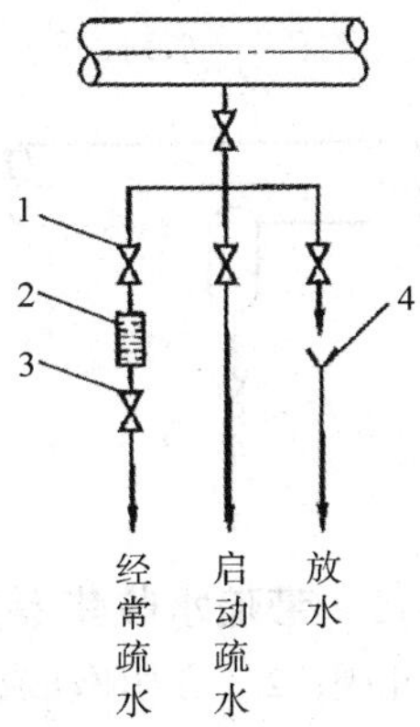

图9.2.5-1　PN≥63管道的疏水、放水装置

1—截止阀；2—节流装置；3—节流阀；4—漏斗

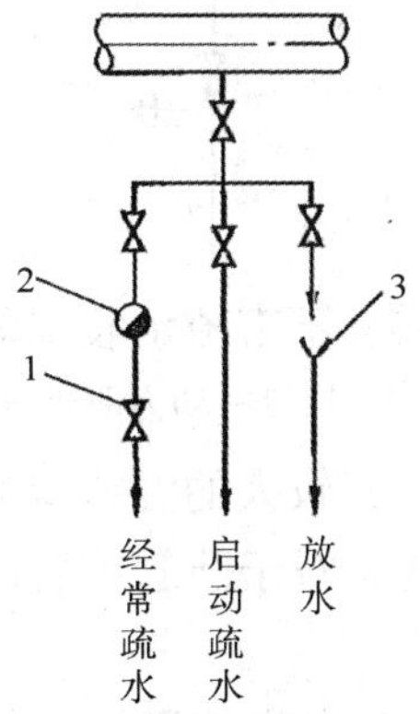

图9.2.5-2　PN40管道的疏水、放水装置

1—截止阀；2—疏水器；3—漏斗

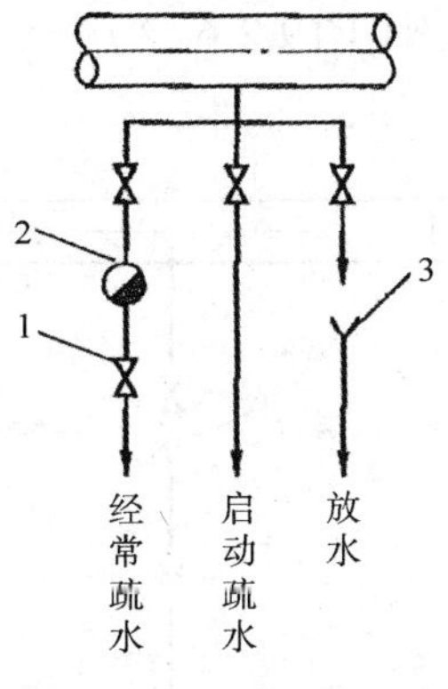

图9.2.5-3　PN≤25管道的疏水放水装置

1—截止阀；2—疏水器；3—漏斗

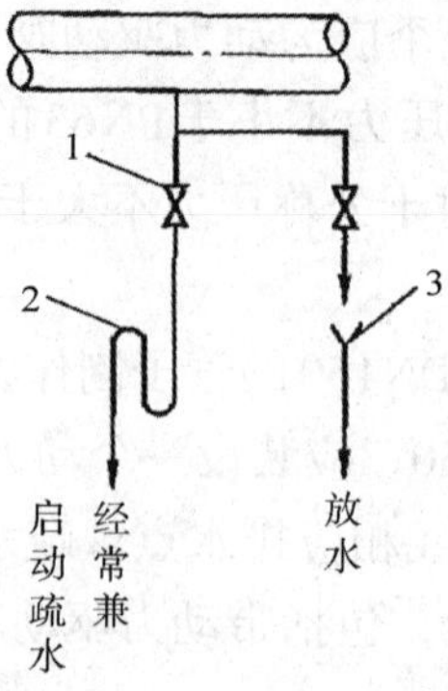

图9.2.5-4　压力很低的U型管疏水、放水装置

1—截止阀；2—水封；3—漏斗

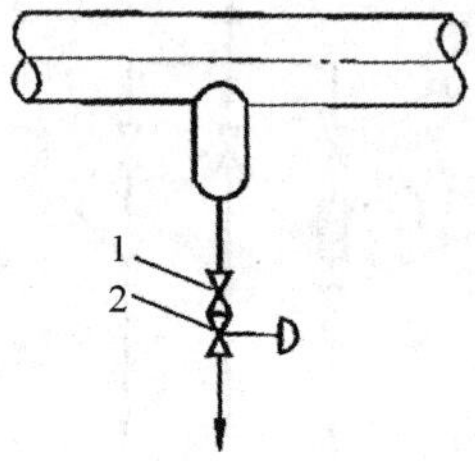

图9.2.5-5　带疏水收集器的疏水

1—截止阀；2—动力驱动疏水阀

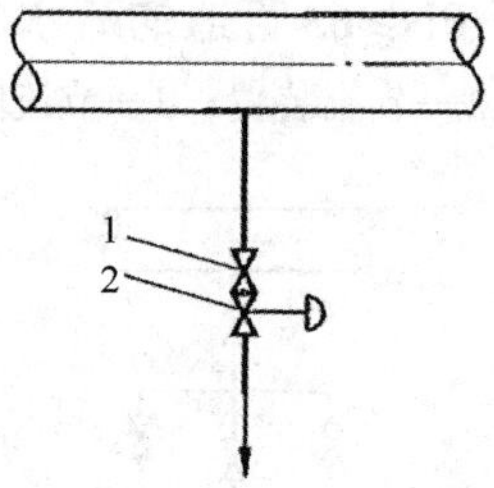

图9.2.5-6　不带疏水收集器的疏水

1—截止阀；2—动力驱动疏水阀

5　高温管道的局部地方可能因疏水引起较大的温差应力时，应采取适当的措施消除温差应力。

9.2.6　水管道的最高位点应装设放气装置。对于凸起布置的管段，可根据积存空气的可能，适当装设放气装置。

需进行水压试验的蒸汽管道，其最高位点应装设放气装置。对于凸起布置的管段，可根据需要适当装设供水压试验用的放气装置。

公称压力不小于PN40管道的放气装置应串联装设两个截止阀（图9.2.6-1）；公称压力不大于PN25管道的放气装置可只装设一个截止阀（图9.2.6-2）。

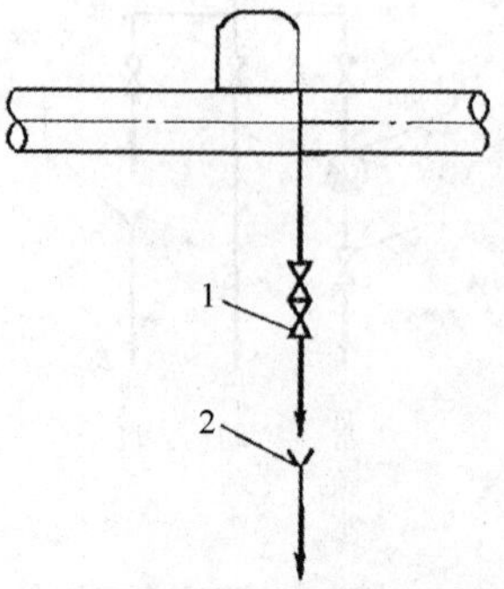

图9.2.6-1　PN≥40管道的放气装置

1—截止阀；2—漏斗

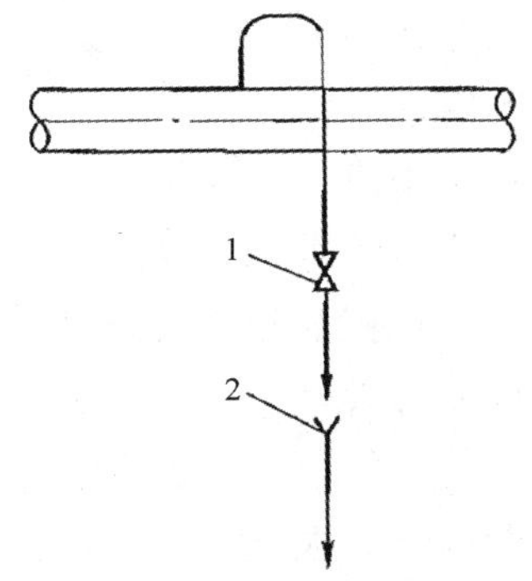

图9.2.6-2 PN≤25管道的放气装置

1—截止阀；2—漏斗

9.2.7 设计中应结合具体情况，减少疏水装置的数量，合理简化疏水系统（图9.2.7-1~图9.2.7-4）。

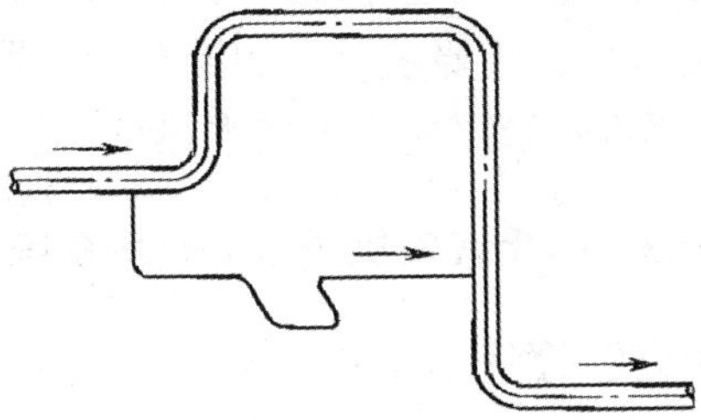

图9.2.7-1 高位至低位的疏水转注

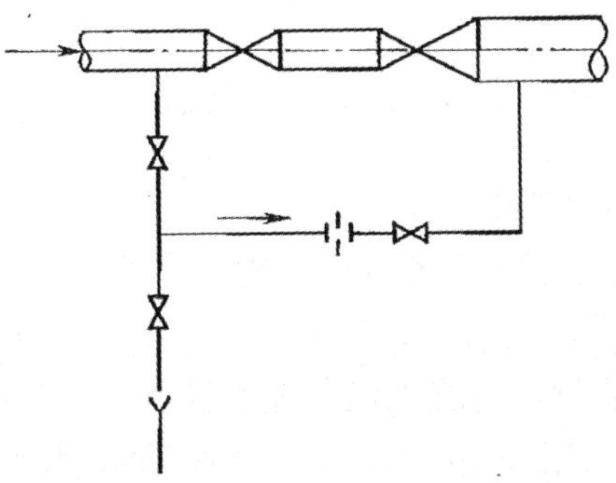

图9.2.7-2 高压至低压的疏水转注

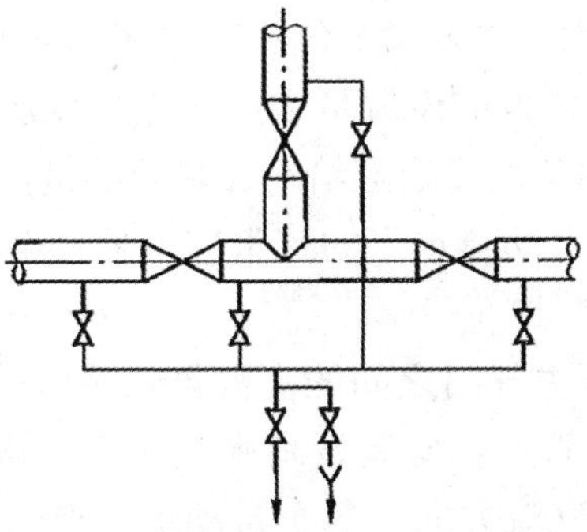

图9.2.7-3 疏水集中处的疏水合并

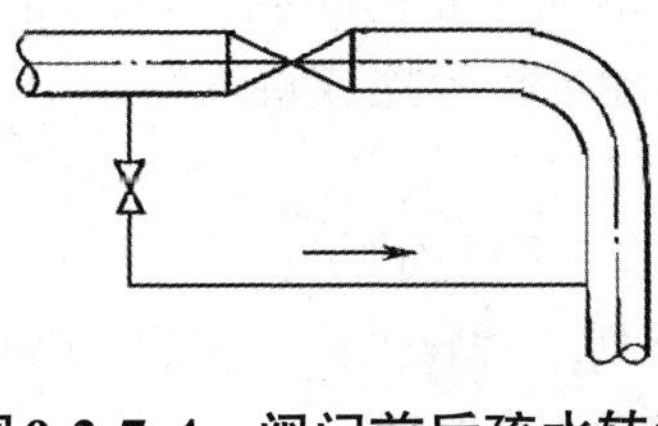

图9.2.7-4 阀门前后疏水转注

9.2.8 热力设备的疏水、放水和放气系统设计应符合下列要求：

1 在正常运行过程中，将疏水和空气连续排出；

2 在故障满水时，能自动紧急疏水或溢流；

3 当正常疏水、放气管道故障时，应有备用的疏放措施；

4 在启动时排出空气，在停止运行时将积水和蒸汽排出；

5 热力设备的放水应经漏斗排至放水母管。

9.2.9 水箱应有放水和溢流装置。按箱内压力高低，溢流装置可采用控制阀或水封管。汽水系统中，同类设备的放水和溢流装置宜共用一根母管。大气式除氧器给水箱的溢流、放水管宜接至疏水箱。高压除氧器给水箱的溢流、放水管宜接至疏水扩容器或凝汽器。

9.2.10 锅炉暖风器、热网加热器和蒸发装置等的疏水系统应结合机组形式及全厂热力系统加以综合考虑。对于汽包锅炉，暖风器的疏水应经压力水箱由暖风器疏水泵打入除氧器，也可以经压力水箱引入汽轮机低压加热器等其他热力设备；对于直流锅炉，暖风器的疏水在水质能满足给水品质要求时宜疏至除氧器，在水质不能满足给水品质要求时应切换至凝汽器，同时应有故障排放措施。对于热网加热器也同样处理，其疏水至凝汽器管路应设置疏水热量回收装置。

9.3 防止汽轮机进水的疏水系统

9.3.1 防止汽轮机进水的疏水系统应包括下列各项：

1 主蒸汽管道的疏水；

2 再热蒸汽管道的疏水；

3 汽轮机抽汽管道的疏水；

4 给水加热器紧急放水；

5 汽轮机汽封管道疏水。

9.3.2 主蒸汽管道的疏水应符合下列规定：

1 从锅炉过热器出口至汽轮机主气门之间的主蒸汽管道，每个低位点都应设置自动疏水，如果主蒸汽管道是分成几路分支管接入汽轮机时，每路分支管和总管上都应设置自动疏水点。在靠近汽轮机主汽门前的每段支管上，应装设自动疏水点。疏水管道内径不应小于19mm。主蒸汽管道的疏水坡度方向应顺气流方向。每个自动疏水点的疏水应单独接至疏水扩容器或凝汽器，不应采用疏水转注或合并；

2 主气门至汽轮机第一级喷嘴之间应设置自动疏水点。这部分疏水包括主气门阀座后的疏水、调节气门或进汽阀的阀前和阀后疏水，以及调节气门后主蒸汽管道各低位点的疏水等。

9.3.3 每根低温再热蒸汽管道的低位点应设置带水位测点的疏水收集器。低温再热蒸汽管道疏水管内径不应小于38mm。如果低温再热蒸汽管道至给水加热器的进汽管道有低位点时，该低位点也应设置带水位测点的疏水收集器。每个自动疏水点的疏水应单独接至疏水扩容器或凝汽器，不应采用疏水转注或合并。

9.3.4 从再热器出口至汽轮机中压主气门之间的高温再热蒸汽管道，每个低位点都应设自动疏水。在靠近汽轮机中压主气门的每根支管上，应装设疏水收集器，该疏水收集器可不设水位测量装置。再热蒸汽管道的疏水坡度方向应顺气流方向。每个自动疏水点的疏水应单独接至疏水扩容器或凝汽器，不应采用疏水转注或合并。

9.3.5 汽轮机抽汽管道最靠近汽轮机的动力止回阀或电动关断阀前应设自动疏水点，管道上所有低位点应设自动疏水，疏水应单独接至疏水扩容器或凝汽器，不得采用疏水转注或合并。疏水坡度方向应顺气流方向。

9.3.6 给水加热器紧急放水设计应符合下列规定：

1 给水加热器紧急放水量应取下列二者较大值，并加10%的裕度：

1）不小于最大负荷下管侧给水流量的10%。

2）一根加热器管子可按 2 个断口破裂流出的水量考虑，可按下式计算：

$$Q = 22.9 \times 10^{-2} D_i^2 \sqrt{P_t - P_s} \quad \cdots\cdots (9.3.6)$$

式中：Q——一根管子破裂流出的水量（m^3/h）；

D_i——管子公称内径（mm）；

P_t——管侧设计压力（MPa）；

P_s——壳侧设计压力（MPa）。

2 给水加热器的紧急放水应单独引至高压加热器紧急疏水扩容器或凝汽器等。

9.3.7 汽轮机汽封管道的疏水应符合下列规定：

1 汽封系统的喷水减温器下游应设置连续疏水点，其疏水量应按喷水阀全开时水量考虑。应将疏水引至汽封蒸汽冷却器或凝汽器；

2 汽轮机与汽封联箱之间的汽封系统管道如果出现低位点，则应设置连续疏水点，将疏水引至汽封蒸汽冷却器或凝汽器；

3 汽轮机与汽封蒸汽冷却器之间管道如果出现低位点，则应设置疏水点将疏水排入同一管道的标高较低处或通过U形水封管流入疏水箱或排大气。

9.3.8 至给水泵汽轮机供汽管道的低位点应设自动疏水，在靠近汽轮机侧的低位点应设置疏水收集器。疏水坡度方向应顺气流方向。每个自动疏水点的疏水应单独接至疏水扩容器或凝汽器，不应采用疏水转注或合并。

9.3.9 汽轮机的高压旁路和低压旁路出口管道的低位点应设置疏水。低压旁路出口管道低位点应装设公称尺寸不小于DN150的不带水位测点的疏水收集器，以供重力疏水，疏水收集器出口管道公称尺寸不应小于DN50，不应装设任何阀门，直接连接到凝汽器。

9.4 锅炉的排污和疏水、放水系统

9.4.1 根据锅炉的容量、参数、水质要求及锅炉本体汽水系统，确定锅炉的排污和疏水、放水系统。系统设计应包括下列各项：

1 过热器、再热器联箱及过热蒸汽、再热蒸汽减温器的疏水；

2 水冷壁下联箱和省煤器联箱的排污和放水；

3 锅炉汽包连续排污和紧急放水；

4 锅炉的上水；

5 过热器和再热器的反冲洗；

6 直流锅炉启动分离器的疏水。

9.4.2 锅炉排污水系统设计应符合下列规定：

1 对于汽包锅炉，宜采用一级连续排污扩容系统。对于高压热电厂的汽包锅炉，根据扩容蒸汽的利用条件，可采用二级连续排污扩容系统。连续排污系统应有切换至定期排污扩容器的旁路；

2 定期排污扩容器的排污水经降温后排至回收水管或厂区排水系统。连续排污扩容器的排污水，可排入定期扩容器，有条件时应用于热网补充水或其他用途；

3 对于100MW及以下的机组，可2台~4台锅炉设一套排污扩容系统；对于125MW及以上机组，每台锅炉宜设一套排污扩容器系统；

4 数台锅炉共用一套排污扩容器时，各炉的连续排污管道应单独接至连续排污扩容器进口联箱；定期排污管道经本炉环形母管后，接入公用母管通往定期排污扩容器。在连续排污管道与扩容器间，定期排污环形母管与公用母管间，均应装设阀门和回转堵板。当不设堵板时，应串联装设两个阀门。

9.4.3 锅炉上水宜采用凝结水泵或给水泵经给水管道向锅炉上水；也可用疏水泵或补给水泵向锅炉上水。当采用疏水泵、凝结水泵、补给水泵向锅炉上水时，在高低压管道连接处应装设阀门或回转堵板，或采取其他安全措施。

9.4.4 锅炉放水设计应符合下列规定：

1 锅炉放水应通过定期排污管道排至定期排污扩容器；

2 锅炉紧急放水应接至锅炉的定期排污母管。定期排污母管与定期排污扩容器之间，不应有阀门或堵板。对单元机组可直接引入定期排污扩容器。紧急放水管道根据需要可装设节流装置。

9.4.5 汽包锅炉本体启动疏水，如过热器联箱、再热器联箱、过热蒸汽及再热蒸汽减温器等疏水应接入定期排污扩容器。

9.4.6 直流锅炉的疏水、放水系统应结合制造厂提供的启动系统和运行要求进行设计。启动疏水，根据锅炉本体汽水系统要求，汽水分离器疏水分别接至疏水扩容器、除氧器或凝汽器。

9.5 管子及附件的选择

9.5.1 疏水管道和阀门的通流截面选择应符合下列规定：

1 疏水管道和阀门的通流截面应按机组在各种运行工况下，可能出现的最大疏水量来考虑。并应考虑疏水管道能够在最小压差的情况下排出可能出现的最大水量。任何情况下其疏水管道内径不应小于20mm；

2 疏水、放水、放气管道的公称尺寸应按表9.5.1-1的规定确定。疏水、放水和锅炉排污母管的公称尺寸应按表9.5.1-2的规定确定；

表9.5.1-1 疏水、放水、放气管管径选择表（mm）

项目 \ 疏放管道公称尺寸DN	≤125	150~200	225~300	350~800	850~1200
启动疏水①	20~25	25~32	32~50	32~50	50~100
经常疏水②	20~25	20~25	20~25	25	32
放水	20	20	25	32	32
放气	15~20				

注：①滑参数启停时，有关管道的启动疏水管管径，可采用表中上限值，疏水阀后的管径，可放大一级选择。凝疏管管径不受此限。

②对于亚临界及以上参数机组的经常疏水可采用表中上限值。

表9.5.1-2 疏水、放水和排污母管管径选择表（DN）

不小于PN100管道的疏水母管	PN40~PN100管道的疏水母管	不大于PN25管道的疏水母管	除氧器给水箱放水母管	定期排污母管	定期排污环形母管	放水母管
50~80	80~100	80~150	80~200	80~125	>50	150~300

3 为控制管壁温升速度而装设的疏汽管，管径宜采用DN65~DN100；

4 接入疏水扩容器的总母管的通流截面应大于接入该母管的所有疏水管道内截面面积之和的10倍。

9.5.2 疏水、放水、放气和锅炉排污管道的管子及附件的材料和设计参数应符合下列规定：

1 疏水管道应符合下列规定：

1） 节流装置或疏水阀门及其以前的管子和附件应按与所连接管道相同的设计参数选择；

2） 节流装置或疏水阀门以后的管子和附件，对于所连接管道的设计压力为14MPa及以上者可按PN63选择；设计压力为10MPa者可按PN40选择；设计压力为6.3MPa及以下者可按不大于PN25选择。

2 放水管道应符合下列规定：

1） 放水阀及其以前的管子和附件应按与所连接管道相同的设计参数选择；

2）放水阀以后的管子和附件可按不大于PN25选择。

3 放气管道应符合下列规定：

1）放气阀及其以前的管子和附件应按与所连接管道相同的设计参数选择；

2）放气阀以后的管子和附件可按不大于PN25选择。

4 锅炉定期排污管道和连续排污管道的设计参数应符合本规范第3.2.11条的规定。

5 锅炉紧急放水管道的设计参数可与锅炉连续排污管道的设计参数相同。如果紧急放水阀下游装设节流装置，并且其后的管道压力不会升高时，节流装置后管子和附件的设计参数应计算确定。

6 锅炉上水、放水管道应符合下列规定：

1）从上水阀或堵板至锅炉的管子和附件，包括上水阀或堵板应按引接点处设计参数选择；

2）上水阀以前的管道应按水源最大工作压力选择；

3）放水阀或堵板至锅炉的管子和附件，包括放水阀或堵板应按引接点处设计参数选择；

4）放水阀以后的管道可按PN25及以下选择。

7 分母管汇入母管处的连接阀和其以前的管子及附件应按与所连接管道相同的设计参数选择；连接阀以后的管子和附件应按本规范第9.5.2条第1款~第6款的规定确定。

9.6 布　置

9.6.1 疏水、放水、放气和锅炉排污系统的管道及附件布置除应符合本规范第6章有关规定外，尚应符合下列规定：

1 各疏水管道应按运行压力范围相近者进行分组，分别接入不同压力的疏水联箱或扩容器；

2 接至疏水扩容器总管上各疏水管道的布置应按压力顺序排列，压力低的靠近扩容器侧，并应与总管轴线成45°角，且出口朝向扩容器；当疏水扩容器上有多个疏水总管时，接入不同疏水总管的疏水按压力由高到低的顺序由下到上依次接入疏水总管；

3 各种手动阀门宜根据不同用途分组集中布置；

4 放水、放气漏斗的布置位置应保证不危及设备和人身的安全，避免漏斗反水，操作时能看见工质的流动情况；

5 锅炉紧急放水管道从汽包引出后宜先布置一段较长的垂直段。当设置节流装置时，应布置在靠近扩容器侧；

6 汽轮机本体疏水扩容器的布置应保证疏水扩容器的正常水位高于凝汽器热井正常水位1m以上；

7 锅炉定期排污母管或锅炉放水母管的布置标高应低于所连接锅炉的最低放水点。当无法满足时可设置低位点放；

8 露天布置的管道和阀门应有防冻措施。

10 辅机冷却水系统设计

10.1 一般规定

10.1.1 辅机冷却水系统的设计应结合全厂供水和排水系统及各冷却设备对水源的要求进行整体规划。应保证有可靠的水源、水质，同时必须满足设备的正常运行、启停、检修的要求，做到安全可靠，经济合理及节约用水。

10.1.2 辅机冷却水系统可分为开式循环冷却水系统、闭式循环冷却水系统及开式循环冷却水和闭式循环冷却水相结合系统。

10.1.3 辅机冷却水系统的供水范围应包括锅炉、汽轮机、发电机及其辅助设备和机械的冷却用水，不包括凝汽器冷却水。

10.1.4 辅机冷却水系统应具有独立的供水、回水系统。供水系统不应与厂内消防水、冲灰水、生活用水等系统合并，回水系统应满足回收利用的要求。

10.1.5 辅机冷却水系统宜采用单元制。

10.1.6 转动机械轴承冷却水中的碳酸盐硬度宜小于250mg/L（以$CaCO_3$计）；pH值不应小于6.5，不宜大于9.5；对于300MW及以上机组，悬浮物的含量宜小于50mg/L，其他机组应小于100mg/L。

10.1.7 开式水管道在使用低温水而有可能导致管道外壁结露时，应采取防止管道外壁腐蚀的措施。在寒冷地区的供、回水管道在有可能冻结部位应有防冻措施。

10.2 系统设计

10.2.1 辅机冷却水系统应根据冷却水源、水质情况和设备对冷却水水量、水温和水质的不同要求合理确定。

10.2.2 辅机冷却水系统应根据下列原则确定：

1 以淡水作为辅机冷却水源，且不需要处理即可作为辅机冷却用水时，宜采用开式循环冷却水系统；以淡水作为辅机冷却水源，但需处理时，宜采用开式循环水和闭式循环水相结合的辅机冷却水系统；

2 以海水或再生水作为辅机冷却水源，宜采用开、闭式循环冷却水相结合系统，不宜用海水或再生水直接冷却的辅机设备宜采用闭式循环冷却水冷却，闭式循环冷却水热交换器宜由海水或再生水作为冷却水源；

3 空冷机组辅机冷却水采用辅机空冷塔冷却时，辅机冷却水应采用闭式循环冷却水系统，水质为除盐水；空冷机组辅机冷却水采用辅机湿冷塔冷却时，辅机冷却水可采用开式循环冷却水与闭式循环冷却水相结合系统；

4 湿冷机组开式循环冷却水应取自凝汽器循环冷却水系统，空冷机组开式循环冷却水宜取自辅机冷却塔冷却水系统，闭式循环冷却水宜采用除盐水或凝结水；

5 对水质要求较高的用水点，如水内冷发电机冷却水、汽水取样冷却器的冷却水、给水泵和凝结水泵的轴封用水等宜采用除盐水或凝结水；

6 对用水量较大的管式冷却设备，如油冷却器、空（氢）冷却器等，可根据水质情况及具体厂家要求，宜采用经过滤的开式水。

10.2.3 对于在辅机冷却水系处于事故状态时仍不能中断冷却水的设备，应设置事故备用水源，如事故备用冷却水泵或高位水箱。

10.2.4 公用设备应能由各辅机冷却水系统单元分别供水，切换运行。

10.2.5 闭式循环冷却水系统应设置膨胀装置及补水系统，膨胀装置可采用闭式循环水膨胀水箱或落差管。膨胀装置宜每个辅机冷却水单元设置一套。

10.2.6 闭式循环冷却水热交换器处闭式循环冷却水侧的运行压力应大于开式循环冷却水侧的运行压力。

10.2.7 转动机械的轴承冷却水回水管道上宜设置水流指示器。

10.2.8 闭式循环冷却水的温度调节除了在闭式循环冷却水热交换器出口的开式循环冷却水管道上设置调节阀外，还可在闭式循环冷却水侧设置闭式循环冷却水热交换器旁路，在主路和旁路上分别设置调节阀。

10.2.9 在需控制被冷却介质温度的辅机冷却水管道上应设置调节阀，调节阀宜设置在冷却水回水管道上。

10.2.10 当开式循环冷却水的水源为海水或其他有腐蚀性的水质时，管道应进行防腐处理。

10.3 布置设计

10.3.1 管道布置应满足系统流程及工艺的要求，设备及管道布置应满足操作、维护的要求。

10.3.2 主厂房内辅机冷却水管道宜架空布置。

10.3.3 开式循环冷却水泵、闭式循环冷却水、闭式水板式换热器宜集中布置。

10.3.4 闭式循环冷却水膨胀装置安装标高应高于系统中最高冷却设备的标高，膨胀装置对系统产生的稳定压力，应使闭式循环冷却水热交换器中闭式循环冷却水侧的运行压力应大于开式循环冷却水侧的运行压力。

11 管道系统的超压保护设计

11.1 一般规定

11.1.1 在运行中可能超压的管道系统均应设置超压保护装置，自动控制仪表和事故连锁装置不应代替超压保护装置。超压保护装置宜采用安全阀，也可采用爆破片装置。

11.1.2 符合下列情况之一的管道，应装设安全阀：

1 设计压力小于外部压力源的压力，出口可能被关断或堵塞的设备和管道系统；

2 减压装置出口设计压力小于进口压力，排放出口可能被关断或堵塞的设备和管道系统；

3 因两端关断阀关闭，受外界环境影响而产生热膨胀或汽化的管道系统；

4 汽轮机调整抽汽管道；

5 背压式汽轮机的排汽管道；

6 热网循环泵前的热网回水管道。

11.1.3 安全阀的相关压力的确定应符合下列要求：

1 安全阀的整定压力除工艺有特殊要求外，应为正常最大工作压力的1.1倍，最低为1.05倍；

2 当管道系统装设一个或多个安全阀时，安全阀的最低整定压力不应大于管道设计压力，其余安全阀的最高整定压力不宜超过管道设计压力的1.03倍，且安全阀的最大排放压力不应大于管道设计压力的1.06倍；

3 安全阀的启闭压差宜为整定压力的4%~7%，最大不得超过整定压力的10%。

11.1.4 安全阀入口管道的压力损失宜小于整定压力的3%，安全阀出口管道压力损失不宜超过整定压力的10%。

11.1.5 安全阀的入口管道和出口管道上不应设置切断阀。

11.2 超压保护装置的选用

11.2.1 安全阀的选用应符合以下规定：

1 安全阀应按泄放介质选用，并计及背压的影响。在水管道上，应采用微启式安全阀；在蒸汽管道上，可根据介质种类、排放量的大小采用全启式或微启式安全阀，压力式除氧器上的安全阀应采用全启式安全阀；

2 安全阀的选用应符合现行国家标准《安全阀一般要求》GB 12241、《压力释放装置　性能试验规范》GB 12242和《弹簧直接载荷安全阀》GB 12243的规定；

3 安全阀不应采用静重式或重力杠杆式的安全阀。

11.2.2 爆破片装置的选用应符合现行国家标准《压力容器》GB 150和《爆破片和爆破片装置》GB 567的有关规定。

11.3 安全阀及排放管道的布置

11.3.1 安全阀排放管道的设置可采用以下两种方式：

1 开式排放系统［图11.3.1（a）］可通过直接与安全阀连接的排放管把流体排放到大气；

2 闭式排放系统［图11.3.1（b）］可将流体排放到不与安全阀相接的排空管，之后排放到大气。

11.3.2 安全阀出口排放管道的设计应符合下列规定：

1 当排汽管采用开式系统时，如果阀门和阀管上无支架时，在弯头出口端部应留有一段不小于1倍管径的直段，且在排放时使排放管接口与排放弯头出口段中心线一致，排放管与联箱中心线成垂直；

2 安全阀出口与第一只出口弯头之间无支架时，两者之间宜直接连接，如有直管段时宜缩短。安全阀的接管承受弯矩时，必要时应核算安全阀接口处强度；

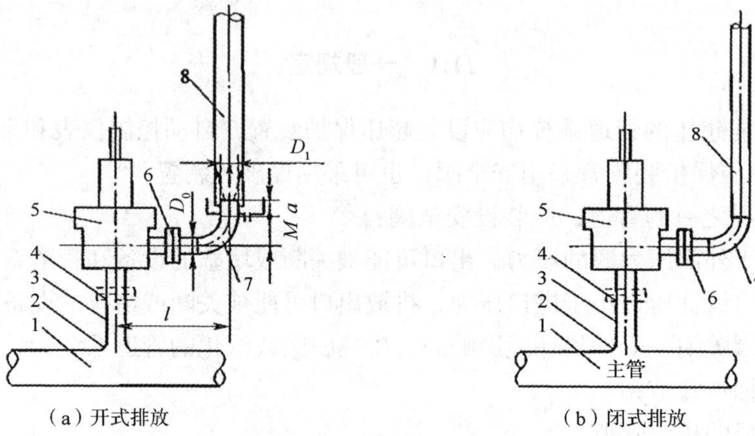

图11.3.1 安全门装置

1—主管；2—分支接头；3—入口管；4—进口法兰；5—安全阀；6—出口法兰；7—安全阀出口弯头；8—排汽管

3 排放管道及其支承应有足够的强度承受排放反力。安全阀的排放管或排空管宜引至厂房外，水侧安全阀除外，排出口不应对着其他管道、设备、建筑物以及可能有人到达的场所。排出口应高于屋面或平台2500mm；

4 宜采用单独排放管道，但如果两个或更多个排放装置组合在一起，排放管的设计应具有足够的流通截面，排放管截面积不应小于由此处排放的阀门出口的总截面，且排放管道应尽最短而直，其布置应避免在阀门处产生过大的应力；

5 安全阀排放管道的设计应易于疏水，可在蒸汽安全阀出口排放管的低点设置疏放水管道，疏放水管道上不应设置关断阀门；

6 当装设消声器时，消声器应有足够的通流面积，防止其产生的背压影响安全阀的正常运行和排放。

11.3.3 闭式排放安全阀排放管的布置不应影响安全阀的排放能力；开式排放安全阀排放管的布置必须避免在疏水盘处发生蒸汽反喷。如果不能满足这些要求应修改排放管或排空管的布置或者规格。安全阀开式排放反喷验算应符合本规范第11.4.10条的相关规定。

11.3.4 安全阀的布置应符合下列规定：

1 对主蒸汽和高温再热蒸汽管道上的安全阀，阀门应距上游弯管或弯头起弯点不小于8倍管子内径的距离；当弯管或弯头是从垂直向上而转向水平方向时，其距离还应适当加大。除下游弯管或弯头外，安全阀入口管距上下游两侧其他附件也不应小于8倍管子内径的距离；

2 两个或两个以上安全阀布置在同一管道上时，其间距沿管道轴向不应小于相邻安全阀入口管内径之和的1.5倍。当两个安全阀在同一管道断面的周向上引出时，其周向间距的弧长不应小于两安全阀入口内径之和；

3 当排汽管为开式排放，且安全阀阀管上无支架时，安全阀布置宜使入口管缩短，安全阀出口的方向应平行于主管或联箱的轴线；

4 在同一根主管或联箱上布置有多只安全阀时，应使安全阀在所有运行方式下，其排放作用力矩对主管的影响达到相互平衡。

5 安全阀应垂直安装。

11.4 安全阀及排放管道计算

11.4.1 判断蒸汽膨胀过程是否会进入饱和区，可采用下列公式：

$$i_s = 28.8945 \times \log_{10}\left(\frac{W}{A_2}\right) + 489.4378 \qquad (11.4.1\text{-}1)$$

如果初参数i_o不大于i_s，则过程将与饱和线交叉或在饱和区以内，此时K取1.13，并且临界参数按下列公式计算：否则蒸汽为过热蒸汽，K取1.3。

$$P_i^* = \frac{1}{108.278 - 0.0322 \times i_0} \times \left(\frac{G_0}{A_i}\right) \qquad (11.4.1\text{-}2)$$

$$V_i^* = 7630.13 \times \left[-m + \sqrt{m^2 + 3.99473 \times 10^{-5} \times (3.6 i_0 - 2n)^6}\right] \qquad (11.4.1\text{-}3)$$

$$m = 2.117 - 0.2254 \times \log_{10} P_i^* \qquad (11.4.1\text{-}4)$$

$$n = 252.621 \times \log_{10} P_i^* - 1606.829 \qquad (11.4.1\text{-}5)$$

11.4.2 对于开式排放形式（图11.4.1-1），安全阀出口排放背压可取管道的出口排放背压P_5；对于闭式排放型式（图11.4.1-1），安全阀出口排放背压可取排放管道入口压力P_3，P_3可按本规范第11.4.8条方法计算。

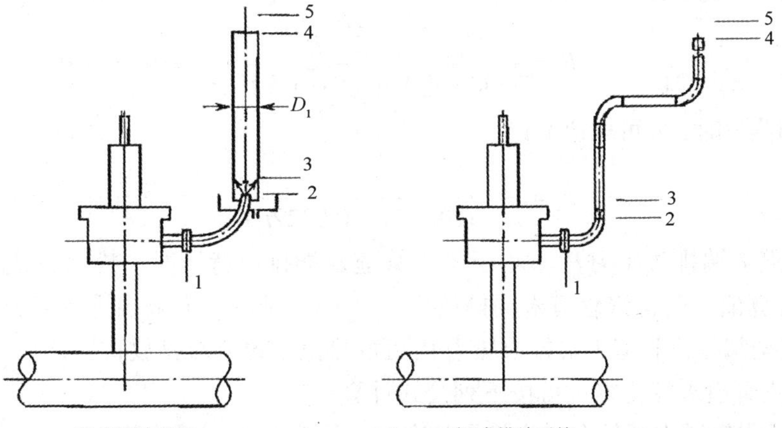

图11.4.1-1 安全阀装置

11.4.3 安全阀出口处介质压力P_2可按下列公式计算：当蒸汽为过热蒸汽时，K可取值1.3：

$$P_2 = \frac{G_0}{3600 \times A_2}\sqrt{\frac{2 \times P_0 v_0}{g \times K(1+K)}} \qquad (11.4.3\text{-}1)$$

当蒸汽为饱和蒸汽时，K可取值1.13：

$$P_2 = \frac{G_0}{A_2 \times (108.278 - 0.0322 i_0)} \qquad (11.4.3\text{-}2)$$

当安全阀排放压力P_2不小于安全阀出口排放背压时，安全阀出口为临界状态，P_2可取上述计算值；若P_2小于安全阀出口排放背压时，安全阀出口为亚临界状态，安全阀排放压力可取为安全阀出口排放背压。

11.4.4 安全阀出口比容v_2可按下列方法计算：

1 当安全阀出口处介质为临界状态时，比容v_2可按下列公式计算：

当蒸汽为过热蒸汽时，K可取值1.3：

$$v_2=\frac{3600\times\sqrt{\frac{2gKP_0v_0}{1+K}}\times A_2}{G_0}\quad\cdots\cdots\quad(11.4.4-1)$$

当蒸汽为饱和蒸汽时，K可取值1.13：

$$v_2=7630.13\times\left[-m+\sqrt{m^2+3.99473\times10^{-5}\times(3.6\times i_0-2\times 2n)}^{6}\right]\quad\cdots\cdots\quad(11.4.4-2)$$

2　如安全阀出口处介质为亚临界状态时，比容v_2可按下列公式计算：

$$v_2=\frac{-b+\sqrt{b^2-4ac}}{2a}\quad\cdots\cdots\quad(11.4.4-3)$$

$$a=\frac{k-1}{2gk}\quad\cdots\cdots\quad(11.4.4-4)$$

$$b=\frac{3600\times P_b\times A_2}{G_0}\quad\cdots\cdots\quad(11.4.4-5)$$

$$c=-P_0v_0\quad\cdots\cdots\quad(11.4.4-6)$$

11.4.5　安全阀出口排汽管道的始端与末端介质参数可按本规范第11.4.5条~11.4.8条规定的方法计算。安全阀出口排汽管道的末端压力可按下列规定计算。

1　排汽管道末端排放背压P_5，对于排放环境为大气环境时可取当地环境大气压力；

2　排汽管道末端处介质压力P_4可按下列公式计算：

当蒸汽为过热蒸汽时，K可取值1.3：

$$P_4=\frac{G_0}{3600\times A_4}\sqrt{\frac{2\times P_0v_0}{g\times K(1+K)}}\quad\cdots\cdots\quad(11.4.5-1)$$

当蒸汽为饱和蒸汽时，K可取值1.13：

$$P_4=\frac{G_0}{A_4\times(108.278-0.0322i_0)}\quad\cdots\cdots\quad(11.4.5-2)$$

3　当排汽管道末端排放压力P_4不小于排汽管道末端排放背压时，排汽管道出口介质为临界状态，P_4可取上述计算值；若排汽管道末端排放压力P_4小于排汽管道末端排放背压时，排汽管道出口为亚临界状态，安全阀排汽管道末端排放压力P_4可取排汽管道末端排放背压P_5。

11.4.6　安全阀排汽管道末端比容v_4可按下列公式计算：

1　当安全阀排汽管道末端处介质为临界状态时，比容v_4可按下列公式计算：

当蒸汽为过热蒸汽时，K可取值1.3：

$$v_4=\frac{3600\times\sqrt{\frac{2gKP_0v_0}{1+K}}\times A_4}{G_0}\quad\cdots\cdots\quad(11.4.6-1)$$

当蒸汽为饱和蒸汽时，K可取值1.13：

$$v_4=7630.13\times\left[-m+\sqrt{m^2+3.99473\times10^{-5}\times(3.6\times i_0-2\times 2n)}^{6}\right]\quad\cdots\cdots\quad(11.4.6-2)$$

2　当安全阀排汽管道末端处介质为亚临界状态时，比容v_4可按下列公式计算：

$$v_4=\frac{-b+\sqrt{b^2-4ac}}{2a}\quad\cdots\cdots\quad(11.4.6-3)$$

$$a=\frac{k-1}{2gk}\quad\cdots\cdots\quad(11.4.6-4)$$

$$b=\frac{3600\times P_b\times A_4}{G_0}\quad\cdots\cdots\quad(11.4.6-5)$$

$$c=-P_0 v_0 \quad\cdots\cdots\cdots\cdots\cdots\cdots \quad (11.4.6\text{-}6)$$

11.4.7 安全阀排汽管道末端的其他相关参数可按下列公式计算：

1 当安全阀排汽管末端为临界态时，马赫数M_4=1。

当安全阀排汽管末端为非临界态时，马赫数M_4可按下式计算：

$$M_4=\sqrt{\frac{\sqrt{1+\left(K^2-1\right)\left(\frac{P_4}{P_5}\right)^2}-1}{K-1}} \quad\cdots\cdots\cdots\cdots \quad (11.4.7\text{-}1)$$

2 当安全阀排汽管末端为临界态时，出口阻力K_4可取值为0。

当安全阀排汽管末端为非临界态，出口阻力K_4可按下式计算：

$$K_4=\frac{1-M_4^2}{KM_4^2}+\frac{K+1}{2K}\ln\frac{(K+1)M_4^2}{2\left(1+\frac{K-1}{2}M_4^2\right)} \quad\cdots\cdots\cdots\cdots \quad (11.4.7\text{-}2)$$

3 当安全阀排汽管末端为临界态时，排汽管末端流速可按下式计算：

$$U_4=\sqrt{2g\frac{k}{k+1}P_0 v_0} \quad\cdots\cdots\cdots\cdots \quad (11.4.7\text{-}3)$$

当安全阀排汽管末端为非临界态时，排汽管末端流速可按下式计算：

$$U_4=\sqrt{2g\frac{k}{k+1}P_0 v_0}\times\frac{P_5}{P_4^*}\times M_4^2 \quad\cdots\cdots\cdots\cdots \quad (11.4.7\text{-}4)$$

11.4.8 安全阀排汽管道的始端介质压力P_3应按下列方法计算：

1 排汽管道的阻力系数计算可按本规范第7章的规定计算，但应考虑排汽口和排汽管道的所有阻力和；

2 排汽管末端为临界态时，排汽管始端马赫数M_3可按下式计算：

$$\frac{1-M_3^2}{KM_3^2}+\frac{K+1}{2K}\ln\frac{(K+1)M_3^2}{2\left(1+\frac{K-1}{2}M_3^2\right)}=K_3 \quad\cdots\cdots\cdots\cdots \quad (11.4.8\text{-}1)$$

排汽管末端为亚临界态时，排汽管始端马赫数M_3可按下式计算：

$$\frac{1-M_3^2}{KM_3^2}+\frac{K+1}{2K}\ln\frac{(K+1)M_3^2}{2\left(1+\frac{K-1}{2}M_3^2\right)}=K_3+K_4 \quad\cdots\cdots\cdots\cdots \quad (11.4.8\text{-}2)$$

3 排汽管始端压力P_3可按下式计算：

$$P_3=P_4\times\frac{1}{M_3}\sqrt{\frac{K+1}{2\left(1+\frac{K-1}{2}M_3^2\right)}} \quad\cdots\cdots\cdots\cdots \quad (11.4.8\text{-}3)$$

4 排汽管始端流速U_3可按下式计算：

$$U_3=U_4\times M_3\sqrt{\frac{K+1}{2\left(1+\frac{K-1}{2}M_3^2\right)}} \quad\cdots\cdots\cdots\cdots \quad (11.4.8\text{-}4)$$

5 排汽管始端比容v_3可按下式计算：

$$v_3=\frac{3600U_3A_3}{G_0} \quad\cdots\cdots\cdots\cdots \quad (11.4.8\text{-}5)$$

11.4.9 安全阀排汽管道计算后应按下列方式进行校验：

1 熵增校验应满足下列条件：

$$P_3 v_3^k \geqslant P_2 v_2^k \quad\cdots\cdots\cdots\cdots \quad (11.4.9\text{-}1)$$

2 动量校核应满足下列条件：

$$\left(P_2-P_b+\frac{U_2^2}{gv_2}\right)\times A_2 \geqslant \left(P_3-P_b+\frac{U_3^2}{gv_3}\right)\times A_3 \quad \cdots\cdots\cdots\cdots\cdots \quad (11.4.9\text{-}2)$$

3 背压校核应满足下列条件：

$$P_b'=P_2\left[1.12e^{\frac{0.5A_2}{A_3}}-1.133\right] \quad \cdots\cdots\cdots\cdots\cdots\cdots\cdots\cdots\cdots\cdots \quad (11.4.9\text{-}3)$$

式中：P——静压力［kg/m^2（a）］；

P_0——初始态；

P_i——i为奇数表示进口断面的状态，偶数表示出口断面的状态，如P_1、P_2、P_3、P_4；

c——安全阀阀芯缩口处的状态；

c_r——表示临界态$P^*=P_{cr}$；

P_b——表示背压；

t——温度（℃），绝对温度以K表示；

v——比容（m^3/kg）；

s——熵（kcal/kg·K）；

G——流量（kg/h）；

U——流速（m/s）；

M——马赫数；

λ——管道摩擦系数；

ξ_t——管道总阻力系数；

i——焓（kcal/kg）；

g——重力加速度，取9.807m/s^2（m/s^2）；

K——阻力参数；

G_0——安全阀计算流量，取1.15倍安全阀额定流量（kg/h）。

11.4.10 对于开式排放的排汽管道（图11.4.10），应避免在疏水盘处发生蒸汽反喷，排汽管不反喷应按下式计算：

$$\frac{G}{3.6}(w_1-w_2)>(p_2-p_{at})A_2-(p_1-p_{at})A_1 \quad \cdots\cdots\cdots\cdots\cdots\cdots\cdots \quad (11.4.10)$$

式中：G——质量流量（t/h）；

p_{at}——大气压力（Pa）；

A——管道截面积（m^2）；

A_1——截面1处管道截面积（m^2）；

A_2——截面2处管道截面积（m^2）。

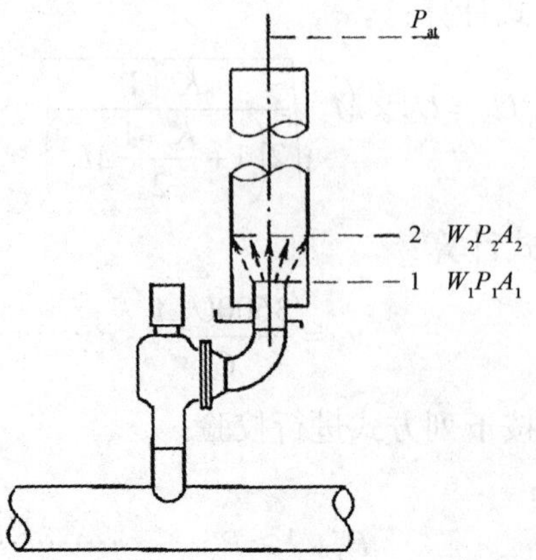

图11.4.10　开式排汽管道

11.4.11 对于闭式排放的排汽反力应按下列方法计算：

1 与管子端面垂直的排汽口或管段进出口断面处的排汽反力（图11.4.11-1），可按下式计算：

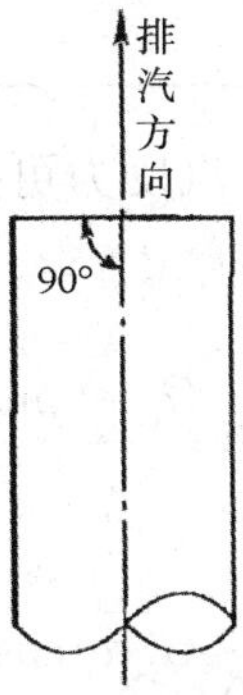

图11.4.11-1 垂直排汽口示意图

$$F_i=\frac{1}{3.6}G_iw_i+(p_i-p_a)A_i \quad (11.4.11-1)$$

式中：F_i——断面i处的反力（N）；

G_i——断面i处的介质流量（t/h）；

w_i——断面i处的介质流速（m/s）；

p_i——断面i处的介质压力（Pa）；

p_a——当地大气压（Pa）；

A_i——断面i处的通流面积（m^2）。

2 排汽口为斜切口（图11.4.11-2），斜切部分入口为亚临界流动时，其排汽反力可按式（11.4.11-3）计算，若为临界流动时，可按式（11.4.11-2）计算。

$$F_{iz}=-\frac{1}{3.6}G_iw_i\cos\varphi \quad (11.4.11-2)$$

$$F_{ix}=\frac{1}{3.6}G_iw_i\sin\varphi \quad (11.4.11-3)$$

式中：F_{iz}——z向分力（N）；

F_{ix}——x向分力（N）；

φ——气流与管道轴线的偏转角，可按本规范表11.4.11的规定确定；其中$G_i\omega_i$可按式（11.4.11-4）计算；

$$G_iw_i=G_iw_{i-1}+3.6(P_{i-1}-p_a)A_{i-1} \quad (11.4.11-4)$$

式中：w_{i-1}——$i-1$断面处的介质流速（m/s）；

P_{i-1}——$i-1$断面处的介质压力（Pa）；

A_{i-1}——$i-1$断面处的流通面积（m^2）。

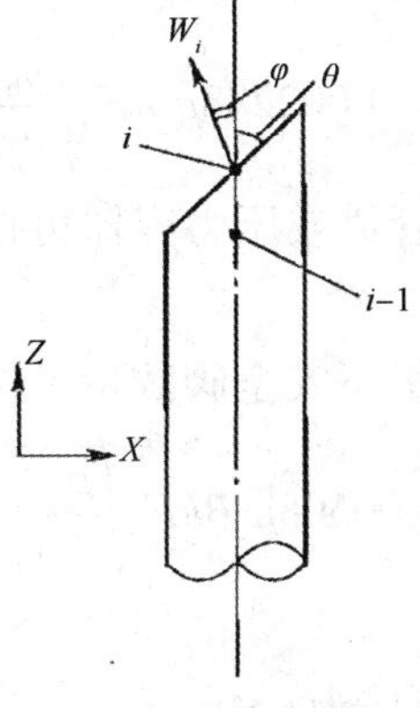

图11.4.11-2 斜切排汽口示意图

表11.4.11 气流偏转角与斜切角关系表

斜切角 θ	30°	45°	60°
气流偏转角 φ	30°	16°	7°

3 T形、Y形排汽口（图11.4.11-3）的排汽反力可按下列方法计算：

1）T_a型排汽口的排汽反力可按下式计算：

$$F_{iz}=\frac{1}{3.6}G_{i-1}\omega_i\sin\varphi \quad \text{(11.4.11-5)}$$

2）T_b型排汽口的排汽反力可按下式计算：

$$F_{iz}=\frac{1}{3.66}G_{i-1}\omega_i\cos\varphi \quad \text{(11.4.11-6)}$$

3）Y形排汽口的排汽反力可按下式计算：

$$F_{iz}=-\frac{1}{3.6}G_{i-1}\omega\cos(\varphi+\theta) \quad \text{(11.4.11-7)}$$

4）$G_{i-1}\omega_i$可按下式计算：

$$G_{i-1}\omega_i=G_{i-1}\omega_{i-1}+3.6(P_{i-1}-2P_a)A_{i-1} \quad \text{(11.4.11-8)}$$

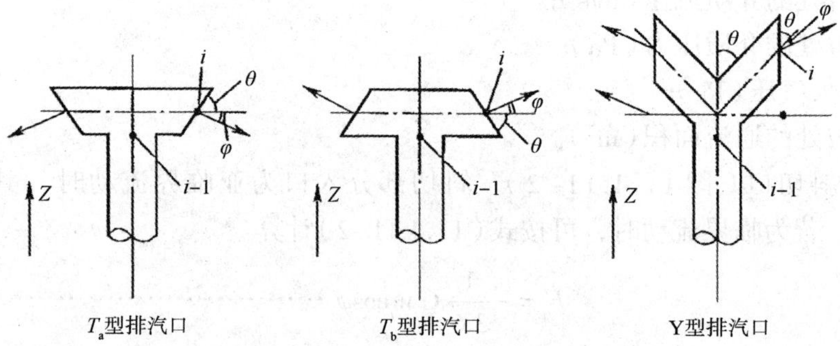

图11.4.11-3 T_a型、T_b型、Y型排汽口

11.5 安全阀选择计算

11.5.1 装设在锅炉汽包、过热器、再热器等处的安全阀，在缺乏制造厂资料时，或者对于设计压力大于1MPa的蒸汽管道或容器上的安全阀，可按下列规定计算其流通能力或在给定通流量下确定安全阀个数：

1 排放汽源为过热蒸汽时，安全阀的通流量可按下式计算：

$$G=0.0024\mu_1 nF\sqrt{\frac{p_0}{v_0}} \quad \text{(11.5.1-1)}$$

2 排放汽源为饱和蒸汽时，安全阀的通流量可按下式计算；

$$G=0.002288\mu_1 nF\sqrt{\frac{p_0}{v_0}} \quad \text{(11.5.1-2)}$$

11.5.2 排放压力为1MPa及以下的蒸汽管道或压力容器可按下列规定计算安全阀的通流能力或在给定通流量下确定安全阀个数：

1 安全阀的通流能力或在给定通流量下安全阀数量可按下式计算：

$$G=0.00508\mu_2 BnF\sqrt{\frac{p_0-p_2}{v_0}} \quad \text{(11.5.2-1)}$$

式中：G——安全阀的通流量（t/h）；

p_0——蒸汽在安全阙前的滞止绝对压力（MPa）；

v_0——蒸汽在安全阀前的滞止比容（m³/kg）；

p_2——蒸汽在安全阀后的绝对压力（MPa）；确定p_2时，应计入阀后管道及附件的阻力；

n——并联装设的安全阀数量（个）；

μ_1，μ_2——安全阀流量系数，应有试验确定或按制造厂资料取值；μ_1可取值0.9，μ_2可取值0.6；

B——蒸汽可压缩性的修正系数，与绝热指数k，压力比p_2/p_0，阻力等因数有关；对于水，B可取值1；对于蒸汽，可按本规范表11.5.2的规定查取；

F——每个安全阀流通界面的最小断面积，其值应根据制造厂资料按式（11.5.2-2）或式（11.5.2-3）确定。

2 对于全启式安全阀，F值可按下式计算：

$$F=\frac{\pi}{4}d^2 \qquad (11.5.2\text{-}2)$$

式中：d——安全阀最小通流界面直径（mm）。

3 对于微启式安全阀，F值可按下式计算：

$$F=\pi dh \qquad (11.5.2\text{-}3)$$

式中：h——安全阀阀杆升程（mm）。

表 11.5.2 系数B值

$\frac{p_2}{p_1}$	绝热指数k在下列数值时的B值						
	1.00	1.135	1.24	1.30	1.40	1.66	2.00
0	0.429	0.449	0.464	0.472	0.484	0.513	0.544
0.04	0.438	0.459	0.474	0.482	0.494	0.524	0.556
0.08	0.447	0.469	0.484	0.492	0.505	0.535	0.568
0.12	0.457	0.479	0.495	0.503	0.516	0.547	0.580
0.16	0.468	0.490	0.506	0.515	0.528	0.559	0.594
0.20	0.479	0.502	0.519	0.527	0.541	0.573	0.609
0.24	0.492	0.515	0.546	0.541	0.555	0.588	0.624
0.28	0.505	0.529	0.552	0.556	0.570	0.604	0.641
0.32	0.520	0.545	0.563	0.572	0.587	0.622	0.660
0.36	0.536	0.562	0.580	0.590	0.605	0.641	0.680
0.40	0.553	0.580	0.598	0.609	0.625	0.662	0.702
0.44	0.573	0.600	0.620	0.630	0.647	0.685	0.727
0.48	0.594	0.622	0.643	0.654	0.671	0.711	0.753
0.50	0.606	0.635	0.656	0.567	0.685	0.725	0.765
0.52	0.619	0.648	0.669	0.681	0.699	0.739	0.777
0.54	0.632	0.662	0.684	0.698	0.714	0.752	0.789
0.56	0.646	0.677	0.699	0.711	0.729	0.765	0.800
0.58	0.662	0.693	0.715	0.726	0.743	0.778	0.811
0.60	0.678	0.710	0.730	0.741	0.757	0.790	0.822

表11.5.2 系数B值（续）

$\frac{p_2}{p_1}$	绝热指数k在下列数值时的B值						
	1.00	1.135	1.24	1.30	1.40	1.66	2.00
0.62	0.695	0.726	0.745	0.756	0.771	0.802	0.833
0.64	0.712	0.742	0.760	0.770	0.785	0.814	0.743
0.66	0.729	0.758	0.775	0.784	0.798	0.826	0.853
0.68	0.748	0.773	0.790	0.798	0.811	0.838	0.863
0.72	0.780	0.803	0.818	0.826	0.837	0.860	0.883
0.76	0.812	0.833	0.846	0.852	0.862	0.882	0.901
0.80	0.845	0.862	0.873	0.878	0.886	0.903	0.919
0.84	0.877	0.891	0.899	0.904	0.910	0.924	0.936
0.88	0.908	0.919	0.925	0.929	0.933	0.944	0.953
0.92	0.939	0.946	0.951	0.953	0.956	0.963	0.969
0.96	0.970	0.973	0.976	0.977	0.978	0.982	0.985
1.00	1.000	1.000	1.000	1.000	1.000	1.000	1.000

12 蒸汽吹管系统设计

12.1 一般规定

12.1.1 蒸汽吹管系统设计应根据机组热力系统、布置条件及蒸汽吹管的方式、方法进行整体规划，使机组蒸汽吹管安全、可靠地进行。

12.1.2 蒸汽吹管系统的设计范围应包括：锅炉过热器、再热器及其系统，主蒸汽管道、再热蒸汽冷段及热段管道，高压旁路系统管道，汽动给水泵汽轮机汽源管道，汽轮机轴封高压汽源管道，锅炉吹灰系统主蒸汽汽源管道，其他蒸汽管道的吹管系统设计。

12.1.3 蒸汽吹管的给水品质、蒸汽品质应符合设备的要求。

12.1.4 蒸汽吹管系统临时管道和附件应按防烫伤的要求进行保温设计。

12.1.5 蒸汽吹管系统临时管道、临时部件与设备的连接应便于拆装。

12.1.6 蒸汽吹管系统临时管道和附件应与永久管道整体进行应力验算。

12.1.7 蒸汽吹管系统管道安装、吹管质量、设备系统安全措施、性能验收等其他技术要求应按照现行行业标准《电力建设施工技术规范 第2部分：锅炉机组》DL 5190.2、《电力建设施工技术规范 第5部分：管道及系统》DL 5190.5、《火力发电建设工程机组蒸汽吹管导则》DL/T 1269的要求执行。

12.2 系统设计

12.2.1 蒸汽吹管系统不应改变永久管道系统，可根据需要设置临时管道。

12.2.2 蒸汽吹管系统临时部件的设置应符合下列规定：

1 汽轮机主汽阀宜采用临时部件代替主汽阀的阀芯，使吹扫蒸汽通过主汽阀阀盖引出，并应与汽轮机高压缸隔断；

2 汽轮机中压汽阀宜采用临时部件代替中压汽阀的阀芯，使吹扫蒸汽通过中压汽阀阀盖引出，并应与汽轮机中压缸隔断；

3 对于高压缸排汽管或止回阀，如吹扫蒸汽通过止回阀接入，宜采用临时部件代替止回阀阀芯；如吹扫蒸汽由高压缸排汽总管的端头接入，应在高压缸排汽管上增设临时堵板与高压缸隔断；

4 高压旁路阀如允许参与吹扫时，可不必增设临时部件，否则应采用临时部件代替旁路阀阀芯或设置临时管道替代旁路阀。

低压旁路如允许参与吹扫时，可不必增设临时部件，吹扫蒸汽从低压旁路阀出口管道接至临时排汽管道，但应在低压旁路阀出口管道设置临时堵板与凝汽器隔断；如不允许参加吹扫，可采用临时部件代替阀芯，使吹扫蒸汽由低压旁路阀盖引出，并应与低压旁路出口管道隔断。

5 在采用一阶段吹扫方式时，应在锅炉再热器入口前管道上临时装设集粒器。

12.2.3 蒸汽吹管临时管道系统应包括临时管道、吹管控制阀及其旁路阀、靶板、消声器等主要部件。

12.2.4 吹管蒸汽参数应保证被吹扫系统各处的吹管系数均大于1，吹管系数可按下式计算：

$$k_c=\frac{G_B^2\times v_B}{G_A^2\times v_A} \quad (12.2.4)$$

式中：k_c——吹管系数；

G_B——吹管时的蒸汽流量（t/h）；

v_B——吹管时的蒸汽比容（m^3/kg）；

G_A——额定负荷时的蒸汽流量（t/h）；

v_A——额定负荷时的蒸汽比容（m^3/kg）。

12.2.5 蒸汽吹管临时管道参数确定应符合下列规定：

1 蒸汽吹管控制阀及其旁路阀前的临时管道的设计压力不应小于10MPa，设计温度不应小于450℃；

2 蒸汽吹管控制阀后的临时管道，设计压力不应小于4.0MPa压力，设计温度不应小于450℃温度；

3 中压主气门后的临时管道和临时排汽管道的设计压力不应小于2.0MPa，设计温度不应小于450℃。采用稳压吹管时，设计温度不应小于540℃。

12.2.6 蒸汽吹管临时部件参数选择应符合下列规定；

1 蒸汽吹管控制阀和旁路阀设计压力不应小于10MPa，设计温度不应低于450℃；

2 高压主气门装设在蒸汽吹管临时控制阀前时，高压主气门临时部件设计压力不应小于10MPa、温度不应低于450℃；高压主气门装设在吹管临时控制阀后时，高压主气门临时部件设计压力不应小于4MPa，设计温度不应低于450℃；

3 中压主气门临时部件设计压力不应小于2MPa，设计温度不应低于450℃，采用稳压吹管时，设计温度不应低于540℃；

4 高压缸排汽管道临时部件或止回阀临时部件设计压力不应小于4MPa，设计温度不应低于450℃；

5 高压路旁阀临时部件及其前的临时堵板设计压力不应小于10MPa，设计温度不应低于450℃；

6 低压旁路阀的临时部件设计压力不应小于2MPa，设计温度不应低于450℃。采用稳压吹管，设计温度不应低于540℃；

7 集粒器设计压力不应小于3MPa、设计温度不应低于450℃；

8 消音器设计压力不应小于1.6MPa、温度不应低于450℃。采用稳压吹管，中压主气门后排汽管道消音器的设计温度不应低于540℃。

12.2.7 可在被吹扫管道末端的临时排汽管道内或排汽口处应装设靶板，用以检查吹管的质量。

12.2.8 在临时排汽管道出口应加装消声器。消声器的设计流量为吹扫蒸汽流量。

12.2.9 吹管范围内的蒸汽流量测量装置不应安装，可用等径短管代替。

12.2.10 蒸汽吹管临时连接管道和临时排汽管道应在最低点设置疏水点和放水点，疏水应单独引至主厂房外的安全区域排放。蒸汽吹管时汽轮机侧主蒸汽、再热蒸汽管道的疏水应接临时管道排出，不应排至凝汽器。

12.3 临时管道及附件选择

12.3.1 临时管道和材料附件应根据吹管的设计参数和吹管方式选择。采用稳压吹管时，中压主气门后及低压旁路阀后的临时管道和临时排汽管道应采用合金钢管。

12.3.2 中压主气门后的临时管道可采用截面积大于高温再热管道截面积2/3的管道，其余临时管道的截面积不应小于被吹洗管道的面积。

12.3.3 蒸汽吹管控制阀宜采用电动闸阀，公称尺寸不应小于主蒸汽管道，具有中停功能，其全行程开关时间宜小于60s。旁路阀公称尺寸不应小于DN50。

12.3.4 靶板器应具有足够的强度，密封性好。靶板可采用黄铜或铝板制成，并进行抛光处理，无肉眼可见斑痕。靶板的宽度宜约为排汽管道内径的8%，长度纵贯管道的内径。

12.3.5 集粒器设计应结构紧凑合理、便于制造及安装，收集杂物性能好并有足够大的收集杂物的容积，且吹管蒸汽不得直吹滤网。集粒器阻力不应于0.1MPa；滤网孔径不应大于12mm。

12.3.6 消音器在结构上应满足强度、膨胀、疏水的要求，并有防止杂物冲击的阻击装置。厂界噪声应符合现行国家标准《工业企业厂界环境噪声排放标准》GB 12348的规定，阻力应小于0.1MPa。

12.4 布置设计

12.4.1 蒸汽吹管临时排汽管道宜水平安装。排汽口应在主厂房外。

12.4.2 临时管道不宜采用T型的汇集三通，不宜采用直角弯头。两管之间夹角应小于90°，以30°~60°锐角相接最佳。

12.4.3 吹管控制阀应水平安装，必要时应设操作平台。

12.4.4 集粒器宜水平布置，宜靠近再热器入口，且便于清理，并应设置操作平台。

12.4.5 靶板前直管段长度不应小于4倍~5倍管道直径、靶板后直管段长度不应小于2倍~3倍管道直径。

12.4.6 蒸汽吹管临时排汽管道安装消音器时，其排汽方向应避开建筑物、设备及人员经常通过或停留的场所。当未装设消声器时，排汽口应向上倾斜，排向安全区域。消声器前临时排汽管道应设疏水点，以避免消声器损坏。

12.4.7 蒸汽吹管临时连接管道和临时排汽管道水平布置疏水坡度不应小于0.002。

12.5 支吊架设计

12.5.1 蒸汽吹管临时连接管道和临时排汽管道的支吊架应布置合理、坚固可靠。

12.5.2 蒸汽吹管临时管道宜设置适当的导向和限位支架，以承受高速汽流产生的冲力和限制管道振动。

12.5.3 承受排汽反力的支吊架应采用支架形式。

12.5.4 承受排汽反力的支架强度应按大于4倍的吹洗排汽计算反力考虑。当未装设消声器时排汽管道的排汽反力计算可按本规范第11.4节的规定进行。

附录 A　设计常用数据

表 A.0.1　常用国产钢材的许用应力表

产品型式及标准号	牌号或级别	室温拉伸强度（MPa）		在下列温度（℃）下的许用应力（MPa）																			
		R_{m}^{20}	R_{eL}^{20}或$R_{p0.2}^{20}$	20	200	250	260	270	280	290	300	310	320	330	340	350	360	370	380	390	400	410	420
无缝钢管																							
GB 5310—2008	20G	410	245	137	135	125	123	120	118	115	113	111	109	106	102	100	97	95	92	89	87	83	78
	15MoG	450	270	150	150	137	133	130	126	123	120	118	117	115	114	113	111	110	109	108	107	106	105
	12CrMoG	410	205	137	121	117	116	115	115	114	113	112	112	111	111	110	109	108	108	107	106	105	104
	15CrMoG	440	295	147	135	146	146	146	145	144	143	141	140	138	136	135	132	132	131	129	128	127	126
	12Cr2MoG	450	280	150	124	124	124	124	124	124	124	124	124	124	124	124	124	124	123	123	123	123	122
	12Cr1MoVG	470	255	157	157	156	155	154	153	152	151	149	148	146	144	143	141	140	138	137	135	133	132
	15Ni1Mn-MoNbCu	620	440	207	207	207	207	207	207	207	207	207	207	207	207	207							

表 A.0.1　常用国产钢材的许用应力表（续）

在下列温度（℃）下的许用应力（MPa）																								
430	440	450	460	470	480	490	500	510	520	530	540	550	560	570	580	590	600	610	620	630	640	650	推荐使用范围	牌号或级别
无缝钢管																								
72	63	55																					≤425℃	20G
104	103	103	102	101	95	78	62	49	39														≤470℃	15MoG
102	101	100	98	97	96	86	75	63	55	47													≤510℃	12CrMoG
125	124	123	122	120	119	112	96	82	69	59	49												≤510℃	15CrMoG
122	121	116	110	103	95	88	81	74	68	61	54	48	42	37									≤565℃	12Cr2MoG
131	130	128	126	125	124	121	118	99	88	79	72	65	58	52	46								≤555℃	12Cr1MoVG
																							≤350℃	15Ni1Mn-MoNbCu

表A.0.1　常用国产钢材的许用应力表（续）

产品型式及标准号	牌号或级别	室温拉伸强度（MPa）		在下列温度（℃）下的许用应力（MPa）																		
		R_m^{20}	R_{eL}^{20}或$R_{p0.2}^{20}$	20	250	260	270	280	290	300	310	320	330	340	350	360	370	380	390	400	410	420
GB 5310—2008	07Cr19Ni10	515	205	137	90	89	88	87	86	85	84.4	83.8	83.2	82.6	82.0	81.4	80.8	80.4	79.8	79	78.6	78.0
	07Cr18Ni11Nb	520	205	137	105	104	103	102	101	100	99.3	98.6	98.0	97.3	96.6	96.1	95.6	95.0	94.5	94.0	93.7	93.4
GB 3087—2008	10	335	195	111	104	101	98	96	93	91	89	87	85	83	80	78	76	75	73	70	68	66
	20	410	225	137	125	123	120	118	115	113	111	109	106	102	100	97	95	92	89	87	83	78
GB/T 8163—2008	Q345	470	325	157	149	146	143	140	137	135	132	131	130	130	129	127	124	122				
	10	335	195	111	104	101	98	96	93	91	89	87	85	83	80	78	76	75	73	70	68	66
	20	410	225	137	125	123	120	118	115	113	111	109	106	102	100	97	95	92	89	87	83	78
GB/T 14976—2012	06Cr19Ni10	520	205	137	90	89	88	87	86	85	84	83	83	82	82	81	80	80	79	79	78	78
	022Cr17-Ni12Mo2	520	205	137	93	92	90	89	88	87	86	85	85	84	84	83	83	82	82	82	81	81
焊接钢管																						
GB/T 3091—2008	Q235	370	225	123	113	111	108	105	103	101	97	93	90	88	85							
	Q345	470	325	157	149	146	143	140	137	135	132	131	130	130	129	127	124	122				

表 A.0.1 常用国产钢材的许用应力表（续）

在下列温度（℃）下的许用应力（MPa）																									
430	440	450	460	470	480	490	500	510	520	530	540	550	560	570	580	590	600	610	620	630	640	650	660	推荐使用范围	牌号或级别
77.3	76.6	76.0	75.4	74.9	74.4	73.8	73.3	72.6	72.0	71.3	70.6	70.0	69.2	68.4	67.6	66.8	64.0	58.6	54.0	49.3	45.3	42.0	38.0	≤650℃	07Cr19-Ni10
93.2	92.9	92.6	92.4	92.1	91.8	91.6	91.3	90.5	89.7	88.9	88.1	87.3	85.0	82.8	80.5	78.2	76.0	73.7	71.4	66.7	60.6	54.6	49.3	≤650℃	07Cr18-Ni11Nb
61	55	49																						≤425℃	10
72	63	55																						≤425℃	20
																								≤350℃	Q345
61	55	49																						≤425℃	10
72	63	55																						≤425℃	20
77	76	76	75	75	74	74	74	73	73	72	71	71	69	67	66	64	62	58	54	50	46	42	38	≤650℃	06Cr19-Ni10
81	81	81	80	80	80	80	79	78	78	78	78	78	77	76	75	74	73	69	67	62	60	50	46	≤650℃	022Cr17-Ni12Mo2
焊接钢管																									
																								≤300℃	Q235
																								≤300℃	Q345

注：1 相邻金属温度数值之间的许用应力可用算数内插法确定，但需舍弃小数点后的数字。

2 粗线右方的许用应力值由蠕变性能决定。

3 焊接钢管的许用应力未考虑焊缝质量系数。

表A.0.2 常用国产钢材的弹性模量数据表（GPa）

钢号		10	20.20G	15CrMoG	12Cr1MoVG	12Cr2–MoWVTiB	12Cr2MoG	15Ni1MnMoNbCu	Q235	Q345	06Cr19Ni10	022Cr17–Ni12Mo2
标准号		GB 3087—2008	GB 3087—2008 GB 5310—2008	GB 5310—2008	GB 5310—2008	GB 5310—2008	GB 5310—2008	GB 5310—2008	GB/T 3091—2008	GB/T 8163—2008	GB/T 14976—2002	GB/T 14976—2002
工作温度（℃）	20	198	198	206	208	213	218	211	206	206	195	195
	100	191	183	199	205	208	213	210（50℃）	200	200	191	191
	200	181	175	190	201	204	206	206（100℃）	192	189	184	184
	250	176	171	187	197	201		203（150℃）	188	185	181	181
	260	175	170	186	196	200		200（200℃）	187	184		
	280	173	168	183	194	199		196（250℃）	186	183		
	300	171	166	181	192	198	199	192	184	181	177	177
	320	168	165	179	190	196				179		
	340	166	163	177	188	194				177		
	350	164	162	176	187	192		188		176	173	173
	360	163	161	175	186	190				175		
	380	160	159	173	183	188				173		
	400	157	158	172	181	186	191	184		171	169	169
	410	156	155	171	180	185						
	420	155	153	170	178	184						
	430	155	151	169	177	184						
	440	154	148	168	175	183						

表 A.0.2　常用国产钢材的弹性模量数据表（GPa）（续）

钢号		10	20.20G	15CrMoG	12Cr1MoVG	12Cr2–MoWVTiB	12Cr2MoG	15Ni1MnMoNbCu	Q235	Q345	06Cr19Ni10	022Cr17–Ni12Mo2
标准号		GB 3087—2008	GB 3087—2008 GB 5310—2008	GB 5310—2008	GB 5310—2008	GB 5310—2008	GB 5310—2008	GB 5310—2008	GB/T 3091—2008	GB/T 8163—2008	GB/T 14976—2002	GB/T 14976—2002
工作温度（℃）	450	153	146	167	174	183		179			164	164
	460		144	166	172	182						
	470		141	165	170	182						
	480		129	164	168	181						
	490			164	166	180						
	500			163	165	179	181				160	160
	510			162	163							
	520			161	162							
	530			160	160							
	540			159	158							
	550				157							
	560				153							
	570				153							
	580				152		170					
	590											
	600											
	650											

表A.0.3　常用国产钢材的平均线膨胀系数表

（从20℃至下列温度）/（10^{-6}/℃）

钢号		10	20.20G	15CrMoG	12Cr1MoVG	12Cr2MoWVTiB	12Cr2MoG	15Ni1MnMoNbCu	Q235	Q345	06Cr19Ni10	022Cr17Ni12Mo2
标准号		GB 3087—2008	GB 3087—2008 GB 5310—2008	GB 5310—2008	GB 5310—2008	GB 5310—2008	GB 5310—2008	GB 5310—2008	GB/T 3091—2008	GB/T 8163—2008	GB/T 14976—2002	GB/T 14976—2002
工作温度（℃）	20	—	—	—	—	—	—	—	—	—	—	—
	50							11.8			16.54	16.54
	100	11.9	11.16	11.9	13.6	11	12	12.2	12.2	8.31	16.84	16.84
	150							12.5			17.06	17.06
	200	12.6	12.12	12.6	13.7	11.9	13	12.9	13	10.99	17.25	17.25
	250	12.7	12.45	12.9	13.85	12.4		13.2	13.23	11.6	17.42	17.42
	260	12.72	12.52	12.96	13.88	12.5			13.27	11.78		
	280	12.76	12.65	13.08	13.94	12.7			13.36	12.05		
	300	12.8	12.78	13.2	14	12.9	13	13.4	13.45	12.31	17.61	17.61
	320	12.84	12.99	13.3	14.04	12.96				12.49		
	340	12.88	13.2	13.4	14.08	13.02				12.68		
	350	12.9	13.31	13.45	14.1	13.05		13.7		12.77	17.79	17.79
	360	12.92	13.41	13.5	14.12	13.08				12.86		
	380	12.96	13.62	13.6	14.16	13.14				13.04		
	400	13	13.83	13.7	14.2	13.2	14	14.0		13.22	17.99	17.99
	410	13.1	13.84	13.73	14.23	13.23						
	420	13.2	13.85	13.76	14.26	13.26						
	430	13.3	13.86	13.79	14.29	13.29						

表 A.0.3　常用国产钢材的平均线膨胀系数表（续）

钢号		10	20.20G	15CrMoG	12Cr1MoVG	12Cr2MoWVTiB	12Cr2MoG	15Ni1MnMoNbCu	Q235	Q345	06Cr19Ni10	022Cr17Ni12Mo2
标准号		GB 3087—2008	GB 3087—2008 GB 5310—2008	GB 5310—2008	GB 5310—2008	GB 5310—2008	GB 5310—2008	GB 5310—2008	GB/T 3091—2008	GB/T 8163—2008	GB/T 14976—2002	GB/T 14976—2002
工作温度（℃）	440	13.4	13.87	13.82	14.32	13.32						
	450	13.5	13.88	13.85	14.35	13.35		14.1			18.19	18.19
	460		13.89	13.88	14.38	13.38						
	470		13.9	13.91	14.41	13.41						
	480		13.91	13.94	14.44	13.44						
	490			13.97	14.47	13.47						
	500			14	14.5	13.5	14				18.34	18.34
	510			14.03	14.52							
	520			14.06	14.54							
	530			14.09	14.56							
	540			14.12	14.58							
	550				14.6							
	560				14.62							
	570				14.64							
	580				14.68							
	590											
	600											
	650											

表A.0.4　符合EN 10216-2标准材料的许用应力表

钢号	壁厚S（mm）	R_{eL}^{20}或$R_{p0.2}^{20}$（MPa）	R_m^{20}（MPa）	在下列温度（℃）下的许用应力值（MPa）																													
				20	150	200	250	300	350	400	410	420	430	440	450	460	470	480	490	500	510	520	530	540	550	560	570	580	590	600	610	620	630
P265GH（1.0425）	T≤16	265	410~570	136.7	136.7	128.0	114.0	102.7	94.0	89.3	85.3	76.0	66.7	58.7	51.3	44.0	37.3	31.3															
	16<T≤40	255																															
	40<T≤60	245																															
16Mo3（1.5415）	T≤16	280	450~600	150.0	150.0	149.3	136.7	115.3	106.0	104.0	103.2	102.4	101.6	100.8	100.0	99.5	98.9	98.4	82.7	68.0	55.3	43.3	34.0										
	16<T≤40	270																															
	40<T≤60	260																															
13CrMo4-5（1.7335）	T≤40	290	440~590	146.7	146.7	146.7	146.7	128.0	121.3	116.0	115.2	114.4	113.6	112.8	112.0	111.7	111.5	111.2	110.9	96.7	80.7	66.7	53.3	43.3	35.3	29.3	25.3						
	40<T≤60	280																															
10CrMo9-10（1.7380）	T≤40	280	480~630	160.0	160.0	156.0	149.3	146.0	141.3	138.0	136.1	134.3	132.4	130.5	128.7	126.9	125.2	118.0	106.7	94.0	82.7	70.0	63.3	54.0	46.7	40.7	35.3	30.7					
	40<T≤60	270																															
14MoV6-3（1.7715）	T≤40	320	460~610	153.3	153.3	153.3	153.3	150.0	144.0	139.3	138.5	137.7	136.9	136.1	135.3	134.9	134.5	134.1	133.3	118.0	103.3	90.0	78.0	68.0	58.0	50.0	43.3						
	40<T≤60	310																															

表 A.0.4　符合EN 10216-2标准材料的许用应力表（续）

钢号	壁厚S（mm）	R_{eL}^{20}或$R_{p0.2}^{20}$（MPa）	R_m^{20}（MPa）	在下列温度（℃）下的许用应力值（MPa）																													
				20	150	200	250	300	350	400	410	420	430	440	450	460	470	480	490	500	510	520	530	540	550	560	570	580	590	600	610	620	630
15NiCuMoNb 5-6-4（1.6368）	$T≤80$	440	610~780	203.3	203.3	203.3	203.3	203.3	203.3	203.3	203.3	203.3	200.0	182.0	163.3	140.0	116.7	92.7	69.3	46.0													
X10CrMoVNb 9-1（1.4903）	$T≤100$	450	630~830	210.0	210.0	210.0	210.0	210.0	210.0	210.0	210.0	210.0	210.0	210.0	210.0	210.0	208.0	205.3	202.7	172.0	159.3	146.7	134.0	122.0	110.7	100.0	89.3	80.0	70.7	62.7	55.3	48.7	43.3
X10CrWMoVNb 9-2（1.4901）	$T≤100$	440	620~850	206.7	206.7	206.7	206.7	206.7	206.7	206.7	206.7	206.7	206.7	206.7	206.7	206.7	206.7	206.7	206.7	206.7	206.7	156.7	145.3	134.7	124.7	114.7	104.7	94.7	84.7	75.3	66.7	58.0	50.0
X11CrMoWVNb 9-1-1（1.4905）	$T≤100$	450	620~850	206.7	206.7	206.7	206.7	206.7	206.7	206.7	206.7	206.7	206.7	206.7	206.7	206.7	206.7	206.7	206.7	206.7	206.7	146.7	136.0	125.3	115.3	104.1	94.7	34.0	74.0	65.3	56.7	50.0	43.2
X20CrMoWV 11-1（1.4922）	$T≤100$	490	690~840	230.0	230.0	230.0	230.0	230.0	230.0	230.0	230.0	230.0	228.0	224.0	220.0	214.7	209.3	192.7	175.3	157.3	141.3	125.3	111.3	98.0	35.3	74.0	63.3	54.0	46.0	39.3	34.0	28.7	24.0

注：1　相邻金属温度数值之间的许用应力可用算数内插法确定，但需舍弃小数点后的数字。

2　本表的许用应力值是按照EN 10216-2：2002/A2：2007的强度特性和本规程中规定的安全系数确定的。

3　表中粗线右侧的数据系按EN 10216-2：2002/A2：2007中的10^5h蠕变断裂强度值计算所得。

表A.0.5　符合EN 10216—2标准的钢材的弹性模量数据表（kN/mm²）

钢号	20℃	100℃	200℃	300℃	400℃	500℃	600℃	650℃
P265GH（1.0425）	212	205	200	192	183	175	166	
16Mo3（1.5415）	212	207	199	192	184	175	164	
14MoV6-3（1.7715）	213	210	202	193	185	176	166	
13CrMo4-5（1.7335）	213	210	202	193	185	176	166	
10CrMo9-10（1.7380）	212	207	199	192	184	175	164	
15NiCuMoNb5-6-4（1.6368）	211	206	200	192	184	175	164	
X10CrMoVNb9-1（1.4903）	218	213	206	198	190	180	167	
X10CrWMoVNb9-2（1.4901）	217	214	207	200	191	182	170	164
X11CrMoWVNb9-1-1（1.4905）	218	213	206	198	190	180	167	159
X20CrMoV11-1（1.4922）	218	213	206	198	189	179	166	

表A.0.6　符合EN 10216—2标准的钢材的线膨胀系数表
（从20℃至下列温度）（10^{-6}/℃）

钢号	100℃	200℃	300℃	400℃	500℃	600℃	650℃
P265GH（1.0425）	12.5	13.1	13.6	14.0	14.4	14.7	
16Mo3（1.5415）	12.1	12.7	13.2	13.6	14.0	14.4	
14MoV6-3（1.7715）	12.5	13.1	13.6	14.0	14.4	14.7	
13CrMo4-5（1.7335）	12.5	13.1	13.6	14.0	14.4	14.7	
10CrMo9-10（1.7380）	12.1	12.7	13.2	13.6	14.0	14.4	
15NiCuMoNb5-6-4（1.6368）	12.2	12.9	13.4	14.0	14.3	14.6	
X10CrMoVNb9-1（1.4903）	10.7	11.1	11.5	11.9	12.3	12.6	
X10CrWMoVNb9-2（1.4901）	10.7	11.1	11.4	11.7	12.0	12.3	12.5
X11CrMoWVNb9-1-1（1.4905）	10.7	11.1	11.5	11.9	12.3	12.6	12.7
X20CrMoV11-1（1.4922）	10.8	11.2	11.6	11.9	12.1	12.3	

表 A.0.7　符合 ASME B31.1 标准的钢材许用应力表

标准号	材料	R_m^{20} (MPa)	R_{eL}^{20} (MPa)	在下列温度(℃)下的许用应力(MPa)																	
				-29~38	93	149	204	260	316	343	371	399	427	454	482	510	538	566	593	621	649
SA 106	B	413	241	117.8	117.8	117.8	117.8	117.8	117.8	117.8	107.4	89.5	74.4								
	C	482	275	137.8	137.8	137.8	137.8	137.8	137.8	136.4	126.0	101.9	82.6								
SA 335	P11	413	206	117.8	117.8	117.8	115.7	111.6	108.1	106.1	104.0	101.9	99.2	96.4	93.7	64.0	43.4	28.9	19.2		
	P12	413	220	117.8	115.7	113.6	113.6	113.6	112.3	110.2	108.8	106.8	105.4	102.6	99.9	77.8	49.6	31.0	19.2		
	P22	413	206	117.8	117.8	114.3	114.3	114.3	114.3	114.3	114.3	114.3	114.3	114.3	93.7	74.4	55.1	39.2	26.1		
	P91 $T \leqslant 76$mm	585	413	167.4	167.4	167.4	166.7	166.0	163.2	161.2	157.7	152.9	146.7	139.8	131.6	122.6	112.3	96.4	70.9	48.2	29.6
	P91 $T>76$mm	585	413	167.4	167.4	167.4	166.7	166.0	163.2	161.2	157.7	152.9	146.7	139.8	131.6	122.6	112.3	88.8	66.1	48.2	29.6
SA 672	B70CL32	482	261	137.8	137.8	137.8	137.8	137.8	133.6	129.5	124.7	101.9	82.6								
SA 691	1-$^1/_4$CrCL22(注2)	413	241	117.8	117.8	117.8	117.8	117.8	117.8	117.8	117.8	117.8	115.7	113.0	94.3	64.0	43.4	28.9	19.2		
	1-$^1/_4$CrCL22(注3)	516	310	147.4	147.4	147.4	147.4	147.4	147.4	147.4	147.4	147.4	147.4	139.1	94.3	64.0	43.4	28.9	19.2		
	2-$^1/_4$CrCL22(注2)	413	206	117.8	117.8	114.3	114.3	114.3	114.3	114.3	114.3	114.3	114.3	114.3	93.7	74.4	55.1	39.2	26.1		
	2-$^1/_4$CrCL22(注3)	516	310	147.4	147.4	144.0	141.9	141.2	140.5	139.1	137.8	135.7	132.9	128.8	108.8	78.5	53.7	35.1	22.0		
SA 213(注1)	TP304H	516	206	137.8	115.0	103.3	95.0	88.8	84.5	82.6	80.6	79.2	77.1	75.7	74.4	73.0	71.6	69.5	67.5	53.0	42.0
				137.8	137.8	130.2	126.0	120.5	114.3	111.6	108.8	106.8	104.7	102.6	100.5	98.5	96.4	85.4	67.5	53.0	42.0
	TP316L	482	172	115.0	97.1	87.5	80.6	75.1	71.6	70.2	68.9	67.5	66.1	64.7	63.3	61.3	60.6	55.1	54.4	44.7	44.1
				115.0	126.7	110.2	107.4	101.9	96.4	95.0	93.0	90.9	89.5	87.5	85.4	82.6	81.9	74.4	70.2	60.6	44.1

表A.0.7　符合ASME B31.1标准的钢材许用应力表（续）

标准号	材料		R_m^{20}（MPa）	R_{eL}^{20}（MPa）	在下列温度（℃）下的许用应力（MPa）																	
					-29~38	93	149	204	260	316	343	371	399	427	454	482	510	538	566	593	621	649
SA 213（注1）	TP316H		516	206	137.8	137.8	107.4	98.5	91.6	86.8	84.7	83.3	81.9	81.3	79.9	79.2	78.5	77.8	77.1	76.4	67.5	50.9
					137.8	126.7	137.8	132.9	124.0	117.1	114.3	112.3	110.9	109.5	108.1	107.4	106.1	105.4	104.0	85.4	67.5	50.9
	TP347H		516	206	137.8	137.8	117.8	110.2	103.3	98.5	96.4	95.0	94.3	93.7	93.0	92.3	92.3	92.3	92.3	91.6	72.3	54.4
					137.8	117.8	129.5	122.6	117.8	116.4	115.7	115.7	115.7	115.7	115.7	115.0	114.3	113.0	111.6	97.1	72.3	54.4
SA 387	11	413	241	117.8	117.8	117.8	48.9	117.8	117.8	117.8	117.8	117.8	115.7	113.0	94.3	64.0	43.4	28.9	19.2			
	11	516	310	147.4	147.4	147.4	147.4	147.4	147.4	147.4	147.4	147.4	147.4	139.1	94.3	64.0	43.4	28.9	19.2			
	12	379	227	108.1	104.0	104.0	104.4	104.4	104.4	104.0	104.0	104.4	104.0	104.0	101.2	77.8	49.6	31.0	19.2			
	12	448	275	128.1	123.3	123.3	123.3	123.3	123.3	123.3	123.3	123.3	123.3	123.3	119.8	77.8	49.6	31.0	19.2			
	22	413	206	117.8	114.3	114.3	114.3	114.3	114.3	114.3	114.3	114.3	114.3	114.3	93.7	74.4	55.1	39.2	26.1			
	22	516	310	147.4	144.0	144.0	141.9	141.2	140.5	139.1	137.8	135.7	132.9	128.8	108.8	78.5	53.7	35.1	22.0			
	91	585	413	167.4	167.4	167.4	166.7	166.0	163.2	161.2	157.7	152.9	146.7	139.8	131.6	122.6	112.3	88.8	66.1	48.2	29.6	29.6
	91	$T\geqslant 76$mm		167.4	167.4	167.4	166.7	166.0	163.2	161.2	157.7	152.9	146.7	139.8	131.6	122.6	112.3	88.8	66.1	48.2	29.6	29.6
SA 182	F22CL1		413	206	117.8	117.8	114.3	114.3	114.3	114.3	114.3	114.3	114.3	114.3	114.3	93.7	74.4	55.1	39.2	26.1		
	F22CL3		516	310	147.4	147.4	144.0	141.9	141.2	140.5	139.1	137.8	135.7	132.9	128.8	108.8	78.5	53.7	35.4	22.0		
	F91		585	413	167.4	167.4	167.4	166.7	166.0	163.2	161.2	157.7	152.9	146.7	139.8	131.6	122.6	112.3	96.4	70.9	48.2	29.6

注：1　对于每种材料均给出两种许用应力，对于较大的许用应力值允许用于许可有较大变形的场合，这些许用应力值大于相应温度下屈服强度值的67%，但不大于屈服强度值的90%，采用这些应力值可能会产生永久应变引起的尺寸变化。这些应力值不应该用于法兰垫片或其他有微小变形会导致泄漏或功能不正常的部件上。

2　电熔焊钢管采用ASTM Asme 87 Class 1退火状态板材制作。

3　电熔焊钢管采用ASTM Asme 87 Class 2板材制作。

表A.0.8　符合ASME B31.1标准的钢材的弹性模量数据表（GPa）

钢种		工作温度（℃）																
		−75	20	50	100	150	200	250	300	350	400	450	500	550	600	650	700	750
碳钢	含碳量≤0.30%	208	203	201	198	195	191	189	185	179	172	162	150	136	122	107		
	含碳量>0.30%	207	202	200	197	194	190	188	184	178	171	161	149	135	121	106		
铬钢	0.5Cr至2Cr	210	205	204	201	197	193	190	186	181	176	170	160	148	133			
	2.25Cr至3Cr	216	211	210	207	203	199	195	191	187	182	175	165	153	137			
	5Cr至9Cr	219	213	212	209	205	201	197	193	189	185	181	176	171	164	156	147	138

注：1　本表的弹性模量数据取自ASME B31.1—2012附录C。

2　A106B含碳量为0.30%，A106C含碳量为0.35%。

表A.0.9　符合ASME B31.1标准的钢材的热膨胀系数数据表（10^{-6}/℃）

钢种	工作温度（从20℃起至下列温度）（℃）																
	−200	−100	−50	20	50	75	100	125	150	175	200	225	250	275	300	325	350
第1类碳钢和低合金钢[b]	9.9	10.7	11.1	11.6	11.8	11.9	12.1	12.2	12.4	12.5	12.7	12.8	13.0	13.2	13.3	13.5	13.6
第2类碳钢和低合金钢[c]	10.8	11.7	12.0	12.5	12.7	12.9	13.1	13.3	13.4	13.5	13.6	13.7	13.8	13.9	14.0	14.1	14.2
5Cr−1Mo钢	10.1	10.8	11.2	11.6	11.8	12.0	12.1	12.2	12.4	12.5	12.6	12.6	12.7	12.7	12.8	12.9	13.0
9Cr−1Mo钢	9.0	9.8	10.1	10.4	10.6	10.7	10.8	10.9	11.1	11.2	11.3	11.4	11.5	11.6	11.7	11.8	11.8
钢种	工作温度（从20℃起至下列温度）（℃）																
	375	400	425	450	475	500	525	550	575	600	625	650	675	700	725	750	775
第1类碳钢和低合金钢[b]	13.7	13.8	13.9	14.1	14.2	14.3	14.4	14.6	14.7	14.8	14.9	15.0	15.0	15.1	15.1	15.2	
第2类碳钢和低合金钢[c]	14.3	14.4	14.5	14.6	14.6	14.7	14.8	14.8	14.9	14.9	15.0	15.1	15.1	15.2			
5Cr−1Mo钢	13.1	13.1	13.2	13.2	13.3	13.4	13.5	13.5	13.6	13.6	13.7	13.8	13.8	13.9			
9Cr−1Mo钢	11.9	12.0	12.1	12.2	12.2	12.3	12.4	12.5	12.6	12.6	12.7	12.8	12.8	12.9			

表 A.0.9　符合 ASME B31.1 标准的钢材的热膨胀系数数据表（10^{-6}/℃）（续）

（1）这些数据仅作为资料提供，并不意味着材料适用于所有的温度范围。
（2）第 1 类合金（按公称化学成分）：
碳钢（C，C-Si，C-Mn，and C-Mn-Si）
C-1/2Mo

1/2Cr-1/5Mo-V	1/2Ni-1/2Mo-V
1/2Cr-1/4Mo-Si	1/2Ni-1/2Cr-1/4Mo-V
1/2Cr-1/2Mo	3/4Ni-1/2Mo-Cr-V
1/2Cr-1/2Ni-1/4Mo	3/4Ni-1/2Mo-1/3Cr-V
3/4Cr-1/2Ni-Cu	3/4Ni-1/2Cu-Mo
3/4Cr-3/4Ni-Cu-Al	1/2Ni-1/2Cr-1/2Mo-V
1Cr-1/5Mo	3/4Ni-1Mo-3/4Cr
1Cr-1/5Mo-Si	1Ni-1/2Cr-1/2Mo
1Cr-1/2Mo	1-1/4Ni-1Cr-1/2Mo
1Cr-1/2Mo-V	1-3/4Ni-3/4Cr-1/4Mo
1-1/4Cr-1/2Mo	2Ni-3/4Cr-1/4Mo
1-1/4Cr-1/2Mo-Si	2Ni-3/4Cr-1/3Mo
1-3/4Cr-1/2Mo-Cu	2-1/2Ni
2Cr-1/2Mo	3-1/2Ni
2-1/4Cr-1Mo	2-1/2Ni-1-3/4Cr-1/2Mo-V
3Cr-1Mo	

（3）第 1 类合金（按公称化学成分）：

Mn-V	Mn-1/4-Mo
Mn-1/2Mo	Mn-1/2Mo-1/4Ni
Mn-1/2Mo-1/2Ni	Mn-1/2Mo-3/4Ni

表 A.0.10　Q235A、Q235B 管子及附件（阀门除外）的公称压力、试验压力和允许工作压力表

公称压力 *PN*	试验压力 p_T（bar）	设计温度（℃）								
		常温	100	150	200	250	300	350	400	450
		最大允许工作压力（bar）								
2.5	4	2.50	2.50	2.50	2.50	2.45	2.19	—	—	—
6	9	6.00	6.00	6.00	6.00	5.88	5.26	—	—	—
10	15	10.00	10.00	10.00	10.00	9.81	8.76	—	—	—
16	24	16.0	16.0	16.0	16.0	15.7	14.0	—	—	—

表 A.0.11　10 号钢管子及附件（阀门除外）的公称压力、试验压力和允许工作压力表

公称压力 *PN*	试验压力 p_T（bar）	设计温度（℃）								
		常温	100	200	250	300	350	400	425	450
		最大允许工作压力（bar）								
2.5	4	2.5	2.5	2.5	2.46	2.15	1.89	1.65	1.50	—
6	9	6.0	6.0	6.0	5.91	5.17	4.54	3.98	3.61	—
10	15	10.0	10.0	10.0	9.85	8.62	7.6	6.63	6.01	—
16	24	16.0	16.0	16.0	15.7	13.8	12.1	10.6	9.62	—
25	37.5	25.0	25.0	25.0	24.6	21.5	18.9	16.6	15.0	—
40	60	40.0	40.0	40.0	39.4	34.5	30.3	26.5	24.1	—
63	95	63.0	63.0	63.0	62.1	54.3	47.7	41.8	37.9	—

表A.0.12　20号钢管子及附件(阀门除外)的公称压力、试验压力和允许工作压力表

公称压力PN	试验压力p_T(bar)	设计温度(℃)								
		常温	100	200	250	300	350	400	425	450
		最大允许工作压力(bar)								
2.5	4	2.5	2.5	2.5	2.44	2.21	1.95	1.70	1.47	—
6	9	6.0	6.0	6.0	5.87	5.31	4.70	4.09	3.52	—
10	15	10.0	10.0	10.0	9.79	8.85	7.83	6.81	5.88	—
16	24	16.0	16.0	16.0	15.6	14.1	12.5	10.9	9.40	—
25	37.5	25.0	25.0	25.0	24.4	22.1	19.6	17.0	14.7	—
40	60	40.0	40.0	40.0	39.1	35.4	31.3	27.2	23.5	—
63	95	63.0	63.0	63.0	61.7	55.7	49.3	42.9	37.0	—

表A.0.13　20G钢管子及附件(阀门除外)的公称压力、试验压力和允许工作压力表

公称压力PN	试验压力p_T(bar)	设计温度(℃)								
		常温	100	200	250	300	350	400	425	450
		最大允许工作压力(bar)								
2.5	4	2.5	2.5	2.5	2.44	2.21	1.95	1.70	1.47	—
6	9	6.0	6.0	6.0	5.87	5.31	4.70	4.09	3.52	—
10	15	10.0	10.0	10.0	9.79	8.85	7.83	6.81	5.88	—
16	24	16.0	16.0	16.0	15.6	14.1	12.5	10.9	9.40	—
25	37.5	25.0	25.0	25.0	24.4	22.1	19.6	17.0	14.7	—
40	60	40.0	40.0	40.0	39.1	35.4	31.3	27.2	23.5	—
63	95	63.0	63.0	63.0	61.7	55.7	49.3	42.9	37.0	—
100	150	100.0	100.0	100.0	98.0	88.5	78.4	68.2	58.8	—

表A.0.14　Q345钢管子及附件(阀门除外)的公称压力、试验压力和允许工作压力表

公称压力PN	试验压力p_T(bar)	设计温度(℃)								
		常温	100	150	200	250	300	350	380	450
		最大允许工作压力(bar)								
2.5	4.0	2.5	2.5	2.5	2.5	2.47	2.24	2.14	—	—
6	9.0	6.0	6.0	6.0	6.0	5.93	5.37	5.13	—	—
10	15.0	10.0	10.0	10.0	10.0	9.88	8.96	8.56	—	—
16	24.0	16.0	16.0	16.0	16.0	15.8	14.3	13.7	—	—

表A.0.15 06Cr19Ni10钢管及附件（阀门除外）的公称压力、试验压力和允许工作压力表

公称压力*PN*	试验压力p_T（bar）	设计温度（℃）								
		常温	100	200	250	300	350	400	430	450
		最大允许工作压力（bar）								
2.5	4.0	25	2.5	2.5	2.25	2.12	2.05	1.97	1.92	1.90
6	9.0	6.0	6.0	6.0	5.39	5.09	4.91	4.73	4.61	4.55
10	15.0	10.0	10.0	10.0	8.98	8.48	8.18	7.88	7.68	7.58
16	24.0	16.0	16.0	16.0	14.4	13.6	13.1	12.6	12.3	12.1
25	37.5	25.0	25.0	25.0	22.5	21.2	20.5	19.7	19.2	19.0
40	60.0	40.0	40.0	40.0	35.9	33.9	32.7	31.5	30.7	30.3
63	95.0	63.0	63.0	63.0	56.6	53.4	51.5	49.7	48.4	47.8
100	15.0	100.0	100.0	100.0	89.8	84.8	81.8	78.8	76.8	75.8

表A.0.16 碳钢焊条的型号

焊条型号	药皮类型	焊接位置（注：1）	电流种类
E43系列－熔敷金属抗拉强度≥430MPa（43kgf/mm^2）			
E4319	钛铁矿	全位置（注：2）	交流或直流正、反接
E4303	钛型		
E4310	纤维素		直流反接
E4311	纤维素		交流或直流反接
E4312	金红石	全位置（注：2）	交流或直流正、反接
E4313	金红石		交流或直流正接
E4315	碱性		直流反接
E4316	碱性		交流或直流反接
E4320	氧化铁	平焊、平角焊	交流或直流正接
E4324	金红石+铁粉	平焊、平角焊	交流或直流正、反接
E4327	氧化铁+铁粉	平焊、平角焊	交流或直流正、反接
E4328	氧化铁+铁粉	平焊、平角焊、横焊	交流或直流反接
E50系列－熔敷金属抗拉强度≥490MPa（50kgf/mm^2）			
E5019	钛铁矿	全位置（注：2）	交流或直流正、反接
E5003	钛型		
E5010	纤维素		直流反接
E5011	纤维素		交流或直流反接
E5014	金红石+铁粉		交流或直流正、反接
E5015	碱性		直流反接
E5016	碱性		交流或直流反接
E5018	碱性+铁粉		

表 A.0.16　碳钢焊条的型号（续）

焊条型号	药皮类型	焊接位置（注：1）	电流种类
E5024	金红石+铁粉	平焊、平角焊	交流或直流正、反接
E5027	氧化铁+铁粉		交流或直流正、反接
E5028	氧化铁+铁粉	平焊、平角焊、横焊	交流或直流反接
E5048	碱性	全位置（注：2）	

注：1　焊接位置栏中文字涵义：平-平焊、立-立焊、仰-仰焊、横-横焊、平角焊-水平角焊、立向下-向下立焊。

2　焊接位置栏中立和仰系指适用于立焊和仰焊的直径不大于4.0mm的E5014、EXX15、EXX16、E5018和E5018M型焊条及直径不大于5.0mm的其他型号焊条。

3　E4322型焊条适宜单道焊。

焊条型号举例如下：

```
E   43 1 5
┬   ┬  ┬─┬
|   |  ┬ └ 表示焊条药皮为低氢钠型，采用直流反接焊接。
|   |  └── 表示焊条适用于全位置焊接。
|   └────── 表示熔敷金属抗拉强度的最小值。
└────────── 表示焊条。
```

表 A.0.17　低合金钢焊条的型号

焊条型号	药皮类型	焊接位置（注：1）	电流种类
E50系列－熔敷金属抗拉强度≥490MPa（50kgf/mm²）			
E5003-X	钛型	全位置（注：2）	交流或直流正、反接
E5010-X	纤维素		直流反接
E5011-X	纤维素		交流或直流反接
E5015-X	碱性		直流反接
E5016-X	碱性		交流或直流反接
E5018-X	碱性+铁粉	全位置（向下立焊除外）	
E5020-X	氧化铁	平焊、平角焊	交流或直流正接
E5027-X	氧化铁+铁粉	平焊、平角焊	交流或直流正接
E55系列－熔敷金属抗拉强度≥540MPa（55kgf/mm²）			
E5503-X	钛型	全位置（注：2）	交流或直流正、反接
E5510-X	纤维素		直流反接
E5511-X	纤维素		交流或直流反接
E5513-XX	金红石		交流或直流正、反接
E5515-X	碱性		直流反接
E5516-X	碱性		交流或直流反接
E5518-X	碱性+铁粉	全位置（向下立焊除外）	

表A.0.17 低合金钢焊条的型号（续）

焊条型号	药皮类型	焊接位置（注：1）	电流种类
E60 系列－熔敷金属抗拉强度≥590MPa（60kgf/mm²）			
E6010-X	纤维素	全位置（注：2）	直流反接
E6011-X	纤维素		交流或直流反接
E6013-X	金红石		交流或直流正、反接
E6015-X	碱性		直流反接
E6016-X	碱性		交流或直流反接
E6018-X	碱性+铁粉	全位置（向下立焊除外）	
E70 系列－熔敷金属抗拉强度≥690MPa（70kgf/mm²）			
E7010-X	纤维素	全位置（注：2）	直流反接
E7011-X	纤维素		交流或直流反接
E7013-X	金红石		交流或直流正、反接
E7015-X	碱性		直流反接
E7016-X	碱性		交流或直流反接
E7018-X	碱性+铁粉	全位置（向下立焊除外）	
E75 系列－熔敷金属抗拉强度≥740MPa（75kgf/mm²）			
E7515-X	碱性	全位置（注：2）	直流反接
E7516-X	碱性	全位置（向下立焊除外）	交流或直流反接
E7518-X	碱性+铁粉		
E80 系列－熔敷金属抗拉强度≥780MPa（80kgf/mm²）			
E8015-X	碱性	全位置（注：2）	直流反接
E8016-X	碱性	全位置（向下立焊除外）	交流或直流反接
E8018-X	碱性+铁粉		
E85 系列－熔敷金属抗拉强度≥830MPa（85kgf/mm²）			
E8515-X	碱性	全位置（注：2）	直流反接
E8516-X	碱性	全位置（向下立焊除外）	交流或直流反接
E8518-X	碱性+铁粉		
E90 系列－熔敷金属抗拉强度≥880MPa（90kgf/mm²）			
E9015-X	碱性	全位置（注：2）	直流反接
E9016-X	碱性	全位置（向下立焊除外）	交流或直流反接
E9018-X	碱性+铁粉		
E100 系列－熔敷金属抗拉强度≥930MPa（100kgf/mm²）			
E10015-X	碱性	全位置（注：2）	直流反接
E10016-X	碱性	全位置（向下立焊除外）	交流或直流反接
E10018-X	碱性+铁粉		

注：1 焊接位置见GB/T 16672—1996。
2 此处“全位置”并不一定包含向下立焊，由制造商确定。
3 后缀字母X代表熔敷金属化学成分分类代号。

表A.0.18　常用焊丝的化学成分

序号	牌号	标准号	化学成分（%）											
			C	Mn	Si	Cr	Mo	V	Ti	Nb	Ni	其他	S	P
1	H08A		0.10	0.30~0.55	0.03									
2	H08MnA		0.10	0.80~1.10	0.07	0.20	—						0.030	0.030
3	H08Mn2SiA	GB/T 14957—1994	0.11	1.80~2.10	0.65~0.95			—						
4	H10Mn2		0.12	1.50~1.90	0.07						≤0.30	Cu：0.20	0.035	0.035
5	H08CrMoA		0.10			0.80~1.10	0.40~0.60		—	—				
6	H13CrMoA		0.11~0.16	0.40~0.70	0.15~0.35									
7	H08CrMoVA		0.10			1.00~1.30	0.50~0.70	0.15~0.35					0.030	0.030
8	H12Cr13	YB/T 5092—2005	0.12	0.60	0.05	11.50~13.50	0.75	—			0.60	Cu：0.75		
9	H10Cr17		0.10			15.50~17.00								
10	H08Cr21Ni10				0.35	18.50~20.50			—	—	9.00~11.00			
11	H08Cr19Ni10Ti		0.08		0.30~0.65				9×C%~1.0		9.00~11.50			
12	H08Cr20Ni10Nb	YB/T 5092—2005		1.00~2.50		19.00~21.50	0.75	—		10×C%~1.0	9.00~11.00	Cu：0.75	0.030	0.030
13	H12Cr24Ni13		0.12		0.35	23.00~25.00					12.00~14.00			
14	H12Cr26Ni21		0.08~0.15		0.20~0.50	25.00~28.00					20.00~22.50			
15	TIG-J50			1.20~1.50	0.60~0.85	—			—	—				
16	TIG-J31		0.05~0.12	0.75~1.05		1.10~1.40	0.45~0.65	0.20~0.35						
17	TIG-J40	—			0.45~0.70	2.20~2.50	0.95~1.25	—			—	Cu：0.30	0.025	0.025
18	TIG-J30			0.75~1.50		1.10~1.40								

注：表中的单值为最大百分比。

表 A.0.19　常用焊条熔敷金属的化学成分和常温机械性能

序号	焊条型号			化学成分（%）								化学成分（%）				常温力学性能				分类号 DL/T 868—2004
	型号	标准号	原牌号	C	Mn	Si	Cr	Mo	V	Nb	B	W	Ni	Re	其他	R_m（MPa）	Rel	A（%）	A_{KV}（J/cm^2）	
1	E4303	GB/T 5117	J422				—	—	—	—	—	—	—	—	$S \leqslant 0.035$，$P \leqslant 0.040$	430	330	≥20	27/0	A-Ⅰ
2	E4319	GB/T 5117	J423				—	—	—	—	—	—	—	—	$S \leqslant 0.035$，$P \leqslant 0.040$	430	330	≥20	27/-20	A-Ⅰ
3	E4320	GB/T 5117	J424				—	—	—	—	—	—	—	—	$S \leqslant 0.035$，$P \leqslant 0.040$	430	330	≥20	—	A-Ⅰ
4	E4316	GB/T 5117	J426	—	1.25	0.90	0.20	0.30	0.08	—	—	—	0.30	—	$S \leqslant 0.035$，$P \leqslant 0.040$	430	330	≥20	27/-30	A-Ⅰ
5	E4315	GB/T 5117	J427	—	1.25	0.90	0.20	0.30	0.08	—	—	—	0.30	—	$S \leqslant 0.035$，$P \leqslant 0.040$	430	330	≥20	27/-30	A-Ⅰ
6	E5019	GB/T 5117	J503				—	—	—	—	—	—	—	—	$S \leqslant 0.035$，$P \leqslant 0.040$	490	400	≥20	27/-20	A-Ⅱ
7	E5016	GB/T 5117	J506	—	1.60	0.75	0.20	0.30	0.08	—	—	—	0.30	—	$S \leqslant 0.035$，$P \leqslant 0.040$	490	400	≥20	27/-30	A-Ⅱ
8	E5015	GB/T 5117	J507	—	1.60	0.75	0.20	0.30	0.08	—	—	—	0.30	—	$S \leqslant 0.035$，$P \leqslant 0.040$	490	400	≥20	27/-30	A-Ⅱ
9	E6015-D1	GB/T 5118	J607	0.12	1.25~1.75	0.60	—	0.25~0.45	—	—	—	—	—	—	$S \leqslant 0.035$，$P \leqslant 0.035$	590	490	≥15	27/-30	A-Ⅱ
10	E7015-D2	GB/T 5118	J707	0.15	1.65~2.00	0.60	—	0.25~0.45	—	—	—	—	—	—	$S \leqslant 0.035$，$P \leqslant 0.035$	690	590	≥15	27/-30	A-Ⅱ

表A.0.19 常用焊条熔敷金属的化学成分和常温机械性能（续）

序号	焊条型号			化学成分（%）								化学成分（%）				常温力学性能				分类号 DL/T 868—2004
	型号	标准号	原牌号	C	Mn	Si	Cr	Mo	V	Nb	B	W	Ni	Re	其他	R_m（MPa）	Rel	A（%）	A_{KV}（J/cm²）	
11	E5015-A1	GB/T 5118	R107	0.12	0.90	0.60	—	0.40~0.65	—	—	—	—	—	—	S≤0.035，P≤0.035	490	390	≥22	27/常温	B-Ⅰ
12	E5503-B1	GB/T 5118	R202	0.05~0.12	0.90	0.60	0.40~0.65	0.40~0.65	—	—	—	—	—	—	S≤0.035，P≤0.035	540	440	≥16		B-Ⅰ
13	E5515-B1	GB/T 5118	R207	0.05~0.12	0.90	0.60	0.40~0.65	0.40~0.65	—	—	—	—	—	—	S≤0.035，P≤0.035	540	440	≥17	27/常温	B-Ⅰ
14	E5515-B2	GB/T 5118	R307	0.05~0.12	0.90	0.60	0.80~1.50	0.40~0.65	—	—	—	—	—	—	S≤0.035，P≤0.035	540	440	≥17	27/常温	B-Ⅰ
15	E5515-B2-V	GB/T 5118	R317	0.05~0.12	0.90	0.60	0.80~1.50	0.40~1.65	0.10~0.35	—	—	—	—	—	S≤0.035，P≤0.035	540	440	≥17	27/常温	B-Ⅰ
16	E6003-B3	GB/T 5118	R402	0.05~0.12	0.90	0.60	2.00~2.50	0.90~1.20	—	—	—	—	—	—	S≤0.035，P≤0.035	590	490	≥14	27/常温	B-Ⅱ
17	E6015-B3	GB/T 5118	R407	0.05~0.12	0.90	0.60	2.00~2.50	0.90~1.20	—	—	—	—	—	—	S≤0.035，P≤0.035	590	490	≥15	27/常温	B-Ⅱ
18	E5515-B3-VNb	GB/T 5118	R417	0.05~0.12	1.00	0.60	2.40~3.00	0.70~1.00	0.25~0.50	0.35~0.65	—	—	—	—	S≤0.035，P≤0.035	540	440	≥17	27/常温	B-Ⅱ
19	E5515-B3-VWB	GB/T 5118	R347	0.05~0.12	1.00	0.60	1.50~2.50	0.30~0.80	0.20~0.60	—	0.001~0.003	0.20~0.60	—	—	S≤0.035，P≤0.035	540	440	≥17	27/常温	B-Ⅱ
20	E5515-B2-VW	GB/T 5118	R327	0.05~0.12	0.70~1.10	0.60	0.80~1.50	0.70~1.00	0.20~0.35	—	—	0.25~0.50	—	—	S≤0.035，P≤0.035	540	440	≥17	27/常温	B-Ⅱ
21	E5MoV-15	GB/T 983	R507	0.12	0.50~0.90	0.50	4.5~6.00	0.40~0.70	0.10~0.35	—	—	—	—	Cu：0.50	S≤0.030，P≤0.035	540		≥14		B-Ⅲ

表 A.0.19　常用焊条熔敷金属的化学成分和常温机械性能（续）

序号	焊条型号			化学成分（%）								化学成分（%）				常温力学性能				分类号
	型号	标准号	原牌号	C	Mn	Si	Cr	Mo	V	Nb	B	W	Ni	Re	其他	R_m（MPa）	Rel	A（%）	A_{KV}（J/cm^2）	DL/T 868—2004
22	E9Mo-15	GB/T 983	R707	0.15	0.50~1.00	0.50	8.0~10.0	0.70~1.00	—	—	—	—	0.40	Cu：0.50	$S≤0.030$，$P≤0.35$	590		≥16		B-Ⅲ
23	E11 MoVNi-15	GB/T 983	R807	0.19	0.50~1.00	0.50	9.5~11.5	0.60~0.90	0.20~0.40	—	—	—	0.60~0.90	Cu：0.50	$S≤0.030$，$P≤0.035$	730		≥15		B-Ⅲ
24	E11 MoVNiW-15	GB/T 983	R817	0.19	0.50~1.00	0.50	9.5~12.0	0.80~1.00	0.20~0.40	—	—	0.40~0.70	0.40~1.10	Cu：0.50	$S≤0.30$，$P≤0.035$	730		≥15		B-Ⅲ
25	E410-15	GB/T 983	G207	0.12	1.00	0.90	11.0~13.50	0.75	—	—	—	—	0.60	Cu：0.75	$S≤0.030$，$P≤0.040$	450		≥20		C-Ⅰ
26	E347	GB/T 983	A132/A137	0.08	0.5~2.5	0.90	18.00~21.00	0.75	—	8×C%~1.00	—	—	9.0~11.0	Cu：0.75	$S≤0.030$，$P≤0.040$	520		≥25		C-Ⅲ
27	E316	GB/T 983	A202/A207	0.08	0.5~2.5	0.90	17.0~20.0	2.0~3.0	—	—	—	—	11.0~14.0	Cu：0.75	$S≤0.030$，$P≤0.040$	520		≥30		C-Ⅲ
28	E309	GB/T 983	A302/A307	0.15	0.5~2.5	0.90	22.0~25.0	0.75	—	—	—	—	12.0~14.0	Cu：0.75	$S≤0.030$，$P≤0.040$	550		≥25		C-Ⅲ
29	E310	GB/T 983	A402/A407	0.08~0.20	1.0~2.5	0.75	20.0~22.5	0.75	—	N：0.1	—	—	20.0~22.5	Cu：0.75	$S≤0.030$，$P≤0.030$	550		≥25		C-Ⅲ
30	E16-25MoN	GB/T 983	A507	0.12	0.5~2.5	0.90	14.0~18.0	5.0~7.0	—	—	—	—	22.0~27.0	Cu：0.50	$S≤0.030$，$P≤0.035$	610		≥30		C-Ⅲ
31	E430	GB/T 983	G302/G307	0.10	1.0	0.90	15.0~18.0	0.75	—	—	—	—	0.6	Cu：0.75	$S≤0.030$，$P≤0.040$	450		≥20		C-Ⅲ

注：表中单值除特殊规定外，均为最大百分比。

表A.0.20　焊接异种钢的焊条（焊丝）及焊后热处理温度推荐表

C	1–a–A																				
C–Mo	1–a–B	2–b–B																			
1/2Cr–1/2Mo	1–a–C	2–b–B	3–b–B																		
1Cr–1/2Mo	1–a–C	2–b–C	3–b–C	4–b–C																	
1/2Cr–1/2Mo–V	1–a–D	2–b–D	3–b–D	4–b–D	4–c–D	4′–d–D															
1$\frac{1}{4}$Cr–1/2Mo–V	1–a–D	2–b–D	3–b–D	4–b–D	4–c–D	4′–d–D															
1Cr–1/2Mo–V	1–a–D	2–b–D	3–b–D	4–b–D	4–c–D	4′–d–D	4′–d–D														
1$\frac{1}{2}$Cr–1Mo–V	1–a–D	2–b–D	3–b–D	4–b–D	4–c–D	4′–d–D	4′–d–D	4′–d–D													
1$\frac{3}{4}$Cr–1/2Mo–V	1–a–D	2–b–D	3–b–D	4–b–D	4–c–D	4′–d–D	4′–d–D	4′–d–D	5–d–D												
2Cr–1/2Mo	3–b–D	3–b–D	3–b–D	4–b–D	4–c–D	4′–d–D	4′–d–D	4′–d–D	5–d–D	5–e–D											
2$\frac{1}{4}$Cr–1Mo	3–b–D	3–b–D	3–b–D	4–b–D	4–c–D	4′–d–D	4′–d–D	4′–d–D	5–d–D	5–e–D	5–e–D										
2Cr–1/2Mo–VW	3–b–D	3–b–D	3–b–D	4–b–D	4–c–D	4′–d–D	4′–d–D	4′–d–D	5–d–D	5–e–D	5–e–D	5′–f–D									
3Cr–1Mo	4–c–E	4–c–E	4–c–E	4–c–E	4–c–E	4′–d–E	4′–d–E	4′–d–E	5–d–E	5–e–E	5–e–E	5′–f–D	5″–f–E								
3Cr–1Mo–VTi	4′–d–E	4′–d–E	4′–d–E	4′–d–E	4′–d–E	4′–d–E	4′–d–E	4′–d–E	5–d–E	5–e–E	5–e–E	5′–f–D	5″–f–E	5″–f–E							
5Cr–1/2Mo	5–e–E	5–e–E	5–e–E	5–e–E	5–e–E	5–e–E	5–e–E	5–e–E	5–e–E	5–e–E	5–e–E	5′–f–D	5″–f–E	5″–f–E	6′–f′–E						
7Cr–1/2Mo	5–e–E	5–e–E	5–e–E	5–e–E	5–e–E	5–e–E	5–e–E	5–e–E	5–e–E	5–e–E	5–e–E	5′–f–D	5″–f–E	5″–f–E	6′–f′–E	6′–f′–E					
9Cr–1Mo–VNb	5–e–E	5–e–E	5–e–E	5–e–E	5–e–E	5–e–E	5–e–E	5–e–E	5–e–E	5–e–E	5–e–E	5′–f–D	5″–f–E	5″–f–E	6′–f′–E	6′–f′–E	6′–f′–E	6′–f′–E			
9Cr–0.5Mo1.5W	5–e–E	5–e–E	5–e–E	5–e–E	5–e–E	5–e–E	5–e–E	5–e–E	5–e–E	5–e–E	5–e–E	5′–f–D	5″–f–E	5″–f–E	6′–f′–E	6′–f′–E	6′–f′–E	6′–f′–E			
12Cr–2W–MoVNb	5–e–E	5–e–E	5–e–E	5–e–E	5–e–E	5–e–E	5–e–E	5–e–E	5–e–E	5–e–E	5–e–E	5′–f–D	5″–f–E	5″–f–E	7–g–E	7–g–E	7–g–E	7–g–E	7–g–E		
18–8型	5–e–A	8–h–A	8–h–A	8–h–A	8–h–A	8–h–A	8–h–A	8–h–A	8–h–A	8–h–A	8–h–A	8–h–A	8–h–A	8–h–A	8–h–A	8–h–A	8–h–A	8–h–A	8–h–E	9–i–A	9–i–A
25–20型	5–e–A	8–h–A	8–h–A	8–h–A	8–h–A	8–h–A	8–h–A	8–h–A	8–h–A	8–h–A	8–h–A	8–h–A	8–h–A	8–h–A	8–h–A	8–h–A	8–h–A	8–h–A	8–h–E	9–i–A	9–i–A
钢种	C	C–Mo	1/2Cr–1/2Mo	1Cr–1/2Mo	1$\frac{1}{4}$Cr–1/2Mo	1/2Cr–1/2Mo–V	1Cr–1/2Mo–V	1/2Cr–1/2Mo–V	1$\frac{3}{4}$Cr–1/2Mo–V	2Cr–1/2Mo	a′–1Mo	2Cr–2Mo–VW	3Cr–1Mo	3Cr–1Mo–VTi	5Cr–1/2Mo	7Cr–1/2Mo	9Cr–1Mo–VNb	9Cr–0.5Mo1.5W	12Cr–2W–MoVNb	18–8型	25–20型

注：1　表中推荐的是介于两者之间的焊材，应用时可向下直到“低匹配”应用。

2　表中“×-×-×”第一位表示焊条，第二位表示焊丝，第三位表示焊后热处理恒温温度。当采用氩弧焊打底或全氩弧焊接时，氩弧焊丝a′可同焊条1；b′可同焊条2；c′可同焊条3；d′可同焊条3′、3″；e′可同焊条4；f′可同焊条4′、4″；g′可同焊条6相配使用。

3　当两侧钢材之一为奥氏体不锈钢，且工作温度低于425℃时，也可选用焊条10、10′和焊丝J、K。

4　对工作温度大于425℃的耐热合金钢管子、管体等承压部件进行补焊或其上焊接管接头，若限于条件焊后无法进行热处理时，推荐选用焊条10。

5　TIG-R71为推荐的氩弧焊丝。

6　表内推荐的焊后热处理恒温温度是参考值，请注意对照钢材说明书和焊接材料制造商的说明书及DL/T 869之免于热处理的规定。

4　代号说明：

焊条	焊丝	氩弧焊丝	热处理温度（℃）
1—E5015、E5016	a—H08MnA；H08MnReA	a′—TIG-J50	A——一般不进行热处理
2—E5015-A1	b—H08CrMo	b′—TIG-R10	B—650~700
3—E5515-B1	c—H138CrMo	c′—TIG-R30	C—670~700
4—E5515-B2	d—H08CrMoV	d′—TIG-R31	D—720~750
4′—E5515-B2-V	e—H08Cr2Mo1	e′—TIG-R40	E—750~770
5—E5515-B3-VWB	f—H08Cr2MoVNb	f′—TIG-R34	
5′—E6015-B3	g—H16Cr10MoNiV	g′—TIG-R71	
5″—E5515-B3-VNb	h—AWSA5.14ERNiCr-1，2（Inconel 182）		
6—E0-7Mo-xx	i—H1Cr19Ni9Nb		
6′—E1-9Mo-xx	j—H1Cr23Ni13		
7—E1-13-xx	k—H1Cr26Ni21		
8—AWSA5.11；ENiCrFe-3（Inconel 182）			
9—E0-19-10-xx			
10—E1-23-13-xx			
10′-E1-26-21-xx			

表A.0.21　常用国产钢材所适用的焊条和焊丝型号

钢材		电焊条			焊丝	
种类	代号（类型）	原牌号	国标型号	相对应的国外型号	原牌号	国标或相对应的国外型号
碳素钢	C≤0.3%	J421 J420G J422 J423 J424 J426 J427	E4313 E4340 E4303 E4319 E4320 E4316 E4315	AWS E6013/JIS D4313 — JISD4303 AWS E6016/JISD4301 AWS E6020/JISD4320 JISD4316 AWS E6015	焊08锰高	H08MnA

表A.0.21　常用国产钢材所适用的焊条和焊丝型号（续）

钢材		电焊条			焊丝	
种类	代号（类型）	原牌号	国标型号	相对应的国外型号	原牌号	国标或相对应的国外型号
普通低合金钢	16MnV、16Mng 15MnR、15Mng （适用中、厚板） 15CrMo （1Cr–1/2Mo）	J506 J507 J557 R307	E5016 E5015 E5515–G E5515–B_2	AWS E7016/ JISD5016 AWS E7015 AWS E8015G AWSE8015–B_2/JIS DT 2315	焊08锰高	H08MnA H08CrMoA H13CrMo
耐热钢	12Cr1MoV （1Cr–1/2Mo–V）	R317 R337	E5515–B2–V E5515–B2–VNb	AWSE8015–B2/JIS DT 2315	—	H08CrMoV
	12Cr2MoWVTiB （2Cr–1/2Mo–VW）	R347 R417	E5515–B3–VW E5515–B3– VNb–7	—	焊08铬2钼高	H08Cr2MoVNb
	12Cr3MoVSiTiB（钢Ⅱ 11） （3Cr–1Mo–VTi）	R417	E5515–B3– VNb–7	—	焊08铬2钼高	H08Cr2MoVNb H05Cr2Mo1TiRe
	12MoVWBSiRe （无铬8号）	R347 R417	E5515–B3–VW E5515–B3– VNb–7	—	焊08铬2钼1 焊08铬2钼 钡铌	H08Cr2Mo1 H08Cr2MoVNb H08CrMoV
	15Cr1Mo1V	R327 R337	E5515–B2–VW E5515–B2–VNb	—	—	H08CrMoV
	12Cr2MoG	R407	E6015–B3	AWS E9015–B3/JIS DT 2415	—	ER62–B3
	15Ni1MnMoNbCu	R107	—	AWS E9018G	—	GB/T 8110：ER62–G AWSER90S–G
	10Cr9Mo1VNbN	R717	E6015–G	AWS E9015–B9	—	AWS ER90S–B9 GB：ER62–B9
	10Cr9MoW2VNbN （SA335 P92）	R727	E6015–G	—	—	AWS：ER90S–B9 （mod.） EN： WZCrMoWVNb90.52
	11Cr9Mo1W1VNbBN （SA335 P911）	—	—	AWS E9015–G EN E ZCrMoWV Nb91 1 B42 H5	—	AWS ER90S–B9 （mod.） EN： WZCrMoWVNb911
	10Cr11MoW2VNb Cu1BN （SA335 P122）	—	—	—	—	—
不锈钢	06Cr19Ni10 022Cr19Ni10	A132 A137	E347–16 E347–15	AWS E347–16/JIS D347 AWS E347–15	—	H08Cr21Ni10 H06Cr21Ni10
	06Cr17Ni12Mo2 022Cr17Ni12Mo2	A202 A207	E316–16 E316–15	AWS E316–16 AWS E316–15	—	H08Cr20Ni11Mo2 H04Cr20Ni11Mo2

表A.0.22 符合EN 10216标准材料所适用的焊条和焊丝型号

钢材			电焊条			焊丝	
种类	代号	材质类型	原牌号	国标型号	相对应的国外型号	牌号	国标型号或相对应的国外型号
碳素钢	P280GH	0.25	J426 J422	E4316 E4303	AWS E6016 JIS D4303	焊08锰高	H08MnA
耐热钢	16Mo3	0.3Mo	—	E5015-A1	AWSE7015-A1 JISDT1215	焊08铬钼	H08CrMo
	13CrMo4-5	1Cr-1/2Mo	R307	E5515-B2	AWSE8015-B2 JISDT2315	焊13铬钼	H13CrMoj
	10CrMo9-10	21/4Cr-1Mo	R407	E6015-B3	AWSE9015-B3	—	H08Cr2MoVNb
	14MoV63	1/2Cr-1/2Mo-V	R317	E5515-B2-V	—	—	H08CrMoV
	X20CrMoV121	12Cr-1Mo-V	R817	E2-11MoVNiW-15	—	—	H16Cr10MoNiV
	15NiCuMoNb 5-6-4	1Mn-1Ni-0.5Cu	R107	—	AWSE9018G	—	GB/T 8110: ER62-G AWSER90S-G
	7CrWVMoNb9-6（ASTM A335 P23）	21/4Cr-11/2WMo	—	—	EN: EZCr2WVB42H5 AWS：E9015-G	—	ER90s- G
	X11CrMo9-1（A335 P9）	9Cr-1Mo	R707	—	AWS E8018-B8	—	AWS ER80S-B8
	X10CrMoVNb9-1	9Cr-1Mo	R717	E6015-G	AWS E9015-B9 EN：ECrMo91 B 42 H5	—	AWS ER90S-B9 GB：ER62-B9
	X10CrWMoVNb9-2	9Cr-0.5Mo-1.8W	R727	E6015-G	AWS：E9015-G（E9015-B9 mod.） EN：E MoWVNb9 0，5 2 B 4 2 H5	—	AWS：ER90S-B9（mod.）EN：W ZCrMoWVNb 9 0.5 2
	X11CrMoWVNb 9-1-1	9Cr-1Mo-1W	—	—	AWS：E9015-G（E9015-B9 mod.）	—	AWS：ER90S-B9（mod.）EN：W ZCrMoWVNb 911
	X20CrMoV121	12Cr-1Mo-V	R817	E11MoVNiW-15	—	—	H16Cr10MoNiV AWS：ER505（mod.） EN：W CrMoWV12Si

表A.0.23 符合ASME B31.1标准材料所适用的焊条和焊丝型号

种类	代号	材质类型	原牌号	国标型号	相对应的国外型号	原牌号	国标型号或相对应的国外型号
碳钢	SA106Gr.A（管） SA106Gr.B（管） SA106Gr.C（管） A515Gr.60（板） A515Gr.65（板） A515Gr.70（板）	C	J507 J427	E5015 E4315	AWS：E7018	焊08锰高	H08MnA
碳钼钢	SA335-P1、 SA369-EP1（管）	1/2Mo	R107	E5015-A1	AWS：E7015-A1 JIS：DT1215	焊08铬钼	H08CrMo
	A204Gr.A板	—	R107	E5015-A1	AWS：7015-A1 JIS：DT1215	焊08铬钼	H08CrMo
耐热钢	SA335-P12	1Cr-1/2Mo	R307	E5515-B2	AWS：E8015-B2 JIS：DT2315	焊13铬钼	H13CrMo
	SA335-P11	1 1/4Cr- 1/2Mo	R307	E5515-B2	AWS：E8015-B2 JIS：DT2315	焊13铬钼	H13CrMo
	SA335-P22	21/4Cr-1Mo	R407	E6015-B3	AWS：E9015-B3	—	H08Cr2MoVNb
	SA335-P5管子	5Cr-1/2Mo	R507	E5MoV-15	AWS：E8015-B6	—	ER55-B6
	SA335-P9	9Cr-1Mo	R707	E9MoV-15	—	—	ER55-B8
	A387-Gr.12	1Cr-1/2Mo	R307	—	—	—	—
	A387-Gr.11板	11/4Cr-1/2Mo	R307	—	—	—	—
	A387-Gr.22	21/4Cr-1Mo	R407	—	—	—	—
	A387-Gr.5	5Cr-1/2Mo	R507	—	—	—	—
	A387-Gr.9	9Cr-1Mo	R707	—	AWS：E8018-B8	—	—
	SA335P23	21/4Cr-1 1/2WMo	—	—	EN：W/G2CrWV2	—	ER90s-G
	SA335-P91	9Cr- 1MoVNbN	R717	E6015-G	AWS：E9015-B9	—	AWS：ER90S-B9 GB：ER62-B9
	SA335-P92	9Cr-0.5Mo- 1.8W	R727	E6015-G	AWS E9015- G （E9015-B9 mod.）	—	AWS：ER90S-B9 （mod.） EN：WZCrMoWV Nb9 0.5 2
	A335P911	9Cr-1Mo-1W	—	—	AWS E9015-G （E9015-B9mod.） EN E CrMoWVNb911B42	—	AWS：ER90S-B9 （mod.） EN：W ZCrMoWVNb911
	SA335P122	12Cr-0.5Mo- 2W-1.5Cu	—	—	—	—	—
不锈钢	SA312TP304L SA409TP304L SA312TP321 SA409TP321	18Cr-8Ni- 0.0350 18Cr-8Ni-Ti	A132 A137	E347-16 E347-15	AWS：E347-16 AWS：E347-15	焊1铬19 镍9钛 焊1铬19 镍10铌	H1Cr19Ni1Ti H1Cr19Ni10Nb

表A.0.24 常用焊接接头基本形式及尺寸

序号	接头类型	坡口形式	图形	焊接方法	焊件厚度 δ（mm）	接头结构尺寸					适用范围
						α	β	b（mm）	P（mm）	R（mm）	
1	对接	I形	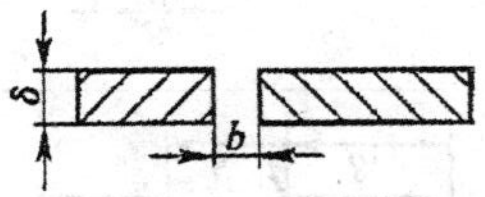	SMAW OFW GMAW/ FCAW SAW	<3 ≤3 8~16 8~16	—	—	1~2 1~2 0~1 0~1	—	—	容器和一般钢结构
2	对接	V形	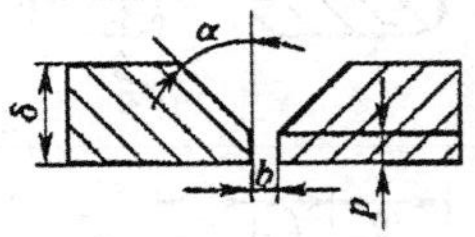	SMAW OFW GMAW/ FCAW SAW	≤6 ≤16 >16~20 >16~20	30°~35°	—	视现场情况在焊接作业指导书中规定	0.5~2 1~2 7 7	—	各类承压管道，压力容器和中、薄件承重结构
3	对接	U形	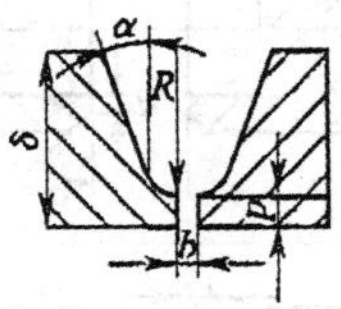	SMAW TIG	≤60	10°~15°	—	2~5	0.5~2	5	中、厚壁汽水管道
4	对接	双V形 水平管	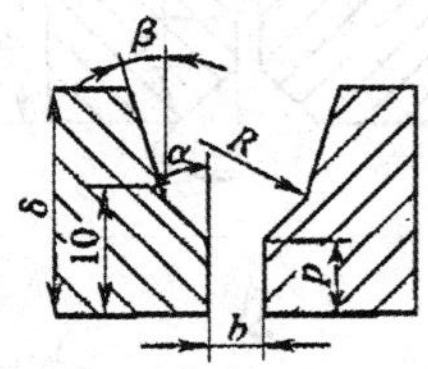	SMAW TIG	>16	30°~40°	8°~12°	2~5	1~2	5	中、厚壁汽水管道
5	对接	双V形 垂直管	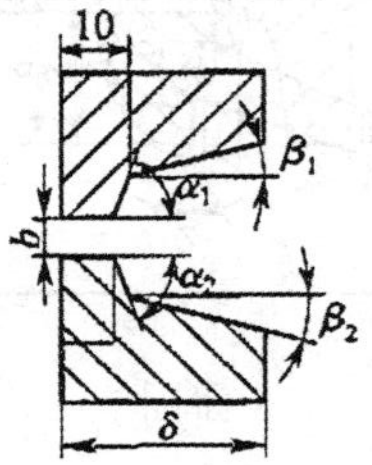	SMAW TIG	>16	α_1= 35°~40° α_2= 20°~25°	β_1= 15°~20° β_2= 5°~10°	1~4	1~2	5	中、厚壁汽水管道

表A.0.24　常用焊接接头基本形式及尺寸（续）

序号	接头类型	坡口形式	图形	焊接方法	焊件厚度 δ（mm）	接头结构尺寸 α	β	b（mm）	P（mm）	R（mm）	适用范围
6	对接	综合形	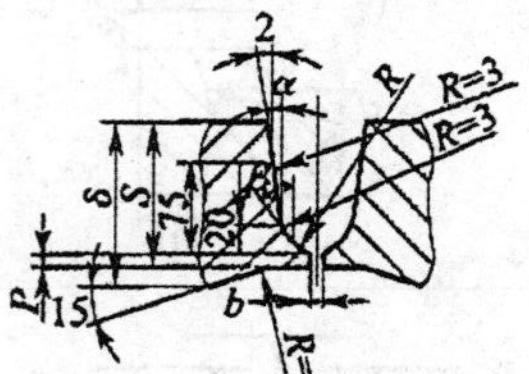	SMAW TIG FCAW SAW	>60	20°~25°	5°	2~5	2	5	厚壁汽水管道
7	对接	X形	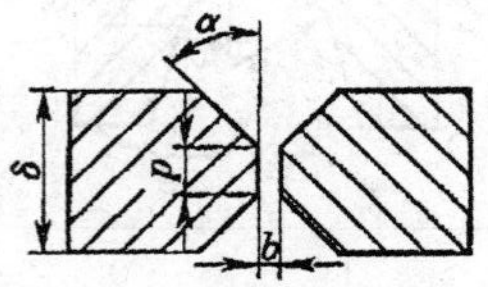	SMAW SAW	>16 >20	30°~35°	—	2~3 0~1	2~4 7	—	双面焊接的大型容器和结构
8	对接	封头	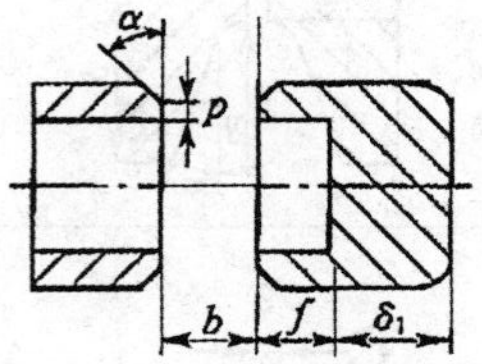	SMAW SAW	管径不限	同厚壁管坡口加工要求					汽水管道或联箱封头
9	对接	封头	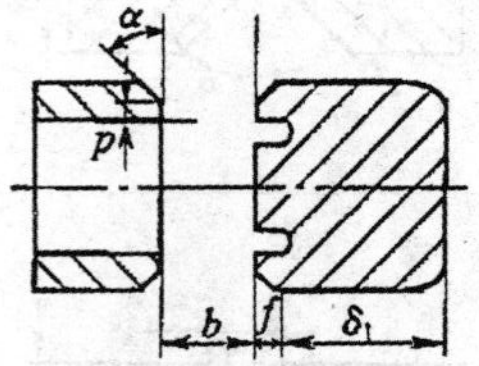	SMAW TIG	直径 $\phi \geq 237$	同厚壁管坡口加工要求					汽水管道或联箱封头
10	T形接	管座	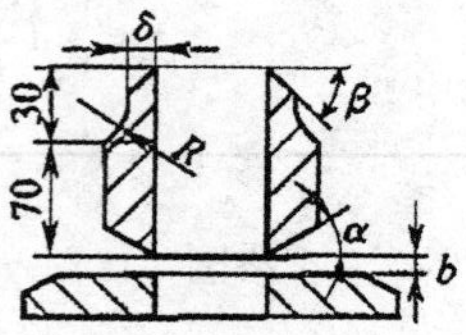	SMAW TIG	管径 $\phi \leq 76$	50°~60°	30°~35°	2~3	1~2	按壁厚差取	汽水、仪表取样等接管座

表 A.0.24　常用焊接接头基本形式及尺寸（续）

序号	接头类型	坡口形式	图形	焊接方法	焊件厚度 δ（mm）	接头结构尺寸					适用范围
						α	β	b（mm）	P（mm）	R（mm）	
11	T形接	管座	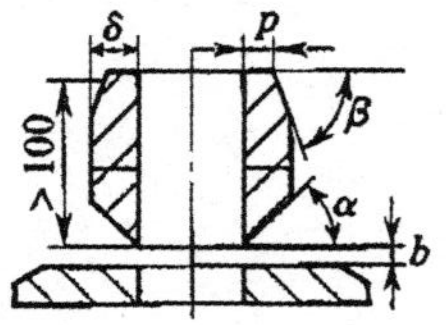	SMAW TIG	管径 76~133	50°~60°	30°~35°	2~3	1~2	—	一般汽水管道或容器的接管座或接头
12	T形接	无坡口	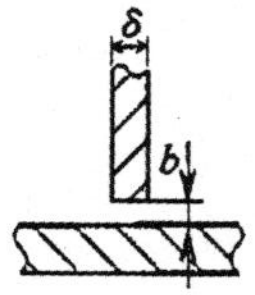	SMAW SAW	≤20 >8	—	—	0~2	—	—	不要求全焊透的结构
13	T形接	单V形	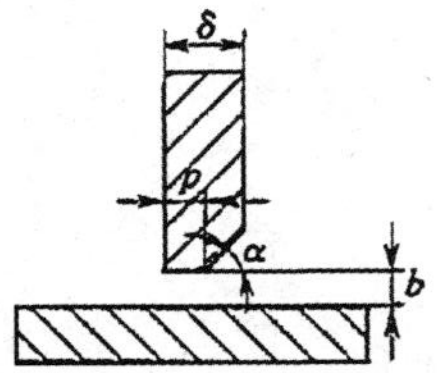	SMAW SAW	>20	50°~60°	—	0~2	$\leqslant \frac{2}{3}\delta$	—	不要求焊透的结构
					≤20			1~2	1~2		要求焊透的结构
14	T形接	K形	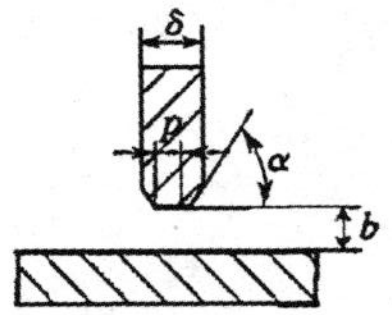	SMAW SAW	>20	50°~60°	—	1~2	1~2	—	要求焊透的大型结构
15	搭接	无坡口	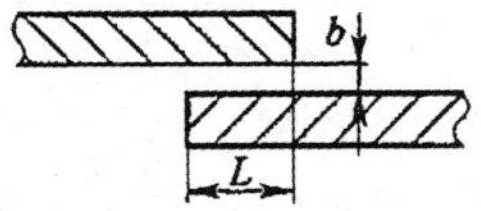	OFW SMAW SAW	≤4 ≥4 >8	—	—	0~1	—	—	容器和结构

注：当不采用全钨极氩弧焊时，表中TIG用于根层焊接，SMAW用于填充和/或盖面焊接。

SMAW——焊条电弧焊；　OFW——气焊；　GMAW——熔化极实心气体保护焊；

TIG——钨极氩弧焊；　SAW——埋弧焊；　FCAW——熔化极药芯焊丝气体保护焊

表A.0.25　不同厚度管道对口时的处理方法

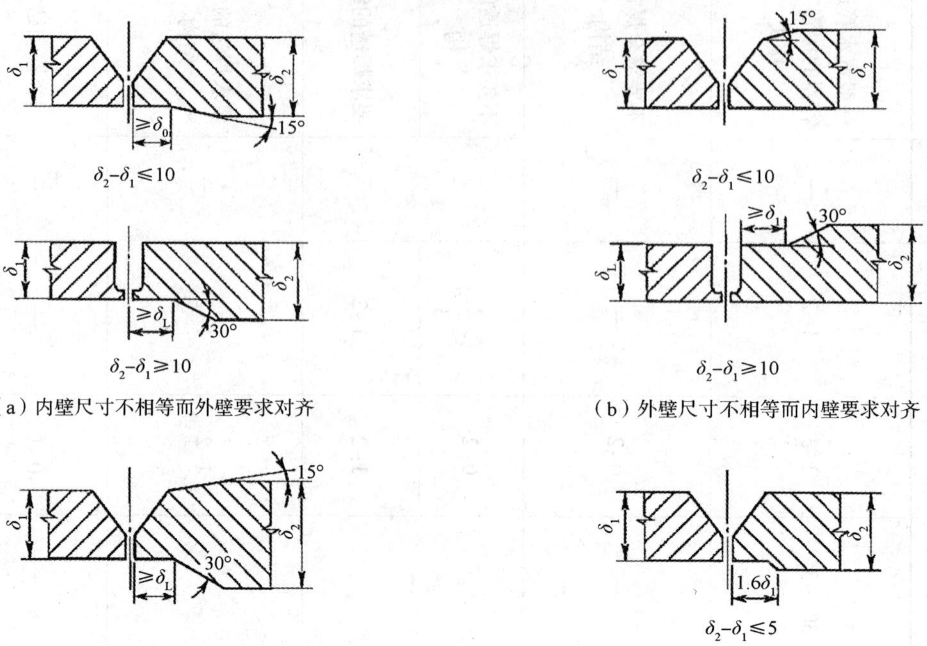

（a）内壁尺寸不相等而外壁要求对齐

（b）外壁尺寸不相等而内壁要求对齐

（c）内外壁尺寸不相等

（d）壁厚不相等，且$\delta_2-\delta_1\leqslant5$mm

附录B 管道的尺寸偏差

B.0.1 国产管道系列的外径及壁厚允许偏差应符合《高压锅炉用无缝钢管》GB 5310、《低中压锅炉用无缝钢管》GB 3087、《低压流体输送用焊接钢管》GB 3091等现行国家标准的规定。

B.0.2 符合EN 10216—2标准的钢管尺寸偏差应符合以下规定：

1 热轧、热挤压、热拉方法制造的钢管尺寸偏差应符合表B.0.2-1~表B.0.2-4的规定。

表B.0.2-1 外径允许偏差和壁厚允许偏差表

外径D（mm）	外径允许偏差	不同壁厚/外径比值下，壁厚允许偏差			
		≤0.025	>0.025 ≤0.050	>0.050 ≤0.1	>0.1
D≤219.1	±1%或者±0.5mm，两者取最大值	±12.5%或者±0.4mm，两者取最大值			
D>219.1		±20%	±15%	±12.5%	±10%[注]

注：对于外径D>355.6mm，允许按5%的壁厚局部提高外壁壁厚。

表B0.2-2 内径允许偏差和壁厚允许偏差表

内径允许偏差		不同壁厚/内径比值下，壁厚允许偏差			
内径d	最小内径d_{min}	≤0.03	>0.03 ≤0.06	>0.06 ≤0.12	>0.12
±1%或者±2mm，两者取最大值	+2%或者+4mm，两者取最大值	±20%	±15%	±12.5%	±10%[注]

注：对于外径D>355.6mm，允许按5%的壁厚局部提高外壁壁厚。

表B.0.2-3 外径允许偏差和最小壁厚允许偏差表

外径D（mm）	外径允许偏差	不同最小壁厚/外径比值下，最小壁厚允许偏差			
		≤0.02	>0.02 ≤0.04	>0.04 ≤0.09	>0.09
D≤219.1	±1%或者±0.5mm，两者取最大值	+28%或者+0.8mm，两者取最大值			
D>219.1		+50%	+35%	+28%	+22%[注]

注：对于外径D>355.6mm，允许按5%的壁厚局部提高外壁壁厚。

表B.0.2-4 内径允许偏差和最小壁厚允许偏差表

内径允许偏差		不同最小壁厚/内径比值下，最小壁厚允许偏差		
内径d	最小内径d_{min}	≤0.05	>0.05 ≤0.1	>0.1
±1%或者±2mm，两者取最大值	+2%或者+4mm，两者取最大值	+35%	+28%	+22%[注]

注：对于外径D>355.6mm，允许按5%的壁厚局部提高外壁壁厚。

2 冷轧或冷拔方法制造的管子的钢管尺寸偏差应符合表B.0.2-5的规定。

表B.0.2-5 内径允许偏差和最小壁厚允许偏差表

外径偏差	壁厚偏差
±0.5%或者±0.3mm，两者取最大值	±10%或者±0.2mm，两者取最大值

附录C 管道补偿资料

C.1 管道自补偿能力判别

C.1.1 管道两端点间、无限位支吊点的无分支的管道，其自补偿能力是否满足要求，应按照以下步骤进行判别；

1 u、v值可按下列公式计算：

$$u=L/a-1 \quad\text{(C.1.1-1)}$$

$$v=nD_o/L \quad\text{(C.1.1-2)}$$

$$n=10^{-3}E^t\alpha^t(t-t_{er})/[\sigma]^t \quad\text{(C.1.1-3)}$$

式中：L——固定点间的管道展开长度（m）；

a——固定点间的直线距离（m）；

D_o——管道外径（mm）；

n——管道强度特性；

t——设计温度（℃）；

t_{er}——设计安装温度（℃）；

E^t——设计温度下管材的金属弹性模量（kN/mm²）；

α^t——设计温度下管材的线膨胀系数（10^{-6}/℃）。

2 当所求出的u、v值在估算管道补偿能力曲线（图C.1.1）上查得的对应点落在A区域内时，则管道可以满足自补偿；当落在B区域内时，应精确计算后确定；当落在C区域内，则不能满足自补偿。

3 如果管道某段的横截面是变化的，则在确定管道的展开长度时，可用折算展开长度L'代替实际展开长度L。若将大端管道长度折合成小端管道长度，可按下式计算：

$$L'=L\left(\frac{r_b}{r_m}\right)^3\frac{S_b}{S_m} \quad\text{(C.1.1-4)}$$

式中：L'——管道折算长度（m）；

r_m——大端管道横截面平均半径（mm）；

S_m——大端管道壁厚（mm）；

r_b——小端管道平均半径（mm）；

S_b——小端管道壁厚（mm）。

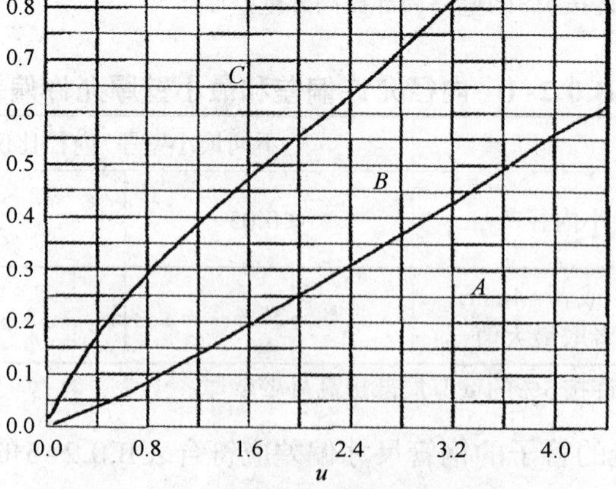

图C.1.1 估算管道补偿能力曲线

C.1.2 相同温度、相同材质、相同外径、形状相似的管系可按照应力与管道长度成反比的原则考虑；相同温度、相同材质、相同形状与尺寸，但管外径不同的管系可按照应力与管外径成正比的原则考虑。

C.2 波纹管补偿器的补偿及推力计算

C.2.1 补偿器的内压推力可按下式计算：

$$F_n=PA \quad \text{(C.2.1)}$$

式中：F_n——波节环面上的内压推力（N）；

P——管道设计压力（MPa）；

A——波节环面的有效面积（mm^2）。

在计算固定点推力时，还应根据管道布置情况考虑介质压力作用在管道断面上的影响。

C.2.2 仅吸收轴向热位移的波纹管补偿器，只有轴向推力，包括内压推力和弹性推力，补偿器的补偿能力及推力的判断或计算可按照下列公式计算；

1 补偿器吸收的位移量可按下式计算：

$$X \leqslant X_0 \quad \text{(C.2.2-1)}$$

2 所需补偿器波纹数可按下式计算：

$$n \geqslant X_f/X_0 \quad \text{(C.2.2-2)}$$

3 单波轴向吸收的位移量可按下式计算：

$$e_x=X/n \leqslant X_0/n \quad \text{(C.2.2-3)}$$

4 补偿器弹性推力可按下式计算：

$$F_x=K_xX \quad \text{(C.2.2-4)}$$

式中：F_x——补偿器弹性推力（N）；

X——补偿器吸收的轴向位移量（mm）；

X_0——补偿器最大轴向补偿量，根据制造厂的数值，并考虑温度、疲劳次数的修正（mm）；

X_f——管道系统沿补偿器轴向全补偿量（mm）；

e_x——单波轴向位移量（mm）；

n——补偿器的波纹数；

K_x——补偿器的轴向刚度（N/mm）。

C.2.3 仅吸收横向热位移的波纹管补偿器，其推力包括轴向内压推力、横向弹性推力和弯矩。不同形式的补偿器的补偿能力及推力计算应符合下列规定：

1 单（复）式补偿器的补偿能力及推力可按下列公式计算：

1）补偿器吸收的横向位移量可按下式计算．

$$Y \leqslant Y_0 \quad \text{(C.2.3-1)}$$

2）补偿器两端横向弹性推力可按下式计算：

$$F_y=K_yY \quad \text{(C.2.3-2)}$$

3）补偿器两端弯矩可按下式计算：

$$M_y=F_y\frac{L}{2} \quad \text{(C.2.3-3)}$$

4）内压推力可按照本规范附录 C 式（C.2.1）计算。

式中：Y——补偿器吸收的横向位移量（mm）；

Y_0——补偿器最大横向补偿量，根据制造厂的数值，并考虑温度、疲劳次数的修正（mm）；

K_y——补偿器横向刚度（N/mm）；

F_y——补偿器两端横向弹性推力（N）；

M_y——补偿器两端弯矩（N·m）；

L——补偿器长度，对于复式补偿器，等于两个波纹管补偿器与中间连接管段长度之和（m）。

2 带铰点的角式补偿器的补偿能力及推力可按下列公式计算：

1）补偿器吸收的横向位移可按下式计算：

$$Y \leqslant Y_0 \quad \text{(C.2.3-4)}$$

2）补偿器两端的横向推力可按下式计算：

$$F_y=K_yY \quad \text{(C.2.3-5)}$$

3）补偿器两端的弯矩可按下式计算：

$$M_y=F_y\frac{L-l}{2} \quad\cdots\cdots\cdots\cdots（C.2.3-6）$$

4）补偿器两端的弯矩和横向推力也可按下列公式计算：

$$\theta\leqslant\theta_0 \quad\cdots\cdots\cdots\cdots（C.2.3-7）$$

$$M_y=K_\theta\theta \quad\cdots\cdots\cdots\cdots（C.2.3-8）$$

$$F_y=\frac{2}{L-l}M_y \quad\cdots\cdots\cdots\cdots（C.2.3-9）$$

5）内压推力可按照本规范附录C式（C.2.1）计算。

式中：θ——补偿器吸收的角位移（°）；

θ_0——补偿器的最大角向补偿量，根据制造厂的数值，并考虑温度、疲劳次数的修正（°）；

K_θ——补偿器的角向刚度［Nm/（°）］；

L——单个补偿器长度。

C.2.4 吸收轴向和横向双向位移波纹管补偿器，其推力包括轴向内压推力、轴向弹性推力、横向弹性推力和弯矩。补偿器的补偿能力和推力可按下列公式判断或计算：

1 补偿能力可按下式计算：

$$\frac{X_1}{X_0}+\frac{Y_1}{Y_0}\leqslant l \quad\cdots\cdots\cdots\cdots（C.2.4-1）$$

2 弹性推力可按下列公式计算：

1）补偿器两端的轴向推力可按下式计算：

$$F_x=K_xX_1 \quad\cdots\cdots\cdots\cdots（C.2.4-2）$$

2）补偿器两端的横向推力可按下式计算：

$$F_y=K_yY_1 \quad\cdots\cdots\cdots\cdots（C.2.4-3）$$

3）补偿器两端的弯矩可按下式计算：

$$M_y=F_y\frac{L}{2} \quad\cdots\cdots\cdots\cdots（C.2.4-4）$$

4）当采用角式波纹管补偿器，补偿器两端的弯矩可按下式计算：

$$M_y=F_y\frac{L-1}{2} \quad\cdots\cdots\cdots\cdots（C.2.4-5）$$

5）内压推力可按照本规范附录C式（C.2.1）计算。

式中：X_1——补偿器吸收双向位移时的轴向位移（mm）；

Y_1——补偿器吸收双向位移时的横向位移（mm）。

注：式中X_0、Y_0分别为补偿器单独进行单向补偿时的最大轴向补偿f和最大横向补偿量。

C.2.5 波纹补偿器的冷紧值应根据管道横向和轴向热位移的具体情况综合考虑。对于吸收管道轴向位移的波纹补偿器，安装时，补偿器的预定位的变形量可按下式计算：

$$\Delta X=X\left(r-\frac{t_{amb}-t_{min}}{t_{max}-t_{min}}\right) \quad\cdots\cdots\cdots\cdots（C.2.5）$$

式中：ΔX——设计冷紧比为r值（通常取50%）时，波纹管补偿器预变形的实际拉伸或压缩量（mm）；

t_{amb}——管道安装温度，宜取用安装时实际环境温度（℃）；

t_{min}——最低使用温度（℃）；

t_{max}——最高使用温度（℃）。

对于承受管道横向位移的波纹管补偿器，冷紧应在补偿器横向的管道上进行，冷紧比宜取50%。波纹管补偿器不应靠冷紧来加大其补偿能力。

C.2.6 当波纹管补偿器所产生的轴向推力较大，宜装设跨桥装置。跨桥与土建结构只允许有一个固定点。跨桥断面上的许用应力宜取30MPa~50MPa。补偿器所吸收的轴向位移，宜取跨桥长度范围内包括补偿器的管段热伸长量的85%。

附录D 水力计算资料

D.1 水和水蒸气的黏度资料

表D.1.1 水和水蒸气的动力黏度（$\times 10^{-6}$Pa·s）

t（℃）	p（$\times 10^{5}$Pa）																		
	1	10	25	50	100	150	200	250	300	350	400	450	500	550	600	650	700	750	800
0	1750	1750	1750	1750	1750	1740	1740	1740	1740	1730	1730	1730	1720	1720	1720	1720	1710	1710	1710
10	1300	1300	1300	1300	1300	1300	1300	1290	1290	1290	1290	1290	1280	1280	1280	1280	1280	1280	1280
20	1000	1000	1000	1000	1000	1000	999	990	998	997	997	996	996	995	994	994	993	992	992
30	797	797	797	797	797	797	797	797	797	797	797	797	796	796	796	796	796	796	796
40	651	651	652	652	652	652	653	653	653	653	654	654	654	654	655	655	655	656	656
50	544	544	544	545	545	546	546	547	547	548	548	549	549	550	550	551	551	552	552
60	463	463	463	464	464	465	466	467	467	468	469	469	470	471	471	472	473	473	474
70	400	401	401	401	402	403	404	404	405	406	407	408	408	409	410	411	412	412	413
80	351	351	351	352	353	354	355	355	356	357	358	359	360	361	362	362	363	364	365
90	311	311	312	312	313	314	315	316	317	318	319	320	321	322	323	324	325	326	326
100	12.11	279	279	280	281	282	283	284	285	286	287	288	289	290	291	292	293	294	295
110	12.52	252	253	253	254	255	256	257	258	259	260	262	263	264	265	.266	267	268	269
120	12.92	230	230	231	232	233	234	235	236	237	238	239	241	242	243	244	245	246	247
130	13.33	211	212	212	213	214	215	216	218	219	220	221	222	223	224	225	226	227	228
140	13.74	195	195	196	197	198	199	200	201	203	204	205	206	207	208	209	210	211	213
150	14.15	181	182	182	183	184	185	187	188	189	190	191	192	193	194	196	197	198	199
160	14.55	169	169	170	171	172	173	175	176	177	178	179	180	181	183	184	185	186	187
170	14.96	159	159	160	161	162	163	164	165	166	168	169	170	171	172	173	174	176	177
180	15.37	14.96	150	150	151	153	154	155	156	157	158	159	161	162	163	164	165	166	168
190	15.77	15.40	141	142	143	144	145	147	148	149	150	151	153	151	155	156	157	158	160
200	16.18	15.85	134	135	136	137	138	139	141	142	143	144	145	146	148	149	150	151	152
210	16.59	16.29	127	128	129	130	132	133	134	135	136	138	139	140	141	142	143	145	146
220	16.99	16.74	122	122	123	124	126	127	128	129	130	132	133	134	135	136	138	139	140
230	17.40	17.18	16.79	117	118	119	120	122	123	124	125	126	128	129	130	131	132	134	134
240	17.81	17.61	17.28	112	113	114	115	117	118	119	120	121	123	124	125	126	128	129	130
250	18.22	18.05	17.77	107	109	110	111	112	113	115	116	117	118	119	121	122	123	124	126
260	18.62	18.49	18.26	103	104	106	107	108	109	111	112	113	114	115	117	118	119	120	122
270	19.03	18.92	18.74	18.38	101	102	103	104	105	107	108	109	110	112	113	114	115	117	118
280	19.44	19.35	19.22	18.95	97.0	98.2	99.4	101	102	103	104	106	107	108	109	111	112	113	114
290	19.84	19.78	19.69	19.51	93.6	94.9	96.1	97.4	98.6	99.9	101	102	104	105	106	107	109	110	111
300	20.25	20.22	20.16	20.06	90.5	91.7	93.0	94.3	95.5	96.8	98.1	99.3	101	102	103	104	106	107	108
310	20.7	20.7	20.6	20.6	86.6	88.3	89.4	91.1	92.4	93.8	94.9	96.1	97.5	98.4	99.7	101	102	103	105
320	21.1	21.1	21.1	21.1	21.6	84.5	85.9	87.7	89.2	90.6	92.0	92.9	94.3	95.5	96.6	97.8	99.0	100	102
330	21.4	21.5	21.6	21.7	22.4	80.4	82.1	84.1	85.8	87.5	88.8	90.0	91.1	92.4	93.5	94.8	96.0	97.2	98.3

表D.1.1　水和水蒸气的动力黏度（$\times 10^{-6}$Pa·s）（续）

t（℃）	*p*（$\times 10^5$Pa）																		
	1	10	25	50	100	150	200	250	300	350	400	450	500	550	600	650	700	750	800
340	21.9	21.9	22.0	22.2	23.0	76.0	78.2	80.2	82.1	84.0	85.5	86.9	88.0	89.2	90.5	91.8	93.1	94.3	95.5
350	22.3	22.3	22.4	22.7	23.6	25.4	73.0	75.9	78.5	80.2	82.1	83.6	84.8	86.2	87.5	88.9	90.2	91.4	92.6
360	22.7	22.8	22.9	23.2	24.1	25.7	66.8	70.6	73.7	76.3	78.3	80.3	81.5	83.2	84.7	86.2	87.4	88.7	90.0
370	23.1	23.2	23.4	23.7	24.6	26.0	29.6	64.3	68.5	72.0	74.2	76.7	78.3	80.2	81.9	83.5	84.9	86.2	87.5
380	23.5	23.6	23.8	24.2	25.0	26.3	28.8	53.7	63.2	67.5	70.6	73.0	75.1	77.3	79.1	80.9	82.3	83.7	84.9
390	23.9	24.0	24.2	24.6	25.4	26.6	28.6	34.9	56.1	63.0	67.0	69.9	72.3	74.3	76.3	78.2	79.7	81.2	82.6
400	24.3	24.4	24.6	25.0	25.8	26.9	28.6	32.1	45.7	57.3	62.8	66.5	69.3	71.7	73.7	75.5	77.3	79.0	80.3
410	24.7	24.8	25.0	25.4	26.1	27.2	28.7	31.3	38.1	50.4	58.1	62.8	66.2	68.9	71.1	73.1	74.9	76.4	77.9
420	25.1	25.3	25.4	25.7	26.5	27.5	28.8	31.0	35.2	44.1	52.8	58.7	62.8	65.9	68.5	70.7	72.6	74.3	75.9
430	25.5	25.7	25.8	26.1	26.9	27.8	29.1	30.9	32.2	39.4	47.8	54.4	59.2	62.8	65.7	68.2	70.3	72.1	73.8
440	26.0	26.1	26.2	26.5	27.2	28.1	29.3	30.9	32.0	37.4	43.9	50.3	55.5	59.6	62.9	65.6	67.9	69.9	71.8
450	26.4	26.5	26.6	26.9	27.6	28.5	29.6	31.0	32.0	36.3	41.2	46.9	52.1	56.4	60.0	63.0	65.5	67.7	69.7
460	26.8	26.9	27.0	27.3	28.0	28.8	29.8	31.2	32.0	35.6	39.4	44.2	49.1	53.5	57.2	60.4	63.1	65.5	67.6
470	27.2	27.3	27.4	27.7	28.4	29.2	30.1	31.4	32.1	35.2	38.3	42.3	46.6	50.8	54.6	57.9	60.8	63.3	65.4
480	27.6	27.7	27.8	28.1	28.8	29.5	30.5	31.6	32.3	35.0	37.6	40.9	44.7	48.6	52.2	55.6	58.5	61.1	63.4
490	28.0	28.1	28.2	28.5	29.2	29.9	30.8	31.9	32.5	34.9	37.1	39.9	43.3	46.8	50.2	53.4	56.4	59.1	61.5
500	28.4	28.5	28.7	28.9	29.5	30.3	31.1	32.1	32.7	34.9	36.9	39.3	42.2	45.3	48.5	51.6	54.5	57.2	59.6
510	28.8	28.9	29.1	29.3	29.9	30.6	31.4	32.4	33.0	35.0	36.7	38.9	41.4	44.2	47.1	50.0	52.8	55.5	57.9
520	29.2	29.3	29.5	29.7	30.3	31.0	31.8	32.7	33.2	35.1	36.7	38.6	40.8	43.3	46.0	48.7	51.4	53.9	56.3
530	29.6	29.7	29.9	30.1	30.7	31.4	32.1	33.0	33.5	35.3	36.7	38.4	40.4	42.7	45.1	47.6	50.1	52.5	54.9
540	30.0	30.1	30.3	30.5	31.1	31.7	32.5	33.3	33.8	35.4	36.8	38.4	40.2	42.2	44.4	46.7	49.1	51.4	53.6
550	30.4	30.5	30.7	30.9	31.5	32.1	32.8	33.6	34.1	35.7	36.9	38.3	40.0	41.9	43.9	46.0	48.2	50.4	52.5
560	30.8	30.9	31.1	31.3	31.9	32.5	33.2	34.0	34.4	35.9	37.1	38.4	39.9	41.6	43.5	45.5	47.5	49.6	51.6

D.2　阻力系数有关数据

表D.2.1　苏联推荐的管子等值粗糙度

管子类型	等值粗糙度ε（mm）
不锈钢无缝钢管和不锈钢焊接钢管（无垫环焊接）	0.1
无缝钢管	0.2
焊接钢管	0.2
高腐蚀运行条件下的钢管（排汽管、溢放管）	0.55~0.65

表D.2.2　美国推荐的管子等值粗糙度

管子类型	等值粗糙度ε（mm）
冷拔钢管（新的、洁净的）	0.0015
普通钢管或熟铁管	0.0457
涂沥青铸铁管	0.1220

表 D.2.2　美国推荐的管子等值粗糙度（续）

管子类型	等值粗糙度ε（mm）
镀锌铸铁管	0.1524
普通铸铁管	0.2591
混凝土管	0.3050~3.0500
铆接钢管	0.9150~9.1500

表 D.2.3　德国推荐的管子等值粗糙度

钢材	加工方式	管子状态、管壁特性	等值粗糙度ε（mm）
钢	无缝轧制	新、常见典型轧制表皮 未酸洗 已酸洗 细管	0.02~0.06 0.02~0.06 0.03~0.04 小于0.01
	焊接管有涂层	新、典型轧制表皮 新、普通镀锌 涂沥青 敷水泥	0.04~0.10 0.10~0.16 0~0.05 0~0.18
	旧钢管（参考值）	有均匀腐蚀坑 中度锈蚀至轻微起锈皮 中度起锈皮	0~0.15 0.20~0.50 0~1.50
	旧钢管（参考值）	严重起锈皮 长期使用后经过清理后涂沥青，沥青局部脱落 有锈点	2.00~4.00 0.15~0.20 0~0.10
	介质影响（使用一段时间后产生腐蚀坑所致）	水管、平均值 起锈皮，有腐蚀坑 蒸汽管，平均值 压缩空气管，平均值 焦炉煤气和城市煤气管道，有奈沉积物和起锈皮 天然气管道，平均值 高炉煤气管道	0.40~1.20 1.50~3.00 0.20~0.40 0.20~0.40 1.00~3.00 0.10~0.20 0.80~1.20
铸铁	—	新，典型铸铁表面，未涂沥青涂沥青 旧，生锈 轻微至严重起锈皮 严重锈蚀 使用多年后经过清理 使用中的自来水管 城市下水道	0.10~0.15 0.50~1.00 1.50~3.00 4.5 0.50~1.50 1.5 1.50~3.00
板材	镀锌	风道和风机管道，光滑	0.07~1.20
混凝土	—	新，普通，涂有光滑漆 普通，中度粗糙 普通，粗糙 钢筋混凝土，经过真抹光 离心浇注混凝土，未抹灰 离心浇注混凝土，抹光 旧，抹光，在水内使用多年 无接头管段（平均值） 有接头管段（平均值）	0.30~0.80 1.00~2.00 2.00~3.00 0.10~0.15 0.20~0.80 0.10~0.15 0.20~0.30 0.2 2.0

D.3 管道附件的局部阻力系数

D.3.1 苏联推荐的各种管道附件的局部阻力系数可按下列规定选择；

1 弯管和弯头的局部阻力系数可按表D.3.1-1的规定确定。

表D.3.1-1 弯管和弯头的局部阻力系数表

弯管弯头气式	*DN*	*R/DN*	不同弯曲角度弯管（弯头）的局部阻力系数				
			90°	60°	45°	30°	22° 30′
弯管	—	>3.0	0.20	0.15	0.12	0.09	0.07
热压弯头	—	1.5	0.25	0.20	0.16	—	—
锻造弯头	—	1.0	0.60	—	—	—	—
焊接弯头	100	1.5	0.55	0.43	0.28	0.25	0.16
	125	1.5	0.48	0.37	0.24	0.22	0.14
	150	1.5	0.41	0.32	0.21	0.19	0.12
	200	1.5	0.35	0.27	0.18	0.16	0.10
	250~450	1.5	0.30	0.24	0.16	0.14	0.09
	500~1400	1.0	0.4	0.31	0.19	0.18	0.11

对于鹅型弯头（图D.3.1），当R_0/D_i等于1时，其局部阻力系数ξ取2.16。

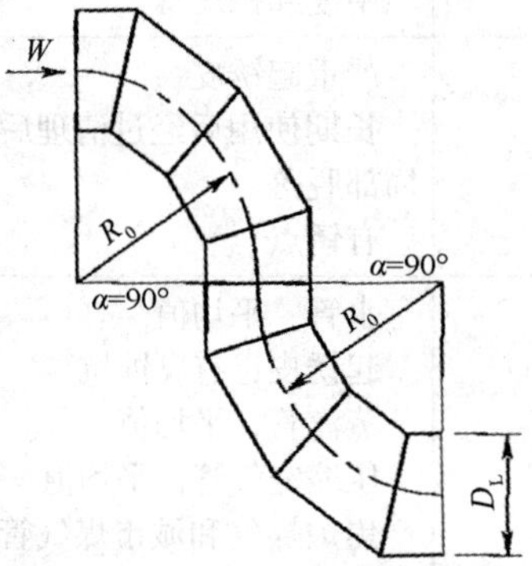

图D.3.1-1 鹅型弯头

2 三通的局部阻力系数可按下列规定计算确定，其中阻力系数ξ_b和ξ_n都是相应于c—c断面主管流速ω_c。

1）侧向汇流三通（图 D.3.1-2）的阻力系数可按下列公式计算：

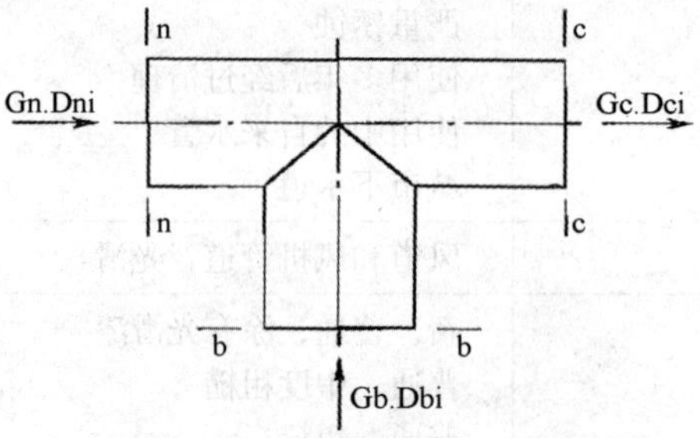

图D.3.1-2 侧向汇流三通

$$\xi_b = A\left[1+\left(\frac{q}{a}\right)^2+2(1-q)^2\right] \quad \text{(D.3.1-1)}$$

$$\xi_n=q(1.55-q) \quad \text{(D.3.1-2)}$$

式中：ξ_b——为b—c截面间的阻力系数；

A——系数，可按表D.3.1-2的规定取值；

ξ_n——为n—c截面间阻力系数；

a——侧向流通内径D_{bi}与主流通流内径D_{ci}比的平方，可按式D.3.1-3确定；

$$a=\left(\frac{D_{bi}}{D_{ci}}\right)^2 \qquad \text{(D.3.1-3)}$$

q——分流流量G_b的主流流量G_c之比，可按式D.3.1-4确定。

$$q=\frac{G_b}{G_c} \qquad \text{(D.3.1-4)}$$

表D.3.1-2 系数*A*

a	0~0.2	0.3~0.4	0.6	0.8	1
A	1	0.8	0.7	0.65	0.6

2）侧向汇流三通的阻力系数 ξ_b 和 ξ_n 也可按表 D.3.1-3 的规定来确定。

表D.3.1-3 侧向汇流三通的阻力系数

q	当数值为a时的ξ_b							ξ_n
	0.2	0.3	0.4	0.5	0.6	0.8	1.0	
0.2	0.7	0.1	0	−0.1	−0.1	−0.1	−0.2	0.27
0.3	2.3	0.7	0.4	0.3	0.2	0.1	0.07	0.38
0.4	4.3	1.5	1.0	0.7	0.5	0.4	0.26	0.46
0.5	6.7	2.4	1.5	1.1	0.8	0.6	0.46	0.53
0.6	9.7	3.5	2.2	1.5	1.2	0.8	0.62	0.57
0.7	13.0	4.7	2.9	2.0	1.5	1.0	0.78	0.59
0.8	17.0	5.9	3.7	2.5	1.9	1.2	0.94	0.60
0.9	21.2	7.3	4.6	3.1	2.2	1.5	1.08	0.59
1.0	26.0	8.9	5.4	3.6	2.7	1.7	1.20	0.55

3）对向汇流三通（图 D.3.1-3）的阻力系数可按下式计算：

$$\xi_b=1+\frac{1}{a^2}+\frac{3}{a^2}(q^2-q) \qquad \text{(D.3.1-5)}$$

当a=1时，ξ_b可由表D.3.1-4查取。

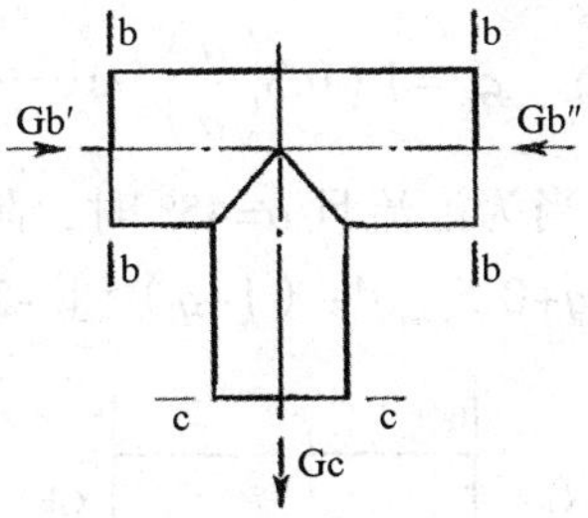

图D.3.1-3 对向汇流

表D.3.1-4 对向回流三通的阻力系数表

q	0.5	0.6	0.7	0.8	0.9	1.0
ξ_b	1.25	1.28	1.37	1.52	1.73	2.0

4）侧向分流三通（图 D.3.1–4）的阻力系数可按下列公式计算：

$$\xi_b = A'\left[1+\left(\frac{q}{a}\right)^2\right] \quad \text{（D.3.1–6）}$$

$$\xi_n=0.4q^2 \quad \text{（D.3.1–7）}$$

式中：A'——系数，可按下列方法取值：

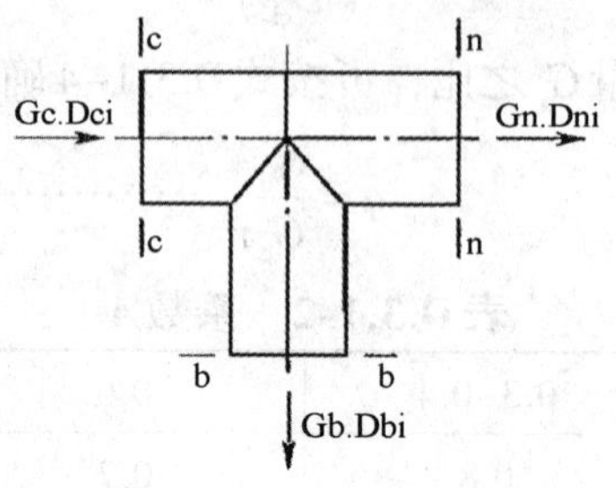

图 D.3.1-4　侧向分流

当$\frac{q}{a}$不大于0.8时，A'可取值1；

当$\frac{q}{a}$大于0.8时，A'可取值0.9。

5）侧向分流三通的阻力系数也可按表 D.3.1–5 的规定来确定。

表 D.3.1-5　侧向分流三通的阻力系数表

q	ξ_b在a为下值时的数值							ξ_n
	0.2	0.3	0.4	0.5	0.6	0.8	1.0	
0.2	1.8	1.4	1.3	1.2	1.1	1.0	1.0	0.02
0.3	2.9	1.8	1.6	1.4	1.2	1.1	1.1	0.04
0.4	4.5	2.5	1.8	1.6	1.4	1.25	1.2	0.06
0.5	6.5	3.4	2.3	1.8	1.5	1.4	1.3	0.10
0.6	9.0	4.5	2.9	2.2	1.8	1.6	1.4	0.14
0.7	—	5.8	3.7	2.7	2.1	1.6	1.5	0.20
0.8	—	7.3	4.5	3.2	2.5	1.8	1.6	0.26
0.9		9.0	5.5	3.8	2.9	2.0	1.6	0.32
1.0	—	—	6.5	4.5	3.4	2.3	1.8	0.40

6）背向分流三通（图 D.3.1–5）的阻力系数可按下式计算：

$$\xi_b = 1+0.3\left(\frac{q}{a}\right)^2 \quad \text{（D.3.1–8）}$$

7）对叉形三通（图 D.3.1–6），当为汇流且 α=45° 时，阻力系数可按下式计算：

$$\xi_b=5.6q+0.5\left[q^4+(1-q)^4\right]-2q^2-1.8 \quad \text{（D.3.1–9）}$$

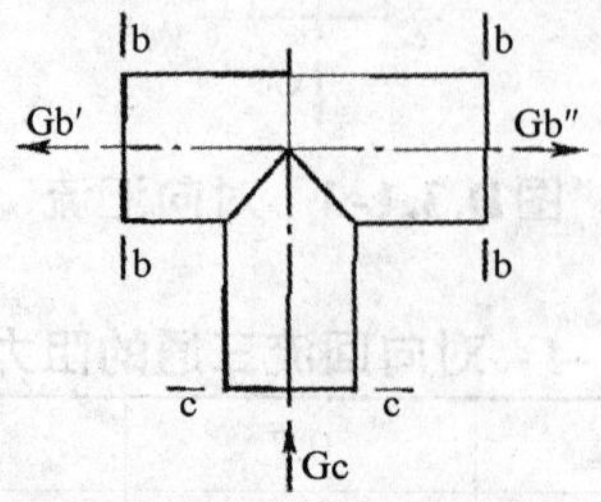

图 D.3.1-5　背向分流

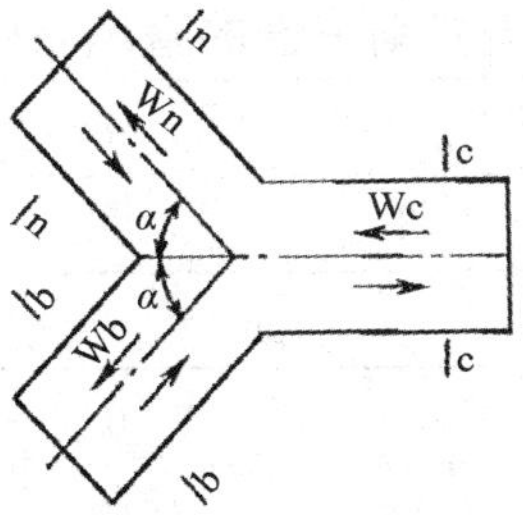

图 D.3.1-6　合流或分流式叉形三通

8）对叉形三通（图 D.3.1–6），当 α 为不同角度时，阻力系数可由表 D.3.1–6 的规定来确定。

表 D.3.1-6　合流叉形三通的阻力系数 ξ_b 值

α（°）	q										
	0	0.10	0.20	0.30	0.40	0.50	0.60	0.70	0.80	0.90	1.0
15	−2.56	−1.89	−1.30	−0.77	−0.30	+0.10	0.41	0.67	0.85	0.97	1.04
30	−2.05	−1.51	−1.00	−0.53	−0.10	+0.28	0.69	0.91	1.09	1.37	1.55
45	−1.30	−0.93	−0.55	−0.16	+0.20	0.56	0.92	1.26	1.61	1.95	2.30

9）分流三通阻力系数 ξ_b 可按下式计算：

$$\xi_b = 1 + \left(\frac{\omega_b}{\omega_c}\right)^2 - 2\frac{\omega_b}{\omega_c}\cos\alpha - \xi_b'\left(\frac{\omega_b}{\omega_c}\right)^2 \quad \cdots\cdots\cdots\cdots \text{（D.3.1–10）}$$

式中：ω_b——截面 b 处介质流速（m/s）；

ω_c——截面 c 处介质流速（m/s）；

ξ_b'——系数，当 α 为 15° 时，ξ_b' 可取 0.04；当 α 为 30° 时，ξ_b' 可取 0.16；当 α 为 45° 时，ξ_b' 可取 0.36。

10）分流叉形三通的阻力系数也可以由表 D.3.1–7 的规定来确定。

表 D.3.1-7　分流叉形三通阻力系数 K_b 值

α（°）	ω_b'/ω_c'												
	0.10	0.20	0.30	0.40	0.50	0.60	0.80	1.00	1.20	1.40	1.60	1.80	2.00
15	0.81	0.65	0.51	0.38	0.28	0.19	0.06	0.03	0.06	0.13	0.35	0.63	0.98
30	0.84	0.69	0.56	0.44	0.34	0.26	0.16	0.11	0.13	0.23	0.37	0.60	0.89
45	0.87	0.74	0.63	0.54	0.45	0.38	0.28	0.23	0.22	0.28	0.38	0.53	0.73

11）斜三通（图 D.3.1–7）的阻力系数，当为汇流三通时，阻力系数可按下式计算：

$$\xi_n = 1 - 1\,(1-q)^2 - (2q^2/a)\cos\alpha \quad \cdots\cdots\cdots\cdots \text{（D.3.1–11）}$$

ξ_n 值也可按表 D.3.1–8 的规定来确定。

$$\xi_b = 1 + (q/a)^2 - 2\,(1-q)^2 - (2a^2/a)\cos\alpha \quad \cdots\cdots\cdots\cdots \text{（D.3.1–12）}$$

ξ_b 值也可由表 D.3.1–9 的规定来确定。

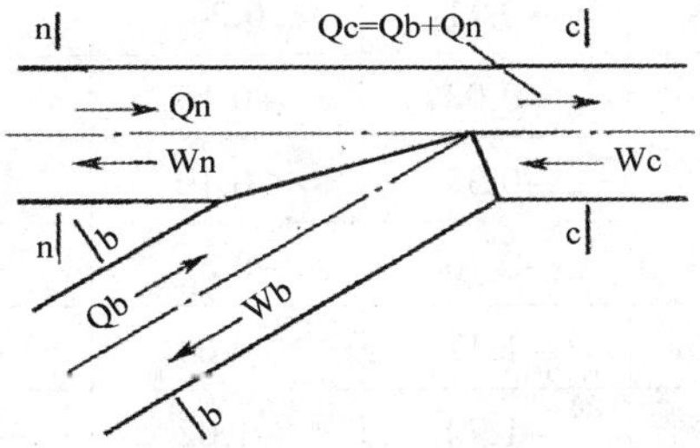

图 D.3.1-7　汇流或分流式斜三通的直通管或侧向支管

表D.3.1-8　汇流式斜三通的直通管的阻力系数ξ_n值

q	a						
	0.1	0.2	0.3	0.4	0.6	0.8	1.0
α=30°							
0.0	0	0	0	0	0	0	0
0.1	+0.02	0.11	0.13	0.15	0.16	0.17	0.17
0.2	−0.33	+0.01	+0.13	0.19	0.24	0.27	0.29
0.3	−1.10	−0.25	−0.01	+0.10	0.22	0.30	0.35
0.4	−2.15	−0.75	−0.30	−0.05	+0.17	0.26	0.36
0.5	−3.60	−1.43	−0.70	−0.36	0.00	+0.21	0.32
0.6	−5.40	−2.35	−1.25	−0.70	−0.20	+0.06	0.25
0.7	−7.60	−3.40	−1.95	−1.20	−0.50	−0.15	+0.10
0.8	−10.10	−4.61	−2.74	−1.82	−0.90	−0.43	−0.15
0.9	−13.00	−6.02	−3.70	−2.55	−1.40	−0.80	−0.45
1.0	−16.30	−7.70	4.75	3.35	−1.19	−1.17	−0.75
α=45°							
0.0	0	0	0	0	0	0	0
0.1	+0.50	0.12	0.14	0.16	0.17	0.17	0.17
0.2	−0.20	+0.17	0.22	0.27	0.27	0.29	0.31
0.3	−0.76	−0.13	+0.08	0.20	0.28	0.32	0.40
0.4	−1.65	−0.50	−0.12	+0.80	0.26	0.36	0.41
0.5	−2.77	−1.00	−0.49	−0.13	+0.15	0.30	0.40
0.6	−4.30	−1.70	−0.87	−0.45	−0.40	+0.20	0.33
0.7	−6.05	−2.60	−1.40	−0.85	−0.25	+0.08	0.25
0.8	−8.10	−3.56	−2.10	−1.30	−0.55	−0.17	+0.06
0.9	−10.00	−4.75	−2.80	−1.90	−0.88	−0.40	−0.18
1.0	−13.20	−6.10	−3.70	−2.55	−1.35	−0.77	−0.42
α=60°							
0.0	0	0	0	0	0	0	0
0.1	+0.09	0.14	0.16	0.17	0.17	0.18	0.18
0.2	0.00	0.16	0.23	0.26	0.29	0.31	0.32
0.3	−0.40	+0.06	0.22	0.30	0.32	0.41	0.42
0.4	−1.00	−0.16	+0.11	0.24	0.37	0.44	0.48
0.5	−1.75	−0.50	−0.08	+0.13	0.33	0.44	0.50
0.6	−2.80	−0.95	−0.35	−0.10	0.25	0.40	0.48
0.7	−4.00	−1.55	−0.70	−0.30	+0.08	0.28	0.42
0.8	−5.44	−2.24	−1.17	−0.64	−0.11	+0.16	0.32
0.9	−7.20	−3.08	−1.70	−1.02	−0.38	−0.08	+0.18
1.0	−9.00	−4.00	−2.30	−1.50	−0.68	−0.28	0.00

表 D.3.1-9　汇流式斜三通侧向支管的阻力系数ξ_b值

q	a						
	0.1	0.2	0.3	0.4	0.6	0.8	1.0
α=30°							
0.0	−1.00	−1.00	−1.00	−1.00	−1.00	−1.00	−1.00
0.1	+0.21	−0.46	−0.57	−0.60	−0.62	−0.63	−0.63
0.2	3.10	+0.37	−0.06	−0.20	−0.28	−0.30	−0.35
0.3	7.60	1.50	+0.50	+0.20	+0.005	−0.08	−0.10
0.4	13.50	2.95	1.15	0.59	0.26	0.18	0.16
0.5	21.20	4.58	1.78	0.97	0.44	0.35	0.27
0.6	30.40	6.42	2.60	1.37	0.64	0.46	0.31
0.7	41.30	8.50	3.40	1.77	0.76	0.50	0.40
0.8	53.80	11.50	4.22	2.14	0.85	0.53	0.45
0.9	58.00	14.20	5.30	2.58	0.89	0.52	0.40
1.0	83.70	17.30	6.33	2.92	0.89	0.39	0.27
α=45°							
0.0	−1.00	−1.00	−1.00	−1.00	−1.00	−1.00	−1.00
0.1	+0.24	−0.45	−0.56	−0.59	−0.61	−0.62	−0.62
0.2	3.15	+0.54	−0.02	−0.17	−0.26	−0.28	−0.29
0.3	8.00	1.64	+0.60	+0.60	+0.08	0.00	−0.03
0.4	14.00	3.15	1.30	0.72	0.35	+0.25	+0.21
0.5	21.90	5.00	2.10	1.18	0.60	0.45	0.40
0.6	31.60	6.90	2.97	1.65	0.85	0.60	0.53
0.7	42.90	9.20	3.90	2.15	1.02	0.70	0.60
0.8	55.90	12.40	4.90	2.66	1.20	0.79	0.66
0.9	70.60	15.40	6.20	3.20	1.30	0.80	0.64
1.0	86.90	18.90	7.40	3.71	1.42	0.80	0.59
α=60°							
0.0	−1.00	−1.00	−1.00	−1.00	−1.00	−1.00	−1.00
0.1	+0.26	−0.42	−0.54	−0.58	−0.61	−0.62	−0.62
0.2	3.35	+0.55	+0.03	−0.13	−0.23	−0.26	−0.26
0.3	8.20	1.85	0.75	+0.40	+0.10	0.00	−0.01
0.4	14.70	3.50	1.55	0.92	0.45	+0.35	+0.28
0.5	23.00	5.50	2.40	1.44	0.78	0.58	0.50
0.6	33.10	7.90	3.50	2.05	1.08	0.80	0.68
0.7	44.90	10.00	4.60	2.70	1.40	0.98	0.84
0.8	58.50	13.70	5.80	3.32	1.64	1.12	0.92
0.9	73.00	17.20	7.65	4.05	1.92	1.20	0.99
1.0	91.00	21.00	9.70	4.70	2.11	1.35	1.00

12）斜三通（图 D.3.1-7）的阻力系数，当为分流三通时，阻力系数可按下式计算：

$$\xi_n = 0.4\left(1 - \frac{\omega_n}{\omega_c}\right)^2 \quad \cdots\cdots\cdots\cdots\cdots\cdots\cdots\cdots \text{(D.3.1-13)}$$

ξ_n值也可由表D3.1-10的规定来查取。

表D.3.1-10 分流式斜三通的直通管阻力系数ξ_n值（α=15°~90°）

a	ω_n'/ω_c'								
	0	0.1	0.2	0.3	0.4	0.5	0.6	0.8	1.0
0~1.0	0.40	0.32	0.26	0.20	0.15	0.10	0.06	0.02	0.00

$$\xi_b = A'\left[1 + (q/a)^2 - \left(\frac{2q}{a}\right)\cos\alpha\right] \quad \cdots\cdots\cdots\cdots\cdots\cdots \text{(D.3.1-14)}$$

式中：A'——系数，当（q/a）不大于0.8时，A'可取1；当（q/a）大于0.8时，A'可取0.9。

ξ_b值也可由表D.3.1-11规定来查取。

表D.3.1-11 分流式斜插三通的侧向支管阻力系数ξ_b值

$\dot{\omega}_b/\dot{\omega}_c$	角度α		
	30°	45°	60°
0.0	1.00	1.00	1.00
0.1	0.94	0.97	0.98
0.2	0.70	0.75	0.84
0.4	0.46	0.60	0.76
0.6	0.31	0.50	0.65
0.8	0.25	0.51	0.80
1.0	0.27	0.58	1.00
1.2	0.36	0.74	1.23
1.4	0.70	0.98	1.54
1.6	0.80	1.30	1.98
2.0	1.52	2.16	3.00
2.6	3.23	4.10	5.15
3.0	7.40	7.80	8.10
4.0	14.20	14.80	15.00
5.0	23.50	23.80	24.00
6.00	34.50	35.00	35.00
8.00	62.70	63.00	63.00
10.00	98.30	98.60	99.00

3 异径管的局部阻力系数可按下列规定来确定：

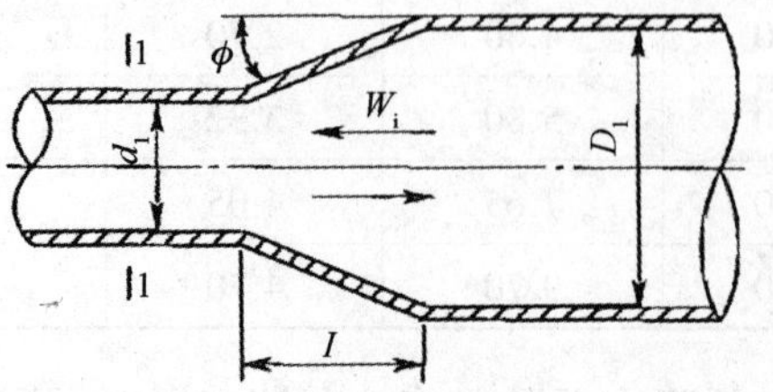

图D.3.1-8 直径变小或变大的异径管

1）异径管（图 D.3.1–8）阻力系数可按表 D.3.1–12 的规定来确定，表中的 φ 为半锥角。

表 D.3.1-12　变径管阻力系数 ξ 值

$\left(\frac{d_1}{D_2}\right)^2$	直径由大变小		直径由小变大	
	ϕ=12°	ϕ=15°	ϕ=12°	ϕ=15°
0.80	0.050	0.040	0.030	0.040
0.75	0.057	0.045	0.035	0.045
0.70	0.065	0.050	0.040	0.050
0.65	0.072	0.055	0.045	0.055
0.60	0.080	0.060	0.050	0.070
0.55	0.087	0.065	0.060	0.080
0.50	0.095	0.070	0.070	0.090

2）当管道突然缩小时（图 D.3.1–9），阻力系数可按下式计算：

$$\xi=0.5\,(1-a) \qquad \text{(D.3.1-15)}$$

3）当管道突然扩大时（图 D.3.1–9），阻力系数可按下式计算；

$$\xi=(1-a)^2 \qquad \text{(D.3.1-16)}$$

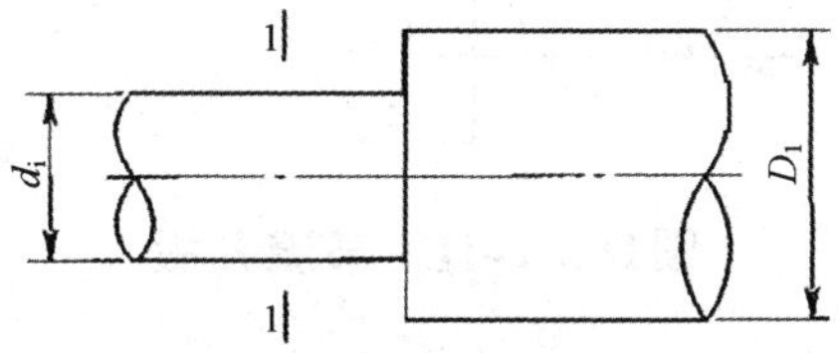

图 D.3.1-9　突然变径

4　管道入口与出口的局部阻力系数可按下列规定确定：

1）嵌进壁内的管子（图 D.3.1–10）入口阻力系数 ξ 值可按表 D.3.1–13 选取。

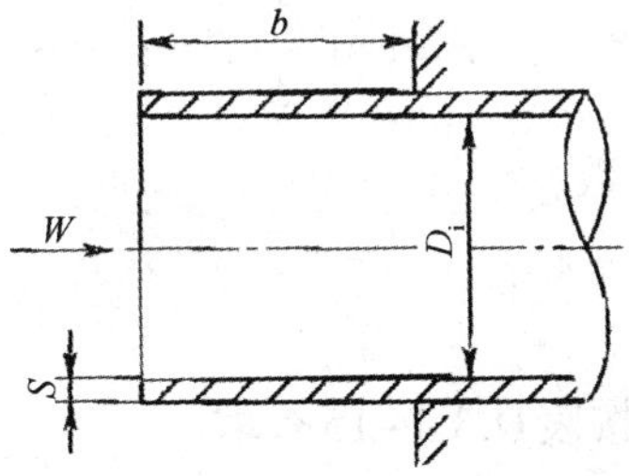

图 D.3.1-10　嵌进壁内的管子入口

表 D.3.1-13　管子嵌进壁内时入口的阻力系数 ξ 值

s/D_i	b/D_i							
	0.00	0.01	0.02	0.05	0.10	0.20	0.50	∞
0.00	0.50	0.68	0.73	0.80	0.86	0.92	1.00	1.00
0.02	0.50	0.52	0.53	0.55	0.60	0.66	0.72	0.72
0.03	0.50	0.51	0.52	0.52	0.54	0.57	0.61	0.61
0.04	0.50	0.51	0.51	0.51	0.51	0.52	0.54	0.54
∞	0.50	0.50	0.50	0.50	0.50	0.50	0.50	0.50

2）其他型式管子入口或出口的阻力系数可按表 D.3.1–14 选取。

表D.3.1-14 管道入口或出口的局部阻力系数ξ值

带锐角的入口	带圆角的入口	从管内自由流出
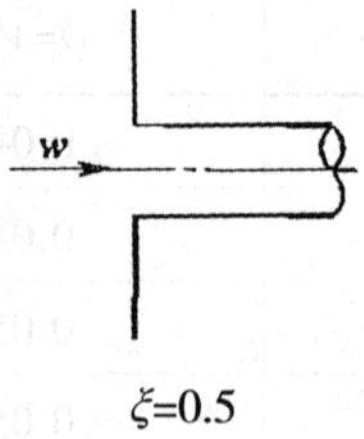 $\xi=0.5$	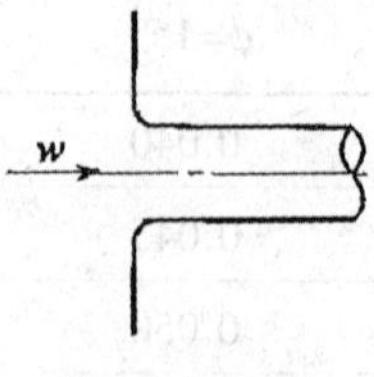 $\xi=0.05\sim0.25$	 $\xi=1.0$

5 节流孔板的局部阻力系数可按下列规定确定：

1）节流孔板（图 D.3.1–11）的局部阻力系数，与管内介质的状态有关。当管内介质为水时，节流孔板的阻力系数可按下式计算：

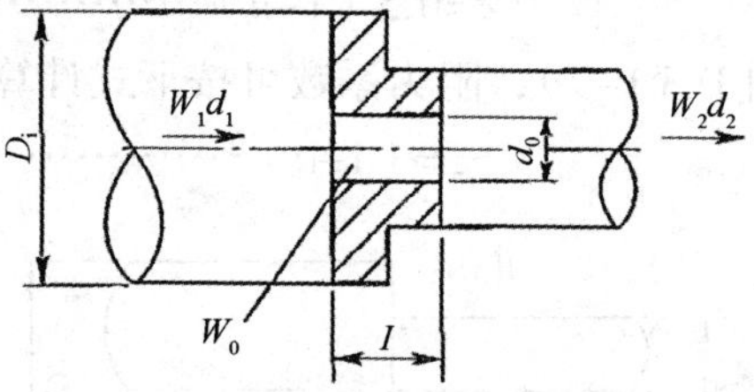

图D.3.1-11 节流孔板

$$\xi_0 = 0.5a + \tau\sqrt{ac} + c^2 \quad \text{（D.3.1–17）}$$

$$a = 1 - \left(\frac{d_0}{d_1}\right)^2 \quad \text{（D.3.1.18）}$$

$$c = 1 - \left(\frac{d_0}{d_2}\right)^2 \quad \text{（D.3.1.19）}$$

式中：ξ_0——相应于管径d_0的阻力系数；

a——系数；

c——系数；

τ——系数，取决于$1/d_0$，可按表D.3.1–15查取。

当d_1=d_2时，a=c，上式可简化为：

$$\xi_0 = 0.5a + \tau\sqrt{a} + a^2 \quad \text{（D.3.1–20）}$$

表D.3.1-15 系数τ值表

$1/d_c$	0.10	0.15	0.20	0.25	0.30	0.40	0.60	0.80	1.00	1.20	1.60	2.00	2.40
τ	1.30	1.25	1.22	1.20	1.18	1.10	0.84	0.42	0.24	0.16	0.07	0.02	0.00

2）当管内介质为蒸气时，k为1.3，节流孔板的阻力系数ξ可按孔板流体动力阻力系数的曲线（图 D.3.1–12）查取，图中阻力系数是相应于孔板前内径和蒸汽参数；图中的线族为相应于各孔板处压降Δp_m与孔板之前压力p_1之比，$\Delta p_m/p_1$按0.4、0.3、0.2、0.1和0计。该曲线只有当直管长度在节流孔板之前不小于$5D_i$及孔板之后不小于$10D_i$时才有效。

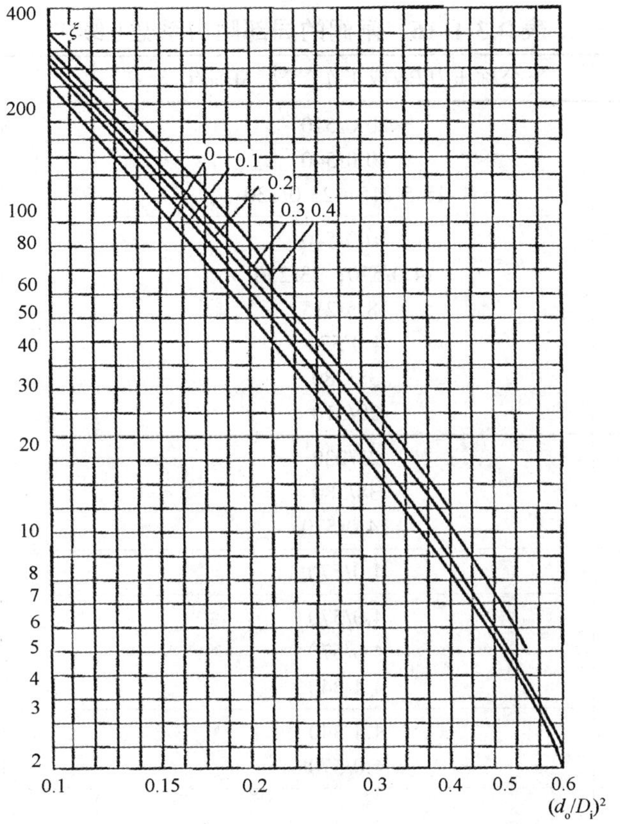

图 D.3.1-12 确定孔板流体动力阻力系数的曲线

（换算为蒸汽管通径，k=1.3）

6 阀门的局部阻力系数可按下列规定确定：

1）闸阀的局部阻力系数可按表 D.3.1–16 的规定确定。

2）截止阀的局部阻力系数可按表 D.3.1–17 的规定确定。

3）调节阀的局部阻力系数可按表 D.3.1–18 的规定确定。

表 D.3.1-16 闸阀的局部阻力系数

序号	公称尺寸 *DN*	公称压力 *PN* 或工作参数（MPa/℃）	ε	备注
1	100	14.0/170 18.5/215；23.0/230 25.5/565 38.0/280 10.0/540	0.6 1.07 0.2 0.6 1.07	
2	125	10.0/540	0.2	
3	150	10.0/540 18.5/215；23.0/230 24.0/570 25.5/565 38.0/280	0.7 0.7 0.3 0.48 1.5	
4	175	10.0/540 18.5/215；23.0/230 14.0/570	0.48 0.42 0.24	
5	200	25.5/565 38.0/280 14.0/570	0.4 0.46 0.38	

表D.3.1-16　闸阀的局部阻力系数（续）

序号	公称尺寸*DN*	公称压力*PN*或工作参数（MPa/℃）	ε	备注
6	225	20.0/510 10.0/540 18.5/215；23.0/230	0.28 0.9 0.75	
7	250	10.0/540 14.0/570；23/230 18.5/215 4.0/570 38/280 29/510	0.5 0.24 1.85 0.46 0.9 1.16	
8	300	23/230 38/280 14.0/570	2.8 2.5 0.65	
9	400	4.0/570	0.3	
10	450 500	4.0/570 4.0/570 4.4/340	0.3 0.3 0.3	
11	600	4.4/340 4.0/570	0.25 0.25	
12	100 175 225 250	*PN*=40.0	0.6 0.66 0.4 0.75	
13	100 175 225 250 300	*PN*=25.0	0.9 1.1 0.6 1.4 2.3	
14	150 200 250 300 400 450 550	*PN*=100	0.36 1.2 0.54 1.22 1.6 1.05 0.83	
15	150 200 250 300 350	*PN*=100	0.47 1.63 0.55 1.63 1.6	

表D.3.1-17　截止阀的局部阻力系数

序号	公称尺寸*DN*	公称压力*PN*或工作参数（MPa/℃）	ε	备注
1	20	25.5/565 18.5/215 23.0/230 38.0/280 *PN*=6.4~100	7.8	

表 D.3.1-17　截止阀的局部阻力系数（续）

序号	公称尺寸 *DN*	公称压力 *PN* 或工作参数（MPa/℃）	ε	备注
2	40~80	3.5/225 3.2/300	5.5~7.0 5.5~7.0	
3	40~200	38.5/225 2.3/425	5.5~6.0 5.5~6.0	
4	80~100	15.5/225 1.0/425	1.35~2.5 1.35~2.5	
5	100	0.3/50	1.22	
6	50 100 150	*PN*=100	5.5 5.2 5.0	
7	15~40	*PN*=63	4.8~7.2	
8	25~50 70~200	*PN*=16	4.5~5.0 5.2	

表 D.3.1-18　调节阀的局部阻力系数

序号	公称尺寸 *DN*	公称压力 *PN* 或工作参数（MPa/℃）	ε	备注
1	20	18.4/250	71.4	
2	50	18.4/250	18.1	
3	50	23.0/230	41.6	
4	50	14.0/555	58.4	
5	100	18.4/250	57.6	
6	100	23.0/230	101.5	
7	100	36.0/280	104.7	
8	100	14.0/555	106.0	
9	150	10.0/540	79.2	
10	150	36.0/280	104.0	
11	175	18.4/250	310.0	
12	175	14.0/555	84.5	
13	200	36.0/280	173.4	
14	225	23.0/230	200.0	
15	250	23.0/230	390.0	
16	250	36.0/280	154.0	
17	100	*PN*=63	57.0	
18	150	*PN*=63	36.8	
19	200	*PN*=63	72.0	
20	250	*PN*=63	46.8	
21	300	*PN*=63	66.6	
22	80	*PN*=100	72.5	
23	100	*PN*=100	53.5	
24	150	*PN*=100	35.1	
25	200	*PN*=100	66.5	
26	250	*PN*=63	44.5	

4）其他阀门的阻力系数可按表 D.3.1-19 的规定确定。

表 D.3.1-19　其他阀门的阻力系数

名称	公称尺寸 *DN*（mm）	公称压力 *PN*（MPa）	ε
楔形闸阀	50	63	0.7
平形闸阀	50~400	10	0.2~0.25
法兰式关闭截止阀	15~40	63	4.8~7.2
	25~50	16	4.5~5.0
	70~200	16	5.2
带内衬直流关闭截止阀	25~200	6	2.0~2.5
直流关闭截止阀	80~100	16	1.35~2.5
衬胶隔膜关闭截止阀	25~100	6	1.5~2.0
止回阀	50~600	10~16	0.8~9.4
多瓣止回阀	800~100	10	1.8~1.9
升降式止回阀	100	10~16	5.4

7　补偿器的阻力系数可按表D.3.1-20的规定确定。

表 D.3.1-20　补偿器的阻力系数

名　称	ε
填料式补偿器	0.2
多波纹的波纹式补偿器（无套管）	0.2
多波纹的波纹式补偿器（有套管）	0.1

D.3.2　美国推荐的各种管道附件的阻力系数可按下列规定确定：

1　美国管道附件的阻力系数可按下式计算：

$$\xi = L_d \lambda \quad \text{(D.3.2-1)}$$

式中：L_d——管件的当量长度；

λ——与管件连接管道的摩擦系数。

2　各种弯头或弯管的阻力系数可按表D.3.2-1的规定确定。

表 D.3.2-1　各种弯头或弯管的阻力系数

名称	图形	阻力系数ξ			
		r/d	ε	*r/d*	ε
90° 弯管、弯头或焊接弯头	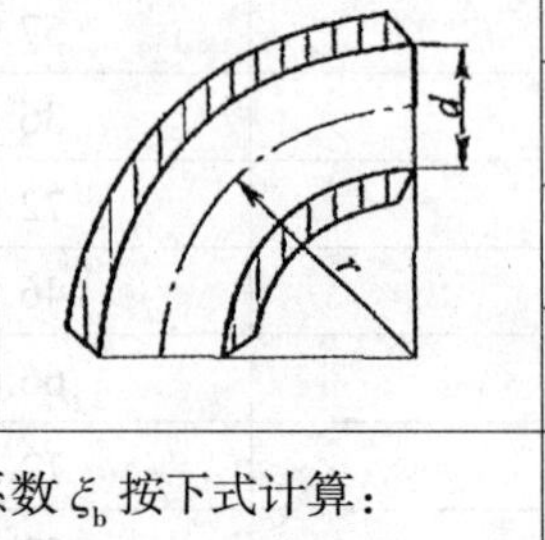	1	20λ	8	24λ
		1.5	14λ	10	30λ
		2	12λ	12	34λ
非 90° 弯头的阻力系数 ξ_b 按下式计算： $\xi_b=(n-1)(0.25\pi\lambda \frac{r}{d}+0.5\xi)+\xi$ n—非 90° 弯头数量； ξ— 一个 90° 弯头的阻力系数		3	12λ	14	38λ
		4	14λ	16	42λ
		6	17λ	20	50λ

表 D.3.2-1　各种弯头或弯管的阻力系数（续）

名称	图形	阻力系数 ξ			
折管弯头	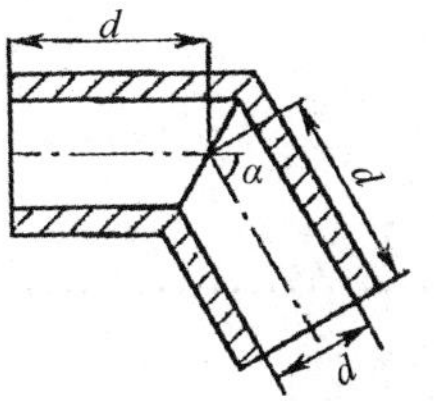	弯管角度 α	ε	弯管角度 α	ε
		0°	2λ	60°	25λ
		15°	4λ	75°	40λ
		30°	8λ	90°	60λ
		45°	15λ		
回转弯头	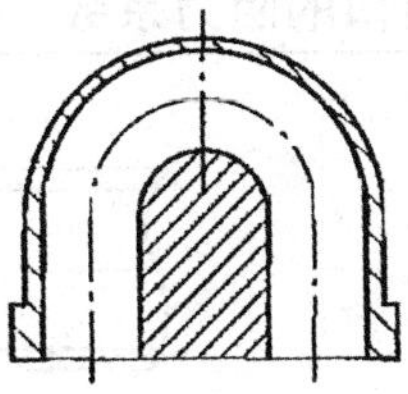	50λ			
90° 标准弯头	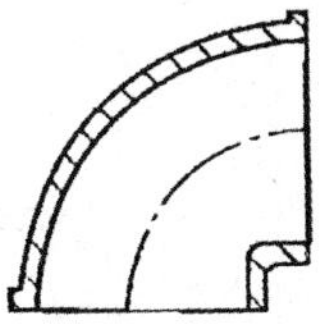	30λ			
45° 标准弯头	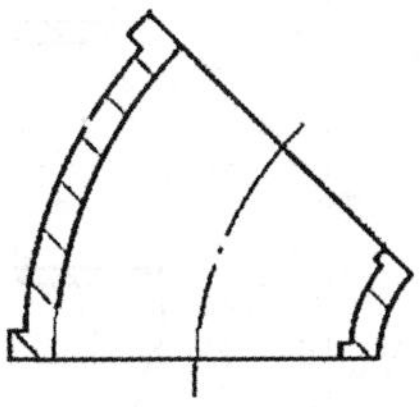	16λ			

3　标准三通的阻力系数可按下列规定取值：

1）流经主管的阻力系数取 30λ；

2）流经支管的阻力系数取 60λ。

4　异径管（图 D.3.2-1）的阻力系数可按下列规定计算：

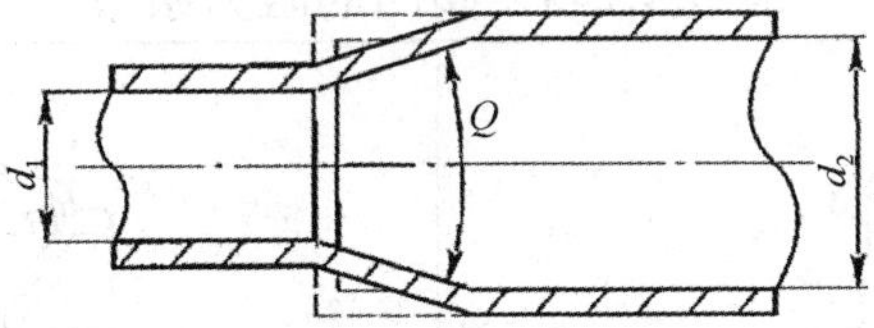

图 D.3.2-1　异径管

1）对于突然或逐渐收缩管，当 θ 不大于 45° 时，阻力系数可按下式计算：

$$\xi_2=\frac{0.8\sin\frac{\theta}{2}(1-\beta^2)}{\beta^4} \quad \text{(D.3.2-2)}$$

当 θ 大于 45° 且不大于 180° 时，阻力系数可按下式计算：

$$\xi_2=\frac{0.5(1-\beta^2)\sqrt{\sin\theta/2}}{\beta^4} \quad \text{(D.3.2-3)}$$

2）对于突然或逐渐扩大管，当 $\theta\leqslant45°$ 时，阻力系数可按下式计算：

$$\xi_2=\frac{2.6\sin\frac{\theta}{2}(1-\beta^2)^2}{\beta^4} \quad \text{(D.3.2-4)}$$

当θ大于45° 且不大于180° 时，阻力系数可按下式计算：

$$\xi_2=\frac{(1-\beta^2)^2}{\beta^4} \quad \text{(D.3.2-5)}$$

式中：ξ_2——相应于大管径的阻力系数；

β——较小直径与较大直径比。

3）如求相应于小管径的阻力系数ξ_1，可按下式计算：

$$\xi_1=\xi_2\beta^4 \quad \text{(D.3.2-6)}$$

5　管道入口与出口的阻力系数可按表D.3.2-2的规定确定。

表D.3.2-2　各种管道入口与出口的阻力系数

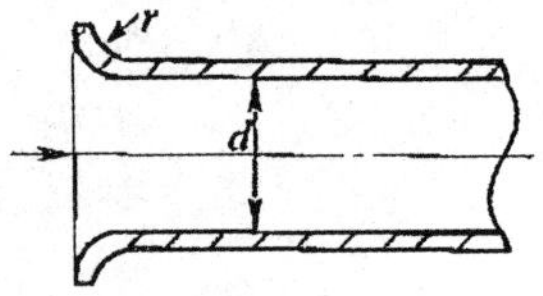

圆角进口

r/d	ε
0.11	0.5
0.02	0.28
0.04	0.24
0.06	0.15
0.10	0.09
≥0.15	0.04

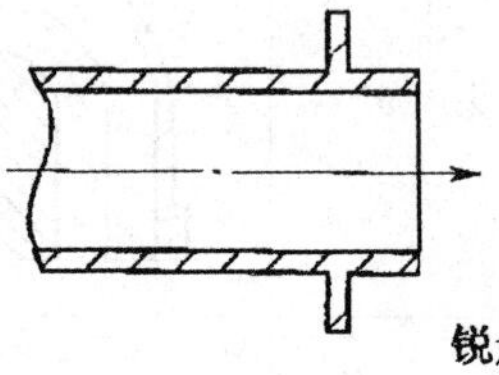
ξ=1.0
锐角突边出口

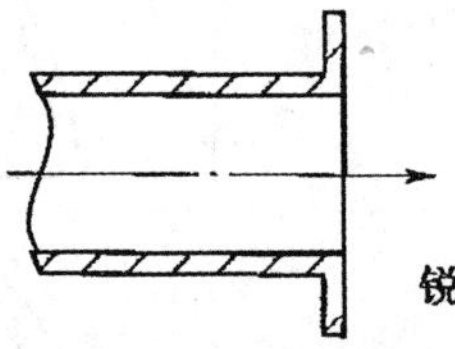
ξ=1.0
锐角出口

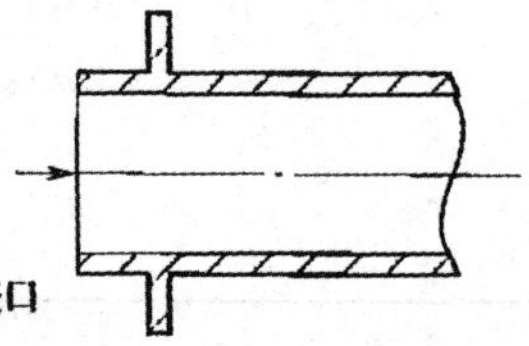
ξ=0.78
锐角突边进口

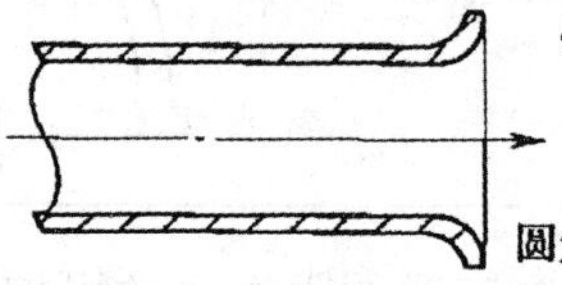
ξ=1.0
圆角出口

6　阀门的局部阻力系数可按下列规定确定：

1）阀门的局部阻力系数可按表 D.3.2-3 的规定确定。

表D.3.2-3　阀门的阻力系数

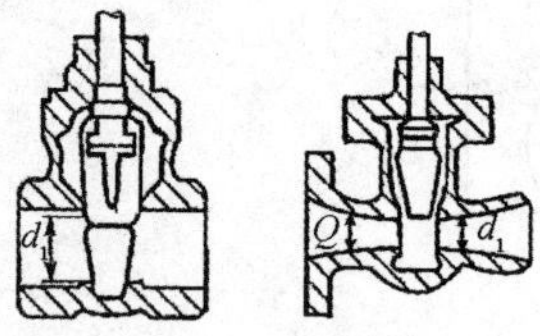

$\xi_1=8\lambda$
闸阀　　双闸板及柱塞式

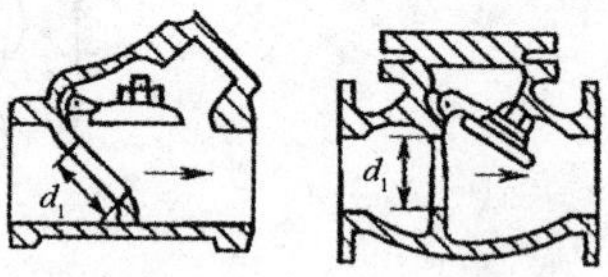

$\xi_1=400\lambda$　　$\xi_1=200\lambda$
旋启式止回阀

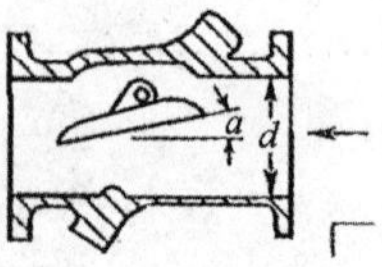

ξ值

口径（英寸）	α=5°	α=15°
2~8	40λ	120λ
10~14	30λ	120λ
16~24	20λ	60λ

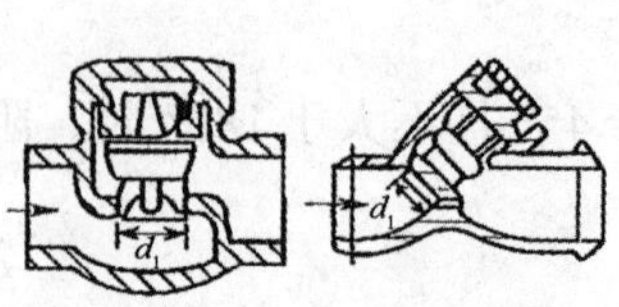

$\xi_1=600\lambda$　　$\xi_1=55\lambda$
升降式止回阀

表 D.3.2-3　阀门的阻力系数（续）

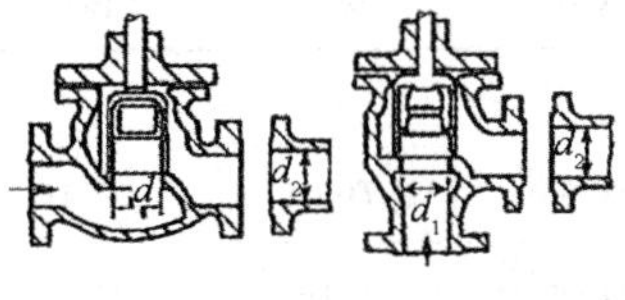

$\xi_1=400\lambda$　　$\xi_1=200\lambda$

截止止回阀

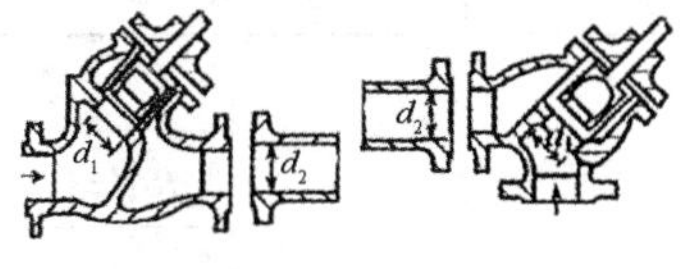

$\xi_1=300\lambda$　　$\xi_1=350\lambda$

截止止回阀

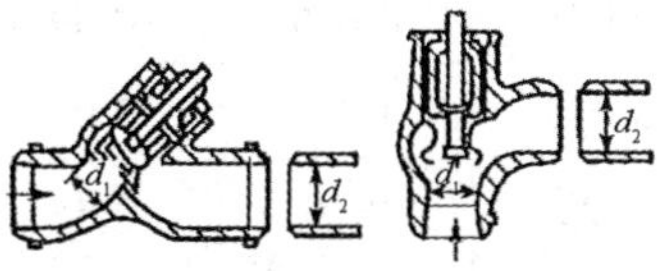

$\xi_1=55\lambda$　　$\xi_1=55\lambda$

截止止回阀

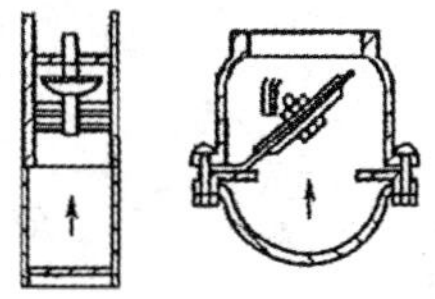

$\xi=420\lambda$　　$\xi=75\lambda$

带滤网的底阀

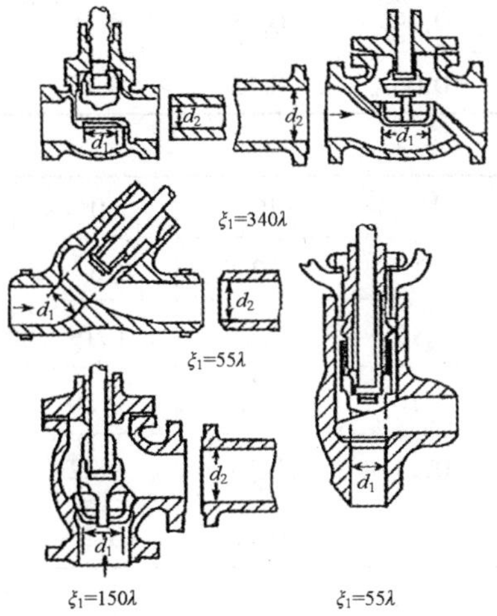

截止阀

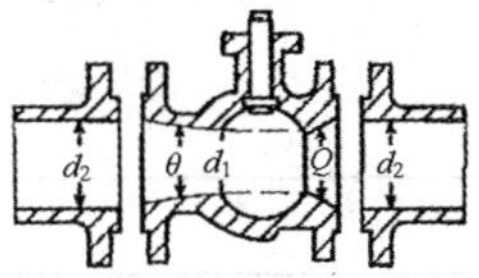

$\xi_1=3\lambda$

球阀

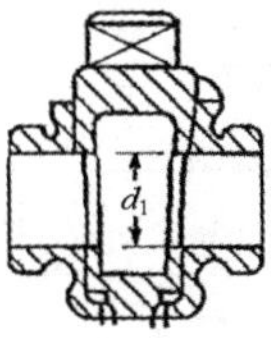

$\xi_1=18\lambda$

直通道

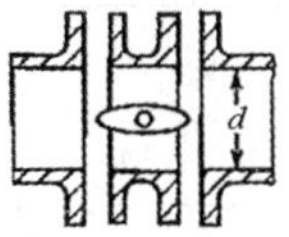

口径（in）	ξ
2~8	45λ
10~14	35λ
16~24	25λ

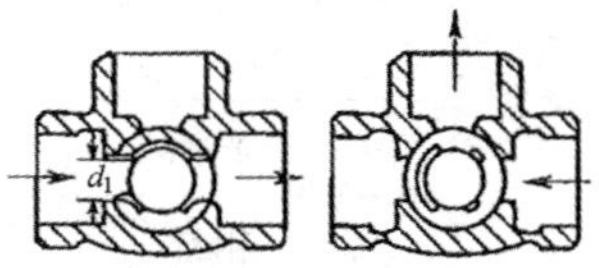

$\xi_1=30\lambda$　　$\xi_1=90\lambda$

（三通道）

柱塞闭合旋塞阀

以上阻力系数ξ_1为相当于阀门通径d_1的阻力系数

2） 如果阀门的进、出口带有渐缩或渐扩管时，阀门的阻力系数应加上渐缩或渐扩的阻力系数。其计算可按下列规定：

当θ不大于45°时，ξ_2可按下式计算：

$$\xi_2=\frac{\xi_1+\sin\frac{\theta}{2}\left[0.8(1-\beta^2)+2.6(1-\beta^2)^2\right]}{\beta^4} \quad\text{（D.3.2-7）}$$

当θ大于45°且不大于180°时，ξ_2可按下式计算：

$$\xi_2=\frac{\xi_1+0.5\sqrt{\sin\frac{\theta}{2}(1-\beta^2)}+2.6(1-\beta^2)^2}{\beta^4} \quad\text{（D.3.2-8）}$$

D.3.3　德国推荐的管道附件的阻力系数可按下列规定确定：

1　各种弯头和弯管的局部阻力系数可按表D.3.3-1的规定确定。

表 D.3.3-1 弯头和弯管的局部阻力系数ξ表

弯管	弯曲角度α		11.25°	22.5°	30°	45°	60°	90°
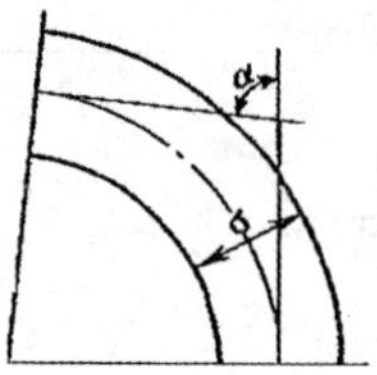			ξ					
	光滑	R/d=1	0.03	0.045	0.05	0.14	0.19	0.21
		2	0.03	0.045	0.05	0.09	0.12	0.14
		4	0.03	0.045	0.05	0.08	0.10	0.11
		6	0.03	0.045	0.045	0.075	0.09	0.09
		10	0.03	0.045	0.045	0.07	0.07	0.11
	粗糙	R/d=1	0.07	0.13	0.22	0.30	0.38	0.51
		2	0.06	0.11	0.13	0.18	0.26	0.30
		4	0.05	0.09	0.10	0.17	0.21	0.23
		6	0.05	0.09	0.09	0.15	0.18	0.18
		10	0.05	0.08	0.08	0.13	0.15	0.20
焊接式扇形弯头								
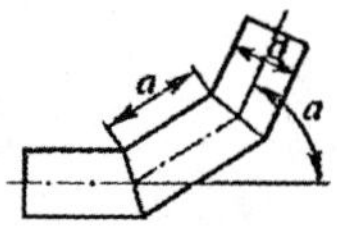	弯曲角度	α	15°	22.5°	30°	45°	60°	90°
	环焊缝数目		1	1	2	2	3	3
		a/d=1.5	0.06	0.07	0.10	0.13	0.19	0.24
		5	0.06	0.08	0.10	0.15	0.20	0.26
		4	0.07	0.09	0.11	0.16	0.22	0.28
		6	0.07	0.09	0.11	0.17	0.23	0.29
肘形管（圆截面）								
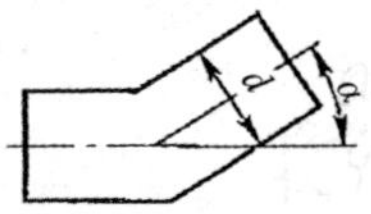	弯曲角度α		15°	22.5°	30°	45°	60°	90°
			ξ					
	光滑		0.04	0.07	0.11	0.24	0.47	1.13
	粗糙		0.06	0.11	0.17	0.32	0.68	1.27
多阶弯头								
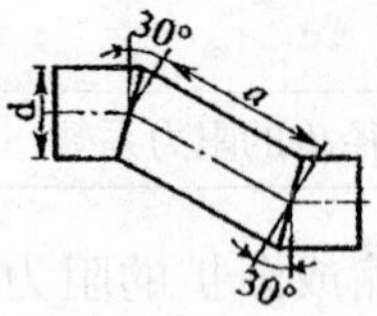		a/d		1	1.5	2	3	4
				ξ				
		光滑		0.16	0.14	0.15	0.15	0.17
		粗糙		0.31	0.28	0.26	0.25	0.24
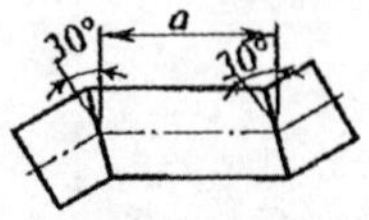		光滑		0.17	0.16	0.15	0.15	0.16
		粗糙		0.32	0.29	0.27	0.25	0.25
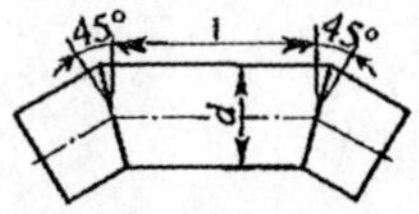	L/d	0.8	1.5	2	3	4	5	6
		ξ						
	光滑	0.45	0.28	0.30	0.36	0.38	0.39	0.40
	粗糙	0.47	0.38	0.40	0.43	0.44	0.44	0.45
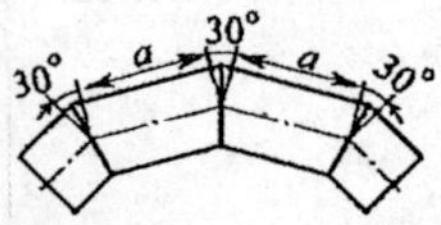	光滑	0.19	0.18	0.16	0.17	0.19	0.19	0.20
	粗糙	0.40	0.32	0.32	0.35	0.36	0.36	0.36

表D.3.3-1　弯头和弯管的局部阻力系数ξ表（续）

90° 铸铁弯头						
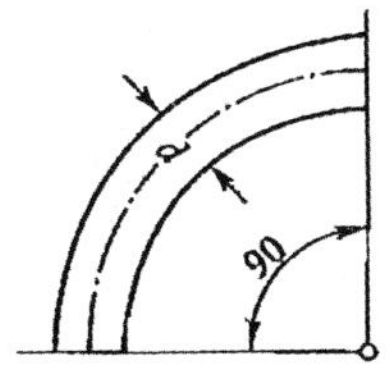 公称直径	50	100	200	300	400	500
ξ	1.3	1.5	1.8	2.1	2.2	2.2

组合式（90° 弯曲二次）ξ_{90} 为 90° 弯头的阻力系数			
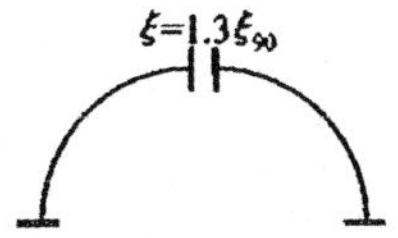 $\xi=1.3\xi_{90}$	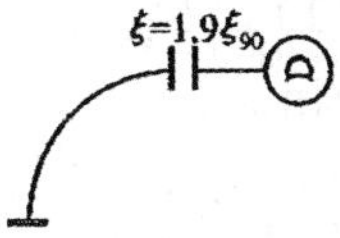 $\xi=1.9\xi_{90}$	 $\xi=1.7\xi_{90}$	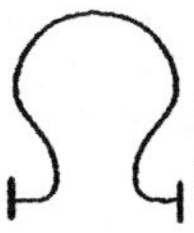 琴式弯头 光滑管 $\xi=0.7$ 波纹管 $\xi=1.4$

90° 波形弯头	组合式管段		
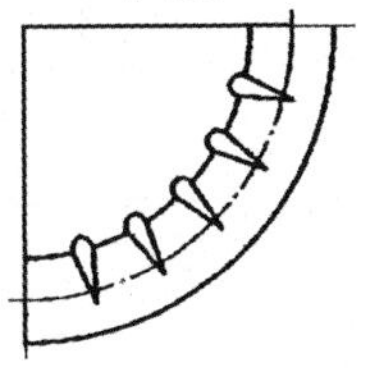 $\xi=0.4$	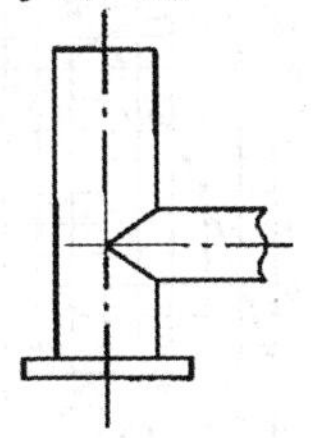 $\xi=2.0\sim2.5$	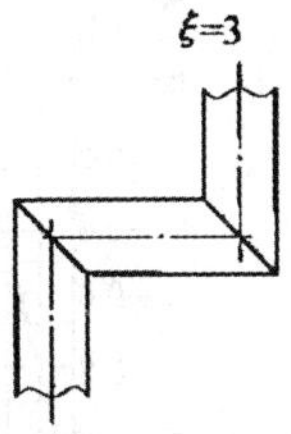 $\xi=3$	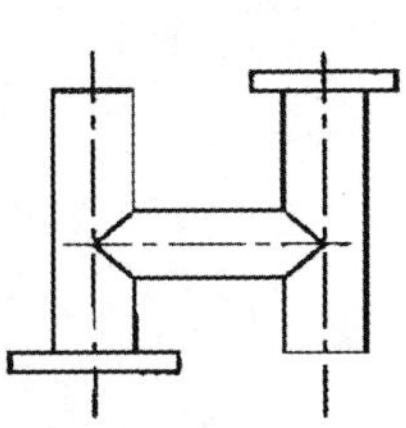 $\xi=4\sim5$

2　各种三通的局部阻力系数可按表D.3.3-2的规定确定。

表D.3.3-2　三通的局部阻力系数

各种形状的分流三通		
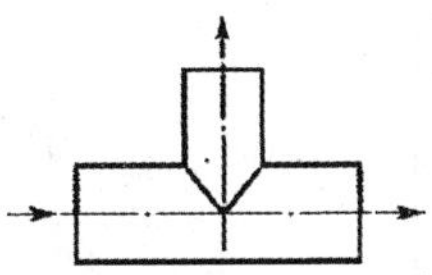 老式锐边 $\xi=1.3$	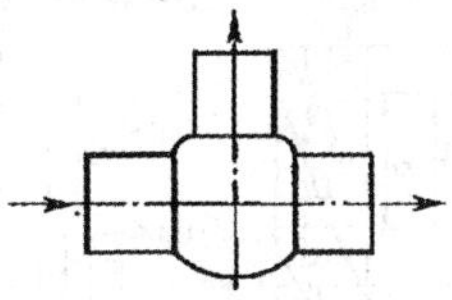 老式球形 $\xi=4.9$	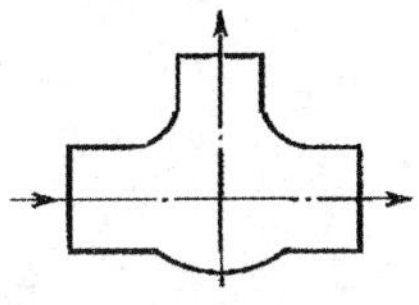 内颈口为圆角球形 $\xi=0.9$
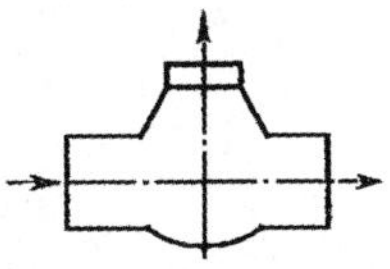 斜屋顶式管颈内部倒圆 $\xi=0.82$	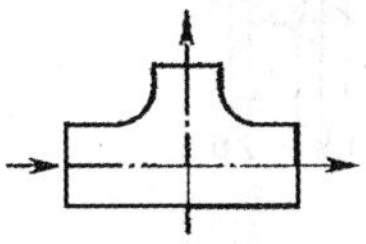 内颈为圆角直底 $\xi=0.73$	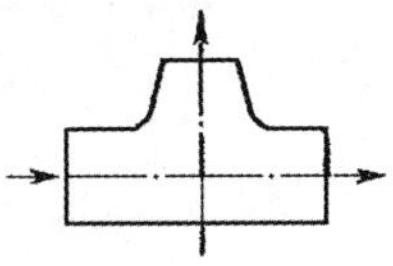 锥形管颈略倒圆 $\xi=0.75$

直线形裤叉管（ξ 值相对于进口速度）							
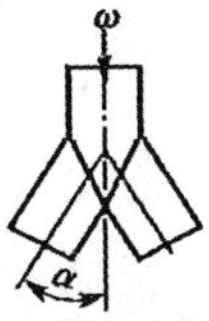	δ	15°	22.5°	30°	45°	60°	90°
	ξ	0.15	0.23	0.30	0.7	1.0	1.4

弯曲形裤叉管（ξ 值相对于进口速度）						
	R/d	0.5	0.75	1	1.5	2
	ξ	1.1	0.6	0.4	0.25	0.2

表 D.3.3-2 三通的局部阻力系数（续）

各种形状的分流三通
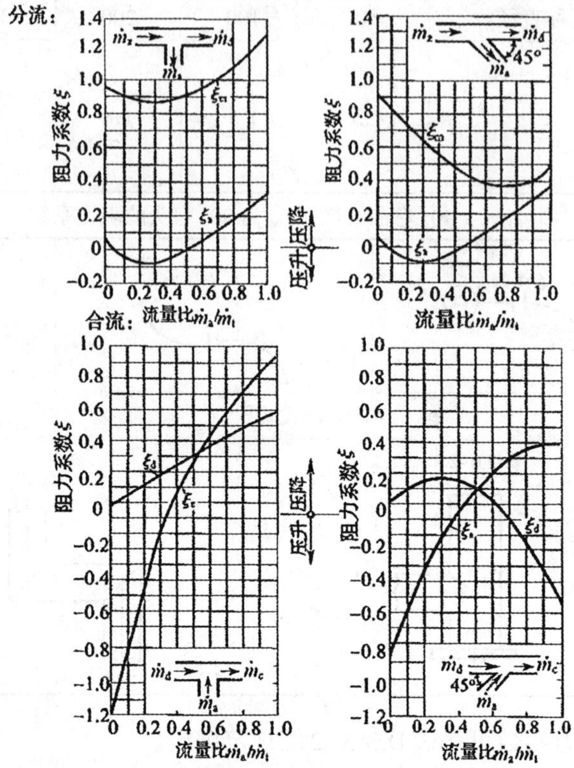

3 异径管的局部阻力系数可查图确定（图 D.3.3）。

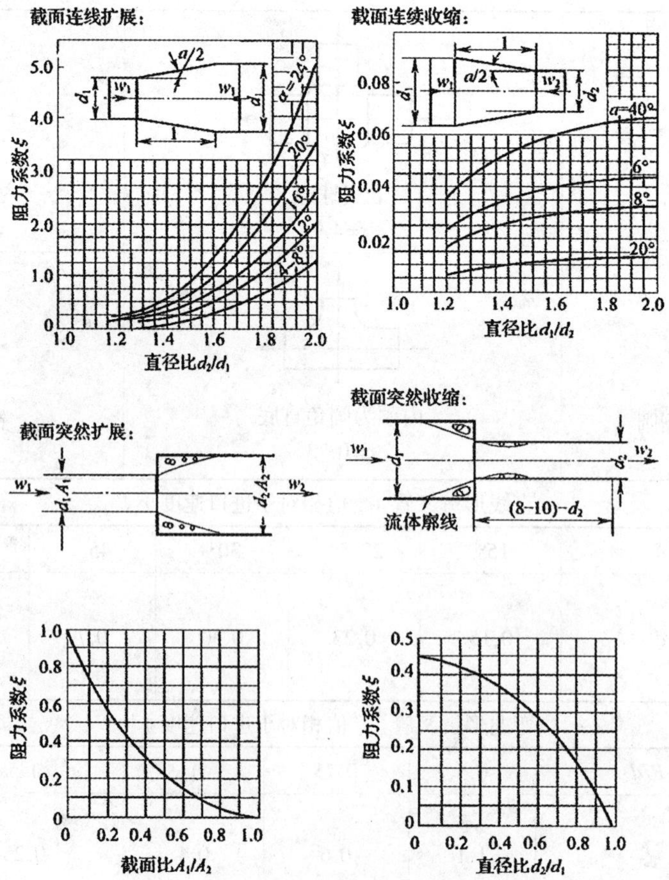

图 D.3.3 异径管的局部阻力系数 ξ

4 各种管子入口的局部阻力系数可按表D.3.3-3的规定确定。

表D.3.3-3 管子入口的局部阻力系数

管子入口形状			
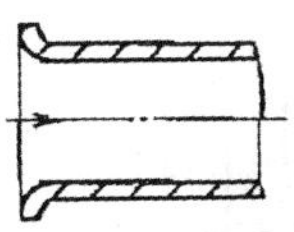	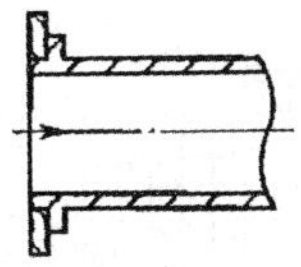	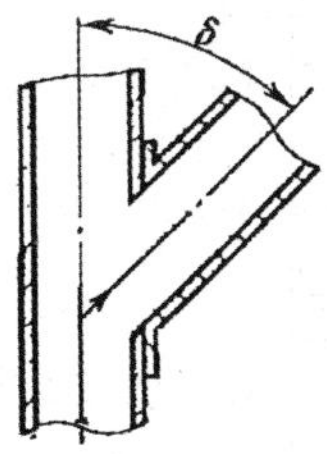	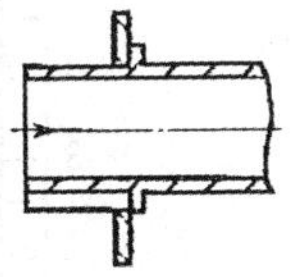
入口管壁弯成圆角形 ξ=0.005~0.006 依圆角和管壁的粗糙度而定	边缘锋利： ξ=0.5 略倒角： ξ=0.25	斜角，锐利 $\xi=0.5+0.3\cos\delta+0.2\cos^2\delta$ δ：22.5°，30°，45°，60°，90° ξ：0.95，0.9，0.8，0.7，0.5	插入式，边缘伸出 锐利：ξ=3 倒角：ξ=0.6

5 测量孔板和短文丘里管的局部阻力系数可按表D.3.3-4的规定选取，图中孔径比m可按下式计算：

$$m=\frac{d_B^2}{d_1^2} \quad \cdots\cdots\cdots\cdots (D.3.3)$$

测量孔板和短文丘里管喷嘴的阻力系数ξ与速度w_1有关。

表D.3.3-4 测量孔板和短文丘里管的局部阻力系数

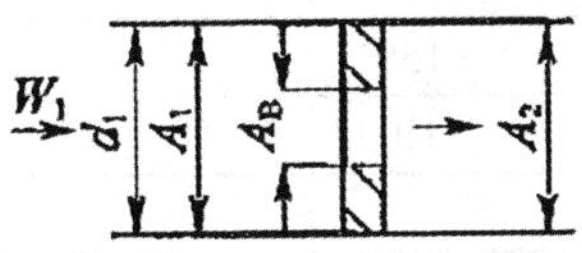

测量孔板
$A_1=A_2$

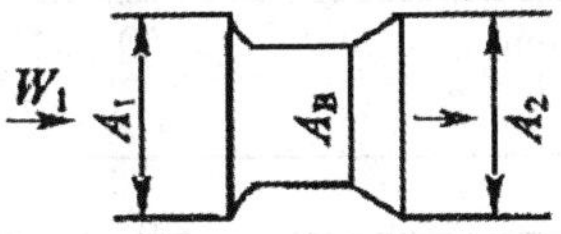

短文丘里管（喷嘴）
$A_1=A_2$

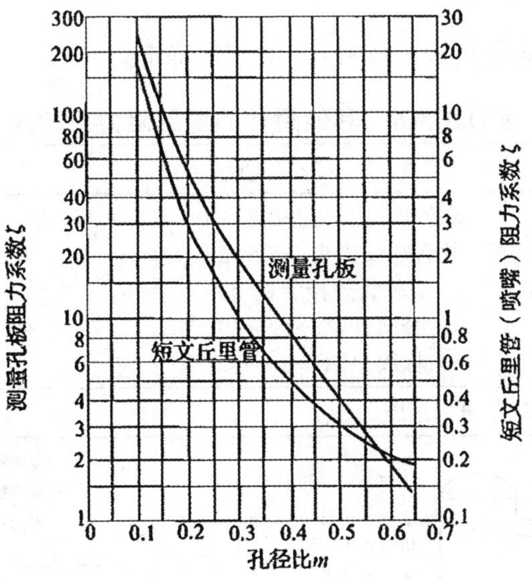

6 各种阀门的局部阻力系数可按表D.3.3-5的规定确定。

表 D.3.3-5 各种阀门的局部阻力系数

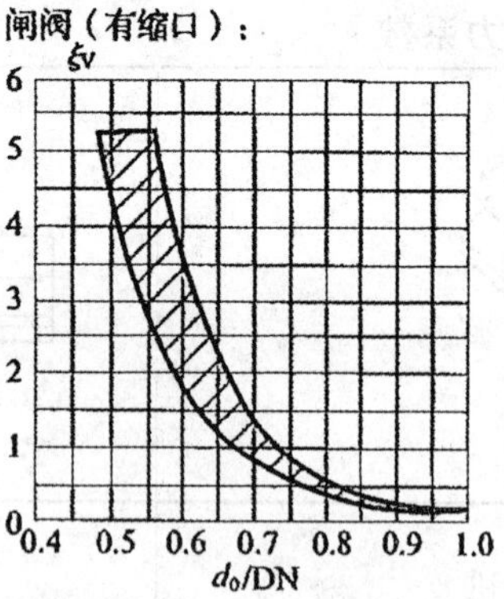

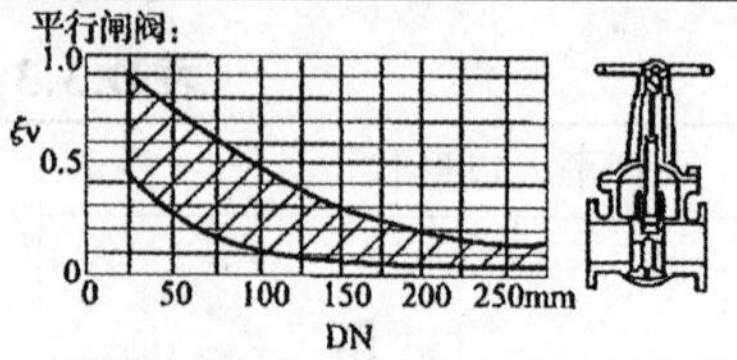

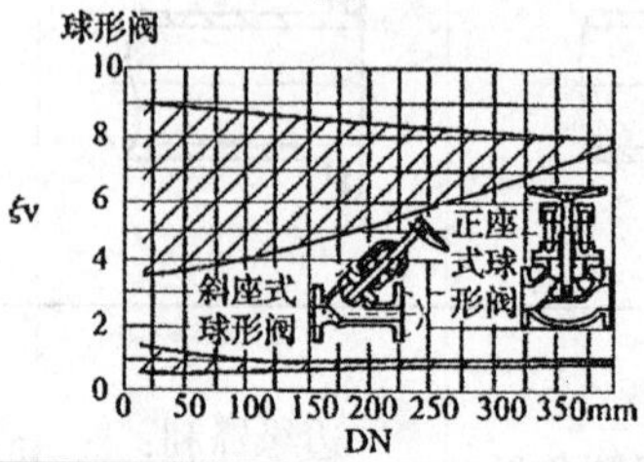

公称直径 DN100 的不同形状阀门的阻力系数

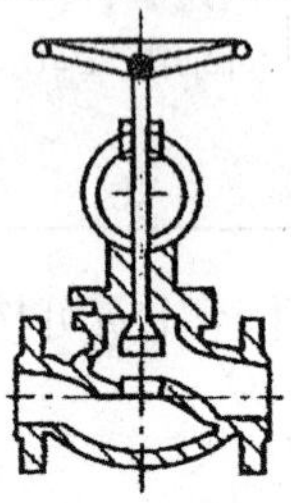	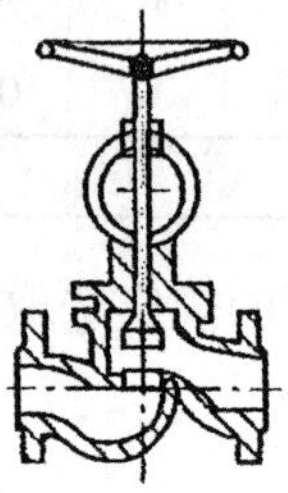	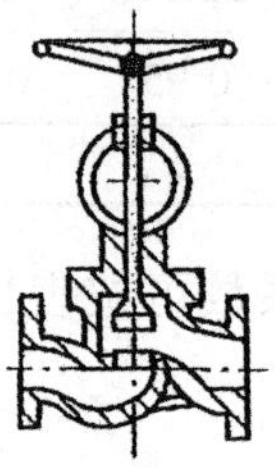	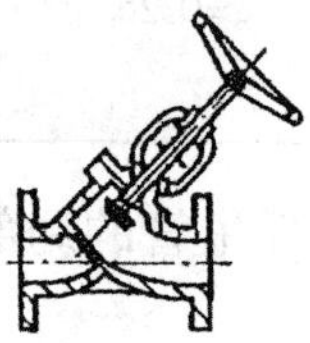	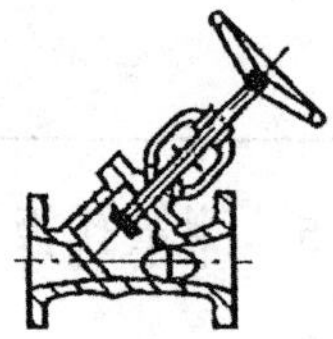
DIN 阀 ξ_v=4~9	改良阀 ξ_v=3.4	赖依阀 （Rhei）ξ_v=2.7	科斯瓦阀 （Koswa）ξ_v=2.5	自由通流斜阀座 ξ_v=0.6

角阀的阻力系数

公称直径（mm）	50	100	125	150	200
ξ_v	3.3	4.1	5.3	6.2	6.6

止回盖板阀的阻力系数

公称直径（mm）	50	100	125	150	200
ξ_v	1.4	1.2	1.0	1.0	1.0

止回阀的阻力系数

公称直径（mm）	50	100	125	150	200
ξ_v	5.5	4.6	4.8	4.8	4.8

注：其中ξ_v表示阀门全开时的阻力系数。

7 其他附件的局部阻力系数可按表D.3.3-6的规定确定。

表 D.3.3-6 其他附件的局部阻力系数表

吸阀网	软管（如压缩空气管）	环焊缝
带吸入阀 ξ=2.2~2.5	软管连接套管ξ=0.5~1.0 软管螺纹接头ξ=1.5~2.0 软管连接装置 带金属外套ξ=1.9~2.0 带橡胶垫圈ξ=2.0~3.0	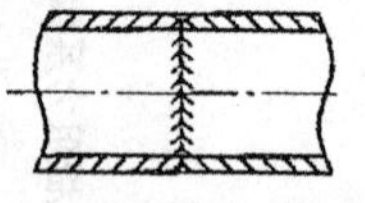 ξ=0.02~0.05

水分离器（值对应于进口速度）	补偿器（伸缩节）
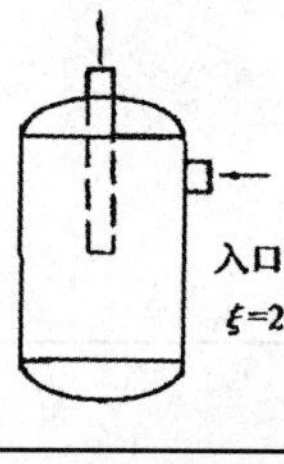 入口轴向 ξ=2.5 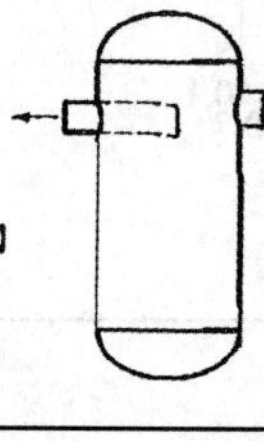 切向 ξ=3 标准 ξ=5~8 带挡击板 ξ=4~7	金属软管补偿器 有内螺纹 ξ=0.5~1.0 无内螺纹 ξ=1~2 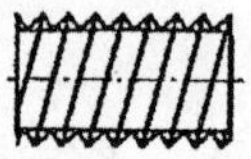  波形补偿器 每个波 ξ=0.2

附录E　支吊架荷载近似计算法

E.0.1　水平管段的直管（图E.0.1-1）及弯管（图E.0.1-2）的分配载荷可按下式计算：

$$F_{fp}=\frac{1}{2}q(L+L_1)+K_{fp}(Q-lq) \quad \text{（E.0.1-1）}$$

对于水平直管支吊架A（图E.0.1-1）的载荷分配系数可按下式计算：

$$K_{fp}^{A}=\frac{b}{L} \quad \text{（E.0.1-2）}$$

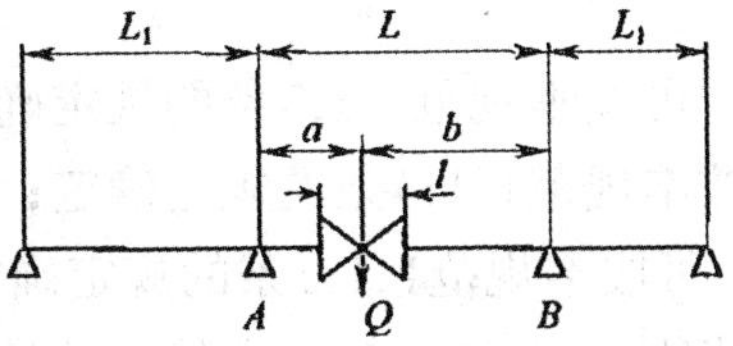

图E.0.1-1　水平直管

对于水平弯管支吊架A（图E.0.1-2）的载荷分配系数可按下式计算：

$$K_{fp}^{A}=\frac{\sqrt{c^2+d^2}}{L} \quad \text{（E.0.1-3）}$$

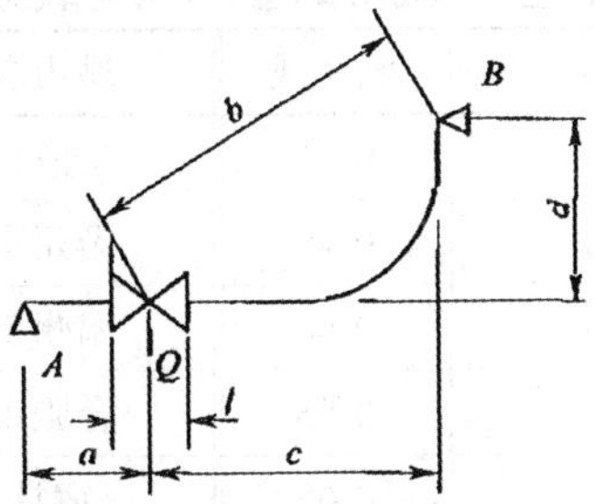

图E.0.1-2　水平弯管

对于支吊架B的载荷分配系数可按下式计算：

$$K_{fp}^{B}=1-K_{fp}^{A} \quad \text{（E.0.1-4）}$$

式中：l——附件长度（m）；

F_{fp}——分配荷载（kN）；

L——支吊架间距（m）；

L_1——两侧相邻支吊架间距（m）；

Q——管道单位长度重力（kN/m）；

q——附件重力（kN）；

K_{fp}——附件荷载分配系数。

E.0.2　带大小头的管段可按两侧支吊架各承受间距内管段总重力的一半分配。

E.0.3　对于水平三通管段，支管的计算可按三通处作为假想支点；主管的计算可将支管假想支点的荷载作为集中荷载，也可按本规范附录E的E.0.1条的原则分配。

E.0.4　垂直90°弯管段的水平管道重力的分配可为：当水平段较长时可按50%，较短时可按100%分配给水平段邻近的支吊架承受。

E.0.5　按本规范附录E的E.0.1至E.0.4条规定计算得到的分配荷载应乘以1.4的荷载修正系数，作为结构荷载。

附录F 风载荷和地震载荷的计算

F.1 风荷载

F.1.1 作用于管道上的风荷载为均布荷载，对于不等直径的管道，应按直径分段进行均布荷载的计算。垂直于露天管道表面上的风荷载标准值，应按下列公式计算：

$$w_k=\beta_z\mu_s\mu_z\omega_0 \quad (F.1.1)$$

式中：w_k——风荷载标准值（kN/m²）；

β_z——高度z处的风振系数；

μ_z——风荷载高度变化系数，可按本规范F.1.3条的规定确定；

μ_s——风荷载体型系数，可按本规范F.1.4条的规定确定；

w_0——基本风荷载（kN/m²），可按本规范F.1.2条的规定确定。

F.1.2 基本风荷载应为当地空旷平坦地面上离地10m高处，统计所得的50年一遇10min内的平均最大风速v_0，可按式F.1.2确定风荷载值。工程中的基本风荷载可按表F.1.2或现行国家标准《建筑结构荷载规范》GB 50009中给出的风荷载采用，但不应小于0.3kN/m²。

$$w_0=v_0^2/1600 \quad (F.1.2)$$

表F.1.2 全国主要城市的基本风荷载数据（kN/m²）

城市名	风荷载	城市名	风荷载	城市名	风荷载	城市名	风荷载
北京市	0.45	本溪市	0.45	宁波市	0.50	新乡市	0.40
天津市	0.50	抚顺市	0.45	衢州市	0.35	洛阳市	0.40
塘沽	0.55	营口市	0.60	温州市	0.60	许昌市	0.40
上海市	0.55	丹东市	0.55	合肥市	0.35	开封市	0.45
重庆	0.40	大连市	0.65	宿县	0.40	武汉市	0.35
石家庄市	0.35	长春市	0.65	蚌埠市	0.35	宜昌市	0.30
邢台市	0.30	四平市	0.55	安庆市	0.40	黄石市	0.35
张家口市	0.55	吉林市	0.50	南昌市	0.45	长沙市	0.35
承德市	0.40	通化市	0.50	赣州市	0.30	岳阳市	0.40
秦皇岛市	0.45	哈尔滨市	0.55	景德镇市	0.35	邵阳市	0.30
唐山市	0.40	齐齐哈尔市	0.45	福州市	0.70	衡阳市	0.40
保定市	0.40	绥化市	0.55	厦门市	0.80	广州市	0.50
沧州市	0.40	安达市	0.55	西安市	0.35	深圳市	0.75
太原市	0.40	牡丹江市	0.50	榆林市	0.40	汕头市	0.80
大同市	0.55	济南市	0.45	宝鸡市	0.35	湛江市	0.80
阳泉市	0.55	德州市	0.45	兰州市	0.30	南宁市	0.35
临汾市	0.40	烟台市	0.55	张掖市	0.50	桂林市	0.30
长治县	0.50	威海市	0.65	酒泉市	0.55	柳州市	0.30
呼和浩特市	0.55	淄博市张店	0.40	武威市	0.55	梧州市	0.30
满洲里市	0.65	青岛市	0.60	天水市	0.35	北海市	0.75
海拉尔区	0.65	兖州	0.40	银川市	0.65	海口市	0.75
乌兰浩特市	0.55	南京市	0.40	中卫	0.45	三亚市	0.85
包头市	0.55	徐州市	0.35	西宁市	0.35	成都市	0.30

表 F.1.2 全国主要城市的基本风荷载数据（kN/m²）（续）

城市名	风荷载	城市名	风荷载	城市名	风荷载	城市名	风荷载
集宁区	0.60	镇江	0.40	格尔木市	0.40	宜宾市	0.30
通辽市	0.55	无锡	0.45	乌鲁木齐市	0.60	西昌市	0.30
赤峰市	0.55	泰州	0.40	克拉玛依市	0.90	内江市	0.40
沈阳市	0.55	连云港	0.55	库存尔勒市	0.45	泸州市	0.30
阜新市	0.60	常州市	0.40	喀什市	0.55	贵阳市	0.30
锦州市	0.60	杭州市	0.45	哈密	0.60	遵义市	0.30
鞍山市	0.50	金华市	0.35	郑州市	0.45	昆明市	0.30

F.1.3 对于平坦或稍有起伏的地形，风荷载高度变化系数μ_z应根据现行国家标准《建筑结构荷载规范》GB 50009的规定或按下列规定确定；

1 地面粗糙度可分为以下四类：

1）A类指近海海面和海岛、海岸、湖岸及沙漠地区；

2）B类指田野、乡村、丛林、丘陵以及房屋比较稀疏的乡村和城市郊区；

3）C类指有密集建筑群的城市市区；

4）D类指有密集建筑群且房屋较高的城市市区。

表 F.1.3-1 风荷载高度变化系数μ_z

离地面或海平面高度（m）	地面粗糙度类别			
	A	B	C	D
5	1.17	1.00	0.74	0.62
10	1.38	1.00	0.74	0.62
15	1.52	1.14	0.74	0.62
20	1.63	1.25	0.84	0.62
30	1.80	1.42	1.00	0.62
40	1.92	1.56	1.13	0.73
50	2.03	1.67	1.25	0.84
60	2.12	1.77	1.35	0.93
70	2.20	1.86	1.45	1.02
80	2.27	1.95	1.54	1.11
90	2.34	2.02	1.62	1.19
100	2.40	2.09	1.70	1.27
150	2.64	2.38	2.03	1.61
200	2.83	2.61	2.30	1.92

2 由于地形差别的影响，风荷载高度变化系数还应乘以系数η进行修正，η应按下列规定取值：

1）对于山间盆地、谷地等闭塞地形，η可取值为0.75~0.85；

2）对于与大风方向一致的谷口、山口，η可取值为1.20~1.50；

3）当远离海面或在海岛上时，可按表F.1.3–2确定修正系数。

表F.1.3-2　远海海面和海岛的修正系数

距海岸距离（km）	η
<40	1.0
40~60	1.0~1.1
60~100	1.1~1.2

F.1.4　风荷载体型系数μ_s为风作用在管道表面上所引起的实际压力或吸力与来流风速度压的比值，可按表F.1.4的规定选取。

表F.1.4　风荷载体型系数μ_s

序号	简图	μ_s
1	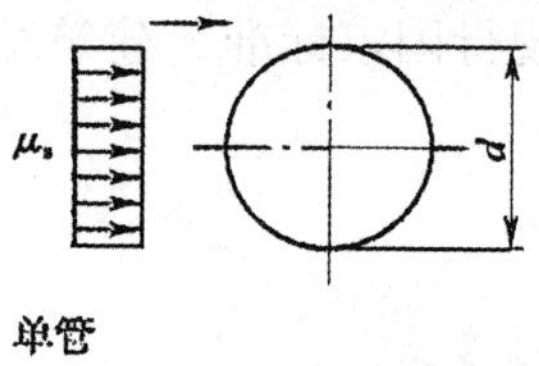 单管	当$W_0d^2 \leqslant 0.002$时：μ_s=+1.2 当$W_0d^2 \geqslant 0.015$时：μ_s=+0.7 中间值按插值法计算；D为管道外径
2	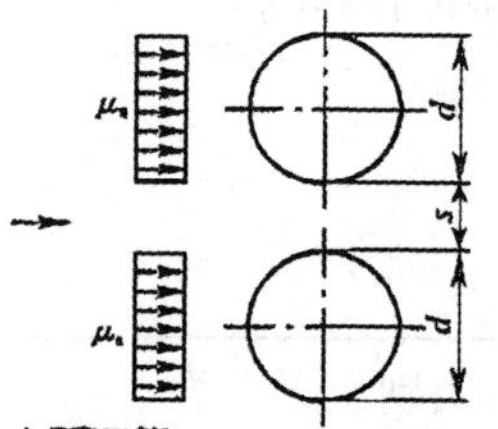 上下双管	s/d：≤0.25，0.5，0.75，1.0，1.5，2.0，≥3.0 μ_s：+1.4，+1.05，+0.88，+0.82，+0.76，+0.73，+0.7
3	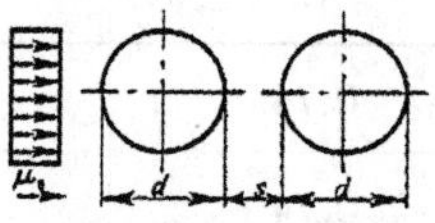 前后双管	s/d：≤0.5，1.0，1.5，3.0，4.0，6.0，8.0，≥10.0 μ_s：+0.79，+1，+1.1，+1.15，+1.26，+1.30，+1.33，+1.40 μ_s值为前后两管之和，其中前管为+0.7
4	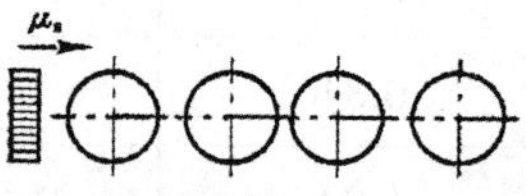 双后密排多管	μ_s=+1.65 μ_s为各管之总和，其中前管为+0.7

注：1　图表中符号→表示风向，+表示向管道中心，−表示向管道外部。

2　序号2、3中，当两根管径不等时，取$d=(d_1+d_2)/2$，查表求μ_s值。

3　序号4中，当管径不等时，按$d=\sum d_i/n$查表求μ_s值（$\sum d_i$为各管径总和，n为管道根数）。

F.2　地震荷载

F.2.1　管道设计中，可不计入地震荷载，除非当地法令规定或厂址位于震级高的地区，或在合同中已有明确规定，应进行管道的地震验算。

F.2.2　抗震设计的基本要求应符合下列规定：

1　管道的设计分析应能反映出设计范围内预期地震发生时，随建筑结构的地震响应，管道内产生的最大应力和力矩，但不需要包括对地震所引起建筑结构间相互作用的分析。设计中抗震设防烈度可采用中国地震动参数区划图的地震基本烈度，对已编制抗震设防区划的地区，可按批准的抗震设防烈度或设计地震动参数进行计算。

2　地震时地面的水平和垂直运动时同时存在，但认为水平地震力对管道的破坏起决定性作用，水平地震力的方向应取为使管道中应力水平最大的方向。对于地震烈度为8度、9度的大跨度管道及9度时的高层管道，应计算竖向地震作用，竖向设计加速度峰值可采用水平向设计加速度峰值的2/3。

3　抗震设计的计算模型应计入管道内液体以及附属部件等的质量，当附件的重心与管道中心线的距离大于管道直径1.5倍时应计入偏心的影响。

F.2.3 地震荷载的计算方法应符合下列规定：

1 管道地震荷载可采用静力法计算地震的动力学影响，当需要进行比较详细的分析时，可采用反应谱法或时程分析法。

2 静力法忽略了地震中管道支承结构各部分响应的不同频率和阻尼，在地震运动的振动方向上使用单一的静力加速度值计算管道的受力和位移。静力加速度可按下式计算：

$$a_{cq}=k_f \cdot S_a \quad \text{(F.2.3)}$$

式中：k_f——频率修正系数，将管道近似为单自由系统处理时，k_f可取值1.0；当管道为多自由度系统时，k_f可取值1.5；

S_a——为地震时计算楼层高度上质点运动的最大加速度，当没有地震时各楼层质点运动最大加速度资料时，取为地震时地面的最大水平加速度。地震时地面的最大水平加速度与重力加速度的比值称为地震系数k_a，可按表F.2.3确定。

表F.2.3 地震系数k_a与地震烈度I的关系

烈度 I	6	7	8	9
地震系数 k_a	0.064	0.128	0.255	0.51

3 通过振型分解的方法，由单质点体系的反应谱曲线得到质点在各震型下的地震荷载，再按均方根法对其进行组合，可以计算出管道的地震响应最大值。从工程应用的角度，地震反应不超过10%的管道高阶振型影响可略去不计，仅需计入自振频率较低的前2个~3个振型。在求得管道上的分布惯性力后，应对管道和管道原件进行强度校核。

4 对于罕遇地震，不能采用弹性加速度反应谱法设计，采用管道进入弹塑性阶段后的非线性时程分析方法。时程分析法首先选定地面运动加速度曲线，通过数值积分求解基本动力方程，计算出每一时间分段处管道的位移、速度和加速度，从而描述出强震作用下，管道在弹性和非弹性阶段的地震响应。

引用标准名录

《压力容器》GB 150
《爆破片和爆破片装置》GB 567
《等长双头螺柱》GB/T 901
《管道元件DN（公称尺寸）的定义和选用》GB/T 1047
《管道元件PN（公称压力）的定义和选用》GB/T 1048
《低中压锅炉用无缝钢管》GB 3087
《低压流体输送用焊接钢管》GB/T 3091
《气动调节阀》GB/T 4213
《缠绕式垫片》GB/T 4622
《高压锅炉用无缝钢管》GB 5310
《六角头螺栓细牙》GB/T 5785
《I型六角螺母》GB/T 6170
《I型六角螺母细牙》GB/T 6171
《输送流体用无缝钢管》GB/T 8163
《对焊钢制管法兰》GB/T 9115
《带颈平焊钢制管法兰》GB/T 9116
《板式平焊钢制管法兰》GB/T 9119
《钢制管法兰》GB/T 9124
《管法兰连接用紧固件》GB/T 9125
《电站调节阀》GB/T 10869
《钢制阀门一般要求》GB/T 12224
《安全阀一般要求》GB 12241
《压力释放装置性能试验规范》GB 12242
《弹簧直接载荷安全阀》GB 12243
《工业企业厂界环境噪声排放标准》GB 12348
《金属波纹管膨胀节通用技术条件》GB/T 12777
《流体输送用不锈钢无缝钢管》GB/T 14976
《钢制管法兰连接强度计算方法》GB/T 17186
《建筑结构荷载规范》GB 50009
《建筑设计防火规范》GB 50016
《石油化工企业设计防火规范》GB 50160
《工业企业总平面设计规范》GB 50187
《民用建筑供暖通风与空气调节设计规范》GB 50736
《火力发电厂金属技术监督规程》DL/T 438
《火力发电厂高温高压蒸汽管道蠕变监督规程》DL/T 441
《火力发电厂异种钢焊接技术规程》DL/T 752
《火力发电厂焊接技术规程》DL/T 869
《火力发电建设工程机组蒸汽喷管导则》DL/T 1269

《火力发电厂油气管道设计规程》DL/T 5024

《火力发电厂保温油漆设计规程》DL/T 5072

《电力建设施工技术规范　第5部分：管道及系统》DL/T 5190.5

《电力建设施工技术规范　第2部分：锅炉机组》DL/T 5190.2

《发电厂汽水管道应力分析技术规程》DL/T 5366

《电力工程地下金属构筑物防腐技术导则》DL/T 5394

《阀门铸钢件外观质量要求》JB/T 7927

ICS 27.100
P 60
备案号：J1852—2014

DL

中华人民共和国电力行业标准

P

DL/T 5366—2014
代替 DL/T 5366—2006

发电厂汽水管道应力计算技术规程

Technical code for stress calculating of steam/water piping in power plant

2014-06-29 发布　　2014-11-01 实施

国家能源局　发布

前　言

本规程根据国家能源局《关于核电标准制修订计划的通知》（国能科技〔2011〕48号）的要求，编制组进行了广泛调查研究，认真总结发电厂汽水管道应力计算方面设计工作经验，参考有关国外先进标准，并广泛征求意见，对原《火力发电厂汽水管道应力计算技术规程》DL/T 5366—2006进行修订完成。

本规程共分7章和2个附录，主要技术内容是：总则，术语和符号，基本规定，钢材的许用应力，管道的设计参数，承受内压的管子、弯管和弯头的壁厚计算，管道的应力计算等。

本次修订的主要内容是：

1.将适用范围扩大为火力发电厂和压水堆核电厂常规岛范围内汽水管道的应力计算。

2.修订了火力发电厂管道的设计参数，增加了压水堆核电厂常规岛管道的设计参数。

3.增加在蠕变温度范围内纵向电熔焊管子、弯管、弯头最小壁厚的计算方法。

4.修改了感应加热弯管弯制前直管最小壁厚。

5.增加了管道应力计算的一般规定。

6.增加在应力计算中应计入的偶然荷载种类和适用条件，如安全阀反力、地震荷载、风荷载、汽锤力、核电厂常规岛高能管道假想破裂荷载等。

7.修订了常用国内和国外常用钢材的性能数据表。

本规程自实施之日起，替代《火力发电厂汽水管道应力计算技术规程》DL/T 5366—2006。

本规程由国家能源局负责管理，由电力规划设计总院提出，由能源行业发电设计标准化技术委员会负责日常管理，由中国电力工程顾问集团华东电力设计院负责具体技术内容的解释。执行过程中如有意见或建议，请寄送电力规划设计总院（地址：北京市西城区安德路65号，邮政编码：100120）。

本规程主编单位、参编单位、主要起草人和主要审查人：

主 编 单 位：中国电力工程顾问集团华东电力设计院

参 编 单 位：中广核工程有限公司

主要起草人：林　磊　姜　震　范　沁　王雪峰　范逸致

主要审查人：文启鼎　黄　涛　唐　飞　杨祖华　孙　丰　凌和宾　王　坚　翁燕珠
马欣强　唐茂平　刘　利　吴骅鸣　徐　蕾　吴　萍　席学章

目　次

Contents

1 总 则

1.0.1 为了规范发电厂汽水管道应力计算，以保证发电厂安全、经济、连续运行，特制定本规程。

1.0.2 本规程适用于火力发电厂和压水堆核电厂常规岛范围内汽水管道的应力计算。本规程的管道应力计算方法也适用于其他类型发电厂和其他堆型核电厂常规岛汽水管道。

1.0.3 本规程不适用于下列管道的应力计算：

1 非金属管道；

2 铸铁等脆性材料；

3 真空管道。

2 术语和符号

2.1 术 语

2.1.1 应力增加系数 stress intensification factor

弯管、弯头、异径管和三通等管件在弯矩的作用下，产生的最大弯曲应力与承受相同弯矩的直管产生的最大弯曲应力的比值，或弯管、弯头、异径管和三通等管件的疲劳强度与在相同交变弯矩作用下直管的疲劳强度的比值。

2.1.2 冷紧 cold spring

在安装管道时预先施加于管道的弹性变形，以产生预期的初始位移和应力，以降低初始热态应力和初始热态管端的作用力和力矩。

2.1.3 柔性 flexibility

表示管道通过自身变形吸收热胀、冷缩和其他位移变形的能力。

2.1.4 蠕变 creep

管材在一定的温度和应力条件下，随着时间的延续非弹性变形缓慢地、不断地增加的现象。

2.2 符 号

D_o——管子外径；

D_i——管子内径；

h——尺寸系数；

i——应力增加系数；

k——柔性系数；

M_A——自重和其他持续外载作用在管子横截面上的合成力矩；

M_B——偶然荷载作用在管子横截面上的合成力矩；

M_C——按全补偿值和钢材在20℃时弹性模量计算的热胀合成力矩范围；

p——设计压力；

R——弯管、弯头弯曲半径；

S_c——管子的计算壁厚；

S_m——管子的最小壁厚；

w——蠕变温度范围纵向电熔焊钢管强度降低系数；

W——管子抗弯截面系数；

Y——修正系数；

α——有腐蚀、磨损和机械强度要求的附加厚度；

η——许用应力修正系数；

$[\sigma]^t$——钢材在设计温度时的许用应力；

$[\sigma]^{20}$——钢材在20℃时的许用应力；

σ_E——热胀应力范围；

σ_L——管道在工作状态下，由内压、自重和其他持续外载产生的轴向应力之和。

3 基本规定

3.0.1 管道应力计算应符合下列规定：

1 验算管道在内压、自重和其他外载作用下所产生的一次应力和在热胀、冷缩及位移受约束时所产生的二次应力。

2 计算各工况下管道支吊架的荷载和位移。

3 核算管道对设备的推力和力矩符合相关标准并在设备所能安全承受的范围。

3.0.2 运行温度大于100℃且公称尺寸大于*DN*65的管道应进行管道应力计算。

3.0.3 管道的设计压力应为表压。

4 钢材的许用应力

4.0.1 除延伸率大于或等于30%的奥氏体不锈钢和镍基合金外，管道组成件用钢材的许用应力应根据钢材的有关强度特性取下列三项中的最小值：

$$\frac{R_m^{20}}{3}，\frac{R_{eL}^t}{1.5}或\frac{R_{p0.2}^t}{1.5}，\frac{R_D^t}{1.5} \tag{4.0.1}$$

式中：R_m^{20}——钢材在20℃时的抗拉强度最小值（MPa）；

R_{eL}^t——钢材在设计温度时的屈服强度最小值（MPa）；

$R_{p0.2}^t$——钢材在设计温度时的0.2%规定非比例延伸强度最小值（MPa）；

R_D^t——钢材在设计温度时的10^5h持久强度平均值（MPa）。

4.0.2 常用钢材的许用应力应符合本规程附录A的规定。

4.0.3 未列入本规程附录A的钢材，如符合有关技术条件可作为汽水管道组成件的材料时，其许用应力应按本规程的规定计算。

5 管道的设计参数

5.1 一般规定

5.1.1 管道的设计压力不应低于运行中可能出现的最高持续工作压力。水管道的设计压力应包括水柱静压，当水柱静压低于额定压力的3%时，可不计入。

5.1.2 对于特殊条件的管道，其设计压力应符合下列规定：

1 定速离心泵出口至第一道关断阀之间管道的设计压力不应小于泵额定工作特性曲线最高点对应的压力与泵吸入口压力之和。

2 调速离心泵出口至第一道关断阀之间管道的设计压力不应小于泵额定转速特性曲线最高点对应的压力与泵吸入口压力之和。

3 减压装置后没有安全阀保护且流体可能被关断或堵塞的管道，设计压力不应低于减压装置前流体可能达到的最高压力。

4 除本规程另有规定外，装有安全阀的管道，设计压力不应小于安全阀的最低整定压力。

5.1.3 管道的设计温度不应低于管道运行中内部介质的最高持续工作温度。

5.1.4 对于特殊条件的管道，其设计温度应符合下列规定：

1 从锅炉过热器和再热器等设备引出的蒸汽管道，设计温度应计入设备制造厂所保证的最大温度偏差。

2 加热器出口管道的设计温度应取用加热器各种工况下被加热介质的最高温度。

3 减温装置后蒸汽管道的设计温度宜取用减温装置出口蒸汽的最高工作温度。

5.2 火力发电厂主要管道

5.2.1 主蒸汽管道设计压力及设计温度的取用应符合下列规定：

1 超临界及以下参数机组，设计压力应取用锅炉最大连续蒸发量时过热器出口的额定工作压力。超超临界参数机组，设计压力应取用下列两项的较大值：

1）汽轮机主汽门进口处设计压力的105%。

2）汽轮机主汽门进口处设计压力与主蒸汽管道压降之和。

2 设计温度应取用锅炉过热器出口蒸汽额定工作温度与锅炉正常运行时允许的温度偏差值之和，当锅炉制造厂未提供温度偏差时，温度偏差值可取5℃。

5.2.2 再热蒸汽管道设计压力及设计温度的取用应符合下列规定：

1 设计压力应取用汽轮机调节汽门全开工况下汽轮机高压缸排汽压力的1.15倍。

2 设计温度的取用应符合下列规定：

1）高温再热蒸汽管道应取用锅炉再热器出口蒸汽额定工作温度与锅炉正常运行时允许的温度偏差值之和，当锅炉制造厂未提供温度偏差时，温度偏差值可取5℃。

2）低温再热蒸汽管道应取用汽轮机调节汽门全开工况下汽轮机高压缸排汽参数等熵求取在管道设计压力下的对应温度。

5.2.3 汽轮机抽汽管道设计压力及设计温度的取用应符合下列规定：

1 设计压力的取用应符合下列规定：

1）非调整抽汽管道的设计压力应取用汽轮机调节汽门全开工况下该抽汽压力的1.1倍，且不应小于0.1MPa。当抽汽汽源来自汽轮机高压缸排汽时，应取用低温再热蒸汽管道的设计压力。

2）调整抽汽管道的设计压力应取该抽汽的最高工作压力。

2 设计温度的取用应符合下列规定：

1）非调整抽汽管道的设计温度应取用汽轮机调节汽门全开工况下抽汽参数等熵求取管道设计压力下的对应温度。当抽汽汽源来自汽轮机高压缸排汽时，应取用低温再热蒸汽管道的设计压力。

2）调整抽汽管道的设计温度应取该抽汽的最高工作温度。

5.2.4 背压式汽轮机排汽管道的设计压力应取排汽的最高工作压力，且不应小于0.1MPa；设计温度应取排汽的最高工作温度。

5.2.5 与直流锅炉启动分离器连接的汽水管道设计压力应取用分离器各种运行工况中可能出现的最高工作压力；设计温度应取用分离器各种运行工况中管内介质可能出现的最高工作温度。

5.2.6 高压给水管道设计压力及设计温度的取用应符合下列规定：

1 设计压力的取用应符合下列规定：

1）非调速给水泵出口管道，从前置泵到主给水泵或从主给水泵至锅炉省煤器进口区段，设计压力应分别取用前置泵或主给水泵特性曲线最高点对应的压力与该泵进水侧压力之和。

2）调速给水泵出口管道，从给水泵出口至第一个关断阀的管道，设计压力应取用泵在额定转速特性曲线最高点对应的压力与进水侧压力之和；从泵出口第一个关断阀至锅炉省煤器进口区段，设计压力应取用泵在额定转速及设计流量下泵提升压力的1.1倍与泵进水侧压力之和。

3）以上高压给水管道设计压力应计入水泵进水温度对压力的修正。

2 设计温度应取用高压加热器后高压给水的最高工作温度。

5.2.7 低压给水管道设计压力及设计温度的取用应符合下列规定；

1 设计压力的取用应符合下列规定：

1）对于定压除氧系统，应取用除氧器额定压力与除氧器最高水位至泵叶轮中心线的水柱静压之和。

2）对于滑压除氧系统，应取用汽轮机调节汽门全开工况下除氧器加热抽汽压力的 1.1 倍与除氧器最高水位至泵叶轮中心线的水柱静压之和。

2 设计温度的取用应符合下列规定：

1）对于定压除氧系统，应取用除氧器额定压力对应的饱和温度。

2）对于滑压除氧系统，应取用汽轮机调节汽门全开工况下 1.1 倍除氧器加热抽汽压力对应的饱和温度。

5.2.8 凝结水管道设计压力及设计温度的取用应符合下列规定：

1 设计压力的取用应符合下列规定：

1）凝结水泵进口侧管道应取用汽轮机排汽缸接口平面处至泵吸入口中心线的水柱静压，且不应小于 0.35MPa，此时凝汽器内按大气压力计算。

2）凝结水泵出口侧管道应取用泵出口阀关断时泵的提升压力与进水侧压力之和，进水侧压力取凝汽器热井最高水位与泵吸入口中心线的水柱静压力。

3）当凝结水系统设有升压泵，并与凝结水泵串联运行时，升压泵出口侧管道的设计压力应取凝结水泵和凝结水升压泵出口阀关断情况下泵的提升压力之和。

2 设计温度应取用低压加热器后凝结水的最高工作温度。

5.2.9 加热器疏水管道设计压力及设计温度的取用应符合下列规定：

1 设计压力应取用汽轮机调节汽门全开工况下抽汽压力的1.1倍，且不应小于0.1MPa。当管道中疏水静压引起压力升高值大于抽汽压力的3%时，应计及静压的影响。

2 设计温度应取用该加热器抽汽管道设计压力对应的饱和温度。

5.2.10 锅炉定期和连续排污管道设计压力及设计温度的取用应符合下列规定：

1 设计压力的取用应符合下列规定：

1）锅炉排污阀前的定期排污管道，设计压力不应小于汽包上所有安全阀中的最低整定压力与汽包最高水位至管道最低点水柱静压之和；锅炉排污阀前的连续排污管道，设计压力不应小于汽包上所有安全阀的最低整定压力。

2）当锅炉排污阀后的管道装有阀门或堵板等可能引起管内介质压力升高时，锅炉排污阀后管道的设计压力应按锅炉排污阀前管道的设计压力选取；当锅炉排污阀后的管道不会引起管内介质压力升高时，其设计压力应按表 5.2.10–1 的规定选取。

表 5.2.10-1 锅炉排污阀后管道设计压力

锅炉压力 P（MPa）	管道设计压力（MPa）
$1.75 \leq P \leq 4.15$	1.75
$4.15 < P \leq 6.2$	2.75
$6.2 < P \leq 10.3$	4.15
$P > 10.3$	6.20

2 设计温度的取用应符合下列规定：

1）锅炉定期和连续排污管道的设计温度，应取用汽包上所有安全阀中的最低整定压力对应的饱和温度。

2）当锅炉排污阀后的管道装有阀门或堵板等可能引起管内介质压力升高时，锅炉排污阀后管道的设计温度应按锅炉排污阀前管道的设计温度选取；当锅炉排污阀后的管道不会引起管内介质压力升高时，其设计温度应按表 5.2.10-2 的规定选取。

表 5.2.10-2　锅炉排污阀后管道设计温度

锅炉压力 P（MPa）	管道设计温度（℃）
$1.75 \leqslant P \leqslant 4.15$	210
$4.15 < P \leqslant 6.2$	230
$6.2 < P \leqslant 10.3$	255
$P > 10.3$	280

5.2.11　给水再循环管道设计压力及设计温度的取用应符合下列规定：

1　设计压力的取用应符合下列规定：

1）当采用单元制系统时，进除氧器的最后一道关断阀及其之前的管道，应取用相应的高压给水管道的设计压力，最后一道关断阀之后的管道，对于定压除氧系统，应取用除氧器额定压力；对于滑压除氧系统，应取用汽轮机调节汽门全开工况下除氧器加热抽汽压力的 1.1 倍。

2）当采用母管制系统时，节流孔板及其之前的管道，应取用相应的高压给水管道的设计压力；节流孔板之后的管道，当未装设阀门或介质出路上的阀门不可能关断时，应取用除氧器的额定压力。

2　设计温度的取用应符合下列规定：

1）对于定压除氧系统，应取用除氧器额定压力对应的饱和温度。

2）对于滑压除氧系统，应取用汽轮机调节汽门全开工况下 1.1 倍除氧器加热抽汽压力对应的饱和温度。

5.2.12　安全阀后排汽管道的设计压力和设计温度应根据排汽管道的水力计算结果确定。

5.3　核电厂常规岛主要管道

5.3.1　主蒸汽及汽轮机旁路蒸汽管道的设计压力及设计温度的取用应符合下列规定：

1　设计压力的取用应符合下列规定：

1）主蒸汽管道设计压力应取用核岛蒸汽发生器蒸汽侧的设计压力。

2）汽轮机旁路阀及上游蒸汽管道应取用与主蒸汽管道相同的设计压力。

3）汽轮机旁路阀下游蒸汽管道的设计压力应按下游旁路蒸汽管道最高持续压力确定。

2　设计温度的取用应符合下列规定：

1）主蒸汽管道设计温度应取用核岛蒸汽发生器蒸汽侧的设计温度。

2）汽轮机旁路蒸汽管道宜取用与主蒸汽管道相同的设计温度。

5.3.2　再热蒸汽管道设计压力及设计温度的取用应符合下列规定：

1　设计压力可取用汽轮机最大连续出力工况下高压缸排汽压力的 1.6 倍，也可根据工程实际计算结果确定。

2　设计温度的取用应符合下列规定：

1）高温再热蒸汽管道宜取用汽水分离再热器出口最高持续工作温度，也可取用主蒸汽管道设计温度。

2）低温再热蒸汽管道宜取用汽轮机最大连续出力工况下高压缸排汽参数等熵求取在管道设计压力下的对应温度。

5.3.3　抽汽管道设计压力及设计温度的取用应符合下列规定：

1　设计压力的取用应符合下列规定：

1）高、低压加热器的抽汽管道应取用最大连续出力工况下汽轮机抽汽口处压力的 1.1 倍，且不应小于 0.1MPa。

2）除氧器的抽汽管道，当汽源来自汽轮机抽汽时，应取用最大连续出力工况下汽轮机抽汽口处压力的1.1倍；当汽源来自汽轮机高压缸排汽时，应取用低温再热蒸汽管道的设计压力。

2 设计温度的取用应符合下列规定：

1）高、低压加热器的抽汽管道应取用最大连续出力工况下汽轮机抽汽口参数等熵求取在管道设计压力下的对应温度。

2）除氧器的抽汽管道，当汽源来自汽轮机抽汽时，应取用最大连续出力工况下汽轮机抽汽口参数等熵求取在管道设计压力下的对应温度；当汽源来自汽轮机高压缸排汽时，应取用低温再热蒸汽管道的设计温度。

5.3.4 汽水分离再热器加热蒸汽管道设计压力及设计温度的取用应符合下列规定：

1 设计压力的取用应符合下列规定：

1）第一级加热蒸汽管道的设计压力应取用最大连续出力工况下汽轮机抽汽口处压力的1.1倍。

2）第二级加热蒸汽管道的设计压力应取用主蒸汽管道的设计压力。

2 设计温度的取用应符合下列规定：

1）第一级加热蒸汽管道的设计温度应取用最大连续出力工况下汽轮机抽汽口参数等熵求取在管道设计压力下的对应温度。

2）第二级加热蒸汽管道的设计温度应取用主蒸汽管道的设计温度。

5.3.5 低压给水管道设计压力及设计温度的取用应符合下列规定：

1 设计压力应取用除氧器加热抽汽管道设计压力与除氧器最高水位至给水泵组入口叶轮中心线水柱静压之和；若除氧器接受汽轮机旁路排放蒸汽，则低压给水管道设计压力应计及汽轮机旁路排放工况的影响。

2 设计温度应取用除氧器加热抽汽管道设计压力对应的饱和温度；若除氧器接受汽轮机旁路排放蒸汽，还应计及汽轮机旁路排放工况的影响。

5.3.6 高压给水管道设计压力及设计温度的取用应符合下列规定：

1 设计压力的取用应符合下列规定：

1）从前置泵出口到压力级泵入口区段给水管道，应取用前置泵特性曲线最高点对应的压力与前置泵进水侧压力之和。

2）定速压力级泵出口至给水调节阀下游第一个隔离阀及之间区段管道，应取用压力级泵特性曲线最高点对应的压力与压力级泵进水侧压力之和。

3）调速压力级泵出口至给水调节阀下游第一个隔离阀及之间区段管道，应取用压力级泵选型工况下特性曲线最高点对应的压力与压力级泵进水侧压力之和。

4）以上高压给水管道设计压力应计及水锤及泵组进水温度对压力的修正。

2 设计温度的取用应符合下列规定：

1）从前置泵出口到压力级泵入口区段管道，可取用前置泵入口低压给水管道的设计温度。

2）压力级泵出口至给水调节阀下游第一个隔离阀之间区段管道，可取用给水最后一级高压加热器抽汽管道设计压力对应的饱和温度。

3）压力级泵出口设计温度也可分段选取，当分段选取时，压力级泵出口至下游第一级高压加热器入口之间区段管道，可取用压力级泵入口管道的设计温度；高压加热器出口管道，可取用本级高压加热器抽汽管道设计压力对应的饱和温度。

5.3.7 凝结水管道设计压力及设计温度的取用应符合下列规定：

1 设计压力的取用应符合下列规定：

1）凝结水泵入口侧管道应取用泵吸入口中心线至汽轮机低压缸排汽接口处的水柱静压，且不小于0.35MPa，此时凝汽器内按大气压力计算。

2）凝结水泵出口侧管道应取用泵出口阀关断情况下泵的提升压力与进水侧凝汽器热井最高水位与泵吸入口中心线的水柱静压力之和。

3）当凝结水精处理装置设置有升压泵，并且存在与凝结水泵串联运行工况时，升压泵出口侧管道的设计压力应取凝结水泵和凝结水升压泵出口阀关断情况下泵的提升压力之和。

2 设计温度的取用应符合下列规定：

1）凝结水泵入口侧管道应取用汽轮机允许的最高排汽压力对应的饱和温度。

2）凝结水泵出口侧管道应取用最后一级低压加热器抽汽管道设计压力对应的饱和温度。

3）凝结水泵出口侧管道设计温度也可分段选取，凝结水泵出口至下游第一级低压加热器入口之间区段管道可取用泵入口管道的设计温度，并计及泵和轴封冷却器温升的影响；低压加热器出口管道可取用本级低压加热器抽汽管道设计压力对应的饱和温度。

5.3.8 加热器疏水管道设计压力及设计温度的取用应符合下列规定：

1 设计压力的取用应符合下列规定：

1）加热器疏水管道应取用本级加热器抽汽管道的设计压力。

2）加热器疏水泵入口侧管道应取用本级加热器抽汽管道的设计压力。

3）加热器疏水泵出口侧管道应取用泵出口阀关断情况下泵的提升压力与泵入口侧压力之和。

4）当疏水管道中加热器最高水位或疏水箱最高水位与疏水泵吸入口处水柱静压引起压力升高值大于加热蒸汽压力的3%时，应计及静压的影响。

2 设计温度宜取用本级加热器抽汽管道设计压力对应的饱和温度。

5.3.9 汽水分离再热器疏水管道设计压力及设计温度的取用应符合下列规定：

1 设计压力的取用应符合下列规定：

1）第一级再热器疏水管道设计压力应取用本级加热蒸汽管道的设计压力。

2）第二级再热器疏水管道设计压力应取用主蒸汽管道的设计压力。

2 设计温度的取用应符合下列规定：

1）第一级再热器疏水管道设计温度，宜取用本级加热蒸汽管道设计压力对应的饱和温度。

2）第二级再热器疏水管道设计温度宜取用主蒸汽管道设计压力对应的饱和温度。

5.3.10 汽水分离再热器壳体疏水管道设计压力及设计温度的取用应符合下列规定：

1 设计压力的取用应符合下列规定：

1）疏水泵入口侧管道，应取用再热蒸汽管道的设计压力。

2）当疏水管道中壳体疏水箱最高水位与疏水泵吸入口处水柱静压引起压力升高值大于低温再热蒸汽压力的3%时，应计及静压的影响。

3）疏水泵出口侧管道，应取用疏水泵出口阀关断情况下泵的提升压力与泵入口侧压力之和。

2 设计温度宜取用低温再热蒸汽管道设计压力对应的饱和温度。

5.3.11 主管道的疏水、放水及放气支管设计压力及设计温度的取用应符合下列规定：

1 设计压力的取用应符合下列规定：

1）最后一道隔离阀及上游的管道应取用与主管道相同的设计压力。

2）当主管道设计压力为6.3MPa及以上时，最后一道隔离阀下游的管道设计压力可取4.0MPa。

3）当主管道设计压力为6.3MPa以下时，最后一道隔离阀下游的管道设计压力可取2.5MPa。

2 设计温度的取用应符合下列规定：

1）疏水支管应取用与主管道相同的设计温度。

2）放水及放气最后一道隔离阀及上游的管道应取用与主管道相同的设计温度，下游可根据实际情况确定。

6 承受内压的管子、弯管和弯头的壁厚计算

6.1 管子的最小壁厚

6.1.1 对于外径与内径之比小于或等于1.7的管子，在设计压力和设计温度下所需的管子最小壁厚应按下列公式计算：

1 按管子外径计算最小壁厚时应按下式计算：

$$S_m=\frac{pD_o}{2[\sigma]^t\eta+2Yp}+\alpha \quad (6.1.1\text{-}1)$$

2 按管子内径计算最小壁厚时应按下式计算：

$$S_m=\frac{pD_i+2[\sigma]^t\eta\alpha+2Yp\alpha}{2[\sigma]^t\eta-2p(1-Y)} \quad (6.1.1\text{-}2)$$

3 按管子外径计算在蠕变温度范围纵向电熔焊钢管的最小壁厚时应按下式计算：

$$S_m=\frac{pD_o}{2[\sigma]^t\eta w+2Yp}+\alpha \quad (6.1.1\text{-}3)$$

6.1.2 管子的设计压力应符合公式（6.1.2-1）和公式（6.1.2-2）的规定：

1 按管子外径计算设计压力时应按下式计算：

$$p\leqslant\frac{2[\sigma]^t\eta\left(S_m-\alpha\right)}{D_o-2Y\left(S_m-\alpha\right)} \quad (6.1.2\text{-}1)$$

2 按管子内径计算设计压力时应按下式计算：

$$p\leqslant\frac{2[\sigma]^t\eta(S_m-\alpha)}{D_i-2Y\left(S_m-\alpha\right)+2S_m} \quad (6.1.2\text{-}2)$$

式中：S_m——管子的最小壁厚（mm）；

p——设计压力（MPa）；

D_o——管子外径，取用最大外径（mm）；

D_i——管子内径，取用最大内径（mm）；

$[\sigma]^t$——钢材在设计温度下的许用应力（MPa）；

Y——修正系数，应按表6.1.2-1取用；

η——许用应力修正系数，无缝钢管η=1.0；焊接钢管的η值应按表6.1.2-2取用；进口电熔焊钢管的η值应按相应标准规定选取；

w——蠕变温度范围纵向电熔焊钢管强度降低系数，其值可按表6.1.2-3选取；

α——有腐蚀、磨损和机械强度要求的附加厚度（mm）。一般蒸汽管道和水管道可不计及腐蚀和磨损的影响；对于存在流体腐蚀和磨损情况的管道，应根据预期的寿命和介质对金属材料的腐蚀速率确定附加厚度；加热器疏水阀后管道、给水再循环阀后管道和锅炉排污阀后管道等存在汽水两相流介质的管道，腐蚀和磨损的附加厚度可取2mm；超超临界参数机组的主蒸汽管道和高温再热蒸汽管道，附加厚度可取1.6mm。

表6.1.2-1 修正系数

材　料	温度（℃）					
	≤482	510	538	566	593	≥621
铁素体钢	0.4	0.5	0.7	0.7	0.7	0.7
奥氏体钢	0.4	0.4	0.4	0.4	0.5	0.7

注：1 介于表列中间温度的Y值可用内插法计算。

2 当管子的D_o/S_m<6时，对于设计温度小于或等于480℃的铁素体和奥氏体钢，其Y值应按下式进行计算：

$Y=\frac{D_i}{D_i+D_o}$。

表6.1.2-2　焊接钢管的许用应力修正系数

接头形式		焊缝类型	检　验	系数
电阻焊		直缝或螺旋缝	按相应标准检验	0.85
电熔焊	单面焊（无填充金属）	直缝或螺旋缝	按相应标准检验	0.85
			附加100%射线或超声检验	1.00
	单面焊（有填充金属）	直缝或螺旋缝	按相应标准检验	0.80
			附加100%射线或超声检验	1.00
	双面焊（无填充金属）	直缝或螺旋缝	按相应标准检验	0.90
			附加100%射线或超声检验	1.00
	双面焊（有填充金属）	直缝或螺旋缝	按相应标准检验	0.90
			附加100%射线或超声检验	1.00

注：电阻焊纵缝钢管管子和管件不允许通过增加无损检验提高焊缝系数。

表6.1.2-3　蠕变温度范围纵向电熔焊钢管强度降低系数

材料类型	热处理状态	温度（℃）										
		371	399	427	454	482	510	538	566	593	621	649
碳钢	焊后正火	1.00	0.95	0.91	NP	NP	NP	NP	NP	NP	NP	NP
	回火	1.00	0.95	0.91	NP	NP	NP	NP	NP	NP	NP	NP
CrMo 钢	—			1.00	0.95	0.91	0.86	0.82	0.77	0.73	0.68	0.64
蠕变强化铁素体钢	正火+回火						1.00	0.95	0.91	0.86	0.82	0.77
	回火					1.00	0.73	0.68	0.64	0.59	0.55	0.50

注：1　本表中“NP”表示“不允许”。

2　蠕变范围的起始温度为本规程附录A的许用应力表中粗线右边的温度。

3　本表中的CrMo钢和蠕变强化铁素体钢焊缝金属碳含量不应低于0.05%。

4　CrMo钢和蠕变强化铁素体钢的纵向焊缝应经过100%的射线或超声检测合格。

5　本表中各材料埋弧焊焊剂的碱度不小于1.0。

6　CrMo钢包括 $\frac{1}{2}$Cr- $\frac{1}{2}$Mo、1Cr- $\frac{1}{2}$Mo、1 $\frac{1}{4}$Cr- $\frac{1}{2}$Mo-Si，2 $\frac{1}{4}$Cr-1Mo、3Cr-1Mo和5Cr- $\frac{1}{2}$Mo。焊缝必须经过正火、正火+回火或者适当的回火热处理。

7　蠕变强化铁素体钢包括“*Power Piping*”ASME B31.1 中的 Grades 91，92，911，122，23等，以及现行国家标准《高压锅炉用无缝钢管》GB 5310中的10Cr9Mo1VNbN，10Cr9MoW2VNbBN、10Cr11MoW2VNbCu1BN，11Cr9Mo1W1VNbBN，07Cr2MoW2VNbB等。

6.2　管子的计算壁厚

6.2.1　管子的计算壁厚S_c应按下式计算：

$$S_c = S_m + c \tag{6.2.1}$$

式中：S_c——管子的计算壁厚（mm）；

c——管子壁厚负偏差的附加值（mm）。

6.2.2　管子壁厚负偏差的附加值应符合下列规定：

1　对于热轧无缝钢管，管子壁厚负偏差的附加值可按下式计算：

$$c = \frac{m}{100 - m} S_m \tag{6.2.2}$$

式中：m——管子产品技术条件中规定的壁厚允许负偏差（%）。

2　对于按内径确定壁厚及采用热挤压方式生产的无缝钢管，壁厚负偏差的附加值应根据管子产品技术条件中的规定选用。

3　对于焊接钢管，壁厚负偏差的附加值应采用钢板厚度的负偏差值，且不应小于0.5mm。

6.3　管子的取用壁厚

6.3.1　对于以外径×壁厚标识的管子，管子的取用壁厚应根据管子的计算壁厚按管子产品规格中公称壁厚系列选取；对于以最小内径×最小壁厚标识的管子，管子的取用壁厚应根据管子的计算壁厚并遵照制造厂产品技术条件中有关规定选取。在任何情况下，管子的取用壁厚应大于或等于计算壁厚。

6.3.2　在选择管子的取用壁厚时，应根据管子的管径偏差留有对口加工裕量。

6.4　弯管和弯头的壁厚

6.4.1　在设计压力和设计温度条件下，弯管或弯头加工完成后的最小壁厚应按下列公式计算：

1　按外径计算最小壁厚时应按下式计算：

$$S_{\mathrm{m}}=\frac{pD_{\mathrm{o}}}{2[\sigma]^{\mathrm{t}}\eta/I+2Yp}+\alpha \qquad (6.4.1\text{-}1)$$

2　按内径计算最小壁厚时应按下式计算：

$$S_{\mathrm{m}}=\frac{pD_{\mathrm{i}}+2[\sigma]^{\mathrm{t}}\eta\alpha/I+2Yp\alpha}{2[\sigma]^{\mathrm{t}}\eta/I-2p(1-Y)} \qquad (6.4.1\text{-}2)$$

3　按外径计算在蠕变温度范围纵向电熔焊弯管或弯头的最小壁厚时应按下式计算：

$$S_{\mathrm{m}}=\frac{pD_{\mathrm{o}}}{2[\sigma]^{\mathrm{t}}\eta w/I+2Yp}+\alpha \qquad (6.4.1\text{-}3)$$

式中：I——弯管或弯头的修正系数，侧壁弯曲中心线处I=1；内弧线处$I=\frac{4(R/D_{\mathrm{o}})-1}{4(R/D_{\mathrm{o}})-2}$；

R——弯管或弯头的弯曲半径（mm）。

6.4.2　弯管或弯头成品任何一点的实测壁厚不应小于弯管或弯头按公式（6.4.1-1）~公式（6.4.1-3）计算出的相应点最小壁厚，且不应小于相连管子的最小壁厚。

6.4.3　感应加热弯管的弯曲半径宜为管子外径的3倍~5倍。

6.4.4　弯管弯制前直管的最小壁厚应根据弯管外侧受拉的减薄量确定。对于感应加热弯管弯制前的直管最小壁厚不宜小于表6.4.4中规定的壁厚。

表6.4.4　感应加热弯管弯制前直管最小壁厚

弯管弯曲半径	弯管弯制前的直管最小壁厚	
	$D_{\mathrm{o}}/S_{\mathrm{m}}\leqslant 20$	$D_{\mathrm{o}}/S_{\mathrm{m}}>20$
6倍管子外径	$1.06S_{\mathrm{m}}$	$1.07S_{\mathrm{m}}$
5倍管子外径	$1.08S_{\mathrm{m}}$	$1.09S_{\mathrm{m}}$
4倍管子外径	$1.10S_{\mathrm{m}}$	$1.12S_{\mathrm{m}}$
3倍管子外径	$1.14S_{\mathrm{m}}$	$1.16S_{\mathrm{m}}$

注：1　介于上述弯曲半径之间时，可采用内插法计算。

2　S_{m}为本规程6.1节中计算的管子最小壁厚。

7　管道的应力计算

7.1　一般规定

7.1.1　管道可按设备连接点或固定点分为若干计算管段，每个计算管段应包括所有管道组成件和支吊架，并构成独立管系统一进行应力计算。

7.1.2 对于多个相互连接的管系应合并进行应力计算，若必须分开计算时，应满足下列规定：

1 主管和支管的刚度比宜大于10。

2 在支管应力计算时应计入主管在分支点处的附加线位移和角位移。

3 计入分支点处的应力增加系数，该点的应力应验算合格。

7.1.3 在进行作用力和力矩计算时，应采用右旋直角坐标系作为基本坐标系。基本坐标系的原点可以任意选择，Z轴宜为向上的竖直轴，X轴宜为沿主厂房纵向的水平轴，Y轴宜为沿主厂房横向的水平轴。

7.1.4 管道与设备或固定点相连接时，应计入管道连接点处的附加位移，包括线位移和角位移。

7.1.5 应力计算应计入管道上各种类型支吊装置的作用，当支吊装置的根部固定在有位移的结构上时，应计入根部结构附加位移的影响。

7.1.6 应力计算时应按本规程附录B的规定计入柔性系数和应力增加系数。

7.1.7 应力计算中的任何假设与简化，不应对分析计算结果的作用力、应力等产生不利或不安全的影响。

7.1.8 当管系进行冷紧时，冷紧有效系数，对工作状态宜取2/3，对冷状态宜取1。

7.1.9 冷紧口的位置应设置在管系冷态弯矩较小且便于施工的地方。

7.1.10 除合同约定外，应力计算应计入以下偶然荷载的作用：

1 安全阀起跳排汽反力荷载。

2 当抗震设防烈度为8度及以上时的管道地震荷载。

3 室外露天布置管道的风荷载。

4 600MW及以上容量机组的主蒸汽管道和再热热段蒸汽管道的汽锤力。

5 其他可能发生的偶然荷载。

7.1.11 核电厂常规岛高能管道应根据厂房核安全要求计算管道假想破裂荷载，并应设置管道防甩装置。

7.1.12 地震荷载、风荷载和管道假想破裂荷载可不与其他偶然荷载一同构成组合工况。

7.1.13 核电厂常规岛高能管道假想破裂荷载应包括管道喷射流冲击荷载和管道甩击荷载，荷载计算应符合现行行业标准《轻水堆核电厂假想管道破损事故防护设计准则》EJ/T 335的规定。

7.1.14 承受管道假想破裂荷载的防甩装置的设置不应影响管系正常的热态和冷态位移。

7.2 补偿值的计算

7.2.1 当管系端点无附加角位移时，管系的线位移全补偿值可按下列公式计算：

$$\Delta X=\Delta X_B-\Delta X_A-\Delta X^t_{AB} \qquad (7.2.1-1)$$

$$\Delta Y=\Delta Y_B-\Delta Y_A-\Delta Y^t_{AB} \qquad (7.2.1-2)$$

$$\Delta Z=\Delta Z_B-\Delta Z_A-\Delta Z^t_{AB} \qquad (7.2.1-3)$$

$$\Delta X^t_{AB}=\alpha^t(X_B-X_A)(t-t_{amb}) \qquad (7.2.1-4)$$

$$\Delta Y^t_{AB}=\alpha^t(Y_B-Y_A)(t-t_{amb}) \qquad (7.2.1-5)$$

$$\Delta Z^t_{AB}=\alpha^t(Z_B-Z_A)(t-t_{amb}) \qquad (7.2.1-6)$$

式中：ΔX，ΔY，ΔZ——计算管系沿坐标轴X、Y、Z的线位移全补偿值（mm）；

ΔX_B，ΔY_B，ΔZ_B——计算管系的末端B沿坐标轴X、Y、Z的附加线位移（mm）；

ΔX_A，ΔY_A，ΔZ_A——计算管系的始端A沿坐标轴X、Y、Z的附加线位移（mm）；

ΔX^t_{AB}，ΔY^t_{AB}，ΔZ^t_{AB}——计算管系AB沿坐标轴X、Y、Z的热伸长值（mm）；

α^t——钢材从20℃至工作温度的线膨胀系数，（10^{-6}mm/mm/℃），常用钢材的线膨胀系数应符合本规程附录A的规定；

X_B，Y_B，Z_B——计算管系的末端B的坐标值（mm）；

X_A，Y_A，Z_A——计算管系的始端A的坐标值（mm）；

t——工作温度（℃）；

t_{amb}——计算安装温度（℃），可取20℃。

7.2.2 当管道沿坐标轴X、Y、Z方向采用不同冷紧比时，管道在冷状态下各方向的冷补偿值应按下列公式计算：

$$\Delta X^{20}=\Delta X_{AB}^{CS} \quad (7.2.2\text{-}1)$$

$$\Delta Y^{20}=\Delta Y_{AB}^{CS} \quad (7.2.2\text{-}2)$$

$$\Delta Z^{20}=\Delta Z_{AB}^{CS} \quad (7.2.2\text{-}3)$$

式中：ΔX^{20}，ΔY^{20}，ΔZ^{20}——计算管系沿坐标轴X、Y、Z的线位移冷补偿值（mm）；

ΔX_{AB}^{CS}，ΔY_{AB}^{CS}，ΔZ_{AB}^{CS}——计算管系AB沿坐标轴X、Y、Z的冷紧值（mm）。

7.3 管道的应力验算

7.3.1 管道在工作状态下，由内压产生的折算应力应符合下式的规定：

$$\sigma_{eq}=\frac{p\left[0.5D_o-Y(S-\alpha)\right]}{\eta(S-\alpha)}\leqslant[\sigma]^t \quad (7.3.1)$$

式中：σ_{eq}——内压折算应力（MPa）；

p——设计压力（MPa）；

D_o——管子外径（mm）；

S——管子实测最小壁厚（mm）；

Y——修正系数，应按本规程表6.1.2-1的规定选用；

η——许用应力修正系数，应按本规程第6.1节的规定选用；

α——有腐蚀、磨损和机械强度要求的附加厚度（mm）；

$[\sigma]^t$——钢材在设计温度下的许用应力（MPa）。

7.3.2 由内压产生的环向应力可短时超出钢材在相应温度下的许用应力，但应符合下列规定：

1 环向应力超出许用应力值不大于15%时，每次超出时间不应超过8h，连续12个月累计超出时间不应超过800h。

2 环向应力超出许用应力值不大于20%时，每次超出时间不应超过1h，连续12个月累计超出时间不应超过80h。

7.3.3 管道在工作状态下，由内压、自重和其他持续外载产生的轴向应力之和应符合下式的规定：

$$\sigma_L=\frac{pD_i^2}{D_o^2-D_i^2}+0.75\frac{iM_A}{W}\leqslant1.0[\sigma]^t \quad (7.3.3)$$

式中：σ_L——管道在工作状态下，由内压、自重和其他持续外载产生的轴向应力之和（MPa）；

p——设计压力（MPa）；

D_o——管子外径（mm）；

D_i——管子内径（mm）；

i——应力增加系数，应按本规程附录B取用，且$0.75i$不应小于1；

M_A——自重和其他持续外载作用在管子横截面上的合成力矩（N·mm）；

W——管子抗弯截面系数（mm^3）；

$[\sigma]^t$——钢材在设计温度下的许用应力（MPa）。

7.3.4 管道在工作状态下受到偶然荷载作用时，由内压、自重和其他持续外载及偶然荷载所产生的轴向应力之和应符合下式规定：

$$\frac{pD_i^2}{D_o^2-D_i^2}+0.75\frac{iM_A}{W}+0.75\frac{iM_B}{W}\leqslant K[\sigma]^t \quad (7.3.4)$$

式中：K——系数，在管道正常允许的运行压力波动范围内，且内压产生的环向应力未超过相应温度下的许用应力，当偶然荷载作用时间每次不超过8h，且连续12个月累计不超过800h时，取K=1.15；当偶然荷载作用时间每次不超过1h，且连续12个月累计不超过80h时，取K=1.20；

M_B——安全阀或释放阀起跳、汽锤、风及地震等产生的偶然荷载作用在管子横截面上的合成力矩（N·mm）。在验算时，M_B中的地震力矩只取用变化范围的一半。地震引起管道端点位移，当式（7.3.5-1）中已计入时，式（7.3.4）中可不计入。

7.3.5 管系热胀应力范围应符合下列规定：

1 管系热胀应力范围应按下式计算：

$$\sigma_E = \frac{iM_C}{W} \leqslant f\left[1.2[\sigma]^{20} + 0.2[\sigma]^t + ([\sigma]^t - \sigma_L)\right] \quad (7.3.5\text{-}1)$$

式中：σ_E——热胀应力范围（MPa）；

M_C——按全补偿值和钢材在20℃时的弹性模量计算的，热胀引起的合成力矩范围（N·mm）；

f——热胀应力范围的减小系数；

$[\sigma]^{20}$——钢材在20℃时的许用应力（MPa）。

2 当本规程第7.3.4条中偶然荷载的合成力矩未计入地震引起的端点位移时，公式（7.3.5-1）中的热胀合成力矩范围应计入地震引起的端点位移力矩。

3 在电厂预期的运行年限内，热胀应力范围的减小系数可按管道全温度周期性的交变次数确定：

当$N \leqslant 2500$时，f=1；

当$N>2500$时，$f=4.78N^{-0.2}$。

4 如果温度变化的幅度有变动，当量全温度范围的交变次数可按下式计算：

$$N = N_E + r_1^5 N_1 + r_2^5 N_2 + \ldots + r_n^5 N_n \quad (7.3.5\text{-}2)$$

式中：N_E——计算热胀应力范围σ_E时，全温度变化ΔT_E的交变次数；

N_1，N_2，…，N_n——各温度变化ΔT_1，ΔT_2，…，ΔT_n的交变次数；

r_1，r_2，…，r_n——各温度变化与全温度范围的比值$\Delta T_1/\Delta T_E$，$\Delta T_2/\Delta T_E$，…，$\Delta T_n/\Delta T_E$。

7.3.6 在水压试验的内压下，管道的环向应力值不应大于材料在试验温度下屈服强度的90%；由水压试验内压、自重和其他持续荷载产生的管道轴向应力不应大于材料在试验温度下屈服强度的90%。

7.4 力矩和抗弯截面系数的计算

7.4.1 管子、弯管和弯头合成力矩和抗弯截面系数的计算应符合下列规定：

1 合成力矩应按下式计算：

$$M_j = \sqrt{M_{xj}^2 + M_{yj}^2 + M_{zj}^2} \quad (7.4.1\text{-}1)$$

式中：M_j——合成力矩（N·mm）；下标j分别对应公式（7.3.3）、公式（7.3.4）、公式（7.3.5-1）中的下标A、下标B和下标C。

2 抗弯截面系数应按下式计算：

$$W = \frac{\pi}{32D_o}(D_o^4 - D_i^4) \quad (7.4.1\text{-}2)$$

式中：W——抗弯截面系数（mm³）。

7.4.2 验算等径三通时，应按公式（7.4.1-1）分别计算各分支管的合成力矩（图7.4.2），且在计算合成力矩时应按三通的交叉点取值。管子抗弯截面系数应按公式（7.4.1-2）和连接管子尺寸计算。

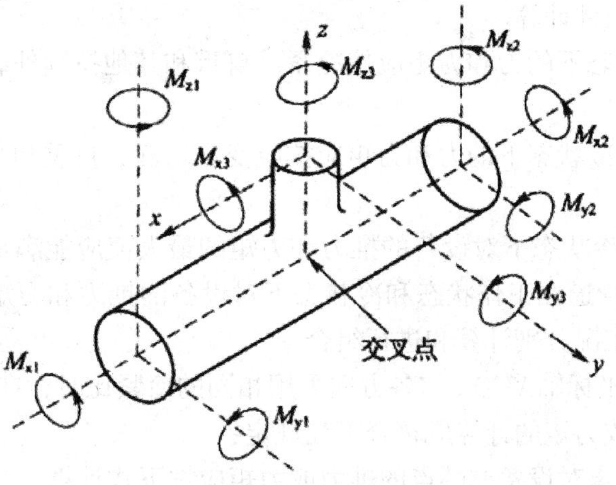

图7.4.2 合成力矩示意图

M_x—扭矩；M_y—平面内弯矩；M_z—平面外弯矩

7.4.3 验算不等径三通时，应按下列规定分别计算主管两侧和支管的合成力矩，且在计算各合成力矩（图7.4.2）时均应按三通的交叉点取值：

1 三通支管的合成力矩应按下式计算：

$$M_A(M_B或M_C)=\sqrt{M_{x3}^2+M_{y3}^2+M_{z3}^2} \quad \cdots\cdots（7.4.3\text{-}1）$$

式中：M_{x3}，M_{y3}，M_{z3}——与三通支管连接的计算分支作用于三通交叉点的当量力矩。

2 三通支管的当量抗弯截面系数应按下式计算：

$$W=\pi（r_{mb}）^2S_{b3} \quad \cdots\cdots（7.4.3\text{-}2）$$

式中：r_{mb}——三通支管平均半径（mm）；

S_{b3}——三通支管当量壁厚（mm），公式（7.3.5-1）中取用主管公称壁厚S_{nh}和i倍支管公称壁厚iS_{nb}二者中的较小值。公式（7.3.3）、公式（7.3.4）中取用主管公称壁厚S_{nh}和$0.75iS_{nb}$二者中的较小值，且$0.75i$不应小于1。

3 三通主管的合成力矩应按下式计算：

$$M_A(M_B或M_C)=\sqrt{M_{x1}^2+M_{y1}^2+M_{z1}^2} \quad \cdots\cdots（7.4.3\text{-}3）$$

$$M_A(M_B或M_C)=\sqrt{M_{x2}^2+M_{y2}^2+M_{z2}^2} \quad \cdots\cdots（7.4.3\text{-}4）$$

式中：M_{x1}，M_{y1}，M_{z1}——三通主管连接管1作用在三通交叉点处的当量力矩（N·mm）。

M_{x2}，M_{y2}，M_{z2}——三通主管连接管2作用在三通交叉点处的当量力矩（N·mm）。

4 三通主管的抗弯截面系数应按公式（7.4.1-2）和连接管子尺寸计算。

7.4.4 本规程附录B中图B.0.2-3所示支管合成力矩和抗弯截面系数的计算应符合下列规定：

1 接管座的合成力矩应按下式计算：

$$M_A（M_B或M_C）=\sqrt{M_{x3}^2+M_{y3}^2+M_{z3}^2} \quad \cdots\cdots（7.4.4\text{-}1）$$

2 接管座的抗弯截面系数应按下式计算：

$$W=\pi（r'_{mb}）^2S_b \quad \cdots\cdots（7.4.4\text{-}2）$$

3 当本规程附录B中图B.0.2-3所示的（a）、（b）、（c）满足$L_1\geqslant 0.5\sqrt{r_iS_b}$，计算接管座的抗弯截面系数和应力增加系数时，$r'_{mb}$应计算到$S_b$值的一半。验算点应取接管座中心线与主管外表面的交点。

7.5 管道对设备的推力和力矩的计算

7.5.1 管道对设备或端点推力和力矩的计算应符合下列规定：

1 管道运行初期工作状态下的力和力矩应按热胀、端点附加位移、有效冷紧、自重和其他持续外载及支吊架反力作用的条件计算。

2 管道运行初期冷状态下的力和力矩应按冷紧、自重和其他持续外载及支吊架反力作用的条件计算。

3 管道应变自均衡后冷状态下的力和力矩应按应变自均衡、自重和其他持续外载及支吊架反力作用的条件计算。

7.5.2 管系在工作状态和冷状态下对设备的推力和力矩的最大值应能满足设备安全承受的要求。当数根管道同设备相连时，管道在工作状态和冷状态下对设备的推力和力矩的最大值，应按设备和各连接管道可能出现的运行工况分别计算和进行组合。

7.5.3 当管道无冷紧或沿坐标轴X、Y、Z各方向采用相同的冷紧比时，在不计及持续外载的条件下，管道对设备或端点的推力或力矩的计算应符合下列规定：

1 在工作状态下，管道对设备或端点的推力或力矩应按下式计算：

$$R^{t}=-\left(1-\frac{2}{3}\gamma\right)\frac{E^{t}}{E^{20}}R_{E} \quad (7.5.3\text{-}1)$$

2 在冷状态下，管道对设备或端点的推力或力矩应按下式计算：

$$R^{20}=\gamma R_{E} \quad (7.5.3\text{-}2)$$

或

$$R_{1}^{20}=\left(1-\frac{[\sigma]^{t}}{\sigma_{E}}\cdot\frac{E^{20}}{E^{t}}\right)R_{E} \quad (7.5.3\text{-}3)$$

3 当$\frac{[\sigma]^{t}}{\sigma_{E}}\cdot\frac{E^{20}}{E^{t}}<1$时，管道在冷状态下对设备或端点的推力或力矩取公式（7.5.3-2）和公式（7.5.3-3）计算结果的较大值；当$\frac{[\sigma]^{t}}{\sigma_{E}}\cdot\frac{E^{20}}{E^{t}}\geqslant 1$时，管道在冷状态下对设备或端点的推力或力矩按公式（7.5.3-2）计算。

式中：R^{t}——管道运行初期在工作状态下对设备或端点的推力或力矩（N或N·mm）；

R^{20}——管道运行初期在冷状态下对设备或端点的推力或力矩（N或N·mm）；

R_{1}^{20}——管道应变自均衡后，在冷状态下对设备或端点的推力或力矩（N或N·mm）；

R_{E}——按全补偿值和钢材在20℃时的弹性模量计算端点对管道的热胀作用力或力矩（N或N·mm）；

γ——冷紧比；

$[\sigma]^{t}$——钢材在设计温度下的许用应力（MPa）；

σ_{E}——热胀应力范围（MPa），按本规程第7.3.5条计算；

E^{t}——钢材在设计温度下的弹性模量（GPa）；

E^{20}——钢材在20℃时的弹性模量（GPa）；

以上公式中，R^{t}、R^{20}、R_{1}^{20}、R_{E}均为一组力和力矩，包括F_{x}、F_{y}、F_{z}、M_{x}、M_{y}、M_{z}六个分量。

7.5.4 当管道沿坐标轴X、Y、Z各方向采用不同的冷紧比时，在不计及持续外载的条件下，管道对设备或端点的推力或力矩的计算应符合下列规定：

1 按冷补偿值和钢材在20℃时的弹性模量计算的冷紧作用力或力矩，若取其相同的数值、相反的方向，即为管道运行初期在冷状态下对设备或端点的推力或力矩，然后再与公式（7.5.3-3）计算出的管道应变自均衡后在冷状态下对设备或端点的推力或力矩相比较，取其绝对值大者作为管道在冷状态下对设备或端点的推力或力矩。

2 管道在工作状态下对设备或端点的推力或力矩应按下式计算：

$$R^{t}=-\left(R_{E}-\frac{2}{3}R^{20}\right)\frac{E^{t}}{E^{20}} \quad (7.5.4)$$

附录A　常用钢材的性能

A.0.1　常用钢管材料在各种温度下的机械性能及许用应力值可按照表A.0.1-1~表A.0.1-9选择。

表A.0.1-1　常用国产钢材的许用应力表（MPa）

钢号	标准号	R_m^{20}（MPa）	R_{eL}^{20}或$R_{p0.2}^{20}$（MPa）	管壁温度（℃）																																		
				20	250	260	270	280	290	300	310	320	330	340	350	360	370	380	390	400	410	420	430	440	450	460	470	480	490	500	510	520	530	540	550	560	570	580
10	GB 3087—2008	335	195	111	104	101	98	96	93	91	89	87	85	83	80	78	76	75	73	70	68	66	61	55	49													
20	GB 3087—2008	410	225	137	125	123	120	118	115	113	111	109	106	102	100	97	95	92	89	87	83	78	72	63	55	47	41	37										
20G	GB 5310—2008	410	245	137	125	123	120	118	115	113	111	109	106	102	100	97	95	92	89	87	83	78	72	63	55	47	41	37										
15CrMoG	GB 5310—2008	440	295	147	146	146	146	145	144	143	141	140	138	136	135	132	132	131	129	128	127	126	125	124	123	122	120	119	112	96	82	69	59	49	41			
12Cr1MoVG	GB 5310—2008	470	255	157	156	155	154	153	152	151	149	148	146	144	143	141	140	138	137	135	133	132	131	130	128	126	125	124	121	118	99	88	79	72	65	58	52	46
Q235-B	GB/T 3091—2008	370	225	123	113	111	108	105	103	101	97	93	90	88	85																							
Q345	GB/T 8163—2008	470	325	157	149	146	143	140	137	135	132	131	130	130	129	127	124	122																				
022Cr19Ni10	GB/T 14976—2012	480	175	117	76	75	74	74	73	73	72	71	70	69	69	68	68	67	67	67																		

注：1　铸钢件的许用应力值取表中相应数值的0.7倍；锻钢件的许用应力，当用钢锭锻造时，可取表中相应钢号数值的0.9倍。

2　表中粗线右方的数据系按持久强度计算所得的。

表 A.0.1-2　常用国产钢材的弹性模量数据表（GPa）

钢号	标准号	工作温度（℃）																														
		20	100	200	250	260	280	300	320	340	350	360	380	400	410	420	430	440	450	460	470	480	490	500	510	520	530	540	550	560	570	580
10	GB 3087—2008	198	191	181	176	175	173	171	168	166	164	163	160	157	156	155	155	154	153													
20	GB 3087—2008	198	183	175	171	170	168	166	165	163	162	161	159	158	155	153	151	148	146	144	141	129										
20G	GB 5310—2008	198	183	175	171	170	168	166	165	163	162	161	159	158	155	153	151	148	146	144	141	129										
15CrMoG	GB 5310—2008	206	199	190	187	186	183	181	179	177	176	175	173	172	171	170	169	168	167	166	165	164	164	163	162	161	160	159				
12Cr1MoVG	GB 5310—2008	208	205	201	197	196	194	192	190	188	187	186	183	181	180	178	177	175	174	172	170	168	166	165	163	162	160	158	157	153	153	152
Q235-B	GB/T 3091—2008	206	200	192	188	187	186	184																								
Q345	GB/T 8163—2008	206	200	189	185	184	183	181	179	177	176	175	173	171																		
022Cr19Ni10	GB/T 14976—2012	195	191	184	181	180	179	177	176	174	173	172	171	169																		

表A.0.1-3 常用国产钢材的线膨胀系数数据表

（从20℃至下列温度）（10^{-6}mm/mm/℃）

钢号	标准号	工作温度（℃）																													
		100	200	250	260	280	300	320	340	350	360	380	400	410	420	430	440	450	460	470	480	490	500	510	520	530	540	550	560	570	580
10	GB 3087—2008	11.90	12.60	12.70	12.72	12.76	12.80	12.84	12.88	12.90	12.92	12.96	13.00	13.10	13.20	13.30	13.40	13.50													
20	GB 3087—2008	11.16	12.12	12.45	12.52	12.65	12.78	12.99	13.20	13.31	13.41	13.62	13.83	13.84	13.85	13.86	13.87	13.88	13.89	13.90	13.91										
20G	GB 5310—2008	11.16	12.12	12.45	12.52	12.65	12.78	12.99	13.20	13.31	13.41	13.62	13.83	13.84	13.85	13.86	13.87	13.88	13.89	13.90	13.91										
15CrMoG	GB 5310—2008	11.90	12.60	12.90	12.96	13.08	13.20	13.30	13.40	13.45	13.50	13.60	13.70	13.73	13.76	13.79	13.82	13.85	13.88	13.91	13.94	13.97	14.00	14.03	14.06	14.09	14.12				
12Cr1MoVG	GB 5310—2008	13.60	13.70	13.85	13.88	13.94	14.00	14.04	14.08	14.10	14.12	14.16	14.20	14.23	14.26	14.29	14.32	14.35	14.38	14.41	14.44	14.47	14.50	14.52	14.54	14.56	14.58	14.60	14.62	14.64	14.68
Q235-B	GB/T 3091—2008	12.20	13.00	13.23	13.27	13.36	13.45																								
Q345	GB/T 8163—2008	8.31	10.99	11.60	11.78	12.05	12.31	12.49	12.68	12.77	12.86	13.04	13.22																		
022Cr19Ni10	GB/T 14976—2012	16.84	17.25	17.42	17.46	17.53	17.61	17.68	17.75	17.79	17.83	17.91	17.99																		

表A.0.1-4 常用符合EN 10216-2标准的钢材许用应力表（MPa）

钢号	壁厚S（mm）	R_m^{20}（MPa）	R_{eL}^{20}或$R_{p0.2}^{20}$（MPa）	管壁温度（℃） 20	150	200	250	300	350	400	410	420	430	440	450	460	470	480	490	500	510	520	530	540	550	560	570	580	590	600	610	620	630
P265GH（1.0425）	S≤16	410~570	265																														
	16<S≤40		255	136.7	136.7	128.0	114.0	102.7	94.0	89.3	85.3	76.0	66.7	58.7	51.3	44.0	37.3	31.3															
	40<S≤60		245																														
16Mo3（1.5415）	S≤16	450~600	280																														
	16<S≤40		270	150.0	150.0	149.3	136.7	115.3	106.0	104.0	103.2	102.4	101.6	100.8	100.0	99.5	98.9	98.4	82.7	68.0	55.3	43.3	34.0										
	40<S≤60		260																														
14MoV6-3（1.7715）	S≤40	460~610	320	153.3	153.3	153.3	153.3	150.0	144.0	139.3	138.5	137.7	136.9	136.1	135.3	134.9	134.5	134.1	133.3	118.0	103.3	90.0	78.0	68.0	58.0	50.0	43.3						
	40<S≤60		310																														
13CrMo4-5（1.7335）	S≤40	440~590	290	146.7	146.7	146.7	146.7	128.0	121.3	116.0	115.2	114.4	113.6	112.8	112.0	111.7	111.5	111.2	110.9	96.7	80.7	66.7	53.3	43.3	35.3	29.3	25.3						
	40<S≤60		280																														
10CrMo9-10（1.7380）	S≤40	480~630	280	160.0	160.0	156.0	149.3	146.0	141.3	138.0	136.1	134.3	132.4	130.5	128.7	126.9	125.2	118.0	106.7	94.0	82.7	70.0	63.3	54.0	46.7	40.7	35.3	30.7					
	40<S≤60		270																														
15NiCuMoNb 5-6-4（1.6368）	S≤80	610~780	440	203.3	203.3	203.3	203.3	203.3	203.3	203.3	203.3	203.3	200.0	182.0	163.3	140.0	116.7	92.7	69.3	46.0													
X10CrMoVNb 9-1（1.4903）	S≤100	630~830	450	210.0	210.0	210.0	210.0	210.0	210.0	210.0	210.0	210.0	210.0	210.0	210.0	210.0	208.0	205.3	202.7	172.0	159.3	146.7	134.0	122.0	110.7	100.0	89.3	80.0	70.7	62.7	55.3	48.7	43.3
X10CrWMoVNb 9-2（1.4901）	S≤100	620~850	440	206.7	206.7	206.7	206.7	206.7	206.7	206.7	206.7	206.7	206.7	206.7	206.7	206.7	206.7	206.7	206.7	206.7	206.7	156.7	145.3	134.7	124.7	114.7	104.7	94.7	84.7	75.3	66.7	58.0	50.0
X11CrMoWVNb 9-1-1（1.4905）	S≤100	620~850	450	206.7	206.7	206.7	206.7	206.7	206.7	206.7	206.7	206.7	206.7	206.7	206.7	206.7	206.7	206.7	206.7	206.7	206.7	146.7	136.0	125.3	115.3	104.7	94.7	84.0	74.0	65.3	56.7	50.0	43.3
X20CrMoV 11-1（1.4922）	S≤100	690~840	490	230.0	230.0	230.0	230.0	230.0	230.0	230.0	230.0	230.0	228.0	224.0	220.0	214.7	209.3	192.7	175.3	157.3	141.3	125.3	111.3	98.0	85.3	74.0	63.3	54.0	46.0	39.3	34.0	28.7	24.0

注：1 本表的许用应力值是按欧洲标准“Seamless steel tubes for pressure purposes–Technical delivery conditions–Part 2 :Non–alloy and alloy steel tubes with specified elevated temperature properties”EN 10216–2：2002/A2：2007的强度特性和本规程中规定的安全系数确定的。

2 表中粗线右侧的数据系按EN 10216–2：2002/A2：2007中的10^5h蠕变断裂强度值计算所得。

表A.0.1-5 常用符合EN 10216-2标准的钢材弹性模量数据表（GPa）

钢 号	管壁温度（℃）							
	20	100	200	300	400	500	600	650
P265GH（1.0425）	212	205	200	192	183	175	166	
16Mo3（1.5415）	212	207	199	192	184	175	164	
14MoV6-3（1.7715）	213	210	202	193	185	176	166	
13CrMo4-5（1.7335）	213	210	202	193	185	176	166	
10CrMo9-10（1.7380）	212	207	199	192	184	175	164	
15NiCuMoNb5-6-4（1.6368）	211	206	200	192	184	175	164	
X10CrMoVNb9-1（1.4903）	218	213	206	198	190	180	167	
X10CrWMoVNb9-2（1.4901）	217	214	207	200	191	182	170	164
X11CrMoWVNb9-1-1(1.4905)	218	213	206	198	190	180	167	159
X20CrMoV11-1（1.4922）	218	213	206	198	189	179	166	

表A.0.1-6 常用符合EN 10216-2标准的钢材线膨胀系数数据表
（从20℃至下列温度）（10^{-6}mm/mm/℃）

钢 号	管壁温度（℃）						
	100	200	300	400	500	600	650
P265GH（1.0425）	12.5	13.1	13.6	14.0	14.4	14.7	
16Mo3（1.5415）	12.1	12.7	13.2	13.6	14.0	14.4	
14MoV6-3（1.7715）	12.5	13.1	13.6	14.0	14.4	14.7	
13CrMo4-5（1.7335）	12.5	13.1	13.6	14.0	14.4	14.7	
10CrMo9-10（1.7380）	12.1	12.7	13.2	13.6	14.0	14.4	
15NiCuMoNb5-6-4（1.6368）	12.2	12.9	13.4	14.0	14.3	14.6	
X10CrMoVNb9-1（1.4903）	10.7	11.1	11.5	11.9	12.3	12.6	
X10CrWMoVNb9-2（1.4901）	10.7	11.1	11.4	11.7	12.0	12.3	12.5
X11CrMoWVNb9-1-1(1.4905)	10.7	11.1	11.5	11.9	12.3	12.6	12.7
X20CrMoV11-1（1.4922）	10.8	11.2	11.6	11.9	12.1	12.3	

表A.0.1-7 符合ASME B31.1标准的钢材许用应力表［（k.s.i）、MPa］

钢 号	R_m^{20}	R_{eL}^{20}或 $R_{p0.2}^{20}$	管壁温度															
			（-20℉~200℉） -29℃~93℃	（300℉） 149℃	（400℉） 204℃	（500℉） 260℃	（600℉） 316℃	（650℉） 343℃	（700℉） 371℃	（750℉） 399℃	（800℉） 427℃	（850℉） 454℃	（900℉） 482℃	（950℉） 510℃	（1000℉） 538℃	（1050℉） 566℃	（1100℉） 593℃	（1150℉） 621℃
A106B	（60） 413	（35） 241	（17.1） 117.8	（17.1） 117.8	（17.1） 117.8	（17.1） 117.8	（17.1） 117.8	（17.1） 117.8	（15.6） 107.4	（13.0） 89.5	（10.8） 74.4	—	—	—	—	—	—	—
A106C	（70） 482	（40） 275	（20.0） 137.8	（20.0） 137.8	（20.0） 137.8	（20.0） 137.8	（20.0） 137.8	（19.8） 136.4	（18.3） 126.0	（14.8） 101.9	（12.0） 82.6	—	—	—	—	—	—	—
A335 P11	（60） 413	（30） 206	（17.1） 117.8	（17.1） 117.8	（16.8） 115.7	（16.2） 111.6	（15.7） 108.1	（15.4） 106.1	（15.1） 104.0	（14.8） 101.9	（14.4） 99.2	（14.0） 96.4	（13.6） 93.7	（9.3） 64.0	（6.3） 43.4	（4.2） 28.9	（2.8） 19.2	—
A335 P22	（60） 413	（30） 206	（17.1） 117.8	（16.6） 114.3	（16.6） 114.3	（16.6） 114.3	（16.6） 114.3	（16.6） 114.3	（16.6） 114.3	（16.6） 114.3	（16.6） 114.3	（16.6） 114.3	（13.6） 93.7	（10.8） 74.4	（8.0） 55.1	（5.7） 39.2	（3.8） 26.1	—
A335 P91（t<76mm）	（85） 585	（60） 413	（24.3） 167.4	（24.3） 167.4	（24.2） 166.7	（24.1） 166.0	（23.7） 163.2	（23.4） 161.2	（22.9） 157.7	（22.2） 152.9	（21.3） 146.7	（20.3） 139.8	（19.1） 131.6	（17.8） 122.6	（16.3） 112.3	（14.0） 96.4	（10.3） 70.9	（7.0） 48.2
A335 P91（t≥76mm）	（85） 585	（60） 413	（24.3） 167.4	（24.3） 167.4	（24.2） 166.7	（24.1） 166.0	（23.7） 163.2	（23.4） 161.2	（22.9） 157.7	（22.2） 152.9	（21.3） 146.7	（20.3） 139.8	（19.1） 131.6	（17.8） 122.6	（16.3） 112.3	（12.9） 88.8	（9.6） 66.1	（7.0） 48.2
A672B70 CL32	（70） 482	（38） 261	（20.0） 137.8	（20.0） 137.8	（20.0） 137.8	（20.0） 137.8	（19.4） 133.6	（18.8） 129.5	（18.1） 124.7	（14.8） 101.9	（12.0） 82.6	—	—	—	—	—	—	—
A691 1 ¼ CrCL22［注2］	（60） 413	（35） 241	（17.1） 117.8	（17.1） 117.8	（17.1） 117.8	（17.1） 117.8	（17.1） 117.8	（17.1） 117.8	（17.1） 117.8	（17.1） 117.8	（16.8） 115.7	（16.4） 113.0	（13.7） 94.3	（9.3） 64.0	（6.3） 43.4	（4.2） 28.9	（2.8） 19.2	—
A691 1 ¼ CrCL22［注3］	（75） 516	（45） 310	（21.4） 147.4	（21.4） 147.4	（21.4） 147.4	（21.4） 147.4	（21.4） 147.4	（21.4） 147.4	（21.4） 147.4	（21.4） 147.4	（21.4） 147.4	（20.2） 139.1	（13.7） 94.3	（9.3） 64.0	（6.3） 43.4	（4.2） 28.9	（2.8） 19.2	—
A691 2 ¼ CrCL22［注2］	（60） 413	（30） 206	（17.1） 117.8	（16.6） 114.3	（16.6） 114.3	（16.6） 114.3	（16.6） 114.3	（16.6） 114.3	（16.6） 114.3	（16.6） 114.3	（16.6） 114.3	（16.6） 114.3	（13.6） 93.7	（10.8） 74.4	（8.0） 55.1	（5.7） 39.2	（3.8） 26.1	—
A691 2 ¼ CrCL22［注3］	（75） 516	（45） 310	（21.4） 147.4	（20.9） 144.0	（20.6） 141.9	（20.5） 141.2	（20.4） 140.5	（20.2） 139.1	（20.0） 137.8	（19.7） 135.7	（19.3） 132.9	（18.7） 128.8	（15.8） 108.8	（11.4） 78.5	（7.8） 53.7	（5.1） 35.1	（3.2） 22.0	—

注： 1 本表中括号内数值单位为k.s.i，即“千磅/英寸^2”。

2 电熔焊钢管采用“Specification for Pressure Vessel Plates, Alloy Steel, Chromium–Molybdeman” ASTM A387 Class 1退火状态板材制作。

3 电熔焊钢管采用ASTM A387 Class 2板材制作。

4 本表的许用应力值取自ASME B31.1—2012附录A。

表A.0.1-8 符合ASME B31.1标准的钢材的弹性模量数据表（GPa）

钢种		工作温度（℃）																
		−75	20	25	50	100	150	200	250	300	350	400	450	500	550	600	650	700
碳钢［注1］	含碳量≤0.30%	209	202	202	201	198	195	192	189	185	179	171	162	151	137	122	107	
	含碳量>0.30%	207	201	201	200	197	194	191	188	183	178	170	161	149	136	121	106	
铬钢	0.5Cr至2Cr	210	204	204	203	200	197	193	190	186	183	179	174	169	164	157	150	142
	2.25Cr至3Cr	217	210	210	209	206	202	199	196	192	188	184	180	175	169	162	155	146
	5Cr至9Cr	220	213	213	211	208	205	201	198	195	191	187	183	179	174	168	161	153

注： 1 A106B含碳量为0.30%，A106C含碳量为0.35%。

2 本表的弹性模量数据取自ASME B31.1—2012附录C。

表A.0.1-9 常用符合ASME B31.1 标准的钢材线膨胀系数数据表（从20℃至下列温度）（10^{-6}mm/mm/℃）

钢种	工作温度（从20℃起至下列温度）（℃）															
	−200	−100	−50	20	50	75	100	125	150	175	200	225	250	275	300	325
第1类：碳钢和低合金钢［注1］	9.9	10.7	11.1	11.5	11.8	11.9	12.1	12.3	12.4	12.6	12.7	12.9	13.0	13.2	13.3	13.4
第2类：低合金钢［注2］	10.8	11.7	12.0	12.6	12.8	13.0	13.1	13.2	13.4	13.5	13.6	13.7	13.8	13.9	14.0	14.1
5Cr−1Mo钢	10.1	10.8	11.2	11.5	11.8	12.0	12.1	12.3	12.4	12.5	12.6	12.6	12.7	12.8	12.8	12.9
9Cr−1Mo钢	9.0	9.8	10.1	10.5	10.6	10.7	10.9	11.0	11.1	11.2	11.3	11.4	11.5	11.6	11.7	11.8

钢种	工作温度（从20℃起至下列温度）（℃）															
	350	375	400	425	450	475	500	525	550	575	600	625	650	675	700	
第1类：碳钢和低合金钢［注1］	13.6	13.7	13.8	14.0	14.1	14.2	14.4	14.5	14.6	14.7	14.8	14.9	15.0	15.1	15.1	
第2类：低合金钢［注2］	14.2	14.3	14.4	14.5	14.6	14.6	14.7	14.8	14.8	14.9	15.0	15.0	15.1	15.1	15.2	
5Cr−1Mo钢	13.0	13.0	13.1	13.2	13.2	13.3	13.4	13.4	13.5	13.6	13.6	13.7	13.7	13.8	13.9	
9Cr−1Mo钢	11.9	11.9	12.0	12.1	12.2	12.3	12.3	12.4	12.5	12.6	12.7	12.7	12.8	12.9	13.0	

注： 1 第1类合金（按公称化学成分）：

碳钢（C，C−Si，C−Mn和C−Mn−Si）

C−½Mo　½Cr−⅕Mo−V　½Cr−¼Mo−Si　½Cr−½Mo　½Cr−½Ni−¼Mo　¾Cr−½Ni−Cu

¾Cr−¾Ni−Cu−Al　1Cr−⅕Mo　1Cr−⅕Mo−Si　1Cr−½Mo　1Cr−½Mo−V　1¼Cr−½Mo

1¼Cr−½Mo−Si　1¾Cr−½Mo−Cu　2Cr½Mo　2¼Cr−1Mo　3Cr−1Mo　½Ni−½Mo−V

½Ni−½Cr−¼Mo−V　¾Ni−½Mo−Cr−V　¾Ni−½Mo−⅓Cr−V　¾Ni−½Cu−Mo

¾Ni−½Cr−½Mo−V　¾Ni−1Mo−¾Cr　1Ni−½Cr−½Mo　1¼Ni−1Cr−½Mo

1¾Ni−¾Cr−¼Mo　2Ni−¾Cr−¼Mo　2Ni−¾Cr−⅓Mo　2½Ni　3½Ni　3½Ni−1¾Cr−½Mo−V

2 第2类合金（按公称化学成分）：

Mn−V　Mn−¼Mo　Mn−½Mo　Mn−½Mo−¼Ni　Mn−½Mo−½Ni　Mn−½Mo−¾Ni

3 该表线膨胀系数数据取自ASME B31.1—2012附录B。

A.0.2 在选用本规程表A.0.1-1~表A.0.1-9的数据时应注意以下几点：

1 管道材料的允许使用温度范围应根据高温条件下该材料的组织和性能变化对材料使用可靠性的影响综合确定，且应符合相关规范，本规程附录A中所列数据的温度范围并不意味着该材料的允许温度使用范围。

2 选用许用应力值时应注意核对设计采用的应力验算标准是否与附录A表中所采用的安全系数一致。

3 表A.0.1-1~表A.0.1-9中相邻管壁温度数值之间的许用应力，可用算术内插法确定，但需舍弃小数点后的数字。

附录B 柔性系数和应力增加系数

B.0.1 各种管件的柔性系数和应力增加系数可按表B.0.1选取。

表B.0.1 柔性系数和应力增加系数

名称	尺寸系数h	柔性系数k	应力增加系数i	简图	说明
弯管和弯头	$\frac{S_n R}{r^2}$	$\frac{1.65}{h}$	$\frac{0.9}{h^{2/3}}$	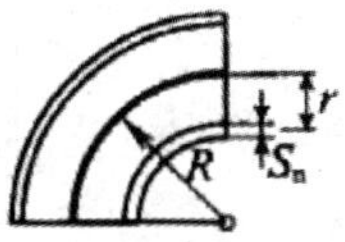	详见B.0.2条第1、2、3、4款
窄间距斜接弯头 $b<r$（$1+\tan\theta$） $B\geqslant 6S_n$ $\theta\leqslant 22.5°$ $R=\frac{b\cot\theta}{2}$	$\frac{bS_n\cot\theta}{2r^2}$	$\frac{1.52}{h^{5/6}}$	$\frac{0.9}{h^{2/3}}$	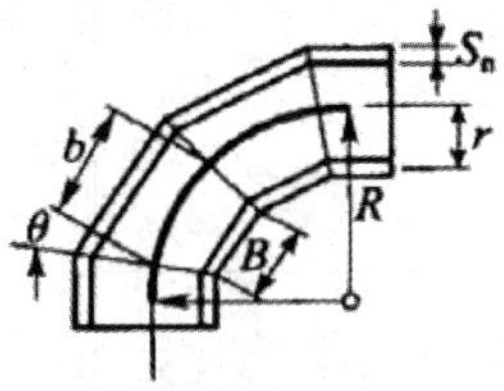	详见B.0.2条第1、2、4款
宽间距斜接弯头 $b\geqslant r$（$1+\tan\theta$） $\theta\leqslant 22.5°$ $R=\frac{r(1+\cot\theta)}{2}$	$\frac{S_n(1+\cot\theta)}{2r}$	$\frac{1.52}{h^{5/6}}$	$\frac{0.9}{h^{2/3}}$	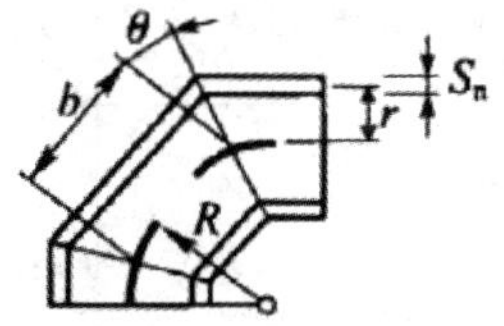	详见B.0.2条第1、4款
符合 ASME B16.9 的锻制三通	$\frac{3.1S_n}{r}$	1	$\frac{0.9}{h^{2/3}}$	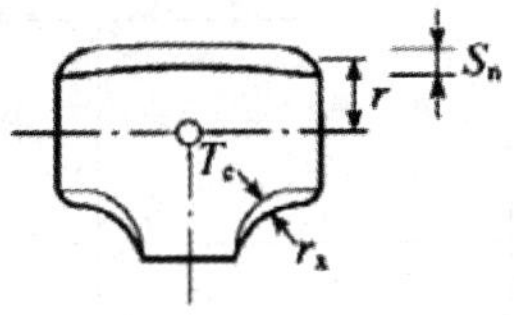	详见B.0.2条第1、5款
无加强三通	$\frac{S_n}{r}$	1	$\frac{0.9}{h^{2/3}}$	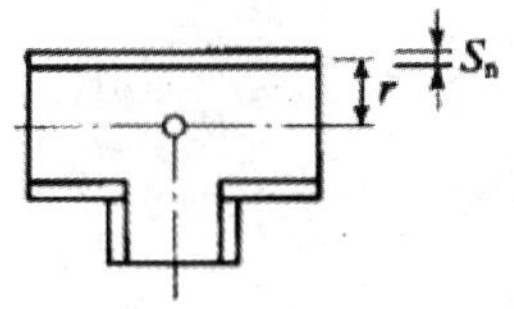	详见B.0.2条第1、6款
符合 MSS SP–97 的整体补强型焊接支管管件	$\frac{3.3S_n}{r}$	1	$\frac{0.9}{h^{2/3}}$	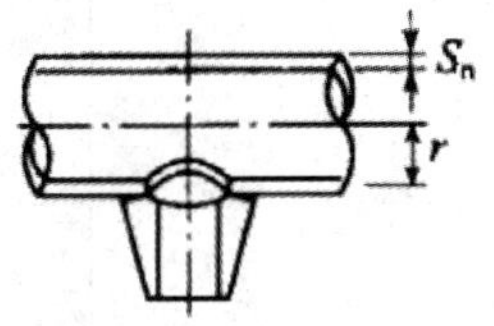	详见B.0.2条第1款
挤压三通	$\frac{S_n}{r}$	1	$\frac{0.9}{h^{2/3}}$	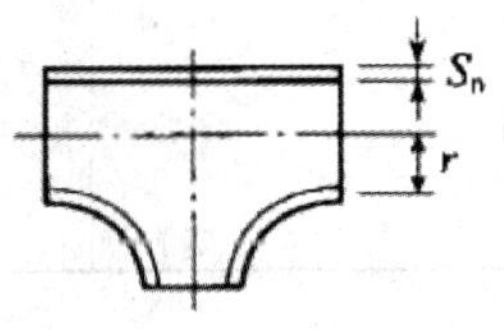	详见B.0.2条第1款

表B.0.1　柔性系数和应力增加系数（续）

名称	尺寸系数h	柔性系数k	应力增加系数i	简图	说明
嵌入式焊接三通	$\frac{3.1S_n}{r}$	1	$\frac{0.9}{h^{2/3}}$	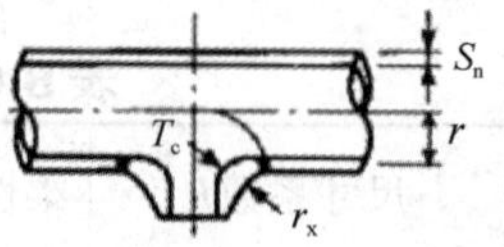	详见B.0.2条第1、5款
接管座		1	校核支管端按公式（B.0.2-3）计算	如图B.0.2-3	详见B.0.2条第7款
对接焊 $S \geqslant 6$mm $\delta_{max} \leqslant 1.6$mm $\delta_{avg}/S \leqslant 0.13$		1	1.0	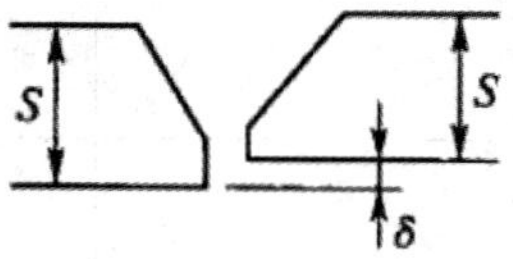	详见B.0.2条第8款
对接焊 $S \geqslant 6$mm $\delta_{max} \leqslant 3.2$mm δ_{avg}/S= 任何值		1	0.9+2.7（δ_{avg}/S） 最小1.0， 最大1.9		
对接焊 $S<6$mm $\delta_{max} \leqslant 1.6$mm $\delta_{avg}/S \leqslant 0.33$		1			
角焊缝		1	1.3	见图B.0.2-4	详见B.0.2条第9款
扩口过渡段		1	$1.3+0.0036\frac{D_o}{S_n}+3.6\frac{\delta}{S_n}$ 最大1.9	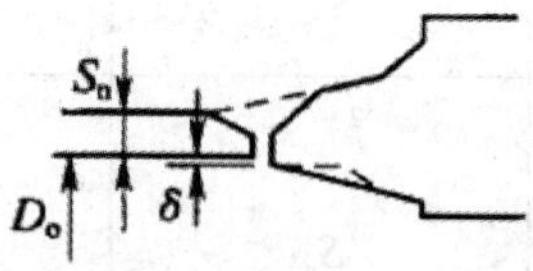	
同心异径管		1	$0.5+0.01\alpha\left(\frac{D_2}{S_2}\right)^{1/2}$ 最大2.0	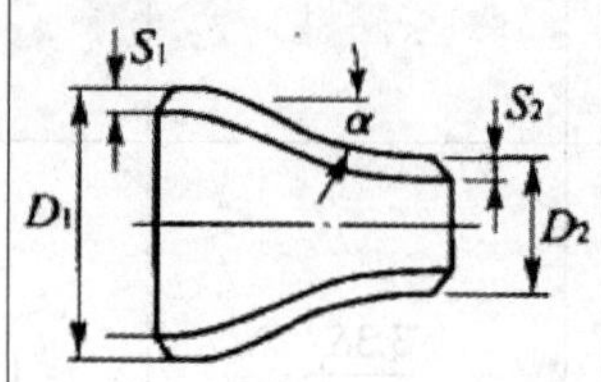	详见B.0.2条第10款
螺纹接管头或螺纹法兰		1	2.3		
波纹直管或带波纹或皱纹弯管		5	2.5		详见B.0.2条第11款

注：1　B——斜接弯头斜接过渡段内侧的长度（mm）；

D_o——管子外径（mm）；

D_{ob}——支管外径（mm）；

R——弯头或弯管的弯曲半径（mm）；

r——管子平均半径（与三通相连接的管子）（mm）；

r_x——锻制三通和嵌入式焊接三通的肩部外壁过渡面曲率半径（mm）；

b——斜接弯头斜接段在中心线的长度（mm）；

T_c——锻制三通和嵌入式焊接三通的肩部厚度（mm）；

S_n——管子的公称壁厚（与三通相连接的管子）（mm）；

α——异径接头锥角（°）；

δ——对接焊口的错边（δ_{avg}为平均值）（mm）；

θ——斜接弯头两相邻斜接段轴线的半夹角（°）。

2 表中提到的国外标准为："Factory-Made Wrought Buttwelding Fittings" ASME B16.9；"Integrally Rein forced Forged Branch Outlet Fittings-Socket Welding,Threaded,and Buttwelding Ends" MSS SP-97。

B.0.2 对于表B中柔性系数和应力增加系数的适用条件说明如下：

1 表B中的柔性系数k和应力增加系数i适用于部件在任何平面内的弯曲，但在任何情况下都不应小于1。这两个系数对于弯管、弯头和斜接弯头用于有效弧长（详见简图中的粗中心线）；对于三通用于交叉点。k和i值可按由所给公式计算的尺寸系数h直接从图B.0.2-1中查得。

2 对于一端或两端装有法兰的管道，表B.0.1中的k和i值应乘以c值加以修正。两端装有法兰者，$c=h^{1/3}$；一端装有法兰者，$c=h^{1/6}$。c值也可按计算出的h直接从图B.0.2-2中查得。

3 对接焊铸造弯头的壁厚可能比连接管子的壁厚大得多，设计者应加以注意，并计及壁厚加厚的影响。

4 对于大口径薄壁弯头和斜接弯头的柔性系数和应力增加系数，应计入内压的影响，可按下列方法修正：

1）经内压修正后的柔性系数可按下式计算：

$$k_p = \frac{k}{1+6\dfrac{p}{E_c}\left(\dfrac{r}{S_n}\right)^{7/3}\left(\dfrac{R}{r}\right)^{1/3}} \qquad \text{(B.0.2-1)}$$

2）经内压修正后的应力增加系数可按下式计算：

$$i_p = \frac{i}{1+3.25\dfrac{p}{E_c}\left(\dfrac{r}{S_n}\right)^{5/2}\left(\dfrac{R}{r}\right)^{2/3}} \qquad \text{(B.0.2-2)}$$

式中：p——设计内压力（MPa）；

E_c——管材的冷态弹性模量（MPa）。

5 当$r_x \geqslant D_{ob}/8$且$T_c \geqslant 1.5S_n$时，可取柔性系数$k=\dfrac{4.4S_n}{r}$。

6 表B.0.1中所示的应力增加系数i是由等径三通的试验中得到的，对于异径三通，在没有获得足够数据之前，可采用等径三通的数据。

7 接管座在满足下列条件的情况下，支管端的柔性系数可取k=1，支管端的应力增加系数可按下式计算：

$$i = 1.5\left(\frac{r_{mh}}{S_{nh}}\right)^{2/3}\left(\frac{r'_{mb}}{r_{mh}}\right)^{1/2}\left(\frac{S_{nb}}{S_{nh}}\right)\left(\frac{r'_{mb}}{r_p}\right) \qquad \text{(B.0.2-3)}$$

1）接管座已满足开孔补强的要求；

2）支管的轴线垂直于主管壁的表面；

3）对于主管上有多个接管座，相邻两个接管座之间的中心距，沿主管外表面所测得的弧长在纵向上不应小于这两个接管座内半径总和的3倍或沿主管周向不应小于这两个接管座半径总和的2倍；

4）内角半径 r_1（见图 B.0.2–3）在 10%S_{nh} 和 50%S_{nh} 之间；

5）外角半径 r_2（见图 B.0.2–3）不应小于 $S_b/2$、（S_b+y）/2［见图 B.0.2–3 中的（c）图］和 $S_{nh}/2$ 中的最大值；

6）外半径 r_3 不应小于以下两者中的较大值（见图 B.0.2–3）：$0.002\theta D_b$，2（$\sin\theta$）^{3} 与图 B.0.2–3 中的（a）和（b）图所示的加厚部分的乘积；

7）$r_{mh}/S_{nh}\leqslant 50$ 且 $r'_{mb}/r_{mh}\leqslant 0.5$。

8 此应力增加系数可用于两部件壁厚在 $0.875S_n$ 与 $1.1S_n$ 之间的对接环焊缝，其轴向距离为（D_oS_n）$^{1/2}$。D_o 为管子公称外径，S_n 为管子公称壁厚，δ_{avg} 为错边的平均值。

9 角焊缝的焊趾与管壁宜采用图 B.0.2–4 中的（b）、（d）所示的凹面角焊缝平滑过渡，可改善焊缝的疲劳性能。

10 采用该应力增加系数计算公式应满足下列条件：

1）锥角 α 不应大于 60°，且为同心异径管；

2）D_1/S_1 和 D_2/S_2 两者中的较大值不应超过 100；

3）整个异径管的壁厚不宜小于 S_1，但紧接小头端部除外，该处壁厚不应小于 S_2。

11 所示柔性系数和应力增加系数适用于弯曲；对于扭转，柔性系数应为 0.9。

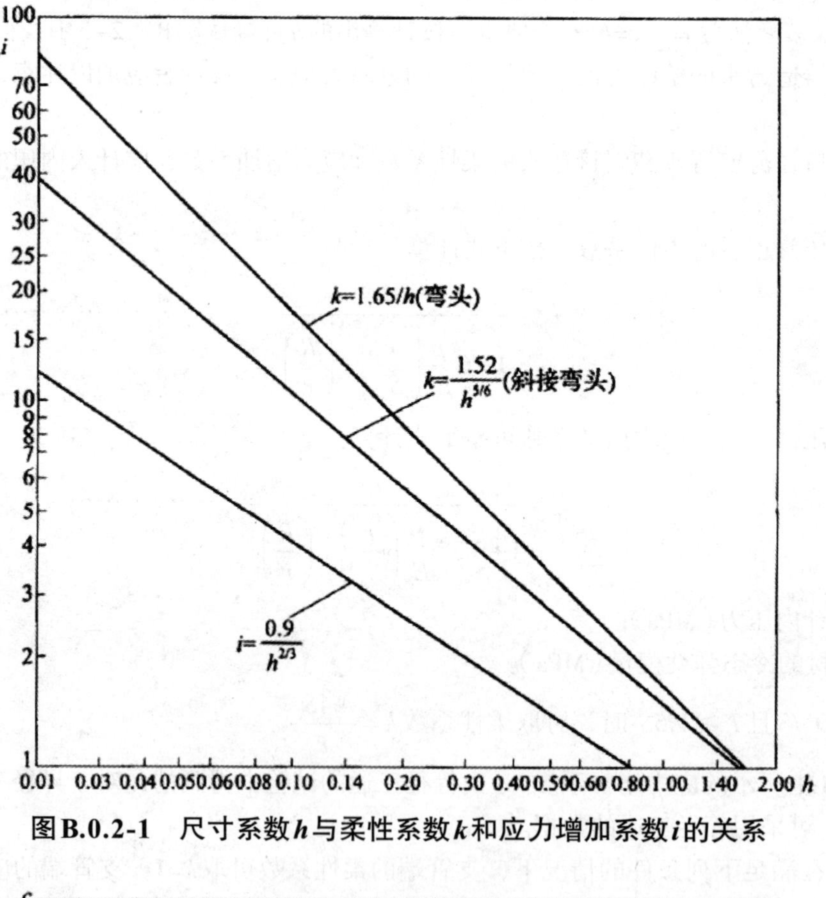

图B.0.2-1　尺寸系数 h 与柔性系数 k 和应力增加系数 i 的关系

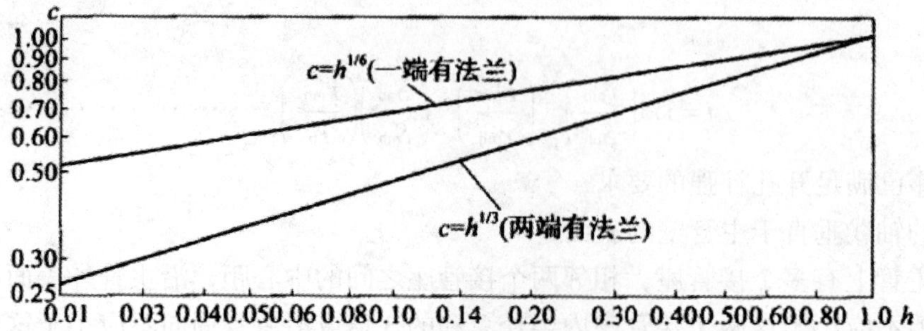

图B.0.2-2　尺寸系数 h 与修正系数 c 的关系

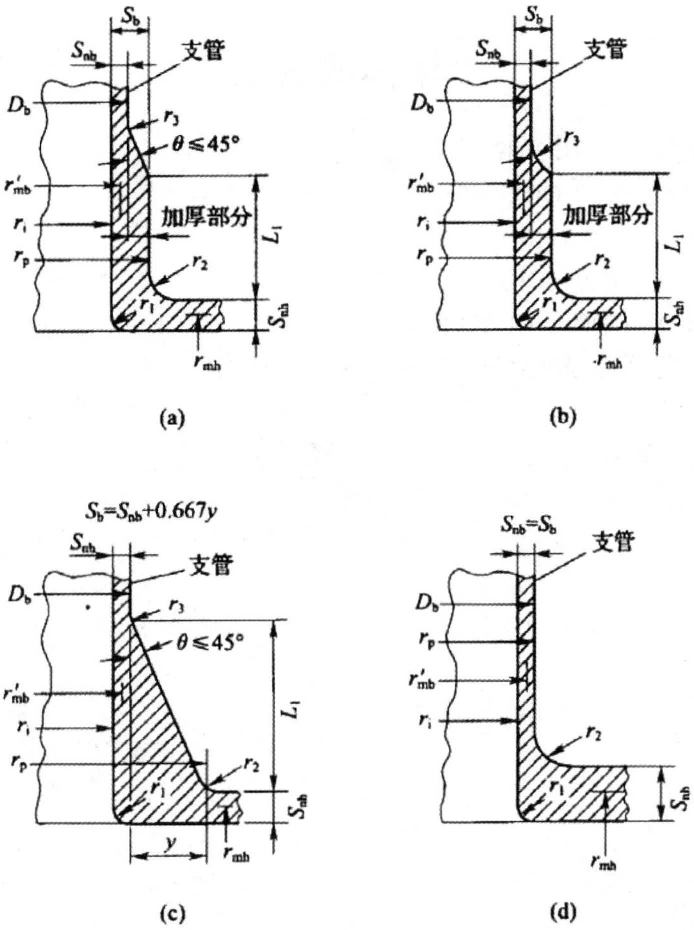

图B.0.2-3　接管座的尺寸图

r'_{mb} —支管平均半径（mm）；S_{nb}—支管公称壁厚（mm）；

S_b——接管座加强有效厚度（mm）；r_1，r_2，r_3—接管座加强部分过渡区半径（mm）；

r_i—支管内半径（mm）；r_{mh}—主管平均半径（mm）；

S_{nh}—主管公称壁厚（mm）；D_b—支管外径（mm）；

r_p—接管座加强部分的外半径（mm）；θ—接管座加强部分过渡段角度（°）；

L_1—接管座高度（mm）；y—接管座加强部分的长度（mm）

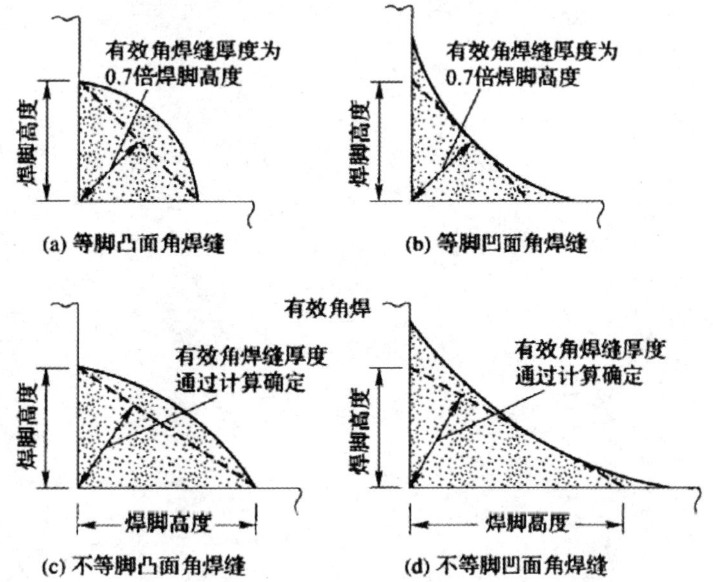

图B.0.2-4　角焊缝尺寸

引用标准名录

《低中压锅炉用无缝钢管》GB 3087
《低压流体输送用焊接钢管》GB/T 3091
《高压锅炉用无缝钢管》GB 5310
《输送流体用无缝钢管》GB/T 8163
《流体输送用不锈钢无缝钢管》GB/T 14976
《轻水堆核电厂假想管道破损事故防护设计准则》EJ/T 335